Histoire Term

NOUVEAU PROGRAMME **2020**

Sous la direction de Guillaume LE QUINTREC

Caroline BARCELLINI
Agrégée d'histoire
Professeure au lycée Jean-Baptiste-Corot à Savigny-sur-Orge (91)

Mathias BURGÉ
Agrégé d'histoire
Professeur au lycée Rabelais de Meudon (92)

Léo CAYEUX
Agrégé d'histoire, ancien élève de l'École normale supérieure de Lyon
Professeur en section européenne au lycée Louise-Weiss à Achères (78)

Valentin CHÉMERY
Agrégé d'histoire, ancien élève de l'École normale supérieure
Professeur au lycée Guillaume-Apollinaire à Thiais (94)

Sylvain DELPEUT
Agrégé d'histoire
Professeur au lycée Henri-Moissan à Meaux (77)

Défendin DÉTARD
Agrégé d'histoire
Professeur au lycée Évariste-Galois à Noisy-le-Grand (93)

Juliette HANROT
Agrégée d'histoire
Professeure au Microlycée de Paris, Lycée François-Villon à Paris (75)

Guillaume LE QUINTREC
Agrégé d'histoire, ancien élève de l'École normale supérieure
Professeur en classes préparatoires au lycée Fénelon à Paris (75)

Florian LOUIS
Agrégé d'histoire
Professeur en classes préparatoires au lycée Michelet à Vanves (92)

Alice MILOR
Agrégée d'histoire, ancienne élève de l'École normale supérieure
Chargée de cours à Sorbonne Université à Paris (75)

Coordination pédagogique : Juliette HANROT

IMPRIM'VERT

Achevé d'imprimer en Italie par Bona SpA en Mars 2020
N° de projet: 10259485 - Dépôt légal: Avril 2020

Nathan

À la découverte de votre manuel

OUVERTURE

Pour entrer dans le chapitre.

Des onglets pour vous repérer facilement

Une grande photo et l'introduction qui posent les enjeux du chapitre

REPÈRES

Les repères indispensables pour bien aborder le chapitre.

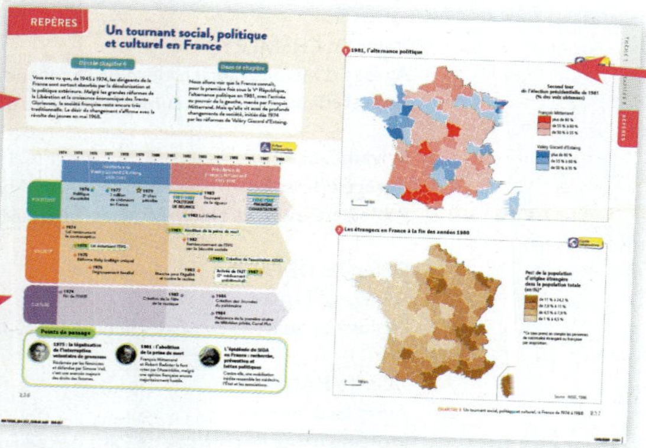

Le rappel de vos connaissances de Première et des chapitres précédents

Des cartes

La frise et le les points de passage du chapitre

COURS

Un cours complet et accessible.

Le vocabulaire et des repères pour bien comprendre

Le podcast du cours pour réviser dans les transports, sur le chemin du lycée…

Des questions rapides d'auto-évaluation

DOSSIER

Les documents sur lesquels vous allez travailler toute l'année.

Des vidéos accessibles en un clic

De nombreux documents sélectionnés avec soin pour vous aider à illustrer vos exposés et à enrichir vos copies pour le bac.

POINTS DE PASSAGE

Tous les points de passage du programme.

Les éléments pour contextualiser le point de passage dans le chapitre

Un questionnaire différencié

SPECIAL BAC

Soyez prêts à passer votre épreuve en fin d'année !

ne
nthèse
crite du
ours

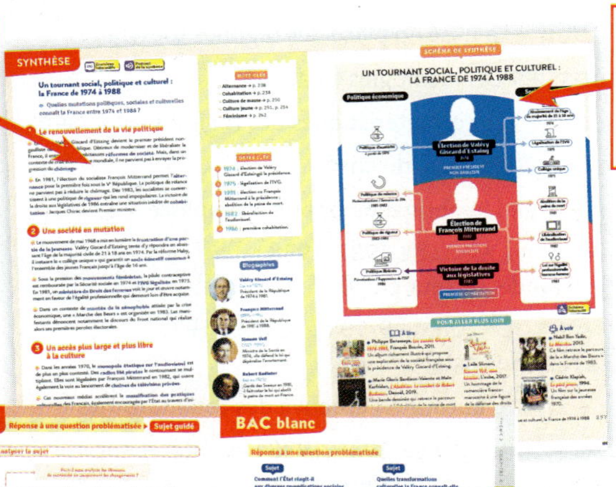

Un schéma pour retenir l'essentiel de façon plus visuelle

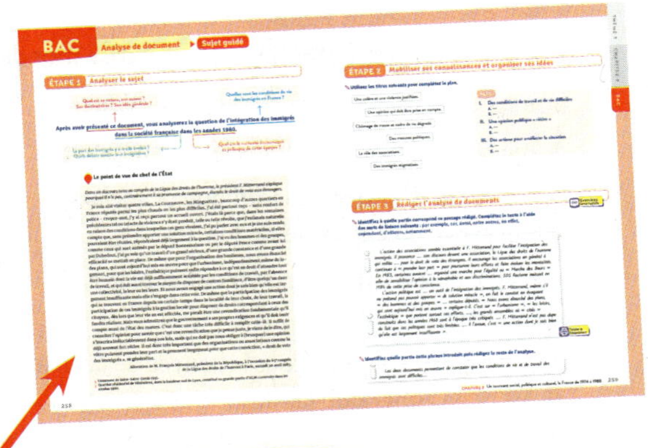

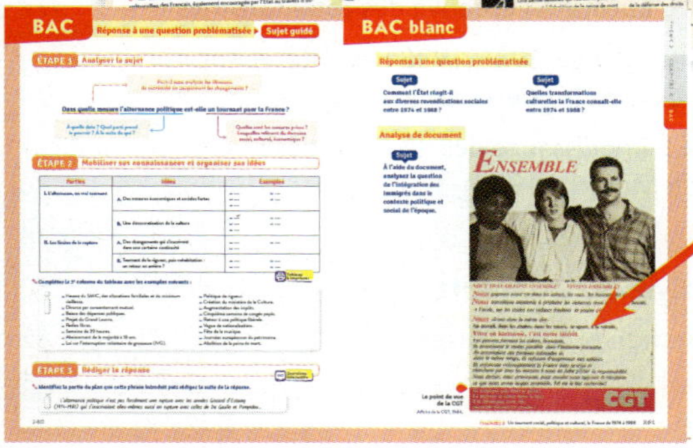

Des sujets guidés pas-à-pas

Et la Terminale ?

E3C, épreuves finales, Parcoursup, Grand Oral… pas facile de s'y retrouver ! Votre guide, en partenariat avec l'ONISEP (p. 11), est là pour vous aider à y voir plus clair.

SOMMAIRE

Les relations entre les puissances et l'opposition des modèles politiques, des années 1930 à nos jours

Le Guide du lycéen

THEME 1 Fragilités des démocraties, totalitarismes et Seconde Guerre mondiale (1929-1945)

THEME 2 La multiplication des acteurs internationaux dans un monde bipolaire (de 1945 au début des années 1970)

THEME 3 Les remises en cause économiques et sociales des années 1970 à 1991

THEME 4 Le monde, l'Europe et la France depuis les années 1990, entre coopérations et conflits

Les pages BAC de votre manuel par types d'épreuves

Analyse de documents

Réponse à une question problématisée

PROGRAMME

HISTOIRE Term

Bulletin officiel spécial n°8 du 25 juillet 2019

Les relations entre les puissances et l'opposition des modèles politiques, des années 1930 à nos jours

THÈME 1 Fragilités des démocraties, totalitarismes et Seconde Guerre mondiale (1929-1945) (13-15 heures)

CHAPITRE 1 L'impact de la crise de 1929 : déséquilibres économiques et sociaux

Objectifs du chapitre	Points de passage et d'ouverture
• Ce chapitre vise à montrer l'impact de la crise économique mondiale sur les sociétés et les équilibres politiques, à court, moyen et long terme. • On peut mettre en avant : - les causes de la crise ; - le passage d'une crise américaine à une crise mondiale ; - l'émergence d'un chômage de masse.	• Les conséquences de la crise de 1929 en Amérique latine • 1933 : un nouveau président des États-Unis, F. D. Roosevelt, pour une nouvelle politique économique, le New Deal. • Juin 1936 : les accords Matignon.

CHAPITRE 2 Les régimes totalitaires

Objectifs du chapitre	Points de passage et d'ouverture
• Ce chapitre vise à mettre en évidence les caractéristiques des régimes totalitaires (idéologie, formes et degrés d'adhésion, usage de la violence et de la terreur) et leurs conséquences sur l'ordre européen. • On peut mettre en avant les caractéristiques : - du régime soviétique ; - du fascisme italien ; - du national-socialisme allemand.	• 1937-1938 : la Grande Terreur en URSS • 9-10 novembre 1938 : la nuit de Cristal • 1936-1938 : les interventions étrangères dans la guerre civile espagnole : géopolitique des totalitarismes.

CHAPITRE 3 La Seconde Guerre mondiale

Objectifs du chapitre	Points de passage et d'ouverture
• Ce chapitre vise à montrer l'étendue et la violence du conflit mondial, à montrer le processus menant au génocide des Juifs d'Europe, et à comprendre, pour la France, toutes les conséquences de la défaite de 1940. • On peut mettre en avant : - un conflit mondial : protagonistes, phases de la guerre et théâtres d'opération ; - crimes de guerre, violences et crimes de masse, Shoah, génocide des Tsiganes ; - la France dans la guerre : occupation, collaboration, régime de Vichy, Résistance.	• Juin 1940 en France : continuer ou arrêter la guerre ; • De Gaulle et la France libre ; • Le front de l'est et la guerre d'anéantissement ; • Juin 1944 : le débarquement en Normandie et l'opération Bagration • 6 et 9 août 1945 : les bombardements nucléaires d'Hiroshima et de Nagazaki.

THÈME 2 La multiplication des acteurs internationaux dans un monde bipolaire (de 1945 au début des années 1970) (13-15 heures)

CHAPITRE 1 La fin de la Seconde Guerre mondiale et les débuts d'un nouvel ordre mondial

Objectifs du chapitre	Points de passage et d'ouverture
• Ce chapitre vise à mettre en parallèle la volonté de création d'un nouvel ordre international et les tensions qui surviennent très tôt entre les deux nouvelles superpuissances (États-Unis et URSS). • On peut mettre en avant : - le bilan matériel, humain et moral du conflit. - les bases de l'État-providence ; - les bases d'un nouvel ordre international (création de l'ONU, procès de Nuremberg et de Tokyo, accords de Bretton Woods) ; - les nouvelles tensions : début de l'affrontement des deux superpuissances et conflits au Proche-Orient.	• 15 mars 1944 : le programme du CNR ; • 1948 : naissance de l'État d'Israël ; • 25 février 1948 : le « coup de Prague ».

CHAPITRE 2 Une nouvelle donne géopolitique : bipolarisation et émergence du tiers-monde

Objectifs du chapitre	Points de passage et d'ouverture
• Ce chapitre montre comment la bipolarisation issue de la Guerre froide interfère avec la décolonisation et conduit à l'émergence de nouveaux acteurs. • On peut mettre en avant : - les modèles des deux superpuissances et la bipolarisation ; - les nouveaux États : des indépendances à leur affirmation sur la scène internationale ; - la Chine de Mao : l'affirmation d'un nouvel acteur international ; - les conflits du Proche et du Moyen-Orient.	• 1962 : la crise des missiles de Cuba ; • Les guerres d'Indochine et du Vietnam ; • L'année 1968 dans le monde.

CHAPITRE 3 La France : une nouvelle place dans le monde

Objectifs du chapitre	Points de passage et d'ouverture
• Ce chapitre vise à montrer comment la France de l'après-guerre s'engage dans la construction européenne, comment elle cesse d'être une puissance coloniale et retrouve un rôle international, comment elle réforme ses institutions et ouvre davantage son économie. • On peut mettre en avant : - La IVe République entre décolonisation, guerre froide et construction européenne ; - La crise algérienne de la République française et la naissance d'un nouveau régime - Les débuts de la Ve République : un projet liant volonté d'indépendance nationale et modernisation du pays.	• La guerre d'Algérie et ses mémoires ; • Charles de Gaulle et Pierre Mendès-France deux conceptions de la République ; • La constitution de 1958.

THÈME 3 Les remises en cause économiques, politiques et sociales des années 1970 à 1991 (10-12 heures)

CHAPITRE 1 La modification des grands équilibres économiques et politiques mondiaux

Objectifs du chapitre	Points de passage et d'ouverture
● Ce chapitre vise à montrer les conséquences sociales, économiques et géopolitiques des chocs pétroliers (1973 et 1979), dans le cadre d'une crise économique occidentale qui caractérise la période, mais aussi ses profondes évolutions politiques : la démocratie trouve une nouvelle vigueur, de la chute des régimes autoritaires d'Europe méridionale (Grèce, Portugal et Espagne) à l'effondrement du bloc soviétique, tandis que la révolution iranienne marque l'émergence de l'islamisme sur la scène politique et internationale. ● On peut mettre en avant : - Les chocs pétroliers : la crise économique occidentale et la nouvelle donne économique internationale ; - libéralisation et dérégulation ; - la révolution islamique d'Iran et le rejet du modèle occidental ; - la démocratisation de l'Europe méridionale et les élargissements de la CEE ; - l'effondrement du bloc soviétique et de l'URSS.	● Ronald Reagan et Deng Xiaoping : deux acteurs majeurs d'un nouveau capitalisme ; ● L'année 1989 dans le monde

CHAPITRE 2 Un tournant social, politique et culturel, la France de 1974 à 1988

Objectifs du chapitre	Points de passage et d'ouverture
● Ce chapitre souligne les mutations sociales et culturelles de la société française pendant une période marquée par de nombreuses réformes et l'émergence de nouvelles questions politiques. ● On peut mettre en avant : - l'alternance politique avec l'élection de François Mitterrand ; - une société en mutation : évolution de la place et des droits des - femmes, place des jeunes et démocratisation de l'enseignement secondaire et supérieur, immigration et intégration ; - les transformations du paysage audiovisuel français, l'évolution de la politique culturelle et les nouvelles formes de la culture populaire.	● 1975 : la légalisation de l'interruption volontaire de grossesse : un tournant dans l'évolution des droits des femmes ; ● 1981 : abolition de la peine de mort ; ● L'épidémie du SIDA en France : recherche, prévention et luttes politiques.

THÈME 4 Le monde, l'Europe et la France depuis les années 1990, entre coopérations et conflits (8-10 heures)

CHAPITRE 1 Nouveaux rapports de puissance et enjeux mondiaux

Objectifs du chapitre	Points de passage et d'ouverture
● Ce chapitre vise à éclairer les tensions d'un monde devenu progressivement multipolaire en analysant le jeu et la hiérarchie des puissances. Seront mises au jour les formes et l'étendue des conflits ainsi que les conditions et les enjeux de la coopération internationale. ● On mettra en perspective : - les nouvelles formes de conflits : terrorisme, conflits asymétriques et renouvellement de l'affrontement des puissances ; - les crimes de masse et les génocides (guerres en ex-Yougoslavie, génocide des Tutsi) ; - l'effort pour mettre en place une gouvernance mondiale face aux défis contemporains (justice internationale, réfugiés, environnement).	● La fin de l'Apartheid en Afrique du Sud ● Le 11 septembre 2001.

CHAPITRE 2 La construction européenne entre élargissement, approfondissement et remises en question

Objectifs du chapitre	Points de passage et d'ouverture
● Ce chapitre vise à contextualiser les évolutions, les avancées et les crises de la construction européenne. ● On mettra en perspective : - le passage de la CEE à l'Union européenne : évolution du projet européen et élargissements successifs ; - Europe des États, Europe des citoyens : référendums et traités (Maastricht, traité constitutionnel de 2005, traité de Lisbonne...).	● Le tunnel sous la Manche. ● L'euro : genèse, mise en place et débats.

CHAPITRE 3 La République française

Objectifs du chapitre	Points de passage et d'ouverture
● Ce chapitre vise à montrer les évolutions constitutionnelles et juridiques de la République française, qui réaffirme des principes fondamentaux tout en s'efforçant de s'adapter à des évolutions de la société. ● On mettra en perspective : - la Cinquième République : un régime stable qui connaît de nombreuses réformes institutionnelles ; - la réaffirmation du principe de laïcité (2004) ; - les combats pour l'égalité ainsi que l'évolution de la Constitution et du Code civil en faveur de nouveaux droits (parité, PACS, évolution du mariage...).	● La parité : du principe aux applications ● L'approfondissement de la décentralisation

LE GUIDE DU LYCÉEN

L'année de Terminale, qui vient clore votre scolarité, est marquée par une série d'examens : vous allez passer la troisième série d'épreuves communes de contrôle continu, des épreuves terminales en philosophie et dans vos deux spécialités, ainsi que le Grand Oral. C'est aussi le moment de faire des choix pour vos études supérieures.

Ce cahier va vous aider à bien entamer l'année de Terminale. Vous y trouverez :

- Des pages, réalisées en partenariat avec l'ONISEP, pour vous aider à vous orienter : calendrier de l'année, présentation des grandes lignes de l'enseignement supérieur, mode d'emploi pour Parcoursup...
- Une présentation détaillée des épreuves.
- Des conseils et des méthodes concrètes pour apprendre à réviser efficacement et pour préparer vos épreuves.

Nous vous souhaitons une très bonne année de Terminale !

Sommaire

LA TERMINALE VERS LE BAC

Vos disciplines

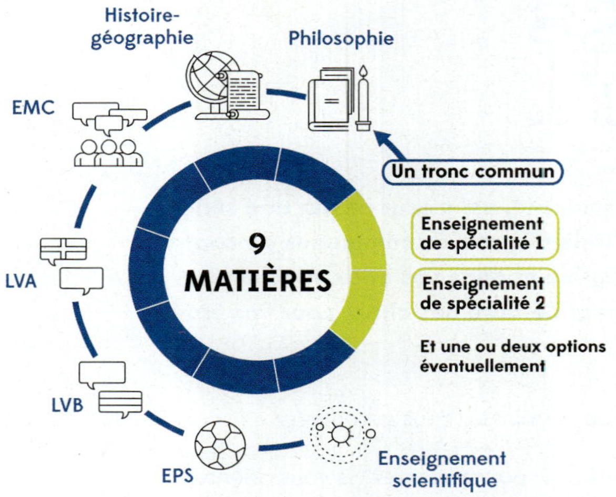

Votre calendrier*

- **Fin Mars** : Deux épreuves écrites de spécialités
- **3e trimestre** (*Dates au choix de votre lycée*) : Épreuves de contrôle continu (E3C)
- **Juin** : Épreuve écrite de Philosophie et « Grand Oral »

* Informations mises à jour en mars 2020

Toutes importantes, les disciplines seront évaluées et compteront dans votre note du Bac*

Le bulletin – 10 % DE LA NOTE

Vos bulletins pour valoriser votre travail régulier de première et terminale — **Coefficient 10**

Les épreuves communes de contrôle continu (E3C) – 30 % DE LA NOTE

Dont épreuve de spécialité arrêtée en première **Coefficient 5**

- **Histoire-Géographie et Enseignement scientifique**
  Épreuves écrites
  Coefficient 5 pour chaque matière
  y compris E3C de première
- **LVA et LVB**
  Épreuves écrites et orales
  Coefficient 5 pour chaque langue
  y compris E3C de première
- **EPS**
  Évaluation tout au long de l'année
  Coefficient 5

Les épreuves terminales – 60 % DE LA NOTE

Dont notes des Épreuves anticipées de français passées en première **Coefficient 10**

Une épreuve écrite de 3 ou 4 heures pour **vos deux enseignements de spécialité**

+ Numérique et Sciences Informatiques, Physique-Chimie Biologie et écologie et SVT
Une épreuve pratique de 1 heure

+ Arts, Langues littérature et cultures étrangères et régionales
Une épreuve orale

Coefficient 16 pour chaque enseignement de spécialité

Le « Grand Oral »
20 minutes de préparation
+ 20 minutes d'épreuve
› Sur une question adossée à l'une de vos spécialités
› Échange sur votre projet d'orientation
Coefficient 10

Philosophie
Épreuve écrite de 4 heures — **Coefficient 8**

Total des coefficients 100

* Informations mises à jour en mars 2020

... PUIS VERS LE SUPÉRIEUR

Les grands itinéraires de l'Enseignement supérieur

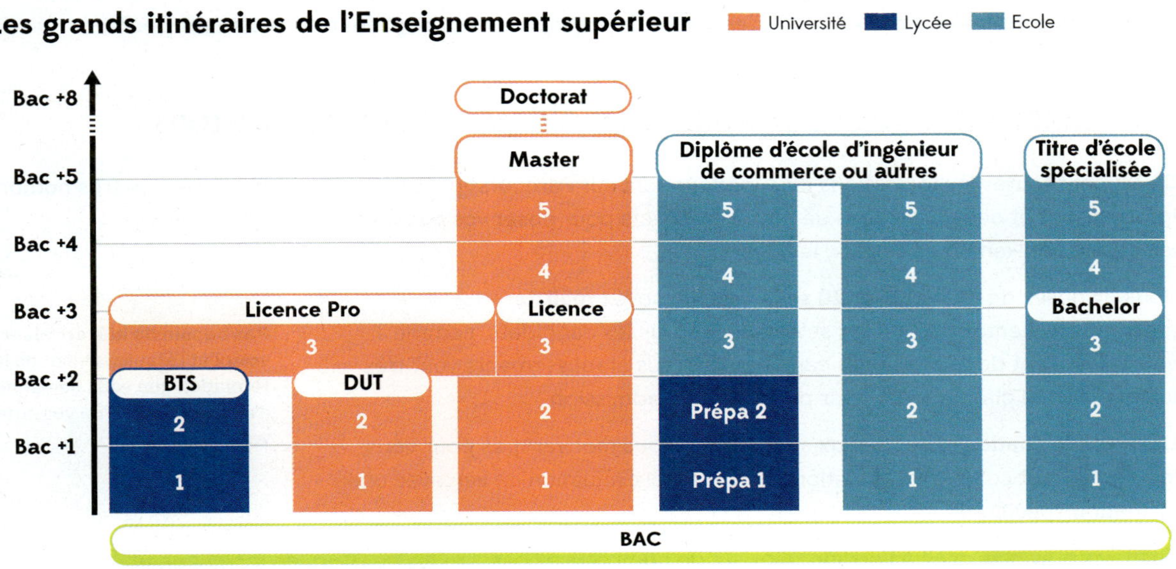

Ils témoignent de leur première année après le Bac

THÉO,
Première année de licence de Sciences de la Vie

« J'ai choisi l'Université car elle offre plusieurs parcours d'études et des matières nouvelles pour moi. Même si nous sommes plus encadrés que je ne l'imaginais, il faut travailler en autonomie et bien s'organiser entre les cours théoriques et les TP. J'espère partir en échange à l'étranger dès la L3. »

ZINEB
Première année de Prépa économique et commerciale

« Je voulais faire une école de commerce. Je craignais la prépa, j'en ai discuté avec des profs pendant les Portes ouvertes qui m'ont convaincue que je pouvais y arriver. Chaque semaine, 31 heures de cours, des colles orales, des devoirs sur table, et beaucoup de boulot à la maison pour assimiler des contenus volumineux très vite. Mais je ne regrette pas ! Il y a beaucoup de solidarité dans la classe. C'est stimulant. »

MAELLE,
IUT Info-Comm

« Grâce à mon dossier, j'ai pu entrer en IUT : un cursus court à l'Université, bien encadré avec la possibilité de poursuivre mes études. Je découvre des disciplines théoriques (marketing, droit...) et pratiques (graphisme, infographie...). C'est passionnant. J'ai hâte de débuter mon premier stage ! »

DIMITRI,
IFSI

« J'ai toujours voulu être infirmier en bloc opératoire. Mon dossier était un peu juste mais ma motivation et mes activités associatives m'ont permis de réussir l'entretien d'entrée. On alterne les cours théoriques et cliniques à la Fac ou dans l'IFSI et on a beaucoup de travail. J'ai effectué un premier stage et je suis encore plus motivé ! »

SARAH,
École d'ingénieur

« J'aimais les sciences et les TP au lycée, je voulais devenir ingénieure sans savoir dans quel domaine. J'ai réussi à intégrer une école généraliste qui me permettra de me spécialiser plus tard. Dans l'école, j'apprécie les projets en groupe, l'accès permanent à un matériel de pointe et la vie associative. »

Un lien ONISEP utile pour votre orientation
Ma première année en...

PARCOURSUP, QU'EST-CE QUE C'EST ?

C'est la plateforme nationale de préinscription à l'enseignement supérieur pour tous les élèves de terminale. En 2019, 97% des bacheliers généraux ont reçu au moins une proposition.

1 UN LARGE CHOIX DE VŒUX NON HIÉRARCHISÉS ET DES INFORMATIONS

- **Quasiment toutes les formations du supérieur** sont sur Parcoursup (15 000 formations !) avec de très **nombreuses informations** et des possibilités de contacts directs pour **poser vos questions** sur les contenus, les critères d'examen des vœux, les débouchés.
- Vous disposez de **10 vœux (et 20 sous-vœux)** : soyez **réaliste** et **ambitieux** (tentez des filières sélectives !). Tous les candidats, comme vous, déposent de nombreuses candidatures : les établissements vont très loin dans leurs classements pour proposer une admission .
- **Les attendus nationaux et locaux** sont là pour vous motiver (pas pour vous inquiéter), tout comme les questionnaires d'auto-évaluation en lien avec une formation spécifique.
- Enfin, vous avez **le droit à l'erreur** : il existe de nombreuses passerelles en cours de formation et un changement d'orientation est possible pour tous les Bac + 1 qui sont accueillis sur Parcoursup.

> ***Astuce***
>
> **Pas besoin de hiérarchiser vos vœux** et l'établissement de la formation que vous demandez n'est pas informé de vos autres vœux.

2 UNE PROCÉDURE AVEC UN CALENDRIER PRÉCIS ET DES OBLIGATIONS

Calendrier et check-list

- **Un calendrier**
  Ce calendrier vous laisse du temps de réflexion, coordonné avec le Bac et adapté à votre intégration dans le Supérieur.
- **Des modalités d'inscription**
  - Pour constituer votre dossier personnel à partir de votre INE, vous fournissez :
    - des informations sur votre état civil.
    - vos coordonnées, celles de vos représentants légaux (si vous êtes mineurs).
    - des informations sur votre scolarité passée en complément de celles fournies par votre lycée (bulletins de 1ère et Term, Fiche Avenir avec les appréciations de vos enseignants et l'avis du chef d'établissement).
  - Vous rédigez un **Projet de formation motivé** personnalisé adapté à chaque formation.
  - Vous remplissez soigneusement la rubrique « **Mes activités et centres d'intérêt** » qui peut renforcer vos candidatures.
  - Vous envoyez les documents complémentaires que demandent parfois certaines formations.

> ***À savoir***
>
> Le respect de la procédure par tous les élèves et les établissements est la condition de son bon fonctionnement.

3 DES ENSEIGNANTS QUI ÉTUDIENT VOTRE DOSSIER ET VOUS RÉPONDENT

- **Parcoursup n'est pas un robot ni un algorithme qui déciderait de votre orientation !**
  Toutes les formations vous répondront mais pas forcément en même temps : **surveillez les réponses** (sms, mail...) et votre compte Parcoursup.
- **N'oubliez pas de répondre** à chaque proposition dans les délais indiqués. Si plusieurs propositions vous sont faites il vous faudra choisir puis valider votre choix final et **vous inscrire définitivement**.

VOUS INFORMER SUR LES FORMATIONS

UNE DÉMARCHE À ANTICIPER

Votre démarche d'orientation ne doit évidemment pas attendre l'ouverture de Parcoursup. Peut-être ne savez-vous pas vraiment ce que vous voulez faire, vous avez plusieurs idées, ou encore vous avez une idée assez nette de ce que vous voulez faire.

S'INFORMER AVEC L'ONISEP

Dans tous les cas, **vous devrez vous informer sur les formations, leurs contenus, leurs modalités** (durée, sélective/non sélective, privée/publique, possibilité d'alternance ou de poursuite d'études, proximité...) et **leurs débouchés**.

L'ONISEP (**Office national d'information sur les enseignements et les professions**) vous fournit toute l'info sur les métiers et les formations :

- Le site onisep.fr, notamment la rubrique *Ma première année en...*
- monorientationenligne.fr vous met en contact avec un conseiller par téléphone, mail ou par tchat.
- Le site *Terminales* à retrouver sur orientation-lycees.fr
- Des revues, des guides, des Salons...
- Vous disposez de beaucoup de sources d'informations potentielles : contacts sur Parcoursup, Journées Portes Ouvertes, salons, forums, sites, Semaines de l'orientation et bien entendu vos enseignants, et les conseillers près de chez vous...

Notez bien que vos motivations pour une formation ou des débouchés ainsi que vos démarches d'orientation vous seront aussi utiles lors du Grand Oral.

VOTRE CALENDRIER PARCOURSUP

Novembre – Janvier	Recherche des informations sur Parcoursup
Janvier – Février	Inscription sur Parcoursup (voir votre check-list ci-contre)
Février – Avril	Constitution de votre dossier complet, saisie et confirmation de vos vœux
Mai – Juillet	Propositions des établissements : vous devez y répondre !
Juillet – Septembre	Éventuellement, phase complémentaire

Pensez à vous inscrire dans votre futur établissement !

VOTRE CHECK-LIST POUR VOUS INSCRIRE SUR PARCOURSUP

- **Une adresse électronique** que vous utiliserez jusqu'à la fin de la procédure.
- **Votre numéro INE** : il est composé de 11 caractères (1 ou 2 lettres, 10 ou 9 chiffres). Vous le trouverez sur vos bulletins scolaires. Si besoin, demandez-le à votre établissement.
- **Votre relevé de notes** aux épreuves anticipées du baccalauréat.
- **Le dernier avis d'imposition** de votre (vos) parents(s) ou tuteur(s) si vous demandez une classe préparatoire avec internat ou si vous souhaitez simuler une attribution de bourse.
- **Vos bulletins** de première et terminale.
- **Votre Projet de formation** motivé en 1 500 caractères, pour chaque formation.

PENSEZ AUSSI À :

- **Remplir les questionnaires d'auto-évaluation** demandés par certaines formations universitaires. Ils sont anonymes et vos résultats ne sont pas communiqués.
- **Remplir la rubrique « Mes activités et centres d'intérêts »**
- **Fournir dans les temps les documents complémentaires** que certaines filières peuvent vous demander (CV, lettres de motivation...).

onisep Nathan

ORGANISER SON TRAVAIL PERSONNEL

En terminale, vous allez passer vos dernières épreuves communes de bac en contrôle continu (E3C) et les épreuves finales. Vous allez aussi chercher à présenter le meilleur dossier scolaire possible pour réussir votre orientation postbac. Adoptez de bonnes habitudes de vie et de travail qui vous accompagneront tout au long de l'année et dans la suite de vos études.
Vous gagnerez en efficacité et en rapidité.

SOYEZ RIGOUREUX ET À JOUR

Soyez rigoureux

- Si vous êtes un peu désorganisé, continuez à **privilégier les cahiers** plutôt que les classeurs. Collez ou rangez directement les feuilles distribuées en cours. Numérotez-les.
- **Notez les devoirs dans votre agenda.** Un professeur peut toujours oublier de saisir un devoir dans l'espace numérique de travail (ENT).
- **Préparez votre sac la veille au soir.**

Connectez-vous

- **Consultez quotidiennement l'ENT** de votre lycée (Pronote, la-vie-scolaire, etc.).
- **Créez un dossier « favoris »** sur votre navigateur personnel. Regroupez-y les sites utiles : l'ENT de votre établissement, le site du lycée, Parcoursup, l'Onisep, le site Nathan, éventuellement votre Google drive, les blogs des professeurs, etc.

Communiquez et soyez collaboratif

- **N'hésitez pas** à créer **un groupe de type WhatsApp** avec toute votre classe. Posez-y vos questions et partagez les informations : cours déplacé, devoir reporté, dates d'examen, ouverture de Parcoursup, etc. S'il est d'accord et que votre établissement l'accepte, vous pouvez inclure votre professeur principal : c'est une garantie de sérieux.
- Proposez de créer des **groupes de travail**, au sein desquels vous pouvez **partager des fiches de révision collaboratives** (voir p. 18) et **organiser des séances de travail communes**.
- Si vous êtes absent, **faites-vous envoyer une photo des cours et des documents distribués**, sans attendre votre retour au lycée.

> *Conseil*
>
> **Équipez-vous !**
>
> Apportez votre **manuel** en cours et pensez à toujours avoir des **copies doubles** pour les contrôles. Une **montre** est indispensable pour bien **gérer votre temps** durant les devoirs sur tables, les E3C et examens finaux.

> *Conseil*
>
> - **Téléchargez les applications** correspondantes (Pronote, Nathan Live, Parcoursup, etc.) sur votre smartphone.
> - **Enregistrez vos identifiants et mots de passe** ; notez-les aussi dans un carnet.

FAITES UN PLANNING

Pourquoi faire un planning ?

- **Le planning crée des automatismes :** vous aurez moins de mal à vous mettre au travail, car cela deviendra un réflexe.
- **Le planning libère la tête :** vous éviterez le stress d'agir dans l'urgence, et la culpabilité de repousser à plus tard.

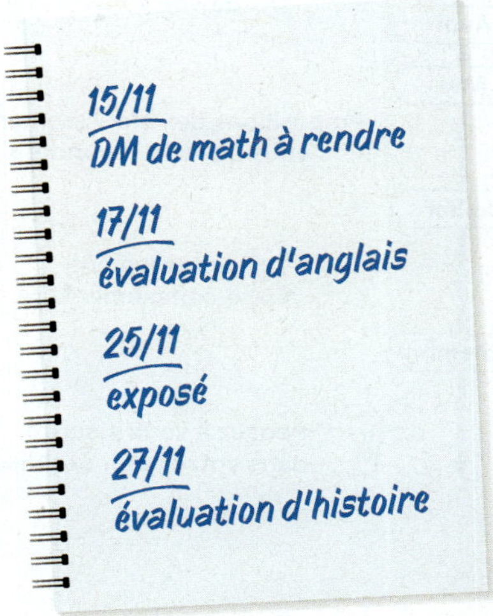

Comment être efficace ?

- **Notez votre emploi du temps** sur le planning et ajoutez :
  - les **activités extrascolaires** que vous pratiquez ;
  - les **temps de travail personnel** dont vous disposez.

  Utilisez une couleur différente par catégorie.

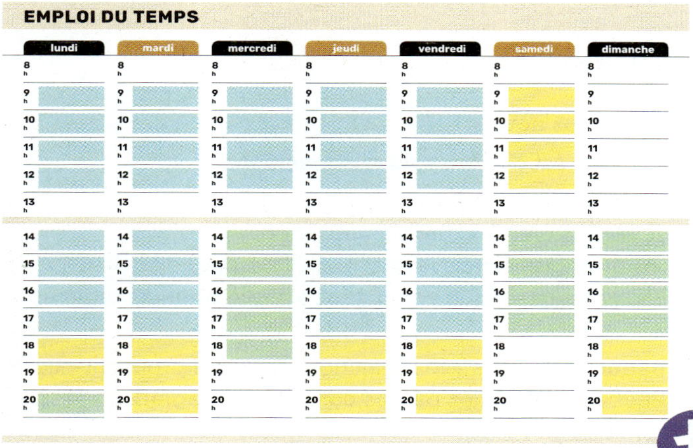

Emploi du temps

Conseil

Accrochez ce planning au-dessus de votre bureau, ainsi que le calendrier des semaines A et B. Si vous êtes en résidence alternée, faites-le apparaître.

En période d'examen

- **Établissez un planning de travail spécifique.** Notez-y les épreuves que vous avez à passer et fixez vos plages de révision en respectant certaines règles pour être efficace (voir p. 22).

TROUVEZ UN BON ÉQUILIBRE PERSONNEL

- Continuez à pratiquer vos **activités extrascolaires** et faites du sport ou de l'exercice quotidien.
- Mangez à tous les **repas**, sans oublier un solide **petit déjeuner**.
- Préservez votre temps de **sommeil**. Le manque s'accumule et a des impacts réels sur votre travail. Les heures de sommeil avant minuit sont les plus récupératrices !
- Ménagez-vous du **temps sans écran** notamment le soir avant le coucher, car la lumière des écrans freine la sécrétion de l'hormone d'**endormissement**. Les moments **sans écran** permettent aussi de **mieux se concentrer** pour travailler et de **lire** davantage. Pour cela, laissez votre smartphone dans une autre pièce ou **éteignez-le complètement.** Si vous n'arrivez pas à vous réguler seul, demandez à vos **parents** de **prendre** cela **en charge**.

Conseil

Regardez cette vidéo de l'Inserm. Elle explique comment la lumière, et surtout la lumière bleue des écrans, peut modifier nos performances intellectuelles, notre sommeil, notre humeur, mais aussi notre mémoire.

https://www.youtube.com/watch?v=8o5qnNzM_BO

Lien vers le site

FAIRE UNE FICHE DE RÉVISION

Faire une fiche de révision vous oblige à vous poser des questions et à vérifier que vous comprenez votre cours. En la créant, vous apprenez déjà, sans vous en rendre compte. Elle est ensuite un outil utile pour mémoriser vos connaissances.

QUELLES INFORMATIONS SÉLECTIONNER ?

- Il faut **trier**, **sélectionner** et **reformuler** vos notes.
- **Conservez le plan** du cours : c'est lui qui est à la **base du raisonnement**.
- **Reformulez les titres** du cours sous forme de **questions** : cela vous permet d'anticiper celles du professeur et vous exerce à la problématisation.
  Par exemple : « A. les interventions étrangères dans la guerre civile espagnole (1936-1939) » devient : « Pourquoi la guerre d'Espagne est-elle un enjeu géopolitique pour les régimes totalitaires ? »
- **Réfléchissez à l'utilité des informations** que vous avez sélectionnées. Que prouvent-elles ? Comment les **relier** aux autres ? Pour cela, n'oubliez pas les **connecteurs logiques**.
  Par exemple :

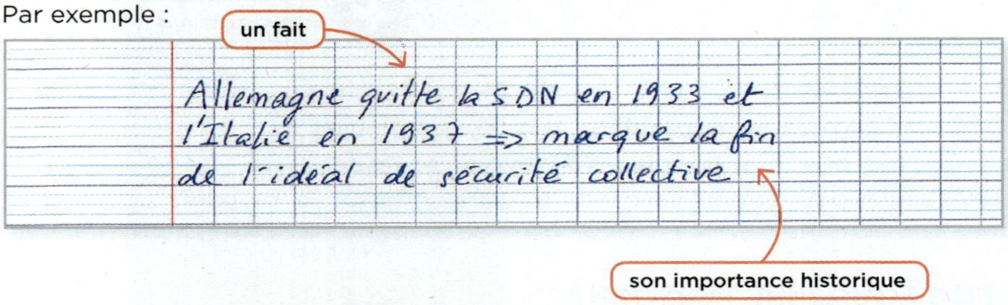

- **Associez** les **idées** à des **exemples**, comme pour une composition.

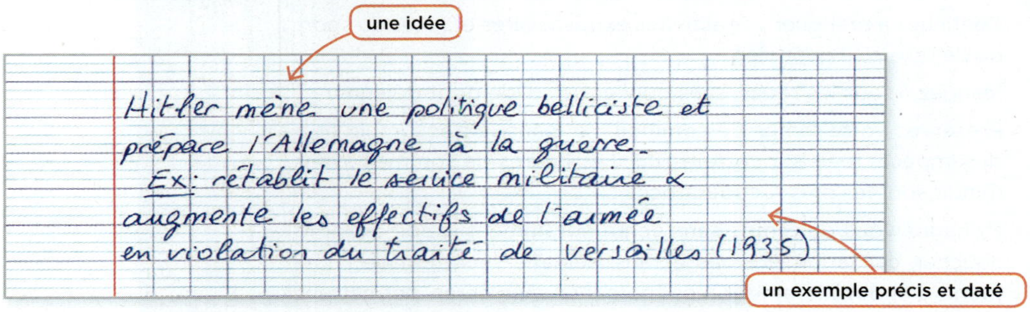

QUELLE FORME DONNER À VOTRE FICHE DE RÉVISION ?

- **Variez** la mise en pages en fonction de vos besoins. Soyez inventifs ! En transformant du texte en **schéma** ou **tableau**, vous faites un **effort** qui va vous aider à **comprendre** et à **mémoriser**.

- Les **tableaux** sont intéressants lorsqu'il faut **comparer** des phénomènes.

	URSS	Allemagne	Italie
Idéologie & objectifs	marxisme => société égalitaire sans classes sociales et sans État.	nazisme => domination de la race aryenne & conquête de l'espace vital	fascisme => retrouver la grandeur de l'Empire romain.

- Les **schémas** mettent en valeur un raisonnement et les **connexions** entre différents éléments. Ils peuvent **expliquer les origines** d'un phénomène et ses **conséquences**.

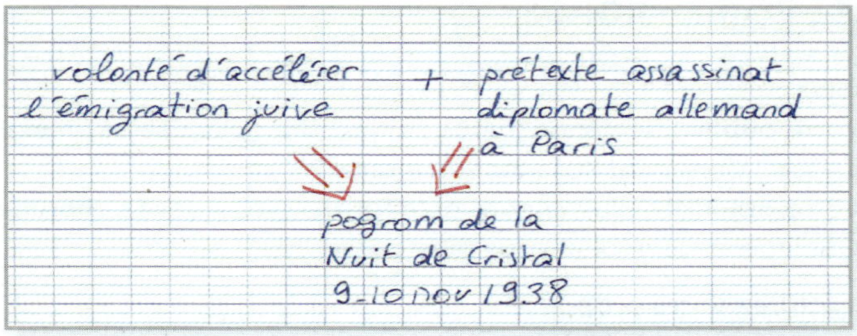

- Les **cartes mentales** exercent à catégoriser logiquement les connaissances.

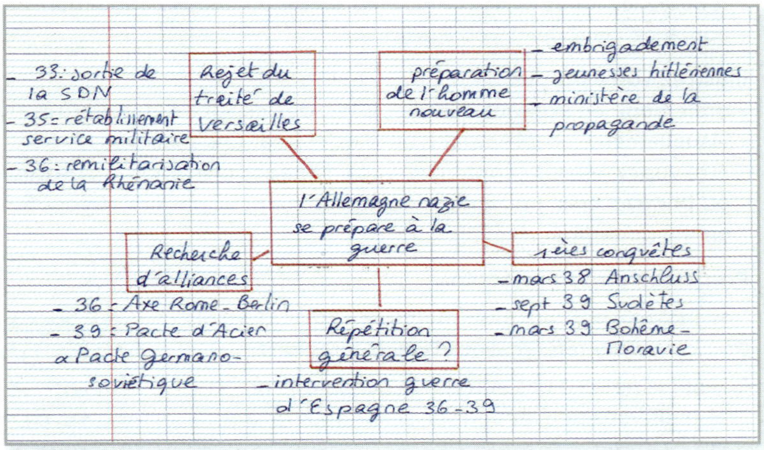

COMMENT UTILISER VOS FICHES ?

- Concevez-les de manière à pouvoir vous autoévaluer, c'est-à-dire à en **cacher une partie** pour **répondre aux questions** ainsi posées.

questions	Réponses	Exemples / arguments
qu'est ce que l'appeasement ?	politique du 1er ministre britannique N. Chamberlain qui cherche à satisfaire les demandes allemandes & ainsi éviter la guerre.	Accords de Munich : 30 sept 1938 Daladier & Chamberlain acceptent que l'Allemagne annexe les Sudètes.

S'EXPRIMER À L'ORAL

Exposés de tronc commun ou de spécialité, Grand Oral en juin, entretiens d'entrée dans les formations post-bac : les occasions de s'exprimer en public sont nombreuses en terminale et se poursuivent pendant les études supérieures et la vie professionnelle. Comme un acteur, l'orateur se donne en spectacle pour faire passer un message à un public. L'oral est un exercice technique qui s'apprend.

PRÉPAREZ VOTRE PROPOS

- **Ciblez :**
  - **votre public** : demandez-vous ce qu'il sait déjà. Est-ce un **examinateur**, votre **classe** ? Comment susciter son intérêt ?
  - **votre objectif** : plus encore qu'informer, vous devez **chercher à convaincre**. Quel message voulez-vous faire passer ?
- **Structurez votre propos :**
  - préparez un **plan clair** et **logique** et prévoyez de l'annoncer en **introduction** ;
  - soignez vos **transitions** : **mots de liaison** et **connecteurs logiques** sont essentiels à l'oral ;
  - **répétez les idées clés** pour qu'elles soient entendues et mémorisées par tous ;
  - **concluez** clairement votre propos.
- **Illustrez votre propos :**
  - **oralement**, en utilisant des **exemples**, des **citations**, des **chiffres** frappants ;
  - **visuellement**, en préparant un **diaporama**. Les diaporamas sont faits pour être vus et non lus : contentez-vous d'**images** bien choisies, de quelques **mots** ou **phrases clés**. Souvenez-vous qu'on ne peut pas lire et écouter quelqu'un en même temps.
- **Préparez votre trace écrite.**

  Vos notes sont un **aide-mémoire**, vous devez pouvoir vous y référer avec **aisance** et **rapidité.**

  Les notes ne sont pas autorisées pendant le grand oral, mais vous pouvez vous en servir pour réviser.

Exemple d'aide-mémoire pour un exposé portant sur de Germaine Tillion (1907-2008), ethnologue et résistante (chapitre 3)

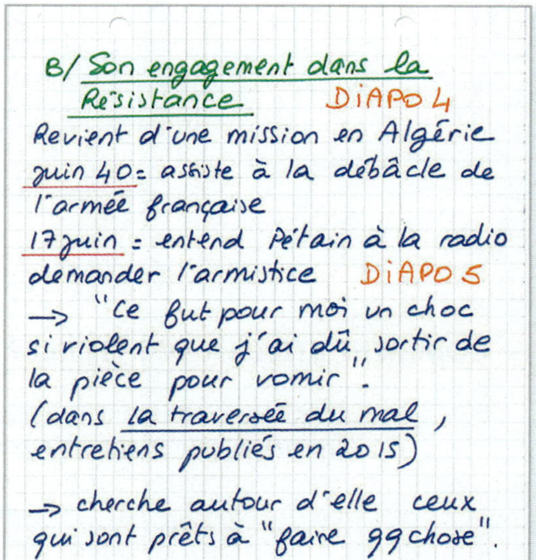
B/ Son engagement dans la Résistance DiAPO 4
Revient d'une mission en Algérie
juin 40 : assiste à la débâcle de l'armée française
17 juin : entend Pétain à la radio demander l'armistice DiAPO 5
→ "Ce fut pour moi un choc si violent que j'ai dû sortir de la pièce pour vomir".
(dans La traversée du mal, entretiens publiés en 2015)
→ cherche autour d'elle ceux qui sont prêts à "faire qq chose".
→ Participe à la création d'un réseau de Résistance avec ses collègues du Musée de l'Homme
DiAPO 6
/3

Conseil

- Utilisez de préférence des fiches cartonnées.
- Aérez votre texte. Écrivez gros, sur le recto seulement.
- Notez le plan et les mots clés en couleur.
- Ne rédigez pas de phrases, cela vous évitera de lire mot à mot.
- Notez à quel moment présenter vos diapositives.
- Numérotez vos fiches clairement ; si ce sont des feuilles, agrafez-les.

GÉREZ LE TRAC

Le trac est le stress ressenti à l'idée d'affronter un public. Il est normal. Apprendre à l'accepter et le gérer est nécessaire pour vous apaiser.

Entraînez-vous

- Travaillez votre **articulation**. Cherchez à parler avec une **diction claire** et limpide.
- **Répétez** votre oral. Mettez à contribution famille ou amis. À défaut, répétez devant un miroir. **Enregistrez-vous** et écoutez-vous. Pensez à ralentir le débit de votre parole.
- **Chronométrez-vous** pour évaluer la durée de votre présentation.

Préparez-vous physiquement et mentalement

- **Détendez votre corps :**
  Exercez-vous à respirer lentement, par le ventre en posant la main dessus. **Prenez l'habitude de vous étirer**, car vos muscles, notamment ceux des épaules, peuvent se tendre sans que vous n'en ayez conscience.
- **Visualisez la scène à l'avance.** Faites-la se dérouler mentalement à la perfection. Cela met votre cerveau dans les conditions du succès.

PENDANT L'ORAL

Contrôlez votre langage corporel

- **Soignez votre entrée.** Arrivez la **tête haute**, avec le **sourire**, et **regardez l'assemblée**. Attendez avant de commencer pour **capter** son **attention**.
- **Souriez.** Quel que soit le sujet, le sourire crée une **relation à l'autre positive**.
- **Regardez** votre **interlocuteur** ou votre **auditoire** en balayant la salle du regard.
- **Adoptez la bonne posture.** Que vous soyez **assis ou debout**, **tenez-vous droit**. Vous dégagez une **énergie** et une **confiance en soi** que l'auditoire perçoit. Utilisez l'espace disponible et occupez une **position centrale**.
- **Parlez avec les mains.** Faites des **gestes larges**, **variés** et **calmes** qui accompagnent votre propos.

Maîtrisez votre voix

- **Donnez du rythme à votre discours** pour maintenir l'attention du public :
  - parlez fort et variez rythme et intonations ;
  - pensez à la **ponctuation** et **articulez**, sans vous précipiter ;
  - utilisez la **puissance** de votre voix ou faites des **pauses** pour mettre en relief ou **insister** sur les points importants.
- **Partagez vos émotions.** Sentez-vous **concerné par le sujet**. L'auditoire veut être touché par la **conviction** de votre propos.

Conseil

Le trac est le stress ressenti à l'idée d'affronter un public. Il est normal. Apprenez à l'accepter pour vous apaiser. Visualisez la scène à l'avance : faites-la se dérouler mentalement à la perfection. Cette autosuggestion met votre cerveau dans les conditions du succès.

Conseil

Si vous projetez un diaporama : touchez ou montrez l'écran pour désigner ce dont vous parlez. Retournez-vous ensuite vers votre public avant de continuer à parler.

À retenir

Lorsque vous vous exprimez à l'oral, votre **auditoire** perçoit :
- un **message verbal** : le sens de vos mots ;
- un **message vocal** : l'intonation, le rythme, le volume et le son de votre voix ;
- **un message visuel** : les expressions de votre visage et votre langage corporel.

APPRENDRE SON COURS DE MANIÈRE EFFICACE ET DURABLE

L'oubli est un mécanisme naturel et systématique qui opère dans le cerveau jour et nuit. Les sciences cognitives nous apprennent que, pour conserver des savoirs et méthodes en mémoire, il faut suivre quelques règles d'or.

FAITES DES EFFORTS DE REMÉMORATION

- Plus l'**effort** fourni est grand, plus l'apprentissage est solide. Relire ses notes est donc une technique passive peu efficace.
- Il faut être **actif**, **s'interroger** sur sa leçon et **se tester**.

Soyez créatifs

- Fabriquez des **fiches de révision** (voir p. 18).
- **Créez** des **questionnaires** sur le cours.
- **Réfléchissez** aux **liens** entre ce que vous apprenez et vos **expériences personnelles**, **d'autres matières** ou **l'actualité** : plus vous créez de **connexions**, mieux vous retenez.

Si vous travaillez seul

- **Vocalisez** : comme un acteur qui apprend son texte, prononcer les informations à haute voix aide à les retenir.
- **Cachez** vos notes ou une partie de votre schéma et faites un effort de remémoration.

Si vous travaillez en groupe

- **Échangez** vos questionnaires, **interrogez-vous à tour de rôle**.
- **Expliquez** des points difficiles **à vos camarades** : l'effort de remémoration fourni vous sera encore plus bénéfique qu'à eux !

Conseil

Il est impossible au cerveau de faire deux choses conscientes en même temps. Par exemple : faire ses devoirs en écoutant de la musique ou en consultant Instagram de temps à autre.

RENOUVELEZ ET ESPACEZ VOS APPRENTISSAGES

- Pour bien comprendre et retenir un savoir, il faut **s'entraîner** un grand nombre de fois.

  Préparez un **planning** de travail sur la semaine (voir p. 17).
- Apprenez votre leçon **au fur et à mesure** des cours en la reprenant **à chaque fois depuis le début**.
- **Révisez** votre cours **deux ou trois fois durant la semaine** qui précède l'évaluation. Vous le connaîtrez mieux, et vous vous en souviendrez plus longtemps.
- À chaque séance, vous mettrez de moins en moins de temps et graverez vos souvenirs dans votre **mémoire à long terme**.
- Il ne sert à rien de relire quatre fois de suite votre leçon. **Espacez** vos apprentissages : vos efforts seront plus importants et votre mémorisation plus solide.

Conseil

Recopiez les règles d'or et affichez-les au-dessus de votre bureau.
Souvenez-vous : plus on apprend, plus on peut retenir !

BAC

LES ÉPREUVES COMMUNES DE CONTRÔLE CONTINU DE TERMINALE EN HISTOIRE-GÉOGRAPHIE

2 parties :
- Question problématisée **10 PTS**
- Analyse de document(s) **OU** Réalisation d'une production graphique **10 PTS**

Si la première partie du sujet porte sur l'Histoire, la deuxième porte sur la Géographie et inversement.

2 h — coeff. 5 — 3e trimestre

OBJECTIFS DE L'ÉVALUATION

Les épreuves communes de contrôle continu ont pour objectif d'évaluer votre aptitude à :
- mobiliser, au service d'une réflexion historique et géographique, des connaissances fondamentales pour la compréhension du monde et la formation civique et culturelle du citoyen ;
- rédiger des réponses construites et argumentées, montrant une maîtrise correcte de la langue ;
- exploiter, organiser et confronter des informations ;
- analyser un document de source et de nature diverses ;
- comprendre, interpréter et pratiquer différents langages graphiques.

L'ÉPREUVE

Cette épreuve comprend **deux parties**. Les deux sujets sont obligatoires : l'un porte sur l'Histoire, l'autre sur la Géographie.

PARTIE 1 – Réponse à une question problématisée 10 PTS

Il s'agit d'une réponse rédigée et construite. Vous devez montrer que vous avez acquis des capacités d'analyse, que vous maîtrisez des connaissances, savez les sélectionner et les organiser de manière à répondre à la problématique de la question.

En Terminale, contrairement aux épreuves de Première, l'intitulé de la question ne suggère pas les éléments de construction de la réponse.

PARTIE 2 10 PTS

Analyse de document(s)

L'analyse de document(s) est accompagnée d'une consigne suggérant une problématique. Le ou les document(s), en Histoire comme en Géographie, comporte(nt) un titre et, si nécessaire, un nombre limité de notes explicatives.

En Terminale, si la consigne suggère une problématique, elle ne donne pas, contrairement aux épreuves de Première, les éléments de construction de l'analyse.

OU

Réalisation d'une production graphique

Lorsque la production graphique est un croquis, ce croquis est réalisé à partir d'un texte élaboré pour l'exercice qui présente une situation géographique. Un fond de carte est fourni.
Vous devez faire preuve d'une plus grande autonomie qu'en Première pour identifier, organiser et hiérarchiser les éléments à représenter et construire la légende.
Dans le cas d'une autre production graphique, les consignes et les données servant à l'élaboration de cette production sont fournies avec l'exercice.

En Terminale, contrairement aux épreuves de Première, le texte ne comporte pas de sous-titres qui indiquent les grandes orientations pour la réalisation du croquis et la construction de la légende.

BAC

RÉPONDRE À UNE QUESTION PROBLÉMATISÉE

Cet exercice consiste à exposer des arguments de manière organisée pour répondre à la question. L'épreuve ne dure qu'une heure : il est important d'être méthodique.

Sujet

En quoi les années 1970 à 1991 marquent-elles le triomphe de l'idéologie capitaliste dans le monde ?

Conseil

Connaissances mobilisées

Chapitre 7, p.206

MÉTHODE

ÉTAPE 1 **Analyser la question.**

▸ Recopiez les **termes** de la question au **brouillon**, puis interrogez-vous sur chacun d'entre eux.

▸ Identifiez son **cadre spatio-temporel**.

ÉTAPE 2 **Sélectionner et organiser ses connaissances.**

▸ Mobilisez les **dates**, **idées** et **faits** qui sont nécessaires pour répondre à la question. Notez-les au **brouillon** pour ne rien oublier, mais ne rédigez pas.

ÉTAPE 3 **Construire le plan de la réponse.**

▸ Le plan forme la structure de **l'argumentation**.

▸ Chaque partie du devoir apporte des **éléments de réponse** à la question problématisée.

▸ Il peut être **thématique**, **chronologique** ou **mixte** (chronothématique).

APPLICATION GUIDÉE

→ « triomphe » suggère qu'il y a eu lutte entre plusieurs idéologies.

→ « idéologie capitaliste » renvoie au système économique libéral qui s'oppose à l'idéologie communiste, mais est aussi remis en cause dans son propre camp par ceux qui prônent le néolibéralisme.

→ les « années 1970 » sont marquées par la plongée dans la crise des économies capitalistes.

→ « 1991 » est l'année de la chute de l'URSS et donc de l'échec de son système communiste.

→ « dans le monde » suppose de choisir des exemples dans plusieurs continents.

Exemple de travail au brouillon :

Socialisme de marché en Chine :

→ allège contrôle de l'État.

→ ouvre ZES aux entreprises étrangères en 1980 / à tout le littoral en 1988 / tout le pays en 1992.

→ Un plan thématique convient ici. Il permet d'aborder les trois aires de changement majeures de la période.

Exemple :

I. A l'ouest : un capitalisme plus libre que jamais : l'installation du néolibéralisme.

II. En Chine : l'invention du socialisme de marché, ou le communisme à la mode capitaliste.

III. Dans le bloc de l'Est et en URSS : l'effondrement du communisme.

MÉTHODE

ÉTAPE 4 Introduire la question.

▶ **Définissez les termes** de la question et **justifiez ses bornes chronologiques** en rappelant le **contexte**, c'est-à-dire les éléments nécessaires à sa compréhension. Il peut être social, économique, politique, culturel.

▶ Rappelez la **question problématisée** ou « problématique ».

ÉTAPE 5 Rédiger sa réponse argumentée.

▶ Le **développement** est composé de **paragraphes**, repérés par des **alinéas**. Chacun correspond à une **idée directrice** à justifier.

▶ Chaque idée est accompagnée d'**exemples**, de termes, de dates et de **faits précis**.

ÉTAPE 6 Formuler les transitions.

▶ Entre deux paragraphes, les phrases de transition permettent de suivre la **logique du raisonnement**.Il faut utiliser pour cela des connecteurs logiques.

▶

ÉTAPE 7 Conclure le devoir.

▶ En conclusion, **résumez** en une phrase la **réponse à la problématique** exposée dans votre développement.

▶ Si vous avez le temps, proposez une **ouverture** qui évoque les **conséquences et suites possibles** du phénomène étudié.

APPLICATION GUIDÉE

Exemple d'introduction :

Depuis la fin de la Seconde Guerre mondiale, deux blocs se font face en défendant chacun leur idéologie : à l'Est, le communisme, et à l'Ouest, un système économique libéral, le capitalisme. Dans les dernières décennies de la guerre froide, le second semble cependant s'imposer partout dans le monde. Pourquoi et comment triomphe-t-il ?

Exemple pour la partie II, A

Idée : Le communisme chinois intègre une dose de capitalisme.

→ Argumentation et exemples : Dans ce « socialisme de marché » l'État donne plus d'autonomie aux entreprises et aux pouvoirs locaux, qui deviennent de véritables acteurs économiques. Deng Xiaoping autorise certaines villes et provinces à accueillir des investissements étrangers. Quatre Zones économiques spéciales (ZES) ouvrent ainsi en 1980.

Exemple de transition entre les parties I et II :

Néanmoins, cette tendance s'observe aussi hors du monde occidental.

Exemple de conclusion :

Les années 1970 à 1991 sont donc une période d'affirmation du capitalisme. Il se mue en néolibéralisme en Occident, transforme l'économie chinoise en « socialisme de marché » et accompagne l'effondrement et la disparition totale du communisme soviétique.

Au début du XXIe siècle cependant, face aux défis posés par la mondialisation et faute d'une gouvernance mondiale efficace, le libéralisme économique est décrié.

Conseil

- Faites bien attention à la **syntaxe**, à la **grammaire** et **l'orthographe**.
- Utilisez un **langage soutenu**, des phrases **simples** et **courtes**.
- Écrivez au **présent de narration**. Les événements ayant déjà eu lieu, le futur ne convient pas.
- **Sautez des lignes** entre l'introduction et le développement, puis entre celui-ci et la conclusion afin de mettre en valeur l'organisation de votre propos.
- Conservez 5 minutes pour la **relecture**.

BAC

ANALYSER UN DOCUMENT EN RÉPONDANT À UNE CONSIGNE

Pour analyser un document, il faut d'abord le comprendre, puis mobiliser les informations qu'il fournit, et enfin utiliser ses connaissances personnelles pour l'éclairer.

Conseil

Connaissances mobilisées

Chapitre 6, p.176

Consigne

Analysez les défis politiques, socio-économiques et coloniaux auxquels la IVe République est confrontée au début de la guerre froide.

1 La situation de la France en 1947

En mai 1947, les ministres communistes quittent le gouvernement et rejoignent le camp de l'opposition. Les conséquences de ce départ sont rappelées par Vincent Auriol, premier président de la IVe république de 1947 à 1954, dans son Journal.

De ce conseil[1] , je sors accablé et presque découragé. La séance a été terrible, non certes par le débat qui a été très élevé, mais par tout ce que nous avons appris. Tous les ministres font un louable effort et c'est avec une grande conscience qu'ils gèrent chacun leur département et ensemble les affaires de l'État. Mais les grèves des cheminots, les grèves qui s'allument un peu partout, puis les difficultés créées par le plan Marshall et l'attitude de l'Union soviétique, les complications qui ont suivi le discours de Truman, tout cela est exploité dans les usines et provoque à chaque instant des conflits sociaux. La conséquence en est une situation financière alarmante. Les gens apeurés retirent leurs fonds, les avances de la Banque de France, la nécessité de mesures pour colmater les fuites monétaires et financières et, par là même, les répercussions sur le coût de la vie – tout cela crée une situation épouvantable et les communistes attisent le feu partout. À côté de cela, des difficultés à Madagascar, dans les territoires de l'Union française – tout paraît se conjuguer contre nous alors que la France n'est pas encore sortie de l'abîme de ruines où elle se débat. Je me demande si nous parviendrons à vaincre ces difficultés. Si le pays était uni, oui. Voici que, en face des communistes, de Gaulle s'agite à son tour. Impossible de compter sur lui. J'ai fait des approches pour lui demander de suspendre son activité hostile, mais il demeure muré dans son orgueil et il est seul.

Vincent Auriol, *Journal du Septennat*, 1970.

1. Conseil des ministres du 11 juin 1947

MÉTHODE

ÉTAPE 1 Présenter le ou les document(s)

▸ Même si ce n'est pas précisé dans la consigne, présentez-le rapidement (nature, auteur, destinataire, contexte, idée générale) afin de dégager son intérêt pour répondre à la question posée.

ÉTAPE 2 Analyser la consigne.

▸ Bien qu'elle ne soit constituée que d'une ou deux phrases, la consigne propose souvent un plan à suivre qu'il faut repérer.

APPLICATION GUIDÉE

→ Ce document est un extrait du journal tenu au quotidien par Vincent Auriol, premier président de la IVe république de 1947 à 1954. Il y note en juin 1947 les difficultés auxquelles son gouvernement est confronté dans un contexte de décolonisation et de début de guerre froide.

→ Cette consigne appelle à construire une réponse en trois parties :

- *Les défis politiques (intérieurs et extérieurs)*
- *Les défis économiques et sociaux*
- *Les défis coloniaux*

BAC

MÉTHODE

ÉTAPE 3 **Comprendre le ou les document(s)**

▶ Lisez plusieurs fois le texte :
▶ une première fois pour en repérer **l'idée principale** ;
▶ puis plusieurs fois, le crayon à la main, pour repérer les **termes importants**, les éléments qu'il faut expliquer, **les mots difficiles**.

ÉTAPE 4 **Extraire les éléments utiles du document**

▶ Soulignez et annotez dans le texte les passages utiles et à citer.
▶ Utilisez une couleur différente pour chaque partie de la consigne

ÉTAPE 5 **Mobiliser ses connaissances**

▶ Utilisez vos connaissances personnelles pour **expliquer, compléter, confirmer ou infirmer** les éléments de réponse du texte.

ÉTAPE 6 **Rédiger la réponse à la consigne sur la copie**

APPLICATION GUIDÉE

→ Par exemple, lorsque vous soulignez l'expression « des difficultés à Madagascar » écrivez dans la marge : « révolte des Malgaches en 1947 très violemment réprimée ».

Pour le mot « conflits sociaux », notez : « grèves de mai-juin 1947 ».

Pour « l'abîme de ruines », écrivez : France encore en pleine reconstruction, 2 ans après la fin de la 2de GM »

La IVe République face :
I. Au défi politique
II. Au défi économique et social
III. Au défi colonial

→ Vincent Auriol écrit que « de Gaulle s'agite à son tour », et rappelle « son activité hostile ». Vos connaissances vous permettent de l'expliquer.

→ Depuis son départ en tant que chef du gouvernement en janvier 1946, de Gaulle ne cesse de s'opposer à la IVe République qu'il juge inefficace en appelant à un pouvoir présidentiel plus fort. Il crée en 1947 un nouveau parti, le RPF, pour s'opposer aux communistes et à la IVe République.

SUR VOTRE COPIE

Présentation du document et du sujet

Ce document est un extrait du journal tenu au quotidien par Vincent Auriol, premier président de la IVe République de 1947 à 1954. Il y note en juin 1947 les difficultés auxquelles son gouvernement est confronté dans un contexte de décolonisation et de début de guerre froide.

Annonce du plan

Tout d'abord, la France doit affronter des divisions politiques importantes alors que la IVe république n'est en place que depuis 1946. Ensuite, le pays doit faire face à des difficultés économiques et financières. Enfin, elle est confrontée aux revendications indépendantistes dans ses colonies.

Phrase d'introduction de la partie I

Le texte témoigne des débuts de la guerre froide et de ses répercussions sur la politique intérieure française.

Les difficultés liées à l'opposition communiste dans un contexte de guerre froide

En mai 1947, le départ des ministres communistes du gouvernement est le signe en France de la rupture entre le bloc soviétique contrôlé par l'URSS et le bloc occidental sous le leadership des États-Unis. (...)

Le défi posé par l'opposition gaulliste

Cependant, l'opposition communiste n'est pas la seule. Vincent Auriol écrit que « de Gaulle s'agite à son tour », et évoque « son activité hostile ». (...)

Phrase de conclusion de la partie I

La France est donc très divisée politiquement et la IVe république, encore très jeune, est attaquée de toutes parts.

Phrase d'introduction de la partie II

Depuis la fin de la guerre, la France connaît aussi des difficultés économiques et financières importantes.

Copie complète sur le site

CHAPITRE 1

L'impact de la crise de 1929 : déséquilibres économiques et sociaux

En quoi la crise des années 1930 ébranle-t-elle le capitalisme libéral ?

>> **Avec le krach boursier de Wall Street, l'économie mondiale connaît une violente crise entraînant une longue dépression économique** dont la plupart des pays ne sont pas pleinement remis à la veille de la Seconde Guerre mondiale. En 1932, au plus profond de la dépression, la production mondiale est de 40 % inférieure à celle de 1929, les prix ont chuté de près de 50 %, le commerce international s'est effondré et le chômage touche jusqu'à un actif sur quatre.

>> **Les mécanismes de diffusion de cette crise américaine au reste du monde sont bien connus.** En revanche, l'analyse des causes de la crise et donc des solutions à adopter est moins aisée. Les démocraties hésitent entre la fidélité aux principes libéraux et la recherche de nouvelles perspectives fondées sur l'intervention de l'État. Le malaise politique est d'autant plus fort que les régimes totalitaires comme l'URSS ou l'Allemagne nazie semblent mieux s'en sortir.

>> **L'échec de la concertation internationale à Londres en 1933 et le repli protectionniste des pays accentuent la crise.** Le monde des années 1930 est marqué par la montée des nationalismes, parfois agressifs et expansionnistes.

Vidéo
Dorothea Lange et la crise aux États-Unis

Textes dys
TOUS LES TEXTES EN VERSION DYS
lyceen.nathan.fr/lequintrecterm-2020

La détresse des *farmers* américains

Ce cliché fait partie d'une série de sept photographies prises dans un campement de cueilleurs de pois à Nipomo en Californie. Âgée de 32 ans, mère de sept enfants, Florence Owens Thompson (1903-1983), est devenue un symbole de la misère des années 1930 aux États-Unis. La photographe Dorothea Lange (1895-1965) était alors chargée par l'administration fédérale de promouvoir la politique menée en faveur des paysans.

Dorothea Lange, *Une famille de migrants fermiers à la recherche de travail*, Californie, 1936.

REPÈRES

L'impact de la crise de 1929

En Première

- Vous avez étudié les mutations profondes de la société française liées à l'industrialisation et l'urbanisation, dans un contexte de forte croissance économique entre 1896 et 1914, qualifié rétrospectivement de « Belle Époque ».

Dans ce chapitre

Nous allons étudier la crise économique mondiale de 1929 et ses conséquences sur les sociétés capitalistes et sur les systèmes politiques à court, moyen et long terme.

Frise interactive

1928 · 1929 · 1930 · 1931 · 1932 · 1933 · 1934 · 1935 · 1936 · 1937 · 1938

ÉTATS-UNIS

Janv. 1929 › janv. 1933
PRÉSIDENCE DE HERBERT HOOVER

Janv. 1933 › janv. 1937
PRÉSIDENCE DE F.D. ROOSEVELT
1er mandat

Janv. 1937 › janv. 1941
F.D. ROOSEVELT
2e mandat

24 octobre 1929
Début du krach boursier de Wall Street

Mars 1933
F.D. Roosevelt lance le *New Deal*

1935
Création d'une assurance chômage aux États-Unis (*Social Security Act*)

Septembre 1937
Nouvelle récession américaine

MONDE

1928
Premiers signes d'une crise de la surproduction en Amérique latine

Oct. 1930
Révolution au Brésil, coup d'État de Getúlio Vargas

1931
Diffusion de la crise en Europe

Sept. 1931
Dévaluation de la livre sterling

Janvier 1933
Hitler devient chancelier de l'Allemagne

Juin 1933
Échec de la conférence internationale de Londres

1934
Mussolini lance une politique d'autarcie en Italie

1936
Keynes publie *Théorie générale de l'emploi, de l'intérêt et de la monnaie*

Mai › juin 1936
Victoire électorale du Front populaire en France ; accords Matignon

Nov. 1936
L'Allemagne nazie donne la priorité à l'autarcie et au réarmement

Points de passage

Les conséquences de la crise de 1929 en Amérique latine

Durement touchée par la surproduction agricole, l'Amérique latine voit se multiplier les dictatures populistes.

1933 : un nouveau président des États-Unis, F.D. Roosevelt, pour une nouvelle politique économique, le *New Deal*

Pour sortir les Américains de la dépression, F.D. Roosevelt leur propose une « Nouvelle Donne ».

Juin 1936 : les accords Matignon

Négociés avec les syndicats, ces accords symbolisent les réformes sociales du Front populaire.

Les mécanismes de la crise

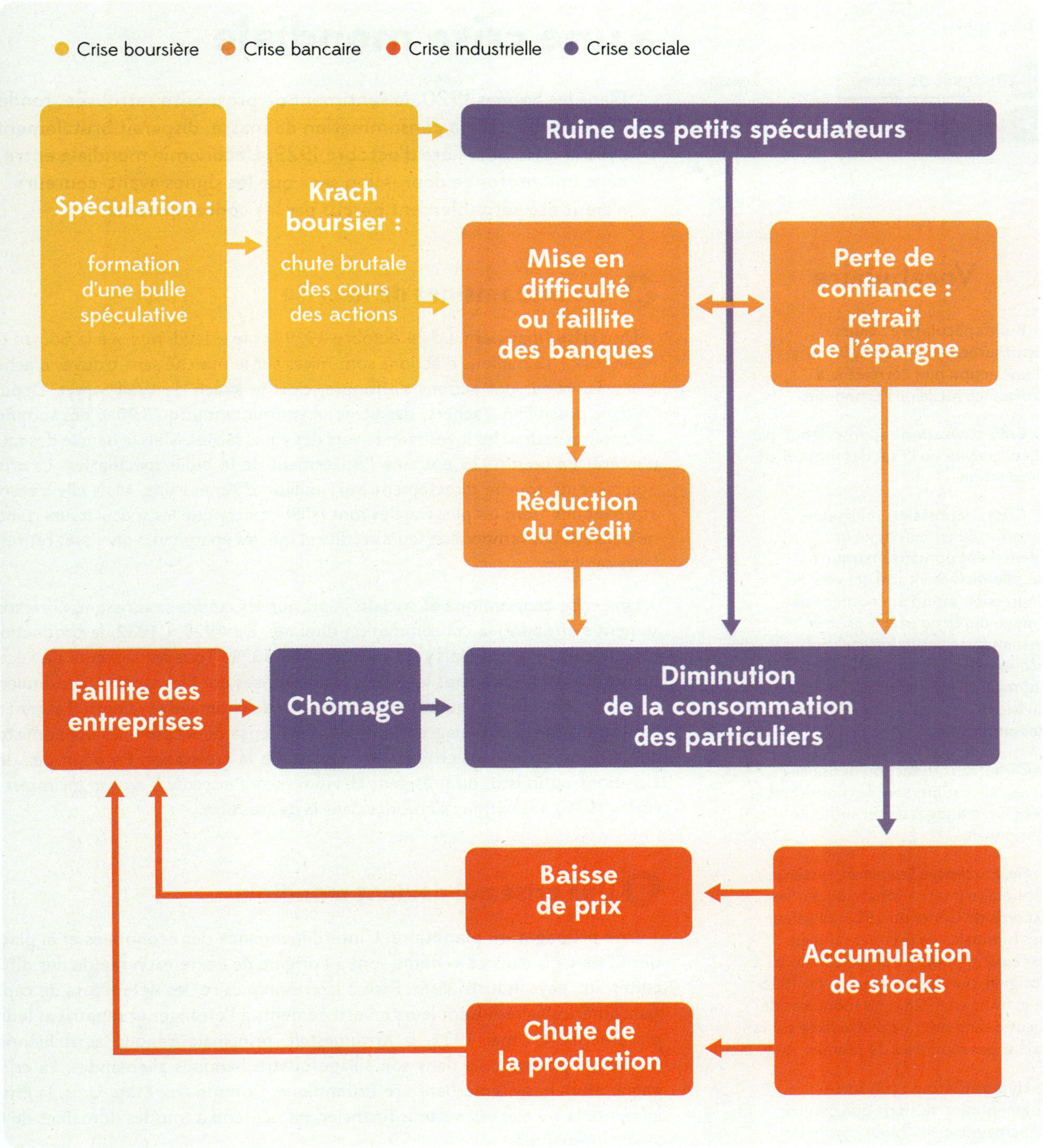

COURS

> Repères p. 30
> Dossiers p. 34, p. 35
> Biographies p. 342

Podcast du cours

Vidéo

La crise de 1929

1. D'une crise américaine à une crise mondiale

Dans les années 1920, le sentiment de prospérité retrouvée, fondé sur les débuts de la consommation de masse, disparaît brutalement avec la crise boursière d'octobre 1929. L'économie mondiale entre dans une profonde dépression sans que les signes avant-coureurs n'aient été véritablement perçus par les contemporains.

A Les mécanismes de la crise

Une crise financière. Le 24 octobre 1929 est le « Jeudi noir » à la Bourse de New York : 13 millions d'actions sont mises sur le marché sans trouver d'acheteurs. La valeur des actions s'effondre, c'est le **krach** de Wall Street. Depuis 1926, la possibilité d'acheter des titres en empruntant jusqu'à 90 % des sommes nécessaires attirait les investisseurs vers des gains faciles. Mais la hausse des taux d'intérêt en août 1929 entraîne l'éclatement de la **bulle spéculative**. La crise boursière ne touche directement qu'1 million d'Américains. Mais elle s'étend aux banques, dont les plus fragiles font faillite, parce que les spéculateurs ruinés ne peuvent pas rembourser leurs crédits et que les épargnants paniqués retirent leurs capitaux.

Une crise économique et sociale. Alors que les crédits se tarissent, l'investissement s'effondre, la consommation diminue. De 1929 à 1932, la production industrielle des États-Unis recule de près de 50 %. Tous les secteurs de l'économie sont entraînés dans la **crise**. Les entreprises dont les stocks s'accumulent déposent leur bilan, ce qui engendre la hausse du chômage et ralentit d'autant la consommation des ménages. L'ampleur de la crise déboussole les économistes libéraux, qui attendent en vain une reprise de la croissance. En dépit des déclarations optimistes du président H. Hoover : « *Prosperity is around the corner* » (mars 1930), l'Amérique s'enfonce dans la **dépression**.

B Une crise qui devient mondiale

Une propagation planétaire. L'interdépendance des économies et la place des États-Unis dans ce système sont à l'origine de l'extension rapide des difficultés aux pays industrialisés. Face à la crise bancaire, les détenteurs de capitaux américains réduisent leurs investissements à l'étranger et rapatrient leurs placements. En mai 1931, la *Kreditanstalt*, principale banque autrichienne, ferme ses portes, puis dans son sillage quatre banques allemandes. La crise gagne alors le système bancaire britannique. Comme aux États-Unis, la crise alimente la crise et, du secteur financier, elle s'étend à tous les domaines de la vie économique.

Des spécificités nationales. Les pays d'Amérique latine sont rapidement touchés. La contraction du marché des États-Unis et la baisse des prix affectent violemment ces économies centrées sur l'exportation de produits agricoles. La France, moins dépendante du commerce international, est atteinte plus

Vocabulaire

- **Bulle spéculative** : hausse démesurée et arbitraire du cours d'une action non corrélée à la croissance réelle de l'économie.
- **Collectivisation** : appropriation par la collectivité ou l'État des moyens de production.
- **Crise/dépression** : alors que le terme de crise désigne un événement ponctuel marqué par un ralentissement de l'activité, la dépression est un phénomène de longue durée qui suit la crise et se manifeste par une stagnation économique et le maintien d'un chômage élevé. Il faudrait donc parler de la crise de 1929 et de la dépression des années 1930.
- **Déflation** : réduction des salaires et des allocations sociales pour rétablir l'équilibre budgétaire et soutenir la monnaie.
- ***Gold Exchange Standard*** : système monétaire international créé par les accords de Gênes en 1922. La valeur des monnaies de premier rang est fixée par rapport à l'or (seul le dollar à l'origine, puis la livre sterling en 1925 et le franc en 1928) ; les monnaies de second rang ont une parité fixée sur la valeur des monnaies de premier rang.
- **Hyperinflation** : très forte augmentation des prix que connaît l'Allemagne en 1923 en raison des excès d'émission monétaire et des pénuries.
- **Krach** : effondrement brutal du cours des actions à la Bourse.

tardivement, mais durablement. Seule l'URSS semble échapper à cet engrenage : alors que Staline lance la **collectivisation** accélérée de l'économie, elle affiche des statistiques triomphantes et proclame la supériorité du socialisme sur le capitalisme.

- **La contraction du commerce international.** Le commerce international décline d'autant plus que les États choisissent très vite de protéger leur production nationale en renforçant le **protectionnisme**. Entre 1929 et 1933, la valeur du commerce mondial diminue de plus des deux tiers.

C Des éléments d'explication

- **Une prospérité factice.** Bien que les économistes s'opposent encore aujourd'hui sur les interprétations de la crise, certains éléments de déstabilisation de l'économie sont incontestables. Aux États-Unis, les dangers des crédits à la consommation et de la **spéculation** boursière avaient été perçus dès 1927 par les observateurs les plus perspicaces. En Europe, au contraire, la permanence de comportements d'épargne hérités de la culture paysanne, d'une part, et la faiblesse du pouvoir d'achat du monde ouvrier, d'autre part, maintiennent à un niveau faible la consommation des ménages. De ce fait, les stocks de produits industriels s'accumulent dans les économies développées et la surproduction agricole apparaît dès 1927 en Amérique latine.

- **Les difficultés financières européennes.** Le Royaume-Uni et la France sont touchés par d'importants déséquilibres financiers lorsqu'ils rétablissent la convertibilité en or de leur monnaie (en 1925 pour la livre sterling et en 1928 pour le franc) dans le cadre du ***Gold Exchange Standard***. La surévaluation monétaire dessert leurs exportations, ce qui entraîne l'aggravation des déséquilibres financiers au début des années 1930. De son côté, l'économie allemande ne connaît qu'un rétablissement précaire et dépendant des capitaux étrangers après l'**hyperinflation** qui l'a frappée en 1923. Quand les capitaux américains se retirent en 1929, l'Allemagne est obligée de pratiquer une **déflation** très sévère, qui aggrave les difficultés sociales.

Vocabulaire

◆ **Protectionnisme :** mise en place de barrières douanières par l'État (taxes, quotas) pour protéger le marché national des importations étrangères.

◆ **Spéculation :** achat d'actions pour obtenir un gain rapide en les revendant à un cours plus élevé. Quand elle entraîne une hausse artificielle des cours, sans rapport avec la croissance réelle de l'économie, on parle de bulle spéculative.

Réviser son cours

1. **Par quels mécanismes les États-Unis sont-ils passés d'une crise boursière à une crise bancaire, puis à une crise industrielle ?**
2. **Pourquoi la crise devient-elle en quelques mois planétaire ?**
3. **Quelles sont les principales causes de la crise de 1929 ?**

La diffusion mondiale de la crise de 1929

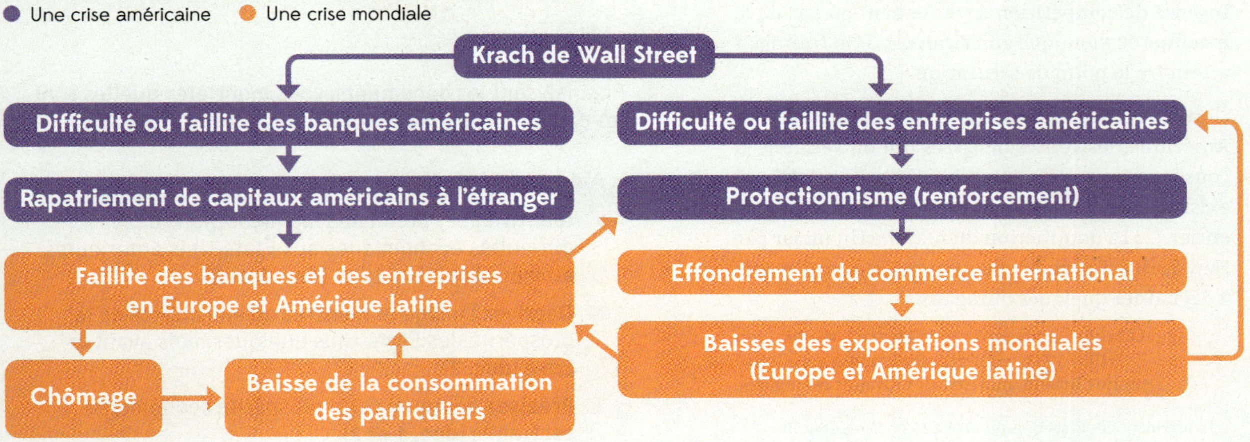

> Cours p. 32

Les causes de la crise économique

Au plus fort de la prospérité américaine, se manifestent cependant les premiers signes de la crise à venir que certains observateurs avaient déjà bien identifiés.

1 Des signes avant-coureurs

Lettre du 12 mars 1928

Ma lettre du 5 mars entretenait votre Excellence de la question du chômage aux États-Unis qui, en dépit des affirmations optimistes du président[1] et du Parti républicain contrarié par tout ce qui jette une ombre sur la prospérité nationale, semble bien prendre un certain développement. [...] Le nombre de chômeurs dans tout le pays serait actuellement de 4 millions, ce qui signifierait qu'un salarié sur dix serait sans emploi. Les grandes villes comme New York et Philadelphie sont spécialement affectées et la situation est devenue telle qu'elle dépasse les forces des associations charitables. [...]

Lettre du 30 mai 1928

Actuellement, les affaires en Amérique ne sont plus conduites sur une base purement économique. La vanité, l'esprit d'émulation, qui sévit partout avec excès et dénature le caractère des luttes sportives, a également envahi le monde des affaires. Chaque entreprise se propose chaque année d'augmenter le chiffre de ses ventes et tend ses forces souvent au-delà de toute prudence et de tout bon sens pour y parvenir. [...] De grandes entreprises comme *General Motors* essaient actuellement de réagir mais l'esprit insensé de compétition sévit de haut en bas de la machine économique américaine. [...] On finira par atteindre le point de saturation. [...]

Il est certain que si une crise se produisait en Amérique, les ventes de titres qui en seraient la conséquence avec le tempérament spéculatif qui existe ici seraient une catastrophe pour le monde entier. [...] La domination du marché financier par New York est probablement appelée dans l'avenir à déchaîner quelques ouragans.

Paul Claudel, ambassadeur de France à Washington (1927-1933), courriers diplomatiques adressé à Aristide Briand, ministre des Affaires étrangères.

1. Le président des États-Unis de 1923 à 1929, le républicain Calvin Coolidge, affichait une confiance absolue dans le libéralisme et l'initiative individuelle.

2 Une frénésie de consommation

Couverture du magazine américain *House Beautiful*, publié pour Noël 1928. Bibliothèque des Arts décoratifs, Paris.

Objectif BAC

Consigne

En analysant les documents, vous montrerez quelles sont les causes de la crise économique de 1929.

Aide pour répondre à la consigne

1. **Identifiez** les premières manifestations des difficultés économiques aux États-Unis antérieures au mois d'octobre 1929 (**doc. 1 et 2**).
2. **Décrivez** l'image et **montrez** qu'elle atteste de la prospérité des États-Unis quelques mois avant la crise (**doc. 2**).
3. **Précisez** pourquoi cette prospérité économique est fragile (**doc. 1 et 2**).
4. **Expliquez** pourquoi la crise américaine s'est très vite étendue au reste du monde (**doc. 1 et 2**).

> Cours p. 32
> Biographies p. 342

Une crise de la pensée économique

Au-delà des effets dévastateurs de la crise, celle-ci amène les contemporains à s'interroger sur le capitalisme libéral dominant à l'époque. Ainsi, et bien que les hommes politiques restent très imprégnés par les principes du libéralisme, les idées keynésiennes s'imposent progressivement.

1 La « philosophie » d'un président libéral

Cette campagne est plus qu'un affrontement entre deux hommes, elle est plus qu'un affrontement entre deux partis. Elle est un affrontement entre deux philosophies du gouvernement. L'opposition nous dit qu'il nous faut un changement, qu'il nous faut une nouvelle donne. Ce n'est pas contre le changement résultant du développement normal de la vie nationale que je m'élève, mais contre la proposition de modifier les fondements entiers de notre vie nationale [...] et des principes sur lesquels nous avons construit la Nation. [...]

Il y a une chose que je puis dire sans nul doute, c'est que l'esprit du libéralisme est de créer des hommes libres : ce n'est pas d'imposer une stricte discipline aux hommes. Ce n'est pas l'extension de la bureaucratie. [...] On ne peut pas étendre la maîtrise du gouvernement à la vie quotidienne d'un peuple sans rendre, quelque part, ce gouvernement maître de l'âme et des pensées des gens. [...] Chaque pas dans cette direction empoisonne les racines mêmes du libéralisme. Il empoisonne l'égalité politique, la liberté d'expression, la liberté de la presse et l'égalité des chances. C'est le chemin non pas vers la liberté, mais vers moins de liberté. Le vrai libéralisme se trouve non pas dans l'effort pour répandre la bureaucratie, mais dans l'effort pour lui imposer des limites. [...] Le libéralisme [...] émane de la profonde prise de conscience que l'on ne saurait sacrifier la liberté économique si l'on est censé préserver la liberté politique.

Herbert Hoover, discours électoral, 31 octobre 1931.
Traduit par Christine Laferrière, dans Claude Fohlen, *De la crise à la victoire*, Presses universitaires de Nancy, 1988.

2 L'analyse keynésienne de la crise

L'économiste anglais J.M. Keynes, à l'origine d'un courant majeur de pensée économique, propose comme solution à la crise, l'évolution nécessaire du capitalisme libéral.

Les deux vices marquants du monde économique où nous vivons sont le premier que le plein emploi n'y est pas assuré, le second que la répartition de la fortune et du revenu y est arbitraire et manque d'équité. [...]

Il est d'une importance vitale d'attribuer à des organes centraux certains pouvoirs de direction aujourd'hui confiés pour la plupart à l'initiative privée. [...] L'élargissement des fonctions de l'État, nécessaire à l'ajustement réciproque de la propension à consommer et de l'incitation à investir, semblerait à un publiciste[1] du XIXe siècle ou à un financier américain aujourd'hui une horrible infraction aux principes individualistes. Cet élargissement nous apparaît au contraire et comme le seul moyen d'éviter une complète destruction des institutions économiques actuelles et comme la condition d'un heureux exercice de l'initiative individuelle. [...]

Mais aussitôt que les organismes centraux auront réussi à rétablir un volume de production correspondant à une situation aussi voisine que possible du plein emploi, la théorie classique reprendra ses droits.

J.M. Keynes, *Théorie générale de l'emploi, de l'intérêt et de la monnaie*, 1re éd. 1936, Payot, 1988.

1. Journaliste

Objectif BAC

Consigne

En analysant les documents, vous montrerez en quoi la dépression des années 1930 ébranle la pensée économique libérale.

Aide pour répondre à la consigne

1. **Précisez** le contexte précis dans lequel le discours de H. Hoover s'inscrit (**doc. 1**).
2. **Montrez** que H. Hoover et J.M. Keynes sont tous les deux préoccupés par la situation sociale issue de la crise (**doc. 1 et 2**).
3. **Expliquez** au nom de quoi H. Hoover refuse l'intervention de l'État dans l'économie (**doc. 1**).
4. **Analysez** la solution proposée par J.M. Keynes pour lutter contre la crise économique et **montrez** qu'elle correspond précisément à ce à quoi H. Hoover s'oppose (**doc. 1 et 2**).

> Repères p. 30
> Dossier p. 38
> Point de passage p. 40
> Biographies p. 342

Podcast du cours

2. Un désastre économique et social

Le développement massif du chômage et la surproduction agricole confrontent les sociétés développées à une misère inédite. Cela les amène à s'interroger sur le bien-fondé d'un système économique capable de passer si brutalement de l'opulence à une profonde détresse.

A L'explosion d'un chômage de masse

Une situation inédite. L'effondrement de la production touche d'abord les secteurs issus de la révolution industrielle (acier, automobile, biens de consommation), entraînant la destruction massive d'emplois ouvriers. Dans les pays industriels, plus de 30 millions de personnes sont au chômage complet en 1932, contre 10 millions en 1920, dont 13 millions aux États-Unis. Il faut ajouter à cela un nombre mal connu car peu recensé, de travailleurs victimes du **chômage partiel**.

Un dénuement total. Excepté au Royaume-Uni, qui a créé l'allocation chômage en 1911 *(National Insurance Act)*, ceux qui ont perdu leur emploi ne bénéficient pas de secours officiel et se trouvent plongés dans une misère absolue. Beaucoup perdent leur logement, sont réduits à la mendicité et survivent grâce au développement de soupes populaires *(Bread Lines)* et d'asiles de nuit. Des bidonvilles apparaissent aux abords des grandes villes américaines ; ils sont nommés par dérision « hoovervilles ». Les mariages et la natalité régressent fortement tant les perspectives d'avenir sont sombres.

La montée de la contestation sociale. Les cortèges de déshérités se multiplient un peu partout, afin d'alerter les pouvoirs publics. En France, les chômeurs organisent de spectaculaires « marches de la faim », pour exiger « du travail et du pain ».

B Le malaise des campagnes

Surproduction et sous-alimentation. Contrairement à l'industrie, l'offre de produits agricoles se maintient, voire augmente. La chute des prix de matières premières incite en effet les agriculteurs à produire davantage pour compenser la perte de revenu. Mais la surproduction accentue la chute des cours agricoles. Certains agriculteurs refusent alors de vendre leur production à un prix dérisoire et choisissent de détruire les stocks, alors même que des millions d'Américains souffrent de sous-nutrition. Au Brésil, l'absence de débouchés oblige à détruire le café ou à s'en servir comme combustible dans les locomotives.

La misère paysanne. Endettés pour moderniser leur exploitation, certains *farmers* américains sont contraints de céder leur terre à bas prix et de migrer vers la Californie, qu'ils perçoivent comme un « paradis » où ils pourront retrouver la prospérité. Le cas des *Okies*, les habitants de l'Oklahoma qui prennent la Route 66, a été immortalisé par le roman de John Steinbeck *Les Raisins de la*

Vocabulaire

Antiparlementarisme : opposition au régime parlementaire et au régime d'assemblée, considérés comme favorisant la corruption, l'indécision et l'instabilité ministérielle.

Chômage partiel : réduction plus ou moins importante du temps de travail par rapport à la durée légale, accompagnée d'une baisse correspondante du salaire.

Populisme : discours politique qui se développe pendant les périodes de crise économique et qui prétend défendre le peuple, les « petits », contre les « gros ». Derrière la dénonciation du système politique, le populisme cherche souvent à mettre en place un régime autoritaire.

LE SENS DES MOTS

« Hoovervilles »

Ce terme créé d'après le nom du président des États-Unis, Herbert Hoover, au début de la crise, désigne une série de bidonvilles apparue aux États-Unis lors de la dépression des années 1930. Implantés sur des terrains publics ou abandonnés, certains perdurèrent jusqu'en 1940. Ils témoignent de l'extrême pauvreté de la population et de la défiance à l'égard du président Hoover accusé de ne pas avoir pris de mesures efficaces pour venir en aide aux plus démunis.

colère (1939) et les célèbres photographies de Dorothea Lange, chargée par la *Farm Security Administration* de témoigner de la difficile situation des paysans. En France, les paysans sont durement touchés par la chute des prix agricoles (de 50 % à 60 %).

C Des inégalités porteuses de tensions sociales

- **Le renforcement des inégalités.** Si les victimes de la crise sont nombreuses, certains individus restent épargnés, voire avantagés par la situation. Les détenteurs d'obligations, les propriétaires fonciers ou immobiliers et plus largement tous ceux qui conservent leur emploi, bénéficient d'une augmentation de leur pouvoir d'achat au fur et à mesure de la baisse des prix. Le sentiment d'injustice se répand, pouvant déboucher sur des mouvements de violence sporadique, comme le massacre de Deaborn. Dans cette banlieue de Détroit, en 1932, quatre des manifestants venus présenter les revendications des chômeurs au maire meurent sous les balles de la police municipale qui craint une émeute. Mais la crise favorise aussi la prise de conscience d'une nécessaire solidarité : l'entraide, les dons aux associations caritatives contrastent avec l'individualisme dominant des années 1920.

- **Des tensions sociales aux conséquences politiques.** Le désastre social remet en cause le fondement même de la démocratie occidentale, le libéralisme. Celui-ci apparaît comme une idéologie dépassée, inefficace pour affronter la crise et incapable de répondre aux attentes des citoyens. L'essor de mouvements extrémistes dans tous les pays, certes à des degrés variables, est ainsi le corolaire de la crise. Le parti nazi en Allemagne, les formations de type fasciste en Europe centrale, le **populisme** en Amérique latine et aux États-Unis, l'**antiparlementarisme** en France séduisent des populations diverses marquées par le mécontentement social.

POINT DE PASSAGE Les conséquences de la crise de 1929 en Amérique latine > p. 40

LE SENS DES MOTS

Le libéralisme

Issu de la philosophie des Lumières et diffusé par la Révolution française, le libéralisme veut fonder la société sur la liberté individuelle. L'État doit garantir les libertés fondamentales et limiter ses interventions dans l'économie fondée sur les libertés de propriété et d'entreprise, sur la libre concurrence entre les entreprises et le libre-échange entre les nations. (> voir aussi p. 35)

La crise de 1929 en chiffres

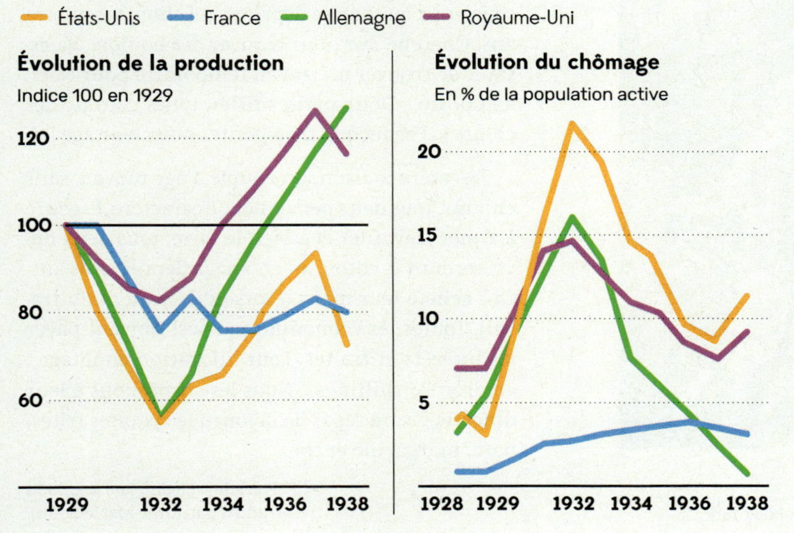

Réviser son cours

1. Pourquoi les chômeurs se trouvent-ils dans un dénuement total ?
2. Comment le monde paysan est-il touché par la crise ?
3. Quelles sont les tensions sociales engendrées par la crise ?

> Cours p. 36

Une manifestation inédite de la crise : le chômage de masse

La dépression des années 1930 voit apparaître un phénomène nouveau dans les pays industrialisés : le chômage de masse. Ses ravages sociaux engendrent la colère et le désespoir, exploités par les partis extrémistes. Ils stimulent aussi la pensée économique, en quête de solutions nouvelles pour retrouver la croissance.

>> Pourquoi le chômage devient-il un problème majeur dans les années 1930 ?

1 Un phénomène choquant

Manifestation de chômeurs dans Times Square à New York, le 8 novembre 1930.

2 La misère sociale en Angleterre

L'écrivain et journaliste J.-B. Priestley accomplit un tour de l'Angleterre en 1933 et rend visite à des chômeurs de Blackburn (dans le Lancashire).

Bien que d'aspect extérieur misérable, les maisons sont, en général, bien tenues à l'intérieur, parce que la femme du Lancashire est propre et travailleuse [...].

Première maison, un couple d'âge mûr. Ces deux-là ont de la chance. Le mari a été sans travail pendant quatre ou cinq ans. Toutes les économies ont fondu. Ils vivaient avec 10 shillings par semaine. Mon ami Richard lui trouva un travail temporaire comme gardien de nuit, 6 heures du soir, 6 heures du matin, 6 jours par semaine, payé 36 shillings par semaine ; travail dur, troublé par des rats énormes et féroces. Mais travail considéré comme un don du ciel. [...]

Maison suivante, une petite femme mince et soucieuse, au sourire déprimé. Au chômage quatre ans. Cherche dur pour trouver des boulots. Va essayer de trouver un travail temporaire pour Noël, à la poste... Deux petites filles, jolies comme des cœurs [...] beaucoup trop petites pour leur âge [...].

Dernière maison, un couple d'âge moyen, sans enfants, tous deux personnes de caractère, le genre à aimer travailler et à bien le faire, tous deux ouvriers dans le coton, au chômage depuis trois ans. Ont acheté leur maison lorsqu'ils avaient du travail. Toutes les économies parties. Doivent payer les intérêts et traites. Leur allocation chômage : environ 25 shillings... Nous les surprenons à leur dîner, le grand repas de la journée : patates frites, pain, margarine et thé.

J.B. Priestley, *English Journey*, 1934 (traduit par Anne-Marie Sohn).

3 L'angoisse devant la crise

Couverture d'un magazine français de grande diffusion, *Lectures pour tous*, dessin d'Autriac, octobre 1931.

4 Épargner ou consommer ?

Il y a beaucoup de gens qui, voulant du bien à leur pays, s'imaginent qu'épargner plus qu'à l'ordinaire est la meilleure chose que leur prochain et eux-mêmes puissent faire pour améliorer la situation générale. [...] Mais dans la situation actuelle, c'est malheureusement faux en tous points. [...] La meilleure estimation que je puisse hasarder est que toutes les fois que vous économisez cinq shillings, vous privez un homme de travail pendant une journée. En épargnant ces cinq shillings, vous contribuez au chômage à raison d'un homme/jour, et ainsi de suite dans cette proportion. Par contre, toutes les fois que vous achetez des marchandises, vous contribuez à multiplier les emplois offerts aux travailleurs, avec cette réserve que les marchandises achetées doivent être britanniques et fabriquées ici si vous tenez à l'amélioration de la situation de l'emploi dans ce pays. [...] En effet, si vous achetez des marchandises, il faut bien que quelqu'un les produise. Et si vous n'en achetez pas, les détaillants ne pourront venir à bout de leurs stocks, ils ne renouvelleront pas leurs commandes, et quelqu'un perdra son travail.

J.M. Keynes, allocution radiodiffusée, 1931, dans *Essais sur la monnaie et l'économie*, Payot, 1990.

5 La crise de la jeunesse

Daniel Guérin (1904-1988), militant d'extrême gauche, a effectué deux voyages en Allemagne en 1932 et 1933, qui ont nourri sa réflexion.

En Allemagne, la crise économique qui commence à la fin de 1929 plonge la jeunesse intellectuelle et estudiantine dans la détresse. Les familles ruinées ne peuvent plus payer les frais d'études et les jeunes étudiants n'ont même plus la ressource de travailler de leurs mains. [...]

Le chômage frappe la jeunesse prolétarienne. Déraciné et déclassé, rejeté du processus de production, transformé en parasite, le jeune chômeur se trouve placé dans une condition économique et morale assez semblable à celle du jeune étudiant sans débouché. La solidarité de l'âge rapproche les uns des autres tous ces jeunes gens réduits à la misère et au désespoir. Ils se révoltent contre l'injustice de leur sort, ils exigent un régime dans lequel la jeunesse ne soit plus sacrifiée.

Le phénomène est surtout frappant en Allemagne, où, en 1932, 26 % des sans-travail ont moins de 24 ans. Des quantités de jeunes prolétaires doivent abandonner le foyer paternel, errent dans les rues, sur les grandes routes, sans espoir de retrouver du travail ou même sans avoir jamais travaillé. [...] Et c'est le fascisme qui, jouant habilement de la mystique de la « jeunesse », conquiert non seulement la jeunesse intellectuelle, mais également – et ce qui est plus grave – de nombreux jeunes chômeurs déclassés.

Daniel Guérin, *Sur le fascisme II. Fascisme et grand capital*, 1936, François Maspero, 1969.

Questions

Parcours A **Répondre aux questions**

1. **Identifiez** les différentes catégories touchées par le chômage (**doc. 1 à 4**).
2. **Montrez** comment le chômage bouleverse la vie familiale et sociale (**doc. 2 et 4**)
3. **Analysez** les conséquences politiques du chômage des jeunes selon D. Guérin (**doc 5**).
4. **Expliquez** pourquoi Keynes critique l'épargne et **montrez** que sa théorie est novatrice (**doc. 4**).
5. À partir des réponses aux questions précédentes, répondez de manière organisée à la problématique.

ou

Parcours B **Travailler l'oral**

Préparez une présentation orale de 5 minutes pour répondre à la problématique. Présentez-la à 2 ou 3 autres élèves qui joueront le rôle du jury et qui pourront évaluer votre prestation : qualité de la prise de parole et de l'argumentation.

Grille à télécharger

> Cours p. 36

Les conséquences de la crise de 1929 en Amérique latine

>> En quoi la crise de 1929 a eu des conséquences majeures en Amérique latine ?

CONTEXTE

- Les pays producteurs de matières premières d'Amérique latine sont violemment affectés par la crise économique : chute des exportations de produits agricoles, surproduction.
- Le marasme social entraîne une déstabilisation politique : des changements de régime souvent violents entre 1930 et 1935 amènent au pouvoir des dictatures populistes.
- Ces régimes populistes décident de tirer les leçons de la crise en développant une industrie nationale. Ainsi, à long terme, leur économie ne repose plus uniquement sur les exportations agricoles et est moins dépendante des importations de produits industriels.

1 La destruction de stocks de café

Avec la crise, les matières premières connaissent une terrible chute de leurs cours et les planteurs brésiliens ne trouvent plus de clients pour leur production de café.

Café mélangé à du goudron et utilisé comme combustible dans les locomotives, Brésil, 1932.

Les expériences populistes en Amérique latine

	Dirigeant populiste*
Argentine	**Juan Domingo Perón** (1943-1955)
Brésil	**Getúlio Vargas** (1930-1954)
Equateur	**José María Velasco** (1935-1956)
Mexique	**Lázaro Cárdenas** (1934-1950)

* Les dirigeants mentionnés n'ont pas été à la tête du pays de manière continue sur toute la période indiquée.

2 L'évolution des indicateurs économiques des pays d'Amérique latine

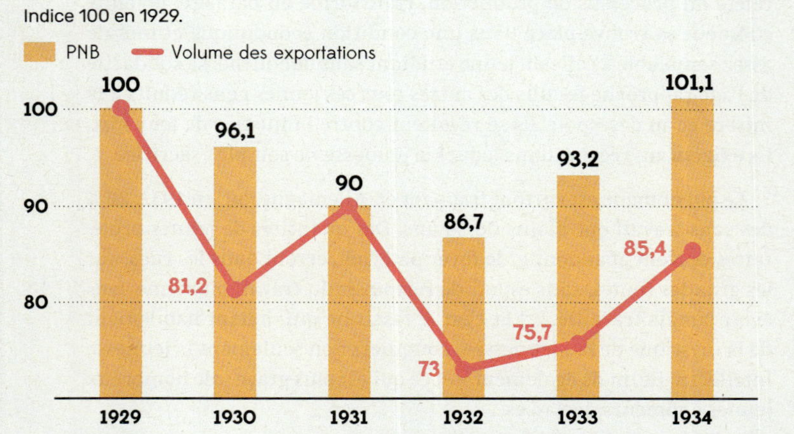

Ces données concernent l'Argentine, le Brésil, le Chili, la Colombie, Cuba et le Mexique.

Source : Angus Maddison, Growth, crisis and independance, 1929-1938 and 1973-1983, OCDE.

3 Getúlio Vargas, un dirigeant populiste au Brésil

Traduction : « Nous devons réagir au plus vite contre l'indifférence envers les principes moraux, les habitudes de l'intellectualisme oisif et parasitaire, l'esprit de division qui s'infiltre sous différentes formes dans les jeunes esprits responsables de l'avenir de la Nation. »

Extrait d'une brochure de propagande, 1938.

Animation

4 L'analyse d'un historien

Les régimes populistes d'Amérique latine se sont installés dans les années 1930, dans une période de mutation économiques et sociales : crise des oligarchies exportatrices, crise du capitalisme mondial, exode rural et croissance urbaine. Dans ce contexte, les dirigeants populistes au pouvoir ont engagé une profonde restructuration de l'État, de l'économie, mais aussi des relations de travail. Ils se sont attachés à promouvoir les idées de « capitalisme national » et de développement industriel, pour « rendre le pays au peuple » et lutter contre l'impérialisme. Mais cette politique aboutit surtout à un fort dirigisme, à des interventions de l'État dans l'économie et dans l'industrie notamment. S'imposent alors des politiques de substitution aux importations, fondées sur l'idée qu'une baisse des importations permettrait de diminuer la dépendance extérieure tout en stimulant la production nationale et le développement.

L'État populiste se montre donc antilibéral en économie puisqu'il monopolise la prise de décision et oriente la production industrielle. Dans les faits, le nationalisme de Getúlio Vargas ne se traduira que par la mise en œuvre de grands projets de façade destinés à donner au Brésil l'image d'une grande puissance, tels que la nationalisation des pétroles brésiliens en 1938, ou la construction des aciéries de Volta Redonda à partir de 1940. C'est aussi au nom du nationalisme et du développement que Vargas engage une réforme des relations de travail[1]. [...] En « offrant » des droits aux travailleurs, Vargas est parvenu à construire le mythe de l'État représentant du peuple et à escamoter de cette façon son aspect autoritaire.

Camille Goirand, « De Vargas à Collor, visages du populisme brésilien », dans Jean-Pierre Rioux (dir.), *Les populismes*, Perrin, 2007.

1. Salaire minimum, congés payés, protection de la maternité.

Questions

Parcours A Répondre aux questions

1. **Montrez** que la situation économique des pays d'Amérique latine dans les années 1930 atteste d'une forte dépendance de ces économies vis-à-vis des États-Unis (**doc. 1 et 2**).
2. **Analysez** la mise en scène du pouvoir de Getúlio Vargas au Brésil. À quel(s) autre(s) dirigeant(s) cette image vous fait-elle penser (**doc. 3**) ?
3. **Expliquez** pourquoi le populisme est une idéologie qui peut séduire en période de crise économique et sociale (**doc. 3 et 4**).
4. **Expliquez** les politiques économiques et sociales mises en œuvre en Amérique latine en réaction à la crise de 1929 (**doc. 4**).
5. À partir des réponses aux questions précédentes, répondez de manière organisée à la problématique.

ou

Parcours B Réaliser une carte mentale

Aide

1. Écrivez « la crise économique de 1929 aux États-Unis » au centre.
2. Tracez trois branches depuis ce titre :
   - Les conséquences économiques en Amérique latine ;
   - Les conséquences politiques en Amérique latine ;
   - Les conséquences sociales en Amérique latine.
3. Complétez chaque branche avec des informations extraites des documents.

> **Repères** p. 30
> **Points de passage** p. 44, p. 46
> **Biographies** p. 342

Podcast du cours

3. Les politiques anti-crise

L'ampleur de la crise économique et l'échec des politiques libérales traditionnelles amènent les gouvernements à chercher de nouvelles solutions. Celles-ci amorcent une redéfinition de la démocratie occidentale, qui se poursuit après 1945 et qui donne à l'État un plus grand rôle économique et social.

A Des politiques divergentes pour combattre la crise

- **Le libéralisme en question.** Dans la continuité de la pensée libérale, la plupart des gouvernements pensent sortir de la crise par une politique de **déflation**. Inopérante, elle suscite le rejet des populations qui votent aux élections pour des candidats aux propositions explicitement opposées. Elle est abandonnée dès 1931 au Japon et en Angleterre, en 1933 aux États-Unis et en Allemagne. Seule la France mène jusqu'en 1936 cette politique déflationniste, d'où une reprise de la croissance plus tardive.

- **La relance par l'État.** Préconisée par l'économiste britannique J. M. Keynes, cette politique vise à soutenir la demande et à réduire le chômage par une intervention de l'État. L'accroissement des dépenses de l'État et la **dévaluation monétaire** constituent des impulsions jugées indispensables pour sortir de la dépression. Le *New Deal,* lancé en 1933 par F.D. Roosevelt aux États-Unis, est proche des idées keynésiennes, notamment par la politique de grands travaux impulsée par l'État fédéral. Ainsi la *Tennessee Valley Authority* est chargée de réaliser des travaux gigantesques d'utilité publique dans cette région sinistrée. En 1936, en France, le Front populaire adopte aussi une politique d'augmentation du pouvoir d'achat. En Allemagne, Hitler veut relancer l'économie par le réarmement et un contrôle de plus en plus étroit de l'État sur les grandes entreprises.

POINT DE PASSAGE 1933 : F.D. Roosevelt et le *New Deal* > p. 44

B Les transformations du capitalisme

- **Une nouvelle politique économique.** L'intervention régulatrice de l'État dans l'économie s'est donc imposée dans le contexte de la crise. L'État se dote de moyens d'action accrus, en favorisant la concentration des entreprises et parfois en procédant à la **nationalisation** de certains secteurs clés. C'est le cas des chemins de fer, en France, avec la création en 1937 de la SNCF (Société nationale des chemins de fer français). Les subventions à l'agriculture se généralisent.

- **La naissance de l'État-providence.** La crise conduit aussi les gouvernements à renforcer la législation sociale pour secourir les chômeurs et les plus démunis. Aux États-Unis, une série de lois initiée par l'administration Roosevelt posent les fondements de l'État-providence. Ainsi, par la loi sur le redressement de l'agriculture (*Agricultural Adjustment Act*, 1933), l'État indemnise les agriculteurs endettés qui s'engagent à réduire leur production. Le *National Industrial Recovery Act* (NIRA), voté en 1933, fixe un salaire minimum et établit un « code de bonne conduite » des entreprises. La *National Recovery Administration* (NRA) est chargée de faire appliquer cette loi et délivre un label *(« We do our part »)* aux entreprises volontaires. Enfin, le *Social Security Act* (1935) institue une allocation chômage gérée par les États et financée par un impôt fédéral. En France, en 1936, le gouvernement

Vocabulaire

- **Autarcie :** politique économique qui vise à réduire le plus possible les échanges avec l'étranger et à n'autoriser que les importations indispensables afin que le pays se suffise à lui-même.
- **Déflation :** > voir p. 32.
- **Dévaluation monétaire :** modification à la baisse de la valeur d'une monnaie par rapport à un étalon métallique ou à une devise clé.
- **Économie de guerre :** modification profonde des structures économiques d'un pays pour mobiliser ses ressources dans le cadre d'un conflit prolongé. L'État intervient alors aux côtés des entreprises, organisant la répartition des matières premières, de l'énergie, de la main-d'œuvre notamment.
- **État-providence :** État qui garantit une protection sociale (indemnités de chômage, retraites, sécurité sociale).
- **Nationalisation :** opération par laquelle l'État prend le contrôle d'une entreprise privée.

de Léon Blum fait voter deux lois qui réduisent la semaine de travail de 48 à 40 heures et qui accordent 15 jours de congés payés par an. Les accords Matignon proposent une augmentation des salaires et mettent en place les conventions collectives dans les entreprises. Le Royaume-Uni inaugure en 1934 la première politique d'aménagement du territoire en faveur des « régions déprimées ».

POINT DE PASSAGE Juin 1936, les accords Matignon > p. 46

C L'absence de coopération internationale

L'échec de la conférence de Londres. En juillet 1933, 66 pays se réunissent à Londres pour tenter de trouver une solution concertée à la crise. Cette conférence bute sur la force des égoïsmes nationaux, chaque État préférant la politique la plus favorable à ses propres intérêts. Roosevelt refuse ainsi toute coopération dans le domaine monétaire. Désormais rien de ne peut enrayer la montée du protectionnisme douanier destiné à se protéger de la concurrence extérieure. Même le Royaume-Uni abandonne le libre-échange, dont il était pourtant le champion depuis 1846, en se repliant sur son empire colonial. Le commerce international décline d'autant plus.

De l'autarcie à la guerre ? En Amérique latine, la crise met en échec les modèles de développement fondés sur les exportations. Ainsi les dirigeants populistes, arrivés au pouvoir dans un contexte de désarroi et de misère suscité par la dépression, encouragent l'industrialisation pour réduire les importations en fabriquant sur place les produits nécessaires. L'Italie fasciste et l'Allemagne nazie recherchent l'**autarcie** en tentant de remplacer les importations par une production nationale ou par des accords de troc avec les pays d'Europe centrale. Les limites de cette politique conduisent ces dictatures à revendiquer un territoire plus vaste et à préparer une **économie de guerre**. Le Japon entre dans la même logique expansionniste en cherchant à sortir de la crise économique par la conquête d'un empire en Asie.

Réviser son cours

1. Quelles sont les différentes politiques économiques proposées pour sortir de la crise ?
2. En quoi les solutions envisagées constituent-elles toutes un renforcement du rôle de l'État ?
3. Pourquoi la crise économique de 1929 est-elle porteuse de tensions internationales ?

Les différentes politiques anti-crise

	Les mesures économiques	Des pays dont les politiques évoluent
La solution libérale classique	› Revenir à l'équilibre budgétaire par la réduction des dépenses publiques. › Relancer les exportations par la déflation. › Recréer des emplois en réduisant les salaires.	Fortement remise en cause, elle reste pratiquée jusqu'en 1931 par le Japon et la Grande-Bretagne, jusqu'en 1933 par les États-Unis et l'Allemagne et jusqu'en 1936 par la France.
La solution keynésienne	Résorber le chômage par : › L'accroissement de la demande des biens de consommation ; › L'intervention de l'État qui initie une politique de grands travaux ; › Le soutien aux salaires et au prix.	Elle inspire largement la politique du *New Deal* de Roosevelt aux États-Unis à partir de 1933 et celle du Front populaire en France à partir de 1936.
Le dirigisme économique	› Industrialisation par substitution aux importations. › Intervention de l'État par des politiques de grands travaux et des plans économiques. › Réarmement. › Expansionnisme territorial pour acquérir de nouvelles ressources.	C'est le choix qui est fait par les régimes autoritaires en Allemagne (1933), en Italie, en Amérique latine et au Japon.

POINT DE PASSAGE

› Cours p. 42

1933 : F.D. Roosevelt et le *New Deal*

CONTEXTE

- Le *New Deal* est d'abord une promesse de campagne assez vague du candidat démocrate F.D. Roosevelt en 1932 (« *a new deal for the American people* ») face au républicain H. Hoover. C'est ensuite une série de réformes lancées pendant les cent premiers jours de la présidence, entre le 6 mars et le 16 juin 1933.
- Ces mesures ont été combattues par l'opposition républicaine et en partie invalidées en 1935-1936 par la Cour suprême, qui estimait qu'elles outrepassaient les pouvoirs de l'État fédéral. Elles ont eu des résultats inférieurs aux ambitions affichées. Mais le *New Deal* reste associé à une nouvelle conception du rôle de l'État dans les démocraties libérales.

6 mars 1933 — Mesures d'urgence en faveur des banques.

12 mai 1933 — Vote de l'***Agricultural Adjustment Act*** (AAA), loi sur le redressement de l'agriculture.

18 mai 1933 — Création de la ***Tennessee Valley Authority***, chargée de réaliser des travaux d'utilité publique.

16 juin 1933 — Vote du ***National Industrial Recovery Act*** (NIRA), loi sur la restauration de l'industrie.

Biographies

Franklin Delano Roosevelt (1882-1945)

Président démocrate des États-Unis. Élu en novembre 1932, il entre en fonction le 4 mars 1933. Il propose le *New Deal* aux Américains.

› **Biographies** p. 342

›› En quoi le *New Deal* est-il un tournant important dans la conception du rôle de l'État dans les démocraties libérales ?

1 Agir contre la crise

Traduction : « Le 8 novembre rendez le gouvernement au peuple ! Il est prêt ! Et vous ? Il nous faut de l'action. La nation a besoin de dirigeants constructifs. Élisez Roosevelt ! »

Publicité électorale de F.D. Roosevelt, *Sunday Journal Star*, 6 novembre 1932.

▷ Vidéo — Roosevelt et le *New Deal*

2 Les objectifs sociaux du *New Deal*

Frances Perkins, ministre du Travail, a été la première femme aux États-Unis à être à la tête d'un ministère.

On parle beaucoup de ce que cette renaissance apporte au salarié, comment son pouvoir d'achat s'améliore. [...] Le ministère du Travail est le grand département du gouvernement dont toutes les activités concourent au bien-être humain. Sous la pression de l'opinion et des sentiments du peuple américain, nous sommes arrivés à un point de vue tel qu'il nous amène à exiger que la vie industrielle tienne aussi bien compte des rapports humains qu'elle le fait des formules économiques compliquées. [...]

Nous sommes tout particulièrement préoccupés des conditions de vie des hommes et des femmes au travail. En faire des membres à part entière du monde civilisé, humaniser les lois qui les concernent, c'est le but essentiel que doit poursuivre le ministère du Travail.

Le ministère du Travail que cette nation a établi pour promouvoir le bien-être humain a la mission consciente et délibérée de se consacrer aux besoins humains, de comprendre s'il le peut et d'écouter d'une oreille attentive ce dont le peuple a besoin et ce qu'il espère. [...]

Frances Perkins, *People at Work*, New York, 1934.

3 Le lancement du *New Deal*

Les prix sont tombés à des niveaux inimaginables ; les impôts ont augmenté ; [...] les feuilles mortes des entreprises industrielles jonchent partout le sol ; les fermiers ne trouvent plus de marchés pour leurs produits, et pour des milliers de familles l'épargne de plusieurs années s'est évaporée. Plus important, une foule de citoyens sans emploi doit résoudre le terrible problème de sa survie, et à peu près autant triment pour un salaire misérable. [...] L'étendue de cette remise en état dépend de l'intensité avec laquelle nous ferons valoir des valeurs sociales plus précieuses que le seul profit matériel. [...] Mais une remise en état n'appelle pas uniquement des changements éthiques. Cette nation a besoin d'action, d'action tout de suite.

Notre première tâche, la plus importante, est de remettre les gens au travail. [...] Elle peut s'accomplir en partie par un recrutement direct du gouvernement, en agissant comme en cas de guerre, mais en même temps en réalisant par cette embauche, les grands travaux dont nous avons besoin pour stimuler et réorganiser l'utilisation de nos immenses ressources naturelles. [...]

Il est possible d'atteindre ce but en menant des efforts délibérés afin d'augmenter la valeur des produits agricoles et par là augmenter le pouvoir d'achat qui absorbera le produit de nos villes. [...] Il est possible d'y arriver en unifiant les mesures d'aide qui actuellement sont souvent dispersées, peu rentables et inéquitables. Il est possible d'y arriver en planifiant et en gérant à l'échelle nationale toutes les formes de transports, de communications et de services à caractère éminemment public. [...]

Franklin D. Roosevelt,
discours d'investiture, 4 mars 1933.

4 La National Recovery Administration (NRA)

La NRA est l'organisme chargé de faire appliquer la loi sur la restauration de l'industrie (NIRA).

Dessin de Clifford Berryman, 1933.

5 Un premier bilan

	1929	1933	1935
Produit national des États-Unis (en milliards de dollars)	104	56	72
Production industrielle (en indice)	100	69	87
Salaire horaire (en indice)	100	79	97
Nombre de chômeurs En millions	1,5	12,6	10,2
En pourcentage des actifs	3,1 %	25,2 %	19,9 %

Source : Serge Berstein et Pierre Milza, Histoire du XXe siècle, la fin du monde européen, 1900-1945, *Hatier, 1996.*

Questions

1. **Montrez** que le New Deal est d'abord un projet volontariste en rupture avec la présidence précédente (**doc. 1 et 3**).
2. **Listez** les principales mesures annoncées pour sortir de la crise (**doc. 2 et 3**).
3. **Expliquez** la nouvelle conception des relations salariés/employeurs que le *New Deal* veut mettre en œuvre (**doc. 2 et 4**).
4. **Analysez** les indicateurs statistiques afin de dresser un premier bilan du *New Deal* (**doc. 5**).
5. À partir des réponses aux questions précédentes, répondez de manière organisée à la problématique.

Focus sur le document 4

1. **Identifiez** le personnage central en décrivant son costume et en rappelant son nom.
2. **Décrivez** les deux autres personnages en montrant comment le dessinateur en a fait le symbole de deux classes sociales.
3. **Expliquez** ce qu'est la NRA et pourquoi les personnages en portent le logo.
4. **Montrez** que ce dessin est un message de soutien au *New Deal*.

POINT DE PASSAGE

› Cours p. 42

Juin 1936, les accords Matignon

>> Quelles réponses les accords Matignon apportent-ils aux aspirations du monde ouvrier au printemps 1936 ?

CONTEXTE

- Le contexte de la crise économique a favorisé la montée des mouvements d'extrême droite, qui participent à une violente manifestation antiparlementaire le 6 février 1934 à Paris. La gauche, divisée depuis 1920, s'unit alors contre la « menace fasciste ».
- Le Front populaire, alliance électorale des partis de gauche (PCF, SFIO et Parti radical), remporte les élections législatives de mai 1936. Le nouveau gouvernement, dirigé par le socialiste Léon Blum, se trouve d'emblée confronté à de vastes mouvements sociaux suscités par l'euphorie de cette victoire de la gauche.
- Les accords Matignon, et les autres réformes du Front populaire (congés payés et semaine de travail de 40 heures), tentent de répondre aux espoirs du monde ouvrier et de mettre fin à la vague de grèves.

Vidéo Les départs en vacances à l'occasion des congés payés

Vidéo Les grèves de mai-juin 1936

1 Les « grèves de la joie »

Un homme tient un panneau « Ce que nous ne voulons plus voir ». Derrière lui un homme, « Le capital », tient en laisse un camarade, « La misère ».

Déguisements et sketches dans une usine en grève, juin 1936.

2 Léon Blum s'adresse aux Français

Le gouvernement du Front populaire est constitué. [...] Parmi les projets qu'il demandera aux deux Chambres de voter figurent : la semaine de quarante heures ; les contrats collectifs ; les congés payés.

[...] C'est-à-dire les principales réformes réclamées par le monde ouvrier. Il est donc résolu à agir avec décision et rapidité, pour les travailleurs de la terre comme pour les travailleurs des usines. Il fera tout son devoir. Il ne manquera à aucun des engagements qu'il a pris. Mais sa force réside avant tout dans la confiance qu'a mise en lui le peuple de France, et il en réclame aujourd'hui le témoignage aux millions d'électeurs qui l'ont porté au pouvoir. L'action du gouvernement pour être efficace doit s'exercer dans la sécurité publique. Elle serait paralysée par toute atteinte à l'ordre, par toute interruption dans les services vitaux de la nation. Toute panique, toute confusion serviraient les desseins obscurs des adversaires du Front populaire, dont certains guettent déjà leur revanche.

Le gouvernement demande donc aux travailleurs de s'en remettre à la loi pour celles de leurs revendications qui doivent être réglées par la loi, de poursuivre les autres dans le calme, la dignité et la discipline. Il demande au patronat d'examiner ces revendications dans un large esprit d'équité. Il déplorerait qu'une tactique patronale d'intransigeance parût coïncider avec son arrivée au pouvoir. [...] Un grand avenir s'ouvre devant la démocratie française. Je l'adjure, comme chef de gouvernement, de s'y engager avec cette force tranquille qui est la garantie des victoires nouvelles.

Léon Blum, allocution radiodiffusée, 5 juin 1936, dans Georges Lefranc, *Histoire du Front populaire*, Payot, 1965.

Biographies

Léon Blum
(1872-1950)
Leader de la SFIO, organisateur du Front populaire avec les radicaux et les communistes, il est le premier socialiste chef d'un gouvernement en France de juin 1936 à juin 1937, puis en mars-avril 1938.

› Biographies p. 342

3 Les accords Matignon

Art. 1. La délégation patronale admet l'établissement immédiat de contrats collectifs de travail. [...]

Art. 3. L'observation des lois s'imposant à tous les citoyens, les employeurs reconnaissent la liberté d'opinion, ainsi que le droit pour les travailleurs d'adhérer librement et d'appartenir à un syndicat professionnel [...]. Les employeurs s'engagent à ne pas prendre en considération le fait d'appartenir ou de ne pas appartenir à un syndicat pour arrêter leurs décisions en ce qui concerne l'embauchage, la conduite ou la répartition du travail, les mesures de discipline ou de congédiement. [...]

Art. 4. Les salaires réels pratiqués pour tous les ouvriers à la date du 25 mai 1936 seront, du jour de la reprise du travail, rajustés suivant une échelle décroissante commençant à 15 % pour les salaires les moins élevés pour arriver à 7 % pour les salaires les plus élevés. [...]

Art. 5. [...] Dans chaque établissement comprenant plus de dix ouvriers, [...] il sera institué deux ou plusieurs délégués ouvriers selon l'importance de l'établissement. Ces délégués ont qualité pour présenter à la direction les réclamations individuelles [...] visant l'application des lois, décrets, règlements du Code du travail, des tarifs de salaires, et des mesures d'hygiène et de sécurité. [...]

Art. 6. La délégation patronale s'engage à ce qu'il ne soit pris aucune sanction pour faits de grève.

Art. 7. La délégation confédérale ouvrière demande aux travailleurs en grève de décider la reprise du travail dès que les directions des établissements auront accepté l'accord général intervenu [...].

Extraits des accords Matignon, signés par la CGT et le patronat en présence de Léon Blum, 7 juin 1936.

unité
…ur le pain
a vaincu !

l'Humanité
ORGANE CENTRAL DU PARTI COMMUNISTE (S.F.I.C.)
RÉDACTION ET ADMINISTRATION : 138, RUE MONTMARTRE, PARIS (2e) LE NUMÉRO : 30 CENTIMES
LUNDI 8 JUIN 1936 DEUX ÉDITIONS
Fondateur : JEAN JAURÈS Directeur : MARCEL CACHIN SÉNATEUR DE LA SEINE
LE « VRAY MISTERE DE LA PASSION »

.A VICTOIRE EST ACQUISE !

Travail … propriété »

AUX CRIS DE : VIVE L'UNITÉ ! LES SOVIETS PARTOUT !
Notre camarade Thorez fait acclamer notre soutien au gouvernement Léon Blum
Dans le Vel' d'Hiv' bondé, tandis que des milliers de travailleurs se pressaient au dehors, le Président du Conseil a développé le programme du Rassemblement populaire

L'accord est réalisé
entre les délégués des syndicats patronau…
et les représentants de la C. G. T.
POUR TOUS LES TRAVAILLEURS DE TOUTES LES INDUSTRIES : RECONNAISSANCE DU DROIT SYNDICAL ET DES DÉLÉGUÉS D'ATELIE… AUGMENTATION DES SALAIRES DE 7 A 15 % SANS DIMINUTION D… AVANTAGES SUPÉRIEURS DÉJA ACQUIS
Les travailleurs des pétroles ont obtenu satisfaction. Le ravitaillement en essence et en huiles lourdes redevient normal
Les gars du Bâtiment de la région parisien… et les mineurs du Nord et du Pas-de-Calais font grève aujourd'hui
HIER, DES DIZAINES DE NOUVELLES VICTOIRES ONT ÉTÉ ENREGISTRÉES
Petits commerçants, artistes, paysans, travailleurs de l'Etat et des Services publics, cheminots, ouvriers encore occupés affirment dans l'enthousiasme leur solidarité agissante avec ceux qui luttent pour le pa…

LE FIGARO SPORTS (Page 5)
…NDI 8 JUIN 1936
III° Année - N° 160
LE FIGARO
30 Cmes
LUNDI 8 JUIN 1936

…PREMIÈRE …JORITÉ

Le Front Populaire manifeste au Vélodrome d'Hiver
M. Léon Blum lit sa « déclaration ministérielle » « au peuple de Paris »

UN ACCORD EST INTERVENU CETTE NUIT entre le gouvernement, les délégations patronales et la C. G. T.
Si les grévistes acceptent cette décision la reprise du travail est prochaine
LA GRÈVE DES CHARBONNAGES DU NORD SERA-T-ELLE NÉANMOINS OFFICIELLE AUJOURD'HUI ?
La distribution de l'essence reprend ce matin
La conférence de l'hôtel Matignon

L'ANGLETERRE et la politique du gouvernement français
Le Foreign Office se préparerait à nous demander des précisions sur notre position à l'égard des problèmes internationaux

COINCIDENC… ET LEÇONS
Par WLADIMIR D'ORMESSON

4 Les réactions des journaux

Unes de *l'Humanité* et du *Figaro*, 8 juin 1936.

Questions

Parcours A Répondre aux questions

1. **Décrivez** cette photographie et **caractérisez** les grèves de juin 1936 (**doc. 1**).
2. **Relevez** les réformes annoncées par Léon Blum et **montrez** que, malgré les inquiétudes qui transparaissent, il est déterminé à les mettre en œuvre (**doc. 2**).
3. **Montrez** que les accords Matignon font progresser les droits des travailleurs dans l'entreprise (**doc. 3 et 4**).
4. **Comparez** les unes de *l'Humanité* et du *Figaro* après avoir précisé leur tendance politique. En quoi les accords Matignon apportent-ils des éléments de satisfaction différents à chacun de ces quotidiens politiques (**doc. 4**) ?
5. À partir des réponses aux questions précédentes, répondez de manière organisée à la problématique.

ou

Parcours B Rédiger un article

Vous êtes un journaliste anglais envoyé à Paris pour « couvrir » le mouvement de grèves en France au début du mois de juin 1936. Présent lors des accords Matignon, vous rédigez un article qui raconte l'atmosphère particulière qui règne en France et analyse les mesures prises par le Front populaire.

SYNTHÈSE

EXO Exercices interactifs

Podcast de la synthèse

L'impact de la crise de 1929 : déséquilibres économiques et sociaux

En quoi la crise des années 1930 ébranle-t-elle le capitalisme libéral ?

1 La mondialisation d'une crise

Le **krach** qui frappe la Bourse de New York en octobre 1929 fait péricliter toute l'économie du pays. De nombreux petits actionnaires qui avaient investi à crédit ne peuvent faire face à leurs dettes. Paniqués, les épargnants retirent leur argent des banques, entraînant la **faillite** des plus fragiles d'entre elles. La consommation s'effondre, contraignant les entreprises à **licencier** ou à cesser leur activité.

Pour limiter leurs pertes, les investisseurs américains rapatrient dans la précipitation leurs fonds placés à l'étranger, **propageant la crise au reste du monde**. Tous les pays adoptent des **mesures protectionnistes** pour tenter d'y faire face, provoquant un **effondrement du commerce international** qui s'avère dommageable à tous. À l'écart du modèle capitaliste, **l'URSS échappe à la crise** et pense ainsi faire la preuve de la supériorité de son modèle économique.

2 Les conséquences sociales de la crise

Partout dans le monde capitaliste, la crise provoque la **ruine des épargnants** dont les banques ont fait faillite, ainsi que celle des **petits investisseurs boursiers** dont le capital a fondu avec les cours de Bourse. Elle réduit au **chômage** des millions d'ouvriers.

Si le Royaume-Uni dispose d'une **assurance chômage** depuis 1911, aucun dispositif d'aide aux victimes de la crise n'existe ailleurs dans le monde. Des familles entières sombrent dans la **misère**. Cela favorise le **développement de la charité**, mais aussi l'**essor de mouvements politiques radicaux** (nazis en Allemagne) et **populistes** (notamment en Amérique latine).

3 Lutter contre la crise

Aux États-Unis, la **politique déflationniste** préconisée par le président Hoover pour répondre à la crise s'avère inopérante. L'arrivée au pouvoir de Roosevelt en 1933 provoque un changement de stratégie. Avec le ***New Deal***, une **politique de relance** financée par l'État est mise en œuvre. Elle pose les bases d'un **État-providence.** En France, les ouvriers obtiennent d'importantes avancées sociales grâce aux **accords Matignon** (1936).

L'Italie fasciste, l'Allemagne nazie et le Japon font également le choix d'une forte intervention étatique dans l'économie. Mais leur objectif est d'atteindre une **situation autarcique**, c'est-à-dire d'être en mesure de produire par eux-mêmes tout ce dont ils ont besoin. Ce qui explique leur tendance à vouloir **accroître leur territoire** qui aboutit au déclenchement de la Seconde Guerre mondiale.

MOTS-CLÉS

- **Autarcie** → p. 42
- **Déflation** → p. 32
- **État-providence** → p. 42
- **Krach** → p. 32
- ***New Deal*** → p. 44
- **Protectionnisme** → p. 33

DATES CLÉS

- **24 octobre 1929 :** krach boursier à Wall Street.
- **Octobre 1930 :** révolution au Brésil, coup d'État de Getúlio Vargas.
- **1933 :** F. D. Roosevelt lance le *New Deal* aux États-Unis.
- **Juin 1936 :** accords Matignon.

Biographies

Herbert Hoover
(1874-1964)
Président républicain des États-Unis de 1929 à 1933.

Franklin Delano Roosevelt
(1882-1945)
Président démocrate des États-Unis de 1933 à 1945.

Léon Blum
(1872-1950)
Socialiste français, dirige le gouvernement du Front populaire en 1936.

› Biographies p. 342

SCHÉMA DE SYNTHÈSE

L'IMPACT DE LA CRISE DE 1929 : DÉSÉQUILIBRES ÉCONOMIQUES ET SOCIAUX

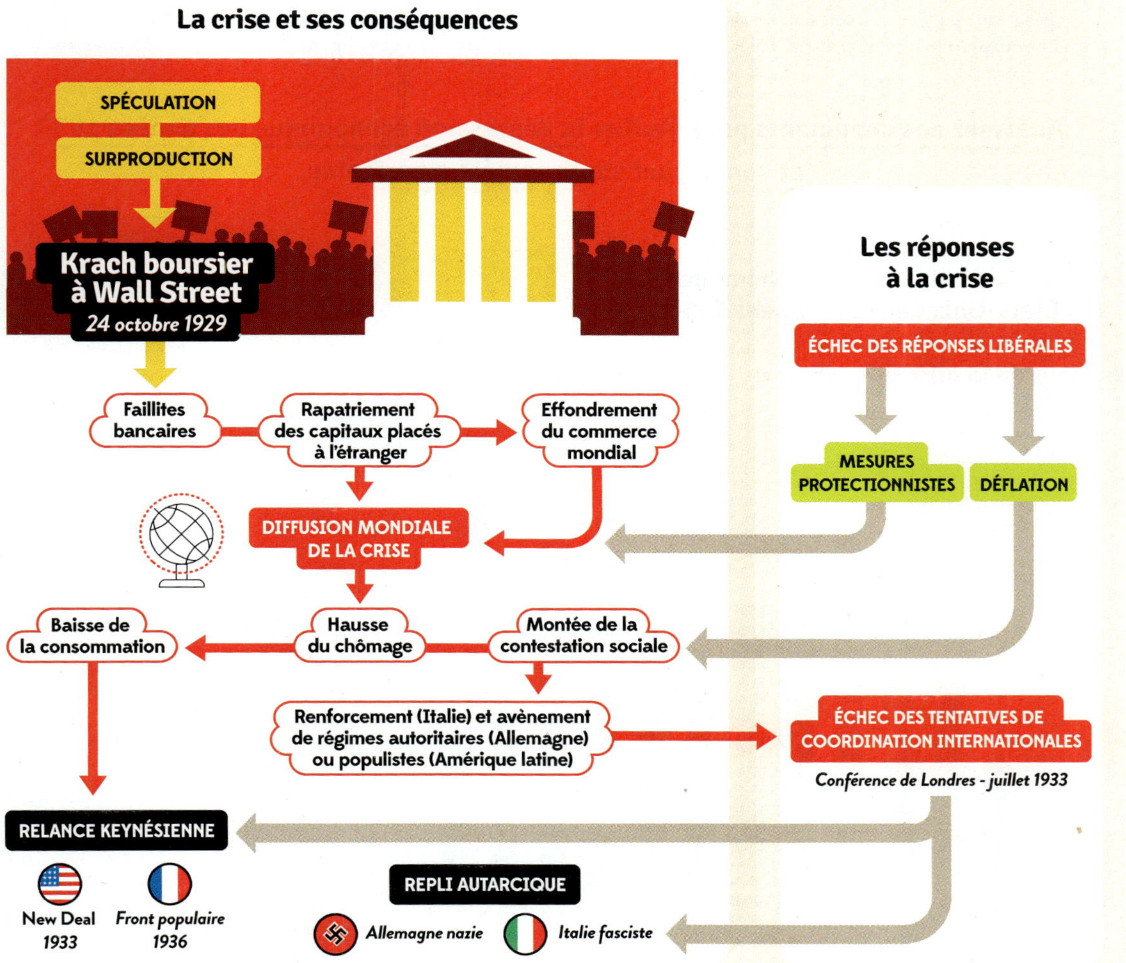

Schéma interactif

POUR ALLER PLUS LOIN

À lire

- John Steinbeck, *Les Raisins de la colère*, 1939. Un roman sur la crise des années 1930 aux États-Unis.

- Amity Shlaes et Paul Rivoche, *The Forgotten Man. Nouvelle histoire de la grande dépression*, Steinkis, 2018. Une bande dessinée sur la société états-unienne des années 1930.

- Studs Terkel, *Hard Times. Histoires orales de la Grande Dépression*, Amsterdam, 2009. Un recueil d'entretiens avec des témoins de la crise des années 1930.

À voir

- John Ford, *Les Raisins de la colère*, 1940. Adaptation cinématographique du roman de Steinbeck.

- Jean Renoir, *La vie est à nous*, 1936. Un portrait de la classe ouvrière française au temps du Front populaire.

BAC Analyse de documents ▸ Sujet guidé

ÉTAPE 1 Analyser le sujet

Il ne faut pas réciter son cours mais bien exploiter les sources proposées.

Identifiez les caractéristiques de la crise et de la dépression qui la suit.

Notez quand elle commence et se termine.

Analysez ces documents pour étudier la dépression économique des années 1930 et son impact sur la société américaine.

Analysez les conséquences sociales et politiques de la situation.

1 Production industrielle et chômage aux États-Unis dans les années 1930

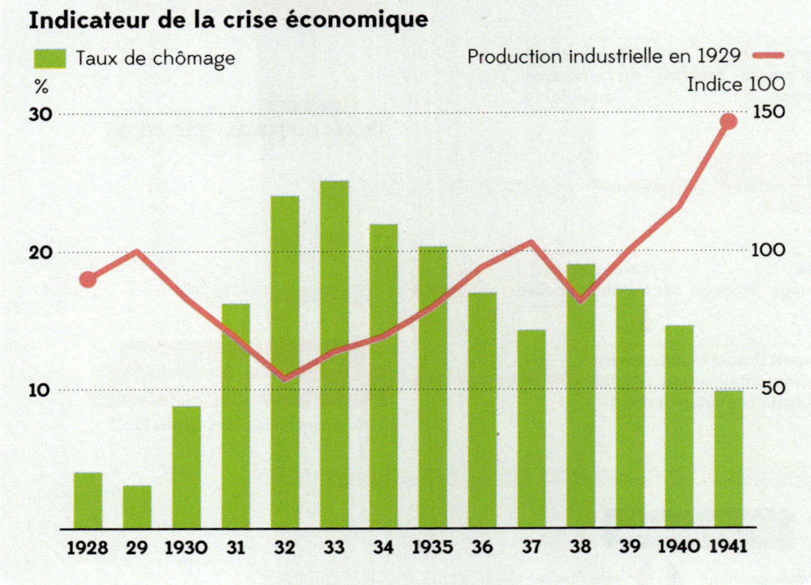

United States Bureau of the Census, 2003.

2 Le « Hooverville » des *Bonus Army marchers*

Des vétérans de la Première Guerre mondiale manifestent et campent avec leurs familles à Washington DC. Ils réclamernt le « bonus » voté en 1924 pour compenser leurs très faibles indemnités d'anciens combattants. Ils sont victimes d'une répression sévère en juillet 1932. Les 43 000 habitants sont dispersés et le campement brûlé.

Photo anonyme, juin 1932.

ÉTAPE 2 Mobiliser ses connaissances et organiser ses idées

Complétez le tableau à l'aide des informations prélevées dans les documents et de vos connaissances.

Tableau à imprimer

	Informations prélevées dans le doc 1	Informations prélevées dans le doc 2	Connaissances personnelles
I. Un désastre économique			
A. Une crise brusque	La production industrielle chute brutalement de moitié entre 1929 et 1932.		Crise financière du 24 octobre 1929 à la Bourse de New York : ce sont les effets du krach de Wall Street.
B. Qui s'installe dans la durée	......		En dépit des déclarations optimistes du président H. Hoover : « *prosperity is around the corner* » (mars 1930), l'Amérique s'enfonce dans la dépression.
II. Un chômage de masse et une pauvreté extrême			
A. Une hausse très forte du chômage	25 % de la population active est au chômage en 1933.		......
B. Une très forte précarité	......		......
III. L'État et son rôle remis en cause			
A. Des tensions sociales		Mécontentement social Les « Bonus Army Marchers » réclament une action du gouvernement. Installés devant le capitole. Présence de trois drapeaux américains.	Le nom de « Hooverville » donné à ces bidonvilles est significatif du rejet et de la déception des Américains face à l'inaction du président Hoover et de son gouvernement.
B. Des recherches de solution à la crise	......		Élection de Roosevelt en 1932 et mise en place du *New Deal* en 1933.

ÉTAPE 3 Rédiger l'analyse de documents

EXO Exercices interactifs

Il faut se concentrer sur les éléments qui permettent de comprendre l'intérêt des documents pour l'étude de la question étudiée.

Ce document statistique et cette photographie nous permettent d'étudier la situation économique et sociale aux États-Unis pendant la dépression des années 1930. Le document statistique établit à partir des données officielles du « United States Bureau of the Census » présente l'évolution de la production industrielle ainsi que celle du taux de chômage entre 1928, soit avant le crash boursier d'octobre 1929, et jusqu'à 1941, date de l'entrée en guerre des États-Unis. Le document 2 est une photographie d'auteur inconnu prise à Washington DC en juin 1932. On y voit des vétérans de la Première Guerre mondiale installés devant les habitations de fortunes qu'ils ont construites sur l'avenue qui mène au Capitole.

Phrase qui explique l'intérêt d'étudier ces deux documents ensemble.

Nature, source ou auteur, date et lieu pour la photographie

Idée générale

Contexte, justification des dates retenues dans le graphique

Complétez la présentation du document 2 avec la phrase de contexte la plus appropriée.

- L'économie mondiale connaît une violente crise entraînant une longue dépression économique.
- Le gouvernement républicain de Hoover (1928-1932) mène une politique libérale inopérante qui suscite le rejet de la population.
- Roosevelt est élu la même année en promettant un programme de réforme, le New Deal qui vise à soutenir la demande et à réduire le chômage par une intervention de l'État.
- Le désastre social remet en cause le fondement même de la démocratie occidentale et on observe une montée des extrémismes.

BAC Réponse à une question problématisée ▸ Sujet guidé

ÉTAPE 1 Analyser le sujet

Quelles sont les conséquences sociales et politiques de la crise des années 1930 dans le monde ?

- **conséquences** : Le pluriel est à noter. Il ne faut cependant pas tout dire. Les conséquences économiques, par exemple, ne sont pas à traiter.
- **sociales** : Les effets sur la population : chômage, misère, tensions sociales.
- **politiques** : Les effets sur les États (redéfinition de leur rôle) et les régimes (arrivée au pouvoir de régimes populistes ou autoritaires).
- **crise des années 1930** : Elle commence par le krach de 1929 et prend fin avec le début de la Seconde Guerre mondiale.
- **dans le monde** : Le sujet ne se limite pas aux États-Unis et à l'Europe.

ÉTAPE 2 Mobiliser ses connaissances et organiser ses idées

✎ **Choisissez plusieurs arguments et exemples dans les cours ou documents suggérés pour bâtir votre argumentation.**

Plan suggéré	Cours à exploiter	Documents à exploiter
I. Une crise à l'impact social inédit		
A. Le secteur industriel et les ouvriers	› Cours 1. A. p. 36	› Document p. 50 › Documents 1, 2 et 3 p. 38
B. Le secteur agricole et les paysans	› Cours 2. B. p. 36	› Photographie d'ouverture p. 29
C. Une crise aggravée par des politiques libérales qui génèrent des tensions sociales fortes	› Cours 3. A. p. 42	
II. Une crise qui entraîne des bouleversements politiques majeurs		
A. Une redéfinition du rôle de l'État dans les démocraties libérales	› Cours 3. B. p. 42	› Aux États-Unis : documents p. 44-45 › En France : documents p. 46-47
B. Et l'émergence de régimes autoritaires dans d'autres	› Cours 2. C. p. 37 › Cours 3. C. p. 43	› En Allemagne : document 4 p. 39 › En Amérique latine : documents p. 40-41

ÉTAPE 3 Rédiger la réponse

EXO Exercices interactifs

✎ **Identifiez dans l'introduction ci-contre :**

L'explication :
- Du contexte et du terme clé « crise » ;
- Du cadre spatial du sujet ;
- Du cadre temporel du sujet.

L'annonce :
- De la problématique ;
- Du plan.

En dépit de certains signes avant-coureurs, dans une société américaine marquée par la consommation et la spéculation financière, la crise économique éclate brutalement avec le krach boursier du 24 octobre 1929 à Wall Street. L'interdépendance des économies depuis les années 1920 et le rôle central joué par les États-Unis dans l'économie mondiale expliquent qu'elle se propage partout dans le monde en quelques années. La dépression s'installe durablement dans les années 1930 et la plupart des pays n'en sortent qu'avec le déclenchement de la Seconde guerre mondiale.

Quelles sont les conséquences sociales et politiques de cette crise ?

Ainsi, nous verrons dans une première partie l'impact social inédit de la crise dans le monde. Puis nous analyserons comment certains États ont dû redéfinir leurs politiques et leur rôle face à la dépression, voire ont basculé vers des régimes autoritaires.

BAC blanc

Réponse à une question problématisée

Sujet

Quelles sont les différentes solutions que les États ont mises en œuvre pour lutter contre les effets de la crise de 1929 ?

Sujet

Comment la crise financière, née aux États-Unis, s'est-elle propagée à tous les secteurs d'activité et à tous les pays ?

Analyse de documents

Sujet

Après avoir présenté le contexte dans lequel s'inscrit ce récit, expliquez et montrez l'ampleur de la misère des paysans aux États-Unis.

1 L'impact de la crise dans les campagnes

Ils avaient faim et ils devenaient enragés. Là où ils avaient espéré trouver un foyer, ils ne trouvaient que de la haine. Des *Okies*. Les propriétaires les détestaient parce qu'ils se savaient amollis par trop de bien-être, tandis que les *Okies* étaient forts, parce qu'ils étaient eux-mêmes gras et bien nourris, tandis que les *Okies* étaient affamés ; et peut être leurs grands-pères leur avaient-ils raconté comment il est aisé de s'emparer de la terre d'un homme indolent quand on est soi-même affamé, décidé à tout et armé. Les propriétaires les détestaient. Et dans les villes et les villages, les commerçants les détestaient parce qu'ils n'avaient pas d'argent à dépenser. [...] Les citadins, les petits banquiers, détestaient les *Okies* parce qu'ils n'avaient rien à gagner sur leur dos. Ils ne possédaient rien. Et la population ouvrière détestait les *Okies* parce qu'un homme qui a faim a besoin de travailler et s'il doit travailler, s'il a absolument besoin de travailler, alors l'employeur lui paie automatiquement un salaire moindre ; et par la suite, personne ne peut obtenir plus. [...]

Et les expropriés, devenus émigrants, déferlaient en Californie – deux cent cinquante, trois cent mille. Là-bas, au pays, l'invasion grandissante des tracteurs jetait à la rue de nouveaux métayers ; et toujours de nouvelles vagues venaient s'ajouter aux précédentes, des vagues d'expropriés, de sans-logis, endurcis, décidés et dangereux. [...] L'objet de leurs convoitises s'étalait tout au long de la route, là, sous leurs yeux, à portée de la main : des champs fertiles avec de l'eau pas loin ; de la belle terre grasse qu'on émiette entre ses doigts pour l'expertiser [...]. Et un homme affamé, sans gîte, roulant sans trêve par les routes avec sa femme à ses côtés et ses enfants amaigris à l'arrière, voyant à l'abandon ces champs susceptibles de produire non pas des bénéfices mais de la nourriture, cet homme avait le sentiment qu'un terrain en friche est un péché, qu'un sol non cultivé est un crime commis contre des enfants affamés.

John Steinbeck, *Les Raisins de la colère*, 1939.

CHAPITRE 2

Les régimes totalitaires

Quelles sont les caractéristiques des régimes totalitaires et comment ces derniers s'opposent-ils aux démocraties dans l'Europe des années 1930 ?

>> **Dans l'entre-deux-guerres, des régimes politiques d'un type nouveau apparaissent dans certains États européens déstabilisés par la Première Guerre mondiale.** Une situation de crise et de violence politiques favorise l'arrivée au pouvoir de dirigeants autoritaires : Mussolini en Italie, Staline en URSS et Hitler en Allemagne.

>> **Le nazisme et le fascisme n'ont pas les mêmes fondements idéologiques que le stalinisme. Cependant, les trois régimes présentent des caractéristiques communes :** l'exercice du pouvoir par un parti unique dirigé par un chef tout-puissant, le recours à la propagande et l'usage de la terreur. Au sein de ces sociétés ultra-contrôlées, des formes de résistances et de contestations se développent cependant.

>> **Antidémocratiques par nature, les régimes totalitaires bouleversent l'ordre européen dans les années 1930.** Les démocraties européennes ne réagissent pas à l'impérialisme fasciste et nazi, facilitant l'entente germano-soviétique et la préparation de la guerre.

Hitler et Mussolini en 1937

Ce cliché symbolise l'alliance entre l'Italie fasciste et l'Allemagne nazie. Les deux chefs d'État, en costume militaire, assistent à un défilé des troupes allemandes. La scène illustre plusieurs caractéristiques de la propagande totalitaire : le culte du chef, la mise en scène du pouvoir et l'instrumentalisation des masses. Mussolini fait le salut fasciste, prétendument inspiré de la Rome antique et imité par les nazis.

Photographie prise à Munich le 25 septembre 1937 à l'occasion d'une visite officielle de Benito Mussolini.

Textes dys
TOUS LES TEXTES EN VERSION DYS
lyceen.nathan.fr/lequintrecterm-2020

REPÈRES

Les régimes totalitaires

En Première

Vous avez appris que les Allemands, les Italiens et les Russes ont vécu les conditions de paix imposées après la Première Guerre mondiale comme une humiliation.

Dans le chapitre 1

Vous avez étudié la déstabilisation des États européens suite à la crise de 1929.

Dans ce chapitre

Nous allons voir que l'Europe de l'entre-deux-guerres est marquée par l'installation de régimes totalitaires, qui défient les démocraties et menacent l'équilibre géopolitique européen.

Frise interactive

1917 · 1920 · 1922 · 1924 · 1926 · 1928 · 1930 · 1932 · 1934 · 1936 · 1938 · 1940

URSS

- **Oct. 1917** Révolution bolchevique
- **1922** Création de l'URSS
- **1924** Mort de Lénine
- **1929** Staline seul au pouvoir ; début du « Grand Tournant »
- **1930** Création du Goulag
- **1932›1933** GRANDE FAMINE EN UKRAINE
- **Août 1937›Nov. 1938** La Grande Terreur
- Pacte germano-soviétique **23 août 1939**

ALLEMAGNE

1919-1933 : République de Weimar

1933-1945 : IIIe Reich

- **1920** Création du NSDAP
- **1925** Hitler publie *Mein Kampf*
- **30 janv. 1933** Hitler chancelier
- **Mars 1935** Rétablissement du service militaire en Allemagne
- **Sept. 1935** Lois de Nuremberg
- **Mars 1936** Remilitarisation de la Rhénanie
- **Mars 1938** *Anschluss*
- **Sept. 1938** Conférence de Munich
- **9 nov. 1938** Nuit de cristal
- Axe Rome-Berlin **Nov. 1936**

ITALIE

- **1921** Création du PNF
- **Oct. 1922** Marche sur Rome
- **1925›1926** LOIS FASCISTISSIMES
- **1935›1936** CONQUÊTE DE L'ÉTHIOPIE
- **1936›1939** Interventions étrangères dans la guerre d'Espagne

Points de passage

1937-1938 : La « Grande Terreur » en URSS

La Grande Terreur est une répression brutale et arbitraire organisée par Staline qui entraîne la condamnation d'un million cinq cent mille Soviétiques. La moitié fut exécutée.

9-10 novembre 1938 : La Nuit de cristal

La Nuit de cristal est un vaste pogrom organisé par les nazis contre les juifs allemands et autrichiens, qui marque une amplification des persécutions antisémites.

1936-1938 : les interventions étrangères dans la guerre civile espagnole : géopolitique des totalitarismes

Alors que les démocraties refusent d'intervenir, les régimes totalitaires soutiennent les belligérants afin de promouvoir leur idéologie et leurs intérêts géopolitiques.

Carte interactive

L'Europe à la veille de la Seconde Guerre mondiale

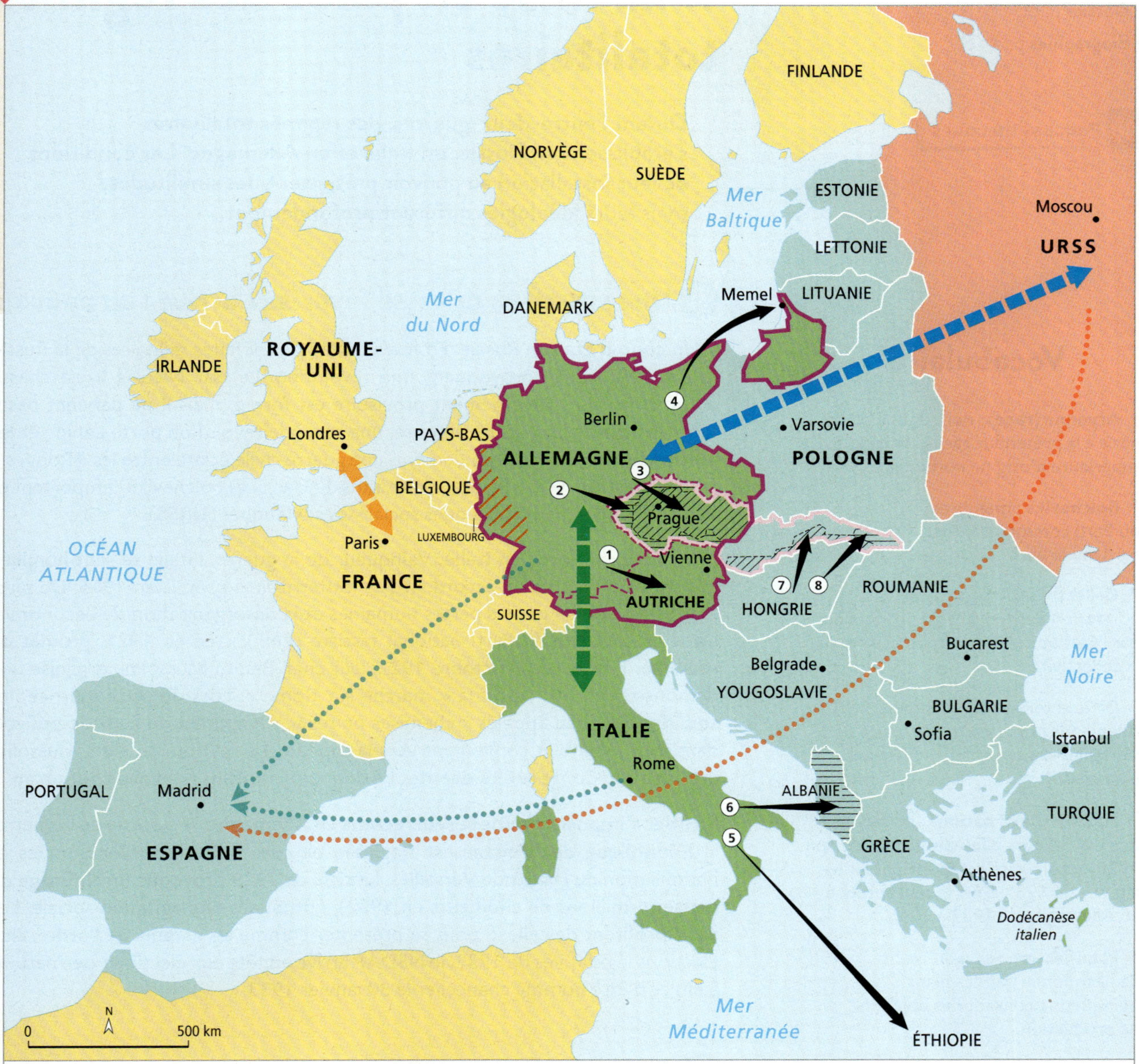

1. États et régimes politiques

- Démocratie
- Régime totalitaire soviétique
- Régime autoritaire
- Régime totalitaire fasciste ou nazi

2. Les alliances

- Alliance franco-britannique
- Axe Rome-Berlin (nov. 1936)
- Pacte de non-agression germano-soviétique (août 1939)
- Aide matérielle et militaire aux franquistes
- Aide matérielle et militaire aux républicains

3. Les élargissements territoriaux

- Annexions territoriales

1. *Anschluss* (13 mars 1938)
2. Sudètes (30 septembre 1938)
3. Bohême-Moravie (16 mars 1939)
4. Memel (22 mars 1939)
5. Éthiopie (octobre 1935)
6. Albanie (avril 1939)
7. Sud de la Slovaquie (novembre 1938)
8. Ruthénie subcarpathique (mars 1939)

- Tchécoslovaquie en 1937
- Frontières en 1937
- Frontières de l'Allemagne (août 1939)
- Remilitarisation de la Rhénanie (1936)

> **Repères** p. 56
> **Dossier** p. 60
> **Biographies** p. 342

Podcast du cours

1. La mise en place des régimes totalitaires

Durant l'entre-deux-guerres, des régimes totalitaires s'établissent en Russie, en Italie et en Allemagne. Les conditions de leur installation au pouvoir présentent des similitudes, mais leurs idéologies diffèrent profondément.

A Une situation de crise favorise l'arrivée au pouvoir

- **Un coup d'État en Russie.** En février 1917, les défaites militaires de la Russie face à l'Allemagne provoquent une révolution. Le tsar Nicolas II est chassé du pouvoir. Un gouvernement provisoire est formé, mais il ne parvient pas à sortir le pays de la crise. En octobre, une seconde révolution porte Lénine et les **bolcheviks** au pouvoir. Rapidement, une guerre civile éclate entre les « Rouges » (communistes) et les « Blancs » (partisans du tsar). Les bolcheviks l'emportent et fondent l'Union des républiques socialistes soviétiques (**URSS**).

- **Un coup de force en Italie.** Vainqueur de la guerre, l'Italie se sent humiliée par ses alliés, qui ne lui accordent pas les territoires promis en 1915. De plus, le pays est affaibli par les pertes humaines et la désorganisation de l'économie. Dans ce contexte, le Parti national fasciste (PNF), créé en 1921, promet de redresser l'Italie. Le 28 octobre 1922, leur chef, Benito Mussolini, organise une démonstration de force : la « marche sur Rome ». Lors de cette journée, les **squadristes**, aussi appelés « chemises noires », s'emparent de lieux de pouvoir dans tout le pays et convergent vers la capitale. Le roi nomme alors Mussolini président du Conseil et les députés lui donnent les pleins pouvoirs pour un an.

- **Hitler s'impose comme le seul recours en Allemagne.** À la sortie de la guerre, la **République de Weimar** est fragilisée par des difficultés économiques et l'humiliation du ***Diktat*** de Versailles. La crise de 1929 provoque un chômage de masse (6 millions de chômeurs en 1932), entraînant une agitation sociale. Les nazis profitent de celle-ci pour se présenter comme les garants de l'ordre. Aux élections législatives de 1932, le **NSDAP** arrive en tête aux élections, permettant à Hitler d'être nommé chancelier le 30 janvier 1933.

B L'engrenage totalitaire

- **En URSS.** À la mort de Lénine en 1924, Staline se présente comme son héritier, malgré les divergences qui l'avaient opposé à lui. Après avoir éliminé ses principaux rivaux au sein du Parti, il s'impose comme l'homme fort du régime en 1929.

- **En Italie.** De 1922 à 1924, Mussolini semble gouverner dans le respect de la légalité. Cependant, son parti organise des violences politiques, notamment l'assassinat du député socialiste Matteotti (1924), créant un climat d'insécurité. Le PNF en profite pour faire adopter les lois fascistissimes (1925-1926) qui établissent une véritable dictature : les libertés publiques sont supprimées et Mussolini reçoit les pleins pouvoirs.

- **En Allemagne.** Le 27 février 1933, les nazis incendient le ***Reichstag*** et accusent les communistes d'avoir commis ce crime. L'état d'urgence est décrété et, le

Vocabulaire

- **Aryenne (race) :** nom donné par les nazis à la prétendue race germanique supérieure d'origine nordique.
- **Bolcheviks :** membres du Parti communiste fondé par Lénine en 1912.
- **Collectivisation :** prise de possession des moyens de production par l'État pour les mettre au service de la collectivité.
- ***Diktat* :** terme utilisé par les Allemands pour désigner le traité de Versailles imposé par les Alliés sans négociation.
- **NSDAP (Parti national-socialiste des travailleurs allemands) :** fondé en 1920, le parti nazi est dirigé par Hitler à partir de 1921. Il est le seul autorisé en Allemagne de 1933 à 1945.
- **Planification :** encadrement de l'économie par des plans quinquennaux fixant des objectifs de production.
- ***Reichstag* :** nom d'une des chambres du Parlement allemand et du palais qu'elle occupe.
- **République de Weimar :** nom donné par les historiens à la république fédérale d'Allemagne entre 1919 et 1933.
- **Squadristes :** membres des milices fascistes appelées *squadre* (« équipes ») reconnaissables à leur chemise noire.
- **URSS :** fédération de plusieurs républiques communistes sous l'autorité de la Russie de 1922 à 1991.

23 mars, le Parlement accorde les pleins pouvoirs à Hitler. Il destitue les fonctionnaires juifs ou jugés hostiles au nazisme et interdit les syndicats et les partis à l'exception du NSDAP. Après le décès du président Hindenburg en août 1934, Hitler cumule ses fonctions avec celles de chancelier. En moins de deux ans, il a ainsi réalisé la « mise au pas » (*Gleichschaltung*) de l'Allemagne.

C Des fondements idéologiques différents

L'idéal soviétique : le communisme. Le régime bolchevik se fonde sur l'idéologie marxiste, qui prône l'avènement d'une société égalitaire fondée sur la propriété collective des moyens de production. Au XIXe siècle, le philosophe allemand Karl Marx prévoyait qu'une société communiste, c'est-à-dire sans classes sociales et sans État, serait mise en place après une révolution anti-bourgeoise et une période de dictature du prolétariat. Après la révolution d'Octobre 1917, les bolcheviks abolissent la propriété privée, mais cela suscite l'hostilité des paysans et désorganise l'économie. En 1928, Staline décide d'accélérer la **collectivisation** des campagnes et la **planification** de la production industrielle. Ce « Grand tournant », loin de mener l'URSS vers le communisme, renforce l'autorité de l'État sur les masses.

Le nazisme : la domination de la race aryenne. Dans un livre rédigé en prison entre 1924 et 1925, intitulé *Mein Kampf* (« Mon Combat »), Hitler théorise la supériorité de la **race aryenne**. Au nom de cette idéologie, une politique antisémite est mise en place : les magasins juifs sont boycottés et les juifs sont marginalisés par les lois de Nuremberg (1935). Par ailleurs, Hitler souhaite conquérir un vaste territoire, appelé espace vital (*Lebensraum*), pour assurer la prospérité d'un État réunissant toutes les populations germanophones : la Grande Allemagne.

Le projet fasciste : la grandeur de l'Italie. Le fascisme souhaite créer un peuple de guerriers, soumis à l'autorité de Mussolini, afin de permettre au pays de retrouver la grandeur de l'Empire romain. Initialement, cette doctrine n'est pas raciste, mais elle le devient lorsque l'Italie s'allie à l'Allemagne nazie. En 1938, un antisémitisme d'État est mis en place : les juifs sont recensés et les juifs étrangers expulsés.

Symboles des régimes totalitaires

Drapeau de l'URSS (1923)

- Le drapeau rouge, utilisé sous la Commune de Paris (1871), évoque le sang des prolétaires en lutte.
- La faucille et le marteau représentent l'union des paysans et des ouvriers.
- L'étoile à cinq branches, symbole de l'unité des travailleurs des cinq continents et de l'Armée rouge, rappelle la vocation universelle de la révolution prolétarienne.

Drapeau du NSDAP (1920) puis de l'Allemagne (1935)

- Hitler rejette le drapeau de la République de Weimar (noir-rouge-or) et reprend les couleurs de l'ancien drapeau impérial (noir-blanc-rouge).
- Mais il modifie leur disposition et leur signification : le fond rouge représente désormais le socialisme, le disque blanc le nationalisme et la croix gammée noire la race aryenne.

Drapeau militaire de l'Italie fasciste (1943)

- Mussolini prétend respecter la Constitution italienne et il conserve le drapeau tricolore (vert-blanc-rouge) du royaume d'Italie.
- Cependant, deux symboles sont omniprésents dans l'Italie fasciste : l'aigle, qui représente l'Empire romain, et les « faisceaux » (assemblage de verges liées autour d'une hache), qui symbolisaient l'union et l'autorité dans la Rome antique.

LE SENS DES MOTS

Le totalitarisme

Le totalitarisme est un concept inventé en Italie pour désigner le pouvoir dictatorial de Mussolini. Depuis les travaux de la philosophe Hannah Arendt (1951) et du politiste Carl Joachim Friedrich (1953), il désigne également le nazisme et le stalinisme. Ces auteurs ont dégagé des caractéristiques communes aux États totalitaires : une idéologie officielle, un parti unique de masse, un chef charismatique, le monopole des moyens de communication et l'exercice de la terreur.

Le concept de totalitarisme est aujourd'hui utilisé avec précaution par les historiens, qui soulignent les spécificités de chaque régime ainsi que les résistances aux projets totalitaires.

Réviser son cours

1. Quels points communs y a-t-il entre l'arrivée au pouvoir des bolcheviks, des fascistes et des nazis ?

2. Comment ces trois États basculent-ils dans un régime totalitaire ?

3. Quelles différences existe-t-il entre les idéologies communiste, fasciste et nazie ?

> Cours p. 58

Les idéologies totalitaires

Les totalitarismes se ressemblent par leur projet révolutionnaire : forger un homme nouveau, fidèle aux valeurs du régime. Mais leurs valeurs sont bien différentes : les doctrines fasciste et nazie se distinguent du communisme stalinien dans leur vision de la société idéale.

>> Comment se caractérisent les différentes idéologies totalitaires ?

1 La doctrine nazie

1. Nous exigeons la constitution d'une Grande-Allemagne, réunissant tous les Allemands sur la base du droit des peuples à disposer d'eux-mêmes.

2. Nous exigeons [...] l'abrogation des traités de Versailles et de Saint-Germain.

3. Nous exigeons de la terre et des colonies pour nourrir notre peuple et résorber notre surpopulation.

4. Seuls les citoyens bénéficient des droits civiques. Pour être citoyen, il faut être de sang allemand, la confession importe peu. Aucun juif ne peut donc être citoyen. [...]

6. Le droit de fixer la direction et les lois de l'État est réservé aux seuls citoyens. Nous demandons donc que toute fonction publique [...] ne puisse être tenue par des non-citoyens. Nous combattons la pratique parlementaire, génératrice de corruption, d'attribution des postes par relations de parti sans se soucier du caractère et des capacités.

7. Nous exigeons que l'État s'engage à procurer à tous les citoyens des moyens d'existence. Si le pays ne peut nourrir toute la population, les non-citoyens devront être expulsés du *Reich*.

8. Il faut empêcher toute nouvelle immigration de non-Allemands. Nous demandons que tous les non-Allemands établis en Allemagne depuis le 2 août 1914 soient immédiatement contraints de quitter le *Reich*. [...]

25. Pour mener tout cela à bien, nous demandons la création d'un pouvoir central puissant [...].

Extraits du *Programme en 25 points du NSDAP*, 24 février 1920.

2 Affiche nazie

Traduction :
① « Le NSDAP protège la communauté nationale. »
② « Compatriotes, si vous avez besoin de conseil ou d'aide, adressez-vous à la section locale [du NSDAP]. »

Affiche du parti nazi (vers 1930).

3 La doctrine stalinienne

Les succès du plan quinquennal mobilisent les forces révolutionnaires de la classe ouvrière de tous les pays contre le capitalisme, c'est là un fait incontestable. [...]

La tâche essentielle du plan quinquennal consistait à transformer l'URSS, de pays agraire et faible [...] en un pays industriel et puissant, parfaitement libre et indépendant des caprices du capitalisme mondial. [...]

La tâche essentielle du plan quinquennal consistait à créer dans notre pays une industrie capable de ré-outiller et de réorganiser, sur la base du socialisme, l'industrie, les transports et l'agriculture.

La tâche essentielle du plan quinquennal consistait à faire passer la petite économie rurale morcelée dans la voie de la grande économie collectivisée, d'assurer par là même la base économique du socialisme à la campagne et de liquider ainsi la possibilité de restauration du capitalisme en URSS.

Une dictature du prolétariat, forte et puissante, voilà ce qu'il nous faut maintenant pour éparpiller en poussière les derniers débris des classes expirantes[1] et briser leurs machinations de filous.

Extraits du discours de Staline faisant le bilan du premier plan quinquennal devant le Comité central du PCUS, 7 janvier 1933.

1. Selon Staline, les industriels, les commerçants, les nobles, les popes, les koulaks (> voir p. 62), les anciens officiers blancs et les intellectuels bourgeois sont des ennemis de classe.

4 Affiche soviétique Animation

Traduction : « Nous avons vaincu l'ennemi avec nos armes, nous gagnerons notre pain à la sueur de notre front – Camarades, retroussez vos manches et mettez-vous au travail ! » Affiche de Nikolai Kogout, 1920.

5 La doctrine fasciste

Le libéralisme met l'État au service de l'individu ; le fascisme réaffirme l'État comme la véritable réalité de l'individu. [...] Dans ce sens, le fascisme est totalitaire, et l'État fasciste, synthèse et unité de toute valeur, interprète, développe et donne puissance à la vie tout entière du peuple. [...]

Ni groupements (partis politiques, associations, syndicats) ni individus ne peuvent exister en dehors de l'État. Par conséquent le fascisme est opposé au socialisme qui rétrécit le mouvement historique au point de le réduire à la lutte des classes et qui ignore l'unité de l'État qui, lui, fond les classes en un seul bloc économique et moral. [...]

Les individus forment des classes en raison de leurs intérêts ; ils sont syndiqués suivant les différentes activités économiques qui ont les mêmes intérêts ; mais ils sont avant tout et surtout « État ». Celui-ci n'est ni le nombre ni la somme des individus formant la majorité d'un peuple. C'est pourquoi le fascisme est opposé à la démocratie qui assimile le peuple au plus grand nombre d'individus et le rabaisse à ce niveau. [...]

Le fascisme [...] exige une discipline et une autorité dominant les esprits pour y régner sans conteste. C'est pourquoi son emblème est le faisceau des Licteurs symbole de l'unité, de la force et de la justice.

Benito Mussolini, *La Doctrine du fascisme*, Flammarion, 1932.

Questions

Parcours A Répondre aux questions

1. **Expliquez** en quoi le fascisme est totalitaire selon Mussolini (**doc. 5**).
2. **Identifiez** les doctrines politiques condamnées par chaque idéologie totalitaire (**doc. 1, 3 et 5**).
3. **Montrez** que le nazisme et le stalinisme se fondent sur le rejet de certaines catégories de la population (**doc. 1 et 3**).
4. **Comparez** les sociétés idéales nazie et soviétique en prêtant particulièrement attention au rôle des femmes (**doc. 2 et 4**).
5. À partir des réponses aux questions précédentes, répondez de manière organisée à la problématique.

ou

Parcours B Travailler l'oral

Préparez une présentation orale de 5 minutes pour répondre à la problématique. Employez un vocabulaire riche et précis. Cherchez des synonymes aux verbes suivants : voir, faire, être, mettre, avoir et dire.

COURS

> **Repères** p. 56
> **Dossiers** p. 64, p. 66
> **Points de passage** p. 68, p. 70

Podcast du cours

2. Les caractéristiques des régimes totalitaires

Même si leurs fondements idéologiques sont différents, le fascisme, le nazisme et le stalinisme peuvent tous les trois être caractérisés comme des régimes totalitaires.

A Un chef tout-puissant

- **Le culte de la personnalité.** La ressemblance la plus évidente entre les trois régimes est la mise en scène de l'unanimité supposée de la population autour de son chef, dans des cérémonies grandioses. Dans les trois pays, le chef est présenté par la **propagande** comme un surhomme infaillible et entièrement dévoué au peuple, qui lui doit une obéissance aveugle. Ainsi, les termes *Führer*, *Duce* et *Vodj* – surnoms donnés à Hitler, Mussolini et Staline – signifient tous « guide ».

- **La dictature.** En raison des qualités exceptionnelles qui lui sont prêtées, le chef dispose des pleins pouvoirs. Staline est Premier secrétaire du **PCUS** et dirigeant du **Politburo** dès 1925. Mussolini et Hitler cumulent tous les pouvoirs à la tête de l'État totalitaire. Celui-ci n'est pas un État de droit, fondé sur la séparation des pouvoirs et le respect des libertés. La démocratie libérale est dénoncée par Staline comme un régime bourgeois opprimant le prolétariat et par Mussolini et Hitler comme un régime décadent affaiblissant la nation.

B Des sociétés encadrées

- **Forger un homme nouveau.** Dans les trois pays, les régimes se disent révolutionnaires. Ils souhaitent faire table rase du passé et créer une société fondée sur de nouvelles valeurs. En URSS, la figure du prolétaire est mise en avant. En Italie et en Allemagne, l'homme nouveau est un guerrier conquérant.

- **Une société embrigadée.** Dans les trois États, la population est rigoureusement encadrée à tous les âges de la vie. La jeunesse est au centre des politiques totalitaires, car les enfants sont plus influençables que les adultes. L'adhésion à une organisation de jeunesse, où l'on apprend l'idéologie officielle et où l'on reçoit un entraînement sportif et militaire, est fortement encouragée dans les trois pays. Elle devient même obligatoire en Italie en 1937 et en Allemagne en 1939. Les adultes sont aussi concernés par cet encadrement, car les totalitarismes recherchent l'adhésion de toute la population. Des ministères de la propagande sont créés et tous les médias (presse, radio, cinéma, édition, arts) sont mis au service du régime.

- **Les résistances.** Malgré la mise en scène de l'unanimité, des formes de résistance se développent. Ainsi, dans les régions fortement catholiques d'Allemagne, comme la Bavière, le racisme nazi est jugé incompatible avec la morale chrétienne. En URSS, les paysans s'opposent à la collectivisation des terres et cette résistance prend une dimension nationaliste chez les populations musulmanes et turcophones d'Asie centrale. En Italie, il n'y a guère de mouvement de résistance avant la Seconde Guerre mondiale.

Vocabulaire

- **Camp de concentration :** camp destiné à neutraliser les ennemis du régime tout en exploitant leur force de travail.
- **Gestapo :** police secrète d'État créée en 1933 en Allemagne.
- **Goulag :** nom de l'administration des camps de travail forcé et, par extension, des camps eux-mêmes et du système concentrationnaire.
- **Koulak :** ce terme désignant à l'origine un paysan propriétaire est utilisé par la propagande stalinienne pour désigner et éliminer tous les opposants à la collectivisation des terres.
- **NKVD (Commissariat du peuple aux affaires intérieures) :** principale police politique de l'URSS depuis 1934.
- **OVRA *(Organizzazione di Vigilanza e Repressione dell'Antifascismo)* :** police politique créée en 1926 en Italie.
- **PCUS (Parti communiste de l'Union soviétique) :** fondé en 1925, il est le seul parti autorisé en URSS jusqu'en 1989.
- **Pogrom :** ce mot russe (signifiant « dévastation ») désigne une émeute antisémite tolérée ou encouragée par les autorités.
- **Politburo :** organe majeur du comité central du PCUS qui en définit la ligne directrice.
- **Propagande :** ensemble d'actions effectuées par une institution ou une organisation pour faire agir et penser la population d'une certaine manière.

C Une politique de terreur

Surveillance et répression. La population est soumise à une étroite surveillance et toute opposition est violemment réprimée. Des polices politiques sont créées pour traquer les adversaires du régime : le **NKVD** en URSS, l'**OVRA** en Italie et la **Gestapo** en Allemagne. La violence est omniprésente, créant un véritable climat de terreur. Bien que l'on compte 20 000 interventions policières par semaine et des centaines d'arrestations par an en Italie au début des années 1930, l'État fasciste n'a pas la brutalité du stalinisme et du nazisme.

La terreur de masse. En URSS et en Allemagne, deux groupes font l'objet d'exécutions sommaires : les rivaux du chef et toute personne perçue comme « nuisible ». Ainsi, Staline et Hitler sont non seulement responsables de purges politiques, mais aussi d'une terreur de masse. Entre 1931 et 1933, des millions de paysans résistant à la collectivisation des terres sont dénoncés comme **koulaks** et affamés par le régime soviétique. De 1936 à 1937, 750 000 citoyens sont exécutés au cours de la « Grande Terreur ». En Allemagne, la violence antisémite se déchaîne avec le **pogrom** de la Nuit de cristal en 1938.

POINT DE PASSAGE 1937-1938 : la Grande Terreur en URSS > p. 68
POINT DE PASSAGE 9-10 novembre 1938 : la Nuit de cristal > p. 70

Le système concentrationnaire. En URSS et en Allemagne, les individus exclus de la société sont enfermés dans des **camps de concentration**. Les prisonniers y subissent le travail forcé dans des conditions particulièrement éprouvantes. En Russie, des camps sont créés dès 1918 même si le nom de **Goulag** n'apparaît qu'en 1934. En Allemagne, le premier camp est ouvert à Dachau en 1933. On évalue à 15 millions les détenus du Goulag entre 1917 et 1953 et à 1 million les prisonniers des camps allemands entre 1933 et 1939 (opposants politiques, juifs, homosexuels). En Italie, il n'existe pas de camps de concentration, mais les opposants sont « confinés », c'est-à-dire envoyés en résidence surveillée dans des îles ou des villages isolés.

Les polices politiques

	Sigle	Création	Dirigeants	Effectifs
URSS	**Tchéka** (« Commission extraordinaire ») *renommée*	1917	**Félix Dzerjinski** (1917-1926)	› 90 000 civils et 126 000 militaires pendant la guerre civile
	Guépéou (« Direction politique d'État ») *intégrée au*	1922	**Viatcheslav Menjinski** (1926-1934)	
	NKVD (« Commissariat du Peuple aux Affaires Intérieures »)	1934	**Guenrikh Iagoda** (1934-1936) **Nikolaï Iejov** (1936-1938) **Lavrenti Beria** (1938-1945)	› 25 000 civils et 90 000 militaires au moment de la Grande Terreur
Allemagne	**Gestapo** (*Geheime Staatspolizei* ou « police secrète d'État »)	**1933** en Prusse ; **1934** dans toute l'Allemagne	**Heinrich Müller** (1934-1945)	› 20 000 membres dont 3 000 SS en 1939
Italie	**OVRA** (« Organisation de Surveillance et de Répression de l'Antifascisme »)	1927	**Arturo Bocchini** (1926-1940)	› Environ 50 000 dans les années 1930

Les organisations paramilitaires

Nom	Création Dirigeants	Effectifs Missions
Italie		
Squadristes (de l'italien squadre, « équipe ») ou « chemises noires »	**1919** **Mussolini** (1926-1943)	**399 000** en 1931 › Combattre les adversaires du fascisme › Participer aux campagnes militaires
Allemagne		
SA (*Sturmabteilung*, « section d'assaut ») ou « chemises brunes »	**1921** **Ernst Röhm** (1931-1934)	**2,9 millions** au maximum en 1934 › Combattre les communistes
SS (*Schutzstaffel* ou « échelon de protection »), créée comme une branche des SA	**1925** **Heinrich Himmler** (1929-1945)	**52 000** en 1933 et **240 000** en 1939 › Garde personnelle d'Hitler › Direction de l'ensemble de la répression dans le Reich à partir de 1934

Réviser son cours

1. Comment s'organise le culte du chef ?
2. Comment les régimes totalitaires contrôlent-ils la population ?
3. Comment les oppositions sont-elles réprimées ?

> Cours p. 62
> Biographies p. 342

Le culte du chef

Dans les régimes totalitaires, le chef détient l'ensemble des pouvoirs. Il fait l'objet d'un véritable culte de la personnalité, qui renforce sa légitimité. La propagande utilise tous les médias pour célébrer ses nombreuses qualités.

>> Comment le culte du chef est-il légitimé et organisé par les régimes totalitaires ?

1 Le guide du communisme

Traduction :
« C'est sous l'étendard de Lénine que nous avons fait triompher la révolution d'Octobre. C'est sous l'étendard de Lénine que nous avons obtenu des succès décisifs dans la construction du socialisme. C'est sous ce même étendard que nous ferons triompher la révolution prolétarienne à travers le monde. Signé : J. Staline. »

Affiche réalisée par Gustav Kluzis, 1933.

2 « Toute l'Allemagne entend le *Führer* »

Traduction : « Toute l'Allemagne entend le *Führer* avec le récepteur du peuple. »

À partir de 1933, un poste de radio à prix modéré est commercialisé en Allemagne à la demande de Joseph Goebbels, ministre de la Propagande : le *Volksempfänger* (« récepteur du peuple »). En 1939, on comptait 12 millions de postes pour 68,5 millions d'Allemands.

Affiche de propagande nazie, 1936.

3 Une photographie nazie

Ce cliché montre Hitler et des SA (> voir p. 63) au quartier général du NSDAP à Munich, la « Maison brune ». Une légende accompagne l'image : « Comme leurs yeux brillent, lorsque le *Führer* est tout près d'eux ! »
Cliché pris par Heinrich Hoffmann, photographe officiel du parti nazi, en 1932.

4 L'obéissance absolue au *Führer*

Dans ce discours, Hitler réaffirme l'un des principes essentiels du nazisme, le Führerprinzip*, exposé dès 1925 dans* Mein Kampf.

La pensée ne vit pas dans les masses. Il faut le reconnaître une fois pour toutes, et c'est bien évident. Si tout progrès humain représente une réalisation supérieure à la précédente, on comprend bien qu'il faut que quelqu'un l'ait initiée. Or, ce quelqu'un qui l'a initiée est le porteur de la pensée et non la grande masse qui le suit. Il est le pionnier. [...]

Il faut que quelqu'un commande et il ne peut y en avoir plus qu'un ; celui qui commande ordonne et les autres doivent obéir. [...] C'est pourquoi notre État n'est en rien fondé, je tiens à la souligner, sur la consultation populaire ; notre objectif est de convaincre le peuple de la nécessité de ce qui se fait. [...] L'État du *Führer* n'a aucune raison de redouter le génie, c'est toute la différence avec la démocratie. [...]

Le peuple est aujourd'hui plus heureux en Allemagne que partout ailleurs dans le monde. Il ne se sent dans l'insécurité que lorsqu'il n'a plus de chef. Dès l'instant où il est fermement dirigé, il est heureux ; car il sait très bien qu'il ne comprend rien à tout ça.

Adolf Hitler, discours, 29 avril 1937.

5 Le *Duce* adoré par toute l'Italie

Benito Mussolini est le *Duce* du Fascisme et le Chef du Gouvernement fasciste. Il est le fils bien aimé de la Patrie régénérée. [...] Parmi les hommes politiques qui conduisent les grandes nations du monde, il est le plus jeune et le plus grand.

Où est-il né ? [...] Peu importe où il est né. Il est le fils de l'Italie et l'Italie tout entière l'adore comme le meilleur de ses fils. Vient-il d'une famille noble ? Non : son père était un forgeron et, tout petit, il l'aidait dans son dur et humble labeur.

Et comment a-t-il pu monter si haut ? Avec sa volonté tenace, sa constante et infatigable activité, sa confiance sereine dans ses propres forces, son amour ardent pour la Patrie et pour le Peuple. Quelles sont ses ambitions ? Il n'a aucune ambition personnelle. Sa seule ambition est celle de rendre fort, prospère, grand et libre le peuple italien. [...]

Quel est le devoir des Italiens envers Mussolini et la Révolution fasciste ? Il se résume à ceci : « Je jure d'exécuter sans discuter les ordres du *Duce* et de servir avec mes forces et, si nécessaire, avec mon sang la cause de la Révolution fasciste. »

Extraits d'un manuel de propagande fasciste, 1929.

Questions

Parcours A Répondre aux questions

1. **Décrivez** cette affiche et montrez qu'elle justifie le rôle dirigeant de Staline (**doc. 1**).
2. **Expliquez** la conception du « chef » théorisée par Hitler et mise en scène par la photographie (**doc. 3 et 4**).
3. **Analysez** la manière dont la propagande fait le portrait de Mussolini (**doc. 5**).
4. **Présentez** les moyens favorisant la diffusion du culte du chef (**doc. 1 à 5**).
5. À partir des réponses aux questions précédentes, répondez de manière organisée à la problématique.

ou

Parcours B Travailler l'oral

Tableau à imprimer

Préparez une présentation orale de 5 minutes pour répondre à la problématique. Filmez votre prestation, puis regardez-là à 2 ou 3 reprises en listant 10 questions que pourrait vous poser un jury.

› Cours p. 62

L'embrigadement de la jeunesse

Dès leur mise en place, les régimes totalitaires créent des organisations de jeunesse, qui viennent compléter l'action de l'école. Les enfants y pratiquent des activités ritualisées et apprennent l'idéologie officielle. Cette politique a pour objectif de forger une société nouvelle et de pérenniser le régime.

» Comment les régimes totalitaires endoctrinent-ils la jeunesse ?

1 Les organisations de jeunesse

	Pour les garçons	Pour les filles
URSS 	› Petits octobristes (6-9 ans) › Pionniers soviétiques (9-14 ans) › *Komsomols*[1] (à partir de 14 ans)	
Allemagne 	› Jeunes allemands (10-14 ans) › Jeunesses hitlériennes (14-18 ans)	› Association des jeunes filles (10-14 ans) › Ligue des jeunes filles allemandes [BDM] (14-17 ans) › Société des BDM pour la Foi et la Beauté (17-21 ans)
Italie 	› Fils de la Louve (6-8 ans) › *Balillas*[2] (8-14 ans) › Avant-gardistes (14-18 ans)	› Filles de la Louve (6-8 ans) › Petites italiennes (8-14 ans) › Jeunes italiennes (14-18 ans)

1. Abréviation de *Kommounistitcheski soïouz molodioji* (« Union des jeunesses communistes ») désigne, par extension, les membres de cette organisation.
2. Diminutif du nom complet de l'organisation de jeunesse « Œuvre Nationale Balilla ». Le nom de Ballila fait référence au surnom d'un héros du nationalisme italien ayant vécu au XVIIIe siècle.

2 L'emploi du temps d'une écolière allemande (1935)

	Lundi	Mardi	Mercredi	Jeudi	Vendredi	Samedi
8h00-8h45	Allemand					
8h50-9h35	Géographie	Histoire	Chant	Géographie	Histoire	Chant
9h40-10h25	Théorie raciale	Théorie raciale	Théorie raciale	Théorie raciale	Doctrine du Parti	Doctrine du Parti
10h25-11h00	Temps de pause avec activités sportives et annonces officielles					
11h00-12h05	Mathématiques appliquées à la gestion du foyer					
12h10-12h55	Science de la reproduction (eugénisme)					
14h00-18h00	Sport					

Source : Greg Thie, Jean Thie, Nazi Power in Germany, *Hutchinson, 1989.*

3 Un « nouveau Credo » pour les *Balillas*

Il existe encore des parents rétifs, pour de sots préjugés, à l'inscription de leurs enfants aux *Balillas*. Il y a quelque temps, dans un village de montagne perdu, j'ai dû lutter contre ces préjugés volontairement et sournoisement répandus dans la population crédule : on l'avait persuadée que, dans une prochaine guerre, les *Balillas* seraient les premiers à monter à l'assaut et à mourir. Le bien fait à l'Italie par le fascisme, ne serait-ce qu'en la préservant de l'anarchie, est si évident et si actuel encore qu'il n'est pas difficile de l'expliquer, même aux esprits les plus incultes. Les maîtres n'auront pas de mal à afficher dans un cadre digne de lui le visage du *Duce*, qui, dans ses attitudes multiples de prophète, de guide, d'homme d'État et de merveilleux organisateur des forces de la nation, résume en lui les traits les plus caractéristiques de la race. Quelques paroles du *Duce* doivent entrer dans l'esprit de nos jeunes Chemises noires comme dans un nouveau Credo[1]. [...] Nos *Balillas* doivent obéir à la discipline des soldats, à la force de la règle, aux liens de la loi, et ceci sans discuter. Le règlement est sacré, l'obéissance doit être aveugle, pleine, totale.

Giovanni Bonomi, *Le Maître du régime. Notes et expériences de pédagogie fasciste*, 1934.

1. Prière énonçant les grands principes de la religion catholique et par laquelle le croyant proclame sa foi.

Vidéo — *Les ballilas* font une démonstration de gymnastique

4 Le rôle du *Komsomol*

Que signifie faire adhérer au *Komsomol* ? Cela signifie donner au jeune une formation marxiste-léniniste, [...] lui permettre de diriger idéologiquement un groupe de jeunes, faire en sorte qu'il devienne un modèle pour tous les autres, aussi bien dans son travail que dans sa vie privée. [...] Les principales formes de notre travail seront :

- L'animation du « coin rouge » : les *komsomols* rassembleront les jeunes du village autour du « coin rouge » pour des discussions sur des thèmes du genre : qu'est-ce que le Parti ? [...]
- La régénérescence des fêtes de village : durant les fêtes de Noël ou de mardi gras, il y aura des fêtes de jeunes [...]. La cellule du *Komsomol* devra s'efforcer d'introduire des correctifs à ces fêtes : chansons révolutionnaires, jeux nouveaux. [...] Il faut lire des articles du journal *L'Athée*. [...]
- Liquidation de l'analphabétisme : la cellule fera venir les éléments les plus attardés de la jeunesse (ouvriers agricoles, bergers, jeunes filles) et organisera la prise en charge individuelle de chaque analphabète par un *komsomol* instruit.

Instructions d'une cellule des Jeunesses communistes, 1927.

5 La jeunesse au service du *Führer*

Traduction : « Tous les enfants de 10 ans aux Jeunesses hitlériennes. ».
De 1926 à 1945, l'organisation *Hitlerjugend* (« Jeunesse hitlérienne ») encadre les adolescents allemands. À partir de 1936, elle est la seule organisation de jeunesse autorisée en Allemagne. En 1939, elle devient obligatoire à partir de 10 ans.

Vidéo Jeunesse hitlérienne, du rêve au cauchemar

Questions

Parcours A Répondre aux questions

1. **Identifiez** l'objectif des organisations de jeunesse pour chaque régime totalitaire (**doc. 3, 4 et 5**).
2. **Comparez** les régimes totalitaires selon le rôle qu'ils assignent aux jeunes filles (**doc. 1, 2 et 4**).
3. **Montrez** comment l'école et les organisations de jeunesse diffusent les idéologies totalitaires (**doc. 2 à 5**).
4. **Montrez** que l'organisation de la jeunesse doit surmonter certains obstacles (**doc. 3**).
5. À partir des réponses aux questions précédentes, répondez de manière organisée à la problématique.

ou

Parcours B Préparer un exposé

À l'aide du dossier documentaire ci-dessus, du cours p. 62 et de vos recherches personnelles, préparez un exposé sur les organisations de jeunesse dans les régimes totalitaires. Vous présenterez notamment leurs objectifs et leurs méthodes.

Aide

POINT DE PASSAGE

> Cours p. 62

CONTEXTE

• D'août 1937 à novembre 1938, Staline organise le plus grand massacre d'État commis en Europe en période de paix. En seize mois, le NKVD arrête et condamne 1 % de la population : 750 000 personnes sont exécutées et près d'1 million sont déportées au Goulag.

• À l'issue de procès truqués et médiatisés, les « procès de Moscou », 60 000 cadres du Parti et officiers de l'Armée rouge sont exécutés. Mais 92 % des victimes de la Grande Terreur sont des citoyens ordinaires désignés par le NKVD comme des « éléments antisoviétiques » : anciens koulaks, membres du clergé orthodoxe, délinquants et marginaux, représentants des minorités nationales... Ils font l'objet d'une dizaine d'opérations d'exécutions de masse. Lorsque Staline met un terme à ces dernières, il fait éliminer la plupart des bourreaux.

• En 1956, N. Khrouchtchev condamne les crimes de l'époque stalinienne, évoquant les purges politiques, mais il passe sous silence cette répression de masse. À la chute de l'URSS, l'ouverture des archives permet enfin de comprendre la « Grande Terreur ».

1937-1938 : la Grande Terreur en URSS

>> Qu'est-ce que la Grande Terreur et comment comprendre ce crime de masse ?

1 Géographie d'un massacre

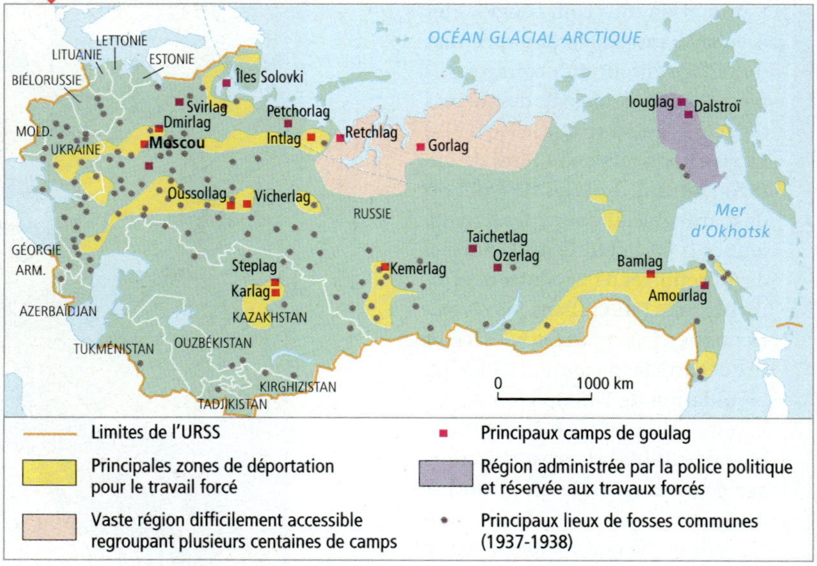

Les historiens estiment qu'il existe entre 300 à 400 grands charniers. On en recense aujourd'hui une centaine.

2 L'ordre opérationnel n° 00447

Cet ordre est signé par Nikolaï Iejov, chef du NKVD et principal artisan de la « Grande Terreur ».

Les organes de la Sécurité d'État ont devant eux une tâche capitale : annihiler sans pitié tous les éléments antisoviétiques, défendre le peuple soviétique travailleur pour en finir une fois pour toutes avec le travail de sape mené par les éléments contre-révolutionnaires contre les fondements mêmes de l'État soviétique. En conséquence de quoi, j'ordonne de commencer l'opération de répression des ex-koulaks, criminels et autres éléments antisoviétiques, à partir du 5 août 1937. [...]

[Ils] seront répartis en deux catégories :

a. les plus actifs et hostiles des éléments ci-dessus énumérés seront affectés à la 1re catégorie, immédiatement arrêtés [...] et fusillés.

b. les éléments moins actifs, mais néanmoins hostiles, seront affectés à la 2de catégorie, [...] immédiatement arrêtés et envoyés en camp pour une durée de huit à dix ans.

[L'ordre opérationnel n° 00447 conduit à la condamnation de 767 000 personnes.]

Extraits de la directive n° 00447 du NKVD, le 30 juillet 1937.

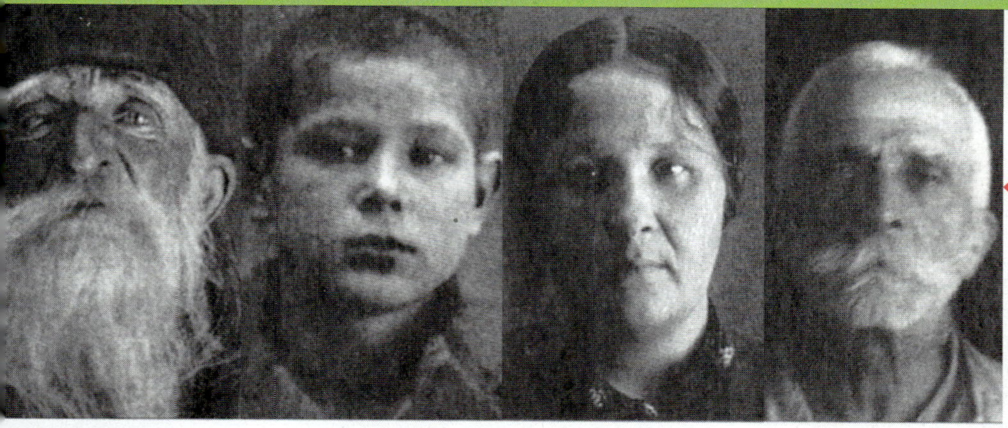

Dimitri Milov, 69 ans, moine, é le 17 septembre 1937.

Mikhaïl Shamonin, 13 ans, fusillé le 9 décembre 1937.

Nina Kondakova, 27 ans, enseignante, fusillée le 29 mai 1938.

Viatcheslav Gadon, 64 ans, ex-officier de l'armée tsariste, fusillé le 17 septembre 1937.

Vidéo Nicolas Werth : « Incarner la terreur stalinienne »

3 Le visage des victimes

Portraits de détenus du NKVD à Boutovo, à 25 km du centre de Moscou, quelques jours avant leur exécution.

Photographies des archives du NKVD, conservées par l'association russe Memorial, qui cherche à établir la vérité sur les crimes soviétiques.

4 Les préparatifs secrets

Strictement confidentiel.

Préparez un lieu secret, si possible dans une cave du bâtiment du NKVD, où les condamnés à mort seront exécutés. Les exécutions auront lieu de nuit. Avant l'exécution, vous vérifierez soigneusement l'identité de l'individu exécuté. Les corps seront enterrés dans une fosse commune creusée à l'avance dans un lieu secret. Le transport des corps devra être effectué exclusivement dans des véhicules de fonction du NKVD. Vous signerez le certificat individuel d'exécution en un seul et unique exemplaire. Ces certificats seront envoyés tous les cinq jours sous pli scellé et par paquet séparé spécial uniquement par coursier du NKVD au chef du [département d'enregistrement statistique]. Vous êtes personnellement responsable du secret absolu concernant le lieu, la date, l'heure et les méthodes d'exécution. [...] Vous m'enverrez la liste du personnel du NKVD autorisé à prendre part au processus d'exécution. En aucun cas, il ne sera fait appel à la police ordinaire, ni à des militaires. Toutes les personnes impliquées [...] signeront un document spécial les engageant au secret sous peine d'arrestation immédiate.

Directive du 2 août 1937 envoyée par Popachenko, chef du NKVD de la région de Kouïbychev, au responsable des opérations de répression dans le district d'Oulianovsk

5 Des objectifs dépassés

a. Demande de Karoutskii, chef du NKVD de la région ouest, à Iejov, le 1er août 1937.

Il est absolument indispensable de nettoyer en profondeur cette région ouest, qui constitue une zone arrière stratégique en cas de guerre. Votre ordre opérationnel n° 00447 [...] nous accordait un quota de 1 000 éléments en 1re catégorie et de 5 000 en 2de. Considérant [...] les particularités de la région et son importance stratégique, considérant son extrême pollution en éléments contre-révolutionnaires et koulaks, je vous demande d'augmenter le nombre des éléments à réprimer en 1re catégorie de 3 000 [...] et en 2de catégorie de 6 000 [...].

b. Lettre de Iejov à Staline pour appuyer la demande de Karoutskii, le 11 août 1937.

J'estime indispensable de relever pour cette région les quotas de koulaks, criminels et autres éléments contre-révolutionnaires jusqu'à 3 000 en 1re catégorie et 6 000 en 2nde. Les quotas initiaux étaient de 1 000 en 1re et de 5 000 en 2nde. Je soumets cette proposition à votre signature.

c. Staline valide l'augmentation des quotas.

Documents retranscrits par Nicolas Werth dans *L'Ivrogne et la marchande de fleurs. Autopsie d'un meurtre de masse, 1937-1938*, Tallandier, 2009.

Questions

1. **Identifiez** les victimes de la Grande Terreur (**doc. 2, 3 et 5**).
2. **Expliquez** ce que sont « la 1re et la 2de catégories » (**doc. 2 et 5**).
3. **Montrez** qu'il s'agit d'un crime de masse organisé par le NKVD (**doc. 1 à 5**).
4. **Montrez** l'importance du secret et du langage codé pour le NKVD (**doc. 1 à 5**).
5. À partir des réponses aux questions précédentes, répondez de manière organisée à la problématique.

Focus sur le document 5

1. **Montrez** que la Grande Terreur est organisée d'une manière bureaucratique.
2. **Montrez** que le NKVD utilise un langage codé en précisant la définition des termes utilisés.
3. **Expliquez** ce que demande Karoutskii et comment il le justifie.
4. **Analysez** l'importance de ce type de documents pour l'histoire du totalitarisme stalinien.

› Cours p. 62

9-10 novembre 1938 : la Nuit de cristal

›› En quoi la Nuit de cristal marque-t-elle un tournant dans l'antisémitisme nazi ?

CONTEXTE

- Le 7 novembre 1938, un jeune juif expulsé d'Allemagne, Herschel Grynszpan, assassine Ernst vom Rath, un diplomate allemand, à Paris. Le régime nazi saisit ce prétexte pour déclencher une vague de violence contre les juifs d'Allemagne (y compris d'Autriche).
- Dans la nuit du 9 au 10 novembre, les autorités nazies organisent un pogrom qu'elles font passer pour un soulèvement populaire spontané. On dénombre une centaine de morts et des milliers de blessés. La quasi-totalité des synagogues du pays, plus de 7 500 magasins et des dizaines de milliers de logements sont détruits.
- Dans les semaines qui suivent, 30 000 juifs sont internés temporairement dans des camps de concentration. Suite à ces exactions, 120 000 juifs quittent l'Allemagne.

LE SENS DES MOTS

Les nazis qualifient ces exactions de Nuit de cristal en raison des innombrables bris de verre qui recouvrent les trottoirs. Les historiens allemands préfèrent aujourd'hui l'expression « Pogrom de Novembre » pour éviter la minimisation des violences commises.

- Avril 1933 : **Début du boycott des magasins juifs et de l'exclusion des juifs** d'un certain nombre de professions.
- Sept. 1935 : **Les lois de Nuremberg excluent les juifs de la citoyenneté allemande** et interdisent les unions entre juifs et « Aryens ».
- 1937 : **« Aryanisation » de l'économie**, c'est-à-dire confiscation des biens et des entreprises détenues par les juifs.
- Mars 1938 : **Extension des mesures antisémites à l'Autriche annexée.**

Vidéo — La Nuit de cristal

1 Une victime raconte

[Je suis], en France, l'un des rares témoins du pogrom de novembre 1938, appelé cyniquement « Nuit de cristal ». [...] C'est avec une incroyable brutalité que fut déclenchée [à Vienne] dans la nuit du 9 au 10 novembre 1938 une agression sauvage, sans aucune retenue, un déchaînement d'une haine sans bornes, contre les Juifs, leurs biens et leurs lieux de culte. Déchaînement prémédité et organisé. D'une façon mensongère, les autorités déclarèrent que cette manifestation était une « réaction spontanée de la population » à la suite de la tentative d'assassinat par le jeune Herschel Grynszpan, d'un secrétaire d'ambassade d'Allemagne à Paris. En réalité, ce sont les troupes des SA nazis, à qui l'ordre fut donné d'agir en vêtements civils, la Gestapo, la Jeunesse hitlérienne, avec le concours de la police, qui ont provoqué une véritable terreur au sein de la communauté. [...]

Ce pogrom, que l'on pourrait croire d'un autre temps, avait pour objectif d'accélérer l'émigration juive, afin de rendre le « Reich » plus rapidement « JUDENREIN », c'est-à-dire sans aucune présence juive.

Témoignage de Paul Schaffer lors du séminaire « Afin de tirer les leçons de l'Holocauste » à l'Unesco le 8 novembre 2008.

2 Mesures prises contre les juifs

1. [...] a) Seules pourront être prises des mesures qui ne mettent pas en péril la vie ou la propriété allemandes (par exemple incendies de synagogue uniquement dans le cas où il n'y a pas de risque d'incendie pour les immeubles voisins).

b) Les boutiques et les appartements des juifs ne peuvent être que détruits et non pillés. La police est priée de surveiller l'exécution de cette instruction et d'interpeller les pilleurs.

c) Dans les rues commerçantes, on veillera particulièrement à ce que les boutiques non juives soient parfaitement protégées contre les dommages. [...]

2. [...] Les manifestations éventuelles ne devront pas être empêchées par la police, qui veillera seulement au respect des directives. [...]

5. Dès que le cours des événements pendant cette nuit le permettra aux fonctionnaires engagés dans l'opération, il faudra arrêter dans tous les arrondissements autant de juifs – notamment des juifs riches – qu'on pourra en loger dans les locaux de détention existants. On n'arrêtera dans un premier temps que des juifs de sexe masculin, en bonne santé et pas trop âgés. Une fois l'arrestation opérée, on prendra contact immédiatement avec les camps de concentration compétents afin d'y acheminer les juifs au plus vite.

Ordres secrets de Reinhard Heydrich, chef de la Gestapo, envoyés le 10 novembre 1938 à 1 h 20 à tous les services de police du *Reich*.

3 Les violences antisémites

Boutique juive pillée et détruite à Berlin pendant la Nuit de cristal, 9-10 novembre 1938 (photographie colorisée).

4 Un prisonnier témoigne

Le 10 novembre 1938, Hugo Moses est incarcéré suite à la Nuit de cristal.

Mercredi, le 16 novembre 1938 [...]. 6 heures : dans le couloir, des portes de cellules s'ouvrent, on procède à un appel, mais qui ne concerne pas tout le monde. [...] 6 h 15 : les juifs dont les noms ont retenti dans le couloir sont conduits dans la cour encore obscure. [...] Et c'est alors que nous comprenons en un éclair ce que cela veut dire : tous ces gens vont être envoyés dans les camps, en enfer, là où il n'y a plus d'espoir, plus d'échappatoire, là où tout se résume à quelques mots : travail forcé, faim, maladie, sadisme des gardiens et MORT, MORT, MORT... [...]

Deux jours plus tard, [...] quelqu'un me glisse un paquet de cigarettes dans la main. Une voix me chuchote en même temps : « De la part de Mme I. » [...], la femme d'un Aryen qui m'a toujours témoigné de la sympathie et dont je sais qu'il a des relations à la Gestapo. [...] J'ouvre le paquet, il s'en échappe un billet écrit à la machine : « Samedi matin à 11 heures, tu seras relâché. Nous travaillons à ta libération. I. » [...]

Dans le train qui m'a ramené chez moi, j'ai pu constater que les événements de la nuit du pogrom échauffaient encore les esprits. Un homme en parlait avec son voisin et disait : « Jamais je n'ai autant ri que cette nuit-là. Tous ces juifs en train de sautiller autour de leurs maisons. Et toutes ces putains juives, pour une fois qu'on les a vues travailler. Quand on les a forcées à ramasser dans la rue les débris de verre de leurs fenêtres cassées. Avec leurs doigts si fins, ça faisait plaisir à voir. Elles en avaient les mains qui saignaient. » Et l'autre de renchérir : « [...] M'est avis qu'on a donné là un fameux coup de balai. La preuve que notre *Führer* peut compter sur ses jeunes. »

Témoignage issu du recueil *Jamais nous ne retournerons dans ce pays*, Albin Michel, 2010.

Questions

Parcours A Répondre aux questions

1. **Montrez** que la Nuit de cristal est organisée par les autorités nazies contrairement à ce qu'elles prétendent (**doc. 1 et 2**).
2. **Identifiez** l'objectif des autorités nazies (**doc. 1**).
3. **Listez** les exactions commises pendant la Nuit de cristal (**doc. 1, 3 et 4**).
4. **Analysez** les réactions des Allemands non juifs face au pogrom (**doc. 4**).
5. À partir des réponses aux questions précédentes, répondez de manière organisée à la problématique.

ou

Parcours B Rédiger un article

Vous êtes un journaliste français présent en Allemagne en novembre 1938. Vous expliquez à vos lecteurs la signification de la Nuit de cristal. Après un rappel sur l'antisémitisme nazi, vous montrez que la Nuit de cristal est un pogrom organisé par les nazis, puis qu'elle signifie une accélération des persécutions contre les juifs.

> Repères p. 56
> Point de passage p. 74
> Dossier p. 76
> Biographies p. 342

Podcast du cours

3. L'Europe à l'épreuve des totalitarismes

Dans les années 1930, l'Allemagne et l'Italie multiplient les conquêtes territoriales. Les démocraties européennes ne réagissent pas face à l'expansionnisme de ces États, ce qui convainc Staline de signer un pacte de non-agression avec Hitler.

A Un ordre européen menacé

Le rejet de la démocratie. Les totalitarismes partagent la même haine de la démocratie libérale pour des motifs différents. Selon les Soviétiques, elle est fondée sur un système capitaliste et « impérialiste », qui opprime les prolétaires et les colonisés. Selon les fascistes et les nazis, elle privilégie l'individualisme aux dépens de la nation et de l'État. Cela conduit l'URSS, l'Allemagne et l'Italie à mener une guerre idéologique contre les démocraties européennes. À partir de 1919, le **Komintern** exporte les idées communistes, supervisant la formation de partis communistes affiliés au PCUS. De son côté, Mussolini encourage la création de partis fascistes dans toute l'Europe.

Le rejet de la paix. Nés de la Première Guerre mondiale, les régimes totalitaires partagent une hostilité à l'égard des traités de paix. Alors que les Alliés souhaitaient empêcher tout retour à la guerre en limitant l'armement de l'Allemagne et en fondant la SDN, les États totalitaires rejettent l'ordre diplomatique imposé par les vainqueurs. Les fascistes et les nazis se préparent à la revanche : ils veulent restaurer la grandeur nationale par une politique belliciste et expansionniste. En violation du traité de Versailles, Hitler rétablit le service militaire obligatoire en 1935 et augmente les effectifs de l'armée ; en 1936, il déploie des troupes en Rhénanie, alors que cette région devait rester une zone démilitarisée à la frontière de la France. En 1936, Mussolini instaure le « samedi fasciste » consacré à l'entraînement sportif, politique et militaire des Italiens.

B Des régimes totalitaires conquérants

Les coups de force de l'Allemagne. Hitler souhaite depuis longtemps rassembler dans un « grand *Reich* » l'ensemble des territoires où vivent des populations germanophones. En mars 1938, à la suite d'un coup d'État du parti nazi autrichien, la ***Wehrmacht*** occupe l'Autriche : l'***Anschluss*** est approuvé lors d'un plébiscite par 97 % des Allemands et des Autrichiens. Hitler s'en prend ensuite à la Tchécoslovaquie en deux temps. Il annexe d'abord la région des Sudètes en septembre 1938 en vertu des accords de Munich. Puis, en violation de ceux-ci, il occupe en mars 1939 la Bohême-Moravie, tandis que la Slovaquie devient un État satellite de l'Allemagne.

Le rapprochement avec l'Italie. D'abord méfiant vis-à-vis d'Hitler, Mussolini condamne les théories racistes nazies en 1934. L'année suivante, il signe avec la France et le Royaume-Uni l'accord de Stresa, qui condamne la remilitarisation de

Vocabulaire

- ***Anschluss*** **:** ce mot allemand, qui signifie « rattachement », désigne la réunion de l'Autriche et de l'Allemagne en mars 1938.
- ***Appeasement*** **:** politique du Premier ministre britannique, Neville Chamberlain, qui cherche à satisfaire les demandes allemandes et ainsi éviter la guerre.
- **Komintern :** nom abrégé de l'Internationale communiste (ou IIIe Internationale) fondée en 1919. Il regroupe les partis communistes de tous les pays pour soutenir la révolution soviétique.
- **SDN (Sociétés des Nations) :** organisation internationale créée en 1919 pour tenter d'assurer la paix mondiale par la sécurité collective.
- ***Wehrmacht*** **:** ce mot allemand, qui signifie « force de défense », désigne l'armée du IIIe Reich à partir de 1935.

l'Allemagne et sa volonté d'annexer l'Autriche. Mais l'Italie envahit l'Éthiopie, État membre de la SDN, en octobre 1935 et proclame son annexion en mars 1936. La SDN condamne alors l'Italie à des sanctions économiques, ce qui convainc Mussolini de dénoncer l'accord de Stresa et de se rapprocher de l'Allemagne nazie. Baptisé « Axe Rome-Berlin » en 1936, ce rapprochement aboutit en 1939 à une alliance militaire, le « pacte d'Acier », qui garantit une assistance automatique en cas d'agression.

- **La contagion.** Après la Première Guerre mondiale, les dictatures se multiplient dans toute l'Europe. Dans les années 1930, ces dirigeants autoritaires, hostiles au communisme, recherchent le soutien d'Hitler et de Mussolini. C'est le cas lors de la guerre civile espagnole : les nationalistes, dirigés par le général Franco, sollicitent l'aide de Rome et Berlin, qui envoient les premiers avions dès juillet 1936. En tout, 73 000 Italiens, 19 000 Allemands et 10 000 Portugais combattent aux côtés des franquistes. L'appui des forces fascistes, plus nombreuses et mieux équipées que les 35 000 volontaires des Brigades internationales organisées par le Komintern, contribue grandement à la victoire de Franco en avril 1939.

POINT DE PASSAGE 1936-1939 : les interventions étrangères dans la guerre civile espagnole > p. 74

C L'impuissance des démocraties

- **L'échec de la SDN Face aux coups de force des nazis et des fascistes, la SDN semble impuissante.** Les sanctions économiques adoptées contre l'Italie ont peu d'effet et sont levées dès 1936. Les deux États quittent l'organisation internationale, l'Allemagne en 1933 et l'Italie en 1937, marquant la fin de l'idéal de sécurité collective.

- **Des démocraties pacifistes.** La France et le Royaume-Uni réagissent timidement aux agressions italiennes et allemandes. Dans les deux pays, l'opinion publique est majoritairement pacifiste : marquée par l'hécatombe de la guerre de 1914-1918, elle veut que celle-ci soit vraiment la « der des der ». Le gouvernement de Londres, suivi par celui de Paris, mène une politique d'***appeasement***. Celle-ci culmine avec la conférence de Munich où la Tchécoslovaquie, pays allié et démocratique, est abandonnée à Hitler.

- **Le pacte germano-soviétique.** Face à la menace nazie, Staline se rapproche d'abord des démocraties occidentales : en septembre 1934, l'URSS est admise à la SDN et, en 1935, elle signe un pacte d'assistance mutuelle avec la France. Néanmoins, l'absence de réaction des démocraties et de la SDN face aux coups de force italiens et allemands convainc Staline de l'échec de la sécurité collective. De plus, l'URSS est menacée par la signature d'un « pacte anti-Komintern » par le Japon et l'Allemagne (1936), puis l'Italie (1937). Soucieux d'éviter un conflit sur deux fronts, Staline signe un pacte de non-agression pour dix ans avec Hitler en août 1939. Le monde est stupéfié par le rapprochement de ces deux dictatures opposées idéologiquement. On ignore alors que le pacte comprend des « protocoles secrets » par lesquels Hitler et Staline se partagent des territoires : à l'Allemagne, l'ouest de la Pologne et la Lituanie ; à l'URSS, l'est de la Pologne, la Lettonie, l'Estonie et la Finlande. L'invasion de la Pologne par l'armée allemande le 1er septembre 1939 déclenche la Seconde Guerre mondiale en Europe.

Les préparatifs de guerre

Oct. 1933	**L'Allemagne quitte la SDN.**
Mars 1935	**Rétablissement du service militaire en Allemagne.**
Oct. 1935	**L'Italie envahit l'Éthiopie.**
Mars 1936	**Remilitarisation de la Rhénanie** par l'Allemagne.
1936-1939	**Interventions dans la guerre civile espagnole.**
Nov. 1936	**Axe Rome-Berlin.**
Déc. 1937	**L'Italie quitte la SDN.**
Mars 1938	***Anschluss*.**
30 sept. 1938	**Accords de Munich.**
Mars 1939	**L'Allemagne annexe la Bohême-Moravie.**
Avril 1939	**L'Italie annexe l'Albanie.**
Mai 1939	**Pacte d'Acier entre l'Allemagne nazie et l'Italie fasciste.**
23 août 1939	**Pacte germano-soviétique.**
1er sept. 1939	**Invasion de la Pologne** par l'Allemagne.

Réviser son cours

1. Comment expliquer l'agressivité de l'Allemagne nazie et de l'Italie fasciste ?
2. Quelles sont les principales conquêtes de l'Allemagne nazie et de l'Italie fasciste ?
3. Comment les démocraties réagissent-elles à l'expansionnisme de l'Allemagne et de l'Italie ?

POINT DE PASSAGE

› Cours p. 72

CONTEXTE

- En février 1936, une coalition de partis de gauche, le *Frente Popular,* remporte les élections législatives. La droite conservatrice, appuyée par l'Église et l'armée, n'accepte pas le résultat des élections. En juillet, le soulèvement militaire lancé par le général Franco marque le début de la guerre civile entre les nationalistes (franquistes) et les républicains.

- Dès juillet, le conflit s'internationalise. L'Allemagne et l'Italie combattent aux côtés des nationalistes. L'URSS soutient les républicains en envoyant du matériel et en encadrant les Brigades internationales, formées de volontaires venus de nombreux pays. Les démocraties se réfugient dans la neutralité.

- La guerre d'Espagne est remportée le 1er avril 1939, par les nationalistes qui instaurent la dictature de Franco. Cette guerre civile et idéologique, particulièrement brutale, a fait environ 400 000 morts.

1936-1939 : les interventions étrangères dans la guerre civile espagnole

» Pourquoi la guerre d'Espagne est-elle un enjeu géopolitique pour les régimes totalitaires ?

1 Guerre civile et interventions extérieures

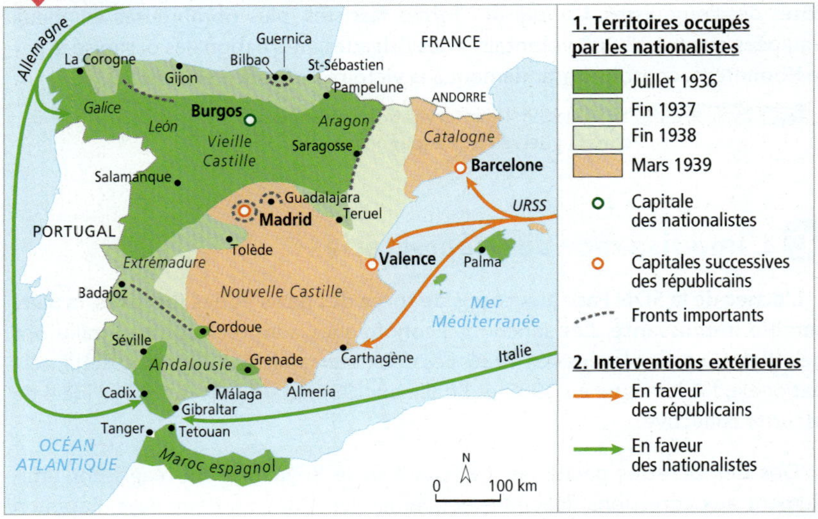

2 Hitler analyse la guerre d'Espagne

En juillet 1936, Joachim von Ribbentrop, ambassadeur d'Allemagne en Angleterre, essaie de convaincre Hitler de ne pas s'engager dans la guerre civile espagnole.

[...] Hitler refusa d'entendre raison. Il m'expliqua – je constatai une fois de plus que, chez lui, les considérations idéologiques l'emportaient sur toutes les autres – que l'Allemagne ne pouvait tolérer que l'Espagne devînt la proie du communisme ; national-socialiste, il devait s'y opposer par tous les moyens. En conséquence, il avait déjà donné l'ordre de mettre à la disposition de Franco les avions demandés.

[...] À en croire Franco, la majeure partie de l'armement des troupes du gouvernement de Madrid venait de Russie. Mussolini, lui aussi, était favorable à Franco ; enfin, le gouvernement [républicain] entretenait des relations étroites avec le Front populaire de Léon Blum.

Le *Führer* déclara pour finir : « Si l'Espagne doit devenir la proie du communisme, la bolchevisation de la France ne sera qu'une question de temps ; l'Allemagne n'aura plus qu'à faire ses valises. Pris entre le bloc soviétique à l'est, et un puissant bloc communiste franco-espagnol à l'ouest, nous pourrons à peine nous défendre si Moscou décide d'attaquer l'Allemagne. »

Joachim von Ribbentrop, *De Londres à Moscou : mémoires*, éd. Déterna, 2007.

3 Léon Blum défend la non-intervention

Le chef du gouvernement du Front populaire français justifie la non-intervention devant des militants socialistes.

Camarades, [...] vous voudriez qu'on arrivât à une situation telle que les livraisons d'armes puissent être faites au profit du gouvernement régulier [...]. Naturellement, vous désirez cela. Dans d'autres pays, on désire exactement l'inverse. [....] La solution, ce qui permettrait peut-être à la fois d'assurer le salut de l'Espagne et le salut de la paix, c'est la conclusion d'une convention internationale par laquelle toutes les puissances s'engageraient [...] à interdire l'exportation en Espagne du matériel de guerre. [...]

Si on me demande de revenir sur les positions du gouvernement et de déchirer le papier que nous avons signé[1], [...] je réponds : « Non ! » Cela ne nous serait possible que si nous étions devant la certitude prouvée que la signature d'autres puissances a été violée. Nous ne pouvons pas retirer la nôtre, et nous pouvons encore moins faire quelque chose qui, à mes yeux, serait pire encore : la trahir en fait, sans avoir le courage de la retirer. [...] Impossible d'agir autrement sans ouvrir en Europe une crise dont il serait difficile ou dont il serait malheureusement trop facile de prévoir les conséquences.

(Applaudissements. Cris : « Vive la paix ! »)

Extraits du discours de Léon Blum à Luna-Park, 6 septembre 1936.

1. À l'été 1936, la quasi-totalité des États européens signent un pacte de non-intervention.

4 L'intervention allemande en Espagne

La légion Condor est une force aérienne allemande qui a combattu avec les nationalistes et notamment bombardé la ville basque de Guernica le 26 avril 1937.

Défilé de la légion Condor après la victoire de Franco, *León*, 22 mai 1939.

5 Volontaires britanniques des Brigades internationales

Traduction : « Centurie antifasciste anglaise Tom Mann. La discipline prolétarienne vaincra le fascisme. » Militant syndicaliste, Tom Mann est l'un des fondateurs du Parti communiste de Grande-Bretagne en 1920.

Photographie anonyme datée du 2 mai 1937.

Questions

Parcours A **Répondre aux questions**

1. **Montrez** que la guerre civile espagnole s'internationalise très rapidement (**doc. 1, 3 et 4**).
2. **Montrez** que la guerre d'Espagne est une guerre idéologique (**doc. 1 et 4**).
3. **Expliquez** pourquoi Léon Blum défend la politique de non-intervention en septembre 1936 et pourquoi sa position est difficile (**doc. 2**).
4. **Analysez** l'intérêt de l'intervention militaire en Espagne pour l'Allemagne nazie (**doc. 1 et 3**).
5. À partir des réponses aux questions précédentes, répondez de manière organisée à la problématique.

ou

Parcours B **Travailler l'oral**

Répondez à la problématique en 800 mots environ, puis présentez votre texte en 5 minutes devant la classe.

› Cours p. 72

L'impuissance des démocraties : les accords de Munich (1938)

Vidéo
Les accords de Munich : 30 septembre 1938

Dans les années 1930, les démocraties sont confrontées à l'expansion territoriale de l'Allemagne. Face au dépeçage de la Tchécoslovaquie, la dernière démocratie d'Europe de l'Est, la France et le Royaume-Uni mènent une politique d'apaisement.

» Pourquoi les accords de Munich marquent-ils l'impuissance des démocraties face à l'Allemagne nazie ?

REPÈRES

La crise des Sudètes

- Après avoir annexé l'Autriche en mars 1938, Hitler revendique les Sudètes, régions frontalières de la Tchécoslovaquie où vivent plus de 2 millions de germanophones.
- La France et le Royaume-Uni sont alliés à la Tchécoslovaquie, mais elles sont paralysées par le pacifisme de leur opinion publique, encore traumatisée par la Grande Guerre. Le 30 septembre 1938, Hitler, Mussolini, Daladier et Chamberlain signent les accords de Munich, qui autorisent l'Allemagne à annexer les Sudètes mais garantit le reste du territoire tchécoslovaque.
- Les « Munichois », pacifistes favorables aux accords de Munich, exultent. Mais les accords sont violés en mars 1939 par l'Allemagne, qui occupe le « protectorat de Bohême-Moravie » et laisse la Pologne et la Hongrie annexer à leur tour des territoires tchécoslovaques.

FRIDAY, SEPTEMBER 30, 1938

Daily Mirror

No. 10864 Registered at the G.P.O. as a Newspaper. ONE PENNY

LATE LON. ED.

IT IS PEACE

HITLER ACCEPTS NEW PLAN AND WITHDRAWS ULTIMATUM

IT IS PEACE. AT MUNICH THIS MORNING HERR HITLER ACCEPTED A SETTLEMENT OF THE CZECH CRISIS SUBSTANTIALLY ON THE BASIS OF THE ORIGINAL PLAN SUBMITTED TO HIM BY MR. CHAMBERLAIN.

The German ultimatum demanding the handing over of the Sudeten lands on October 1 has been modified as has Hitler's famous memorandum of Godesberg.

The Prime Minister, backed by the strength of Britain, persisted in his demands until the Fuehrer gave way. At 1.45 a.m. the signing of an agreement was announced by Mr. Chamberlain.

Mr. Chamberlain announced he was returning to London to-day. The agreement, it is learned, is based on four main points:

1. **A "token occupation" of the fringe of the Sudeten areas by German troops on October 1.**
2. **The rest of the Sudeten areas which were to be ceded under the original Anglo-French plan, to be handed over by October 10.**
3. An international commission, comprised of British, French, Italian and Czech delegates, will settle questions in areas where the population is not overwhelmingly German.

Legion Will Be "Police"

Plans have been made for 10,000 members of the British Legion to "police" Sudetenland during the marking of the new Czechoslovak frontiers.

The men will be picked from branches of the Legion in all parts of the country.

They will wear no uniform. Their only emblem of authority will be the Legion badge in their buttonholes.

The offer is acceptable to Hitler and was made to him last Sunday by Major-General

1 Le soulagement pacifiste

Traduction : « C'est la paix ! Hitler accepte le nouveau plan et retire son ultimatum. »

Une du quotidien anglais *Daily Mirror*, vendredi 30 septembre 1938.

2 Un argumentaire munichois

Messieurs, au cours des semaines que nous venons de vivre, le monde a pu se demander s'il n'allait pas être précipité dans la guerre. [...] Pendant ces jours d'angoisse, deux courants se sont manifestés dans notre pays. On les retrouvait l'un et l'autre à l'intérieur de chaque parti politique [...] ; les uns mettaient leur espoir dans la négociation, les autres dans la fermeté intransigeante. [...]

Nous avons évité le recours à la force. Nous avons provoqué dans quatre pays le plébiscite de la paix *(Applaudissements)*. Certes, l'accord de Munich amoindrit le territoire de la Tchécoslovaquie. Mais la République tchécoslovaque peut poursuivre sa vie libre et nous l'y aiderons de notre mieux. [...] L'estime que notre patrie a imposée pendant ces journées à tous les peuples qui l'entourent, cette estime qu'impose toujours une nation à la fois virile et pacifique, nous avons le devoir de la ressentir, nous aussi, pour ce grand peuple qui est notre voisin et avec lequel nous souhaitons pouvoir établir une paix durable.
(Applaudissements prolongés sur un grand nombre de bancs)[1].

Edouard Daladier, discours devant la Chambre des députés, 4 octobre 1938.

1. Suite à ce discours, la Chambre des députés approuve les accords de Munich par 535 voix contre 75.

3 Le dépeçage progressif de la Tchécoslovaquie

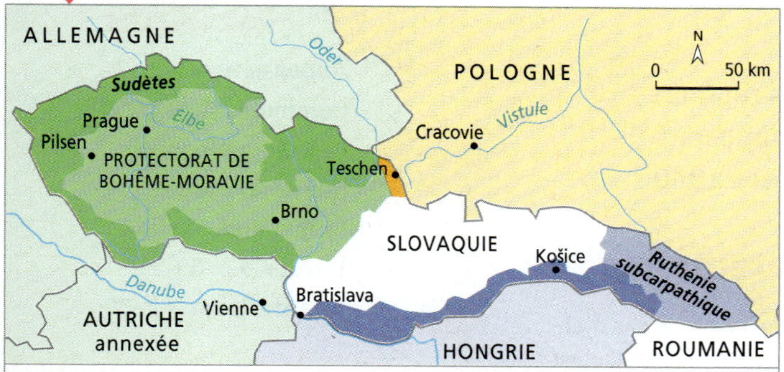

Annexions allemandes
- Après les accords de Munich (octobre 1938)[1]
- 15 mars 1939

Annexions hongroises
- Novembre 1938
- 15 mars 1939

Annexions polonaises
- Octobre 1938

1. En application des accords de Munich, l'Allemagne annexe les Sudètes en octobre 1938. Dans la foulée, la Pologne et la Hongrie annexent également des territoires. Violant ses engagements, Hitler occupe la Bohême-Moravie en mars 1939. Le même jour, la Hongrie occupe la Ruthénie.
Le 14 mars 1939, la Slovaquie proclame son indépendance sous la protection du Reich.

4 Un argumentaire antimunichois

Au Royaume-Uni, la Chambre des communes approuve les accords de Munich le 5 octobre 1938 par 369 voix contre 150. Le député conservateur Winston Churchill critique cette décision.

Le partage de la Tchécoslovaquie, sous la pression de l'Angleterre et de la France, équivaut à une capitulation totale des démocraties occidentales devant la menace des nazis. [...] Un tel écroulement n'apportera ni la paix ni la sécurité. [...] Au contraire, il place ces deux nations dans une situation encore plus faible et plus dangereuse. Le simple fait que la Tchécoslovaquie soit neutralisée entraîne la libération de 25 divisions allemandes qui pèseront sur le front occidental. [...] Ce n'est pas la Tchécoslovaquie seule qui se trouve menacée, mais également la liberté et la démocratie dans toutes les nations. Croire qu'on peut obtenir la sécurité en jetant un petit État en pâture aux loups est une illusion fatale. Bientôt, en effet, l'Allemagne développera son potentiel de guerre plus rapidement qu'il ne sera possible à la Grande-Bretagne et à la France de compléter leurs préparatifs de défense.

Winston Churchill, discours devant la Chambre des communes, 21 novembre 1938.

5 L'échec des accords de Munich

Moins de six mois après la conclusion de l'accord de Munich [...] l'Allemagne [...] a provoqué la dislocation de la Tchécoslovaquie, occupé militairement la Bohême et la Moravie et annexé ces deux provinces au *Reich*. [...] La Slovaquie s'est constituée en État soi-disant indépendant, mais qui est placé sous la protection du *Reich*. [...] L'opération dont la Tchécoslovaquie vient d'être victime porte [...] les marques spécifiques des entreprises hitlériennes : le cynisme et la perfidie dans la conception, le secret dans la préparation, la brutalité dans l'exécution. À Munich, les dirigeants nazis et le *Führer* lui-même avaient fait valoir l'impossibilité pour les Tchèques et pour les Allemands des Sudètes de coexister au sein d'un même État. [...] En compensation, la Tchécoslovaquie devait recevoir une garantie internationale de ses nouvelles frontières, garantie à laquelle l'Allemagne participerait elle-même. [...] Les accords de Munich n'ont donc été en définitive pour les dirigeants hitlériens qu'un moyen de désarmer la Tchécoslovaquie et de l'annexer.

Robert Coulondre, ambassadeur français à Berlin, rapport au ministre des Affaires étrangères français, 16 mars 1939.

Questions

Parcours A Répondre aux questions

1. **Identifiez** la position des Parlements français et britannique au sujet des accords de Munich (**doc. 2 et 4**).
2. **Expliquez** pourquoi les « Munichois » sont majoritaires en France et au Royaume-Uni en citant les documents (**doc. 1 et 2**).
3. **Identifiez** les menaces que les accords de Munich font planer sur les démocraties selon leurs opposants (**doc. 4**).
4. **Montrez** que les accords de Munich n'ont pas atteint leurs objectifs (**doc. 3 et 5**).
5. À partir des réponses aux questions précédentes, répondez de manière organisée à la problématique.

ou

Parcours B Travailler l'oral

Grille à télécharger

Préparez une présentation orale de 5 minutes pour répondre à la problématique. Présentez-la à 2 ou 3 autres élèves qui joueront le rôle du jury et qui évalueront la qualité de votre argumentation et de votre expression orale.

SYNTHÈSE

EXO Exercices interactifs

Podcast de la synthèse

Les régimes totalitaires

Quelles sont les caractéristiques des régimes totalitaires et comment ces derniers s'opposent-ils aux démocraties dans l'Europe des années 1930 ?

1 La mise en place des régimes totalitaires

En Russie, la **révolution de février 1917** permet aux Bolcheviks d'accéder au pouvoir en octobre. À la mort de leur leader Lénine en 1924, c'est **Staline** qui s'empare progressivement du pouvoir.

En Italie, grâce à ses **succès électoraux** mais surtout à sa stratégie d'intimidation (**marche sur Rome**), le **leader fasciste Benito Mussolini** pousse le roi à le nommer à la présidence du Conseil en 1922.

En Allemagne, Hitler tire profit de la **crise** des années 1930 pour se poser en recours face à une classe politique impuissante. Les **succès électoraux du parti nazi** l'amènent au pouvoir.

2 Un ou des totalitarismes ?

Les régimes stalinien, fasciste et nazi présentent des **similitudes dans leurs méthodes de gouvernement**. Cela a conduit les historiens à les qualifier tous les trois de **régimes totalitaires** du fait de leur commune prétention à contrôler la totalité des faits et gestes de leur population.

Dans les trois pays, un **chef charismatique** orchestre l'embrigadement d'un peuple soumis à une intense **propagande**. Un **climat de terreur** est entretenu et les opposants au **parti unique** sont l'objet d'une féroce **répression**.

L'idéologie des trois régimes est en revanche différente voire opposée. Alors que Staline prétend mener une **lutte des classes à vocation internationale**, le discours fasciste est **nationaliste** et le discours nazi axé sur l'**opposition entre « races »**.

3 L'Europe à l'épreuve des totalitarismes

Hitler veut créer une **Grande Allemagne** et la doter d'un « **espace vital** » en Europe orientale. Il remilitarise la Rhénanie (1936), annexe l'Autriche (***Anschluss***) et les Sudètes (1938). Mussolini veut doter l'Italie d'un empire colonial et entreprend la **conquête de l'Éthiopie** (1935).

Soldats allemands et italiens se retrouvent côte à côte en **Espagne** en 1936. Ils soutiennent les troupes du général **Franco** dans la guerre qui les oppose aux combattants républicains. Ces derniers reçoivent le soutien de « **brigades internationales** » de volontaires soutenues par l'URSS.

Traumatisés par le souvenir de la Première Guerre mondiale, le Royaume-Uni et la France suivent une **politique d'*appeasement***. En 1938, ils sacrifient la Tchécoslovaquie par les **accords de Munich**. Encouragé par ces concessions, Hitler envahit la Pologne en septembre 1939 après s'être assuré de la neutralité de Staline (**pacte germano-soviétique**).

MOTS-CLÉS

- ***Appeasement*** → p. 72
- **Communisme** → p. 59
- **Fascisme** → p. 59
- **Nazisme** → p. 59
- **Propagande** → p. 62
- **Terreur** → p. 68
- **Totalitarisme** → p. 59

DATES CLÉS

- **1917 :** révolutions russes.
- **1922 :** Marche sur Rome, Mussolini président du Conseil.
- **1929 :** Staline seul maître de l'URSS.
- **1933 :** Hitler chancelier.
- **1936-1939 :** Guerre d'Espagne.
- **1937-1938 :** Grande Terreur en URSS.
- **9-10 novembre 1938 :** Nuit de cristal en Allemagne.
- **1938 :** *Anschluss*.
- **23 août 1939 :** pacte germano-soviétique.
- **1er septembre 1939 :** invasion de la Pologne par l'Allemagne.

Biographies

Joseph Staline
(1879-1953)
Dirige l'URSS de 1929 à 1953.

Benito Mussolini
(1883-1945)
Dirige l'Italie fasciste de 1922 à 1945.

Adolf Hitler
(1889-1945)
Dirige l'Allemagne nazie de 1933 à 1945.

> Biographies p. 342

SCHÉMA DE SYNTHÈSE

LES RÉGIMES TOTALITAIRES

	Italie	Allemagne	URSS
Des sorties de guerres difficiles et des sociétés inquiètes	*« Victoire mutilée »* → Sentiment d'avoir été trahis par les alliés français et britanniques	*Défaite* → Rejet de l'humiliant traîté de Versailles *Diktat*	*Révolution* → Paix séparée avec l'Allemagne et basculement dans la guerre civile
	Frustration et peur du communisme	Frustration et peur du communisme	Peur de la contre-révolution
Des régimes politiques qui se ressemblent	UN LEADER: Benito Mussolini, Le *Duce* UN PARTI UNIQUE: le PNF UNE POLICE UNIQUE: OVRA	UN LEADER: Adolf Hitler, Le *Führer* UN PARTI UNIQUE: NSDAP UNE POLICE UNIQUE: Gestapo RÉPRESSION DE L'OPPOSITION: Camps de concentration	UN LEADER: Joseph Staline, Le *Vojd* UN PARTI UNIQUE: PCUS UNE POLICE UNIQUE: Tchéka *puis* NKVD RÉPRESSION DE L'OPPOSITION: Goulag
Des idéologies divergentes	UN PROJET nationaliste Restaurer la grandeur perdue	UN PROJET raciste « Purifier » le peuple allemand	UN PROJET internationaliste Propager la révolution
Des États désireux de bouleverser l'ordre international	*1935* Invasion de l'**Éthiopie** *1937* Retrait de **la SDN**	*1933* Retrait de **la SDN** *1936* Remilitarisation de la **Rhénanie** *1938* ***Anschluss*** *1938* Annexion des **Sudètes** *1939* Annexion de la **Pologne occidentale**	Influence internationale via le **Komintern** *1936* Constitution de **« brigades internationales »** pour soutenir les républicains espagnols

Des États qui se rapprochent

- Italie – Allemagne : *1936-1939* Intervention dans la guerre civile espagnole pour soutenir Franco
- Italie – Allemagne : *1939* PACTE D'ACIER
- URSS – Allemagne : *1939* PACTE DE NON-AGRESSION

Schéma interactif

POUR ALLER PLUS LOIN

À lire

- Varlam Chalamov, ***Récits de la Kolyma***, Verdier, 2003. Le récit d'un survivant du Goulag.

- Sebastian Haffner, ***Histoire d'un allemand***, Actes Sud, 2003. Un témoignage sur l'avènement du régime nazi.

À voir

- Marco Bellochio, ***Vincere***, 2009. Une adaptation cinématographique de la vie de Mussolini.

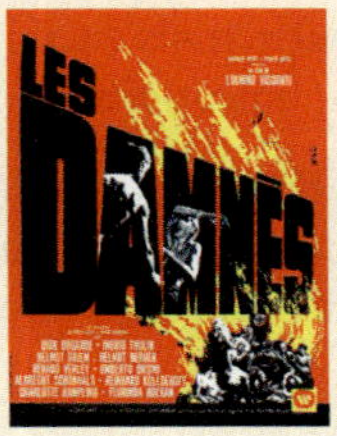

- Luchino Visconti, ***Les Damnés***, 1969. Une famille d'industriels allemands confrontés à la montée du nazisme.

À visiter

- Le musée de la Paix de Guernica (Espagne)
- Le Mémorial de Caen

BAC Analyse de document ▶ Sujet guidé

ÉTAPE 1 Analyser le sujet

Quelle est sa nature ? Son auteur ? Ses destinataires ? Son idée générale ?

Quel est le contexte international ? Comment la France se positionne-t-elle dans celui-ci ?

Après avoir présenté le document et l'avoir replacé dans son contexte historique, vous expliquerez pourquoi et comment Pierre Cot pense que la France doit modifier sa politique vis-à-vis des régimes totalitaires.

Pour quelles raisons faut-il agir contre les régimes totalitaires ? Que faut-il faire selon l'auteur ?

Quels sont les régimes qui menacent l'ordre européen ?

Quelle a été la politique de la France jusqu'à présent ?

Plaidoyer pour une intervention française dans la guerre d'Espagne

Pierre Cot, député de gauche, s'adresse au ministre des Affaires étrangères du gouvernement Daladier.

La conquête de l'Éthiopie, la réoccupation de la Rhénanie, la non-intervention décidée il y a deux ans, tout cela, c'est le fait accompli [...]. Pourquoi sommes-nous préoccupés ? Parce que, nous le savons, même en Méditerranée, ce n'est pas Mussolini qui est le maître du jeu, c'est Hitler. [...]

L'opinion française évolue en ce qui concerne l'affaire d'Espagne. [...] Beaucoup parmi ceux qui, hier encore, pensaient qu'il s'agissait d'une lutte entre communistes et anarchistes, d'un côté, et fascistes, de l'autre, se rendent compte qu'en réalité, en Espagne, ce peut être le destin de la France qui se joue. [...]

M. le président du Conseil a dit, un jour, qu'il fallait défendre les tranchées de la liberté. Aujourd'hui, les tranchées de la liberté sont devant Madrid et Barcelone, et les hommes qui y luttent, sans vivres et sans armes, défendent et la liberté de ce peuple qui sait mourir, mais qui ne sait pas se courber, et la liberté de nos communications avec l'Afrique du Nord. [...]

On nous a conseillé, à droite de l'Assemblée, de traiter avec le général Franco. [...] Mais, si vous voulez traiter avec Franco, ce n'est pas à Burgos[1] qu'il faut aller, c'est à Rome ou à Berlin. [...]

Monsieur Hitler veut refaire la carte du monde, d'une manière conforme aux vues de *Mein Kampf*. [...] Et monsieur Hitler conduit sa politique en habile homme, pour gagner peu à peu les positions qui lui permettront demain de nous dicter sa loi. Vous allez avoir, Monsieur, une partie d'échecs à jouer avec lui. En septembre, on vous a pris votre cavalier ; si demain, vous abandonnez en Espagne à votre tour, comment gagnerez-vous la partie ? [...]

Vous avez essayé un rapprochement que d'autres avaient tenté avant vous. Vous avez eu peut-être raison de le faire. Mais, à l'heure actuelle, il faut nous rendre compte qu'il y a dans le monde deux conceptions de l'homme et de la civilisation : l'une fondée sur cette doctrine barbare du racisme, l'autre, c'est la conception française, la conception humaniste fondée sur la dignité de l'individu, la liberté de tous les peuples, sur le respect de toutes les signatures, de tous les engagements, de la parole donnée, sur la vertu de cet effort que les peuples et les individus doivent accomplir et qui s'appelle précisément « la civilisation ».

Je vous demande, Monsieur, d'affirmer hardiment la doctrine de la France : je vous demande d'apparaître et de faire apparaître la France comme l'amie des démocrates et non comme celle des dictateurs. [...] Il vous appartient de rassembler les amis de la France, Monsieur le ministre. Formez, au plus vite, la grande coalition de la paix. Cela vaudra mieux que d'être obligé, demain, de faire appel à nos amis, dans des conditions plus difficiles, pour la grande et terrible coalition de la guerre. (*Applaudissements à l'extrême gauche et à gauche.*)

Pierre Cot, discours devant la Chambre des députés, 20 janvier 1939.

1. Capitale des franquistes.

ÉTAPE 2 Mobiliser ses connaissances et organiser ses idées

Utilisez les titres suivants pour compléter le plan :

- Former une grande coalition pour la paix avec les démocraties.
- Une idéologie menaçante.
- Soutenir résolument les républicains en Espagne.
- L'Espagne : un terrain d'entraînement pour les régimes autoritaires.
- Une politique expansionniste de l'Italie et de l'Allemagne.
- L'échec d'une politique d'« *appeasement* ».

PLAN

I. La France menacée par les régimes totalitaires
A. ....
B. ....
C. ....

II. La France doit réorienter sa politique étrangère
A. ....
B. ....
C. ....

ÉTAPE 3 Rédiger l'analyse de document

Indiquez à quelle partie et sous-partie correspond le paragraphe rédigé ci-dessous.

Tout d'abord, ainsi, mais, or, donc
> Mots de liaison qui permettent de suivre le raisonnement.

__Tout d'abord__, Pierre Cot déplore la politique conciliante du gouvernement Daladier vis-à-vis des régimes autoritaires. __Ainsi__, il fait référence à la tentative du ministre des Affaires étrangères de « traiter avec Franco » dans le but de garantir le territoire français et préserver ses colonies nord-africaines. __Mais__ le député ajoute que les autorités françaises ont également « essayé un rapprochement que d'autres avaient tenté avant [elles] ». On peut supposer qu'il fait référence aux négociations de Munich au sujet de la crise tchécoslovaque menées par les gouvernements français et britanniques en 1938, ainsi qu'à l'accord entre le gouvernement Blum et les puissances européennes au sujet de la non-intervention dans la guerre d'Espagne à l'été 1936. __Or__, ces deux traités n'ont pas empêché les régimes autoritaires de poursuivre leur politique d'expansion territoriale ou de soutenir activement les franquistes. Hitler et Mussolini n'étant __donc__ pas des partenaires diplomatiques fiables, Pierre Cot recommande au ministre des Affaires étrangères de cesser la politique d'« appeasement » calquée sur celle du Royaume-Uni et de former une coalition des démocraties afin de garantir la paix en Europe.

Phrase d'introduction annonçant le contenu du paragraphe.

Informations prélevées dans le texte.

Explications et analyse s'appuyant sur les connaissances personnelles.

Analysez le paragraphe suivant sur le modèle du précédent.

EXO **Exercices interactifs**

Selon Pierre Cot, les idéologies de la France et de l'Allemagne sont antagonistes, ce qui explique l'opposition géopolitique entre ces nations. En effet, l'auteur affirme qu'« il y a dans le monde deux conceptions de l'homme et de la civilisation : l'une fondée sur cette doctrine barbare du racisme, l'autre, c'est la conception française ». L'orateur qualifie l'idéologie allemande de raciste car le nazisme est fondé sur l'idée que l'humanité est divisée en plusieurs races hiérarchisées, les races supérieures ayant vocation à dominer les races inférieures. À l'inverse, le député radical qualifie l'idéologie française d'« humaniste », dans la mesure où elle est « fondée sur la dignité de l'individu, la liberté de tous les peuples, sur le respect de toutes les signatures ». Dans cette citation, on identifie à la fois la protection des individus, conforme aux principes établis dès la déclaration des droits de l'homme et du citoyen et conservés par la République française, et le respect des règles du droit international posées à l'occasion de la Conférence de la paix de Paris (1919). Or, la politique des régimes totalitaires ne respecte ni les droits individuels ni le droit international, comme le montre la politique expansionniste menée par Hitler et Mussolini à partir de 1935.

À votre tour, en vous aidant de l'étape 2 et de l'exemple ci-dessus, rédigez la partie I de l'analyse.

ÉTAPE 1 Analyser le sujet

Doit-on évoquer les limites d'une telle comparaison ?

Quelles sont les bornes chronologiques du sujet ?

Dans quelle mesure le stalinisme et le nazisme de l'entre-deux guerres sont-ils comprarables ?

Pourquoi choisir de comparer ces deux régimes ?

Ont-ils les mêmes fondements idéologiques ? Quelles sont leurs origines et caractéristiques communes ?

ÉTAPE 2 Mobiliser ses connaissances et organiser ses idées

Tableau à imprimer

✎ **Complétez le tableau suivant afin de comparer les deux régimes.**

Points de comparaison	Similitudes	Différences
I. Deux projets politiques totalitaires		
Leur genèse	Deux grands vaincus de la guerre, qui subissent des pertes territoriales importantes.	La guerre n'agit que comme un catalyseur en URSS, alors que le nazisme est directement issu de la guerre.
Leur idéologie	.....	.....
Leur chef	.....	.....
II. Des méthodes de gouvernement similaires		
L'encadrement de la population	.....	.....
L'adhésion au régime	.....	.....
La violence	.....	.....
III. Deux menaces pour l'ordre européen		
Des projets agressifs	.....	.....
La relation entre l'URSS et l'Allemagne nazie	.....	.....

ÉTAPE 3 Rédiger la réponse

EXO Exercices interactifs

✎ **En une heure, il peut être difficile de produire une conclusion complète. Il est cependant utile de savoir la rédiger dans les formes. Identifiez dans la conclusion ci-contre le bilan qui répond à la problématique des parties I, II, III et l'ouverture qui propose de prolonger la réflexion.**

On peut donc identifier des points communs dans les origines et le fonctionnement des régimes nazi et stalinien, même si leurs différences ne doivent pas être oubliées. Si la mise en place des deux régimes a été provoquée par la Première Guerre mondiale, nazisme et stalinisme se fondent sur des idéologies opposées. Par ailleurs, bien que les deux États soient autoritaires, révolutionnaires et totalitaires, le degré d'adhésion des populations au régime diffère et la violence ne touche pas les mêmes catégories sociales. Enfin, les deux États représentent une menace pour l'ordre européen et provoquent, du fait de la signature du pacte de non-agression, la Seconde Guerre mondiale. C'est d'ailleurs leur caractère totalitaire commun, mais aussi leurs différences idéologiques fondamentales qui expliquent en partie la violence inégalée qu'atteint cette guerre d'anéantissement dans les années qui suivent.

BAC blanc

Réponse à une question problématisée

Sujet

Pourquoi l'ordre européen est-il menacé dans les années 1930 ?

Sujet

Dans quelle mesure peut-on comparer la violence des régimes totalitaires ?

Analyse de documents

Sujet

Après avoir présenté les documents ci-dessous, montrez leur intérêt pour étudier les caractéristiques de la société fasciste.

1 Une « parfaite » famille fasciste

Traduction :
« *Duce* ! Toujours plus, à Votre service, pour la grandeur de la Patrie. »

Photographie envoyée à Mussolini le 19 décembre 1940 depuis le 359 de la Via Appia Nuova (Rome).

2 L'embrigadement de la jeunesse

Balillas accueillant Mussolini dans le Val d'Aoste, 19 mai 1939.

CHAPITRE 3

La Seconde Guerre mondiale

En quoi la Seconde Guerre mondiale a-t-elle bouleversé la France et le monde ?

>> **Une vingtaine d'années après la Première Guerre mondiale, un nouveau conflit mobilise l'ensemble de la planète.** Après une série de succès des forces de l'Axe, les Alliés parviennent à l'emporter et à libérer les territoires conquis en Europe et en Asie.

>> **La Seconde Guerre mondiale pousse les logiques de la guerre totale à leur paroxysme :** en raison de la dimension idéologique du conflit, il ne s'agit plus seulement de vaincre, mais d'anéantir l'adversaire. Des crimes de masse sont perpétrés et les juifs et Tsiganes sont victimes d'un génocide.

>> **En France, après la défaite de 1940, la population se divise.** Si l'immense majorité demeure attentiste, une partie des Français choisit la collaboration avec les nazis et une autre s'engage dans la Résistance et dans la France libre du général de Gaulle.

Des villes en ruines

Du 13 au 15 février 1945, la *Royal Air Force* britannique déverse un déluge de bombes incendiaires sur la ville allemande de Dresde, joyau de l'art baroque. Un périmètre de 15 km^2 est entièrement détruit. Churchill remet ensuite en cause l'utilité stratégique d'un tel bombardement. De 1945 à 1949, l'Allemand Richard Peter (1895-1977) photographie les décombres et la reconstruction de la ville. Depuis la tour de l'hôtel de ville, il prend ce cliché célèbre, avec en premier plan une statue personnifiant la Bonté et qui semble accablée par le spectacle des ruines.

Richard Peter, *Sud de Dresde vu de la tour de l'hôtel de ville*, 1945.

Textes dys

TOUS LES TEXTES EN VERSION DYS
lyceen.nathan.fr/lequintrecterm-2020

REPÈRES

La Seconde Guerre mondiale

En Première

Vous avez vu que la Première Guerre mondiale est une guerre totale.

Dans le chapitre 2

Vous avez analysé les trois régimes totalitaires de l'entre-deux-guerres et étudié les conséquences de leurs actions sur l'ordre européen.

Dans ce chapitre

Nous allons voir que la Seconde Guerre mondiale, avec plus de 60 millions de morts, est le conflit le plus meurtrier de l'histoire et une véritable guerre d'anéantissement.

1937 – 1938 – 1939 – 1940 – 1941 – 1942 – 1943 – 1944 – 1945 – 1946

FRANCE

- **10 mai 1940** Offensive allemande à l'Ouest
- **18 juin 1940** Appel du général de Gaulle à Londres
- Armistice **22 juin 1940**
- **1er juil. 1940** Création des FFL à Londres
- **10 juil. 1940** Vote des « pleins pouvoirs » à Pétain
- **11 nov. 1942** Occupation de la zone Sud par les Allemands
- **8 nov. 1942** Débarquement allié en Afrique du Nord
- **27 mai 1943** Création du CNR
- **3 juin 1943** Création du CFLN
- **1er fév. 1944** Création des FFI
- **15 mars 1944** Programme du CNR
- **6 juin 1944** Débarquement allié en Normandie
- **25 août 1944** Libération de Paris
- **3 juin 1944** Création du GPRF à Alger

EUROPE

- **1er sept. 1939** Invasion de la Pologne par l'Allemagne nazie
- **3 sept. 1939** Déclaration de guerre du Royaume-Uni et de la France à l'Allemagne
- **22 juin 1941** Attaque allemande contre l'URSS
- **Sept. 1942 › fév. 1943** BATAILLE DE STALINGRAD
- **6 janv. 1942** Lancement du *Victory Program*
- **22 juin › 19 août 1944** Opération Bagration
- **13 › 15 fév. 1945** Bombardement de Dresde
- **8 mai 1945** Capitulation allemande

ASIE PACIFIQUE

- **1er juillet 1937** Entrée en guerre du Japon contre la Chine
- **Déc. 1937 › janv. 1938** Massacre de Nankin
- **7 déc. 1941** Attaque japonaise de Pearl Harbor
- **19 fév. › 26 mars 1945** Bataille d'Iwo Jima
- **6 › 9 août 1945** Bombardements nucléaires d'Hiroshima et de Nagasaki
- **2 sept. 1945** Capitulation japonaise

Points de passage

Juin 1944 : le débarquement en Normandie et l'opération Bagration

L'armée allemande est prise en étau : elle est attaquée à l'Est par les Soviétiques, tandis que les Américains et les Britanniques débarquent en Normandie.

Le front de l'Est et la guerre d'anéantissement

L'Europe orientale est le théâtre de crimes de masse, dont le génocide des juifs qui y commence avec la « Shoah par balles ».

6 et 9 août 1945 : les bombardements nucléaires d'Hiroshima et de Nagasaki

Pour forcer le Japon à capituler, les Américains n'hésitent pas à utiliser l'arme atomique.

Juin 1940 en France : continuer ou arrêter la guerre

Pétain, nouveau chef du gouvernement, demande l'armistice le 17 juin, mais de Gaulle lance le 18 un appel à la résistance.

De Gaulle et la France libre

Créée par de Gaulle à Londres en 1940, la France libre lutte contre les Allemands et le régime de Vichy jusqu'à la libération de la France.

La Seconde Guerre mondiale (1939-1945)

1. Les belligérants

- L'Axe en 1940
- L'Axe et ses conquêtes en 1942
- Les États alliés

2. Les combats

- Offensives japonaises
- Attaques et débarquements alliés
- Principale batailles
- Zone de guerre sous-marine
- Bombardements nucléaires d'Hiroshima (6 août 1945) et de Nagasaki (9 août 1945)
- Les États neutres

La Seconde Guerre mondiale

1 L'expansion de l'Allemagne nazie et de l'Italie fasciste en Europe (1939-1942)

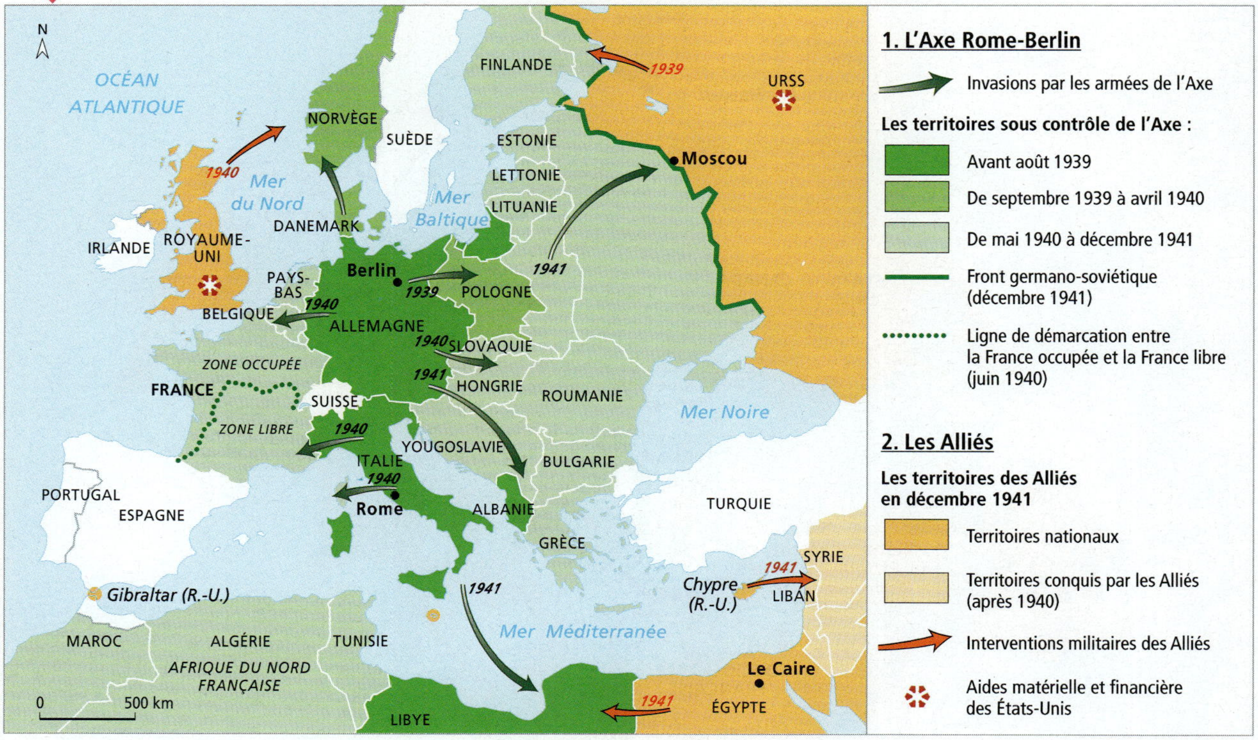

2 Les victoires alliées en Europe (1942-1945)

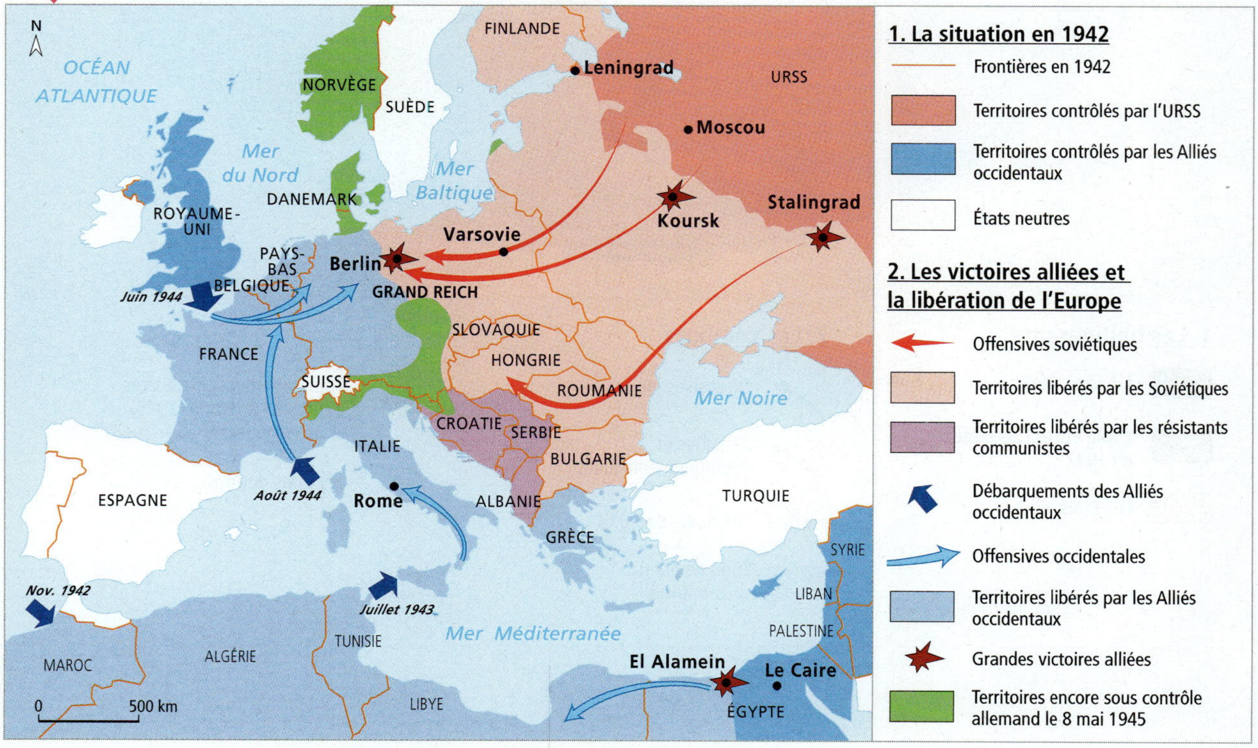

3 La France occupée et redécoupée

1. Les alliances
- Les puissances de l'Axe
- Alliés de la France libre
- États neutres

2. L'occupation allemande
- Zone annexée par l'Allemagne
- Zone occupée par l'Allemagne
- Ligne de démarcation
- Zone non occupée (envahie par les Allemands le 11 novembre 1942)
- Camp de concentration

3. L'occupation italienne
- Zone d'occupation italienne (1940-1942)
- Zone d'occupation italienne (1942-1943)

4. La collaboration française
- Vichy Capitale de l'État français
- Camps réservés aux internés juifs
- Camps d'internement et de rassemblement avant la déportation

4 Résistance et libération

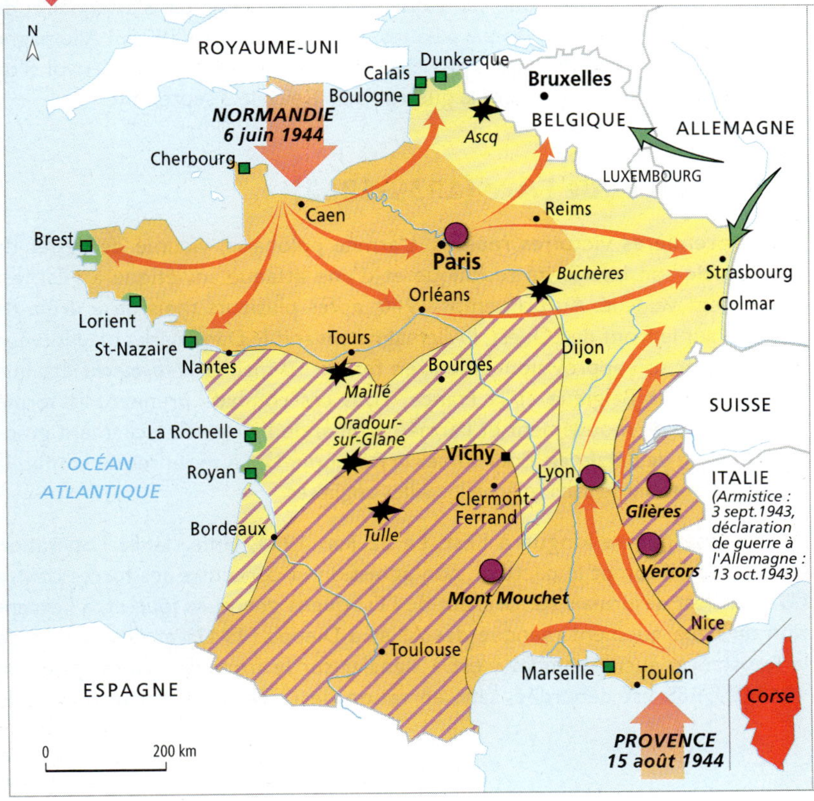

1. Les forces allemandes
- Principales bases allemandes
- Poches de résistance allemandes jusqu'en 1945
- Contre-offensive allemande (décembre 1944-janvier 1945)

2. L'offensive alliée
- Débarquements alliés
- Avancées alliées

3. La Résistance
- Hauts-lieux de la Résistance
- Zones libérées par la Résistance

4. La Libération
- Territoire libéré en 1943
- Territoires libérés en juin et août 1944
- Territoires libérés entre septembre et décembre 1944
- Principales représailles contre les civils exercées par les troupes allemandes

> Repères p. 86, p. 88
> Point de passage p. 92
> Biographies p. 342

Podcast du cours

1. Un conflit mondial

La politique d'agression menée par l'Allemagne, l'Italie et le Japon déclenche, entre 1937 et 1939, une nouvelle guerre mondiale. L'expansion des forces de l'Axe est bloquée en 1942, puis les victoires des Alliés en Asie-Pacifique et en Europe mettent fin à la guerre en 1945.

A La marche à la guerre (1937-1939)

- **L'impérialisme nippon.** Le Japon veut créer et soumettre à sa domination une « sphère de coprospérité de la Grande Asie orientale ». Il envahit dès 1931 la Mandchourie, s'allie avec l'Allemagne en 1936 et déclare la guerre à la Chine en 1937, ce qui est considéré par beaucoup comme le véritable début de la Seconde Guerre mondiale. L'armée japonaise montre son extrême violence à Nankin, où elle massacre 300 000 soldats prisonniers et civils (décembre 1937). Elle progresse rapidement jusqu'en 1938 à la bataille de Wuhan, au cours de laquelle les Chinois stabilisent le front.

- **L'expansionnisme fasciste et nazi.** Après avoir envahi l'Éthiopie en 1935, l'Italie fasciste s'allie à l'Allemagne au sein de l'**Axe**. Hitler veut créer une « Grande Allemagne » rassemblant tous les germanophones et coloniser l'Europe orientale pour se doter d'un « espace vital ». C'est pourquoi, en 1938, il annexe l'Autriche, puis la région des Sudètes aux dépens de la Tchécoslovaquie, avec l'accord de la France et du Royaume-Uni (conférence de Munich), qui espéraient ainsi éviter la guerre. En août 1939, Hitler et Staline signent le pacte de non-agression germano-soviétique, par lequel ils décident de ne pas s'attaquer et de se partager la Pologne et les pays Baltes. Le 1er septembre 1939, l'Allemagne envahit la Pologne. Cette fois, Paris et Londres réagissent : après l'envoi d'un ultimatum à Berlin, ils déclarent la guerre au IIIe Reich le 3 septembre.

B Les succès de l'Axe (1939-1942)

- **Des premières victoires rapides.** L'armée polonaise, victime de l'effet de surprise, de son infériorité technique et d'une attaque soviétique à l'Est, est rapidement vaincue. Au printemps 1940, après plusieurs mois de « drôle de guerre » sur le front de l'Ouest, l'Allemagne envahit le Danemark et la Norvège pour assurer son approvisionnement en fer. Le 10 mai, la ***Wehrmacht*** attaque les Pays-Bas, la Belgique et la France. Tous ces combats prennent la forme d'une guerre de mouvement et l'armée allemande l'emporte facilement grâce à la stratégie de ***Blitzkrieg***. Pour forcer le Royaume-Uni à se retirer du conflit, la ***Luftwaffe*** bombarde sans relâche les villes anglaises.

- **Vers une guerre longue à l'Est.** Le 22 juin 1941, Hitler lance l'opération Barbarossa : il rompt le pacte de non-agression et concentre ses forces contre l'URSS. C'est désormais sur ce front de l'Est que la guerre se joue et, à l'exception du débarquement manqué des Alliés à Dieppe (1942) et des actions de la Résistance, aucun combat n'est à signaler sur le front de l'Ouest jusqu'en 1944. L'URSS est débordée, tant en raison de l'effet de surprise que de la

Vocabulaire

- **Axe :** nom donné par Mussolini à l'alliance entre l'Italie et l'Allemagne (« Axe Rome-Berlin »), puis par extension, pendant la Seconde Guerre mondiale, au camp de l'Allemagne et de ses alliés (Italie, Japon et pays satellites comme la Hongrie et la Bulgarie).
- ***Blitzkrieg*** **:** « guerre éclair », offensive courte et brutale par l'action combinée de l'aviation et des chars.
- ***Luftwaffe*** **:** aviation de la *Wehrmacht*.
- ***Wehrmacht*** **:** armée du IIIe Reich.

LE SENS DES MOTS

La « drôle de guerre »

Utilisée pour désigner la période comprise entre septembre 1939 et le printemps 1940, au cours de laquelle le front de l'Ouest ne connaît aucun affrontement majeur, l'expression « drôle de guerre » est revendiquée par l'écrivain Roland Dorgelès. Il pourrait toutefois s'agir d'une mauvaise compréhension du terme anglais « *phoney war* » (fausse guerre), confondu avec « *funny war* ».

désorganisation de l'Armée rouge, décapitée par les purges staliniennes, qui ont éliminé un grand nombre d'officiers compétents. Au début de l'hiver, les Allemands sont aux portes de Moscou et Leningrad.

- **L'expansion japonaise en Asie-Pacifique.** Le 27 septembre 1940, le Japon rejoint l'Axe en signant le « pacte tripartite » avec l'Allemagne et l'Italie. Il profite de la défaite française pour envahir l'Indochine. Confronté à l'embargo mis en place par les États-Unis, qui soutiennent la Chine, il se lance en 1941 à la conquête des pays d'Asie du Sud-Est pour s'emparer de leurs ressources. Le 7 décembre, il mène une attaque surprise sur la principale base navale des États-Unis dans le Pacifique, située à Pearl Harbor, dans l'archipel d'Hawaï. Le bilan est lourd : huit navires américains sont mis hors de combat, 188 avions sont détruits et 2 400 soldats périssent. Le lendemain, les États-Unis déclarent la guerre au Japon.

Les soldats mobilisés en 1944

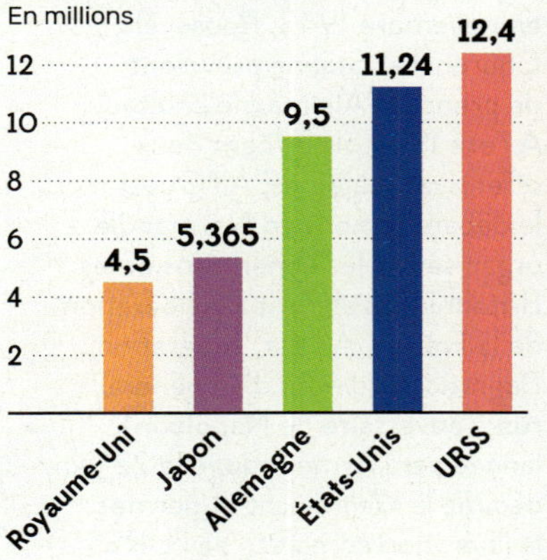

C La victoire des Alliés (1942-1945)

- **Les coups d'arrêt à l'expansion de l'Axe.** En janvier 1942, les États-Unis créent la « Grande Alliance » avec le Royaume-Uni et l'URSS. En juin, dans le Pacifique, les Américains battent les Japonais à Midway. En octobre, les Britanniques bloquent les Allemands à El-Alamein, ce qui permet aux Alliés de débarquer en Afrique du Nord. Enfin, sur le front de l'Est, les Soviétiques remportent la bataille de Stalingrad en février 1943. Les forces de l'Axe commencent à reculer.

- **La libération de l'Europe.** En 1943, les Alliés débarquent en Sicile et en Italie, ce qui contraint Mussolini à demander l'armistice. Puis ils débarquent en Normandie le 6 juin 1944 et en Provence au mois d'août. Sur le front de l'Est, l'URSS lance l'opération Bagration en juin 1944 et libère l'Europe centrale et orientale. En avril 1945, les Soviétiques prennent Berlin et le 8 mai, l'Allemagne capitule sans condition.

POINT DE PASSAGE Juin 1944 : le débarquement en Normandie et l'opération Bagration > p. 92

- **La fin de la guerre en Asie.** Dans le Pacifique, les États-Unis reconquièrent progressivement les différents archipels tenus par les Japonais. Les combats sont acharnés, notamment sur l'ilot d'Iwo Jima, où la quasi-totalité de la garnison japonaise meurt plutôt que de se rendre (février-mars 1945). Les kamikazes multiplient les missions-suicides en lançant leurs avions sur les navires américains. Pour accélérer la fin de la guerre et limiter leurs pertes, les États-Unis lancent deux bombes atomiques sur Hiroshima (6 août) et Nagasaki (9 août). Le Japon capitule le 2 septembre 1945.

Réviser son cours

1. **Comment se déclenche la Seconde Guerre mondiale ?**
2. **Pourquoi considère-t-on que les forces de l'Axe sont à leur apogée en 1942 ?**
3. **Quelles sont les grandes étapes de la victoire des Alliés ?**

L'HISTOIRE EN DÉBAT

1939-1945 ou 1937-1947 ?

On retient classiquement comme dates de début et de fin de la Seconde Guerre mondiale le 1er septembre 1939 (invasion de la Pologne par l'Allemagne) et le 2 septembre 1945 (capitulation du Japon). Cette périodisation est aujourd'hui remise en cause par des historiens comme Alya Aglan et Robert Frank. Dans leur livre *1937-1947. La guerre- monde*, ces derniers montrent que l'invasion de la Chine par le Japon constitue les prémices du conflit et soulignent que les traités de paix, qui mettent un terme à la guerre, ne sont signés qu'en 1947.

POINT DE PASSAGE

> Cours p. 90

Juin 1944 : le débarquement en Normandie et l'opération Bagration

>> Comment les Alliés ont-ils mené l'offensive finale contre l'Allemagne ?

CONTEXTE

- Lorsqu'ils se rencontrent à Téhéran en novembre 1943, Roosevelt, Churchill et Staline prévoient de prendre l'Allemagne en étau. À l'été 1944, ils lancent deux offensives majeures. À l'Ouest, le débarquement en Normandie organisé par les Américains et les Britanniques aboutit à la libération de la France. À l'Est, l'opération Bagration (du nom d'un général russe adversaire de Napoléon), lancée par l'Armée rouge le 22 juin, décime la *Wehrmacht* et permet la libération complète de l'URSS en août.

- Derrière la relative coordination des deux attaques, il s'agit d'une course contre-la-montre entre les Alliés, pour parvenir le premier à Berlin et limiter le plus possible la zone d'influence de l'autre.

D-Day, opération Neptune ou opération Overlord ?

D-Day
(1er jour du Débarquement)
6 juin 1944

Opération Neptune
(Débarquement)
6-30 juin 1944

Opération Overlord
(bataille de Normandie)
6 juin-12 septembre 1944

1 Le « D-Day » : 6 juin 1944

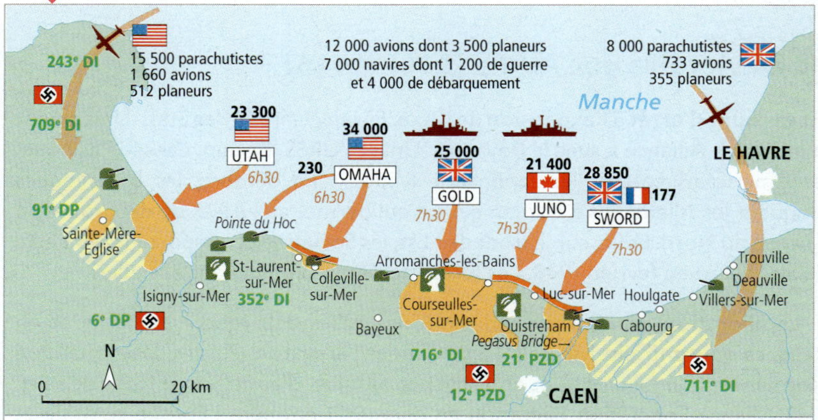

1. Forces allemandes (50 000 hommes)

- Localisation des forces allemandes
- **DI** : Divison d'infanterie
- **DP** : Divison de parachutistes
- **PZD** : Division blindée
- Principales batteries
- Stations radars

2. Forces alliées (140 000 hommes)

Armées alliées engagées (nombre de soldats)

- États-Unis
- Royaume-Uni
- Canada
- France
- Zones de parachutage
- Vagues de débarquement
- Secteurs pris le 6 juin

2 L'Armée rouge avance vers l'Ouest

L'affiche de propagande sur la droite célèbre la reconquête de la ville, détruite à 90 % lors des combats : « Notre chère Polotsk martyre. En avant vers l'Ouest ! Les peuples soviétiques des régions baltiques soviétiques nous attendent. »

Soldats soviétiques à Polotsk (Biélorussie), le 4 juillet 1944.

3
Le Débarquement dans le secteur d'Omaha

En raison des courants marins, les barges de débarquement touchent terre juste en face des batteries allemandes. Les soldats doivent parcourir plusieurs centaines de mètres à découvert sous le feu des mitrailleuses. 90 % des hommes sont tués ou blessés dans les cinq premières minutes.

Troupes américaines approchant des côtes normandes du secteur d'Omaha, 6 juin 1944.

Vidéo
Débarquement à Omaha Beach

4 Les raisons de la victoire des Alliés

Consciemment ou inconsciemment, les auteurs occidentaux ont eu tendance à magnifier le Débarquement, dont l'importance, à leurs yeux, devait rééquilibrer Stalingrad. Avec la chute de Berlin, cette tendance s'est estompée – encore que les autorités russes, à chaque commémoration importante du D-Day, rappellent que la guerre a d'abord et avant tout été gagnée à l'Est. [...]

Les Anglo-Américains ont tenté d'obtenir le lancement d'une offensive, à l'Est, coordonnée avec le Débarquement. Cette offensive, « Bagration », a été effectivement lancée mais elle a eu peu d'effets : il aurait en effet fallu que les Allemands dégarnissent leur front Ouest pour renforcer leur front Est, ce dont ils s'abstinrent. Ajoutons que la coordination soviéto-occidentale a donné en général bien peu de résultats, en raison notamment de la grande défiance que Staline manifestait à l'égard de l'Occident. [...]

Malgré quelques faux pas, les Alliés ont emporté la victoire grâce, tout d'abord, à un rapport de force qu'ils ont consolidé. Jour après jour, la flotte achemina en effet des renforts en hommes et en matériels, manne qui faisait singulièrement défaut aux Allemands. [...] Leurs soldats, par ailleurs, s'aguerrirent et certains atouts (blindés et aviation) qui avaient peu joué dans les premières semaines de la campagne [...] purent être employés, ce qui se révéla crucial, notamment en août.

Olivier Wieviorka, « Le débarquement est aujourd'hui présenté sous un jour moins triomphaliste », entretien donné au journal *Le Monde*, 5 juin 2019.

Questions

Parcours A Répondre aux questions

1. **Présentez** les moyens utilisés par les Américains et les Soviétiques lors des opérations Neptune et Bagration (**doc. 1 à 3**).
2. **Identifiez** la principale conséquence de l'opération Bagration pour les Soviétiques (**doc. 2**).
3. **Montrez** les limites de la coordination entre Américains et Soviétiques (**doc. 4**).
4. **Analysez** les raisons de la victoire des Alliés (**doc. 4**).
5. À partir des réponses aux questions précédentes, répondez de manière organisée à la problématique.

ou

Parcours B Travailler l'oral

Préparez une présentation orale de 5 minutes pour répondre à la problématique. Entraînez-vous à utiliser un vocabulaire spécifique et précis et n'employez aucun mot ou expression qui relève du langage familier. Assurez-vous également d'être en mesure de définir toutes les notions que vous citerez dans votre présentation.

> Repères p. 86, p. 88
> Points de passage p. 96, p. 100
> Dossier p. 98
> Biographies p. 342

Podcast du cours

2. Une guerre d'anéantissement

En raison de sa dimension idéologique, le conflit prend la forme d'une guerre d'anéantissement, dont l'objectif n'est plus de vaincre, mais de détruire l'adversaire. Parmi les crimes de masse, on distingue le génocide perpétré par l'Allemagne nazie à l'encontre des juifs et des Tsiganes.

A Une logique d'extermination

Une justification idéologique. Les pays de l'Axe partagent une idéologie impérialiste et raciste, qui légitime la violence exercée sur les populations des pays occupés, exterminées ou réduites en esclavage. De leur côté, les Alliés justifient leur combat par la défense de la liberté. Signée en août 1941 par Churchill et Roosevelt, la Charte de l'Atlantique prévoit la destruction du régime nazi et la mise en place d'un nouvel ordre fondé sur le droit des peuples à disposer d'eux-mêmes. Mais la Grande Alliance avec Staline conduit les Alliés à garder le silence sur les crimes de masse commis par l'URSS, où depuis longtemps le **NKVD** élimine impitoyablement tous les opposants.

L'économie et la technologie au service de la destruction. Pour anéantir leurs adversaires, les belligérants créent de nouvelles armes. Les États-Unis lancent en 1942 le *Victory Program*, qui mobilise toute l'économie pour fabriquer des centaines de milliers d'avions et de chars. Ils mettent au point en secret la bombe atomique (Projet Manhattan). Pour affaiblir l'Allemagne, l'aviation alliée vise ses villes, comme Hambourg et Dresde, ravagées par des bombes incendiaires. Ces bombardements stratégiques effacent la distinction entre le front et l'arrière. Les Allemands ripostent en mettant au point en 1944 les missiles V1 et V2 pour frapper les villes anglaises. Pour faire plier le Japon, les Américains n'hésitent pas utiliser l'arme atomique sur Hiroshima (6 août 1945) et Nagasaki (9 août).

POINT DE PASSAGE 6 et 9 août 1945 : les bombardements nucléaires d'Hiroshima et de Nagasaki > p. 100

B Les crimes de masse

En Europe orientale. Par le pacte germano-soviétique (23 août 1939), Hitler et Staline se partagent la Pologne et les pays Baltes. Des deux côtés, l'occupation de ces territoires se traduit par des crimes de masse, comme l'exécution de 4 400 officiers polonais par les Soviétiques à Katyn en 1940. Après la rupture du pacte en juin 1941, les Allemands avancent vers l'Est et mènent une politique de terreur dans les territoires qu'ils occupent (Pologne, Biélorussie, Ukraine). Les résistants communistes sont exécutés, les villages sont rasés et le **génocide** des juifs commence.

POINT DE PASSAGE Le front de l'Est et la guerre d'anéantissement > p. 96

En Asie. Après les massacres de Nankin en 1937, l'armée japonaise multiplie les exactions dans les pays qu'elle occupe. Les prisonniers de guerre sont détenus dans des conditions effroyables et parfois utilisés comme cobayes pour des expériences médicales. En Corée, des dizaines de milliers de femmes, surnommées

Vocabulaire

◆ ***Einsatzgruppen*** **(« groupes d'intervention »)** : unités de soldats SS, épaulées par des bataillons de police allemands et des auxiliaires ukrainiens ou baltes, chargées d'exécuter systématiquement les communistes et les juifs à l'arrière du front russe.

◆ **Génocide** : destruction préméditée et méthodique de tout ou partie d'une population en raison de son appartenance nationale, ethnique ou religieuse.

◆ **Ghetto** : nom donné depuis le XVIe siècle aux quartiers dans lesquels les juifs sont astreints à résidence (du nom d'un quartier de Venise).

◆ **NKVD (commissariat du peuple aux affaires intérieures)** : il devient la principale police politique de l'URSS en 1934.

◆ **Shoah** : signifiant en hébreu « catastrophe » ou « destruction », ce terme est employé depuis les années 1970 pour exprimer la singularité du génocide des juifs.

◆ **« Solution finale »** : expression codée employée à partir de 1942 par les nazis pour désigner l'anéantissement des juifs d'Europe.

◆ ***Sonderkommandos*** **(« commandos spéciaux »)** : détenus juifs chargés de sortir les corps des chambres à gaz et de les brûler dans les fours crématoires. Ils sont régulièrement éliminés pour ne pas laisser de témoins.

« femmes de réconfort », sont contraintes de se prostituer.

- **Un lourd bilan humain.** Le conflit a coûté la vie à plus de 60 millions de personnes. À la différence de la Première Guerre mondiale, les victimes sont dans leur grande majorité des civils, victimes des conditions de vie difficiles, des bombardements, des déportations et des massacres.

C Le génocide des juifs et des Tsiganes

- **La politique raciale du IIIe Reich.** Dès 1933, les magasins juifs sont boycottés. En 1935, les lois de Nuremberg privent les juifs de la citoyenneté. Avec le déclenchement de la guerre, les nazis intensifient les mesures contre les populations considérées comme « nuisibles ». En septembre 1939, 30 000 Tsiganes allemands et autrichiens sont déportés en Pologne. Entre janvier 1940 et août 1941, le projet « Aktion T4 » planifie la mort de 70 000 malades mentaux et permet de tester l'extermination par le gaz. Les juifs sont enfermés dans des **ghettos**, où ils subissent la famine et le travail forcé. Hitler envisage de les déporter dans des « réserves » en Europe orientale ou à Madagascar.

- **La « solution finale ».** La **Shoah** débute avec l'invasion de l'URSS en juin 1941, quand les ***Einsatzgruppen*** reçoivent l'ordre de fusiller tous les agents du « judéo-bolchevisme ». 1,7 million de juifs sont assassinés dans le cadre de cette « Shoah par balles » sur le front de l'Est. Puis les nazis décident d'exterminer les juifs se trouvant dans les territoires qu'ils occupent, parce que la guerre avec l'URSS s'enlise et qu'ils ne pourront plus les déporter vers l'Est. En janvier 1942, la conférence de Wannsee planifie la « **solution finale** », c'est-à-dire l'extermination systématique des juifs d'Europe.

- **Les camps de la mort.** Les juifs des ghettos, puis ceux d'Europe occidentale, sont déportés dans des camps de concentration ou d'extermination. Les premiers, comme Dachau ou Auschwitz, sont des lieux de mise à mort par le travail, où les déportés meurent d'épuisement ou sont exécutés lorsqu'ils ne sont plus utiles. Les seconds, comme Treblinka ou Auschwitz-Birkenau, construits dans les régions occupées de Pologne, visent à assassiner de manière immédiate, dans les chambres à gaz, toutes les personnes qui y sont envoyées. Les corps sont ensuite brûlés dans les fours crématoires par les ***Sonderkommandos***. Près de 6 millions de juifs et plus de 200 000 Tsiganes sont victimes de ce génocide.

Réviser son cours

1. **Pourquoi la Seconde Guerre mondiale est-elle une guerre d'anéantissement ?**
2. **Par quels types de violences la Seconde Guerre mondiale se caractérise-t-elle ?**
3. **Qu'est-ce que le génocide des juifs et des Tsiganes ?**

LE SENS DES MOTS

- La **guerre d'anéantissement** se caractérise par sa dimension idéologique et par la disparition de la distinction entre le front et l'arrière, ce qui favorise les crimes de masse. Certains incluent dans cette catégorie les bombardements stratégiques.
- Les **crimes de guerre**, définis par les conventions de Genève (1864, 1906, 1929), comprennent tous les mauvais traitements (assassinat, viol, déportation, pillage, destruction) infligés à des civils ou à des prisonniers de guerre alors que les exigences militaires ne les justifient pas.
- Les **crimes contre l'humanité**, définis en 1945 par le tribunal de Nuremberg, désignent tout acte inhumain (assassinat, extermination, réduction en esclavage, déportation) commis contre des civils pour des motifs politiques, raciaux ou religieux, en temps de guerre comme en temps de paix.
- La notion plus floue et plus large de **crimes de masse** englobe tous les massacres commis sur des soldats prisonniers ou sur des civils. Le **génocide**, défini en 1944 par le juriste Raphael Lemkin, est un crime de masse qui se distingue par son organisation intentionnelle et préméditée.

Le bilan du génocide

Juifs : environ **6 millions**[1]
(**entre 54 % et 64 %** de la population juive européenne de 1939) dont :
- **Camps d'extermination** : 2 700 000
- **Ghettos et privations** : au moins 800 000
- **Fusillades** : 1 765 000
- **Autres**[2]

Tsiganes : environ **200 000**[3]
(30 % environ de la population totale)

1. Le nombre de juifs vivant en Europe avant la guerre n'est pas connu avec certitude. Par ailleurs, l'immense majorité des juifs destinés à être gazés dès leur arrivée dans les camps n'a pas été enregistrée. Ces chiffres sont donc des estimations.
2. Pogroms, marches d'évacuation des camps, etc.
3. Ces estimations sont encore plus incertaines pour les Tsiganes.

Source : Holocaust Encyclopedia, United States Holocaust Memorial Museum, Washington DC.

> Cours p. 94

Le front de l'Est et la guerre d'anéantissement

>> En quoi le front de l'Est illustre-t-il les logiques de la guerre d'anéantissement ?

CONTEXTE

- À l'est de l'Europe, les crimes de masse commencent quand Hitler et Staline se partagent la Pologne et les pays Baltes par le pacte germano-soviétique (23 août 1939). Dans les territoires occupés par les Allemands et les Soviétiques, les déportations et les exécutions se multiplient.
4 400 officiers polonais sont ainsi fusillés par le NKVD, dirigé par Lavrenti Beria, dans la forêt de Katyn (actuelle Biélorussie) en avril 1940.
- Le 22 juin 1941, Hitler rompt le pacte en lançant l'opération Barbarossa. La *Wehrmacht* se lance à la conquête de l'URSS et les crimes de masse sont désormais essentiellement commis par les Allemands. Les *Einsatzgruppen* sont chargés d'éliminer, à l'arrière du front de l'Est, les « partisans » communistes et les juifs. Le génocide des juifs prend d'abord la forme de la « Shoah par balles ».

REPÈRES

La mémoire de Katyn

Le massacre de Katyn est découvert en 1943 par les Allemands qui occupent la région et dénoncent un crime du NKVD. Mais il est nié par Staline, qui accuse les nazis d'être responsables de ces exécutions. Il faut attendre 1990 pour que Gorbatchev reconnaisse la responsabilité soviétique et commence à remettre certains documents aux autorités polonaises.

1 L'URSS et les prisonniers polonais

Commissariat du Peuple aux Affaires intérieures de l'URSS. Top secret.
Au camarade STALINE

Un grand nombre d'anciens officiers de l'armée polonaise, d'anciens fonctionnaires de la police et des services de renseignements polonais, [...] sont actuellement détenus dans des camps de prisonniers de guerre du NKVD de l'URSS et dans des prisons situées dans les régions occidentales d'Ukraine et de Biélorussie. [...] Étant donné que tous ces individus sont des ennemis acharnés et irréductibles du pouvoir soviétique, le NKVD de l'URSS considère qu'il est nécessaire :

1. D'ordonner au NKVD de l'URSS de juger devant des tribunaux spéciaux :

a) 14 700 anciens officiers, fonctionnaires, propriétaires terriens, agents de police, agents de renseignement, gendarmes, [...] ;

b) ainsi que 11 000 membres des diverses organisations contre-révolutionnaires d'espions et de saboteurs, les anciens propriétaires terriens, propriétaires d'usine, anciens officiers de l'armée polonaise, fonctionnaires et transfuges qui ont été arrêtés et sont détenus dans les prisons des régions occidentales d'Ukraine et de Biélorussie, pour leur APPLIQUER LE CHÂTIMENT SUPRÊME : LA PEINE DE MORT PAR FUSILLADE.

Lavrenti Beria, Commissaire du Peuple aux Affaires intérieures, *Lettre à Staline*, 5 mars 1940, cité par S. Courtois dans *Le Livre noir du communisme*, Robert Laffont, 1997.

2 Une guerre pas comme les autres

20 novembre 1941. Secret.

Depuis le 22 juin, le peuple allemand mène une lutte à mort contre le système bolchevique. Cette guerre, à elle seule, contre la force armée soviétique, n'est pas menée selon la norme établie par les règles de la guerre européenne. [...] Il faut que le régime judéo-bolcheviste soit extirpé une fois pour toutes. Il ne doit plus jamais intervenir dans notre espace vital européen. C'est pourquoi le soldat allemand a le devoir, non seulement d'écraser le potentiel militaire de ce régime, mais il doit aussi se poser en défenseur d'une conception raciale et en vengeur de toutes les cruautés qui ont été perpétrées contre lui et le peuple allemand. [...] Tout sabotage doit être puni immédiatement par les mesures les plus sévères. [...] La situation alimentaire de la patrie exige que la troupe tire sa subsistance, dans la plus large mesure, des ressources du pays et qu'en outre de larges approvisionnements puissent être mis à la disposition de la patrie. C'est surtout dans les villes ennemies qu'une large partie de la population devra souffrir de la faim.

Instructions du général Erich von Manstein aux armées engagées sur le front de l'Est, citées dans *Procès des grands criminels de guerre devant le Tribunal militaire international de Nuremberg*, édité par le Tribunal militaire international de Nuremberg, 1947-1949, Tome XX.

3 Scène d'exécution

En septembre 1941, dans les territoires polonais sous occupation allemande, des juifs sont poussés au bord d'une fosse avant leur exécution par des *Einsatzgruppen*.

4 L'action des *Einsatzgruppen* en Lituanie

Commandos spéciaux n° 3. Affaires du Reich Kauen, le 1er décembre 1941. Secret.

Le commando EK3 est entré en action le 2 juillet 1941 pour accomplir une mission spéciale et assurer la sécurité. Conformément à mes instructions et à mes ordres, les patriotes lituaniens ont procédé aux exécutions suivantes :

4-7-41 Kauen – Fort VII 416 Juifs, 47 Juives [...]

6-7-41 Kauen – Fort VII 2 514 Juifs

Après avoir constitué un roulement de commandos sous les ordres du SS-*Obersturmführer* Hamann et de 8 à 10 hommes fiables appartenant au commando EK3, nos hommes ont procédé aux opérations citées ci-dessous en collaboration avec les patriotes lituaniens : [...]

9-7-41 Vendziogala 32 Juifs, 2 Juives, 1 Lituanien, 2 comm. lit., 1 comm. russe

15 et 16.8.41 Rokiskis 3 200 Juifs, Juives, et enfants j., 5 comm. lit., 1 Polonais, 1 partisan

23.8.41 Panevezys 1 312 Juifs, 4 602 Juives, 1 609 enfants juifs [...]

[*Suivent 6 pages détaillant le bilan des opérations. Total : 137 346*]

Aujourd'hui, il m'est possible d'affirmer que le EK3 a atteint l'objectif fixé, il a résolu le problème juif en Lituanie. Il n'y a plus de Juifs dans le secteur.

Compte rendu du commandant des services de sécurité, Reinhard Heydrich, sur l'action des *Einsatzgruppen*, cité par Ernst Klee, Willy Dressen et Volker Riess, *Pour eux « c'était le bon temps ». La vie ordinaire des bourreaux nazis*, Paris, Plon, 1990.

Questions

Parcours A Répondre aux questions

1. **Expliquez** qui sont les victimes du NKVD et les raisons avancées par, L. Beria pour les éliminer (**doc. 1**).
2. **Expliquez** pourquoi la guerre à l'Est a, pour les nazis, une dimension particulière (**doc. 2**).
3. **Présentez** la mission des *Einsatzgruppen* (**doc. 3 et 4**).
4. **Identifiez** et **classez** les différents groupes de victimes des nazis. Quelles techniques de mise à mort sont utilisées (**doc. 2 à 4**) ?
5. À partir des réponses aux questions précédentes, répondez de manière organisée à la problématique.

ou

Parcours B Présenter un exposé Aide

Utilisez les documents pour présenter un exposé sur le front de l'Est et la guerre d'anéantissement. Vous le diviserez en deux parties :

1. Une violence justifiée par l'idéologie
2. Des projets d'extermination systématique

> Cours p. 94

Le génocide des juifs et des Tsiganes

Vidéo
La solution finale

Vidéo
Le fonctionnement du camp d'Auschwitz

Commencé dès 1941 sous la forme de la « Shoah par balles », le génocide des juifs prend une dimension « industrielle » à partir de janvier 1942. Les déportés sont envoyés dans des camps de concentration, où ils meurent d'épuisement et de mauvais traitements, ou dans des camps d'extermination pour être décimés dans les chambres à gaz. Les Tsiganes, également victimes de persécutions raciales, subissent le même sort.

>> Comment l'Allemagne nazie a-t-elle planifié et organisé le génocide de millions de personnes ?

1 La « solution finale de la question juive »

La conférence réunie le 20 janvier 1942 au bord du lac de Wannsee, dans la banlieue de Berlin, sous la direction de Reinhard Heydrich, programme la déportation vers l'est et l'élimination des juifs d'Europe.

Le *Führer* ayant donné son approbation, l'évacuation des juifs vers l'est remplace maintenant l'émigration ; cela constitue une solution partielle supplémentaire. Il ne faut cependant pas oublier que ces mesures ne sont que des solutions provisoires [...].

Au cours de la solution finale de la question juive en Europe, seront à prendre en considération environ 11 millions de juifs, répartis comme suit dans les différents pays [*suit la liste pays par pays*].

Les juifs devront être employés comme main-d'œuvre dans les territoires de l'Est. Ceux qui sont capables de travailler seront groupés en équipes – hommes et femmes séparément – et conduits dans ces régions. Ils effectueront le trajet en construisant des routes, ce qui provoquera sans doute l'élimination naturelle d'une grande partie d'entre eux. Les survivants – étant donné qu'il s'agira incontestablement des éléments les plus résistants – devront recevoir le traitement qui s'impose, car cette sélection naturelle de juifs, si elle était libérée, deviendrait la cellule germinative d'un nouveau relèvement juif (voir l'expérience de l'Histoire). Au cours de l'exécution de la solution finale, l'Europe sera passée au crible de l'ouest vers l'est.

Adolf Eichmann, « Protocole de Wannsee », compte rendu de la conférence sur la solution finale de la question juive en Europe.

2 Les fours crématoires

David Olère est un juif polonais installé à Paris. Arrêté en 1943, il est déporté à Auschwitz, où il est chargé d'acheminer les corps de la chambre à gaz aux fours crématoires. Libéré en 1945, il témoigne à travers ses dessins.

Dessin de David Olère, *Dans la salle des fours*, 1945. Lavis et encre de Chine sur papier, musée des Combattants des ghettos, Galilée, Israël.

3 La liquidation du camp tsigane d'Auschwitz

Les Tsiganes, principalement originaires d'Allemagne, sont déportés à Auschwitz en mars 1943. Ils y sont détenus, en famille, dans un camp séparé jusqu'en mai 1944. Les nazis prennent alors la décision de les exterminer.

Les gardiens SS accompagnés de leurs chiens policiers envahirent les quartiers tsiganes et expulsèrent leurs habitants, ils durent s'aligner. On distribua des rations de pain et de salami. On fit croire aux Tsiganes qu'on les envoyait dans un autre camp et ils le crurent. C'était une manière facile et efficace d'apaiser leurs craintes. Personne ne pensa aux crématoires puisque des rations de nourriture avaient été distribuées... La stratégie fonctionna parfaitement. Tout se passa comme prévu. Durant la nuit, les cheminées des crématoires I et II envoyèrent des flammes rugissantes vers le ciel, de telle sorte que tout le camp était illuminé d'un rougeoiement sinistre.

Miklos Nyiszli, *Médecin à Auschwitz, souvenirs d'un médecin déporté*, Julliard, 1965, cité dans Guenter Lewy, *La Persécution des Tsiganes par les nazis*, Les Belles Lettres, 2003.

4 Le système concentrationnaire nazi

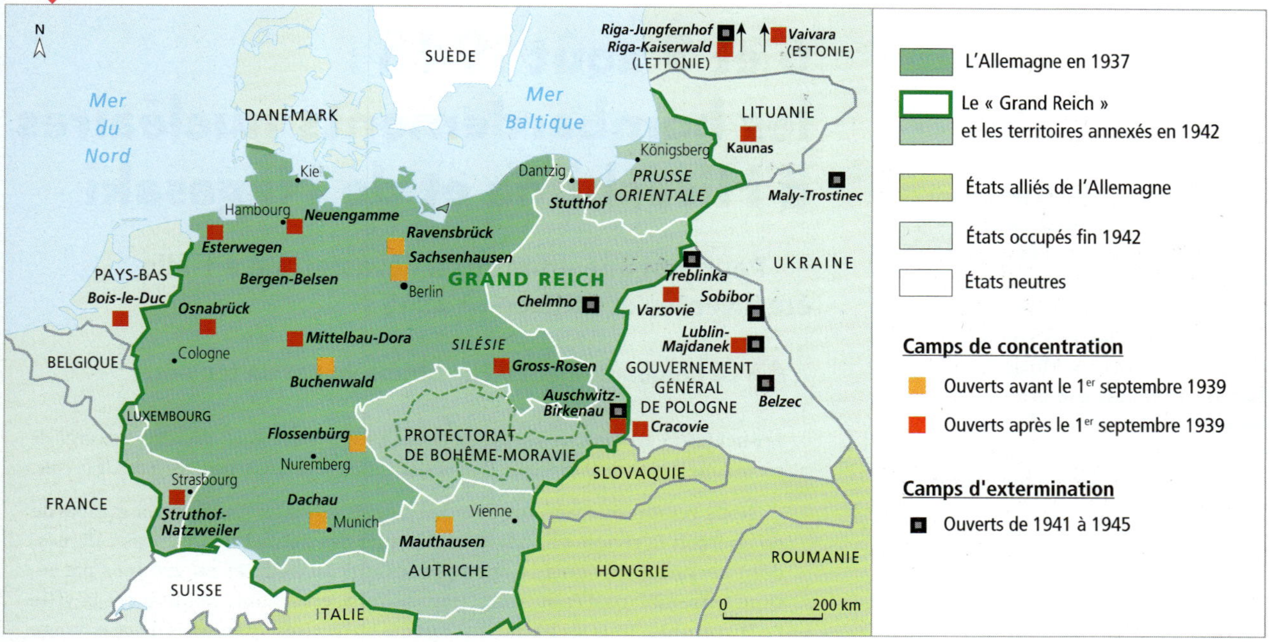

5 Les chambres à gaz

Gideon Greif a recueilli le témoignage de l'ancien Sonderkommando *Yakov Gabbay, juif d'origine italienne, déporté d'Athènes à Auschwitz en avril 1944.*

– Les victimes qui arrivaient des convois entraient dans la salle de déshabillage par derrière. Elles ne rencontraient jamais celles des convois précédents. [...] D'abord, c'étaient les fillettes et les petits enfants qui se déshabillaient. Avec précaution et affabilité, les Allemands les menaient des escaliers à une grande pièce – la salle de déshabillage. Il y avait des cintres avec des numéros et des étiquettes, on y pendait les vêtements. Ensuite, les victimes continuaient leur chemin jusqu'à ce qu'elles arrivent à un couloir. Là, elles tournaient à gauche et c'était la porte de la chambre à gaz. Mais quand arrivait le tour des hommes, les Allemands les pressaient et les traitaient grossièrement et brutalement : « Vite, vite, vite ! » à coups de fouet, ils les faisaient entrer dans la chambre à gaz et refermaient la porte derrière eux. Sur une grande pancarte en face de la porte était écrit en allemand, russe et yiddish : « Salle de toilette ». [...]

– Combien de personnes pouvaient entrer à la fois dans une chambre à gaz ?

– Environ deux mille personnes. [...]

– Quand arrachait-on des corps les dents en or ?

– À l'endroit où on les rinçait et où on les triait par groupes de quatre. On arrachait les dents avant d'introduire les corps dans les fours crématoires.

Des voix sous la cendre. Manuscrits des Sonderkommandos d'Auschwitz-Birkenau, Calmann-Lévy, 2005.

Questions

1. **Expliquez** la localisation et la date d'ouverture des camps de concentration et des camps d'extermination, en précisant la différence entre les deux (**doc. 1 à 5**).
2. **Montrez** que la conférence de Wannsee constitue une étape essentielle dans l'organisation du génocide (**doc. 1**).
3. **Décrivez** le système mis en place dans les camps d'extermination pour tuer les juifs et les Tsiganes (**doc. 2 et 5**).
4. **Montrez** que les nazis cherchent à dissimuler la réalité aux déportés (**doc. 3 et 5**).
5. À partir des réponses aux questions précédentes, répondez de manière organisée à la problématique.

Focus sur le document 5

1. **Expliquez** comment et pourquoi les nazis trompent les déportés sur les chambres à gaz.
2. **Analysez** la différence de traitement entre les enfants et les hommes.
3. **Identifiez** l'origine des victimes d'après la pancarte trilingue.
4. **Montrez** que les victimes sont totalement déshumanisées.
5. **Soulignez** l'importance de ce type de témoignage.

POINT DE PASSAGE

> Cours p. 94

6 et 9 août 1945 : les bombardements nucléaires d'Hiroshima et de Nagasaki

>> Pourquoi une arme aussi dévastatrice a-t-elle été inventée et utilisée en 1945 ?

CONTEXTE

- En 1939, des savants proposent au président Roosevelt de créer une nouvelle bombe très puissante au moyen de l'énergie nucléaire. C'est le « Projet Manhattan ». Testée le 16 juillet 1945 dans le désert du Nouveau-Mexique, la bombe atomique est larguée sur les villes de Hiroshima (6 août), puis Nagasaki (9 août) pour forcer le Japon à capituler, ce qu'il fait le 2 septembre.
- C'est la première et la seule fois dans l'histoire que cette nouvelle arme aux effets terrifiants est utilisée.

Vidéo
Le bombardement d'Hiroshima

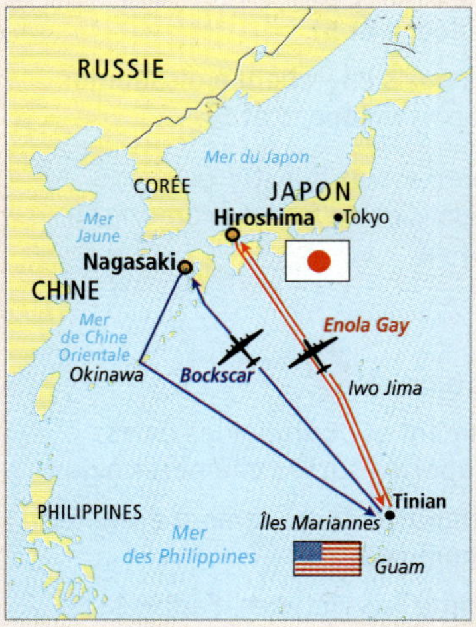

1 Le bombardement d'Hiroshima vu par un témoin

Le 6 août 1945, Edward Sawyer, prisonnier de guerre britannique, décharge un cargo de sucre dans le port de Hiroshima. Quand l'explosion se produit, il est au fond de la cale.

Nous remontons vers un monde calciné, dévasté. À travers la rambarde on aperçoit la rivière charriant vers la mer des douzaines de corps calcinés, dont certains sont encore agrippés les uns aux autres en groupes pathétiques. Tremblant d'épouvante, nous voyons, en amont, ce qui a été la ville de Hiroshima. Tous les bâtiments ont été pulvérisés. Au-dessus de ce paysage ravagé plane un lourd voile de fumée. Lorsque le docteur nous dit que c'est une seule bombe qui a produit cela, nous ne parvenons pas à le croire. [...] Le toit de l'entrepôt a été soufflé, laissant à nu les poutres d'acier. L'horloge au mur est encore intacte : les aiguilles indiquent, sur le cadran noirci, 8h15. Les hommes de la défense civile essayent de transporter les morts éparpillés sur le quai. Lorsqu'ils tentent d'en soulever un, la peau brûlée glisse comme un pull-over, dénudant le corps. Vers l'entrepôt, nous trouvons les corps des autres prisonniers. Deux sont tombés en avant, le troisième est assis tout droit et regarde fixement devant lui avec une expression grotesque. Ses yeux fondant comme de la cire, ruissellent sur son visage rouge et boursouflé. [...] Il n'y a ni panique, ni hystérie ; seulement le calme désespoir des équipes de premiers secours, qui soignent les blessés et le regard hébété de l'assistance. Pour la première fois, je ressens de la pitié et de la peine pour les Japonais.

Témoignage d'Edward Sawyer, paru dans *The Sunday Telegraph* en 1984, cité dans *La Seconde Guerre mondiale. Secrets – Témoignages – Anecdotes – Révélations*, Paris, Little Big Man, 2001.

2 Les deux bombes atomiques

	Hiroshima	Nagasaki
Date et heure de l'explosion	6 août 1945 à 8 h 15	9 août 1945 à 11 h 02
Type de bombe	Uranium	Plutonium
Puissance de la bombe	15 kilotonnes	22 kilotonnes
Nom de la bombe	*Little Boy*	*Fat Man*
Nombre d'habitants en 1945	450 000	270 000
Nombre de morts instantanés	60 000 à 80 000	35 000 à 40 000
Nombre de morts jusqu'en décembre 1945	140 000	70 000

Les lieux de l'histoire

3 La ville de Nagasaki après l'explosion

Cathédrale d'Urakami, Nagasaki, 13 septembre 1945.

4 La justification du président Truman

Le monde entier remarquera que la première bombe atomique a été lâchée sur Hiroshima, une base militaire, afin d'éviter, dans la mesure du possible, la mort de civils lors de la première attaque. Toutefois, cette attaque ne constitue qu'un avertissement de ce qui va suivre. Si le Japon ne capitule pas, il faudra lâcher des bombes sur les industries de guerre, ce qui entraîne, malheureusement, la perte de milliers de vies civiles. [...] Toutefois, nous savions que nos ennemis faisaient des recherches[1]. Nous savons maintenant que leurs recherches étaient sur le point d'aboutir. Nous savions quelle serait l'ampleur du désastre dans notre pays, dans tous les pays pacifiques, pour toute la civilisation, s'ils l'avaient découverte en premier. C'est pourquoi nous nous sommes sentis obligés d'entreprendre les longs travaux de recherches et de production, incertains et coûteux. Nous avons gagné la course à la découverte contre les Allemands. Ayant découvert la bombe, nous l'avons utilisée. Nous l'avons utilisée contre ceux qui nous ont attaqués sans prévenir à Pearl Harbor, contre ceux qui ont affamé, battu à mort et exécuté des prisonniers de guerre américains, contre ceux qui ont abandonné tout semblant de respect du droit internationnal de la guerre. Nous l'avons utilisée pour écourter l'agonie de la guerre, pour sauver les vies de plusieurs milliers de jeunes Américains[2]. Nous continuerons à l'utiliser jusqu'à ce que nous ayons complètement détruit les forces qui permettent au Japon de faire la guerre. Seule une capitulation nous arrêtera.

Discours radiodiffusé du président américain Harry Truman, le 9 août 1945.

1. Dès avril 1939, des recherches atomiques connues sous le nom de « Projet Uranium » sont entreprises par l'Allemagne nazie.
2. Le chiffre de 500 000, voire un million, de vies épargnées avancé ensuite par certains responsables de l'administration américaine relève de la propagande. En 1945, l'armée américaine parlait de quelques dizaines de milliers.

Questions

1. **Décrivez** les effets de la bombe atomique sur les deux villes et leurs habitants (**doc. 1 à 3**).
2. **Expliquez** comment les Américains justifient l'utilisation de ces bombes (**doc. 4**).
3. **Comparez** le bilan que Truman fait du bombardement d'Hiroshima avec les informations des **doc. 1 et 2**. Pourquoi le président américain cherche-t-il à minimiser les effets de la bombe (**doc. 1, 2 et 4**) ?
4. À partir des réponses aux questions précédentes, répondez de manière organisée à la problématique.

Les lieux de l'histoire

En tant que guide du Mémorial national de la paix de Nagasaki, racontez ce qui s'est passé le 9 août 1945 et présentez le Mémorial. À l'aide de la vidéo en ligne sur le site https://www.peace-nagasaki.go.jp/en/video-long, décrivez les différentes parties du Mémorial et expliquez pourquoi la ville est devenue un symbole de paix.

Aide

> Repères p. 89
> Points de passage p. 104, p. 106
> Dossier p. 108
> Biographies p. 342

Podcast du cours

3. La France dans la guerre

En 1940, la France, vaincue, est occupée par l'Allemagne. Le maréchal Pétain fait le choix de la collaboration, refusé par les Français qui s'engagent dans la France libre et dans la Résistance intérieure. En 1944, l'intervention des Alliés permet la libération du pays.

A L'effondrement

La défaite. Le 10 mai 1940, l'armée allemande attaque la Belgique, les Pays-Bas et la France. Le 10 juin, les armées italiennes envahissent à leur tour l'Hexagone. Malgré des combats acharnés, l'armée française est rapidement vaincue. En moins d'un mois, 100 000 soldats sont tués, 200 000 blessés et 2 millions sont faits prisonniers. Le gouvernement se replie à Tours, puis à Bordeaux le 15 juin. Les Allemands entrent dans Paris le 14 juin.

L'exode. Près de 8 millions de civils fuient l'avancée de la *Wehrmacht* et désertent les grandes villes. Ce mouvement de panique collective et de migration massive est appelé « l'Exode ». Emportant avec eux de maigres bagages, affolés par les attaques aériennes de la *Luftwaffe*, les civils fuient vers l'ouest et le sud de la France. Engendrant un gigantesque chaos, ils entravent le déplacement des troupes françaises.

POINT DE PASSAGE Juin 1940 en France : continuer ou arrêter la guerre > p. 104

L'armistice. Le 16 juin, le Premier ministre Paul Reynaud démissionne, parce qu'il est minoritaire à vouloir continuer la guerre. Il est remplacé par le maréchal Pétain, considéré comme un héros de la Grande Guerre. Dès le lendemain, convaincu que la guerre est perdue, Pétain annonce aux Français qu'« il faut cesser le combat » et demande l'armistice. Celui-ci est signé le 22 juin et met un terme à la bataille de France.

L'occupation. Suite à cet accord, l'Alsace-Moselle est annexée par le *Reich* et le reste du territoire est divisé en deux parties : la zone Nord, occupée par l'armée allemande, et la zone Sud, administrée depuis Vichy par Pétain mais occupée à son tour à partir de novembre 1942. Pendant toute la guerre, la France est pillée et elle doit verser quotidiennement 20 millions de marks pour entretenir l'armée d'occupation. Cela entraîne des difficultés d'approvisionnement et la mise en place d'un strict rationnement alimentaire.

B Le régime de Vichy et la collaboration

« L'État français ». Le 10 juillet 1940, Pétain reçoit des députés et des sénateurs les pleins pouvoirs pour rédiger une nouvelle Constitution. Dès le lendemain, il remplace la République par « l'État français », un régime autoritaire et réactionnaire dont la devise est « Travail, Famille, Patrie ». Les élections sont supprimées, les médias sont contrôlés, les libertés fondamentales bafouées. Pétain fait l'objet d'un culte de la personnalité, le présentant comme le sauveur de la France à deux reprises : lors de la bataille de Verdun en 1916 et lors de la défaite de 1940. Une intense propagande célèbre la « Révolution nationale », qui doit permettre de « régénérer » le pays et lutter contre l'« anti-France », responsable de la défaite (les juifs, les communistes et les francs-maçons). Marqué par la xénophobie et l'antisémitisme, le régime de Vichy met en place une législation discriminatoire à l'égard des juifs et des immigrés.

Vocabulaire

- **CFLN (Comité Français de Libération Nationale) :** créé le 3 juin 1943 à Alger, c'est le gouvernement de la France libre jusqu'à la création du GPRF.
- **CNR (Conseil National de la Résistance) :** créé à Paris en 1943, il est composé de huit représentants des groupes de résistants, six représentants des partis politiques non liés à Vichy et deux représentants des syndicats. Il a pour objectifs de coordonner les actions contre l'occupant et préparer la refondation de la République.
- **FFI (Forces Françaises de l'Intérieur) :** créées le 1er février 1944, elles rassemblent en théorie tous les groupes armés de la Résistance intérieure.
- **FFL (Forces Françaises Libres) :** créées en 1940, elles rassemblent les combattants volontaires ralliés à de Gaulle.
- **Gestapo :** abréviation de *Geheime Staatspolizei*, « police secrète d'État ». Police politique créée en 1933 pour traquer les opposants au régime nazi.
- **Maquis :** région difficile d'accès où se regroupent des résistants (les maquisards). Le terme désigne par extension un groupe de résistance armée.
- **Relève :** accord prévoyant la libération d'un prisonnier de guerre français contre l'envoi de trois travailleurs volontaires dans une usine allemande.
- **STO (Service du Travail Obligatoire) :** créé en février 1943, il mobilise les jeunes hommes âgés de 20 à 23 ans pour travailler dans les entreprises allemandes.

Collaboration et collaborationnisme. Le 24 octobre 1940, Pétain rencontre Hitler à Montoire (Loir-et-Cher) et engage le pays dans la collaboration avec les nazis. Pour fournir de la main-d'œuvre à l'Allemagne, il crée le système de la **relève**, puis le **STO** en 1943. Il organise aussi la déportation des juifs vers les camps d'extermination. Les 16 et 17 juillet 1942, lors de la rafle du Vel'd'Hiv', plus de 13 000 personnes, dont près d'un tiers d'enfants, sont ainsi arrêtées à Paris et en banlieue par la police française. Elles sont internées dans le vélodrome d'Hiver ou dans le camp de Drancy avant d'être déportées. Les Français qui adhèrent à l'idéologie nazie s'engagent dans l'armée allemande sur le front de l'Est ou dans la Milice. Fondée en 1943 par Joseph Darnand, celle-ci est chargée d'aider la **Gestapo** à traquer les résistants et les juifs. Les historiens qualifient cet engagement de collaborationnisme, pour le distinguer de la collaboration d'État menée par Pétain.

Une population majoritairement attentiste. La population, choquée par la défaite, préoccupée par les difficultés de la vie quotidienne et influencée par la propagande de Vichy, se résigne à l'occupation du pays et est majoritairement favorable au maréchal Pétain.

C La Résistance et la Libération

La France libre. Le 18 juin, refusant l'armistice, le général de Gaulle lance, depuis Londres, un appel à la résistance. Soutenu par le Premier ministre britannique Winston Churchill, il fonde la France libre et parvient à rallier les colonies africaines. Grâce aux premiers volontaires qui le rejoignent en Angleterre, il met sur pied les **FFL**, qui combattent aux côtés des Alliés. En novembre 1942, le débarquement en Afrique du Nord permet d'instaurer une autorité française rivale de Vichy. Alger devient la capitale de la France libre, qui se dote d'un gouvernement, le **CFLN**.

POINT DE PASSAGE De Gaulle et la France libre > p. 106

La Résistance intérieure. Parallèlement, une Résistance intérieure voit le jour en France. Différentes actions sont menées pour lutter contre l'occupant : renseignement à destination des Alliés, impression et distribution de tracts ou de journaux, sabotages, raids contre l'armée allemande. Pour échapper à la Gestapo et à la Milice, les résistants se cachent dans des **maquis**. En 1941, la rupture du pacte de non-agression germano-soviétique amplifie l'engagement des communistes : attaqué par Hitler, Staline leur donne alors l'ordre de lutter contre les nazis. Les communistes français créent le mouvement des Francs-tireurs et partisans (FTP), qui vient grossir les rangs de la Résistance intérieure. En 1943, Jean Moulin, missionné par le général de Gaulle, parvient à unifier les différents mouvements de résistants au sein du **CNR**.

La Libération. Le 6 juin 1944, les Alliés, parmi lesquels des combattants de la France libre, débarquent en Normandie. Aidés par les **FFI**, qui multiplient les actions de sabotage et harcèlent les Allemands, ils parviennent à libérer le pays après plusieurs mois de combats. Le 24 août 1944, ce sont des troupes françaises, dirigées par le général Leclerc, qui entrent dans Paris, dont les habitants se sont insurgés quelques jours plus tôt. Pour éviter que les Alliés ne placent la France libérée sous la tutelle d'un gouvernement d'occupation, de Gaulle a transformé le 3 juin 1944 le CFLN en Gouvernement provisoire de la République française (GPRF), dont il exerce la présidence. Refusant de reconnaître une quelconque légitimité au régime de Vichy, il affirme : « la forme du gouvernement de la France est et demeure la République ; en droit, celle-ci n'a pas cessé d'exister ».

Réviser son cours

1. Quelles sont les conséquences de la défaite militaire de 1940 ?
2. En quoi le régime de Vichy est-il anti-républicain ?
3. Quelles formes la Résistance prend-elle ?

> Cours p. 102

Juin 1940 en France : continuer ou arrêter la guerre

>> Comment les dirigeants et la population française réagissent-ils face à la défaite de 1940 ?

CONTEXTE

- Le 10 mai 1940, les armées allemandes pénètrent en France. Le Royaume-Uni rapatrie ses troupes en catastrophe depuis Dunkerque, qui tombe le 4 juin. L'invasion allemande provoque ce qu'on a appelé « l'exode », c'est-à-dire la fuite de millions de personnes dans le chaos le plus total.
- Le président du Conseil Paul Reynaud souhaite continuer la guerre, mais il démissionne et est remplacé le 16 juin par le maréchal Pétain, qui demande l'armistice le lendemain.
- Réfugié en Angleterre et soutenu par Churchill, le général de Gaulle lance un appel à résister le 18 juin. Puis le 22 juin, alors que l'armistice est sur le point d'être signé, de Gaulle lance un second appel, presque identique, qui est enregistré et beaucoup plus écouté par les Français.

Vidéo
Juin 1940 : la défaite française et l'armistice

1 L'espoir américain

Monsieur le Président,

Notre armée est maintenant coupée en plusieurs tronçons. Nos divisions sont décimées. Des généraux ne commandent plus que des bataillons. La *Reichswehr* vient d'entrer dans Paris. [...]

En cette heure, la plus tragique de son histoire, la France doit choisir. Continuera-t-elle à sacrifier sa jeunesse dans une lutte sans espoir ? Son gouvernement quittera-t-il le territoire de la métropole afin de ne pas se rendre à l'ennemi et pour pouvoir continuer la lutte sur mer en Afrique du Nord ? Le pays tout entier vivra-t-il alors abandonné à lui-même, à l'ombre de la domination nazie, avec tout ce que cela signifie pour son corps et pour son âme ? Ou bien la France demandera-t-elle à Hitler les conditions d'un armistice ? Nous ne pouvons choisir la première manière, celle de la résistance, que si une possibilité de victoire apparaît dans le lointain et si une lumière brille à la fin du tunnel. [...]

Je sais qu'une déclaration de guerre ne dépend pas de vous seul. Mais je tiens à vous dire, à cette heure grave de votre histoire comme de la nôtre, que, si vous ne pouvez pas donner à la France dans les heures qui viennent la certitude que les États-Unis entreront en guerre à très brève échéance, le destin du monde va changer. Vous verrez alors la France s'enfoncer comme un homme qui se noie et disparaître après avoir jeté un regard vers la terre de liberté d'où elle attendait le salut.

Télégramme de Paul Reynaud, président du Conseil, à Franklin Roosevelt, président des États-Unis, 14 juin 1940.

2 Cesser le combat

À l'appel de M. le président de la République, j'assume à partir d'aujourd'hui la direction du gouvernement de la France. Sûr de l'affection de notre admirable armée, [...] sûr que par sa magnifique résistance elle a rempli son devoir vis-à-vis de nos alliés, sûr de l'appui des anciens combattants que j'ai eu la fierté de commander, sûr de la confiance du peuple tout entier, je fais à la France le don de ma personne pour atténuer son malheur.

En ces heures douloureuses, je pense aux malheureux réfugiés, qui, dans un dénuement extrême, sillonnent nos routes. Je leur exprime ma compassion et ma sollicitude. C'est le cœur serré que je vous dis aujourd'hui qu'il faut cesser le combat.

Je me suis adressé cette nuit à l'adversaire pour lui demander s'il est prêt à rechercher avec nous, entre soldats, après la lutte et dans l'honneur, les moyens de mettre un terme aux hostilités.

Maréchal Pétain, discours radiodiffusé du 17 juin 1940.

Biographies

Philippe Pétain
(1856-1951)
Chef de l'État français de 1940 à 1944.

Charles de Gaulle
(1890-1970)
Chef de la France libre, puis du GPRF à partir de 1944.

> Biographies p. 342

3 L'Exode en France

La population française fuit devant l'arrivée de l'armée allemande, juin 1940.

5 Une population résignée ?

Après l'appel du 18 juin, le lieutenant Jean Simon et le sous-lieutenant Pierre Messmer (1916-2007), futur Premier ministre (1972-1974), décident de rejoindre le général de Gaulle en Angleterre.

[...] Ce qui m'avait indigné, en effet, ce n'est pas tellement la défaite elle-même que les conditions de cette défaite, que le fait, par exemple, qu'à partir du moment où les Allemands ont connu leurs premiers succès une espèce de désespoir s'est emparé de tout le commandement [...]. C'était aussi cette espèce d'immense cohue qui a jeté la France sur les routes et qui a rendu absolument impossible toute tentative de résistance au point qu'il serait facile de citer des exemples, dont j'ai été témoin, de civils qui détruisaient de leurs mains des barrages construits par les militaires à l'entrée de certaines villes ou de certains villages pour s'opposer à l'avance allemande. C'est tout cela qui m'avait indigné et qui me faisait sentir que je ne pouvais pas accepter cette défaite.

Témoignage de Pierre Messmer, cité dans *Des Hommes libres 1940-1945*.

Vidéo
L'appel du 18 juin : pourquoi ? comment ?

4 L'appel du 18 juin

Certes, nous avons été, nous sommes, submergés par la force mécanique, terrestre et aérienne, de l'ennemi. Infiniment plus que leur nombre, ce sont les chars, les avions, la tactique des Allemands qui nous font reculer. Ce sont les chars, les avions, la tactique des Allemands qui ont surpris nos chefs au point de les amener là où ils en sont aujourd'hui.

Mais le dernier mot est-il dit ? L'espérance doit-elle disparaître ? La défaite est-elle définitive ? Non ! [...]

Car la France n'est pas seule ! Elle n'est pas seule ! Elle n'est pas seule ! Elle a un vaste Empire derrière elle. Elle peut faire bloc avec l'Empire britannique qui tient la mer et continue la lutte. Elle peut, comme l'Angleterre, utiliser sans limites l'immense industrie des États-Unis. Cette guerre n'est pas limitée au territoire malheureux de notre pays. Cette guerre n'est pas tranchée par la bataille de France. Cette guerre est une guerre mondiale. [...]

Moi, général de Gaulle, actuellement à Londres, j'invite les officiers et les soldats français qui se trouvent en territoire britannique, ou qui viendraient à s'y trouver, avec leurs armes, ou sans leurs armes, j'invite les ingénieurs et les ouvriers spécialistes des industries d'armement qui se trouvent en territoire britannique ou qui viendraient à s'y trouver, à se mettre en rapport avec moi.

Quoi qu'il arrive, la flamme de la résistance française ne doit pas s'éteindre et ne s'éteindra pas.

Général de Gaulle, appel radiodiffusé du 18 juin 1940.

Questions

Parcours A Répondre aux questions

1. **Décrivez** la situation militaire de la France en juin 1940 (**doc. 1 à 5**).
2. **Comparez** les points de vue de Pétain, Reynaud et de Gaulle sur la situation de la France en juin 1940 (**doc. 1, 2 et 4**).
3. **Expliquez** ce qu'est « l'Exode » et comment il a aggravé la situation en 1940 (**doc. 2, 3 et 5**).
4. **Analysez** la manière dont la population française reçoit l'appel du général de Gaulle et comment elle peut y répondre (**doc. 3 et 5**).
5. À partir des réponses aux questions précédentes, répondez de manière organisée à la problématique.

ou

Parcours B Travailler l'oral

Préparez une présentation orale de 5 minutes pour répondre à la problématique. Filmez votre prestation, puis regardez-là à 2 ou 3 reprises en listant 10 questions que pourrait vous poser un jury.

POINT DE PASSAGE

> Cours p. 102

De Gaulle et la France libre

>> Quel rôle le général de Gaulle et la France libre jouent-ils pendant la guerre ?

CONTEXTE

- À la suite de son appel à la résistance, lancé le 18 juin 1940, le général de Gaulle parvient à se faire reconnaître comme « chef des Français libres » par le gouvernement britannique. Il met sur pied une armée autonome, les Forces françaises libres, qui combat aux côtés des Alliés, et un gouvernement, le Comité français de libération nationale.
- En 1943, Jean Moulin, mandaté par de Gaulle, réussit à coordonner les principaux groupes de la Résistance intérieure en liaison avec la France libre.

18 juin 1940	**Appel du général de Gaulle** à Londres.
Juil. 1940	Création des **FFL**.
Nov. 1942	**Débarquement des Alliés** en Afrique du Nord.
Mai 1943	Fondation du **CNR**.
Juin 1943	Création du **CFLN à Alger**.
Fév. 1944	Création des **FFI**.
3 juin 1944	Création du **GPRF**.
6 juin 1944	**Débarquement de Normandie**.
24 août 1944	**Libération de Paris**.

La composition des FFL en 1943

1 Une victoire des FFL en Afrique

La victoire française retarde l'avancée des troupes du général Rommel et permet aux Britanniques de s'organiser pour vaincre les Allemands à El-Alamein (Égypte) quelques semaines plus tard.

Groupe de légionnaires des FFL après la bataille de Bir-Hakeim en Libye, en juin 1942.

2 Unir la France libre et la Résistance

Dans cette guerre où la patrie joue son destin, la formation du Conseil de la Résistance, organe essentiel de la France qui combat, est un événement capital. L'unité des buts et des sentiments, établie depuis longtemps entre la masse de la nation qui lutte sur son territoire et ceux de ses fils qui combattent au dehors, se traduit désormais par l'unité dans l'action. Car c'est de cela d'abord qu'il s'agit. Pour que la libération et la victoire soient françaises, il est impérativement nécessaire que la nation se rassemble dans un effort proprement français. Notre intérêt immédiat, notre grandeur de demain, peut-être même notre indépendance sont à ce prix. Tout ce qui est dispersion, action isolée, alliance particulière, dans n'importe quel domaine où se déroule la lutte totale, compromet à la fois la puissance des coups portés à l'ennemi par la France et sa cohésion nationale. C'est pourquoi il est essentiel que la Résistance sur le territoire national forme un tout cohérent, organisé, concentré. C'est fait, grâce à la création du Conseil de la Résistance qui fait partie intégrante de la France combattante et qui, par là même, incarne la totalité des forces de toute nature engagées à l'intérieur contre l'ennemi et ses collaborateurs.

Général de Gaulle, message rédigé à Londres le 10 mai 1943 pour être lu lors de la réunion constituante du CNR à Paris le 27 mai 1943.

3 Le théâtre africain, premier front de la France libre

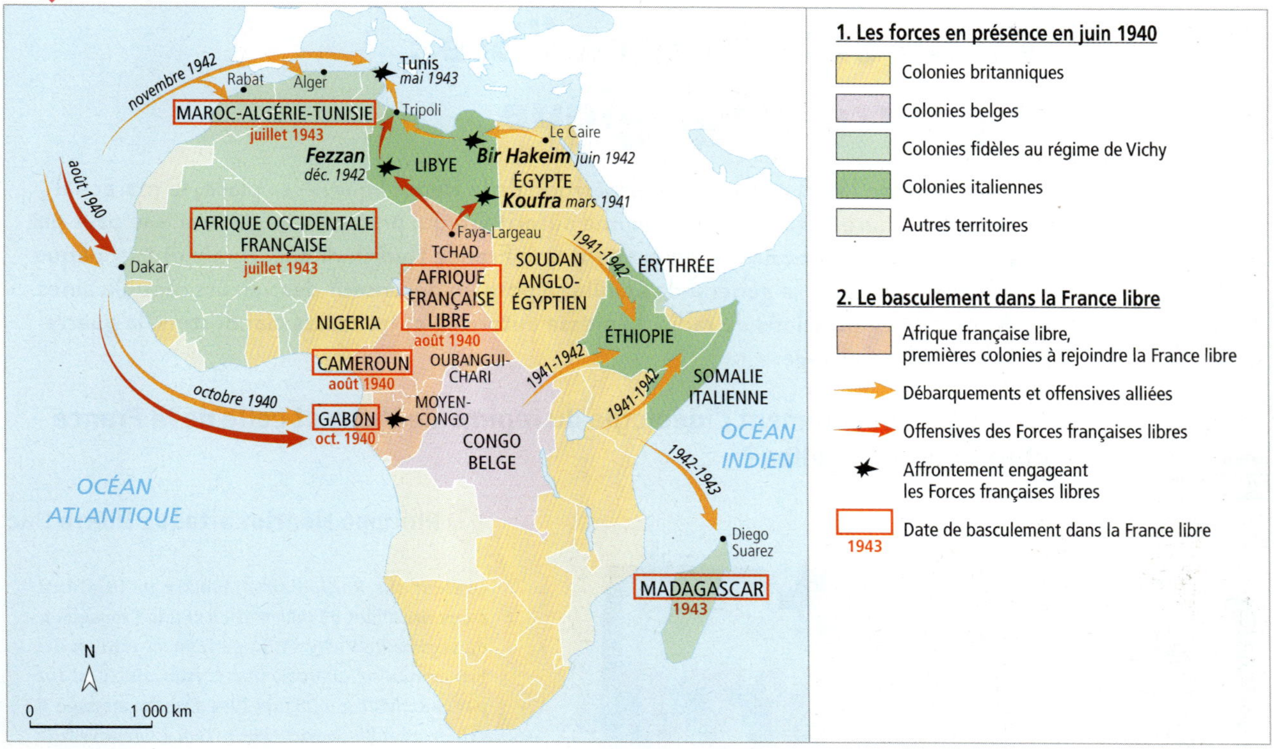

4 « La France rentre à Paris »

Vidéo
La libération de Paris

Paris ! Paris outragé ! Paris brisé ! Paris martyrisé ! mais Paris libéré ! Libéré par lui-même, libéré par son peuple avec le concours des armées de la France, avec l'appui et le concours de la France tout entière, de la France qui se bat, de la seule France, de la vraie France, de la France éternelle. Eh bien ! puisque l'ennemi qui tenait Paris a capitulé dans nos mains, la France rentre à Paris, chez elle. Elle y rentre sanglante, mais bien résolue. Elle y rentre, éclairée par l'immense leçon, mais plus certaine que jamais, de ses devoirs et de ses droits. Je dis d'abord de ses devoirs, et je les résumerai tous en disant que, pour le moment, il s'agit de devoirs de guerre. L'ennemi chancelle mais il n'est pas encore battu. Il reste sur notre sol. Il ne suffira même pas que nous l'ayons, avec le concours de nos chers et admirables alliés, chassé de chez nous pour que nous nous tenions pour satisfaits après ce qui s'est passé. Nous voulons entrer sur son territoire comme il se doit, en vainqueurs. C'est pour cela que l'avant-garde française est entrée à Paris à coups de canon. C'est pour cela que la grande armée française d'Italie a débarqué dans le Midi ! et remonte rapidement la vallée du Rhône. C'est pour cela que nos braves et chères forces de l'intérieur vont s'armer d'armes modernes. C'est pour cette revanche, cette vengeance et cette justice, que nous continuerons de nous battre jusqu'au dernier jour, jusqu'au jour de la victoire totale et complète.

Général de Gaulle, discours de l'Hôtel de Ville, 25 août 1944.

Questions

Parcours A **Répondre aux questions**

1. **Montrez** que les FFL jouent un rôle majeur sur le théâtre africain (**doc. 1 et 3**).
2. **Analysez** les objectifs du général de Gaulle (**doc. 2**).
3. **Identifiez** les acteurs qui participent à la libération de la France (**doc. 1 à 4**).
4. **Montrez** que le général de Gaulle cherche à préserver à tout prix l'unité nationale (**doc. 2 et 4**).
5. À partir des réponses aux questions précédentes, répondez de manière organisée à la problématique.

ou

Parcours B **Écrire un récit fictif**

Retracez le parcours d'un « Français libre » de 1940 à 1944, en vous inspirant des documents. Vous diviserez la biographie en trois séquences : il rejoint de Gaulle à Londres ; il combat en Afrique ; il participe à la libération de la France.

> Cours p. 102

Vichy et la France libre : la guerre idéologique

La défaite de 1940 provoque la disparition de la République. À sa place, le maréchal Pétain instaure l'État français, régime autoritaire qui prétend « régénérer » le pays par la « Révolution nationale », en exaltant une France traditionnelle, rurale et catholique. Installé à Londres, le général de Gaulle se pose en défenseur des valeurs républicaines. À travers les émissions de radio, la presse autorisée et les tracts clandestins, la guerre idéologique fait rage.

>> En quoi et comment l'idéologie du régime de Vichy et celle de la France libre s'opposent-elles ?

Animation

1 L'appel de Vichy à la jeunesse française

Une de l'hebdomadaire *Cœurs Vaillants*, magazine catholique destiné à la jeunesse, 17 août 1941.

2 Philippe Henriot attaque Pierre Dac

Orateur sur Radio-Paris, membre de la Milice, secrétaire d'État à l'Information et à la Propagande du régime de Vichy, Philippe Henriot est l'un des principaux collaborationnistes français. Il est tué par la Résistance le 28 juin 1944. Dans ce message, il s'en prend à l'humoriste Pierre Dac, orateur vedette de Radio-Londres.

Le 15 août 1893, jour anniversaire de la naissance de Napoléon, s'il vous plaît, naissait à Châlons-sur-trfMarne un certain Isaac André, fils de Salomon et de Berthe Kahn. Pareil à la plupart de ses coreligionnaires, il était secrètement fier de sa race, mais gêné par son nom. Incapable, bien entendu, de travailler à la grandeur d'un pays qui n'était pour lui qu'un pays de séjour passager, une provisoire terre promise à exploiter [...].

Ce Dac, hier soir à 21h30, a daigné s'occuper du discours que j'ai prononcé à Toulouse dimanche. Assurément, personne n'est obligé de se rendre à mes arguments et tout le monde a le droit d'ironiser sur ce que je dis. Et en vérité, ce ne serait pas la peine de payer des gens à Londres si ce n'était pas pour essayer de contrebattre ma propagande qui inquiète visiblement ces messieurs, ce dont je leur suis particulièrement reconnaissant. Mais où nous atteignons les cimes du comique, c'est quand notre Dac prend la défense de la France. [...] Le juif Dac s'attendrissant sur la France, c'est d'une si énorme cocasserie qu'on voit bien qu'il ne l'a pas fait exprès. Qu'est-ce qu'Isaac, fils de Salomon, peut bien connaître de la France [...] ? La France, qu'est-ce que ça peut bien signifier pour lui ?

Philippe Henriot, Radio-Paris, 10 mai 1944.

3 La réponse de Pierre Dac

C'est entendu, monsieur Henriot, en vertu de votre théorie raciale et nationale-socialiste, je ne suis pas français. [...] Dans le laïus que vous m'avez consacré, vous vous écriez notamment : « Mais où nous atteignons les cimes du comique, c'est quand notre Dac prend la défense de la France ! La France, qu'est-ce que cela peut bien signifier pour lui ? » Eh bien ! Monsieur Henriot, sans vouloir engager de vaine polémique, je vais vous le dire ce que cela signifie, pour moi, la France. [...] Puisque vous avez si complaisamment cité les prénoms de mon père et de ma mère, laissez-moi vous signaler que vous en avez oublié un, celui de mon frère. Je vais vous dire où vous pourrez le trouver ; si, d'aventure, vos pas vous conduisent du côté du cimetière Montparnasse, entrez par la porte de la rue Froidevaux ; tournez à gauche dans l'allée et, à la 6e rangée, arrêtez-vous devant la 8e ou la 10e tombe. C'est là que reposent les restes de ce qui fut un beau, brave et joyeux garçon, fauché par les obus allemands, le 8 octobre 1915, aux attaques de Champagne. C'était mon frère. Sur la simple pierre, sous ses noms, prénoms et le numéro de son régiment, on lit cette simple inscription : « Mort pour la France, à l'âge de 28 ans ». Voilà, monsieur Henriot, ce que cela signifie pour moi, la France.

Sur votre tombe, si toutefois vous en avez une, il y aura aussi une inscription : elle sera ainsi libellée : PHILIPPE HENRIOT, Mort pour Hitler, Fusillé par les Français.

Pierre Dac, Radio Londres sur la BBC, 11 mai 1944.

REPÈRES

La guerre des ondes

La guerre des ondes est une guerre psychologique menée par les radios afin d'informer ou de désinformer les auditeurs. Pour contrer l'influence de Radio Stuttgart, radio allemande qui diffuse des émissions en français, et de Radio-Paris, radio française sous contrôle des nazis, la BBC octroie à la France libre une longueur d'onde, Radio Londres, pour l'émission « Les Français parlent aux Français ». Malgré les risques encourus et le brouillage allemand, les Français sont de plus en plus nombreux à l'écouter.

L'appel de la Résistance à la jeunesse française 4

Tract diffusé à l'occasion du 11 novembre 1943 par le Front national, mouvement de Résistance dirigé par le Parti communiste, dont les FTP (Francs-tireurs et partisans) sont la branche militaire.

Questions

Parcours A Répondre aux questions

1. **Montrez** que le régime de Vichy est antisémite (**doc. 2**).
2. **Comparez** les visions de la France défendues par Philippe Henriot et Pierre Dac (**doc. 2 et 3**).
3. **Identifiez** les différents vecteurs de la guerre idéologique entre Vichy et la France libre (**doc 1 à 4**).
4. **Montrez** que la Résistance défend les valeurs républicaines (**doc. 4**).
5. **Expliquez** les différentes références à la Première Guerre mondiale (**doc. 3 et 4**).
6. À partir des réponses aux questions précédentes, répondez de manière organisée à la problématique.

ou

Parcours B Travailler l'oral

Un élève présente une réponse à la problématique en 5 minutes devant la classe. Les autres élèves se répartissent en 4 groupes. Chaque groupe doit évaluer un critère précis :
- qualité orale : voix, diction, articulation, rythme ;
- qualité du discours : vocabulaire précis, phrases bien construites, fluidité ;
- qualité des connaissances : nombre de connaissances, intérêt pour le sujet, maîtrise... ;
- qualité de l'argumentation : raisonnement, organisation, explication, démonstration.

EXO Exercices interactifs

Podcast de la synthèse

La Seconde Guerre mondiale

En quoi la Seconde Guerre mondiale a-t-elle bouleversé la France et le monde ?

1 Une guerre mondiale

Durant les années 1930, l'Allemagne, le Japon et l'Italie mènent une **politique expansionniste** agressive. Il faut toutefois attendre l'invasion de la Pologne par l'Allemagne en septembre 1939 pour que Français et Britanniques lui déclarent la guerre. La rapide **défaite française** laisse le Royaume-Uni seul face à l'Allemagne. Il est rejoint par l'URSS que Hitler a envahie en juin 1941 (opération Barbarossa), puis par les États-Unis attaqués par le Japon en décembre 1941 (Pearl Harbor).

L'expansion allemande est stoppée par les Soviétiques en février 1943 à Stalingrad. En 1944, **l'Allemagne est prise en tenailles** entre les Soviétiques à l'Est et les Anglo-Américains à l'Ouest, où ils ont débarqué en Normandie. Elle capitule le 8 mai 1945. Frappé par deux bombardements atomiques américains, le Japon l'imite en septembre.

2 Une guerre d'anéantissement

Motivés par des considérations idéologiques, les nazis, les Soviétiques et les Japonais tuent massivement leurs opposants ou les populations qu'ils jugent inférieures ou inassimilables. C'est pourquoi contrairement à la Première Guerre mondiale, la Seconde fait beaucoup **plus de victimes parmi les civils que parmi les militaires**.

Les nazis sont ceux qui poussent le plus loin la violence de masse. Dès les années 1930, ils persécutent les populations juives afin de les inciter à quitter l'Allemagne. Durant la guerre, ils adoptent à leur égard ainsi que contre les Tsiganes une **politique génocidaire** destinée à les éliminer physiquement. Cette « **solution finale** » s'accomplit soit par balles sur le lieu de vie des victimes, soit dans des **camps d'extermination** implantés en Europe de l'Est vers lesquels elles sont déportées.

3 La France dans la guerre

Suite à l'**armistice de juin 1940**, la France est en partie occupée par l'armée allemande (zone Nord). Le maréchal Pétain installe à Vichy la capitale d'un **État français** théoriquement souverain sur la partie Sud du pays. Mais par affinité idéologique autant que par contrainte, il **collabore étroitement avec les Allemands**.

Dès juin 1940, le général de Gaulle rassemble à Londres ceux qui veulent continuer le combat, donnant naissance à la **France libre**. Parallèlement, la **Résistance intérieure** s'organise spontanément sous forme de réseaux et de maquis. Sous l'impulsion de Jean Moulin, elle s'unifie sous l'autorité du général de Gaulle, donnant naissance au **Conseil national de la Résistance**.

MOTS-CLÉS

- **Collaboration** → p. 102
- **France Libre** → p. 102
- **Génocide** → p. 94
- **Résistance** → p. 103

DATES CLÉS

- **1er septembre 1939 :** invasion de la Pologne.
- **18 juin 1940 :** appel à la résistance du général de Gaulle.
- **22 juin 1941 :** attaque allemande contre l'URSS.
- **2 février 1943 :** défaite allemande à Stalingrad.
- **22 mai 1943 :** création du CNR.
- **8 mai 1945 :** capitulation allemande à Berlin.
- **6 et 9 août 1945 :** bombardements nucléaires sur Hiroshima et Nagasaki.
- **2 septembre 1945 :** capitulation japonaise.

Biographies

Charles de Gaulle (1890-1970)
Chef de la France libre, puis du GPRF à partir de 1944.

Philippe Pétain (1856-1951)
Chef de l'État français de 1940 à 1944.

Adolf Hitler (1889-1945)
Dirige l'Allemagne de 1933 à 1945.

Joseph Staline (1879-1953)
Dirige l'URSS de 1929 à 1953.

› Biographies p. 342

SCHÉMA DE SYNTHÈSE

LES ÉTAPES DE LA CONFRONTATION MILITAIRE

Les fronts — Offensive de l'Axe — Offensive alliée

EN EUROPE DE L'OUEST…

INVASION de la **France** par l'**Allemagne**
1940

DÉFAITE de la **France**
juin 1940

EN EUROPE DE L'EST…

INVASION de la **Pologne** par l'**Allemagne**
1939

INVASION de l'**URSS** par l'**Allemagne**
1941

EN ASIE - PACIFIQUE…

ATTAQUE du **Japon** contre les **États-Unis**
Pearl Harbor *décembre 1941*

ENTRÉE EN GUERRE des **États-Unis**
décembre 1941

Constitution de la Grande Alliance
janvier 1942
Royaume-Uni / URSS / États-Unis

DÉBARQUEMENTS des **Alliés**
Italie *1943*
Normandie et
Provence *1944*

OPÉRATION BAGRATION
1944

BOMBARDEMENTS ATOMIQUES du **Japon** par les **États-Unis**
août 1945

Capitulation de l'Allemagne
8 mai 1945

Capitulation du Japon
2 septembre 1945

Schéma interactif

POUR ALLER PLUS LOIN

À lire

- Primo Levi, ***Si c'est un homme***, 1re éd. 1947, Pocket, 1988. Le récit d'un survivant d'Auschwitz.

- Lucie Aubrac, ***La Résistance expliquée à mes petits-enfants***, Seuil, 2000. La Résistance racontée par une de ses actrices.

À voir

- Claude Lanzmann, ***Shoah***, 1985. La Shoah racontée par des victimes, des bourreaux et des témoins.
- Jean-Jacques Annaud, ***Stalingrad***, 2001. Une reconstitution de la bataille qui marque le tournant de la guerre en Europe.

À consulter

- Le site du Mémorial de la Shoah : **http://www.memorialdelashoah.org/**
- Le site de l'Encyclopédie des violences de masse : **http://www.massviolence.org/**
- Le site du musée de la Résistance en ligne : **http://www.museedelaresistanceenligne.org/**

ÉTAPE 1 Analyser le sujet

Quels sont la nature, l'auteur et les destinataires des documents ?

Qu'est-ce que Auschwitz-Birkenau ? Où en est le processus d'extermination entre mai et août 1944 ?

Après avoir présenté et situé les documents dans leur contexte, dégagez leur intérêt historique pour appréhender le système d'extermination nazi.

Que savez-vous de ce système ?

Ces documents nous permettent-ils de comprendre le processus d'extermination ? Quelles sont leurs limites pour en rendre compte ?

1 Détenus se déshabillant avant d'être gazés

Photographie anonyme prise clandestinement par un membre polonais du Sonderkommando de Birkenau, août 1944.

2 Femmes et enfants hongrois marchant vers les chambres à gaz à Auschwitz-Birkenau

Photographie prise le 1er mai 1944 par le SS responsable du laboratoire photographique du camp et inclue dans l'« Album d'Auschwitz » conçu pour le commandant du camp, Mémorial de Yad Vashem.

ÉTAPE 2 Mobiliser ses connaissances et organiser ses idées

✎ **Remplissez le tableau suivant en complétant la colonne de gauche (description ou observation) ou celle de droite (explication et analyse).**

Tableau à imprimer

	Description/observation	Explication et analyse
Les auteurs et leurs objectifs	Doc. 1 : …… Doc. 2 : ……	Doc. 1 : Présente le point de vue des victimes. Doc. 2 : Présente le point de vue des bourreaux. Doc. 1 : Cherche à témoigner à tout prix, au péril de la vie de son auteur. Montre l'effort de résistance de certains déportés. Doc. 2 : ……
Date de la prise de vue	Doc. 1 : La photographie est prise en août 1944. Doc. 2 : La photographie est prise le 1er mai 1944.	……
Lieu de la prise de vue	Doc. 1 et 2 : …..	Doc. 1 et 2 Le plus grand camp d'extermination des nazis. Plus d'1 million de personnes y sont assassinées en 5 ans.
Sujet	Doc. 1 : Les victimes sont déshabillées avant d'être gazées. Doc. 2 : Les femmes et enfants marchent vers les chambres à gaz.	……
Détails	Doc. 1 : …… Doc. 2 : ……	Doc. 1 : …… Doc. 2 : Les détenus sont en marche vers la chambre à gaz, et n'opposent pas de résistance visible. On leur dit probablement qu'ils se dirigent vers des douches. L'absence des hommes rappelle que ceux-ci sont parfois sélectionnés pour le travail. Ce groupe, lui, se dirige vers une mort immédiate. Le fait qu'ils portent leurs bagages atteste qu'ils n'ont pas conscience de ce qui les attend.
Cadrage, qualité, champ et hors-champ	Doc. 1 : La photo est floue et le cadrage de travers. Doc. 2 : Plusieurs de ces femmes et enfants lèvent les yeux vers le photographe. La photo est nette et bien cadrée.	……

ÉTAPE 3 Rédiger l'analyse de documents

EXO Exercices interactifs

✎ **À votre tour, en vous aidant de l'exemple ci-dessous et du tableau, complétez le paragraphe en rédigeant la présentation du document 2.**

Ces deux documents présentent deux moments d'un même processus de déshumanisation et d'extermination des juifs d'Europe extrêmement codifiés. Le premier est une photographie anonyme prise clandestinement par un membre polonais du Sonderkommando de Auschwitz-Birkenau en août 1944. L'objectif de son auteur est de témoigner du génocide qui est perpétré dans le camp depuis 1942.

La photo, floue et mal cadrée, semble avoir été prise dans l'urgence. On y voit des détenus marchant nus et d'autres encore en train de se déshabiller…..

Phrase qui explique l'intérêt d'étudier ces deux documents ensemble.

Nature, auteur, date du doc. 1

Objectif et destinataires, contexte du doc. 1

Description, idée générale du doc. 1

ÉTAPE 1 Analyser le sujet

Quelles sont, en France, les conséquences de la défaite de 1940 ?

- en France → Faut-il évoquer l'Empire, la France libre ou seulement la France occupée ?
- conséquences → Quelles sont les conséquences pour le régime ? le territoire ? les Français ?
- défaite de 1940 → Comment celle-ci s'est-elle déroulée ? En combien de temps ?

ÉTAPE 2 Mobiliser ses connaissances et organiser ses idées

✎ Sélectionnez dans la liste ci-dessous les connaissances qui peuvent être utilisées pour répondre à la question.

- Le 1er septembre 1939, l'Allemagne envahit la Pologne.
- Les élections sont supprimées, les médias contrôlés et Pétain fait l'objet d'un culte de la personnalité.
- La Shoah débute avec l'invasion de l'URSS en juin 1941.
- La zone Nord est occupée par l'armée allemande.
- Le 6 juin 1944, les Alliés débarquent en Normandie.
- Huit millions de civils français fuient pendant « l'exode ».
- Le 17 juin, Pétain demande l'armistice qui est signé le 22.
- L'armée allemande l'emporte grâce à la stratégie de Blitzkrieg.
- L'Alsace-Moselle est annexée par le Reich.
- La zone Sud est administrée depuis Vichy par Pétain.
- Le 22 juin 1941, Hitler lance l'opération Barbarossa.
- La zone Sud est occupée à son tour à partir de novembre 1942.
- La France doit verser 20 millions de marks par jour pour entretenir l'armée d'occupation.
- Au printemps 1940, l'Allemagne envahit le Danemark et la Norvège.
- Le 10 mai 1940, l'armée allemande attaque la France.
- La République est remplacée par « l'État français ».
- Une Résistance intérieure voit le jour en France.
- Un rationnement alimentaire est mis en place.
- À partir de 1943, les forces de l'Axe commencent à reculer.
- L'État français est un régime autoritaire et réactionnaire.
- Un programme de « Révolution nationale » est lancé.
- Pétain engage le pays dans la collaboration avec les nazis.
- Pétain organise l'arrestation et la déportation des juifs.
- Pour affaiblir l'Allemagne, l'aviation alliée vise ses villes.
- En janvier 1942, la conférence de Wannsee planifie la « solution finale ».
- Certains Français s'engagent dans l'armée allemande ou dans la Milice.
- Une collaboration d'État est menée par Pétain.
- De Gaulle fonde la France libre, rallie les colonies africaines et met sur pied les FFL.
- Le 8 mai 1945 l'Allemagne capitule.
- Près de 6 millions de juifs sont victimes du génocide.
- Le 24 août 1944, les troupes du général Leclerc entrent dans Paris.

ÉTAPE 3 Rédiger la réponse

EXO Exercices interactifs

✎ Organisez les connaissances que vous avez sélectionnées dans l'étape 2. Identifiez dans quelle partie du plan ci-dessous chacune d'elles doit être utilisée. Rédigez ensuite la partie I.

PLAN

Des conséquences :

I. Sur le territoire, occupé et pillé

II. Sur le régime, autoritaire et collaborationniste

III. Sur les Français, très divisés

BAC blanc

Réponse à une question problématisée

Sujet

Pourquoi peut-on parler du second conflit mondial comme d'une guerre d'anéantissement ?

Sujet

Pourquoi et comment l'expansionnisme des forces de l'Axe laisse-t-il la place à une victoire des Alliés entre 1940 et 1945 ?

Analyse de documents

Sujet

Montrez en quoi cette opération militaire témoigne de caractéristiques propres à la Seconde Guerre mondiale.

1 Un enjeu stratégique majeur

La bataille d'Iwo Jima[1] (19 février-26 mars 1945), commandée par le général H.M. Smith, est l'une des plus meurtrières de la guerre du Pacifique. 6 821 Américains et 20 129 Japonais (95 % des effectifs engagés) meurent au combat.

Quand je repense à la bataille d'Iwo Jima, livrée sur une île désolée et volcanique de seulement 22 km[1] dans des grottes, fortins, bunkers et blockhaus formant le système de fortifications souterraines le plus ingénieux, élaboré et indestructible jamais conçu, je me pose la même question que l'on m'a souvent adressée : devions-nous prendre Iwo Jima ? Iwo Jima fut la bataille la plus sauvage et la plus meurtrière de l'histoire du corps des Marines[2] [...]. Quand on mène la guerre pour gagner, vous ne pouvez pas évaluer la réalisation d'un objectif en termes de vies humaines, de pertes financières et matérielles. J'ai répondu « oui » à cette question avant que nous planifiions la conquête d'Iwo Jima et je réponds « oui » aujourd'hui encore [...].

Il était pour nous impératif d'éliminer la menace sur nos B-293[3], d'acquérir une base avancée à partir de laquelle nos chasseurs pourraient assurer la protection des avions envoyés sur le Japon, ainsi que des terrains de secours pour les B-29 endommagés lors de leur retour [...]. Nous avons détruit l'obstacle à notre conquête d'Okinawa et à notre avance sur le Japon [...]. Iwo Jima était une base hors pair pour nos raids gigantesques qui frappèrent les villes japonaises, anéantirent leur potentiel militaire et contribuèrent à mettre l'ennemi à genou. Ce sont les 21 000 Marines, morts ou blessés, qui l'ont permis.

Holland M. Smith et Percy Finch, *Coral and Brass*, 1949.

1. Iwo Jima est une petite île volcanique japonaise située en mer des Philippines à environ 1 000 km au sud de Tokyo.
2. Soldats d'infanterie de la marine des États-Unis.
3. Bombardiers américains.

2 Le serment du combattant japonais

Rédigé par le commandant en chef de l'île d'Iwo Jima, le général Tadamichi Kuribayashi (1891-mars 1945), ce serment est prononcé par les soldats japonais à chaque rassemblement matinal.

1. Nous protégerons l'île jusqu'au bout, de toutes nos forces.
2. Chargés d'explosifs, nous nous lancerons sur les chars ennemis et les anéantirons.
3. Avec nos sabres, nous nous jetterons dans les rangs ennemis et les exterminerons.
4. Nous tirerons sans hésitation et nous abattrons l'ennemi du premier coup.
5. Nous ne mourrons pas avant d'avoir tué dix ennemis.
6. Nous poursuivrons la guérilla, jusqu'au dernier d'entre nous, et nous harcèlerons l'ennemi.

Cité dans Kumiko Kakehashi, *Lettres d'Iwo Jima*, trad. Myriam Dartois-Ako avec la collaboration de Corinne Quentin, Les Arènes, 2011.

CHAPITRE 4

La fin de la Seconde Guerre mondiale et les débuts d'un nouvel ordre mondial (1945-1948)

Comment, malgré l'espoir d'une paix fondée sur la sécurité collective, le monde bascule-t-il vite dans la guerre froide entre les États-Unis et l'URSS ?

>> **En 1945, l'annonce des capitulations allemande et japonaise déclenche des manifestations de joie dans le monde entier.** Mais l'ampleur des souffrances, des pertes humaines et des destructions matérielles fait prendre conscience à l'humanité qu'un seuil de violence inédit a été franchi.

>> **Ainsi, les puissances victorieuses de la Grande Alliance espèrent faire de l'année 1945 l'année zéro d'une nouvelle ère fondée sur la paix mondiale, la sécurité collective et la prospérité.** La création de l'Organisation des Nations unies en juin 1945 témoigne de cette volonté de coopération internationale et devait constituer le pilier du nouvel ordre mondial à venir.

>> **Cependant, l'alliance entre les États-Unis et l'Union soviétique se fissure rapidement et leur rivalité idéologique débouche sur la bipolarisation du monde dès 1947.**

Les « Trois Grands » à Yalta

Symbole de la Grande Alliance contre l'Allemagne nazie, cette photographie est prise à Yalta, station balnéaire de Crimée où Joseph Staline reçoit Franklin Delano Roosevelt et Winston Churchill du 4 au 11 février 1945. La conférence de Yalta doit organiser le retour à la paix mondiale. Si Roosevelt (qui meurt le 12 avril) s'intéresse surtout à la création de l'ONU, Staline, lui, veut assurer l'influence soviétique en Europe orientale. Quelques mois après seulement, Churchill parle du « rideau de fer » qui enferme une partie du continent.

Winston Churchill, Franklin Delano Roosevelt et Joseph Staline à Yalta, 11 février 1945.

Textes dys
TOUS LES TEXTES EN VERSION DYS
lyceen.nathan.fr/lequintrecterm-2020

Une nouvelle donne géopolitique

Dans le chapitre 3

Vous avez étudié que la Seconde Guerre mondiale, d'ampleur planétaire, a été un conflit d'une violence inédite marqué par une volonté d'anéantissement de l'autre.

Dans ce chapitre

Nous allons étudier comment la volonté des vainqueurs de créer un nouvel ordre international pacifié est rapidement mise en échec par les rivalités entre les deux superpuissances issues de la Grande Alliance.

Frise interactive

1944 – 1945 – 1946 – 1947 – 1948 – 1949 – 1950

Fin de la Seconde Guerre mondiale | **L'après-guerre**

MONDE

- **Juillet 1944** Conférence de Bretton Woods
- **Février 1945** Conférence de Yalta
- **26 juin 1945** Conférence de San Francisco (création de l'ONU)
- **Juillet 1945** Conférence de Potsdam
- **2 sept. 1945** Capitulation du Japon
- **20 nov. 1945 › 1er oct. 1946** PROCÈS DE NUREMBERG
- **19 janv. 1946 › 12 nov. 1948** PROCÈS DE TOKYO
- **12 mars 1947** Doctrine Truman
- **22 sept. 1947** Doctrine Jdanov
- **14 mai 1948** Proclamation de l'État d'Israël
- **15 mai 1948 › 7 janv. 1949** PREMIÈRE GUERRE ISRAÉLO-ARABE

EUROPE

- **8 mai 1945** Capitulation de l'Allemagne
- **Printemps 1945 › février 1948** SATELLISATION DES PAYS D'EUROPE DE L'EST PAR L'URSS
- **5 juin 1947** Plan Marshall
- **5 oct. 1947** Création du Kominform
- **25 fév. 1948** Le « coup de Prague »
- **Juin 1948 › mai 1949** BLOCUS DE BERLIN
- **Mai 1949** Naissance de la RFA
- Naissance de la RDA **Oct. 1949**

FRANCE

- **15 mars 1944** Programme du CNR
- **Juin 1944 › Oct. 1946** GOUVERNEMENT PROVISOIRE DE LA RÉPUBLIQUE FRANÇAISE (GPRF)
- **26 août 1944** Libération de Paris
- **Oct. 1945** Création de la Sécurité sociale
- **27 oct. 1946** Constitution de la IVe République
- **Oct. 1946 › Oct. 1958** IVe RÉPUBLIQUE

Points de passage

1948 : naissance de l'État d'Israël

La naissance de l'État d'Israël est un tournant majeur dans l'histoire du Proche-Orient.

15 mars 1944 : le programme du CNR

Le programme du CNR prépare la refondation républicaine et l'organisation de l'État-Providence.

25 février 1948 : le « coup de Prague »

Le « coup de Prague » achève la formation de deux blocs antagonistes en Europe.

Le monde au sortir de la Seconde Guerre mondiale

Carte interactive

1. L'organisation d'un nouvel ordre international

- Conférences interalliées
- États fondateurs de l'ONU
- URSS : Membres permanents du conseil de sécurité de l'ONU
- Sièges des nouvelles organisations internationales
- Territoires coloniaux

2. L'émergence de la rivalité Est-Ouest et de nouvelles conflictualités (1945-1948)

- Zones occupées par les armées occidentales
- URSS et zones occupées par les armées soviétiques
- Pays détenteur de l'arme atomique
- Zones d'affrontement entre communistes et non-communistes
- Première guerre israélo-arabe

Une nouvelle donne géopolitique

L'Europe au sortir de la Seconde Guerre mondiale

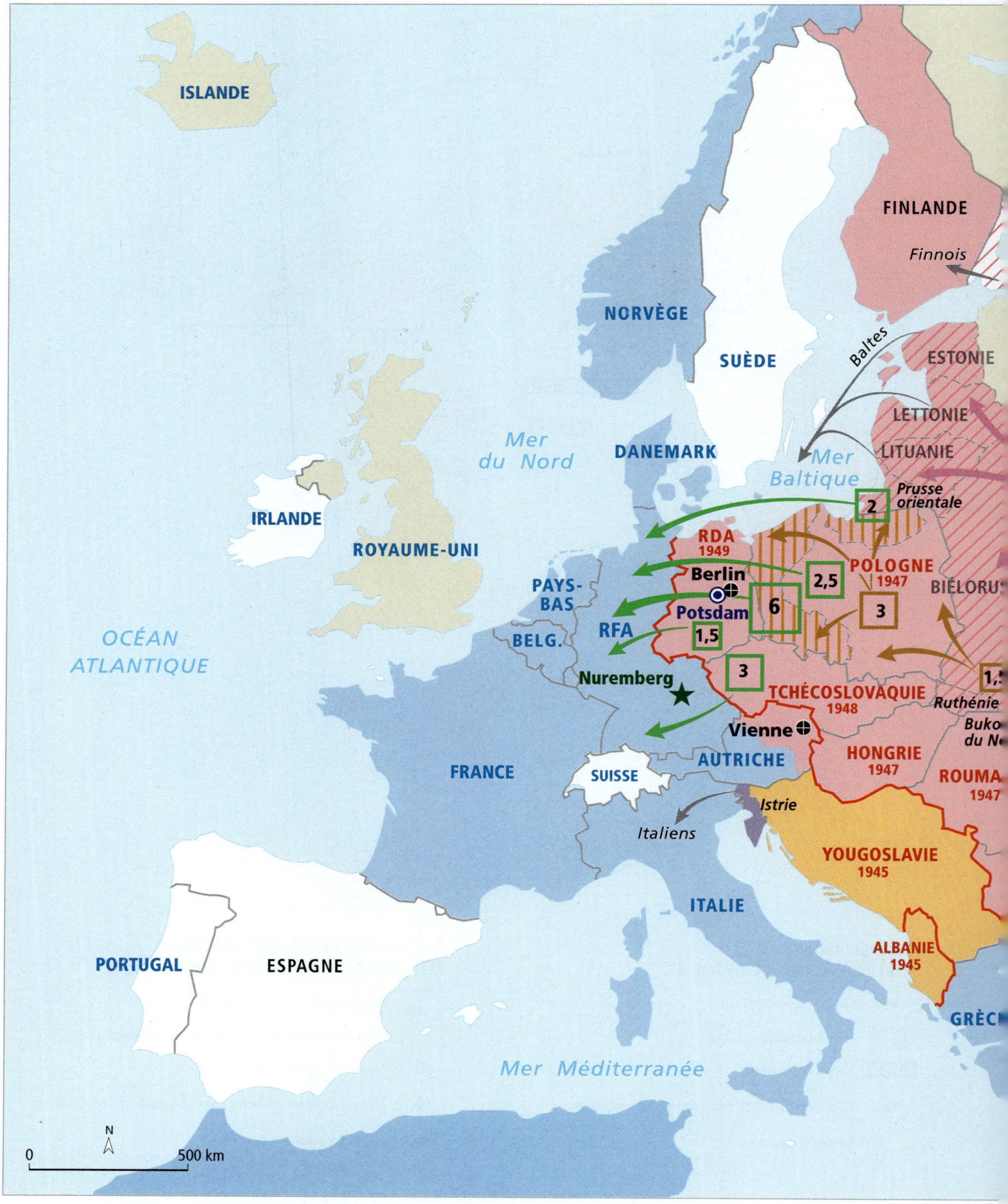

Carte interactive

1. La fin de la Seconde Guerre mondiale

- États alliés
- Pays libérés par les Occidentaux
- Pays libérés par l'Armée Rouge
- Pays libérés par leur propre résistance
- États neutres au 4 février 1945

2. Les recompositions territoriales issues du conflit

- Frontières de 1945
- Frontières de 1937

Territoires annexés par :

- la Pologne
- l'URSS
- la Yougoslavie
- la Bulgarie
- la Grèce

Déplacements de populations consécutifs à la guerre :
(principaux mouvements, en millions de personnes)

- Allemands
- Polonais
- Russes
- Autres peuples

3. Le sort du IIIe Reich vaincu

- Occupation quadripartite (villes)
- Conférences interalliés
- Procès de Nuremberg

4. La bipolarisation de l'Europe

- Rideau de fer
- GRÈCE Pays ayant accepté le plan Marshall*
- HONGRIE 1947 Pays communiste (date de passage au communisme)

* Le plan Marshall n'a pas été proposé à l'Espagne.

- Repères p. 118, p. 120
- Point de passage p. 124
- Dossiers p. 126, p. 128, p. 129, p. 130
- Biographies p. 342

Podcast du cours

1. Le monde en 1945 : l'espoir d'un nouvel ordre international

Après cinq années d'une guerre qui dépasse en horreur tous les conflits précédents, les puissances victorieuses ont la volonté de construire un monde meilleur fondé sur la paix, la justice sociale, la démocratie et la prospérité.

A Un monde profondément meurtri

Un désastre humain. Le nombre de victimes est bien supérieur à celui de la Première Guerre mondiale en raison de la nature du conflit : une guerre idéologique d'anéantissement ayant entraînée une mobilisation colossale des ressources matérielles et humaines. On estime que près de 60 millions de personnes, ont trouvé la mort, dont plus de 50 % de civils. L'URSS ainsi que l'Europe centrale et orientale sont particulièrement touchées.

Des destructions matérielles considérables. De nombreuses villes, ainsi que les infrastructures de transport et les usines ont subi des dégâts considérables en raison de l'ampleur des bombardements. En URSS, 28 millions de personnes sont sans abri ; en Pologne, 74 % de l'équipement ferroviaire est anéanti ; en Allemagne, 45 villes sont détruites à plus de 50 %.

Un terrible traumatisme. Au lendemain de la guerre, le monde découvre comment la science et la technique, dans des proportions inédites, peuvent être mises au service de tueries de masse. Les nazis ont exterminé entre 5 et 6 millions de juifs, 200 000 Tsiganes et des milliers d'autres personnes (résistants, handicapés, homosexuels). En Chine, les exactions commises par les Japonais dans le cadre de l'opération ***Sankô Sakusen*** ont entraîné la mort de plus de 2,7 millions de personnes. Enfin l'utilisation des bombes atomiques sur Hiroshima et Nagasaki, au-delà des dizaines de milliers de victimes, montre que l'humanité a désormais les moyens de s'autodétruire.

B Régler le sort des vaincus

Juger les criminels de guerre. Face aux indicibles atrocités, punir les coupables devient un devoir moral pour les Alliés. Le statut d'un « tribunal militaire international » est fixé par les accords de Londres en août 1945 et la notion nouvelle de « **crime contre l'humanité** » apparaît parmi les chefs d'inculpation. Ainsi, les tribunaux de Nuremberg et de Tokyo jugent les principaux responsables allemands et japonais en s'appuyant sur une abondante documentation et en accumulant les témoignages.

Des conférences pour faire la paix. Avant même la fin de la guerre, les Alliés organisent plusieurs conférences destinées à préparer le retour à la paix. À Yalta (4 au 11 février 1945), les « Trois Grands » (Roosevelt, Staline et Churchill) établissent les futures frontières de l'Europe libérée et conviennent de l'organisation d'élections libres dans les pays libérés de la domination nazie.

Vocabulaire

- **BIRD (Banque internationale pour la reconstruction ou le développement ou Banque mondiale) :** créée en 1944, installée à Washington, elle accorde des crédits à long terme pour la reconstruction des pays ruinés par la guerre et aide les pays en développement.
- **CNR :** > voir p. 102.

Un bilan chiffré de la Seconde Guerre mondiale

	Pertes militaires	Pertes civiles	Victimes juives (parmi les pertes civiles)
URSS	9 millions	16 millions	1,1 million
Pologne	300 000	5,5 millions	3 millions
Yougoslavie	300 000	1,2 million	63 300
Allemagne	5 millions	3,8 millions	141 700
France	238 000	330 000	77 320
Grèce	90 000	460 000	67 000
Italie	330 000	80 000	7 680
Royaume-Uni	380 000	70 000	-
États-Unis	417 000	1 700	-
Japon	1,3 million	700 000	-
Chine	3,8 millions	17 millions	-

Il est difficile d'estimer avec certitude le nombre de victimes. Ces chiffres sont des estimations.

Mémorial de la Shoah, Centre Robert Schuman

À Potsdam, ils s'entendent sur le sort de l'Allemagne qui est dénazifiée, occupée et divisée en quatre zones d'occupation et sur celui du Japon (reddition sans condition, démocratisation).

- **Une alliance fragilisée.** Pourtant, l'organisation de la paix future fait réapparaître les divisions entre les Occidentaux et l'URSS. Alors que les premiers veulent faire triompher les principes de la démocratie libérale et de la sécurité collective, Staline souhaite mettre à profit le prestige de l'Armée rouge pour créer une sphère d'influence soviétique en Europe de l'Est.

C Vers un monde meilleur ?

- **Assurer la paix et la sécurité internationale.** Signée le 26 juin 1945 à San Francisco par les représentants de 51 États, la Charte des Nations unies consacre l'idéal d'un monde uni déjà défendu par Roosevelt et Churchill dans la Charte de l'Atlantique (1941). Elle réaffirme les droits fondamentaux de l'homme et, fait nouveau, de la femme. Les États membres de l'ONU s'engagent à respecter le principe de l'égalité entre nations et à unir leurs forces pour maintenir la paix et la **sécurité collective**.

- **Favoriser le retour à la prospérité économique.** Pour les États-Unis, une paix durable n'est possible que dans un contexte de croissance économique. Les accords de Bretton Woods, signés dès le 22 juillet 1944, ont mis en place un nouveau système monétaire international dans lequel le dollar est la monnaie de référence. Le **FMI** et la **BIRD**, institutions centrales du nouvel ordre économique mondial sont destinées à garantir la prospérité et l'équilibre monétaire afin d'éviter les désordres économiques des années 1930.

- **Garantir la justice sociale.** Dès les années 1930, la crise économique a conduit les démocraties libérales à redéfinir le rôle de l'État et à renforcer ses prérogatives dans le domaine social. Les principes de l'**État-providence** et les théories keynésiennes s'imposent véritablement après la guerre. Ainsi en France, largement inspiré par le programme du **CNR**, le **GPRF** crée la Sécurité sociale en octobre 1945 et décide la nationalisation des secteurs clés de l'économie.

POINT DE PASSAGE Le 15 mars 1944 : le programme du CNR > p. 124

Le fonctionnement du système monétaire

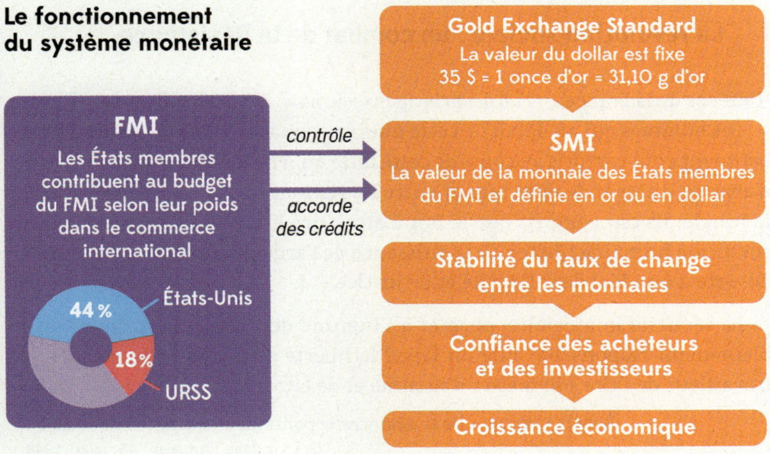

Vocabulaire

- **« Crime contre l'humanité » :** nouveau chef d'accusation défini à Nuremberg en 1945 comme « l'assassinat, l'extermination, la réduction en esclavage, la déportation, et tout autre acte inhumain inspiré par des motifs politiques, philosophiques, raciaux ou religieux, organisés en exécution d'un plan concerté à l'encontre d'un groupe de population civile ».

- **État-providence :** > voir p. 42.

- **GPRF (Gouvernement provisoire de la République française) :** créé à Alger le 3 juin 1944. Il dirige la France jusqu'à la mise en place de la IVe République (fin 1946).

- **FMI (Fonds monétaire international) :** créé en 1944, installé à Washington, il a pour but d'assurer la stabilité monétaire et financière du monde et d'aider, par des crédits à court terme, les États en difficultés financières.

- ***Sankô Sakusen* :** « politique des trois tout » (« tout tuer, tout brûler, tout piller »). Stratégie menée par les Japonais en Chine qui consiste à incendier des villages, confisquer les productions agricoles et réduire la population en esclavage.

- **Sécurité collective :** système qui veut assurer la paix en fondant les relations internationales sur le droit et la transparence, par opposition à la diplomatie traditionnelle souvent secrète.

Réviser son cours

1. **Pourquoi le monde est-il traumatisé en 1945 ?**
2. **Quel est le sort de l'Allemagne et du Japon vaincus ?**
3. **Comment les puissances victorieuses entendent-elles assurer la paix et la prospérité à partir de 1945 ?**

POINT DE PASSAGE

› Cours p. 122

Le 15 mars 1944 : le programme du CNR

» En quoi le programme du CNR pose-t-il les bases de l'État-providence en France ?

CONTEXTE

- Créé par Jean Moulin en 1943, le Conseil national de la Résistance (CNR) rassemble les représentants des mouvements de Résistance, des syndicats et des partis politiques (communistes, socialistes et centristes).
- Son objectif est de coordonner l'action de la Résistance, mais aussi de préparer la refondation républicaine à la Libération. Le programme du CNR, élaboré dans la clandestinité le 15 mars 1944, inspire l'action du GPRF dirigé par le général de Gaulle. C'est une étape décisive dans l'organisation de l'État-providence en France.

27 mai 1943	**Création du CNR** à Paris, présidé par Jean Moulin.
15 mars 1944	**Publication du programme du CNR**.
21 avril 1944	Ordonnance du CFLN (› voir page 102) accordant le **droit de vote aux femmes**.
26 août 1944	**Le GPRF s'installe à Paris** avec à sa tête le général de Gaulle.
1945	**Début des nationalisations** dans les secteurs de la banque, des assurances, des transports et de l'énergie.
Oct. 1945	Création de la **Sécurité sociale**.

1 Le programme du Conseil national de la Résistance

Les représentants des mouvements, groupements, partis ou tendances politiques groupés au sein du CNR, proclament qu'ils sont décidés à rester unis après la libération :

– Afin d'établir le Gouvernement provisoire de la République formé par le général de Gaulle pour défendre l'indépendance politique et économique de la nation [...] ;

– Afin d'assurer l'établissement de la démocratie la plus large en rendant la parole au peuple français par le rétablissement du suffrage universel ; la pleine liberté de pensée, de conscience et d'expression ; la liberté de la presse [...] ; l'égalité absolue de tous les citoyens devant la loi ; [...]

– Afin de promouvoir les réformes indispensables. Sur le plan économique : l'instauration d'une véritable démocratie économique et sociale [...] ; le retour à la nation des grands moyens de production monopolisée, fruits du travail commun, des sources d'énergie, des richesses du sous-sol, des compagnies d'assurances et des grandes banques [...]. Sur le plan social : le droit au travail, le droit au repos [...] ; la reconstitution dans ses libertés traditionnelles, d'un syndicalisme indépendant [...] ; un plan complet de sécurité sociale, visant à assurer à tous les citoyens des moyens d'existence [...] ; une retraite permettant aux vieux travailleurs de finir dignement leurs jours ;

– Une extension des droits politiques, sociaux et économiques des populations indigènes et coloniales.

Ainsi sera fondée une République nouvelle qui balaiera le régime de basse réaction instauré par Vichy.

Programme du Conseil national de la Résistance, 15 mars 1944.

2 La révolution sociale : un combat de la Résistance

Défense de la France *est l'un des principaux journaux de la Résistance, créé en 1941.*

Les hommes qui au début de cette guerre « ne savaient pas pourquoi ils se battaient » ont compris au cours de cette lutte qu'il ne s'agissait pas seulement d'abattre Hitler et de faire régner entre les Nations une autre loi que celle de la jungle, ils ont compris que le but à atteindre était l'établissement d'une condition humaine libérée de la puissance de l'argent, affranchie du besoin, ouverte à un idéal de solidarité et de justice. [...].

La sécurité [matérielle] permet à l'homme de s'engager et de devenir pleinement responsable. Elle lui laisse la liberté de penser. Elle permet au travailleur de faire son métier d'homme et de citoyen.

Robert Salmon, « De la démocratie politique à la démocratie sociale », *Défense de la France* n° 45, avril 1944.

3 Une nouvelle république sociale

Au lendemain de la victoire remportée par les peuples libres sur les régimes qui ont tenté d'asservir et de dégrader la personne humaine, le peuple français proclame à nouveau que tout être humain, sans distinction de race, de religion, ni de croyance, possède des droits inaliénables et sacrés. [...] Il proclame en outre, comme particulièrement nécessaire à notre temps, les principes politiques, économiques et sociaux ci-après :

La loi garantit à la femme, dans tous les domaines, des droits égaux à ceux de l'homme. [...]

Chacun a le devoir de travailler et le droit d'obtenir un emploi. [...]

Tout homme peut défendre ses droits et ses intérêts par l'action syndicale [...].

Toute entreprise, dont l'exploitation a les caractères d'un service public national [...] doit devenir la propriété collective.

La Nation assure à l'individu et à la famille les conditions nécessaires à leur développement. Elle garantit à tous, notamment à l'enfant, à la mère, aux vieux travailleurs, la protection de la santé, la sécurité matérielle, le repos et les loisirs. Tout être humain qui, en raison de son âge, de son état physique ou mental, de la situation économique, se trouve dans l'incapacité de travailler a le droit d'obtenir de la collectivité des moyens convenables d'existence.

La France forme avec les peuples d'outre-mer une Union fondée sur l'égalité des droits et des devoirs, sans distinction de race ni de religion.

Extraits du préambule de la Constitution de 1946.

4 La Sécurité sociale

La Sécurité sociale est créée par une ordonnance du GPRF en octobre 1945.

Affiche d'avril 1947.

Questions

Parcours A Répondre aux questions

1. **Identifiez** les valeurs sur lesquelles la Résistance entend fonder la République nouvelle (**doc. 1 et 2**).
2. **Montrez** que la Constitution de la IVe République s'inspire du programme du CNR (**doc. 1 et 3**).
3. **Définissez** les notions de Sécurité sociale et d'État-providence (**doc. 1 à 4**).
4. **Identifiez** les catégories de la population qui doivent bénéficier en priorité de la protection de l'État (**doc. 1 à 3**).
5. À partir des réponses aux questions précédentes, répondez de manière organisée à la problématique.

ou

Parcours B Faire un tableau de synthèse

Complétez le tableau ci-dessous pour répondre à la problématique.

	Programme du CNR 15 mars 1944	**Constitution de 1946**
Restauration de la démocratie		
Réformes économiques		
Réformes sociales		
Extension des droits politiques et sociaux à de nouveaux bénéficiaires		

> Cours p. 122

Nuremberg et Tokyo : deux procès pour l'Histoire

Les procès des dirigeants allemands et japonais, organisés par les Alliés en 1945, ont été critiqués comme une « justice des vainqueurs ». Mais ils ont affirmé un nouveau droit international, fondé sur la notion de « crime contre l'humanité ».

>> Quelle est la portée historique des procès de Nuremberg et de Tokyo ?

1 Les procès en chiffres

	Procès de Nuremberg	Procès de Tokyo
Organisation	› **Quatre juges :** représentant les membres de la Grande Alliance et la France. › **Procureur général :** l'Américain Robert H. Jackson	› **Onze juges :** un par puissance alliée et victorieuse dans la guerre du Pacifique. › **Procureur général :** l'Américain Joseph B. Keenan
Chefs d'accusation	› **Trois principaux chefs d'accusation :** crime contre la paix, crime de guerre et crime contre l'humanité › Acte d'accusation portant sur les faits intervenus à partir du 1er septembre 1939	› **Trois principaux chefs d'accusation :** crime contre la paix, crime de guerre et crime contre l'humanité › Acte d'accusation portant sur les faits intervenus à partir du 1er septembre 1928
Accusés	› **21 hauts responsables nazis et 6 organisations du Reich** jugés › Hitler, Himmler et Goebbels se sont suicidés avant le procès	› **28 personnalités jugées** › L'empereur Hiro-Hito n'est pas jugé
Déroulé du procès	› Du 20 novembre 1945 au 1er octobre 1946 › **5 000 pièces à conviction,** essentiellement des preuves écrites issues des archives officielles du IIIe Reich › **94 témoins** entendus	› De mai 1946 à novembre 1948 › **418 témoins** entendus, **779 dépositions** recueillies › **48 412 pages de procès-verbal**
Jugement	› Du 20 novembre 1945 au 1er octobre 1946 › **12** condamnés à la peine de mort › **3** à la réclusion à perpétuité › **4** à des peines de 10 à 20 ans d'emprisonnement › **2** acquittements	› Aucun acquittement › **7** condamnés à la peine de mort › **16** à la réclusion à perpétuité › **2** à la prison pour un temps défini › **2** accusés sont morts de causes naturelles pendant le procès et 1 est interné

2 Le réquisitoire du procureur Jackson

Les méfaits que nous avons à condamner et à punir font preuve d'une telle vilénie et ont été si nuisibles que la civilisation ne pouvait se permettre de passer outre, parce qu'elle ne pourrait continuer à exister si jamais ils devaient se répéter. [...]

Ce qui donne à cette audience une telle importance, c'est que ces accusés représentent des influences néfastes, qui longtemps après que leurs corps seront tombés en poussière, alarmeront toujours le monde. Ils sont les symboles vivants de la haine raciale, du règne de la terreur, de l'arrogance et de la cruauté, de puissance et d'orgueil. [...]

En raison de la situation importante occupée par ces accusés, de la notoriété de leurs actes et de la possibilité de représailles qui découle de leur conduite, il est difficile de distinguer s'il s'agit d'une punition juste et mesurée ou de cris de vengeance dus aux angoisses de la guerre. Notre tâche, dans la mesure où cela est humainement possible, sera de faire cette distinction. Il ne nous faudra jamais oublier que les faits sur lesquels nous jugeons ces accusés aujourd'hui sont ceux mêmes sur lesquels l'Histoire nous jugera demain. Il faut dans notre tâche que nous fassions preuve d'une intégrité et d'une objectivité intellectuelle telles, que ce procès s'impose à la postérité ayant répondu aux aspirations de justice et de l'humanité. [...]

Discours d'ouverture du premier jour d'audience prononcé par le procureur général américain Jackson, 21 novembre 1945.

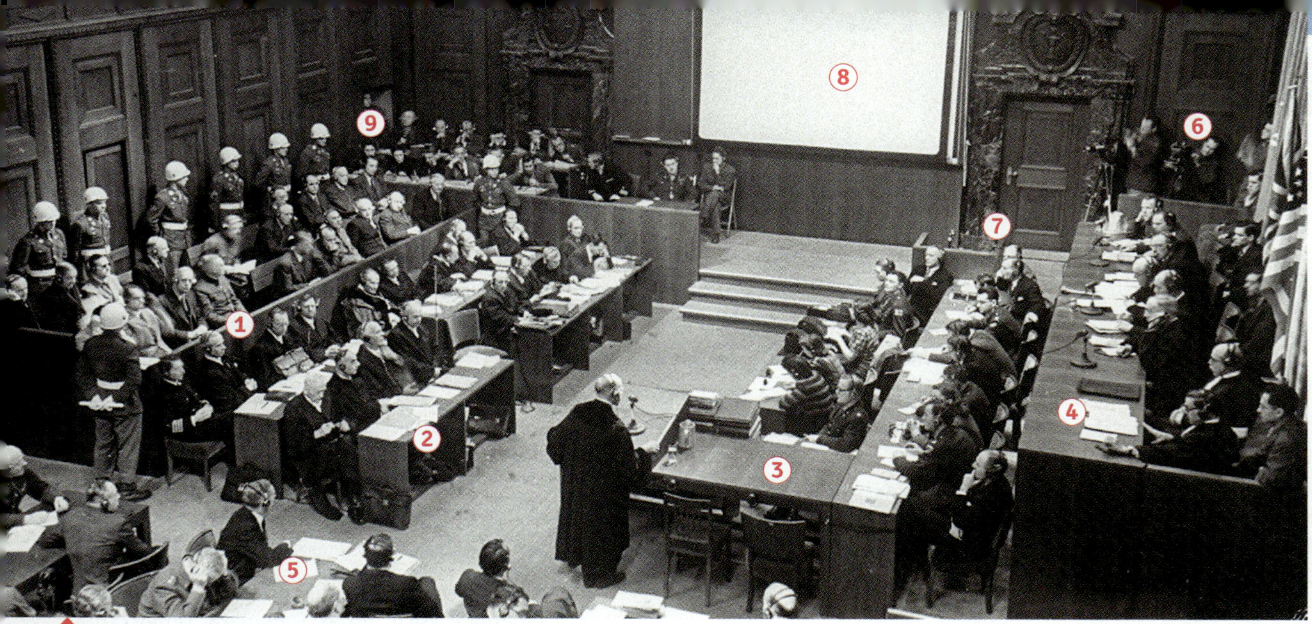

3 Une audience au tribunal de Nuremberg

(1) Les accusés (2) Les avocats de la défense (3) L'accusation (procureurs appartenant à chacun des 4 pays vainqueurs) (4) Les juges (appartenant à chacun des 4 pays vainqueurs) (5) Journalistes et observateurs (6) Le procès est filmé (7) Box où viennent s'exprimer les témoins (le plus souvent placé au centre de l'estrade) (8) Écran sur lequel sont projetés films et documents (9) Interprètes

4 Le procès de Tokyo et l'empereur

Pour le général MacArthur, commandant des forces alliées dans le Pacifique, juger l'empereur aurait mis en péril l'unité du Japon. C'est pourquoi son innocence fut mise en scène par le procureur général Keenan.

Le 6 janvier, un spectacle soigneusement prémédité eut lieu devant le tribunal militaire international.

« KEENAN : Vous êtes bien entrés en guerre contre les États-Unis, la Grande-Bretagne et les Pays-Bas, à ce qu'il me semble ?

TÔJO[1] : C'est mon gouvernement qui a choisi la guerre.

KEENAN : Est-ce conforme à la volonté de l'empereur Hiro Hito, de voir son pays enter en guerre ?

TÔJO : Peut-être n'est-ce pas conforme à sa volonté, mais il est certain qu'en raison de mes conseils et de ceux que lui donna le haut commandement, l'empereur consentit, à contrecœur, à faire la guerre.

INTERPRÈTE : Il faut corriger la première phrase : C'était peut-être aller à l'encontre de la volonté de l'empereur.

TÔJO : Le désir qu'éprouvait l'empereur de maintenir cette paix qu'il aimait tant est resté le même jusqu'au moment où les hostilités ont commencé et même durant la guerre ses sentiments n'ont pas varié. »

[...] Comme devait le noter par la suite le secrétaire particulier de Keenan, « ce que les gens virent alors n'était qu'un faux-semblant... une comédie jouée d'un commun accord par Keenan et Tôjô. » [...] Bien que la chose n'ait jamais été prouvée, de nombreux experts pensent qu'un généreux dédommagement à la famille Tôjô faisait partie du marché.

Edward Behr, *Hiro Hito, l'empereur ambigu*, DR, 1989.

1. Premier ministre de 1941 à 1944, l'un des principaux responsables des crimes de guerre du Japon, il fut condamné à mort.

Questions

Parcours A **Répondre aux questions**

1. **Étudiez**, à partir de la photographie, les différents participants au procès de Nuremberg (**doc. 3**).
2. **Précisez** de quoi sont accusés les prévenus de ces deux procès (**doc. 1, 2 et 4**).
3. **Montrez** que ces procès posent les bases d'une justice pénale internationale (**doc. 1 à 3**).
4. **Expliquez** pourquoi l'exemplarité du procès de Tokyo peut être mise en cause (**doc. 4**).
5. À partir des réponses aux questions précédentes, répondez de manière organisée à la problématique.

ou

Parcours B **Rédiger un article**

Vous êtes un journaliste français habilité à assister au procès de Nuremberg, puis à celui de Tokyo. Vous rédigez un article qui compare les deux et insiste sur leur importance historique.

› Cours p. 122

L'ONU, l'espoir d'un monde sans guerre

L'Organisation des Nations unies, créée lors de la conférence de San Francisco (25 avril-26 juin 1945) a pour mission de garantir la paix dans le monde. Pour la première fois, les États-Unis assurent avec leurs alliés de la Seconde Guerre mondiale un rôle clé au sein d'institutions internationales.

1 Les objectifs des Nations unies

Art. 1. Les buts des Nations unies sont les suivants :

1. Maintenir la paix et la sécurité internationales et à cette fin : prendre des mesures collectives efficaces en vue de prévenir et d'écarter les menaces à la paix et de réprimer tout acte d'agression ou autre rupture de la paix.

2. Développer entre les nations des relations amicales fondées sur le respect du principe de l'égalité des droits des peuples et de leur droit à disposer d'eux-mêmes.

3. Réaliser la coopération internationale en résolvant les problèmes internationaux d'ordre économique, social, intellectuel ou humanitaire, en développant ou en encourageant le respect des Droits de l'homme et des libertés fondamentales pour tous, sans distinction de race, de sexe, de langage ou de religion. [...]

Art. 2. L'organisation des Nations unies doit agir conformément aux principes suivants :

1. L'ONU est fondée sur le principe de l'égalité souveraine de tous ses membres. [...]

7. Aucune disposition de la présente Charte n'autorise les Nations unies à intervenir dans des affaires qui relèvent essentiellement de la compétence nationale d'un État.

Extraits de la Charte de l'ONU, San Francisco, juin 1945.

2 Pour un véritable gouvernement mondial

Le célèbre physicien A. Einstein, est un militant pacifiste, favorable à une organisation supranationale.

Il est évident que les Nations unies sont une institution extrêmement importante et utile, pourvu que les États et les gouvernements comprennent clairement qu'elles ne représentent qu'une étape sur le chemin qui doit conduire à l'objectif final : la création d'une autorité supranationale dotée de moyens législatifs et exécutifs suffisants pour garantir la paix [...].

L'Assemblée générale ne devrait pas abandonner ses propres compétences au Conseil de sécurité, d'autant plus que celui-ci est paralysé par le carcan des dispositions sur le droit de veto. Les Nations unies, seul organisme capable dans ce domaine d'une initiative hardie et résolue, doivent à marche forcée poser les fondements d'un véritable gouvernement mondial et créer ainsi les conditions indispensables à la sécurité internationale.

Albert Einstein, lettre ouverte à l'Assemblée générale de l'ONU, octobre 1947.

3 Le fonctionnement de l'ONU

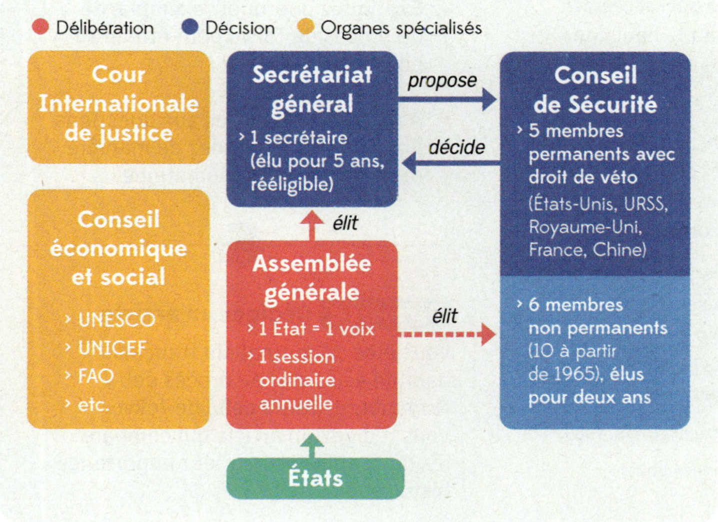

Objectif BAC

Consigne

En analysant les documents, montrez comment la création de l'ONU témoigne de l'espoir d'un monde sans guerre.

Aide pour répondre à la consigne

1. **Relevez** et **expliquez** les principes fondateurs de l'ONU (**doc. 1**).
2. **Identifiez** l'institution de l'ONU qui est conforme à l'idéal d'une démocratie mondiale (**doc. 3**).
3. **Montrez** que le fonctionnement et le pouvoir du Conseil de sécurité contredisent cet idéal (**doc. 2 et 3**).

> Cours p. 122
> Biographies p. 342

Le système monétaire international de Bretton Woods

Signés par 44 pays en juillet 1944, les accords de Bretton Woods sont préparés par les économistes britannique et américain J.M. Keynes et H.D. White. Ils mettent en place un nouveau système monétaire international qui fait du dollar l'étalon monétaire, seule monnaie convertible en or.

1 Des accords destinés à assurer la prospérité et la paix mondiale

Henry Morgenthau, secrétaire américain au Trésor, qui a présidé la conférence de Bretton Woods, défend ces accords soumis au vote du Congrès.

À Bretton Woods, les représentants de 44 Nations Unies ont convenu de créer un Fonds monétaire international et une Banque internationale pour la reconstruction et le développement. [...]

Le Fonds monétaire fournit un mécanisme permettant de prévenir la perturbation des taux de change internationaux ou au besoin de les remettre en ordre. La stabilité de ces taux signifie que tous les pays peuvent participer au commerce mondial sans recourir à une concurrence sauvage. Dans les années 30, cette concurrence s'est manifestée dans le commerce mondial par la dépréciation des monnaies, le blocage de fonds, des quotas d'importations et de nombreuses préférences commerciales ou monétaires. [...]

Le programme de Bretton Woods favorisera la paix notamment en libérant les petits pays et même ceux de taille moyenne du danger de l'agression économique par des voisins plus puissants. [...] Les petits pays pourront s'adresser au Fonds international pour solliciter une aide monétaire, et à la Banque mondiale pour obtenir des fonds pour la reconstruction et le développement. Les prêts seront consentis sans conditions politiques [...].

L'organisation de la sécurité mondiale, [...] qui sera finalisée, nous l'espérons tous, à San Francisco, a besoin des accords de Bretton Woods. Nous ne pouvons pas déclarer que nous allons rejoindre les autres nations dans une organisation visant à maintenir la paix et refuser en même temps de contribuer à éliminer l'une des pires causes de la guerre – les bouleversements économiques.

Henry Morgenthau Jr., discours devant le Comité des banques et des monnaies de la Chambre des représentants, 7 mars 1945.

2 Le rôle des États-Unis dans le système monétaire international

L'approbation des États-Unis était essentielle, vu qu'ils tiennent la plus grande place dans les deux organismes prévus : le fonds de stabilisation des changes[1], pour lequel ils fourniront 2 750 millions de dollars sur 8 800 millions ; la Banque mondiale de reconstruction, qui aura un capital de 9 100 millions, avec une participation américaine de 3 100 millions. [...]

Ce n'est certes pas par pure humanité que les États-Unis prennent une place prépondérante dans une organisation qui peut servir la paix et la prospérité du monde. [...]

Ce plan marquera un revirement dans la politique commerciale américaine, caractérisée avant la guerre par des mesures protectionnistes. [...] L'ouverture des barrières doit contribuer, comme les crédits mis à la disposition des autres nations, à l'augmentation des échanges. [...] Ayant doublé pendant la guerre leur capacité de production, les Etats-Unis se verront obligés demain, pour éviter le chômage, d'accroître leur exportation dans des proportions énormes.

« Les accords de Bretton Woods », *Le Monde*, 26 juillet 1945.

1. Fonds monétaire international, > voir p. 122.

Objectif BAC

Consigne
En analysant les documents, montrez comment le système de Bretton Woods cherche à garantir la stabilité économique et la prospérité mondiale.

Aide pour répondre à la consigne

1. **Expliquez** les objectifs et le fonctionnement du FMI (**doc. 1**).
2. **Montrez** que le système de Bretton Woods renforce la domination économique des États-Unis (**doc. 1 et 2**).
3. **Montrez** que les accords de Bretton Woods n'ont pas qu'une finalité économique (**doc. 1**).

› Cours p. 122
› Biographies p. 342

Yalta, de la réalité au mythe

En février 1945, alors que le conflit n'est pas encore terminé, les dirigeants de la Grande Alliance, F.D. Roosevelt, W. Churchill et J. Staline, se réunissent à Yalta (en Crimée, URSS) pour préparer le retour à la paix en Europe. Pourtant, derrière le consensus de façade, les enjeux de la délimitation des sphères d'influence révèlent les tensions entre l'URSS et les Occidentaux.

» En quoi consistent les accords de Yalta ?

1 Les accords de Yalta

Nous nous sommes mis d'accord sur la politique commune et les plans communs à adopter pour assumer l'exécution des termes de la capitulation allemande, après que la résistance de l'armée allemande aura été définitivement écrasée. Les plans adoptés prévoient que chacune des trois puissances occupera avec ses forces armées une zone séparée de l'Allemagne. Il a été en outre convenu que la France serait invitée par les trois puissances, si elle le désire, à occuper une zone et à faire partie de la commission de contrôle comme quatrième membre. Notre dessein inflexible est de détruire le militarisme allemand et le nazisme. [...]

Nous avons rédigé et signé une déclaration commune sur l'Europe libérée [...]. Le rétablissement de l'ordre en Europe et la reconstruction de la vie économique nationale devront être réalisés par des méthodes qui permettront aux peuples libérés d'effacer les derniers vestiges du nazisme et du fascisme, et de se donner les institutions démocratiques de leur choix. Ce sont les principes de la Charte de l'Atlantique[1] – droit de tous les peuples à choisir la forme de gouvernement sous lequel ils veulent vivre – restauration des droits souverains et de l'autonomie chez les peuples que les pays agresseurs en ont privé par la force.

Extrait de la déclaration finale de la conférence de Yalta, 11 février 1945.

1. Déclaration solennelle signée par Churchill et Roosevelt le 14 août 1941 et définissant les principes sur lesquels fonder la paix future.

2 Le partage de l'Europe à Yalta ?

« Problème avec quelques pièces. », caricature de E.H. Shepard, parue dans *Punch*, journal satirique anglais en 1945.

REPÈRES

Yalta : mythe et réalité

La conférence de Yalta est restée dans la mémoire collective comme le symbole du partage du monde entre les Soviétiques et les Occidentaux. Cette vision a été alimentée par de Gaulle, absent de la conférence, et par les États d'Europe orientale soumis ensuite à la domination soviétique. Mais la réalité est plus complexe. Les accords de Yalta ne prévoyaient aucun partage de l'Europe. Comme l'a très tôt compris Churchill, c'est Staline qui, en ne les respectant pas, a imposé cette répartition.

3 Staline et la Pologne

Vous n'admettez pas, apparemment, que l'Union soviétique ait le droit de faire des efforts pour qu'il y ait en Pologne un gouvernement amicalement disposé à son égard, ni qu'il lui soit impossible d'accepter l'existence dans ce pays d'un gouvernement qui lui serait hostile. Indépendamment de toute autre considération, cette exigence est justifiée par le sang du peuple soviétique si abondamment répandu sur la terre de Pologne au nom de la libération de ce pays. Je ne sais si un gouvernement vraiment représentatif a été établi en Grèce, ni si le gouvernement belge est réellement démocratique : l'Union soviétique n'a pas été consultée lorsque ces deux gouvernements ont été établis et elle n'a pas réclamé un droit d'intervention dans ces affaires car elle comprend toute l'importance de la Belgique et de la Grèce pour la sécurité de la Grande-Bretagne. Il paraît inexplicable que, au moment où la question polonaise est en discussion, on refuse de prendre en considération les intérêts de l'Union soviétique au point de vue de sa propre sécurité. On doit admettre qu'il est anormal que deux gouvernements – celui des États-Unis et celui de la Grande-Bretagne – règlent par avance la question polonaise à laquelle l'Union soviétique est de très loin la plus directement intéressée, et mettent ainsi le gouvernement de l'URSS dans une position intolérable en essayant de lui imposer leurs exigences.

Message de J. Staline au président des États-Unis H. Truman, 24 avril 1945.

4 La Grande Alliance

Troupes britanniques au repos devant une fresque représentant la célèbre photographie des « Trois Grands » à Yalta (11 février 1945).

Photographie prise à Berlin le 23 juillet 1945 après la parade de la victoire.

5 L'anxiété de Churchill

J'ai toujours travaillé pour l'amitié avec la Russie, mais tout comme vous, j'éprouve une grande anxiété en raison de leur mauvaise interprétation des accords de Yalta, de leur attitude vis-à-vis de la Pologne, de leur écrasante influence dans les Balkans sauf en Grèce, des difficultés qu'ils font à Vienne, de la combinaison entre la puissance russe et les territoires qu'ils contrôlent ou occupent, le tout couplé à l'utilisation de la technique communiste dans de nombreux pays, et par-dessus tout, à leur capacité à maintenir déployées de très fortes armées pour une longue période. [...]

Télégramme du Premier ministre britannique W. Churchill au président des États-Unis H. Truman, 12 mai 1945.

Questions

1. **Montrez** que Yalta symbolisait en février 1945 l'espoir d'un monde pacifié par la Grande Alliance (**doc. 4**).
2. **Indiquez** et **expliquez** le sort réservé à l'Allemagne lors de la conférence de Yalta (**doc. 1**).
3. **Précisez** quels sont les engagements solennels pris à l'égard de l'Europe libérée et au nom de quels principes (**doc. 1**).
4. **Analysez** l'argumentation de Staline pour justifier ses exigences vis-à-vis de la Pologne. **Montrez** qu'en retour Churchill l'accuse de violer les principes établis à Yalta (**doc. 3 et 5**).
5. **Expliquez** pourquoi la conférence de Yalta a pu être perçue comme un « partage du monde » (**doc. 3 et 5**).
6. À partir des réponses aux questions précédentes, répondez de manière organisée à la problématique.

Focus sur le document 4

1. **Décrivez** cette photographie, en précisant le lieu et la date où elle a été prise.
2. **Décrivez** la fresque en identifiant les trois personnages et la scène à laquelle il est fait référence.
3. **Montrez** que la conférence de Yalta symbolise en 1945 la Grande Alliance et l'espoir d'un monde nouveau.

COURS

> **Repères** p. 118, p. 120
> **Dossier** p. 134
> **Points de passage** p. 136, p. 138
> **Biographies** p. 342

Podcast du cours

2. La montée des tensions en Europe et au Proche-Orient

Les relations entre les États-Unis et l'URSS se dégradent vite après la fin de la guerre. Les fortes tensions diplomatiques débouchent sur la formation de deux blocs antagonistes.

A Des tensions croissantes entre les deux Grands (1945-début 1947)

Les ambitions soviétiques. Fort du prestige gagné par l'Armée rouge dans la lutte contre le nazisme, Staline prend progressivement le contrôle de l'Europe centrale et orientale afin d'assurer la sécurité de l'URSS face à d'éventuelles agressions occidentales. Ses ambitions territoriales s'étendent aussi au Moyen-Orient, notamment au nord de l'Iran, pour s'assurer l'approvisionnement en pétrole. Enfin, l'URSS tente en vain d'obtenir de la Turquie un contrôle au moins partiel des détroits de la mer Noire pour se garantir un accès à la Méditerranée.

Vers la fin de la Grande Alliance. Cette volonté de l'URSS d'instaurer des régimes communistes dans les pays qu'elle a libérés va à l'encontre des accords de Yalta qui prévoyaient la tenue d'élections libres. Par des élections truquées voire des coups de force (comme en Tchécoslovaquie en février 1948), l'Europe de l'Est bascule en à peine deux ans sous la coupe soviétique. Dès le 11 mai 1945, Churchill utilise l'expression « rideau de fer » pour désigner la mainmise de Staline sur l'Europe de l'Est.

POINT DE PASSAGE 25 février 1948 : le « coup de Prague » > p. 136

Des divergences dans la gestion de l'Allemagne occupée. Pour ne pas répéter l'erreur du traité de Versailles en affaiblissant l'Allemagne vaincue, les puissances occidentales rétablissent l'économie libérale et la démocratie en Allemagne de l'Ouest. Dans leur zone d'occupation, les Soviétiques placent des communistes au pouvoir.

B La naissance d'un monde bipolaire (1947-1949)

Endiguer l'expansion communiste. Le 12 mars 1947, le président américain Harry Truman annonce la politique du ***containment*** pour stopper la progression communiste. Persuadés que la misère favorise les idées communistes, les États-Unis offrent immédiatement une aide aux États les plus menacés par les guérillas communistes (Grèce, Turquie, Iran) et proposent un soutien financier pour la reconstruction des pays européens : le **plan Marshall**. 16 pays d'Europe de l'Ouest acceptent cette aide, qui est en revanche refusée par Staline et dans son sillage par les pays d'Europe de l'Est. La ligne de partage entre les deux Europes est désormais clairement définie.

La riposte soviétique. Pour resserrer les liens entre les partis communistes d'Europe et le **PCUS**, Staline crée le **Kominform** en septembre 1947. Andreï Jdanov, un des principaux collaborateurs de Staline, dénonce l'impérialisme américain incarné par le plan Marshall et acte la division du monde en deux camps antagonistes.

Vocabulaire

◆ ***Containment*** **(endiguement ou doctrine Truman) :** doctrine mise au point par le président H. Truman qui consiste à stopper l'expansion communiste par une aide économique et militaire.

◆ **Démocratie populaire :** expression utilisée par les partis communistes pour définir les régimes communistes apparus après 1945 en Europe centrale et orientale. Ce terme est communément employé pour les distinguer des démocraties libérales.

◆ **Guerre froide :** > voir p. 134.

◆ **Kominform :** « Bureau d'information des partis communistes et ouvriers », réunissant sous le contrôle de Moscou les partis communistes d'Europe centrale et orientale, de France et d'Italie. Créé en 1947, il est dissous en 1956.

◆ **Ligue arabe :** organisation fondée en 1945 par l'Égypte, l'Arabie saoudite, l'Irak, la Jordanie, le Liban, la Syrie et le Yémen du Nord. Elle veut affirmer l'unité de la nation arabe, mais son action vise essentiellement à coordonner la politique des États membres contre Israël.

◆ **PCUS :** parti communiste de l'Union soviétique.

◆ **Plan Marshall (ou *European Recovery Program*) :** programme d'aide financière pour la reconstruction de l'Europe, proposé le 5 juin 1947 par le secrétaire d'État américain George Marshall. Au total, 13 milliards de dollars, essentiellement sous forme de dons, sont versés sur quatre ans.

● **La crise de Berlin (1948-1949).** L'Allemagne et Berlin deviennent le premier terrain de la guerre froide. Après la fusion de leur zone d'occupation (juin 1948), les Occidentaux créent une nouvelle monnaie pour l'Ouest, le Deutsche Mark valable aussi à Berlin-Ouest. Staline, qui depuis plusieurs mois revendique la totalité de Berlin située au cœur de la zone soviétique, réplique par le blocus terrestre de Berlin-Ouest. S'engage alors un bras de fer de onze mois entre les Soviétiques et les Américains qui décident de ravitailler Berlin-Ouest et ses 2,5 millions d'habitants par un pont aérien. Le 12 mai 1949, Staline lève le blocus. La crise accélère la séparation de l'Allemagne en deux États : à l'ouest, la **RFA**, une démocratie libérale, et à l'est, la **RDA**, une **démocratie populaire**.

C Aux origines du conflit israélo-arabe

● **Juifs et Arabes en Palestine.** Pendant la Première Guerre mondiale, les Britanniques promettent à la fois aux Arabes la création d'un État arabe uni, et au **sionisme**, la création d'un « foyer national juif » en Palestine. Confrontés à une forte immigration juive, les Arabes de Palestine se révoltent en 1936 contre la Grande-Bretagne devenue la **puissance mandataire** de la région. À la veille de la guerre, les Britanniques, soucieux de ménager leurs alliés arabes, réduisent fortement l'immigration juive et acceptent le principe de la création d'un seul État en Palestine, composé de fait très majoritairement d'Arabes.

● **La création de l'État d'Israël.** Après 1945, alors que les sionistes réclament la création d'un État-refuge pour les juifs du monde entier traumatisés par le génocide, le Royaume-Uni maintient les quotas à l'immigration. Les affrontements entre juifs de Palestine, Arabes et Britanniques redoublent. Dans l'impasse, le Royaume-Uni s'en remet à l'ONU qui établit un plan de partage de la Palestine. Alors que les Arabes rejettent la division de ce qu'ils estiment être leur terre, les juifs proclament le 14 mai 1948, l'indépendance de l'État d'Israël. Le lendemain, la **Ligue arabe** déclare la guerre au nouvel État juif. Face au manque d'unité des armées arabes, Israël, qui dispose du matériel britannique issu de la Seconde Guerre mondiale et d'un armement moderne fourni par la Tchécoslovaquie, remporte sa première victoire.

POINT DE PASSAGE 1948 : la naissance de l'État d'Israël > p. 138

L'Allemagne en 1945-1949

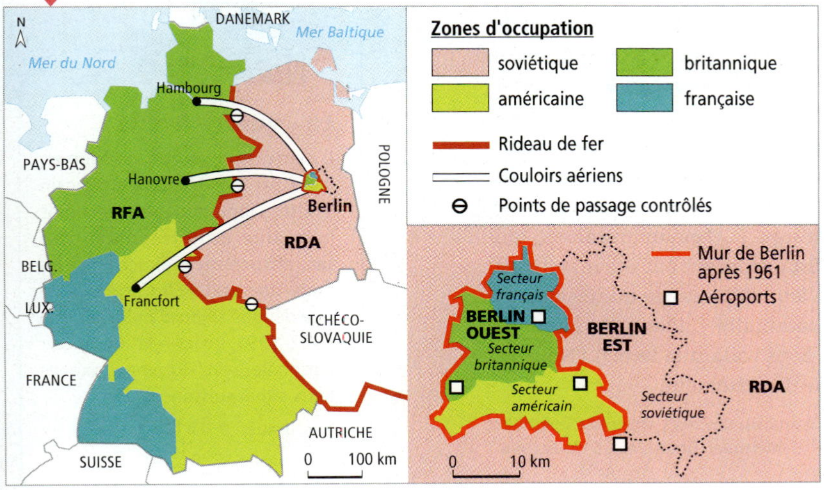

Vocabulaire

◆ **Puissance mandataire :** État, qui au lendemain de la Première Guerre mondiale, se voit confier par la SDN la gestion des territoires confisqués à un pays vaincu (comme l'Angleterre sur l'Empire ottoman en 1918).

◆ **RDA (République démocratique allemande) :** créée le 7 octobre 1949 et issue de l'ancienne zone d'occupation soviétique, elle a pour capitale Berlin-Est.

◆ **RFA (République fédérale allemande) :** créée le 23 mai 1949 et issue de l'ancienne zone d'occupation des États-Unis, de la France et du Royaume-Uni, elle a pour capitale Bonn.

◆ **Sionisme :** mouvement nationaliste et laïque né au XIXe siècle prônant le retour des juifs en terre d'Israël et la création d'un État juif en Palestine.

Évolution de la population en Palestine
En milliers

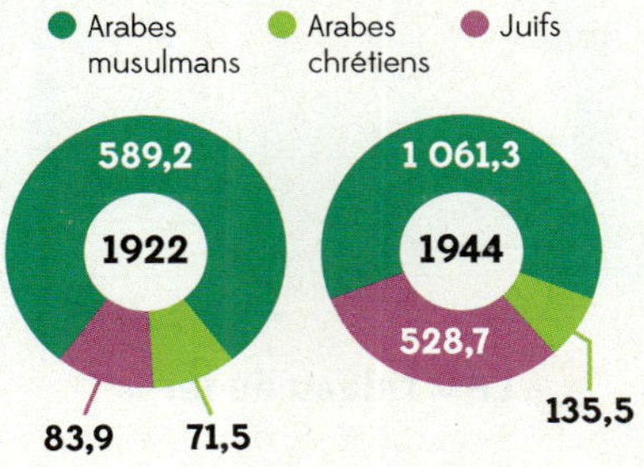

Réviser son cours

1. **Pourquoi y a-t-il des tensions croissantes entre les deux Grands dès 1945 ?**
2. **Comment arrive-t-on à une bipolarisation de l'Europe ?**
3. **Quelles sont les origines des tensions israélo-arabes ?**

> Cours p. 132
> Biographies p. 342

Les « déclarations » de guerre froide

Dès la victoire de 1945, les désaccords idéologiques entre les États-Unis et l'URSS réapparaissent. Chacun redoute la puissance de l'autre. Plusieurs discours et initiatives, des deux côtés, sont comme des « déclarations » de guerre froide : la rupture est consommée en 1947.

>> Comment et pourquoi se produit la rupture entre les États-Unis et l'URSS ?

1 L'aide américaine du plan Marshall

Carte interactive

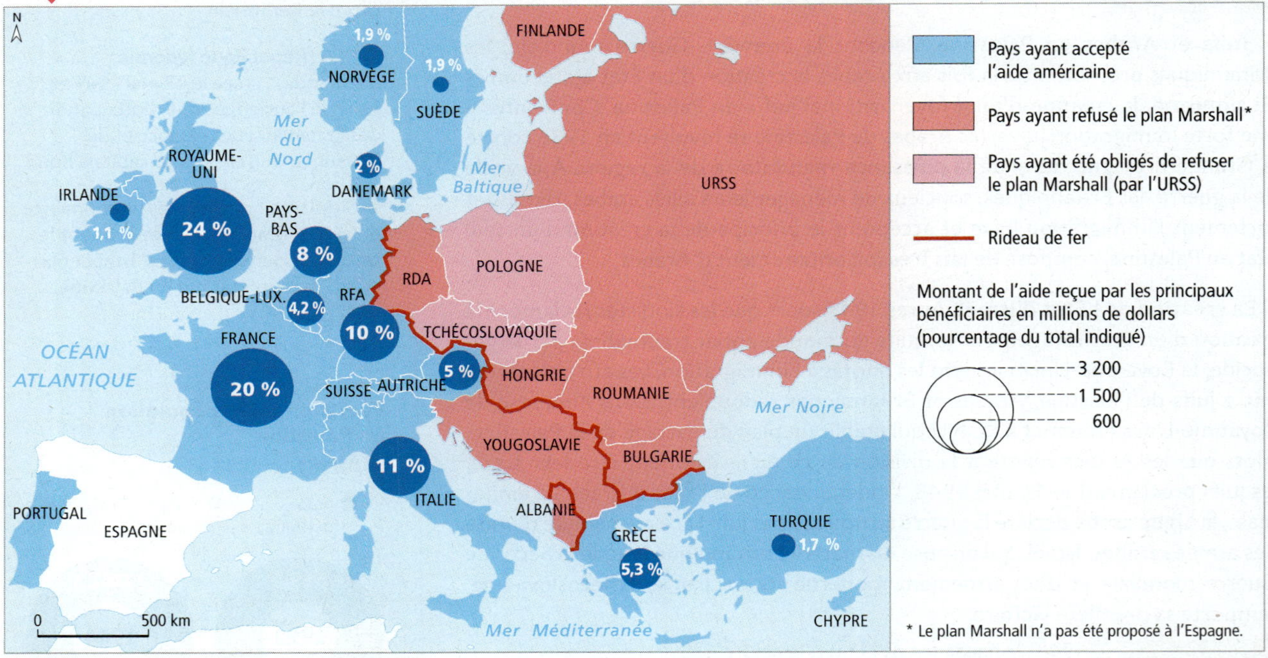

2 Le « rideau de fer »

De Stettin dans la Baltique jusqu'à Trieste dans l'Adriatique, un rideau de fer est descendu à travers le continent. Derrière cette ligne se trouvent toutes les capitales des anciens États de l'Europe centrale et orientale. Varsovie, Berlin, Prague, Vienne, Budapest, Belgrade, Bucarest et Sofia, toutes ces villes célèbres et les populations qui les entourent se trouvent dans ce que je dois appeler la sphère soviétique, et toutes sont soumises, sous une forme ou sous une autre, non seulement à l'influence soviétique, mais encore au contrôle très étendu et constamment croissant de Moscou. [...] Les communistes, qui étaient plus faibles dans tous ces pays de l'Est européen, ont été investis de pouvoirs qui ne correspondent nullement à leur importance numérique, et cherchent partout à s'emparer d'un contrôle totalitaire. [...] Nous ne viendrons pas à bout des difficultés et des dangers en nous voilant la face. [...] Nous ne les écarterons pas non plus par une politique d'apaisement.

Winston Churchill, discours prononcé à Fulton, Missouri, États-Unis, 5 mars 1946.

LE SENS DES MOTS

La « guerre froide »

L'expression est popularisée en 1947 par le journaliste américain Walter Lippmann, pour qualifier la situation de forte tension, mais sans affrontement direct, entre les États-Unis et l'URSS. Cette expression désigne aujourd'hui la période 1947-1991, où les relations internationales sont dominées par ces deux superpuissances.

> voir aussi p. 151.

3 Le plan Marshall vu par les Soviétiques

Sur la maison : « Europe de Marshall. »

Caricature soviétique contre le plan Marshall parue dans la revue *Krokodil*, 10 octobre 1949.

4 La doctrine Truman

À l'heure actuelle de l'histoire mondiale, presque chaque nation doit choisir entre deux modes de vie alternatifs. Trop souvent, pourtant, ce choix ne se fait pas librement. Le premier mode de vie repose sur la volonté de la majorité et il est caractérisé par des institutions libres, un gouvernement représentatif, des élections libres, des garanties assurant la liberté individuelle, la liberté de parole et de religion, et l'absence de toute oppression politique. L'autre mode de vie repose sur la volonté d'une minorité imposée par la force à la majorité. Il s'appuie sur la terreur et l'oppression, une presse et une radio contrôlées, sur des élections truquées et la suppression des libertés personnelles.

Je crois que la politique des États-Unis doit consister à soutenir les peuples libres qui résistent à des tentatives d'asservissement par des minorités armées, ou à des pressions venues de l'extérieur. Je crois que nous devons aider tous les peuples libres à déterminer eux-mêmes leur destin. Ce que j'entends par un tel soutien, c'est essentiellement une aide économique et financière qui constitue la base de la stabilité économique et d'une vie politique cohérente.

Discours du président américain Harry Truman au Congrès, 12 mars 1947.

5 La doctrine Jdanov

Les États-Unis sont la principale force dirigeante du camp impérialiste. L'Angleterre et la France sont unies aux États-Unis et marchent comme des satellites en ce qui concerne les questions principales, dans l'ornière de la politique impérialiste des États-Unis. Le camp impérialiste est soutenu aussi par des États possesseurs de colonies, tels que la Belgique et la Hollande, et par des pays au régime réactionnaire antidémocratique, tels que la Turquie et la Grèce, ainsi que par des pays dépendant politiquement et économiquement des États-Unis, tels que ceux du Proche-Orient, de l'Amérique du Sud, de la Chine.

Les forces anti-impérialistes et antifascistes forment l'autre camp. L'URSS et les pays de la démocratie nouvelle en sont le fondement. Les pays qui ont rompu avec l'impérialisme et qui se sont engagés résolument dans la voie du progrès démocratique, tels que la Hongrie, la Roumanie, la Finlande, en font partie. Au camp anti-impérialiste adhèrent l'Indonésie, le Vietnam, l'Inde. L'Égypte et la Syrie lui apportent leurs sympathies. Le camp anti-impérialiste s'appuie dans tous les pays sur le mouvement ouvrier et démocratique, les partis communistes frères, sur les combattants des mouvements de la libération nationale dans les pays coloniaux et dépendants, sur toutes les forces progressistes qui existent dans chaque pays.

Andreï Jdanov, rapport à la conférence des partis communistes européens paru dans *l'Humanité*, 5 octobre 1947.

Questions

Parcours A Répondre aux questions

1. **Identifiez** les lieux évoqués par Churchill et **précisez** comment l'URSS est parvenue à s'imposer en Europe de l'Est. **Expliquez** l'expression « rideau de fer » qu'il utilise (**doc. 2 et 4**).
2. **Expliquez** pourquoi et comment les États-Unis entendent aider les « peuples libres » (**doc. 4**).
3. **Montrez** que le plan Marshall est l'application de la doctrine Truman et qu'il est à l'origine d'une rupture au sein de l'Europe (**doc. 1 et 4**).
4. **Identifiez** le géant sur la caricature soviétique et **montrez** qu'elle est conforme à la vision défendue par Jdanov (**doc. 3 et 5**).
5. **Confrontez** la vision que chaque camp a de l'autre. Qu'en concluez-vous ? (**doc. 3 à 5**)

ou

Parcours B Travailler l'oral

Répondez la problématique en 800 mots environ, puis présentez votre texte en 5 mn devant la classe.

> Cours p. 132

25 février 1948 : le « coup de Prague »

>> **Comment le « coup de Prague » achève-t-il la formation de deux blocs antagonistes en Europe ?**

CONTEXTE

- En 1945, la Tchécoslovaquie, pays le plus développé de l'Europe centrale et orientale, parvient à rétablir le fonctionnement démocratique de ses institutions. Edvard Benes, son président d'avant-guerre, retrouve le pouvoir.
- Cependant le gouvernement subit très vite l'influence croissante des communistes, qui occupent les postes clés et la pression de Staline lui-même, qui impose au pays de renoncer au plan Marshall. C'est dans ce contexte, et en signe de protestation, que les ministres libéraux présentent leur démission le 20 février 1948.
- Les communistes, en s'appuyant sur les milices ouvrières, imposent alors au président Benes un nouveau gouvernement qu'ils dominent.

20 février 1948 — **Démission des ministres libéraux** pour protester contre l'influence croissante des communistes.

20-25 février 1948 — **Mobilisation communiste** dans le pays (formation de comités d'action révolutionnaires, distribution d'armes, manifestations et défilés armés).

25 février 1948 — **Benes** s'incline et **nomme un nouveau gouvernement constitué par Gottwald**, secrétaire général du Parti communiste, et dans lequel les communistes sont majoritaires.

8 juin 1948 — Benes démissionne, **Gottwald devient président de la République**.

1 La Tchécoslovaquie doit refuser le plan Marshall

Le 9 juillet 1947, trois membres du gouvernement tchécoslovaque rencontrent Staline à Moscou : le Premier ministre Gottwald (communiste), le ministre des Affaires étrangères Masaryk (social-démocrate) et le ministre du Commerce extérieur Ripka (socialiste national).

Staline demeurait inflexible [...] : « Nous savons que vous êtes des amis. Dans le gouvernement soviétique, personne ne doute de l'amitié de la Tchécoslovaquie. Si vous participez à la conférence[1], vous prouverez par cet acte que vous permettez qu'on se serve de vous comme d'un instrument contre l'Union soviétique. Ni le peuple, ni le gouvernement de l'URSS ne le supporteraient. »

On savait ce que ce genre d'avertissement signifiait dans la bouche de Staline surtout lorsqu'il s'adressait à une petite nation voisine. [...]

Masaryk semblait perdu dans ses réflexions. Après un instant de silence, il me dit : « Ils nous ont mis au pied du mur tout en faisant semblant de nous traiter en amis. Staline était comme toujours très aimable, jovial presque, mais il ne cédait pas d'un pouce. Le jeu était clair ; il s'était entendu avec Gottwald, l'entretien avec nous n'était qu'une formalité. » [...]

Masaryk, une fois de plus, sortit de ses gonds : « Chers amis, nous ne sommes plus que des vassaux ! »

Hubert Ripka, *Le Coup de Prague : une révolution préfabriquée*, © Plon, 1949.

1. Référence à la conférence de Paris devant mettre en place le plan Marshall.

2 Les forces politiques en Tchécoslovaquie après les élections de 1946

* En % des voix

		Régions tchèques*	Régions slovaques*	Nombre de sièges au parlement	Nombre de ministres au gouvernement
Front national	Parti communiste	40	30	114	9
Front national	Parti socialiste-national[1]	24	–	55	4
Front national	Parti populiste	20	–	46	1
Front national	Parti démocrate[2]	–	63	43	1
Front national	Parti social-démocrate	16	–[3]	39	3
	Parti de la liberté	–	4	3	–
	Parti du travail	–	3	–	–

Les « libéraux » sont les membres du Parti socialiste national, du Parti populaire et du Parti démocrate.

1. Parti du président Benes. 2. Parti slovaque.
3. En Slovaquie, les sociaux-démocrates ont fusionné avec les communistes dès 1944.

3 La victoire du communiste Gottwald

Je reviens à l'instant de chez M. le Président. Je lui ai soumis ce matin le projet d'acceptation des démissions des ministres qui ont remis leur démission le 20 février. En même temps, j'ai proposé à M. le Président la liste des personnes par lesquelles le gouvernement doit être reconstruit. [...]

La décision sur cette proposition n'a pas été facile pour M. le Président, comme en témoigne le fait que cela lui a pris assez longtemps pour réfléchir et juger. Malgré tout, M. le Président a fini par reconnaître la nécessité d'une telle mesure [...] parce qu'il voyait que c'était là le souhait, la volonté et la voix du peuple. [...]

Et maintenant, camarades, encore quelques mots : la réaction[1], qui prépare et manigance précisément en ce moment un coup décisif contre notre régime de démocratie populaire, a été elle-même repoussée et défaite.

L'unité de notre peuple, l'unité de la classe ouvrière, l'unité des ouvriers, des paysans, des artisans et des commerçants, et des intellectuels, voilà ce qui a donné à notre nation des forces suffisantes pour étouffer dans l'œuf, en peu de jours, les pièges et les complots de la réaction.

Discours de Gottwald sur la place Saint-Venceslas, 25 février 1948, cité dans François Fetjö, *Le Coup de Prague 1948*, Seuil, 1976.

1. Désigne les opposants au communisme.

4 Le coup de force

Défilé des milices ouvrières le 1er mars 1948. Ces organisations armées, émanant du Parti communiste, sont soutenues et encadrées par les Soviétiques, visibles au premier plan.

5 Le « coup de Prague » : l'analyse de la presse occidentale

Nous avons à craindre malheureusement que Prague, après Bucarest, après Sofia, ne soit la nouvelle manifestation d'une immense entreprise de mise au pas, non seulement des vestiges du capitalisme privé, mais des forces socialistes et démocratiques non communistes, consommée dans toutes les règles d'un art qui semble n'avoir repris que pour les raffiner les plus sinistres précédents. La Tchécoslovaquie ne s'embrase pas, elle se glace. [...] Le communisme affirme ainsi par les actes, sinon toujours en parole, qu'il n'est pour lui de collaboration, dans les étapes prérévolutionnaires, que pour préparer l'alignement de ses alliés au bout de la route commune, qu'il renonce à se faire le rassembleur, dans leur diversité créatrice, des énergies de salut, que, dans sa perspective révolutionnaire, il n'y a de place que pour son pouvoir absolu, exclusif de tout partage, qu'il n'y tolère que des subordonnés.

Esprit, mars 1948, p. 356-357.

Questions

Parcours A Répondre aux questions

1. **Indiquez** le poids réel du Parti communiste en Tchécoslovaquie. Sur quels soutiens peut-il compter pour s'installer au pouvoir (**doc. 2 et 4**) ?
2. **Montrez** que les dirigeants non communistes ont parfaitement conscience de l'influence croissante de l'URSS sur leur pays (**doc. 1**).
3. **Précisez** en quoi le « coup de Prague » est le dernier acte de la mise sous tutelle de la Tchécoslovaquie par l'URSS (**doc. 1 à 5**).
4. **Expliquez** à l'aide de l'exemple de la Tchécoslovaquie la dernière phrase du document 5 (**doc. 1 à 5**).
5. À partir des réponses aux questions précédentes, répondez de manière organisée à la problématique.

ou

Parcours B Rédiger un article

Vous êtes un journaliste français présent en Tchécoslovaquie lors des événements de février 1948. Vous rédigez un article relatant les troubles politiques auxquels vous assistez et montrant que plus rien ne peut résister à la soviétisation de l'Europe de l'Est.

POINT DE PASSAGE

› Cours p. 132

1948 : la naissance de l'État d'Israël

CONTEXTE

- À la fin du XIXe siècle, en Europe, naît le sionisme, qui vise à créer un État juif en Palestine. Il semble conforté en 1917 par la déclaration Balfour, dans laquelle le Royaume-Uni soutient la création d'un « foyer national juif » en Palestine. L'immigration juive s'accélère et devient massive après la Seconde Guerre mondiale.
- La situation est alors explosive entre les communautés juive et arabe de Palestine, placée sous la tutelle du Royaume-Uni (mandat confié par la SDN en 1920). Celui-ci s'en remet à l'ONU, qui élabore en 1947 un plan de partage de la Palestine en deux États.

29 nov. 1947	**Plan de partage de l'ONU** de la Palestine ; début de la guerre entre juifs et Arabes de Palestine.
9 avril 1948	**Massacre** des villageois arabes **de Deir Yassin** par les milices juives d'extrême-droite ; **début de la *Nakba***, « Catastrophe » en arabe, fuite des Arabes de Palestine des terres désormais contrôlées par l'État juif.
14 mai 1948	**Proclamation de l'indépendance de l'État d'Israël.**
15 mai 1948	Départ des dernières troupes britanniques ; Offensive des États arabes voisins : **début de la première guerre israélo-arabe.**
Oct. 1948	Offensives victorieuses du Tsahal (armée israélienne).
11 mars 1949	Fin des opérations militaires.
11 mai 1949	Israël entre à l'ONU.

» **En quoi la naissance de l'État d'Israël en 1948 est-elle un tournant majeur pour le Proche-Orient ?**

1 La naissance de l'État d'Israël

La Terre d'Israël est le lieu où naquit le peuple juif. C'est là que s'est formée son identité spirituelle, religieuse et nationale. [...] Motivés par cet attachement historique, les juifs s'efforcèrent, au cours des siècles, de retourner au pays de leurs ancêtres pour y reconstituer leur État. Tout au long des dernières décennies, ils s'y rendirent en masse [...]. Ils y défrichèrent le désert, firent renaître leur langue, bâtirent cités et villages et établirent une communauté en pleine croissance, ayant sa propre vie économique et culturelle. [...]

La Shoah, qui anéantit des millions de juifs en Europe, démontra à nouveau l'urgence de remédier à l'absence d'une patrie juive par le rétablissement de l'État juif dans le pays d'Israël, qui ouvrirait ses portes à tous les juifs [...].

Le 29 novembre 1947, l'Assemblée générale des Nations unies adopta une résolution prévoyant la création d'un État juif indépendant [...]. C'est le droit naturel du peuple juif d'être une nation comme les autres nations et de devenir maître de son destin dans son propre État souverain.

En conséquence, nous, membres du Conseil national représentant le peuple juif du pays Israël et le mouvement sioniste, réunis aujourd'hui jour de l'expiration du mandat britannique, en assemblée solennelle, et en vertu des droits naturels et historiques du peuple juif, ainsi que de la résolution de l'Assemblée générale des Nations unies, proclamons la fondation de l'État juif dans le pays d'Israël, qui portera le nom d'État d'Israël.

Proclamation d'indépendance de l'État d'Israël, 14 mai 1948, lue par David Ben Gourion.

2 Le départ des Arabes de Palestine

Exode de Palestiniens d'Acre sur la pression des forces israéliennes en 1948.

3 Deux histoires pour une seule terre

En 2003, des professeurs d'histoire israéliens et palestiniens décident d'écrire chacun l'histoire du conflit entre leurs deux peuples. Les deux textes, mis en vis-à-vis dans la publication d'origine, donnent ici leur version de la guerre de 1948.

Point de vue israélien

La guerre d'indépendance

Le 29 novembre 1947, l'Assemblée des Nations unies approuva à une écrasante majorité la proposition de création de deux États indépendants côte à côte. Le Foyer juif accueillit le soir même la décision par des chants et des danses, mais dès le lendemain matin les Arabes qui n'avaient pas accepté le plan de partage, soutenus par des volontaires venus d'autres pays arabes, se lancèrent dans des actions terroristes. [...]

On appelle la guerre commencée le 30 novembre 1947 « guerre d'Indépendance » parce qu'à l'issue des combats, le Foyer juif obtint son indépendance après en avoir été empêché par les pays arabes et les Arabes sur place. Les forces armées arabes attaquèrent les colonies isolées, les juifs dans les villes à population mixte, les routes, et montrèrent également des opérations de terreur.

Point de vue palestinien

La *Nakba*

La résolution 181 votée le 29 novembre 1947 par l'Assemblée générale des Nations unies préconisait le partage de la Palestine en deux États, l'un arabe et l'autre juif. Elle déclencha, d'une part, le compte à rebours de la proclamation de l'État d'Israël, le 14 mai 1948, et, d'autre part, la *Nakba* de 1948, synonyme de déracinement et de dispersion pour le peuple palestinien. [...] Ce qui arriva au peuple palestinien en 1948 est une expropriation de la terre, une expulsion des habitants, un assassinat de la vérité. [...] La destruction des 418 villages palestiniens, le souci de dissimuler toute trace indiquant la présence d'une vie palestinienne antérieure sur ces terres, les massacres commis contre le peuple palestinien, confirment la brutalité dont ce dernier, désormais dispersé, a été la victime. Le plus tristement célèbre de ces massacres est celui de Deir Yassin qui fit plus de 100 martyrs et des dizaines de blessés. Les survivants après avoir été soumis aux pires atrocités, pratiques immorales et inhumaines, furent expulsés de la localité.

Peace Research Institute in the Middle East, *Histoire de l'autre*, Liana Levi, 2004.

4 Du plan de partage à la guerre de 1948-1949

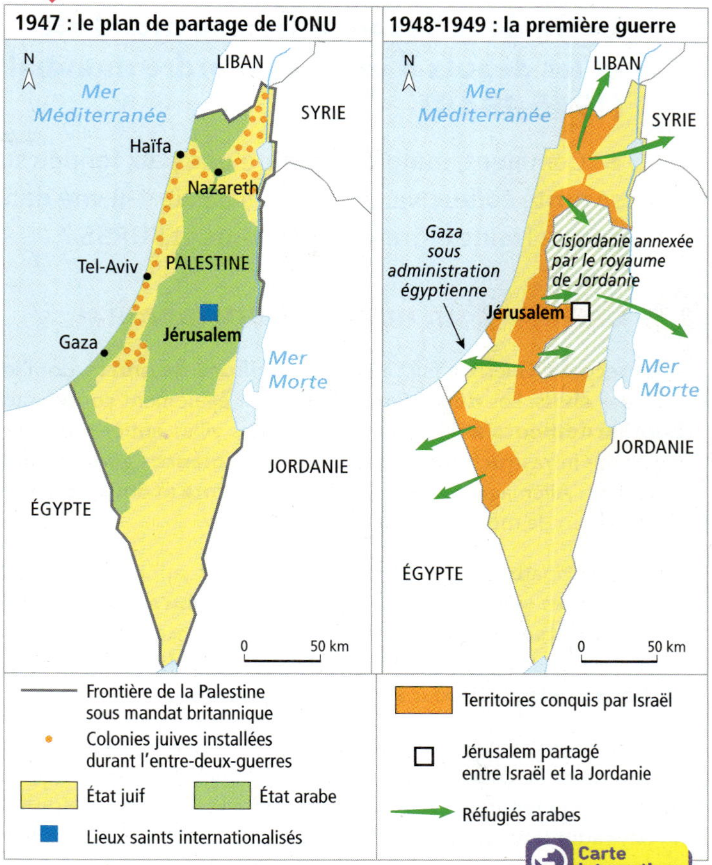

Carte interactive

Questions

Parcours A Répondre aux questions

1. **Analysez** la manière dont la création de l'État d'Israël est justifiée (**doc. 1**).
2. **Expliquez** pourquoi le plan de partage de l'ONU est mis en échec dès ses origines (**doc. 3 et 4**).
3. **Confrontez** les deux récits historiques sur les débuts de la guerre de 1948 (**doc. 3**).
4. **Analysez** les modifications territoriales engendrées par la guerre de 1948-1949 et leurs conséquences humaines (**doc. 2 à 4**).
5. À partir des réponses aux questions précédentes, répondez de manière organisée à la problématique.

ou

Parcours B Travailler l'oral

Grille à télécharger

Préparez une présentation orale de 5 minutes pour répondre à la problématique. Présentez-la à 2 ou 3 autres élèves qui joueront le rôle du jury et qui pourront évaluer votre prestation : qualité de la prise de parole et de l'argumentation.

SYNTHÈSE

EXO Exercices interactifs — Podcast de la synthèse

La fin de la Seconde Guerre mondiale et les débuts d'un nouvel ordre mondial (1945-1948)

Comment, malgré l'espoir d'une paix fondée sur la sécurité collective, le monde bascule-t-il vite dans la guerre froide entre les États-Unis et l'URSS ?

1 L'espoir d'un nouvel ordre mondial

La Seconde Guerre a fait près de **60 millions de morts**, dont la moitié sont des **civils**. Les **dégâts matériels** sont également considérables. Les **bombardements aériens** ont détruit des villes entières et une bonne partie des infrastructures de transport. Les **violences génocidaires** commises par l'Allemagne nazie et le recours à l'**arme atomique** par les États-Unis sidèrent le monde entier.

Les principaux criminels de guerres nazis et japonais sont traduits en justice par les vainqueurs lors des **procès de Nuremberg et Tokyo**. À **Yalta** et **Potsdam** (1945), de grandes conférences internationales sont organisées pour tenter d'instaurer une paix durable. L'**Organisation des Nations unies** voit le jour à San Francisco en 1945.

Convaincus que la crise économique des années 1930 est en partie responsable du déclenchement du conflit mondial, les vainqueurs sont soucieux de pérenniser la croissance économique. À **Bretton Woods** (1944), 44 pays adoptent un nouveau système monétaire fondé sur l'or et le dollar et donnent naissance au **FMI** et à la **Banque mondiale**. La même année, le **programme du CNR** pose en France les bases d'un **État-providence**.

2 La montée des tensions

Scellée durant la Seconde Guerre mondiale pour vaincre les puissances de l'Axe, **l'alliance entre l'URSS et les États-Unis se fragilise** dès la victoire obtenue. La mainmise de Moscou sur les pays d'Europe centrale et orientale libérés par l'Armée rouge suscite la réprobation de Washington. Dès 1946, Winston Churchill diagnostique la division de l'Europe par un « **rideau de fer** » séparant l'Ouest capitaliste de l'Est communiste.

En 1947, le président Truman définit la politique de ***containment*** consistant à s'opposer à toute nouvelle progression territoriale du communisme. Pour y parvenir, les États-Unis aident les pays d'Europe occidentale à se reconstruire via le **plan Marshall**. L'URSS accuse les États-Unis d'impérialisme (**doctrine Jdanov**) interdit aux pays d'Europe centrale et orientale d'accepter leur aide. C'est le début de la « **guerre froide** » entre les deux anciens alliés, dont le premier affrontement a pour enjeu le contrôle de Berlin-ouest (1948-1949).

En 1947, les deux nouvelles superpuissances mondiales approuvent à l'ONU le **partage de la Palestine en deux États**, l'un juif et l'autre arabe. Une décision rejetée par les pays arabes qui déclarent immédiatement à Israël une guerre qu'ils perdent.

MOTS-CLÉS

- **CNR** → p. 124
- ***Containment*** → p. 132
- **Crime contre l'humanité** → p. 123
- **État-providence** → p. 42
- **FMI** → p. 122
- **Kominform** → p. 132
- **Plan Marshall** → p. 132

DATES CLÉS

- **15 mars 1944 :** Programme du CNR
- **Février 1945 :** conférence de Yalta
- **22 juillet 1944 :** accords de Bretton Woods
- **26 juin 1945 :** Charte des Nations unies
- **1947 :** doctrines Truman et Jdanov
- **25 février 1948 :** « coup de Prague »
- **14 mai 1948 :** proclamation de l'État d'Israël
- **1948-1949 :** crise de Berlin

Biographies

Joseph Staline
(1879-1953)
Dirige l'URSS de 1929 à 1953.

Harry Truman
(1884-1972)
Président démocrate des États-Unis de 1945 à 1953.

Winston Churchill
(1874-1965)
Premier ministre du Royaume-Uni de 1940 à 1945 puis de 1951 à 1955.

Franklin Delano Roosevelt
(1882-1945)
Président démocrate des États-Unis de 1933 à 1945.

› Biographies p. 342

SCHÉMA DE SYNTHÈSE

LA FIN DE LA SECONDE GUERRE MONDIALE ET LES DÉBUTS D'UN NOUVEL ORDRE MONDIAL

CONVERGENCES

Roy.-Uni | États-Unis | URSS

- Alliance contre l'Axe — 1941
- Libération de l'Europe et de l'Asie — 1944-1945
- Conférences de Yalta et Potsdam
- Procès de Nuremberg et de Tokyo — 1945
- Vote du plan de partage de la Palestine à l'ONU — 1947

DIVERGENCES ET CONFLITS

États-Unis	URSS
Capitalisme	Communisme
Accords de Bretton Woods — 1944 Création du FMI et de la BIRD	Création d'une sphère d'influence soviétique en Europe de l'Est
Plan Marshall — 1947 OECE — 1948	Opposition à la participation de la Tchécoslovaquie et de la Pologne au plan Marshall
Doctrine Truman — 1947 *Containment*	Doctrine Jdanov — 1947 *«Anti-impérialisme»* Coup de Prague — 1948

RUPTURE DE L'ALLIANCE
1947

CRISE DE BERLIN
1948-1949

Schéma interactif

POUR ALLER PLUS LOIN

À lire

- David Peace, *Tokyo année zero*, Rivages, 2010. Un roman policier dans le Japon de 1945.

- Eugene L. Rogan et Avi Shlaim, *1948, la guerre de Palestine. Derrière le mythe*, Autrement, 2002. Une synthèse sur la naissance de l'État israélien.

- Annette Wieviorka, *Le procès de Nuremberg*, Liana Levi, 2017. Une histoire du procès des criminels nazis.

À voir

- Christian Delage, *Le procès de Nuremberg. Une justice en image*, 2006. Un documentaire sur le procès des criminels de guerre nazis.

- Stanley Kramer, *Jugement à Nuremberg*, 1961. Un film sur le procès.

ÉTAPE 1 Analyser le sujet

Quel est l'objectif d'une caricature ? Quel point de vue l'auteur défend-il ?

Après avoir présenté le document, vous montrerez qu'il est représentatif du début de l'affrontement des blocs Est et Ouest en Europe.

Qu'est-ce qui caractérise les débuts de cette guerre froide ? En quoi est-ce une opposition idéologique ? Que mettent les deux grands en œuvre pour étendre leur zone d'influence ?

Pourquoi les tensions entre les deux grands démarrent-elles dans cette région du monde ?

Les débuts de la Guerre froide

① Kominform : organisation créée en octobre 1947 dont le but est de renforcer le contrôle idéologique des partis communistes européens par l'Union soviétique.

② Western Union : Alliance militaire européenne établie entre la France, le Royaume-Uni, la Belgique, le Luxembourg et les Pays-Bas en septembre 1948 qui est intégrée à l'OTAN puis disparaît en 1954.

« Semis de printemps », dessin de John Collins, vers 1948, paru dans *The Gazette de Montréal*.

ÉTAPE 2 Mobiliser ses connaissances et organiser ses idées

Reliez les informations issues des documents à l'explication qui convient.

Texte à imprimer

Éléments de description ou citations issus des documents			Explications
La palissade en bois.	A •	• 1	16,5 milliards de dollars de prêts.
Le personnage au premier plan.	B •	• 2	Image utilisée par Churchill dans son discours de Fulton en 1946.
Le personnage au second plan.	C •	• 3	L'influence soviétique en Europe occidentale.
L'expression « *Iron Curtain* ».	D •	• 4	Les États qui ont accepté le plan Marshall et se regroupent dans l'OECE en avril 1948.
Le sachet « ERP seeds ».	E •	• 5	Staline, chef de l'URSS.
Le sachet « *Kominform weeds* ».	F •	• 6	*European Recovery Program*, connu sous le nom de « plan Marshall ».
Le tuyau « *Western Union* ».	G •	• 7	La menace soviétique.
Le livret « *16 nation cooperation* ».	H •	• 8	L'Oncle Sam, allégorie des États-Unis.
Les graines « marteau et faucille ».	I •	• 9	Interventionnisme soviétique dans la vie politique des États d'Europe occidentale.
Les graines « dollar ».	J •	• 10	Alliance militaire ayant pour but d'éteindre « l'incendie communiste » de l'Europe.
Le ciel noir et enfumé.	K •	• 11	La séparation de l'Europe entre l'Est communiste et l'Ouest capitaliste.

ÉTAPE 3 Rédiger l'analyse de documents

EXO Exercices interactifs

PLAN

I. L'opposition idéologique entre l'Est et l'Ouest
- A. Deux sphères d'influence qui s'opposent en Europe
- B. Un point de vue nettement favorable à la politique américaine

II. L'action des deux Grands en Europe
- A. La politique américaine : endiguement et reconstruction
- B. Les efforts expansionnistes soviétiques

Identifiez dans l'introduction ci-dessous :
- La nature, l'auteur, les destinataires du document ;
- Le contexte ;
- L'annonce du plan.

La caricature « Semis de printemps » que John Collins dessine pour le journal canadien The Gazette de Montréal présente un point de vue occidental sur le début de guerre froide. Elle est publiée « vers 1948 », donc après la déclaration Truman de mars 1947 qui lance la politique de containment, et probablement pendant le blocus de Berlin (juin 1948- mai 1949) une des premières grandes crises de cet affrontement.

Dans une première partie nous verrons que cette caricature est représentative de l'opposition idéologique entre l'Est et l'Ouest. Nous verrons ensuite qu'elle juge ce que les deux Grands mettent en œuvre pour étendre leur zone d'influence.

Rédigez l'analyse du document en développant le plan et les idées mobilisées dans l'étape 2.

BAC Réponse à une question problématisée ▶ Sujet guidé

ÉTAPE 1 Analyser le sujet

Quel est l'impact humain, matériel et financier de la guerre ?

Quels sont le bilan et les conséquences de la Seconde Guerre mondiale pour l'Europe ?

Comment les Européens cherchent-ils à restaurer la paix ? Pourquoi les débuts de la guerre froide font-ils échouer l'espoir d'un nouvel ordre mondial ?

Dans quelle mesure ce continent est-il particulièrement affecté par cette guerre d'anéantissement ?

ÉTAPE 2 Mobiliser ses connaissances et organiser ses idées

PLAN

I. Un continent dévasté par la guerre

II. Un continent qui tente de bâtir un nouvel ordre mondial

III. Un continent qui devient un enjeu de rivalité entre les deux grands

✎ **Identifiez dans quelle partie du plan les idées suivantes doivent être traitées.**

- Une catastrophe financière.
- Garantir la justice sociale et la paix.
- Un traumatisme moral indicible.
- L'expansionnisme soviétique en Europe.
- Un bilan humain et matériel très lourd.
- Les procès de Nuremberg pour juger l'Allemagne nazie
- L'Europe, premier terrain de la guerre froide

ÉTAPE 3 Rédiger la réponse

EXO Exercices interactifs

✎ **Identifiez à quelle partie et sous-partie correspond ce paragraphe.**

Les destructions matérielles en Europe sont considérables. De nombreuses villes, ainsi que les infrastructures de transport et les usines ont subi des dégâts considérables en raison de l'ampleur des bombardements. En URSS, 28 millions de personnes sont sans abri ; en Pologne 74 % de l'équipement ferroviaire est anéanti, en Allemagne, 45 villes sont détruites à plus de 50 %.

Phrase d'introduction du paragraphe
Explications
Exemples précis

✎ **Identifiez à quelle partie et sous-partie correspond ce paragraphe. Identifiez ses différentes parties sur le modèle du précédent.**

Staline souhaite mettre à profit le prestige de l'Armée Rouge qui a libéré l'Europe de l'Est pour y créer une sphère d'influence. Il impose des gouvernements communistes par des pressions, des élections truquées voire même la force. C'est le cas lors du coup de Prague de février 1848.

✎ **Rédigez le reste de la réponse en développant le plan proposé à l'étape 2.**

BAC blanc

Réponse à une question problématisée

Sujet

Comment le monde bascule-t-il en à peine trois ans dans une rivalité américano-soviétique ?

Sujet

En quoi l'année 1945 marque-t-elle les espoirs d'un nouvel ordre mondial fondé sur la justice et la paix mondiale ?

Analyse de document

Sujet

Après avoir présenté ce document, vous montrerez qu'il atteste de la bipolarisation du monde dès 1946 et qu'il est représentatif des choix de politique extérieure des États-Unis pendant la guerre froide.

L'URSS vue de États-Unis

George Kennan, alors numéro deux de l'ambassade des États-Unis à Moscou, adresse un rapport détaillé de la situation politique de l'URSS au président Harry Truman.

On en est arrivé à insister principalement sur les idées les plus spécifiquement rattachées au régime soviétique : à sa position de seul régime véritablement socialiste dans un monde obscur et égaré, et à ses relations avec ce monde.

La première de ces idées est celle de l'antagonisme inné entre le capitalisme et le socialisme. [...] Elle a de graves conséquences pour la conduite de la Russie en tant que membre d'une société internationale. Elle fait que Moscou ne peut jamais supposer avec sincérité une communauté de buts entre l'Union soviétique et les puissances considérées comme capitalistes. Moscou doit invariablement supposer que les buts du monde capitaliste sont opposés à ceux du régime soviétique et aux intérêts des peuples qu'il contrôle. Si le gouvernement soviétique signe occasionnellement des documents qui pourraient indiquer le contraire, il faut y voir une manœuvre tactique permise quand on traite avec l'ennemi (qui est sans honneur) et qui doit être admise comme étant de bonne guerre. [...]

Ceci nous amène à la seconde des idées importantes pour la compréhension de la perspective soviétique contemporaine : c'est l'infaillibilité du Kremlin. La conception soviétique du pouvoir, qui n'autorise aucun foyer d'organisation en dehors du Parti, exige que la direction du Parti demeure en théorie l'unique dépositaire de la vérité. [...] La discipline de fer du Parti repose sur ce principe d'infaillibilité ; en fait, ils se soutiennent mutuellement : une discipline parfaite exige la reconnaissance de l'infaillibilité, et l'infaillibilité exige l'observance de la discipline. Et les deux ensemble déterminent dans une large mesure le comportement de tout l'appareil gouvernemental soviétique. Mais, pour en comprendre les effets, il est indispensable de tenir compte d'un troisième facteur : le fait que les dirigeants sont libres de soutenir n'importe quelle thèse que, pour des raisons tactiques, ils trouvent utile à leurs fins à un moment donné, et qu'ils peuvent exiger l'acceptation aveugle et fidèle de cette thèse de la part des membres du mouvement dans sa totalité. [...]

D'après ce qui vient d'être exposé, il apparaît clairement que la pression soviétique contre les libres institutions du monde occidental peut être contenue par l'adroite et vigilante application d'une force contraire sur une série de points géographiques et politiques continuellement changeants, correspondant aux changements et aux manœuvres de la politique soviétique, mais qu'il est impossible de nier l'existence de cette pression et de la supprimer par le seul effet des paroles.

Extrait du télégramme de George Frost Kennan (mars 1946) publié sous la signature « Mr. X » par *Foreign Affairs*, juillet 1947, trad. de *Foreign Affairs* par Laurent Gayme.

CHAPITRE 5

Une nouvelle donne géopolitique : bipolarisation et émergence du tiers-monde

Comment s'organisent les relations internationales entre 1949 et le début des années 1970 ?

» **De 1949 au début des années 1970,** le monde est marqué par deux phénomènes majeurs, obéissant à des logiques différentes : la guerre froide, confrontation globale entre l'Est et l'Ouest, et la décolonisation, qui révèle les fractures entre le Nord et le Sud.

» **La guerre froide entre les États-Unis et l'URSS engendre une forte bipolarisation.** Deux blocs, unis militairement et politiquement, s'organisent autour des deux superpuissances. Celles-ci évitent l'affrontement direct, synonyme d'apocalypse nucléaire, et s'opposent dans des conflits indirects, par alliés interposés.

» **En même temps, la décolonisation** permet l'indépendance de nombreux États africains et asiatiques. C'est ainsi qu'émerge le tiers-monde, regroupant les pays en voie de développement en dehors de la logique des deux blocs. Cela favorise l'affirmation de nouveaux acteurs et complique l'ordre international.

Berlin : symbole de la guerre froide

Le 26 août 1961, dans le quartier de Kreuzberg, des Berlinois de l'Ouest regardent la construction du Mur. Jusque-là, la limite entre Berlin-Ouest et Berlin-Est était marquée par les fameux panneaux trilingues, rappelant le statut de la ville, occupée par les quatre puissances victorieuses en 1945 (URSS, États-Unis, Royaume-Uni et France). Désormais, la limite devient une frontière hermétique, le Mur de Berlin, l'élément le plus spectaculaire du Rideau de fer entre les deux blocs puisqu'il coupe une ville en deux.

Berlinois de l'Ouest à la limite du secteur à l'angle *Strallschreiberstraße et Alexandrinenstraße* à Berlin-Kreuzberg.

Textes dys
TOUS LES TEXTES EN VERSION DYS
lyceen.nathan.fr/lequintrecterm-2020

YOU ARE LEAVING
THE AMERICAN SECTOR
ВЫ ВЫЕЗЖАЕТЕ ИЗ
АМЕРИКАНСКОГО СЕКТОРА
VOUS SORTEZ
DU SECTEUR AMÉRICAIN
SIE VERLASSEN DEN AMERIKANISCHEN SEKTOR
erstraße

REPÈRES

Une nouvelle donne géopolitique

En Première

Vous avez étudié le processus de colonisation, par lequel les puissances européennes ont accentué leur domination sur le monde à la fin du XIXe siècle.

Dans les chapitres précédents

- **Dans le chapitre 2**, vous avez analysé le régime totalitaire mis en place en URSS par Staline entre 1929 et 1945.
- **Dans le chapitre 4**, vous avez vu comment, entre 1945 et 1949, naît la guerre froide entre les deux superpuissances victorieuses de la Seconde Guerre mondiale, les États-Unis et l'URSS.

Dans ce chapitre

Nous allons montrer que les relations internationales, entre 1949 et le début des années 1970, sont marquées à la fois par la bipolarisation et la décolonisation.

Frise interactive

1945 – 1950 – 1955 – 1960 – 1965 – 1970 – 1975

GUERRE FROIDE

- **1947-1953** Paroxysme de la guerre froide
- **1954-1962** « Coexistence pacifique »
- **1962-1975** « Détente »

- **1950›1953** GUERRE DE CORÉE
- Crise de Cuba **1962**
- **1965›1975** Guerre du Vietnam
- **1949** URSS puissance nucléaire
- **1949** République populaire de Chine
- **1950** OTAN
- **1953** Mort de Staline
- **1955** Pacte de Varsovie
- **1961** Construction du mur de Berlin
- Mouvements sociaux et étudiants dans le monde **1968**

DÉCOLONISATION

- **1946›1954** Guerre d'Indochine
- **1954›1962** GUERRE D'ALGÉRIE
- **1947** Indépendance de l'Inde
- **1955** Conférence de Bandung
- **1956** Crise de Suez
- **1956** Indépendance du Maroc et de la Tunisie
- **1960** Indépendance de 13 colonies françaises d'Afrique subsaharienne
- **1967** Guerre des Six-Jours
- **1969** Festival panafricain à Alger
- **1973** Guerre du Kippour

Points de passage

1962 : la crise des missiles de Cuba

Ayant évité de peu l'affrontement nucléaire, les deux Grands décident la « détente » de leurs relations.

Les guerres d'Indochine et du Vietnam

La guerre de décolonisation perdue par la France devient un conflit de la guerre froide dans lequel les États-Unis s'enlisent.

L'année 1968 dans le monde

Une vague contestataire touche les pays occidentaux et même le bloc soviétique.

Le monde entre bipolarité et décolonisation

Carte interactive

1. Une logique de blocs

Bloc occidental

- Membres de l'Alliance atlantique
- Autres alliés des États-Unis

Bloc soviétique

- Membres du pacte de Varsovie
- Autres alliés de l'URSS

2. Les points de tension entre les blocs

- Le « rideau de fer » en Europe
- 1945 États détenant officiellement l'arme nucléaire (date de la première explosion d'une bombe A)
- Crises et affrontements indirects

3. La décolonisation et l'émergence du tiers-monde

- Pays n'adhérant à aucun des deux blocs
- États socialistes refusant l'alliance soviétique
- États décolonisés entre 1945 et 1975
- Principales guerres de décolonisation

COURS

- **Repères** p. 148
- **Dossier** p. 152
- **Points de passage** p. 154, p. 156, p. 158
- **Biographies** p. 342

Podcast du cours

1. La guerre froide ou la division Est/Ouest du monde

De 1949 à 1975, les relations internationales se structurent autour de deux superpuissances : les États-Unis et l'URSS. Si leur affrontement direct est rendu impossible par l'arme nucléaire, elles s'opposent dans des conflits indirects et une rivalité permanente.

A Un monde bipolaire

Deux modèles idéologiques. Les États-Unis et l'Union soviétique défendent et diffusent des valeurs opposées. D'un côté, le modèle américain, libéral, met en avant les libertés individuelles, la démocratie et le capitalisme. De l'autre, le modèle soviétique, communiste, met en avant l'égalité, la « démocratie populaire », l'économie dirigée par l'État. L'affrontement n'est donc pas seulement géopolitique, mais aussi idéologique, entre deux systèmes qui se diabolisent mutuellement. Chaque camp veut prouver sa supériorité et la compétition s'étend à tous les domaines (technologique, sportif, etc.).

Des tensions croissantes en Asie. L'arrivée de Mao Zedong au pouvoir en Chine en 1949 fait craindre aux Occidentaux un basculement de l'Asie dans le communisme. Les États-Unis lancent une intervention militaire avec leurs alliés au secours de la Corée du Sud, quand celle-ci est envahie en 1950 par la Corée du Nord communiste. L'URSS fournit des armes et la Chine des troupes à la Corée du Nord. Les combats s'arrêtent en 1953, aucun camp ne parvenant à s'imposer clairement, et la péninsule reste divisée en deux États. La guerre de Corée a fait plus de deux millions de morts (militaires et civils).

Le face-à-face en Europe. Ces tensions accélèrent l'organisation d'un bloc politique et militaire autour de chaque superpuissance dans une Europe coupée en deux par le « Rideau de fer ». L'Allemagne est divisée en deux États en 1949 : la RFA (République fédérale allemande) ou « Allemagne de l'Ouest » et la RDA (République démocratique allemande) ou « Allemagne de l'Est ». L'alliance atlantique entre les États-Unis et leurs alliés européens se dote d'une organisation militaire en 1950 : **l'OTAN**. L'URSS réplique en créant le **pacte de Varsovie** en 1955.

B Un affrontement direct impossible

L'équilibre de la terreur. L'URSS acquiert l'arme atomique en 1949, ce qui oblige les deux superpuissances à définir une stratégie de **dissuasion nucléaire**. La guerre entre elles devient impossible, car elle conduirait à l'apocalypse nucléaire. La course aux armements vise à maintenir un niveau de dissuasion crédible face à l'autre. L'émergence d'autres puissances nucléaires (Royaume-Uni, France, Chine) vient cependant compliquer la donne.

Entre *statu quo* et crises récurrentes. La mort de Staline en 1953 et la politique de **déstalinisation** menée par son successeur, Nikita Khrouchtchev, permettent un apaisement relatif des tensions entre les deux Grands. On parle alors de « coexistence pacifique » et la compétition se déplace dans les domaines sportif et technologique. L'espace devient un nouvel enjeu de la rivalité entre l'URSS, qui

Vocabulaire

- **Déstalinisation :** politique de remise en cause des excès du stalinisme et particulièrement du culte de la personnalité, lancée par N. Khrouchtchev en 1956.
- **Détente :** phase de la guerre froide caractérisée par une volonté de dialogue et de compromis entre les deux Grands, afin de limiter les risques d'affrontement nucléaire (1962-1975).
- **Dissuasion nucléaire :** stratégie visant à dissuader un adversaire d'attaquer en le menaçant de représailles nucléaires.
- **Mouvement des droits civiques :** mouvement militant pour l'abolition de la ségrégation raciale aux États-Unis et les droits des Afro-Américains.
- **Mouvement hippie :** mouvement de la contre-culture américaine apparu dans les années 1960, rejetant les valeurs traditionnelles de l'Amérique, l'*American Way of Life* et la société de consommation.
- **OTAN (Organisation du Traité de l'Atlantique Nord) :** alliance politique et militaire défensive créée en 1950 et regroupant les États-Unis, leurs alliés en Europe occidentale et le Canada.
- **Pacte de Varsovie :** alliance militaire créée en 1955, regroupant l'URSS et ses alliés en Europe centrale et orientale.
- **« Téléphone rouge » :** nom donné en français à la *hot line*, ligne de communication directe, établie en 1963 entre Washington et Moscou (il s'agit en fait d'un téléscripteur, ancêtre du fax, puis d'une liaison radio par satellite à partir de 1971).

réalise un premier vol habité en 1961, et les États-Unis, qui envoient le premier homme sur la Lune en 1969. Mais cette désescalade des tensions n'empêche pas l'éclatement de crises majeures. En 1961, l'URSS et la RDA construisent à Berlin un mur pour empêcher l'émigration des Allemands de l'Est à Berlin-Ouest. La tension est maximale en 1962 avec la crise des missiles à Cuba, où J.F. Kennedy et N. Khrouchtchev évitent de peu la guerre nucléaire.

POINT DE PASSAGE 1962 : la crise des missiles de Cuba > p. 154

• **La Détente.** Cela pousse les deux « Grands » à une nouvelle désescalade : un « **téléphone rouge** » permet désormais la communication directe entre la Maison-Blanche et le Kremlin. Les dirigeants américains et soviétiques prennent l'habitude de se rencontrer lors de « sommets », notamment pour limiter la course aux armements. Dans cette période qualifiée de « **Détente** », les deux camps continuent cependant de s'affronter indirectement. À partir de 1964, au Vietnam, les États-Unis engagent massivement leurs troupes pour lutter contre le régime communiste installé au nord.

POINT DE PASSAGE Les guerres d'Indochine et du Vietnam > p. 156

C Les limites de la bipolarisation des relations internationales

• **La fissuration des blocs.** Sous la présidence de Charles de Gaulle, la France qui devient une puissance nucléaire en 1960, prend ses distances vis-à-vis de son allié américain. Elle reconnaît la République populaire de Chine en 1964 et quitte le commandement intégré de l'OTAN en 1966. À l'Est, la Chine affirme elle aussi son indépendance vis-à-vis de son allié soviétique : après la mort de Staline, Mao Zedong critique la politique de l'URSS et finit par rompre avec elle en 1960.

• **L'affirmation de contestations internes.** Aux États-Unis comme en URSS, des mouvements d'opposition se développent dans les années 1960. Le **mouvement des droits civiques**, les aspirations de la jeunesse (révolution sexuelle, **mouvement hippie**), les contestations de plus en plus virulentes contre la guerre du Vietnam convergent pour remettre en cause le modèle américain et la société occidentale. À l'Est, la déstalinisation permet l'expression de revendications démocratiques. Mais l'expérience réformatrice tentée en Tchécoslovaquie en 1968 est violemment réprimée par les troupes du pacte de Varsovie.

POINT DE PASSAGE L'année 1968 dans le monde > p. 158

États-Unis et URSS : des modèles opposés

États-Unis

Modèle politique

Démocratie libérale :
- Élections libres et pluralisme
- Respect des libertés individuelles (opinion, expression, religion...)
- Liberté de la presse

Modèle économique

Économie de marché :
- Libéralisme économique
- Propriété privée des moyens de production
- Rôle de l'État minimal et large place laissée à l'initiative privée

URSS

Modèle politique

Démocratie populaire :
- Parti unique (Parti communiste)
- Non-respect des libertés individuelles
- Propagande d'État

Modèle économique

Communisme :
- Collectivisation des moyens de production
- Planification de l'économie par l'État (dirigisme économique).

L'arsenal nucléaire mondial (1975)

Nombre de têtes nucléaires par pays

Pays	Nombre de têtes nucléaires
États-Unis (puissance nucléaire depuis 1945)	27 519
URSS (puissance nucléaire depuis 1949)	19 235
Royaume-Uni (puissance nucléaire depuis 1952)	500
France (puissance nucléaire depuis 1960)	188
Chine (puissance nucléaire depuis 1964)	180

Source : Bulletin of the Atomist Scientist.

LE SENS DES MOTS

La « guerre froide »

L'expression est popularisée en 1947 par le journaliste américain Walter Lippmann, pour qualifier la situation de forte tension, mais sans affrontement direct, entre les États-Unis et l'URSS. Cette expression désigne aujourd'hui la période 1947-1991, où les relations internationales sont dominées par ces deux superpuissances.

Réviser son cours

1. Comment se structure le monde à partir des années 1950 ?
2. Quelles sont les caractéristiques de l'affrontement entre les deux superpuissances ?
3. Quelles sont les limites de la bipolarisation des relations internationales ?

› Cours p. 150

L'Europe coupée en deux

La division entre les deux blocs passe au centre de l'Europe. Elle est matérialisée par une frontière hermétique, surnommée le « Rideau de fer » par Winston Churchill dès 1946. Elle devient particulièrement spectaculaire en 1961 à Berlin, quand la ville est coupée en deux par un mur.

» Quelles sont les conséquences de la guerre froide en Europe ?

1 L'Europe en 1961

Carte interactive

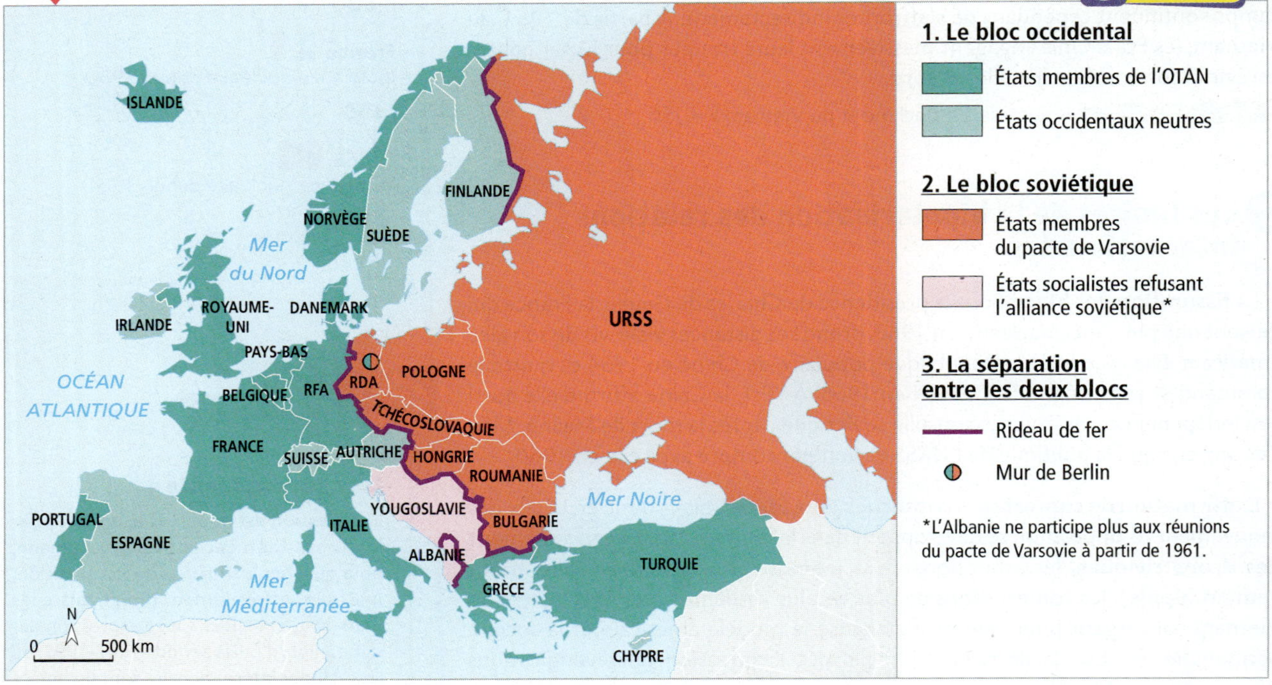

Vidéo L'histoire du mur de Berlin : de la guerre à la chute

2 La construction du mur de Berlin

Berlinois découvrant le Mur construit dans la nuit du 12 au 13 août 1961.

REPÈRES

Le mur de Berlin

Berlin est occupée par les troupes alliées depuis 1945. Les zones d'occupation américaine, britannique et française ont fusionné en 1948 pour former Berlin-Ouest. C'est une enclave occidentale au milieu du bloc de l'Est. Le statut particulier de la ville permet la circulation entre Berlin-Est, capitale de la RDA depuis 1949, et Berlin-Ouest. Pour arrêter la ruée vers l'ouest des Allemands de l'Est, Khrouchtchev et les dirigeants de la RDA décident en août 1961 de construire le mur de Berlin, qui isole hermétiquement Berlin-Ouest et coupe la ville en deux.

3 Une vision des deux camps

Une division est une unité militaire regroupant plusieurs régiments, soit entre 10 000 et 30 000 soldats.

Affiche éditée par le mouvement anticommuniste « Paix et Liberté » en France en 1961.

4 « *Ich bin ein Berliner* »

Vidéo 1963 : Kennedy à Berlin

Les grands discours

Il ne manque pas de personnes dans le monde qui ne comprennent pas ou qui prétendent ne pas comprendre quelle est la grande différence entre le monde libre et le monde communiste. Qu'ils viennent à Berlin ! D'autres disent que le communisme est la vague de l'avenir. Qu'ils viennent à Berlin ! Certains enfin, en Europe et ailleurs, disent que nous pouvons travailler avec les communistes. Qu'ils viennent à Berlin ! [...] Notre liberté éprouve certes beaucoup de difficultés et notre démocratie n'est pas parfaite. Cependant, nous n'avons jamais eu besoin, nous, d'ériger un mur pour empêcher notre peuple de s'enfuir. [...] Le Mur fournit la démonstration éclatante de la faillite du système communiste. Cette faillite est visible aux yeux du monde entier. Nous n'éprouvons aucune satisfaction en voyant ce mur, car il constitue à nos yeux, comme l'a dit votre maire, une offense non seulement à l'Histoire mais encore une offense à l'humanité [...].

Ce qui est vrai pour cette ville l'est pour l'Allemagne. [...] Vous vivez assiégés dans un îlot de liberté, mais votre vie fait partie d'un tout. [...] La liberté est indivisible, et quand un homme est réduit en esclavage, aucun autre n'est libre. Quand tous seront libres, alors nous pourrons attendre le jour où cette ville ne sera plus divisée, le jour où ce pays divisé ne fera plus qu'un, et où ce grand continent qu'est l'Europe vivra dans l'espoir et la paix. Quand ce jour viendra enfin, et il viendra, le peuple de Berlin pourra se féliciter d'avoir tenu bon sur la ligne de front pendant près de deux décennies. Tous les hommes libres, où qu'ils vivent, sont des citoyens de Berlin, et c'est pourquoi, en homme libre, je suis fier de prononcer ces mots : « *Ich bin ein Berliner.* »

John Fitzgerald Kennedy, Discours prononcé à Berlin le 26 juin 1963.

Questions

1. **Montrez** en quoi l'Europe est particulièrement concernée par la confrontation Est/Ouest (**doc. 1 et 3**).
2. **Analysez** le point de vue du concepteur de l'affiche et les techniques utilisées pour faire passer son message (**doc. 3**).
3. **Expliquez** pourquoi Berlin constitue un lieu de crispation des relations entre les deux superpuissances (**doc. 2, 4 et Repères**).
4. **Expliquez** comment Kennedy fait de Berlin un symbole de la guerre froide (**doc. 4**).
5. À partir des réponses aux questions précédentes, répondez de manière organisée à la problématique.

Les grands discours (doc. 4)

1. **Caractérisez** le procédé rhétorique utilisé par Kennedy au début de cet extrait.
2. **Analysez** l'usage qu'il fait du « nous » et du « vous » en montrant à qui renvoient les deux pronoms personnels.
3. **Expliquez** le sens de l'expression « Ich bin ein Berliner » et la raison pour laquelle Kennedy s'exprime en allemand.
4. **Relevez** les deux expressions utilisées par Kennedy pour qualifier Berlin-Ouest et sa situation dans la guerre froide. Expliquez dans quel but il utilise ces expressions.

POINT DE PASSAGE

> Cours p. 150

1962 : la crise des missiles de Cuba

>> Pourquoi le monde a-t-il frôlé la guerre nucléaire en 1962 ?

CONTEXTE

- En 1959, le révolutionnaire Fidel Castro prend le pouvoir à Cuba, chassant un dictateur pro-américain. Les États-Unis disposent d'une base militaire (Guantanamo) à Cuba et s'inquiètent de l'arrivée de ce nouvel acteur politique dans leur zone d'influence. Ils tentent, en vain, de le renverser en 1961. En février 1962, Cuba est exclue de l'OEA (Organisation des États américains) et soumise à un embargo (suspension des relations commerciales avec les États-Unis). Le 22 octobre 1962, Kennedy ordonne le blocus de l'île (opération militaire empêchant un État d'avoir des relations avec tous les autres États).

- Castro se rapproche alors de l'URSS qui décide, en 1962, d'installer des missiles nucléaires sur l'île pour protéger son nouvel allié. Les deux superpuissances n'ont jamais été aussi proches de la guerre. Kennedy et Khrouchtchev parviennent cependant à négocier un compromis.

Vidéo La crise des missiles de Cuba

1 Des missiles pointés sur les États-Unis

Carte interactive

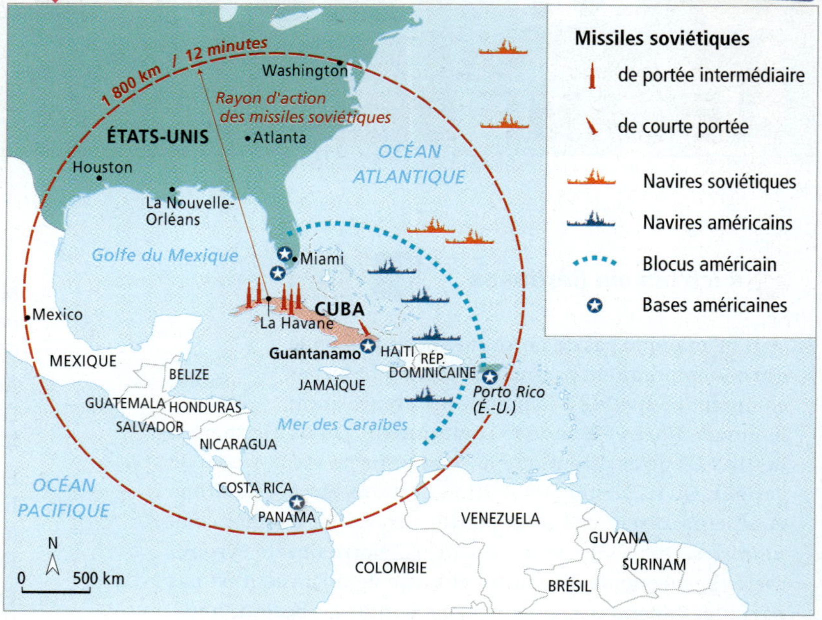

2 Protéger Cuba

En installant nos fusées à Cuba, nous n'avions pas la moindre envie de déclencher une guerre. Notre principal objectif, au contraire, était de dissuader l'Amérique de le faire elle-même. Nous étions parfaitement conscients du fait qu'un tel conflit ne pourrait se limiter à Cuba mais se transformerait vite en guerre mondiale. Seul un idiot pourrait croire que nous avions l'intention d'envahir le continent américain à partir de Cuba. Nous voulions exactement le contraire : empêcher les Américains d'envahir Cuba [...].

Quand les Américains eurent deviné ce que nous étions en train de faire à Cuba, ils lancèrent une vaste campagne de presse, proclamant que nous menacions la sécurité des États-Unis et autres accusations de ce genre. L'hostilité montait et la presse américaine versait de l'huile sur le feu. [...] Et les Américains se mirent à faire agressivement étalage de leur puissance. [...] Une note fut envoyée aux Américains dans laquelle nous nous déclarions prêts à évacuer les fusées et les bombardiers si le président nous donnait l'assurance que Cuba ne ferait l'objet d'aucune invasion de la part des États-Unis ou de tout autre pays. Finalement Kennedy céda.

Nikita Khrouchtchev, *Souvenirs*, trad. par P. Chwat, P. Girard et R. Olcina, Robert Laffont, 1971.

Biographies

John Fitzgerald Kennedy
(1917-1963)
Président démocrate des États-Unis de 1961 à 1963.

Nikita Khrouchtchev
(1894-1971)
Dirige l'URSS de 1953 à 1964.

> Biographies p. 342

3 Le bras de fer

« D'accord M. le Président, discutons », caricature de L.G. Illingworth, *Daily Mail*, 29 octobre 1962.

4 Le *statu quo* nucléaire en danger

Durant plusieurs années, l'Union soviétique, de même que les États-Unis [...] ont installé leurs armements nucléaires stratégiques avec grand soin, de façon à ne jamais mettre en danger le *statu quo* précaire qui garantissait que ces armements ne seraient pas utilisés autrement qu'en cas de provocation mettant notre vie en jeu. [...] Il n'empêche que les citoyens américains se sont habitués à vivre quotidiennement sous la menace des missiles soviétiques installés sur le territoire de l'URSS ou bien embarqués à bord de sous-marins. Dans ce contexte, les armes qui sont à Cuba ne font qu'aggraver un danger évident et actuel – bien qu'il faille prendre note du fait que les nations d'Amérique latine n'ont jamais jusqu'à présent été soumises à une menace nucléaire en puissance.

Mais cette implantation secrète, rapide et extraordinaire de missiles communistes dans une région bien connue comme ayant un lien particulier et historique avec les États-Unis et les pays de l'hémisphère occidental, en violation des assurances soviétiques et au mépris de la politique américaine et de celle de l'hémisphère – cette décision soudaine et clandestine d'implanter pour la première fois des armes stratégiques hors du sol soviétique – constitue une modification délibérément provocatrice et injustifiée du *statu quo*, qui ne peut être acceptée par notre pays si nous voulons que notre courage et nos engagements soient reconnus comme valables par nos amis comme par nos ennemis. [...]

Nous ne risquerons pas prématurément ou sans nécessité le coût d'une guerre nucléaire mondiale dans laquelle même les fruits de la victoire n'auraient dans notre bouche qu'un goût de cendre, mais nous ne nous déroberons pas devant ce risque, à quelque moment que nous ayons à y faire face.

John Fitzgerald Kennedy, Déclaration télévisée du 22 octobre 1962.

REPÈRES

L'hémisphère occidental

Depuis le XIXe siècle, les États-Unis se considèrent comme le protecteur de l'ensemble du continent américain, qu'ils appellent « **l'hémisphère occidental** ». Cela se concrétise par la création en 1948 de l'OEA, rassemblant tous les États du continent (sauf le Canada).

Questions

Parcours A Répondre aux questions

1. **Expliquez** la menace que représente l'installation des fusées soviétiques à Cuba pour les États-Unis (**doc. 1 et 4**).
2. **Analysez** les raisons qui, selon Khrouchtchev, poussent les Soviétiques à implanter des missiles sur cette île (**doc. 2**).
3. **Expliquez** la stratégie adoptée par les États-Unis (**doc. 1 et 4**).
4. **Décrivez** la manière dont s'opère la sortie de crise (**doc. 2, 3 et 4**).
5. À partir des réponses aux questions précédentes, répondez de manière organisée à la problématique.

ou

Parcours B Écrire un récit fictif

Après avoir prélevé les informations essentielles dans chaque document, et en vous mettant dans la peau d'un diplomate américain ou soviétique, vous raconterez le déroulement de la crise et de sa résolution en tenant compte du point de vue choisi.

POINT DE PASSAGE

> Cours p. 150

Les guerres d'Indochine et du Vietnam

>> Comment passe-t-on d'une guerre de décolonisation à un conflit de la guerre froide ?

CONTEXTE

- En 1945, le Viêt-Minh proclame son indépendance face à la puissance coloniale française. La France s'engage alors dans une guerre de décolonisation qui s'achève par une sévère défaite en 1954 : les accords de Genève accordent l'indépendance au Vietnam, au Laos et au Cambodge.
- Le Vietnam est alors coupé en deux : au nord, un régime communiste soutenu par l'URSS, au sud, un gouvernement soutenu par les États-Unis. À partir des années 1960, les Américains engagent massivement leurs troupes pour lutter contre le Viêt-Cong, qui déstabilise le régime du Sud, et contrer les tentatives du Nord pour réunifier le Vietnam.

Vidéo Vietnam, la fin de la guerre

LE SENS DES MOTS

Viêt-Minh
Nom abrégé de l'Alliance pour l'indépendance du Vietnam, fondée en 1941 par Hô Chi Minh et dominée par les communistes.

Viêt-Cong
Front national de libération du Sud-Vietnam (FNL), créé en 1960 pour lutter contre le régime du Sud-Vietnam et réunifier le pays sous l'égide du Nord. Ses adversaires l'appellent le Viêt-Cong (« Viêtnam communiste »).

1 Les guerres d'Indochine et du Vietnam

Carte interactive

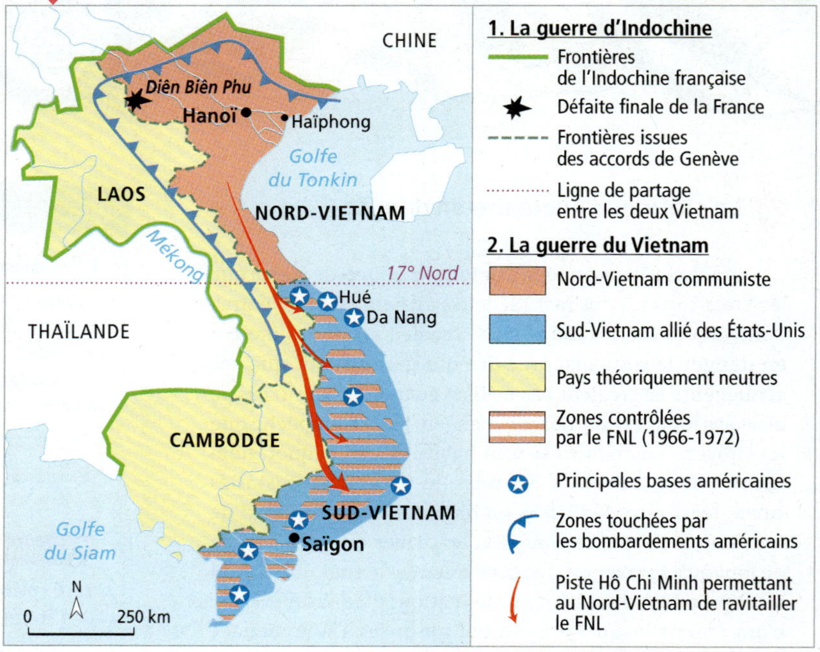

2 L'indépendance du Vietnam

Tout le peuple du Vietnam, animé d'une même volonté, est déterminé à lutter jusqu'au bout contre toute tentative d'agression de la part des colonialistes français.

Nous sommes convaincus que les Alliés, qui ont reconnu les principes de l'égalité des peuples aux conférences de Téhéran et de San Francisco, ne peuvent pas ne pas reconnaître l'indépendance du Vietnam.

Un peuple qui s'est obstinément opposé à la domination française pendant plus de quatre-vingts ans, un peuple qui, durant ces dernières années, s'est résolument rangé du côté des Alliés pour lutter contre le fascisme, ce peuple a le droit d'être libre, ce peuple a le droit d'être indépendant.

Pour ces raisons, nous, membres du gouvernement provisoire de la République démocratique du Vietnam, proclamons solennellement au monde entier : le Vietnam a le droit d'être libre et indépendant et, en fait, est devenu un pays libre et indépendant.

Communiqué d'Hô Chi Minh, le 2 septembre 1945.

- 1945 **Déclaration d'indépendance**.
- 1946 **Soulèvement du Viêt-Minh** et début de l'engagement français.
- 1954 Défaite française de **Diên Biên Phu** et **Accords de Genève**.
- 1964 **Les États-Unis engagent leurs troupes** au Vietnam.
- 1965 Début des **bombardements massifs** de l'aviation américaine (B-52) sur le Nord-Vietnam.
- 1968 Nixon annonce le **désengagement des États-Unis**.
- 1973 **Accords de Paris** : paix entre les États-Unis et le Vietnam du Nord.
- 1975 Le **Vietnam** est réunifié sous un **régime communiste**.

3 Une affiche vietnamienne

Traduction : « 34 forteresses volantes B-52 ont été descendues par l'armée populaire du Nord ! La guerre donne la migraine à Nixon[1] ! »

Affiche éditée par l'armée populaire du Nord-Vietnam au début des années 1970.

1. Président républicain des États-Unis de 1969 à 1974.

4 Bilan de la guerre du Vietnam

Les forces américaines déployées au Vietnam

En milliers de soldats

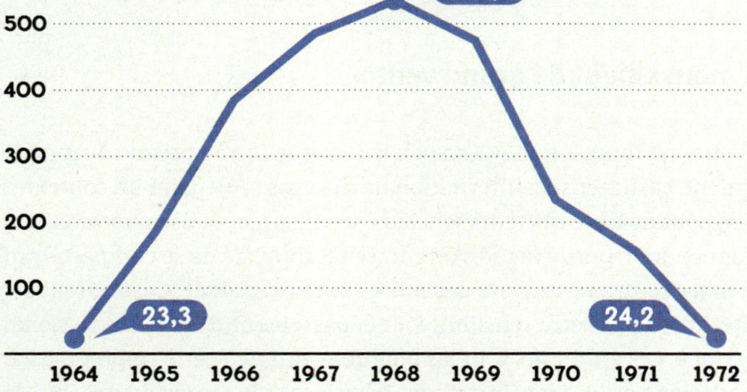

Les victimes du conflit (1964-1973)

En nombre de personnes

2 000 000 de Vietnamiens tués (victimes des deux camps, essentiellement civiles)

58 000 soldats américains tués (morts au combat, autres pertes…)

153 303 soldats américains blessés

L'armée américaine a utilisé des armes dévastatrices comme les bombes incendiaires (napalm) et l'agent orange (défoliant chimique).

Questions

Parcours A Répondre aux questions

1. **Identifiez** les raisons qui poussent Hô Chi Minh à proclamer l'indépendance de son pays (**doc. 2**).
2. **Expliquez** les conséquences du départ des Français d'Indochine en 1954 (**doc. 1**).
3. **Comparez** les stratégies militaires du FNL et de l'armée américaine (**doc. 1, 3 et 4**).
4. **Montrez** que la guerre du Vietnam est un conflit de la guerre froide (**doc. 1, 3 et 4**).
5. À partir des réponses aux questions précédentes, répondez de manière organisée à la problématique.

ou

Parcours B Réaliser une carte mentale

À partir des informations prélevées dans les documents, complétez la carte mentale ci-dessous.

- Indochine/(puis) Vietnam
  - Un point de tension de la guerre froide
  - Un pays au cœur du mouvement de décolonisation
  - Un affrontement inégal

POINT DE PASSAGE

> Cours p. 150

L'année 1968 dans le monde

>> Pourquoi les mouvements qui éclatent en 1968 ébranlent-ils l'ordre mondial ?

CONTEXTE

- L'année 1968 voit surgir, de manière spontanée et convergente, des mouvements de contestation dans le monde entier. Souvent issus de la jeunesse, ils remettent en cause l'ordre bipolaire et ébranlent les deux superpuissances et leurs alliés.

Février
- **Début du « Printemps de Prague ».**
- **Occupation de l'université de Rome** en Italie.

Avril
- **Émeutes aux États-Unis** suite à l'assassinat de Martin Luther King.

Mai
- **Révolte étudiante et grandes grèves en France.**
- **Révolte étudiante au Japon.**

Août
- **Écrasement du « Printemps de Prague »** par les trouves soviétiques.
- **Les étudiants américains s'insurgent contre la guerre du Vietnam.**

Octobre
- **Mouvement de libération des femmes aux États-Unis** contre l'élection de Miss America.
- **« Massacre de Tlatelolco »** au Mexique : l'armée ouvre le feu contre des étudiants qui manifestent à quelques jours de l'ouverture des Jeux olympiques.

Novembre
- **Manifestations au Liban** en soutien à la cause palestinienne.

1 Une manifestation en Allemagne de l'Ouest

(1) Traduction de la pancarte : « Fin des bombardements au Nord-Vietnam. »

(2) Pancarte à droite : portrait d'Ernesto « Che » Guevara, médecin argentin et militant anti-impérialiste, il est un des leaders de la révolution cubaine aux côtés de Fidel Castro. Son visage est devenu une icône révolutionnaire.

Manifestation contre la guerre du Vietnam à Kiel, mars 1968.

2 « Un mouvement de grand vent »

Les événements français de 1968 ne peuvent que se lire au prisme du monde où ils s'arriment. La dimension internationale n'est pas seulement un contexte ; c'est un enjeu pour nombre d'acteurs soucieux de s'insurger dans un mouvement de grand vent où les frontières indiffèrent. Le 68 français ne se comprendrait pas sans la matrice internationale des mois qui le précèdent. Certes, tous les protagonistes n'ont pas cette sensibilité au dépassement d'un cadre national jugé trop étriqué. Les étudiants sont les plus déterminés à cette imprégnation par les circulations et les transferts hors frontières : le temps disponible, la possibilité de voyager et les bouleversements qui touchent partout les universités les avantagent en la matière. Il en va de même pour les organisations qui se réclament d'un projet révolutionnaire et se réfèrent par tradition à l'internationalisme. [...] Très vite, des déclarations de soutien arrivent du monde entier, tandis que, dans les universités occupées, des commissions et exposés sont proposés sur la situation de nombreux pays, de la Chine à Cuba, du Japon aux États-Unis, de l'Allemagne à l'Italie. Les expériences circulent, se relatent et s'influencent, au plus près d'un internationalisme concret.

Ludivine Bantigny, *1968. De grands soirs en petits matins*, Seuil, 2018.

3 La révolte des Praguois

Les lieux de l'histoire

En janvier 1968, les communistes réformateurs arrivent au pouvoir en Tchécoslovaquie pour créer un « socialisme à visage humain ». Mais l'URSS refuse cette démocratisation, perçue comme une trahison du socialisme. Les forces du pacte de Varsovie envahissent le pays en août.

Des Praguois entourent un char d'assaut lors de l'invasion soviétique de la Tchécoslovaquie, 21 août 1968.

4 Les Jeux olympiques de Mexico

Le 16 octobre 1968, les athlètes américains Tommie Smith et John Carlos obtiennent les médailles d'or et de bronze au 200 mètres. Leur décision de lever le poing (le gant de cuir est un symbole du Black Panther Party) lors de la remise des médailles, alors qu'on joue l'hymne américain, fait scandale.

Vidéo Les poings levés de Tommie Smith et John Carlos

Questions

1. **Identifiez** les acteurs des mobilisations qui surgissent en 1968 (**doc. 1 à 4**).
2. **Décrivez** ces deux photographies et caractérisez les revendications des manifestants (**doc. 1 et 3**).
3. **Expliquez** le geste des deux athlètes américains (**doc. 4**).
4. **Analysez** les facteurs de l'internationalisation du mouvement contestataire en 1968 (**doc. 2 et 4**).
5. À partir des réponses aux questions précédentes, répondez de manière organisée à la problématique.

Les lieux de l'histoire (doc. 3)

Vous êtes guide touristique à Prague en République tchèque. En 10 minutes, vous devez présenter à un groupe de touristes français le Printemps de Prague et ses conséquences, et montrer en quoi il s'inscrit dans un mouvement contestataire international.

Aide

> Repères p. 148
> Dossiers p. 162, p. 163, p. 164, p. 166, p. 168
> Biographies p. 342

Podcast du cours

2. La décolonisation et l'émergence du tiers-monde

L'un des rares points d'accord entre les deux superpuissances est de favoriser la décolonisation. Celle-ci permet l'affirmation de nouveaux États et complique l'ordre bipolaire issu de la guerre froide.

A La décolonisation

Un contexte favorable. Au sortir de la Seconde Guerre mondiale, les puissances coloniales européennes sont affaiblies. Les sacrifices consentis par leurs colonies durant le conflit, l'affirmation du droit des peuples à disposer d'eux-mêmes dans la Charte des Nations unies, l'anticolonialisme affiché des États-Unis et de l'URSS favorisent l'émancipation des peuples colonisés.

Un processus souvent pacifique. Les colonies peuvent devenir des États souverains en négociant le retrait de leur métropole. Ainsi l'Empire britannique des Indes se transforme en 1947-1948 en quatre États (Inde, Pakistan, Birmanie, Sri Lanka). Le Royaume-Uni accorde aussi l'indépendance en 1957 à la Malaisie et au Ghana ; la France à la Tunisie et au Maroc en 1956 et à 13 colonies d'Afrique subsaharienne en 1960.

Une décolonisation parfois conflictuelle. Mais les métropoles peuvent néanmoins refuser la **décolonisation** et l'abandon de territoires considérés comme stratégiques. Les Pays-Bas mènent une guerre en Indonésie de 1945 à 1949. La France refuse l'indépendance de l'Indochine, puis de l'Algérie et s'engage alors dans deux conflits meurtriers de 1946 à 1954, puis de 1954 à 1962. Le Portugal ne renonce à ses colonies africaines qu'en 1975, après plusieurs années de guerre (Mozambique, Angola).

POINT DE PASSAGE Les guerres d'Indochine et du Vietnam > p. 156

B L'émergence du tiers-monde et la construction de nouveaux États

Des États fragiles. Les États issus de la décolonisation sont confrontés à des problèmes communs. Souvent, les partis politiques qui ont permis l'accession à l'indépendance des nouveaux États accaparent le pouvoir et mettent en place des dictatures. Le poids du passé colonial, qui a structuré des sociétés inégalitaires, le manque de personnels politiques bien formés, la corruption minent l'autorité de l'État. Tous ces pays rencontrent par ailleurs des difficultés économiques et sociales qui freinent leur développement.

Des revendications communes. Dans le contexte de la guerre froide, les nouveaux États sont courtisés par les deux superpuissances. Certains s'engagent sur la voie du socialisme, d'autres se placent sous la protection des États-Unis. Dès 1955 néanmoins, les pays regroupés lors de la conférence de Bandung affirment leur volonté de traiter d'égal à égal avec les grandes puissances. Un **mouvement des non-alignés** souhaite faire émerger un tiers-monde indépendant des rivalités Est-Ouest.

Vocabulaire

- **Décolonisation** : passage pour un territoire du statut de colonie à celui d'État souverain.
- **Mouvement des non-alignés** : organisation créée en 1961 et regroupant les pays qui refusent de s'aligner sur un bloc. Ses premiers dirigeants sont Gamal Abdel Nasser (Égypte), Jawaharlal Nehru (Inde) et Josip Broz Tito (Yougoslavie).
- **Nakba** : le terme, qui signifie « catastrophe » en arabe, fait référence à la fuite des Palestiniens des territoires contrôlés par Israël après la première guerre israélo-arabe en 1948-1949.
- **OLP (Organisation pour la Libération de la Palestine)** : créée en 1964 pour combattre Israël, elle rassemble plusieurs mouvements nationalistes, plus ou moins radicaux. Elle est dirigée à partir de 1968 par Yasser Arafat.

REPÈRES

Les deux Grands et la colonisation

Ancienne colonie britannique, les États-Unis, qui ont mené une guerre d'indépendance de 1775 à 1783, condamnent dès le XIXe siècle la colonisation européenne au nom du droit des peuples à disposer d'eux-mêmes (réaffirmé dans la Charte des Nations unies en 1945). L'Union soviétique entend combattre au nom de l'internationalisme et de l'égalité des peuples toute forme d'impérialisme, et en tout premier lieu le colonialisme vu comme une extension naturelle du nationalisme et d'un capitalisme prédateur.

C Le Proche et le Moyen-Orient : un foyer de tensions internationales

Un espace convoité par les superpuissances. La Seconde Guerre mondiale et la décolonisation ont marginalisé la France et le Royaume-Uni au Proche et au Moyen-Orient. Les États-Unis et l'URSS tentent d'imposer leur influence sur cette région riche en hydrocarbures et où le canal de Suez met en communication la Méditerranée et l'océan Indien. Certains pays comme la Syrie et l'Égypte se rapprochent de Moscou. Mais les États-Unis sont mieux implantés dans la région, avec comme alliés majeurs Israël, l'Arabie Saoudite, la Turquie et l'Iran.

Les guerres israélo-arabes. La naissance d'Israël a bouleversé la région. L'État hébreu est confronté à l'hostilité des pays arabes voisins. En 1956, la crise de Suez est considérée comme la deuxième guerre israélo-arabe, parce qu'Israël, allié aux forces franco-britanniques, attaque l'Égypte. La troisième guerre est celle des Six-Jours en 1967, où Israël agrandit son territoire aux dépens de l'Égypte, de la Syrie et de la Jordanie. La quatrième guerre est celle du Kippour, en 1973. Attaqué pendant la fête religieuse de Kippour, Israël parvient finalement à vaincre les troupes égyptiennes et syriennes.

L'émergence de la question palestinienne. La **Nakba** a entraîné l'installation de centaines de milliers de Palestiniens dans les pays arabes voisins, déstabilisant parfois les équilibres internes à ceux-ci. Cet exil se poursuit en 1967 après la guerre des Six-Jours alors qu'Israël occupe de nouveaux territoires. Le sort des réfugiés entretient un fort sentiment anti-israélien dans les pays arabes et dans l'opinion internationale. Le nationalisme palestinien se renforce avec la création de l'**OLP** en 1964, qui mène désormais la lutte contre Israël. Le terrorisme fait partie de ses moyens d'action : des commandos palestiniens détournent des avions en 1968 et assassinent les athlètes israéliens lors des Jeux olympiques à Munich en 1972.

LE SENS DES MOTS

L'expression « **tiers-monde** » a été créée en 1952 par le géographe français Alfred Sauvy. De même que le tiers état voulait s'affirmer en 1789 face aux deux ordres privilégiés (clergé et noblesse), le tiers-monde veut exister en dehors des deux blocs. Il est cependant difficile de trouver une cohérence géopolitique à cet ensemble, malgré des difficultés économiques et sociales partagées. L'expression a été successivement remplacée par d'autres : pays sous-développés, pays en développement, pays du Sud, PHA.

Réviser son cours

1. **Comment se déroule le mouvement de décolonisation à partir de 1945 ?**
2. **Comment se positionnent les pays du tiers-monde dans le contexte international de la guerre froide ?**
3. **Pour quelles raisons le Proche et le Moyen-Orient apparaissent-ils comme un nouveau foyer de conflit durant cette période ?**

L'émergence du tiers-monde

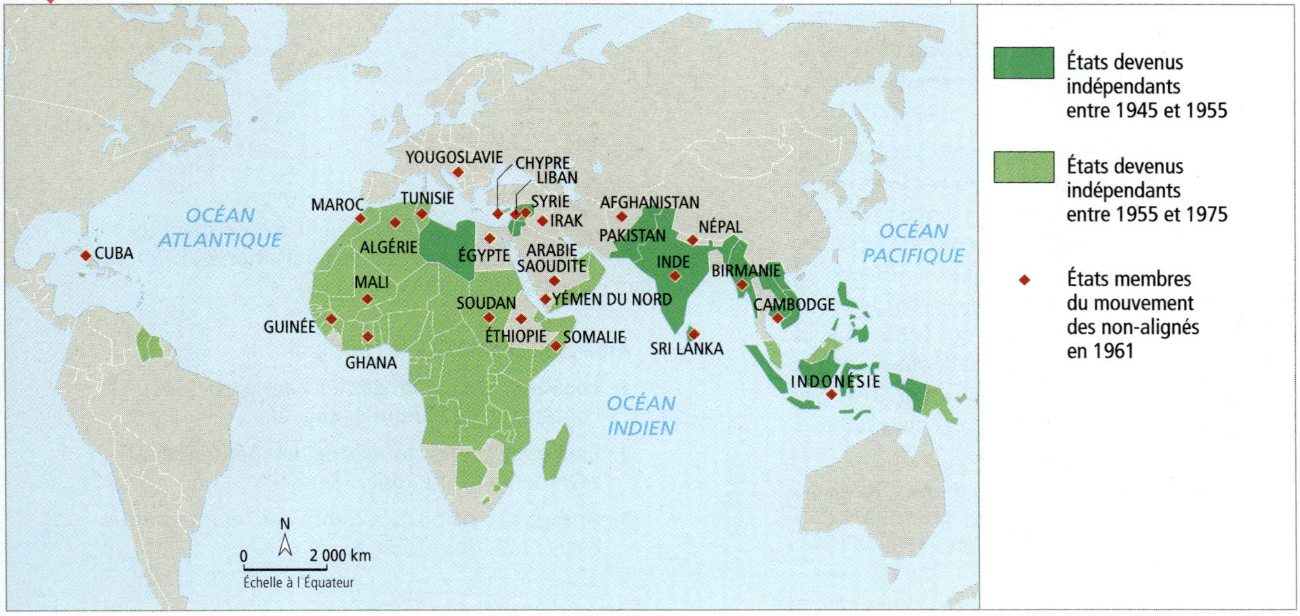

DOSSIER

> Cours p. 160
> Biographies p. 342

La conférence de Bandung (1955)

La conférence de Bandung réunit du 18 au 24 avril 1955, en Indonésie, 29 États asiatiques et africains. Le projet a été lancé par les dirigeants de pays récemment décolonisés, comme Jawaharlal Nehru, Premier ministre de l'Inde, et Soekarno, président de l'Indonésie.

1 Bandung, « capitale de l'Asie et de l'Afrique »

Depuis sept jours nous sommes dans cette belle ville de Bandung, et Bandung a été au cours de cette semaine le point de mire, la capitale, devrais-je dire, de l'Asie et de l'Afrique [...]. Il y a aujourd'hui un autre esprit en Asie. [...] L'Asie n'est plus passive. [...] Il n'y a plus d'Asie soumise, elle est vivante, dynamique. [...] Nous sommes résolus à n'être d'aucune façon dominés par aucun pays, par aucun continent. Nous ne sommes pas des « béni-oui-oui » qui disent « oui » à n'importe quel pays. Nous sommes des grands pays du monde et voulons vivre libres sans recevoir d'ordres de personne.

Nous attachons de l'importance à l'amitié des grandes puissances, mais, [...] à l'avenir, nous ne coopérerons avec elles que sur un pied d'égalité. C'est pourquoi nous élevons notre voix contre l'hégémonie et le colonialisme dont beaucoup d'entre nous ont souffert pendant longtemps. Et c'est pourquoi nous devons veiller à ce qu'aucune autre forme de domination ne nous menace. Nous voulons être amis avec l'Ouest, avec l'Est, avec tout le monde. Le seul chemin qui mène droit au cœur et à l'âme de l'Asie est celui de la tolérance, de l'amitié et de la coopération. [...]

Je pense qu'il n'y a rien de plus terrible que l'immense tragédie qu'a vécue l'Afrique depuis quelques siècles, [...] depuis l'époque où des millions d'Africains ont été expédiés comme esclaves en Amérique ou ailleurs. [...] Malheureusement, même aujourd'hui, le drame de l'Afrique est plus grand que celui d'aucun autre continent, tant au point de vue racial que politique. Il appartient à l'Asie d'aider l'Afrique au mieux de ses possibilités, car nous sommes des continents frères.

Jawaharlal Nehru, Discours de clôture de la conférence de Bandung, 24 avril 1955, dans Jawaharlal Nehru, *Discours*, New Delhi, 1949-1961.

2 Les pays participants

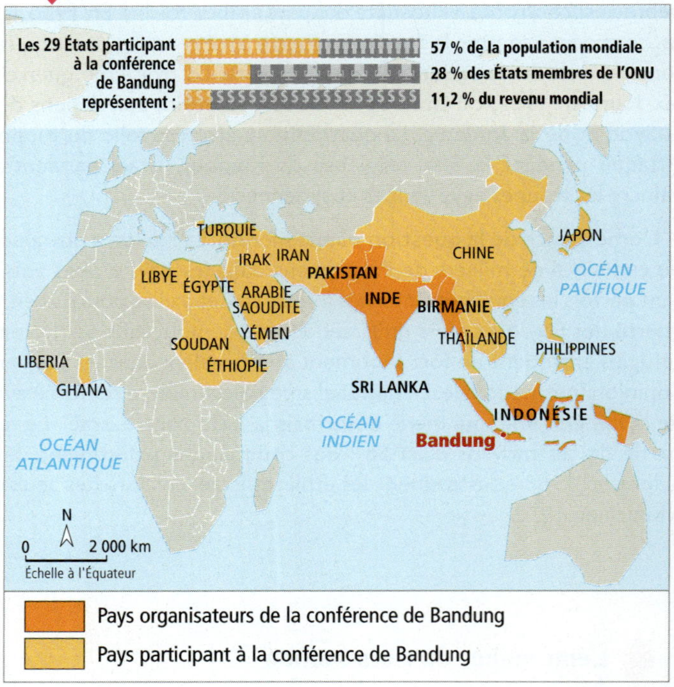

Objectif BAC

Consigne

En analysant les documents, montrez comment les nouveaux États issus de la décolonisation s'affirment dans les relations internationales.

Aide pour répondre à la consigne

1. **Localisez** et **caractérisez** les pays participant à la conférence de Bandung (**doc. 2**).
2. **Expliquez** quelles formes de domination rejette Jawaharlal Nehru (**doc. 1**).
3. **Analysez** la vision qu'a Nehru des relations entre l'Asie et l'Afrique (**doc. 1**).

> Cours p. 160
> Biographies p. 342

La nationalisation du canal de Suez

Après le refus d'un prêt de la Banque mondiale pour financer le barrage d'Assouan, nécessaire au développement de la vallée du Nil, le président égyptien, Gamal Abdel Nasser, décide en 1956 de nationaliser le canal de Suez. Ce passage stratégique est contrôlé par une société privée franco-britannique. La décision de Nasser provoque la « crise de Suez », qui voit le recul des anciennes puissances coloniales.

- 1869 — **Construction du canal de Suez.**
- 1932 — **Indépendance de l'Égypte.**
- 26 juillet 1956 — **Nationalisation du canal** par l'Égypte.
- 29 octobre 1956 — **Opération militaire** menée par le Royaume-Uni, la France et leur allié israélien pour tenter de reprendre le contrôle du canal.
- 7 novembre 1956 — **Évacuation des troupes israéliennes, britanniques et françaises** sous la pression des États-Unis et de l'URSS.

1 « Ce canal est la propriété de l'Égypte »

Aujourd'hui, nous avons l'occasion de poser les bases de la dignité et de la liberté et nous viserons toujours à l'avenir à consolider ces bases et à les rendre encore plus fortes et plus solides. [...] Nous sommes tous là, aujourd'hui, pour mettre une fin absolue à ce sinistre passé et si nous nous tournons vers ce passé, c'est uniquement dans le but de le détruire. Nous ne permettrons pas que le canal de Suez soit un État dans l'État. Aujourd'hui, le canal de Suez, est une société égyptienne, des fonds desquels l'Angleterre a pris 44 % de ses actions. L'Angleterre profite, jusqu'à présent, des bénéfices de ces actions ; le revenu de ce canal en 1955 a été évalué à 35 millions de livres, soit 140 millions de dollars, desquels il nous revient un million de livres, soit 3 millions de dollars. La voici donc la société égyptienne qui a été créée pour l'intérêt de l'Égypte [...]. La pauvreté n'est pas une honte, mais c'est l'exploitation des peuples qui l'est. Nous reprendrons tous nos droits, car tous ces fonds sont les nôtres, et ce canal est la propriété de l'Égypte. La Compagnie est une société anonyme égyptienne, et le canal a été creusé par 120 000 Égyptiens, qui ont trouvé la mort durant l'exécution des travaux.

Gamal Abdel Nasser, Discours à Alexandrie, le 26 juillet 1956, dans *Notes et études documentaires : Écrits et discours du colonel Nasser, 20 août 1956*, Paris, La Documentation française.

2 L'Égypte souveraine

Une de l'hebdomadaire italien *La Domenica del Corriere*, 12 août 1956.

Vidéo La crise du canal de Suez

Objectif BAC

Consigne

En analysant les documents, montrez en quoi la décision du président Nasser de nationaliser le canal de Suez est emblématique de l'affirmation du tiers-monde.

Aide pour répondre à la consigne

1. **Expliquez** les raisons de la nationalisation du canal de Suez selon Gamal Abdel Nasser (**doc. 1**).
2. **Décrivez** la manière dont est représenté Nasser sur cette image (**doc. 2**).
3. **Montrez** que cette nationalisation représente pour l'Égypte une question de souveraineté (**doc. 1 et 2**).

> Cours p. 160
> Biographies p. 342

La Chine maoïste : l'affirmation d'une puissance internationale

Puissance communiste depuis 1949, alliée de l'URSS, la Chine maoïste rompt avec les Soviétiques en 1960. Elle se tourne progressivement vers les pays du tiers-monde et tente de s'affirmer comme une puissance indépendante dans les relations internationales.

>> Comment la Chine s'affirme-t-elle comme une puissance à part entière dans les relations internationales ?

- 1949 Mao Zedong proclame la **République populaire de Chine**.
- 1955 La Chine **participe à la conférence de Bandung**.
- 1960 **La Chine rompt ses relations avec l'URSS.**
- 1964 La France reconnaît la République populaire de Chine.
  La Chine se dote de l'**arme nucléaire**.
- 1971 **Le président américain Nixon** effectue une **visite officielle à Pékin**.
  La République populaire de Chine récupère le siège de **membre permanent au Conseil de sécurité de l'ONU**.

1 La puissance américaine vue par Mao Zedong

Même avec l'aide de l'impérialisme américain, le Guomindang n'a pas pu nous vaincre. Le grand, le puissant ne peut pas gagner, tandis que le petit, le faible finit toujours par l'emporter. À présent, l'impérialisme américain est très puissant, mais cette puissance n'est pas réelle. Il est très faible sur le plan politique, parce qu'il est coupé des larges masses populaires et que tout le monde le déteste, y compris le peuple américain. Il est très puissant en apparence mais n'a rien de redoutable en réalité, c'est un tigre en papier. Vu de l'extérieur, c'est un tigre, mais il est fait en papier et ne peut résister ni au vent ni à la pluie. [...]

L'Histoire tout entière, l'histoire plusieurs fois millénaire de la société de classes de l'humanité, a confirmé cette vérité : le puissant cède la place au faible. Cela s'applique aussi au continent américain. La paix ne pourra s'établir qu'avec l'élimination de l'impérialisme ; et le jour viendra où ce tigre en papier sera détruit. Cependant, il ne disparaîtra pas de lui-même, il faut que le vent et la pluie s'abattent sur lui.

Mao Zedong, « L'impérialisme américain est un tigre en papier (14 juillet 1956) » dans Slavoj Zizek et Alain Badiou, *Mao. De la pratique et de la contradiction*, Paris, La Fabrique, 2008.

2 Une critique de l'Union soviétique

Après la mort de Staline, la Chine prend ses distances avec l'URSS. La rupture est consommée en 1960.

Ce ramassis de parfaits bourgeois qu'est la clique de renégats révisionnistes[1] usurpe le pouvoir en URSS, où elle a annulé les conquêtes de la grande révolution socialiste d'octobre et entreprend à l'heure actuelle de restaurer le capitalisme dans tous les domaines. [...] En politique extérieure, cette clique révisionniste suit systématiquement la ligne contre-révolutionnaire et, loin de soutenir le mouvement révolutionnaire des peuples du monde, le trahit et même le réprime : d'une politique de chauvinisme de grande puissance et d'égoïsme nationaliste, elle a évolué vers une politique social-impérialiste et néocolonialiste menée en collaboration avec l'impérialisme américain avec lequel elle cherche à se partager le monde. [...] Les révisionnistes soviétiques sapent sans sourciller les mouvements révolutionnaires des peuples du monde tout en prétendant accomplir leurs devoirs internationalistes prolétariens[2]. Et c'est sous le couvert de cette profession de foi qu'ils s'infiltrent économiquement et militairement dans les pays d'Asie, d'Afrique et d'Amérique latine. C'est aussi sous ce prétexte qu'ils contrôlent et pillent certains pays d'Europe centrale.

Le Quotidien du peuple, journal officiel du Parti communiste chinois, 9 janvier 1969.

1. Le renégat est celui qui renonce à sa foi. Le révisionniste est celui qui déforme une doctrine (ici, le communisme).
2. Devoir d'assistance des pays communistes à l'égard des mouvements communistes dans le monde.

3 La Chine à la conquête du tiers-monde

Affiche chinoise appelant à « soutenir la lutte anti-impérialistes des peuples du monde », 1967.

4 La Chine communiste au Conseil de sécurité de l'ONU

L'Assemblée générale, [...]

Reconnaissant que les représentants du gouvernement de la République populaire de Chine sont les seuls représentants légitimes de la Chine à l'Organisation des Nations unies et que la République populaire de Chine est un des cinq membres permanents du Conseil de sécurité.

Décide le rétablissement de la République populaire de Chine dans tous ses droits et la reconnaissance des représentants de son gouvernement comme les seuls représentants légitimes de la Chine à l'Organisation des Nations unies, ainsi que l'expulsion immédiate des représentants de Tchang Kaï-chek du siège qu'ils occupent illégalement à l'Organisation des Nations unies et dans tous les organismes qui s'y rattachent.

Résolution 2758 adoptée par l'Assemblée générale des Nations unies le 25 octobre 1971.

REPÈRES

Le Guomindang et Taïwan

Rival du Parti communiste, le Guomindang (Parti nationaliste chinois) gouverne la Chine de 1928 à 1949 sous la direction de Jiang Jieshi (Tchang Kaï-chek). Vaincu par Mao Zedong en 1949, le Guomindang se replie sur l'île de Taïwan. Le régime nationaliste de Taïwan est considéré jusqu'en 1971 comme le représentant légal de la Chine.

Questions

1. **Caractérisez** les positions de la Chine face aux deux superpuissances (**doc. 1 et 2**).
2. **Décrivez** la manière dont la Chine entend s'affirmer dans le tiers-monde (**doc. 3**).
3. **Expliquez** l'importance de la décision prise par l'ONU pour la diplomatie chinoise (**doc. 4**).
4. **Analysez** l'évolution des relations entre la Chine continentale et Taïwan (**doc. 1 et 4**).
5. À partir des réponses aux questions précédentes, répondez de manière organisée à la problématique.

Focus sur le document 3

1. **Reliez** chaque personnage à un continent.
2. **Relevez** le détail de l'affiche qui indique un contexte guerrier.
3. **Montrez** que l'image suggère une espérance commune et expliquez de quoi il s'agit.
4. **Expliquez** quel est l'objectif de la Chine en publiant une telle affiche.

> Cours p. 160

Alger, capitale du tiers-monde ?

Ayant arraché son indépendance à la France en 1962, après une longue guerre de décolonisation, l'Algérie soutient les mouvements de libération partout dans le monde. Dirigée de 1965 à 1978 par Houari Boumediene, elle est en première ligne dans les combats du tiers-monde.

>> Comment l'Algérie indépendante se positionne-t-elle comme un pays leader du tiers-monde ?

1 La vision géopolitique du président algérien

Les motivations de l'action de l'Algérie en faveur du « tiers-monde » ne sont pas uniquement sentimentales. Son intime conviction que la liberté – comme la paix – est une et indivisible lui commande de soutenir toutes les causes justes, toutes les formes de lutte anti-impérialiste, où qu'elles puissent se manifester. La domination colonialiste et impérialiste dans le « tiers-monde » ne constitue assurément ni un garant de paix ni une source de prospérité. Les pays d'Afrique et d'Asie ne sauraient continuer indéfiniment de servir d'enjeu aux rivalités des grandes puissances, notamment industrielles. La première conférence des peuples afro-asiatiques qui s'est tenue voici dix ans à Bandung a fait ressortir, pour mieux le dénoncer, le lien de cause à effet entre la domination étrangère et la tension politique internationale. [...]

L'indépendance politique ne saurait cependant constituer une fin en soi, car, privée de bases économiques, elle est aussi précaire que vaine. [...] Il est nécessaire pour l'équilibre mondial que disparaisse ce paradoxe du siècle ; les peuples les plus nombreux habitant les territoires les plus vastes et les plus riches en ressources naturelles assument dans la politique internationale et à leur corps défendant le rôle le plus effacé et le plus contesté. Mais le « tiers-monde » pourrait connaître un avenir politique certain s'il savait se ressaisir, analyser ses faiblesses, résorber ses contradictions, en un mot prendre conscience de sa puissance véritable : il pourrait alors cesser d'être un enjeu international pour constituer un faisceau de forces agissantes sur la scène politique mondiale.

Houari Boumediene, « La République algérienne face à ses responsabilités », *Le Monde diplomatique*, 1965.

2 Alger accueille les Black Panthers

Le Black Panther Party est un mouvement révolutionnaire afro-américain fondé en 1966 et sévèrement réprimé aux États-Unis. Certains de ses membres en exil installent leur quartier général à Alger.

Couverture d'une publication éditée par le Black Panther Party, 1969.

3 Le Festival panafricain d'Alger

La capitale algérienne organise en 1969 le premier Festival panafricain. Cette manifestation culturelle et politique accueille des artistes venus de tout le continent africain, mais aussi des États-Unis. La chanteuse afro-américaine Nina Simone et la chanteuse sud-africaine en exil Miriam Makeba s'y produisent.

Défilé de la délégation guinéenne dans les rues d'Alger. Sur les affiches, le portrait du président guinéen Sékou Touré.

4 « C'était fou ! »

Vidéo Alger la révolutionnaire : de F. Fanon aux Blacks Panthers

Elaine Mokhtefi est une journaliste américaine née à New York en 1928 dans une famille juive. Elle s'expatrie en France dans les années 1950, puis en Algérie en 1962. Elle y séjourne douze ans et s'occupe, en lien avec le gouvernement, de l'organisation du Festival panafricain et de l'accueil des mouvements de libération internationaux.

Quatre mille participants ont défilé dans les rues d'Alger le jour de l'ouverture du festival. Ils représentaient 31 pays, 6 mouvements de libération ainsi que la diaspora, y compris celle des États-Unis. Des musiciens et des danseurs se sont produits le long de la rue Didouche Mourad et de la rue Larbi Ben M'hidi, jusqu'à la Casbah, aux sons des tambours, des instruments à vent, des chœurs enthousiastes et éclatants. Des femmes voilées et des jeunes gens excités acclamaient les participants, les applaudissaient et hurlaient des vivats. Beaucoup ont rejoint le défilé dansant, riant, criant sur tout le trajet. C'était fou ! Alger vibrait d'une excitation extraordinaire qui s'est maintenue jour et nuit pendant toute la durée du Pan-Af.

Elaine Mokhtefi, *Alger, capitale de la révolution. De Fanon aux Blacks Panthers*, La Fabrique, 2019.

Questions

Parcours A Répondre aux questions

1. **Décrivez** la vision du monde portée par le président algérien et l'ambition qu'il formule pour son pays (**doc. 1**).
2. **Analysez** l'impact du Festival panafricain de 1969 au regard des ambitions formulées par Houari Boumediene (**doc. 1, 3 et 4**).
3. **Expliquez** l'enjeu que représente l'accueil des Black Panthers à Alger (**doc. 1 et 2**).
4. À partir des réponses aux questions précédentes, répondez de manière organisée à la problématique.

ou

Parcours B Rédiger un discours

Vous êtes un membre du Black Panther Party en exil, vous écrivez un discours justifiant le choix d'Alger pour installer votre mouvement dans le contexte international de la fin des années 1960.

> Cours p. 160

La guerre des Six-Jours (1967)

Podcast
La guerre des Six-Jours : une si longue guerre

En 1967, Israël attaque par surprise l'Égypte, la Jordanie et la Syrie. Se sentant mis en danger par les menaces de l'Égypte et la fermeture du détroit de Tiran dans la mer Rouge, l'État hébreu engage une guerre préventive, justifiant son intervention comme nécessaire à sa survie. En six jours, les armées des pays arabes sont défaites et Israël occupe de nombreux territoires.

>> Pourquoi la guerre des Six-Jours est-elle un tournant majeur dans l'histoire israélienne et palestinienne ?

1948-1949	**Première guerre israélo-arabe**.
1949	**Exil des Palestiniens** (800 000*) des territoires contrôlés par Israël. La Jordanie annexe la Cisjordanie et l'Égypte la bande de Gaza.
1956	**Crise du canal de Suez**.
1964	**Création de l'OLP**.
1967	**Guerre des Six-Jours**. Israël occupe le Sinaï, la bande de Gaza, la Cisjordanie et Jérusalem-Est, le plateau du Golan. **Nouvel exil des Palestiniens** (300 000*).
1969	**Yasser Arafat** prend la direction de l'OLP et de la lutte contre Israël.

* Estimation. Le nombre de réfugiés palestiniens fait l'objet de contestations.

1 Les conséquences de la guerre

Carte interactive

2 La réaction des Nations unies

Le Conseil de sécurité,

Exprimant l'inquiétude que continue de lui causer la grave situation au Proche-Orient,

Soulignant l'inadmissibilité de l'acquisition de territoires par la guerre et la nécessité d'œuvrer pour une paix juste et durable permettant à chaque État de la région de vivre en sécurité. [...]

1. Affirme que l'accomplissement des principes de la Charte exige l'instauration d'une paix juste et durable au Proche-Orient qui devrait comprendre l'application des deux principes suivants :
a. Retrait des forces armées israéliennes des territoires occupés au cours du récent conflit.
b. Fin de toute revendication ou de tout état de belligérance, respect et reconnaissance de la souveraineté, de l'intégrité territoriale et de l'indépendance politique de chaque État de la région et de son droit de vivre en paix à l'intérieur de frontières sûres et reconnues, à l'abri de menaces ou d'actes de violence.

2. Affirme d'autre part la nécessité :
a. De garantir la liberté de navigation sur les voies d'eau internationales de la région ;
b. De réaliser un juste règlement du problème des réfugiés ;
c. De garantir l'inviolabilité territoriale et l'indépendance politique de chaque État de la région, par des mesures comprenant la création de zones démilitarisées.

Résolution 242 du Conseil de sécurité de l'ONU, le 22 novembre 1967.

REPÈRES

Jérusalem

Appelée *Yeroushalayim* (Ville de la Paix) en hébreu, *Al Qods* (la Sainte) en arabe, elle est une ville sainte pour les trois religions monothéistes. C'est dans la partie Est de Jérusalem que se trouve la vieille ville, avec les lieux saints des juifs (le mur occidental du Temple, dit « Mur des lamentations »), des chrétiens (le Saint-Sépulcre) et des musulmans (la mosquée Al-Aqsa). De 1949 à 1967, Jérusalem-Est est annexée à la Jordanie. En 1967, Israël occupe Jérusalem-Est et réunifie la ville sous son autorité.

3 Les Israéliens à Jérusalem-Est

Photographie de soldats israéliens devant le Mur des lamentations en 1967.

4 Le « choc » de 1967 vu par un Palestinien

Saman Khoury, né en 1948, est un journaliste palestinien. Emprisonné plusieurs fois, il milite aujourd'hui pour la paix entre Israéliens et Palestiniens.

Le plus étrange pour nous, Palestiniens vivant en Cisjordanie et à Jérusalem sous autorité jordanienne, était que nous n'avions pas le droit de dire que nous étions palestiniens. On fit de nous des citoyens jordaniens, et si nous voulions rester palestiniens, la seule catégorie possible était celle de réfugié. Le concept de Palestinien était presque effacé du dictionnaire des régimes arabes. Personne ne voulait de nous en tant que Palestiniens. [...] Pour nous, Palestiniens de Cisjordanie et de Jérusalem, les suites de la guerre de 1967 ont été un choc, mais elles nous ont au moins permis de nous revendiquer comme Palestiniens. [...]

Je pensais, durant mon enfance, que ceux qui avaient pris la maison de mes parents, les acteurs de 1948, étaient des monstres. En 1967, je vis ces monstres et je découvris que c'étaient des êtres humains normaux, exactement comme nous. Mais un à deux ans plus tard, leur comportement, qui me privait de mon statut d'être humain singulier, me fit revenir à l'idée de « monstres ». [...] Nous n'étions pas considérés en tant qu'êtres singuliers, mais comme appartenant à une autre espèce, celle des Palestiniens, des Arabes. En fonction de notre apparence, nous étions écartés et catalogués : un jeune homme était plus suspect qu'un vieux, un homme plus qu'une femme. [...] Je n'étais pas encore vraiment impliqué, mais je ressentais que quelque chose n'allait pas, que cette occupation devait cesser ; même les Israéliens, au début, parlaient de rendre tous les territoires, à l'exception de Jérusalem-Est, si les gouvernements arabes négociaient avec eux.

Cité et traduit dans David Chemla, *Bâtisseurs de paix*, Liana Levi, 2005.

Questions

Parcours A Répondre aux questions

1. **Montrez** que la guerre des Six-Jours constitue une victoire importante pour Israël (**doc. 1**).
2. **Expliquez** le changement de statut de Jérusalem-Est en 1967 et l'enjeu que cela représente pour Israël (**doc. 3**).
3. **Analysez** la réaction de l'ONU et les conditions d'une paix juste selon elle (**doc. 2**).
4. **Expliquez** le changement de statut vécu par l'auteur en 1967 et les conséquences de la guerre sur l'identité palestinienne (**doc. 4**).
5. À partir des réponses aux questions précédentes, répondez de manière organisée à la problématique.

ou

Parcours B Faire un tableau de synthèse

- À partir des informations prélevées dans les documents, réalisez un tableau de synthèse.
- Sélectionnez les informations correspondant aux thèmes suivants :
  1. La guerre des Six-Jours : une victoire importante pour Israël
  2. Les conséquences de la guerre pour les Palestiniens
  3. Les réactions de la communauté internationale

SYNTHÈSE

EXO Exercices interactifs

Podcast de la synthèse

Une nouvelle donne géopolitique : bipolarisation et émergence du tiers-monde

Comment s'organisent les relations internationales entre 1949 et le début des années 1970 ?

1 Un monde divisé par la guerre froide

Les États-Unis et l'URSS défendent des modèles politiques radicalement opposés qui les poussent à s'affronter. Les Américains, qui soutiennent la **démocratie libérale**, ne veulent pas que les Soviétiques, partisans de la **démocratie populaire communiste**, étendent leur influence en Europe et en Asie.

Ne pouvant se combattre frontalement du fait de la **dissuasion nucléaire**, chacun des deux Grands multiplie les **alliances** pour limiter l'expansion de l'autre. Le monde tend ainsi à se diviser en deux **blocs**. Leurs relations sont rythmées par une succession de crises : construction du **mur de Berlin** par les autorités est-allemandes en 1961 ; installation de **missiles soviétiques à Cuba** en 1962, où la guerre nucléaire est évitée de justesse.

Après 1962, les tensions entre les deux Grands s'apaisent. Cette « **Détente** » s'explique aussi par le fait qu'ils doivent tous deux régler les tensions internes à leur bloc. L'URSS est confrontée à l'affirmation de la Chine. Les critiques des modèles américain et soviétique se multiplient, comme le montre la vague contestataire de **1968**. La Détente n'empêche nullement les deux superpuissances de s'affronter indirectement dans le tiers-monde, comme au **Vietnam**.

2 Décolonisation et affirmation du tiers-monde

Un des rares points d'accord entre Soviétiques et Américains est leur commune **condamnation de la colonisation**. Ce qui explique qu'en une vingtaine d'années, de 1947 (indépendance de l'Inde) à 1975 (indépendances des colonies portugaises), la quasi-totalité des États asiatiques et africains accède à l'indépendance. Cette décolonisation est parfois obtenue par la **négociation**, parfois au terme d'une **lutte armée**.

Pour faire entendre leur voix dans un monde bipolarisé, les pays nouvellement indépendants tentent de s'unir. La **conférence de Bandung** (1955) marque la naissance de ce « **tiers-monde** » dont les États membres se présentent comme « **non-alignés** », c'est-à-dire indépendants de Washington comme de Moscou.

Certains conflits échappent à la logique bipolaire ou de la décolonisation, à l'image de l'opposition entre Israël et les Arabes pour le contrôle de la Palestine. Elle donne lieu à quatre guerres entre 1949 et 1973, toutes remportées par Israël qui étend son territoire au détriment de ses voisins.

MOTS CLÉS

- **Décolonisation** → p. 160
- **Détente** → p. 150
- **Dissuasion nucléaire** → p. 150
- **Guerre froide** → p. 150
- **Mouvement des non-alignés** → p. 160
- **Tiers-monde** → p. 161

DATES CLÉS

- **1949 :** proclamation de la RPC/ division de l'Allemagne entre RFA et RDA.
- **1950 :** OTAN.
- **1950-1953 :** guerre de Corée.
- **1954 :** fin de la guerre d'Indochine, indépendance du Vietnam.
- **1955 :** pacte de Varsovie/ conférence de Bandung.
- **1962 :** crise des missiles de Cuba/ indépendance de l'Algérie.
- **1964-1973 :** guerre du Vietnam.
- **1967 :** guerre des Six-Jours.
- **1968 :** vague contestataire dans le monde.
- **1973 :** guerre du Kippour.

Biographies

John Fitzgerald Kennedy (1917-1963)
Président démocrate des États-Unis de 1961 à 1963.

Nikita Khrouchtchev (1894-1971)
Dirige l'URSS de 1953 à 1964.

Fidel Castro (1926-2016)
Premier ministre, puis président de Cuba, qu'il gouverne de façon autoritaire jusqu'en 2008.

> Biographies p. 342

SCHÉMA DE SYNTHÈSE

GUERRE FROIDE ET DÉCOLONISATION

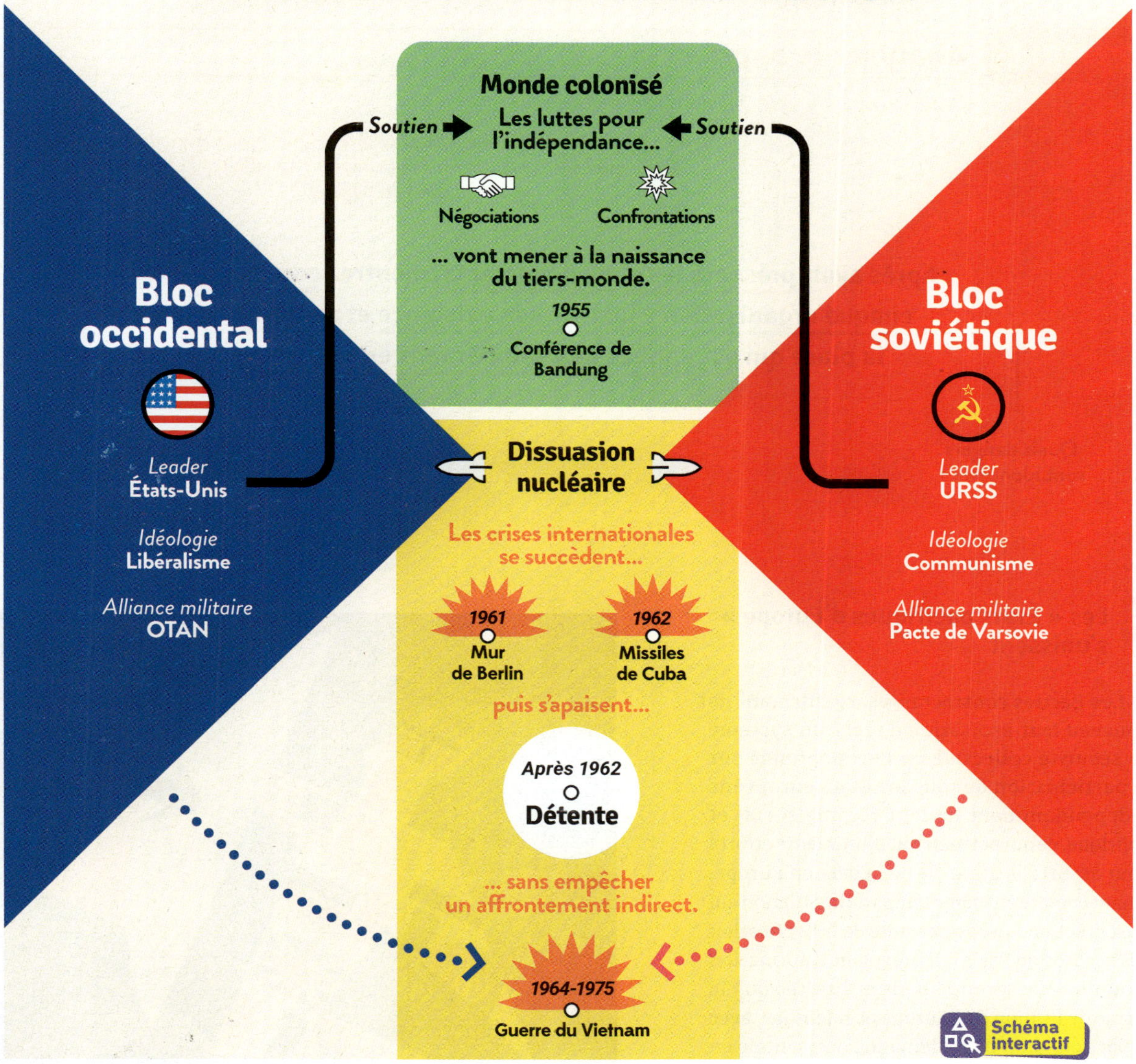

POUR ALLER PLUS LOIN

À lire

- Sabine Dullin et Stanislas Jeannesson, *Atlas de la guerre froide*, Autrement, 2017.
Une approche de la guerre froide par les cartes.

- Reinhard Kleist, *Castro*, Casterman, 2017.
Une bande dessinée sur la révolution cubaine.

À voir

- Stanley Kubrick, *Docteur Folamour*, 1964.
Le risque de guerre nucléaire entre les deux Grands vu sous un angle comique.

- Raoul Peck, *Lumumba*, 2000.
Un film sur le leader indépendantiste congolais Patrice Lumumba.

- Gurinder Chadha, *Le Dernier Vice-Roi des Indes*, 2017.
Un film sur la décolonisation des Indes britanniques, puis leur partition entre Inde et Pakistan.

À consulter

- De nombreux dossiers relatifs à la guerre froide sur le site du Mémorial de Caen : **https://www.memorial-caen.fr/le-musee/la-guerre-froide**

ÉTAPE 1 Analyser le sujet

Sont-ils de nature différente ou similaire ? Quels sont leurs destinataires ? Dans quel contexte ont-ils été produits ? Quelle est l'idée générale qui s'en dégage ?

Après avoir présenté les deux documents, montrez comment chaque organisation y justifie son existence et analysez la place qui est donnée aux deux Grands en Europe.

Quels dangers sont identifiés ?

Quels pays sont nommés ? Quelle place les deux Grands occupent-ils ?

1 Les « États pacifiques d'Europe » s'unissent

Les Parties contractantes, réaffirmant de nouveau leur aspiration à créer un système de sécurité collective en Europe, fondé sur la participation de tous les États européens indépendamment de leur régime social et politique, ce qui permettrait d'unir leurs efforts pour assurer la garantie de la paix en Europe, tenant compte en même temps de la situation qui s'est créée en Europe par suite de la ratification des accords de Paris qui prévoient la formation d'un nouveau groupement militaire sous la forme de l'Union de l'Europe occidentale[1], avec la participation de l'Allemagne occidentale en voie de remilitarisation et avec son intégration au bloc nord-atlantique, ce qui augmente le danger d'une nouvelle guerre et crée une menace à la sécurité des États pacifiques, convaincues que, dans ces circonstances, les États pacifiques d'Europe doivent prendre les mesures nécessaires à la sauvegarde de leur sécurité et au maintien de la paix en Europe [...], ont résolu de conclure ce traité d'amitié, de coopération et d'assistance mutuelle...

Préambule du traité fondant le pacte de Varsovie, 1er mai 1955.

1. Créée en 1954 par le traité de Paris, l'UEO est une organisation militaire qui permet à la RFA de recréer une armée et de l'intégrer dans le bloc occidental.

2 « La vigilance est le prix de la liberté »

Couverture d'une brochure publiée par l'OTAN en 1960.

ÉTAPE 2 Mobiliser ses connaissances et organiser ses idées

Complétez le tableau à l'aide des titres de parties et sous-parties suivantes.

- Une hégémonie discrète de deux grands.
- La place qui est donnée aux deux grands en Europe.
- La justification de l'existence des deux organisations.
- Des alliances présentées comme défensives.
- Un aspect militaire à peine perceptible.
- Des alliances qui se veulent larges et égalitaires.

Tableau à imprimer

Plan suggéré	Document 1	Document 2
I.		
A.	Doc. 1 : « traité de coopération et d'assistance mutuelle » + « États pacifiques ».	Doc. 2 : « la vigilance est le prix de la liberté »
B.	Doc. 1 : La « remilitarisation » de l'Allemagne « crée une menace à la sécurité ».	Doc. 2 : Un bouclier blanc pour seule arme.
II.		
A.	Doc. 1 : « la participation de tous les États européens indépendamment de leur régime social et politique ».	Doc. 2 : Un personnage composé des drapeaux des 15 États membres de l'OTAN.
B.	Doc. 1 : L'URSS n'est pas nommée. Les « parties contractantes » sont sur un pied d'égalité.	Doc. 2 : Le drapeau ornant le bras qui brandit le bouclier rappelle le rôle protecteur de États-Unis.

ÉTAPE 3 Rédiger l'analyse de documents

EXO Exercices interactifs

Voici un exemple de rédaction pour la partie II.

Au-delà de cette logique défensive, ces deux documents de propagande permettent de cerner la manière dont les deux Grands cherchent à présenter leur place au sein des deux blocs en Europe. — **Phrase d'introduction**

Les deux alliances se présentent comme large et très égalitaires. Dans le document 2, l'uniforme du guerrier occidental est composé des drapeaux des 15 Etats membres de l'OTAN à cette date (États-Unis, Canada, Royaume-Uni, Islande, Norvège, Danemark, Pays-Bas, Belgique, Luxembourg, Allemagne, France, Italie, Portugal, Grèce, Turquie). L'image donne donc l'impression de pays égaux et solidaires. C'est aussi le cas du préambule du Pacte de Varsovie. On y lit que les « parties contractantes » affirment souhaiter la « participation de tous les Etats européens indépendamment de leur régime social et politique », c'est-à-dire ne pas se situer dans la logique idéologique des blocs. — **Partie II.A.**

Cette impression est renforcée par l'hégémonie discrète de deux grands. L'URSS n'est jamais nommée dans le document 1. Sur l'affiche du document 2, le drapeau des Etats-Unis compose le bras qui porte le bouclier. C'est sans doute une façon de montrer leur rôle de leader et de protecteur de l'Europe occidentale, mais avec beaucoup de retenue. — **Partie II.B.**

La logique des blocs se veut celle d'une opposition idéologique totale, poussant à la diabolisation de l'adversaire et chaque alliance se présente comme égalitaire, ce qui masque la domination de chaque superpuissance sur son bloc. — **Phrase conclusive**

En vous aidant du tableau et de l'exemple ci-dessus, rédigez la présentation des documents et la première partie de l'analyse.

BAC Réponse à une question problématisée ▶ Sujet guidé

ÉTAPE 1 Analyser le sujet

Comment les guerres d'Indochine, puis du Vietnam s'inscrivent-elles dans le contexte de la décolonisation et de la guerre froide ?

- guerres d'Indochine, puis du Vietnam → Qui opposent-elles ? À quelles dates ? Qui gagne ces guerres ?
- s'inscrivent-elles dans le contexte → Ces deux conflits sont-ils isolés ou s'insèrent-ils dans des contextes plus larges ?
- décolonisation → Laquelle de ces guerres oppose un peuple colonisé à une puissance coloniale ?
- guerre froide → Comment ces conflits s'inscrivent-ils dans la logique d'affrontement des deux blocs ?

ÉTAPE 2 Mobiliser ses connaissances et organiser ses idées

Plan suggéré	Idées	Arguments
I. La guerre d'Indochine	A. S'inscrit dans un contexte mondial favorable à la décolonisation.	– ..... – ..... – .....
	B. N'échappe pas totalement à la logique de la guerre froide.	– ..... – .....
II. La guerre du Vietnam	A. Un pays dans une situation typique de la guerre froide	– ..... – .....
	B. Un conflit indirect entre les deux Grands	– ..... – .....

Tableau à imprimer

✎ **Complétez la 3e colonne du tableau avec les arguments suivants :**

- L'URSS dénonce cette guerre d'indépendance.
- Les Français luttent contre la guérilla communiste du Viêt-Minh.
- La guerre oppose les États-Unis et l'armée sud-vietnamienne d'un côté, le FNL et le Nord-Vietnam, alliés de l'URSS, de l'autre.
- Une guerre sans affrontements directs entre l'URSS et les États-Unis.
- Après la Seconde Guerre mondiale, c'est l'un des rares points d'accord entre les deux Grands.
- Le Vietnam est un pays coupé en deux entre le Nord communiste et le Sud allié des États-Unis.
- La Charte des Nations unies soutient le droit des peuples à disposer d'eux-mêmes.
- Division comparable à celle de la Corée ou l'Allemagne.
- S'inscrit dans un mouvement plus large.
  Ex : le Royaume-Uni entame les négociations avec l'Inde.

ÉTAPE 3 Rédiger la réponse

EXO Exercices interactifs

✎ **En vous aidant du tableau complété, rédigez la suite de la réponse.**

La guerre d'indépendance qui oppose la France aux Vietnamiens à partir de 1946 s'inscrit dans un contexte d'après-guerre favorable à la décolonisation…

Introduction de la partie I.

BAC blanc

Réponse à une question problématisée

Sujet

Pourquoi la crise des missiles de Cuba a-t-elle entraîné la « Détente » entre les deux Grands ?

Sujet

Quel rôle jouent les pays du tiers-monde dans les relations internationales de 1945 à 1975 ?

Analyse de document

Sujet

Après avoir présenté le document, vous montrerez dans quelle mesure il est représentatif du mouvement de décolonisation et des défis auxquels les nouveaux États sont confrontés.

L'indépendance du Congo

Patrice Lumumba (1925-1961), chef du MNC (Mouvement national congolais), devient en 1960 Premier ministre de l'ancien Congo belge (devenu le Zaïre, puis la République démocratique du Congo). Il est assassiné en 1961 alors qu'il demandait le soutien de l'URSS dans la guerre civile qui s'était déclenchée juste après l'indépendance.

Congolais et Congolaises, Combattants de la liberté aujourd'hui victorieux, je vous salue au nom du gouvernement congolais. À vous tous, nos amis qui avez lutté sans relâche à nos côtés, je vous demande de faire de ce 30 juin 1960 une date illustre que vous garderez ineffaçablement gravée dans vos cœurs, une date dont vous enseignerez avec fierté la signification à vos enfants. Cette indépendance du Congo, nul Congolais digne de ce nom ne pourra jamais oublier que c'est par la lutte qu'elle a été conquise, une lutte de tous les jours, une lutte ardente et idéaliste, une lutte dans laquelle, nous n'avons ménagé ni nos forces, ni nos privations, ni nos souffrances, ni notre sang. Cette lutte, qui fut de larmes, de feu et de sang, nous en sommes fiers jusqu'au plus profond de nous-mêmes, car ce fut une lutte noble et juste, une lutte indispensable, pour mettre fin à l'humiliant esclavage qui nous était imposé par la force. [...]

La République du Congo a été proclamée et notre cher pays est maintenant entre les mains de ses propres enfants. Ensemble, mes frères, mes sœurs, nous allons commencer une nouvelle lutte, une lutte sublime qui va mener notre pays à la paix, à la prospérité et à la grandeur. Nous allons établir ensemble la justice sociale et assurer que chacun reçoive la juste rémunération de son travail. Nous allons montrer au monde ce que peut faire l'homme noir lorsqu'il travaille dans la liberté, et nous allons faire du Congo le centre de rayonnement de l'Afrique toute entière. Nous allons veiller à ce que les terres de notre patrie profitent véritablement à ses enfants. Nous allons revoir toutes les lois d'autrefois et en faire de nouvelles qui seront justes et nobles.

Discours de Patrice Lumumba prononcé le 30 juin 1960 lors de la cérémonie d'indépendance du Congo.

CHAPITRE

6 La France : une nouvelle place dans le monde

Comment la France redéfinit-elle son rôle dans le monde de 1945 à 1974 ?

» **De 1945 au début des années 1970, la France retrouve un rôle international** en s'adaptant aux bouleversements du monde.

» **Avant d'accepter la décolonisation, elle mène deux guerres en Indochine et en Algérie.** La guerre d'Algérie entraîne la chute de la IVe République et le retour au pouvoir du général de Gaulle, qui crée la Ve République en 1958.

» **La France joue un rôle important dans les débuts de la construction européenne, dans le contexte de la guerre froide** où les États-Unis souhaitent renforcer l'Europe occidentale. Sans renier l'Alliance atlantique, de Gaulle veut cependant affirmer l'indépendance de la France. Il utilise les atouts légués par la IVe République : la modernisation de l'économie et l'arme nucléaire.

La politique de « grandeur »

De Gaulle, en visite officielle au Cambodge, ancien protectorat français, est accueilli par le prince Norodom Sihanouk. Le 1er septembre 1966, à Phnom-Penh, il prononce un célèbre discours dans lequel il appelle à la fin de la guerre du Vietnam, prenant ainsi ses distances avec les États-Unis. En uniforme, le « Général » veut incarner partout dans le monde une France qui renoue avec sa « grandeur » passée.

Le général de Gaulle en visite officielle au Cambodge avec le prince Norodom Sihanouk, 1966.

Textes dys

TOUS LES TEXTES EN VERSION DYS
lyceen.nathan.fr/lequintrecterm-2020

REPÈRES

La France : une nouvelle place dans le monde

Dans les chapitres précédents

Dans le chapitre 4, vous avez vu comment le Gouvernement provisoire de la République française, dirigé par le général de Gaulle, restaure la démocratie dans la France libérée.

Dans ce chapitre

Nous allons étudier la situation de la France entre 1945 et 1974 : elle fait face aux défis de la décolonisation, de la guerre froide et de la construction européenne ; elle modernise son économie ; elle change ses institutions en 1958, passant de la IVe à la Ve République.

Frise interactive

1946 – 1950 – 1955 – 1960 – 1965 – 1970 – 1975

IVe République 1946-1958

Ve République depuis 1958

LA FRANCE ET SES INSTITUTIONS

- 1958›1969 **DE GAULLE président de la République**
- 1969›1974 **POMPIDOU président de la République**
- **29 avril 1945** les Françaises votent pour la première fois (élections municipales)
- **27 oct. 1946** Nouvelle Constitution et début de la IVe République (1946-1958)
- **1947** Départ des communistes du gouvernement
- **1958** De Gaulle revient au pouvoir et fonde la Ve République
- **1962** Référendum sur l'élection du président au suffrage universel
- **1965** De Gaulle réélu président
- **1968** Crise de mai
- **1969** De Gaulle quitte le pouvoir

LA FRANCE ET L'EUROPE

- **9 mai 1950** Déclaration Schuman
- **1951** Traité de Paris instituant la CECA
- **1957** Traité de Rome créant la CEE
- **1973** Premier élargissement de la CEE

LA FRANCE ET LE MONDE

- **1946›1954 GUERRE D'INDOCHINE**
- **1954›1962** Guerre d'Algérie
- **1954** Accords de Genève et fin de la guerre d'Indochine
- **1956** Indépendance de la Tunisie et du Maroc
- **1960** Indépendance des colonies françaises en Afrique subsaharienne
- **1966** La France quitte le commandement intégré de l'OTAN

Points de passage

La guerre d'Algérie et ses mémoires

L'Algérie a conquis son indépendance au prix d'une longue guerre de décolonisation contre la France, qui suscite encore de fortes tensions mémorielles.

La Constitution de 1958

Elle fonde la Ve République sur un pouvoir présidentiel fort, voulu et incarné par le général de Gaulle.

Charles de Gaulle et Pierre Mendès France : deux conceptions de la République

Partisan du régime parlementaire et grande figure de la IVe République, Pierre Mendès France s'oppose à la conception gaulliste du pouvoir.

1 Les institutions de la IVe République

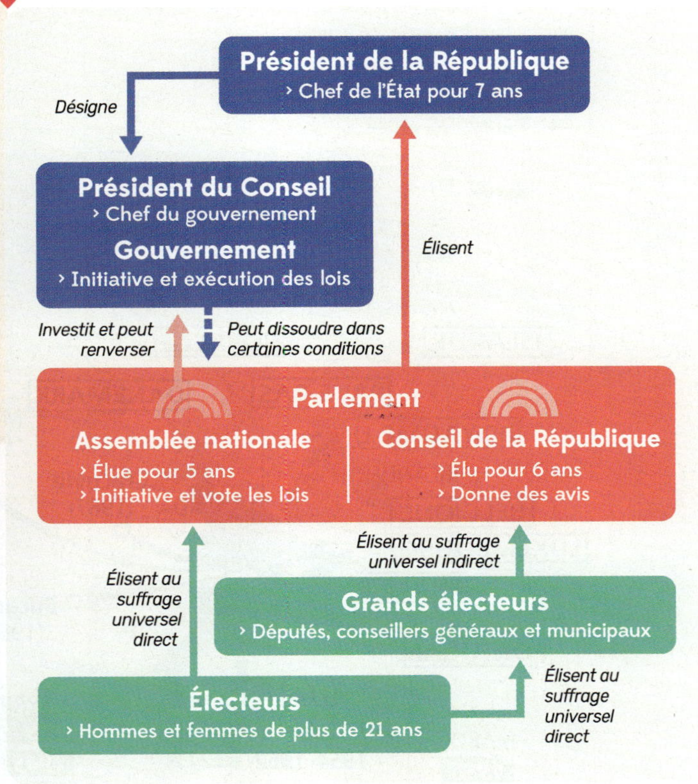

La IVe République : un régime d'assemblée

- La IVe République s'est voulue différente de la précédente. Pourtant, elle est très proche de la IIIe République.
- Le président de la République a un rôle limité. Le pouvoir exécutif est essentiellement détenu par le **président du Conseil**, une fonction qui n'était pas bien définie sous la IIIe République. Il peut dissoudre l'Assemblée nationale, mais dans des conditions très restrictives (qui n'ont été réunies qu'une seule fois, en 1955).
- En revanche, le gouvernement peut facilement être renversé par les députés. C'est un **régime parlementaire** avec un **exécutif faible**, ce qui ressemble à un **régime d'assemblée**.

2 Les institutions de la Ve République

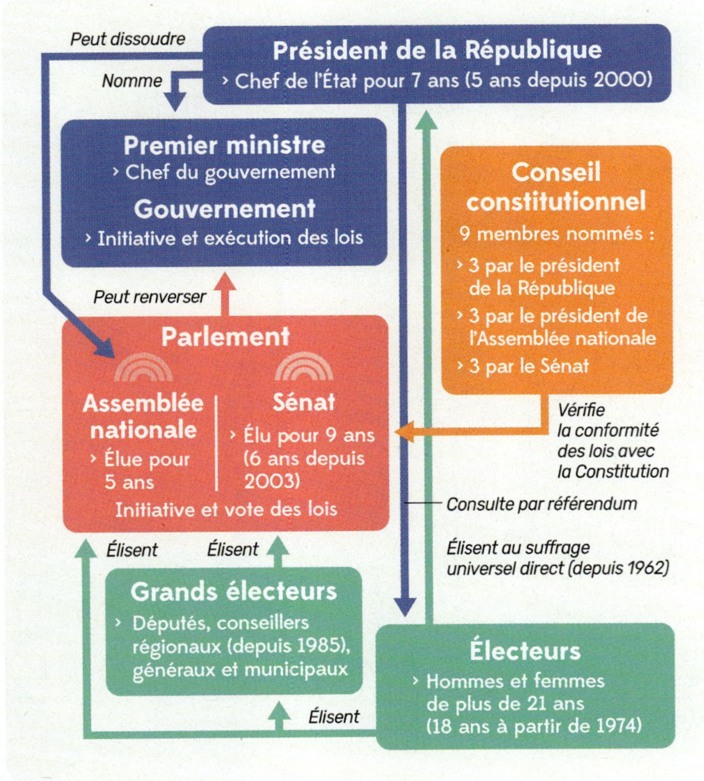

La Ve République : un régime semi-présidentiel

- La Ve République veut corriger les défauts de la IVe, en renforçant l'exécutif. Elle reste un régime parlementaire, car le gouvernement est responsable devant l'Assemblée nationale et celle-ci peut être dissoute par le président de la République.
- Mais ce dernier a une forte légitimité, puisqu'il est élu non par le seul Parlement comme sous les deux précédentes républiques, mais par un collège de grands électeurs, puis dès 1962, au **suffrage universel direct**. La répartition des rôles entre le président de la République et le Premier ministre peut faire l'objet d'interprétations différentes.
- La Ve République n'est ni un régime présidentiel ni un régime parlementaire « classique » où le Premier ministre détient la quasi-totalité du pouvoir exécutif. On parle souvent d'un régime « **semi-présidentiel** ».

La France et le monde (1944-1974)

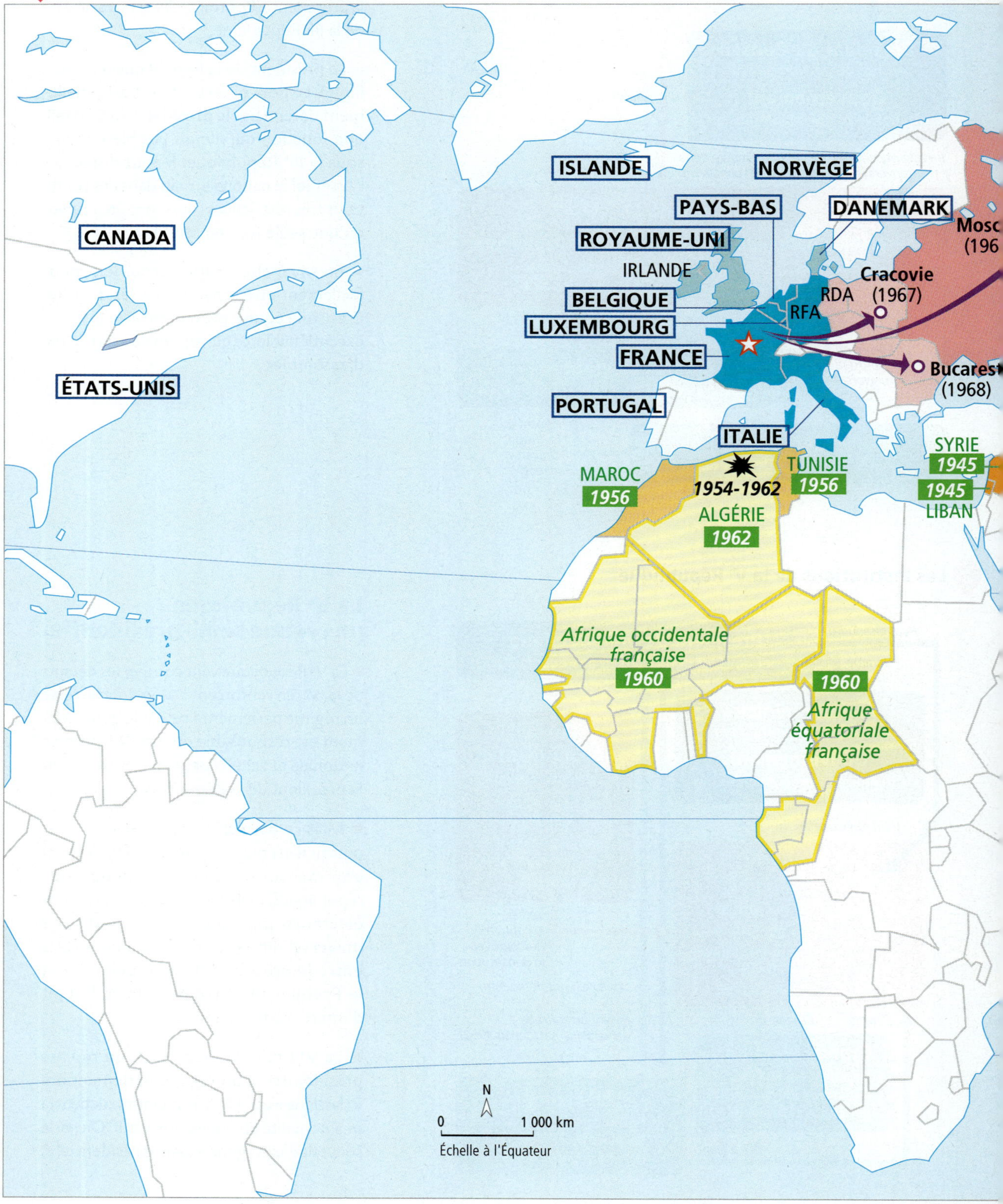

Carte interactive

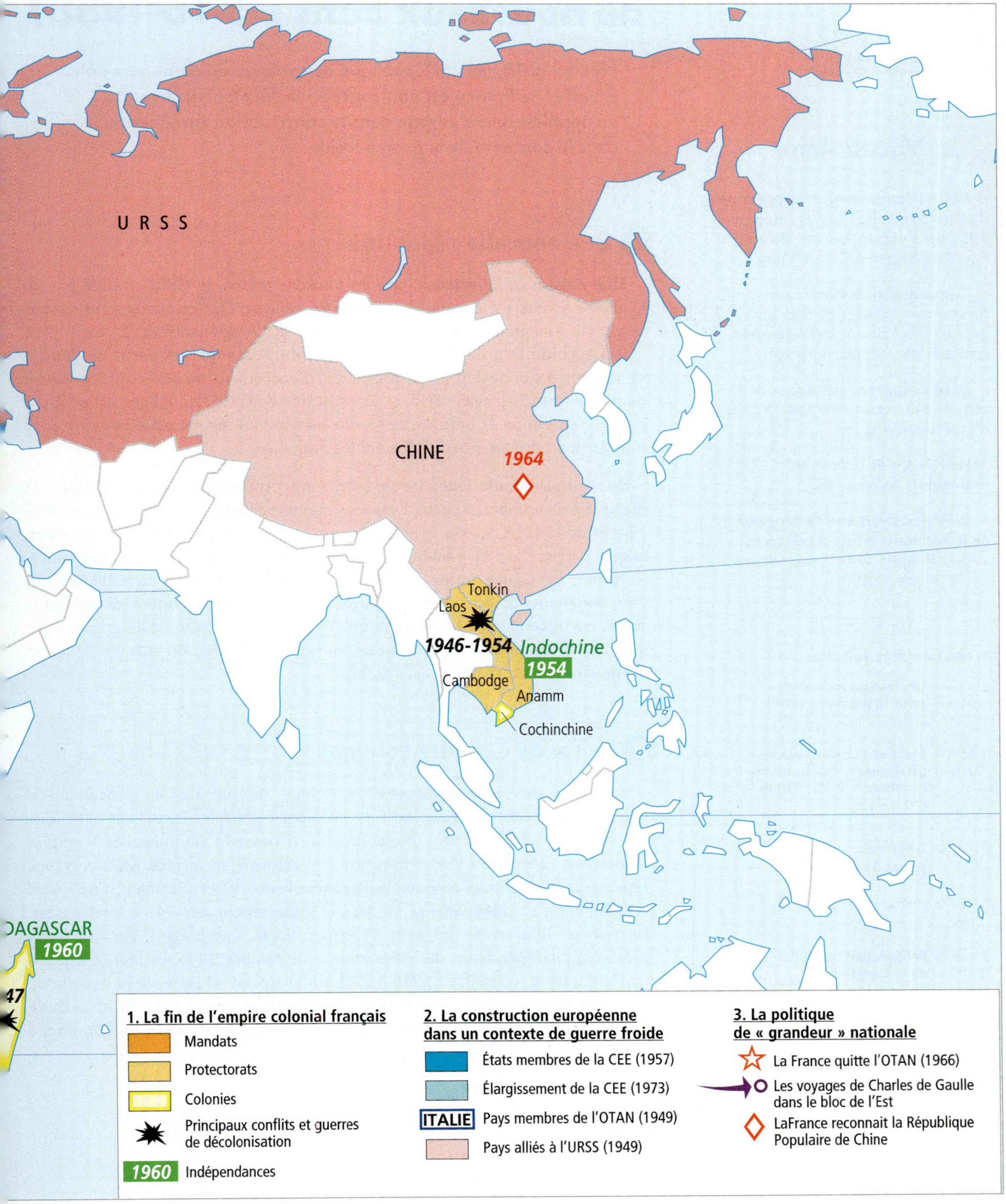

> **Repères** p. 178, p. 180
> **Dossier** p. 184
> **Biographies** p. 342

Podcast du cours

1. La IVe République face à de nouveaux défis (1946-1958)

Née en 1946, la IVe République doit relever de nombreux défis. En effet, la France est confrontée à la décolonisation et, en parallèle, elle s'engage dans la construction européenne dans le contexte de la guerre froide.

A Une nouvelle république

- **Une naissance laborieuse.** Une fois l'ordre rétabli, le **GPRF** présidé par de Gaulle se consacre à la restauration de la République. De nombreux scrutins sont organisés, auxquels les femmes participent, car l'ordonnance du 21 avril 1944 leur a accordé le droit de vote et d'éligibilité. Alors que les partis de gauche et du centre s'opposent à son projet de renforcement de l'exécutif, de Gaulle démissionne le 20 janvier 1946. La Constitution de la IVe République est adoptée par référendum le 27 octobre 1946. Elle instaure un régime parlementaire avec une nette prédominance de l'Assemblée nationale.

- **Un régime instable.** Élue à la **représentation proportionnelle**, l'Assemblée est divisée en de nombreux partis. Deux des plus importants font obstacle au régime à partir de 1947. À gauche, le Parti communiste quitte en effet le gouvernement, auquel il reproche d'être allié aux États-Unis dans la guerre froide qui commence. À droite, de Gaulle fonde le **RPF** pour s'opposer à la IVe République. Les gouvernements doivent donc s'appuyer sur une majorité formée des socialistes et des partis centristes. Mais, parce qu'elle se divise souvent sur les grands défis que doit affronter la IVe République, comme la décolonisation et la construction européenne, cette majorité est instable.

B La fin de l'empire colonial

- **Le refus des indépendances.** La France accepte mal le processus de **décolonisation** encouragé à partir de 1945 par l'ONU, les États-Unis et l'URSS. Toujours considéré comme une source de richesse et de puissance, l'empire colonial est rebaptisé « Union française » et réformé en surface. Mais la France réprime violemment les émeutes qui éclatent le mai 1945 à Sétif au cri de « Vive l'Algérie libre et indépendante ! », puis le soulèvement de 1947 à Madagascar. Au sein de l'Indochine française (Vietnam, Laos, Cambodge), Hô Chi Minh proclame l'indépendance du Vietnam le 2 septembre 1945. La France répond par la guerre d'Indochine (1946-1954), qu'elle perd à l'issue de la bataille de Diên Biên Phu. Pierre Mendès France, président du Conseil, signe les accords de Genève le 21 juillet 1954, qui marquent l'indépendance du Laos, du Cambodge et du Vietnam. Ce dernier est séparé en deux entités.

Vocabulaire

- **CECA (Communauté Européenne du Charbon et de l'Acier) :** créée en 1951 par six États (France, RFA, Italie, Pays-Bas, Belgique, Luxembourg).
- **Commissaire au Plan :** haut fonctionnaire chargé de fixer les grandes orientations de l'économie française dans un plan indicatif.
- **Décolonisation :** passage pour un territoire du statut de colonie à celui d'État souverain.
- **FLN (Front de libération nationale) :** > voir p. 186.
- **GPRF (Gouvernement provisoire de la République française) :** créé à Alger le 3 juin 1944, il succède au CFLN (> voir p. 102).

Un électorat très sollicité

- 29 avril 1945 : **Les Françaises votent pour la première fois** (élections municipales).
- 21 oct. 1945 : **Élections législatives et référendum « pour ou contre le retour à la IIIe République »** (96 % « contre »).
- 5 mai 1946 : **Référendum : rejet d'un premier projet de Constitution.**
- 2 juin 1946 : Élections législatives.
- 13 oct. 1946 : **Référendum : adoption de la Constitution.**
- 10 nov. 1946 : Élections législatives.

L'obsession algérienne. La guerre se déclenche alors en Algérie, avec le soulèvement lancé le 1er novembre 1954 par le **FLN**. La situation particulière de l'Algérie, considérée comme un prolongement de la France et divisée en départements, explique l'escalade dans la répression menée par l'armée française. La IVe République accepte, en 1956, l'indépendance des protectorats du Maroc et de la Tunisie et l'autonomie des colonies d'Afrique subsaharienne (loi-cadre Defferre), mais elle refuse toute négociation avec les indépendantistes algériens.

C Les débuts de la construction européenne

L'Europe dans la guerre froide. Pour certains dirigeants de la IVe République, l'Europe apparaît comme le substitut à l'Empire : la perte des colonies sera compensée par la coopération européenne. Ce projet est soutenu par les États-Unis, qui veulent renforcer l'Europe occidentale alors que la guerre froide commence. L'aide américaine proposée en 1947 par le **plan Marshall** et répartie par l'**OECE** doit endiguer la progression du communisme en Europe et faire de celle-ci un marché pour les exportations des États-Unis.

Un premier pas décisif. Le rapprochement franco-allemand permet ensuite d'accélérer la construction européenne. Le projet imaginé par Jean Monnet, **commissaire au Plan**, est présenté le 9 mai 1950 par Robert Schuman, ministre français des Affaires étrangères. Ce projet prévoit de confier la gestion des secteurs clés du charbon et de l'acier à une Haute Autorité dotée d'un pouvoir supranational : la **CECA** est créée le 18 avril 1951.

La création de la CEE. Une deuxième étape est franchie après la crise de Suez, quand la France doit retirer ses troupes d'Égypte sous la pression des États-Unis et de l'URSS (1956). Cette humiliation encourage la IVe République à poursuivre la construction européenne pour regagner ainsi de l'influence. Le 25 mars 1957, les deux traités de Rome sont signés par les six États membres de la CECA. Ils instituent un marché économique commun (CEE : Communauté Économique Européenne) et une Communauté européenne de l'énergie atomique (CEEA) ou Euratom. Une ère nouvelle commence pour la France : en abandonnant une partie de sa souveraineté à la CEE, elle entend développer son économie et participer à un ensemble politique capable de peser dans le monde.

L'Empire français de 1945 à 1958

● Indépendances et rattachements
● Guerres ● Répressions

	Statut en 1945	Évolution de 1945 à 1958
Syrie et Liban	Mandats de la SDN	Indépendance en 1946
Comptoirs de l'Inde	Colonies	Rattachement à l'Inde en 1956
Indochine	Colonie (Cochinchine), protectorats (Annam, Tonkin, Laos, Cambodge)	Guerre de 1946 à 1954 Indépendance en 1954 du Laos, du Cambodge et du Vietnam (Annam, Tonkin et Cochinchine)
Algérie	Départements	Répression en 1945 Guerre à partir de 1954
Maroc et Tunisie	Protectorats	Indépendance en 1956
AOF et AEF	Colonies	Autonomie en 1956
Madagascar	Colonie	Répression en 1947

Vocabulaire

◆ **OECE (Organisation Économique de Coopération Économique) :** créée en 1948 pour répartir l'aide américaine entre les pays d'Europe de l'Ouest. C'est le premier organisme de coopération économique fondé en Europe.

◆ **Plan Marshall :** programme d'aide économique des États-Unis à l'Europe, lancé en 1947 par George Marshall (secrétaire d'État aux Affaires étrangères). En anglais : *European Recovery Program* (ERP).

◆ **Représentation proportionnelle :** mode de scrutin dans lequel chaque parti présente une liste de candidats et obtient un nombre d'élus proportionnel aux voix en sa faveur. Elle permet une représentation fidèle de l'électorat, mais rend plus difficile la formation d'une majorité stable.

◆ **RPF (Rassemblement du peuple français) :** premier parti gaulliste fondé en 1947.

Réviser son cours

1. **Pourquoi la IVe République est-elle un régime instable ?**
2. **Comment la France aborde-t-elle la décolonisation ?**
3. **Pourquoi la IVe République s'engage-t-elle dans la construction européenne ?**

> Cours p. 182

La France dans l'Europe de la guerre froide

La France fait partie des alliés des États-Unis qui bénéficient à partir de 1947 du plan Marshall. Elle participe donc à l'OECE, première organisation européenne de coopération économique. Mais les dirigeants de la IVe République vont plus loin, en comprenant que le rapprochement franco-allemand permet de lancer une réelle construction européenne. C'est pourquoi le 9 mai, date de la déclaration Schuman en 1950, est depuis 1985 la Journée de l'Europe.

>> Quel rôle joue la France dans les débuts de la construction européenne ?

1 Le parapluie européen

Affiche éditée par l'association Paix et liberté, créée par les partis de centre droit pour lutter contre le communisme, 1951.

2 Comment sortir de l'impasse ?

Dans deux notes les 2 et 3 mai 1950, Jean Monnet, commissaire au Plan et considéré comme un des « pères de l'Europe », présente la construction européenne comme une nécessité dans un contexte troublé.

Note du 2 mai.

La guerre froide est devenue une réalité. Un état de guerre existe entre l'Occident groupé activement autour des États-Unis et l'URSS appuyée par les partis communistes des pays occidentaux.

Note du 3 mai.

De quelque côté qu'on se tourne, dans la situation du monde actuel, on ne rencontre que des impasses, qu'il s'agisse de l'acceptation grandissante d'une guerre jugée inévitable, du problème de l'Allemagne[1], de la continuation du relèvement français, de l'organisation de l'Europe, de la place même de la France dans l'Europe et dans le monde. Les esprits se cristallisent sur un objectif simple et dangereux : la guerre froide. [...] D'une pareille situation, il n'est qu'un moyen de sortir : une action concrète et résolue, portant sur un point limité mais décisif, qui entraîne sur ce point un changement fondamental et, de proche en proche, modifie les termes mêmes de l'ensemble des problèmes. Il faut changer le cours des événements ; pour cela, il faut changer l'esprit des hommes.

Jean Monnet, note du 2 mai 1950 intitulée « Réflexions à la veille des consultations entre les gouvernements des États-Unis, de Grande-Bretagne et de France » et note du 3 mai 1950, Fondation Jean Monnet pour l'Europe, archives Jean Monnet.

1. Il s'agit de réintégrer l'Allemagne dans le bloc occidental et donc de faire accepter son réarmement à court terme.

Vidéo — Jean Monnet, père fondateur de l'Europe

3 La pieuvre américaine

Affiche publiée par le Parti communiste français, 1950.

4 La déclaration Schuman

Dans le salon de l'Horloge du Quai d'Orsay, Robert Schuman, ministre français des Affaires étrangères, présente officiellement le projet conçu par Jean Monnet. Ce discours aboutit quelques mois plus tard à la création de la CECA (avril 1951) et à la réconciliation franco-allemande.

L'Europe ne se fera pas d'un coup, ni dans une construction d'ensemble : elle se fera par des réalisations concrètes créant d'abord une solidarité de fait. Le rassemblement des nations européennes exige que l'opposition séculaire de la France et de l'Allemagne soit éliminée. L'action entreprise doit toucher au premier chef la France et l'Allemagne.

Dans ce but, le gouvernement français propose immédiatement l'action sur un point limité mais décisif. Le gouvernement français propose de placer l'ensemble de la production franco-allemande de charbon et d'acier sous une Haute Autorité commune, dans une organisation ouverte à la participation des autres pays d'Europe.

La mise en commun des productions de charbon et d'acier assurera immédiatement l'établissement de bases communes de développement économique, première étape de la Fédération européenne, et changera le destin de ces régions longtemps vouées à la fabrication des armes de guerre dont elles ont été les plus constantes victimes.

Robert Schuman, déclaration du 9 mai 1950.

Vidéo Robert Schuman, père de l'Europe

Questions

Parcours A Répondre aux questions

1. **Explicitez** la métaphore du parapluie en précisant de quoi il est fait, qui il protège, et de quelle menace (**doc. 1**).
2. **Explicitez** la métaphore de la pieuvre en précisant d'où elle vient, qui elle représente et quelle est sa proie (**doc. 3**).
3. **Comparez** ces deux affiches pour montrer que la guerre froide divise l'opinion française sur la politique menée par la IVe République (**doc. 1 et 3**).
4. **Analysez** la méthode de Monnet et Schuman, en montrant que la CECA doit permettre de sortir d'une situation de blocage par une « action concrète sur un point limité mais décisif » (**doc. 2 et 4**).
5. À partir des réponses aux questions précédentes, répondez de manière organisée à la problématique.

ou

Parcours B Rédiger un article

Vous devez rédiger un article pour « réhabiliter » la IVe République en montrant le rôle qu'elle a joué dans la construction européenne.

- Vous rappellerez d'abord le contexte de la guerre froide dans lequel est née la construction européenne et qui conditionne la politique française.
- Vous montrerez ensuite comment la CECA a permis de débloquer la situation.
- Vous expliquerez, enfin, pourquoi le 9 mai 1950 est considéré comme une date essentielle dans la construction européenne.

> Repères p. 178, p. 180
> Points de passage p. 188, p. 190, p. 192, p. 194
> Biographies p. 342

Podcast du cours

2. La crise algérienne de la République française et la naissance d'un nouveau régime (1958-1962)

La IVe République est incapable de trouver une solution à la guerre en Algérie. À la faveur d'une tentative de coup d'État à Alger, de Gaulle est rappelé au pouvoir et propose une nouvelle république dont la Constitution est adoptée en 1958. C'est la naissance de la Ve République.

A Le changement de république

L'homme providentiel ? Dans un contexte d'instabilité ministérielle, la IVe République mène une politique jugée trop hésitante par les **pieds-noirs** partisans de l'Algérie française. Ils se révoltent le 13 mai 1958 à Alger et forment un Comité de salut public soutenu par l'armée et dirigé par le général Massu. Les révoltés lancent un appel au général de Gaulle, tout en préparant un coup d'État militaire contre le gouvernement. De Gaulle profite de la situation pour apparaître comme un recours : il est investi président du Conseil le 1er juin par l'Assemblée et obtient les pleins pouvoirs pendant six mois pour soumettre une nouvelle Constitution aux Français.

La Ve République. La rédaction de la Constitution est confiée à un comité d'experts dirigé par Michel Debré. De Gaulle la présente le 4 septembre 1958 à Paris, dans une grande cérémonie organisée place de la République. Elle est adoptée par référendum le 28 septembre avec plus de 79 % de « oui » et proclamée le 4 octobre. Elle organise un régime parlementaire avec un président de la République élu pour sept ans et disposant de pouvoirs supérieurs à ceux du Premier ministre. Le 21 décembre 1958, un collège électoral de 80 000 personnes élit de Gaulle premier président de la Ve République.

POINT DE PASSAGE La Constitution de 1958 > p. 192
POINT DE PASSAGE Charles de Gaulle et Pierre Mendès France : deux conceptions de la République > p. 194

B De Gaulle et la guerre d'Algérie

De l'Algérie française... Venu à Alger dès le 4 juin 1958, de Gaulle a rassuré les partisans de l'Algérie française en déclarant : « Je vous ai compris. » Afin d'apaiser les tensions, il propose aux combattants algériens de rendre les armes : c'est la « paix des braves ». Lors d'un discours à Constantine, le 3 octobre 1958, il présente un plan de développement économique pour lutter contre les inégalités, seules responsables selon lui du conflit. Pourtant de Gaulle commence à penser que la décolonisation est inéluctable et qu'il faut négocier avec les indépendantistes algériens.

...à l'autodétermination. Parallèlement, le **FLN** crée en septembre 1958 le Gouvernement provisoire de la République algérienne (GPRA). Il s'impose ainsi comme le représentant du peuple algérien aux dépens du **MNA**. Le 16

Vocabulaire

FLN (Front de libération nationale) : parti nationaliste créé à Alger en 1954 et qui s'impose par la force comme le seul acteur de la lutte pour l'indépendance.

Harkis : Algériens musulmans rattachés à des unités de l'armée française (200 000 combattants).

MNA (Mouvement national algérien) : parti nationaliste rival du FLN, créé en 1954 par Messali Hadj et bien implanté notamment chez les travailleurs algériens en métropole.

OAS (Organisation de l'armée secrète) : créée en 1961 par les pieds-noirs les plus radicaux pour empêcher l'indépendance de l'Algérie.

Pieds-noirs : surnom donné aux Français et autres Européens vivant en Algérie.

« Porteurs de valises » : surnom donné aux militants français aidant le FLN en métropole en transportant des faux papiers et de l'argent.

septembre 1959, de Gaulle propose de consulter les Algériens : la population métropolitaine est favorable à l'autodétermination, mais en Algérie la population européenne y est opposée. Le mécontentement engendre le 22 avril 1961 le putsch des généraux d'Alger, mis en échec par de Gaulle. Ce coup d'État manqué aboutit à la formation de l'**OAS**, qui exporte en métropole son combat pour une Algérie française.

C Les conséquences de la guerre d'Algérie en France

- **La guerre civile en métropole.** Depuis 1958, le FLN ouvre un second front en France métropolitaine pour forcer de Gaulle à négocier. La préfecture de police de Paris impose un couvre-feu aux musulmans : le soir du 17 octobre 1961, plus de 20 000 Algériens manifestent dans la capitale pour protester contre cette mesure de ségrégation. En lutte contre le FLN, la police française frappe sans distinction et tue de nombreux manifestants. Une partie de l'opinion française, notamment les « **porteurs de valises** », soutient la cause algérienne et dénonce l'usage de la torture par l'armée française.

- **Le renforcement du pouvoir présidentiel.** En août 1962, l'OAS s'en prend directement au Général en mitraillant sa voiture : c'est l'attentat raté du Petit-Clamart. De Gaulle profite de l'émotion pour proposer l'élection du président au suffrage universel direct. Cette innovation majeure, qui renforce l'autorité du chef de l'État, est approuvée par référendum le 28 octobre 1962, malgré les protestations de la gauche.

- **Les accords d'Évian et l'arrivée des rapatriés.** Signés le 18 mars 1962 et ratifiés par référendum, les accords d'Évian mettent un terme à la guerre. Le 19 mars 1962, le cessez-le-feu est proclamé, mais dans cette période de transition, la violence continue. Les **harkis** sont abandonnés par la France : seuls 43 000 parviennent à fuir les massacres en Algérie et sont installés dans des camps en France. Les pieds-noirs quittent l'Algérie dans la précipitation et deviennent des « rapatriés », parfois mal accueillis. L'indépendance de l'Algérie est proclamée le 5 juillet 1962.

POINT DE PASSAGE La guerre d'Algérie > p. 188
POINT DE PASSAGE Les mémoires de la guerre d'Algérie > p. 190

Les acteurs de la guerre d'Algérie

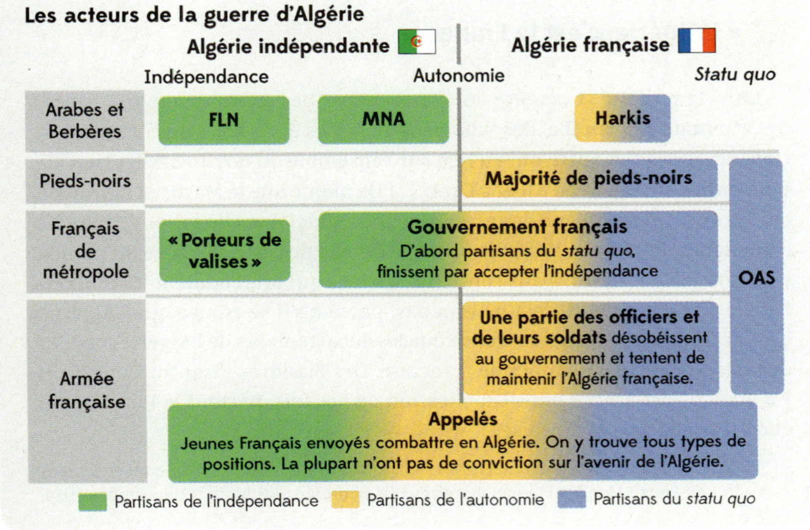

L'HISTOIRE EN DÉBAT

Selon l'historien américain Grey Anderson (*La guerre civile en France, 1958-1962. Du coup d'État gaulliste à la fin de l'OAS*, La Fabrique, 2018), la crise politique traversée par la France entre 1958 et 1962 a été largement occultée. L'auteur insiste sur le contexte insurrectionnel qui a permis le retour du général de Gaulle au pouvoir et sur la violence qui marque cette période, comme le montre le titre de son livre.

Réviser son cours

1. **Pourquoi la crise algérienne a-t-elle entraîné un changement de république en France ?**
2. **Comment a évolué la politique du général de Gaulle vis-à-vis de l'Algérie ?**
3. **Quelles sont les conséquences de la guerre d'Algérie en France métropolitaine ?**

POINT DE PASSAGE

› Cours p. 186

La guerre d'Algérie

» Comment expliquer la guerre d'Algérie ?

CONTEXTE

- En 1954, le FLN lance des attaques terroristes en Algérie. La France réplique par une violente répression marquant le début d'une guerre qui dure huit années.
- L'armée française livre une lutte sans merci au FLN, n'hésitant pas à recourir à la torture. Cette escalade aggrave les tensions et est dénoncée par une partie de l'opinion française.
- Arrivé au pouvoir en 1958 grâce à la révolte des partisans de l'Algérie française, de Gaulle finit par négocier avec le FLN, ce qui lui vaut la haine des extrémistes de l'OAS.

Vidéo
Témoignages des victimes de la torture

1er nov. 1954	**Fondation du FLN** (Front de libération nationale), suivie de la « **Toussaint rouge** » (attentats du FLN).
1956	**Le gouvernement décide d'envoyer en Algérie les appelés du contingent** (les jeunes Français effectuant leur service militaire).
15 mai 1958	**Création d'un Comité de salut public** à Alger.
19 sept. 1958	**Proclamation du Gouvernement provisoire de la République algérienne** (GPRA) par le FLN.
16 sept. 1959	**De Gaulle annonce un référendum sur l'autodétermination** des Algériens.
Février 1961	**Création de l'OAS** (Organisation de l'armée secrète).
21 avril 1961	**Putsch des généraux** à Alger.
18 mars 1962	**Accords d'Évian**.
5 juillet 1962	**Indépendance de l'Algérie**.

1 La guerre d'Algérie (1954-1962)

Carte interactive

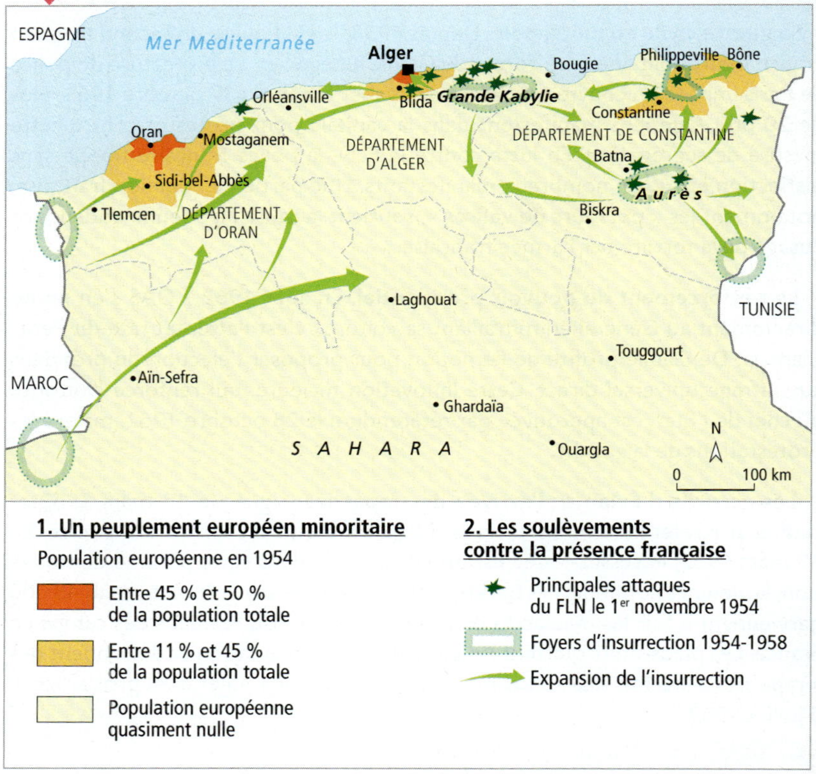

2 « L'Algérie, c'est la France »

Dans la nuit du 31 octobre au 1er novembre, des attaques à main armée, des attentats à la bombe, des sabotages de lignes et de voies de communication, des incendies enfin ont eu lieu sur l'ensemble du territoire algérien, de Constantine à Alger et d'Alger à Oran. [...] De même que le Maroc et la Tunisie ont connu ce phénomène du terrorisme individuel dans les villes et dans les campagnes, faut-il que l'Algérie ferme la boucle de cette ceinture du monde en révolte depuis quinze ans contre les nations qui prétendaient les tenir en tutelle ? Eh bien ! non, cela ne sera pas, parce qu'il se trouve que l'Algérie, c'est la France, parce qu'il se trouve que les départements de l'Algérie sont des départements de la République française. Des Flandres jusqu'au Congo, s'il y a quelque différence dans l'application de nos lois, partout la loi s'impose et cette loi est la loi française.

François Mitterrand (1916-1996), ministre de l'Intérieur du gouvernement de Pierre Mendès France, discours à l'Assemblée nationale, 12 novembre 1954.

3 « L'Algérie n'est pas la France »

Le 19 septembre 1958, un Gouvernement provisoire de la République algérienne a été proclamé. Cette proclamation, faite au nom d'un peuple qui combat depuis quatre ans pour son indépendance, restaure l'État algérien que les vicissitudes de la conquête militaire de 1830 ont brutalement et injustement supprimé de la carte politique de l'Afrique du Nord. [...] Le peuple algérien est un peuple pacifique. C'est contraint par le colonialisme français qu'il a pris les armes après avoir épuisé tous les moyens pacifiques pour recouvrer sa liberté et son indépendance. La fiction de l'Algérie française, le mythe de l'intégration, n'ont d'autre fondement que la politique de la force. L'Algérie n'est pas la France. Le peuple algérien n'est pas français. Émettre la prétention de « franciser » notre pays constitue une aberration, une entreprise anachronique et criminelle condamnée par la Charte des Nations unies. [...] Notre peuple ne déposera les armes que le jour où ses droits de peuple souverain seront reconnus.

Programme du GPRA (Gouvernement provisoire de la République algérienne) publié par *El Moudjahid*, journal du FLN, 19 septembre 1958.

4 Des prisonniers de guerre

Des indépendantistes algériens faits prisonniers par l'armée française, Algérie, mai 1957.

5 Des Français contre la guerre d'Algérie

Manifestation pour la paix en Algérie, Gennevilliers, 5 juillet 1961.

Questions

1. **Montrez** que la France refuse d'envisager l'indépendance de l'Algérie en 1954, parce que celle-ci a un statut particulier dans l'empire français (**doc. 1 et 2**).
2. **Caractérisez** l'action de la France en Algérie telle qu'elle est dénoncée par le FLN (**doc. 3 et 4**).
3. **Expliquez** pourquoi certains Français s'opposent à la politique menée par le gouvernement en Algérie (**doc. 5**).
4. À partir des réponses aux questions précédentes, répondez de manière organisée à la problématique.

Focus sur le document 3

1. **Montrez** que le FLN situe son combat dans la longue durée de l'histoire algérienne.
2. **Expliquez** la référence à la Charte des Nations unies.
3. **Analysez** la présentation qui est faite de la politique française en Algérie.
4. **Expliquez** ce que signifie la création du GPRA.
5. **Montrez** que le FLN veut justifier la lutte armée et réfuter ainsi les accusations portées contre lui.

POINT DE PASSAGE

> Cours p. 186

Les mémoires de la guerre d'Algérie

>> Pourquoi la guerre d'Algérie est-elle une guerre des mémoires ?

CONTEXTE

- La guerre d'Algérie est le ciment de l'identité algérienne parce qu'elle a été une guerre de libération nationale. Sa mémoire officielle est entretenue par l'État algérien, dirigé depuis 1962 par le FLN. Il accuse la France de pas reconnaître ses « crimes coloniaux ».
- En France, on a pendant longtemps parlé pudiquement des « événements d'Algérie ». C'est seulement en 1999 que la loi française emploie les termes « guerre d'Algérie ». Les tensions entre les différents groupes mémoriels (pieds-noirs, harkis, militants pro-FLN, ...) compliquent la perception de ce conflit et la construction d'une mémoire officielle.

Vidéo
La mémoire divisée des pieds-noirs

- 8 mai 1945 : Massacre de Sétif.
- 17 oct. 1961 : Répression meurtrière d'une manifestation de la fédération de France du FLN.
- 18 mars 1962 : **Accords d'Évian**.
- 19 mars 1962 : Cessez-le-feu.
- 26 mars 1962 : **L'armée française tire sur des manifestants européens proches de l'OAS** rue d'Isly à Alger (46 morts).
- Mai 1962 : Multiples violences de l'OAS contre les indépendantistes et du FLN contre des harkis et des pieds-noirs.
- 5 juil. 1962 : **Indépendance de l'Algérie**.
- 5 juil. 1962 : Plusieurs centaines de pieds-noirs sont massacrés à Oran sans que l'armée française n'intervienne.

1 Contre le square du 19 mars 1962

Manifestation des rapatriés d'Algérie à Valence (Drôme) contre la création d'un square du 19 mars 1962, le 14 mars 2009.

2 La torture en Algérie : le cas Maurice Audin

Au soir du 11 juin 1957, Maurice Audin, assistant de mathématiques à la faculté d'Alger, militant du Parti communiste algérien (PCA), est arrêté à son domicile par des militaires. [...] Maurice Audin n'a jamais réapparu et les circonstances exactes de sa disparition demeurent floues. Le récit de l'évasion qui figure dans les comptes rendus et procès-verbaux officiels souffre de trop de contradictions et d'invraisemblances pour être crédible. Il s'agit manifestement d'une mise en scène visant à camoufler sa mort. Les éléments recueillis au cours de l'instruction de la plainte de Josette Audin ou auprès de témoins indiquent en revanche avec certitude qu'il a été torturé. [...] La République ne saurait, par conséquent, minimiser ni excuser les crimes et atrocités commis de part et d'autre durant ce conflit. La France en porte encore les cicatrices, parfois mal refermées. Aussi le travail de mémoire ne s'achève-t-il pas avec cette déclaration. Cette reconnaissance vise notamment à encourager le travail historique sur tous les disparus de la guerre d'Algérie, français et algériens, civils et militaires. [...] L'approfondissement de ce travail de vérité doit ouvrir la voie à une meilleure compréhension de notre passé, à une plus grande lucidité sur les blessures de notre histoire, et à une volonté nouvelle de réconciliation des mémoires et des peuples français et algérien.

Texte remis par le président de la République française, Emmanuel Macron, le 13 décembre 2018 à la veuve de Maurice Audin.

Vidéo
Emmanuel Macron reconnaît la responsabilité de la France

3 La mémoire officielle en Algérie

Traduction : « 5 juillet 1962 »

Monument aux martyrs d'Ouled Fayet (périphérie d'Alger), détail.

4 Des « mémoires cloisonnées »

Dans les quotidiens algériens en date du 8 mai 2016, on peut lire les titres suivants :

El Watan : « La France sommée de reconnaître ses crimes coloniaux. »

El Moudjahid, organe officiel du pouvoir : « Le génocide du 8 mai 1945. Crime d'État de la France coloniale. » En sous-titre : « Jusqu'à présent, soixante et onze ans après les faits, la France refuse obstinément de reconnaître ces tueries à large échelle. »

Visiblement, le pouvoir algérien et certaines fractions significatives de la société ne renoncent pas à une légitimation de la nation qui se revendique de l'héritage du combat pour l'indépendance. [...] En France, pour les immigrés algériens et leurs enfants, la date du 17 octobre 1961[1], moment du massacre de travailleurs algériens à Paris, s'est imposée comme date du souvenir. Mais l'absence de consensus sur une date unique entre les principaux groupes de mémoire (pieds-noirs et harkis, appelés français du contingent ou immigrés) signifie qu'il est difficile de se réconcilier, que la mémoire retrouvée ne suffit pas. Les mémoires cloisonnées ne parviennent pas à apaiser les obsessions ou les douleurs liées à la séquence de la guerre d'Algérie. [...] Les jeunes générations éprouvent le besoin de s'inscrire dans une généalogie, une filiation, de savoir quelle a été l'attitude du père ou du grand-père dans cette guerre.

Renaud de Rochebrune et Benjamin Stora, *La guerre d'Algérie vue par les Algériens*, tome II, éditions Denoël, 2016.

1. La manifestation des Algériens à Paris est violemment réprimée par la police. Le bilan, très discuté par les historiens, se situe entre 30 et plus de 100 morts.

Questions

Parcours A Répondre aux questions

1. **Expliquez** l'objectif de cette manifestation (**doc. 1**).
2. **Résumez** les propos du président de la République en 2018 à propos du rôle de la France dans la guerre d'Algérie (**doc. 2**).
3. **Décrivez** l'image de l'indépendance transmise par l'État algérien (**doc. 3**).
4. **Montrez** que le choix d'un jour de commémoration divise les différents groupes mémoriels (**doc. 4**).
5. À partir des réponses aux questions précédentes, répondez de manière organisée à la problématique.

ou

Parcours B Faire un tableau de synthèse

À partir de ces documents, complétez un tableau pour décrire la guerre des mémoires à propos de la guerre d'Algérie.

	Groupe mémoriel	Revendication	Rapport du pouvoir en place à la mémoire
Doc. 1			
Doc. 2			
Doc. 3			
Doc. 4			

POINT DE PASSAGE

› Cours p. 186

CONTEXTE

- En mai 1958, l'insurrection des Français d'Algérie, soutenue par l'armée, permet à de Gaulle de revenir au gouvernement. Dernier Premier ministre d'une IVe République qu'il a toujours combattue, il reçoit les pleins pouvoirs pour rédiger une nouvelle Constitution.
- Présentée par de Gaulle lui-même le 4 septembre à Paris, place de la République, la Constitution est adoptée le 28 septembre par référendum (79,25 % de « oui ») et promulguée le 4 octobre 1958.
- De Gaulle fonde ainsi la Ve République, en faisant triompher les idées qu'il défend depuis 1945 : un régime parlementaire avec un président fort, ce qu'on appelle souvent un régime semi-présidentiel.

Vidéo
De Gaulle défend la Constitution face aux Français

13 mai 1958 : **Un Comité de salut public dirigé par le général Massu prend le pouvoir à Alger** et en appelle au général de Gaulle pour régler la question algérienne.

29 mai 1958 : **Le président René Coty demande à de Gaulle de former un gouvernement.**

1er juin 1958 : **De Gaulle reçoit l'investiture du Parlement.**

3 juin 1958 : **De Gaulle obtient les pleins pouvoirs de l'Assemblée** pour rédiger une Constitution.

Juillet-août 1958 : **Rédaction de la Constitution** par un comité de juristes, de parlementaires et de ministres dirigé par Michel Debré.

4 sept. 1958 : **De Gaulle présente le projet de Constitution** lors d'une cérémonie place de la République.

22 sept. 1958 : **La Constitution est approuvée par référendum** (« oui » à 79,25 %).

21 déc. 1958 : **De Gaulle élu premier président de la Ve République.**

La Constitution de 1958

» Comment la Constitution de 1958 modifie-t-elle l'équilibre des pouvoirs ?

1 Le président de la République et le Premier ministre

Art. 5. Le président de la République veille au respect de la Constitution. Il assure, par son arbitrage, le fonctionnement régulier des pouvoirs publics ainsi que la continuité de l'État. Il est le garant de l'indépendance nationale. [...]

Art. 8. Le président de la République nomme le Premier ministre. Il met fin à ses fonctions sur la présentation par celui-ci de la démission du Gouvernement. Sur la proposition du Premier ministre, il nomme les autres membres du Gouvernement et met fin à leurs fonctions. [...]

Art. 12. Le président de la République peut, après consultation du Premier ministre et des présidents des assemblées, prononcer la dissolution de l'Assemblée nationale. [...]

Art. 16. Lorsque les institutions de la République, l'indépendance de la Nation, l'intégrité de son territoire ou l'exécution de ses engagements internationaux sont menacés d'une manière grave et immédiate et que le fonctionnement régulier des pouvoirs publics constitutionnels est interrompu, le président de la République prend les mesures exigées par ces circonstances, après consultation officielle du Premier ministre, des présidents des assemblées ainsi que du Conseil constitutionnel. Il en informe la Nation par un message. [...]

Art. 20. Le Gouvernement détermine et conduit la politique de la Nation. Il dispose de l'administration et de la force armée. Il est responsable devant le Parlement. [...]

Extraits de la Constitution du 4 octobre 1958.

La Constitution est faite pour de Gaulle. Ses ministres seront ses doublures (Art. 6-8-23). **L'Assemblée ne pourra rien contre lui.**

Il pourra s'arroger tout le pouvoir en déclarant "les institutions en danger" : imitant Charles X, renouvelant Napoléon III (Art. 16).

2 Une monarchie gaullienne ?

Affiche socialiste en faveur du « non » au référendum sur la Constitution, 1958.

3 Le gouvernement et le Parlement

Rédacteur de la nouvelle constitution, Michel Debré est nommé Premier ministre. Il prononce le 15 janvier 1959 son discours d'investiture devant l'Assemblée nationale.

Notre démocratie a désormais pour expression un gouvernement désigné par le chef légitime de la nation, consacré, au départ de son entreprise, par la confiance des élus du peuple, disposant pour sa mission des moyens de l'État, c'est-à-dire capable de mener une politique et de manifester son autorité, placé, enfin, sous le contrôle d'assemblées dont le fonctionnement et les pouvoirs permettent d'éviter l'arbitraire aussi bien à l'égard de la nation qu'à l'égard des citoyens. En d'autres termes, la Constitution, approuvée le 28 septembre de l'an passé, établit un régime gouvernemental de type parlementaire. [...] Le Parlement discute et vote les lois, c'est-à-dire les règles fondamentales touchant les structures de l'État, les bases de la société, les droits de la famille et des individus. Le Parlement discute et vote le budget, c'est-à-dire les impôts demandés aux citoyens, les dépenses qu'exigent les services publics, l'orientation économique et sociale de la nation. [...] À ceux qui affichent le regret des temps où le Parlement était moins législateur que gouvernant, et où l'on affirmait volontiers qu'il n'y avait point de limites à ses ambitions, osons répondre : qu'est devenu le prestige parlementaire par la confusion des pouvoirs ?

Michel Debré, discours devant l'Assemblée nationale, 15 janvier 1959.

4 La République libérée ?

Affiche gaulliste en faveur du « oui » au référendum sur la Constitution, 1958.

Questions

Parcours A Répondre aux questions

1. **Décrivez** les pouvoirs du Président, du Gouvernement et du Parlement (**doc. 1 et 2**).
2. **Expliquez** et **nuancez** l'affirmation de Michel Debré selon laquelle la Vᵉ République est un régime parlementaire (**doc. 1 et 3**).
3. **Montrez** que les gaullistes critiquent la IVᵉ République (**doc. 3 et 4**).
4. **Expliquez** pourquoi les socialistes s'opposent à la Constitution (**doc. 3**).
5. À partir des réponses aux questions précédentes, répondez de manière organisée à la problématique.

ou

Parcours B Organiser un débat

Organisez un débat en classe entre partisans et adversaires de la Constitution de 1958. Les premiers légitiment le nouvel équilibre des pouvoirs, les seconds le dénoncent.

Avant le débat, complétez le tableau suivant en notant les arguments tirés des différents documents.

	Les arguments pour la Constitution	Les arguments contre la Constitution
Doc. 1		
Doc. 2		
Doc. 3		
Doc. 4		

POINT DE PASSAGE

Cours p. 186

Charles de Gaulle et Pierre Mendès France : deux conceptions de la République

En quoi les conceptions de la République de De Gaulle et Mendès France s'opposent-elles ?

CONTEXTE

- Après avoir brièvement travaillé ensemble en 1944-1945 pour restaurer la République, Charles de Gaulle et Pierre Mendès France s'opposent rapidement.
- De Gaulle démissionne en janvier 1946 de la présidence du GPRF parce qu'il désapprouve les différents projets de constitution et le « régime des partis ». Dès l'origine il combat la IVe République et prône un pouvoir présidentiel fort. C'est sur cette base qu'il fonde la Ve République quand il est rappelé au gouvernement en 1958.
- Durant la crise de mai 1958, Mendès France défend la IVe République, même s'il a souvent critiqué ses dysfonctionnements. Il s'oppose ensuite au pouvoir gaulliste, considérant que le régime parlementaire est le plus démocratique.

1 Un chef de l'État au-dessus des partis

Après avoir démissionné en janvier 1946, de Gaulle s'oppose aux projets de Constitution de la Gauche et défend sa conception de la République.

Du Parlement, composé de deux Chambres et exerçant le pouvoir législatif, il va de soi que le pouvoir exécutif ne saurait procéder, sous peine d'aboutir à cette confusion des pouvoirs dans laquelle le Gouvernement ne serait bientôt plus rien qu'un assemblage de délégations. [...] En vérité, l'unité, la cohésion, la discipline intérieure du gouvernement de la France doivent être des choses sacrées, sous peine de voir rapidement la direction même du pays impuissante et disqualifiée. Or, comment cette unité, cette cohésion, cette discipline, seraient-elles maintenues à la longue si le pouvoir exécutif émanait de l'autre pouvoir auquel il doit faire équilibre, et si chacun des membres du Gouvernement, lequel est collectivement responsable devant la représentation nationale tout entière, n'était, à son poste, que le mandataire d'un parti ? C'est donc du chef de l'État, placé au-dessus des partis, élu par un collège qui englobe le Parlement mais beaucoup plus large [...] que doit procéder le pouvoir exécutif. Au chef de l'État la charge d'accorder l'intérêt général quant au choix des hommes avec l'orientation qui se dégage du Parlement. [...] À lui la tâche de présider les Conseils du gouvernement et d'y exercer cette influence de la continuité dont une nation ne se passe pas.

Charles de Gaulle, discours de Bayeux, 16 juin 1946.

2 La République en danger

Le 28 mai 1958, Pierre Mendès France défile à Paris avec les autres leaders de la gauche pour « la défense de la République », alors que le Gouvernement vient de démissionner sous la pression des militaires révoltés en Algérie.

1. Pierre Mendès France
2. Édouard Daladier
3. François Mitterrand

3 Le risque d'une présidentialisation du régime

Le 17 novembre 1964, devant les élèves de l'École supérieure des sciences économiques et sociales de Paris, Pierre Mendès France critique la Vᵉ République mise en place par de Gaulle.

J'ajoute et je précise que ce qui nous est proposé par la Vᵉ République, ce n'est pas du tout, comme l'a dit tout à l'heure, un système mixte, intermédiaire entre le parlementarisme et le régime présidentiel. C'est un régime que j'appellerai ultra-présidentiel, puisque le président de la République dispose aujourd'hui de beaucoup plus de pouvoirs que le président des États-Unis. En France, le chef de l'État peut dissoudre l'Assemblée, ce n'est pas le cas aux États-Unis. En France, il dispose d'une large fraction du pouvoir législatif, et même d'une part importante du pouvoir judiciaire et du pouvoir constituant, ce qui n'est pas le cas aux États-Unis. En France, le président n'est pas contrôlé par une Cour suprême alors qu'il l'est, et sévèrement, aux États-Unis. En France, il peut recourir au référendum, et pas là-bas. [...] Nous avons un système qui va, dans la concentration, la monopolisation du pouvoir entre les mains d'une seule autorité, d'un seul homme, beaucoup plus loin que le véritable système présidentiel.

Pierre Mendès France, *Œuvres complètes, Tome V. Préparer l'avenir (1963-1973)*, NRF, Gallimard, 1989.

Charles de Gaulle
1890-1970

Surnom	*Le Général*
Profession	Militaire
Taille	1,93 m
Principales fonctions politiques	› Chef de la France libre (1940-1943) › Président du Gouvernement provisoire de la République française (1944-1946) › Président du Conseil (1958-1959) › Président de la République (1958-1969)

Pierre Mendès France
1907-1982

Surnom	*PMF*
Profession	Avocat
Taille	1,71 m
Principales fonctions politiques	› Député radical de l'Eure (1932-1942, 1946-1958) › Ministre de l'Économie nationale (1943-1945) › Président du Conseil (1954-1955) › Ministre des Affaires étrangères (1954-1955)

4 L'élection présidentielle

Affiche gaulliste pour l'élection présidentielle de décembre 1965, la première au suffrage universel depuis 1848.

Questions

1. **Décrivez** le rôle du chef de l'État selon de Gaulle (**doc. 1**).
2. **Décrivez** le rôle du Gouvernement selon Pierre Mendès France (**doc. 3**).
3. **Expliquez** ce que signifie la présence de Mendès France en tête de cette manifestation (**doc. 2**).
4. **Montrez** que la composition générale de l'affiche (**doc. 4**) illustre les propos de De Gaulle (**doc. 1**).
5. À partir des réponses aux questions précédentes, répondez de manière organisée à la problématique.

Focus sur le document 4

1. **Expliquez** comment l'affiche fait du général de Gaulle l'incarnation de la France.
2. **Analysez** le rapport entre le peuple et de Gaulle qui est mis en scène par ce photomontage.
3. **Montrez** comment le slogan vient renforcer le message de l'affiche.
4. **Imaginez** la réaction d'un opposant à de Gaulle devant cette affiche.

COURS

› **Repères** p. 178, p. 180
› **Dossier** p. 198
› **Biographies** p. 342

Podcast du cours

3. La Vᵉ République de 1962 à 1974 : indépendance nationale et modernisation

En 1962, la France tourne la page de la guerre d'Algérie. Une croissance économique sans précédent nourrit l'optimisme des « Trente Glorieuses ». De Gaulle, puis Pompidou veulent moderniser la France et affirmer son indépendance.

A La France gaullienne dans le monde

La politique de « grandeur ». Après 1962, de Gaulle multiplie les voyages à l'étranger pour porter la voix du pays. En 1966, la France se retire du commandement intégré de l'**OTAN** : elle reste membre de l'Alliance atlantique, mais n'accepte plus de bases américaines sur son sol. Elle entend assurer seule sa défense par la dissuasion nucléaire, héritée de la IVᵉ République (premier essai de la bombe A en 1960, premiers avions bombardiers en 1964). En 1967, à Phnom Penh (Cambodge), de Gaulle critique l'intervention américaine au Vietnam.

De Gaulle contre l'Europe ? Dès son arrivée au pouvoir, de Gaulle défend une « Europe des patries », en rupture avec la politique fédéraliste menée sous la IVᵉ République par Monnet et Schuman. En 1965, il pratique la politique de « la chaise vide » à la CEE, pour maintenir le vote à l'unanimité au Conseil. Il bloque à deux reprises (1963 et 1967) l'entrée du Royaume-Uni dans la CEE, jugé trop proche des États-Unis.

Une économie ouverte sur le monde. Mais la CEE est aussi pour de Gaulle un moyen de moderniser la France, cette fois en continuité avec la IVᵉ République. Il encourage la modernisation industrielle, avec le lancement du Plan calcul en 1966, un plan industriel pour soutenir le développement de l'informatique dans le pays (face notamment à la concurrence américaine). Pour attirer les touristes du monde entier, l'État aide les entreprises à aménager des stations de ski (Plan neige de 1964) et des stations balnéaires. Cependant, de Gaulle est dépassé par une société plus jeune et tournée vers la modernité.

B Le tournant de mai 1968

La révolte étudiante. Le 22 mars 1968, à Nanterre, des étudiants occupent la salle du conseil de la faculté pour protester contre l'arrestation d'un étudiant opposé à la guerre du Vietnam, mais aussi contre les règles rigides de l'Université. Le 3 mai, la Sorbonne est évacuée par la police. Les premiers affrontements entre policiers et étudiants éclatent à Paris, dans le Quartier latin, avant de s'étendre à toute la France. Le 10 mai, la « Nuit des barricades » est la plus violente.

La crise sociale et politique. Pour protester contre la répression policière et le régime gaulliste, les partis politiques et les syndicats en appellent à la grève générale. Le 13 mai 1968, la France compte plus de dix millions de grévistes. Les oppositions socialiste et communiste appellent à la démission de De Gaulle, mais les partis sont divisés quant aux alternatives. Le 27 mai, le Premier ministre Pompidou signe avec les représentants syndicaux les Accords de Grenelle permettant une hausse de 35 % du **SMIG**.

Vocabulaire

◆ **Détente :** phase de la guerre froide caractérisée par une volonté de dialogue et de compromis entre les deux Grands, afin de limiter les risques d'affrontement nucléaire (1962-1975).

◆ **OTAN (Organisation du Traité de l'Atlantique Nord) :** alliance politique et militaire défensive créée en 1950 et regroupant les États-Unis, leurs alliés en Europe occidentale et le Canada.

◆ **SMIG (salaire minimum interprofessionnel garanti) :** créé en 1950, au-dessous duquel un travailleur ne peut être légalement employé. Il est remplacé en 1970 par le **SMIC** (salaire minimum interprofessionnel de croissance), revalorisé en fonction de la croissance économique et de la hausse des prix.

Vidéo
Mai 1968

De Gaulle affaibli. Le 30 mai, de Gaulle annonce la dissolution de l'Assemblée. Le même jour, les forces gaullistes organisent une grande manifestation de soutien au Général. Les élections législatives des 23 et 30 juin 1968 font triompher les gaullistes à l'Assemblée. Cependant, fragilisé par les événements, de Gaulle est contraint de quitter le pouvoir en 1969 après le rejet par référendum de son projet de réforme des régions et du Sénat. Premier ministre de De Gaulle, Georges Pompidou est élu président de la République en 1969.

C Les années Pompidou (1969-1974)

La relance européenne. Pompidou rompt avec la politique très méfiante du Général vis-à-vis de la CEE. Il prend l'initiative du sommet de La Haye en décembre 1969, qui accepte l'entrée du Royaume-Uni, de l'Irlande et du Danemark. Le traité entre en vigueur en 1973 : l'Europe des Neuf rassemble alors une population plus nombreuse que celle des États-Unis (273 millions d'habitants contre 211 millions) et concentre le tiers des échanges mondiaux.

La Détente. La politique gaullienne d'indépendance est poursuivie par Pompidou, mais dans un style moins flamboyant, insistant plus sur la coopération que sur la « grandeur ». Pompidou profite du contexte de la **Détente** pour accueillir à Paris en 1971, le dirigeant soviétique Leonid Brejnev pour sa première visite en Occident. En 1973, il est le premier chef d'État occidental reçu en visite officielle en Chine. La même année, la capitale accueille la signature des accords de Paris mettant fin à la guerre du Vietnam.

Un France plus moderne ? Pompidou poursuit la politique industrielle de son prédécesseur en soutenant les secteurs les plus modernes comme l'aéronautique (premiers essais de l'avion supersonique *Concorde* en 1969) et l'automobile (alliance Peugeot-Citroën en 1974). Il souhaite tirer les leçons de mai 1968 et veut créer avec son Premier ministre, Jacques Chaban-Delmas, une « Nouvelle Société ». Grand amateur d'art contemporain, Pompidou modernise la politique culturelle de la France. Il crée à Paris le Musée national d'Art moderne, l'actuel Centre Georges-Pompidou, inauguré par son successeur en 1977, Valéry Giscard d'Estaing.

1958-1974 : les présidents et leurs Premiers ministres

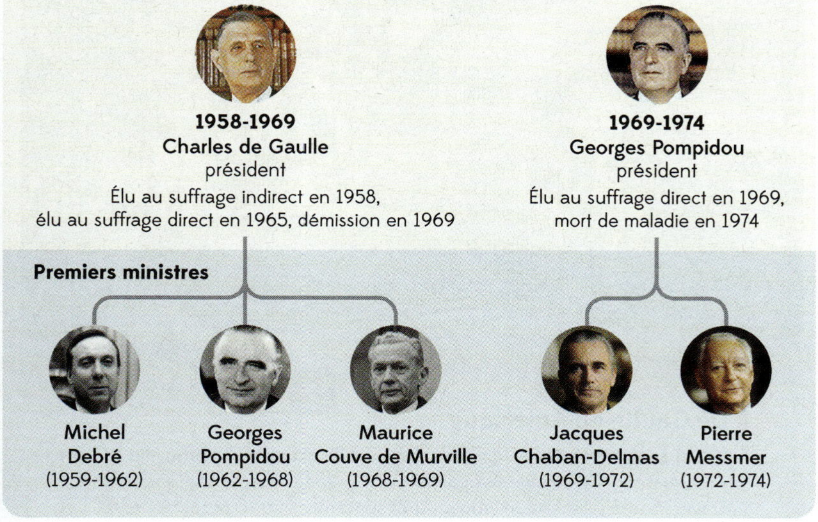

Réviser son cours

1. Comment de Gaulle conçoit-il la place de la France dans le monde ?
2. Pourquoi la crise de mai 1968 est-elle un tournant en France ?
3. Pompidou s'inscrit-il dans la continuité ou en rupture avec de Gaulle ?

> Cours p. 196

La France gaullienne et le monde

Après l'indépendance de l'Algérie en 1962, de Gaulle veut redonner à la France un rôle diplomatique de premier plan et incarner une France qui renoue avec sa « grandeur » passée et affirme son indépendance vis-à-vis des États-Unis.

>> Comment de Gaulle cherche-t-il à donner à la France un nouveau rôle international ?

1 Le retrait du commandement intégré de l'OTAN

D'autre part, tandis que se dissipe, tout au moins dans une certaine mesure, la perspective d'une guerre mondiale éclatant à cause de l'Europe, voici que d'autres conflits, où l'Amérique s'engage dans d'autres parties du monde, comme avant-hier en Corée, hier à Cuba, aujourd'hui au Vietnam, peuvent, en vertu de la fameuse escalade, prendre une extension telle qu'on aboutisse à une conflagration générale. Et dans ce cas, l'Europe, dont la stratégie est, dans l'OTAN, la stratégie de l'Amérique, y serait automatiquement impliquée, impliquée dans la lutte, même si elle ne l'avait pas voulue. Et ce serait le cas de la France, si l'imbrication de son territoire, de ses communications, de certaines de ses forces, de plusieurs de ses bases aériennes, de tel et tel de ses ports dans le système de commandement américain devait subsister plus longtemps. Il faut ajouter que notre pays devenant, de son côté et par ses propres moyens, une puissance atomique, est amené à assumer lui-même les responsabilités politiques et stratégiques que cela comporte [...]. Et enfin la volonté de la France de disposer d'elle-même, ce qui est indispensable pour qu'elle croit à son propre rôle, et pour qu'elle puisse être utile aux autres, cette volonté de la France est incompatible avec une organisation de défense dans laquelle elle est subordonnée.

Conférence de presse de Charles de Gaulle, 21 février 1966.

2 La politique de « grandeur » vue d'Allemagne

(1) Le Premier ministre britannique, Harold MacMillan. (2) Le président des États-Unis, Dwight D. Eisenhower. (3) Le chancelier allemand, Konrad Adenauer. (4) Le leader soviétique, Nikita Khrouchtchev.

Caricature de Fritz Behrendt, 1963.

Vidéo Les voyages de De Gaulle en Amérique latine

3 De Gaulle en Amérique

Le 24 septembre 1964, le Général de Gaulle est en visite officielle à Quito, en Équateur. Ce voyage fait partie d'une grande tournée diplomatique à travers toute l'Amérique latine, du 21 septembre au 16 octobre 1964.

IL POURRA DÉTRUIRE N'IMPORTE QUELLE CAPITALE ENNEMIE A 3.000 KM. de distance

Lancé hier à Cherbourg par le général de Gaulle, le « Redoutable » est équipé de 16 missiles mer-sol à tête thermonucléaire de 500 kilotonnes. Page 7.

4 De Gaulle inaugure le premier sous-marin nucléaire français

Une du journal *Le Parisien*, 30 mars 1967.

5 Un retour à l'égoïsme sacré

En avril 1966, l'opposition dépose une motion de censure contre la politique étrangère de Georges Pompidou, Premier ministre de De Gaulle. Maurice Couve de Murville est alors ministre des Affaires étrangère. Député centriste, René Pleven prend la parole pour dénoncer la décision de De Gaulle.

Quelle sera donc, après votre dénonciation de l'OTAN, votre politique de défense ? Le retour à l'égoïsme sacré ? Chacun pour soi et Dieu pour tous ? En écoutant à la télévision M. Couve de Murville souligner le caractère national de l'arme atomique, c'était l'impression qu'on pouvait recueillir. [...] Il y a quelque chose de troublant à entendre M. Pompidou déclarer comme il l'a fait le 28 mars dernier, « qu'en cas de guerre entre l'URSS et les États-Unis, si nous ne sommes pas intégrés dans le système américain, nous avons une meilleure chance d'y échapper ». De telles paroles paraissent difficilement compatibles avec l'affirmation que la France demeure dans l'alliance atlantique et reste liée par les obligations du traité. Je me refuse à vous faire un procès d'intention, mais un doute profond existe – vous le savez – chez la plupart de nos partenaires quant à la possibilité pratique et durable, pour la France, de rester dans l'alliance sans participer à son organisation militaire, de donner quelque efficacité à ce qui ne sera plus désormais qu'une demi-appartenance de la France à une alliance qui, malgré vos dires, forme un tout avec son organisation militaire. [...] Nous sommes en total désaccord avec cette décision aventureuse qui affaiblit notre pays [...]. Pour nous, la grandeur d'un pays n'est pas d'avoir les mains libres. Elle consiste à prendre sa part de responsabilités [...].

René Pleven, Intervention dans les débats à l'Assemblée nationale, 16 avril 1966.

Questions

Parcours A Répondre aux questions

1. **Expliquez** les raisons du retrait de la France du commandement intégré de l'OTAN (**doc. 1**).
2. **Résumez** l'intérêt stratégique de l'OTAN selon René Pleven (**doc. 5**).
3. **Montrez** que cette scène imaginaire caricature la politique de grandeur de De Gaulle (**doc. 2**).
4. **Montrez** comment de Gaulle répond aux craintes exprimées par l'opposition (**doc. 4 et 5**).
5. **Analysez** l'intérêt d'un tel voyage pour la diplomatie gaullienne (**doc. 3**).
6. À partir des réponses aux questions précédentes, répondez de manière organisée à la problématique.

ou

Parcours B Travailler l'oral

Complétez la carte mentale à l'aide des documents. Utilisez la carte mentale pour exposer en 5 minutes votre réponse à la problématique devant la classe.

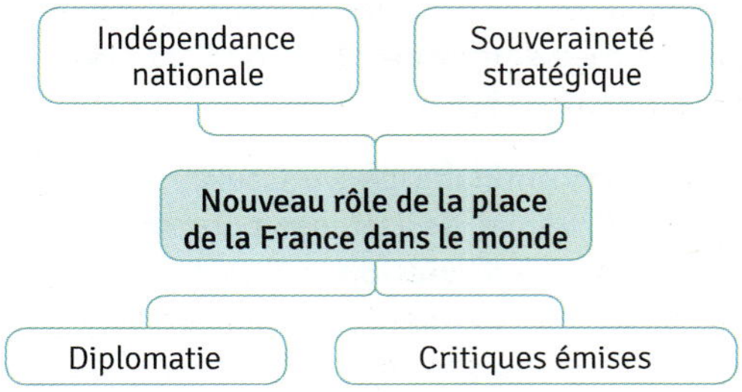

SYNTHÈSE

EXO Exercices interactifs

Podcast de la synthèse

La France : une nouvelle place dans le monde

Comment la France redéfinit-elle son rôle dans le monde de 1945 à 1974 ?

1 La IVe République (1946-1958)

Instaurée en 1946 au terme d'âpres débats, la **IVe République** est un **régime parlementaire** dans lequel l'essentiel du pouvoir revient à l'Assemblée nationale. Elle est rejetée par les gaullistes qui sont partisans d'un pouvoir exécutif fort et par les communistes qui lui reprochent son adhésion à l'OTAN. Du fait de son recours à la **représentation proportionnelle**, elle se caractérise par une forte **instabilité gouvernementale**.

Tout en essayant vainement de s'opposer par la force au processus de **décolonisation** (guerres d'Indochine et d'Algérie), la IVe République engage un rapprochement avec l'Allemagne dans le cadre de la **construction européenne**. Aux côtés de la RFA, de l'Italie, de la Belgique, des Pays-Bas et du Luxembourg, la France participe à la création de la **CECA** (1951), puis de la **CEE** (1957).

2 La crise algérienne (1958)

Vaincus en Indochine (1954), les gouvernements de la IVe République ne se résolvent à négocier l'**indépendance du Maroc et de la Tunisie** (1956) que pour mieux concentrer leurs efforts sur la préservation de la souveraineté française sur l'Algérie. Celle-ci n'accède donc à l'indépendance qu'en 1962 au terme d'une guerre de huit ans qui divise en profondeur les sociétés algérienne et française.

La IVe République est fortement déstabilisée par la **guerre d'Algérie**. Sous la pression des pieds-noirs opposés à l'indépendance, ses dirigeants sont poussés à faire appel au général de Gaulle en 1958. Celui-ci fait adopter par référendum la Constitution de la **Ve République** qui renforce considérablement les pouvoirs du Président, fonction qu'il exerce de 1958 à 1969.

3 La Ve République de 1962 à 1974

Débarrassé du fardeau colonial avec l'indépendance de l'Algérie en 1962, de Gaulle se pose en restaurateur de la « **grandeur** » française. Celle-ci passe, selon lui, par l'**indépendance stratégique** que permet l'obtention de la **bombe nucléaire** en 1960. Ce souci de l'indépendance se traduit par une prise de distance symbolique avec les États-Unis (**retrait du commandement intégré de l'OTAN** en 1966) et la CEE (**politique de la « chaise vide »** en 1965).

Dans la continuité de De Gaulle, son successeur Georges Pompidou profite du climat de Détente pour se poser en **intermédiaire entre Américains et Soviétiques**. Il est le premier dirigeant occidental à recevoir un dirigeant soviétique (Leonid Brejnev, en 1971) et il accueille à Paris en 1973 la conférence qui met un terme à la guerre du Vietnam.

MOTS-CLÉS

- **CECA** → p. 182
- **Décolonisation** → p. 182
- **FLN** → p. 186
- **Harkis** → p. 186
- **OAS** → p. 186
- **OTAN** → p. 196
- **Pieds-noirs** → p. 186

DATES CLÉS

- **1946 :** Instauration de la IVe République.
- **1951 :** CECA.
- **1957 :** CEE.
- **1958 :** Instauration de la Ve République.
- **1946-1954 :** guerre d'Indochine.
- **1954-1962 :** guerre d'Algérie.

Biographies

Charles de Gaulle (1890-1970)
Fondateur et premier président de la Ve République (1958-1969).

Pierre Mendès France (1907-1982)
Président du Conseil de juin 1954 à février 1955.

> Biographies p. 342

SCHÉMA DE SYNTHÈSE

LA FRANCE : UNE NOUVELLE PLACE DANS LE MONDE

IVe République
1946-1958

REFUS DE LA DÉCOLONISATION
- Guerre d'Indochine — *1946-1954*
- Guerre d'Algérie — *1954-1962*

CHOIX DU CAMP OCCIDENTAL DANS LA GUERRE FROIDE
- Adhésion à l'OTAN — *1949*

ENGAGEMENT DANS LA CONSTRUCTION EUROPÉENNE
- CECA — *1951*
- CEE — *1957*

DÉBUT DE LA DÉCOLONISATION
- Accords de Genève *mettant fin à la guerre d'Indochine 1954*
- Décolonisation négociée du Maroc et de la Tunisie — *1956*

DE GAULLE REVIENT AU POUVOIR
1958

Ve République
depuis 1958

ACHÈVEMENT DE LA DÉCOLONISATION
- Décolonisation négociée de l'Afrique subsaharienne — *1960*
- Accords d'Évian *mettant fin à la guerre d'Algérie* — *1962*

OPPOSITION À L'EUROPE SUPRANATIONALE
- Politique de la « chaise vide » — *1965 et opposition à l'élargissement au Royaume-Uni*

AFFIRMATION DE L'INDÉPENDANCE NATIONALE FACE À L'ALLIÉ AMÉRICAIN
- Bombe atomique *opérationnelle en 1960 (initiée en 1945)*
- Retrait du commandement intégré de l'OTAN — *1966*

Schéma interactif

POUR ALLER PLUS LOIN

À lire

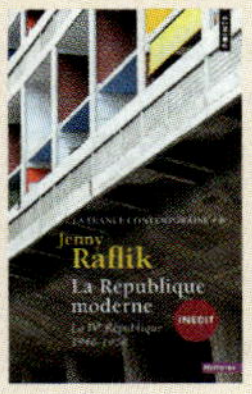

- Jenny Raflik, ***La République moderne***, Seuil, 2018. Une histoire de la IVe République.
- Michel Winock, ***L'Agonie de la IVe République : 13 mai 1958***, Gallimard, 2006. Une étude sur l'avènement de la Ve République dans le contexte de la guerre d'Algérie.

À voir

- Pierre Schoendoerffer, ***La 317e section***, 1964. Un film sur la guerre d'Indochine.
- Serge Moati, ***Je vous ai compris ! De Gaulle et l'Algérie 1958-1962***, 2010. Un documentaire sur le retour du général de Gaulle au pouvoir en 1958.

À visiter

- Le ***Redoutable***, premier sous-marin nucléaire lanceur d'engins français, en service de 1967 à 1991, se visite à la Cité de la Mer de Cherbourg.
- **La Maison de l'histoire européenne de Bruxelles** propose des expositions permanentes et temporaires sur l'histoire du continent et notamment des débuts de son unification politique.

ÉTAPE 1 Analyser le sujet

En quoi leurs points de vue diffèrent-ils ?

Traitent-ils de toutes les difficultés ? Lesquelles n'évoquent-ils pas ?

Sont-ils de nature politique, diplomatique, économique, sociale ?

En confrontant les documents, montrez dans quelle mesure ils reflètent les défis auxquels la IVe République est confrontée au début de la guerre froide.

Quand et dans quel contexte est-elle créée ?

Comment influe-t-elle sur la politique intérieure française ? et sur les questions de politique extérieure ?

1 Les États-Unis, c'est la guerre !
Affiche du Parti communiste français (PCF), 1952, collection « Archives du PCF ».

2 La situation de la France en 1947

En mai 1947, les ministres communistes quittent le gouvernement et rejoignent le camp de l'opposition. Les conséquences de ce départ sont rappelées par Vincent Auriol, premier président de la IVe République de 1947 à 1954, dans son Journal.

De ce conseil (Conseil des ministres du 11 juin 1947), je sors accablé et presque découragé. La séance a été terrible, non certes par le débat qui a été très élevé, mais par tout ce que nous avons appris. Tous les ministres font un louable effort et c'est avec une grande conscience qu'ils gèrent chacun leur département et ensemble les affaires de l'État. Mais les grèves des cheminots, les grèves qui s'allument un peu partout, puis les difficultés créées par le plan Marshall et l'attitude de l'Union soviétique, les complications qui ont suivi le discours de Truman, tout cela est exploité dans les usines et provoque à chaque instant des conflits sociaux. La conséquence en est une situation financière alarmante. Les gens apeurés retirent leurs fonds, les avances de la Banque de France, la nécessité de mesures pour colmater les fuites monétaires et financières et, par là même, les répercussions sur le coût de la vie – tout cela crée une situation épouvantable et les communistes attisent le feu partout. À côté de cela, des difficultés à Madagascar, dans les territoires de l'Union française – tout paraît se conjuguer contre nous alors que la France n'est pas encore sortie de l'abîme de ruines où elle se débat. Je me demande si nous parviendrons à vaincre ces difficultés. Si le pays était uni, oui. Voici que, en face des communistes, de Gaulle s'agite à son tour. Impossible de compter sur lui. J'ai fait des approches pour lui demander de suspendre son activité hostile, mais il demeure muré dans son orgueil et il est seul. [...]

Vincent Auriol, *Journal du Septennat*, 1970.

ÉTAPE 2 Mobiliser ses connaissances et organiser ses idées

Reliez les informations issues des documents à l'explication qui convient.

Attention, ces documents sont centrés sur la France, mais évoquent aussi le contexte international, de l'époque (guerre froide, décolonisation). C'est pourquoi, pour les comprendre, il faut aussi mobiliser les connaissances du chapitre 5.

Textes à imprimer

Éléments de description ou citations issus des documents			Explications
L'avion qui largue des armes bactériologiques sousla forme d'araignées « Les USA refusent de signer l'interdiction des armes bactériologiques »	A •	• 1	Les communistes dénoncent l'usage qu'ont fait les Américains de l'arme atomique pendant la Seconde Guerre mondiale.
« Truman déclare : "Nous possédons des armes fantastiques" »	B •	• 2	Les ministres communistes ont quitté le gouvernement en mai 1947 pour protester contre le choix du camp américain dans la guerre froide.
« Halte aux criminels de guerre »	C •	• 3	Les Américains sont soupçonnés de développer des armes bactériologiques dangereuses.
« Les Américains sèment la peste et le choléra en Corée... »	D •	• 4	Les Américains refusent de reconnaître la RPC et soutiennent Taïwan.
« ... et en Chine »	E •	• 5	En mars 1947, le président américain énonce sa doctrine de l'endiguement. Les communistes français se sont opposés au choix de leur gouvernement de s'y rallier.
Les araignées qui s'avancent	F •	• 6	Il ne cesse de s'opposer à la IVe République en appelant à un pouvoir présidentiel plus fort et crée le RPF.
« les grèves qui s'allument un peu partout », « les grèves des cheminots »	G •	• 7	Une aide économique est lancée par les États-Unis pour aider à la reconstruction en Europe.
« le plan Marshall »	H •	• 8	Depuis 1950, les États-Unis sont en guerre et soutiennent le Sud de la Corée contre le Nord communiste.
« les complications qui ont suivi le discours de Truman »	I •	• 9	La révolte des Malgaches en 1947 est très violemment réprimée par le pouvoir colonial français.
« situation financière alarmante », « les fuites monétaires et financières »	J •	• 10	Le président des États-Unis lance son pays dans la course aux armements.
« les communistes attisent le feu partout »	K •	• 11	En mai-juin 1947, la France connaît de grandes grèves, notamment à cause du coût de la vie.
« des difficultés à Madagascar, dans les territoires de l'Union française »	L •	• 12	Les Américains représentent une menace en mouvement.
« l'abîme de ruines »	M •	• 13	La perte de confiance dans le franc pousse les épargnants à retirer leurs capitaux.
« de Gaulle s'agite à son tour/son activité hostile »	N •	• 14	La France est encore en pleine reconstruction, deux ans après la fin de la Seconde Guerre mondiale.

Identifiez dans quelle partie du plan les informations issues des documents et les explications ci-dessus peuvent être utilisées.

PLAN **La IVe République face :** **I. Au défi politique**
II. Au défi économique
III. Au défi colonial

ÉTAPE 3 Rédiger l'analyse de documents

EXO Exercices interactifs

Identifiez la partie du plan que cette phrase introduit puis rédigez la suite de la réponse.

Ces deux documents témoignent des débuts de la guerre froide et de ses répercussions sur la politique intérieure française.....

BAC Réponse à une question problématisée ▸ Sujet guidé

ÉTAPE 1 Analyser le sujet

À quelles revendications coloniales la France doit-elle faire face ? Quelle attitude adopte-t-elle ?

Quel camp la France choisit-elle ? Renonce-t-elle à son indépendance pour autant ?

Est-ce une grande, une moyenne ou une petite puissance ?

Comment la décolonisation et la guerre froide obligent-elles la France à repenser sa place dans le monde entre 1945 et 1969 ?

Pourquoi la France de 1945 doit-elle se remettre en question ? Quels choix fait-elle pour compenser sa perte de puissance ?

Comment justifier le choix de ces deux dates ?

ÉTAPE 2 Mobiliser ses connaissances et organiser ses idées

Tableau à imprimer

✎ **Construisez votre argumentation en exploitant les cours et les documents suggérés.**

Plan suggéré	Cours à exploiter	Documents à exploiter
I. La France essaye de retrouver sa place dans le monde (1945-1958)		
A. Le choix du camp occidental	› Cours 1. A. p. 182 › Cours 1. C. p. 183	
B. La France fait face au délitement de son Empire	› Cours 1. B. p. 182	› Carte p. 180-181
C. La France se tourne vers la construction européenne	› Cours 1. C. p. 183	› Document 4 p. 185
II. La France de De Gaulle, une « politique de grandeur » (1958-1969)		
A. La nécessité de trouver une solution au conflit algérien	› Cours 2. A. p. 186 › Cours 2. B. p. 186	› Document 2 p. 179
B. Une volonté de réaffirmer l'indépendance française	› Cours 3. A. p. 196	› Photo d'ouverture p. 177 › Document 1 p. 198 › Document 5 p. 199 › Document 4 p. 199
C. Une certaine vision de l'Europe	› Cours 3. A. p. 196	

ÉTAPE 3 Rédiger la réponse

EXO Exercices interactifs

✎ **Rédigez la Partie I en vous aidant du tableau complété et des phrases introductives suivantes.**

Entre 1945 et 1958, la France, sortie affaiblie de la guerre et confrontée à des soulèvements indépendantistes, entrevoit la construction européenne comme un moyen de retrouver un rôle de premier plan sur la scène internationale. — **Phrase d'introduction de la partie I**

L'ampleur des destructions est telle que pour accélérer la reconstruction, la IVᵉ République accepte l'aide américaine du plan Marshall en 1947. — **Phrase d'introduction du paragraphe I. A.**

Parallèlement, la France fait face aux revendications indépendantistes dans ses colonies. ..... — **Phrase d'introduction du paragraphe I. B.**

La France se tourne alors vers la construction européenne pour retrouver sa grandeur perdue. .... — **Phrase d'introduction du paragraphe I. C.**

BAC blanc

Réponse à une question problématisée

Sujet

Comment la guerre d'Algérie cause-t-elle la naissance d'un nouveau régime politique en France ?

Sujet

Quelles nouvelles pratiques des institutions la Ve République met-elle en œuvre entre 1958 et 1962 ?

Analyse de document

Sujet

Après avoir rappelé le contexte historique de ce discours, vous montrerez qu'il témoigne d'une volonté d'affirmer la puissance de la France sur la scène internationale.

La position de la France sur la guerre du Vietnam

Oui, la position de la France est prise. Elle l'est par la réprobation, par la condamnation qu'elle adresse en ce qui concerne les actuels événements. Cette position est prise aussi par sa résolution de n'être pas, où que ce soit, et quoiqu'il arrive, automatiquement impliquée dans l'extension éventuelle du drame et de garder en tout cas les mains libres. Mais elle l'est encore par l'exemple qu'elle a naguère donné en Afrique du Nord, en mettant délibérément un terme à des combats stériles sur un terrain pourtant que ses forces dominaient sans conteste, qu'elle administrait directement depuis 132 ans et où elle avait implanté plus d'un million de ses enfants. [...] Bref, si longue et dure que doive être encore l'épreuve, il est certain qu'aux yeux de la France elle n'aura pas de solution militaire. Dès lors et à moins que le monde ne roule vers la catastrophe, seul un règlement politique pourrait rétablir la paix. Comme les conditions de ce règlement sont bien claires et bien connues, on peut encore espérer. Tout comme celui de 1954, l'accord aurait pour objet d'établir et de garantir la neutralité des peuples de l'Indochine, et leur droit de disposer d'eux-mêmes tels qu'ils sont effectivement, et chacun étant entièrement responsable de ses propres affaires. Les contractants seraient donc les pouvoirs qui s'y exercent réellement, et parmi les autres États, tout au moins les cinq puissances mondiales. Mais, la possibilité, et à plus forte raison, l'ouverture d'une aussi vaste et difficile négociation, dépendrait évidemment de la décision et de l'engagement qu'auparavant aurait voulu prendre l'Amérique de rapatrier ses forces dans un délai convenable et déterminé. [...] La France le dit au nom de son expérience et de son désintéressement. Elle le dit en raison de l'œuvre qu'elle a naguère accompli dans cette région de l'Asie, des liens qu'elle a y conservés, de l'intérêt qu'elle continue de porter aux peuples qui l'habitent, et dont elle sait qu'ils le lui rendent bien.

Extrait du discours officiel du président de Gaulle à Phnom Penh, 1er septembre 1966.

CHAPITRE 7

La modification des grands équilibres économiques et politiques

Comment les années 1970 et 1980 modifient-elles en profondeur l'ordre mondial ?

>> **Des années 1970 à 1991, le monde subit de profonds bouleversements.** L'optimisme des Trente Glorieuses s'évanouit, les chocs pétroliers contribuent à plonger dans la crise les économies capitalistes.

>> **La guerre froide se poursuit jusqu'à la fin des années 1980,** mais la révolution iranienne de 1979 fait émerger un nouvel acteur géopolitique : l'islamisme. Il rejette aussi bien le modèle occidental que le communisme.

>> **Un mouvement de démocratisation touche en 1974-1975 les pays d'Europe du Sud,** qui rejoignent ensuite la CEE, puis fait imploser le bloc soviétique en 1989 et l'URSS en 1991. Quant à la Chine, elle accepte l'économie de marché, mais refuse la démocratie.

La démocratie en Chine ?

Sous le portrait géant de Mao, accroché à la porte de Tienanmen, des jeunes Pékinois manifestent pour la démocratie, le 16 mai 1989. Trois jours plus tôt, des centaines d'étudiants commencent une grève de la faim sur la place Tienanmen. La répression violente de ce mouvement le 4 juin montre que la Chine, contrairement à l'URSS, refuse toujours la démocratie.
Au centre de la banderole, on lit : pétition.
À gauche : université Renmin.
À droite : enseignants et ouvriers (de l'université).

Manifestation pour la démocratie, place Tienanmen, 16 mai 1989.

Textes dys
TOUS LES TEXTES EN VERSION DYS
lyceen.nathan.fr/lequintrecterm-2020

人大
請愿
教工
大学

REPÈRES

La modification des grands équilibres économiques et politiques mondiaux

Dans le chapitre 5

Vous avez étudié comment la guerre froide entre les États-Unis et l'URSS entraîne une forte bipolarisation du monde de 1949 au début des années 1970.

Dans ce chapitre

Dans ce chapitre, nous allons étudier les grands changements qui marquent la période 1973-1991 : chocs pétroliers, révolution iranienne, démocratisation de l'Europe du Sud, fin du bloc soviétique et de l'URSS, modernisation sans démocratie de la Chine.

Frise interactive

1975 — 1980 — 1985 — 1990

MONDE OCCIDENTAL

Octobre 1973 Guerre du Kippour et 1er choc pétrolier

25 avril 1974 Révolution des Œillets au Portugal

20 novembre 1975 Mort de Franco en Espagne

1er janvier 1973 Le Danemark, l'Irlande et le Royaume-Uni intègrent la CEE

20 janvier 1981 › 20 janvier 1989 Ronald Reagan président des États-Unis

Janvier-février 1979 Révolution en Iran et 2e choc pétrolier

4 novembre 1979 Prise d'otages à l'ambassade américaine de Téhéran en Iran

1er janvier 1981 La Grèce intègre la CEE

1er janvier 1986 L'Espagne et le Portugal intègrent la CEE

9 nov. 1989 Chute du mur de Berlin, début de la réunification allemande

MONDE COMMUNISTE

1978 › 1992 Deng Xiaoping dirige la Chine

4 juin 1989 Massacre de la place Tienanmen à Pékin

27 déc. 1979 › 15 février 1989 INTERVENTION MILITAIRE SOVIÉTIQUE EN AFGHANISTAN

11 mars 1985 › 25 déc. 1991 GORBATCHEV À LA TÊTE DE L'URSS

26 avril 1986 Catastrophe nucléaire de Tchernobyl

25 déc. 1991 Fin de l'URSS

Points de passage

Ronald Reagan et Deng Xiaoping : deux acteurs majeurs d'un nouveau capitalisme

Le dirigeant chinois invente le « socialisme de marché », tandis que le président américain prétend résoudre la crise par le néolibéralisme.

L'année 1989 dans le monde

En 1989, un vent de liberté traverse le monde. Il renverse le bloc soviétique, mais la Chine communiste lui resiste.

Une période de mutations idéologiques

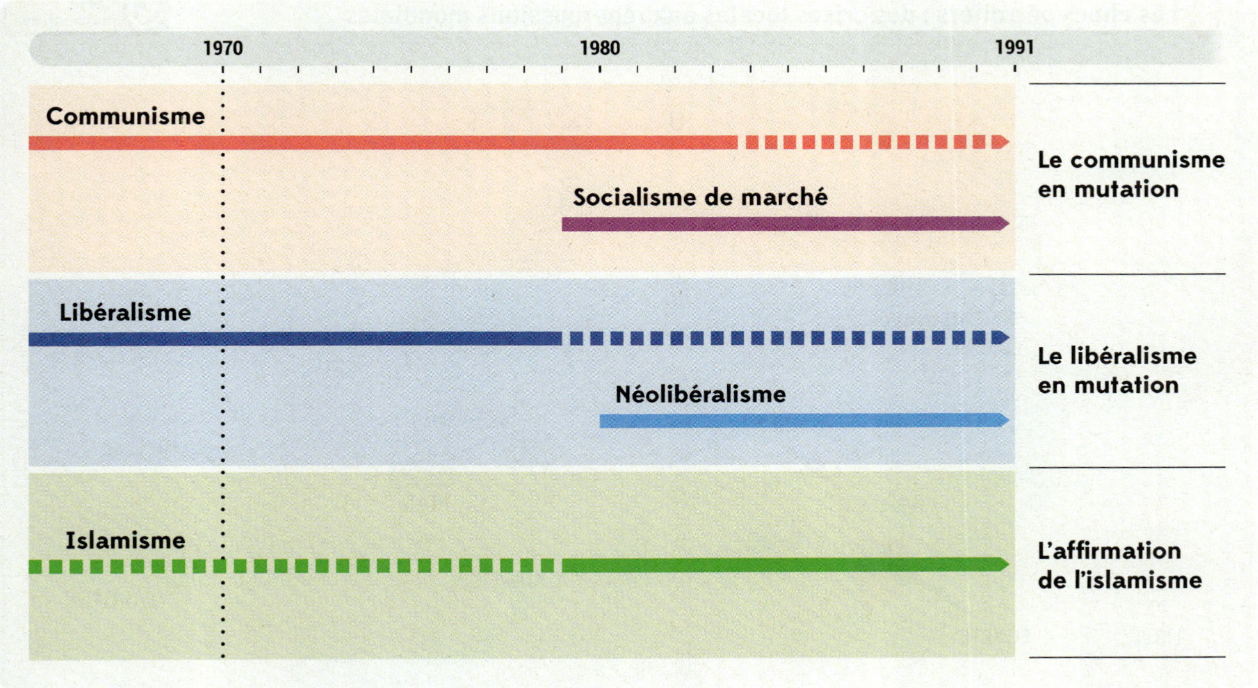

Communisme et socialisme de marché

- Le **communisme** est l'idéologie de l'URSS depuis sa création par Lénine en 1917. Selon Marx et Engels, le socialisme doit s'imposer par la dictature du prolétariat puis aboutir au communisme, une société sans classes. C'est l'objectif du « marxisme-léninisme » en URSS, où le parti communiste dirige l'État et collectivise l'économie. La propriété privée est abolie, les entreprises sont dirigées par l'État et les paysans regroupés dans des fermes collectives. Face aux oppositions, l'État marxiste-léniniste prend une forme totalitaire sous Lénine, accentuée par Staline.

- Ce modèle communiste est imposé aux « démocraties populaires » d'Europe orientale en 1947-1948 et adopté par la Chine en 1949. Les échecs économiques et les oppositions suscitent des tentatives de réforme après la mort de Staline en 1953. Celles lancées en 1985 par Gorbatchev conduisent à la disparition du bloc soviétique et de l'URSS. Mais en Chine, à partir de 1979, Deng Xiaoping parvient à libéraliser l'économie, tout en conservant la dictature du parti communiste. C'est le « **socialisme de marché** » qui veut concilier économie de marché et idéologie marxiste-léniniste.

Libéralisme, capitalisme et néolibéralisme

- Le **libéralisme** s'épanouit au XIXe siècle en Europe occidentale et aux États-Unis. Son principe est la liberté individuelle. Elle doit être garantie par l'État dans les domaine politique (respect des droits fondamentaux) et économique. On parle de **capitalisme** pour désigner le système économique libéral, caractérisé par la propriété privée des moyens de production, le rôle du marché (concurrence entre les entreprises) et l'intervention minimale de l'État.

- La crise des années 1930 conduit à une **réévaluation du rôle de l'État**. Il peut intervenir dans l'économie (Keynes) et doit protéger les faibles (État-providence). Mais la crise des années 1970-1980 a l'effet inverse : l'État-providence est contesté par Margaret Thatcher au Royaume-Uni et Ronald Reagan aux États-Unis. Ils se réclament du « **néolibéralisme** », retour aux principes du libéralisme par un désengagement de l'État au profit des entreprises.

Islamisme

- Les États décolonisés se sont d'abord inspirés des deux idéologies dominantes, le libéralisme et le communisme (ou socialisme). Au Moyen-Orient, les régimes mettent en avant un nationalisme laïc et se rapprochent du camp américain ou du camp soviétique. L'islam joue alors un rôle mineur en politique. Mais cette situation évolue avec l'échec du nationalisme arabe face à Israël et surtout la « révolution islamique » iranienne en 1979. C'est l'affirmation d'un nouvel acteur géopolitique : **l'islamisme**. Théorisé par Khomeiny dans l'Iran chiite, il se développe aussi dans l'islam sunnite. Il veut refonder les États musulmans sur leur religion et les unir à la fois contre l'Occident et contre l'impérialisme soviétique.

1 Les chocs pétroliers : des crises locales aux répercussions mondiales

Carte interactive

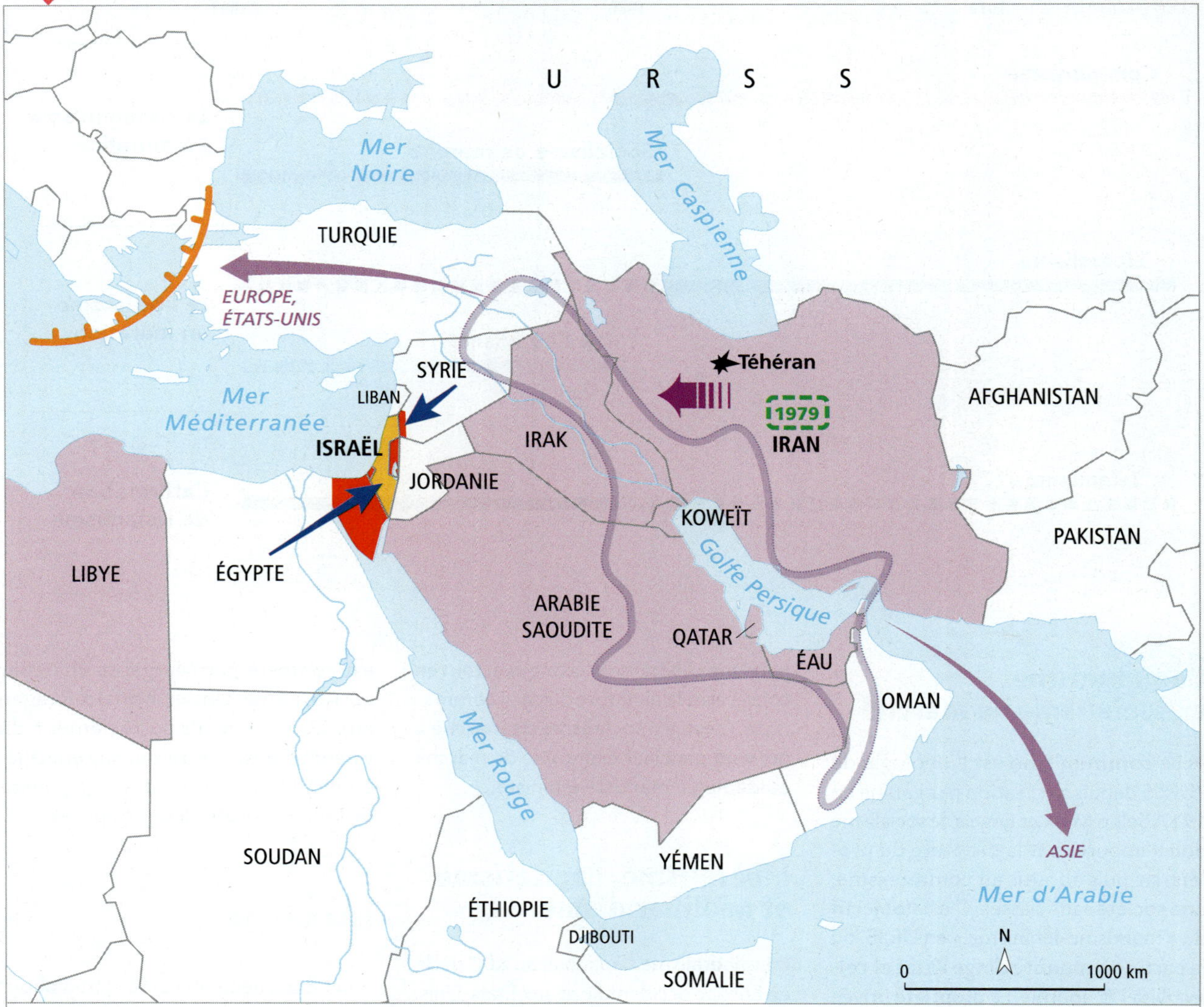

1. Le Moyen-Orient, un espace convoité

- Zone de production de pétrole et gaz
- Flux d'exportations d'hydrocarbures
- Pays de l'OPEP* qui s'affranchissent des firmes pétrolières occidentales (1973)

2. La guerre du Kippour et le premier choc pétrolier (1973)

- Israël : État créé en 1948, non reconnu par ses voisins arabes
- Territoires occupés par Israël depuis 1967
- Pays qui lancent une offensive contre Israël (6-15 octobre)
- Embargo et augmentation des prix contre les alliés d'Israël (décision de l'OPEP)

3. La révolution iranienne et le second choc pétrolier (1979)

- Exportations de pétrole vers les États-Unis (allié jusqu'en 1979)
- Prise d'otages à l'ambassade américaine
- 1979 Mise en place d'un régime hostile à l'Occident

*voir p. 212

2 Le bloc de l'Est des années 1980 à 1991 : la fin du communisme en Europe

Carte interactive

1. Les deux blocs en Europe dans les années 1980

- L'URSS, leader du monde communiste
- Pays membres du pacte de Varsovie
- Bloc de l'Ouest

2. La dislocation du bloc communiste (1989-1991)

- Catastrophe de Tchernobyl
- Ouverture du rideau de fer
- **1990** Chute des régimes communistes alliés de l'URSS
- *LITUANIE* Républiques de l'URSS qui accèdent à l'indépendance en 1991 (indépendance reconnue)
- Nouvelles frontières à l'intérieur de l'ex-URSS (1991)

> **Repères** p. 208, p. 210
> **Dossiers** p. 214, p. 216, p. 218
> **Biographies** p. 342

Podcast du cours

1. L'Occident en recomposition (1970-1991)

Dans les années 1970, les économies capitalistes d'Europe et d'Amérique du Nord entrent en crise, tandis que le modèle occidental est contesté par une nouvelle force révolutionnaire : l'islamisme. L'Occident doit alors repenser ses politiques et défendre ses principes.

A La crise économique

• **La fin d'un cycle de croissance.** À partir de 1945, la reconstruction de l'Europe et l'équipement des foyers en biens de consommation (réfrigérateur, télévision, voiture, etc.) ont soutenu une forte croissance. Cette économie, fondée sur l'usage du pétrole comme carburant et comme matière première, a fait entrer les sociétés occidentales dans la consommation de masse. Cependant, dès la fin des années 1960, quand chacun est équipé et que les achats ne sont plus destinés qu'au remplacement, l'économie occidentale ralentit. En 1971, les États-Unis suspendent la convertibilité du dollar en or : la fin des accords de Bretton Woods (juillet 1944) entraîne une insécurité monétaire et perturbe l'économie mondiale.

• **Les deux chocs pétroliers.** En 1973, les pays arabes lancent une offensive contre Israël, le jour de la fête du Kippour. Face à la contre-offensive israélienne, les pays de l'**OPEP** décident d'augmenter les prix du pétrole et de limiter leur production, pour pénaliser les alliés d'Israël. Ceci provoque une flambée des prix et met en difficulté les économies occidentales. Le pétrole devient ainsi une arme politique. En 1979-1980, un second choc pétrolier est provoqué par la révolution iranienne, puis le déclenchement de la guerre entre l'Iran et l'Irak, pays qui réduisent leur production.

• **Un lourd impact économique et social.** L'approvisionnement difficile en pétrole ralentit l'activité des entreprises. La croissance chute et les économies entrent en stagnation, ce qui provoque une augmentation du chômage. En parallèle, la hausse du cours du pétrole nourrit l'inflation, c'est-à-dire l'augmentation généralisée des prix. Celle-ci touche durement le budget quotidien des familles. Un phénomène inédit apparaît donc : la stagflation. Ce néologisme désigne la combinaison de la stagnation et de l'inflation.

B L'ère du néolibéralisme

• **L'abandon du keynésianisme.** Les politiques économiques expérimentées dans les années 1930 pour lutter contre la crise, puis appliquées après la Seconde Guerre mondiale pour créer un État-providence, sont remises en cause. Le **néolibéralisme** est défendu avec conviction par deux dirigeants conservateurs : Margaret Thatcher, Première ministre du Royaume-Uni de 1979 à 1990, et Ronald Reagan, président des États-Unis de 1981 à 1989.

POINT DE PASSAGE Ronald Reagan et Deng Xiaoping, deux acteurs majeurs d'un nouveau capitalisme > p. 222

• **La dérégulation de l'économie.** Le choix est fait de diminuer l'intervention de l'État au profit des initiatives individuelles et des entreprises. Concrètement, la

Vocabulaire

◆ **Ayatollah :** littéralement « signe de Dieu », l'un des plus hauts dignitaires du clergé chiite en Iran.

◆ **Chah :** Abréviation du titre de *chahanchah*, qui signifie « roi des rois » en persan. Porté par les souverains de Perse puis d'Iran, il équivaut au titre d'empereur.

◆ ***Charia* :** loi islamique. Ensemble de commandements, recommandations et interdictions que le croyant doit respecter.

◆ **Islamisme :** mouvement politique qui propose de fonder l'organisation de la société et de l'État sur la *charia*.

◆ **Néolibéralisme :** doctrine qui critique les interventions de l'État dans l'économie et prône le retour au libéralisme pur et dur. Son principal théoricien est l'économiste américain Milton Friedman (1912-2006), fondateur de l'École de Chicago.

◆ **OPEP (Organisation des pays exportateurs de pétrole) :** regroupement d'États producteurs de pétrole créé en 1960 par le Venezuela, l'Arabie saoudite, l'Iran, l'Irak et le Koweït. Leur but est d'affirmer leurs droits (et leurs revenus) face aux compagnies concessionnaires.

fiscalité et les normes sont allégées. Parallèlement, l'État diminue ses dépenses, notamment dans le domaine social, et son contrôle sur l'économie. Le néolibéralisme se traduit aussi, au Royaume-Uni ou en France (1986), par la privatisation des entreprises dont l'État était actionnaire. Dans ce contexte, les profits spéculatifs explosent et les inégalités sociales se creusent.

C Le modèle occidental entre avancées et rejets

La démocratisation de l'Europe du Sud. En 1974, Konstandinos Karamanlis devient Premier ministre de la Grèce : il restaure ainsi la démocratie après sept années de régime militaire. La même année au Portugal, les officiers qui refusent de lutter contre les mouvements indépendantistes dans les colonies, renversent la dictature instaurée en 1932 par António de Oliveira Salazar. La mort de Francisco Franco en 1975 permet aussi à l'Espagne d'engager une transition démocratique, conduite par le jeune roi Juan Carlos Ier. Soutenant cette évolution, la CEE intègre la Grèce (1981), puis le Portugal et l'Espagne (1986) malgré les problèmes économiques posés par leur adhésion. Hors d'Europe cependant, la guerre froide conduit les Occidentaux à soutenir des dictatures militaires en Amérique latine ou le régime autoritaire du **chah** Mohammad Reza en Iran.

La révolution iranienne et l'islamisme. Fidèle allié des États-Unis, gendarme du golfe Persique, le régime du chah est renversé en 1979 par une révolution islamique. Le 1er avril 1979, l'**ayatollah** Khomeiny fonde la République islamique d'Iran. Il en devient le « Guide Suprême » : placé au-dessus du président de la République, il est assisté d'un Conseil qui vérifie la compatibilité des lois avec la ***charia***. Le 4 novembre 1979, l'assaut de l'ambassade américaine par des étudiants de Téhéran manifeste l'hostilité envers les États-Unis, qualifiés de « Grand Satan ». Mais Khomeiny dénonce aussi l'impérialisme soviétique et il rompt en 1982 avec le Toudeh, Parti communiste iranien qui soutenait au départ la révolution. L'Iran devient ainsi le modèle d'une nouvelle contestation de l'ordre mondial, faisant de l'**islamisme** une arme révolutionnaire.

Réviser son cours

1. **Pourquoi l'économie mondiale entre-t-elle en crise dans les années 1970 ?**

2. **Comment le néolibéralisme entend-il sortir de la crise ?**

3. **Quelle est l'influence du modèle occidental dans le monde ?**

Le néolibéralisme : un désengagement de l'État

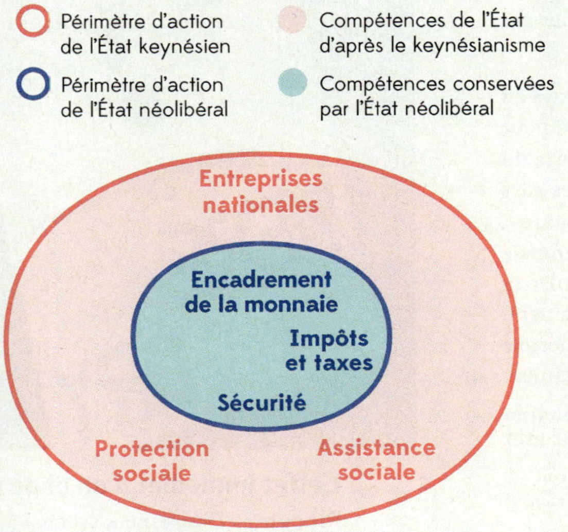

La transition démocratique de la Grèce, du Portugal et de l'Espagne

	Grèce	Portugal	Espagne
Dictature	« Régime des colonels » 1967-1974	Salazar, puis Caetano 1932-1974	Franco 1939-1975
Transition démocratique	Konstandinos Karamanlis 1974-1975	Mario Soares 1974-1986	roi Juan Carlos Ier 1975-1981
Demande d'adhésion à la CEE	1975 (association en 1961)	1977	1977 1962 (rejetée)
Entrée dans la CEE	1981	1986	1986

> Cours p. 212

Chocs pétroliers (1973 et 1979) et crise économique mondiale

Vidéo
Historique de l'OPEP

La guerre du Kippour en 1973, puis la révolution iranienne en 1979 entraînent à deux reprises une hausse brutale du prix du pétrole. Ces chocs pétroliers frappent des économies occidentales déjà affaiblies par d'autres problèmes, monétaires notamment. Ils marquent donc pour l'opinion la fin des Trente Glorieuses, même s'ils ne sont pas les seules causes de la crise économique, et une modification des rapports de force mondiaux.

>> Pourquoi parle-t-on de chocs pétroliers en 1973 et 1979 ?

1 Aux origines du premier choc pétrolier (1973)

Nicolas Sarkis est un expert syrien en économie pétrolière, conseiller de l'OPEP. Dans ce livre d'entretiens, il explique comment le pétrole a été utilisé comme moyen de pression lors de la guerre du Kippour (qu'il nomme « guerre d'octobre ») en 1973.

La guerre d'octobre a marqué un tournant capital dans l'histoire du monde arabe. Je ne pense pas seulement aux batailles militaires qui ont été gagnées sur le terrain et qui ont permis aux Arabes de se décomplexer, de détruire le mythe de l'invincibilité d'Israël, et de retrouver une dignité bafouée depuis des siècles. Je pense aussi et surtout au nouvel élan que cette guerre a donné au mouvement d'émancipation et d'unification des pays arabes. [...]

En octobre 1973, les pays arabes ont fait de leur mieux pour distinguer les pays « ennemis » des pays « neutres » et des pays « amis ». Seuls les premiers, dont notamment les États-Unis et la Hollande, ont été visés par l'embargo [pétrolier]. Les seconds, les « neutres », ont fait l'objet de mesures de réduction temporaire de la production. Quant aux « amis », ils ont été épargnés par les mesures arabes [...].

Le 16 octobre 1973, les ministres du Pétrole des six pays du Golfe membres de l'OPEP, réunis au Koweït, décidaient, pour la première fois dans l'histoire de leurs pays, que les prix du pétrole seraient désormais fixés unilatéralement par les pays exportateurs, et non plus par les compagnies concessionnaires[1], en même temps qu'ils décrétaient une augmentation générale de 70 % des prix postés. Le lendemain 17 octobre, les ministres arabes du Pétrole décidaient pour la première fois également, à l'issue d'une réunion tenue à Koweït, l'utilisation du pétrole comme une arme politique dans le conflit israélo-palestinien.

Nicolas Sarkis, *Le Pétrole à l'heure arabe*, entretiens avec Éric Laurent, Paris, Stock, 1975.

1. Firme ayant obtenu l'exploitation d'une ressource, d'une production ou d'un service dans un pays. Elle reverse une partie souvent faible de ses gains à l'État concerné.

Vidéo
Les États-Unis face à la crise du pétrole

2 L'effet immédiat d'un choc pétrolier

Pancarte : « Désolé, nous sommes à sec. »
Station-service de Las Vegas aux États-Unis en mai 1979.

3 Le second choc pétrolier (1979)

Le ministère italien de l'Industrie a invité les habitants du pays à économiser le fuel destiné au chauffage, en raison de la suspension des exportations iraniennes. Au cours d'un discours télévisé, le 2 février, M. Ammassari, directeur des ressources énergétiques au ministère de l'Industrie, a relevé que, depuis deux mois, l'Italie n'avait pas reçu de pétrole iranien. [...]

Les milieux pétroliers belges commencent, eux aussi, à s'inquiéter des événements iraniens et de la flambée des prix qu'ils suscitent. Entre le 29 et le 30 janvier, les prix du brut ont augmenté de 15 dollars à la tonne. [...]

Aux États-Unis, l'on commence à se préoccuper de l'hiver prochain. Une poursuite de la situation actuelle en Iran risque, en effet, de provoquer une pénurie de fuel domestique à partir de septembre 1979 (l'hiver 1978-1979 étant déjà pratiquement terminé). Pour faire face à cette situation, le gouvernement et l'industrie pétrolière des États-Unis prennent d'ores et déjà des dispositions afin de constituer des réserves.

En France, M. Giscard d'Estaing présidera, le 6 février, à 16 heures, un conseil restreint sur l'approvisionnement pétrolier. Ce conseil, a indiqué M. Hunt, porte-parole de l'Élysée, fera le tour des problèmes énergétiques français à moyen terme et analysera les structures d'approvisionnement à long terme. Il est cependant certain qu'il examinera aussi les difficultés provoquées par l'arrêt des exportations de pétrole iranien. [...]

Enfin, au Japon, BP[1] a notifié aux raffineurs qu'il allait réduire ses livraisons de 45 % pour la période de janvier.

Le Monde, 5 février 1979.

1. Initiales de British Petroleum, compagnie concessionnaire pétrolière d'importance mondiale.

4 L'évolution du prix du pétrole

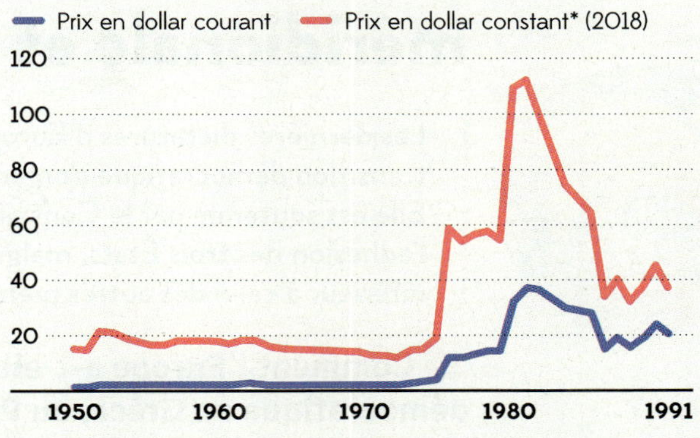

* Le dollar « constant » est une donnée virtuelle qui ne prend pas en compte les variations du cours de la monnaie, à la différence du dollar « courant ».

Source : BP Statistical Review 2019.

5 De nouveaux rapports entre le Moyen-Orient et l'Occident

Dessin de Jacques Faizant, *Le Figaro*, 6 octobre 1974.

Questions

1. **Montrez** que les deux chocs pétroliers sont des crises politiques locales qui prennent une envergure mondiale (**doc. 1 et 3**).
2. **Montrez** comment les pays producteurs utilisent le pétrole comme arme politique (**doc. 1 et 5**).
3. **Analysez** les effets des chocs pétroliers sur les économies occidentales (**doc. 2 à 5**).
4. **Identifiez** le secteur économique et symbole des sociétés développées qui est frappé de plein fouet par les chocs pétroliers (**doc. 2 et 5**).
5. À partir des réponses aux questions précédentes, répondez de manière organisée à la problématique.

Focus sur le document 5

1. **Décrivez** la scène : dans quelle région du monde se trouve-t-on ? Qui peuvent être les personnages ?
2. **Identifiez** la tradition ancestrale dont parle le personnage de droite. En quoi est-elle liée à son activité ?
3. **Identifiez** la relation qui s'installe entre le Moyen-Orient et l'Occident d'après ce document, et expliquez-la.

> Cours p. 212

La démocratisation de l'Europe méridionale et la CEE

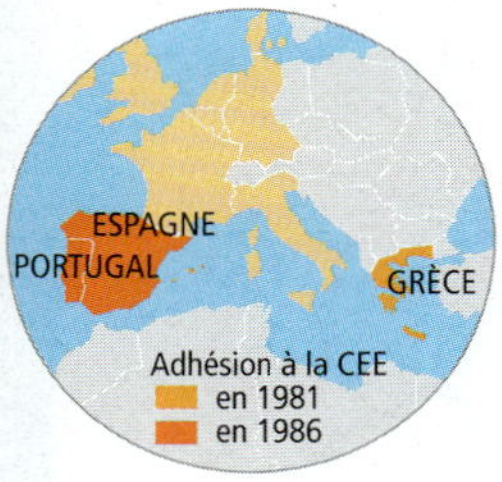

Les dernières dictatures d'Europe du Sud sont renversées en 1974-1975. Une transition démocratique s'organise alors en Grèce, au Portugal et en Espagne. Elle est soutenue par le Conseil de l'Europe et par la CEE, qui accepte l'adhésion des trois États, malgré leur niveau de développement économique inférieur à celui des autres membres.

>> Comment l'Europe a-t-elle accompagné la transition démocratique en Grèce, au Portugal et en Espagne ?

1 La « révolution des Œillets » au Portugal

Le 25 avril 1974, des militaires contestataires, portant un œillet rouge en signe de ralliement, renversent la dictature avec un large soutien populaire.

2 Un soutien à la transition démocratique en Espagne

Le Conseil de l'Europe, fondé en 1949 et installé à Strasbourg, promeut la démocratie en Europe. Il a admis l'Espagne en 1977.

L'Assemblée [...]

Considérant que l'Espagne est entrée dans une période de transition et que le processus de démocratisation est irréversible [...] ;

Se félicitant de la proclamation par le roi Juan Carlos d'une amnistie s'appliquant aux prisonniers et exilés politiques [...], suffisamment large pour permettre l'amorce d'un dialogue entre le gouvernement et les dirigeants de l'opposition démocratique ; [...]

Considérant comme essentielle la restauration intégrale des libertés politiques et syndicales, et en particulier la légalisation rapide de tous les partis politiques ;

Exprimant la crainte que certaines forces extrémistes agissent en vue de faire ajourner la tenue d'élections pacifiques ; [...]

Déclare une fois de plus sa solidarité avec toutes les forces en Espagne qui travaillent pour l'instauration d'une vraie démocratie, et met à leur disposition son expérience pour contribuer à la démocratisation souhaitée par le peuple espagnol et par l'Europe tout entière.

Résolution adoptée par l'assemblée du Conseil de l'Europe, 22 septembre 1976.

3 Trois candidats à l'Europe

Caricature de Plantu sur l'adhésion de la Grèce, de l'Espagne et du Portugal aux Communautés européennes, 1977.

4 Les difficultés de l'élargissement pour la CEE

Un refus net porterait un coup sévère aux fragiles régimes démocratiques qui se sont instaurés avec les encouragements explicites de la Communauté et qui déjà dépendent de nous dans une certaine mesure. [...] Nous croyons donc qu'il est bon d'accueillir favorablement ces demandes, tout en soulignant que le Conseil ne doit pas ignorer les problèmes qu'elles engendrent et qu'il ne doit pas non plus s'attendre à voir ces problèmes résolus sans peine. [...]

Le problème essentiel est de réduire la différence de niveau économique existant entre les pays candidats et la Communauté, de même qu'entre certaines régions de la Communauté actuelle. Pour ce qui concerne le PNB par habitant, le niveau de la Grèce et de l'Espagne n'atteint que la moitié environ du niveau moyen de la Communauté actuelle et un tiers seulement environ de celui des membres les mieux nantis de la Communauté actuelle. Le niveau du Portugal est encore bien plus bas. [...]

Il s'ensuit, à mon avis, qu'un élargissement du type qui nous concerne actuellement est qualitativement différent de celui négocié entre 1970 et 1972. Les trois nouveaux États membres avaient [alors] des économies analogues, pour l'essentiel, à celles des six États membres originaires ; ils ont donc pu s'intégrer plus facilement.

Déclaration de Roy Jenkins, président de la Commission des Communautés européennes en octobre 1977.

5 L'adhésion de la Grèce

On peut, à bon droit, je pense, considérer le traité d'adhésion de la République hellénique aux communautés européennes, signé à Athènes le 28 mai 1979, comme l'un des textes les plus importants qui, dans le domaine des relations internationales, auront été soumis à notre assemblée depuis le début de la présente législature. [...] Nous savons tous ce que l'Europe doit à la civilisation grecque. Nous savons combien profondément s'enfoncent dans le passé grec nos racines spirituelles. L'Europe a reçu de la Grèce ses schémas de pensée, ses méthodes de raisonnement philosophique et scientifique, ses références politiques, ses exemples artistiques. [...] Ce n'est pas tous les jours qu'une civilisation rejoint ses filles. L'Europe communautaire a tout avantage à coïncider autant qu'il se peut avec la réalité géographique européenne et surtout avec l'espace culturel européen. [...]

Il y a donc dix-huit ans que la Grèce attend [...]. En vérité, son adhésion serait depuis longtemps chose faite si les graves événements qui, de 1967 à 1974, ont suspendu en Grèce l'exercice de la démocratie n'étaient pas venus interrompre le cours naturel des choses. Or, depuis cinq ans, la démocratie se trouve restaurée à Athènes [...].

Maurice Druon, député français, discours devant l'Assemblée nationale, 5 décembre 1979.

Questions

1. **Décrivez** cette photographie. Qu'indique-t-elle sur le déroulement des événements (**doc. 1**) ?
2. **Définissez** la notion de « transition démocratique » à travers l'exemple de l'Espagne (**doc. 2**).
3. **Décrivez** le dessin et **montrez** que l'Europe représente une libération pour les trois pays (**doc. 3**).
4. **Analysez** les raisons qui poussent la CEE à intégrer ces trois pays (**doc. 4 et 5**).
5. **Résumez** les difficultés que peut engendrer leur intégration (**doc. 4**).
6. À partir des réponses aux questions précédentes, répondez de manière organisée à la problématique.

Focus sur le document 3

1. **Décrivez** le podium sur lequel se trouvent les représentants des trois pays.
2. **Expliquez** ce que symbolisent les chaînes et les étoiles.
3. **Montrez** que les trois pays sont engagés dans une course à la démocratie.
4. **Identifiez** la récompense promise aux vainqueurs.

> Cours p. 212
> Biographies p. 342

La révolution islamique en Iran

Vidéo
La révolution islamique en Iran

Allié privilégié des États-Unis et pays pétrolier en plein développement, l'Iran est secoué par une révolution en 1979. Le chah s'exile et l'ayatollah Khomeiny devient le « Guide Suprême » de la nouvelle République islamique d'Iran. Celle-ci s'affirme comme un modèle révolutionnaire, même si l'islam iranien est chiite et donc minoritaire au sein du monde musulman.

>> Comment la révolution iranienne marque-t-elle l'émergence de l'islamisme comme nouveau modèle révolutionnaire ?

1 L'Iran victime de l'Occident

Djalâl Al-e Ahmad, intellectuel iranien opposé au chah, est proche du Parti communiste iranien, le Toudeh, qui a participé à la révolution à ses débuts, puis a été réprimé à partir de 1982.

L'industrie occidentale organise notre pillage, nous gouverne et prend en main notre destin. Évidemment, quand on abandonne aux compagnies étrangères le pouvoir économique et politique d'un pays, elles décident de ce qu'elles lui vendent et ce qu'elles ne lui vendent pas : naturellement, pour qu'elles écoulent indéfiniment leurs produits manufacturés, il vaut mieux que nous ne puissions jamais nous passer d'elles. Que Dieu garde ces puits de pétrole ! On embarque le pétrole, en échange on nous donne tout ce que nous voulons [...]. Cet échange forcé concerne aussi la culture et le discours. Qu'on feuillette les pages, trop rares d'ailleurs, de notre prétendue presse littéraire. Quelles nouvelles donne-t-elle de notre propre pays ? Ou de l'Orient d'une façon générale ? De l'Inde, du Japon ou de la Chine ? Elle ne traite que du Nobel, du changement de pape, de Françoise Sagan, des prix du festival de Cannes, de la dernière pièce à Broadway et du plus récent film d'Hollywood. [...] Mais politiquement, nous vivons sous le drapeau du despotisme [...].

Djalâl Al-e Ahmad, *L'Occidentalite*, 1962, édition française par F. Barrès-Kotobi et M. Kotobi, L'Harmattan, 1988.

2 « L'islam, rien que l'islam »

Une jeune Iranienne est interrogée sur la pensée du Guide Khomeiny.

– Selon toi, à quoi se ramène l'essentiel de ce que dit Monsieur [Khomeiny] ?

– L'essentiel de ce qu'il dit est qu'on soit islamique, totalement islamique, et pas seulement en paroles. Il insiste, bien plus que les gens ne pensent, sur l'islam et non sur le matériel. Beaucoup disent que tout le monde doit avoir plein de choses, mais Monsieur affirme que, de quelque façon qu'on vive, on ne doit s'appliquer qu'à l'islam (pas seulement en esprit mais en acte) ; qu'il faut agir de façon islamique, rien qu'islamique ; qu'on doit faire fi de toute autre chose, des propos des autres, des complots des superpuissances. Tout cela, c'est comme de la poussière pour lui. L'islam, l'islam, rien que l'islam. L'homme doit avoir un Guide. Depuis le temps que Dieu l'a créé, l'homme a toujours eu un Guide et les Guides ont été envoyés pour que l'homme reste pur, qu'il vive et meure en toute pureté, qu'il ait une bonne fin dans l'autre monde.

Entretien réalisé à l'automne 1990 à Téhéran, dans Paul Vieille et Farhad Khosrokhavar, *Le Discours populaire de la Révolution iranienne*, Institut d'études méditerranéennes, 1990.

3 L'Iran en tête du « front islamique »

Notre objectif est de dessécher à la racine les systèmes corrupteurs sionistes, capitalistes et communistes de ce monde. Nous nous sommes recommandés à Dieu, pour qu'il nous aide à détruire les régimes fondés sur ces trois théories, et à diffuser la doctrine de l'islam du messager de Dieu – Que la paix du Seigneur s'étende sur Lui et sa Descendance ! – dans le monde dominé par l'arrogance. [...]

Notre guerre est celle de la doctrine [islamique], elle se rit des frontières et de la géographie. Notre devoir est d'opérer l'immense mobilisation des soldats de l'islam, partout dans le monde, pour notre guerre islamique. [...]

Préparons-nous à organiser un puissant front islamique portant le nom, ayant les qualités de notre révolution [iranienne] et à affronter l'Est et l'Ouest coalisés, afin que soient enfin célébrés le règne et la gloire des déshérités et des va-nu-pieds. [...]

J'annonce clairement que la République islamique d'Iran va mettre tous ses moyens au service d'une résurrection de l'identité islamique des musulmans partout dans le monde.

Rouhollah Khomeiny, message diffusé par Radio Téhéran, 20 juillet 1988.

Animation

4 Affiche de propagande iranienne

(1) Ayatollah Khomeiny, « Guide Suprême » de l'Iran de 1979 à 1989. (2) « Si le monde islamique est uni, fini la mainmise des superpuissances sur les ressources des musulmans ! » citation de Khomeiny. (3) *Allah Akbar*, « Dieu est grand ».

Peinture d'Isma'il Zadh Hasan, 1980. Affiche réalisée pour l'anniversaire du référendum en faveur de la République islamique (30 au 31 mars 1979).

REPÈRES

Chiisme et sunnisme

Les chiites s'opposent aux sunnites, les partisans de la *sunna* (« Tradition ») qui forment le courant majoritaire de l'islam. Les chiites sont surtout présents en Iran et en Irak, où ils sont majoritaires.

5 Une nouvelle idéologie révolutionnaire

La révolution islamique bénéficia, dans les premiers temps, d'un large capital de sympathie parmi les opposants aux régimes autoritaires de l'ensemble du monde musulman. Avant que les purges, exécutions et atrocités commises en son nom ne ternissent son image, elle avait démontré qu'un mouvement issu de larges couches de la société pouvait abattre un gouvernement puissant et proche des États-Unis. C'en était assez pour que, jusque dans les cercles peu avertis de l'islam ou indifférents à son endroit, on prît au sérieux le potentiel révolutionnaire de cette religion. Par-delà Khomeini, l'exemple iranien donnait le sentiment à beaucoup d'observateurs et de dirigeants que l'islam était devenu le principal facteur de l'identité politique, sociale, culturelle, de populations autrefois définies à travers leur nationalité, leur appartenance sociale, etc. [...] À partir de 1979, des jeunes militants venant d'un peu partout dans le monde musulman, du Sud-Est asiatique à l'Afrique noire, ainsi que des populations d'origine musulmane de certains pays socialistes et de l'immigration en Europe occidentale, firent le voyage de Téhéran. [...] Comme les révolutions française ou bolchevique en leur temps, la révolution iranienne incarna un immense espoir pour les étrangers qui sympathisaient avec ses objectifs.

Gilles Kepel, *Jihad. Expansion et déclin de l'islamisme*, Gallimard, 2000.

Questions

1. **Résumez** ce que dénonce l'auteur dans le régime du chah, en vous appuyant sur le titre de son livre (**doc. 1**).
2. **Identifiez** les adversaires désignés par l'ayatollah Khomeiny (**doc. 3 et 4**).
3. **Justifiez** l'expression « révolution islamique » appliquée à la révolution iranienne de 1979 (**doc. 2, 3 et 5**).
4. **Analysez** l'écho mondial rencontré par la révolution iranienne (**doc. 3 et 5**).
5. À partir des réponses aux questions précédentes, répondez de manière organisée à la problématique.

Focus sur le document 4

1. **Décrivez** la principale ressource économique de l'Iran mise en valeur sur cette affiche.
2. **Identifiez** les deux ennemis de l'Iran représentés ici, en analysant la symbolique utilisée.
3. **Montrez** comment la République islamique lutte contre ces deux ennemis.
4. **Résumez** le message de l'affiche et le rôle qu'elle donne à Khomeiny dans l'histoire iranienne.

> Repères p. 208, p. 210
> Points de passage p. 222, p. 224
> Dossier p. 226
> Biographies p. 342

Podcast du cours

2. Le monde communiste entre réforme et effondrement

Les économies et les sociétés communistes sont aussi en difficulté dans les années 1970-1980. Si la Chine populaire réagit en s'ouvrant au monde et au capitalisme, l'URSS, elle, s'effondre et disparaît.

A Le socialisme de marché en Chine

Une économie sous-développée. Ayant rompu avec l'URSS, la Chine a cherché dans les années 1960 son propre modèle socialiste, privilégiant le développement des campagnes. Après la mort de Mao Zedong en 1976, des luttes de pouvoir opposent les idéologues maoïstes aux réformateurs « pragmatiques », menés par Deng Xiaoping. Ce dernier dénonce une économie incapable de répondre aux besoins de la population, un système dirigiste et centralisé, ne laissant aucune marge de manœuvre aux entreprises et démotivant les ouvriers.

Les réformes de Deng Xiaoping. Arrivé au pouvoir 1978, Deng Xiaoping lance le programme des « Quatre Modernisations » (agriculture, industrie, défense, sciences et techniques) et décide d'introduire une dose de capitalisme dans l'économie, sans renoncer au communisme. Avec le **socialisme de marché**, ce n'est plus l'État qui dicte les objectifs, mais la demande de la population ou de l'étranger, à laquelle les entreprises répondent. Pour cela, l'État donne plus d'autonomie aux entreprises et aux pouvoirs locaux (la province et le district), qui deviennent de véritables acteurs économiques.

POINT DE PASSAGE Ronald Reagan et Deng Xiaoping, deux acteurs majeurs d'un nouveau capitalisme > p. 222

L'ouverture progressive de la Chine au monde. Alors que, jusqu'alors, les industries chinoises étaient tournées uniquement vers la consommation intérieure, Deng Xiaoping autorise plusieurs villes et provinces à accueillir des investissements étrangers. Quatre **zones économiques spéciales** (ZES) ouvrent ainsi en 1980. Ce modèle permet un développement sans précédent. Il est étendu en 1988 au reste du littoral, puis à l'ensemble du pays en 1992. La Chine devient ainsi « l'atelier du monde », et le premier régime communiste à économie de marché.

B La *perestroïka* en URSS

Une puissance déclinante. En décembre 1979, l'armée soviétique intervient en Afghanistan pour soutenir le gouvernement communiste au pouvoir depuis 1978 et confronté à une opposition croissante. L'invasion soviétique suscite un vaste mouvement de résistance, qui contribue à l'affirmation d'un islamisme jihadiste. Comme les États-Unis au Vietnam, l'image internationale de l'URSS se détériore alors qu'elle s'enlise en Afghanistan, tenue en échec par la guérilla des **moudjahidin**. Celle-ci est financée par la CIA, les États-Unis profitant ici

Vocabulaire

- **Moudjahid (pl. moudjahidin) :** soldat du *jihad*, c'est-à-dire du « combat pour la religion » islamique.
- **Socialisme de marché :** politique économique introduisant, dans un pays communiste, une dose de capitalisme sous le contrôle de l'État.
- **Zones économiques spéciales (ZES) :** espaces délimités proposant aux entreprises étrangères des avantages fiscaux et une réglementation peu contraignante pour les accueillir.

d'un terrain d'affrontement indirect contre leur ennemi. En dix ans, l'URSS y perd plus de 25 000 hommes, ce qui traumatise la société. Par ailleurs, l'économie soviétique est épuisée par la course aux armements avec les États-Unis. Elle privilégie l'industrie lourde aux dépens des biens de consommation, souvent en pénurie. Le 26 avril 1986, la catastrophe nucléaire de Tchernobyl révèle la vétusté des infrastructures. Dans ce contexte, l'alcoolisme explose et traduit la perte de confiance en l'avenir de la société soviétique.

- **Les réformes de Mikhaïl Gorbatchev.** Arrivé au pouvoir en 1985, Mikhaïl Gorbatchev veut enrayer ce déclin de l'URSS. Il met fin aux interventions extérieures, coûteuses, et lance des réformes intérieures. La *glasnost* instaure une liberté d'expression nouvelle, qui révèle aux Soviétiques l'ampleur des problèmes. La *perestroïka* amorce une libéralisation de l'économie, en donnant plus d'autonomie aux entreprises, et une démocratisation de la vie politique. Une nouvelle assemblée élit Gorbatchev président de l'URSS en 1989.

REPÈRES

Perestroïka* et *glasnost

Pour désigner et populariser les grandes réformes qu'il lance en 1985, M. Gorbatchev emploie deux termes. La ***perestroïka***, « restructuration » en russe, c'est la libéralisation de l'économie et la démocratisation du système politique. La ***glasnost***, « transparence » en russe, c'est la liberté d'expression et d'information, le débat démocratique sur ces grandes réformes.

C 1989-1991 : crépuscule communiste ?

- **1989-1990 : l'effondrement du bloc soviétique.** Partout en Europe de l'Est, les populations manifestent contre les régimes communistes et obtiennent des élections libres. Conformément à sa nouvelle politique, l'URSS n'intervient pas au secours des gouvernements, qui perdent les élections. À la fin de l'année, la Pologne, la Tchécoslovaquie, la Bulgarie, la Roumanie et la Hongrie ne sont plus dirigées par un gouvernement communiste. Dans le même temps, la Hongrie ouvre le rideau de fer qui la séparait de l'Autriche. Puis la chute du mur de Berlin, le 9 novembre 1989, précipite la disparition du bloc soviétique. Tombés les uns après les autres, les gouvernements communistes voient leurs pays successivement quitter le pacte de Varsovie à partir de septembre 1990. Celui-ci n'est plus qu'une structure vide lorsque intervient sa dissolution officielle en juillet 1991.

POINT DE PASSAGE L'année 1989 dans le monde > p. 224

- **Une vague de contestation qui atteint la Chine.** À Pékin, au printemps 1989, des milliers d'étudiants se rassemblent sur la place Tienanmen pour demander la « cinquième modernisation », c'est-à-dire la démocratie. En visite officielle, Gorbatchev est acclamé en tant que réformateur communiste. Mais Deng Xiaoping refuse tout compromis : les manifestations sont très violemment réprimées par l'armée le 4 juin. L'opinion internationale s'indigne et la République populaire de Chine est atteinte dans son image. Mais elle maintient la dictature du Parti communiste.

POINT DE PASSAGE L'année 1989 dans le monde > p. 224

- **La fin de l'URSS.** Les réformes ont donné la parole aux opposants, et notamment aux nationalistes qui réclament l'indépendance. Gorbatchev avait surestimé la solidité de l'URSS, fédération de quinze républiques. Il est critiqué à la fois par les « radicaux » qui demandent des réformes plus rapides et par les « conservateurs » nostalgiques du stalinisme. Ces derniers tentent un putsch en août 1991, qui échoue grâce à l'action du peuple moscovite et du président de la République de Russie, Boris Eltsine. Le 5 septembre, le Parti communiste est dissous. En décembre, l'Ukraine, la Biélorussie et la Russie créent la Communauté des États indépendants (CEI), qui consacre la fin de l'URSS. Le 25 décembre 1991, M. Gorbatchev est contraint d'annoncer sa démission.

Réviser son cours

1. **Comment la Chine adapte-t-elle son modèle communiste ?**
2. **Comment Gorbatchev tente-t-il de résoudre les problèmes de l'URSS ?**
3. **Quels changements majeurs connaît le monde communiste en 1989-1991 ?**

POINT DE PASSAGE

> Cours p. 220

Ronald Reagan et Deng Xiaoping, deux acteurs majeurs d'un nouveau capitalisme

>> En quoi ces deux dirigeants sont-ils à l'origine de versions rénovées du capitalisme ?

CONTEXTE

- Président des États-Unis de 1981 à 1989, Ronald Reagan rompt avec le keynésianisme et s'appuie sur le néolibéralisme et le monétarisme de Milton Friedman, fondateur de l'École de Chicago.
- Leader de la Chine communiste de 1978 à 1992, Deng Xiaoping rompt avec le maoïsme et instaure le « socialisme de marché ». Par cette synthèse inédite, il veut moderniser l'économie chinoise et l'ouvrir sur l'extérieur.

Biographies

Ronald Reagan
Ancien acteur de cinéma et animateur de télévision, Ronald Reagan met ses talents de communication au service du Parti républicain. Gouverneur de Californie de 1967 à 1974, il est président des États-Unis de 1981 à 1989 et mène une politique néolibérale.

Deng Xiaoping
Communiste de la première heure, il occupe des responsabilités dans le Parti et le gouvernement à partir de 1949. En disgrâce à partir de 1966, il défend une ligne modérée et devient, en 1978, l'homme fort de la Chine et l'artisan de son ouverture. Il dirige officiellement le pays jusqu'en 1987.

> Biographies p. 342

1 Une « révolution socialiste »

Nous voici encore une fois à un tournant de l'histoire de la Chine. En 1978, nous avons lancé un vaste programme que nous appelons « les Quatre Modernisations » : modernisation de l'industrie chinoise, de l'agriculture, du secteur scientifique et technologique, et de la défense nationale. Pour nous autres Chinois, il s'agit là, en un sens bien réel, d'une nouvelle révolution ; et c'est une révolution socialiste. [...] Nous ne voulons pas le capitalisme ; ce que nous voulons, c'est une société socialiste dont l'économie soit prospère.

La Chine a maintenant adopté une politique d'ouverture sur le monde, dans un esprit de coopération internationale. [...] Il n'existe aucun pays où le processus de modernisation se soit déroulé dans un isolement total. [...] Nous voudrions, à mesure que notre développement se poursuit, élargir le rôle de l'économie de marché. Au sein du système socialiste, une économie de marché et une économie fondée sur la planification de la production peuvent coexister et il est possible d'établir entre elles une coordination.

Discours de Deng Xiaoping, prononcé en 1979.
Cité par Rémi Pérès, dans *Chronologie de la Chine au XXe siècle*, Vuibert, 2001.

2 Le socialisme de marché vu par Plantu

Dessin de Plantu publié dans *Le Monde*, 1993.

(1) « La Maison-Blanche présente : un conte haletant du Far West : Le Gamin monétariste. »
Sur la selle : « Moins d'État. »

(2) Margaret Thatcher, Première ministre du Royaume-Uni à partir de 1979 : « Je me pâme d'admiration ! »

3 Le cow-boy de l'économie

Dessin de Nicholas Garland publié dans le *Daily Telegraph*, 21 janvier 1981.

REPÈRES

Monétarisme

Théorie défendue par Milton Friedman selon laquelle le gouvernement doit se concentrer sur l'encadrement de la monnaie, pour limiter l'inflation, mais ne pas intervenir par ailleurs dans l'économie.

4 « Le gouvernement est le problème »

Les industries déclinent et plongent les travailleurs dans le chômage, la misère humaine et l'indignité. Ceux qui travaillent n'ont pas un juste retour de leurs efforts à cause d'une fiscalité qui pénalise la réussite et qui nous empêche de maintenir une pleine productivité. [...]

Dans la crise actuelle, le gouvernement n'est pas la solution à nos problèmes ; le gouvernement est le problème. [...]

Notre gouvernement n'a pas d'autre pouvoir que celui que lui donne le peuple. Il est temps de contrôler et de faire reculer la croissance de l'État, lequel semble avoir enflé au-delà du consentement des gouvernés. Il est dans mes intentions de réduire la taille et l'influence de la structure fédérale [...].

Le gouvernement peut et doit fournir des opportunités, non les étouffer, renforcer la productivité, et non l'amoindrir. [...] Ce n'est pas une coïncidence si nos difficultés présentes sont parallèles et proportionnelles à l'intervention et à l'intrusion dans nos vies d'une excessive et inutile croissance de l'État. [...]

Il est temps de réveiller ce géant industriel, de remettre le gouvernement dans ses limites et d'alléger un système fiscal punitif.

Discours inaugural du président Ronald Reagan, 20 janvier 1981, édité par H. Broquet, C. Lanneau, S. Petermann, dans *Les 100 discours qui ont marqué le XXe siècle*, André Versailles Éditeur, 2008.

Questions

1. **Montrez** que la politique économique de Deng Xiaoping mélange des éléments à première vue contradictoires (**doc. 1 et 2**).
2. **Décrivez** la situation économique des États-Unis selon Ronald Reagan à son arrivée au pouvoir (**doc. 4**).
3. **Analysez** le programme économique de Ronald Reagan (**doc. 4**).
4. **Identifiez** le message de cette caricature sur la politique néolibérale de R. Reagan (**doc. 3**).
5. **Comparez** les politiques économiques de R. Reagan et D. Xiaoping (**doc. 1 à 4**).
6. À partir des réponses aux questions précédentes, répondez de manière organisée à la problématique.

Focus sur le document 2

1. **Décrivez** et **identifiez** le personnage caricaturé.
2. **Décrivez** et **identifiez** les deux personnages figurant sur les tableaux.
3. **Analysez** l'attitude du personnage et **qualifiez** la situation dans laquelle il se trouve.
4. **Résumez** le message du dessin en lui donnant un titre.

POINT DE PASSAGE

› Cours p. 220

L'année 1989 dans le monde

CONTEXTE

- L'année 1989 marque avant tout la fin de la guerre froide entre les États-Unis et l'URSS, dirigée par M. Gorbatchev. Celui-ci, en renonçant à imposer l'hégémonie soviétique sur les « pays de l'Est », permet l'ouverture du rideau de fer et la chute du mur de Berlin.
- La politique réformatrice menée à Moscou suscite de grands espoirs à Pékin, mais les manifestants de la place Tienannem sont réprimés violemment par le pouvoir communiste chinois.
- La liberté ne triomphe donc pas partout en cette année 1989, qui est aussi celle du bicentenaire de la Révolution française, célébré à Paris sous la forme d'un grand spectacle diffusé par les télévisions du monde entier.

15 février	**Retrait d'Afghanistan** de l'Armée rouge.
Printemps	**Vaste contestation populaire à Pékin** sur la place Tienanmen.
4 juin	**Répression du mouvement de Tienanmen** par les autorités chinoises.
14 juillet	**Célébration du bicentenaire de la Révolution française**.
5 octobre	**Le dalaï-lama**, chef religieux tibétain opposé à la Chine, **reçoit le prix Nobel de la paix**.
9 nov.	Ouverture de la frontière entre les deux Allemagnes.
2 déc.	**Sommet de Malte**.
16-22 déc.	**Révolution roumaine**.

» Dans quelle mesure l'année 1989 est-elle le moment d'un élan mondial en faveur de la liberté et de la démocratie ?

Vidéo
9 novembre 1989 : le jour où le Mur est tombé

1 La chute du mur de Berlin

Après l'ouverture des postes-frontières le 9 novembre, de larges brèches sont ouvertes dans le mur de Berlin.
Photographie prise le 12 novembre 1989 au niveau de la Potsdamer Platz.

2 La fête du bicentenaire de la Révolution française

Pour ce 14 juillet, toutes les races et toutes les nations de la terre se côtoient pour la fête de toutes les libertés. [...] Jusqu'à la place de la Concorde où Jessy Norman[1] venait de chanter l'hymne national, les Champs-Élysées déroulaient, après le défilé militaire du matin, un frénétique tapis de couleurs vivantes. Un million de spectateurs se fondaient dans les vagues de lumière et de musique. Et, dans 112 pays, 800 millions de téléspectateurs participaient à l'explosion du plus universel des bonheurs partagés, en l'honneur du peuple de Paris qui, il y a deux siècles, abattit les murs d'une prison. Ce soir, les Champs-Élysées sont bien la plus belle avenue du monde. [...] Après les « tambours français », ce sont les Italiens du « palio » de Sienne[2] qui jonglent avec 60 drapeaux tricolores. Derrière, dans un silence impressionnant, le char de la Chine est apparu : gigantesque tambour muet (le seul qui ne résonnera pas de la soirée), en hommage aux espoirs brisés des étudiants de Pékin.

Cayrol Sabine, « Bicentenaire. Paris, reine du monde. » *Paris Match*, 20 juillet 2009.

1. Célèbre cantatrice américaine (1945-2019).
2. Ville italienne dont la course annuelle à cheval (le *palio*) est mondialement connue.

3 Un vent de liberté à Pékin

① « Rétablissons la transparence, Université de l'industrie de Pékin. » ② « En avant pour la démocratie ! »

Photographie prise le 17 mai 1989 sur la place Tienanmen, à Pékin.

4 La répression chinoise vue des États-Unis

Durant ces derniers jours, des éléments de l'armée chinoise ont brutalement réprimé les manifestations pacifiques du peuple en Chine. [...] Les manifestations de la place Tienanmen réclamaient des droits fondamentaux, la liberté d'expression, la liberté de la presse et la liberté d'association. Ce sont des objectifs que nous soutenons partout dans le monde [...]. Les États-Unis ne peuvent pas tolérer ces attaques violentes [...].

J'ordonne les actions suivantes : la suspension de toutes les exportations d'armes [...], la suspension des rencontres entre les dirigeants américains et les chefs militaires chinois, l'examen bienveillant des demandes d'étudiants chinois voulant prolonger leur séjour aux États-Unis, et l'offre d'assistance humanitaire et médicale à travers la Croix-Rouge aux personnes blessées lors de la répression. [...] Sur le plan commercial, je ne veux pas nuire au peuple chinois. Je crois précisément que les échanges commerciaux ont conduit à cette quête de liberté.

George Bush Sr, président des États-Unis,
conférence de presse du 5 juin 1989.

Vidéo
Tienanmen : les origines du massacre

5 L'ère de la « compréhension mutuelle »

Mikhaïl Gorbatchev évoque devant le Comité central du Parti communiste sa rencontre avec le président américain G. Bush à Malte les 2 et 3 décembre 1989.

Bien entendu, des divergences non négligeables demeurent, mais l'important est qu'une autre approche, plus constructive et avisée, ait vu le jour. Ainsi, des perspectives plus optimistes d'un règlement pacifique se dessinent-elles devant nous. Dans l'ensemble, nous avons eu avec le président Bush un entretien d'une grande importance. Nous y voyons l'amorce d'une nouvelle étape des relations soviéto-américaines. Je répète, les changements qui se produisent sont importants et revêtent une grande signification. Nous sommes déjà passés de la confrontation à une meilleure compréhension mutuelle. Maintenant nous abordons un niveau plus élevé de compréhension mutuelle et de coopération même. Si les dirigeants américains continuent à faire preuve d'un grand sens des responsabilités, nous pourrons passer à un partenariat.

Discours de M. Gorbatchev, 9 décembre 1989,
« Documents d'actualité internationale », publiés
par le ministère des Affaires étrangères, février 1990.

Questions

Parcours A Répondre aux questions

1. **Expliquez** pourquoi la chute du mur de Berlin est l'événement majeur de l'année 1989 (**doc. 1**).
2. **Montrez** que les slogans des manifestants chinois témoignent d'un élan de liberté mondial en 1989 (**doc. 3**).
3. **Analysez** la réaction des États-Unis aux événements de Pékin (**doc. 4**)
4. **Expliquez** pourquoi et comment le Bicentenaire de la Révolution française a pris une dimension mondiale (**doc. 2**).
5. **Caractérisez** M. Gorbatchev comme l'homme de l'année 1989 (**doc. 1, 3 et 5**).
6. À partir des réponses aux questions précédentes, répondez de manière organisée à la problématique.

ou

Parcours B Rédiger un article

Vous devez rédiger un article expliquant d'une manière synthétique la portée historique de l'année 1989. Vous décrivez d'abord l'atmosphère de l'époque (espoirs de libération mondiale), vous analysez ensuite les avancées majeures qui font de 1989 un tournant, puis vous montrez les limites du processus de démocratisation.

> Cours p. 220
> Biographies p. 342

L'effondrement du bloc soviétique et de l'URSS

Vidéo
Il y a 20 ans, l'URSS s'effondrait

Pour réformer l'URSS, Gorbatchev met un terme à la guerre froide avec les États-Unis à partir de 1987, puis il rend en 1989 leur liberté aux pays qui étaient depuis 1947-1949, les « satellites » de Moscou. Mais il ne parvient pas à empêcher l'implosion de l'URSS en 1991.

>> Pourquoi la politique de Gorbatchev a-t-elle entraîné l'effondrement du bloc soviétique puis de l'URSS ?

1 Les dernières années de l'URSS

On remplissait le plan et même on le dépassait, mais il n'y avait rien dans les magasins. [...] Les saucisses et les raviolis étaient des denrées de luxe. Au comité régional [du parti], nous étions tout le temps en train de répartir quelque chose : dix réfrigérateurs et cinq manteaux fourrés pour telle usine, deux salles à manger yougoslaves et dix sacs à main polonais pour tel kolkhoze... On attribuait des casseroles et des sous-vêtements féminins. Des collants... Une société pareille ne pouvait tenir que sur la peur. Sur l'état d'urgence. Toujours plus d'exécutions, toujours plus de gens en prison. [...]

Les fonctionnaires s'enfermaient dans leurs bureaux en tirant les rideaux. Un détachement renforcé de la milice montait la garde nuit et jour devant l'entrée du bâtiment du comité régional. Nous avions peur du peuple, et le peuple, par inertie, avait encore peur de nous. Après, ils ont cessé d'avoir peur... Des milliers de gens se rassemblaient sur la place. Je me souviens d'une pancarte qui disait : « À bas 1917 ! À bas la révolution ! » [...] Gorbatchev était faible. Il louvoyait. Il était soi-disant pour le socialisme... Et il voulait le capitalisme. Il cherchait surtout à plaire à l'Europe, à l'Amérique. Là-bas, on l'applaudissait : « Gorby ! Gorby ! » Il leur parlait de la *perestroïka*... (Elle se tait.) Le socialisme était en train de mourir sous nos yeux.

Témoignage d'Elena Iourevna S., troisième secrétaire du comité régional du Parti communiste, recueilli par Svetlana Alexievitch, dans *La Fin de l'homme rouge ou le temps du désenchantement*, Actes Sud, 2013.

Mars 1985	**Gorbatchev secrétaire général** du Parti communiste de l'URSS.
29 avril 1986	**La catastrophe nucléaire de Tchernobyl** révèle le délabrement de l'URSS.
1987	Gorbatchev signe avec Reagan le **premier traité de désarmement nucléaire**.
1989	**L'URSS renonce à imposer son modèle** aux démocraties populaires d'Europe centrale et orientale.
Mars 1990	**La Lituanie est la première république soviétique à proclamer son indépendance** (reconnue en 1991).
15 oct. 1990	**Gorbatchev prix Nobel de la paix.**
19 août 1991	**Coup d'État des « conservateurs » communistes contre Gorbatchev** ; il échoue grâce à Boris Eltsine, président de la Russie.
Déc. 1991	**L'URSS est remplacée par la CEI** (Communauté des États indépendants) **et officiellement dissoute le 25 décembre**.

2 Gorbatchev et la *perestroïka*

De grands changements étaient en cours en Union soviétique et en Europe de l'Est. [...] Auparavant, nous voulions que les leaders des pays de l'Europe de l'Est nous suivent. Cette fois-ci nous avons dit : nous voulons la *Perestroïka*. Nous allons la réaliser, mais c'est vous qui décidez ce que vous voulez pour votre pays. Nous n'interférerons pas. [...] En tant que politicien j'ai peut-être perdu, mais les politiques que j'ai défendues ont permis de réaliser toutes les transformations nécessaires jusqu'en 1991. La *perestroïka* avait atteint un point de non-retour. J'ai perdu, mais la *perestroïka* a gagné [...].

L'idée de la *perestroïka* était de mettre un terme au système totalitaire, d'évoluer vers la démocratie, l'économie de marché, la liberté d'expression et de la presse, l'ouverture vers les autres pays. [...] Nous avons bougé graduellement dans la direction qui nous semblait la bonne. D'un point de vue tactique, oui, nous avons fait des erreurs, il a fallu adapter notre trajectoire. Dans un pays comme la Russie avec l'industrialisation que nous avions entreprise, il y avait énormément de défis.

Interview de Mikhaïl Gorbatchev par le journal *Le Temps*, 1er novembre 2009.

3 Les tensions entre nationalités au sein de l'URSS

Un ouvrier russe raconte un voyage professionnel à Vilnius, en Lituanie.

Avant mon départ, l'ingénieur en chef de l'usine m'a convoqué, il était déjà allé là-bas. Il m'a prévenu : « surtout, ne leur parle pas russe. Si tu demandes des allumettes en russe dans un magasin, on ne t'en vendra pas. Tu n'as pas oublié ton ukrainien ? Alors parle-leur en ukrainien ». Je ne l'ai pas cru : qu'est-ce que c'était que ces bêtises ? Mais il a continué : « et fais gaffe dans les restaurants, ils sont capables de t'empoisonner ou de saupoudrer ton assiette de verre pilé. Maintenant, là-bas, tu es un occupant, tu comprends ? » Moi j'en étais encore à l'amitié entre les peuples, ce genre de choses… La fraternité soviétique. Je ne l'ai pas cru, jusqu'à ce que j'arrive dans la gare de Vilnius. Quand je suis descendu sur le quai… dès la première seconde, dès que j'ai parlé russe, on m'a fait comprendre que j'étais dans un pays étranger. J'étais un occupant. Venu d'une Russie crasseuse et arriérée. Un sale Russkoff. Un barbare.

Témoignage anonyme recueilli sur la place Rouge en décembre 1991 par Svetlana Alexievitch, *La Fin de l'homme rouge ou le temps du désenchantement*, Actes Sud, 2013.

4 La fin du communisme en Roumanie

Deux citoyens roumains défient la statue de Lénine déboulonnée le 5 mars 1990, devant le parlement à Bucarest.

5 Le départ des républiques de l'URSS

Caricature de Georges Million sur l'éclatement de l'URSS, 1991. *Guère épais : dessins d'actualité 1991-1994 et dessins d'humour*, Albertville, Georges Million (éd.), 1994.

Questions

Parcours A Répondre aux questions

1. **Expliquez** pourquoi la *perestroïka* est une solution révolutionnaire aux problèmes économiques et politiques de l'URSS (**doc. 1 et 2**).
2. **Analysez** les conséquences de cette politique sur le bloc soviétique (**doc. 1 et 4**).
3. **Décrivez** le **doc. 5** et **expliquez** le procédé utilisé par son auteur pour représenter la situation de l'URSS et des républiques qui la constituaient.
4. **Montrez** que Gorbatchev a sous-estimé le problème des nationalités au sein de l'URSS (**doc. 3 et 5**).
5. À partir des réponses aux questions précédentes, répondez de manière organisée à la problématique.

ou

Parcours B Travailler l'oral

Préparez une présentation orale de 5 minutes pour répondre à la problématique. Présentez-la à 2 ou 3 autres élèves qui joueront le rôle du jury et qui pourront évaluer votre prestation : qualité de la prise de parole et de l'argumentation.

Grille à télécharger

SYNTHÈSE

EXO Exercices interactifs

Podcast de la synthèse

La modification des grands équilibres économiques et politiques

Comment les années 1970 et 1980 modifient-elles en profondeur l'ordre mondial ?

1 Le bloc occidental en recomposition

Les années 1970 voient s'achever le cycle de croissance dans lequel l'Occident était entré au lendemain de la Seconde Guerre mondiale. La **suspension de la convertibilité du dollar en or**, décidée en 1971 par le président Richard Nixon témoigne de ce retournement de tendance. Mais ce sont les deux **chocs pétroliers** de 1973 et 1979-1980, tous deux provoqués par les troubles au Moyen-Orient, qui portent le coup le plus rude aux économies occidentales en renchérissant le prix du pétrole dont elles sont dépendantes.

Pour affronter la crise, Margaret Thatcher au Royaume-Uni et Ronald Reagan aux États-Unis promeuvent une **révolution néolibérale** en rupture avec la tradition keynésienne de l'État-providence. L'intervention économique de l'État est réduite à son minimum afin de stimuler **l'initiative économique privée**.

Si l'Occident est à la peine sur le plan économique, il gagne du terrain sur celui des valeurs. Les derniers régimes dictatoriaux d'Europe de l'Ouest (Grèce, Espagne, Portugal) s'effondrent dans les années 1970, ouvrant la voie à leur entrée dans la CEE. Au Moyen-Orient en revanche, les États-Unis perdent l'un de leur plus solide allié avec la **révolution islamique** qui touche l'Iran en 1979. Celui-ci ne rejoint pas pour autant le camp soviétique.

2 Le monde communiste entre réforme et effondrement

Arrivé au pouvoir en 1978, Deng Xiaoping tourne le dos à l'héritage maoïste en convertissant la Chine au « **socialisme de marché** ». Sans renoncer officiellement au communisme, une dose de capitalisme est introduite dans l'économie du pays. Des **zones économiques spéciales** sont créées sur le littoral pour attirer les investisseurs occidentaux.

Les réformes entreprises à partir de 1985 par Mikhaïl Gorbatchev pour tenter de redresser une URSS économiquement à bout de souffle s'avèrent moins efficaces. La libéralisation de l'économie encouragée par la *perestroïka* n'est guère concluante. La liberté d'expression permise par la *glasnost* libère la parole des nombreux opposants au régime.

L'année 1989 voit les manifestations d'opposition à Moscou se multiplier dans l'ensemble du bloc soviétique. Gorbatchev choisit de ne pas les réprimer. La foule abat ainsi sans résistance le mur de Berlin puis l'ensemble du rideau de fer, préludant à la **disparition de l'URSS** en 1991. En Chine, les manifestations étudiantes de 1989 sont, en revanche, violemment réprimées : la liberté économique ne s'accompagne pas de la liberté d'expression.

MOTS CLÉS

- **Choc pétrolier** → p. 212
- ***Glasnost*** → p. 220
- **Islamisme** → p. 212
- **Néolibéralisme** → p. 212
- ***Perestroïka*** → p. 220

DATES CLÉS

- **1971 :** fin de la convertibilité du dollar en or.
- **1973 :** premier choc pétrolier.
- **1979 :** révolution islamique en Iran, deuxième choc pétrolier.
- **1989 :** chute du mur de Berlin ; répression des manifestations étudiantes à Pékin.
- **1991 :** disparition de l'URSS.

Biographies

Mikhaïl Gorbatchev
(né en 1931)
Dirige l'URSS de 1985 à 1991.

Margaret Thatcher
(1925-2003)
Première ministre britannique de 1979 à 1990.

Ronald Reagan
(1911-2004)
Président des États-Unis de 1981 à 1989.

Deng Xiaoping
(1904-1997)
Dirige la Chine de 1983 à 1990.

> Biographies p. 342

SCHÉMA DE SYNTHÈSE

LA MODIFICATION DES GRANDS ÉQUILIBRES ÉCONOMIQUES ET POLITIQUES

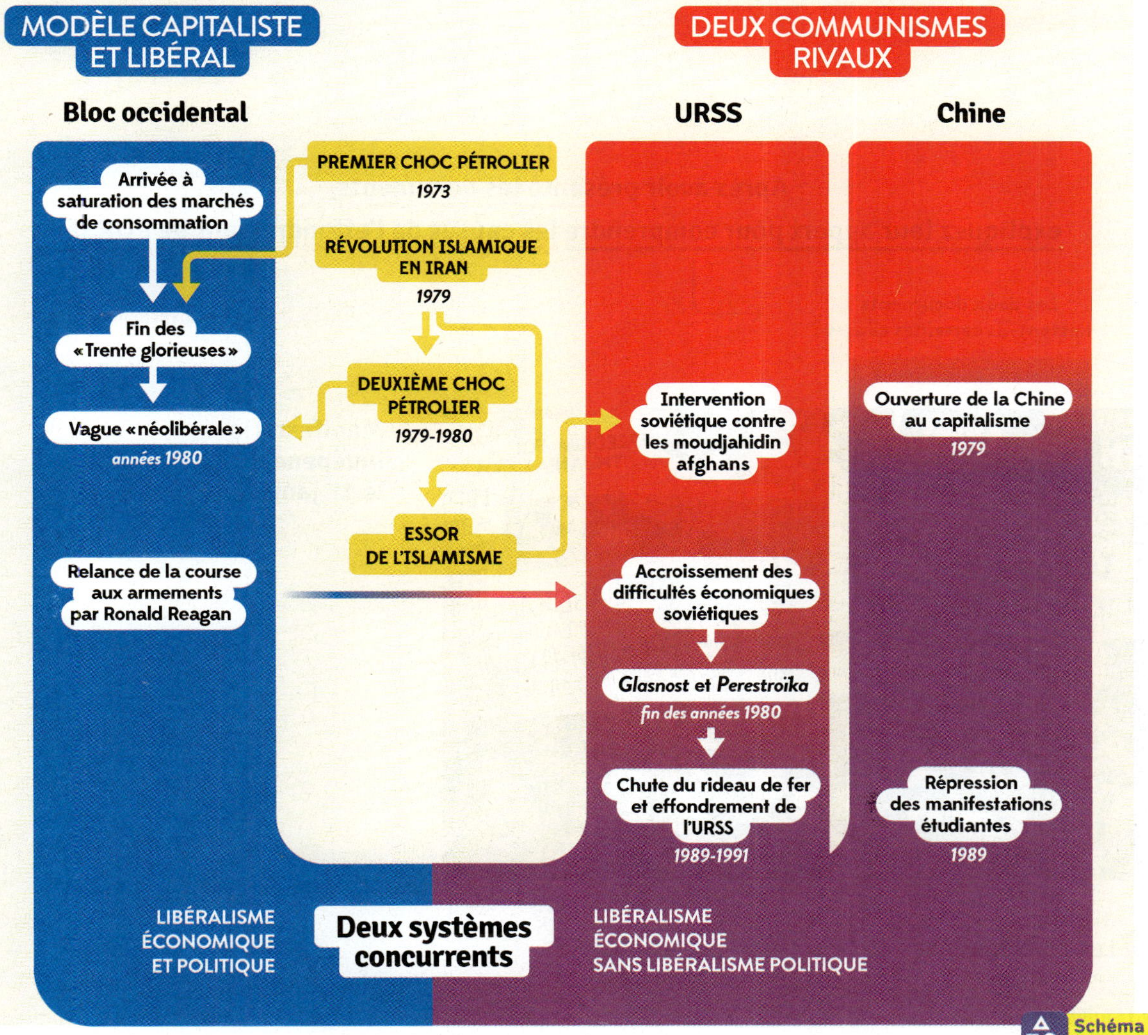

Schéma interactif

POUR ALLER PLUS LOIN

À lire

- Svetlana Alexievitch, *La Fin de l'homme rouge*, Actes Sud, 2013. La fin du monde soviétique vue par l'une des principales romancières russes contemporaines.

- Mikhaïl Gorbatchev, *Perestroïka*, Champs Flammarion, 2019. Les réformes de Gorbatchev expliquées par lui-même.

- Lun Zhang, Adrien Gombeaud et Ameziane, *Tiananmen 1989. Nos espoirs brisés*, Seuil-Delcourt, 2019.

Un témoignage illustré sur la répression du soulèvement de la jeunesse chinoise en 1989.

À voir

- Ben Affleck, *Argo*, 2012. Un film sur la révolution islamique en Iran et son impact sur les États-Unis.

- Maria de Medeiros, *Capitaines d'avril*, 2000. Un film sur la « révolution des Œillets » de 1974 qui permit le retour de la démocratie au Portugal.

ÉTAPE 1 Analyser le sujet

En quoi sont-ils de nature très différente ?
Combien de temps les sépare ?

Après avoir présenté les documents,
expliquez leur apport pour comprendre les causes de l'effondrement de l'URSS.

Les deux documents omettent-ils certaines causes ?

Qu'implique l'utilisation du pluriel ?

1 Manifestations indépendantistes à Vilnius le 1er janvier 1990

2 Les conséquences de la *perestroïka* sur l'URSS

Le 11 janvier 1991, les troupes soviétiques envahissent la Lituanie qui s'était déclarée indépendante de l'URSS l'année précédente. L'armée soviétique se retire le 13 janvier après quelques affrontements violents et manifestations massives.

L'erreur de M. Gorbatchev est d'avoir cru réussir ce qui a échoué dans les ex-démocraties populaires : la réforme de l'irréformable, la transformation du régime communiste en un socialisme à visage humain, en des sociétés performantes économiquement, plus libérales politiquement. L'expérience a prouvé en Europe de l'Est que cette réforme est impossible. Quand les peuples ont la parole, quand ils ont la possibilité de s'exprimer librement, ils ne demandent pas un socialisme édulcoré, ils veulent sa suppression. [...] En Lituanie, la *perestroïka* a reçu le coup de grâce. Non parce que les Baltes se seraient comportés comme des irresponsables en exigeant une indépendance immédiate sans attendre le nouveau traité de l'Union, mais parce que la démocratisation a pour conséquence inéluctable une dislocation de l'empire soviétique et la fin du système socialiste. Préserver l'un et l'autre, comme a toujours proclamé vouloir le faire M. Gorbatchev et comme l'exigent ses alliés conservateurs, ne peut passer que par une mise en cause du processus de démocratisation. « La perestroïka est irréversible », répétaient à l'envi les officiels soviétiques depuis plusieurs mois. « Rien ne sera jamais plus comme avant », ajoutaient-ils. Il est en effet probable que le système communiste tel qu'il a fonctionné en URSS depuis la fin des années 20 est dans un état de délabrement si avancé que son rétablissement est exclu. Mais un régime autoritaire, appuyé sur l'armée et la police, est plus qu'une menace virtuelle.

Daniel Vernet, « Coup de grâce pour la perestroïka », *Le Monde*, 15 janvier 1991

ÉTAPE 2 Mobiliser ses connaissances et organiser ses idées

Complétez les paragraphes suivants à l'aide des citations ci-dessous.

dislocation de l'empire soviétique. | plus libérales politiquement. | *perestroïka*.

un état de délabrement si avancé que son rétablissement est exclu.

délabrement. | performant[e] économiquement. | ex-démocraties populaires.

La crise de l'URSS est particulièrement palpable dans le document 2. Le journaliste nous rappelle dès ses premiers mots qu'en janvier 1991, l'Union Soviétique n'est déjà plus à la tête d'un bloc uni en évoquant les « ..... ». De fait, les gouvernements communistes d'Europe de l'Est sont tous tombés au cours de l'année 1989, laissant la superpuissance communiste de jadis seule, d'où l'expression de « ..... ». Par ailleurs, l'auteur souligne le mauvais état de l'URSS. Le système est dans « ..... », observe-t-il sans détour. Ce « ..... » est généralisé et s'est manifesté avec éclat en 1986 par l'accident nucléaire de Tchernobyl.

Pourtant, un programme de réformes ambitieux avait été lancé par M. Gorbatchev : la restructuration, ou « ..... » en russe. Comme le suggère l'auteur, elle renvoie d'une part à une réforme destinée à rendre la société plus « ..... » ; d'autre part à des changements politiques pour mettre en place des sociétés « ..... ». Il est vrai que depuis 1989, par exemple, Gorbatchev est un dirigeant élu par une assemblée de représentants. D. Vernet aurait également pu évoquer l'autre versant des réformes de Gorbatchev : la glasnost, ou transparence. Il prévoit cette fois la mise en place de la liberté d'expression. D'une certaine manière, le document 1 témoigne avec force de l'appropriation de cette deuxième réforme par les populations de l'Union : elles ne craignent pas d'exprimer leur hostilité au pouvoir.

Texte à imprimer

PLAN

I. L'impossibilité de réformer une superpuissance en crise

II. Les conséquences de l'ouverture en URSS

ÉTAPE 3 Rédiger l'analyse de documents

EXO Exercices interactifs

Rédigez la suite de la partie II.

En effet, « glasnost » et « perestroïka » entraînent des effets contraires aux attentes de leurs promoteurs.

La démocratisation a pour conséquence inéluctable une dislocation de l'empire soviétique et la fin du système socialiste » d'après Daniel Vernet. Sur le document 1, les symboles brandis sont effectivement tout sauf communistes ou soviétiques...

Phrase d'introduction de la partie II.

Début de la partie II. A.

BAC Réponse à une question problématisée ▸ Sujet guidé

ÉTAPE 1 Analyser le sujet

En quoi les années 1970 à 1991 marquent-elles le triomphe de l'idéologie capitaliste dans le monde ?

- *les années 1970 à 1991* : Quels sont les changements majeurs qui marquent l'économie mondiale dans les années 1970 ? Pourquoi le sujet se clôt-il précisément en 1991 ?
- *le triomphe* : Le mot suggère qu'il y a eu une lutte. Contre qui ou quoi ?
- *l'idéologie capitaliste* : Quelle idéologie s'oppose au capitalisme ? Quelle idéologie cherche à renouveler le capitalisme déjà existant ?
- *le monde* : Quels sont les trois États pris en exemple dans le chapitre pour traiter cette question ?

ÉTAPE 2 Mobiliser ses connaissances et organiser ses idées

EXO Exercices interactifs

✎ **Complétez l'introduction et les parties I et II ci-dessous avec des mots de liaison parmis les suivants :** aussi, cependant, d'autre part, dès lors, en pratique, depuis, d'une part, par ailleurs, autrement dit, de fait, toutefois, en effet, néanmoins.

Dans les années 1970, le monde occidental est en crise et le capitalisme s'y réinvente. ......, la reconstruction post-Seconde Guerre mondiale est achevée et les foyers sont équipés, et ...... les chocs pétroliers successifs, en 1973 et 1979, frappent durement ces pays et leurs sociétés. ...... les gouvernements, britannique et américain en particulier, réagissent en installant une nouvelle forme du capitalisme : le néolibéralisme. Ce terme renvoie à l'idée d'un nouveau retrait de l'État qui libère l'initiative individuelle. ......, renonçant à l'interventionnisme, l'État baisse les impôts et les taxes et se retire du champ économique. L'idée est que les individus, par leurs initiatives, soient les moteurs de la croissance, alors que l'État, par son action, en est un frein. ......, selon Ronald Reagan, président des États-Unis, « le gouvernement n'est pas la solution, mais le problème ». ......, durant ses mandats, de 1981 à 1989, un capitalisme plus libre que jamais s'installe outre-Atlantique.

......, cette tendance s'observe ...... hors du monde occidental. À partir de 1978, Deng Xiaoping, transforme ...... le communisme chinois en y intégrant une dose de capitalisme : c'est ce qu'il nomme le « socialisme de marché ». ......, il allège le contrôle de l'État central sur l'économie chinoise en permettant une certaine prise d'initiative par les villes et régions et par les entreprises. ......, il ouvre son pays aux entreprises étrangères en créant une structure nouvelle : les zones économiques spéciales (ZES). Cette expression désigne des espaces clairement délimités dans lesquels les entreprises étrangères sont invitées à s'installer grâce à des conditions avantageuses (peu d'impôts et de taxes notamment). ......, l'économie chinoise sort avec Deng Xiaoping du communisme et s'intègre au monde par le capitalisme. Le système politique demeure ...... structuré autour du seul Parti communiste.

Texte à imprimer

PLAN

I. À l'ouest : un capitalisme plus libre que jamais : l'installation du néolibéralisme

II. En Chine : l'invention du socialisme de marché, ou le communisme à la mode capitaliste

III. Dans le bloc de l'Est et en URSS : l'effondrement du communisme

ÉTAPE 3 Rédiger la réponse

✎ **À l'aide de l'étape 2, rédigez la partie III de la réponse.**

BAC blanc

Réponse à une question problématisée

Sujet

En quoi la Révolution iranienne est-elle un désaveu de l'Occident et du bloc de l'Est ?

Sujet

Pourquoi l'URSS s'est-elle effondrée ?

Analyse de document

Sujet

Étudiez la manière dont l'Allemagne perçoit la révolution iranienne et en ressent les conséquences mondiales.

L'ayatollah Khomeiny vu d'Allemagne

Traduction : « Chaos en Iran », « le fanatique Khomeiny ».

1. Symbole iranien ancien composé d'un lion portant un sabre. Il fut notamment utilisé par le régime impérial, puis abandonné par la République islamique.
2. Le turban est le signe distinctif des membres du clergé chiite. La couleur noire signale que celui qui le porte se revendique être un descendant du prophète Muhammad.
3. Le sabre recourbé est dans l'imaginaire européen un des symboles de l'Orient lointain des *Mille et Une Nuits*.

Une du quotidien ouest-allemand *Der Spiegel*, n° 46, publié le 12 novembre 1979.

CHAPITRE 8

Un tournant social, politique et culturel, la France de 1974 à 1988

Quelles mutations politiques, sociales et culturelles connaît la France entre 1974 et 1988 ?

» **L'année 1981 est un tournant majeur, puisqu'elle voit la gauche arriver au pouvoir pour la première fois sous la Vᵉ République**, avec l'élection de François Mitterrand à la présidence de la République.

» **Mais l'alternance politique ne doit pas masquer la cohérence de cette période : elle se caractérise par de nombreuses réformes sociales et culturelles**, répondant au désir de changement qui s'est exprimé dans la crise de mai 1968. Dès l'élection de Valéry Giscard d'Estaing en 1974, l'État cherche à satisfaire les revendications des femmes et des jeunes.

» **Au cours des décennies 1970 et 1980, la France s'ouvre au changement et les débats de société, facilités par la libéralisation des médias, se multiplient**, sur la liberté sexuelle notamment ou l'intégration des immigrés.

Le combat des femmes

Après mai 1968, les revendications féministes rencontrent un écho croissant en France, dans une société plus ouverte. Les femmes réclament la liberté de disposer de leur corps, ce qui passe par la contraception et la légalisation de l'avortement. Cette manifestation a lieu à Paris le jour de l'ouverture de la campagne pour l'élection présidentielle. Le vainqueur, Valéry Giscard d'Estaing, fait ensuite voter la loi Veil relative à l'interruption volontaire de grossesse (IVG).

Manifestation pour les droits des femmes à Paris, 19 avril 1974.

Textes dys
TOUS LES TEXTES EN VERSION DYS
lyceen.nathan.fr/lequintrecterm-2020

MLAC 13
MOUVEMENT POUR LA LIBERTE DE L'
AVORTEMENT, DE LA CONTRACE

REPÈRES

Un tournant social, politique et culturel en France

Dans le chapitre 6

Vous avez vu que, de 1945 à 1974, les dirigeants de la France sont surtout absorbés par la décolonisation et la politique extérieure. Malgré les grandes réformes de la Libération et la croissance économique des Trente Glorieuses, la société française reste encore très traditionnelle. Le désir de changement s'affirme avec la révolte des jeunes en mai 1968.

Dans ce chapitre

Nous allons voir que la France connaît, pour la première fois sous la Ve République, l'alternance politique en 1981, avec l'arrivée au pouvoir de la gauche, menée par François Mitterrand. Mais qu'elle vit aussi de profonds changements de société, initiés dès 1974 par les réformes de Valéry Giscard d'Estaing.

Frise interactive

1974 – 1975 – 1976 – 1977 – 1978 – 1979 – 1980 – 1981 – 1982 – 1983 – 1984 – 1985 – 1986 – 1987 – 1988

Présidence de Valéry Giscard d'Estaing 1974-1981

Présidence de François Mitterrand 1981-1988

POLITIQUE

- **1976** Politique d'austérité
- **1977** 1 million de chômeurs en France
- **1979** 2e choc pétrolier
- **1981›1983 POLITIQUE DE RELANCE**
- **1982** Loi Defferre
- **1983** Tournant de la rigueur
- **1986›1988 PREMIÈRE COHABITATION**

SOCIÉTÉ

- **1974** Loi remboursant la contraception
- **1975 Loi autorisant l'IVG**
- **1975** Réforme Haby (collège unique)
- **1976** Regroupement familial
- **1981 Abolition de la peine de mort**
- **1982** Remboursement de l'IVG par la Sécurité sociale
- **1983** Marche pour l'égalité et contre le racime
- **1984 Création de l'association AIDES**
- **1987** Arrivée de l'AZT (1er médicament antirétroviral)

CULTURE

- **1974** Fin de l'ORTF
- **1982** Création de la Fête de la musique
- **1984** Création des Journées du patrimoine
- **1984** Naissance de la première chaîne de télévision privée, Canal Plus

Points de passage

1975 : la légalisation de l'interruption volontaire de grossesse

Réclamée par les féministes et défendue par Simone Veil, c'est une avancée majeure des droits des femmes.

1981 : l'abolition de la peine de mort

François Mitterrand et Robert Badinter la font voter par l'Assemblée, malgré une opinion française encore majoritairement hostile.

L'épidémie du SIDA en France : recherche, prévention et luttes politiques

Contre elle, une mobilisation inédite rassemble les médecins, l'État et les associations.

1 1981, l'alternance politique

Carte interactive

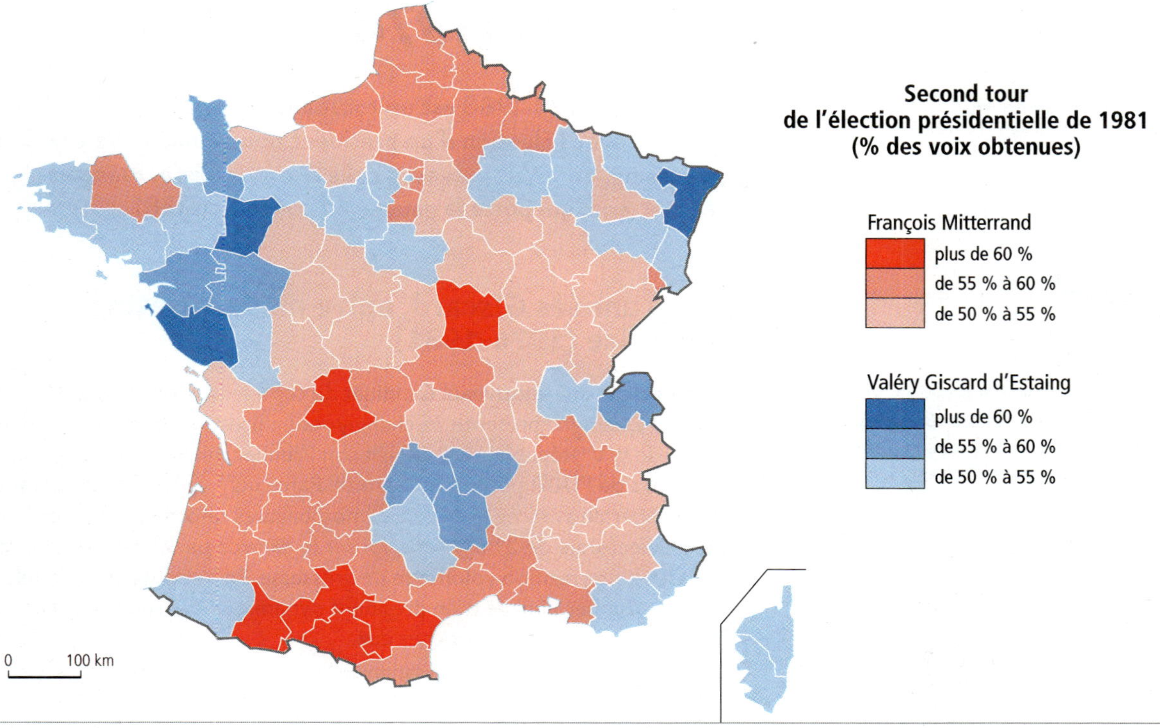

2 Les étrangers en France à la fin des années 1980

Carte interactive

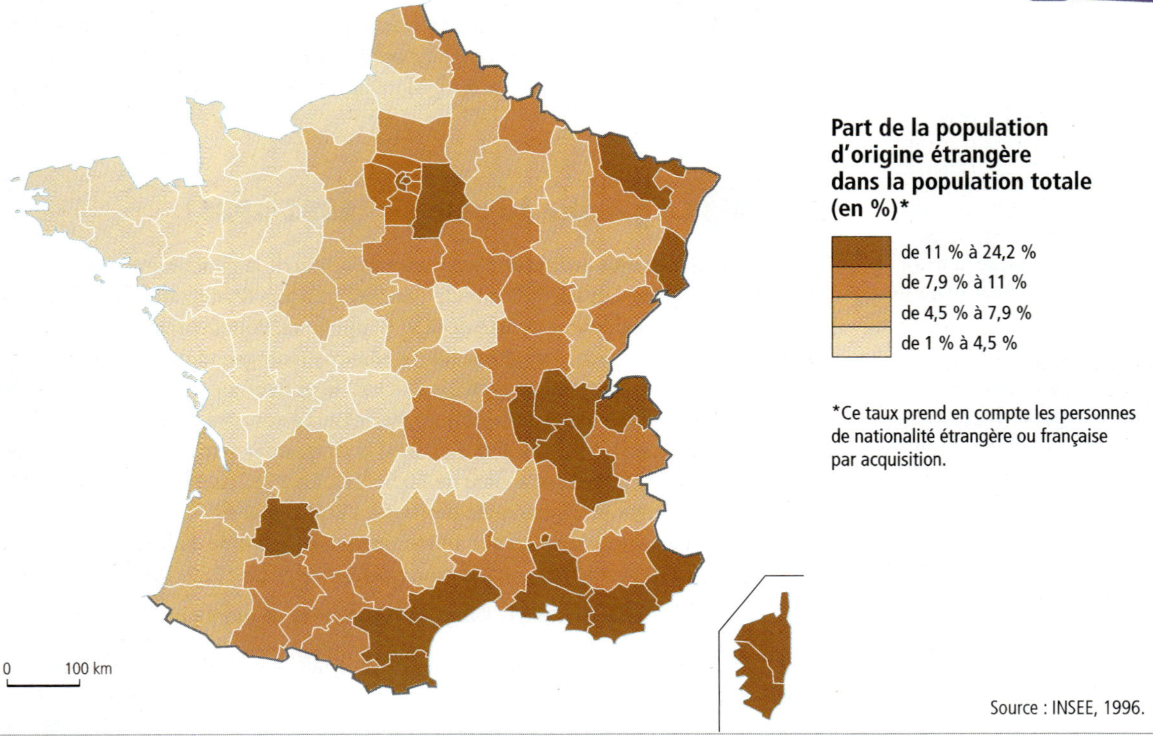

*Ce taux prend en compte les personnes de nationalité étrangère ou française par acquisition.

Source : INSEE, 1996.

> Repères p. 236
> Point de passage p. 240
> Biographies p. 342

Podcast du cours

1. Le renouvellement de la vie politique (1974-1988)

La période 1974-1988 est un tournant politique pour la France, d'abord avec l'élection d'un président non gaulliste, Valéry Giscard d'Estaing, en 1974, puis avec celle d'un socialiste, François Mitterrand, qui porte la gauche au pouvoir en 1981.

A Les années Giscard, entre modernisation et crise (1974-1981)

Le président du renouveau. Candidat du centre-droit élu en mai 1974, Valéry Giscard d'Estaing représente le changement : il est le premier président non gaulliste de la Vᵉ République. Il choisit son Premier ministre Jacques Chirac parmi les rangs de l'**UDR** pour unir la droite. Parce qu'il veut faire de la France une « société libérale avancée », il lance de nombreuses réformes : abaissement de la majorité électorale de 21 à 18 ans, loi sur le divorce par consentement mutuel, loi Veil sur l'interruption volontaire de grossesse. En s'appuyant sur la télévision, il souhaite donner l'image d'un président dynamique et proche des Français, en s'invitant par exemple à dîner chez eux.

POINT DE PASSAGE 1975 : la légalisation de l'interruption volontaire de grossesse > p. 244

Les débuts de la crise. Mais l'économie française entre en crise après le choc pétrolier de 1973 ; le nombre de chômeurs passe de 400 000 en 1974 à 1 million en 1977. Jacques Chirac démissionne en 1976, parce qu'il est en désaccord avec la politique pro-européenne de Giscard. La majorité présidentielle se divise entre le **RPR** et l'**UDF**. Le nouveau Premier ministre, Raymond Barre, ancien professeur d'économie, se rend impopulaire par sa **politique d'austérité**. Giscard conserve de justesse une majorité aux législatives de 1978, mais il ne parvient pas à se faire réélire en 1981.

B La gauche au pouvoir (1981-1986)

L'alternance politique. Ayant réussi l'union de la gauche entre les communistes, les socialistes et les radicaux de gauche, François Mitterrand est élu en mai 1981 premier président socialiste de la Vᵉ République. Pour la première fois depuis 1947, le gouvernement, formé par Pierre Mauroy, comprend quatre ministres communistes. Pour soutenir le pouvoir d'achat, le gouvernement augmente le SMIC, les allocations familiales, le minimum vieillesse. Le sort des travailleurs s'améliore avec l'abaissement de la retraite à 60 ans, la cinquième semaine de congés payés et la semaine de 39 heures au lieu de 40 heures. En 1982, une vague de nationalisations d'entreprises et de banques permet à l'État d'investir dans l'économie. D'autres réformes importantes sont mises en œuvre, comme l'abolition de la peine de mort (1981) et la décentralisation (lois Defferre de 1982-1983).

POINT DE PASSAGE 1981 : l'abolition de la peine de mort > p. 240

Le tournant de la rigueur en 1983. Mais la **politique de relance** ne permet pas de sortir de la crise : le nombre de chômeurs passe la barre de 2 millions, l'inflation s'accélère et la balance commerciale est déficitaire. En 1983, Jacques

REPÈRES

Le style « Giscard »

Désireux de se rapprocher des Français, Valéry Giscard d'Estaing est en 1974, à 48 ans, le plus jeune président de la Vᵉ République (jusqu'à l'élection d'Emmanuel Macron en 2017). Il adopte un style qu'il veut « moderne » et « décontracté », délaissant parfois la cravate pour le col roulé et jouant de l'accordéon. Il invite les éboueurs à prendre le petit déjeuner à l'Élysée et vient dîner dans des familles de « Français moyens ».

Vidéo
Valéry Giscard d'Estaing chez les Français

Vocabulaire

- **Cohabitation :** situation politique dans laquelle le président de la République n'est pas de la même tendance politique que le Premier ministre issu de la majorité parlementaire.
- **Domaine réservé :** lecture de la Constitution de 1958 selon laquelle la politique étrangère et la défense relèvent du président de la République. Cette pratique du pouvoir imposée par de Gaulle à ses Premiers ministres a été renforcée par la cohabitation.
- **Politique d'austérité** (ou de rigueur) : politique économique qui cherche à équilibrer le budget et à limiter l'inflation en bloquant les salaires et en augmentant les impôts.

Delors, ministre de l'Économie, des Finances et du Budget, annonce une « politique de rigueur ». Tenu par des engagements européens de lutte contre les déficits, F. Mitterrand augmente les impôts et réduit les dépenses publiques avec le soutien de son nouveau Premier ministre, Laurent Fabius, nommé en 1984. Ce retour à une politique d'austérité provoque le départ des ministres communistes. L'inflation diminue, mais la gauche au pouvoir perd le soutien d'une partie de son électorat.

C La première cohabitation (1986-1988)

Le retour de la droite au pouvoir. Le mécontentement des Français explique la défaite de la gauche aux législatives de 1986. Elles ont lieu à la représentation proportionnelle, ce qui permet l'élection de 35 députés du Front national. Pour la première fois sous la Ve République, le président doit nommer un Premier ministre issu de l'opposition et la dualité de l'exécutif devient problématique. Jacques Chirac, président du RPR, forme un gouvernement : c'est la **cohabitation**. Avec son ministre de l'Économie et des Finances, Édouard Balladur, il privatise de nombreuses entreprises publiques pour renflouer les caisses de l'État. Dans la lignée des politiques de Margaret Thatcher au Royaume-Uni et de Ronald Reagan aux États-Unis, sa politique de libéralisme économique se caractérise aussi par la fin de l'impôt sur les grandes fortunes et la suppression de l'autorisation administrative préalable aux licenciements économiques : désormais, le motif économique d'un licenciement ne sera plus contrôlé par l'inspection du travail.

Quel rôle pour le président ? Ne pouvant s'opposer aux réformes de la droite, le président de la République se replie sur son **domaine réservé**. Cependant, il préside toujours le Conseil des ministres, il signe les décrets et les ordonnances et peut donc les refuser. Il prend régulièrement et publiquement position dans les médias contre son Premier ministre. À la veille de l'élection présidentielle de 1988, il a tout loisir d'imputer les difficultés des Français à la politique du gouvernement de J. Chirac. François Mitterrand est réélu pour un second septennat avec 54 % des voix.

Alternance politique et cohabitation (1974-1988)

● De droite ● De gauche

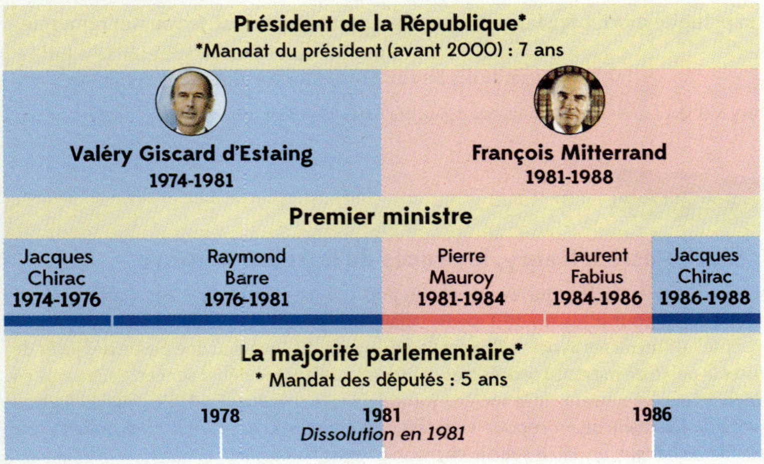

REPÈRES

La proportionnelle en 1986

La proportionnelle était une promesse de campagne de F. Mitterrand, ce mode de scrutin permettant une représentation plus juste de l'électorat. Sur le plan tactique, elle avait l'avantage de réduire le score de la droite en faisant élire des députés du Front national. Sous la Ve République, les seules élections législatives à la proportionnelle sont celles du 16 mars 1986. J. Chirac rétablit le scrutin uninominal majoritaire dès 1986.

Vocabulaire

- **Politique de relance :** politique économique qui cherche à relancer l'activité économique en augmentant le pouvoir d'achat (salaires, prestations sociales) et les dépenses de l'État.
- **RPR (Rassemblement pour la République) :** parti créé par J. Chirac en 1976 pour remplacer l'UDR et redynamiser la droite gaulliste.
- **UDF (Union pour la démocratie française) :** parti créé en 1978 pour soutenir le président Valéry Giscard d'Estaing ; il rassemble le centre-droit libéral et pro-européen.
- **UDR (Union des démocrates pour la défense de la république) :** nom du parti gaulliste de 1968 à 1976.

Réviser son cours

1. En quoi le septennat de Valéry Giscard d'Estaing marque-t-il un changement dans la Ve République ?
2. Quel est le bilan de l'alternance politique entre 1981 et 1986 ?
3. En quoi consiste la cohabitation ?

› Cours p. 238 › Biographies p. 342

1981 : l'abolition de la peine de mort

» Comment la peine de mort a-t-elle été abolie en France ?

CONTEXTE

- Dans les années 1970, l'opinion française est favorable à la peine de mort. Pourtant, l'une des promesses électorales du candidat socialiste François Mitterrand est d'y mettre fin. Élu en 1981, il nomme garde des Sceaux Robert Badinter, un avocat connu pour son opposition farouche à la peine de mort. Le 17 septembre 1981, celui-ci monte à la tribune de l'Assemblée nationale pour un discours devenu célèbre.

Vidéo L'abolition de la peine de mort

- 1792 **Première utilisation de la guillotine pour un condamné à mort** en France.
- 1939 **Interdiction des exécutions publiques**.
- 10 sept. 1977 **Dernière exécution capitale** en France dans la prison des Baumettes **à Marseille**.
- 18 sept. 1981 **Abolition de la peine de mort** en France, votée par 363 députés contre 117. La loi est promulguée le 9 octobre 1981.

« Pour ou contre la peine de mort ? »

- Français favorables à la peine de mort
- Français opposés à la peine de mort

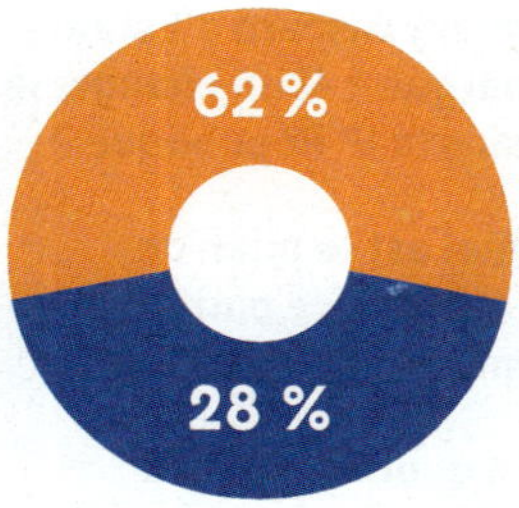

Source : sondage SOFRES paru dans Le Figaro*, 17 sept. 1981.*

1 Le choix politique de l'abolition

Les grands discours

Le choix qui s'offre à vos consciences est donc clair : ou notre société refuse une justice qui tue et accepte d'assumer, au nom de ses valeurs fondamentales – celles qui l'ont faite grande et respectée entre toutes – la vie de ceux qui font horreur, déments ou criminels ou les deux à la fois, et c'est le choix de l'abolition ; ou cette société croit, en dépit de l'expérience des siècles, faire disparaître le crime avec le criminel, et c'est l'élimination.

Cette justice d'élimination, cette justice d'angoisse et de mort, décidée avec sa marge de hasard, nous la refusons. Nous la refusons parce qu'elle est pour nous l'anti-justice, parce qu'elle est la passion et la peur triomphant de la raison et de l'humanité. [...]

Parce que l'abolition est un choix moral, il faut se prononcer en toute clarté. Le gouvernement vous demande donc de voter l'abolition de la peine de mort sans l'assortir d'aucune restriction ni d'aucune réserve. Sans doute, des amendements seront déposés tendant à limiter le champ de l'abolition et à en exclure diverses catégories de crimes. Je comprends l'inspiration de ces amendements, mais le Gouvernement vous demandera de les rejeter. D'abord parce que la formule « abolir hors les crimes odieux » ne recouvre en réalité qu'une déclaration en faveur de la peine de mort. Dans la réalité judiciaire, personne n'encourt la peine de mort hors des crimes odieux. Mieux vaut donc, dans ce cas-là, éviter les commodités de style et se déclarer partisan de la peine de mort. [...]

Demain, grâce à vous la justice française ne sera plus une justice qui tue. Demain, grâce à vous, il n'y aura plus, pour notre honte commune, d'exécutions furtives, à l'aube, sous le dais noir[1], dans les prisons françaises. Demain, les pages sanglantes de notre justice seront tournées. À cet instant plus qu'à aucun autre, j'ai le sentiment d'assumer mon ministère, au sens ancien, au sens noble, le plus noble qui soit, c'est-à-dire au sens de « service ». Demain, vous voterez l'abolition de la peine de mort. Législateurs français, de tout mon cœur, je vous en remercie.

Discours de Robert Badinter, ministre de la Justice et garde des Sceaux à l'Assemblée nationale, 17 septembre 1981.

1. Tissu noir placé au-dessus de la guillotine depuis 1949 dans les prisons pour cacher la vue de l'exécution.

REPÈRES

L'affaire Patrick Henry, le procès de la peine de mort

Arrêté en janvier 1976 pour avoir enlevé, puis tué un garçon de 7 ans, Patrick Henry est jugé par la cour d'assises de Troyes en janvier 1977. Il est condamné à la détention perpétuelle, l'un de ses avocats, Robert Badinter, ayant convaincu une partie des jurés de refuser la peine de mort. Ce procès très médiatisé a relancé le débat sur cette sentence en France, à tous les niveaux de la société, jusque dans la chanson. En 1976, Michel Sardou (favorable à la peine de mort pour les assassins d'enfants) chante *Je suis pour*. Julien Clerc répond en chanson en 1978 avec la chanson *L'assassin assassiné*.

2 L'engagement des artistes

Julien Clerc répond à son confrère Michel Sardou dans cette chanson.

▷ Vidéo
Julien Clerc interprète *L'assassin assassiné* en 1979

Le matin même, à la Santé[1]
Un homme... un homme avait été
Exécuté... [...]
Et j'ai pensé à ce salaud
Au sang lavé sur le pavé
Par ses bourreaux
Je ne suis président de rien
Moi je ne suis qu'un musicien
Je le sais bien...
Et je ne prends pas de pose
Pour dire seulement cette chose
Messieurs les assassins commencent
Oui, mais la Société recommence
Le sang d'un condamné à mort
C'est du sang d'homme, c'en est encore
C'en est encore...
[...]
Si je demande qu'on me permette
À la place d'une chanson
D'amour peut-être
De vous chanter un silence
C'est que ce souvenir me hante
Lorsque le couteau est tombé
Le crime a changé de côté
Ci-gît ce soir dans ma mémoire
Un assassin assassiné
Assassiné...

Extraits de *L'assassin assassiné* (paroles de Jean-Loup Dabadie écrites en 1978, interprété par Julien Clerc en 1979).

1. Prison de Paris.

JEUDI 17 SEPTEMBRE 1981 — Nlle Série
N° 107, 3F50

Libération

Pas d'aide militaire pour le Tchad

Reçu à l'Elysée aujourd'hui, Goukouni, le chef de l'Etat tchadien, souhaite l'appui de la France. Lire page 19.

L'abolition devant le parlement

PEINE DE MORT POUR LA GUILLOTINE

C'est à 15 heures aujourd'hui que s'ouvre le débat sur le projet de loi présenté par Robert Badinter visant à l'abolition pure et simple de la peine de mort.

190 ans après le premier débat de l'Assemblée nationale constituante sur l'abolition de cette survivance de la loi du talion, l'invention du docteur Guillotin est, cette fois, promise à la trappe. Même les députés de l'opposition, au-delà des discours, ont décidé de se battre pour une peine de détention incompressible de vingt ans. la « veuve » va laisser pourtant beaucoup d'orphelins, si l'on en croit le sondage que publie aujourd'hui le Figaro et selon lequel 62 % des Français resteraient favorables au maintien de la peine de mort. Sans nulle doute qu'ils auront beaucoup de peine. Il est heureux pour une fois qu'un gouvernement ne gouverne pas avec des sondages.

Lire notre dossier pages 2 à 7.

3 Le rôle de la presse

Une du journal *Libération* le 17 septembre 1981 au moment de la présentation du texte de loi par Robert Badinter à l'Assemblée nationale.

Questions

1. **Résumez** les arguments de Robert Badinter favorables à l'abolition de la peine de mort (**doc. 1**).
2. **Expliquez** le titre et le message de la chanson de Julien Clerc (**doc. 2**).
3. **Décrivez** la une de *Libération* et **expliquez** la position de ce journal (**doc. 3**).
4. **Montrez** que la technique utilisée en France pour la peine de mort a joué un rôle important dans le débat sur l'abolition (**doc. 1 à 3**).
5. À partir des réponses aux questions précédentes, répondez de manière organisée à la problématique.

Les grands discours (doc. 1)

1. **Résumez** l'alternative présentée par Robert Badinter en début de discours entre deux conceptions de la justice.
2. **Expliquez** la position adoptée par Robert Badinter devant l'argument d'une peine de mort strictement réservée aux « crimes odieux ».
3. **Décrivez** l'effet produit par la répétition en anaphore du mot « demain », en fin de discours.
4. **Relevez** les effets rhétoriques utilisés pour s'attirer la bienveillance de l'auditoire.

COURS

> Repères p. 236
> Points de passage p. 244, p. 248
> Dossier p. 246
> Biographies p. 342

Podcast du cours

2. Une société en pleine mutation (1974-1988)

Cette période est marquée par de profondes réformes qui constituent autant de réponses aux revendications exprimées en mai 1968 et qui commencent avant l'alternance politique de 1981. La société française devient plus diverse et plus ouverte au changement.

A L'émancipation des femmes

Dans la société. Dans la lignée de mai 1968 et des mouvements de défense des minorités aux États-Unis, un **féminisme** radical se développe en France. Il dénonce la domination masculine dans une « société patriarcale » et affirme le droit des femmes à disposer librement de leur corps. En 1971, le MLF (Mouvement de libération des femmes) encourage la publication d'un manifeste de 343 femmes avouant avoir avorté alors que la pratique reste interdite en France. Simone Veil, ministre de la Santé nommée par Valéry Giscard d'Estaing, fait adopter deux lois : en 1974, la pilule contraceptive est remboursée par la Sécurité sociale et, en 1975, la loi autorise l'interruption volontaire de grossesse (IVG), mais il faut attendre 1982 pour son remboursement par la Sécurité sociale. En 1975, une loi introduit le divorce par consentement mutuel et cesse de considérer l'adultère comme un délit pénal.

POINT DE PASSAGE 1975 : la légalisation de l'interruption volontaire de grossesse > p. 244

Au travail. Si la part des femmes exerçant une activité professionnelle progresse (de 53 % en 1975 à 63 % en 1982), les stéréotypes sexistes demeurent entre femmes et hommes dans la vie quotidienne. Les salaires des femmes restent inférieurs à ceux des hommes. Nommée ministre des Droits de la femme par François Mitterrand, Yvette Roudy fait voter en 1983 une loi sur « l'égalité professionnelle entre hommes et femmes ». Cette loi ne se contente pas de poser le principe de l'égalité entre les sexes, elle entend en garantir l'application en combattant les inégalités dont sont victimes les femmes dans les entreprises. Mais les résultats sont décevants, l'écart moyen entre les salaires masculins et féminins reste de 28,2 % en 1989 et les femmes restent extrêmement minoritaires aux postes de direction.

B Les jeunes dans la société

La massification scolaire. Les jeunes sont de plus en plus nombreux à rester dans le système scolaire au-delà de l'obligation scolaire (portée de 14 à 16 ans en 1959). L'économie a besoin de salariés qualifiés, notamment pour les emplois tertiaires, et la société demande la démocratisation de l'enseignement secondaire et supérieur. En 1975, le ministre de l'Éducation nationale René Haby instaure le collège unique, en supprimant les filières qui différenciaient les élèves relevant de l'enseignement technique ou de l'enseignement général. La mixité est alors rendue obligatoire dans toutes les filières. Avec cette **massification scolaire**, de plus en plus de jeunes obtiennent leur baccalauréat (20 % d'une génération en 1970, 30 % en 1980) et accèdent à l'enseignement supérieur (plus d'1 million d'étudiants en 1990). En 1986, Jacques Chirac veut imposer une plus grande sélection à l'université et la hausse des droits d'inscription (projet de loi Devaquet) mais, devant la mobilisation de la jeunesse, le projet est retiré.

REPÈRES

Le MLF

Mouvement de libération des femmes (MLF), créé en 1970 par des militantes féministes radicales. Il se fait connaître par des actions médiatiques, comme le dépôt à l'Arc de triomphe d'une gerbe « à la femme du soldat inconnu encore plus inconnue que lui » (26 août 1970). Dans son journal *Le Torchon Brûle*, il défend notamment le droit à l'avortement.

Vidéo
2010 : les 40 ans du MLF

Vocabulaire

- **Beur :** terme argotique (contraction d'« Arabe » en verlan) qui s'impose dans les années 1980 pour désigner les jeunes nés en France de parents maghrébins.
- **Féminisme :** mouvement visant à abolir les inégalités dont les femmes sont victimes et à établir l'égalité complète des droits entre les femmes et les hommes.
- **FN (Front national) :** parti d'extrême droite fondé en 1972 par Jean-Marie Le Pen. Il est présidé depuis 2011 par sa fille Marine Le Pen et est devenu en 2018 le **RN** (Rassemblement national).
- **LGBT :** acronyme utilisé pour désigner les lesbiennes, gays, bisexuels et transsexuels souvent cachés et discriminés dans la société des années 1980. Aujourd'hui, l'acronyme est devenu LGBTQIA+ (queer, intersexe, asexuel et + pour les autres).
- **Massification scolaire :** accès en masse des différentes classes d'âges au collège, puis au lycée.

Un nouveau groupe social. L'allongement des études et l'entrée plus tardive dans la vie active contribuent à faire des jeunes une catégorie sociale mieux définie et plus entendue. Ils résident encore chez leurs parents, mais trouvent souvent la tutelle familiale et sociale pesante. Garçons et filles, autrefois éduqués séparément, affirment désormais ensemble leurs aspirations. Une « culture jeune », souvent internationale, s'exprime à travers la mode et la musique et alimente un marché en pleine expansion depuis les années 1960. La crise de mai 1968 révèle la volonté de changement d'une partie de la jeunesse dans le monde entier. C'est pour prendre en compte ces évolutions que Valéry Giscard d'Estaing abaisse en 1974 la majorité civile de 21 à 18 ans. Cette mesure permet aux jeunes dès 18 ans de disposer du droit de vote, de se marier sans l'autorisation parentale et de résider où ils veulent. Les jeunes constituent désormais un électorat plus important, courtisé par les différents partis politiques.

C Une diversité plus visible

Des immigrés devenus indésirables ? Largement sollicités par les entreprises françaises durant les Trente Glorieuses, les immigrés représentent environ 7,5 % de la population en 1975. En juillet 1974, le gouvernement annonce la suspension officielle de l'immigration. Le **regroupement familial**, organisé par une loi de 1976 conformément au droit européen, est désormais la seule immigration légale. L'arrivée de la gauche au pouvoir en 1981 redonne de l'espoir à la population immigrée : sur environ 300 000 clandestins, près de 132 000 sont régularisés. Mais, une des promesses de campagne, le droit de vote des étrangers aux élections municipales, n'est finalement pas mise en œuvre. Dans les années 1980, dans un contexte de crise et de chômage, la percée électorale du **Front national** témoigne du rejet des immigrés et de leurs descendants par une partie de la société. En 1983, la marche pour l'égalité et contre le racisme, dite « Marche des Beurs » est organisée dans un climat de xénophobie grandissante.

L'affirmation des droits LGBT. En 1981, à la veille de l'élection présidentielle, la première « Marche nationale pour les droits et les libertés des homosexuels et lesbiennes » est organisée à Paris. En 1982, François Mitterrand met fin à la discrimination qui fixait la majorité sexuelle à 15 ans pour les hétérosexuels et à 21 ans pour les homosexuels. Beaucoup d'entre eux vivent cachés, exclus par leur famille, mais l'épidémie du SIDA qui décime dès 1983, en France, la population homosexuelle les rend paradoxalement plus visibles dans la société, en raison de la couverture médiatique. Durant les « années SIDA », des associations militent pour une meilleure prévention contre le VIH qui touche toutes les populations.

POINT DE PASSAGE L'épidémie du SIDA en France : recherche, prévention et luttes politiques > p. 248

Réviser son cours

1. Quels sont les résultats et les limites du combat des femmes ?
2. Pourquoi les jeunes jouent-ils un rôle croissant dans la société ?
3. En quoi la société française devient-elle plus diverse ?

Vocabulaire

Regroupement familial : mesure permettant à un étranger régulièrement installé en France (sauf les Algériens) d'être rejoint par les membres de sa famille proche (conjoint et enfants mineurs) s'il remplit certaines conditions (emploi stable, temps de résidence en France, logement adapté).

REPÈRES

VIH et SIDA

Le VIH (virus de l'immunodéficience humaine) est le virus responsable du SIDA (syndrome de l'immunodéficience acquise). Le VIH détruit les cellules du système immunitaire. Des maladies de plus en plus graves peuvent alors se développer. Certaines de ces maladies sont appelées « maladies opportunistes » parce qu'elles profitent de la diminution de l'immunité pour se développer. Lorsqu'une personne a une ou plusieurs maladies de ce type, on dit qu'elle a le SIDA : c'est le stade le plus avancé de l'infection au VIH. Un sujet séropositif peut donc être porteur du VIH sans avoir déclaré le SIDA.

Le VIH se transmet lors d'un rapport sexuel non protégé, par voie sanguine et de la mère à l'enfant (grossesse, allaitement, accouchement).

REPÈRES

Le SIDA, une maladie gay ?

Les premiers malades atteints du SIDA sont au début plutôt des homosexuels, à tel point que les homophobes commencent à parler de « cancer gay ». En réalité, la multiplicité des partenaires et une sexualité non protégée favorise, chez les homosexuels d'abord, la propagation rapide de la maladie. L'universalité de la maladie est découverte dès 1982.

> Cours p. 242

CONTEXTE

- Avant 1975, l'avortement est un délit en France. Des milliers de femmes meurent alors chaque année des suites d'un avortement clandestin, tandis que les plus aisées vont avorter dans les cliniques britanniques ou néerlandaises.

- Simone Veil, ministre de la Santé du gouvernement de Valéry Giscard d'Estaing, présente en novembre 1974 une loi sur l'avortement, qui est adoptée par l'Assemblée nationale (qui ne compte que 13 femmes), grâce au soutien de la gauche.

- La loi entre en vigueur en 1975. Elle autorise l'IVG (interruption volontaire de grossesse) jusqu'à la dixième semaine, mais ne prévoit pas de remboursement des frais d'IVG par la Sécurité sociale (il faut attendre 1982).

Vidéo Rétro IVG : une histoire de l'avortement

Répartition des votes le 26 nov. 1974 à l'Assemblée nationale

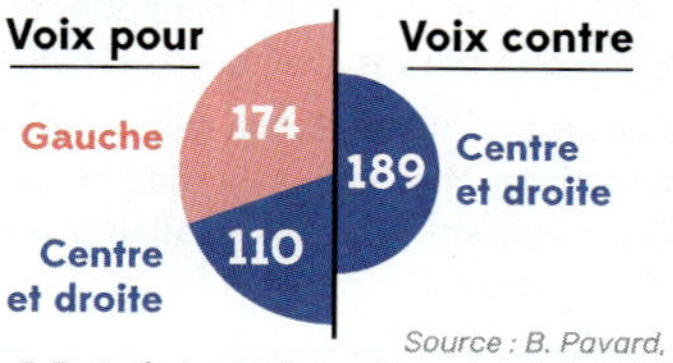

Source : B. Pavard, F. Rochefort et M. Zancarini, *Les lois Veil*, 2012.

Biographie

Simone Veil
(1927-2017)

Née en 1927, rescapée d'Auschwitz, magistrate de formation, nommée ministre de la Santé en 1974, elle défend, contre une partie de son propre camp politique, la loi qui dépénalise l'avortement.

> Biographies p. 342

1975 : la légalisation de l'interruption volontaire de grossesse

>> En quoi la loi sur l'interruption volontaire de grossesse est-elle un tournant dans l'évolution des droits des femmes ?

1 La nécessité d'une loi

Les grands discours

Je voudrais tout d'abord vous faire partager une conviction de femme – je m'excuse de le faire devant cette Assemblée presque exclusivement composée d'hommes : aucune femme ne recourt de gaieté de cœur à l'avortement. Il suffit d'écouter les femmes. C'est toujours un drame et cela restera toujours un drame. C'est pourquoi, si le projet qui vous est présenté tient compte de la situation de fait existante, s'il admet la possibilité d'une interruption de grossesse, c'est pour la contrôler et, autant que possible, en dissuader la femme. [...] Si le législateur est appelé à modifier les textes en vigueur, c'est pour mettre fin aux avortements clandestins qui sont le plus souvent le fait de celles qui, pour des raisons sociales, économiques ou psychologiques, se sentent dans une telle situation de détresse qu'elles sont décidées à mettre fin à leur grossesse dans n'importe quelles conditions. C'est pourquoi, renonçant à une formule plus ou moins ambiguë ou plus ou moins vague, le Gouvernement a estimé préférable d'affronter la réalité et de reconnaître qu'en définitive la décision ultime ne peut être prise que par la femme. [...] Ce qu'il faut aussi, c'est bien marquer la différence entre la contraception qui, lorsque les femmes ne désirent pas un enfant, doit être encouragée par tous les moyens et dont le remboursement par la sécurité sociale vient d'être décidé, et l'avortement que la société tolère mais qu'elle ne saurait ni prendre en charge ni encourager. [...]

Présentation du texte de loi à l'Assemblée nationale par Simone Veil, ministre de la Santé, 26 novembre 1974.

REPÈRES

Vidéo Gisèle Halimi, un parcours engagé

1972, le procès de Bobigny

En 1972, l'avocate Gisèle Halimi, signataire du manifeste des 343 (> voir doc. 4), défend Marie-Claire Chevalier, une jeune fille violée à 16 ans et dénoncée par son agresseur pour avoir avorté. Elle est relaxée. L'avorteuse est condamnée à un an de prison avec sursis et la mère de Marie-Claire à 500 francs d'amende. De nombreuses personnalités interviennent comme témoins de la défense dans ce procès très médiatisé, qui offre une tribune aux partisans de la dépénalisation de l'avortement.

2 Une revendication féministe

Affiche du MLAC (Mouvement pour la liberté de l'avortement et de la contraception), 1975.

3 « C'est Satan qui conduit le bal »

On connaît, mes chers collègues, des manifestations publiques au cours desquelles des femmes ou plutôt des viragos[1] car elles ne méritent pas le nom de femmes (*exclamations sur les bancs des socialistes et radicaux de gauche et communistes*) étaient prêtes à donner le triste spectacle de leur propre avortement, pour mieux narguer la loi et démontrer l'impuissance de l'État. [...] Suivre l'évolution des mœurs signifierait donc laisser le champ libre à toutes ces horreurs que nous constatons, à tous ces hommes et à toutes ces femmes pour qui, sous le prétexte de la liberté, la pornographie tient lieu de devoir et d'honneur (*protestations sur les bancs des socialistes et radicaux de gauche et communistes*) [...]. Une nouvelle religion est née. Elle se développe en toute impudeur sous nos yeux. Son dieu s'appelle le sexe. La sexualité est devenue exacerbation, frénésie, obsession. Elle s'exprime par le livre, l'image, l'affiche, le cinéma ou le théâtre, le journal, la publicité. [...] En France, pour l'instant – nous le savons bien – c'est Satan qui conduit le bal (*nouvelles protestations à gauche*). Et pour Satan, contraception et avortement ne sont que deux chapitres du grand et même livre de la sexualité (*mêmes mouvements*).

Discours du député UDR de l'Ardèche, Albert Liogier (1910-1989), devant l'Assemblée nationale, 28 novembre 1974.

1. Femme d'allure masculine, terme péjoratif et sexiste souvent utilisé contre les féministes.

Lien Le manifeste des 343 republié par *Le Nouvel Observateur*

4 Le manifeste des 343

Parmi les signataires, on trouve les actrices Catherine Deneuve et Jeanne Moreau, les écrivaines Simone de Beauvoir, Marguerite Duras et Françoise Sagan. Le journal satirique *Chcrlie Hebdo* salue ironiquement le manifeste des « 343 salopes », expression reprise à leur compte par les signataires. Le 3 février 1973, 331 médecins français déclarent dans *Le Nouvel Observateur* avoir pratiqué des avortements.

Une du *Nouvel Observateur*, 5 au 13 avril 1971.

Questions

1. **Résumez** les arguments présentés par Simone Veil en faveur de la loi sur l'interruption volontaire de grossesse (**doc. 1**).
2. **Expliquez** ce que le discours de ce député nous apprend sur la violence des débats et la vision qu'a une partie de l'opinion française de l'avortement (**doc. 3**).
3. **Interprétez** le message de cette affiche (**doc. 2**).
4. **Confrontez** ces deux documents sur la question du remboursement de l'avortement par la Sécurité sociale (**doc. 1 et 2**).
5. **Montrez** que le texte de loi répond néanmoins aux revendications des féministes (**doc. 1, 2 et 4**).
6. À partir des réponses aux questions précédentes, répondez de manière organisée à la problématique.

Les grands discours (doc. 1)

1. **Analysez** la façon dont Simone Veil se présente dans ce discours.
2. **Relevez** le champ lexical du masculin et du féminin. Quelle idée met-il en valeur ?
3. **Résumez** les arguments de Simone Veil en faveur de l'avortement.
4. **Relevez** les connecteurs logiques sur lesquels l'argumentation s'appuie. À quel genre appartient ce discours ?

> **Cours** p. 242

1983 : les débats sur l'immigration

Entre les recensements de 1975 et 1982, la part d'immigrés dans la population française reste stable (7,5 %). Pourtant, l'intégration fait de plus en plus débat. L'année 1983 est marquée par des crimes racistes et une forte agitation dans certaines cités où les immigrés sont nombreux, comme à Vénissieux dans l'agglomération lyonnaise.

>> Pourquoi l'immigration est-elle au centre des débats en 1983 ?

- Janvier : **Grèves des ouvriers** (80 % d'immigrés) **dans les usines Renault** à Flins et Boulogne-Billancourt.
- 6-13 mars : **Percée du Front national** aux élections municipales à Dreux.
- 20 juin : **Toumi Djaïdja**, 20 ans, fondateur de l'association « SOS Avenir Minguettes », **est grièvement blessé par un policier** lors d'une émeute dans la cité des Minguettes à Vénissieux. Il lance alors l'idée d'une **Marche pour l'égalité et contre le racisme**.
- 26 juillet : **François Mitterrand se rend à La Courneuve** et annonce la **réhabilitation** du quartier.
- 14 nov. : **Habib Grimzi** est jeté du train Vintimille-Bordeaux (assassinat raciste).
- 3 déc. : **Arrivée de la Marche pour l'égalité à Paris.** F. Mitterrand reçoit les organisateurs à l'Élysée.

1 Étrangers et immigrés en France

Population en milliers, en 1982.

Population immigrée française totale : 54 296

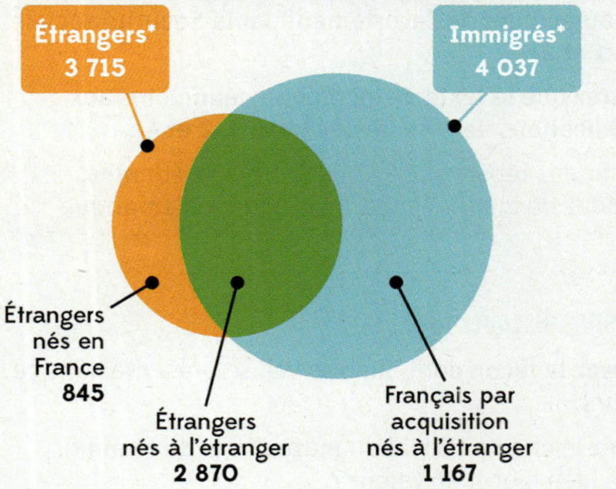

* Selon l'INSEE, un **immigré** est une personne née étrangère à l'étranger, résidant en France et pouvant ou non avoir obtenu la nationalité française ; un **étranger** n'a pas la nationalité française qu'il soit né à l'étranger ou de parents étrangers en France.

Source : INSEE, recensement de 1982.

▷ **Vidéo** 1983, la marche pour l'égalité et contre le racisme

2 « La Marche des Beurs »

Organisée pour dénoncer les préjugés racistes dont souffrent les immigrés et leurs enfants, cette Marche pour l'égalité et contre le racisme rassemble 100 000 manifestants lors de son arrivée à Paris. L'association SOS Racisme naît en 1984 de cette prise de conscience.

Affiche pour la Marche pour l'égalité, 1983.

Vidéo
Visite de F. Mitterrand à la cité des Minguettes

3 Un président dans la cité

François Mitterrand vient annoncer de nouvelles mesures de rénovation urbaine.

François Mitterrand en visite à la cité des Minguettes (Vénissieux), 10 août 1983.

4 La percée du Front national aux municipales

Au premier tour des municipales à Dreux, le 6 mars 1983, le candidat du Front national, Jean-Pierre Stirbois, remporte 16,7 % des voix. Il fait alliance avec le RPR, ce qui permet à l'union de la droite et de l'extrême droite de remporter la mairie au second tour.

Caricature de Plantu, mars 1983.

5 L'éclairage d'un sociologue

L'immigré, jusque dans les années 1970, était avant tout un travailleur, généralement venu seul, hébergé dans un foyer ou surexploité par un marchand de sommeil localisé à proximité de l'emploi, figure ouvrière définie par une position inférieure – la plus basse – dans les rapports de production. Vinrent ensuite, et notamment pour les Maghrébins, puis pour les Turcs et les Africains, la sédentarisation, le regroupement familial, en même temps que la crise économique, et plus profondément, le déclin de la société industrielle. L'immigration est devenue une composante renouvelée et stable de la population, introduisant des problèmes inédits et de nouvelles images se sont imposées, d'abord dans l'extrême-droite et le discours du Front national puis, de plus en plus largement dans l'ensemble de l'opinion publique.

Michel Wieviorka, *La France raciste*,
© Éditions du Seuil, 1993.

Questions

1. **Caractérisez** la situation des immigrés en France en 1983 (**doc. 1, 3 et 5**).
2. **Montrez** que deux visions opposées de l'immigration coexistent en France en 1983 (**doc. 2 et 4**).
3. **Analysez** les réponses politiques apportées pour intégrer les immigrés en France en 1983 (**doc. 2 et 3**).
4. **Expliquez** le rejet dont souffrent les immigrés en France dans les années 1980 (**doc. 2 et 5**).
5. À partir des réponses aux questions précédentes, répondez de manière organisée à la problématique.

Focus sur le document 2

1. **Rappelez** dans quel contexte cette marche a été organisée.
2. **Déduisez** l'objectif de cette marche à partir de son nom.
3. **Décrivez** l'image qui illustre cet objectif.
4. **Expliquez** la méthode utilisée par les organisateurs pour sensibiliser l'opinion.

POINT DE PASSAGE

› Cours p. 242

L'épidémie du SIDA en France : recherche, prévention et luttes politiques

CONTEXTE

- La société française est fortement marquée à partir de 1983 par l'épidémie du SIDA qui touche d'abord les homosexuels qui ont multiplié les partenaires sans protection.
- Les associations et les médecins sont les premiers à réagir, par la prévention pour les uns et la recherche pour les autres. Il faut attendre 1986 pour que l'État mette en place une véritable politique de santé publique.

- 1982 **Identification de la maladie appelée SIDA.**
- 1983 **Des médecins français isolent la souche du virus, le VIH.**
- 1983 **Création de Vaincre le SIDA** (première association homosexuelle en France de lutte contre le SIDA).
- 1984 **Création de l'association AIDES** (en référence au nom du virus en anglais, *AIDS* et au verbe « aider » français).
- 1985 **Premier test de dépistage** en France.
- 1987 **La France autorise la publicité sur le préservatif.**
- 1987 **Arrivée de l'AZT** (zidovudine), 1er médicament antirétroviral qui ralentit la progression du virus mais ne l'élimine pas.
- 1989 **Création de l'association** de lutte contre le SIDA, **Act Up-Paris.**

» Comment la société et les pouvoirs publics se mobilisent-ils pour faire face à ce problème de santé publique ?

1 Le rôle de l'État

Mme Michèle Barzach, ministre délégué chargé de la Santé et de la Famille, a annoncé, le mardi 24 février, un ensemble de mesures relatives à la lutte contre le SIDA. Elle a notamment fait savoir que la vente libre des seringues[1] en pharmacie sera prochainement autorisée pour une durée d'un an. [...] La campagne nationale d'information sera menée en avril et en mai. Elle comportera des spots télévisés, une série d'affichages, l'intervention « de l'ensemble des médias » ainsi que la distribution de brochures destinées au grand public. [...] Mme Barzach a annoncé que les différents tests (ELISA et Western Blot) seraient dorénavant remboursés « quelles qu'en soient la marque et la provenance ». De nouveaux « points de dépistage » offrant des prestations gratuites et anonymes devront être ouverts [...] Une dizaine de postes de « techniciens d'étude clinique » seront créés cette année afin de renforcer la qualité des essais thérapeutiques et des études épidémiologiques.

Jean-Yves Nau, « Le renforcement de la lutte contre le SIDA », *Le Monde*, 26 février 1987.

1. Le virus du SIDA se transmettant également par voie sanguine, les drogués héroïnomanes qui utilisent des seringues sont aussi fortement touchés par l'épidémie du SIDA.

2 Les prémices de la recherche médicale

Didier Lestrade, ancien président d'Act Up, et Gilles Pialoux, médecin à Paris, témoignent des débuts de la recherche médicale et du lien entre médecins et associations de malades.

C'est en mars 1982 qu'est créé ce premier Groupe français de travail sur le SIDA, à l'initiative, entre autres, de Willy Rozenbaum et de Jacques Leibowitch, qui ont diagnostiqué les premiers cas de SIDA en France. Ce groupe était composé initialement de médecins hospitaliers, d'infectiologues, de dermatologues, d'un pneumologue réanimateur, des représentants de la Direction générale de la santé, d'un épidémiologiste, d'immunologistes, etc. Soit plus d'une dizaine de membres alors que l'on ne recensait que 21 cas de SIDA en décembre 1982 ! [...] Le premier rôle du GFTS, véritable laboratoire d'idées, aura été de faire circuler les informations, d'alerter la communauté gay et de mettre en œuvre des études d'ordre épidémiologique. La première tentative épidémiologique du GFTS, en 1982, fut de tenter de faire « remonter », avec l'aide de 250 spécialistes, les cas français de pneumocystose ou de Kaposi[1] observés. L'étude rencontrera une certaine indifférence des chefs de service sollicités [...] L'autre cahier des charges que se fixa le groupe fut de sensibiliser les représentants communautaires de l'époque.

Didier Lestrade et Gilles Pialloux, *Sida 2.0*, Fleuve Éditions, 2012.

1. Marques visibles de la maladie sous forme d'atteintes des poumons (pneumocystose) ou de taches sur la peau (Kaposi).

3 Act Up-Paris : mener des actions chocs

Lors de la Gay Pride, le 24 juin 1989, l'association *Act Up* Paris mène une campagne de sensibilisation à destination des pouvoirs publics pour les inciter à réagir en parlant du SIDA. Le triangle rose renvoie à celui porté par les déportés homosexuels dans les camps nazis.

Vidéo Act Up : « machine de guerre » de la mobilisation

4 Un témoin, membre de l'association AIDES Marseille

Michel Bourrelly a été volontaire à AIDES où il a occupé des fonctions de direction entre 1993 et 2004.

Je suis arrivé en juin 1986 à AIDES Marseille. À l'époque, j'avais 24 ans, j'étais en quatrième année de pharmacie. C'est tout naturellement que je me suis engagé dans le combat contre cette nouvelle maladie. J'étais homosexuel et je sentais bien qu'autour de moi il se passait quelque chose. En mai 1986, un de mes amis est mort sans que ses médecins ne parlent du SIDA. Mais pour moi, cela semblait évident. À AIDES, je me suis investi dans la prévention et le soutien aux personnes. Je participais à des permanences téléphoniques le soir, de 20 heures à 23 heures. Les appels étaient souvent très lourds. On sentait la peur, la solitude, le poids des discriminations. On accueillait aussi les malades dans nos permanences hospitalières. On les voyait trois ou quatre fois. Et la cinquième fois, on allait au crématorium. Je crois que c'est une chose à laquelle on n'est pas forcément préparé lorsqu'on n'a même pas 30 ans. [...] Et là, dans les années « noires », les médecins n'avaient aucun médicament efficace à proposer aux malades. Et ils ont été obligés de descendre de leur piédestal pour dialoguer d'égal à égal avec ces patients qui, bien souvent, en savaient autant qu'eux sur la maladie.

Propos recueillis par Pierre Bienvault, journal *La Croix*, 30 mai 2011.

Questions

Parcours A Répondre aux questions

1. **Décrivez** les décisions prises par l'État face à l'épidémie du SIDA (**doc. 1**).
2. **Décrivez** l'action du milieu médical (**doc. 1 et 2**).
3. **Interprétez** l'action menée par ces militants associatifs (contexte, attitude des manifestants, message véhiculé) (**doc. 3**).
4. **Identifiez** les différents destinataires de ces actions dans la société française de l'époque (**doc. 1, 3 et 4**).
5. À partir des réponses aux questions précédentes, répondez de manière organisée à la problématique.

ou

Parcours B Travailler l'oral

Préparez une présentation orale de 5 minutes pour répondre à la problématique. Filmez votre prestation, puis regardez-là à 2 ou 3 reprises en listant 10 questions que pourrait vous poser un jury.

COURS

> **Dossiers** p. 252, p. 254
> **Biographies** p. 342

Podcast du cours

3. Un accès plus large et plus libre à la culture (1974-1988)

Au cours des décennies 1970 et 1980, la France connaît d'importantes mutations dans le domaine culturel. L'État relâche son contrôle sur l'audiovisuel et veut démocratiser la culture, comme au temps du Front populaire. Les pratiques culturelles se diversifient.

A L'évolution de la politique culturelle

Une intervention limitée de l'État sous Giscard. La culture ne fait pas partie des priorités de Valéry Giscard d'Estaing quand il devient président en 1974. Le ministère des Affaires culturelles, créé en 1959 par de Gaulle, devient un secrétariat d'État à la Culture dont la part dans le budget de l'État diminue (0,61 % en 1974, 0,47 % en 1981). Moins féru d'art contemporain que son prédécesseur, Valéry Giscard d'Estaing est un passionné de l'époque Louis XV ; il retire de l'Élysée le mobilier moderne que Georges Pompidou y avait fait installer. Sa politique culturelle conservatrice est surtout tournée vers la sauvegarde du patrimoine. En 1977, il lance le projet de transformation de la gare d'Orsay en musée et, en 1979, la Cité des sciences naît de la sauvegarde des abattoirs de la Villette.

La rupture des années Lang. Entre 1981 et 1982, François Mitterrand double le budget du ministère de la Culture, dont les missions sont élargies au-delà de la préservation du patrimoine : favoriser l'épanouissement des individus par les arts, soutenir la création artistique et défendre le rayonnement de la culture à l'étranger. Cette politique culturelle active est incarnée par le ministre Jack Lang. Il fait de la culture un levier économique en soutenant les industries culturelles : le prix unique du livre aide les libraires et rémunère mieux les auteurs. Il crée aussi des fêtes populaires : Fête de la musique (1982) et Journées du patrimoine (1984). François Mitterrand lance de grands travaux comme l'aménagement du Grand Louvre, l'Institut du monde arabe et le nouvel Opéra de la Bastille en 1989.

B Les transformations du paysage audiovisuel français

La mainmise de l'État sur les médias (1974-1981). En 1974, Valéry Giscard d'Estaing remplace l'ORTF par trois chaînes de télévision publiques concurrentes (TF1, Antenne 2 et FR3) et quatre stations de radio publiques (France Inter, France Culture, France Musique, FIP réunies au sein du groupe Radio France). Si le contrôle de l'État sur les médias est plus discret qu'au temps de l'**ORTF**, les responsables de l'audiovisuel sont toujours choisis par le pouvoir. Parallèlement, des radios FM pirates se multiplient sur le sol français grâce au coût plus abordable des émetteurs. Le 28 juin 1979, la police interrompt l'émission de *Radio Riposte* diffusée par le Parti socialiste à Paris et inculpe François Mitterrand pour violation du monopole d'État sur la diffusion radiophonique.

Une libéralisation progressive de l'audiovisuel (1981-1988). Le Parti socialiste réclamait en 1981 « une information libre et pluraliste ». La loi du 29 juillet 1982 proclame que « la communication audiovisuelle est libre ». Une Haute Autorité de la communication audiovisuelle (futur **CSA**) est créée pour

Vocabulaire

- **CSA (Conseil supérieur de l'audiovisuel) :** il remplace en 1989 la Commission nationale de la communication et des libertés, nom donné à partir de 1986 à la Haute Autorité de la communication audiovisuelle.
- **ORTF (Office de radiodiffusion-télévision française) :** créé en 1964 et placé sous le contrôle du ministre de l'Information.
- **Culture de masse :** ensemble de pratiques culturelles diffusées à un large public par les médias et les industries de la communication et du divertissement.

REPÈRES

Le prix du livre (1981)

Aujourd'hui, le prix des livres est unique quel que soit le point de vente (librairie de quartier, Internet ou centre commercial). Ce prix unique est établi en 1981 par Jack Lang pour sauver la diversité des librairies indépendantes qui sont concurrencées par les centrales d'achat (comme la FNAC qui propose en 1974 des remises de 20 % sur les livres). Désormais, la remise maximum applicable par un point de vente est de 5 %.

délivrer des permis d'émettre aux nouvelles chaînes de télévision et stations de radio. Canal Plus, nouvelle chaîne payante, est lancée en 1984. Durant la cohabitation (1986-1988), TF1 est privatisée et une autre chaîne privée est créée, La Cinq. Parallèlement, la fin du monopole d'État de radiodiffusion est l'objet de convoitises : les autorisations d'émettre sur la bande FM sont soumises à la Haute Autorité. De multiples radios sont créées, comme NRJ ou Fun Radio. Mais les conditions d'attribution des fréquences manquent de transparence.

C Les nouvelles formes de la culture populaire

- **Une culture de masse.** Dans les années 1980, plus de 90 % des foyers possèdent un téléviseur. Les chaînes cherchent à fidéliser le public – et les annonceurs auxquels elles vendent des plages publicitaires – par des émissions de variétés ou de jeux présentées par des animateurs vedettes et par des séries américaines comme *Dallas* (entre 1981 et 1987) ou *La Petite maison dans la Prairie* (entre 1974 et 1983). Certains dénoncent une uniformisation et une américanisation de la culture. Mais la télévision facilite aussi l'accès au savoir grâce à des émissions littéraires (*Apostrophes* animé par Bernard Pivot à partir de 1975) ou des documentaires. La **culture de masse** permet un élargissement et une diversification des pratiques culturelles.

- **Une « culture jeune ».** On le voit bien avec l'importance croissante des jeunes sur le marché de la culture. La mode des mangas et dessins animés venus du Japon est lancée par *Goldorak*, diffusé à partir de 1978 sur Antenne 2. En 1984, le rap issu des banlieues noires des États-Unis fait son apparition dans l'émission *H.I.P. H.O.P.* sur TF1. La musique s'écoute dans la rue et se regarde à la télévision avec les clips qui se multiplient au début des années 1980 et contribuent beaucoup à la popularité d'artistes comme Michael Jackson ou Mylène Farmer. Cette nouvelle culture des écrans passe aussi par le jeu vidéo, un nouveau loisir pour la jeunesse qui se développe dans les années 1980.

REPÈRES

Années 80 : écouter de la musique dans la rue

En 1979, le premier baladeur audio, le Walkman de Sony, est commercialisé. Il permet d'écouter des cassettes grâce à un casque. Le CD (Compact Disc) est lancé en 1982 et il peut s'écouter à partir de 1984 avec un lecteur portable (Discman de Sony).

La télévision française entre 1974 et 1988

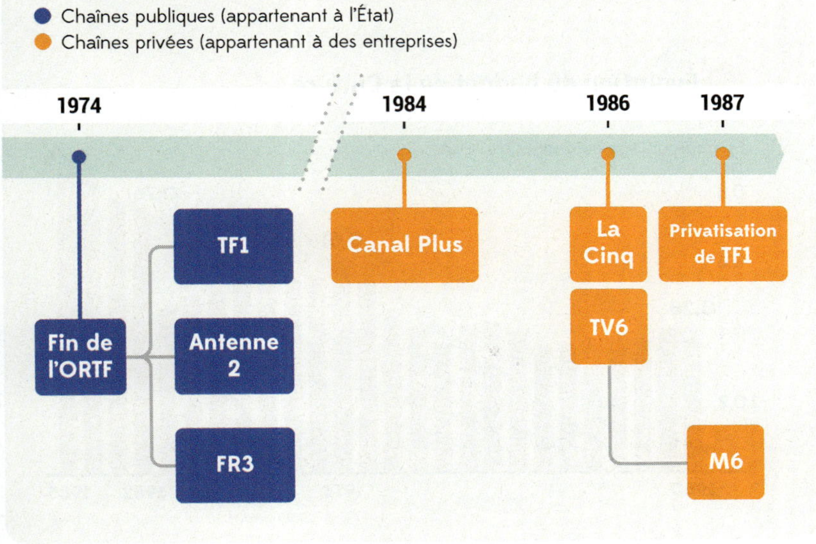

Réviser son cours

1. Comment la gauche a-t-elle renouvelé la politique culturelle à partir de 1981 ?
2. Quelles transformations majeures a connues le paysage audiovisuel français dans cette période ?
3. Quelles sont les nouvelles formes de la culture populaire ?

> Cours p. 250

L'évolution des politiques culturelles en France (1974-1988)

Après avoir joué un rôle assez effacé sous Valéry Giscard d'Estaing, l'État affiche de grandes ambitions culturelles à partir de 1981, avec François Mitterrand et son populaire ministre de la Culture, Jack Lang.

>> Quel rôle joue l'État dans le domaine culturel entre 1974 et 1988 ?

1 Pour la « liberté des initiatives »

V. Giscard d'Estaing publie cette tribune juste avant le second tour de l'élection présidentielle le 19 mai 1974.

Qu'est-ce que la culture ? C'est la part non matérielle de la civilisation, la part de la connaissance et de la joie qui s'y attache, la part de la beauté, la part de la sensibilité et du rêve. C'est tout ce que l'homme transmet à l'homme, à travers les générations, pour que chaque nouvel individu ne se trouve pas comme un Robinson démuni devant les énigmes du monde et ses propres mystères [...]. Cette prise de position n'implique pas pour autant que je sois partisan d'une ingérence de l'État dans le domaine de la création artistique. J'estime au contraire qu'ici comme ailleurs et peut-être plus qu'ailleurs, la liberté des initiatives doit être entière [...]. Favoriser la création, cela veut dire également : assouplir certaines structures trop rigides, figées à la fois par le dirigisme de l'État et par le manque de liaison entre les collectivités locales et l'administration. Ainsi, le problème des Maisons de la culture[1], dont tout le monde s'accorde à reconnaître l'utilité, mais dont chacun constate, dans de nombreux cas, le fonctionnement défectueux, trouvera sa solution dans une réelle décentralisation au profit des municipalités.

Valéry Giscard d'Estaing, « La France est l'Athènes de Périclès », *Le Monde*, 18 mai 1974.

1. Créés en 1961 par le ministre de la Culture André Malraux, ces centres culturels ont pour objectif de démocratiser la culture dans les régions.

2 « Tout est culture »

En campagne pour sa réélection en 1988, F. Mitterrand s'adresse aux Français pour défendre sa politique culturelle.

J'ai voulu que fussent multipliés [...] les espaces de culture : 1 000 bibliothèques nouvelles, 1 000 lieux de répétition pour les musiciens, 200 salles nouvelles de théâtre et de musique, 600 de cinéma, 120 musées créés ou rénovés, des dizaines de centres d'art, deux Zénith pour le rock et la musique populaire, le cirque à Châlons-sur-Marne, la danse à Marseille et Nanterre, la photographie à Arles, la bande dessinée à Angoulême, le design industriel à Paris... De la plus modeste église de village à la cathédrale de Strasbourg et à la Cour carrée du Louvre, 3 000 chantiers ont entrepris de restaurer le patrimoine. J'ai poursuivi l'œuvre de mon prédécesseur, au musée d'Orsay, à la Cité de La Villette et engagé des projets qui s'inscrivent déjà dans notre paysage, Grand Louvre, Opéra-Bastille, Arche de la Défense, Institut du monde arabe, Théâtre de l'Europe, Grande Halle. Tout est culture en fin de compte, Jack Lang[1] avait raison.

F. Mitterrand, *Lettre à tous les Français*, 7 avril 1988 (publiée comme encart publicitaire dans la presse régionale et nationale).

1. Ministre de la Culture de 1981 à 1986, puis de 1988 à 1992.

3 Évolution du budget de la Culture

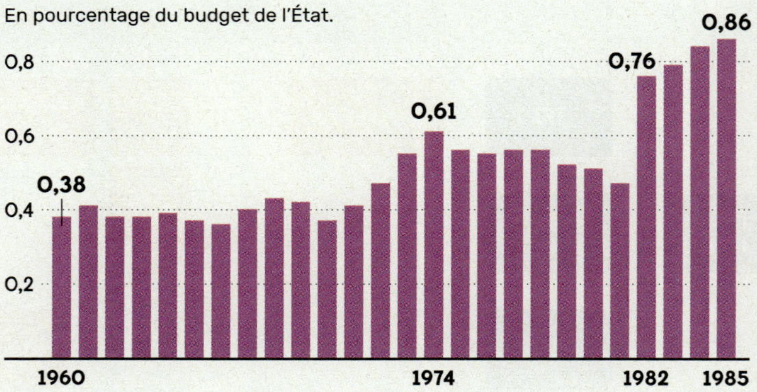

Source : INSEE, recensement de 1982.

4 Les grands travaux du président

Le 29 mars 1989, F. Mitterrand inaugure avec Jack Lang la pyramide du Louvre conçue par l'architecte Teoh Ming Pei.

Le Président a imposé ce projet, malgré les critiques dénonçant la défiguration d'un site patrimonial.

5 L'évolution de la politique culturelle : le regard d'un historien

Spécialiste des politiques culturelles publiques, Philippe Poirrier dresse le bilan des politiques culturelles sous Valéry Giscard d'Estaing et François Mitterrand.

À partir de 1974, une double ligne de force s'impose. L'introduction d'une logique libérale renforce le relatif désengagement financier de l'État. À la fin du septennat giscardien, l'État culturel demeure faible et accorde la priorité au patrimoine. La politique culturelle n'est pas une priorité gouvernementale. Le budget et l'outil administratif sont fragilisés. Malgré le passage de Michel Guy au secrétariat d'État à la culture (1974-1976) vécu comme un « printemps culturel » par les professionnels, le primat d'une logique libérale contribue à affaiblir les missions de service public du ministère. [...] L'arrivée de la gauche au pouvoir conduit à une triple rupture. L'essentiel est la rupture quantitative qui se traduit, dès l'exercice 1982, par un doublement du budget du ministère de la Culture. De plus, le ministre Jack Lang, qui bénéficie du soutien du président Mitterrand, sait incarner ce changement d'échelle. Enfin, une synergie revendiquée entre la culture et l'économie peut se lire comme une révolution copernicienne qui affecte le cœur de la culture politique socialiste. La politique des Grands Travaux témoigne également de l'affirmation du volet présidentiel de la politique culturelle. Tous les secteurs de la politique culturelle bénéficient de ces accroissements quantitatifs et de ces ruptures qualitatives.

Philippe Poirrier, *La Politique culturelle en débat*, La Documentation française, 2013.

Questions

Parcours A **Répondre aux questions**

1. **Décrivez** le rôle de l'État dans le domaine culturel selon Valéry Giscard d'Estaing (**doc. 1**).
2. **Caractérisez** la politique culturelle de François Mitterrand (**doc. 2 et 4**).
3. **Décrivez** et **expliquez** l'évolution du budget du ministère de la culture (**doc. 3**).
4. **Expliquez** pourquoi on peut dire que la politique culturelle connaît en 1981 une rupture quantitative et qualitative (**doc. 5**).
5. À partir des réponses aux questions précédentes, répondez de manière organisée à la problématique.

ou

Parcours B **Travailler l'oral**

Préparez une présentation orale de 5 minutes pour répondre à la problématique selon ce plan en deux parties :
1. L'État se désengage pour laisser faire le marché
2. L'État intervient dans la culture

Pour chaque partie, relevez les arguments, les dates et les acteurs tirés de l'ensemble documentaire.

› Cours p. 250

La « culture jeune » des années 1980

La « culture jeune » s'affirme dans les années 1980 à travers de nouveaux styles musicaux et de nouveaux loisirs, souvent venus de l'étranger. Sa diffusion a été facilitée par les technologies modernes et les médias de l'époque.

» Comment s'affirme la culture des jeunes dans les années 1980 ?

REPÈRES

La « culture jeune »

Employée par les sociologues dès les années 1960, l'expression suppose qu'il existe une culture spécifique aux jeunes, au-delà de leur hétérogénéité sociale. Cette culture s'exprime notamment par la musique et la mode vestimentaire, elle a une dimension internationale et elle constitue un marché pour les industries de la communication et du divertissement (télévision, radio, presse, cinéma, etc.).

1 Les radios FM

Créée en 1981, NRJ (« Nouvelle Radio Jeune ») devient l'une des radios libres les plus populaires. Lorsque l'État menace de lui retirer son permis d'émettre sur la bande FM parce qu'elle ne respecte pas certaines règles, la station appelle ses auditeurs à manifester, comme ici à Strasbourg en juillet 1985.

Vidéo

H.I.P. H.O.P. : l'émission extraterrestre

2 Des ghettos afro-américains à la télévision française

Diffusée en 1984 sur TF1 le dimanche après-midi, puis le mercredi, l'émission *H.I.P. H.O.P.* rend le rap et le break dance visible en France. Animée par le rappeur Sidney (au centre), l'émission fait émerger de jeunes talents comme JoeyStarr (groupe NTM) venu « breaker » (danser) en tant que figurant.

Sidney dans l'émission *H.I.P. H.O.P.*, TF1, 2 janvier 1984.

3 La naissance du jeu vidéo

D'abord apparu sur des bornes d'arcade dans les centres commerciaux américains à la fin des années 1970, le jeu vidéo commence à être pratiqué sur des consoles de salon à partir de 1983.

Jeu vidéo sur console, Paris, avril 1983.

4 L'arrivée des mangas

Présenté par Dorothée dans l'émission de télévision de jeunesse *Récré A2*, le dessin animé *Goldorak* témoigne de l'influence japonaise sur la « culture jeune ».

Couverture de *Paris Match* du 19 mars 1979.

5 La musique au cœur de la « culture jeune »

Spécialiste de la jeunesse en France, l'historienne Ludivine Bantigny présente dans cet ouvrage universitaire les nouvelles formes de la culture populaire des jeunes des années 1980.

La musique n'est évidemment pas séparable de ces nouvelles technologies et des pratiques culturelles qui y sont associées. Il en va ainsi de son interaction avec la radio et la télévision : les années 1980 consacrent le succès de stations et de chaînes purement musicales, chez les jeunes en particulier. Outre les émissions de variétés qui se renouvellent dans leur présentation – images saturées et montages nerveux –, les clips – le mot entre dans le dictionnaire en 1986 – proposent des habillages visuels qui forment comme un écrin aux airs qu'ils mettent en scène. Des émissions leur sont tout entières dédiées qui établissent le classement des ventes (« Top 50 » à partir de 1984) et alimentent le marché. Des spectacles à vocation humanitaire (« Les Enfoirés » lancé en 1986) réunissent des vedettes rassemblées pour l'occasion et qui chantent à l'unisson. [...] L'écoute est un peu plus encore individualisée, grâce au Walkman (le terme s'introduit dans le dictionnaire en 1982) [...].

Ludivine Bantigny, *La France à l'heure du monde. De 1981 à nos jours*, © Éditions du Seuil, 2013.

Questions

Parcours A Répondre aux questions

1. **Montrez** que la musique joue un rôle central dans la « culture jeune » (**doc. 1, 2 et 5**)
2. **Montrez** que la « culture jeune » a une forte dimension internationale (**doc. 2 et 4**)
3. **Analysez** le rôle des médias dans la diffusion de la « culture jeune » (**doc. 1, 2, 4 et 5**).
4. **Expliquez** ce que cette nouvelle technologie a apporté à la « culture jeune » (**doc. 3**)
5. À partir des réponses aux questions précédentes, répondez de manière organisée à la problématique.

ou

Parcours B Travailler l'oral

Préparez une présentation orale de 5 minutes pour répondre à la problématique, puis répartissez-vous par groupes de 3 ou 4 élèves. À tour de rôle, vous présentez votre réponse. Les autres élèves jouent le rôle du jury et vous posent des questions pendant 10 minutes : demandes de précisions, définitions du vocabulaire employé, liens avec le cours

Exemples de questions

SYNTHÈSE

EXO Exercices interactifs

Podcast de la synthèse

Un tournant social, politique et culturel : la France de 1974 à 1988

Quelles mutations politiques, sociales et culturelles connaît la France entre 1974 et 1988 ?

1 Le renouvellement de la vie politique

En 1974, Valéry Giscard d'Estaing devient le premier président non-gaulliste de la Ve République. Désireux de moderniser et de libéraliser la France, il entreprend d'ambitieuses **réformes de société**. Mais, dans un contexte de crise économique mondiale, il ne parvient pas à enrayer la progression du **chômage**.

En 1981, l'élection du socialiste François Mitterrand permet l'**alternance** pour la première fois sous la Ve République. La politique de relance ne parvient pas à réduire le chômage. Dès 1983, les socialistes se convertissent à une politique de **rigueur** qui les rend impopulaires. La victoire de la droite aux législatives de 1986 entraîne une situation inédite de **cohabitation** : Jacques Chirac devient Premier ministre.

2 Une société en mutation

Le mouvement de mai 1968 a mis en lumière la **frustration d'une partie de la jeunesse**. Valéry Giscard d'Estaing tente d'y répondre en abaissant l'âge de la majorité civile de 21 à 18 ans en 1974. Par la réforme Haby, il instaure le « collège unique » qui garantit un **socle éducatif commun** à l'ensemble des jeunes Français jusqu'à l'âge de 16 ans.

Sous la pression des **mouvements féministes**, la pilule contraceptive est remboursée par la Sécurité sociale en 1974 et **l'IVG légalisée** en 1975. En 1981, un **ministère du Droit des femmes** voit le jour et œuvre notamment en faveur de l'égalité professionnelle qui demeure loin d'être acquise.

Dans un contexte de **montée de la xénophobie** attisée par la crise économique, une « Marche des Beurs » est organisée en 1983. Les manifestants dénoncent notamment le discours du Front national qui réalise alors ses premières percées électorales.

3 Un accès plus large et plus libre à la culture

Dans les années 1970, le **monopole étatique sur l'audiovisuel** est de plus en plus contesté. Des **radios FM pirates** le contournant se multiplient. Elles sont légalisées par François Mitterrand en 1982, qui ouvre également la voie au lancement de **chaînes de télévision privées**.

Ces nouveaux médias accélèrent la **massification des pratiques culturelles** des Français, également encouragée par l'État au travers d'initiatives comme la Fête de la musique créée en 1982. Mais ils sont aussi accusés de contribuer à une **uniformisation des goûts** au profit de standards importés des États-Unis à des fins mercantiles.

MOTS-CLÉS

- **Alternance** → p. 238
- **Cohabitation** → p. 238
- **Culture de masse** → p. 250
- **Culture jeune** → p. 251, p. 254
- **Féminisme** → p. 242

DATES CLÉS

- **1974 :** élection de Valéry Giscard d'Estaing à la présidence.
- **1975 :** légalisation de l'IVG.
- **1981 :** élection de François Mitterrand à la présidence ; abolition de la peine de mort.
- **1982 :** libéralisation de l'audiovisuel.
- **1986 :** première cohabitation.

Biographies

Valéry Giscard d'Estaing (né en 1926)
Président de la République de 1974 à 1981.

François Mitterrand (1916-1996)
Président de la République de 1981 à 1988.

Simone Veil (1927-2017)
Ministre de la Santé en 1974, elle défend la loi qui dépénalise l'avortement.

Robert Badinter (né en 1928)
Garde des Sceaux en 1981, il fait voter la loi qui abolit la peine de mort en France.

> Biographies p. 342

SCHÉMA DE SYNTHÈSE

UN TOURNANT SOCIAL, POLITIQUE ET CULTUREL : LA FRANCE DE 1974 À 1988

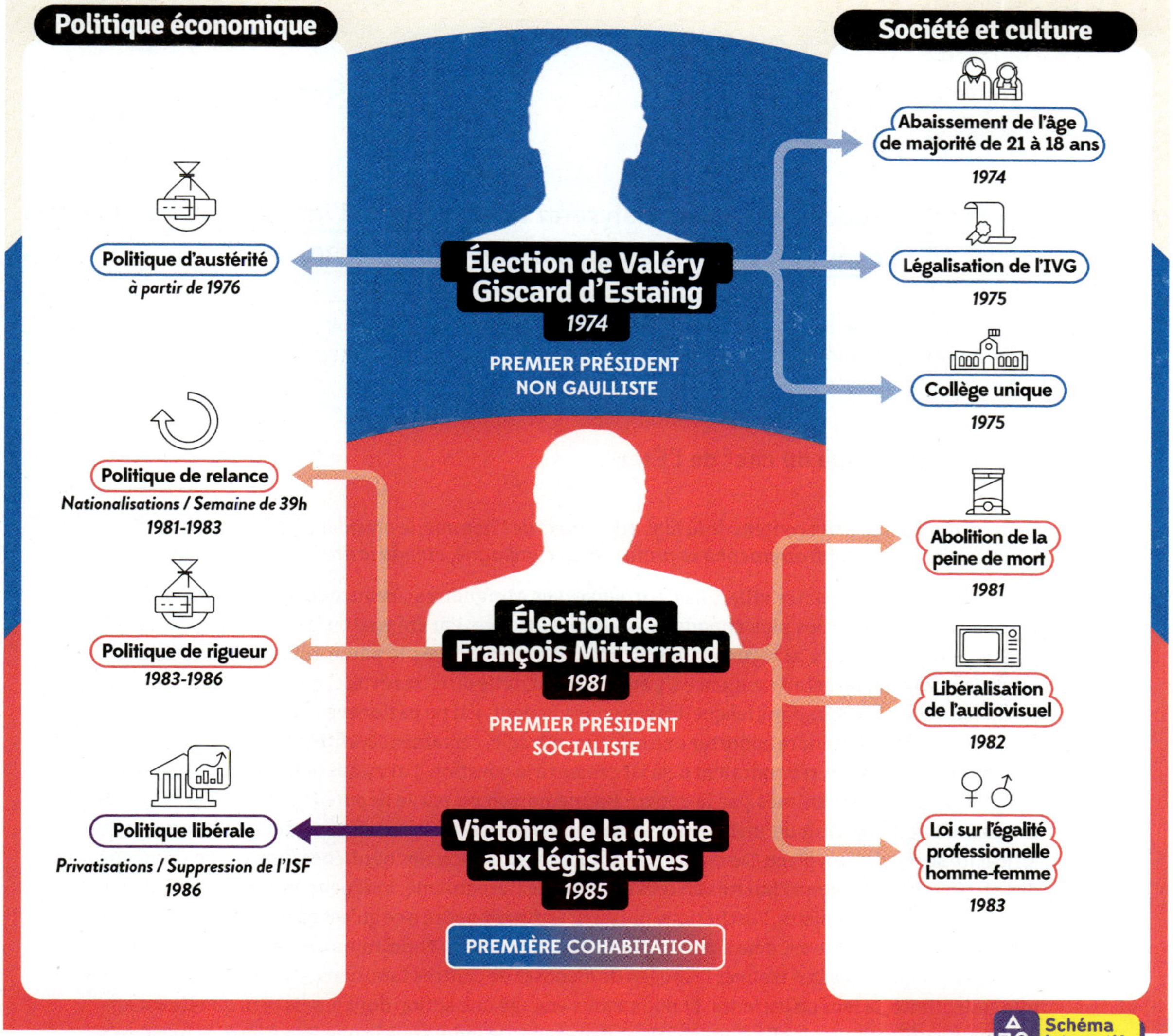

Schéma interactif

POUR ALLER PLUS LOIN

À lire

- Philippe Benassaya, *Les années Giscard, 1974-1981,* François Bourin, 2011.
Un album richement illustré qui propose une exploration de la société française sous la présidence de Valéry Giscard d'Estaing.

- Marie Gloris Bardiaux-Vaïente et Malo Kerfriden, *L'Abolition. Le combat de Robert Badinter*, Denoël, 2019.
Une bande dessinée qui retrace le parcours aboutissant à l'abolition de la peine de mort en France par François Mitterrand en 1981.

- Leila Slimani, *Simone Veil, mon héroïne*, L'aube, 2017.
Un hommage de la romancière franco-marocaine à une figure de la défense des droits des femmes.

À voir

- Nabil Ben Yadir, *La Marche*, 2013.
Ce film retrace le parcours de la « Marche des Beurs » dans la France de 1983.

- Cédric Klapish, *Le péril jeune*, 1994.
Un film sur la jeunesse française des années 1970.

ÉTAPE 1 Analyser le sujet

Quel est sa nature, son auteur ? Ses destinataires ? Son idée générale ?

Quelles sont les conditions de vie des immigrés en France ?

Après avoir présenté ce document, vous analyserez la question de l'intégration des immigrés dans la société française dans les années 1980.

La part des immigrés y a-t-elle évolué ? Quels débats suscite leur intégration ?

Quel est le contexte économique et politique de cette époque ?

Le point de vue du chef de l'État

Dans un discours tenu au congrès de la Ligue des droits de l'homme, le président F. Mitterrand explique pourquoi il n'a pas, contrairement à sa promesse de campagne, étendu le droit de vote aux étrangers.

Je suis allé visiter quatre villes, La Courneuve[1], les Minguettes[2], beaucoup d'autres quartiers en France réputés parmi les plus chauds ou les plus difficiles, j'ai été partout reçu - sans renfort de police - croyez-moi, j'y ai reçu partout un accueil ouvert. J'étais là parce que, dans les semaines précédentes tel ou tel acte de violence s'y était produit, telle ou telle révolte, que j'estimais naturelle en raison des conditions dans lesquelles ces gens vivaient, j'ai pu parler avec eux et je me suis rendu compte que, sans prétendre apporter une solution miracle, certaines conditions matérielles, si elles pouvaient être réunies, répondraient déjà largement à la question. J'ai vu des hommes et des groupes, comme ceux qui sont animés par le député Bonnemaison ou par le député Pesce comme avant lui par Dubedout, j'ai pu voir qu'un travail d'un grand sérieux, d'une grande constance et d'une grande efficacité se mettait en place. De même que pour l'organisation des banlieues, nous avons ébauché des plans, qui sont aujourd'hui mis en œuvre pour que l'urbanisme, indépendamment même du logement, pour que les loisirs, l'esthétique puissent enfin répondre à ce qu'est en droit d'attendre tout être humain dont la vie est déjà suffisamment accablée par les conditions de travail, par l'absence de travail, et qui doit aussi trouver le moyen de disposer de centres familiaux, d'être quelqu'un dans une collectivité, la leur ou les leurs. Et nous avons engagé une action dont je sais bien qu'elle est largement insuffisante mais elle s'engage dans cette voie. De même que la participation des immigrés qui se trouvent en France depuis un certain temps dans la localité de leur choix, de leur travail, la participation de ces immigrés à la gestion locale pour disposer de droits correspondant à ceux des citoyens, dès lors que leur vie en est affectée, me paraît être une revendication fondamentale qu'il faudra réaliser. Mais vous admettrez que le gouvernement a ses propres exigences et qu'il doit tenir compte aussi de l'état des mœurs. C'est donc une tâche très difficile à remplir celle-là. Il suffit de consulter l'opinion pour savoir que c'est une revendication que je pense juste, je viens de le dire, qui s'inscrira inéluctablement dans nos lois, mais qui ne doit pas nous obliger à [brusquer] une opinion déjà souvent fort rétive. Il est donc très important que des organisations ou associations comme la vôtre puissent prendre leur part et la prennent largement pour que cette conviction, « droit de vote des immigrés », se généralise.

Allocution de M. François Mitterrand, président de la République, à l'occasion du 65e congrès de la Ligue des droits de l'homme à Paris, samedi 20 avril 1985.

1. Commune de Seine-Saint-Denis (93).
2. Quartier résidentiel de Vénissieux, dans la banlieue sud de Lyon, constitué en grande partie d'HLM construits dans les années 1960.

ÉTAPE 2 Mobiliser ses connaissances et organiser ses idées

Utilisez les titres suivants pour complétez le plan.

- Une colère et une violence justifiées.
- Une opinion qui doit être prise en compte.
- Chômage de masse et cadre de vie dégradé.
- Des mesures politiques.
- Le rôle des associations.
- Des immigrés stigmatisés.

PLAN

I. Des conditions de travail et de vie difficiles
A. ....
B. ....

II. Une opinion publique « rétive »
A. ....
B. ....

III. Des actions pour améliorer la situation
A. ....
B. ....

ÉTAPE 3 Rédiger l'analyse de documents

EXO Exercices interactifs

Identifiez à quelle partie correspond ce passage rédigé. Complétez le texte à l'aide des mots de liaison suivants : par exemple, car, aussi, entre autres, en effet, cependant, d'ailleurs, notamment.

L'action des associations semble essentielle à F. Mitterrand pour faciliter l'intégration des immigrés. Il prononce ..... son discours devant une association, la Ligue des droits de l'homme qui milite ..... pour le droit de vote des étrangers. Il encourage les associations en général à continuer à « prendre leur part » pour poursuivre leurs efforts et faire évoluer les mentalités. En 1983, certaines avaient ..... organisé une marche pour l'égalité ou « Marche des Beurs » afin de sensibiliser l'opinion à la xénophobie et aux discriminations. SOS Racisme naissait en 1984 de cette prise de conscience.

L'action politique est ..... un outil de l'intégration des immigrés. F. Mitterrand, même s'il ne prétend pas pouvoir apporter « de solution miracle », en fait le constat en évoquant « des hommes et des groupes » ..... certains députés. « Nous avons ébauché des plans, qui sont aujourd'hui mis en œuvre » explique-t-il. C'est sur « l'urbanisme », « les loisirs, l'esthétique » que portent surtout ces efforts. ....., les grands ensembles où « cités » construits dans les années 1960 sont à l'époque très critiqués. ..... F. Mitterrand n'est pas dupe du fait que ces politiques sont très limitées. ..... il l'avoue, c'est « une action dont je sais bien qu'elle est largement insuffisante ».

Texte à imprimer

Identifiez quelle partie cette phrase introduit puis rédigez le reste de l'analyse.

Les deux documents permettent de constater que les conditions de vie et de travail des immigrés sont difficiles.....

ÉTAPE 1 Analyser le sujet

Faut-il aussi analyser les éléments de continuité ou uniquement les changements ?

Dans quelle mesure l'alternance politique est-elle un tournant pour la France ?

À quelle date ? Quel parti prend le pouvoir ? À la suite de qui ?

Quelles sont les mesures prises ? Lesquelles relèvent du domaine social, culturel, économique ?

ÉTAPE 2 Mobiliser ses connaissances et organiser ses idées

Parties	Idées	Exemples
I. L'alternance, un vrai tournant	**A.** Des mesures économiques et sociales fortes	– ..... – ..... – ..... – ..... – .....
	B. Une démocratisation de la culture	– ..... – ..... – ..... – ..... – .....
II. Les limites de la rupture	**A.** Des changements qui s'inscrivent dans une certaine continuité	– ..... – ..... – .....
	B. Tournant de la rigueur, puis cohabitation : un retour en arrière ?	– ..... – ..... – ..... – .....

Tableau à imprimer

✎ **Complétez la 3e colonne du tableau avec les exemples suivants :**

- Hausse du SMIC, des allocations familiales et du minimum vieillesse.
- Divorce par consentement mutuel.
- Baisse des dépenses publiques.
- Projet du Grand Louvre.
- Radios libres.
- Semaine de 39 heures.
- Abaissement de la majorité à 18 ans.
- Loi sur l'interruption volontaire de grossesse (IVG).
- Politique de rigueur.
- Création du ministère de la Culture.
- Augmentation des impôts.
- Cinquième semaine de congés payés.
- Retour à une politique libérale.
- Vague de nationalisations.
- Fête de la musique.
- Journées européennes du patrimoine.
- Abolition de la peine de mort.

ÉTAPE 3 Rédiger la réponse

EXO Exercices interactifs

✎ **Identifiez la partie du plan que cette phrase introduit puis rédigez la suite de la réponse.**

L'alternance politique n'est pas forcément une rupture avec les années Giscard d'Estaing (1974-1981) qui s'inscrivaient elles-mêmes aussi en rupture avec celles de De Gaulle et Pompidou…

BAC blanc

Réponse à une question problématisée

Sujet

Comment l'État réagit-il aux diverses revendications sociales entre 1974 et 1988 ?

Sujet

Quelles transformations culturelles la France connaît-elle entre 1974 et 1988 ?

Analyse de document

Sujet

À l'aide du document, analysez la question de l'intégration des immigrés dans le contexte politique et social de l'époque.

Le point de vue de la CGT
Affiche de la CGT, 1984.

CHAPITRE 9

Nouveaux rapports de puissance et enjeux mondiaux

Pourquoi la fin de la guerre froide ne s'est-elle pas traduite par un apaisement du monde ?

» **En 1989-1990, la fin de la confrontation Est-Ouest laisse espérer un monde réunifié**, fondé sur le droit et la coopération internationale. Les États-Unis prétendent établir un « nouvel ordre mondial » plus juste et l'ONU semble enfin pouvoir jouer son rôle.

» **Mais une gouvernance mondiale s'avère très difficile à mettre en place.** Les rivalités entre puissances sont loin d'avoir disparu et le rôle hégémonique des États-Unis est contesté. En outre, la fin de l'affrontement idéologique entre les deux blocs a favorisé l'affirmation des identités nationales, ethniques et religieuses.

» **Dans ce monde devenu multipolaire, les conflits se multiplient** et prennent des formes très diverses (guerres civiles, nettoyage ethnique, terrorisme...).

Des combattantes kurdes

Depuis 2011, la Syrie est plongée dans la guerre civile. À partir de 2014, le groupe jihadiste Daesh prend le contrôle d'une partie du pays. Au nord, il se heurte à la résistance des milices kurdes, qui finissent par le repousser en 2015 avec le soutien des armées occidentales. Le conflit syrien, qui mêle guerre civile et internationale, soldats de métier et combattants irréguliers, affrontements conventionnels et asymétriques, résume à lui seul toute la complexité des guerres contemporaines.

Des combattantes kurdes dans les rues de Raqqa, août 2017.

Textes dys
TOUS LES TEXTES EN VERSION DYS
lyceen.nathan.fr/lequintrecterm-2020

REPÈRES

Le monde de l'après-guerre froide

Dans les chapitres précédents

- **Dans les chapitres 4 et 5**, vous avez étudié comment la guerre froide, à partir de 1947, a divisé le monde en deux blocs rivaux organisés autour des États-Unis et de l'URSS.
- **Dans le chapitre 7**, vous avez étudié l'effondrement du bloc soviétique, qui marque la fin de la guerre froide en 1989-1991.

Dans ce chapitre

Nous allons étudier les recompositions de l'ordre international intervenues à partir des années 1990.

Frise interactive

1990 – 1995 – 2000 – 2005 – 2010 – 2015 – 2020

COOPÉRATION, APAISEMENT

- **1989** L'URSS évacue l'Afghanistan
- **1991** Fin de l'URSS
- **1991** **Fin de l'apartheid en Afrique du Sud**
- **1993** Accords israélo-palestiniens d'Oslo
- **21 nov. 1995** Accords de Dayton
- **2002** Création de la Cour pénale internationale (La Haye)
- **14 juillet 2015** Accord sur le nucléaire iranien
- **Nov.›déc. 2015** COP 21

CONFRONTATION, AFFRONTEMENT

- **2 août 1990** L'Irak envahit le Koweït
- **1990›1991** GUERRE DU GOLFE
- **Janvier 1991** Opération Tempête du désert
- **1991›1995** GUERRE EN EX-YOUGOSLAVIE
- **Avril 1992** Début de la guerre de Bosnie
- **1994** Intervention de l'OTAN en Bosnie
- **Avril à juillet 1994** Génocide des Tutsi du Rwanda
- **11 sept. 2001** **Attentats islamistes aux États-Unis**
- **Octobre 2001** Début de l'intervention de l'OTAN en Afghanistan
- **Mars 2003** Guerre contre l'Irak
- **2 mai 2011** Exécution de Ben Laden
- **2012** Début de la guerre civile en Syrie
- **2014** Annexion de la Crimée par la Russie
- **13 nov. 2015** Série d'attaques terroristes à Paris
- **2015** Intervention russe en Syrie

Points de passage

La fin de l'apartheid en Afrique du Sud

Ce progrès majeur des droits de l'Homme est permis par la fin de la guerre froide, durant laquelle le régime raciste de l'Afrique du Sud était soutenu par le bloc occidental.

Le 11 septembre 2001

En frappant New York et Washington, le groupe terroriste islamiste Al-Quaida montre qu'il est capable d'atteindre la première puissance mondiale sur son propre sol.

Carte interactive

égion ukrainienne de Crimée a proclamé son rattachement à la Russie par référendum au printemps 2014.
tachement, validé par la Russie, n'est pas reconnu par les autorités ukrainiennes et la communauté internationale.
statut du Sahara occidental reste en suspens. Un référendum doit y être organisé par l'ONU.
exion par le Maroc n'est pas reconnue par le droit international.

. Des menaces nouvelles

- Principaux pays victimes d'actes terroristes depuis 1991
- Pays ayant eu recours à des armes chimiques contre leur population
- Pays soupçonnés de développer un programme nucléaire

4. Des coopérations internationales imparfaites

- INDE — Pays membres du G20
- Dix premiers contributeurs au budget de l'ONU (2019-2021)

COURS

> Repères p. 264, p. 266
> Point de passage p. 270
> Dossier p. 272
> Biographies p. 342

Podcast du cours

Vocabulaire

◆ **Apartheid :** ce terme signifiant « développement séparé » en afrikaans désigne la politique de ségrégation des populations noires en vigueur en Afrique du Sud entre 1948 et 1991.

◆ **Casques bleus :** troupes chargées par l'ONU d'une opération de maintien de la paix.

◆ **Épuration ethnique :** entreprise violente menée par un groupe ethnique pour chasser d'un territoire un autre groupe ethnique. Elle se caractérise par des massacres, des viols, des pillages, etc.

◆ **Génocide :** crime tendant à l'extermination intentionnelle, totale ou partielle, d'un groupe national, ethnique ou religieux (> voir aussi p. 95).

◆ ***Hard power* :** capacité à contraindre par la force.

◆ **Hyperpuissance :** puissance sans égale, dont la domination s'exerce sur tous les plans (politique, militaire, économique, culturel et technologique).

◆ **Moudjahidin :** > voir p. 220.

◆ **OTAN (Organisation du traité de l'Atlantique Nord) :** alliance politique et militaire défensive créée en 1950 et regroupant les États-Unis, leurs alliés en Europe occidentale et le Canada.

◆ ***Soft power* :** capacité à inciter par le rayonnement ou la séduction.

1. La décennie 1990 : l'espoir déçu d'un monde apaisé

La fin de la guerre froide en 1989 semble ouvrir la voie à un nouvel ordre mondial pacifié. Mais cet espoir est rapidement démenti par les faits : loin de disparaître, les conflits se multiplient et prennent des formes nouvelles.

A Un tournant historique

● **La fin de la bipolarité.** L'affrontement bipolaire qui avait structuré les relations internationales depuis 1947 cesse avec l'implosion du bloc soviétique. Réunis à Malte en décembre 1989, Américains et Soviétiques proclament la fin de la guerre froide et négocient la réduction des armements nucléaires. De nombreux conflits régionaux jusqu'alors entretenus par les deux Grands prennent fin. L'URSS retire ses troupes d'Afghanistan entre 1988 et 1989, après dix années de combats contre les **moudjahidin**. Les États-Unis arrêtent de soutenir les contre-révolutionnaires au Nicaragua, qui signent un accord de paix en 1988 avec le gouvernement.

● **Les progrès de la démocratie libérale.** La disparition du rideau de fer permet un rapprochement entre Europe de l'Ouest et Europe de l'Est, symbolisé par la réunification allemande (1990). Une vague de démocratisation touche l'Amérique latine, où les États-Unis soutenaient jusqu'alors les régimes autoritaires par crainte de l'influence soviétique. De même, Washington cesse de ménager le régime raciste d'Afrique du Sud, qui combattait les mouvements communistes en Afrique, ce qui permet l'abolition de l'**apartheid** en 1991.

POINT DE PASSAGE La fin de l'apartheid en Afrique du Sud > p. 270

● **La renaissance de l'ONU.** Longtemps paralysée par le veto des deux Grands, l'ONU peut enfin jouer pleinement son rôle. De 1988 à 1993, l'Organisation lance plus d'opérations que durant les quarante années précédentes. C'est elle qui gère l'accession de la Namibie à l'indépendance (1990) et encadre les processus de paix au Salvador (1990) et au Cambodge (1991). Lorsque l'Irak envahit le Koweït en août 1990, elle décide de recourir à la force pour le contraindre à y renoncer. Une coalition d'une trentaine de pays, menée par les États-Unis, est alors mise sur pied et vient facilement à bout des troupes irakiennes lors de la guerre du Golfe (1991).

B Nouvel ordre mondial ou *Pax americana* ?

● **Le triomphe des États-Unis.** La disparition du rival soviétique renforce considérablement la puissance des États-Unis. Plus aucun État ne semble en mesure de rivaliser avec leur force de frappe économique, leur arsenal militaire (***hard power***) et leur rayonnement culturel (***soft power***). De superpuissance devant composer avec une autre superpuissance dans un monde bipolaire, les États-Unis deviennent l'« **hyperpuissance** » sans contrepoids dans un monde qui semble unipolaire.

● **Le *leadership* étasunien.** Pour le président George Bush Sr, la guerre du Golfe de 1991 est le symbole d'un « nouvel ordre mondial » reposant sur le respect du droit et la solidarité internationale plutôt que sur la loi du plus fort. Les États-Unis, se posent en garants de ces principes. Ils les mettent alors en application en Somalie où une intervention militaire est décidée en 1992 pour tenter de mettre un terme à la famine provoquée par la guerre civile. En 1994, les États-Unis interviennent également en Haïti pour rétablir le président démocratiquement élu, Jean-Bertrand Aristide, renversé par un coup d'État.

- **Le multilatéralisme.** Sous la présidence de G. Bush Sr (1989-1993) puis de Bill Clinton (1993-2000), les États-Unis sont donc l'unique gendarme du monde. Mais ils veulent jouer ce rôle en accord avec les organisations internationales et en privilégiant la coopération avec les autres États, dans la perspective du multilatéralisme.

C Le renouveau des conflictualités

- **Le retour de la guerre en Europe.** La fin de l'antagonisme bipolaire n'est pas synonyme d'apaisement généralisé. Au contraire, de nombreux conflits locaux, qui avaient été contenus par les deux Grands durant la guerre froide, resurgissent quand celle-ci s'achève. C'est le cas en Yougoslavie où les nationalismes concurrents s'affrontent violemment à partir de 1991, aboutissant à des entreprises d'**épuration ethnique**. En 1995, à Srebrenica, plus de 8 000 Bosniaques musulmans sont tués par les forces serbes malgré la présence de **casques bleus**. Il faut attendre l'intervention des États-Unis, dans le cadre de l'**OTAN**, pour qu'une paix soit finalement imposée en 1995 (accords de Dayton).

- **L'Afrique en proie aux guerres civiles.** Durant les années 1990, 35 pays sur les 53 que compte le continent africain sont touchés par des guerres civiles. Certaines sont particulièrement meurtrières comme celle qui déchire l'Algérie durant toute la décennie, faisant près de 150 000 morts, ou celle qui touche le Libéria, puis le pays voisin riche en diamants, la Sierra Leone. Au Rwanda, en 1994, environ 1 million de membres de la minorité tutsi sont victimes du **génocide** orchestré par des extrémistes hutu.

- **Les limites du nouvel ordre mondial.** La plupart des affrontements ont désormais lieu à l'intérieur d'un État. Or, l'ONU a été créée pour résoudre les conflits entre ses membres et non au sein de l'un ou l'autre. Le principe de la souveraineté nationale, qui avait été conçu pour protéger les États d'une agression de la part d'un autre État, est détourné par certains d'entre eux pour massacrer leur propre population à l'abri de toute sanction internationale. Quant aux États-Unis, alors que, du temps de la guerre froide, ils étaient obligés de maintenir un certain équilibre des forces partout sur la planète, ils ont désormais tendance à ne s'intéresser qu'aux régions qu'ils estiment vitales pour leur sécurité (Amérique latine, Europe, Moyen-Orient) et à délaisser celles qu'ils jugent secondaires (Afrique).

Réviser son cours

1. **Pourquoi un monde nouveau se dessine-t-il au début des années 1990 ?**
2. **Quel rôle jouent les États-Unis dans le nouvel ordre mondial ?**
3. **Pourquoi peut-on parler d'un renouveau de la conflictualité durant la décennie 1990 ?**

LE SENS DES MOTS

La *Pax americana*, « Paix américaine »

Expression construite sur le modèle de la *Pax romana* (« paix romaine » qui prévalut dans le monde méditerranéen au Ier siècle) ou de la *Pax britannica* (« paix britannique » orchestrée par Londres au XIXe siècle). Elle désigne l'ordre mondial dont les États-Unis, du fait de leur hégémonie, sont les architectes et les garants.

L'HISTOIRE EN DÉBAT

Des analyses divergentes de l'après-guerre froide

- Au début des années 1990, les intellectuels américains s'interrogent sur la victoire des États-Unis sur l'URSS. Si tous s'accordent à y voir un **tournant historique majeur**, ils sont en désaccord sur sa signification.
- Pour **Francis Fukuyama** (né en 1952), l'effondrement du communisme marquerait « **la fin de l'histoire** » en ce sens que le modèle libéral incarné par les États-Unis ne saurait plus être surpassé, mais seulement amélioré et diffusé au monde entier.
- Au contraire, **Samuel Huntington** (1927-2008) considère que loin d'ouvrir une ère d'apaisement, la fin de l'affrontement bipolaire risque de donner lieu à un « **choc des civilisations** ». Il entend par là que des conflits entre les grandes civilisations, prendront la suite de l'opposition idéologique entre les deux Grands.

> Cours p. 268

La fin de l'apartheid en Afrique du Sud

>> Comment le nouvel ordre mondial s'est-il concrétisé en Afrique du Sud ?

CONTEXTE

- L'Afrique du Sud a été colonisée à partir du XVIIe siècle par des Européens venus des actuels Pays-Bas, de France, puis du Royaume-Uni. Longtemps opposés les uns aux autres, les colons de différentes origines se réconcilient à la fin du XIXe siècle au détriment des populations noires.

- La discrimination des Noirs est institutionnalisée en 1948 par la politique d'apartheid (séparation). Elle les prive d'accès à la citoyenneté, leur interdit la fréquentation des espaces publics réservés aux Blancs et les relègue dans des quartiers urbains défavorisés (*townships*) ou des territoires réservés (*bantoustans*).

Vidéo — Comment l'Afrique du Sud a vaincu l'apartheid

Vidéo — À la rencontre de Nelson Mandela

Biographies

Nelson Mandela (1918-2013)

Leader du Congrès national africain (ANC), mouvement noir qui lutte contre l'apartheid, il passe 27 ans en prison. Libéré en 1990, il reçoit le prix Nobel de la paix en 1993 et est élu président de l'Afrique du Sud en 1994.

Frederik De Klerk (né en 1936)

Président sud-africain de 1989 à 1994, il met fin à l'apartheid et négocie avec l'ANC la démocratisation du pays. Il reçoit le prix Nobel de la paix en 1993.

> **Biographies** p. 342

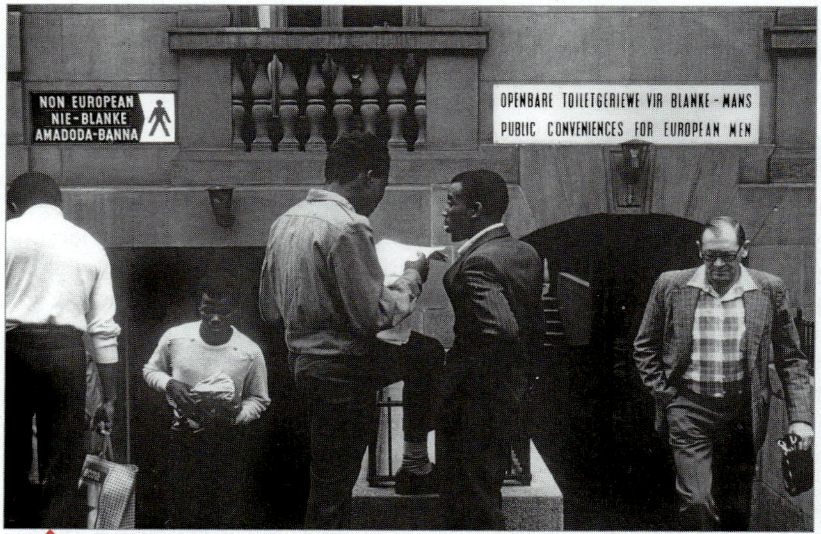

1 L'apartheid
Johannesburg, toilettes publiques près de l'hôtel de ville, 1984.

2 Un nouveau contexte mondial

Romancier sud-africain blanc à succès, André Brink (1935-2015) s'est opposé à l'apartheid dès les années 1960. Il revient dans ses Mémoires sur la personnalité du président De Klerk.

De Klerk fut assez fin politicien pour décrypter les signes des temps, flairer l'atmosphère qui régnait désormais dans le pays, et agir en conséquence. Il agit dans un contexte mondial modifié par des événements tels que la chute du mur de Berlin, la libération de la Pologne, de la Hongrie, de la Tchécoslovaquie, la grogne en Amérique latine et en Afrique. Tout à coup, l'Union soviétique ne pouvait plus être brandie comme un épouvantail, responsable d'avoir conduit le violent autoritarisme sud-africain aux ultimes excès de l'apartheid. De Klerk capitula pour cette raison, mais compte tenu aussi du nouvel élan mondial en faveur des libérations nationales, de l'accroissement phénoménal des oppositions de l'intérieur et de l'extérieur, qui prenaient des formes multiples : sanctions économiques, manifestations syndicales, agitation dans les Églises et les universités, apparition de jeunes et vigoureux leaders noirs [...]. Mais De Klerk eut assez de talent et de rouerie[1] pour le faire avec panache. Manifestement encore persuadé qu'en lançant un mouvement de réforme, il pourrait le contrôler, définir ses paramètres et sa synergie, il catapulta le pays dans un avenir nouveau.

André Brink, *Mes bifurcations. Mémoires*, trad. de Bernard Turle, Actes Sud, 2010.

1. Malice.

1948 **Instauration de l'apartheid.**

1962 **Arrestation et emprisonnement de Nelson Mandela.**

1989 **Frederik De Klerk est élu président de la République** au cours d'élections auxquelles seuls les Blancs participent.

Février 1990 **Légalisation des mouvements nationalistes Noirs** dont l'ANC et **libération de prisonniers politiques** dont Nelson Mandela.

30 juin 1991 **Abolition officielle de l'apartheid** par le Parlement.

Mars 1992 Lors d'un référendum réservé aux Blancs, 68 % des votants approuvent les réformes engagées par De Klerk.

Avril 1994 **Premières élections ouvertes aux Noirs.** L'ANC obtient 62 % des voix et la majorité des sièges au Parlement qui élit Mandela à la présidence le mois suivant.

3 Les Sud-Africains autour d'une table

En mars 1990, de premières négociations entre les représentants de l'ANC, dont Nelson Mandela récemment libéré, et le gouvernement sud-africain de Frederik De Klerk, se tiennent au Cap.

La première séance de pourparlers avec le gouvernement, début mai, dura trois jours. [...] Les ennemis historiques qui se combattaient depuis des siècles se rencontraient et se serraient la main. Beaucoup se demandèrent à haute voix pourquoi de telles négociations n'avaient pas eu lieu bien plus tôt. [...] Le fait même que les pourparlers eussent lieu était un jalon significatif de l'histoire de notre pays ; comme je le fis remarquer, la rencontre n'était pas seulement ce que l'ANC avait demandé pendant tant d'années, mais elle marquait la fin de la relation maître/esclave qui caractérisait les rapports entre Noirs et Blancs en Afrique du Sud. Nous ne venions pas à cette réunion en suppliants ou en solliciteurs, mais en tant que compatriotes sud-africains qui avaient droit à une place égale autour de la table. [...] D'un commun accord, nous mîmes sur pied un groupe de travail pour résoudre les nombreux obstacles qui étaient encore devant nous.

Nelson Mandela, *Un long chemin vers la liberté*, Fayard, 1995.

4 Un long travail de réconciliation

Le 29 octobre 1998, à Pretoria, le président Nelson Mandela (à gauche) reçoit le rapport de la commission Vérité et Réconciliation créée en 1995 et présidée par l'évêque anglican Desmond Tutu (à droite). La commission a recensé les violations des droits de l'homme, en offrant l'amnistie à ceux qui les avouaient. Elle a fait des propositions pour favoriser la réconciliation nationale, notamment l'indemnisation des victimes.

Questions

Parcours A **Répondre aux questions**

1. **Expliquez** en quoi cette photographie témoigne de l'institutionnalisation du racisme en Afrique du Sud durant l'apartheid (**doc. 1**).
2. **Identifiez** les facteurs ayant conduit Frederik De Klerk à mettre un terme à l'apartheid (**doc. 2**).
3. **Décrivez** la manière dont Nelson Mandela considère les Sud-Africains blancs (**doc. 3**).
4. **Expliquez** la mission de la commission en analysant sa dénomination (**doc. 4**).
5. À partir des réponses aux questions précédentes, **répondez** de manière organisée à la problématique.

ou

Parcours B **Écrire un article**

Journaliste, vous êtes chargé(e) d'écrire un article sur le prix Nobel de la paix remis en 1993 à Nelson Mandela et Frederik De Klerk. Après avoir présenté les deux hommes et le contexte international depuis 1989, vous expliquez comment ils ont réussi à mettre un terme à l'apartheid.

> Cours p. 268
> Sens des mots p. 95

Le retour des violences génocidaires

La guerre qui éclate en 1991 dans l'ex-Yougoslavie entraîne des crimes de masse, que l'on pensait disparus à jamais de l'Europe depuis 1945. Le monde assiste alors à un nouveau génocide en 1994, à l'encontre des Tutsi au Rwanda.

>> Pourquoi peut-on parler de pratiques génocidaires à propos de certains conflits des années 1990 ?

1 L'extrémisme hutu

Les prêtres nous ont bien instruits et notre mouvement est un mouvement pacifique. Cependant, il faut savoir qu'il n'y a pas d'autre moyen d'avoir la paix que de se défendre soi-même. Rappelez-vous ce proverbe : « Qui veut la paix prépare la guerre ». [...] Il est écrit dans l'Évangile que si quelqu'un te gifle une joue, tu tendras la seconde. Moi, je vous le dis, cet évangile a changé dans notre mouvement : si quelqu'un te gifle une joue, tu lui en donneras deux de façon à ce qu'il ne puisse plus se relever. [...] Vous savez qu'il y a dans le pays des *inyenzi*[1] et qu'ils ont envoyé leurs enfants au front [...]. Pourquoi n'arrête-t-on pas les parents qui envoient leurs enfants et pourquoi ne les extermine-t-on pas ? Attendons-nous vraiment que ce soient eux qui viennent nous exterminer ? [...]

Et en vérité je vous le dis, comme cela est stipulé dans l'Évangile : lorsque vous laissez traîner parmi vous le serpent qui vient de vous mordre, alors c'est vous qui serez anéantis. [...] N'ayez pas peur ! Sachez bien que celui à qui vous ne couperez pas le cou, c'est lui-même qui vous le coupera.

Discours du leader hutu Léon Mugesera prononcé lors d'un meeting à Kabaya le 22 novembre 1992, dans Florent Piton, *Le génocide des Tutsi du Rwanda*, La Découverte, 2018.

1. « Cafard », terme par lequel les extrémistes hutu désignent les Tutsi.

Vidéo Le témoignage d'une survivante du génocide des Tutsi au Rwanda

REPÈRES

Hutu et Tutsi au Rwanda

Le clivage de la société rwandaise entre Tutsi et Hutu est davantage social qu'ethnique : les premiers sont des éleveurs tandis que les seconds sont des agriculteurs. Le colonisateur belge s'est appuyé sur la minorité tutsi au détriment de la majorité hutu, ce qui a accru la séparation et les inégalités entre les deux groupes. En 1959, trois ans avant l'indépendance du pays, des Hutu s'emparent du pouvoir. La discrimination et les violences régulières que subissent les Tutsi culminent avec le génocide. Entre avril et juillet 1994, environ 1 million de personnes sont tuées, dont 43 % de femmes et 35 % d'enfants de moins de 15 ans.

2 **« L'enfer sur Terre »**
Une du magazine américain *Newsweek*, 1er août 1994.

3 **Les miliciens serbes vus par un dessinateur français**
Dessin de Pancho, *Le Monde*, 14 juillet 1995.

REPÈRES

Les peuples de l'ex-Yougoslavie

La Yougoslavie était une fédération de six républiques. Sous un régime socialiste cohabitaient différents peuples slaves (> voir p. 264). La désintégration du bloc soviétique entraîne celle de la Yougoslavie (1991-1995). La guerre entre les différents peuples se traduit par des opérations d'épuration ethnique là où ils sont historiquement mélangés. Celles-ci culminent avec l'assassinat de 8 000 Bosniaques par des miliciens serbes à Srebrenica en juillet 1995 ; crime qualifié de génocide par le Tribunal pénal international. La guerre de Bosnie prend fin en décembre 1995 avec la signature des accords de Dayton.

4 Le nettoyage ethnique en Bosnie-Herzégovine

Les violations massives des droits de l'homme et du droit humanitaire international ne sont pas de simples caractéristiques de la guerre en Bosnie-Herzégovine : la méthode est délibérément appliquée pour créer des zones ethniquement homogènes. Dans son premier rapport, le rapporteur spécial a décrit la diversité des méthodes employées en vue du nettoyage ethnique : remplacement par des extrémistes des élus qui refusent de coopérer à l'application de la politique de nettoyage ethnique, harcèlements, discriminations, passages à tabac, tortures, exécutions sommaires, expulsions, confiscation des biens, licenciements, intimidations, destructions de mosquées, sièges des villes et villages et coupures des vivres et d'autres services dans les agglomérations habitées par des civils. [...]

Le rapporteur spécial tient à souligner que les Croates et les musulmans ne sont pas les seules victimes du nettoyage ethnique : les Serbes qui refusent de coopérer à l'application de cette politique en sont également victimes. Des rapports font état de l'exécution arbitraire de certains d'entre eux : par exemple, trois Serbes auraient été tués à Teslic le 2 juin 1992 pour avoir refusé de coopérer [...] dans les persécutions de musulmans et de Croates. De même, les membres de la famille Neskovic, accusés d'avoir caché des musulmans, ainsi qu'un commandant de la police serbe, ont été tués pour s'être élevés contre les exécutions de musulmans à Bratunac.

Rapport de Tadeusz Mazowiecki, rapporteur spécial de la Commission des droits de l'homme de l'ONU sur la situation en ex-Yougoslavie, 10 février 1993.

Questions

Parcours A Répondre aux questions

1. **Analysez** la manière dont l'auteur de ce discours cherche à convaincre ses auditeurs de s'en prendre aux Tutsi (**doc. 1**).
2. **Expliquez** pourquoi les violences perpétrées contre les Tutsi peuvent être qualifiées de génocidaires (**doc. 1 et 2**).
3. **Décrivez** l'objectif des extrémistes serbes et identifiez les populations auxquelles ils s'en prennent pour l'atteindre (**doc. 3 et 4**).
4. **Décrivez** les méthodes qu'utilisent les extrémistes serbes pour parvenir à leurs fins (**doc. 3 et 4**).
5. À partir des réponses aux questions précédentes, répondez de manière organisée à la problématique.

ou

Parcours B Faire un tableau comparatif

Complétez le tableau suivant à l'aide des documents.

	Guerre en ex-Yougoslavie	Génocide des Tutsi
Dates		
Relations entre les populations du pays		
Les auteurs de violences de masse		
Les populations visées par les violences de masse		
L'objectif des violences de masse		

› **Repères** p. 264, p. 266
› **Dossiers** p. 276, p. 280, p. 282
› **Point de passage** p. 278
› **Biographies** p. 342

Podcast du cours

2. Depuis 2000 : comment organiser un monde multipolaire ?

Depuis le début des années 2000, la puissance américaine est moins hégémonique. Les relations internationales se compliquent, avec la multiplication des conflits asymétriques et l'affirmation de nouvelles puissances.

A L'ordre mondial ébranlé par de nouveaux acteurs

• **Le terrorisme islamiste.** Le 11 septembre 2001, près de 3 000 personnes périssent dans la vague d'attentats perpétrés sur le sol américain par **Al-Qaida**. Ces attaques, retransmises en direct par les télévisions du monde entier, témoignent de la haine qu'éprouvent les **jihadistes** à l'égard de l'Occident. Si tous les **islamistes** ne prônent pas le **terrorisme**, la popularité de leurs idées dans de larges franges du monde musulman prouve que les valeurs occidentales sont loin d'être reconnues comme universelles.

POINT DE PASSAGE Le 11 septembre 2001 › p. 278

• **Des conflits asymétriques.** La difficulté des États-Unis à se prémunir du terrorisme et à assumer efficacement leur rôle de « gendarme du monde » s'explique principalement par la nature asymétrique des conflits contemporains. En effet, ceux-ci opposent rarement deux armées régulières clairement identifiées, comme lors de la guerre du Golfe. Le plus souvent, des troupes régulières font face à des **combattants irréguliers**, qui ne se battent pas au nom d'un État et se fondent parmi les populations civiles. D'où l'incapacité de l'armée américaine à stabiliser l'Afghanistan, occupé en 2001 en représailles aux attentats du 11 septembre, ou l'Irak, envahi en 2003 au prétexte d'y instaurer la démocratie et d'y neutraliser de prétendues armes de destruction massive. C'est en Irak en 2006 que plusieurs groupes islamistes forment Daesh : le mouvement apparaît au grand jour en 2013 quand il rompt avec Al-Qaida et s'étend aussi en Syrie.

B Le rééquilibrage des puissances

• **De nouveaux venus dans la cour des Grands.** Portés par leur prospérité économique, la Chine, l'Inde et le Brésil s'affirment dans les années 2000 comme des **puissances émergentes**. Elles contestent la prétention des États-Unis et de leurs alliés occidentaux à régir le monde. La Chine notamment, tout en ayant adopté le libéralisme économique, n'entend pas appliquer les principes du libéralisme politique défendus par les Occidentaux. Fort de sa réussite économique, Pékin investit massivement dans la modernisation de son armée et cherche à imposer sa domination sur l'ensemble de l'Asie-Pacifique. L'Inde et le Brésil réclament un siège permanent au Conseil de sécurité de l'ONU.

• **Le retour de la Russie.** Puissance ré-émergente, héritière de l'ancienne URSS, la Russie de Vladimir Poutine tire profit dans les années 2000 de l'envolée du cours des matières premières dont regorge son vaste territoire. Elle accuse les Occidentaux de chercher à l'encercler en étendant l'UE et l'OTAN

Vocabulaire

◆ **Al-Qaida :** « la base » en arabe, nom du mouvement islamiste fondé en 1987 en Afghanistan par Oussama Ben Laden et devenu un réseau terroriste international à partir de 1998.

◆ **BRICS :** acronyme désignant les principales puissances émergentes : Brésil, Russie, Inde, Chine et Afrique du Sud.

◆ **Combattants irréguliers :** combattants n'appartenant pas à une armée nationale et ne portant pas d'uniforme.

◆ **Daesh :** acronyme pour « État islamique en Irak et au Levant », mouvement jiihadiste sunnite qui proclame en 2013 l'instauration d'un État islamique au Proche-Orient.

◆ **Gouvernance mondiale :** mode de gestion des affaires mondiales faisant appel à tous les acteurs : États, organisations interétatiques (ONU, OMC...), ONG.

◆ **Islamisme :** idéologie politique qui propose de fonder l'organisation de l'ensemble de la société et de l'État sur des préceptes tirés de textes religieux islamiques, en particulier du Coran.

◆ **Jihadisme :** courant violent de l'islamisme prônant le *jihad* au sens d'une guerre sainte menée à la fois contre l'Occident et contre les musulmans qui ne partagent pas ses convictions.

vers l'est. Elle dénonce plus généralement l'ordre mondial américain, n'hésitant pas pour ce faire à recourir à la force en annexant la Crimée au détriment de l'Ukraine en 2014, ou en intervenant en Syrie pour soutenir son allié Bachar al-Asad à partir de 2015.

- **Des intérêts divergents.** Depuis 2009, les dirigeants des **BRICS** se réunissent à intervalles réguliers pour tenter de coordonner leurs actions et ainsi de peser face aux puissances occidentales. Mais les divergences, voire les rivalités entre eux sont très fortes. La Russie qui souffre d'une démographie atone craint l'expansionnisme de son voisin chinois très peuplé. L'Inde et la Chine sont de longue date en lutte pour la suprématie en Asie.

C Coopérer ou s'affronter ?

- **Des enjeux globaux.** Nombre des problèmes que la mondialisation tend à accroître comme les crises environnementales, migratoires, sanitaires ou économiques, ne peuvent être réglés à l'échelle nationale. C'est pourquoi, malgré leurs rivalités, les États sont poussés à coopérer les uns avec les autres. À défaut d'un utopique gouvernement mondial, une « **gouvernance mondiale** » se renforce ainsi progressivement.

- **Des coopérations limitées.** L'accord de Paris de 2015 contre le dérèglement climatique a été salué comme un exemple de coopération internationale. Mais les États-Unis, soucieux de défendre leurs industries, ont annoncé en 2017 leur intention de s'en retirer, tandis que les pays en développement refusent de subir des limitations que les pays occidentaux n'ont pas connues lors de leur industrialisation. Instituée en 2002 pour juger les coupables de crimes de guerre et de crimes contre l'humanité, la Cour pénale internationale (CPI) demeure également imparfaite : seuls 123 des 193 États membres de l'ONU reconnaissent son autorité. C'est le cas de l'ensemble des membres de l'UE, mais pas des États-Unis, ni de la Chine ou de la Russie.

- **Le retour des affrontements entre grandes puissances ?** L'intervention de la Russie en Ukraine en 2014 et les ingérences dont elle est accusée dans l'élection présidentielle américaine de 2016 font craindre à certains un retour de la guerre froide. Pour d'autres, le principal danger serait plutôt que les États-Unis tombent dans le « piège de Thucydide » (voir ci-contre) et déclenchent une guerre contre la Chine dont la montée en puissance fragilise leur position dominante.

Chine et États-Unis : le rapport de forces

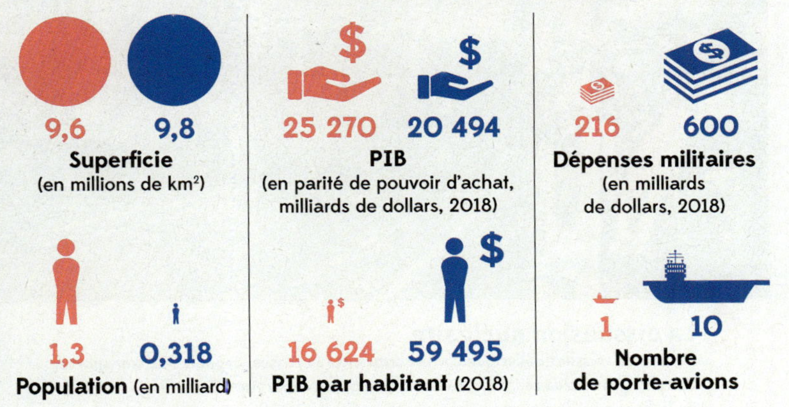

Vocabulaire

◆ **Puissance émergente :** pays en développement dont la croissance économique rapide s'explique par la bonne intégration dans les échanges commerciaux mondiaux et ayant une capacité d'influence en termes économiques, culturels et diplomatiques.

◆ **Terrorisme :** mode d'action violente qui consiste à susciter la terreur chez l'adversaire en s'en prenant aux populations civiles.

L'HISTOIRE EN DÉBAT

Le « piège de Thucydide »

Dans *Vers à la guerre*, son livre à succès paru en 2017, Graham Allison, professeur de sciences politiques à Harvard, affirme que la montée en puissance de la Chine a de fortes chances de déboucher sur une confrontation armée avec les États-Unis, en vertu de ce qu'il appelle le « piège de Thucydide ». Historien grec du Vᵉ siècle avant J.-C., Thucydide a raconté la guerre entre Sparte, puissance dominante, et Athènes, puissance émergente. L'expression « piège de Thucydide » désigne une situation dans laquelle une puissance, menacée d'être déchue par une puissance rivale, est tentée de déclencher la guerre tant qu'elle est encore en position de force pour la remporter.

Réviser son cours

1. Comment l'ordre mondial est-il ébranlé à partir des années 2000 ?
2. Qu'est-ce qu'un monde multipolaire ?
3. Pourquoi les grandes puissances sont-elles à la fois contraintes et réticentes à coopérer ?

> Cours p. 274

Les multiples visages de la conflictualité

Les guerres « classiques », opposant les armées de plusieurs États, ne sont plus aujourd'hui qu'une forme de conflictualité parmi beaucoup d'autres. Le monde actuel connaît surtout des conflits asymétriques, comme le terrorisme, et des guerres civiles.

>> Quelles sont les nouvelles formes de conflits contemporains ?

1 La guerre asymétrique

L'asymétrie est le privilège du faible, qui cherche à vaincre le plus puissant en contournant les moyens qui assurent sa supériorité. [...] Face aux puissances qui ne peuvent outrepasser un ensemble de règles morales et d'engagements internationaux qu'elles ont cautionnés et qui, d'une certaine manière, interdisent certaines pratiques, les États faibles et, plus encore, les groupes armés non étatiques bénéficient d'une plus grande liberté d'action. Ce qui n'est pas permis aux démocraties l'est aux dictatures, et ce que ne peuvent faire des forces armées organisées, des groupes dispersés se le permettent sans états d'âme. Cette marge de manœuvre du faible, plus ou moins importante, définit la faille dans laquelle il peut déployer sa stratégie de contournement. Cette stratégie qui s'appuie sur une multitude de tactiques consiste à empêcher le fort de pouvoir faire usage de sa puissance, ou à rendre cette dernière inefficace. L'utilisation systématique de leurres, la guerre en milieu urbain, les attaques par surprise ou l'impossible identification de forces armées (en semant par exemple la confusion entre militaires et civils) sont autant de techniques de guerre asymétrique qui permettent au faible d'optimiser ses chances de succès à la fois en semant la confusion chez le fort et en réduisant au maximum les capacités de riposte de ce dernier.

Barthélémy Courmont, « Guerre asymétrique », dans Benoît Durieux, Jean-Baptiste Jangène Vilmer et Frédéric Ramel (dir.), *Dictionnaire de la guerre et de la paix*, PUF, 2017.

2 La guerre civile au Libéria

Combats entre partisans du Front patriotique du Libéria (FPL) et du Mouvement uni de libération du Libéria pour la démocratie (ULIMO) dans les rues de Monrovia (Libéria), avril 1996.

3 La dissuasion nucléaire

Parade de missiles balistiques intercontinentaux russes, capables de transporter des charges nucléaires, à l'occasion d'une commémoration de la fin de la Seconde Guerre mondiale, Moscou, 9 mai 2008.

4 Le drone et le kamikaze : deux façons de faire la guerre

Alors que le kamikaze implique la fusion complète du corps du combattant avec son arme, le drone assure leur séparation radicale. Kamikaze : mon corps est une arme. Drone : mon arme est sans corps. Le premier implique la mort de l'agent. Le second l'exclut de façon absolue. Les kamikazes sont des hommes de la mort certaine. Les pilotes de drones sont des hommes de la mort impossible. En ce sens, ils représentent deux pôles opposés du spectre de l'exposition à la mort. Entre les deux, il y a les combattants classiques, les hommes de la mort risquée. On parle de « *suicide bombing* », d'« attentat suicide », mais quel serait l'antonyme ? Il n'existe pas d'expression spécifique pour désigner ceux qui peuvent tuer par explosion sans jamais exposer leur vie. Non seulement il ne leur est pas nécessaire de mourir pour tuer, mais, surtout, il leur est impossible d'être tués en tuant. Ce qui est en jeu, dans cette différence, du moins telle qu'elle apparaît en surface, c'est une certaine conception du rapport à la mort, à la sienne et à celle d'autrui, au sacrifice ou à la préservation de soi, au danger et au courage, à la vulnérabilité et à la destructivité. Deux économies politiques et affectives du rapport à la mort, celle que l'on donne et celle à laquelle on s'expose. Au sacrifice, incompréhensible et ignoble, que l'on interprète immédiatement comme un mépris de la vie sans s'aviser qu'il implique peut-être plutôt d'abord un mépris de la mort, on oppose une éthique de l'amour de la vie dont le drone est sans doute l'expression la plus achevée. Mais c'est bien nos vies et non la vie en général que nous chérissons.

Grégoire Chamayou, *Théorie du drone*, La Fabrique, 2013.

5 Le terrorisme frappe la France

Daech a revendiqué les attentats terroristes commis par trois commandos dans Paris le 13 novembre 2015 (130 morts).

Une du quotidien *Le Figaro*, 15 novembre 2015.

Questions

Parcours A Répondre aux questions

1. **Décrivez** la tenue et l'équipement des différents combattants présents sur cette photographie. **Montrez** qu'ils n'ont pas tous le même statut bien qu'ils semblent combattre ensemble (**doc. 2**).
2. **Expliquez** pourquoi, dans un conflit asymétrique, la puissance du fort peut devenir une faiblesse (**doc. 1**).
3. **Expliquez** en quoi le terrorisme et les drones sont des armes typiques d'un conflit asymétrique (**doc. 1, 4 et 5**).
4. **Identifiez** l'objectif poursuivi par la Russie en exhibant ce genre d'armes. (**doc. 3**).
5. À partir des réponses aux questions précédentes, répondez de manière organisée à la problématique.

ou

Parcours B Travailler l'oral

Préparez une présentation orale de 5 minutes pour répondre à la problématique. Employez un vocabulaire riche et précis. Cherchez des synonymes aux verbes suivants : voir, faire, être, mettre, avoir et dire.

POINT DE PASSAGE

> Cours p. 274

Le 11 septembre 2001

>> En quoi les attentats du 11 septembre 2001 témoignent-ils des mutations contemporaines de la conflictualité ?

CONTEXTE

- Le 11 septembre 2001, quatre avions de ligne sont détournés par des jihadistes d'Al-Qaida. Deux d'entre eux percutent les tours jumelles du *World Trade Center* (New York). Un troisième s'écrase sur le Pentagone, siège du ministère américain de la Défense, dans les environs de Washington. Un quatrième, qui visait peut-être la Maison-Blanche, s'écrase dans un champ en Pennsylvanie suite à la rébellion de ses passagers. L'ensemble des attaques, commises par 19 terroristes, fait 2 977 victimes.
- En représailles, le président George W. Bush lance en octobre 2001 une opération militaire en Afghanistan, avec l'accord de l'ONU et le concours de l'OTAN, pour chasser du pouvoir les islamistes qui ont soutenu Al-Qaida. En 2003, contre l'avis de l'ONU, il décide d'envahir l'Irak qu'il accuse, sans guère convaincre, de soutenir le terrorisme islamiste et de détenir des armes de destruction massive.

Vidéo — Les attentats du 11 septembre 2001

1 L'attaque contre le *World Trade Center*
Effondrement de l'une des deux tours jumelles, 11 septembre 2001.

Les lieux de l'histoire

2 Un pays sous le choc

Aujourd'hui, nos concitoyens, notre mode de vie, notre liberté même ont été attaqués dans une série d'actes terroristes meurtriers. Les victimes étaient dans des avions ou dans leur bureau : secrétaires, hommes et femmes d'affaires, militaires et officiers, pères et mères, amis et voisins. Des milliers des vies ont soudain été fauchés par des actes de terreur maléfiques et méprisables. Les images des avions s'écrasant dans des bâtiments, des incendies, d'énormes structures s'effondrant nous ont remplis d'incrédulité, d'une tristesse terrible et d'une colère silencieuse mais inébranlable. Ces actes meurtriers ont été planifiés pour précipiter notre nation dans le chaos et le repli. Mais ils ont échoué. Notre pays est fort. Un grand nombre de personnes s'est mobilisé pour défendre notre grande nation. Les attaques terroristes peuvent secouer les fondations de nos plus hauts immeubles, mais elles ne peuvent pas ébranler les fondements de l'Amérique. Ces actes brisent l'acier, mais ils ne peuvent pas entamer la détermination américaine. L'Amérique a été visée parce que nous sommes le phare de la liberté et de la réussite dans le monde. Et personne n'empêchera cette lumière de briller.

L'enquête est en cours pour retrouver ceux qui sont derrière ces actes maléfiques. J'ai donné l'ordre que toutes nos ressources en matière de renseignement et de police s'attellent à retrouver les responsables et à les traduire en justice. Nous ne ferons aucune distinction entre les terroristes qui ont perpétré ces actions et ceux qui les hébergent.

George W. Bush, allocution télévisée, 11 septembre 2001.

Biographies

Oussama Ben Laden
(1957-2011)
Chef du réseau terroriste Al-Qaida. Il est responsable des attentats du 11 septembre 2001 commis aux États-Unis, qu'il a revendiqués à plusieurs reprises.

George W. Bush
(né en 1946)
Homme d'État américain, 43e président des États-Unis, en fonction du 20 janvier 2001 au 20 janvier 2009.

3 Vers une riposte musclée

Dessin de Plantu paru dans *Le Monde* le 16 septembre 2001.

- 14 sept. 2001 — **Le Sénat autorise** le président G. W. Bush à **recourir à la force** contre le terrorisme.
- 20 sept. 2001 — **Les États-Unis exigent** du gouvernement afghan (régime des talibans) **l'extradition de Ben Laden** et invitent tous les pays à rejoindre la guerre contre le terrorisme.
- 7 oct. 2001 — **1res frappes américaines et britanniques en Afghanistan** (opération « Liberté immuable »).
- 25 oct. 2001 — Le Congrès adopte le ***Patriot Act***, loi d'urgence anti-terroriste.
- 13 nov. 2001 — **Les forces afghanes alliées aux États-Unis chassent les talibans** de Kaboul.

4 Al-Qaida revendique les attentats

En ce mardi béni, 23 Joumada al-Tani 1422, correspondant au 11 septembre 2001 [...], le pays de l'Oncle Sam s'enfonçait dans le péché, se repaissait de despotisme, grimaçant envers le monde, allant son chemin, insouciant et joyeux, persuadé d'être intouchable, alors advint la catastrophe. [...]

Grâce aux avions de l'ennemi, [les terroristes] menèrent une opération hardie et belle, sans précédent dans l'histoire de l'humanité, et ainsi abattirent les deux totems de l'Amérique. Ils frappèrent le ministère de la Défense en plein cœur, ils frappèrent l'économie américaine en plein front, ils mirent le nez de l'Amérique dans la poussière et plongèrent dans la boue son arrogance. Ainsi se sont écroulées les tours jumelles de New York, en entraînant dans leur chute ce qui était bien plus haut et plus énorme qu'elles. Le mythe de la Grande Amérique s'est écroulé ! Le mythe de la démocratie s'est écroulé ! Les gens se sont rendu compte que les valeurs de l'Amérique sont fausses ! Le mythe de la terre de la liberté s'est effondré ! Le mythe de la sécurité nationale américaine s'est effondré ! Le mythe de la CIA s'est écroulé, grâces en soient rendus à Dieu.

Oussama Ben Laden, *Recommandations tactiques*, texte rédigé sans doute en décembre 2002, dans Gilles Kepel, Jean-Pierre Milelli (dir.), *Al-Qaida dans le texte*, PUF, 2008.

Questions

1. **Expliquez** pourquoi les attentats du 11 septembre ont constitué un traumatisme pour la société américaine et le reste du monde (**doc. 1 et 2**).
2. **Analysez** la manière dont Al-Qaida justifie les attentats (**doc. 4**).
3. **Décrivez** et **analysez** ce dessin afin d'expliquer la manière dont les États-Unis ont répondu à ces attaques (**doc. 3**).
4. **Justifiez** la qualification de « conflit asymétrique » pour les attentats du 11 septembre (**doc. 3 et 4**).
5. À partir des réponses aux questions précédentes, répondez de manière organisée à la problématique.

Les lieux de l'histoire

Vous êtes guide touristique à New York. En 10 minutes, vous devez expliquer pourquoi les tours jumelles ont été visées lors des attentats du 11 septembre 2001 et les conséquences de cet événement. Vous présentez également le lieu aujourd'hui à l'aide de recherches complémentaires.

Aide

> Cours p. 274

Vidéo
L'ONU : quel est son rôle ?

À quoi sert l'ONU ?

Paralysée durant la guerre froide par le droit de veto des grandes puissances, l'ONU a semblé retrouver sa liberté d'action depuis 1989. Mais les espoirs de renouveau ont rapidement cédé la place à de multiples critiques.

>> Comment l'ONU pourrait-elle remplir ses missions d'une manière plus efficace ?

1 L'action du Haut-Commissariat des Nations unies pour les réfugiés

Vue du camp de réfugiés de al-Hol, accueillant des populations irakiennes fuyant les combats à Mossoul, Syrie, 2016.

2 L'efficacité des casques bleus en question

Piètres soldats, souvent jugés inefficaces sur le terrain, mal formés, peu disciplinés, les casques bleus traînent souvent une sale réputation, dans les pays où ils sont postés. À qui la faute ? [...] L'organisation a beau établir des règles, interdire formellement tout rapport sexuel avec des mineurs, l'octroi d'argent, de biens ou de services contre des faveurs sexuelles, elle n'est pas en mesure de les faire respecter. [...] C'est aux pays fournisseurs de ces bataillons de le faire. [...] Or dans la grande majorité des cas, il s'agit de pays pauvres, qui trouvent dans ces missions de casques bleus un moyen de financer leur propre armée. Le prix payé par soldat déployé est de 1 028 dollars par mois. Une somme colossale dans des pays tels que le Bangladesh, le Pakistan, l'Inde, l'Éthiopie, le Nigéria et le Rwanda, qui envoient le gros des bataillons sur le terrain. Des pays où la solde d'un soldat ne dépasse guère les 100 dollars par mois et encore, quand elle est payée.

Natacha Tatu, « Casques bleus en Centrafrique : le scandale de trop », *L'Obs*, 25 janvier 2015.

3 L'ONU et la crise climatique

Aujourd'hui je lance un appel aux responsables politiques, aux dirigeants d'entreprises, aux scientifiques et au grand public. Nous avons les outils pour rendre nos actions efficaces. Ce qui nous manque encore, même après l'accord de Paris[1], c'est le leadership et l'ambition de faire ce qui est nécessaire. Ce qui rend cela encore plus inquiétant, c'est que nous avons été prévenus. Les scientifiques nous le disent depuis des décennies, encore et encore. Trop de dirigeants refusent d'écouter. Beaucoup trop peu ont agi avec la vision exigée par la science. Nous voyons les résultats. Dans certaines situations, ils sont proches des pires scénarios des scientifiques. Les pays les plus riches du monde sont les premiers responsables de la crise climatique. Pourtant, les pays les plus pauvres et les populations et les communautés les plus vulnérables en ressentent les effets les plus graves. [...] Utilisons l'année qui vient pour des décisions cruciales dans les conseils d'administration, les lieux de décision et les parlements du monde entier. Construisons des coalitions et obtenons de nos dirigeants qu'ils nous écoutent. Il n'y a plus de temps à perdre.

Discours prononcé par António Guterres, le secrétaire général de l'ONU, à New York le 10 septembre 2018.

1. Voir Cours 2, p. 275.

4 Contribution des États aux opérations de maintien de la paix (OMP)

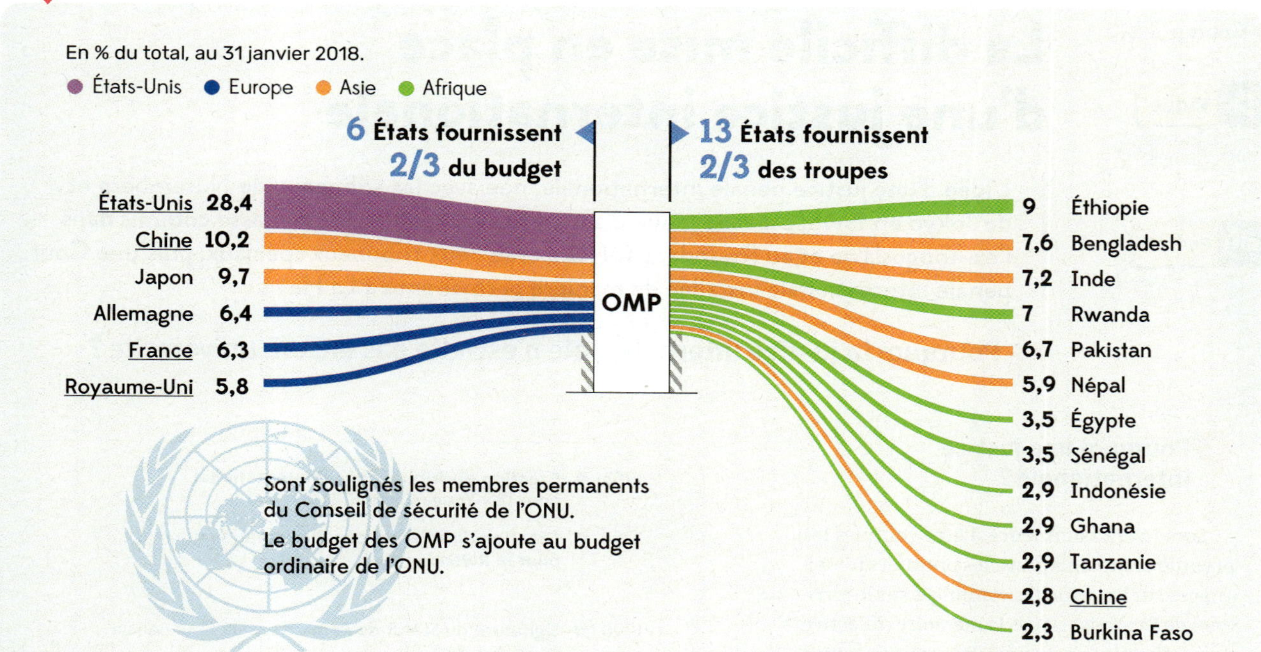

Source : Atelier de cartographie de Sciences-Po, 2018.

5 Réformer le Conseil de sécurité

Le Ghanéen Kofi Annan (1938-2018) a été secrétaire général de l'ONU de 1996 à 2007.

Le nœud du problème au sommet de la structure de pouvoir de l'ONU, c'est la composition du Conseil de sécurité. Nous avons aujourd'hui cinq membres permanents ayant un droit de veto – les États-Unis, la Grande-Bretagne, la Russie, la France et la Chine –, ce qui se fonde essentiellement sur la réalité géopolitique qui existait à la fin de la Seconde Guerre mondiale. Les dix autres membres non permanents sont élus par l'assemblée générale pour deux ans, sur la base de la représentation géographique. Cette situation est intolérable aux yeux de certains et injustifiable pour presque tous. Le Japon et l'Allemagne acquittent les deuxième et troisième plus importantes contributions à l'ONU, mais n'ont pas de siège fixe à sa plus importante table. L'Inde a la deuxième population mondiale, mais pas de siège. Il n'y a pas de membre permanent d'Afrique ou d'Amérique latine. Pour que le Conseil de sécurité ait une légitimité au XXIe siècle, il doit non seulement être efficace, mais aussi représentatif. Or, dans le passé, il n'a souvent été ni l'un ni l'autre. Quels que soient les défis de l'action collective, il est évident que le pouvoir économique et politique dans le monde s'est déplacé. Pourquoi des puissances régionales émergentes accepteraient-elles des structures dans lesquelles elles jouissent d'un statut de deuxième classe ?

Kofi Annan, *Interventions*,
trad. de l'anglais par Jean-Luc Fidel, Odile Jacob, 2013..

Questions

Parcours A **Répondre aux questions**

1. **Recensez** et **expliquez** les différentes actions menées par l'ONU (**doc. 1 à 4**).
2. **Identifiez** et **caractérisez** les pays qui financent le plus les OMP et ceux qui leur fournissent le plus de soldats. **Expliquez**-en les raisons (**doc. 2 et 4**).
3. **Analysez** les points faibles de l'ONU (**doc. 2, 3 et 5**).
4. **Identifiez** les réformes qui pourraient répondre aux critiques et améliorer l'efficacité de l'ONU (**doc. 2, 3 et 5**).
5. À partir des réponses aux questions précédentes, répondez de manière organisée à la problématique.

ou

Parcours B **Rédiger un plaidoyer**

Rédigez la réponse que pourrait adresser le secrétaire général de l'ONU à une personne reprochant à l'organisation son inefficacité. Commencez par dresser la liste des faiblesses de l'ONU et en expliquer les raisons. Puis évoquez les réformes envisageables pour y remédier.

› Cours p. 274

Vidéo
La Cour pénale internationale

Podcast
La justice internationale en question

La difficile mise en place d'une justice internationale

L'idée d'une justice pénale internationale, née avec les tribunaux de Nuremberg et de Tokyo en 1945, est redevenue d'actualité avec les crimes de masse commis dans l'ex-Yougoslavie et au Rwanda. L'ONU a créé deux tribunaux spéciaux, puis une Cour pénale internationale installée de manière permanente à La Haye.

» Pourquoi la justice internationale n'est-elle pas encore universelle ?

1 Pourquoi une justice internationale ?

Lorsqu'ont commencé à être connues les premières informations, les premiers témoignages sur les atrocités commises sur le territoire de l'ex-Yougoslavie, la mémoire collective de nos peuples a retrouvé l'horreur de temps que l'on croyait révolus. Mais l'histoire est porteuse de leçons. Les conditions ont changé depuis la Deuxième Guerre mondiale : les Nations unies ont désormais la charge d'assurer le maintien et le rétablissement de la paix et de la sécurité internationale. [...] Les exactions qui ont été perpétrées de toutes parts dans le conflit yougoslave ont créé une situation intolérable qui attise ce conflit et constitue par là même une menace à la paix et à la sécurité internationale. Poursuivre les responsables, c'est répondre à une exigence de justice vis-à-vis des victimes et vis-à-vis de la société internationale. Poursuivre les responsables, c'est aussi envoyer à ceux qui continuent à se livrer à ces crimes un message clair : ils auront à répondre de leurs actes. Poursuivre les responsables, c'est enfin, pour les Nations unies et notamment pour le Conseil de sécurité, remplir le mandat qui est le leur de maintenir et de rétablir la paix.

Intervention du représentant français à l'ONU suite à l'adoption de la résolution 808 instaurant le TPIY, New York, 22 février 1993.

- 1993 **Création du Tribunal pénal international pour l'ex-Yougoslavie** (TPIY).
- 1994 **Création du Tribunal pénal international pour le Rwanda** (TPIR).
- 1998 **Signature du Statut de Rome** créant la Cour pénale internationale (CPI).
- 2002 **Entrée en vigueur de la CPI** après la ratification du Statut de Rome par 60 États.

2 L'heure des comptes

Arrêté en 2001, Slobodan Milošević est jugé à partir de 2002 par le TPIY pour crimes contre l'humanité dans l'ex-Yougoslavie. Il meurt dans sa cellule en 2006.

L'arrestation de Slobodan Milošević vue par Plantu, *Le Monde*, 2001.

3 La CPI : une cour de justice universelle ?

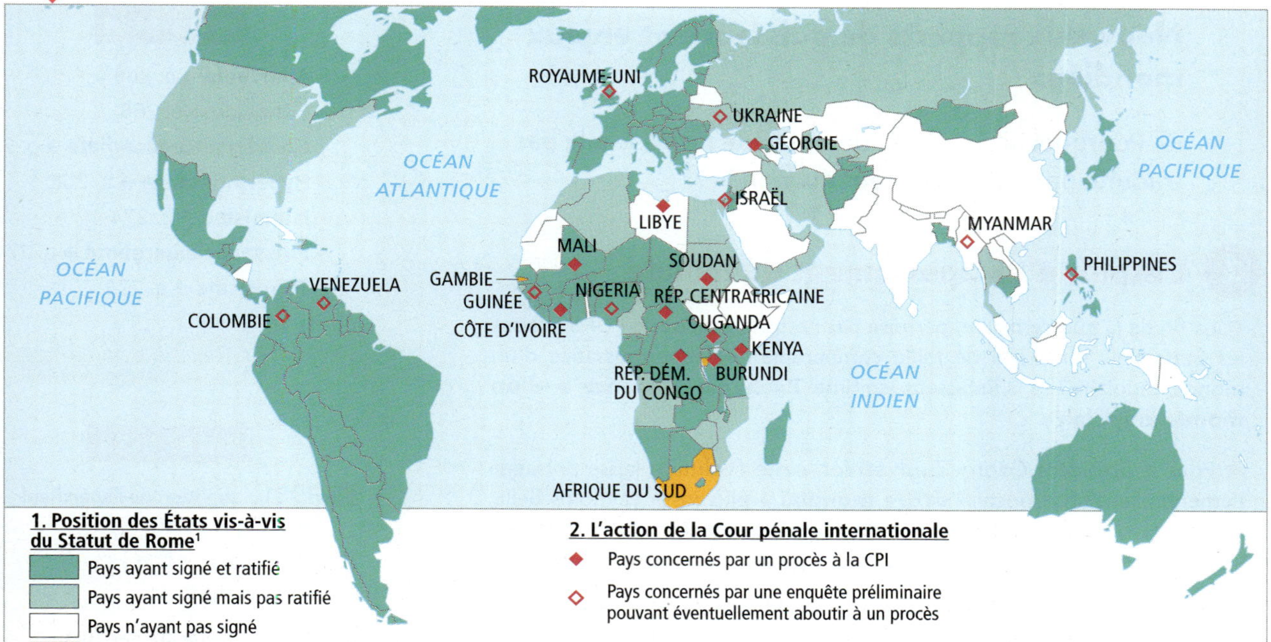

1. Traité créant la CPI en 1998. Pour que la CPI entre en fonction, le traité devait être ratifié par 60 États, ce qui est fait en 2002.

REPÈRES

Signature et ratification

L'adoption par un État d'un traité international se fait en deux temps. D'abord la **signature**, qui manifeste une volonté d'adhésion mais n'est pas contraignante, ensuite la **ratification** (qui selon les pays peut être décidée par le chef d'État, votée par le Parlement ou directement par les citoyens) qui seule est juridiquement contraignante.

4 L'Union africaine en froid avec la CPI

En mars 2009, pour la première fois de son histoire, la CPI émet un mandat d'arrêt contre un chef d'État en exercice, le président soudanais Omar el-Béchir. Cette inculpation suscite la colère de l'Union africaine[1].

La position africaine est bien connue. Nous sommes pour la lutte contre l'impunité. Nous ne sommes pas pour l'impunité. [...] Nous ne sommes même pas contre la Cour pénale internationale puisque 32 pays africains en sont membres. Si donc nous quittons la Cour, la Cour tombe. Nous ne sommes ni contre la justice, ni contre la Cour. Nous sommes contre la manière dont la justice est rendue puisque le procureur [...] ne juge et ne condamne que des Africains. Est-ce que cela veut dire que rien ne se passe ailleurs dans le monde ? Est-ce que cela veut dire qu'au Pakistan, en Afghanistan, à Gaza, en Tchétchénie, il n'y a rien ? Il n'y a qu'en Afrique qu'il y a des problèmes ? Pourquoi n'y a-t-il personne d'autre de jugé que des Africains ? C'est la question que l'on se pose.

Jean Ping, président de la Commission de l'Union africaine, propos tenu lors d'une conférence de presse en mars 2009.

1. Organisation créée en 1963, pour organiser la coopération entre tous les États africains.

Questions

Parcours A

Répondre aux questions

1. **Identifiez** les raisons qui ont motivé le développement d'une justice internationale (**doc. 1 et 2**).
2. **Montrez** quels sont les champs d'action de la CPI (**doc. 2 et 3**).
3. **Montrez** que la CPI n'est pas une juridiction universelle (**doc. 3**).
4. **Expliquez** les reproches adressés par l'UA à la CPI (**doc. 4**).
5. À partir des réponses aux questions précédentes, répondez de manière organisée à la problématique.

ou

Parcours B **Rédiger un plaidoyer**

Imaginez la réponse que pourrait adresser aujourd'hui un représentant de la CPI à la déclaration du président de l'Union africaine (**doc. 4**).
Vous pointerez les limites effectives auxquelles se heurte la CPI tout en démontrant que ces imperfections ne la rendent pas pour autant inefficace ou inutile.

SYNTHÈSE

EXO Exercices interactifs — Podcast de la synthèse

Nouveaux rapports de puissance et enjeux mondiaux

Pourquoi la fin de la guerre froide ne s'est-elle pas traduite par un apaisement du monde ?

1 L'espoir d'un apaisement du monde

- La fin de la guerre froide, permise par l'effondrement de l'URSS, laisse les États-Unis sans rival de taille comparable. De superpuissance d'un monde bipolaire, ils s'imposent comme **l'« hyperpuissance » d'un monde unipolaire**.

- Pour le président George Bush senior, cette évolution laisse présager l'émergence d'un « **nouvel ordre mondial** » plus juste et moins belliqueux. Désormais, c'est le **respect du droit international** et non le seul rapport de force entre puissances qui doit régir les relations internationales.

- L'**ONU**, dont le fonctionnement avait été bloqué dès sa création par le droit de veto dont disposaient les deux Grands, peut enfin jouer pleinement son rôle. En 1991, elle est à l'origine de la coalition internationale qui libère le Koweït de l'occupation irakienne sous la conduite des États-Unis.

- La fin de l'affrontement bipolaire facilite les **progrès de la démocratisation** dans le monde. Tour à tour, les anciennes républiques socialistes est-européennes, les dictatures conservatrices latino-américaines et le régime d'apartheid sud-africain s'effondrent.

2 Gouverner un monde instable

- Mais les espoirs d'un monde apaisé par la fin de la rivalité entre les deux Grands sont vite contredits. L'**essor des revendications identitaires, ethniques ou religieuses** débouche par endroits sur des violences de masse à caractère génocidaire (Rwanda en 1994, Yougoslavie en 1995). Il se traduit aussi par le **développement de l'islamisme** dont certains adeptes recourent au **terrorisme** (attentats du 11 septembre 2001).

- Confrontées à des **guerres de plus en plus souvent civiles et/ou asymétriques**, dans lesquelles s'entrecroisent les intérêts d'acteurs multiples et parfois mal identifiés, l'ONU et les grandes puissances ont du mal à imposer leurs solutions.

- Les rapports de force internationaux sont bouleversés par l'**émergence de nouvelles puissances** (Inde, Chine, Brésil) et la réémergence d'autres (Russie). Loin d'assister à l'avènement d'un monde unipolaire comme on l'avait pensé au début des années 1990, c'est bien plutôt un **monde multipolaire** qui émerge, les États-Unis ne pouvant ni ne souhaitant gérer seuls les affaires du monde.

- Cette multiplication des puissances rend d'autant plus nécessaire leur coopération, notamment pour affronter des défis globaux comme la crise climatique. Mais le rêve d'une **gouvernance mondiale** se heurte à la réalité des ambitions contradictoires des grandes puissances.

MOTS-CLÉS

- **Apartheid** → p. 268
- **Génocide** → p. 268
- **Gouvernance mondiale** → p. 274
- **Hyperpuissance** → p. 268
- **Islamisme** → p. 274
- **Puissance émergente** → p. 274
- **Terrorisme** → p. 274

DATES CLÉS

- **1991 :** abolition de l'apartheid en Afrique du Sud.
- **Décembre 1991 :** fin de l'URSS.
- **1994 :** génocide des Tutsi au Rwanda.
- **1991-1996 :** guerre en Yougoslavie.
- **11 septembre 2001 :** attentats aux États-Unis.

Biographies

George H. W. Bush (Senior)
(1924-2018)
Président des États-Unis de 1989 à 1993.

Nelson Mandela
(1918-2013)
Militant anti-apartheid, président sud-africain de 1994 à 1999.

Oussama Ben Laden
(1957-2011)
Chef du réseau terroriste Al-Qaida.

George W. Bush (Junior)
(né en 1946)
Président des États-Unis de 2001 à 2009.

> Biographies p. 342

SCHÉMA DE SYNTHÈSE

Schéma interactif

NOUVEAUX RAPPORTS DE PUISSANCE ET ENJEUX MONDIAUX

Fin de la bipolarité
1989-1991

PACIFICATION ET APAISEMENT

Déblocage de l'ONU
- Condamnation de l'invasion du Koweït par l'Irak (1990, première guerre du Golfe en 1991)

Progrès de la démocratie
- Fin des dictatures en Amérique latine et en Europe de l'Est
- Fin de l'apartheid en Afrique du sud (1991)

Progrès de la justice internationale (CPI)

Progrès de la gouvernance mondiale

Progrès du multilatéralisme
- OMC
- G20
- Accord de Paris sur le climat

Tendance à l'unipolarité

années 1990

Hyperpuissance états unienne

Vers un monde multipolaire ?

années 2000-2010

Émergence de nouvelles puissances (Inde, Chine...)

FRAGMENTATION ET AFFRONTEMENT

Essor des revendications identitaires
- Islamisme
- Épuration ethnique (Yougoslavie) et génocide (Rwanda)

Contestation de l'hégémonie états-unienne
- Anti-américanisme
- Attentats du 11 septembre 2001

Rivalités des puissances

Risque de prolifération nucléaire

Unilatéralisme
- Invasion de l'Irak par les États-Unis (2003)
- Invasion de l'Ukraine par la Russie (2014)

POUR ALLER PLUS LOIN

À lire

- Don DeLillo, ***L'homme qui tombe***, Actes Sud, 2008.
Un roman sur les difficultés d'un survivant du 11 septembre à surmonter l'épreuve subie.
- Nelson Mandela, ***Un long chemin vers la liberté***, Le Livre de poche, 1996.
L'autobiographie du militant anti-apartheid.
- Amaël Cattaruzza, ***Atlas des guerres et conflits. Un tour du monde géopolitique***, Autrement, 2017.
Un panorama de la conflictualité dans le monde contemporain.

À voir

- Clint Eastwood, ***Invictus***, 2009.
La fin de l'apartheid en Afrique du Sud au prisme de l'équipe nationale de rugby.

- Oliver Stone, ***World Trade Center***, 2006.
Les attentats du 11 septembre à New York.

À consulter

- De nombreux documents sur les attentats du 11 septembre 2001 : **http://911digitalarchive.org/**

ÉTAPE 1 Analyser le sujet

Sont-ils de nature différente ou similaire ?
Dans quel contexte ont-ils été produits ?
Quelle est l'idée générale qui s'en dégage ?

En quoi ces interprétations se rejoignent-elles ?
En quoi diffèrent-elles ?

Après avoir présenté les deux documents, vous analyserez leur interprétation des conséquences de la fin de la guerre froide sur les relations internationales.

Comment s'organisaient les relations internationales pendant la guerre froide ?
En quoi changent-elles après celle-ci ?

1 Le « monde nouveau » vu par un ancien président français

Le monde de la guerre froide fut certes dangereux, mais essentiellement stable et prévisible. Le terrain stratégique était bien balisé : nous étions confrontés à des menaces lourdes, lentes et à des acteurs clairement identifiés. Après la chute du mur de Berlin, et malgré une brève période d'euphorie pendant laquelle certains ont cru pouvoir oublier la dimension souvent tragique de l'Histoire, il est vite apparu que ce « nouveau monde » n'était guère plus apaisé que l'ancien. Ce « monde nouveau » a révélé un visage aussi inquiétant, si ce n'est plus d'ailleurs, que l'ancien. Un visage en l'occurrence profondément instable et imprévisible, c'est-à-dire chaotique. Ce chaos nous a fait pénétrer dans un monde incertain dans lequel les vieilles frontières intellectuelles se sont retrouvées balayées, où les vieilles distinctions se sont effondrées en même temps que le mur de Berlin : l'ami et l'ennemi, l'intérieur et l'extérieur, le civil et le militaire, la paix et la guerre, etc. Ainsi, nombre de nos certitudes stratégiques ont volé en éclats.

Discours prononcé par l'ancien président français Valéry Giscard d'Estaing (1974-1981), à Varna (Bulgarie) le 15 mai 2009.

2 Le monde dans les années 2000

Dessin de Chalvin, mars 2008.

ÉTAPE 2 Mobiliser ses connaissances et organiser ses idées

✎ **Complétez le tableau suivant à l'aide des informations prélevées dans les documents.**

Tableau à imprimer

Plan suggéré	Document 1		Document 2	
	Description/ citations	Interprétation	Description/ citations	Interprétation
I. Leur vision rétrospective de la guerre froide	« le terrain stratégique était bien balisé ». « le monde était stable et prévisible ».	……	Un puzzle composé uniquement de trois pièces.	…..
			…..	Les conflits de la guerre froide étaient aisément lisibles.
II. Leur vision des changements d'après-guerre froide	……	Un monde moins facilement lisible, plus éclaté, ce qui complique la tâche des dirigeants politiques.	Morcellement du puzzle en de très nombreuses pièces.	
			Pile de dossiers « dettes », « commerce extérieur », « armement », « énergie », « industrie », « aides ».	
III. Le jugement qu'ils portent sur ces changements	On passe d'un monde « dangereux » à « chaotique ». Un « nouveau monde » « guère plus apaisé que l'ancien ».	……	……	Une forme de nostalgie de la guerre froide, rétrospectivement idéalisée.

ÉTAPE 3 Rédiger l'analyse de documents

EXO Exercices interactifs

PLAN

I. Leur vision rétrospective de la guerre froide

II. Leur vision des changements l'après-guerre froide

III. Le jugement qu'ils portent sur ces changements

✎ **Identifiez la partie régigée ci-dessous et complétez-la.**

Les deux documents s'accordent à voir, dans la fin de la guerre froide, une rupture majeure dans les relations internationales. Pour Chalvin, le monde est symbolisé par ……… Pour lui, la guerre froide a donc eu pour conséquence de rendre les relations internationales plus complexes et le monde moins compréhensible. On remarque aussi la présence ……… Ceux-ci symbolisent la complexification croissante des relations internationales qui ne se limitent plus aux seules questions stratégiques, mais intègrent de plus en plus des dimensions économiques et sociales. Valéry Giscard d'Estaing partage largement cette analyse. Selon lui, ……… C'est donc un monde moins facilement lisible, plus éclaté, et donc aussi plus difficilement contrôlable. La distinction entre ……… y est en conséquence devenue moins évidente, ce qui complique la tâche des dirigeants politiques.

Texte à imprimer

✎ **Rédigez le reste de la réponse.**

ÉTAPE 1 Analyser le sujet

Faut-il se contenter des causes, ou évoquer aussi les manifestations et les conséquences du phénomène ?

Comment le monde s'organisait-il avant cette époque ?

Pourquoi peut-on dire que le monde est devenu multipolaire dans les années 2000 ?

Quels sont les principaux pôles de puissance ?

ÉTAPE 2 Mobiliser ses connaissances et organiser ses idées

Complétez le tableau avec exemples suivants.

- Incapacité à stabiliser l'Afghanistan envahi en 2001.
- Intervention de la Russie dans les élections présidentielles américaines de 2016.
- Les États-Unis mènent la coalition internationale de la guerre du Golfe en 1991.
- Volonté de l'Inde ou du Brésil d'entrer au Conseil de sécurité de l'ONU.
- Guerre commerciale entre la Chine et les États-Unis.
- Incapacité à rétablir l'ordre en Irak envahi en 2003.
- La Russie s'impose comme la puissance dominante en Syrie depuis 2011.
- Nécessité de gérer les enjeux transnationaux : pandémies, réchauffement climatique, migrations.

Plan suggéré	Idées	Arguments et exemples
I. L'échec d'un monde unipolaire	**A.** L'espoir d'un nouvel ordre mondial guidé par « les gendarmes du monde ».	– .....
	B. Mais leur puissance militaire montre ses limites dans des guerres asymétriques.	– ..... – .....
II. L'émergence ou la réémergence de puissances secondaires	**A.** D'autres puissances s'affirment.	– .....
	B. Certaines exigent d'être mieux intégrées à la gouvernance mondiale.	– .....
III. Les conséquences très variées de la multipolarisation	**A.** Un retour de l'affrontement des grandes puissances.	– ..... – .....
	B. L'espoir d'une gouvernance mondiale qui se renforce.	– .....

Tableau à imprimer

ÉTAPE 3 Rédiger la réponse

Exercices interactifs

En vous aidant du tableau complété, rédigez la suite de la partie I.

La multipolarisation du monde résulte d'abord de l'incapacité ou du refus des États-Unis d'assumer le rôle d'hyperpuissance unipolaire qu'aurait pu leur conférer la fin de la guerre froide...

BAC blanc

Réponse à une question problématisée

Sujet

En quoi les attentats du 11 septembre illustrent-ils les mutations de la conflictualité dans le monde de l'après-guerre froide ?

Sujet

Pourquoi peut-on dire que le monde est devenu multipolaire dans les années 2000 ?

Analyse de document

Sujet

Dans quelle mesure ce document permet-il de comprendre les caractéristiques des conflits dans les années 2000 ?

Un état des lieux de la conflictualité au début des années 2000

Lorsque nous observons les conflits dans le monde, ce qui me frappe le plus concerne la prévalence des conflits armés non internationaux. Dans la plupart des cas, un gouvernement, parfois soutenu par d'autres, fait face à un ou plusieurs groupes armés qui ont tendance à se fractionner avec le temps. Les lignes sur lesquelles les parties s'affrontent sont souvent peu claires et changent très vite. [...] Contrairement aux conclusions de certains instituts de recherche académiques, nos observations sur le terrain ne nous permettent pas de conclure à une diminution du nombre de conflits. Certes, le nombre de conflits directs, c'est-à-dire le nombre de personnes blessées ou tuées pendant les combats, est en diminution. C'est souvent ce que ces instituts retiennent comme critère exclusif. Néanmoins, il nous apparaît nécessaire de mettre en évidence le nombre de victimes indirectes des conflits qui ont endeuillé la Somalie, la République démocratique du Congo ou encore le Soudan. Par victimes indirectes, j'entends, par exemple, une femme enceinte qui meurt en couches, parce que l'hôpital où elle aurait pu être sauvée a été détruit ou lui est devenu inaccessible. Ces évolutions sont liées à la nature de plus en plus fragmentée des conflits, et le fait qu'ils se déroulent dans des États faibles ou destructurés. [...] Les conséquences humanitaires des dégradations environnementales, des migrations, de la violence urbaine et des pandémies doivent également être prises en compte dans une analyse globale de la sécurité humaine. Ces phénomènes qui marqueront le XXIe siècle, interagissent avec les conflits armés. Ils peuvent servir de catalyseur des tensions et constituer un élément dans les conflits souvent multiples et interdépendants. Réciproquement, les conflits peuvent provoquer ces phénomènes, en particulier le déplacement de populations.

Jakob Kellenberger, diplomate suisse, président du Comité international de la Croix-Rouge (CICR) de 2000 à 2012. Propos tenus lors de son audition par la Commission chargée, par le président français Nicolas Sarkozy, de l'élaboration du Livre blanc sur la Défense et la Sécurité nationale, le 22 novembre 2007.

CHAPITRE 10

La construction européenne entre élargissement, approfondissement et remises en question

Quels sont les leviers de l'approfondissement de l'Union européenne depuis 1992, face au double défi des élargissements successifs et des contestations croissantes ?

» **Avec le traité de Maastricht signé en 1992, la CEE devient l'Union européenne.** L'approfondissement du projet européen passe essentiellement par la réalisation d'un marché unique et l'entrée en vigueur d'une monnaie unique. En revanche, les ambitions militaires et politiques de Maastricht ne sont pas réalisées, alors même que se précise la possibilité d'un élargissement aux pays qui appartenaient à l'ancien bloc soviétique.

» **L'élargissement de 15 à 25 États membres en 2004 impose de repenser le fonctionnement de l'UE.** Mais la réforme des institutions s'avère difficile et les remises en cause de l'UE se multiplient. Le rejet de la Constitution européenne en 2005, la faible participation aux élections européennes ou encore le Brexit montrent la progression de l'euroscepticisme.

Le Brexit, premier rétrécissement de l'Union européenne

Banksy, artiste de *street art*, a réalisé cette fresque sur une façade à Douvres. On y voit un personnage en train de retirer une étoile au drapeau européen, le Brexit étant représenté comme une altération de l'Europe. Douvres est la porte d'entrée du Royaume-Uni, c'est de là que partent les ferries vers Calais. Douvres et Calais sont aussi à proximité immédiate des deux terminaux du tunnel sous la Manche, qui relie depuis 1994 le Royaume-Uni au continent européen. Avec le Brexit, pour la première fois de son histoire, après plusieurs vagues d'élargissement, l'Europe perd un État membre.

Fresque de Banksy réalisé à Douvres, Royaume-Uni, mai 2017.

Textes dys
TOUS LES TEXTES EN VERSION DYS
lyceen.nathan.fr/lequintrecterm-2020

La construction européenne

Dans les chapitres précédents

- **Dans le chapitre 6**, vous avez étudié comment la France s'est engagée dans la construction européenne après la Seconde Guerre mondiale.
- **Dans le chapitre 7**, vous avez abordé les premiers élargissements de la CEE, qui compte 12 États membres au début des années 1990.

Dans ce chapitre

Nous allons étudier la construction européenne depuis les années 1990, dans ses dynamiques d'élargissement et d'approfondissement.
Nous verrons que, depuis le milieu des années 2000, le projet européen fait l'objet de critiques de plus en plus nombreuses.

Frise interactive

1986 – 1990 – 1995 – 2000 – 2005 – 2010 – 2015 – 2020

1986-1992 Préparation à la mise en œuvre de l'Acte unique

1992-1999 Réalisation du marché unique

1999-2005 Réflexions sur l'approfondissement

Depuis 2005 Entre approfondissement et remises en question

- **1986** Acte unique
- **1992** Traité de Maastricht
- **1994** Ouverture du tunnel sous la Manche
- **1995** Élargissement à 15 (Autriche, Suède et Finlande)
- **1997** Traité d'Amsterdam
- **1999** Entrée en vigueur de l'euro
- **2004** Élargissement à 25 États membres (Est de l'Europe)
- **2004** Constitution européenne
- **2005** Rejet de la Constitution européenne (non ratifiée)
- **2007** Traité de Lisbonne
- **2013** Élargissement à 28 États membres
- **2015** Pic de la crise migratoire en Europe
- **2016** Vote du Brexit
- **Janvier 2020** *Deal* et sortie de l'UE pour le Royaume-Uni

Points de passage

L'euro : genèse, mise en place et débats
La création d'une monnaie européenne, utilisée par la plupart des États-membres, est une réalisation majeure de l'UE.

Le tunnel sous la Manche
En reliant la Grande-Bretagne au continent, ce grand projet symbolise les avancées de l'Europe.

L'espace européen et les institutions européennes

Carte interactive

1. Les pays membres de l'Union européenne

- Europe des 6
- Europe des 9
- Europe des 12
- Europe des 15
- Europe des 25
- Europe des 28
- 1957 Date d'adhésion
- Rideau de fer démantelé en 1989

2. Des élargissements à venir ?

- Candidat officiel[2]
- Candidat potentiel[3]

3. Des puissances non-membres

- État ne souhaitant pas intégrer l'UE, membre de l'EFTA[4]
- État ayant quitté l'UE le 31 janvier 2020

4. Un approfondissement à géométrie variable

- État ayant adopté l'euro
- Frontières extérieures de l'espace Schengen

1. L'ex-RDA intègre l'UE lors de la réunification allemande en 1990.
2. État qui a déjà commencé à transposer la législation européenne dans son droit national.
3. État qui ne remplit pas encore les conditions requises pour adhérer à l'UE.
4. *European Free Trade Association*, Association européenne de libre-échange, partenaire commercial de l'Europe.

La construction européenne

1 Les institutions de l'UE après le traité de Lisbonne (2007) et le Brexit (2020)

Schéma interactif

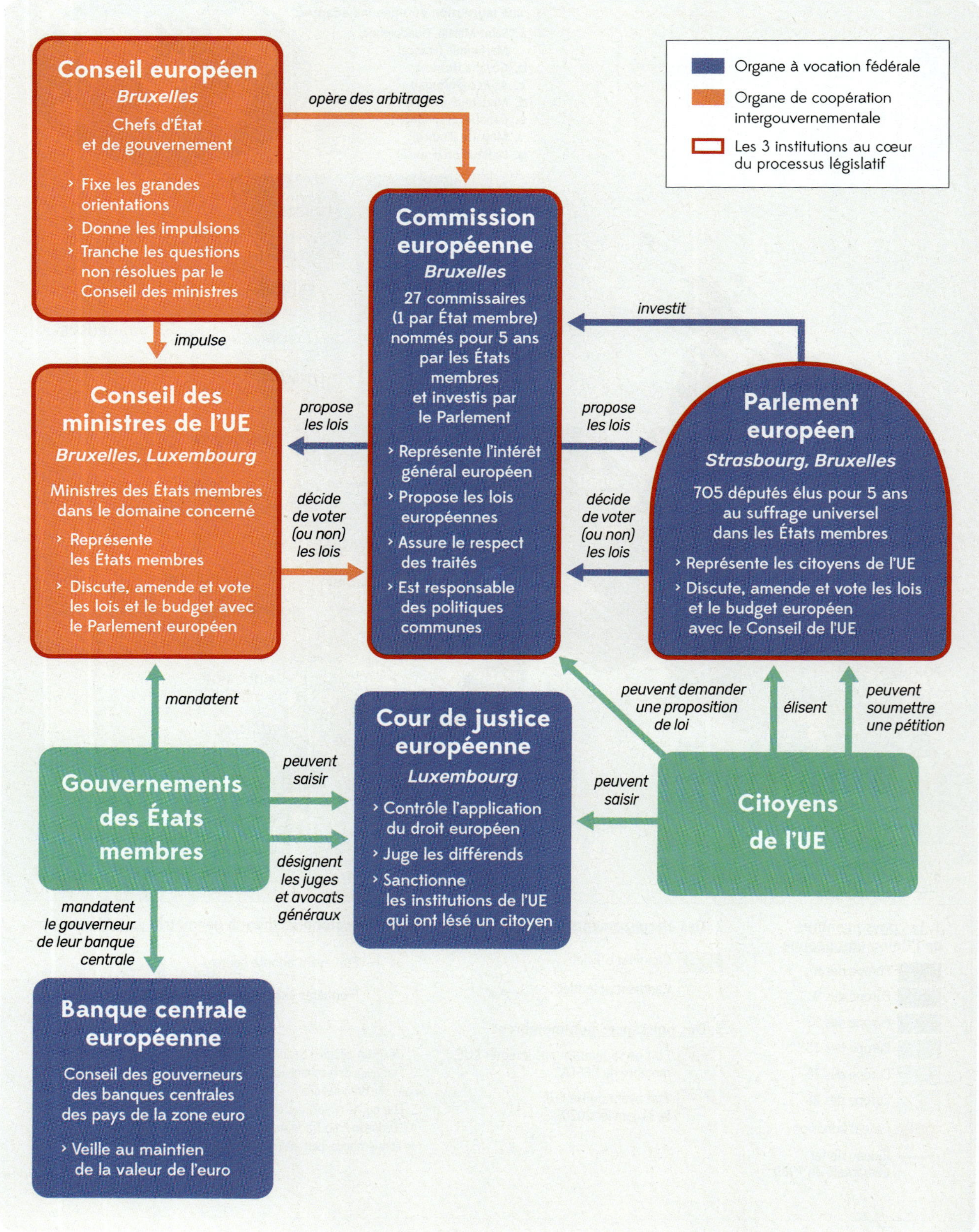

2 Le processus décisionnel

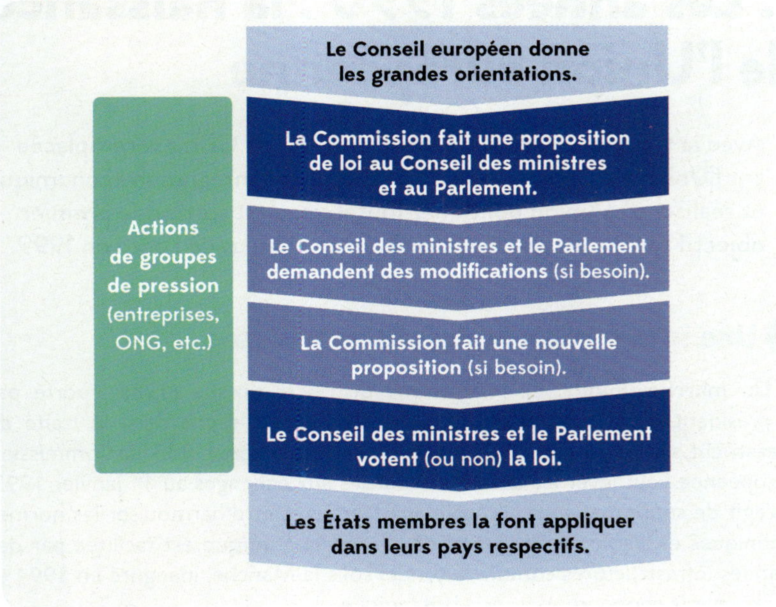

REPÈRES

Europe supranationale ou Europe des nations ?

Ce sont deux conceptions opposées depuis les débuts de la construction européenne. Dans une Europe supranationale, ou fédérale, les institutions européennes ont un pouvoir au-dessus (« supra ») des nations. L'Europe est conçue comme une fédération de pays qui délèguent à l'UE une partie de leur souveraineté dans l'espoir d'être plus forts ensemble. À l'inverse, une Europe des nations, ou « confédérale », est fondée sur la simple coopération entre les États : les décisions sont prises à l'unanimité, un État ne peut pas se voir imposer une décision par l'Europe. Le risque de ce système est le blocage des décisions.

3 Géographie des institutions européennes

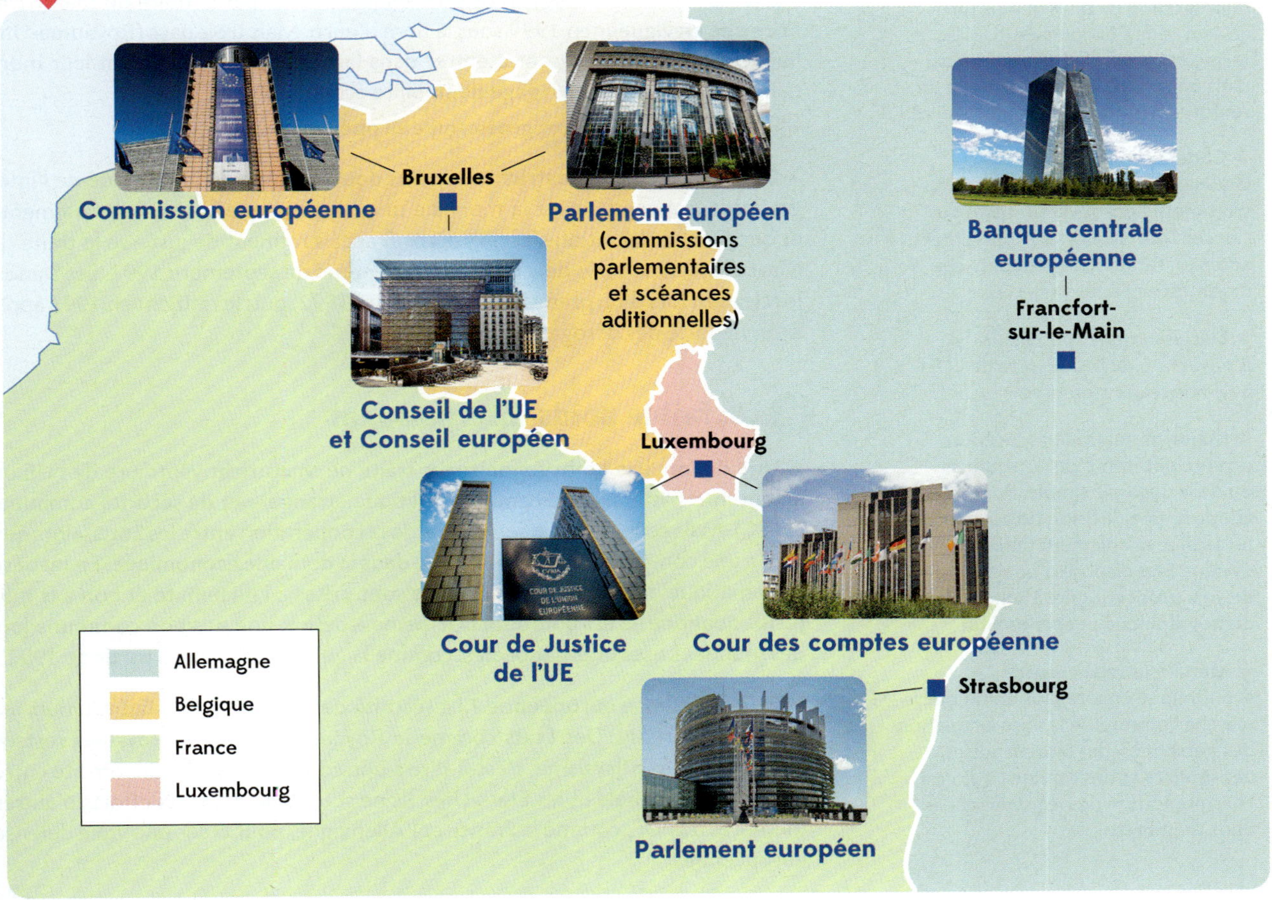

> Repères p. 292
> Dossier p. 298
> Points de passage p. 300, p. 302
> Biographies p. 342

Podcast du cours

1. Les années 1990 : la naissance de l'Union européenne

Avec le traité de Maastricht signé en 1992, la CEE est remplacée par l'Union européenne, qui doit achever son intégration économique et réaliser une union politique. Toutefois, c'est surtout le premier objectif qui est atteint, avec l'entrée en vigueur de l'euro en 1999.

A Une intégration économique poussée

Un marché unique. Le programme de l'Acte unique (1986), porté par le président de la Commission Jacques Delors, est repris dans le traité de Maastricht, signé en février 1992. Après l'union douanière (1968), la Commission européenne veut lever les derniers obstacles aux échanges au 1er janvier 1993. Il s'agit de supprimer tout contrôle aux frontières et d'harmoniser les normes techniques et les taxes. La réalisation du **marché unique** est facilitée par des grandes infrastructures comme le tunnel sous la Manche, inauguré en 1994 et permis par la coopération franco-britannique.

POINT DE PASSAGE Le tunnel sous la Manche > p. 302

Une monnaie unique. L'aboutissement de ce processus d'**approfondissement** par l'économie est la monnaie unique, prévue par le traité de Maastricht et entrée en vigueur en 1999 sous le nom d'euro. Mais trois pays (Royaume-Uni, Suède, Danemark) refusent d'entrer dans la zone euro, considérant leur monnaie nationale comme un gage de stabilité économique.

POINT DE PASSAGE L'euro : genèse, mise en place et débats > p. 300

Des voix contre Maastricht. Certains doutent donc du bien-fondé de l'intégration européenne et de la monnaie unique, alors que le chômage augmente et que la mondialisation s'accélère. Les Français ratifient de justesse le traité de Maastricht, avec 51 % de « oui » au référendum de septembre 1992. Les Danois le rejettent lors d'un premier référendum en 1992, puis le ratifient en 1993 après avoir négocié des dérogations.

B Un faible poids international

Une diplomatie embryonnaire. Le traité de Maastricht veut faire de l'UE un acteur international en créant une politique étrangère et de sécurité commune (PESC). Mais celle-ci relève seulement de la coopération entre les États, alors que l'UE a une compétence supranationale dans le domaine économique. En matière diplomatique et militaire, les décisions sont prises à l'unanimité et non à la **majorité qualifiée**. C'est pourquoi l'UE peine à définir une position commune lors des grandes crises internationales, comme la guerre de Bosnie à partir de 1992.

Quelle défense européenne ? La sécurité de l'Europe est en fait toujours assurée par l'OTAN. Des États comme le Royaume-Uni ou les Pays-Bas restent très attachés à l'atlantisme, c'est-à-dire à une coopération militaire étroite entre l'Europe occidentale et les États-Unis. Ils ne soutiennent pas les efforts d'autres membres de l'UE, comme la France et l'Allemagne, pour créer une vraie défense européenne.

Vocabulaire

- **Approfondissement :** dynamique d'intégration de plus en plus forte au sein de la CEE, puis de l'UE. Ce terme est généralement entendu dans un sens fédéraliste, comme un renforcement de la supranationalité.
- **Codécision :** procédure par laquelle le Parlement peut, dans les trois mois, approuver un texte du Conseil (qui est alors définitivement adopté), l'amender (proposer des modifications) ou le rejeter.
- **Élargissement :** processus d'ouverture de la CEE, puis de l'UE, à de nouveaux membres.
- **Majorité qualifiée :** procédure de vote différente de l'unanimité ou de la majorité simple. Pour être adoptée, une décision doit atteindre un seuil préalablement défini. Chaque État dispose d'un nombre de voix proportionnel à son poids démographique et économique.
- **Marché unique :** espace économique encore plus unifié que le marché commun. À la libre circulation des personnes, des marchandises, des services et des capitaux s'ajoute l'harmonisation des législations des États membres.

● **La neutralité des trois nouveaux membres.** L'UE connaît un nouvel élargissement quand l'Autriche, la Suède et la Finlande adhèrent en 1995. Ces trois pays sont particulièrement soucieux de protection sociale et d'environnement. Surtout, ils sont très réservés à l'égard d'une politique étrangère ou militaire européenne, invoquant leur neutralité.

C Un approfondissement politique timide

● **La citoyenneté européenne.** Elle est instituée par le traité de Maastricht. Un citoyen européen peut séjourner, travailler et étudier partout dans l'UE – une procédure facilitée par la mise en œuvre de l'espace Schengen en 1995. Il a aussi un droit de pétition au Parlement européen depuis 1992. D'ailleurs, le rôle du Parlement, qui est élu par les citoyens et qui représente leurs intérêts, s'accroît avec l'instauration de la procédure de **codécision** : le Parlement décide désormais des lois européennes sur un pied d'égalité avec le Conseil. En 1997, le traité d'Amsterdam étend cette procédure législative à de nouveaux domaines. Il renforce aussi la libre circulation des citoyens par l'élargissement théorique de l'espace Schengen à tous les États membres.

● **Une Europe à la carte ?** Chaque État conserve une « option de retrait » (*opting out*), qui lui permet de refuser certaines politiques communes et, par exemple, de ne pas intégrer l'espace Schengen ou la zone euro. Inversement, le traité d'Amsterdam prévoit des « coopérations renforcées » entre les États membres les plus volontaires. Et s'il élargit le vote à la majorité qualifiée par rapport à Maastricht, les États conservent au Conseil un pouvoir de blocage dans tous les domaines où le vote se fait à l'unanimité, comme la PESC. Cela montre l'inachèvement de la construction européenne.

● **L'échec d'une réforme avant l'élargissement.** Après la fin de la guerre froide et la disparition du rideau de fer, le traité d'Amsterdam devait préparer l'**élargissement** vers l'est. L'adhésion de nombreux autres États membres entraînait en effet la nécessité d'une réforme des institutions européennes, pour qu'elles restent efficaces. Or, le traité d'Amsterdam a largement laissé de côté l'union politique et la défense européenne.

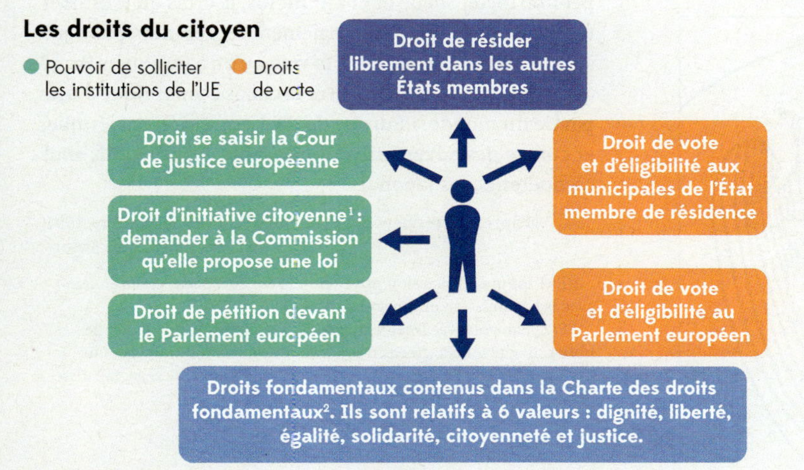

1. Mesure du traité de Lisbonne 2007 › voir p. 304.
2. Elle est signée en 2000 et acquiert une valeur juridique avec le traité de Lisbonne 2007 › voir p. 304.

REPÈRES

L'espace Schengen

L'espace Schengen est le territoire des États signataires de l'accord de Schengen. Les 5 États (France, RFA, Belgique, Luxembourg, Pays-Bas) qui signent en 1990 l'accord de Schengen suppriment les contrôles à leurs frontières intérieures et renforcent la surveillance de leurs frontières extérieures. Ils sont rejoints par la plupart des États membres de l'UE entre 1991 et 1996. Le traité d'Amsterdam en 1997 intègre l'accord de Schengen dans l'UE, en laissant une « option de retrait » aux États membres qui ne veulent pas intégrer cet espace (Royaume-Uni et Irlande).

Ainsi, la carte de Schengen n'est pas superposable avec la carte de l'UE. D'ailleurs, l'espace Schengen comprend aussi des pays non membres de l'UE : Islande, Norvège, Liechtenstein, Suisse.

Réviser son cours

1. **En quoi consiste l'intégration économique de l'UE ?**
2. **Pourquoi l'UE n'est-elle pas un acteur international ?**
3. **Quelles sont les limites de l'approfondissement politique ?**

> Cours p. 296

Le traité de Maastricht (1993)

Le traité de Maastricht prévoit la suppression des entraves au commerce au 1er janvier 1993. L'objectif est d'approfondir la construction européenne par l'économie et de faire face à la concurrence étrangère. La signature du traité est suivie par sa ratification par les Parlements nationaux, ou bien, dans le cas de la France et du Danemark, par un référendum.

>> Quels sont les espoirs et les craintes suscités par le traité de Maastricht ?

1 L'annonce de l'objectif 1992

J'ai soutenu les efforts de tous ceux qui s'indignaient, à juste titre, de la persistance et de l'ampleur des obstacles. C'était, c'est encore, aux yeux de tous – personnes privées ou entreprises – une sorte d'Europe féodale qui n'offre que barrières, douanes, formalités, embarras bureaucratiques. Pour montrer l'exemple, faire éclater toutes les formes explicites ou implicites d'opposition à la libre circulation, des chefs d'État et de gouvernement ont décidé de mettre leur pouvoir dans la balance. Dès lors est-il présomptueux d'annoncer, puis d'exécuter la décision de supprimer toutes les frontières à l'intérieur de l'Europe d'ici à 1992 ? [...] Vous voulez, nous voulons [que] les Européens, vos électeurs, puissent toucher du doigt, dans leur vie quotidienne, une Europe concrète, une Europe réelle où l'on puisse, sans entrave, circuler, dialoguer, communiquer, échanger. Si nous y parvenons, alors les [prochaines] élections européennes seront celles du regain, de la citoyenneté assumée, d'un nouvel élan de la démocratie.

Discours de Jacques Delors pour l'investiture de la Commission devant le Parlement européen, 14 janvier 1985.

2 Les grandes entreprises et l'Europe

*Invités sur un plateau de télévision en 1991, Umberto Agnelli PDG de Fiat, Pehr Gyllenhammar PDG de Volvo (Suède), et Jérôme Monod PDG de la Lyonnaise des eaux, membres de l'*European Round Table[1] (ERT)*, s'expriment sur l'Europe.*

U. Agnelli : Ce que nous demandons, c'est qu'en Europe on retrouve une certaine humilité, celle de dire qu'il faut faire des efforts pour être compétitifs sur le plan mondial. Si nous retrouvons cette humilité, cela peut être géré par une autorité centrale crédible, à laquelle les gouvernements nationaux délèguent une partie de leurs pouvoirs. Et le plus tôt sera le mieux.

P. Gyllenhammar : En tant que fondateur des tables rondes des industriels, je me sens européen. Je pense que l'Europe, c'est plus que les douze. Je pense que c'est le continent le plus fascinant, avec des possibilités énormes, mais nous manquons encore un peu d'énergie.

J. Monod : Si les industriels souhaitent gagner en compétitivité au niveau mondial comme le disait Umberto Agnelli et s'ils ont un sentiment d'appartenance européenne forte, Suède et EFTA[2] inclus, je crois qu'il est très urgent de pousser les gouvernements et l'opinion publique à construire l'Europe dans la voie qu'on a indiquée. Parce que nous devons lutter contre le chaos économique d'une partie du monde, l'Europe de l'Est et l'Union soviétique, et contre des adversaires impitoyables parce qu'ils sont compétents, les Japonais.

D'après l'interview des PDG, sur FR3 le 19 septembre 1991, aux côtés de Jacques Delors.

1. L'ERT est une association privée de 45 PDG européens créée en lien avec la Commission européenne en 1983.
2. EFTA (*European Free Trade Association*) : association européenne de libre-échange (AELE), créée en 1960. La plupart de ses membres ont intégré l'UE. Elle ne compte plus aujourd'hui que la Norvège, la Suisse, l'Islande et le Liechtenstein.

3 La libre circulation des marchandises

Dessin de Serguei (Sergio Goizauskas), dossier spécial du *Monde* « Europe, l'engrenage du marché unique », avril 1991.

4 Le référendum français

Le référendum a lieu en France le 20 septembre 1992. Le « oui » l'emporte, avec 51,04 % des voix.

Affiche du Parti socialiste à l'occasion du référendum du 20 septembre 1992 sur le traité de Maastricht.

Vidéo
Intervention télévisée de François Mitterrand après la ratification du traité

5 Contre l'abandon de la souveraineté nationale

Farouche opposant à Maastricht, le gaulliste Philippe Seguin demande le 5 mai 1992 un référendum pour sa ratification

On connaît l'argument : il nous faut faire l'Europe, donc il nous faut concéder une partie de notre souveraineté. Comme si cette relation causale allait de soi ! Comme si le respect des souverainetés interdisait la coopération, l'ouverture, la solidarité ! [...]

Il ne faut pas rêver. Sans monnaie, demain, sans défense, sans diplomatie, peut-être, après-demain, la France, au mieux, n'aurait pas plus de marge de manœuvre que n'en ont aujourd'hui l'Ukraine et l'Azerbaïdjan. [...] Force est de constater que nous voilà d'ores et déjà pris dans un redoutable engrenage. Depuis que la règle de la majorité s'applique de plus en plus largement dans les prises de décision du Conseil européen [...], le Gouvernement, dès lors qu'il est en minorité au Conseil, non plus que le Parlement français, n'a plus son mot à dire pour infléchir les règles communautaires jugées inacceptables pour la France. [...]

Mais voilà qu'on nous assure que Maastricht serait la condition de la paix et de la prospérité, ce qui signifie par là même que son échec équivaudrait à la régression et, j'imagine, à la guerre. [...] L'évolution des choses conduirait nécessairement vers un monde sans frontières, chacune de celles-ci constituant un obstacle à l'efficacité, une entorse à la rationalité, une entrave à la prospérité. Ce sont là des affirmations qu'il nous faut vérifier avec soin car ce qu'on nous demande d'abandonner, pour atteindre la prospérité, ce n'est pas seulement le droit de battre monnaie, c'est la possibilité de conduire une politique économique qui nous soit propre.

Discours de Philippe Séguin, à l'Assemblée nationale, 5 mai 1992.

Questions

Parcours A Répondre aux questions

1. **Identifiez** les objectifs de la création d'un marché unique (**doc. 1 et 2**).
2. **Résumez** les arguments de Philippe Seguin contre le traité de Maastricht (**doc. 5**).
3. **Comparez** les deux documents, puis **montrez** que l'UE est vue à la fois comme une menace et comme une protection (**doc 3 et 4**).
4. À partir des réponses aux questions précédentes, répondez de manière organisée à la problématique.

ou

Parcours B Faire un tableau de synthèse

À partir des informations prélevées dans les documents, réalisez un tableau de synthèse. Sélectionnez les informations correspondant aux thèmes suivants :

1. Les espoirs suscités par le traité de Maastricht
2. Les craintes suscitées par le traité de Maastricht

› Cours p. 296

L'euro : genèse, mise en place et débats

» Pourquoi l'euro est-elle une étape essentielle de la construction européenne ?

CONTEXTE

- L'intégration économique de l'Europe passe par la monnaie. L'ECU devient en 1979 une monnaie commune, coexistant avec les monnaies nationales. Puis, conformément au traité de Maastricht, l'euro devient en 1999 la monnaie unique, qui se substitue aux devises nationales.
- Géré par la Banque centrale européenne et non par les États membres, l'euro incarne la supranationalité en Europe, puisque frapper monnaie relevait jusqu'alors de la souveraineté nationale.
- C'est pourquoi sa mise en place a suscité de vifs débats. Plusieurs États membres de l'UE ont refusé d'intégrer la zone euro.

- 1979 **Entrée en vigueur du SME** (Système Monétaire Européen), avec une nouvelle monnaie de compte, l'ECU.
- 1992 **Le traité de Maastricht prévoit la réalisation de l'Union économique et monétaire** (UEM), avec une monnaie unique, pour le 1er janvier 1999. Le Royaume-Uni négocie d'emblée une « option de retrait ».
- 1998 **Ouverture de la Banque centrale européenne** (BCE) à Francfort.
- 1er janv. 1999 **Entrée en vigueur de l'euro**, pour les flux dématérialisés.
- 2000 **Le Danemark refuse l'euro** par référendum.
- 2002 **Les citoyens de la zone euro utilisent désormais l'euro**.
- 2003 **La Suède refuse l'euro** par référendum.

Vidéo : L'ECU, l'ancêtre de l'euro

1 L'ECU, l'ancêtre de l'euro

Confrontée à une crise économique, la CEE se dote en 1979 d'une monnaie de référence, l'ECU. Il n'existe pas de billets ou de pièces en ECUS. C'est une unité de compte, qui sert par exemple pour les paiements entre les banques centrales.

Plantu, dessin de mars 1979, publié dans *Le douanier se fait la malle, 20 ans de dessins sur l'Europe*, Le Monde Éditions, 1992.

2 L'achèvement de l'Unité européenne

Le passage à l'euro, au 1er janvier 2002, sera le couronnement d'un long chemin. Quand les citoyens auront entre les mains les pièces et les billets en euros, nous aurons atteint notre but, en dépit d'une très forte résistance politique et d'obstacles importants. Pour moi et pour nombre de ceux qui m'ont accompagné dans ce combat, l'unification européenne n'est devenue un processus irréversible qu'avec l'introduction d'une monnaie commune[1]. Or l'unification européenne, c'est la condition de la paix et de la liberté au XXIe siècle. Il y a dix ans, presque personne ne croyait qu'une monnaie commune pourrait avoir cours bientôt dans une grande partie de l'Europe. [...] La monnaie est plus qu'un simple moyen de paiement. Elle a également quelque chose à voir avec notre identité politique et culturelle. La génération qui naît aujourd'hui vivra l'euro avec la même évidence que nous le mark. Elle ne pourra même plus concevoir qu'il en soit allé un jour autrement. Ainsi se développe, tout naturellement, un sentiment communautaire qui ne pourra que renforcer la cohésion des Européens.

Helmut Kohl, chancelier de la RFA de 1982 à 1998, « L'euro, clé de la maison commune », *Le Monde*, 14 décembre 2001.

1. Helmut Kohl veut parler d'une monnaie unique.

3 Le « *no* » britannique à l'euro

Traduction : « La vraie bataille commence maintenant. Si vous ne voulez pas que la Grande-Bretagne soit enchaînée par l'euro, soutenez la campagne pour le "non". »

Affiche des adversaires de l'euro au Royaume-Uni, septembre 2000, alors que le gouvernement britannique envisageait l'entrée dans la zone euro.

Vidéo Le Royaume-Uni et l'euro

Face commune (revers) :

L'Allemagne (un aigle, symbole de la souveraineté allemande)

L'Italie (portrait de Dante d'après Raphaël)

Face nationale (avers) :

La France (un arbre au sein d'un hexagone, entouré de la devise nationale)

La Grèce (l'enlèvement d'Europe par Zeus, d'après une mosaïque antique de Sparte)

4 Une face nationale pour des pièces européennes

LE SENS DES MOTS

Quel nom pour la monnaie européenne ?

Le Conseil européen a choisi en 1995 le nom euro, facile à retenir dans toutes les langues. Les Français voulaient conserver le nom « écu », figurant dans le traité de Maastricht, qui rappelle une ancienne monnaie française. Ils étaient soutenus par les Portugais, dont la monnaie est l'escudo. Mais les Allemands ont refusé ce terme, parce qu'ils associaient l'ECU à une monnaie faible et que le mot évoque dans leur langue une vache (*Kühe*) ou une marque de bière (*Eku*).

Questions

Parcours A **Répondre aux questions**

1. **Identifiez** les facteurs à l'origine de la création d'une monnaie commune, puis unique (**doc. 1 et 2**).
2. **Montrez** que le passage à l'euro a une dimension symbolique pour les États membres (**doc. 2**).
3. **Décrivez** cette affiche et expliquez comment elle présente l'euro à l'opinion britannique (**doc. 3**).
4. **Expliquez** en quoi le design des pièces tente de réconcilier symboliquement Europe fédérale et Europe des nations (**doc. 4**).
5. À partir des réponses aux questions précédentes, répondez de manière organisée à la problématique.

ou

Parcours B **Écrire un discours**

Vous êtes un homme politique danois au début de l'année 2000. Vous faites campagne en faveur du « oui » à la zone euro, dans le cadre du référendum prévu en septembre. Pour votre prochain discours, vous recherchez les arguments des adversaires de l'euro, et vous tentez d'y apporter des réponses.

POINT DE PASSAGE

> Cours p. 296

CONTEXTE

- À l'origine, le tunnel est le moyen de relancer la coopération franco-britannique. Il contribue finalement à la réalisation concrète du marché unique européen prévu par Maastricht.
- Les grands projets d'infrastructures transfrontalières jouent un rôle fondamental dans la construction d'un espace européen intégré. Le tunnel sous la Manche permet ainsi non seulement de relier le Royaume-Uni au continent, mais aussi de mettre en réseau plusieurs capitales européennes, intensifiant les flux humains et le commerce au sein du marché unique.

Vidéo Le plus grand chantier de la fin du XXe siècle

- Années 1800 — **Premiers projets de tunnel sous la Manche** (non réalisés).
- 10-11 sept. 1981 — **Sommet franco-britannique de Londres** réunissant François Mitterrand et Margaret Thatcher.
- 1984 — **Sommet de Rambouillet**, accord pour la réalisation du chantier à partir de fonds privés.
- 1986 — **Traité de Canterbury**, concession à la société Eurotunnel.
- 1987 — **Accords ferroviaires entre Eurotunnel, British Rail et la SNCF** pour l'utilisation du tunnel sous la Manche (Eurostar).
- 6 mai 1994 — **Inauguration du tunnel sous la Manche.** Les trains de marchandises (fret) l'empruntent un mois plus tard, et les premiers Eurostar circulent à l'hiver.

Le tunnel sous la Manche

>> Pourquoi le projet franco-britannique est-il également européen ?

1 Un projet concret de coopération franco-britannique

À la veille du sommet de Londres (1981), pour donner des preuves concrètes de leur engagement à coopérer, la France et le Royaume-Uni décident de relancer le projet d'un tunnel sous la Manche.

Monsieur Bérégovoy, secrétaire général de l'Élysée, est venu me voir à sa demande ce soir. Je dois signaler [un] fait marquant de la conversation, au cas où le Premier ministre aurait besoin d'en tenir compte avant de revoir le président demain. M. Bérégovoy a insisté pour que la rencontre entre le président et le Premier ministre donne lieu à une démonstration de coopération bilatérale concrète. Il s'est particulièrement attaché au tunnel sous la Manche. Il a suggéré que le président et le Premier ministre « relancent » l'idée du tunnel. Il s'agissait de dépasser le stade où l'on attend que quelque chose se produise. Ils devraient faire une déclaration d'intention précise, qui serait une démonstration d'intention sur la coopération pratique et qui aurait un impact sur l'opinion publique.

Note de Robert Armstrong, conseiller de Margaret Thatcher, 10 septembre 1981.

2 Une nouvelle frontière terrestre pour l'Union européenne

Vidéo L'inauguration du tunnel

Plus de deux siècles de rêves et de projets, d'initiatives échelonnées dans le temps, trouvent aujourd'hui leur aboutissement. [...] Nous avons désormais une frontière terrestre [...], Calais n'est plus qu'à une demi-heure de Folkestone et Londres n'est plus qu'à trois heures, bientôt, 2h30, plus tard sans doute moins encore, de Paris. Mais ce qui se passe entre nous n'est pas indifférent au reste de l'Europe et à son devenir. [...] À terme, cette liaison à grande vitesse reliera également Londres à Bruxelles, puis Amsterdam et Cologne, sans oublier la suite que le siècle prochain décidera. Cette réalisation est donc un atout majeur pour le renforcement de l'Union européenne, un élément décisif dans l'élaboration et la mise en œuvre du marché unique, un pas supplémentaire pour le rapprochement entre les peuples eux-mêmes. Au fur et à mesure de l'avancée des travaux, le tunnel est devenu une réalité dans le paysage quotidien de nos pays. Il est apparu comme un lien définitif entre la Grande-Bretagne et le continent. Sa mise en service ne pourra que renforcer ce sentiment. Car, au-delà de l'aspect primordial que revêt la liaison fixe transmanche pour l'approfondissement des relations bilatérales, je salue sa vocation européenne, dans les deux dimensions politique et économique.

François Mitterrand, discours d'inauguration du tunnel à Coquelles, en présence de la reine Elizabeth II, de l'ancienne Première ministre Margaret Thatcher et de Jacques Delors, président de la Commission européenne, 6 mai 1994.

3 Le renforcement d'un axe multimodal

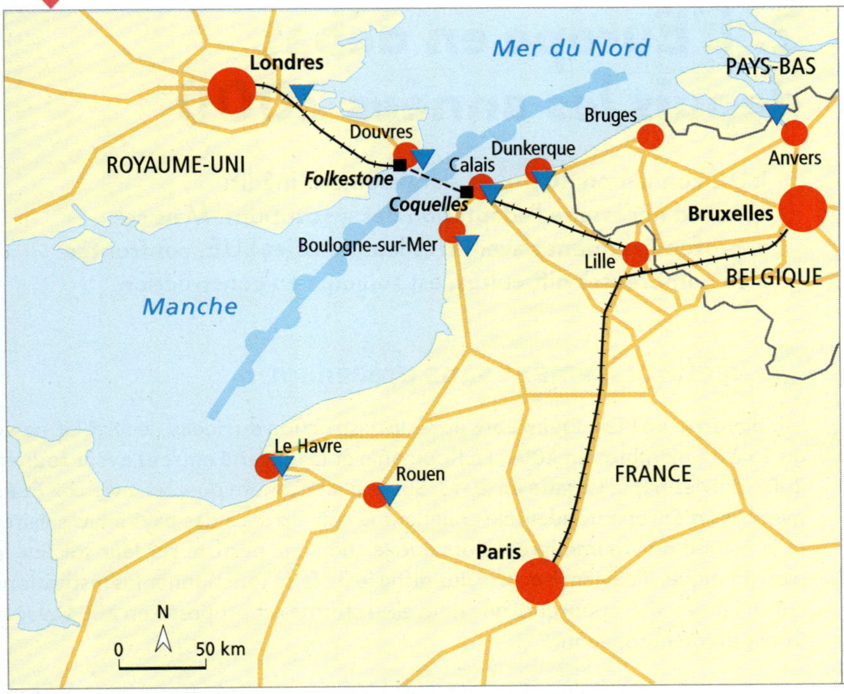

4 L'ouverture d'un réseau européen

Ouverture des ventes de billets d'Eurostar au Royaume-Uni, 14 novembre 1994.

Questions

Parcours A **Répondre aux questions**

1. **Expliquez** en quoi le tunnel sous la Manche est un enjeu franco-britannique (**doc. 1 et 2**).
2. **Montrez** que le tunnel sous la Manche permet une accélération des flux humains et économiques à l'échelle de l'Europe (**doc. 2 à 4**).
3. **Justifiez** l'idée selon laquelle l'Eurostar est un symbole européen (**doc. 4**).
4. À partir des réponses aux questions précédentes, répondez de manière organisée à la problématique.

ou — Aide

Parcours B **Préparer un exposé**

Réalisez un exposé d'une dizaine de minutes sur le tunnel sous la Manche. Vous structurerez votre propos selon le plan suivant, en veillant à faire régulièrement référence aux documents.

1. L'origine et la réalisation : la coopération franco-britannique (vous chercherez un document sur la construction du tunnel) ;
2. Les conséquences du tunnel pour l'Europe ;
3. Une infrastructure symbole de l'UE.

› **Repères** p. 292
› **Dossiers** p. 306, p. 308, p. 310
› **Biographies** p. 342

Podcast du cours

2. L'Europe en débat depuis les années 2000

L'UE connaît en 2004 un élargissement inédit, qui rend nécessaire l'adaptation des institutions. Mais cet approfondissement s'avère très laborieux, et l'UE, confrontée à de nombreuses difficultés, est toujours en construction.

A Un élargissement sans précédent

L'ouverture à l'Est. Quinze ans après la destruction du rideau de fer, l'UE passe de 15 à 25 membres en 2004. La Roumanie et la Bulgarie entrent à leur tour en 2007, suivies par la Croatie en 2013. Sur le plan économique, les « vieux » États membres d'Europe occidentale craignent la concurrence des pays à bas salaires et la main-d'œuvre immigrée, alors que le chômage persiste sur leur sol. Sur le plan politique, il devient encore plus difficile de faire fonctionner les institutions européennes. C'est pourquoi une nouvelle réforme est proposée en 2004 avec la Constitution européenne.

L'identité européenne en question. L'élargissement relance aussi le vieux débat sur les frontières et l'identité de l'Europe déjà posé en 1987 par la candidature de la Turquie. Jusqu'où peut-elle s'élargir pour rester viable ? Comment définir l'Europe ? Existe-t-il une identité géographique, économique, politique, culturelle ? À l'enrichissement économique et culturel que représentent les nouvelles adhésions, d'autres opposent le risque d'une dilution et d'un affaiblissement de l'UE.

B La montée de l'euroscepticisme

Le rejet de la Constitution européenne. Le Traité constitutionnel signé en 2004 est rejeté par référendum par la France et les Pays-Bas. Ce qui était conçu comme un accélérateur de l'intégration européenne entraîne finalement une grave crise de l'UE. Pour en sortir, le traité de Lisbonne, signé en 2007 et entré en vigueur en 2009, reprend en fait les grandes lignes de la Constitution, mais en renonçant à ce terme. Les adversaires de la Constitution ne sont pas consultés sur ce nouveau traité et ils s'estiment floués. Ils accusent les « eurocrates » de décider sans les citoyens et dénoncent le **déficit démocratique** de l'UE.

La crise migratoire. Depuis 2010, l'afflux des migrants en Europe a révélé l'absence de politique commune. Les liens de solidarité entre les États membres sont éprouvés, puisque la Grèce et l'Italie se sentent bien seules face à l'arrivée massive des migrants malgré l'aide du **Frontex**. L'espace Schengen est remis en cause par ceux qui veulent rétablir des contrôles aux frontières intérieures de l'UE. Cette situation alimente le discours de l'extrême droite, liant **euroscepticisme** et xénophobie.

Le Brexit, premier rétrécissement de l'Europe. Depuis le vote du Brexit par référendum en 2016, et pour la première fois, c'est une sortie de l'UE qui est négociée avec le Royaume-Uni et actée le 31 janvier 2020. Malgré son adhésion

REPÈRES

La Constitution européenne

La Constitution européenne (ou Traité constitutionnel européen – TCE), adoptée en 2004 mais non ratifiée (2005), rassemble en un seul texte de 448 articles tous les traités précédents. Elle affirme les objectifs politiques de l'UE, au-delà de l'économie. Pour cela, elle détermine les sujets qui relèvent de l'UE ou des États membres. Elle renforce les pouvoirs du Parlement en tant que colégislateur et étend les domaines où les décisions se prennent au Conseil, à la majorité qualifiée (et plus à l'unanimité). Enfin, elle définit aussi une identité culturelle de l'UE en évoquant des valeurs communes, des droits, des symboles.

Vocabulaire

- **Codécision :** > voir p. 296.
- **Déficit démocratique :** expression utilisée pour critiquer l'UE, qui serait gérée de manière opaque par les « eurocrates » de Bruxelles, sans contrôle de la part des citoyens et du Parlement européen.
- **Euroscepticisme :** sentiment d'hostilité à l'UE. Les eurosceptiques sont généralement des souverainistes, défendant la souveraineté nationale et s'opposant à l'Europe supranationale prônée par les fédéralistes.
- **Frontex :** organisme chargé du contrôle et de la gestion des frontières extérieures de l'espace Schengen et de l'UE, en soutien aux autorités nationales.

en 1973, le Royaume-Uni ne faisait pas partie de l'espace Schengen et de la zone euro. Le Brexit n'est pas forcément surprenant pour tous ceux qui soulignaient le faible engagement européen du Royaume-Uni. Mais il est montré en exemple par tous les adversaires de l'UE et il nourrit l'euroscepticisme.

C Une Europe toujours en chantier

Une Union plus efficace ? Le traité de Lisbonne a voulu améliorer le fonctionnement de l'UE. Elle est désormais représentée par un président du Conseil européen et par un haut représentant pour la PESC. Le vote à la majorité qualifiée est généralisé au Conseil et redéfini : une décision doit être approuvée par au moins 55 % des États membres (16 sur 28), représentant au moins 65 % de la population de l'UE. Les pouvoirs du Parlement européen, très limités à l'origine, ont été considérablement accrus. Il partage désormais le pouvoir législatif avec le Conseil, grâce à la procédure de **codécision**, et il contrôle la Commission européenne.

Renforcer le sentiment européen. Ainsi réformée, l'UE entend lutter contre l'euroscepticisme et les accusations de déficit démocratique. Pour cela, le traité de Lisbonne instaure le droit d'initiative citoyenne : les citoyens peuvent demander à la Commission qu'elle propose une loi. Mais l'abstention reste très forte aux élections européennes. Pour renforcer l'adhésion des citoyens des États membres à l'UE, celle-ci peut s'appuyer sur des symboles forts comme le drapeau européen, l'euro ou la Journée de l'Europe (célébrée le 9 mai en mémoire de la déclaration Schuman de 1950), mais aussi sur des programmes concrets comme Erasmus pour les étudiants (1987) et Erasmus+ pour les apprentis (2014).

REPÈRES

Les symboles européens

- La Constitution européenne de 2004 citait les symboles officiels de l'UE, mais ceux-ci ont ensuite disparu du traité de Lisbonne.
- 16 États membres ont alors voté la déclaration 52, annexée au traité, déclarant « que le drapeau représentant un cercle de douze étoiles d'or sur fond bleu, l'hymne tiré de l'"Ode à la joie" de la Symphonie n°9 de Ludwig van Beethoven, la devise "Unie dans la diversité", l'euro en tant que monnaie de l'UE et la Journée de l'Europe le 9 mai continueront d'être pour eux les symboles de l'appartenance commune à l'UE et de leur lien avec celle-ci ».
- En 2017, la France a signé la déclaration 52, le président Emmanuel Macron répondant ainsi à ceux qui critiquaient la présence du drapeau européen à l'Assemblée nationale.

Les pouvoirs du Parlement

1979
1ʳᵉ élection du Parlement au suffrage universel direct.

Traité de Maastricht – 1992
- **Instauration de la codécision :** pouvoir de colégislation avec le Conseil.
- Droit de **pétition** des citoyens.
- Approuve la composition de la Commission : introduit son pouvoir de **contrôler l'éxécutif** de l'UE.

Traité d'Amsterdam – 1997
- **Renforcement de la codécision** : un nombre plus important de domaines législatifs y sont soumis.

Traité de Lisbonne – 2007
- **Généralisation de la codécision** : la plupart des domaines législatifs y sont soumis (agriculture, justice, sécurité, commerce extérieur, environnement). La codécision devient « procédure législative ordinaire ».
- Élit le président de la Commission sur proposition du Conseil.
- Approuve le **budget** à égalité avec le Conseil.

Réviser son cours

1. Pourquoi l'élargissement de 2004 est-il un grand défi pour l'UE ?
2. Comment expliquer la montée de l'euroscepticisme ?
3. Par quels moyens l'UE peut-elle y répondre ?

DOSSIER

› Cours p. 304

Le rejet de la Constitution européenne (2005)

La Constitution européenne devait approfondir la construction d'une Europe à 25. Mais elle est rejetée par référendum en 2005 par les Français, puis les Néerlandais. Malgré ce rejet, l'essentiel des réformes prévues par la Constitution est ensuite mis en œuvre par le traité de Lisbonne.

» Pourquoi le rejet de la Constitution est-il une grave crise pour l'Europe ?

1 La signature de la Constitution

Presque cinquante ans après le traité de Rome, les 25 chefs d'État européens se réunissent dans la salle des Horaces et des Curiaces au Capitole à Rome.

Signature du traité sur la Constitution européenne, le 29 octobre 2004.

2 Le processus de ratification

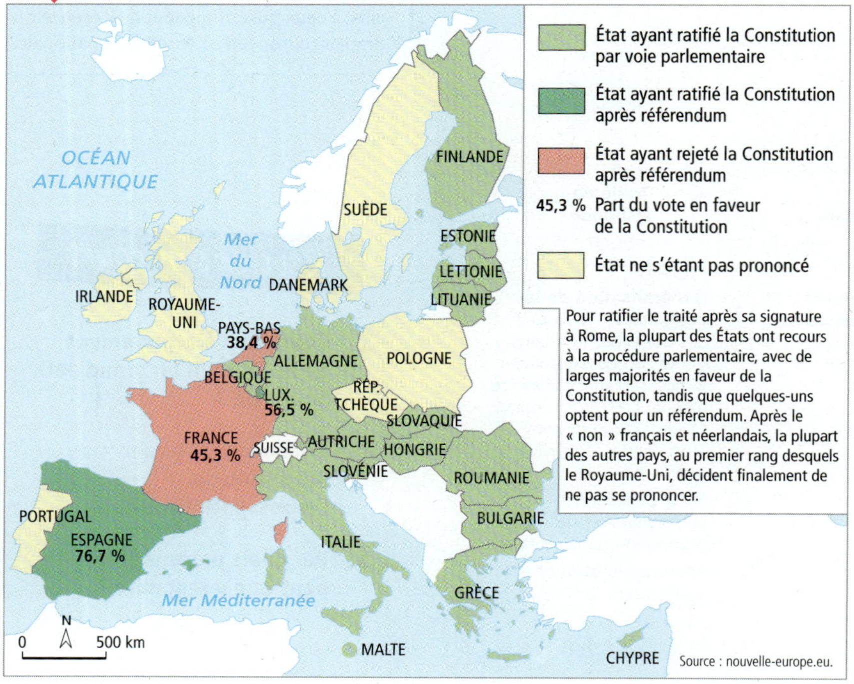

- 1er mai 2004 — **Entrée de 10 nouveaux États** d'Europe centrale et orientale dans l'UE.
- 29 octobre 2004 — **Les 25 États signent à Rome le traité établissant la Constitution européenne** (ou Traité constitutionnel européen). Pour entrer en vigueur, il doit être ratifié par chaque État membre.
- 29 mai et 1er juin 2005 — **La France, puis les Pays-Bas votent « non »** à la Constitution.
- 2006-2007 — **Recherche de sortie de crise**. Angela Merkel et Nicolas Sarkozy (élu président de la République française le 6 mai 2007) proposent un traité reprenant l'essentiel de la Constitution européenne.
- Décembre 2007 — **Signature du traité de Lisbonne**, qui entre en vigueur en 2009.

3 Les raisons du « non » français et néerlandais

Avec ce non et peut-être pour la première fois dans l'histoire politique des deux pays, les ressemblances sautent aux yeux et ne se limitent pas à des oppositions caricaturales. En France, la principale critique faite à la Constitution portait sur la « concurrence libre et non faussée », avec son expression la plus radicale qu'est l'« ultralibéralisme ». C'est un vieux sentiment français, bien plus ancré qu'aux Pays-Bas. En France, une industrie vieillie a du mal à faire face aux pays à bas salaires, et les agriculteurs, fortement subventionnés, ont beaucoup à perdre de la libre concurrence à l'est comme au sud du continent. Mais cette méfiance existe aussi aux Pays-Bas. Récemment, six personnalités [socialistes] ont ainsi jugé que la Constitution européenne exsudait[1] une « forme doctrinaire de libéralisme du marché ». Une critique inédite pour les socialistes néerlandais.

Le mécontentement face aux élites politiques constitue aussi un point commun. Pour une bonne partie, les voix de gauche qui, en France, ont voté non ont adressé un avertissement au président Chirac. Au Pays-Bas également, le Premier ministre [...] n'a pas su gagner la confiance populaire. [...] Côté français comme côté néerlandais, le thème de la révolte populaire a été instrumentalisé avec succès par l'extrême droite et l'extrême gauche. Le fossé qui sépare la population de l'élite politique existe dans les deux pays. Le Parlement néerlandais est à plus de 80 % favorable à la Constitution ; à Paris, le pourcentage aurait été comparable.

Martin Sommer, « Pays-Bas. Les mêmes causes produisent les mêmes effets », *De Volkskrant* (Amsterdam), traduction *Courrier International* n° 762, 9-15 juin 2005.

1. Transpirait.

4 Le traité de Lisbonne, une sortie de crise critiquée

Dessin de Giefem, paru dans *L'Alsace*, le 13 décembre 2007, jour de la signature du traité de Lisbonne.

Vidéo
Le traité de Lisbonne

5 L'Europe contre le peuple ?

Le Conseil européen de Lisbonne des 18 et 19 octobre 2007 a adopté un nouveau traité européen. Élaboré en catimini, ce traité nous a été présenté par Nicolas Sarkozy comme « un traité simplifié, limité aux questions institutionnelles ». [...] Loin de le limiter aux questions institutionnelles, ses rédacteurs en ont fait une copie illisible du Traité constitutionnel européen (TCE) qui a été rejeté par les Français et les Néerlandais en 2005. Pourtant, le président de la République veut le faire adopter par voie parlementaire, sans consulter les citoyens. Il réunit les parlementaires français en Congrès à Versailles le 4 février 2008 pour modifier la Constitution française et permettre la ratification du nouveau traité par le Sénat et l'Assemblée nationale. [...] En 2005, le peuple se serait mal prononcé ! En 2008, doit-il se taire ? [...] L'idée selon laquelle on pourrait refuser l'orientation libérale de la construction actuelle de l'Union européenne, ou être pour une Europe sociale, est totalement ignorée. Nos dirigeants l'ont compris, on ne peut faire confiance au peuple pour construire l'Europe qu'ils nous proposent ! Ils ont donc tout simplement décidé de nous bâillonner.

Appel à une manifestation à Versailles le 4 février 2008 lancé par des partis de gauche, des syndicats et des organisations altermondialistes, relayé sur le site reporterre.net.

Questions

Parcours A **Répondre aux questions**

1. **Présentez** les étapes de la procédure d'adoption ou de rejet de la Constitution européenne (**doc. 1 et 2**).
2. **Expliquez** la victoire du « non » en France et aux Pays-Bas (**doc. 3**).
3. **Résumez** les critiques formulées à l'égard du traité de Lisbonne (**doc. 4 et 5**).
4. À partir des réponses aux questions précédentes, répondez de manière organisée à la problématique.

ou

Parcours B **Organiser un débat**

Constituez deux groupes d'élèves.

- Le premier prépare un argumentaire favorable à la Constitution européenne, puis au traité de Lisbonne.
- Le second justifie le vote du « non » à la Constitution et proteste contre le traité de Lisbonne.
- Chaque groupe désigne un porte-parole qui fait un discours de 5 minutes devant la classe. Le public peut ensuite poser des questions aux deux orateurs.

> Cours p. 304

Le Brexit, le premier rétrécissement de l'UE

En 2016, les Britanniques ont voté majoritairement pour le Brexit, contraction des mots *Britain* et *exit*. Mais le « non » l'a emporté en Écosse et en Irlande du Nord et les négociations d'un accord de sortie avec l'UE se sont enlisées. Un « *deal* » a finalement été accepté le 31 janvier 2020. Le Royaume-Uni sort de l'UE.

>> Pourquoi le Brexit est-il à la fois une crise européenne et une crise britannique ?

- 1973 **Le Royaume-Uni rejoint la CEE**, après deux oppositions de De Gaulle dans les années 1960.
- 1975 Les citoyens britanniques votent par référendum le maintien de leur pays dans la CEE.
- 1985 **Le Royaume-Uni choisit de ne pas faire partie de l'espace Schengen.**
- 1992 **Le Royaume-Uni choisit de ne pas faire partie de la future zone euro.**
- 2016 **Les citoyens britanniques votent par référendum la sortie de l'UE.**
- Mars 2017 **Déclenchement de l'article 50 du traité sur l'Union européenne.** Le Royaume-Uni mené par Theresa May (Première ministre) et les 27 autres États membres se donnent deux ans pour négocier les modalités de sortie effective du pays.
- Janv. 2019 **L'accord trouvé entre Theresa May et les 27 à la fin de l'année 2018 est rejeté par les parlementaires anglais.** À deux reprises, la sortie du Royaume-Uni est reportée.
- Déc. 2019 **Boris Johnson**, qui remplace Theresa May, **négocie un nouvel accord de sortie de l'UE.**
- Janv. 2020 **Le « *deal* » est accepté** par les Parlements européen et britannique. **Le Royaume-Uni sort officiellement de l'UE le 31 janvier.**

Question posée : « Le Royaume-Uni doit-il rester membre de l'Union européenne ou quitter l'Union européenne ? »

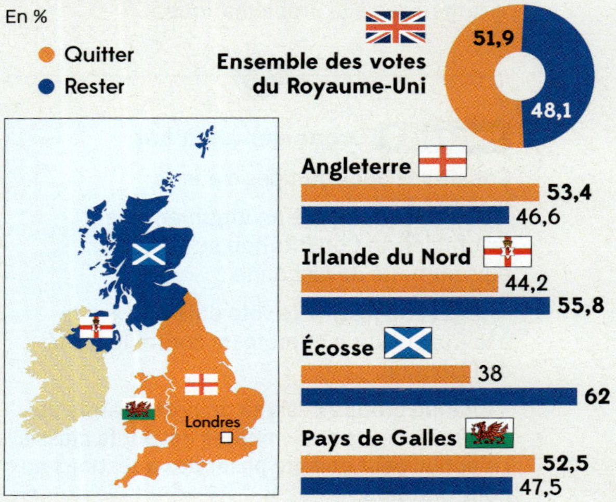

1 Les résultats du référendum du 23 juin 2016

2 La justification du Brexit

Votre plus grand problème, et la raison principale expliquant le vote de la Grande-Bretagne pour la sortie de l'UE, c'est que vous avez furtivement, par la tromperie et sans jamais dire la vérité aux gens, imposé aux Britanniques ainsi qu'aux autres peuples d'Europe [...] une union politique. Et lorsque les peuples, en 2005, aux Pays-Bas et en France, ont voté contre cette union politique, lorsqu'ils ont rejeté la Constitution, vous les avez ignorés en adoptant le traité de Lisbonne via d'autres voies. Ce jeudi dernier, nous avons connu un résultat remarquable. Un tremblement de terre pas uniquement pour la politique britannique, mais aussi pour la politique européenne, et peut-être même mondiale. Ce que les petites gens, les gens ordinaires ont fait ; ce que les peuples opprimés durant ces dernières années et qui ont vu leur qualité de vie baisser ont fait : c'est qu'ils ont rejeté les multinationales, ils ont rejeté les grands jeux politiques. Et en fait, ils ont dit : nous voulons récupérer notre pays, nous voulons récupérer nos frontières de pêche, nous voulons récupérer nos frontières, nous voulons être une fière nation indépendante qui se gouverne pour elle-même. [...]

Ce faisant, nous offrons désormais une lueur d'espoir aux démocrates du reste du continent européen. J'ai fait une prévision ce matin, le Royaume-Uni ne sera pas le dernier État membre à quitter l'Union européenne.

Nigel Farage, leader de l'UKIP (Parti pour l'indépendance du Royaume-Uni), député européen, discours devant le Parlement européen, 28 juin 2016.

3 Des britanniques pour l'Europe.
Manifestation anti-Brexit à Londres, 1er avril 2019.

4 L'Écosse victime du Brexit

Vidéo — Brexit : l'Écosse dans l'incertitude

L'Écosse a une tradition européenne très fière. Dans l'ensemble, les Écossais, et c'est peut-être un contraste avec les autres citoyens du Royaume-Uni, ne voient pas vraiment l'adhésion à l'Union européenne comme une menace pour notre propre souveraineté nationale. [...]

Le vote en Écosse a été ignoré. Et au cours des deux ans et demi qui se sont écoulés depuis, nos intérêts ont été mis de côté. [...] Après tout, le marché unique européen est une grande réussite moderne. Il permet à des nations indépendantes de profiter d'un marché de 500 millions de personnes, soit huit fois la taille du seul marché britannique. [...] Et pour le gouvernement britannique, le plus grand avantage de quitter l'UE semble être de mettre fin à la libre circulation des personnes et de freiner la migration vers le Royaume-Uni. Pourtant, pour l'Écosse, c'est l'un des plus gros inconvénients du Brexit. [...]

Nous avons une population qui vieillit plus vite. Ainsi, si la libre circulation prend fin, il est tout à fait possible que la population écossaise en âge de travailler commence à diminuer avec de graves conséquences économiques et sociales. [...] Et cela soulève en soi la question de savoir si les décisions concernant l'Écosse devraient continuer à être prises à Westminster – ou s'il serait préférable que ces décisions soient prises en Écosse par notre Parlement démocratiquement élu.

Discours de Nicola Sturgeon, Première ministre d'Écosse, à l'université de Georgetown, 5 avril 2019.

Questions

Parcours A Répondre aux questions

1. **Présentez** les résultats du référendum sur le Brexit (**doc. 1**).
2. **Énumérez** les arguments des militants pro-Brexit (**doc. 2**).
3. **Présentez** les critiques émises par l'Écosse et les anti-Brexit (**doc. 3 et 4**).
4. **Expliquez** en quoi le Brexit pose aujourd'hui des problèmes pour la cohésion du Royaume-Uni (**doc. 1 et 4**).
5. À partir des réponses aux questions précédentes, répondez de manière organisée à la problématique.

ou

Parcours B Écrire un article

Vous êtes journaliste français en reportage à Londres. Dans votre article, vous montrez que le Brexit est à la fois une crise européenne et une crise britannique, en présentant les arguments des partisans et des opposants au Brexit.

› Cours p. 304

Les frontières de l'Europe et la crise migratoire

Depuis le début des années 2010, l'Europe est confrontée à une forte augmentation du nombre de migrants africains et asiatiques, fuyant la misère, la guerre ou la dictature. Certains dénoncent une Europe passoire, d'autres une Europe forteresse, tandis que l'UE peine à définir une politique commune de l'immigration et du contrôle des frontières.

» Face au défi migratoire, comment l'UE gère-t-elle ses frontières ?

1 Les tensions internes à l'Union européenne

Cela fait deux ans que les gouvernements tentent, en vain, de réformer le système d'asile en Europe. Mais la discussion pourrait brusquement s'accélérer suite à l'arrivée au pouvoir en Italie du gouvernement populiste. Sa décision de ne pas accueillir l'*Aquarius*[1] dans un port transalpin a exacerbé les tensions en Europe, notamment avec la France. Elle a surtout acté pour de bon la défaillance du règlement de Dublin établi en 2013 pour régir les flux migratoires en Europe mais qui a besoin d'une sérieuse réforme. [...] Il précise que la demande d'asile doit être étudiée dans le premier pays européen où un réfugié a mis les pieds avant d'éventuellement être transféré dans un autre État. Principale porte d'entrée du continent pour les réfugiés venus d'Afrique du Nord, l'Italie ne veut plus accueillir ces dizaines de milliers de personnes ; son ministre de l'Intérieur Matteo Salvini, leader de l'extrême droite, refuse que son pays devienne « le camp de réfugiés de l'Europe » et a promis de renvoyer 500 000 sans-papiers. À la place, Giuseppe Conte, le président du Conseil, veut la mise en place de quotas obligatoires de prise en charge des réfugiés pour chaque pays de manière à répartir la charge sur tout le continent. Face au refus annoncé des nationalistes du centre de l'Europe (ils ont déjà dit non à cette proposition lorsque la Commission européenne l'a formulée en 2015), des alternatives sont explorées.

Alexandre Boudet, « Les Européens sont au moins d'accord sur une chose : il faut revoir les accords de Dublin », *Huffingtonpost*, 15 juin 2018.

1. L'*Aquarius* est un navire de l'association SOS Méditerranée qui vient au secours des migrants en Méditerranée.

2 Les Alpes : une frontière à fermer ?

Traduction : « Frontière fermée. / Vous ne serez pas chez vous en Europe. / Demi-tour, on ne passe pas. / Retournez dans votre pays. »

Le mouvement d'extrême droite Génération Identitaire mène une opération intitulée *Defend Europe* en avril 2018 au col de l'Échelle (Hautes-Alpes). Il a été condamné en 2019 par le tribunal correctionnel de Gap.

REPÈRES

Le règlement de Dublin

Signée en 2013, la troisième version du règlement de Dublin laisse à chaque pays la charge du contrôle de ses frontières quand elles coïncident avec les limites externes de l'UE. Surtout, l'État responsable de l'examen d'une demande d'asile est celui dans lequel un demandeur est entré dans l'UE. Cela engendre un déséquilibre entre les pays continentaux, moins exposés aux flux, et les pays méditerranéens, notamment la Grèce et l'Italie, qui doivent gérer les arrivées massives sur leurs côtes.

3 Le retour des frontières en Europe (2019)

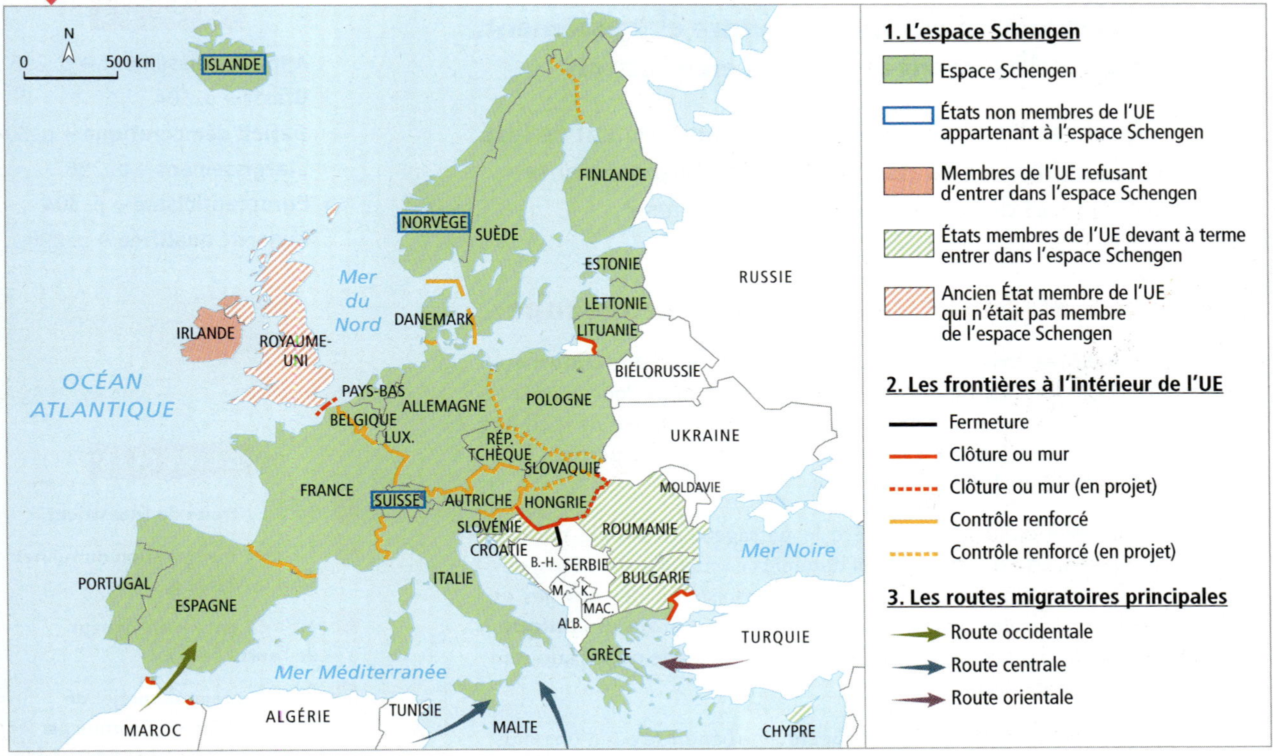

4 *Poséidon*, un laboratoire pour la gestion européenne des migrants

L'opération conjointe (Grèce-Frontex[1]) *Poséidon* [fut] lancée en décembre 2015. [Elle] a pour objectif de soutenir les actions des autorités nationales de l'État sur le territoire duquel elle est déployée. [...] Au moment des arrivées massives de migrants en 2015-2016, *Poséidon* a déployé 700 agents en provenance de 26 États membres de l'Union et pays associés à l'espace Schengen. Début 2019, le nombre des agents invités pour l'opération s'élevait à 672, avec 13 navires, 12 voitures de patrouille et 5 autobus. Les agents invités travaillent conjointement avec la police et les garde-côtes grecs en les assistant dans l'enregistrement, l'identification et la prise d'empreintes digitales des migrants, le recueil de témoignages (débriefing) et la détermination initiale du statut des arrivants. La recherche et le sauvetage en mer constituent un autre champ d'activité prioritaire des agents de l'opération *Poséidon*, grecs et invités. Selon la Commission européenne, en 2015, les deux opérations conjointes coordonnées par Frontex – *Poséidon* et *Triton*[2] en Méditerranée centrale – auraient permis de sauver la vie de plus de 250 000 personnes. [...] L'opération *Poséidon* fonctionne comme une sorte de « laboratoire » pour la gestion intégrée des frontières extérieures que l'Union européenne entend mettre en place dans l'avenir.

Ioannis Stribis, professeur associé à l'université de l'Égée, *Questions internationales* n° 97, mai-juin 2019, p. 79-80.

1. > Voir p. 304. – 2. Triton est le nom de l'opération menée conjointement par l'Italie et par Frontex en Méditerranée.

Questions

Parcours A **Répondre aux questions**

1. **Présentez** la manière dont se concrétise le retour des frontières en Europe (**doc. 3**).
2. **Montrez** que l'extrême droite s'est emparée des thématiques migratoires en Europe et définissez sa position (**doc. 1 et 2**).
3. **Expliquez** les conséquences du règlement de Dublin pour l'Italie (**doc. 1**).
4. **Montrez** que l'appui du Frontex à la Grèce est essentiel depuis 2015 et expliquez pourquoi (**doc. 4**).

ou

Parcours B **Travailler l'oral**

Préparez une présentation orale de 5 minutes pour répondre à la problématique, puis répartissez-vous par groupes de 3 ou 4 élèves. À tour de rôle, vous présentez votre réponse. Les autres élèves jouent le rôle du jury et vous posent des questions pendant 10 minutes : demandes de précisions, définitions du vocabulaire employé, liens avec le cours...

EXO Exercices interactifs

Podcast de la synthèse

La construction européenne entre élargissement, approfondissement et remises en question

Quels sont les leviers de l'approfondissement de l'UE depuis 1992, face au double défi des élargissements successifs et des contestations croissantes ?

1 Forces et faiblesses de l'Union européenne

Le **traité de Maastricht** (1992) transforme la CEE en une **Union européenne** (UE) dont les membres envisagent d'accroître leur coopération économique, monétaire, diplomatique et militaire. Du fait de la chute du rideau de fer et des **élargissements** successifs qu'elle permet, leur nombre passe de 12 en 1993 à 28 en 2013.

Sur le plan économique, l'UE opère le passage d'un simple marché commun à un **marché unique** au sein duquel la circulation des biens, des services et des capitaux est facilitée par l'harmonisation des normes et des législations nationales. En 1999, elle se dote d'une **monnaie unique**, l'euro, que certains États membres choisissent toutefois de ne pas adopter (Royaume-Uni, Suède, Danemark).

Sur le plan international, l'Union européenne ne bénéficie pas d'un poids politique équivalent à sa puissance économique. La volonté de mettre en œuvre une **politique étrangère commune,** ainsi que de développer la **coopération militaire** entre États membres se heurte aux **divergences d'intérêts** et de priorité.

2 Une union en péril ?

L'élargissement rapide de l'UE témoigne de son attractivité. Mais il contribue aussi à l'affaiblir dans la mesure où il n'a pas été précédé de ré**formes institutionnelles adaptant son fonctionnement à sa nouvelle taille**. En effet, plus le nombre d'États membres est élevé, et plus il est difficile de prendre des décisions. L'**approfondissement** de leur coopération s'en trouve compliqué. Cet obstacle n'est que partiellement contourné par le développement des **coopérations renforcées** limitées aux États membres volontaires.

Conçu pour surmonter ces difficultés, le projet de **Constitution européenne** est rejeté par les électeurs français et néerlandais en 2005. Le traité de Lisbonne (2007) qui s'y substitue généralise le recours à la **majorité qualifiée** afin de fluidifier la prise de décision. Son adoption ne donne lieu à un référendum que dans un seul des États membres, l'Irlande, ce qui nourrit la dénonciation du **déficit démocratique** qui caractérise l'UE selon ses opposants.

Déjà puissant en 1992 lors des débats et référendums autour du traité de Maastricht, l'**euroscepticisme** se nourrit de ces critiques. Mais aussi des peurs que suscite, chez certains Européens, l'accroissement des flux migratoires, tant entre pays membres que depuis l'extérieur de l'UE. Le vote en 2016 par les Britanniques de leur sortie de l'UE (Brexit), effective en 2020, témoigne de sa vigueur.

MOTS-CLÉS

- **Approfondissement** → p. 296
- **Brexit** → p. 304
- **Déficit démocratique** → p. 304
- **Élargissement** → p. 296
- **Euroscepticisme** → p. 304
- **Majorité qualifiée** → p. 296

DATES CLÉS

- **1992 :** traité de Maastricht.
- **1994 :** inauguration du tunnel sous la Manche.
- **1999 :** entrée en vigueur de l'euro.
- **2005 :** rejet du projet de Constitution européenne par les électeurs français et néerlandais.
- **2007 :** traité de Lisbonne.
- **2016 :** vote britannique en faveur du Brexit.
- **2020 :** le Royaume-Uni sort officiellement de l'UE.

Biographie

Jacques Delors
(né en 1925)
Président de la Commission européenne de 1985 à 1995, il a relancé la construction européenne avec l'Acte unique.

> Biographies p. 342

SCHÉMA DE SYNTHÈSE

LA CONSTRUCTION EUROPÉENNE
entre élargissement, approfondissement et remises en question

Construction européenne :
- Progrès
- Freins/reculs

RATIFICATION DIFFICILE du traité de Maastricht par référendum en **France** et au **Danemark**

TRAITÉ DE MAASTRICHT *1992*

Union européenne *1993*

Élargissement

1995 : EUROPE DES 15
Autriche, Suède, Finlande

2004 : EUROPE DES 25
Chypre, Estonie, Hongrie, Lettonie, Lituanie, Malte, Pologne, Rép. Tchèque, Slovaquie, Slovénie

2007 : EUROPE DES 27
Bulgarie, Roumanie

2013 : EUROPE DES 28
Croatie

Rétrécissement

BREXIT voté en 2016, entré en vigueur en 2020 (27 pays membres)

DIFFICULTÉ À PRENDRE DES DÉCISIONS accrue par le nombre croissant d'États membres

Approfondissement

ESPACE SCHENGEN *1995*

EURO *1999*

REFUS DE PARTICIPER de certains États membres **Roy.-Uni** et **Irlande** pour Schengen
Roy.-Uni et **Danemark** pour l'euro

Rejet du **PROJET DE CONSTITUTION EUROPÉENNE** par les **Français** et les **Néerlandais** *2004*

Adoption controversée du **TRAITÉ DE LISBONNE (2007)** reprenant une large partie du projet de Constitution de 2004

Dénonciation du **« DÉFICIT DÉMOCRATIQUE »** de l'UE

Développement des **COOPÉRATIONS RENFORCÉES**

Schéma interactif

POUR ALLER PLUS LOIN

À lire

- Jean Brulhart et José Echkenazi, *Guide de l'Union européenne*, Nathan, 2019. Un guide thématique sur l'histoire et le fonctionnement de l'UE.

- Pascal Fontaine, *L'Union européenne. Histoire, institutions, politiques*, Points Seuil, 2012. Une présentation synthétique de l'histoire de l'UE.

À consulter

- Le site de l'Union européenne : **https://europa.eu/**
- Le portail français d'information sur l'Europe : **www.touteleurope.eu**
- De nombreuses ressources documentaires sur l'histoire de la construction européenne : **https://www.cvce.eu**

ÉTAPE 1 Analyser le sujet

Qui sont-ils ? Dans quel contexte s'expriment-ils ?

Les auteurs identifient-ils les mêmes défis ? L'UE protège-t-elle ou expose-t-elle davantage les Européens à ces menaces ?

Analysez comment Emmanuel Macron et Marine Le Pen perçoivent les défis auxquels les pays de l'UE doivent faire face, et en quoi leurs projets européens s'opposent.

Souhaitent-ils plus ou moins d'approfondissement ? Vers une Europe des nations ou vers plus de supranationalité ?

1 La vision de l'UE d'Emmanuel Macron

À trois mois des élections européennes 2019, le président de la République Emmanuel Macron écrit une lettre aux citoyens européens, traduite en 22 langues. La liste « Renaissance », issue de son parti En Marche !, est arrivée 2e avec 22,42 % des voix, derrière le Rassemblement national de Marine Le Pen qui en a obtenu 23,3 %.

[Le projet européen] continue à nous protéger aujourd'hui : quel pays peut agir seul face aux stratégies agressives de grandes puissances ? Qui peut prétendre être souverain, seul, face aux géants du numérique ? Comment résisterions-nous aux crises du capitalisme financier sans l'euro, qui est une force pour toute l'Union ? L'Europe, ce sont aussi ces milliers de projets du quotidien qui ont changé le visage de nos territoires, ce lycée rénové, cette route construite, l'accès rapide à Internet qui arrive, enfin. [...]

Face aux grands chocs du monde, les citoyens nous disent bien souvent : « Où est l'Europe ? Que fait l'Europe ? » Elle est devenue à leurs yeux un marché sans âme. Or l'Europe n'est pas qu'un marché, elle est un projet. Un marché est utile, mais il ne doit pas faire oublier la nécessité de frontières qui protègent et de valeurs qui unissent. [...] Collectivement, nous devons réinventer politiquement, culturellement, les formes de notre civilisation dans un monde qui se transforme. C'est le moment de la Renaissance européenne. [...]

Citoyens d'Europe, l'impasse du Brexit est une leçon pour tous. Sortons de ce piège, donnons un sens aux élections à venir et à notre projet.

Lettre du président Emmanuel Macron publiée dans la presse, 4 mars 2019.

2 La vision de l'UE de Marine Le Pen

À une semaine des européennes, Marine Le Pen répond à l'invitation de Matteo Salvini, représentant de l'extrême droite italienne, et s'exprime sur la place du Duomo à Milan.

Nous ne voulons plus de cette oligarchie sans repères, sans racines, sans âme, qui nous dirige avec pour seule ambition la soumission et la dilution de nos nations. Nous ne voulons plus de cette Union européenne, qui fait souffler sur l'Europe les vents de la mondialisation sauvage. La mondialisation sans régulation, c'est faire fabriquer par des esclaves pour vendre à des chômeurs. [...] Nous refusons le libre-échange incontrôlé qui tue nos entreprises et nos producteurs, qui met en danger notre santé par des produits sans normes au bénéfice des grandes banques et des grandes multinationales. Nous disons « non » à cette immigration qui submerge nos pays, et met en danger la sécurité de nos peuples, nos comptes sociaux et nos valeurs de civilisation. Nous voulons pouvoir vivre chez nous comme nous le souhaitons. Nous voulons vivre en France comme des Français, en Italie comme des Italiens, et plus largement en Europe comme des Européens. [...] Notre projet est celui d'une coopération entre États, celui d'une Europe des nations libres, souveraines, qui respecte l'identité et la volonté des peuples, sans jamais rien leur imposer de contraire à leur intérêt. Mes amis, le moment est venu. La première phrase de l'hymne national français le dit : « Allons enfants de la patrie, le jour de gloire est arrivé. » Nous vous la prêtons pour dire aujourd'hui : « Allons enfants des patries, le jour de gloire est arrivé. » [...] Viva l'Italia ! Vive la France ! Et vive les nations d'Europe !

Discours de Marine Le Pen, 18 mai 2019.

ÉTAPE 2 Mobiliser ses connaissances et organiser ses idées

✎ **Complétez le tableau avec les citations surlignées dans les documents.**

Tableau à imprimer

Plan suggéré	Citations du document 1	Citations du document 2
I. L'UE face aux menaces d'un monde globalisé		
A. Un constat commun : une Europe face à des défis globaux	……	« libre-échange incontrôlé » ……
B. Une interprétation divergente : l'UE, une solution ou une catastrophe ?	« l'euro, qui est une force pour toute l'Union », « milliers de projets du quotidien » ……	……
II. Supranationalité ou Europe des nations ?		
A. Emmanuel Macron vers plus de supranationalité	……	
B. Marine Le Pen pour un retour à une « Europe des nations »		……
III. L'identité européenne au cœur du désaccord		
A. Des citoyens pour une Renaissance européenne	……	
B. Des identités nationales à préserver	……	« l'hymne national français » ……

ÉTAPE 3 Rédiger l'analyse de documents

✎ **Rédigez chacune des parties de l'analyse de documents dont la phrase introductive est proposée ci-dessous.**

Les deux documents donnent à voir les positions des deux premiers partis de France aux élections européennes en 2019 – celles du président Emmanuel Macron et de son parti LREM, et celles de Marine Le Pen, chef du parti d'extrême droite le Rassemblement national….. — **Introduction et présentation des documents**

Pour Emmanuel Macron et Marine Le Pen, les pays européens doivent être protégés des menaces d'un monde globalisé….. — **Partie I**

La supranationalité est au cœur des débats sur l'UE : les nations doivent-elles déléguer une part de leur souveraineté à l'UE, ou bien l'UE doit-elle se limiter à de la simple coopération entre les gouvernements ? Pour Emmanuel Macron, ….. — **Partie II**

L'identité au cœur des frictions européennes est aussi au centre du désaccord entre ces deux visions de l'Europe… — **Partie III**

Deux conceptions de l'Europe s'opposent donc ici….. — **Conclusion**

Texte à imprimer

ÉTAPE 1 Analyser le sujet

Quels élargissements, rétrécissements ou effacements faut-il évoquer ?

Frontières intérieures ou frontières extérieures ?

Quels changements majeurs ont lieu à cette date pour l'UE ?

Quelles mutations les frontières de l'UE ont-elles connues depuis le début des années 1990 ?

ÉTAPE 2 Mobiliser ses connaissances et organiser ses idées

Construisez votre argumentation en exploitant les cours et les documents suggérés dans le tableau.

Plan suggéré	Cours à exploiter	Documents à exploiter
I. La suppression des frontières intérieures pour les hommes et les biens		
A. La libre circulation des personnes et des biens	› Cours 1. A. p. 296	› Document 1 p. 298 › Document 3 p. 302 › Document 2 p. 302 › Document 4 p. 303
B. L'euro : une monnaie unique pour tous les pays	› Cours 1. A. p. 296	› Document 2 p. 300
II. Les nouvelles frontières de l'UE		
A. L'élargissement à l'Est sans précédent	› Cours 2. A. p. 304	› Frise et carte p. 292-293
B. Le Brexit, un premier rétrécissement des frontières de l'UE	› Cours 2. B. p. 304	› Document 2 p. 308
III. L'UE peine à définir une politique commune du contrôle des frontières		
A. Une volonté de fermeture face à la crise migratoire et aux menaces terroristes	› Cours 2. B. p. 304	› Document 1 p. 310 › Document 3 p. 311 › Document 2 p. 310
B. Une coopération renforcée pour contrôler les frontières	› Cours 2. B. p. 304	› Document 4 p. 311

ÉTAPE 3 Rédiger la réponse

EXO Exercices interactifs

Voici un exemple rédigé pour la partie I.

L'approfondissement de l'UE s'appuie sur différents projets d'ouverture des frontières intérieures et d'une libre circulation des hommes et des biens. — **Phrase d'introduction**

En 1990, cinq États membres signent l'accord de Schengen, bientôt rejoints par une majorité de pays européens – y compris des États non membres de l'UE. Au sein de l'espace Schengen, les contrôles aux frontières intérieures sont supprimés, pour faciliter la libre circulation des citoyens européens en Europe. Avec le traité de Maastricht, qui voit le passage de la CEE à l'UE, la Commission européenne supprime les derniers obstacles aux échanges au 1er janvier 1993. Ceux-ci étaient physiques, avec des contrôles aux frontières maintenus malgré l'union douanière créée en 1968. Ils étaient aussi techniques et fiscaux, du fait du manque d'harmonisation des normes et des taxes. Les frontières de l'UE sont moins des démarcations entre les États que des lieux de passages et d'échanges, des interfaces que les États membres cherchent à mettre en valeur. Des infrastructures monumentales viennent donc renforcer cet effacement des frontières. Avec le tunnel sous la Manche qui ouvre en 1994, l'UE a désormais une nouvelle frontière terrestre qui facilite la libre circulation des hommes et des biens. — **Partie I. A.**

Avec l'entrée en vigueur de la monnaie unique en 1999, les citoyens européens de la zone euro n'ont plus désormais à changer leur argent quand ils traversent les frontières, ce qui contribue non seulement à la formation d'un espace économique intégré au sein duquel les échanges sont facilités, mais aussi au développement d'un sentiment d'appartenance parmi les citoyens. Plusieurs pays, comme le Royaume-Uni, le Danemark et la Suède ont toutefois refusé d'entrer dans la zone euro. — **Partie I. B.**

En vous aidant de l'exemple ci-dessus, rédigez les parties II et III de la réponse.

BAC blanc

Réponse à une question problématisée

Sujet

Quels ont été les défis posés par l'élargissement de l'UE à l'est ?

Sujet

Quelles ont été les voies de l'approfondissement de l'UE et ses limites depuis 1992 ?

Analyse de documents

Sujet

Après avoir présenté le document, montrez par quels moyens les citoyens européens exercent leur pouvoir au sein de l'UE.

La démocratie européenne

Article 9

Dans toutes ses activités, l'Union respecte le principe de l'égalité de ses citoyens, qui bénéficient d'une égale attention de ses institutions, organes et organismes. Est citoyen de l'Union toute personne ayant la nationalité d'un État membre. La citoyenneté de l'Union s'ajoute à la citoyenneté nationale et ne la remplace pas.

Article 10

1. Le fonctionnement de l'Union est fondé sur la démocratie représentative.

2. Les citoyens sont directement représentés, au niveau de l'Union, au Parlement européen. [...]

3. Tout citoyen a le droit de participer à la vie démocratique de l'Union. Les décisions sont prises aussi ouvertement et aussi près que possible des citoyens.

4. Les partis politiques au niveau européen contribuent à la formation de la conscience politique européenne et à l'expression de la volonté des citoyens de l'Union.

Article 11

[...]

2. Les institutions entretiennent un dialogue ouvert, transparent et régulier avec les associations représentatives et la société civile.

3. En vue d'assurer la cohérence et la transparence des actions de l'Union, la Commission européenne procède à de larges consultations des parties concernées.

4. Des citoyens de l'Union, au nombre d'un million au moins, ressortissants d'un nombre significatif d'États membres, peuvent prendre l'initiative d'inviter la Commission européenne, dans le cadre de ses attributions, à soumettre une proposition appropriée sur des questions pour lesquelles ces citoyens considèrent qu'un acte juridique de l'Union est nécessaire aux fins de l'application des traités[1].

[...]

Article 14

1. Le Parlement européen exerce, conjointement avec le Conseil, les fonctions législative et budgétaire. Il exerce des fonctions de contrôle politique et consultatives conformément aux conditions prévues par les traités. Il élit le président de la Commission.

Extraits du traité de Lisbonne, en vigueur depuis la fin 2009.

1. La Commission peut néanmoins refuser de relayer la demande des citoyens, qui est alors caduque : « Un acte législatif de l'Union ne peut être adopté que sur proposition de la Commission. »

CHAPITRE 11

La République française de 1988 à nos jours

Comment la France a-t-elle réformé ses institutions et adapté sa législation aux grands enjeux de société ?

>> **La Ve République s'enracine dans la durée.** Elle est le deuxième régime le plus long que la France a connu depuis 1789, juste derrière la IIIe République. Cette stabilité n'a pas empêché de nombreuses réformes institutionnelles. L'instauration du quinquennat a accentué la présidentialisation du régime. La décentralisation a été inscrite dans la Constitution et approfondie par plusieurs lois importantes.

>> **La société française est agitée de nombreux débats.** Face à l'islam, devenue la deuxième religion de France, la laïcité a été réaffirmée, non sans controverses. Pour faire reculer les inégalités entre les femmes et les hommes, la France est le premier pays à avoir adopté officiellement la parité. Le modèle de la famille a profondément évolué en s'ouvrant aux couples de même sexe.

Féminité et diversité à l'Assemblée nationale

À l'occasion du 14 juillet 2003, 14 portraits de femmes portant le bonnet phrygien ou la cocarde tricolore sont exposés sur la façade de l'Assemblée nationale. Cette exposition, intitulée *Mariannes d'aujourd'hui*, est organisée en soutien au mouvement Ni putes ni soumises, créé en 2003 à partir d'une « marche des femmes des quartiers contre les ghettos et pour l'égalité ». La volonté de lutter contre les discriminations subies à la fois par les femmes et par les populations issues de l'immigration s'affiche sur ce bâtiment qui symbolise la démocratie.

Textes dys
TOUS LES TEXTES EN VERSION DYS
lyceen.nathan.fr/lequintrecterm-2020

ASSEMBLÉE NATIONALE

REPÈRES

La République française

Dans les chapitres précédents

- **Dans le chapitre 6**, vous avez étudié la mise en place de la Vᵉ République et la Constitution de 1958.
- **Dans le chapitre 8**, vous avez analysé les mutations sociales et culturelles que la France a connues de 1974 à 1988 et vous avez vu comment la Vᵉ République s'est adaptée à l'alternance, puis à la cohabitation.

Dans ce chapitre

- Nous allons étudier comment, de 1988 à nos jours, la République française a réformé ses institutions et légiféré sur les grands débats de société.

Frise interactive

1988 – 1995 – 2007 – 2012 – 2017

POLITIQUE

1993›1995 GOUVERNEMENT BALLADUR (deuxième cohabitation)

1997›2002 GOUVERNEMENT JOSPIN (troisième cohabitation)

2000 Quinquennat

2002 Le FN qualifié pour le second tour de la présidentielle

2003 Décentralisation inscrite dans la Constitution

2008 Révision constitutionnelle

2014›2015 Nouvelles lois de décentralisation

François Mitterrand 1988-1995

Jacques Chirac 1995-2007

Nicolas Sarkozy 2007-2012

François Hollande 2012-2017

Emmanuel Macron 2017-

SOCIÉTÉ

1989 « Affaire » du foulard islamique à Creil

1991 Édith Cresson Première ministre

1999 Parité inscrite dans la Constitution

1999 PACS

2000 Première loi sur la parité aux élections

2004 Interdiction du foulard islamique dans les collèges et lycées

2013 Mariage pour tous

Points de passage

L'approfondissement de la décentralisation

De nombreuses lois font de la France une République décentralisée où l'État délègue des responsabilités importantes aux collectivités territoriales.

La parité : du principe aux applications

La parité, encouragée ou imposée par la loi, est une étape majeure dans la lutte contre les discriminations dont les femmes sont victimes.

Le découpage administratif de la France : les collectivités territoriales

Carte interactive

COURS

› Repères p. 320
› Point de passage p. 324
› Dossier p. 326
› Biographies p. 342

Podcast du cours

Vidéo
Pourquoi la cohabitation est-elle devenue improbable ?

1. La Ve République depuis 1988 : un régime insubmersible ?

La Ve République a passé en 2018 le cap des 60 ans, en résistant aux critiques et aux cohabitations. Au-delà des divisions politiques, on peut observer une grande continuité dans deux domaines : la décentralisation et la présidentialisation.

A Le second septennat de François Mitterrand (1988-1995)

Une majorité fragile. Une fois réélu président le 8 mai 1988, François Mitterrand dissout l'Assemblée. Les élections législatives ont lieu en juin 1988 au scrutin uninominal majoritaire, rétabli par la droite dès 1986. Elles ne donnent pas la majorité des sièges au Parti socialiste, qui a besoin du soutien des communistes ou des centristes. Michel Rocard, Édith Cresson, puis Pierre Bérégovoy se succèdent comme Premier ministre sans parvenir à enrayer le chômage ni à apaiser le malaise des banlieues.

La deuxième cohabitation. La gauche subit une défaite historique aux élections législatives de 1993, avec seulement 80 sièges sur 577. François Mitterrand nomme Édouard Balladur (RPR) au poste de Premier ministre. Le retour de la droite au pouvoir se traduit par de nouvelles privatisations et par la politique sécuritaire du ministre de l'Intérieur, Charles Pasqua. Puis l'attention se focalise sur la campagne présidentielle, où s'affrontent deux candidats du RPR, anciens « amis de trente ans », Édouard Balladur et Jacques Chirac. Ce dernier l'emporte de justesse et il bat au second tour le socialiste Lionel Jospin.

B Les douze années de présidence de Jacques Chirac (1995-2007)

La troisième cohabitation. Le gouvernement d'Alain Juppé élabore un projet de réforme des retraites et de la Sécurité sociale, qui est retiré face à l'ampleur des grèves en décembre 1995. Espérant refonder sa légitimité, Jacques Chirac dissout l'Assemblée, mais c'est la gauche qui gagne les élections législatives de juin 1997. Une longue cohabitation (1997-2002) a lieu, cette fois entre un président de droite et un gouvernement de gauche, dirigé par Lionel Jospin. Celui-ci fait voter des réformes importantes, comme la réduction du temps de travail hebdomadaire de 39 à 35 heures (1998), le **PACS** (1999) et la **parité** (1999).

L'instauration du quinquennat. Jacques Chirac fait adopter par référendum en 2000 la réduction du mandat présidentiel de sept à cinq ans. Le quinquennat, en harmonisant les mandats du président de la République et de l'Assemblée nationale, rend peu probable la cohabitation, d'autant qu'est votée une « inversion du calendrier » consistant à organiser les élections législatives après l'élection présidentielle. Ces réformes renforcent le pouvoir du chef de l'État.

Vocabulaire

- **FN (Front national) :** parti d'extrême droite fondé en 1972 par Jean-Marie Le Pen. Il est présidé depuis 2011 par sa fille Marine Le Pen et est devenu en 2018 le **RN** (Rassemblement national).
- **« Gilets jaunes » :** mouvement apparu en 2018 pour protester contre la hausse des carburants et ayant adopté comme signe de ralliement le gilet jaune. Il est devenu un mouvement de révolte multiforme, exprimant notamment les difficultés des habitants des zones périurbaines.
- **LR (Les Républicains) :** parti de droite issu de l'UMP et rebaptisé en 2015 par Nicolas Sarkozy.
- **LREM (La République en marche) :** parti fondé en 2016 pour soutenir Emmanuel Macron. Il se veut progressiste et rassemble des militants venus du PS comme du centre-droit.
- **PACS (Pacte civil de solidarité) :** contrat conclu entre deux personnes de sexe différent ou de même sexe pour organiser leur vie commune. C'est une forme d'union reconnue par le Code civil et différente du mariage.
- **Parité :** représentation égale (paritaire) dans une institution des deux sexes.
- **UMP (Union pour un mouvement populaire) :** parti créé en 2002 pour réunir toutes les tendances de la droite. Il absorbe le RPR (Rassemblement pour la République) et une partie de l'UDF (Union pour la démocratie française).

• **La réélection.** Le 21 avril 2002, au premier tour de l'élection présidentielle, Lionel Jospin n'arrive qu'en troisième position. À la surprise générale, c'est le leader du **FN**, Jean-Marie Le Pen, qui se qualifie pour le second tour. Il est battu par Jacques Chirac qui remporte 82 % des voix. Le Premier ministre Jean-Pierre Raffarin peut compter sur la très large majorité obtenue par l'**UMP** aux législatives (63 % des députés). Il fait voter des lois sur la décentralisation (2003), l'allongement des cotisations retraite (2003) et la laïcité (2004). Mais les difficultés s'accumulent : la gauche triomphe aux régionales de 2004 (20 régions sur 22), le « non » l'emporte le 29 mai 2005 au référendum sur la Constitution européenne et l'état d'urgence est décrété le 8 novembre 2005 suite à de graves émeutes dans les banlieues.

POINT DE PASSAGE L'approfondissement de la décentralisation > p. 324

C L'alternance permanente (2007-2020)

• **La « droite décomplexée ».** Nicolas Sarkozy, ancien ministre de l'Intérieur de Jacques Chirac, est élu en 2007 après une campagne centrée sur le thème de l'insécurité. Il l'emporte sur la socialiste Ségolène Royal avec 53 % des suffrages exprimés. En rupture avec son prédécesseur Jacques Chirac, il prône une « droite décomplexée » renouant avec ses « vraies valeurs » : la défense du capitalisme libéral et de l'identité nationale. Il veut l'incarner en président hyperactif, ultramédiatisé, intervenant dans tous les domaines et cantonnant le Premier ministre François Fillon dans un rôle d'exécutant. Il fait adopter en 2008 la plus importante révision de la Constitution de la Ve République. Il est battu en 2007 par François Hollande.

• **La gauche déboussolée.** Premier président de gauche depuis François Mitterrand, soucieux de rompre avec la pratique du pouvoir de Nicolas Sarkozy, François Hollande se veut un président « normal », faisant un usage sobre de sa fonction. Mais il est souvent perçu comme manquant d'autorité, malgré les lois importantes qu'il fait voter sur le « mariage pour tous » (2013) et la décentralisation (2014-2015). Surtout, il est critiqué par une partie de la gauche qui s'oppose en 2016 à la loi Travail, jugée défavorable aux salariés, et au projet de déchéance de la nationalité pour les binationaux, proposé après les attentats du 13 novembre 2015.

• **Le « nouveau monde » ?** Ministre de l'Économie depuis 2014, Emmanuel Macron démissionne en 2016 et fonde **LREM** pour soutenir sa candidature à l'élection présidentielle. Il veut dépasser le clivage droite/gauche en attirant à lui tous les « progressistes », ce qui affaiblit à la fois le PS et **Les Républicains**, présentés comme « l'ancien monde » de la politique. Emmanuel Macron bat Marine Le Pen, candidate du FN, en 2017 et choisit Édouard Philippe, ancien LR, comme Premier ministre. Ce dernier se heurte au mouvement des **« gilets jaunes »** en 2018, puis à la très longue grève lancée en décembre 2019 contre son projet de réforme des retraites.

Réviser son cours

1. Quel bilan peut-on dresser du second septennat de F. Mitterrand ?
2. Quels sont les trois faits politiques majeurs sous la présidence de Jacques Chirac ?
3. Comment évolue le clivage droite/gauche depuis 2007 ?

La révision de la Constitution de 2008

- Le **Parlement** doit être informé par le Président des nominations importantes et des interventions militaires de la France. L'usage de l'article 49-3 par le gouvernement (pour faire passer une loi en engageant sa responsabilité) est limité.
- Le **président de la République** obtient le droit de s'exprimer devant les deux assemblées réunies en Congrès. Il ne peut exercer plus de deux mandats consécutifs.
- Un **référendum d'initiative populaire** peut être organisé s'il réunit 1/10e des électeurs et 1/5e des parlementaires.
- Un justiciable peut dans certaines conditions saisir le **Conseil constitutionnel** pour vérifier la constitutionnalité d'une loi qu'on veut lui appliquer (« question prioritaire de constitutionnalité »).
- Le Médiateur de la République est remplacé par le **Défenseur des droits**, plus accessible et plus puissant.
- Le Conseil économique et social devient le **Conseil économique, social et environnemental**.
- Les **langues régionales** sont reconnues comme appartenant au patrimoine de la France.
- La **parité** est étendue aux fonctions de direction dans tous les domaines.

Alternances et cohabitations depuis 1988

De droite / De gauche

1988 – **François Mitterrand** (PS)
PREMIERS MINISTRES
M. Rocard : 06/1988 › 05/1991
É. Cresson : 05/1991 › 04/1992
P. Bérégovoy : 04/1992 › 03/1993
É. Balladur : 03/1993 › 05/1995

1995 – **Jacques Chirac** (RPR puis UMP)
PREMIERS MINISTRES
A. Juppé : 05/1995 › 06/1997
L. Jospin : 06/1997 › 05/2002
J.-P. Raffarin : 05/2002 › 05/2005
D. de Villepin : 05/2005 › 05/2007

2007 – **Nicolas Sarkozy** (UMP)
PREMIER MINISTRE
F. Fillon : mai 2007 › mai 2012

2012 – **François Hollande** (PS)
PREMIERS MINISTRES
J.-M. Ayrault : 05/2012 › 03/2014
M. Valls : 03/2014 › 12/2016
B. Cazeneuve : 12/2016 › 05/2017

2017 – **Emmanuel Macron** (LREM)
PREMIER MINISTRE
É. Philippe : 05/2017 ›

POINT DE PASSAGE

> Cours p. 322

L'approfondissement de la décentralisation

>> Pourquoi l'approfondissement de la décentralisation est-il difficile à mener ?

CONTEXTE

- Les lois Defferre de 1982-1983 ont été approfondies à plusieurs reprises.
- Ces réformes ont suscité de nombreux débats. Certains veulent diminuer le nombre de communes (34 839 en France métropolitaine en 2019) et supprimer le département, échelon intermédiaire jugé dépassé. D'autres les défendent au contraire comme les lieux d'une démocratie de proximité.
- Par ailleurs, les collectivités territoriales se plaignent souvent de ne pas disposer des ressources financières suffisantes pour exercer leurs compétences de plus en plus nombreuses.

Vidéo
L'histoire de la décentralisation

- 1982 **Loi Defferre** relative aux droits et libertés des communes, des départements et des régions (Acte I).
- 2003 Loi constitutionnelle inscrivant la décentralisation dans la **Constitution** (Acte II).
- 2010 Loi de réforme des collectivités territoriales (Acte III).
- 2014 Loi de modernisation de l'action publique territoriale et d'affirmation des métropoles (dite loi **MAPTAM**).
- 2015 **Loi créant une nouvelle carte des régions** : 12 (au lieu de 21) + la collectivité territoriale de Corse.
- 2015 Loi sur la Nouvelle organisation territoriale de la République (dite **loi NOTRe**).

1 Une république décentralisée

Article 1. La France est une République indivisible, laïque, démocratique et sociale. [...] Son fonctionnement est décentralisé.

Article 72. Les collectivités territoriales ont vocation à prendre les décisions pour l'ensemble des compétences qui peuvent le mieux être mises en œuvre à leur échelon. Dans les conditions prévues par la loi, ces collectivités s'administrent librement par des conseils élus et disposent d'un pouvoir réglementaire pour l'exercice de leurs compétences. [...]

Dans les collectivités territoriales de la République, le représentant de l'État, représentant de chacun des membres du gouvernement, a la charge des intérêts nationaux, du contrôle administratif et du respect des lois.

La loi fixe les conditions dans lesquelles les électeurs de chaque collectivité territoriale peuvent, par l'exercice du droit de pétition, demander l'inscription à l'ordre du jour de l'assemblée délibérante de cette collectivité d'une question relevant de sa compétence. Dans les conditions prévues par la loi organique, les projets de délibération ou d'acte relevant de la compétence d'une collectivité territoriale peuvent, à son initiative, être soumis, par la voie du référendum, à la décision des électeurs de cette collectivité.

Constitution de la République française, réécrite par la loi constitutionnelle du 28 mars 2003.

2 Le programme de la loi NOTRe

Le temps est venu de donner une forme nouvelle à cette ambition [la décentralisation]. Parce que notre organisation territoriale a vieilli et que les strates se sont accumulées. Parce que les moyens de communication, les mutations économiques, les modes de vie ont effacé les limites administratives. [...] L'intercommunalité deviendra donc, dans le respect de l'identité communale, la structure de proximité et d'efficacité de l'action locale. Il faudra en tenir compte pour lui donner le moment venu toute sa légitimité démocratique. [...] Les régions, quant à elles, se sont imposées comme des acteurs majeurs de l'aménagement du territoire. [...] Dans ce nouveau contexte, le conseil général devra à terme disparaître. La création de grandes régions et le renforcement des intercommunalités absorberont une large part de ses attributions. Mais cette décision doit être mise en œuvre de façon progressive, car le conseil général joue un rôle essentiel dans la solidarité de proximité et la gestion des prestations aux personnes les plus fragiles. [...] Certaines métropoles pourront reprendre les attributions des conseils généraux et toutes les expérimentations seront encouragées et facilitées.

Réformer les territoires pour réformer la France, communiqué de presse du président de la République François Hollande, 2 juin 2014.

3 Une réforme autoritaire ?

Ainsi que l'ont souligné les différentes associations d'élus entendues par la mission, la mise en œuvre de la loi NOTRe a été vécue, à bien des égards, comme une expérience traumatisante par les élus locaux. La réforme de la carte intercommunale, pilotée par les préfets, a été perçue comme un processus autoritaire. [...] L'augmentation de la taille des intercommunalités a entraîné une modification de la relation entre communes et intercommunalités, souvent citée par les élus et leurs associations comme le principal « irritant » de la loi NOTRe. [...] Sous l'effet de différents facteurs – éloignement géographique du siège de l'intercommunalité, augmentation des effectifs des conseils communautaires, technicité des sujets et abondance des normes, poids croissant de la « technostructure » dans les intercommunalités – les élus municipaux, en particulier les maires, ressentent un éloignement et une perte d'influence vis-à-vis des intercommunalités. Le transfert obligatoire d'importantes compétences communales accentue également le sentiment de dépossession des maires et des élus municipaux.

Rapport de la mission d'information sur la loi NOTRe, Assemblée nationale, mis en ligne le 19 décembre 2019.

4 Les compétences des collectivités territoriales aujourd'hui

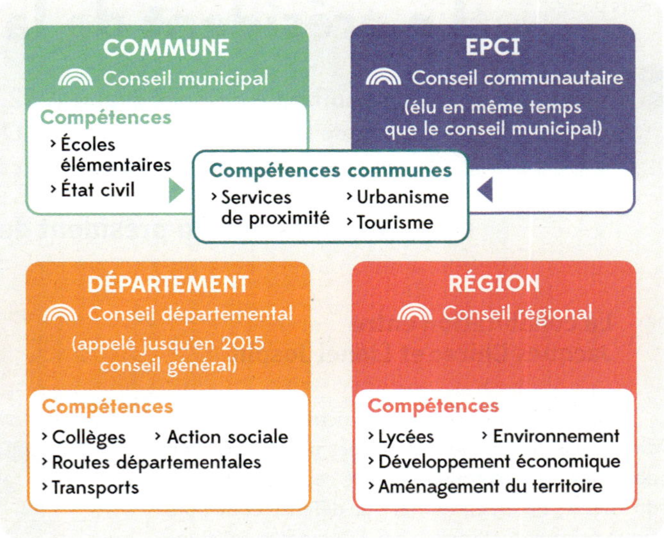

5 Les maires en colère

Manifestation du collectif des « Maires en colère » à Paris, 17 juin 2015.

Questions

Parcours A Répondre aux questions

1. **Définissez** la décentralisation en précisant les rôles respectifs des collectivités territoriales et de l'État (**doc. 1**).
2. **Montrez** que, dans la réforme annoncée par François Hollande, une collectivité territoriale est menacée au profit de deux autres (**doc. 2 et 4**).
3. **Expliquez** ce qu'est l'intercommunalité et pourquoi elle est critiquée par les élus locaux (**doc. 3 et 4**).
4. **Montrez** que les manifestants veulent présenter la commune comme un fondement de la démocratie (**doc. 5**).
5. À partir des réponses aux questions précédentes, répondez de manière organisée à la problématique.

ou

Parcours B

Aide

Réaliser une enquête de terrain

Faites une recherche sur votre commune.

- Relevez les compétences actuelles de votre commune.
- Comment ont-elles évolué depuis 2003 ? depuis 2010 ?
- À l'aide du **doc. 4**, faites la liste des trois autres collectivités territoriales dont relève votre commune.

> Cours p. 322

Le président de la République

Vidéo
Le président de la République a-t-il vraiment tous les pouvoirs ?

Élu au suffrage universel depuis 1962, le président de la République est l'acteur majeur de la vie politique française. Depuis 2000, le quinquennat renforce la présidentialisation, dénoncée par ceux qui veulent une VIe République.

>> Quel est le rôle du président de la Ve République ?

1 La cohabitation entre Jacques Chirac et Lionel Jospin

Nous nous entendons sans difficulté sur les règles de la cohabitation, le partage des pouvoirs qui en découle et la reconnaissance de ceux, spécifiques du chef de l'État, en matière de défense et de politique étrangère. J'insiste sur l'une des conditions primordiales de notre future entente : le respect de nos engagements européens pour aboutir à la création de la monnaie unique. Je sais le nouveau Premier ministre plutôt réservé à ce sujet. Il m'assure cependant de sa détermination à avancer dans le même sens que moi. [...]

Le premier heurt survient peu après mon intervention télévisée du 14 juillet [1997], où j'ai émis le souhait d'une « cohabitation constructive », à condition, bien sûr, que soit respectée la répartition des rôles définie par la Constitution. J'ai également rappelé que cette dernière confère une sorte de « prééminence » au président de la République et lui donne, en somme, le « dernier mot » pour « tout ce qui touche à la place de la France dans le monde » et à « l'acquis européen », comme pour tout ce qui concerne la modernisation et « l'équilibre de notre société ». J'évoquais, en outre, cette autre caractéristique de nos institutions qu'est le « temps présidentiel », lequel apporte à son détenteur, moins impliqué dans la gestion quotidienne, surtout en période de cohabitation, la liberté nécessaire à « une certaine réflexion sur l'évolution du monde »... Rien en soi de très original, ni qui puisse prêter à controverse. Deux jours plus tard, Lionel Jospin me prend sèchement à partie en Conseil des ministres. Il me dénie le droit, après nous avoir donné lecture des articles 5 et 20 de la Constitution, de prétendre avoir le « dernier mot », formule qui l'a manifestement choqué. Il tient toutefois à me rassurer : j'aurai toujours la possibilité, en tant qu'« homme politique », de « porter des appréciations » sur l'action de son gouvernement.

Jacques Chirac, *Le temps présidentiel Mémoires*, tome 2, Nil, 2011.

2 Un président trop présent ?
Une du *Point*, 19 juillet 2007.

REPÈRES

L'image des présidents

- **Nicolas Sarkozy** a été surnommé « l'hyperprésident » du fait de sa volonté affichée d'intervenir dans tous les domaines, en considérant le Premier ministre comme un « collaborateur ». Ses détracteurs y ont vu une omniprésence médiatique nuisant à l'exercice du pouvoir.
- **François Hollande** s'est voulu un « président normal ». La formule définissait un président humain, sans arrogance ; elle lui a été reprochée comme affaiblissant sa fonction.
- **Emmanuel Macron** se présente comme un « président jupitérien ». Par cette image, il entend redonner à sa fonction de l'autorité et de la hauteur. Certains y voient la marque d'un président autoritaire et hautain.

3 Sortir de l'ambiguïté

Selon la Constitution, c'est lui [le Premier ministre] qui « détermine et conduit la politique de la nation ». Selon nos usages, il est le chef de la majorité parlementaire. Il anime la vie du gouvernement au jour le jour tandis que le président incarne la nation, la représente à l'étranger, fixe les grandes orientations. Mais dans le quinquennat, avec une majorité parlementaire qui se constitue dans la foulée de l'élection présidentielle, le chef de l'État est en première ligne. Impossible pour lui, comme au temps du septennat, de se situer au-dessus des affaires courantes pour se cantonner aux arbitrages majeurs. C'est lui qui est élu, non le chef du gouvernement. C'est à lui de diriger et de rendre compte. [...] Faut-il présidentialiser définitivement la Ve République ? C'est la logique du quinquennat et de l'inversion du calendrier électoral. [...] Notre Constitution n'est plus parlementaire depuis que le chef de l'État est élu au suffrage universel, mais elle n'est pas non plus présidentielle, dès lors que le Premier ministre est responsable devant l'Assemblée nationale. [...] Il n'est plus possible de rester au milieu du gué. Ce n'est ni favorable aux droits du Parlement ni efficace pour la bonne marche de l'exécutif.

François Hollande, *Les leçons du pouvoir*, Stock, 2018.

4 Une exception française ?

Une de *Courrier international*, 22 juin 2017.

5 Un président « prééminent » et irresponsable

Professeur de science politique à l'université Paris 1, l'auteur est aussi militant écologiste et fondateur de la Convention pour la VIe République.

Au cœur du fonctionnement de la démocratie représentative, dans la forme du régime parlementaire qu'elle a commencé à prendre il y a plus de deux siècles en Europe [...], il y a une idée à la fois forte et simple : les gouvernants qui ne jouissent plus de la confiance des représentants du peuple doivent quitter leurs fonctions. Dans l'exercice du pouvoir qui leur est confié, ils doivent répondre en permanence de cette confiance, ce qui suppose de devoir rendre des comptes sur l'usage qu'ils font, ou on fait, de la confiance qui leur a été accordée. Ce dispositif de mise à l'épreuve de la confiance se nomme « responsabilité politique », pour bien la distinguer des crimes et délits qui relèvent, eux, des tribunaux. [...] C'est ainsi que les gouvernants peuvent poser la question de confiance aux représentants du peuple, et que ceux-ci peuvent – en cas de défiance – les censurer, autrement dit les renvoyer. Or, le bicéphalisme du pouvoir gouvernant en France porte gravement atteinte à ce principe de responsabilité politique, puisque le président de la République est un gouvernant réel (et la plupart du temps prééminent) mais qu'il échappe constitutionnellement à toute censure parlementaire.

Bastien François, *La 6e République, pourquoi, comment ?*, Les Petits matins, 2015.

Questions

Parcours A Répondre aux questions

1. **Montrez** que la cohabitation entre Jacques Chirac et Lionel Jospin révèle deux lectures différentes de la Constitution (**doc. 1**).
2. **Analysez** la médiatisation de la fonction présidentielle et ses conséquences (**doc. 2 et 4**).
3. **Expliquez** pourquoi le quinquennat renforce le pouvoir du président (**doc. 3**).
4. **Comparez** ces deux analyses et les solutions envisagées pour réformer le système politique français (**doc. 3 et 5**).
5. À partir des réponses aux questions précédentes, répondez de manière organisée à la problématique.

ou

Parcours B Travailler l'oral

Préparez une présentation orale de 5 minutes pour répondre à la question : « Quel est le rôle du président de la Ve République ? », puis répartissez-vous par groupes de 3 ou 4 élèves. À tour de rôle, vous présentez votre réponse. Les autres élèves, dans le rôle du jury, vous posent des questions pendant 10 minutes : demandes de précisions, définitions du vocabulaire employé, liens avec le cours...

> Repères p. 320
> Point de passage p. 330
> Dossiers p. 332, p. 334

Podcast du cours

2. La France face aux changements sociétaux

Depuis les années 1990, la société française a évolué très vite. Confrontée à des revendications et questions multiples, elle a tenté d'y répondre en réactualisant sans cesse la devise de la république.

A La fraternité entre les communautés ?

Immigration et nation. Les immigrés passent de 7,4 % de la population vivant en France en 1990 à 9,7 % en 2019. Le débat sur leur « intégration » devient un enjeu politique majeur, sur fond d'épisodes d'émeutes dans les quartiers populaires. Le malaise des banlieues est médiatisé en 1995 par le film *La Haine* de Mathieu Kassovitz. Pour certains, l'intégration passe par la lutte contre les discriminations dont sont victimes les immigrés et les générations issues de l'immigration et par la valorisation de la « diversité ». Pour d'autres, s'intégrer, c'est adopter la culture française traditionnelle en renonçant à la sienne, se fondre dans une société où le multiculturalisme n'est pas encouragé.

Des politiques fluctuantes. Le socialiste Michel Rocard crée en 1989 le **HCI** et en 1990 le ministère de la Ville, pour lutter contre l'exclusion dans les banlieues. Revenue au pouvoir en 1993, la droite durcit le Code de la nationalité. La victoire de la France en 1998 lors de la Coupe du monde de football est parfois interprétée comme celle d'une équipe « black-blanc-beur » symbolisant une harmonieuse diversité. Mais cette euphorie est de courte durée. La création en 2005 de la **HALDE** montre que les problèmes sont loin d'être réglés. Élu président après une campagne axée sur l'insécurité, Nicolas Sarkozy crée un ministère de l'Immigration, de l'Intégration et de l'Identité nationale et exalte les « racines chrétiennes » de la France.

Islam et laïcité. Deuxième religion de France, l'islam focalise l'attention. Après une première « affaire du foulard » à Creil en 1989, le port du voile islamique dans les établissements scolaires est interdit en 2004. Cela ravive les controverses sur la laïcité, alors qu'on célèbre en 2005 le centenaire de la Séparation des Églises et de l'État. Les uns défendent une laïcité tolérante, où l'État permet la cohabitation des différentes religions dans une société multiculturelle ; ils dénoncent l'amalgame fréquent entre l'islam et le terrorisme islamiste qui frappe la France. Les autres prônent une laïcité intransigeante à l'égard de toute forme de « communautarisme » ou de « séparatisme », voire suspectent une certaine interprétation de l'islam d'être incompatible avec les valeurs républicaines et le foulard islamique d'être un signe de soumission des femmes à la domination masculine.

B L'égalité entre les sexes

« Disposer de son corps ». Ce slogan féministe des années 1970 est toujours d'actualité. En 2001, le délai légal de recours à l'IVG passe de 10 à 12 semaines et l'autorisation parentale pour les mineures est supprimée. Pour lutter contre la violence sexiste dans les banlieues, l'association Ni putes ni soumises est créée en 2003. Les débats portent surtout sur le harcèlement sexuel, reconnu par la loi en 1992. Ce combat est de nouveau médiatisé en 2017, sous

Vocabulaire

- **Féminicide** : meurtre d'une femme pour des motifs liés à son identité de femme, le plus souvent par son conjoint ou son ex-conjoint.
- **GPA (Gestation pour autrui)** : recours à une « mère porteuse ».
- **HALDE (Haute Autorité de lutte contre les discriminations et pour l'égalité)** : créée en 2005 et dissoute en 2011. La lutte contre les discriminations est depuis assurée par le Défenseur des droits.
- **HCE (Haut Conseil à l'Égalité entre les femmes et les hommes)** : créé en 2013 pour conseiller le Premier ministre et publier un rapport annuel sur l'état du sexisme en France. Il remplace l'Observatoire de la parité entre les hommes et les femmes fondé en 1995.
- **HCI (Haut Conseil à l'Intégration)** : créé en 1989 pour conseiller le Premier ministre. Il est supprimé en 2012. L'Observatoire de la laïcité, fondé en 2013, hérite de ses missions.
- **LGBTQIA+** : > voir p. 242.
- **PACS (Pacte civil de solidarité)** : contrat conclu entre deux personnes de sexe différent ou de même sexe pour organiser leur vie commune. C'est une forme d'union reconnue par le Code civil et différente du mariage.
- **Parité** : représentation égale (paritaire) dans une institution des deux sexes.
- **PMA (Procréation médicalement assistée)** : réservée aux couples hétérosexuels infertiles jusqu'à la loi de 2020 qui doit l'ouvrir aux femmes célibataires et aux couples de femmes.

l'influence du mouvement américain puis mondial #MeToo. En France, le hashtag #BalanceTonPorc invite les femmes à briser la loi du silence. Une loi de 2018 renforce la lutte contre « les violences sexuelles et sexistes ». Une nouvelle loi doit en 2020 renforcer la lutte contre les violences conjugales et le **féminicide**.

- **Des progrès en politique.** En 1991 une femme, Édith Cresson, accède pour la première fois au poste de Première ministre. En 2007, Ségolène Royal est présente au second tour de la présidentielle. Surtout, la **parité** est inscrite en 1999 dans la Constitution, appliquée aux élections à partir de 2000 et élargie en 2008. Le gouvernement de Jean-Marc Ayrault en 2012 est le premier à compter autant de femmes que d'hommes. Mais dans la société, les femmes, qui assument plus de tâches domestiques et sont encore dévalorisées par les stéréotypes de genre, restent minoritaires dans les postes de direction.

- **Une langue sexiste ?** Les féministes entendent réformer les clichés en partie entretenus par la langue française. La féminisation des noms de métiers, décidée en 1986, est relancée en 1998. En 2012 l'emploi du terme « Mademoiselle » dans les formulaires administratifs est interdit, Madame devenant pour les femmes, quel que soit leur âge, l'équivalent de Monsieur pour les hommes. Mais l'écriture inclusive, prônée par le **HCE**, suscite de nombreuses oppositions, notamment celle de l'Académie française.

POINT DE PASSAGE La parité : du principe aux applications > p. 330

C La liberté des choix

- **Le mariage pour tous.** La lutte contre les discriminations est aussi menée par le mouvement **LGBTQIA+**, qui s'est affirmé dans la campagne contre le SIDA dans les années 1980. La Gay Pride, rebaptisée en 2001 Marche des Fiertés, permet l'expression festive des revendications, notamment celle de la reconnaissance légale des couples de même sexe. La droite catholique s'oppose à ce projet, estimant qu'il menace la famille. La gauche crée en 1999 le **PACS**, un contrat civil qui offre aux couples homosexuels un premier statut légal. Les débats reprennent en 2012, sous la présidence de François Hollande, qui a promis le « mariage pour tous ». Le projet est défendu par la ministre de la Justice Christiane Taubira et combattu par le mouvement « La manif pour tous ». La loi du 17 mai 2013 autorise le mariage entre deux personnes de même sexe.

- **La question de l'homoparentalité.** Le débat se déplace alors sur la possibilité pour les couples de même sexe d'être parents. L'adoption d'un enfant par un couple homosexuel reste difficile. La loi bioéthique, proposée en 2020 au vote du Parlement par le gouvernement d'Édouard Philippe, propose d'étendre la **PMA** à toutes les femmes, en maintenant l'interdiction de la **GPA**. Certains dénoncent la GPA comme une marchandisation du corps de la femme. D'autres défendent une GPA altruiste et éthique, strictement encadrée par la loi pour éviter les dérives.

Réviser son cours

1. Quelles sont les deux conceptions de l'intégration des immigrés ?
2. Qu'est-ce que la parité et quelles sont ses limites ?
3. Quelles transformations le couple et la famille ont-ils connues ?

Les inégalités domestiques

Temps domestique* par jour (2010)

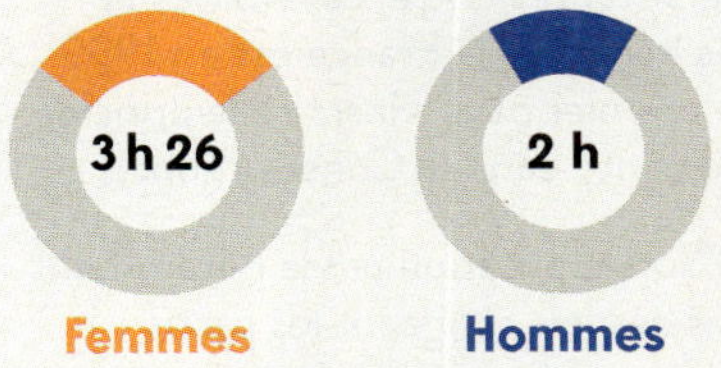

* Ménage, cuisine, enfants, bricolage...

Source : INSEE.

Les inégalités professionnelles

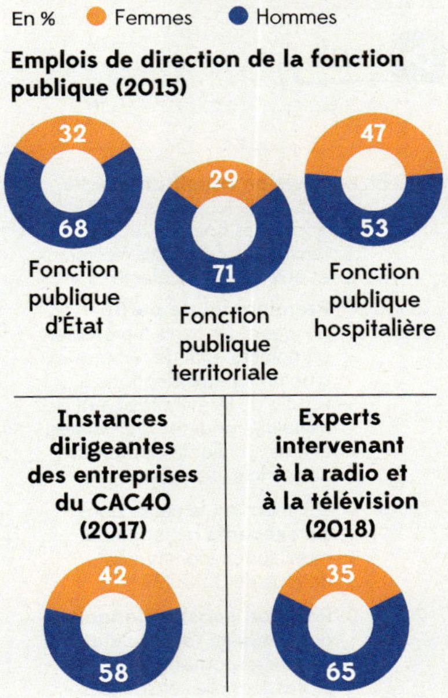

› Cours p. 328

La parité : du principe aux applications

›› Comment le principe de parité s'est-il progressivement appliqué en France ?

CONTEXTE

- Pour lutter contre les inégalités persistantes entre les femmes et les hommes, la France est en 1999 le premier pays à inscrire le principe de parité dans sa Constitution.
- Son application passe notamment par des lois obligeant les partis politiques à présenter autant de femmes que d'hommes aux élections.
- La notion de parité s'est élargie en 2008 aux postes de responsabilité dans tous les domaines de la vie publique mais elle se heurte encore à des préjugés sexistes bien enracinés.

Vidéo
Élections législatives : la parité, il y a la loi et la réalité

- 1999 **Révision constitutionnelle. Art. 3** : la loi « favorise l'égal accès des hommes et des femmes aux mandats électoraux et aux fonctions électives ».
- 2000 **Première loi de parité** obligeant les partis à présenter un nombre égal de femmes et d'hommes aux élections à scrutin de liste et prévoyant des pénalités pour les législatives. Elle est suivie de nombreuses autres lois (doc. 2).
- 2007 Loi imposant la parité dans les **exécutifs** régionaux et municipaux (communes de plus de 3 500 h).
- 2008 **Révision constitutionnelle** qui complète l'**art. 3** : « ainsi qu'aux responsabilités professionnelles et sociales ».
- 2011 Loi sur la parité dans les instances dirigeantes des **grandes entreprises**.
- 2012 Loi sur la parité dans les postes élevés de la **fonction publique** d'État, territoriale et hospitalière.
- 2013 Loi sur la parité dans les instances dirigeantes de **l'enseignement supérieur**.
- 2014 Loi pour « l'égalité réelle entre les femmes et les hommes », portant notamment sur les instances dirigeantes du **sport et de la culture**.

1 La parité : un progrès démocratique

L'exclusion des femmes du champ politique s'appuie d'abord sur des préjugés tenant à une conception patriarcale toujours vivace : les femmes, par nature, ne seraient pas destinées à l'exercice du pouvoir. C'est dans le refus de ce concept d'une humanité non pas double, mais hiérarchisée, que réside le sens profond de la parité. Inscrire, à l'article 3 de notre Constitution, que la loi favorise l'égal accès des hommes et des femmes aux mandats électoraux et aux fonctions électives, n'est pas nier l'universalisme. C'est, au contraire, l'expliciter, le réaffirmer. Il n'est question ni de fonder un corps électoral distinct, ni de limiter les femmes à la seule représentation des femmes, mais de veiller à un partage équilibré des responsabilités au sein de la République. [...] Si le rôle du politique est d'éclairer, d'énoncer les principes, il doit commencer par se les appliquer à lui-même. En ce sens, l'image de notre Congrès composé à 90 % d'hommes et 10 % de femmes a de quoi heurter. La tolérerait-on si c'était l'inverse ? [...] Les lois qui découleront de cette révision constitutionnelle provoqueront un bouleversement majeur de notre vie politique, bien au-delà de nos assemblées territoriales ou nationales. L'image que les Français se font de leurs hommes et de leurs femmes politiques en sera profondément transformée. En montrant que le pouvoir se partage de manière égale, la parité entraînera une adhésion plus grande de nos concitoyens. En montrant qu'il est possible de transformer radicalement ses mœurs et ses pratiques, la parité fera la preuve qu'il est possible de changer la société.

Dinah Derycke, sénatrice socialiste du Nord, *Intervention devant le Congrès du Parlement réuni à Versailles*, 28 juin 1999.

2 Les exigences de parité aux différentes élections

Scrutin de liste - Élections

- **Municipales et intercommunales** Communes de moins de 1 000 h **Pas de contrainte légale**
- **Municipales et intercommunales** Communes de plus de 1 000 h **Alternance* stricte H/F depuis 2013** (depuis 2007 pour les communes de plus de 3 500 h)
- **Régionales** **Alternance stricte H/F depuis 2003**
- **Européennes** **Alternance stricte H/F depuis 2000**
- **Sénatoriales** Dép. élisant au moins 3 sénateurs **Alternance stricte H/F depuis 2000**

Scrutin uninominal - Élections

- **Sénatoriales** Dép. élisant 1 ou 2 sénateurs **Pas de contrainte légale**
- **Législatives** **Pénalités financières pour les partis dont les candidatures ne sont pas paritaires (48-52 %) depuis 2000**

Scrutin binominal - Élections

- **Départementales** (appelées avant cantonales) **Binôme H/F par canton depuis 2013**

* Alternance : les femmes et les hommes doivent être aussi nombreux et placés en alternance dans la liste : une femme, un homme, une femme, un homme, etc.

3 Un monde politique sexiste

Plantu, dessin publié dans *Le Monde*, février 2003.

4 La représentation des femmes au Parlement

5 La France peut mieux faire

Le Haut Conseil appelle enfin à la reconnaissance du fait que les femmes sont des citoyennes à part entière. Ce droit n'est aujourd'hui pas pleinement reconnu et mis en œuvre. [...] Les postes de n° 1 des collectivités, par exemple, sont très largement monopolisés par les hommes : ils dirigent 84 % des mairies, 90 % des départements et des régions. Les conseils d'administration des entreprises sont encore majoritairement composés d'hommes. La fameuse règle de grammaire : « le masculin l'emporte sur le féminin » apprend dès le plus jeune âge aux filles et aux garçons qui domine et qui subit. [...] Dans l'ensemble des dispositifs de valorisation de l'héritage culturel français, les femmes sont sous-représentées, comme si les hommes étaient les seuls pourvoyeurs de l'héritage culturel, politique et artistique français. Le terme « patrimoine » est éloquent à cet égard, puisqu'il signifie littéralement « héritage du père ». Les pratiques médiatiques dénoncées par plusieurs collectifs contribuent à invisibiliser les femmes et les considérer davantage comme témoins que comme expertes. En 2017, le CSA comptabilisait seulement 35 % de femmes parmi les expert·e·s invité·e·s dans les médias, et moins de 30 % (27 %) de femmes parmi les invité·e·s politiques.

HCE, *Rapport d'activité, 2013-2019, 6 ans d'engagement pour l'égalité et les droits des femmes*, 2019.

Questions

1. **Expliquez** pourquoi l'oratrice considère la parité comme un progrès démocratique (**doc. 1**).
2. **Classez** les différentes méthodes légales utilisées pour instaurer la parité dans les élections (**doc. 2**).
3. **Montrez** comment ce dessin critique la situation des femmes dans la vie politique en 2002 (**doc. 3 et 4**).
4. **Analysez** le bilan du HCE, en précisant les différents champs d'application de la parité (**doc. 4 et 5**)
5. À partir des réponses aux questions précédentes, répondez de manière organisée à la problématique.

Focus sur le document 5

1. **Expliquez** les limites des lois sur la parité dans le domaine électoral.
2. **Montrez** que le HCE propose une définition large de la citoyenneté et des applications de la parité.
3. **Analysez** les facteurs qui contribuent au maintien des stéréotypes de genre dans la société française.

> Cours p. 328

Le foulard islamique au cœur des débats sur la laïcité

Depuis 1989, les polémiques sur le port du foulard par des collégiennes ou lycéennes musulmanes ont relancé les débats sur la laïcité. Son interdiction est pour les uns un renforcement de la laïcité face au communautarisme, pour les autres une stigmatisation de la communauté musulmane de France.

>> Pourquoi le foulard islamique a-t-il relancé les débats sur la laïcité en France ?

- **Sept. 1989** Trois jeunes filles refusant de retirer leur foulard sont exclues d'un collège de Creil (60).
- **Nov. 1989** Le **Conseil d'État** déclare que le port des signes religieux à l'école n'est pas incompatible avec la laïcité s'il n'est pas « ostentatoire et revendicatif ».
- **Sept. 2003** Deux élèves d'un lycée d'Aubervilliers (93) sont exclues.
- **Déc. 2003** **Publication du rapport de la commission de réflexion sur l'application du principe de laïcité** dans la République, présidée par Bernard Stasi.
- **2004** **Loi interdisant les signes religieux dans les écoles, collèges et lycées publiques** et circulaire du ministre de l'Éducation nationale.
- **2010** Loi interdisant le port d'une tenue dissimulant le visage dans l'espace public.
- **2015** Loi interdisant les signes religieux aux salariés des **crèches privées** (« structures privées en charge de la petite enfance »).

1 Faut-il légiférer sur le foulard islamique ?

Le débat public s'est centré sur le port du voile islamique par de jeunes filles et plus largement sur le port de signes religieux et politiques à l'école. [...] Pour celles qui le portent, le voile peut revêtir différentes significations. Ce peut être un choix personnel ou au contraire une contrainte, particulièrement intolérable pour les plus jeunes. [...] Pour celles qui ne le portent pas, la signification du voile islamique stigmatise « la jeune fille pubère ou la femme comme seule responsable du désir de l'homme », vision qui contrevient fondamentalement au principe d'égalité entre les hommes et les femmes. [...] Le caractère visible d'un signe religieux est ressenti par beaucoup comme contraire à la mission de l'école qui doit être un espace de neutralité et un lieu d'éveil de la conscience critique. [...] La commission a entendu les représentants des grandes religions ainsi que des dirigeants d'associations de défense des droits de l'homme qui ont fait part de leurs objections vis-à-vis d'une loi interdisant le port de signes religieux. Les motifs invoqués sont les suivants : stigmatisation des musulmans, exacerbation du sentiment anti-religieux, image à l'étranger d'une France « liberticide », encouragement à la déscolarisation et développement d'écoles confessionnelles musulmanes. [...] D'autres – la quasi-totalité des chefs d'établissements et de très nombreux professeurs – sont convaincus qu'il faut légiférer.

B. Stasi, *Rapport de la Commission de réflexion sur l'application du principe de laïcité dans la République*, 1er décembre 2003.

2 L'interdiction dans l'enseignement primaire et secondaire

Les signes et tenues qui sont interdits sont ceux dont le port conduit à se faire immédiatement reconnaître par son appartenance religieuse tels que le voile islamique, quel que soit le nom qu'on lui donne, la kippa ou une croix de dimension manifestement excessive. [...] La loi ne remet pas en cause le droit des élèves de porter des signes religieux discrets. La loi s'applique à l'ensemble des écoles et des établissements d'enseignement scolaire publics. Dans les lycées, la loi s'applique à l'ensemble des élèves, y compris ceux qui sont inscrits dans des formations post-baccalauréat (classes préparatoires aux grandes écoles, sections de technicien supérieur). La loi s'applique à l'intérieur des écoles et des établissements et plus généralement à toutes les activités placées sous la responsabilité des établissements ou des enseignants y compris celles qui se déroulent en dehors de l'enceinte de l'établissement (sortie scolaire, cours d'éducation physique et sportive...). Les agents contribuant au service public de l'éducation, quels que soient leur fonction et leur statut, sont soumis à un strict devoir de neutralité qui leur interdit le port de tout signe d'appartenance religieuse, même discret. Ils doivent également s'abstenir de toute attitude qui pourrait être interprétée comme une marque d'adhésion ou au contraire comme une critique à l'égard d'une croyance particulière. [...] La loi ne concerne pas les parents d'élèves.

Circulaire du ministre de l'Éducation nationale François Fillon, 18 mai 2004 (*Respect de la laïcité. Port de signes ou de tenues manifestant une appartenance religieuse dans les écoles, collèges et lycées publics*).

REPÈRES

Le « foulard islamique »

Le port d'un vêtement particulier par les femmes est une coutume dans les pays musulmans, mais pas une obligation explicitement formulée dans le *Coran*. Le terme arabe *hijab* est traduit en français par « voile » ou « foulard islamique ». C'est une pièce de tissu par laquelle une femme couvre sa tête sans cacher son visage. Il est différent du « voile intégral », qui couvre entièrement le visage (à l'exception des yeux) et le corps, appelé *niqab* en arabe (*burqa* en Afghanistan). Les Iraniennes chiites portent le *tchador*, soit un long voile couvrant la tête et le haut du corps, sans cacher le visage.

4 Une laïcité accueillante ?

Affiche de la FCPE. Elle appartient à un ensemble de cinq affiches réalisé par la FCPE dans la cadre de la campagne des élections de représentants de parents d'élèves d'octobre 2019.

3 La législation française en 2020

Catégories de population	Législation sur les signes religieux
Agents publics	Interdits
Élèves des écoles, collèges et lycées	Interdits
Étudiants	Autorisés
Employés d'entreprises privées	Limités* *Le port de signes religieux est interdit dans les crèches privées (2015). Il peut l'être dans les entreprises dont le règlement intérieur le justifie pour des raisons de sécurité, d'hygiène ou de bonne organisation (jurisprudence européenne, 2017).
Tout le monde, dans l'espace public	**Autorisé**, sauf pour les vêtements dissimulant le visage

5 « L'étendard du communautarisme » ?

Le Sénat a adopté le 29 octobre 2019 une proposition de loi interdisant le port de signes religieux aux parents accompagnant les sorties scolaires, rejetée ensuite par l'Assemblée nationale.

Il serait donc logique que les sorties soient considérées comme partie intégrante du temps scolaire et de l'environnement scolaire, et que les règles de neutralité vestimentaire soient appliquées dans ce cadre. [...] A-t-on jamais forcé un parent d'élève à accompagner une sortie scolaire ? Si, pour une mère de famille, retirer son voile et montrer ses cheveux est insupportable, elle peut rester chez elle (*exclamations*), mais qu'elle ne prétende pas collaborer à un service public laïque et démocratique sans en accepter les règles. Car il faut être lucide, c'est un véritable bras de fer qui est engagé par ces femmes brandissant le voile comme un étendard, appuyées par un communautarisme islamiste, politique, qui s'est fixé pour objectif d'utiliser chaque faille dans notre État de droit pour y imposer sa morale religieuse, faisant peu à peu de notre pays non plus une Nation, mais un pays avec des communautés vivant les unes à côté des autres.

Philippe Pemezec, sénateur LR des Hauts-de-Seine, intervention dans les débats au Sénat, 29 octobre 2019.

Questions

Parcours A Répondre aux questions

1. **Classez** les différentes opinions sur le voile recueillies par la commission Stasi (**doc. 1**).
2. **Montrez** que l'interdiction des signes religieux est difficile à appliquer et doit être formulée d'une manière très précise (**doc. 2 et 3**).
3. **Résumez** l'enjeu des sorties scolaires pour les deux visions opposées de la laïcité (**doc. 4 et 5**).
4. **Pourquoi** l'Assemblée nationale a-t-elle rejeté la proposition de loi adoptée par le Sénat (**doc. 2 et 5**) ?
5. À partir des réponses aux questions précédentes, répondez de manière organisée à la problématique.

ou

Parcours B Travailler l'oral

Préparez une présentation orale de 5 minutes pour répondre à la problématique. Présentez-la à un jury d'élèves qui doit évaluer votre prestation : qualité de la prise de parole et de l'argumentation.

> Cours p. 328

Le droit français et l'évolution de la famille

La lutte contre les discriminations a entraîné de profondes modifications du Code civil : après le PACS en 1999, le mariage a été autorisé aux personnes de même sexe en 2013. Ces réformes suscitent de vifs débats, qui portent aujourd'hui sur l'ouverture de la PMA aux couples de femmes.

>> Pourquoi l'évolution récente du droit de la famille divise-t-elle la société française ?

1 L'opinion et les réformes de société

Je savais que ce serait une bataille. Durant la campagne, en visite auprès de la rédaction de *Libération*, je suis interrogé, entre autres, sur la grande réforme de société qui doit à mes yeux marquer le futur quinquennat et qui serait, en quelque sorte, l'équivalent de l'abolition de la peine de mort décidée par François Mitterrand et incarnée par Robert Badinter. Je cite aussitôt l'instauration d'un « mariage pour tous » qui reconnaîtrait enfin des droits égaux aux couples homosexuels jusque-là renvoyés vers le PACS, qui marquait un progrès quand il fut voté mais qui traduisait toujours une forme de discrimination envers les couples de même sexe. Les journalistes de *Libé* se gaussent aussitôt, arguant que cette évolution va de soi, que l'opinion a suffisamment bougé pour que cette modification du Code civil passe comme une lettre à la poste. Candide illusion. Cette question est plus centrale qu'ils ne le croient, puisqu'elle met en jeu des traditions ancestrales et des préjugés solidement enracinés dans la culture judéo-chrétienne. Je ne devinais pas encore l'engagement de l'Église catholique contre la réforme. Mais j'anticipais un débat difficile et passionné. [...] La loi sur le mariage pour tous est une victoire pour les militants qui se sont battus pour cette cause [...]. Ratifiée en fait par l'immense majorité de l'opinion aujourd'hui, elle n'est plus contestée. Je constate d'ailleurs que la droite, à l'époque si acharnée à la dénoncer et à promettre son abrogation, ne prévoit plus de la remettre en question.

François Hollande,
Les leçons du pouvoir, Stock, 2018.

2 Les opposants au PACS
Manifestation contre le PACS à Paris, 7 novembre 1998.

3 L'évolution du mariage et du PACS

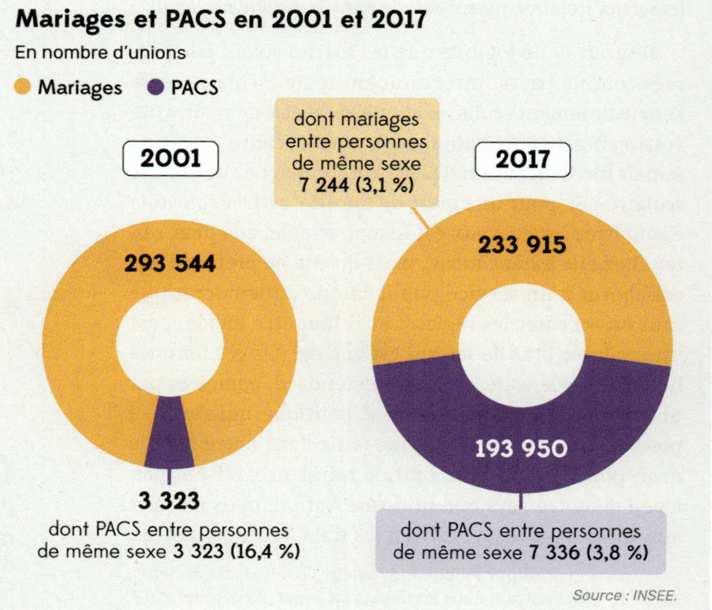

4 Pour les droits des homosexuels

Fondée en 1994, l'association SOS homophobie proteste ici contre les déclarations de différents représentants religieux par voie de communiqué contre le projet de loi de « mariage pour tous ».

Il est profondément désolant d'avoir à rappeler encore une fois que l'appel à une loi permettant aux couples de même sexe de se marier, de fonder une famille et de sécuriser celles qui existent déjà ne poursuit qu'un seul et unique objectif universaliste : l'égalité. SOS homophobie appelle les parlementaires, mais aussi l'ensemble des citoyen·ne·s à résister aux pressions des institutions confessionnelles, dont les représentants (une fois n'est pas coutume, nous ne pouvons pas féminiser ce mot), tout en déclarant rejeter l'homophobie, ont encore des attitudes ou propos stigmatisant les homosexuel·le·s. Ce sont chaque année plus de 1 500 témoignages d'homophobie, de biphobie et de transphobie qui sont transmis à l'association, or ces manifestations de haine, de rejet, parfois violentes, trouvent indubitablement leur fondement dans une hiérarchisation des personnes lesbiennes, gays, bi·e·s et trans par rapport aux personnes hétérosexuelles. La première des hiérarchisations est bien celle contenue dans la loi qui encore aujourd'hui considère qu'une personne hétérosexuelle mérite plus de droits que les autres. SOS homophobie appelle les parlementaires à s'inspirer de la devise de la République, plutôt que des dogmes religieux. Nous les soutenons dans leur engagement en faveur de l'égalité des droits, et les invitons à observer les pays européens qui ont ouvert le mariage, l'adoption et la PMA aux couples de même sexe ces dix dernières années : aucun n'a sombré dans la décadence annoncée, aucun ne remet en cause cette juste réforme.

SOS homophobie, communiqué de presse, 5 novembre 2012.

5 Contre la « PMA pour toutes »

Je ne m'en suis pas caché, je suis contre l'extension de l'accès à la PMA aux couples de femmes et aux femmes seules. [...] Si l'on peut comprendre le désir de maternité chez toute femme, quelle que soit sa situation, il faut aussi tenir compte du droit de l'enfant à avoir un père et une mère, dans la mesure du possible. Sur ce point, le projet de loi emporte une rupture d'égalité délibérée entre les enfants, qui n'est pas sans risque pour leur développement psychologique. Mes chers collègues, tout le monde s'accorde à reconnaître que les rôles des mères et des pères ne sont pas équivalents et qu'ils participent tous deux à la construction de l'identité de l'enfant. [...] Il conviendrait d'être vigilant sur cette question de l'altérité dans le cas de femmes seules. L'enjeu, pour l'enfant issu d'une AMP[1], est donc l'élaboration imaginaire de la figure paternelle, nécessaire à sa construction identitaire. [...] Mes chers collègues, la politisation des questions bioéthiques et leur inscription dans le champ de la revendication d'égalité de droits entre tous empêchent d'en penser les enjeux pour l'enfant et seulement pour lui. [...] Bien que le Gouvernement nous assure du contraire, je crains que l'application du raisonnement « égalitaire » dans des champs où il ne devrait pas intervenir n'amène tôt ou tard à encadrer également la demande des hommes seuls ou en couple par des techniques et des lois.

Bernard Bonne, sénateur LR de la Loire,
intervention devant le Sénat, 21 janvier 2020,
discussion du projet de loi bioéthique.

1. Assistance médicale à la procréation.

Questions

Parcours A Répondre aux questions

1. **Analysez** les slogans de ces manifestants et les raisons de leur opposition au PACS (**doc. 2**).
2. **Montrez** que les partisans du « mariage pour tous » considèrent que le PACS n'allait pas assez loin (**doc. 1 et 4**).
3. **Montrez** que les opposants au « mariage pour tous » et à la « PMA pour toutes » se réclament de valeurs qu'ils jugent supérieures aux revendications égalitaires (**doc. 2 et 5**).
4. **Expliquez** l'évolution des deux types d'union civile de 2001 à 2017 (**doc. 3**).
5. À partir des réponses aux questions précédentes, répondez de manière organisée à la problématique.

ou

Parcours B Faire un tableau de synthèse

En analysant les documents, remplissez le tableau ci-dessous.

	PACS	Mariage pour tous	PMA pour toutes
Les faits			
Opposants et leurs arguments			
Défenseurs et leurs arguments			

SYNTHÈSE

EXO Exercices interactifs — Podcast de la synthèse

La République française de 1988 à nos jours

Comment la France a-t-elle réformé ses institutions et adapté sa législation aux grands enjeux de société ?

1 La Vᵉ République depuis 1988

En 1988, **François Mitterrand** est réélu à la présidence de la République pour un second septennat. En cinq ans, il nomme **trois premiers ministres de gauche** (Michel Rocard, Édith Cresson et Pierre Bérégovoy) dont aucun ne parvient à endiguer la **montée du chômage**. Les législatives de 1993 sont remportées par la droite, contraignant Mitterrand à subir une nouvelle expérience de **cohabitation** avec un premier ministre de droite (Édouard Balladur).

Les présidentielles de 1995 sont remportées par le candidat de droite **Jacques Chirac**. Face aux protestations suscitées par les réformes de son premier ministre Alain Juppé, il dissout l'Assemblée nationale en 1997. La gauche sort victorieuse des législatives, obligeant Chirac a **cohabité pendant cinq ans** avec un premier ministre socialiste, Lionel Jospin. Chirac est toutefois **réélu pour un quinquennat** en 2002 après avoir battu le candidat d'extrême droite Jean-Marie Le Pen au second tour.

La droite conserve le pouvoir lors des présidentielles de 2007 remportées par **Nicolas Sarkozy**, qui bat la socialiste Ségolène Royal au second tour. Les présidentielles de 2012 aboutissent à une alternance avec la victoire du candidat de gauche **François Hollande**. En 2017, **Emmanuel Macron**, qui prétend dépasser le clivage droite/gauche, lui succède à l'Élysée.

2 La France face aux changements sociétaux

La **place des immigrés** et de leurs descendants dans la société française suscite de nombreux débats. Certains voient dans les **difficultés d'intégration** le résultat des **discriminations** qu'ils subissent. D'autres y voient plutôt une volonté délibérée de leur part de ne pas s'y fondre. Les débats se focalisent notamment sur la **place de l'islam** et sa compatibilité avec les valeurs républicaines.

Les **luttes féministes** prennent de **nouvelles cibles** (sexisme en banlieue, langue française, féminicide) et de **nouvelles formes** (notamment grâce aux réseaux sociaux). En 1991, avec la nomination d'**Édith Cresson** à Matignon, une femme occupe pour la première fois le poste de Premier ministre. En 2007, une autre femme, **Ségolène Royal**, accède au second tour d'une élection présidentielle. En 2012, Jean-Marc Ayrault dirige le premier **gouvernement paritaire** de l'histoire de France.

La **mobilisation du mouvement LGBT+** aboutit à des évolutions législatives en faveur des couples homosexuels (**PACS** en 1999, « **mariage pour tous** » en 2013). Celles-ci suscitent toutefois de fortes **oppositions de la droite catholique** qui y voit une menace pour la famille.

MOTS-CLÉS

- **Alternance** → p. 238
- **Cohabitation** → p. 238
- **Intégration** → p. 328
- **LGBTQIA+** → p. 242
- **Parité** → p. 328

DATES CLÉS

- **1989 :** « affaire du foulard » à Creil.
- **1993-1995 :** cohabitation Mitterrand-Balladur.
- **1997-2002 :** cohabitation Chirac-Jospin.
- **1999 :** PACS.
- **2000 :** adoption du quinquennat.
- **2013 :** mariage pour tous.

Biographies

François Mitterrand (1916-1996)
Président de 1981 à 1995.

Jacques Chirac (1932-2019)
Président de 1995 à 2007.

Nicolas Sarkozy (né en 1955)
Président de 2007 à 2012.

François Hollande (né en 1954)
président de 2012 à 2017.

Emmanuel Macron (né en 1977)
Président depuis 2017.

> **Biographies** p. 342

SCHÉMA DE SYNTHÈSE

LA RÉPUBLIQUE FRANÇAISE DE 1988 À NOS JOURS

Économie et législation | **Société**

François Mitterrand 1988 - 1995
- Économie et législation :
  - Privatisations — J. Chirac 1986-1988
  - Privatisations — E. Balladur 1993-1994
- Société :
  - Édith Cresson, première femme à Matignon — 1991

Jacques Chirac 1995 - 2007
- Économie et législation :
  - 35 heures — L. Jospin 1998
  - Adoption du quinquennat — 2000
  - Lois sur la décentralisation — 2003
- Société :
  - Lois sur la parité — L. Jospin 1999
  - PACS — L. Jospin 1999
  - Loi sur le port de signes religieux à l'école — 2004
  - Création de la HALDE — 2005

Nicolas Sarkozy 2007 - 2012
- Économie et législation :
  - Réforme de la Constitution — 2008

François Hollande 2012 - 2017
- Économie et législation :
  - Lois sur la décentralisation — 2014-2015
- Société :
  - Premier gouvernement paritaire — 2012
  - « Mariage pour tous » — 2013

Emmanuel Macron 2017
- Économie et législation :
  - Réforme des retraites — 2020

Jacques Chirac | Édouard Balladur | Lionel Jospin
Premiers ministres de cohabitation

Schéma interactif

POUR ALLER PLUS LOIN

À lire

- Ludivine Bantigny, ***La France à l'heure du monde. De 1981 à nous jours***, Seuil, 2019.
Une histoire de la France des trois dernières décennies.

- Antoine Idier, ***LGBT+, Archives des mouvements LGBT +. Une histoire des luttes de 1980 à nous jours***, Textuel, 2018.
Un livre richement illustré sur les mobilisations LGBT+.

- ***Les femmes. Du droit de vote à la parité***, *Le Monde Histoire*, 2013.
Une anthologie d'articles du quotidien Le Monde sur l'évolution de la place des femmes dans la société contemporaine.

À voir

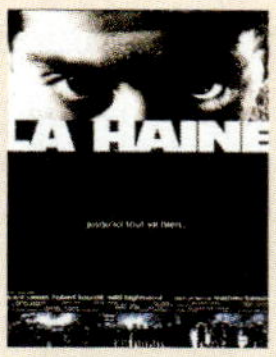

- Mathieu Kassovitz, ***La Haine***, 1995.
Un film sur la crise des banlieues françaises dans les années 1990.

- Robin Campillo, ***120 battements par minute***, 2017.
Un film retraçant l'histoire du mouvement Act Up.

ÉTAPE 1 Analyser le sujet

Les auteurs sont-ils en désaccord sur tous les points ?

Comment interpréter le port du voile ? Pourquoi fait-il polémique ?

Analysez dans quelle mesure la question du voile islamique à l'école met en valeur des conceptions différentes du principe de laïcité en France.

Comment faut-il appliquer le principe de laïcité ?

1 Pour l'interdiction des signes religieux à l'école

En conscience, j'estime que le port de tenues ou de signes qui manifestent ostensiblement l'appartenance religieuse doit être proscrit dans les écoles, les collèges et les lycées publics. [...] Pour cela une loi est évidemment nécessaire. Je souhaite qu'elle soit adoptée par le Parlement et qu'elle soit pleinement mise en œuvre dès la rentrée prochaine. [...] Notre objectif, c'est d'ouvrir les esprits et les cœurs. C'est de faire comprendre aux jeunes concernés les enjeux de la situation et de les protéger contre les influences et les passions qui, loin de les libérer ou de leur permettre d'affirmer leur libre arbitre, les contraignent ou les menacent. Dans l'application de cette loi, le dialogue et la concertation devront être systématiquement recherchés, avant toute décision. [...] Nous ne pouvons pas accepter que certains, s'abritant derrière une conception tendancieuse du principe de laïcité, cherchent à saper ces acquis de notre République que sont l'égalité des sexes et la dignité des femmes. Je le proclame très solennellement : la République s'opposera à tout ce qui sépare, à tout ce qui retranche, à tout ce qui exclut ! La règle, c'est la mixité parce qu'elle rassemble, parce qu'elle met tous les individus sur un pied d'égalité, parce qu'elle se refuse à distinguer selon le sexe, l'origine, la couleur, la religion.

Jacques Chirac, *Discours relatif au respect du principe de laïcité dans la République*, Palais de l'Élysée, 17 décembre 2003.

2 Une loi « contre-productive »

Les inégalités, les discriminations, l'injustice sociale, l'intolérance et toutes les formes de domination sont les vrais ennemis de la laïcité. Comment nous proposez-vous de les combattre ? En interdisant « le port de signes ou tenues par lesquels les élèves manifesteraient ostensiblement une appartenance religieuse ». Au regard des exigences d'une laïcité épanouie, cette réponse ne me paraît pas seulement inadaptée : je la crois contre-productive. [...] Parce que j'ai la faiblesse de faire encore confiance à notre école et aux valeurs qu'elle porte, je la crois capable, avec une aide d'une tout autre nature que celle que vous lui proposez, de transmettre une culture commune permettant à chacun d'adopter le libre examen comme méthode de pensée et d'action et d'obtenir de chacun le respect de règles communes collectivement élaborées et adoptées. Au lieu de cela, je le crains, l'interdit et l'exclusion risquent de précipiter dans les bras de quelques fondamentalistes des jeunes qui, pour l'immense majorité d'entre eux, ne recherchent rien d'autre qu'une identité et une reconnaissance que leur République leur a jusqu'ici refusées. Croit-on sérieusement que l'exclusion de jeunes filles portant le foulard, leur maintien au domicile familial, l'errance dans leur cité dégradée ou leur scolarisation dans une école coranique aideront à leur émancipation ? Croit-on qu'une mesure d'autorité leur permettra de résister aux pressions de leur entourage ?

Michel Vaxès, député communiste des Bouches-du-Rhône, intervention devant l'Assemblée nationale, 3 février 2004.

ÉTAPE 2 Mobiliser ses connaissances et organiser ses idées

Complétez les parties II et III du tableau sur le modèle de la partie I.

Tableau à imprimer

Plan suggéré	Document 1	Document 2
I. Comment les auteurs interprètent-ils le port du voile ?	– Elles subissent des « influences » et des « passions » qui « loin de les libérer ou de leur permettre d'affirmer leur libre arbitre, les contraignent ou les menacent ». – Un danger pour « l'égalité des sexes et la dignité des femmes » → Il n'est pas un signe identitaire librement choisi, mais une aliénation subie.	– Ces jeunes filles « ne recherchent rien d›autre qu'une identité et une reconnaissance que leur République leur a jusqu'ici refusées ». → Le port du voile est avant tout une manière d'assumer leurs origines.
II. Comment pensent-ils qu'il faille appliquer le principe de laïcité dans ce cas ?	......	......
III. Dans quelle mesure leurs divergences peuvent-elles être nuancées ?	......	......

ÉTAPE 3 Rédiger l'analyse de documents

Complétez la partie III de l'analyse à l'aide de citations ci-dessous.

- « l'émancipation »
- « Notre objectif, c'est d'ouvrir les esprits et les cœurs »
- « pressions de leur entourage »
- « Dans l'application de cette loi, le dialogue et la concertation devront être systématiquement recherchés, avant toute décision »
- « l'égalité des sexes et à la dignité des femmes »

Jacques Chirac, cependant, souligne la nécessité de tempérer le côté autoritaire de l'interdiction : ...... Il faut éviter de heurter les consciences : ...... On se rapproche de la thèse de Michel Vaxès selon laquelle c'est le dialogue à l'école qui doit primer.

Les deux textes divergent finalement davantage sur les moyens et sur la forme que sur le fond. Dans les deux cas, le port du foulard est en fait considéré comme une pratique peu conforme aux valeurs républicaines. Jacques Chirac le condamne explicitement comme contraire à ...... Michel Vaxès a aussi pour but ...... des femmes soumises aux ......, mais il pense que cela ne doit pas passer par une laïcité s'affirmant de manière autoritaire et exclusive.

Texte à imprimer

BAC Réponse à une question problématisée ▸ Sujet guidé

ÉTAPE 1 Analyser le sujet

Faut-il centrer sa réponse sur le rôle et les efforts de l'État ou élargir à d'autres acteurs ?

Quelles lois importantes ont été votées depuis cette date ?

La Ve République a-t-elle réussi à assurer l'égalité entre les sexes depuis les années 1990 ?

Quelles sont les limites des progrès effectués ?

Quels sont les différents domaines dans lesquels ce combat doit être mené ?

ÉTAPE 2 Mobiliser ses connaissances et organiser ses idées

Complétez le tableau avec les exemples ou arguments suivants.

- L'écriture inclusive suscite encore cependant de nombreuses oppositions.
- La parité est inscrite en 1999 dans la Constitution.
- En 2017, l'Assemblée nationale compte 38,7 % de femmes et le Sénat 31,6 %.
- Parmi les experts intervenant à la radio et à la télévision, on ne compte que 35 % de femmes en 2018.
- Au plus haut niveau, le gouvernement n'est pas obligé à la parité.
- Depuis 2018, la législation est renforcée contre les « violences sexuelles et sexistes ».
- En 2020, le Premier ministre, le président de la République et les présidents de l'Assemblée et du Sénat sont tous des hommes.
- La parité est appliquée aux élections à partir de 2000 et élargie en 2008.
- Les femmes assument plus de tâches domestiques que les hommes.
- Le terme « Mademoiselle » est remplacé par « Madame » dans les formulaires administratifs.
- Les femmes restent minoritaires dans les postes de direction.
- L'Observatoire de la parité entre les hommes et les femmes est créé en 1995.

Plan suggéré	Idées	Arguments et exemples
I. L'État s'efforce d'instaurer la parité	A. Un principe qui s'applique progressivement	– ..... – ..... – .....
	B. Mais qui peine encore à s'imposer	– ..... – ..... – .....
II. L'État tente de faire reculer le sexisme	A. Une égalité qui doit encore s'ancrer dans les mentalités	– ..... – ..... – .....
	B. Un combat féministe qui avance	– ..... – ..... – .....

ÉTAPE 3 Rédiger la réponse

EXO Exercices interactifs

Identifiez à quelle partie et sous-partie correspond cette phrase d'introduction et rédigez ce paragraphe.

La parité a évidemment fait progresser l'égalité entre les femmes et les hommes, mais celle-ci n'est pas encore pleinement assurée....

BAC blanc

Réponse à une question problématisée

Sujet

Dans quelle mesure peut-on dire que la Ve République est un régime stable depuis 1988 ?

Sujet

Comment évoluent les liens entre l'État central et les collectivités territoriales depuis les années 1990 ?

Analyse de documents

Sujet

En analysant le document, montrez comment la République cherche à s'adapter aux évolutions de la société.

Le PACS

Le Gouvernement soutient la proposition de loi sur le pacte civil de solidarité qui permet à deux personnes d'organiser leur vie commune dans la clarté et la dignité. [...] A l'origine, ce sont les associations de personnes homosexuelles qui ont attiré l'attention des parlementaires sur certaines situations tragiques. Mais rapidement, il est apparu que la situation de tous les couples qui ne veulent ou ne peuvent se marier, soit près de cinq millions de personnes, était insuffisamment prise en compte par le droit. [...] Oui, les homosexuels existent ! Oui, il leur arrive de vivre en couple ! Oui, des hétérosexuels vivent en couple sans être mariés ! Oui, ils ont le droit d'être juridiquement reconnus et protégés ! [...]

Mais il fallait aussi bien marquer qu'au regard de l'enfant, couples homosexuels et hétérosexuels sont dans des situations différentes. La non-discrimination n'est pas l'indifférenciation. Le domaine dans lequel la différence entre hommes et femmes est fondatrice, et d'ailleurs constitutive de l'humanité, c'est bien celui de la filiation. Voilà pourquoi le PACS ne légifère pas sur l'enfant et la famille. Voilà pourquoi le pacte concerne le couple et lui seul. [...] Je veux être parfaitement claire : je reconnais totalement le droit de toute personne à avoir la vie sexuelle de son choix. Mais je dis avec la plus grande fermeté que ce droit ne doit pas être confondu avec un hypothétique droit à l'enfant. Un couple, hétérosexuel ou homosexuel, n'a pas de droit à avoir un enfant en dehors de la procréation naturelle. Les lois récentes sur la procréation médicalement assistée ont tracé les limites du droit à l'enfant comme source de bonheur individuel en indiquant que les procréations médicalement assistées ont pour but de remédier à l'infertilité pathologique d'un couple composé d'un homme et d'une femme.

Elisabeth Guigou, ministre de la Justice, intervention devant l'Assemblée nationale, 3 novembre 1998.

Biographies

Yasser Arafat
(1929-2004)

Issu d'une famille palestinienne installée en Égypte, il prend conscience des limites de la solidarité arabe à l'égard des Palestiniens. Il décide donc en 1959 d'organiser un mouvement palestinien autonome Mouvement de libération nationale), qui mène des opérations armées contre Israël. En 1969, il devient le président de l'OLP (Organisation de libération de la Palestine). Installé à Beyrouth (1970), puis à Tunis (1982), il incarne aux yeux du monde entier la cause palestinienne. Il est invité en 1974 à l'ONU, qui reconnaît l'OLP comme le représentant légitime du peuple palestinien. En 1988-1989, il amorce un tournant essentiel en reconnaissant l'État d'Israël et en prenant ses distances avec le terrorisme. Il signe les accords d'Oslo en 1993, ce qui lui vaut le prix Nobel de la paix en 1994 avec Y. Rabin. Président de l'Autorité palestinienne, il est confronté aux difficultés du processus de paix et contesté par les mouvements islamistes qui se développent parmi les Palestiniens.

Robert Badinter
(né en 1928)

Avocat célèbre pour son engagement contre la peine de mort, il est nommé par François Mitterrand en 1981 Garde des sceaux, ministre de la Justice. Il fait voter l'abolition de la peine de mort et réformer le Code pénal. Il est membre du Conseil constitutionnel de 1986 à 1995.

David Ben Gourion
(1886-1973)

Fuyant les pogroms dans la Pologne russe, il émigre en Palestine en 1906. Militant sioniste socialiste, il s'impose comme le principal dirigeant du Yichouv (communauté juive de Palestine). Il proclame la naissance de l'État d'Israël le 14 mai 1948 et en devient le Premier ministre (1948-1953 ; 1955-1963). Il crée et dirige l'armée israélienne (Tsahal) au cours de la première guerre israélo-arabe (1948-1949).

Oussama Ben Laden
(1957-2011)

Issu d'une riche famille d'Arabie saoudite (d'origine yéménite), il joue un rôle important en Afghanistan dans l'organisation du jihad contre les Soviétiques (1979-1989). Il est alors proche des services secrets saoudiens, pakistanais et américains. Après la guerre du Golfe, il rompt avec le régime saoudien et fait de son réseau, al-Qaida, un mouvement islamiste terroriste, installé au Soudan, puis en Afghanistan. Considéré comme le commanditaire des attentats du 11 septembre 2001, il est traqué par l'armée américaine qui finit par le tuer en 2011 dans la maison du Pakistan où il se cachait.

Léon Blum
(1872-1950)

Intellectuel issu de la bourgeoisie juive, il s'engage en politique lors de l'Affaire Dreyfus et participe à la fondation de la SFIO avec Jaurès. Au Congrès de Tours (1920), il défend la SFIO contre la majorité de ses membres qui la quittent pour fonder le Parti communiste. Organisateur du Front populaire en 1935 avec les radicaux et les communistes, il est le premier socialiste chef d'un gouvernement en France de juin 1936 à juin 1937, puis en mars-avril 1938. Il refuse de voter les pleins pouvoirs à Pétain en 1940 et il est emprisonné. Malgré sa brillante défense au procès de Riom (1942), il est livré aux Allemands et déporté. Libéré en mai 1945, il reprend la tête du parti socialiste et participe à la fondation de la IVe République.

George Bush Senior
(1924-2018)

Dirigeant d'une société pétrolière au Texas (1948-1966), il est élu représentant républicain de cet État de 1967 à 1971. Il occupe ensuite des postes importants dans la diplomatie et à la CIA. Vice-président de Reagan (1981-1988), il est élu président des États-Unis en novembre 1988 au moment où la guerre froide se termine. Durant sa présidence (janvier 1989 – janvier 1993), il redéfinit le rôle des États-Unis dans le monde. Il annonce un « nouvel ordre mondial » en préparant la guerre du Golfe contre Saddam Hussein (1990-1991). Il est battu à la présidentielle de novembre 1992 par Bill Clinton.

George W. Bush Junior
(né en 1946)

Fils du président George Bush, il suit les traces de son père. Il travaille dans le milieu pétrolier, puis devient gouverneur républicain du Texas (1994-2000). Il est élu de justesse président des États-Unis en novembre 2000 et réélu en novembre 2004. Durant sa présidence (janvier 2001 – janvier 2009), il doit gérer les conséquences des attentats du 11 septembre 2001. Il mène une politique extérieure très critiquée dans le monde car fondée sur l'affirmation unilatérale de l'hyperpuissance américaine (guerre d'Irak lancée en 2003).

Fidel Castro
(1926-2016)

Avocat aux idées progressistes et nationalistes, il entre en lutte contre la dictature instaurée à Cuba en 1952 par Batista et soutenue par les États-Unis. Emprisonné de 1953 à 1955 après une première insurrection ratée, il reprend la lutte armée en 1956. Il conquiert le pouvoir avec ses « barbudos » le 1er janvier 1959. L'hostilité des États-Unis le pousse à demander le soutien de l'URSS, alors qu'il n'était pas communiste à l'origine. Après la crise des missiles (1962), il cherche à allumer des « foyers révolutionnaires » avec Che Guevara en Amérique latine et se pose en leader du tiers-monde. Le « Lider Maximo » est pour les uns un dictateur aligné sur l'URSS, pour les autres un résistant à l'impérialisme des États-Unis. Affaibli par la maladie, il laisse le pouvoir en 2008 à son frère Raul.

Jacques Chirac
(1932-2019)

Énarque, il commence sa carrière en 1962 au cabinet de Georges Pompidou. Député gaulliste de la Corrèze, il est nommé secrétaire d'État aux Affaires sociales en 1967 et assiste Pompidou dans la crise de Mai 68. Ministre sans discontinuer jusqu'en 1974, il soutient Giscard lors de l'élection présidentielle et il est nommé par celui-ci Premier ministre en 1974. Il démissionne en 1976 et refonde le parti gaulliste sous le nom de RPR. Il est élu maire de Paris en 1977. Chef de la droite victorieuse aux législatives de 1986, il est de nouveau Premier ministre : c'est la première cohabitation avec le président Mitterrand. Battu en 1988, il remporte la présidentielle de 1995 contre Lionel Jospin. Il dissout l'Assemblée en 1997, mais les élections sont gagnées par la gauche. C'est cette fois comme Président qu'il vit la cohabitation avec Lionel Jospin, Premier ministre de 1997 à 2002. J. Chirac fait voter le quinquennat en 2000. Il est réélu en 2002 face à J.-M. Le Pen et il relance la décentralisation en 2003 avec le gouvernement de J.-P. Raffarin.

Winston Churchill
(1874-1965)

Né dans une famille de la haute aristocratie anglaise, après une carrière politique mouvementée, il dénonce très tôt le danger que représente le nazisme et il s'oppose aux accords de Munich en 1938. Il devient Premier ministre du Royaume-Uni le 10 mai 1940. Pendant toute la guerre, il incarne le combat inflexible des Britanniques contre l'Allemagne hitlérienne. À Yalta en février 1945, il négocie avec Roosevelt et Staline l'avenir de l'Europe. Dès le 12 mai 1945, dans un télégramme à Truman, il dénonce le « rideau de fer » qui s'est abattu au milieu de l'Europe. Chassé du pouvoir par la victoire électorale des travaillistes (juillet 1945), il consacre son énergie à dénoncer le danger soviétique (discours de Fulton, 5 mars 1946) et à appeler l'Europe à s'unir (discours de Zurich, 18 septembre 1946). Il soutient la création du Conseil de l'Europe en 1948-1949. Mais, revenu au pouvoir de 1951 à 1955, il privilégie les relations avec les États-Unis et le Commonwealth, laissant le Royaume-Uni en-dehors de la CECA.

Édith Cresson
(1934)

Diplômée d'HEC, militante socialiste, proche de F. Mitterrand, elle est élue députée de la Vienne en 1981 et maire de Châtellerault en 1983. Ministre de l'Agriculture (1981-1983), elle doit faire face à l'hostilité d'un milieu machiste. Elle est ensuite ministre du Commerce extérieur et du Tourisme (1983-1984), du Redéploiement industriel et du Commerce extérieur (1984-1986), puis des Affaires européennes (1988-1990). En mai 1991, elle devient la première femme chef d'un gouvernement en France. Mais elle doit démissionner dès avril 1992, suite à l'échec du PS aux élections locales : son mandat de Premier ministre a été le plus court de la Ve République. Elle devient ensuite commissaire européenne (1994-1999).

Jacques Delors
(1925)

Économiste inspiré par le syndicalisme chrétien, il entre en 1969 au cabinet du Premier ministre gaulliste Jacques Chaban-Delmas, dont il soutient le projet de « Nouvelle société ». Il adhère ensuite au parti socialiste et il est élu en 1979 au Parlement européen. En 1981, il est nommé ministre de l'Économie et des Finances dans le gouvernement Mauroy et il joue un rôle décisif dans le tournant de la « rigueur » en 1983. De janvier 1985 à janvier 1995, il dirige la Commission de Bruxelles : partisan déterminé du fédéralisme, il accélère l'intégration européenne avec l'Acte unique (1986) et le traité de Maastricht (1992). En 1995, il refuse d'être le candidat socialiste à l'élection présidentielle.

Biographies

Deng Xiaoping
(1904-1997)

Communiste de la première heure, il occupe des responsabilités dans le parti et le gouvernement à partir de 1949. Incarnant la tendance « modérée » du PC chinois, il critique les excès idéologiques du maoïsme et il est écarté en 1966. Après la mort de Mao (1976), il s'impose comme le maître de la Chine et met en œuvre à partir de 1978 de grandes réformes économiques. La Chine se modernise et s'ouvre au marché mondial. Mais, s'il accepte la modernisation économique, Deng refuse l'ouverture politique, comme le montre la répression du « printemps de Pékin » en 1989.

Dwight D. Eisenhower
(1890-1969)

Commandant en chef des forces alliées en Europe, il dirige le débarquement en Normandie le 6 juin 1944. En 1950-1951, il organise en France le commandement des forces de l'OTAN. Le héros de la guerre devient candidat républicain, et il est élu président des États-Unis en novembre 1952 et réélu en novembre 1956. Surnommé familièrement « Ike », il rassure l'Amérique des années 1950 par sa politique modérée.

Charles de Gaulle
(1890-1970)

Officier dans les années 1930, il plaide en vain pour la modernisation de l'armée française. Général et sous-secrétaire d'État à la Défense en juin 1940, il refuse l'armistice annoncé par Pétain. Il se rend à Londres et appelle les Français, le 18 juin, à poursuivre le combat. De Londres, puis d'Alger (1943), il dirige la France libre. Il est le chef du GPRF (Gouvernement provisoire de la République française) à la Libération. Il démissionne en janvier 1946 parce qu'il est en désaccord avec les institutions de la IVe République. Il crée en 1947 le RPF (Rassemblement du peuple français) puis le dissout, quand certains de ses députés se rapprochent du régime. La crise du 13 mai 1958 le ramène au pouvoir. Il crée la Ve République et est élu au suffrage indirect Président de la République le 21 décembre 1958. Il met un terme à la guerre d'Algérie en 1962, ce qui lui vaut l'hostilité de la majorité des pieds noirs. Il fait adopter par référendum en 1962 l'élection du Président de la République au suffrage universel direct. Il mène une « politique de grandeur », où la France prend ses distances avec l'alliance atlantique et refuse le fédéralisme européen. Réélu en 1965, il est ébranlé par la crise de Mai 68 et démissionne en 1969 après l'échec d'un référendum.

Valéry Giscard d'Estaing
(1926)

Polytechnicien et énarque, député du Puy-de-Dôme, il devient à 32 ans secrétaire d'État aux Finances (1959-1962). Représentant de la droite libérale qui soutient de Gaulle puis Pompidou, il est ministre de l'Économie et des Finances de 1962 à 1966, puis de 1969 à 1974. Élu président de la République en 1974, il est le premier non gaulliste à occuper ce poste, avec le soutien du parti qu'il a créé, l'UDF. Cultivant un style « moderne », il fait voter des réformes de société (légalisation de l'avortement, abaissement de la majorité à 18 ans) et supprime l'ORTF. La politique d'austérité de son Premier ministre Raymond Barre ne parvient pas à enrayer le chômage et il est battu à la présidentielle de 1981 par F. Mitterrand. Il préside la commission chargée en 2001 d'élaborer une Constitution européenne, qui est rejetée en 2005 par référendum en France et aux Pays-Bas.

Mikhaïl Gorbatchev
(1931)

Il commence sa carrière politique sous Khrouchtchev et joue un rôle de premier plan après la mort de Brejnev (1982). Secrétaire général du Parti en 1985, il entreprend de sauver l'URSS de la « stagnation » en la réformant profondément. Avec la *perestroïka* (restructuration de l'économie) et la *glasnost* (transparence), il introduit progressivement l'économie de marché et la démocratie en URSS, tout en se disant toujours socialiste. De 1987 à 1989, il met un terme à la guerre froide et libère les démocraties populaires de la tutelle soviétique, ce qui lui vaut le prix Nobel de la paix en 1990. Mais il est de plus en plus impopulaire dans son pays, où ses réformes suscitent de multiples oppositions. Surtout, la liberté d'expression a permis aux nationalités de s'exprimer et a entraîné l'implosion de l'URSS en décembre 1991. Gorbatchev est évincé par Boris Eltsine, qui dirige une Russie désormais indépendante.

Adolf Hitler
(1889-1945)

Cet Autrichien, peintre raté, découvre l'extrême droite antisémite à Vienne en 1908. Installé à Munich, il s'engage en 1914 dans l'armée allemande. En 1919, il entre dans un groupuscule à partir duquel il fonde le Parti national-socialiste. Après l'échec d'un putsch à Munich en 1923, il est emprisonné et écrit *Mein Kampf* (1925). La crise économique permet à son parti de jouer un rôle de premier plan, tandis qu'il obtient la nationalité allemande. Le 30 janvier 1933, le président Hindenburg le nomme Chancelier du Reich. Le Führer transforme le régime en dictature en quelques mois et il entraîne son pays dans la guerre et le génocide. Il se suicide le 30 avril 1945, dans son bunker à Berlin.

Hô Chi Minh
(1890-1969)

Fuyant la misère en Indochine, il voyage comme marin puis se fixe en France en 1919. En 1920, il participe à la fondation du Parti communiste français, puis il se rend à Moscou en 1923. Il devient alors un agent du Komintern en Asie et fonde à Hong Kong en 1930 le Parti communiste vietnamien. Avec l'aide de Mao, il revient en Indochine et organise le Vietminh en 1941, qui rassemble les communistes et les nationalistes vietnamiens. Connu auparavant sous divers noms, il se fait appeler à partir de 1942 Hô Chi Minh (« celui qui éclaire »). Le 2 septembre 1945, il proclame l'indépendance du Vietnam. Mais la France refuse cette indépendance et il dirige contre elle la guerre d'Indochine de 1946 à 1954. Chef de la République démocratique du Vietnam, il mène à partir de 1955 la guerre du Vietnam contre les troupes américaines, pour conquérir le Vietnam du Sud. À sa mort, « l'oncle Hô » est considéré comme un héros de la « lutte anti-impérialiste ».

François Hollande
(1954)

Énarque de la promotion Voltaire (1980) comme sa première compagne Ségolène Royal, il est élu député socialiste de Corrèze (1988-1993, 1997-2012) et maire de Tulle (2001-2008). Premier secrétaire du parti socialiste de 1997 à 2008, il n'a jamais été ministre. Il remporte en 2011 la primaire organisée par le parti socialiste, puis l'élection présidentielle en 2012 avec 51,6 % des voix face à Nicolas Sarkozy. Il veut être un « Président normal », en rupture avec son prédécesseur. Il fait voter la loi sur le « mariage pour tous » en 2013 et d'importantes lois de décentralisation. Sa politique économique, jugée trop libérale, est critiquée à gauche. Pris de court par la candidature de son ancien ministre Emmanuel Macron, il renonce à se représenter à l'élection présidentielle de 2017.

Herbert Hoover
(1874-1964)

Ingénieur, il fait une brillante carrière internationale dans l'industrie minière. En 1917, Wilson le nomme directeur de la *National Food Administration*, chargé de mobiliser l'agriculture américaine pour ravitailler les Alliés. Sollicité par les démocrates, il préfère soutenir le candidat républicain Harding, élu Président en novembre 1920 et qui le nomme secrétaire au Commerce (1921-1928). Élu président républicain en novembre 1928, il doit faire face à la crise de 1929. Attaché à l'individualisme libéral, il tarde à prendre des mesures. Peu doué pour la communication, il répète maladroitement en 1930 : « Prosperity is just around the corner » (« la prospérité est au coin de la rue »). Il est battu en novembre 1932 par le démocrate Franklin D. Roosevelt.

Saddam Hussein
(1937-2006)

Issu d'une famille arabe sunnite de Tikrit (région de Bagdad), il milite dès les années 1950 dans le parti Baas, qui prône le nationalisme arabe et le socialisme. Il arrive au pouvoir comme Vice-Président de l'Irak en 1969, puis comme Président en 1979. À la tête d'une dictature sanglante, il réprime les communautés chiite et kurde en Irak. Il lance l'Irak dans une longue guerre contre l'Iran (1980-1988), puis il annexe le Koweït en août 1990. Vaincu dans la guerre du Golfe (1991), il reste cependant au pouvoir jusqu'à l'opération « Liberté pour l'Irak » lancée en 2003 par les États-Unis. Capturé le 13 décembre 2003, il est jugé par le Tribunal spécial irakien créé par l'administration américaine. Il est condamné à mort pour crimes contre l'humanité et exécuté le 30 décembre 2006.

John Fitzgerald Kennedy
(1917-1963)

Issu d'une riche famille d'origine irlandaise, il s'illustre en 1943 par sa conduite héroïque pendant la guerre. Il entame en 1946 une carrière politique au sein du parti démocrate du Massachusetts. Élu en novembre 1960, il devient en janvier 1961 le premier président catholique des États-Unis, et le plus jeune. Son charisme, et celui de son épouse Jacqueline, fait de « JFK » un personnage populaire dans le monde entier. Il tient tête à l'URSS dans la crise des fusées à Cuba (1962) et prononce à Berlin en 1963 son célèbre discours (« Ich bin ein Berliner »). Il est assassiné à Dallas le 22 novembre 1963 dans des conditions mal élucidées.

John Maynard Keynes
(1883-1946)

Brillant économiste, il travaille comme expert dans la haute administration britannique. En 1919, il dénonce le traité de Versailles parce qu'il ne tient pas compte des réalités économiques. Son œuvre essentielle est publiée en 1936 (*Théorie générale de l'emploi, de l'intérêt et de la monnaie*), alors que le capitalisme connaît une très grave crise. Tout en restant fidèle au libéralisme, Keynes prône un rôle plus important de l'État, pour relancer la consommation. Ses idées sont en concordance avec le *New Deal* de Roosevelt et la politique économique du Front populaire. Il représente le Royaume-Uni en 1944 à la conférence de Bretton Woods qui réorganise le système monétaire international. Le « keynésianisme » exerce une grande influence sur les politiques économiques menées au lendemain de la Seconde Guerre mondiale.

Biographies

Ruhollah Khomeiny
(1902-1989)

Après une longue carrière de théologien chiite, il accède en 1961 au titre d'ayatollah, ce qui fait de lui l'un des religieux les plus respectés d'Iran. Favorable à un rôle politique du clergé, il critique la politique d'occidentalisation menée par le chah d'Iran. Il est exilé en Irak (1964), puis en France (1978) : depuis son pavillon de la banlieue parisienne (Neauphle-le-Château), il appelle à la révolution en Iran. Le 1er février 1979, il rentre triomphalement en Iran et devient le « guide suprême de la Révolution » jusqu'à sa mort. Il impose un régime islamiste et élimine tous ceux qui y sont hostiles, exploitant le sursaut patriotique engendré par la longue guerre contre l'Irak (1980-1988). Condamnant à la fois les États-Unis et l'URSS, il fait de l'islamisme un nouvel acteur géopolitique.

Nikita Khrouchtchev
(1894-1971)

Dirigeant du Parti communiste en Ukraine puis à Moscou, il prend le pouvoir à la mort de Staline (1953) et il se fait alors le promoteur de la déstalinisation. En 1955, il opère un rapprochement spectaculaire avec Tito. En 1956, il dénonce les crimes de Staline au XXe Congrès du PCUS. Cette politique accélère la rupture avec la Chine, mais ne l'empêche pas de réprimer l'insurrection de Budapest (1956) et de faire construire le mur de Berlin (1961). Il doit reculer devant Kennedy lors de la crise de Cuba en 1962. Il est finalement renversé en 1964 par la « vieille garde », qui s'inquiète des multiples tentatives de réforme de l'économie et même du Parti. Personnage populaire en Occident grâce à sa personnalité exubérante, « Monsieur K » consacre sa retraite forcée à la rédaction de ses Mémoires.

Dorothea Lange
(1895-1965)

En 1913, elle arrête ses études pour travailler chez plusieurs photographes de New York. Elle ouvre son studio de photographie en 1919 à San Francisco et décide de porter le nom de jeune fille de sa mère (divorcée). En 1930, elle commence à photographier les effets de la dépression dans les rues de San Francisco (soupes populaires, manifestations). L'administration fédérale l'embauche de 1935 à 1939 comme photographe documentariste, pour enquêter sur les travailleurs migrants qui affluent en Californie. La photographie « Mère migrante » publiée en 1936 est devenue le symbole de la dépression aux États-Unis. Elle reçoit d'autres missions officielles pendant la Seconde Guerre mondiale, notamment de photographier les camps d'internement des Nippo-Américains en Californie (1942). Devenue l'une des premières femmes reconnues comme photographes, elle collabore avec le magazine *Life* à partir de 1950.

Emmanuel Macron
(1977)

Énarque, inspecteur des finances, banquier d'affaires de 2008 à 2012, proche de François Hollande, il devient secrétaire général adjoint de l'Elysée en 2012, puis Ministre de l'Économie en 2014. Sa politique économique libérale alimente les critiques de gauche contre F. Hollande. En désaccord avec le Premier ministre Manuel Valls, il démissionne en 2016 et annonce sa candidature à la présidentielle. Il créée un nouveau parti politique, LREM, qui veut rassembler tous les « progressistes » du centre-droit jusqu'au parti socialiste. En tête au premier tour avec 24 % des voix, il bat Marine Le Pen au second tour (7 mai 2007) avec 66 % des voix. Il choisit un Premier ministre venu de la droite, Édouard Philippe, et engage des réformes contestées (crise des « gilets jaunes » en 2018, grèves contre la réforme des retraites en 2019).

Nelson Mandela
(1918-2013)

Avocat à Johannesburg, il est l'un des dirigeants de l'ANC (*African National Congress*) en 1948, quand l'apartheid est instauré en Afrique du Sud. Organisateur de la branche militaire clandestine de l'ANC, il est emprisonné de 1962 à 1990. Depuis sa prison, il devient un héros de la lutte contre l'apartheid. Libéré en 1990 par le gouvernement libéral de Frederik De Klerk, il négocie avec lui la fin de l'apartheid. Il reçoit en 2013 le prix Nobel de la Paix avec De Klerk. Il est élu en 1994 premier Président d'une Afrique du Sud démocratique et multiraciale. Il se retire en 1999 de la vie politique, alors que son dauphin, Thabo Mbeki, est élu président.

Mao Zedong
(1893-1976)

Membre fondateur du PC chinois en 1919, il cherche à s'appuyer sur les masses paysannes. En 1937, il fait alliance contre les Japonais avec son vieil adversaire, le dirigeant nationaliste Jiang Jieshi. En 1946, il reprend et gagne la guerre civile contre le régime nationaliste. Le 1er octobre 1949, Mao proclame à Pékin la république populaire de Chine. Il rompt son alliance avec l'URSS à la fin des années 1950, parce qu'il désapprouve la déstalinisation. La Chine doit alors définir son propre modèle de socialisme, non sans tensions internes. Contesté par les « modérés », Mao lance contre eux en 1966 la « Révolution culturelle » et redevient le « Grand Timonier », chef incontesté de la Chine. Sous sa direction, la Chine populaire devient membre permanent du Conseil de sécurité de l'ONU (1971), se rapproche des États-Unis, tout en proposant son modèle au tiers-monde.

George C. Marshall
(1880-1959)

Après avoir servi en France pendant la Première Guerre mondiale, puis en Chine, il est nommé le 1er septembre 1939 chef d'état-major de l'armée des États-Unis. Aux côtés de Roosevelt, il participe à toutes les conférences interalliées. En novembre 1945, Truman l'envoie en Chine comme médiateur entre les communistes et les nationalistes du Guomindang. L'échec de cette mission le pousse à renforcer la lutte contre le communisme en Europe. Nommé secrétaire d'État (ministre des Affaires étrangères) en janvier 1947, il lance à Harvard le 5 juin 1947 l'*European Recovery Program*, plus connu sous le nom de plan Marshall. Il est secrétaire à la Défense au début de la guerre de Corée (1950-1951), puis se retire de la vie politique. Il reçoit en 1953 le prix Nobel de la Paix pour son programme d'aide à la reconstruction de l'Europe.

Golda Meir
(1898-1978)

Née à Kiev, elle émigre aux États-Unis en 1906, puis en Palestine en 1921. Militante sioniste socialiste, elle devient le premier ambassadeur d'Israël en URSS (1948). Elle est ministre du Travail et des Affaires sociales (1949-1956), ministre des Affaires étrangères (1956-1966) puis Premier ministre d'Israël de 1969 à 1974.

Pierre Mendès France
(1907-1982)

Avocat à 20 ans, militant du parti radical, plus jeune député de France en 1932 (Eure), il est sous-secrétaire d'État au Trésor dans le second gouvernement de Léon Blum en 1938. Aviateur dans les Forces Françaises Libres, il devient Ministre de l'Économie nationale en septembre 1944. Il démissionne en avril 1945 parce sa politique de rigueur est rejetée par de Gaulle. Surnommé « PMF », soutenu par le journal L'Express, il tente de renouveler le parti radical et d'incarner une gauche moderne. Président du Conseil de juin 1954 à février 1955, il négocie les accords de Genève qui mettent un terme à la guerre d'Indochine. Critique à l'égard de la IVe République mais opposé à la Constitution de 1958, il défend le régime parlementaire.

François Mitterrand
(1916-1996)

Issu d'un milieu de droite, il termine ses études de droit et de sciences politiques quand la guerre éclate. Évadé d'un camp de prisonniers en 1941, il travaille en 1942 à Vichy au commissariat des prisonniers de guerre. Cette période de sa vie a fait ensuite l'objet de polémiques. Entré dans la Résistance, il commence une carrière politique à la Libération. Il devient ministre en 1947 à 31 ans et participe à de nombreux gouvernements de la IVe République. Farouche opposant à de Gaulle, il critique la Ve République et il est candidat unique de la gauche à la présidentielle de 1965. Il prend la tête du PS en 1971 et définit une stratégie d'alliance avec le PC qui échoue en 1974 mais triomphe en 1981. Premier Président de gauche de la Ve République, il libéralise l'audiovisuel, démocratise la culture avec son ministre Jack Lang et lance des réformes sociales. Il doit se convertir à la « rigueur » en 1983 et inventer les règles de la cohabitation en 1986. Réélu en 1988, alors qu'il se sait déjà très malade, il nomme pour la première fois une femme, Edith Cresson, à Matignon (1991).

Jean Monnet
(1888-1979)

Fils d'un négociant en cognac, il mène une carrière d'homme d'affaires international. Il acquiert une expérience politique au secrétariat général de la SDN de 1919 à 1923. Pendant la Seconde Guerre mondiale, il joue un rôle important pour coordonner l'effort de guerre des États-Unis, du Royaume-Uni et de la France libre. Commissaire général au Plan en 1946, il organise la modernisation de l'économie française. Il propose en 1950 à R. Schuman le projet de la CECA, qui lance véritablement la construction européenne. Il préside de 1952 à 1955 la Haute Autorité de la CECA, première instance supranationale en Europe. Il fonde en 1955 le Comité d'action pour les États-Unis d'Europe, groupe d'influence favorable à la construction européenne. Il est considéré comme l'un des « Pères de l'Europe » et il a défendu le fédéralisme contre de Gaulle.

Jean Moulin
(1899-1943)

En 1937, il est le plus jeune préfet de France, nommé en Eure-et-Loir. Le 17 juin 1940 à Chartres, il refuse d'obéir aux autorités allemandes et tente de se suicider. Révoqué en novembre 1940 par Vichy, il rencontre en octobre 1941 à Londres le général de Gaulle. Ce dernier le charge d'unifier la résistance intérieure sous l'autorité de la France libre. Jean Moulin s'installe à Lyon sous le pseudonyme de Max et préside la première réunion du CNR (Conseil Nationale de la Résistance) à Paris le 27 mai 1943. Dénoncé, il est arrêté à Caluire le 21 juin 1943 par la Gestapo de Lyon dirigée par Klaus Barbie. Il meurt le 8 juillet 1943 pendant son transfert en Allemagne, après avoir été torturé.

Biographies

Benito Mussolini
(1883-1945)

Cet instituteur issu d'un milieu modeste devient l'un des leaders du Parti socialiste italien. En 1914, rompant avec ses camarades, il fait campagne pour l'entrée en guerre de l'Italie aux côtés de la France et de la Grande-Bretagne. En 1919, il fonde les « faisceaux de combat » et exploite la situation de crise où se trouve l'Italie en développant un programme mêlant socialisme et nationalisme. Par la marche sur Rome il fait pression sur le roi Victor-Emmanuel III, qui le nomme chef du gouvernement (1922). En quelques années, le « Duce » organise le premier régime fasciste d'Europe. Après quelques hésitations, il engage l'Italie aux côtés de l'Allemagne nazie. Il est exécuté le 28 avril 1945 par des résistants italiens.

Gamal Abdel Nasser
(1918-1970)

Humilié par la défaite arabe face à Israël en 1949, il fait partie des « officiers libres » qui renversent le roi d'Égypte en 1952. Seul au pouvoir de 1954 jusqu'à sa mort, le raïs (« chef ») se rapproche du camp socialiste et combat les islamistes en Égypte. En 1955, à Bandung, il s'impose comme un leader du non-alignement. En 1956, il nationalise le canal de Suez et, après l'échec politique de l'expédition franco-britannique, il apparaît comme le champion du nationalisme arabe. Mais la défaite de l'Égypte dans la guerre des Six-Jours en 1967 lui porte un coup très rude.

Jawaharlal Nehru
(1889-1964)

Après des études de droit en Grande-Bretagne, il revient en Inde en 1912. Disciple de Gandhi, militant pour l'indépendance, il dirige l'aile gauche du Parti du Congrès, influencée par le socialisme. Après avoir été maintes fois emprisonné, il est appelé par les Britanniques à la tête du gouvernement provisoire en 1946. Après l'indépendance en 1947, il devient Premier ministre de l'Inde de 1947 jusqu'à sa mort en 1964. Il joue un rôle de premier plan à la conférence de Bandung en 1955 et dans la création du mouvement des non-alignés en 1961.

Richard Nixon
(1913-1994)

Sénateur républicain de Californie, il devient vice-président d'Eisenhower (1953- 1960). Battu par Kennedy en 1960, il est élu président des États-Unis en novembre 1968 en se présentant comme le porte-parole de la « majorité silencieuse ». Il mène avec son conseiller Henry Kissinger une politique d'apaisement avec l'URSS et de rapprochement avec la Chine. Réélu en novembre 1972, il met fin à la guerre du Vietnam. Il doit démissionner en 1974 à cause du scandale du Watergate et il est remplacé par son vice-président Gerald Ford.

Philippe Pétain
(1856-1951)

Il devient célèbre à soixante ans, comme le général qui a su arrêter l'offensive allemande à Verdun (1916). Il réprime les mutineries de 1917 tout en appliquant une tactique plus économe du sang des soldats. Promu maréchal de France en 1918, bénéficiant de son aura de « vainqueur de Verdun », il fait figure d'homme providentiel. Il est ministre de la Guerre dans le gouvernement d'Union nationale de 1934. C'est lui qui forme le 16 juin 1940 le gouvernement chargé de signer l'armistice. Il obtient les pleins pouvoirs le 10 juillet 1940 et devient le chef de « l'État français ». Il engage la France dans la collaboration avec l'Allemagne nazie et prétend faire une « révolution nationale ». Il est condamné à mort en 1945, gracié et emprisonné à l'Île d'Yeu.

Georges Pompidou
(1911-1974)

Issu d'une modeste famille du Cantal, il fait de brillantes études littéraires puis entre au cabinet du général de Gaulle à la Libération. Il poursuit sa carrière dans la banque. Peu connu du public, il devient Premier ministre de 1962 à 1968 et aide de Gaulle à surmonter la crise de Mai 68. Après la démission du Général, il apparaît comme son héritier et il est facilement élu président de la République en 1969. Jusqu'à sa mort, il incarne un gaullisme modernisé, plus ouvert sur l'Europe. Il soutient l'art contemporain et donne son nom au centre d'art contemporain construit au cœur de Paris. Il meurt en 1974 avant la fin de son mandat, des suites d'une longue maladie.

Yitzhak Rabin
(1922-1995)

Né à Jérusalem dans une famille venue d'Ukraine, il participe à la première guerre israélo-arabe de 1948-1949. Chef d'État-major de Tsahal en 1964, il remporte de brillantes victoires dans la guerre des Six-Jours (1967). Héros national, il entame alors une carrière politique au sein du parti travailliste. Ambassadeur aux États-Unis (1968-1973), il devient Premier ministre d'Israël (1974-1977), puis ministre de la Défense (1984-1990). De nouveau Premier ministre en 1992, il négocie avec les Palestiniens et signe les accords d'Oslo en 1993, ce qui lui vaut le prix Nobel de la paix en 1994 avec Y. Arafat. Il est assassiné le 4 novembre 1995 par un extrémiste israélien.

Ronald Reagan
(1911-2004)

Acteur de cinéma, animateur de télévision, il décide de mettre ses talents de communication au service du parti républicain. Gouverneur de Californie de 1966 à 1975, il est élu président des États-Unis en novembre 1980 et réélu en novembre 1984. Durant sa présidence (janvier 1981 – janvier 1989), il s'affirme comme le champion du néolibéralisme en s'attaquant à l'État-providence. Il relance la guerre froide contre l'URSS qu'il appelle « l'Empire du mal ».

Franklin Delano Roosevelt
(1882-1945)

Élu en 1910 sénateur démocrate de l'État de New York, il est frappé par la poliomyélite en 1921. Surmontant son handicap, il est élu en novembre 1932 président des États-Unis. Il lance le *New Deal* pour tenter de sortir le pays de la dépression par une politique de relance d'inspiration keynésienne. Il est réélu trois fois (novembre 1936, 1940, 1944), record dans l'histoire américaine. Il engage progressivement les États-Unis dans la lutte contre le nazisme, en aidant économiquement le Royaume-Uni, puis en entrant en guerre après l'attaque japonaise sur Pearl Harbor (décembre 1941). Il fait fabriquer la bombe atomique pour contraindre le Japon à la capitulation. Il meurt le 12 avril 1945, alors qu'il organisait la paix avec Staline et Churchill.

Yvette Roudy
(1929)

Militante féministe et socialiste, elle est élue députée européenne en 1979. Ministre des droits de la femme de 1981 à 1986, elle fait voter des lois importantes sur le remboursement de l'IVG par la Sécurité sociale et pour l'égalité professionnelle entre les femmes et les hommes. Pour lutter contre les stéréotypes de genre, elle crée une Commission sur la féminisation des noms de métiers. Elle poursuit sa carrière politique comme députée socialiste du Calvados (1986-1993, 1997-2002) et maire de Lisieux (1989-2001).

Nicolas Sarkozy
(1955)

Avocat de formation, militant gaulliste depuis l'âge de 19 ans, il est élu maire de Neuilly-sur-Seine en 1983 et député en 1989. Ministre du Budget en 1993, il soutient Édouard Balladur à la présidentielle de 1995. Après l'échec de celui-ci, il est écarté du pouvoir jusqu'en 2002. Il devient alors ministre de l'Intérieur, puis ministre de l'Économie en 2004 et de nouveau ministre de l'Intérieur en 2005. Candidat de l'UMP, il est élu président de la République en 2007, battant la socialiste Ségolène Royal au second tour. Il veut se démarquer de son prédécesseur J. Chirac en étant un « hyperprésident » et en incarnant une « droite décomplexée ». Mais n'est pas réélu en 2012, battu au second tour par F. Hollande. Il prend la direction de l'UMP en 2014, qu'il rebaptise LR, mais il est battu en 2016 aux primaires de la droite.

Robert Schuman
(1886-1963)

Né au Luxembourg, vivant dans la Lorraine annexée par le Reich, il est citoyen allemand jusqu'en 1918. Militant démocrate-chrétien, député de la Moselle de 1919 à 1962, il défend une Alsace Lorraine française mais conservant son particularisme. Homme de deux cultures, il se sent investi d'une mission de réconciliation franco-allemande et comprend qu'elle passe par la construction européenne. Ministre des Affaires étrangères de 1948 à 1952, il joue un rôle décisif dans la CECA, projet conçu par J. Monnet et qu'il présente à l'opinion le 9 mai 1950.

Biographies

Joseph Djougachvili, dit Staline
(1879-1953)

Né dans une famille modeste de Géorgie, il entre en 1912 au comité central du Parti bolchevick et prend le nom de Staline (« l'homme d'acier »). Arrêté par le régime tsariste en 1913, libéré en 1917, il soutient la révolution d'Octobre et devient le spécialiste des nationalités. Secrétaire général du Parti en 1922, il élimine peu à peu ses adversaires après la mort de Lénine en 1924. Chef tout-puissant de l'URSS depuis 1929, où il a organisé un régime totalitaire qui porte son nom (le stalinisme), il est renforcé dans son autorité par la victoire de l'URSS sur l'Allemagne nazie. Pour ses adversaires comme pour ses partisans, il incarne désormais le camp socialiste rassemblé autour de l'URSS. Après sa mort en 1953, son bilan est remis en cause : c'est la déstalinisation.

Margaret Thatcher
(1925-2013)

Fille d'un épicier, députée en 1959, ministre en 1970, elle prend la tête du Parti conservateur en 1975. Elle devient en 1979 la première femme à diriger le gouvernement britannique. Premier ministre jusqu'en 1990, elle est surnommée du fait de son intransigeance la « Dame de fer ». Elle fait plier les syndicats lors de la grande grève des mineurs (1984-1985), incarnant (avec Ronald Reagan) le néolibéralisme qui remet en cause dans les années 1980 l'État-providence. Au sein de la CEE, elle s'oppose aux fédéralistes et défend une Europe se limitant à la coopération entre les États.

Harry S. Truman
(1884-1972)

Sénateur démocrate du Missouri en 1934, il est élu en 1944 vice-président de Roosevelt. À la mort de celui-ci en avril 1945, Truman devient président des États-Unis à un moment crucial de leur histoire. Il doit en effet terminer la guerre en décidant de larguer deux bombes atomiques sur le Japon. Il doit ensuite affronter la guerre froide, en engageant l'Amérique dans l'endiguement (*containment*) du communisme (« Doctrine Truman », 12 mars 1947). Réélu à la surprise générale en novembre 1948, il poursuit la lutte contre l'URSS en lançant les États-Unis dans la guerre de Corée (1950).

Simone Veil
(1927-2017)

Issue d'une famille de la bourgeoisie juive, elle est déportée à Auschwitz en 1944. Survivante des camps, elle devient magistrate. Ministre de la Santé de 1974 à 1979, elle fait voter la loi autorisant l'IVG (1975). Elle dirige en 1979 la liste centriste aux premières élections européennes au suffrage universel direct et devient la première femme présidente du Parlement européen (1979-1982). Elle est de nouveau ministre (1993-1995), puis membre du Conseil constitutionnel (1998-2007). Ses restes et ceux de son mari sont transférés au Panthéon en 2018 lors d'une cérémonie d'hommage national.

A

Al-Qaida : « la base » en arabe, nom du mouvement islamiste fondé en 1987 en Afghanistan par Oussama Ben Laden et devenu un réseau terroriste international à partir de 1998. (voir p. 274)

***Anschluss* :** ce mot allemand, qui signifie « rattachement », désigne la réunion de l'Autriche et de l'Allemagne en mars 1938. (voir p. 72)

Antiparlementarisme : opposition au régime parlementaire et au régime d'assemblée, considérés comme favorisant la corruption, l'indécision et l'instabilité ministérielle. (voir p. 36)

Apartheid : ce terme signifiant « développement séparé » en afrikaans désigne la politique de ségrégation des populations noires en vigueur en Afrique du Sud entre 1948 et 1991. (voir p. 268)

***Appeasement* :** politique du Premier ministre britannique, Neville Chamberlain, qui cherche à satisfaire les demandes allemandes et ainsi éviter la guerre. (voir p. 72)

Approfondissement : dynamique d'intégration de plus en plus forte au sein de la CEE, puis de l'UE. Ce terme est généralement entendu dans un sens fédéraliste, comme un renforcement de la supranationalité. (voir p. 296)

Aryenne (race) : nom donné par les nazis à la prétendue race germanique supérieure d'origine nordique. (voir p. 58)

Autarcie : politique économique qui vise à réduire le plus possible les échanges avec l'étranger et à n'autoriser que les importations indispensables afin que le pays se suffise à lui-même. (voir p. 42)

Axe : nom donné par Mussolini à l'alliance entre l'Italie et l'Allemagne (« Axe Rome-Berlin »), puis par extension, pendant la Seconde Guerre mondiale, au camp de l'Allemagne et de ses alliés (Italie, Japon et pays satellites comme la Hongrie et la Bulgarie). (voir p. 90)

Ayatollah : littéralement « signe de Dieu », l'un des plus hauts dignitaires du clergé chiite en Iran. (voir p. 212)

B

Beur : terme argotique contraction d'« Arabe » en verlan qui s'impose dans les années 1980 pour désigner les jeunes nés en France de parents maghrébins. (voir p. 242)

BIRD (Banque internationale pour la reconstruction ou le développement ou Banque mondiale) : créée en 1944, installée à Washington, elle accorde des crédits à long terme pour la reconstruction des pays ruinés par la guerre et aide les pays en développement. (voir p. 122)

***Blitzkrieg* :** « guerre éclair », offensive courte et brutale par l'action combinée de l'aviation et des chars. (voir p. 90)

Bolcheviks : membres du Parti communiste fondé par Lénine en 1912. (voir p. 58)

BRICS : acronyme désignant les principales puissances émergentes : Brésil, Russie, Inde, Chine et Afrique du Sud. (voir p. 274)

Bulle spéculative : hausse démesurée et arbitraire du cours d'une action non corrélée à la croissance réelle de l'économie. (voir p. 32)

C

Camp de concentration : camp destiné à neutraliser les ennemis du régime tout en exploitant leur force de travail. (voir p. 62)

Casques bleus : troupes chargées par l'ONU d'une opération de maintien de la paix. (voir p. 268)

CECA (Communauté Européenne du Charbon et de l'Acier) : créée en 1951 par six États (France, RFA, Italie, Pays-Bas, Belgique, Luxembourg). (voir p. 183)

CFLN (Comité Français de Libération Nationale) : créé le 3 juin 1943 à Alger, c'est le gouvernement de la France libre jusqu'à la création du GPRF. (voir p. 102)

***Chah* :** Abréviation du titre de chahanchah, qui signifie « roi des rois » en persan. Porté par les souverains de Perse puis d'Iran, il équivaut au titre d'empereur. (voir p. 212)

Charia : loi islamique. Ensemble de commandements, recommandations et interdictions que le croyant doit respecter. (voir p. 212)

Chômage partiel : réduction plus ou moins importante du temps de travail par rapport à la durée légale, accompagnée d'une baisse correspondante du salaire. (voir p. 36)

CNR (Conseil National de la Résistance) : créé à Paris en 1943, il est composé de huit représentants des groupes de résistants, six représentants des partis politiques non liés à Vichy et deux représentants des syndicats. Il a pour objectifs de coordonner les actions contre l'occupant et préparer la refondation de la République. (voir p. 102 et 122)

Codécision : procédure par laquelle le Parlement peut, dans les trois mois, approuver un texte du Conseil (qui est alors définitivement adopté), l'amender (proposer des modifications) ou le rejeter. (voir p. 296 et 304)

Cohabitation : situation politique dans laquelle le président de la République n'est pas de la même tendance politique que le Premier ministre issu de la majorité parlementaire. (voir p. 238)

Collectivisation : prise de possession des moyens de production par l'État pour les mettre au service de la collectivité. (voir p. 32 et 58)

Combattants irréguliers : combattants n'appartenant pas à une armée nationale et ne portant pas d'uniforme. (voir p. 274)

Commissaire au Plan : haut fonctionnaire chargé de fixer les grandes orientations de l'économie française dans un plan indicatif. (voir p. 183)

***Containment* (endiguement ou doctrine Truman)** : doctrine mise au point par le président H. Truman qui consiste à stopper l'expansion communiste par une aide économique et militaire. (voir p. 132)

« Crime contre l'humanité » : nouveau chef d'accusation défini à Nuremberg en 1945 comme « l'assassinat, l'extermination, la réduction en esclavage, la déportation, et tout autre acte inhumain inspiré par des motifs politiques, philosophiques, raciaux ou religieux, organisés en exécution d'un plan concerté à l'encontre d'un groupe de population civile ». (voir p. 123)

Crise/dépression : alors que le terme de crise désigne un événement ponctuel marqué par un ralentissement de l'activité, la dépression est un phénomène de longue durée qui suit la crise et se manifeste par une stagnation économique et le maintien d'un chômage élevé. Il faudrait donc parler de la crise de 1929 et de la dépression des années 1930. (voir p. 32)

CSA (Conseil supérieur de l'audiovisuel) : il remplace en 1989 la Commission nationale de la communication et des libertés, nom donné à partir de 1986 à la Haute Autorité de la communication audiovisuelle. (voir p. 250)

Culture de masse : ensemble de pratiques culturelles diffusées à un large public par les médias et les industries de la communication et du divertissement. (voir p. 250)

D

Daesh : acronyme pour « État islamique en Irak et au Levant », mouvement jiihadiste sunnite qui proclame en 2013 l'instauration d'un État islamique au Proche-Orient. (voir p. 274)

Décolonisation : passage pour un territoire du statut de colonie à celui d'État souverain. (voir p. 160 et 183)

Déficit démocratique : expression utilisée pour critiquer l'UE, qui serait gérée de manière opaque par les « eurocrates » de Bruxelles, sans contrôle de la part des citoyens et du Parlement européen. (voir p. 304)

Déflation : réduction des salaires et des allocations sociales pour rétablir l'équilibre budgétaire et soutenir la monnaie. (voir p. 32 et 42)

Démocratie populaire : expression utilisée par les partis communistes pour définir les régimes communistes apparus après 1945 en Europe centrale et orientale. Ce terme est communément employé pour les distinguer des démocraties libérales. (voir p. 132)

Déstalinisation : politique de remise en cause des excès du stalinisme et particulièrement du culte de la personnalité, lancée par N. Khrouchtchev en 1956. (voir p. 150)

Détente : phase de la guerre froide caractérisée par une volonté de dialogue et de compromis entre les deux Grands, afin de limiter les risques d'affrontement nucléaire (1962-1975). (voir p. 150 et 196)

Dévaluation monétaire : modification à la baisse de la valeur d'une monnaie par rapport à un étalon métallique ou à une devise clé. (voir p. 42)

Diktat : terme utilisé par les Allemands pour désigner le traité de Versailles imposé par les Alliés sans négociation. (voir p. 58)

Dissuasion nucléaire : stratégie visant à dissuader un adversaire d'attaquer en le menaçant de représailles nucléaires. (voir p. 150)

Domaine réservé : lecture de la Constitution de 1958 selon laquelle la politique étrangère et la défense relèvent du président de la République. Cette pratique du pouvoir imposée par de Gaulle à ses Premiers ministres a été renforcée par la cohabitation. (voir p. 238)

E

Économie de guerre : modification profonde des structures économiques d'un pays pour mobiliser ses ressources dans le cadre d'un conflit prolongé. L'État intervient alors aux côtés des entreprises, organisant la répartition des matières premières, de l'énergie, de la main-d'œuvre notamment. (voir p. 42)

Einsatzgruppen **(« groupes d'intervention »)** : unités de soldats SS, épaulées par des bataillons de police allemands et des auxiliaires ukrainiens ou baltes, chargées d'exécuter systématiquement les communistes et les juifs à l'arrière du front russe. (voir p. 94)

Élargissement : processus d'ouverture de la CEE, puis de l'UE, à de nouveaux membres. (voir p. 296)

Épuration ethnique : entreprise violente menée par un groupe ethnique pour chasser d'un territoire un autre groupe ethnique. Elle se caractérise par des massacres, des viols, des pillages, etc. (voir p. 268)

État-providence : État qui garantit une protection sociale (indemnités de chômage, retraites, sécurité sociale). (voir p. 42)

Euroscepticisme : sentiment d'hostilité à l'UE. Les eurosceptiques sont généralement des souverainistes, défendant la souveraineté nationale et s'opposant à l'Europe supranationale prônée par les fédéralistes. (voir p. 304)

F

Féminicide : meurtre d'une femme pour des motifs liés à son identité de femme, le plus souvent par son conjoint ou son ex-conjoint. (voir p. 328)

Féminisme : mouvement visant à abolir les inégalités dont les femmes sont victimes et à établir l'égalité complète des droits entre les femmes et les hommes. (voir p. 242)

FFI (Forces Françaises de l'Intérieur) : créées le 1er février 1944, elles rassemblent en théorie tous les groupes armés de la Résistance intérieure. (voir p. 102)

FFL (Forces Françaises Libres) : créées en 1940, elles rassemblent les combattants volontaires ralliés à de Gaulle. (voir p. 102)

FLN (Front de libération nationale) : parti nationaliste créé à Alger en 1954 et qui s'impose par la force comme le seul acteur de la lutte pour l'indépendance. (voir p. 183 et 186)

FMI (Fonds monétaire international) : créé en 1944, installé à Washington, il a pour but d'assurer la stabilité monétaire et financière du monde et d'aider, par des crédits à court terme, les États en difficultés financières. 123)

FN (Front national) : parti d'extrême droite fondé en 1972 par Jean-Marie Le Pen. Il est présidé depuis 2011 par sa fille Marine Le Pen et est devenu en 2018 le RN (Rassemblement national). (voir p. 242 et 322)

Frontex : organisme chargé du contrôle et de la gestion des frontières extérieures de l'espace Schengen et de l'UE, en soutien aux autorités nationales. (voir p. 304)

G

Génocide : destruction préméditée et méthodique de tout ou partie d'une population en raison de son appartenance nationale, ethnique ou religieuse. (voir p. 94 et 268)

Gestapo : abréviation de *Geheime Staatspolizei*, « police secrète d'État ». Police politique créée en 1933 pour traquer les opposants au régime nazi. (voir p. 62 et 102)

Ghetto : nom donné depuis le XVIe siècle aux quartiers dans lesquels les juifs sont astreints à résidence (du nom d'un quartier de Venise). (voir p. 94)

« Gilets jaunes » : mouvement apparu en 2018 pour protester contre la hausse des carburants et ayant adopté comme signe de ralliement le gilet jaune. Il est devenu un mouvement de révolte multiforme, exprimant notamment les difficultés des habitants des zones périurbaines. (voir p. 322)

Gold Exchange Standard : système monétaire international créé par les accords de Gênes en 1922. La valeur des monnaies de premier rang est fixée par rapport à l'or (seul le dollar à l'origine, puis la livre sterling en 1925 et le franc en 1928) ; les monnaies de second rang ont une parité fixée sur la valeur des monnaies de premier rang. (voir p. 32)

Goulag : nom de l'administration des camps de travail forcé et, par extension, des camps eux-mêmes et du système concentrationnaire. (voir p. 62)

Gouvernance mondiale : mode de gestion des affaires mondiales faisant appel à tous les acteurs : États, organisations interétatiques (ONU, OMC...), ONG. (voir p. 274)

GPA (Gestation pour autrui) : recours à une « mère porteuse ». (voir p. 328)

GPRF (Gouvernement provisoire de la République française) : créé à Alger le 3 juin 1944, il succède au CFLN et dirige la France jusqu'à la mise en place de la IVe République. (voir p. 183)

H

HALDE (Haute Autorité de lutte contre les discriminations et pour l'égalité) : créée en 2005 et dissoute en 2011. La lutte contre les discriminations est depuis assurée par le Défenseur des droits. (voir p. 328)

Hard power : capacité à contraindre par la force. (voir p. 268)

Harkis : Algériens musulmans rattachés à des unités de l'armée française (200 000 combattants). (voir p. 186)

HCE (Haut Conseil à l'Égalité entre les femmes et les hommes) : créé en 2013 pour conseiller le Premier ministre et publier un rapport annuel sur l'état du sexisme en France. Il remplace l'Observatoire de la parité entre les hommes et les femmes fondé en 1995. (voir p. 328)

HCI (Haut Conseil à l'Intégration) : créé en 1989 pour conseiller le Premier ministre. Il est supprimé en 2012. L'Observatoire de la laïcité, fondé en 2013, hérite de ses missions. (voir p. 328)

Hyperinflation : très forte augmentation des prix que connaît l'Allemagne en 1923 en raison des excès d'émission monétaire et des pénuries. (voir p. 32)

Hyperpuissance : puissance sans égale, dont la domination s'exerce sur tous les plans (politique, militaire, économique, culturel et technologique). (voir p. 268)

I

Islamisme : idéologie politique qui propose de fonder l'organisation de l'ensemble de la société et de l'État sur des préceptes tirés de textes religieux islamiques, en particulier du Coran. (voir p. 212 et 274)

J

Jihadisme : courant violent de l'islamisme prônant le *jihad* au sens d'une guerre sainte menée à la fois contre l'Occident et contre les musulmans qui ne partagent pas ses convictions. (voir p. 274)

K

Kominform : « Bureau d'information des partis communistes et ouvriers », réunissant sous le contrôle de Moscou les partis communistes d'Europe centrale et orientale, de France et d'Italie. Créé en 1947, il est dissous en 1956. (voir p. 132)

Komintern : nom abrégé de l'Internationale communiste (ou IIIe Internationale) fondée en 1919. Il regroupe les Partis communistes de tous les pays pour soutenir la révolution soviétique. (voir p. 72)

Koulak : ce terme désignant à l'origine un paysan propriétaire est utilisé par la propagande stalinienne pour désigner et éliminer tous les opposants à la collectivisation des terres. (voir p. 62)

Krach : effondrement brutal du cours des actions à la Bourse. (voir p. 32)

L

LGBT : acronyme utilisé pour désigner les lesbiennes, gays, bisexuels et transsexuels souvent cachés et discriminés dans la société des années 1980. Aujourd'hui, l'acronyme est devenu LGBTQIA+ (queer, intersexe, asexuel et + pour les autres). (voir p. 242 et 328)

Ligue arabe : organisation fondée en 1945 par l'Égypte, l'Arabie saoudite, l'Irak, la Jordanie, le Liban, la Syrie et le Yémen du Nord. Elle veut affirmer l'unité de la nation arabe, mais son action vise essentiellement à coordonner la politique des États membres contre Israël. (voir p. 132)

LR (Les Républicains) : parti de droite issu de l'UMP et rebaptisé en 2015 par Nicolas Sarkozy. (voir p. 322)

LREM (La République en marche) : parti fondé en 2016 pour soutenir Emmanuel Macron. Il se veut progressiste et rassemble des militants venus du PS comme du centre-droit. (voir p. 322)

Luftwaffe : aviation de la *Wehrmacht*. (voir p. 90)

M

Majorité qualifiée : procédure de vote différente de l'unanimité ou de la majorité simple. Pour être adoptée, une décision doit atteindre un seuil préalablement défini. Chaque État dispose d'un nombre de voix proportionnel à son poids démographique et économique. (voir p. 296)

Maquis : région difficile d'accès où se regroupent des résistants (les maquisards). Le terme désigne par extension un groupe de résistance armée. (voir p. 102)

Marché unique : espace économique encore plus unifié que le marché commun. À la libre circulation des personnes, des marchandises, des services et des capitaux s'ajoute l'harmonisation des législations des États membres. (voir p. 296)

Massification scolaire : accès en masse des différentes classes d'âges au collège, puis au lycée. (voir p. 242)

MNA (Mouvement national algérien) : parti nationaliste rival du FLN, créé en 1954 par Messali Hadj et bien implanté notamment chez les travailleurs algériens en métropole.

Moudjahid (pl. moudjahidin) : soldat du *jihad*, c'est-à-dire du « combat pour la religion » islamique. (voir p. 220 et 268)

Mouvement des droits civiques : mouvement militant pour l'abolition de la ségrégation raciale aux États- Unis et les droits des Afro-Américains. (voir p. 150)

Mouvement des non-alignés : organisation créée en 1961 et regroupant les pays qui refusent de s'aligner sur un bloc. Ses premiers dirigeants sont Gamal Abdel Nasser (Égypte), Jawaharlal Nehru (Inde) et Josip Broz Tito (Yougoslavie). (voir p. 160)

Mouvement hippie : mouvement de la contre-culture américaine apparu dans les années 1960, rejetant les valeurs traditionnelles de l'Amérique, l'*American Way of Life* et la société de consommation. (voir p. 150)

N

Nakba : le terme, qui signifie « catastrophe » en arabe, fait référence à la fuite des Palestiniens des territoires contrôlés par Israël après la première guerre israélo-arabe en 1948-1949. (voir p. 160)

Nationalisation : opération par laquelle l'État prend le contrôle d'une entreprise privée. (voir p. 42)

Néo libéralisme : doctrine qui critique les interventions de l'État dans l'économie et prône le retour au libéralisme pur et dur. Son principal théoricien est l'économiste américain Milton Friedman (1912-2006), fondateur de l'École de Chicago. (voir p. 212)

NKVD (commissariat du peuple aux Affaires intérieures) : principale police politique de l'URSS depuis 1934. (voir p. 62 et 94)

NSDAP (Parti national-socialiste des travailleurs allemands) : fondé en 1920, le parti nazi est dirigé par Hitler à partir de 1921. Il est le seul autorisé en Allemagne de 1933 à 1945. (voir p. 58)

O

OAS (Organisation de l'armée secrète) : créée en 1961 par les pieds noirs les plus radicaux pour empêcher l'indépendance de l'Algérie. (voir p. 186)

OECE (Organisation Économique de Coopération Économique) : créée en 1948 pour répartir l'aide américaine entre les pays d'Europe de l'Ouest. C'est le premier organisme de coopération économique fondé en Europe. (voir p. 183)

OLP (Organisation pour la Libération de la Palestine) : créée en 1964 pour combattre Israël, elle rassemble plusieurs mouvements nationalistes, plus ou moins radicaux. Elle est dirigée à partir de 1968 par Yasser Arafat. (voir p. 160)

OPEP (Organisation des pays exportateurs de pétrole) : regroupement d'États producteurs de pétrole créé en 1960 par le Venezuela, l'Arabie saoudite, l'Iran, l'Irak et le Koweït. Leur but est d'affirmer leurs droits (et leurs revenus) face aux compagnies concessionnaires. (voir p. 212)

ORTF (Office de radiodiffusion-télévision française) : créé en 1964 et placé sous le contrôle du ministre de l'Information. (voir p. 250)

OTAN (Organisation du Traité de l'Atlantique Nord) : alliance politique et militaire défensive créée en 1950 et regroupant les États-Unis, leurs alliés en Europe occidentale et le Canada. (voir p. 150, 196, 268)

OVRA (*Organizzazione di Vigilanza e Repressione dell'Antifascismo*) : police politique créée en 1926 en Italie. (voir p. 62)

P

PACS (Pacte civil de solidarité) : contrat conclu entre deux personnes de sexe différent ou de même sexe pour organiser leur vie commune. C'est une forme d'union reconnue par le Code civil et différente du mariage. (voir p. 322 et 328)

Pacte de Varsovie : alliance militaire créée en 1955, regroupant l'URSS et ses alliés en Europe centrale et orientale. (voir p. 150)

Parité : représentation égale (paritaire) dans une institution des deux sexes. (voir p. 322 et 328)

PCUS (Parti communiste de l'Union soviétique) : fondé en 1925, il est le seul parti autorisé en URSS jusqu'en 1989. (voir p. 62 et 132)

Pieds-noirs : surnom donné aux Français et autres Européens vivant en Algérie. (voir p. 186)

Plan Marshall (ou *European Recovery Program*) : programme d'aide financière pour la reconstruction de l'Europe, proposé le 5 juin 1947 par le secrétaire d'État américain George Marshall. Au total, 13 milliards de dollars, essentiellement sous forme de dons, sont versés sur quatre ans. (voir p. 132)

Plan Marshall : programme d'aide économique des États-Unis à l'Europe, lancé en 1947 par George Marshall (secrétaire d'État aux Affaires étrangères). En anglais : *European Recovery Program* (ERP). (voir p. 183)

Planification : encadrement de l'économie par des plans quinquennaux fixant des objectifs de production. (voir p. 58)

PMA (Procréation médicalement assistée) : réservée aux couples hétérosexuels infertiles jusqu'à la loi de 2020 qui doit l'ouvrir aux femmes célibataires et aux couples de femmes. (voir p. 328)

Pogrom : ce mot russe (signifiant « dévastation ») désigne une émeute antisémite tolérée ou encouragée par les autorités. (voir p. 62)

Politburo : organe majeur du comité central du PCUS qui en définit la ligne directrice. (voir p. 62)

Politique d'austérité (ou de rigueur) : politique économique qui cherche à équilibrer le budget et à limiter l'inflation en bloquant les salaires et en augmentant les impôts. (voir p. 238)

Politique de relance : politique économique qui cherche à relancer l'activité économique en augmentant le pouvoir d'achat (salaires, prestations sociales) et les dépenses de l'État. (voir p. 239)

Populisme : discours politique qui se développe pendant les périodes de crise économique et qui prétend défendre le peuple, les « petits », contre les « gros ». Derrière la dénonciation du système politique, le populisme cherche souvent à mettre en place un régime autoritaire. (voir p. 36)

« Porteurs de valises » : surnom donné aux militants français aidant le FLN en métropole en transportant des faux papiers et de l'argent. (voir p. 186)

Propagande : ensemble d'actions effectuées par une institution ou une organisation pour faire agir et penser la population d'une certaine manière. (voir p. 62)

Protectionnisme : mise en place de barrières douanières par l'État (taxes, quotas) pour protéger le marché national des importations étrangères. (voir p. 33)

Puissance émergente : pays en développement dont la croissance économique rapide s'explique par la bonne intégration dans les échanges commerciaux mondiaux et ayant une capacité d'influence en termes économiques, culturels et diplomatiques. (voir p. 275)

Puissance mandataire : État, qui au lendemain de la Première Guerre mondiale, se voit confier par la SDN la gestion des territoires confisqués à un pays vaincu (comme l'Angleterre sur l'Empire ottoman en 1918). (voir p. 133)

R

RDA (République démocratique allemande) : créée le 7 octobre 1949 et issue de l'ancienne zone d'occupation soviétique, elle a pour capitale Berlin-Est. (voir p. 133)

Regroupement familial : mesure permettant à un étranger régulièrement installé en France (sauf les Algériens) d'être rejoint par les membres de sa famille proche (conjoint et enfants mineurs) s'il remplit certaines conditions (emploi stable, temps de résidence en France, logement adapté). (voir p. 243)

***Reichstag* :** nom d'une des chambres du Parlement allemand et du palais qu'elle occupe. (voir p. 58)

Relève : accord prévoyant la libération d'un prisonnier de guerre français contre l'envoi de trois travailleurs volontaires dans une usine allemande. (voir p. 102)

Représentation proportionnelle : mode de scrutin dans lequel chaque parti présente une liste de candidats et obtient un nombre d'élus proportionnel aux voix en sa faveur. Elle permet une représentation fidèle de l'électorat, mais rend plus difficile la formation d'une majorité stable. (voir p. 183)

République de Weimar : nom donné par les historiens à la république fédérale d'Allemagne entre 1919 et 1933. (voir p. 58)

RFA (République fédérale allemande) : créée le 23 mai 1949 et issue de l'ancienne zone d'occupation des États-Unis, de la France et du Royaume-Uni, elle a pour capitale Bonn. (voir p. 133)

RPF (Rassemblement du Peuple français) : premier parti gaulliste fondé en 1947. (voir p. 183)

RPR (Rassemblement pour la République) : parti créé par J. Chirac en 1976 pour remplacer l'UDR et redynamiser la droite gaulliste. (voir p. 239)

S

***Sankô Sakusen* :** « politique des trois tout » (« tout tuer, tout brûler, tout piller »). Stratégie menée par les japonais en Chine qui consiste à incendier des villages, confisquer les productions agricoles et réduire la population en esclavage. (voir p. 123)

SDN (Sociétés des Nations) : organisation internationale créée en 1919 pour tenter d'assurer la paix mondiale par la sécurité collective. (voir p. 72)

Sécurité collective : système qui veut assurer la paix en fondant les relations internationales sur le droit et la transparence, par opposition à la diplomatie traditionnelle souvent secrète. (voir p. 123)

Shoah : signifiant en hébreu « catastrophe » ou « destruction », ce terme est employé depuis les années 1970 pour exprimer la singularité du génocide des juifs. (voir p. 94)

Sionisme : mouvement nationaliste et laïque né au XIXe siècle prônant le retour des juifs en terre d'Israël et la création d'un État juif en Palestine. (voir p. 133)

LEXIQUE

SMIG (salaire minimum interprofessionnel garanti) : créé en 1950, au-dessous duquel un travailleur ne peut être légalement employé. Il est remplacé en 1970 par le SMIC (salaire minimum interprofessionnel de croissance), revalorisé en fonction de la croissance économique et de la hausse des prix. (voir p. 196)

Socialisme de marché : politique économique introduisant, dans un pays communiste, une dose de capitalisme sous le contrôle de l'État. (voir p. 220)

***Soft power* :** capacité à inciter par le rayonnement ou la séduction. (voir p. 268)

« Solution finale » : expression codée employée à partir de 1942 par les nazis pour désigner l'anéantissement des juifs d'Europe. (voir p. 94)

***Sonderkommandos* (« commandos spéciaux ») :** détenus juifs chargés de sortir les corps des chambres à gaz et de les brûler dans les fours crématoires. Ils sont régulièrement éliminés pour ne pas laisser de témoins. (voir p. 94)

Spéculation : achat d'actions pour obtenir un gain rapide en les revendant à un cours plus élevé. Quand elle entraîne une hausse artificielle des cours, sans rapport avec la croissance réelle de l'économie, on parle de bulle spéculative. (voir p. 33)

Squadristes : membres des milices fascistes appelées *squadre* (« équipes ») reconnaissables à leur chemise noire. (voir p. 58)

STO (Service du Travail Obligatoire) : créé en février 1943, il mobilise les jeunes hommes âgés de 20 à 23 ans pour travailler dans les entreprises allemandes. (voir p. 102)

T

« Téléphone rouge » : nom donné en français à la *hot line*, ligne de communication directe, établie en 1963 entre Washington et Moscou (il s'agit en fait d'un téléscripteur, ancêtre du fax, puis d'une liaison radio par satellite à partir de 1971). (voir p. 150)

Terrorisme : mode d'action violente qui consiste à susciter la terreur chez l'adversaire en s'en prenant aux populations civiles. (voir p. 275)

U

UDF (Union pour la démocratie française) : parti créé en 1978 pour soutenir le président Valéry Giscard d'Estaing ; il rassemble le centre-droit libéral et pro-européen. (voir p. 239)

UDR (Union des démocrates pour la défense de la république) : nom du parti gaulliste de 1968 à 1976. (voir p. 239)

UMP (Union pour un mouvement populaire) : parti créé en 2002 pour réunir toutes les tendances de la droite. Il absorbe le RPR (Rassemblement pour le République) et une partie de l'UDF (Union pour la démocratie française). (voir p. 322)

URSS : fédération de plusieurs républiques communistes sous l'autorité de la Russie de 1922 à 1991. (voir p. 58)

W

***Wehrmacht* :** ce mot allemand, qui signifie « force de défense », désigne l'armée du IIIe Reich à partir de 1935. (voir p. 72 et 90)

Z

Zones économiques spéciales (ZES) : espaces délimités proposant aux entreprises étrangères des avantages fiscaux et une réglementation peu contraignante pour les accueillir. (voir p. 220)

Crédits iconographiques

Couverture : (h) Keystone France/Gamma-Rapho ; (b) Louise Gubb/Corbis Saba/Corbis via Getty Images

29 : AKG-Images ; **30 :** (g) Fondation Gestulio Vargas ; (m) DR ; (d) BIS/Ph. Coll. Archives Larbor ; **34 :** DR/Archives Charmet/Bridgeman Images ; **38 :** Keystone-France/Gamma-Rapho ; **39 :** DR/Kharbine-Tapabor ; **40 :** Keystone-France/Gamma-Rapho ; **41 :** Fondation Gestulio Vargas ; **44 :** (h) DR ; (b) BIS/Ph. Joseph Martin © Archives Larbor ; **45 :** The Granger Coll NY/Aurimages ; **46 :** (h) Droits réservés - Mémoires d'Humanité/Archives départementales de la Seine-Saint-Denis/83FI/5 14 ; (b) BIS/Ph. Coll. Archives Larbor ; **47 :** (h) Kharbine-Tapabor ; (b) BNF ; **48 :** (h) The Granger Coll NY/Aurimages ; (m) BIS/Ph. Joseph Martin © Archives Larbor ; (b) BIS/Ph. Coll. Archives Larbor ; **50 :** The Granger Coll NY/Aurimages ; **55 :** Bianchetti/Leemage ; **56 :** (g) memo.ru ; (m) AKG-Images ; (d) Ullstein Bild/Roger-Viollet ; **60 :** Fototeca/Leemage ; **61 :** DR/Fototeca Gilardi/Bridgeman Images ; **64 :** (g) AKG-Images ; (d) FineArtImages/Leemage ; **65 :** Heinrich Hoffmann/Roger-Viollet ; **67 :** Everett Collection/Bridgeman Images ; **69 :** memo.ru ; **71 :** AKG-Images ; **75 :** (g) WHA/AKG-Images ; (d) Ullstein Bild/Roger-Viollet ; **76 :** MEPL/Bridgeman Images ; **78 :** (h) API/Gamma-Rapho ; (m) Roger-Viollet ; (b) Roger-Viollet ; **83 :** (h) Fototeca Gilardi/Agefotostock ; (b) Farabola/Leemage ; **85 :** Deutsche Fotothek/Richard Peter/DPA/Picture Alliance/Leemage ; **86 :** (hg) World History Archive/Aurimages ; (hd) AKG-Images ; (bg) Stanley Troutman/ACME/AP/Sipa ; (bm) Keystone France/Gamma-Rapho ; (bd) Keystone France/Gamma-Rapho ; **92 :** DR ; **93 :** World History Archive/Aurimages ; **97 :** AKG-Images ; **98 :** Fototeca Gilardi/AKG-Images ; **101 :** Stanley Troutman/ACME/AP/Sipa ; **104 :** (h) BIS/Ph. J.L.Charmet © Archives Bordas ; (b) Keystone France/Gamma-Rapho ; **105 :** Keystone France/Gamma-Rapho ; **106 :** Keystone-France/Gamma-Rapho ; **108 :** Collection Jean Vigne/Kharbine-Tapabor ; **109 :** Musée de la Résistance Nationale ; **110 :** (de haut en bas) Keystone France/Gamma-Rapho ; BIS/Ph. J.L.Charmet © Archives Bordas ; Roger-Viollet ; API/Gamma-Rapho ; **112 :** (h) Collection privée ; (b) United States Holocaust Memorial Museum/Yad Vashem (Public Domain) Source Record ID: FA 268/121/The Auschwitz Album - Hellman, Peter - Random House - p. 103
117 : World History Archive/Aurimages ; **118 :** (m) L'Illustration/Photo12 ; (d) Walter Sanders/The LIFE Picture Collection via Getty Image ; **125 :** L'Illustration/Photo12 ; **127 :** Ed Clark/The LIFE Picture Collection/Getty Images ; **130 :** Collection Dagli Orti/Aurimages ; **131 :** Bettmann/Getty Images ; **135 :** BIS/Ph. Michel Didier © Archives Larbor - DR ; **137 :** Walter Sanders/The LIFE Picture Collection via Getty Image ; **138 :** PFH/Leemage ; **140 :** (de haut en bas) API/Gamma-Rapho ; Keystone Archives/HIP/Leemage ; Everett/Bridgeman Images ; BIS/Ph. Joseph Martin © Archives Larbor ; **142 :** Musée McCord ; **147 :** Archiv Boelte/AKG-Images ; **148 :** (g) Leslie Gilbert Illingworth/Solo Syndication ; (m) Collection David Heather ; (d) Libor Hajsky/Reuters ; **152 :** Ullstein bild/AKG-Images ; **153 :** Collection Dixmier/Kharbine-Tapabor ; **154 :** (h) Bridgeman ; (b) Keystone France/Gamma-Rapho ; **155 :** Leslie Gilbert Illingworth/Solo Syndication ; 157 : Collection David Heather ; 158 : DPA/Picture Alliance/AKG-Images ; 159 : (h) Libor Hajsky/Reuters ; (b) STF/AP/Sipa ; **163 :** Bianchetti/Leemage ; **165 :** Archives Snark/Photo 12 **166 :** DR ; **167 :** Guy Le Querrec/Magnum Photos ; **169 :** © Cornell Capa © International Center of Photography/Magnum Photos ; **170 :** (h) Bridgeman ; (m) Keystone France/Gamma-Rapho ; (b) Zumapress/Leemage ; **172 :** © BIS/Ph. © Archives Bordas ; **177 :** Bridgeman Images ; **178 :** (g) Lahcene Abib ; (m) Archives De Gaulle/Bridgeman Images ; (d) Archives De Gaulle/Bridgeman Images ; **184 :** (g) Coll. Dixmier/Kharbine Tapabor ; (d) Agip/Bridgeman ; **185 :** (g) Bridgeman Images ; (d) Keystone/Gamma-Rapho ; **189 :** (h) ECPAD ; (b) Droits réservés - Mémoires d'Humanité/Archives départementales de la Seine-Saint-Denis cote. : 97FI/612261 A1 ; **190 :** Delmarty/Andia ; **191 :** Lahcene Abib ; **192 :** Coll. Dixmier/Kharbine Tapabor/© Adagp, Paris, 2020 ; **193 :** Archives De Gaulle/Bridgeman Images ; **194 :** Intercontinentale/AFP ; **195 :** (g) Archives De Gaulle/Bridgeman Images ; (hd) : BIS/Ph.© Documentation Française ; (bd) AFP ; **196 :** Michel Le Tac/Paris Match/Scoop ; **197 :** (hg) BIS/Ph.© Documentation Française ; (hd) BIS/Ph © La Documentation française. Photo François Pagès/Paris-Match ; (bas de gauche à droite) AFP ; Interfoto/AKG-Images ; Keystone-France/Gamma-Rapho ; Jean-Pierre Couderc/Roger-Viollet ; Jacques Boissay/INA/AFP ; **198 :** (h) Fritz Berhendt/DR ; (d) AFP ; **199 :** Le Parisien ; **200 :** (h) BIS/Ph.© Documentation Française ; (b) AFP ; **202 :** Coll. Dixmier/Kharbine Tapabor ; **207 :** Jacques Langevin/Sygma/Sygma via Getty Images ; **208 :** (g) Boccon-Gibod/Sipa ; (d) Régis Bossu/Corbis via Getty Images ; **214 :** Bettmann/Corbis/Getty Images ; **215 :** Michel Faizant/Caricadoc/Bridgeman Images ; **216 :** Jean-Claude Francolon/Gamma-Rapho ; **217 :** Plantu ; **219 :** Special Collections Research Center, University of Chicago Library ; **222 :** (dh) Granger Collection/Bridgeman Images; (db) Boccon-Gibod/Sipa ; (g) Plantu ; **223 :** British Cartoon Archive, University of Kent © Telegraph Media Group Limited 1981 ; **224 :** Régis Bossu/Corbis via Getty Images ; **225 :** Catherine Henriette/AFP ; **227 :** (h) André Durand/AFP ; (b) Georges Million ; **228 :** (de haut en bas) Sipa ; Bridgeman Images/Leemage ; Granger Collection/Bridgeman Images ; Boccon-Gibod/Sipa ; **230 :** Laski/Sipa ; **233 :** © Der Spiegel 46/1979 ; **235 :** Denis Cittanova/Gamma-Rapho ; **236 :** (g) Michel Jeanneau/Sipa ; (m) Laurent Maous/Gamma-Rapho ; (d) Mohamed Lounes/Gamma-Rapho ; **239 :** (g) BIS/Ph. © La Documentation française. Photo Jacques-Henri Lartigue ; (d) BIS/Ph.© La Documentation française. Photo Gisèle Freund ; **240 :** Laurent Maous/Gamma-Rapho ; **241 :** Libération ; **244 :** (g) Michel Jeanneau/Sipa ; (d) Keystone-France/Gamma-Rapho ; **245 :** (h) Archives Charmet/Bridgeman Images ; (b) Le Nouvel Obs ; **246 :** Coll. Dixmier/Kharbine-Tapabor ; **247 :** (h) Michel Clément/AFP ; (b) Plantu, dessin paru dans Le Monde de mars 1983 ; **249 :** Mohamed Lounes/Gamma-Rapho ; **253 :** Pata/Sipa ; **254 :** (h) Dominique Gutekunst/Gamma-Rapho ; (b) Guis/TF1/Sipa ; **255 :** (h) Jean-Pierre Bonnotte/Gamma-Rapho ; (b) Paris Match/Scoop ; **256 :** (de haut en bas) BIS/Ph.© La Documentation française. Photo Jacques-Henri Lartigue ; BIS/Ph.© La Documentation française. Photo Gisèle Freund ; Michel Jeanneau/Sipa ; Laurent Maous/Gamma-Rapho ; **261 :** Coll. Dixmier/Kharbine Tapabor ; **263 :** Kyodo News Stills via Getty Images ; **264 :** (g) DPA/Bridgeman ; (d) Rex features/Sipa ; **270 :** (gh) DPA/Bridgeman ; (gb) Walter Dhladhla/AFP ; (d) Ian Berry/Magnum Photos ; **271 :** Walter Dhladhla/AFP ; **272 :** Used with permission of Newsweek Copyright© 2020. All rights reserved. ; **273 :** Pancho ; **276 :** (h) Patrick Robert/Sygma via Getty Images ; (b) Grigory Dukor/Reuters ; **277 :** Le Figaro ; **278 :** (gh) WHA/Bridgeman Images ; (gb) Gilles Bassignac/Gamma-Rapho ; (d) ; Rex features/Sipa ; **279 :** Plantu ; **280 :** Delil Souleiman/AFP ; **282 :** Plantu ; **284 :** (de haut en bas) AKG-Images; DPA/Bridgeman ; WHA/Bridgeman Images ; Gilles Bassignac/Gamma-Rapho ; **286 :** Chalvin/Iconovox ; **291 :** Andrew Aitchison/In pictures via Getty Images/Banksy, Dover, 2017 ; **292 :** (g) DR ; (d) Topfoto/Roger-Viollet ; **295 :** (de gauche à droite et de bas en haut) Werner Lerooy/Shutterstock ; Sergey Kelin/Adobe Stock ; Zigres/Shutterstock ; Olrat/Shutterstock ; DPA-Picture Alliance/Alamy/Hemis.fr ; Westend61/Hemis.fr ; Tichr/Shutterstock ; **298 :** Serguei ; **299 :** Collection Fondation Jean-Jaurès, Paris ; **300 :** Plantu ; **301 :** (h) DR ; (b) DR ; **302 :** Topfoto/Roger-Viollet ; **303 :** Mathieu Polak/Sygma/Getty Images ; **306 :** Giulio Napolitano/AFP ; **307 :** PhotoPQR/L'Alsace/Giefem/MaxPPP ; **309 :** Robin Pope/NurPhoto/AFP ; **310 :** Romain Lafabregue/AFP ; **312 :** Agip/Bridgeman ; **318 :** Ludovic/REA ; **320 :** (g) Christophe Petit Tesson/MaxPPP ; (d) Plantu ; **325 :** Christophe Petit Tesson/MaxPPP ; **326 :** © Le Point 2007/Patrick Othoniel/JDD/Gamma/Eyedea Presse ; **327 :** Dessin d'André Carrilho/Portugal pour Courrier International ; **331 :** Plantu ; **333 :** FCPE ; **334 :** Haley/Sipa ; **336 :** (de haut en bas) BIS/Ph.© La Documentation française. Photo Gisèle Freund ; BIS/Ph.© La Documentation française. Photo Bettina Rheims ; BIS/Ph. © La Documentation française. Photo Philippe Warrin ; BIS/Ph.DILA-La Documentation française. Photo Raymond Depardon ; Picture Alliance/Sammy Minkof/Picture Alliance/Photononstop

Biographies (de haut en bas et de gauche à droite)
342 : AGF/Leemage ; Laurent Maous/Gamma-Rapho ; Israel Sun/REA ; WHA/Bridgeman Images ; BIS/Ph. Coll. Archives Larbor ; AKG-Images ; **343 :** Gilles Bassignac/Gamma-Rapho ; Zumapress/Leemage ; BIS/Ph.© La Documentation française. Photo Bettina Rheims ; Everett/Bridgeman images ; Wim Van Cappellen/Reporters-REA ; Agip/Bridgeman ; **344 :** Boccon-Gibod/Sipa ; AKG-Images ; BIS/Ph.© Documentation Française ; BIS/Ph.© La Documentation française. Photo Jacques-Henri Lartigue ; Sipa ; Roger-Viollet ; **345 :** Bettmann/Getty Images ; BIS/Ph.DILA-La Documentation française. Photo Raymond Depardon ; The Granger Coll NY/Aurimages ; David Furst/AFP ; Bridgeman ; Bridgeman Images ; **346 :** Agip/Leemage ; Keystone France/Gamma-Rapho ; Granger Coll NY/Aurimages ; Picture Alliance/Sammy Minkof/Picture Alliance/Photononstop ; DPA/Bridgeman ; BIS/Ph. Bernard Sonneville © Archives Nathan ; **347 :** Everett Collection/Aurimages ; Louis Goldman/Gamma-Rapho ; AFP ; BIS/Ph.© La Documentation française. Photo Gisèle Freund ; Agip/Bridgeman ; Leemage ; **348 :** Roger-Viollet ; Raphael Tarnowski/Gamma-Rapho ; Corbis via Getty Images ; DPA/Alamy/Photo12 ; BIS/Ph. J.L. Charmet © Archives Bordas ; BIS/Ph © La Documentation française. Photo François Pagès/Paris-Match ; **349 :** Franck Fife/AFP ; Granger Collection/Bridgeman Images ; © BIS/Ph. Joseph Martin © Archives Larbor ; Alain Mingam/Gamma-Rapho ; BIS/Ph. © La Documentation française. Photo Philippe Warrin ; Keystone/Gamma-Rapho ; **350 :** API/Gamma-Rapho ; Bridgeman Images/Leemage ; Keystone Archives/HIP/Leemage ; Michel Jeanneau/Sipa

Compléments aux sources des textes présents dans le manuel
99-5 Des voix sous la cendre. Manuscrits des Sonderkommandos d'Auschwitz-Birkena, © Centre de documentation juive contemporaine, © Éditions Calmann-Lévy/Mémorial de la Shoah, 2005 ; 105-5 Témoignage de Pierre Messmer, dans Daniel Rondeau et Roger Stéphane, Des Hommes libres 190-1945, © Éditions Grasset & Fasquelle, 1997 ; 271-3 Nelson Mandela, Un long chemin vers la liberté, Fayard, 1995. Trad. de Jean Guiloineau, © Nelson Rolihlahla Mandela 1994, © Librairie Arthème Fayard 1995 pour la traduction française ; 298-1 Discours de Jacques Delors pour l'investiture de la Commission devant le Parlement européen, 14 janvier 1985 dans Jacques Delors, Le nouveau concert européen, Paris, Odile Jacob, 1992, p. 27-49.

Édition : Emeline Marx, avec l'aide de Lucile Foucher et Clara Jaguenet
Direction éditoriale : Carole Greffrath
Responsable artistique : Pierre-Yves Skrzypczak
Conception graphique de l'intérieur : Lélia Withnell
Conception graphique de la couverture : Elise Launay
Mise en pages : Anne-Danièle Naname et Camille Rouxel
Iconographie : Geoffroy Mauzé
Cartographie : AFDEC
Charte graphique des schémas : WeDoData
Infographies, schémas, graphiques : Renaud Scapin (sauf schémas de synthèse)
Schémas de synthèse : WeDoData
Fabrication : Kévin Magar
Gravure : IGS
Relecture : Laurence Petit

Contenus éditoriaux fournis par l'ONISEP (p. 12 à 15) : Emmanuel Percq (coordination), Isabelle Dussouet (édition).

Contenus éditoriaux pour l'oral : Olivier Jaoui, directeur de Mission-Admission et spécialiste de la préparation des étudiants à l'oral et aux entretiens.

MIXTE
Papier issu de sources responsables
FSC® C022030

Nathan est un éditeur qui s'engage pour la préservation de son environnement et qui utilise du papier composé de fibres naturelles, renouvelables, fabriquées à partir de bois provenant de forêts gérées de manière responsable et contrôlée.

Fermes aquacoles pour l'élevage du saumon en Norvège, 2018.

Réplique de tour Eiffel érigée devant le Casino Parisian Macao, quartier de Cotai, île de Macao, Chine, 2019.

Édition : Séverine Bulan, avec l'aide de Guénaëlle Lumalé et Clara Jaguenet
Direction éditoriale : Carole Greffrath
Responsable artistique : Pierre-Yves Skrzypczak
Conception graphique (intérieur et couverture) : Élise Launay
Mise en pages : Anne-Danielle Naname
Iconographie : Geoffroy Mauzé et Valérie Delchambre (Electron libre)
Charte graphique des schémas : WeDoData
Cartographie : AFDEC
Infographies, schémas, graphiques : Renaud Scapin
Fabrication : Kévin Magar
Gravure : IGS
Relecture : Laurence Petit

Contenus éditoriaux fournis par l'ONISEP (p. 12 à 15) : Emmanuel Percq (coordination), Isabelle Dussouet (édition).

Contenus éditoriaux pour l'oral : Olivier Jaoui, directeur de Mission-Admission et spécialiste de la préparation des étudiants à l'oral et aux entretiens.

MIXTE
Papier issu de sources responsables
FSC® C022030

Nathan est un éditeur qui s'engage pour la préservation de son environnement et qui utilise du papier composé de fibres naturelles, renouvelables, fabriquées à partir de bois provenant de forêts gérées de manière responsable et contrôlée.

CRÉDITS ICONOGRAPHIQUES

Couverture : (h) Keystone France/Gamma-Rapho ; (b) Louise Gubb/Corbis Saba/Corbis via Getty Images ; **29** : AKG-Images ; **30** : (g) Fondation Gestulio Vargas ; (m) DR ; (d) BIS/Ph. Coll. Archives Larbor ; **34** : DR/Archives Charmet/Bridgeman Images ; **38** : Keystone-France/Gamma-Rapho ; **39** : DR/Kharbine-Tapabor ; **40** : Keystone-France/Gamma-Rapho ; **41** : Fondation Gestulio Vargas ; **44** : (h) DR ; (b) BIS/Ph. Joseph Martin © Archives Larbor ; **45** : The Granger Coll NY/Aurimages ; **46** : (h) Droits réservés - Mémoires d'Humanité/Archives départementales de la Seine-Saint-Denis/83FI/5 14 ; (b) BIS/Ph. Coll. Archives Larbor ; **47** : (h) Kharbine-Tapabor ; (b) BNF ; **48** : (h) The Granger Coll NY/Aurimages ; (m) BIS/Ph. Joseph Martin © Archives Larbor ; (b) BIS/Ph. Coll. Archives Larbor ; **50** : The Granger Coll NY/Aurimages ; **55** : Bianchetti/Leemage ; **56** : (g) memo.ru ; (m) AKG-Images ; (d) Ullstein Bild/Roger-Viollet ; **60** : Fototeca/Leemage ; **61** : DR/Fototeca Gilardi/Bridgeman Images ; **64** : (g) AKG-Images ; (d) FineArtImages/Leemage ; **65** : Heinrich Hoffmann/Roger-Viollet ; **67** : Everett Collection/Bridgeman Images ; **69** : memo.ru ; **71** : AKG-Images ; **75** : (g) WHA/AKG-Images ; (d) Ullstein Bild/Roger-Viollet ; **76** : MEPL/Bridgeman Images ; **78** : (h) API/Gamma-Rapho ; (m) Roger-Viollet ; (b) Roger-Viollet ; **83** : (h) Fototeca Gilardi/Agefotostock ; (b) Farabola/Leemage ; **85** : Deutsche Fotothek/Richard Peter/DPA/Picture Alliance/Leemage ; **86** : (hg) World History Archive/Aurimages ; (hd) AKG-Images ; (bg) Stanley Troutman/ACME/AP/Sipa ; (bm) Keystone France/Gamma-Rapho ; (bd) Keystone France/Gamma-Rapho ; **92** : DR ; **93** : World History Archive/Aurimages ; **97** : AKG-Images ; **98** : Fototeca Gilardi/AKG-Images ; **101** : Stanley Troutman/ACME/AP/Sipa ; **104** : (h) BIS/Ph. J.L.Charmet © Archives Bordas ; (b) Keystone France/Gamma-Rapho ; **105** : Keystone France/Gamma-Rapho ; **106** : Keystone-France/Gamma-Rapho ; **108** : Collection Jean Vigne/Kharbine-Tapabor ; **109** : Musée de la Résistance Nationale ; **110** : (de haut en bas) Keystone France/Gamma-Rapho ; BIS/Ph. J.L.Charmet © Archives Bordas ; Roger-Viollet ; API/Gamma-Rapho ; **112** : (h) Collection privée ; (b) United States Holocaust Memorial Museum/Yad Vashem (Public Domain) Source Record ID : FA 268/121/The Auschwitz Album - Hellman, Peter - Random House - p. 103

117 : World History Archive/Aurimages ; **118** : (m) L'Illustration/Photo12 ; (d) Walter Sanders/The LIFE Picture Collection via Getty Image ; **125** : L'Illustration/Photo12 ; **127** : Ed Clark/The LIFE Picture Collection/Getty Images ; **130** : Collection Dagli Orti/Aurimages ; **131** : Bettmann/Getty Images ; **135** : BIS/Ph. Michel Didier © Archives Larbor - DR ; **137** : Walter Sanders/The LIFE Picture Collection via Getty Image ; **138** : PFH/Leemage ; **140** : (de haut en bas) API/Gamma-Rapho ; Keystone Archives/HIP/Leemage ; Everett/Bridgeman Images ; BIS/Ph. Joseph Martin © Archives Larbor ; **142** : Musée McCord ; **147** : Archiv Boelte/AKG-Images ; **148** : (g) Leslie Gilbert Illingworth/Solo Syndication ; (m) Collection David Heather ; (d) Libor Hajsky/Reuters ; **152** : Ullstein bild/AKG-Images ; **153** : Collection Dixmier/Kharbine-Tapabor ; **154** : (h) Bridgeman ; (b) Keystone France/Gamma-Rapho ; **155** : Leslie Gilbert Illingworth/Solo Syndication ; **157** : Collection David Heather ; **158** : DPA/Picture Alliance/AKG-Images ; **159** : (h) Libor Hajsky/Reuters ; (b) STF/AP/Sipa ; **163** : Bianchetti/Leemage ; **165** : Archives Snark/Photo 12 ; **166** : DR ; **167** : Guy Le Querrec/Magnum Photos ; **169** : © Cornell Capa © International Center of Photography/Magnum Photos ; **170** : (h) Bridgeman ; (m) Keystone France/Gamma-Rapho ; (b) Zumapress/Leemage ; **172** : © BIS/Ph. © Archives Bordas. ; **177** : Bridgeman Images ; **178** : (g) Lahcene Abib ; (m) Archives De Gaulle/Bridgeman Images ; (d) Archives De Gaulle/Bridgeman Images ; **184** : (g) Coll. Dixmier/Kharbine Tapabor ; (d) Agip/Bridgeman ; **185** : (g) Bridgeman Images ; (d) Keystone/Gamma-Rapho ; **189** : (h) ECPAD ; (b) Droits réservés - Mémoires d'Humanité/Archives départementales de la Seine-Saint-Denis cote. : 97FI/612261 A1 ; **190** : Delmarty/Andia ; **191** : Lahcene Abib ; **192** : Coll. Dixmier/Kharbine Tapabor/© Adagp, Paris, 2020 ; **193** : Archives De Gaulle/Bridgeman Images ; **194** : Intercontinentale/AFP ; **195** : (g) Archives De Gaulle/Bridgeman Images ; (hd) : BIS/Ph.© Documentation Française ; (bd) AFP ; **196** : Michel Le Tac/Paris Match/Scoop ; **197** : (hg) BIS/Ph.© Documentation Française ; (hd) BIS/Ph © La Documentation française. Photo François Pagès/Paris-Match ; (bas de gauche à droite) AFP ; Interfoto/AKG-Images ; Keystone-France/Gamma-Rapho ; Jean-Pierre Couderc/Roger-Viollet ; Jacques Boissay/INA/AFP ; **198** : (h) Fritz Berhendt/DR ; (d) AFP ; **199** : Le Parisien ; **200** : (h) BIS/Ph.© Documentation Française ; (b) AFP ;**202** : Coll. Dixmier/Kharbine Tapabor

207 : Jacques Langevin/Sygma/Sygma via Getty Images ; **208** : (g) Boccon-Gibod/Sipa ; (d) Régis Bossu/Corbis via Getty Images ; **214** : Bettmann/Corbis/Getty Images ; **215** : Michel Faizant/Caricadoc/Bridgeman Images ; **216** : Jean-Claude Francolon/Gamma-Rapho ; **217** : Plantu ; **219** : Special Collections Research Center, University of Chicago Library ; **222** : (dh) Granger Collection/Bridgeman Images ; (db) Boccon-Gibod/Sipa ; (g) Plantu ; **223** : British Cartoon Archive, University of Kent © Telegraph Media Group Limited 1981 ; **224** : Régis Bossu/Corbis via Getty Images ; **225** : Catherine Henriette/AFP ; **227** : (h) André Durand/AFP ; (b) Georges Million ; **228** : (de haut en bas) Sipa ; Bridgeman Images/Leemage ; Granger Collection/Bridgeman Images ; Boccon-Gibod/Sipa ; **230** : Laski/Sipa ; **233** : © Der Spiegel 46/1979 ; **235** : Denis Cittanova/Gamma-Rapho ; **236** : (g) Michel Jeanneau/Sipa ; (m) Laurent Maous/Gamma-Rapho ; (d) Mohamed Lounes/Gamma-Rapho ; **239** : (g) BIS/Ph. © La Documentation française. Photo Jacques-Henri Lartigue ; (d) BIS/Ph.© La Documentation française. Photo Gisèle Freund ; **240** : Laurent Maous/Gamma-Rapho ; **241** : Libération ; **244** : (g) Michel Jeanneau/Sipa ; (d) Keystone-France/Gamma-Rapho ; **245** : (h) Archives Charmet/Bridgeman Images ; (b) Le Nouvel Obs ; **246** : Coll. Dixmier/Kharbine-Tapabor ; **247** : (h) Michel Clément/AFP ; (b) Plantu, dessin paru dans Le Monde de mars 1983 ; **249** : Mohamed Lounes/Gamma-Rapho ; **253** : Pata/Sipa ; **254** : (h) Dominique Gutekunst/Gamma-Rapho ; (b) Guis/TF1/Sipa ; **255** : (h) Jean-Pierre Bonnotte/Gamma-Rapho ; (b) Paris Match/Scoop ; **256** : (de haut en bas) BIS/Ph.© La Documentation française. Photo Jacques-Henri Lartigue ; BIS/Ph.© La Documentation française. Photo Gisèle Freund ; Michel Jeanneau/Sipa ; Laurent Maous/Gamma-Rapho ; **261** : Coll. Dixmier/Kharbine Tapabor ; **263** : Kyodo News Stills via Getty Images ; **264** : (g) DPA/Bridgeman ; (d) Rex features/Sipa ; **270** : (gh) DPA/Bridgeman ; (gb) Walter Dhladhla/AFP ; (d) Ian Berry/Magnum Photos ; **271** : Walter Dhladhla/AFP ; **272** : Used with permission of Newsweek Copyright© 2020. All rights reserved. ; **273** : Pancho ; **276** : (h) Patrick Robert/Sygma via Getty Images ; (b) Grigory Dukor/Reuters ; **277** : Le Figaro ; **278** : (gh) WHA/Bridgeman Images ; (gb) Gilles Bassignac/Gamma-Rapho ; (d) ; Rex features/Sipa ; **279** : Plantu ; **280** : Delil Souleiman/AFP ; **282** : Plantu ; **284** : (de haut en bas) AKG-Images ; DPA/Bridgeman ; WHA/Bridgeman Images ; Gilles Bassignac/Gamma-Rapho ; **286** : Chalvin/Iconovox ; **291** : Andrew Aitchison/In pictures via Getty Images/Banksy, Dover, 2017 ; **292** : (g) DR ; (d) Topfoto/Roger-Viollet ;

295 : (de gauche à droite et de bas en haut) Werner Lerooy/Shutterstock ; Sergey Kelin/Adobe Stock ; Zigres/Shutterstock ; Olrat/Shutterstock ; DPA-Picture Alliance/Alamy/Hemis.fr ; Westend61/Hemis.fr ; Tichr/Shutterstock ; **298** : Serguei ; **299** : Collection Fondation Jean-Jaurès, Paris ; **300** : Plantu ; **301** : (h) DR ; (b) DR ; **302** : Topfoto/Roger-Viollet ; **303** : Mathieu Polak/Sygma/Getty Images ; **306** : Giulio Napolitano/AFP ; **307** : PhotoPQR/L'Alsace/Giefem/MaxPPP ; **309** : Robin Pope/NurPhoto/AFP ; **310** : Romain Lafabregue/AFP ; **312** : Agip/Bridgeman

318 : Ludovic/REA ; **320** : (g) Christophe Petit Tesson/MaxPPP ; (d) Plantu ; **325** : Christophe Petit Tesson/MaxPPP ; **326** : © Le Point 2007/Patrick Othoniel/JDD/Gamma/Eyedea Presse ; **327** : Dessin d'André Carrilho/Portugal pour Courrier International ; **331** : Plantu ; **333** : FCPE ; **334** : Haley/Sipa ; **336** : (de haut en bas) BIS/Ph.© La Documentation française. Photo Gisèle Freund ; BIS/Ph.© La Documentation française. Photo Bettina Rheims ; BIS/Ph. © La Documentation française. Photo Philippe Warrin ; BIS/Ph.DILA-La Documentation française. Photo Raymond Depardon ; Picture Alliance/Sammy Minkof/Picture Alliance/Photononstop

Biographies (de haut en bas et de gauche à droite)

342 : AGF/Leemage ; Laurent Maous/Gamma-Rapho ; Israel Sun/REA ; WHA/Bridgeman Images ; BIS/Ph. Coll. Archives Larbor ; AKG-Images ; **343** : Gilles Bassignac/Gamma-Rapho ; Zumapress/Leemage ; BIS/Ph.© La Documentation française. Photo Bettina Rheims ; Everett/Bridgeman images ; Wim Van Cappellen/Reporters-REA ; Agip/Bridgeman ; **344** : Boccon-Gibod/Sipa ; AKG-Images ; BIS/Ph.© Documentation Française ; BIS/Ph.© La Documentation française. Photo Jacques-Henri Lartigue ; Sipa ; Roger-Viollet ; **345** : Bettmann/Getty Images ; BIS/Ph.DILA-La Documentation française. Photo Raymond Depardon ; The Granger Coll NY/Aurimages ; David Furst/AFP ; Bridgeman ; Bridgeman Images ; **346** : Agip/Leemage ; Keystone France/Gamma-Rapho ; Granger Coll NY/Aurimages ; Picture Alliance/Sammy Minkof/Picture Alliance/Photononstop ; DPA/Bridgeman ; BIS/Ph. Bernard Sonneville © Archives Nathan ; **347** : Everett Collection/Aurimages ; Louis Goldman/Gamma-Rapho ; AFP ; BIS/Ph.© La Documentation française. Photo Gisèle Freund ; Agip/Bridgeman ; Leemage ; **348** : Roger-Viollet ; Raphael Tarnowski/Gamma-Rapho ; Corbis via Getty Images ; DPA/Alamy/Photo12 ; BIS/Ph. J.L. Charmet © Archives Bordas ; BIS/Ph © La Documentation française. Photo François Pagès/Paris-Match ;**349** : Franck Fife/AFP ; Granger Collection/Bridgeman Images ; © BIS/Ph. Joseph Martin © Archives Larbor ; Alain Mingam/Gamma-Rapho ; BIS/Ph. © La Documentation française. Photo Philippe Warrin ; Keystone/Gamma-Rapho ; **350** : API/Gamma-Rapho ; Bridgeman Images/Leemage ; Keystone Archives/HIP/Leemage ; Michel Jeanneau/Sipa

Compléments aux sources des textes présents dans le manuel

99-5 *Des voix sous la cendre. Manuscrits des Sonderkommandos d'Auschwitz-Birkena*, © Centre de documentation juive contemporaine, © Éditions Calmann-Lévy/Mémorial de la Shoah, 2005 ; **105-5** *Témoignage de Pierre Messmer*, dans Daniel Rondeau et Roger Stéphane, *Des Hommes libres 190-1945*, © Éditions Grasset & Fasquelle, 1997 ; **271-3** Nelson Mandela, *Un long chemin vers la liberté*, Fayard, 1995. Trad. de Jean Guiloineau, © Nelson Rolihlahla Mandela 1994, © Librairie Arthème Fayard 1995 pour la traduction française ; **298-1** *Discours de Jacques Delors pour l'investiture de la Commission devant le Parlement européen*, 14 janvier 1985 dans Jacques Delors, *Le nouveau concert européen*, Paris, Odile Jacob, 1992, p. 27-49.

Notions

Maritimisation – p. 85

La **maritimisation** est le processus de dépendance croissante des sociétés, des économies, des territoires envers les mers et les océans. Elle s'exprime par l'intensification des échanges internationaux de marchandises par voie maritime (abaissement du coût et des temps du transport maritime, augmentation de la taille des navires…), par l'exploitation des ressources (pêche, hydrocarbures, sable…) et par la concentration des populations et des activités sur les littoraux.

La maritimisation constitue également un enjeu géopolitique, une source de rivalités entre États, et un enjeu environnemental (diminution de la biodiversité, surpêche, pollutions).

Puissance maritime – p. 91

Une **puissance** est un État (ou union d'États) qui se distingue par sa capacité d'influence sur l'espace mondial dans les domaines économique, culturel, militaire et diplomatique.

Une **puissance maritime** exerce son influence sur les mers et les océans. La notion de « puissance maritime dominante » a été théorisée en 1890 par l'amiral américain, Alfred Thayer Mahan, en se fondant sur l'exemple de la Grande-Bretagne.

Région – p. 269

La **Région** est un territoire de vie (ou territoire de proximité) entre les échelles locale et nationale. Elle se caractérise par une certaine homogénéité et une identité.

Le terme a plusieurs sens : on parle de région historique (la Bourgogne qui fut autrefois un duché), de région naturelle (les Pyrénées), de région culturelle (le Pays basque). Aujourd'hui, on parle surtout de Région administrative (la région Centre- Val de Loire) ou en référence aux aires d'influence des villes (la Région parisienne).

Créée en 1955, la Région est devenue une collectivité territoriale avec les lois de décentralisation en 1982. La carte des Régions administratives a été réorganisée à la faveur de la réforme territoriale de 2015. Elles sont désormais 18 (dont 5 en outre-mer) et disposent d'importants pouvoirs dans les domaines de l'aménagement du territoire, des transports, de l'enseignement, de la formation professionnelle, de l'action économique.

Route maritime – p. 91

Une **route maritime** est un itinéraire suivi par des navires de commerce assurant le transport sur des distances longues. Il s'agit de tracés rectilignes, même si certaines routes doivent tenir compte de contraintes : détroits, canaux, glaces hivernales, tracés des côtes, excès météorologiques (tempêtes), voire zones de piraterie.

Les routes maritimes les plus importantes sont généralement transocéaniques et relient les ports aux trafics les plus importants.

Territoire transfrontalier – p. 234

Territoire organisé autour d'une frontière ouverte entre deux pays.

Le **territoire transfrontalier** se caractérise par des coopérations politiques (locales, régionales ou nationales), économiques, sociales et culturelles favorisant l'intensification des échanges et des mobilités de populations, souvent sur de courtes distances.

Ces coopérations et ces échanges contribuent à la constitution d'un espace homogène, intégré à différentes échelles.

ZEE – p. 90

La **ZEE (zone économique exclusive)** est l'espace maritime d'un État côtier qui s'étend sur 200 milles marins (370 km) à partir du littoral et sur lequel l'État est souverain en matière d'exploitation et d'exploration des ressources de la mer. Les autres États y jouissent du « droit de passage inoffensif » (navires, avions) et de la pose de conduites d'hydrocarbures et de câbles sous-marins. Dans certains cas, les États peuvent étendre leurs droits sur les fonds marins jusqu'à 350 milles marins.

Notions

Agglomération industrielle – p. 235

Espace urbanisé en continu, comprenant une ville-centre et ses banlieues, dont le développement économique repose sur des activités de transformation en vue de la production de biens matériels.

L'agglomération industrielle peut avoir été créée entièrement par et pour l'industrie.

Elle peut également être préexistante au développement de l'activité industrielle et avoir accueilli des usines, par le développement de faubourgs industriels à proximité immédiate du noyau urbain ancien ou de zones industrielles périphériques.

Aménagement des territoires – p. 267

Un territoire est un espace occupé, approprié et aménagé par les sociétés humaines. Le territoire n'a pas de dimension particulière, il peut être local, régional, national, etc. Il peut être délimité ou faire partie d'autres territoires. Il peut être composé de portions d'espaces continus (exemple : le quartier d'une ville) ou discontinus (exemple : un État insulaire).

L'aménagement d'un territoire repose sur sa mise en valeur et sa transformation volontaire et programmée menée par des acteurs spatiaux publics (État, région, commune) ou privés (entreprises).

L'aménagement d'un territoire est le résultat d'actions multiples, de plus ou moins grande envergure, menées à différentes échelles (nationale, régionale, locale) qui contribuent à façonner son paysage (espaces verts dans une ville, etc.) et à réduire les inégalités (implantation d'un musée dans un quartier défavorisé, etc.).

Attractivité – p. 165

L'attractivité est la capacité d'un territoire à polariser, à différentes échelles, des flux de personnes (touristes, immigrés) et de capitaux (investissements). Les acteurs publics (États, collectivités locales) développent souvent des stratégies destinées à renforcer l'attractivité de leur territoire : avantages fiscaux, financement des infrastructures, de la formation et de l'innovation…

L'attractivité est un facteur de recompositions spatiales (développement économique, croissance démographique, métropolisation, inégalités spatiales).

Cluster (écosystème) – p. 233

Un **cluster** est la concentration sur un territoire (quartier, métropole, région) de plusieurs acteurs économiques et politiques en synergie (ou en « écosystème ») dans un même secteur d'activité (électronique, automobile, biotechnologies, mode…). Le mode d'organisation de la production repose sur une division étroite du travail entre plusieurs (petites) entreprises spécialisées. Ces acteurs coopèrent afin d'innover et sont également en compétition pour conquérir des marchés.

Le cluster repose sur quatre facteurs complémentaires : les ressources (main-d'œuvre, ingénieurs, capital financier, infrastructures de communication, centres de recherche…) ; l'environnement politique, législatif et économique permettant d'encourager l'investissement, l'innovation et la concurrence ; des marchés de qualité, et en quantité suffisante ; un tissu local riche de fournisseurs et de sous-traitants.

Les clusters visent à intégrer ces territoires et ces acteurs dans la mondialisation.

Collectivité territoriale – p. 268

La **collectivité territoriale** est une structure administrative qui prend en charge les intérêts de la population dans un territoire précis (commune, département, région). Elle dispose de représentants élus (conseils) ayant un pouvoir de décision et a des compétences dans de nombreux domaines (transport, social, éducation…).

Il existe différents types de collectivités territoriales : les communes, les départements, les régions, les collectivités à statut particulier (Métropole de Lyon), les collectivités d'outre-mer (Polynésie française, Saint-Pierre-et-Miquelon).

Haute mer – p. 90

La **haute mer** (ou eaux internationales) est l'espace maritime situé au-delà des ZEE, non soumis à la souveraineté des États côtiers. Elle couvre 64 % des mers et des océans. La navigation y est libre, ainsi que l'exploitation des ressources vivantes ou la pose de câbles sous-marins ou de conduites d'hydrocarbures. Les sols marins et leurs richesses minérales y sont considérés comme un « bien commun de l'humanité » à préserver.

Intégration territoriale – p. 165

L'intégration territoriale est le processus de renforcement des relations entre différents territoires plus ou moins éloignés. Cette intensification des échanges (marchandises, capitaux) et des mobilités (touristes, travailleurs) peut être spontanée ou liée à une volonté d'harmonisation économique et politique entre différents États ou collectivités territoriales (accords commerciaux, coopérations…).

NOUVEAU PROGRAMME 2020

Géographie Term

Sous la direction d'**Éric Janin**

Coordinateur pédagogique : **Patrick MARQUES**

Viviane BORIES
Professeure dans l'académie de Montpellier (34)

Thomas CHOQUET
Professeur au lycée Albert-Châtelet à Saint-Pol-sur-Ternoise (62)

Lise FOURNIER
Professeure au lycée Saint-John Perse à Pau (64)

Cécile GNAHORÉ-BARATA
Professeure en classes préparatoires au lycée Lakanal à Sceaux (92)

Éric JANIN
Professeur en classes préparatoires au lycée Lakanal à Sceaux (92)

Heinrich JANNOT
Professeur au lycée Etienne-Bézout à Nemours (77)

Nicolas LE BRAZIDEC
Professeur en classes préparatoires au lycée Georges-Clemenceau à Nantes (44)

Antoine MARIANI
Professeur en classes préparatoires au lycée Fénelon à Paris (75)

Patrick MARQUES
Professeur au lycée Anita-Conti à Bruz (35)

Christian NOËL
Professeur au lycée Jacques-Prévert à Savenay (44)

Nathan

À LA DÉCOUVERTE DE VOTRE MANUEL

À chaque ouverture, un **sommaire** vous aide à vous repérer.

- Chaque thème se divise en 4 temps, matérialisés par un onglet :

Se préparer

Les chapitres

Réviser le thème

SE PRÉPARER

Vous avez acquis beaucoup de connaissances au collège, en Seconde et en Première.
C'est le moment de les réactiver !

Des cartes pour vérifier vos repères géographiques.

Des exercices sur les connaissances et les notions vues les années précédentes.

LES CHAPITRES

Chaque thème du programme est décliné en deux chapitres.

CHAPITRE 1

CHAPITRE 2

Études de cas
Exemples

Dans ces pages, vous trouverez les documents sur lesquels vous allez travailler toute l'année.

Des exemples supplémentaires.

Toutes les **études de cas** du programme.

De nombreux documents sélectionnés avec soin pour vous aider à comprendre les notions, illustrer vos exposés et enrichir vos copies.

Des pages pour s'entraîner à passer **du texte au croquis**.

© Nathan 2020 – 92, avenue de France, 75013 Paris – ISBN : 978-2-09-172531-4

Cartes **Cours** Vous trouverez dans ces pages tous les repères et connaissances indispensables.

Géo Autrement **Géo Débat** Des pages pour faire de la géographie de façon originale et active : débattez, créez des affiches, des story-board...

Les cartes du programme.

Le vocabulaire nécessaire pour comprendre le cours et des chiffres clés.

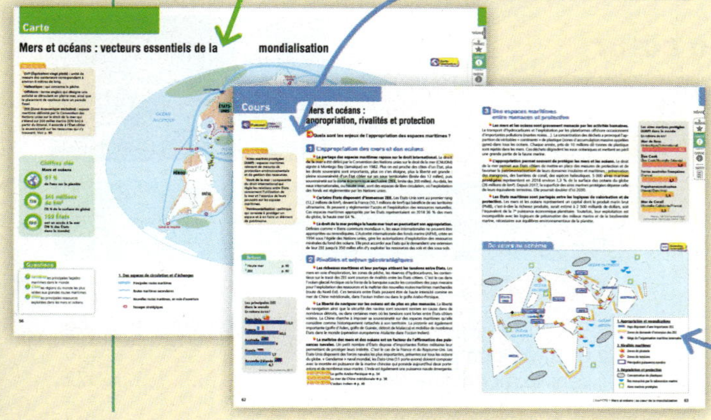

Un schéma pour retenir le cours autrement.

RÉVISER LE THÈME

La dernière partie du thème vous donne toutes les clés pour préparer le bac efficacement.

RÉVISER

La synthèse du thème et toutes **les notions** du programme expliquées et accompagnées d'un schéma.

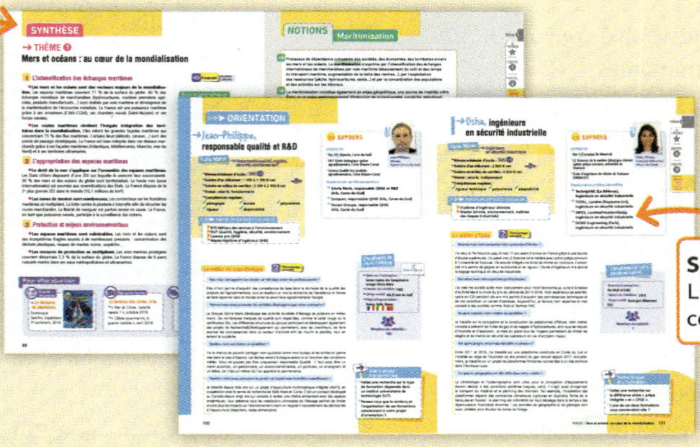

Spécial orientation ! La géographie au cœur des métiers.

BAC Des pages pour se préparer aux épreuves communes.

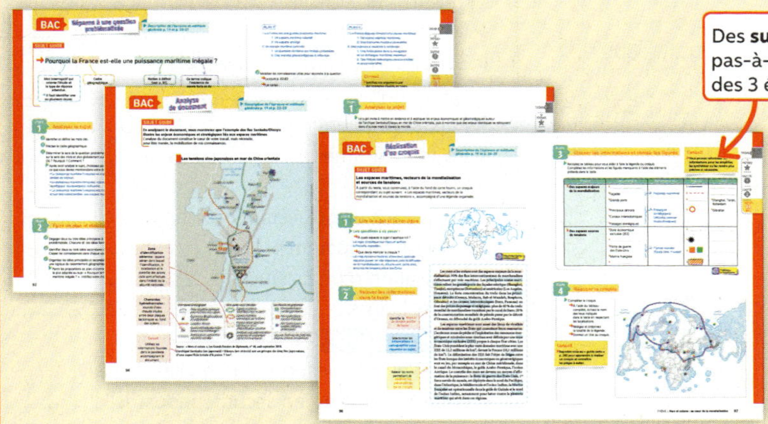

Des **sujets guidés** pas-à-pas pour chacune des 3 épreuves.

Et la Terminale ?

E3C, épreuves finales, Parcoursup, Grand Oral... pas facile de s'y retrouver ! Votre guide, en partenariat avec l'ONISEP (p. 11), est là pour vous aider à y voir plus clair.

SOMMAIRE

Les territoires dans la mondialisation : entre intégrations et rivalités

La vache qui rit

THÈME 3 L'Union européenne dans la mondialisation : des dynamiques complexes

CHAPITRE 5 L'Union européenne dans la mondialisation : des dynamiques complexes

CHAPITRE 6 La France : les dynamiques différenciées des territoires transfrontaliers

RÉVISER LE THÈME 3

THÈME 4

La France et ses régions dans l'Union européenne et dans la mondialisation

CHAPITRE 7 La France et ses régions dans l'Union européenne et dans la mondialisation

ÉTUDES DE CAS

ÉTUDIER UN AMÉNAGEMENT DE PROXIMITÉ

CARTES

COURS

GÉO DÉBAT

RÉVISER LE THÈME 4

LE GUIDE DU LYCÉEN

GÉO AUTREMENT

Une manière originale et ludique d'aborder la géographie !

GÉO DÉBAT

Apprenez à débattre sur des enjeux de société.

BAC Les sujets de bac dans votre manuel

Réponse à une question problématisée

Réalisation d'un croquis

Analyse de document(s)

PROGRAMME DE GÉOGRAPHIE T^erm

BO spécial n°8 du 25 juillet 2019

« Les territoires dans la mondialisation : entre intégrations et rivalités » (48 heures)

- La mondialisation est envisagée comme une intensification des liens et une hiérarchisation croissante des territoires à l'échelle mondiale. Après avoir abordé les principales composantes et dynamiques spatiales du monde contemporain en classes de seconde et de première, il s'agit, en classe terminale, d'étudier les conséquences, sur les territoires, du processus de mondialisation – entre intégrations et rivalités – et d'analyser le jeu des acteurs, cadre où s'opère la fragilisation ou l'affirmation des puissances.
- Un intérêt accru est porté aux espaces stratégiques que sont les mers et les océans, ainsi qu'aux rapports de force marqués par des concurrences et des coopérations territoriales qui aboutissent à la recherche de gouvernances supranationales. Dans ce cadre, l'étude de l'Union européenne (UE) invite à interroger, d'une part, le fonctionnement, les atouts et les fragilités d'une organisation supranationale très intégrée et, d'autre part, son positionnement sur l'échiquier géopolitique mondial. L'étude de la France et de ses régions, dans le cadre de l'Union européenne et dans le contexte de la mondialisation, vise à mobiliser les connaissances, capacités et méthodes acquises au lycée, pour analyser les enjeux et les effets des politiques d'aménagement des territoires.

THÈME 1 Mers et océans : au coeur de la mondialisation (13-15 heures)

Questions	Commentaire
• Mers et océans : vecteurs essentiels de la mondialisation. • Mers et océans : entre appropriation, protection et liberté de circulation.	La maritimisation des économies et l'ouverture des échanges internationaux confèrent aux mers et aux océans un rôle fondamental tant pour la fourniture de ressources (halieutiques, énergétiques, biochimiques...) que pour la circulation des hommes et les échanges matériels ou immatériels. L'importance des routes et les itinéraires diffèrent selon la nature des flux (de matières premières, de produits intermédiaires, industriels, d'informations...). Mais les territoires sont inégalement intégrés dans la mondialisation. Les routes maritimes et les câbles sous-marins, tout comme les ports et les zones d'exploitation, restent concentrés sur quelques axes principaux. D'importants bouleversements s'opèrent, ce qui accroît les enjeux géostratégiques et les rivalités de puissance, notamment autour des canaux et des détroits internationaux. La mise en valeur et l'utilisation des mers et des océans relèvent d'une logique ambivalente, entre liberté de circulation et volonté d'appropriation, de valorisation et de protection. La délimitation des zones économiques exclusives (ZEE) est aujourd'hui la principale cause de tensions entre les États en raison des ressources présentes dans ces zones et de la volonté de ces États de les exploiter.
Études de cas possibles : • Le golfe Arabo-Persique : un espace au cœur des enjeux contemporains. • La mer de Chine méridionale : concurrences territoriales, enjeux économiques et liberté de circulation. • L'océan Indien : rivalités régionales et coopérations internationales. • Le détroit de Malacca : un point de passage majeur et stratégique.	
Question spécifique sur la France	**Commentaire**
La France : une puissance maritime ?	La France (métropolitaine et ultramarine), du fait de ses départements et territoires d'outre-mer, contrôle la deuxième zone économique exclusive (ZEE) mondiale et s'affirme encore comme une puissance maritime malgré la perte de compétitivité de ses ports. Les mers et océans demeurent, pour la France, des enjeux à la fois économiques, environnementaux et géostratégiques.

THÈME 2 Dynamiques territoriales, coopérations et tensions dans la mondialisation (13-15 heures)

Questions	Commentaire
• Des territoires inégalement intégrés dans la mondialisation. • Coopérations, tensions et régulations aux échelles mondiale, régionale et locale.	La mondialisation contemporaine conduit à l'affirmation ou à la réaffirmation de puissances et à l'émergence de nouveaux acteurs. Les territoires, quelle que soit l'échelle considérée (États, régions infra- et supra-étatiques, métropoles...) ont inégalement accès à la mondialisation. La distance est encore un facteur contraignant, d'autant plus que des protections et des barrières sont mises en place, limitant les échanges internationaux. La hiérarchie des centres de décision mondiaux est en constante évolution. Parmi les plus grands centres financiers, cinq sont aujourd'hui en Asie, trois en Europe (Londres, Zurich et Francfort) et deux en Amérique du Nord. Concernant les inégalités territoriales, l'Union européenne a permis un rattrapage considérable du sud de l'Europe par rapport au nord. Les disparités inter-régionales se réduisent toutefois plus lentement. Dans le reste du monde, de nombreux accords régionaux économiques se sont réalisés (ASEAN, ALENA, MERCOSUR), mais certains sont peu porteurs de développement.

Études de cas possibles :	
• Les îles de la Caraïbe et des Antilles : entre intégration régionale et ouverture mondiale. • La Russie, un pays dans la mondialisation : inégale intégration des territoires, tensions et coopérations internationales. • Les corridors de développement en Amérique latine : un outil d'intégration et de désenclavement. • L'Asie du Sud-Est : inégalités d'intégration et enjeux de coopération.	
Question spécifique sur la France	**Commentaire**
La France : un rayonnement international différencié et une inégale attractivité dans la mondialisation.	La France affirme sa place dans la mondialisation, d'un point de vue diplomatique militaire, linguistique, culturel et économique. Elle entre en rivalité avec les autres pays et cherche à consolider ses alliances. La France maintient son influence à l'étranger via son réseau diplomatique et éducatif, des organisations culturelles, scientifiques et linguistiques (instituts français, Organisation internationale de la francophonie, Louvre Abu Dhabi, lycées français à l'étranger...), mais également à travers les implantations de filiales d'entreprises françaises. Elle attire sur son territoire, plus particulièrement à Paris et dans les principales métropoles, des sièges d'organisations internationales, des filiales d'entreprises étrangères, des manifestations sportives et culturelles aux retombées mondiales, des touristes...

THÈME 3 L'Union européenne dans la mondialisation : des dynamiques complexes (12-14 heures)

Questions	Commentaire
• Des politiques européennes entre compétitivité et cohésion des territoires. • L'Union européenne, un espace plus ou moins ouvert sur le monde.	L'Union européenne présente une grande diversité de territoires, tout en étant l'organisation régionale au degré d'intégration le plus marqué au monde. L'UE est le premier pôle commercial mondial. Elle est cependant exposée à des défis et tensions externes et internes (difficulté à établir une politique commune en matière de défense, d'immigration, de fiscalité...), ce qui limite son affirmation comme puissance sur la scène mondiale. Les politiques européennes de cohésion économique, sociale et territoriale visent deux objectifs : d'une part la réduction des inégalités territoriales, d'autre part la valorisation des atouts des territoires des États membres pour faire face à la concurrence mondiale.
Études de cas possibles : • L'Allemagne : une puissance européenne aux territoires inégalement intégrés dans la mondialisation. • Les transports dans l'Union européenne : un outil d'ouverture, de cohésion et de compétitivité. • La politique agricole commune (PAC) : les effets territoriaux d'une politique européenne. • La cartographie d'une agglomération industrielle ou technologique en France.	
Question spécifique sur la France	**Commentaire**
La France : les dynamiques différenciées des territoires transfrontaliers.	Les territoires transfrontaliers se caractérisent par des échanges et des mobilités de part et d'autre de la frontière. L'Union européenne encourage les coopérations transfrontalières, en assurant notamment la libre circulation et en instituant un cadre réglementaire. Elle finance des projets et des équipements transfrontaliers par des programmes spécifiques. Les territoires transfrontaliers ont cependant des dynamiques différenciées.

THÈME 4 La France et ses régions dans l'Union européenne et dans la mondialisation : lignes de force et recompositions (6-8 heures)

Questions	Commentaire
• Les lignes de force du territoire français. • Des recompositions territoriales à toutes les échelles, entre attractivité, concurrence et inégalités.	L'étude de la France et de ses régions vise à interroger le rôle des acteurs, à différentes échelles, dans l'intégration européenne et mondiale, et les effets territoriaux différenciés de cette intégration. L'étude de la région du lycée permet de mobiliser les connaissances acquises sur la France pour les appliquer à une autre échelle d'analyse. Il s'agit d'envisager avec les élèves les territoires de proximité et les divers aspects de leur attractivité. Cette approche leur fournit des clés de lecture pour comprendre leur territoire de proximité.

Notions et vocabulaire à maîtriser à l'issue de la classe de Terminale (en complément des notions et vocabulaires acquis en classe de seconde et de première qui seront remobilisés tout comme les repères spatiaux acquis) :
- Mondialisation : notion transversale à l'ensemble des thèmes.
- Haute-mer, maritimisation, puissance, route maritime, zone économique exclusive (ZEE).
- Attractivité, intégration territoriale.
- Agglomération industrielle, écosystème (cluster).
- Territoire transfrontalier.
- Aménagement des territoires, collectivité territoriale, région.

LE GUIDE DU LYCÉEN

L'année de Terminale, qui vient clore votre scolarité, est marquée par une série d'examens : vous allez passer la troisième série d'épreuves communes de contrôle continu, des épreuves terminales en philosophie et dans vos deux spécialités, ainsi que le Grand Oral. C'est aussi le moment de faire des choix pour vos études supérieures.

Ce cahier va vous aider à bien entamer l'année de Terminale. Vous y trouverez :

- Des pages, réalisées en partenariat avec l'ONISEP, pour vous aider à vous orienter : calendrier de l'année, présentation des grandes lignes de l'enseignement supérieur, mode d'emploi pour Parcoursup...
- Une présentation détaillée des épreuves.
- Des conseils et des méthodes concrètes pour apprendre à réviser efficacement et pour préparer vos épreuves.

Nous vous souhaitons une très bonne année de Terminale !

Sommaire

LA TERMINALE VERS LE BAC

Vos disciplines

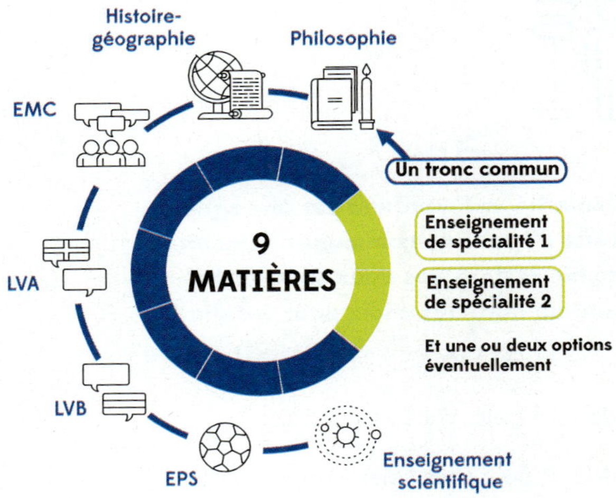

Votre calendrier*

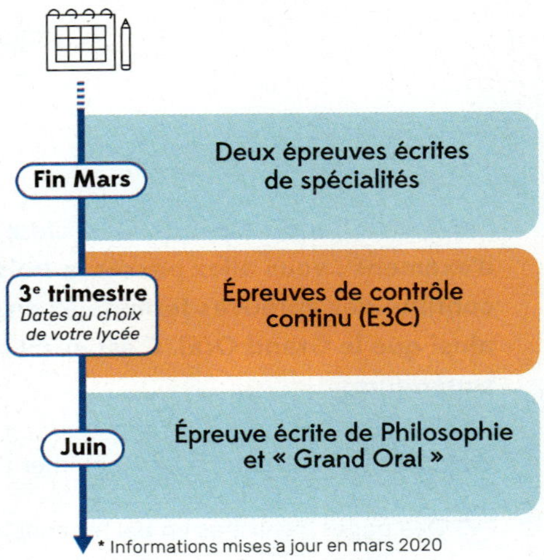

* Informations mises à jour en mars 2020

Toutes importantes, les disciplines seront évaluées et compteront dans votre note du Bac*

Le bulletin
10 % DE LA NOTE

Vos bulletins pour valoriser votre travail régulier de première et terminale — **Coefficient** 10

Les épreuves communes de contrôle continu (E3C)
30 % DE LA NOTE

Dont épreuve de spécialité arrêtée en première
Coefficient 5

Histoire-Géographie et Enseignement scientifique
Épreuves écrites
Coefficient 5
pour chaque matière
y compris E3C de première

LVA et LVB
Épreuves écrites et orales
Coefficient 5
pour chaque langue
y compris E3C de première

EPS
Évaluation tout au long de l'année
Coefficient 5

Les épreuves terminales
60 % DE LA NOTE

Dont notes des Épreuves anticipées de français passées en première
Coefficient 10

Une épreuve écrite de 3 ou 4 heures pour **vos deux enseignements de spécialité**

+ Numérique et Sciences Informatiques, Physique-Chimie Biologie et écologie et SVT
Une épreuve pratique de 1 heure

+ Arts, Langues littérature et cultures étrangères et régionales
Une épreuve orale

Coefficient 16
pour chaque enseignement de spécialité

Philosophie
Épreuve écrite de 4 heures — **Coefficient** 8

Le « Grand Oral »
20 minutes de préparation
+ 20 minutes d'épreuve

› Sur une question adossée à l'une de vos spécialités
› Échange sur votre projet d'orientation

Coefficient 10

Total des coefficients 100

* Informations mises à jour en mars 2020

… PUIS VERS LE SUPÉRIEUR

Les grands itinéraires de l'Enseignement supérieur

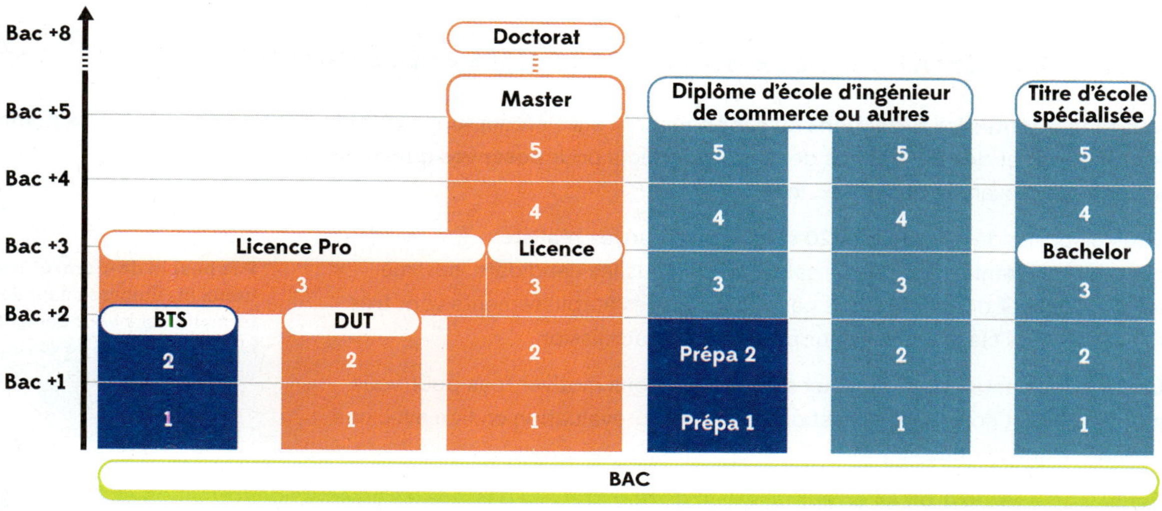

Ils témoignent de leur première année après le Bac

THÉO,
Première année de licence de Sciences de la Vie

« J'ai choisi l'Université car elle offre plusieurs parcours d'études et des matières nouvelles pour moi. Même si nous sommes plus encadrés que je ne l'imaginais, il faut travailler en autonomie et bien s'organiser entre les cours théoriques et les TP. J'espère partir en échange à l'étranger dès la L3. »

ZINEB
Première année de Prépa économique et commerciale

« Je voulais faire une école de commerce. Je craignais la prépa, j'en ai discuté avec des profs pendant les Portes ouvertes qui m'ont convaincue que je pouvais y arriver. Chaque semaine, 31 heures de cours, des colles orales, des devoirs sur table, et beaucoup de boulot à la maison pour assimiler des contenus volumineux très vite. Mais je ne regrette pas ! Il y a beaucoup de solidarité dans la classe. C'est stimulant. »

MAELLE,
IUT Info-Comm

« Grâce à mon dossier, j'ai pu entrer en IUT : un cursus court à l'Université, bien encadré avec la possibilité de poursuivre mes études. Je découvre des disciplines théoriques (marketing, droit…) et pratiques (graphisme, infographie…). C'est passionnant. J'ai hâte de débuter mon premier stage ! »

DIMITRI,
IFSI

« J'ai toujours voulu être infirmier en bloc opératoire. Mon dossier était un peu juste mais ma motivation et mes activités associatives m'ont permis de réussir l'entretien d'entrée. On alterne les cours théoriques et cliniques à la Fac ou dans l'IFSI et on a beaucoup de travail. J'ai effectué un premier stage et je suis encore plus motivé ! »

SARAH,
École d'ingénieur

« J'aimais les sciences et les TP au lycée, je voulais devenir ingénieure sans savoir dans quel domaine. J'ai réussi à intégrer une école généraliste qui me permettra de me spécialiser plus tard. Dans l'école, j'apprécie les projets en groupe, l'accès permanent à un matériel de pointe et la vie associative. »

Un lien ONISEP utile pour votre orientation : *Ma première année en…*

PARCOURSUP, QU'EST-CE QUE C'EST ?

C'est la plateforme nationale de préinscription à l'Enseignement supérieur pour tous les élèves de terminale. En 2019, 97% des bacheliers généraux ont reçu au moins une proposition.

1 UN LARGE CHOIX DE VŒUX NON HIÉRARCHISÉS ET DES INFORMATIONS

- **Quasiment toutes les formations du supérieur** sont sur Parcoursup (15 000 formations !) avec de très **nombreuses informations** et des possibilités de contacts directs pour **poser vos questions** sur les contenus, les critères d'examen des vœux, les débouchés.
- Vous disposez de **10 vœux (et 20 sous-vœux)** : soyez **réaliste** et **ambitieux** (tentez des filières sélectives !). Tous les candidats, comme vous, déposent de nombreuses candidatures : les établissements vont très loin dans leurs classements pour proposer une admission.
- **Les attendus nationaux et locaux** sont là pour vous motiver (pas pour vous inquiéter), tout comme les questionnaires d'auto-évaluation en lien avec une formation spécifique.
- Enfin, vous avez **le droit à l'erreur** : il existe de nombreuses passerelles en cours de formation et un changement d'orientation est possible pour tous les Bac + 1 qui sont accueillis sur Parcoursup.

Astuce

Pas besoin de hiérarchiser vos vœux et l'établissement de la formation que vous demandez n'est pas informé de vos autres vœux.

2 UNE PROCÉDURE AVEC UN CALENDRIER PRÉCIS ET DES OBLIGATIONS

Calendrier et check-list

- **Un calendrier**
  Ce calendrier vous laisse du temps de réflexion, coordonné avec le Bac et adapté à votre intégration dans le Supérieur.
- **Des modalités d'inscription**
  ▸ Pour constituer votre dossier personnel à partir de votre INE, vous fournissez :
  - des informations sur votre état civil.
  - vos coordonnées, celles de vos représentants légaux (si vous êtes mineurs).
  - des informations sur votre scolarité passée en complément de celles fournies par votre lycée (bulletins de 1ère et Term, Fiche Avenir avec les appréciations de vos enseignants et l'avis du chef d'établissement).

  ▸ Vous rédigez un **Projet de formation motivé** personnalisé adapté à chaque formation.

  ▸ Vous remplissez soigneusement la rubrique « **Mes activités et centres d'intérêt** » qui peut renforcer vos candidatures.

  ▸ Vous envoyez les documents complémentaires que demandent parfois certaines formations.

À savoir

Le respect de la procédure par tous les élèves et les établissements est la condition de son bon fonctionnement.

3 DES ENSEIGNANTS QUI ÉTUDIENT VOTRE DOSSIER ET VOUS RÉPONDENT

- **Parcoursup n'est pas un robot ni un algorithme qui déciderait de votre orientation !**
  Toutes les formations vous répondront mais pas forcément en même temps : **surveillez les réponses** (sms, mail...) et votre compte Parcoursup.
- **N'oubliez pas de répondre** à chaque proposition dans les délais indiqués. Si plusieurs propositions vous sont faites il vous faudra choisir puis valider votre choix final et **vous inscrire définitivement**.

VOUS INFORMER SUR LES FORMATIONS

UNE DÉMARCHE À ANTICIPER

Votre démarche d'orientation ne doit évidemment pas attendre l'ouverture de Parcoursup. Peut-être ne savez-vous pas vraiment ce que vous voulez faire, vous avez plusieurs idées, ou encore vous avez une idée assez nette de ce que vous voulez faire. Dans tous les cas, **vous devrez vous informer sur les formations, leurs contenus, leurs modalités** (durée, sélective/non sélective, privée/publique, possibilité d'alternance ou de poursuite d'études, proximité...) et **leurs débouchés**.

S'INFORMER AVEC L'ONISEP

L'ONISEP (**Office national d'information sur les enseignements et les professions**) vous fournit toute l'info sur les métiers et les formations :

- Le site onisep.fr, notamment la rubrique *Ma première année en...*
- monorientationenligne.fr vous met en contact avec un conseiller par téléphone, mail ou par tchat.
- Le site *Terminales* à retrouver sur orientation-lycees.fr
- Des revues, des guides, des Salons...
- Vous disposez de beaucoup de sources d'informations potentielles : contacts sur Parcoursup, Journées Portes Ouvertes, salons, forums, sites, Semaines de l'orientation et bien entendu vos enseignants, et les conseillers près de chez vous...

Notez bien que vos motivations pour une formation ou des débouchés ainsi que vos démarches d'orientation vous seront aussi utiles lors du Grand Oral.

VOTRE CALENDRIER PARCOURSUP

Novembre – Janvier	Recherche des informations sur Parcoursup
Janvier – Février	Inscription sur Parcoursup (voir votre check-list ci-contre)
Février – Avril	Constitution de votre dossier complet, saisie et confirmation de vos vœux
Mai – Juillet	Propositions des établissements : vous devez y répondre !
Juillet – Septembre	Éventuellement, phase complémentaire

Pensez à vous inscrire dans votre futur établissement !

VOTRE CHECK-LIST POUR VOUS INSCRIRE SUR PARCOURSUP

- **Une adresse électronique** que vous utiliserez jusqu'à la fin de la procédure.
- **Votre numéro INE** : il est composé de 11 caractères (1 ou 2 lettres, 10 ou 9 chiffres). Vous le trouverez sur vos bulletins scolaires. Si besoin, demandez-le à votre établissement.
- **Votre relevé de notes** aux épreuves anticipées du baccalauréat.
- **Le dernier avis d'imposition** de votre (vos) parents(s) ou tuteur(s) si vous demandez une classe préparatoire avec internat ou si vous souhaitez simuler une attribution de bourse.
- **Vos bulletins** de première et terminale.
- **Votre Projet de formation** motivé en 1 500 caractères, pour chaque formation.

PENSEZ AUSSI À :

- **Remplir les questionnaires d'auto-évaluation** demandés par certaines formations universitaires. Ils sont anonymes et vos résultats ne sont pas communiqués.
- **Remplir la rubrique « Mes activités et centres d'intérêts »**
- **Fournir dans les temps les documents complémentaires** que certaines filières peuvent vous demander (CV, lettres de motivation...).

onisep Nathan

PRENDRE LA PAROLE EN PUBLIC

Même si l'histoire-géographie est une matière du tronc commun non concernée par le Grand Oral, vous pouvez quand même en profiter pour multiplier les occasions de prendre la parole : ce sera un moyen de vous entraîner et donc de vous rassurer pour cette épreuve que vous allez passer en fin d'année dans vos enseignements de spécialité.

ENTRAÎNEZ-VOUS !

Prendre la parole, ça s'apprend ! Votre préparation et vos entraînements vous permettront d'améliorer votre travail et de vous mettre en confiance. La réussite d'une prise de parole vient d'abord de votre maîtrise du contenu et d'un entraînement régulier.

Entraînez-vous régulièrement :
- à **maîtriser le temps**, en vous chronométrant ;
- **en classe avec vos professeurs, avec vos amis, votre famille**, devant un miroir, avec un smartphone, une montre...

Conseil

Entraînez-vous à plusieurs mais surtout, soyez bienveillants les uns envers les autres !

DÉDRAMATISEZ !

Prendre la parole en public, que ce soit pour un exposé ou pour le Grand Oral, n'est pas un concours d'éloquence, ni une performance.

On entend fréquemment :
- « *J'ai le trac...* » : le trac est normal, il vous permet de vous concentrer et de bien démarrer. Il disparaîtra vite car vous maîtrisez votre contenu.
- « *Je ne suis pas à l'aise à l'oral...* » : votre entraînement vous apportera plus d'aisance.
- « *Je ne sais pas quoi faire de mes jambes et de mes mains* » : ne surestimez pas l'importance du « non verbal » ou des gestes parasites (ni même des tics verbaux). Concentrez-vous sur le contenu.
- « *Dois-je apprendre mes réponses par cœur ou les rédiger intégralement ?* » : ne changez pas vos habitudes mais vous ne devrez pas donner l'impression de réciter.

Conseil

Rassurez-vous, les très bons orateurs vus à la télé ou sur Internet ont beaucoup d'expérience et ils cherchent à briller. Ça n'est pas ce qu'on vous demande. C'est la préparation et l'entraînement qui vous feront réussir.

ADOPTEZ UNE POSTURE SEREINE ET DES GESTES EXPRESSIFS

Faites simple : restez le plus naturel possible.

- **Ancrez-vous dans le sol**, les pieds bien droits et légèrement écartés, la tête haute, tournée vers l'auditoire. Conservez cette posture, évitez de vous balancer et ne bougez pas trop.
- **Ce sont vos mains qui vont parler pour vous**. Assurez-vous qu'elles sont propres.
- **Soyez naturel** avec vos mains, vous n'êtes ni une personnalité politique en campagne ni un mime ! Évitez de croiser les bras, ne gardez pas vos mains jointes, utilisez-les plutôt **pour appuyer ce que vous dites.**

Conseil

Apprenez à déceler vos gestes parasites. « Je me balance, je croise les jambes, je regarde le ciel ou en bas ou au fond de la salle ». Entraînez-vous à les combattre, mais ça n'est pas grave si vous n'y arrivez pas. Concentrez-vous sur autre chose : l'auditoire, le contenu...

PRÊTEZ ATTENTION À VOTRE VOIX

La voix est le premier instrument de l'orateur. Ses différentes composantes sont mêlées mais vous pouvez en travailler les différents éléments.

- **Le volume**
  Entraînez-vous à parler de manière **suffisamment audible**, puis **variez les volumes** (plus bas / plus fort) et les distances.

- **Le débit (vitesse / rythme)**
  ▸ Le rythme de votre prise de parole influera sur la qualité de sa réception.
  ▸ Vous attirerez et garderez l'attention en **variant votre débit** en fonction de vos propos. Par exemple, en parlant plus vite quand vous racontez une anecdote, moins vite quand vous arrivez en fin d'une sous-partie ou que vous voulez insister sur un point.
  ▸ Si vous avez l'habitude de parler vite, ce sera difficile à modifier. Dans ce cas, évitez les phrases trop longues et surtout, faites des pauses !

- **L'intonation**
  C'est le ton que vous prendrez pour vous adresser à votre auditoire, en accord avec le texte. Entraînez-vous à bien l'adapter à différents contenus et surtout à le varier pour **éviter la monotonie**.

Conseil

Ne commencez pas à parler dès qu'on vous donne la parole. Silence, d'abord. Vous attirerez l'attention et vous en profiterez pour respirer un grand coup. Les pauses vous permettent de marquer le début ou la fin d'une sous-partie, de réfléchir avant de répondre, et d'attirer l'attention sur ce que vous allez dire ensuite.

SOIGNEZ VOTRE VOCABULAIRE

Même si vous n'en n'avez pas toujours conscience, il se peut que vous utilisiez un langage trop familier, trop quotidien.

- **Éliminez** tous les termes qui vous paraissent **relever d'un langage trop familier**. Même si ce n'est pas toujours facile, essayez de bannir vos tics de langage (*ben, comment, euh, de base, trop, carrément, en mode, bof...*).

- **Employez des termes précis** : vous devez connaître les définitions de toutes les notions que vous employez.

- **Vous pouvez nuancer votre réponse** en utilisant des modalisateurs (« *il m'a semblé... / j'ai trouvé... / J'ai apprécié... En revanche...* »).

Conseil

Entraînez-vous à plusieurs : un élève présente son exposé, les autres relèvent les mots issus d'un langage trop familier. Cherchez ensemble des synonymes ou des expressions plus adaptés.

REGARDEZ ET SOURIEZ

Créez un lien visuel avec l'auditoire dès le début.

- **Souriez régulièrement**, c'est un ingrédient important d'un oral réussi.

- Entraînez-vous à regarder votre public plutôt que vos pieds ou le plafond. Vous pouvez fixer votre regard sur plusieurs personnes, en alternant. Cela permettra d'attirer l'attention.

Conseil

Pensez à saluer l'auditoire en commençant et à le remercier en terminant.

INSPIREZ-VOUS !

- **Vous pouvez regarder des vidéos** pour les analyser et y trouver de bonnes idées. Rendez-vous sur le site Nathan pour trouver des exemples de vidéos de présentation par le Grand Oral. Vous pouvez aussi visionner les conférences TED, « ma thèse en 180 s », des discours politiques, même en langue étrangère pour n'étudier que les postures et les gestes.
- **Attention** : les personnes que vous verrez sont bien plus âgées que vous et hyper entraînées. Ne vous dites pas « je ne pourrai jamais faire ça ! ».

Vidéo

Nathan GRAND ORAL

ORGANISER SES RÉVISIONS

Pour réussir vos épreuves, il faut vous organiser à l'avance et commencer tôt les révisions ! En effet, réviser son bac ne se prépare pas à la dernière minute, c'est un travail qui débute dès les premières semaines de septembre. Voici quelques pistes qui pourront vous aider.

1 TRAVAILLER RÉGULIÈREMENT ET AVEC RIGUEUR, EN CLASSE COMME À LA MAISON

- Dès le début de l'année, vous devez veiller à :
  - être attentif et concentré en classe ;
  - participer et poser des questions ;
  - prendre la parole régulièrement pour vous entraîner au Grand oral de Terminale.

Les avantages de cette méthode

- Votre implication permettra d'éviter le stress de dernière minute.
- Travailler régulièrement allège votre travail de révision.

2 ORGANISER UN PLANNING DE RÉVISION

- Commencez par lister tous les chapitres ou thèmes à revoir dans chaque matière, puis, dans un tableau hebdomadaire, placez les révisions qu'il faudra effectuer.
- La première série d'épreuves a lieu fin mars, il faut donc commencer à réviser dès le début de l'année scolaire !
- Soyez réaliste, n'envisagez pas de longues ou de nombreuses séances de révisions si vous savez que votre planning ou votre capacité à travailler ne le permettra pas.
- Chaque jour, mixez les matières que vous révisez. Cela vous permettra de moins vous lasser et d'avoir moins de pression.
- Lors des vacances scolaires ou le week-end, augmentez le volume de vos séances de révision, car vous avez plus de temps. Les quelques semaines avant les épreuves, le volume horaire des révisions devra être plus important : passez de 4 à 6 séances de travail par jour au moins.

Conseil

Cochez au fur et à mesure sur votre planning le travail effectué. Cela vous permettra de réaliser l'avancée de vos révisions, ce qui est plutôt encourageant, et de planifier à nouveau le travail non fait.

3 CRÉER DE BONNES CONDITIONS DE TRAVAIL

- **Réviser en équipe est un moyen efficace pour se motiver.** Créez des fiches de révision en groupe, interrogez-vous mutuellement, organisez des séances de révision à plusieurs, mutualisez vos cours et vos outils de révisions et profitez ainsi des compétences de chacun.

- **Détendez-vous !**
  ▶ **Des pauses** sont nécessaires pendant les périodes de révision : il faut s'aérer le corps et l'esprit et penser à autre chose. Faites du sport, regardez un film ou une série, sortez avec vos amis, faites des exercices de relaxation ou de respiration… **Pensez à le faire quotidiennement**.

Les avantages de cette méthode

À plusieurs, il est plus facile de se motiver. Vous appréhenderez moins vos séances de révision.

Les avantages de cette méthode

Un esprit sain dans un corps sain est le meilleur moyen d'affronter sereinement les épreuves du bac : mangez bien et accordez-vous un temps de sommeil suffisant.

LES ÉPREUVES COMMUNES DE CONTRÔLE CONTINU DE TERMINALE EN HISTOIRE-GÉOGRAPHIE

- **2 parties** :
  - Question problématisée 10 PTS
  - Analyse de document(s) OU Réalisation d'une production graphique 10 PTS
- Si la première partie du sujet porte sur l'Histoire, la deuxième porte sur la Géographie et inversement.

2 h — coeff. 5 — 3e trimestre

OBJECTIFS DE L'ÉVALUATION

Les épreuves communes de contrôle continu ont pour objectif d'évaluer votre aptitude à :

- mobiliser, au service d'une réflexion historique et géographique, des connaissances fondamentales pour la compréhension du monde et la formation civique et culturelle du citoyen ;
- rédiger des réponses construites et argumentées, montrant une maîtrise correcte de la langue ;
- exploiter, organiser et confronter des informations ;
- analyser un document de source et de nature diverses ;
- comprendre, interpréter et pratiquer différents langages graphiques.

L'ÉPREUVE

Cette épreuve comprend **deux parties**. Les deux sujets sont obligatoires : l'un porte sur l'Histoire, l'autre sur la Géographie.

PARTIE 1 – Réponse à une question problématisée 10 PTS

Il s'agit d'une réponse rédigée et construite. Vous devez montrer que vous avez acquis des capacités d'analyse, que vous maîtrisez des connaissances, savez les sélectionner et les organiser de manière à répondre à la problématique de la question.

En Terminale, contrairement aux épreuves de Première, l'intitulé de la question ne suggère pas les éléments de construction de la réponse.

PARTIE 2 10 PTS

Analyse de document(s)

L'analyse de document(s) est accompagnée d'une consigne suggérant une problématique. Le ou les document(s), en Histoire comme en Géographie, comporte(nt) un titre et, si nécessaire, un nombre limité de notes explicatives.

En Terminale, si la consigne suggère une problématique, elle ne donne pas, contrairement aux épreuves de Première, les éléments de construction de l'analyse.

OU

Réalisation d'une production graphique

Lorsque la production graphique est un croquis, ce croquis est réalisé à partir d'un texte élaboré pour l'exercice qui présente une situation géographique. Un fond de carte est fourni.

Vous devez faire preuve d'une plus grande autonomie qu'en Première pour identifier, organiser et hiérarchiser les éléments à représenter et construire la légende.

Dans le cas d'une autre production graphique, les consignes et les données servant à l'élaboration de cette production sont fournies avec l'exercice.

En Terminale, contrairement aux épreuves de Première, le texte ne comporte pas de sous-titres qui indiquent les grandes orientations pour la réalisation du croquis et la construction de la légende.

BAC

RÉPONSE À UNE QUESTION PROBLÉMATISÉE

1 h

Étape 1
Analyser la question

Étape 2
Mobiliser et organiser ses connaissances

Étape 3
Rédiger la réponse à la question

Travail préparatoire au brouillon → Travail au propre sur la copie → Relecture

ÉTAPE 1 ANALYSER LA QUESTION PROBLÉMATISÉE

AU BROUILLON

La question constitue la problématique à laquelle le devoir doit répondre. Il faut donc bien l'analyser pour ne pas se tromper.

Pourquoi la France est-elle une puissance maritime inégale ?

- Pourquoi : Mot interrogatif qui oriente l'étude et le type de réponse attendue
- la France : Échelle du sujet
- puissance maritime : Notion à définir
- inégale : Ce terme indique l'existence de points forts et de points faibles.

ÉTAPE 2 MOBILISER ET ORGANISER SES CONNAISSANCES

AU BROUILLON

À l'inverse des sujets proposés en Première, ceux de Terminale ne suggèrent pas les grandes lignes du plan : il vous faut proposer, à l'aide de vos connaissances, les grandes idées qui vont vous permettre de répondre à la problématique. Votre plan peut regrouper 2 ou 3 parties, en fonction de la question.

Mobiliser ses connaissances

Dresser la liste de vos connaissances personnelles :
- Notions
- Faits, idées
- Données chiffrées
- Exemples à utiliser

→ **Organiser** →

Construire le plan détaillé

1. Idée clé
- Arguments
- Exemples

2 Idée clé
- Arguments
- Exemples

3. Idée clé
- Arguments
- Exemples

BAC

ÉTAPE 3 RÉDIGER LA RÉPONSE À LA QUESTION

SUR VOTRE COPIE

ÉTAPE 1 Rédiger l'introduction

Marquer un alinéa

La puissance maritime se définit par la capacité d'un État à s'assurer d'une influence durable sur l'ensemble du domaine maritime mondial, à la fois en termes militaires et stratégiques, mais aussi économiques.

La puissance maritime de la France repose sur les atouts d'un vaste domaine maritime mais présente des faiblesses.

Présenter le thème de la question ; définir la notion centrale

Énoncer le plan

ÉTAPE 2 Rédiger le développement en 2 ou 3 parties

Marquer un alinéa au début de chaque partie

Revenir à la ligne pour chaque sous-partie

Sauter une ligne entre chaque partie

Commencer par une phrase énonçant l'idée clé de la première partie.
Sous-partie 1 : développer l'argument 1 et l'illustrer par des exemples.
Sous-partie 2 : développer l'argument 2 et l'illustrer par des exemples.
Faire une transition

Rédiger une phrase énonçant l'idée clé de la deuxième partie.
Sous-partie 1 : développer l'argument 1 et l'illustrer par des exemples.
Sous-partie 2 : développer l'argument 2 et l'illustrer par des exemples.
Faire une transition

Rédiger une phrase énonçant l'idée clé de la troisième partie.
Sous-partie 1 : développer l'argument 1 et l'illustrer par des exemples.
Sous-partie 2 : développer l'argument 2 et l'illustrer par des exemples.
Faire une transition

ÉTAPE 3 Rédiger une courte conclusion

La puissance maritime de la France est contrastée. Cette puissance est avant tout spatiale et repose sur l'immense potentiel que lui confèrent son domaine maritime et ses ressources. L'économie maritime française souffre globalement d'une sous-valorisation et d'un manque de compétitivité dans la mondialisation.

Bilan du développement

BAC

ANALYSE DE DOCUMENT(S)

1 h

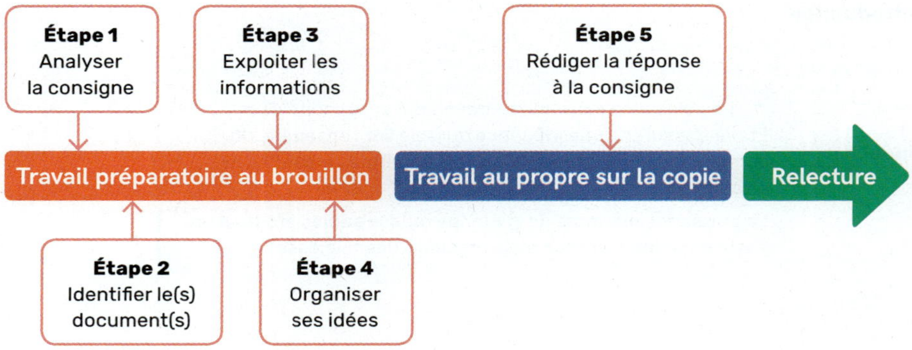

ÉTAPE 1 ANALYSER LA CONSIGNE

AU BROUILLON

- Vous devez expliciter les informations du (des) document(s) avec vos connaissances personnelles.
- La problématique est suggérée par l'énoncé du sujet.

ÉTAPE 2 IDENTIFIER LES DOCUMENTS

AU BROUILLON

- Chaque document doit être au cœur de la consigne. Il faut donc l'identifier de manière précise.
- Pour cela, vous devez définir la nature, la source, la date, le thème et la localisation de chaque document.

En géographie, la nature des documents est très variée : il peut s'agir d'un texte, d'une photographie, d'une carte, de statistiques...

Texte	• Identifiez la source, la date l'auteur du texte et sa nature : article de presse, revue scientifique, texte de loi, extrait d'ouvrage...	• Relevez les mots clés, les idées et arguments de l'auteur. • Montrez l'intérêt et les éventuelles limites de texte.
Carte	• Définissez le thème de la carte. Quel est l'espace concerné ? • Exploitez la légende et définissez les termes employés.	• Mettez en avant des contrastes, des concentrations, des flux... • Évoquez les facteurs économiques, historiques, naturels.
Données statistiques	• Déterminez les thèmes sur lesquels portent les données, les indicateurs et unités de mesure. • Repérez la source des données et leurs dates.	• Relevez les données les plus fortes et les plus faibles. • Présentez les grandes évolutions, comparez par période... • Expliquez les évolutions observées et montrez l'intérêt, voire les limites, de ces statistiques.
Image	• Identifiez la nature de l'image (photographie, affiche promotionnelle, dessin) et le thème. • Décrivez le paysage, les personnages, les objets, le rapport texte/image.	• Analysez les différents plans, les arguments (pour une affiche)... • Portez un regard critique : quels sont les enjeux spatiaux ? Les arguments sont-ils fondés, pertinents ?

ÉTAPE 3 EXPLOITER LES INFORMATIONS

AU BROUILLON

Analyser les documents

- Informations répondant au sujet
- Notions à définir

Confronter les documents

Si le sujet comporte 2 documents :
- Informations répondant au sujet
- Les informations des documents se complètent-elles ? S'opposent-elles ?

ÉTAPE 4 ORGANISER SES IDÉES

AU BROUILLON

Informations fournies par les documents

Voir étape 3

Connaissances personnelles

Vous devez utiliser vos connaissances pour expliquer les informations, l'intérêt et les limites du ou des document(s)

Plan

Dégagez les 2 ou 3 idées clés à partir de l'analyse

1. Idée clé
- Arguments
- Exemples

2. Idée clé
- Arguments
- Exemples

ÉTAPE 5 RÉPONDRE À LA CONSIGNE

SUR VOTRE COPIE

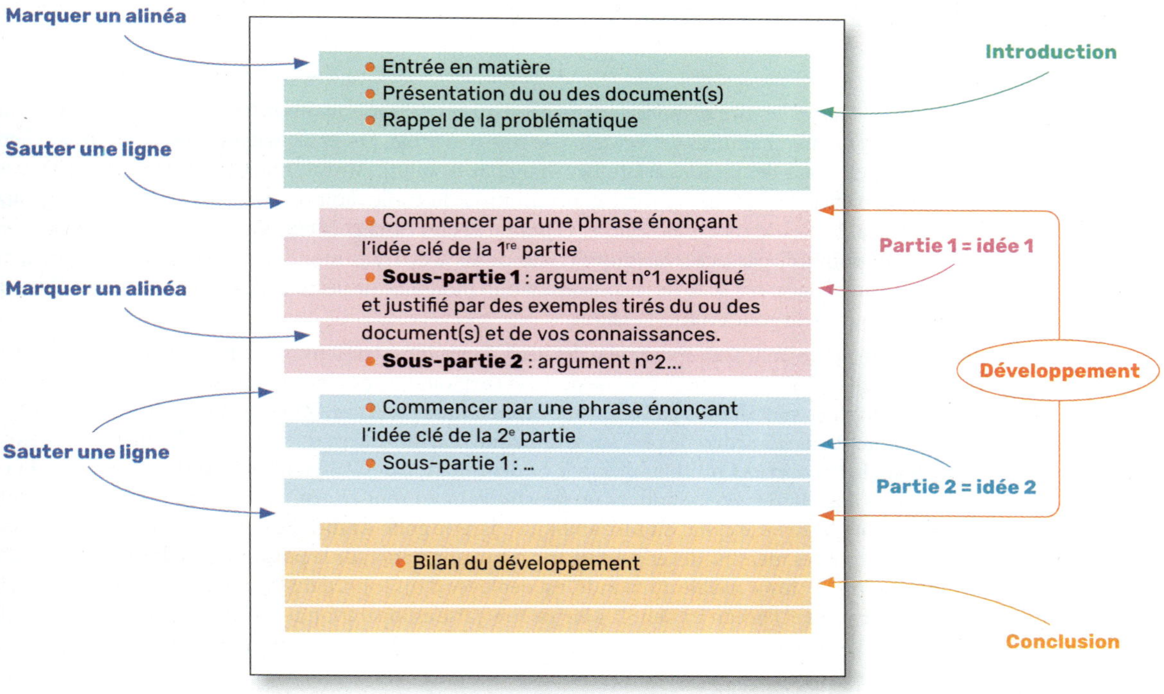

BAC

RÉALISATION D'UN CROQUIS

1 h

Étape 1
Déterminer l'objectif du croquis

Étape 3
Classer les informations et choisir les figurés

Étape 4
Réaliser le croquis

Travail préparatoire au brouillon → Travail au propre sur la copie → Relecture

Étape 2
Sélectionner les informations dans le texte

ÉTAPE 1 DÉTERMINER L'OBJECTIF DU CROQUIS

AU BROUILLON

Les espaces maritimes, vecteurs de la mondialisation et sources de tensions

- espaces maritimes → Thème principal : espaces concernés par le sujet
- vecteurs → Supports, transmetteurs
- mondialisation → Notion à définir
- sources de tensions → Lieux et facteurs de rivalité

ÉTAPE 2 SÉLECTIONNER LES INFORMATIONS DANS LE TEXTE

AU BROUILLON

La première phrase du paragraphe indique l'idée principale d'une partie

Informations à représenter

Les lieux concernés

Les mers et les océans sont des espaces majeurs de la mondialisation. 90% des flux intercontinentaux de marchandises s'effectuent par voie maritime. Les principales routes maritimes relient les grands ports des façades asiatique (Shanghai, Tianjin), européenne (Rotterdam) et américaine (Los Angeles, Houston). La forte concentration du trafic dans les principaux détroits (Ormuz, Malacca, Bab el-Mandeb, Bosphore, Gibraltar) et les canaux interocéaniques (Suez, Panama) en fait des points de passage stratégiques : plus de 40 % du trafic mondial de marchandises transitent par le canal de Suez ; 20 % de la consommation mondiale de pétrole passe par le détroit d'Ormuz, au débouché du golfe Arabo-Persique.

Les espaces maritimes sont aussi des lieux de rivalités et de tensions entre les États qui convoitent leurs ressources. L'accès aux zones de pêche et l'exploitation des ressources énergétiques et minérales sous-marines sont définis par une zone économique exclusive (ZEE) propre à chaque État côtier. Les États-Unis possèdent le plus vaste domaine maritime avec une ZEE de 12,2 millions de km^2, devant la France (10,1 millions de km^2). La délimitation des ZEE fait l'objet de litiges entre les États lorsque des intérêts économiques ou géostratégiques sont en jeu, par exemple en mer de Chine méridionale, dans le canal du Mozambique, dans le golfe Arabo-Persique, dans l'océan Arctique. Le contrôle des mers est devenu est un moyen d'affirmation de la puissance : la flotte de guerre des États-Unis, 1re force navale du monde, est déployée dans le nord du Pacifique, dans l'Atlantique, la Méditerranée et l'océan Indien ; la Marine française est opérationnelle dans le golfe de Guinée et le nord de l'océan Indien, notamment pour lutter contre la piraterie maritime qui sévit dans ces régions.

ÉTAPE 3 CLASSER LES INFORMATIONS ET CHOISIR LES FIGURÉS

AU BROUILLON

Choisissez des figurés cohérents

Classez les informations

A. Titre partie 1

. . . .

. . . .

. . . .

B. Titre partie 2

. . . .

. . . .

. . . .

C. Titre partie 3

. . . .

. . . .

. . . .

Le langage cartographique

	LES FIGURÉS PONCTUELS	LES FIGURÉS DE SURFACE	LES FIGURÉS LINÉAIRES
Pour représenter des informations	Ville Usine Aéroport Port Tunnel, col Lieu fermé	Zone peuplée Espace agricole Région industrielle Dynamisme régional	Flux migratoire Exportation Voie ferrée Axe de communication Limite Cours d'eau
Pour hiérarchiser des informations (faire varier la taille, la couleur, l'épaisseur des traits)	*Exemple : la taille des villes* faible → forte *Exemple : la taille des ports* Majeur, Secondaire *Exemple : la croissance des villes* Négative, Positive	*Exemple : la densité de population* – → + ou – → + *Exemple : l'évolution de la population* – ← 0 → +	*Exemple : le trafic de marchandises* faible, moyen, fort *Exemple : les axes de communication* Majeur, Secondaire *Exemple : les limites administratives* État, Région, Département *Exemple : les tracés naturels* Fleuve, Rivière
Pour différencier des informations	*Exemple : les activités industrielles* Usine chimique, Usine textile, Usine automobile *Exemple : les transports* Port, Aéroport	*Exemple : l'agriculture* Élevage, Vignes, Céréales *Exemple : l'occupation du sol* Forêt, Cultures, Marais	*Exemple : les échanges de marchandises* Importations, Exportations *Exemple : les flux* Capitaux, Personnes *Exemple : les axes de communication* Route, Voie ferrée, Canal *Exemple : les tracés naturels* Rivière, Escarpement
	Il est possible de représenter deux informations différentes en superposant la couleur et les hachures.		

ÉTAPE 4 RÉALISER LE CROQUIS

SUR VOTRE COPIE

Donnez un titre au croquis et soignez la présentation.

+ Fond de carte fourni
+ Cadre pour la légende sur une feuille à part

Géolocalisation
Hambourg
ALLEMAGNE
TERMINAL BURCHARDKAI
CMA CGM

THÈME 1

Mers et océans : au cœur de la mondialisation

Les mers et les océans contribuent à la maritimisation des économies, à l'intensification des échanges commerciaux et constituent des espaces ressources. Les questions d'exploitation de ces espaces, d'appropriation, de protection et de liberté de circulation sont sources de tensions géopolitiques. Les espaces maritimes représentent des enjeux pour la France qui aspire au statut de puissance maritime grâce à ses territoires ultramarins.

Comment les espaces maritimes s'insèrent-ils dans la mondialisation ?

Le porte-conteneurs français *Antoine de Saint-Exupéry* (armateur CMA-CGM) dans le port de Hambourg (Allemagne), mars 2018.

Pour entrer dans le thème

VU AU COLLÈGE ET EN 1re

en 4e	• Mers et océans : un monde maritimisé
en 3e	• Aménager les territoires ultramarins français
en 1re	• Métropolisation, littoralisation des espaces productifs et accroissement des flux

Mers et océans : au cœur de la mondialisation

Cours du collège et de 1re

A Vérifier ses repères géographiques

doc. 1 Les échanges maritimes dans le monde

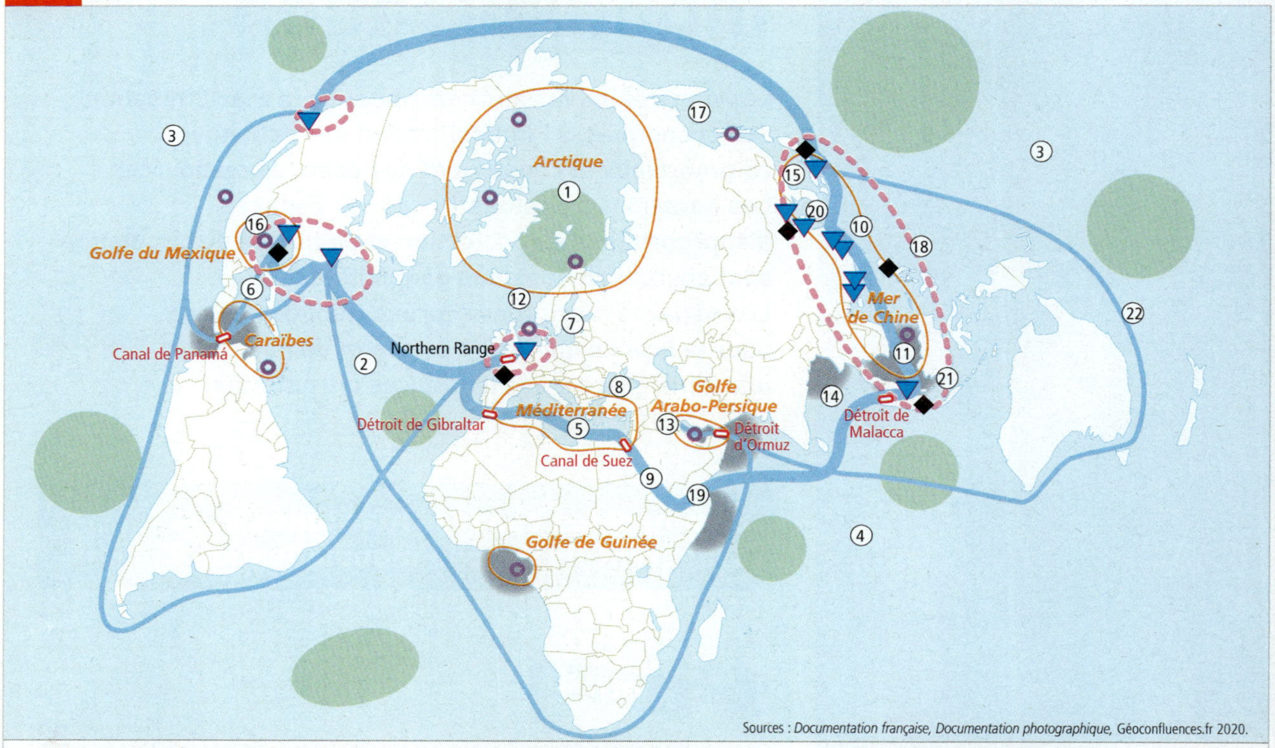

1. Mers et océans, des espaces de circulation
- Principales routes maritimes
- Principales façades maritimes
- Principaux ports
- Principaux passages

2. Des espaces exploités et fragiles
- Principales zones de pêche
- Gisements d'hydrocarbures offshore
- Principales marées noires

3. Des espaces exploités et fragiles
- Espaces maritimes au cœur de tensions
- Principales zones de piraterie maritime

EXO Exercice interactif

1 Localisez et associez les numéros sur la carte ci-dessus avec les mers et les océans de la liste suivante :

a. Les principaux espaces maritimes :

Océan Indien | Océan Pacifique | Mer Baltique | Mer Méditerranée | Mer du Nord | Mer de Chine méridionale
Océan Atlantique | Océan Arctique | Mer des Caraïbes | Mer de Chine orientale | Mer Noire | Mer Rouge

b. Et pour aller plus loin… Localisez et associez les espaces maritimes secondaires suivants :

Golfe d'Aden | Golfe du Bengale | Mer du Japon (Mer de l'Est) | Mer de Corail
Golfe du Mexique | Golfe Arabo-Persique | Mer de Java | Mer Jaune | Mer d'Okhotsk | Mer des Philippines

2 Localisez les façades maritimes qui concentrent les principaux ports mondiaux.

3 Citez les continents qui apparaissent à l'écart des grandes routes du commerce maritime mondial.

doc. 2 La France : mers et océan

Exercice interactif

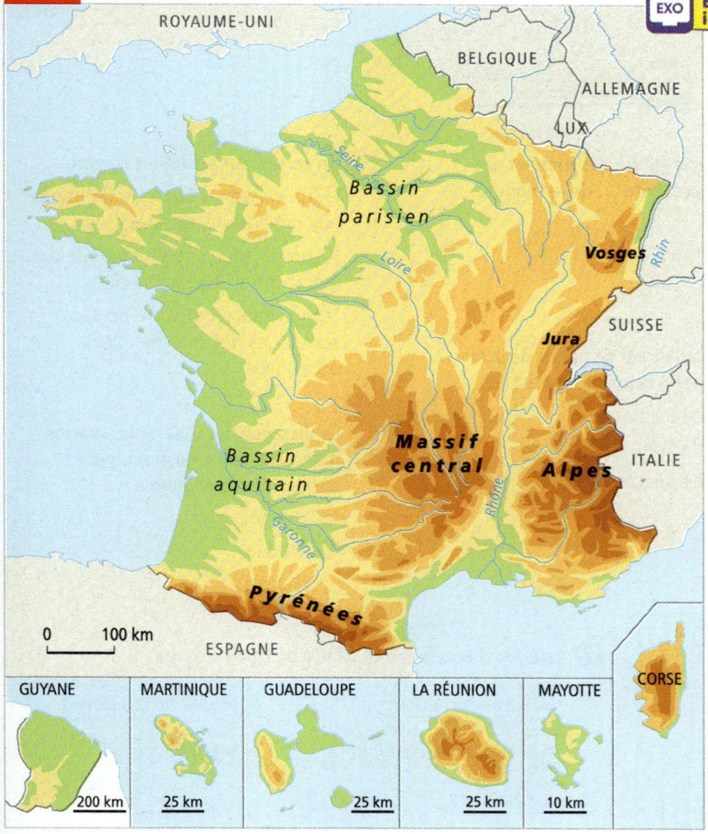

4 **Localisez et placez sur la carte ci-contre :**

a. Les mers et les océans suivants :

Manche | Océan Atlantique | Océan Indien | Mer du Nord | Mer Méditerranée | Mer des Caraïbes

b. Et pour aller plus loin…
Les mers et points de passage suivants :

Golfe de Gascogne | Golfe du Lion | Cap Griz-Nez | Cap Cerbère | Rail d'Ouessant

5 **Localisez et placez sur la carte ci-dessous les territoires ultramarins suivants :**

Saint-Martin | Saint-Pierre-et-Miquelon | Polynésie française | Guadeloupe | Martinique | Guyane | Nouvelle-Calédonie | Saint-Barthélemy | Mayotte | TAAF | Wallis-et-Futuna | La Réunion | Clipperton

doc. 3 La France ultramarine au cœur des mers et océans de la planète

Exercice interactif

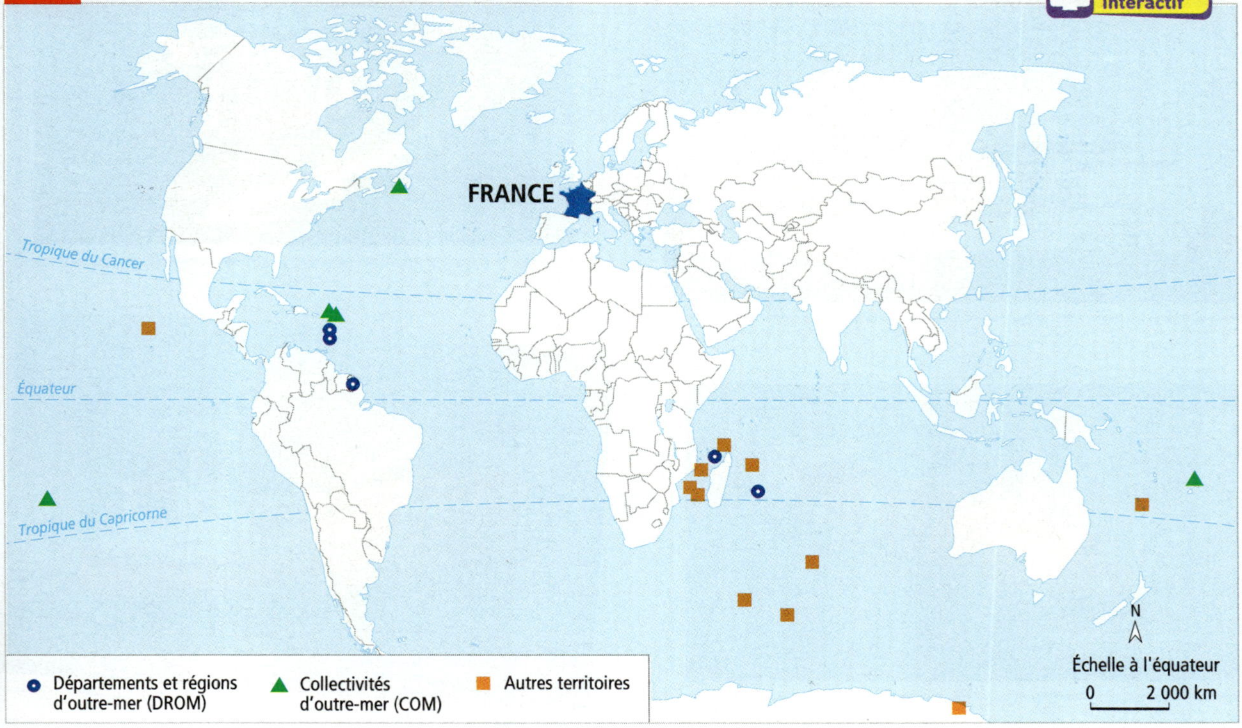

B Tester ses connaissances

EXO Version interactive des exercices

6 Le détroit permettant de passer de l'océan Atlantique à la mer Méditerranée se nomme le :

a détroit de Gibraltar

b détroit de Malacca

c détroit de Béring

7 Le port européen qui dispose du plus important trafic de marchandises est :

a Anvers

b Rotterdam

c Marseille

8 La superficie totale des mers et des océans représente … de la planète.

a 51 %

b 71 %

c 91 %

9 Le canal permettant de passer de la mer Méditerranée à la mer Rouge est le :

a canal de Panama

b canal de Suez

c canal de Beagles

10 Un conteneur se définit comme :

a un caisson métallique de transport aux dimensions standardisées

b un bateau spécialisé équipé pour le transport de marchandises

c un espace portuaire où sont contenues des marchandises échangées

11 La distance des 200 milles marins d'une ZEE (zone économique exclusive) correspond à :

a 170 km

b 270 km

c 370 km

12 Associez chaque photographie à un type de navire :

a. Porte-conteneurs

b. Pétrolier (supertanker)

c. Chalutier

d. Navire de croisière

e. Méthanier

1

2

3

4

5

C Mobiliser le vocabulaire et les notions

13 Reliez chaque mot à sa définition :

a. Isthme
b. Archipel
c. Conteneur
d. Canal
e. Détroit
f. Océan
g. Façade maritime
h. Ressources halieutiques
i. Territoire ultramarin

1. Bande de terre étroite entre deux mers.
2. Voie navigable artificielle.
3. Grande caisse métallique, de dimension standard, utilisée pour transporter des marchandises diverses (produits manufacturés).
4. Ressources de la pêche.
5. Ensemble d'îles.
6. Bras de mer entre deux terres.
7. Région littorale formée de plusieurs grands ports proches.
8. Vaste étendue d'eau salée qui couvre une grande partie de la surface du globe terrestre.
9. Territoire situé en dehors du continent, éloigné de la métropole.

D Expliquer des situations géographiques

doc. 4 Le port de Dunkerque (2019)

14 En vous appuyant sur la photographie ci-dessus, décrivez et expliquez en quelques phrases les situations géographiques suivantes : ORAL

a. Les mers et les océans contribuent à intégrer les territoires dans la mondialisation des échanges.
b. Les espaces portuaires sont des interfaces entre les espaces maritimes et les espaces continentaux.
c. Les grands ports sont des espaces polyfonctionnels.
d. La mondialisation participe à l'extension des espaces portuaires.

THÈME 1

CHAPITRE 1 Mers et océans : au cœur de la mondialisation

Pourquoi les mers et les océans sont-ils devenus des espaces majeurs de la mondialisation et sources de nombreux enjeux entre États ?

Textes DYS
TOUS LES TEXTES EN VERSION DYS
lyceen.nathan.fr/geoterm-2020

SOMMAIRE

Zoom sur…

▶ L'éolien offshore

Capacité mondiale installée (2018)	23 gigawatts
Principaux pays producteurs	Royaume-Uni (34 %) Allemagne (27 %) Chine (20 %)
Part de l'électricité mondiale produite	0,3 %

Source : Global Wind Report, CWEC, 2019.

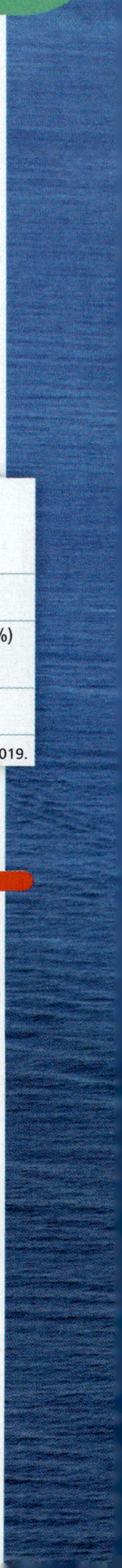

Parc éolien au large des côtes de Blackpool (Royaume-Uni), septembre 2018.

Pour entrer dans le chapitre

« Le plus grand champ éolien du monde inauguré en mer d'Irlande »,
BFMTV, 6 septembre 2018.

Vidéo

Blackpool
ROYAUME-UNI

Étude de cas

Zoom sur…

Le golfe Arabo-Persique

Superficie	240 000 km²
Nombre de pays riverains	8
Population riveraine (est.)	32 millions d'hab. (2020)

Le golfe Arabo-Persique : un espace au cœur des enjeux contemporains

Pourquoi le golfe Arabo-Persique est-il un espace maritime sous tension ?

1 Un espace maritime au cœur d'échanges et de tensions

Parole de géographe

Le golfe Arabo-Persique est une mer bordière[1] de l'océan Indien qui communique par le détroit d'Ormuz avec le golfe d'Oman, autre mer bordière de cet océan. Depuis l'Antiquité, le Golfe s'articule à l'océan Indien, à la mer Rouge et au-delà à la Méditerranée, grâce aux ports, mais aussi aux oasis des déserts par lesquels s'effectuent les échanges. Le Golfe est ainsi une interface entre ses deux rives, tantôt réunies, tantôt opposées. Il est un espace de circulation des personnes, des biens, des idées entre Orient et Occident, bien plus qu'un fossé séparant monde arabe et monde persan.

Cette situation stratégique est renforcée à partir du XXe siècle par l'exploitation des hydrocarbures, jusqu'à en faire un enjeu international majeur et le théâtre de tensions ou de conflits combinant facteurs nationaux, régionaux et mondiaux. Tandis que les eaux du Golfe sont parcourues par des centaines de pétroliers, méthaniers et porte-conteneurs, des villes ultramodernes comme Dubaï, Abu Dhabi ou Doha deviennent de riches centres d'affaires et attirent les touristes du monde entier. […]

Au cours des dernières décennies, la montée des tensions sur le marché mondial des hydrocarbures, largement liée au développement industriel de l'Asie, a exacerbé les rivalités entre les divers États autour du Golfe.

Philippe Cadène, professeur d'université, spécialiste du golfe Arabo-Persique, 2020.

1. Mer située en bordure de continent, ouverte sur un océan dont elle est l'extension naturelle.

Les Echos

Les Echos WEEK-END — Un chef sur les sommets

Les Echos PATRIMOINE // PAGES 40 À 44

Pétrole : alerte et regain de tension dans le Golfe

- L'attaque de navires pétroliers près du détroit d'Ormuz a fait bondir les cours, stoppant la chute de ces dernières semaines provoquée par la guerre commerciale.
- Washington accuse Téhéran d'être directement « responsable » de cette attaque.

2 Une région sous tension

Une des *Échos*, 14 juin 2019.

Vidéo — Pourquoi le détroit d'Ormuz est-il si stratégique ?

3 Les pays du Golfe producteurs d'hydrocarbures

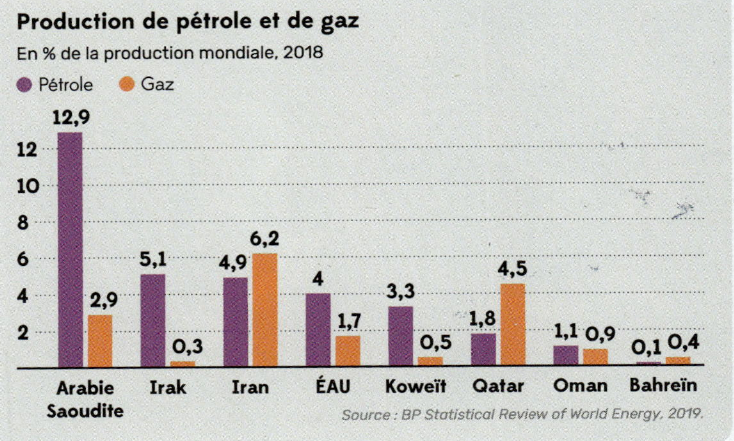

4 Les enjeux dans le golfe Arabo-Persique

Carte interactive

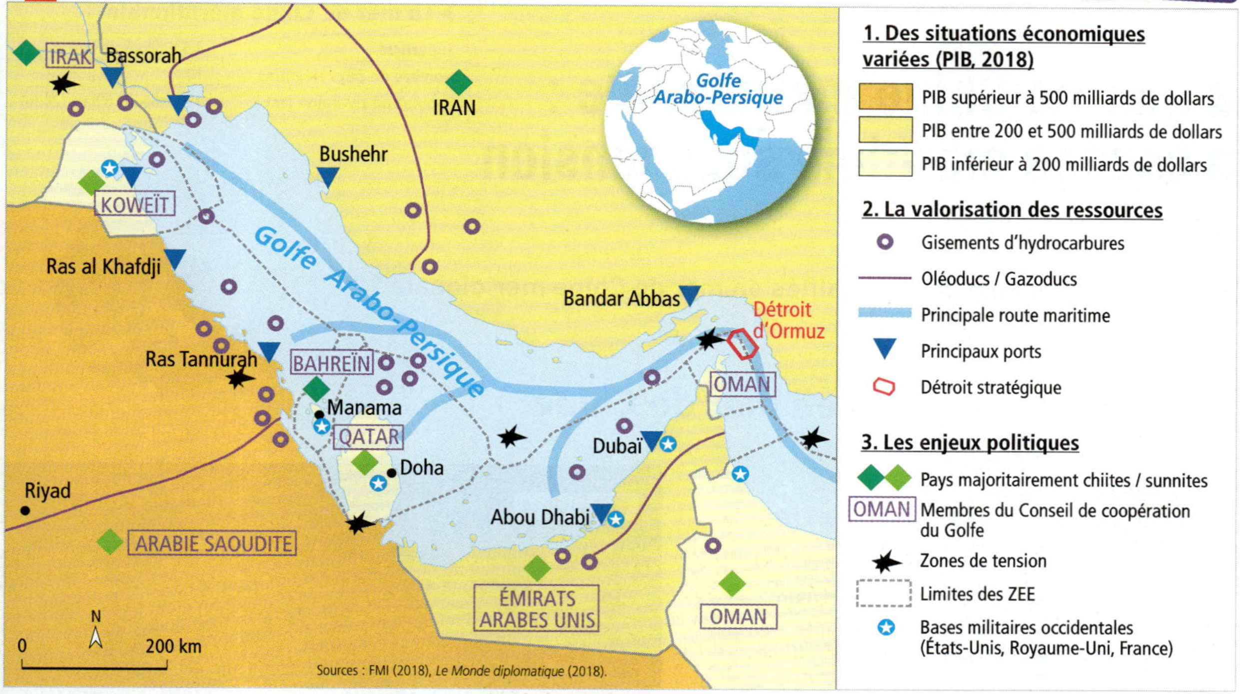

5 Des rivalités régionales

Parole de géographe

Les tensions religieuses entre sunnites et chiites ne sont que l'expression la plus visible des rivalités entre l'Arabie Saoudite et l'Iran, deux États qui aspirent à asseoir leur puissance au niveau régional [...].

Les Arabes et les Perses ont dominé de vastes territoires et se sont retrouvés dans des rapports de soumissions, d'hostilité ou de rivalités à de nombreuses reprises au cours de l'histoire [...]. La guerre [entre l'Iran et l'Irak] a conduit à la création du Conseil de coopération du Golfe (CCG) le 25 mai 1981 par l'Arabie Saoudite, Bahreïn, les Émirats arabes unis, le Koweït, Oman et le Qatar[1]. Il est d'abord une organisation de sécurité collective, dont l'objectif est de prémunir ses membres de l'expansionnisme iranien. [Mais] le Conseil représente au final une simple structure de coopération qui fait montre de solidarité et de cohésion en cas de menaces extérieures, mais dont l'efficacité fait le plus souvent défaut en raison de divergences d'intérêts et des rivalités entre les États membres [...].

La demande de sécurité auprès des États-Unis, première puissance militaire au monde, émane des États de la région, Arabie Saoudite en tête [...]. Depuis les années 1950, les États-Unis ont établi des bases militaires avant tout navales et aéronavales dans tous les pays arabes du Golfe [...].

Frank Tétart, spécialiste du Moyen-Orient, *La Péninsule arabique : cœur géopolitique du Moyen-Orient*, Armand Colin, coll. « U », 2017.

1. Depuis le 6 juin 2017, les pays du CCG ont rompu leurs relations diplomatiques avec le Qatar, accusant ce dernier de financer le terrorisme dans la région.

Questions

Itinéraire 1

Répondre aux questions

1. **Relevez** les ressources importantes dont dispose le golfe Arabo-Persique. **doc. 1, 3 et 4**
2. **Décrivez** et **analysez** l'origine et la nature des tensions dans cette région. **doc. 1, 2, 4 et 5**
3. **Montrez** que le golfe Arabo-Persique est un espace maritime aux enjeux stratégiques mondiaux. **doc. 2, 3 et 5**

Synthétiser

4. **Expliquez** pourquoi le golfe Arabo-Persique est un espace maritime sous tension. **Argumentez** en présentant les différents enjeux – régionaux et mondiaux – au cœur de cet espace. **doc. 1 à 5**

ou

Itinéraire 2

Aide et méthode

Réaliser un dossier d'actualité

- Effectuez des recherches sur Internet en vous aidant des documents 1 à 5.
- Collectez des articles de presse récents.
- Vous pouvez aborder les thèmes suivants :
  – Des atouts et des ressources
  – Un espace sous tension
  – Un espace de coopération fragile

Croquis de l'étude de cas

▶ p. 46

La mer de Chine méridionale : un espace maritime sous tension

Zoom sur...

La mer de Chine méridionale

Superficie	3,5 millions de km²
Nombre de pays riverains	10
Population riveraine (est.)	380 millions d'hab. (2020)

Quels sont les enjeux des rivalités en mer de Chine méridionale ?

A Les revendications en mer de Chine

Vocabulaire

- **Haute mer :** espace maritime situé au-delà des ZEE, non soumise à la souveraineté des États côtiers. Voir p. 90.
- **Territorialisation :** processus d'appropriation d'un espace par un État.
- **ZEE (Zone économique exclusive) :** espace maritime délimité par la Convention des Nations unies sur le droit de la mer qui s'étend sur 200 milles marins (370 km) à partir du littoral. Il accorde à l'État côtier la souveraineté sur les ressources qui s'y trouvent.

1 La territorialisation en mer de Chine

Parole de géographes

Les différends maritimes en mer de Chine méridionale se sont multipliés ces dernières années en lien avec la croissance économique des pays riverains, la montée des mouvements nationalistes, les craintes que suscite l'émergence de la République populaire de Chine, l'augmentation des dépenses militaires et les spéculations sur les ressources présentes dans cet espace maritime. Cependant, aucun des différends n'est nouveau étant donné que la plupart des espaces sont des zones de frictions entre États depuis plusieurs décennies, sinon des siècles dans certains cas [...].

Les querelles portent sur la souveraineté revendiquée par les différents protagonistes sur les différentes formations insulaires [...] et sur l'extension des espaces maritimes revendiqués par les États riverains [...]. Sept États (Chine, Taïwan, Philippines, Indonésie, Brunei, Malaisie, Vietnam) revendiquent une partie ou la totalité de cet espace maritime [...]. La Chine revendique entre 80 % et 90 % de la superficie de cette mer.

E. Mottet, F. Lasserre, B. Courmont, *Géopolitique de la mer de Chine méridionale : eaux troubles en Asie du Sud-Est*, Presses de l'Université du Québec, 2017.

E. Mottet et F. Lasserre sont professeurs de géographie au Canada. B. Courmont est directeur de recherches à l'Institut de relations internationales et stratégiques.

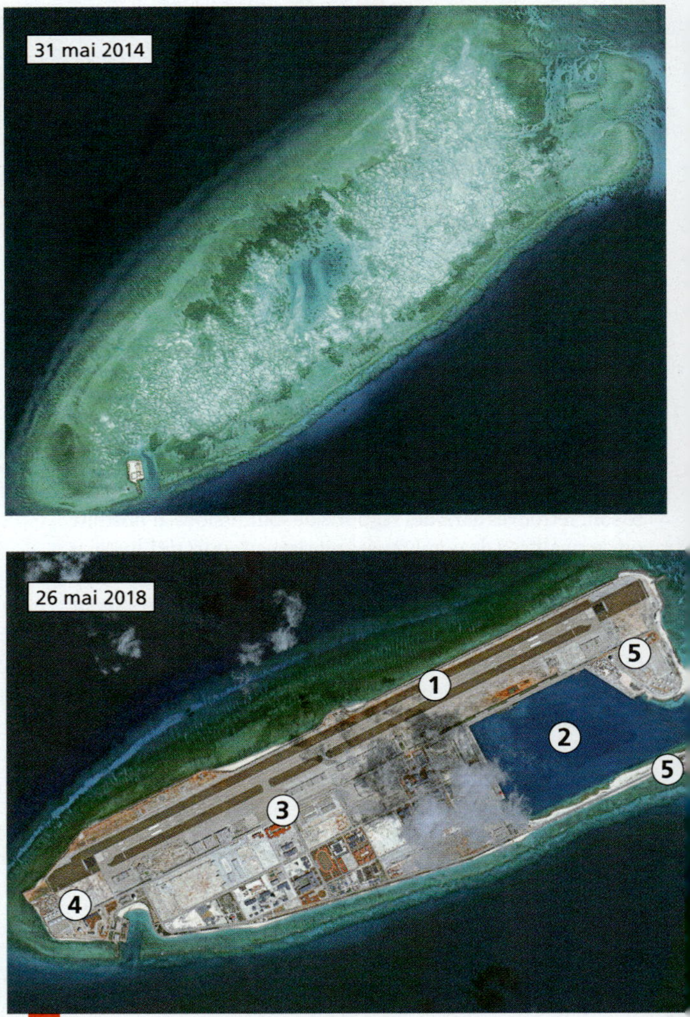

2 L'appropriation de l'îlot Fiery Cross par la Chine

Fiery Cross est situé dans l'archipel des Spratleys. La Chine le contrôle depuis 1988, l'a artificialisé et militarisé.

① Piste d'atterrissage
② Bassin portuaire
③ Hangars militaires
④ Stockage de missiles
⑤ Stations de radars

Vidéo

3 Un partage difficile malgré le droit de la mer

Carte interactive

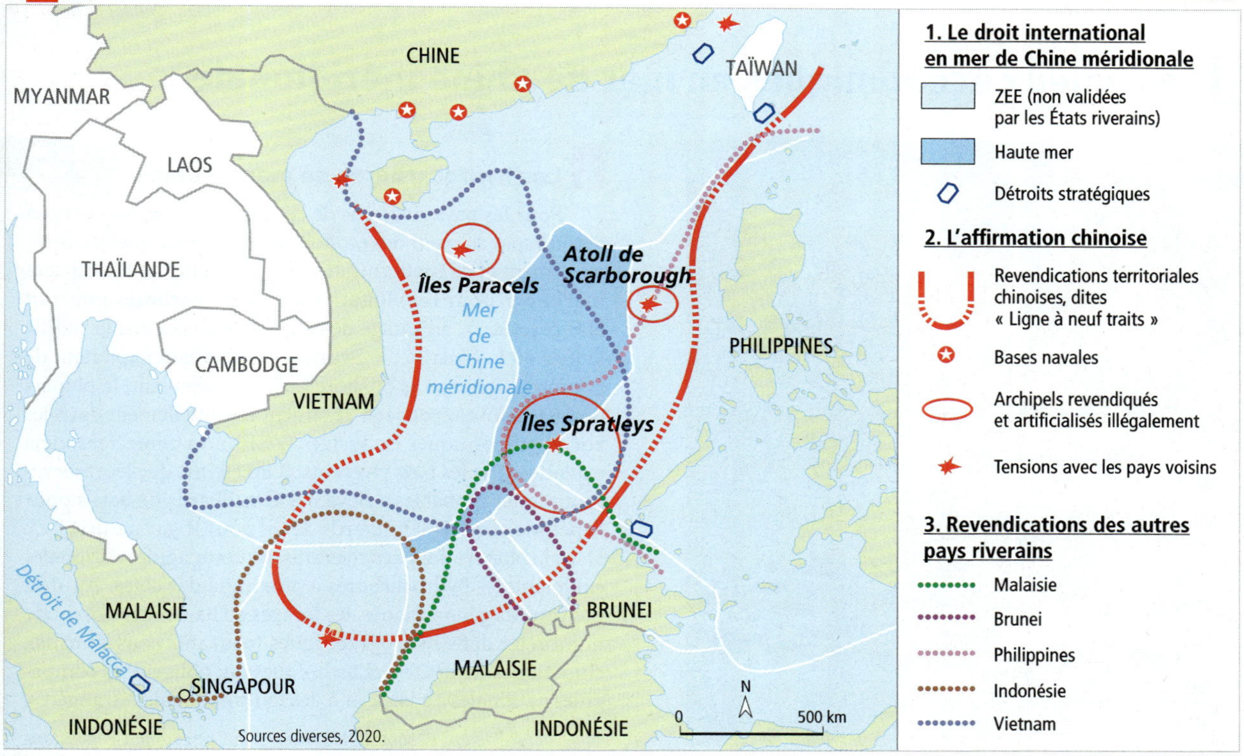

4 L'arbitrage entre la Chine et les Philippines

Pour dénoncer l'occupation d'îlots par la Chine, les Philippines ont saisi le Tribunal international du droit de la mer en 2016.

Le droit international a joué un rôle politique non négligeable en mer de Chine méridionale. Sous la présidence de Benigno Aquino (2010-2016), les Philippines prennent l'initiative d'aller à l'arbitrage, une option prévue par l'annexe VII de la Convention des Nations unies sur le droit de la mer[1]. La Chine refuse d'accepter une procédure qu'elle juge « introduite unilatéralement par les Philippines » et ne participe pas à son déroulement [...].

La sentence rendue en juillet 2016 donne raison aux Philippines point par point en invalidant toute l'argumentation chinoise construite autour de la notion de « droits historiques ». Le tribunal juge qu'aucun élément dans les Spratleys n'est une « île » au sens légal du terme, c'est-à-dire au sens de territoire donnant lieu à une zone économique exclusive [...]. Enfin, la sentence qualifie de hors-la-loi des pans entiers de la politique chinoise en mer de Chine méridionale : la construction d'îles artificielles manque ainsi aux obligations légales de la Chine en matière de protection de l'environnement maritime.

Mathieu Duchâtel, *Géopolitique de la Chine*, PUF, coll. « Que sais-je ? », 2019.

1. Convention (1982) qui fixe le droit international de la mer.

Questions

Itinéraire 1

Répondre aux questions

1. **Citez** les États impliqués dans la revendication d'une souveraineté sur les eaux de la mer de Chine méridionale et **localisez** les espaces de conflictualités. **doc. 1 à 4**
2. **Montrez** que la Chine est au cœur des contestations territoriales en mer de Chine méridionale. **doc.1 à 4**
3. **Justifiez** la décision du Tribunal international du droit de la mer. **doc. 4**

Synthétiser

4. **Décrivez** les revendications actuelles en mer de Chine méridionale. **doc. 1 à 4**

ou

Aide et méthode

Itinéraire 2

Présenter un exposé oral (1/2) ORAL

- Réalisez un exposé oral sur les rivalités et les enjeux contemporains en mer de Chine méridionale.
- Structurez votre propos selon le plan suivant, en faisant référence aux documents de l'étude de cas et en effectuant des recherches sur Internet :
  – introduction : localisation de la mer de Chine
  – 1re partie : revendications et territorialisation
  – 2e et 3e parties : voir p. 39

Vidéo
Les eaux convoitées de mer de Chine méridionale.

B Les enjeux économiques en mer de Chine méridionale

5 L'exploitation des ressources aquacoles
Aquaculture dans la baie d'Along (Vietnam), 2019.

6 Les hydrocarbures en mer de Chine — Parole de géographes

Pour les pays riverains de la mer de Chine, les énergies fossiles sont au cœur des économies et des politiques de développement et de modernisation [...]. Le contrôle des espaces maritimes pour l'exploitation des hydrocarbures pourrait être fructueux, à l'image de ce qu'il est déjà dans le sud de la mer où la Malaisie, le Brunei et le Vietnam exploitent de nombreux gisements offshore [...]. Actuellement, la plupart des gisements découverts se situent essentiellement dans les zones économiques exclusives (ZEE) non contestées, déjà exploitées par les pays riverains. [On] estime que les réserves prouvées et probables s'élèvent à 11 milliards de barils pour le pétrole et à 5 400 milliards de m³ pour le gaz naturel [...]. Dans la plupart des pays riverains, les compagnies nationales exploitent les hydrocarbures à proximité des côtes. Au-delà des conflits géopolitiques, les forages en haute mer posent de nombreux défis hydrographiques (courants sous-marins), climatiques (tempêtes) et techniques qui obligent les compagnies nationales à s'associer à des multinationales étrangères.

E. Mottet, F. Lasserre, B. Courmont, *Géopolitique de la mer de Chine méridionale : eaux troubles en Asie du Sud-Est*, Presses de l'Université du Québec, 2017.

7 La mer de Chine méridionale : ressources et espace économique

Carte interactive

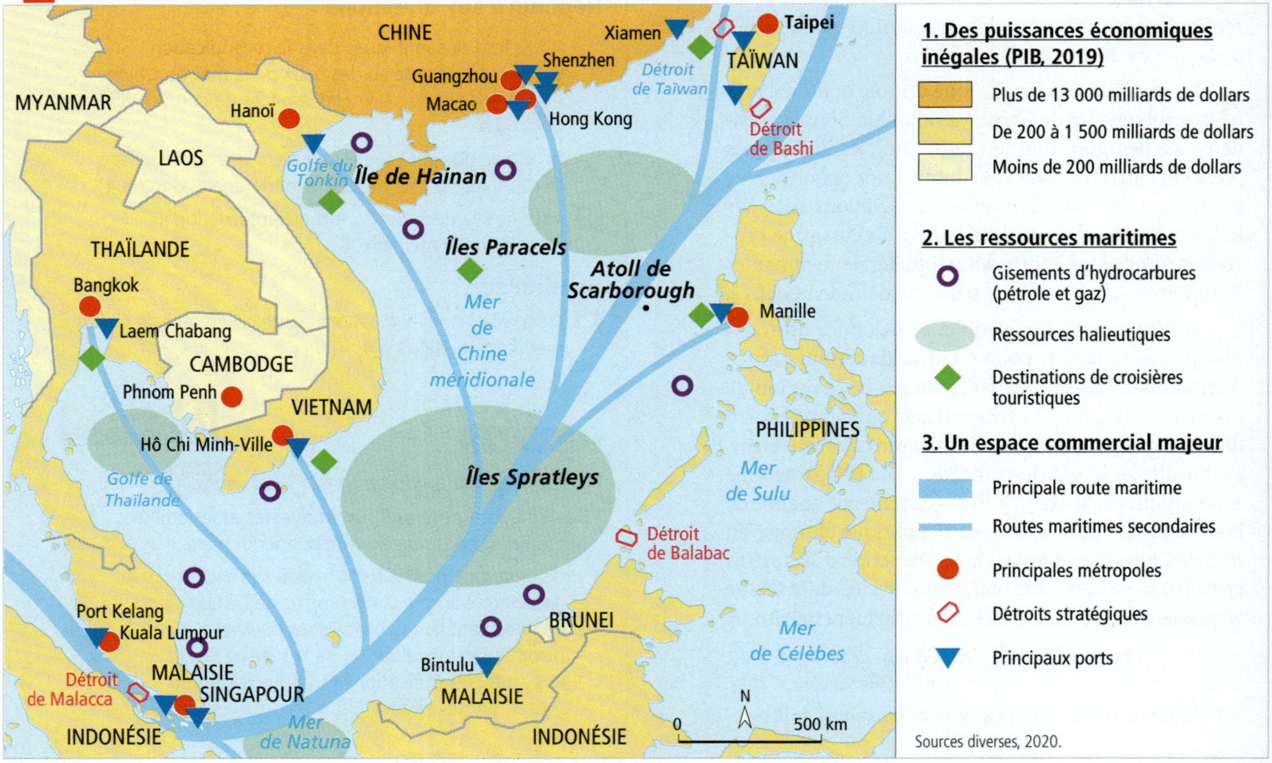

C Une liberté de circulation remise en cause ?

8 Les entraves à la navigation vues par un dessinateur de presse

Dessin de Mark Knight, publié dans le *Herald Sun*, quotidien australien, 13 juillet 2016.

Traduction :
« Que fait la Chine en mer de Chine méridionale ? »
« Marche arrière capitaine... »

9 La remise en question de la liberté de navigation

Les incidents se succèdent à un rythme inquiétant en mer de Chine méridionale. Le 20 mai 2019, deux navires de guerre [américain et australien] ont mené une mission de liberté de navigation en s'approchant de l'atoll de Scarborough, revendiqué par Beijing depuis 2012 et sur lequel des installations militaires chinoises sont en construction. « Des unités militaires chinoises, navales et aériennes, ont ordonné aux navires de s'éloigner », a commenté le gouvernement chinois. « Le [navire américain] a navigué à 12 milles nautiques du récif, afin de défier les revendications maritimes excessives de la Chine et de préserver la liberté de navigation telle que définie par les règles internationales », a de son côté affirmé le porte-parole de la 7e flotte américaine. [...]

En 2016, la Cour permanente d'arbitrage de La Haye[1] avait pourtant été très claire, estimant que les revendications chinoises dans la région n'avaient « aucun fondement juridique ». [...]

Depuis le début de l'année 2019, le déclenchement par Donald Trump[2] de la guerre commerciale entre les États-Unis et la Chine semble avoir été accompagné de l'intensification par l'US Navy des missions de liberté de navigation, dites « FONOP » (*Freedom of Navigation Operation*). [...] Début avril 2019, la Marine nationale française avait, elle aussi, fait les frais des revendications chinoises exagérées : la frégate *Vendémiaire* avait été interceptée dans le détroit de Taïwan.

Guerric Poncet, « Mer de Chine : l'US Navy accompagne la guerre commerciale contre Pékin », *Le Point*, 22 mai 2019.

1. Instance chargée de régler des conflits internationaux par l'arbitrage et « autres moyens pacifiques ».
2. Président des États-Unis élu en 2016.

Questions

Itinéraire 1

Répondre aux questions

5 **Localisez** et **décrivez** les différentes ressources en mer de Chine méridionale. **doc. 5 à 7**

6 **Analysez** les problèmes relatifs à la liberté de circulation en mer de Chine méridionale. **doc. 8 et 9**

7 **Montrez** que la mer de Chine est un espace maritime sous tension. **doc. 5 à 9**

Synthétiser

8 À l'aide des réponses précédentes, **résumez** les enjeux économiques et commerciaux liés aux rivalités en mer de Chine. **doc. 5 à 9**

ou

Itinéraire 2

Présenter un exposé oral (2/2) ORAL

- Terminez votre exposé commencé p. 37. Grâce aux **docs 5 à 9**, suivez le plan suivant :
  – 2e partie : les enjeux économiques (régionaux et mondiaux)
  – 3e partie : les risques d'entrave à la liberté de navigation

Croquis de l'étude de cas

▶ p. 47

Étude de cas

L'océan Indien : rivalités régionales et coopérations internationales

Zoom sur...

▸ L'océan Indien (2020)

Superficie	70 millions de km²
Nombre de pays riverains	25
Population riveraine (est.)	2,7 milliards d'hab. (33 % de la pop. mondiale)

➔ Pour quelles raisons l'océan Indien est-il un espace de rivalités et de coopération à différentes échelles ?

A Un océan dans la mondialisation

1 Le commerce maritime dans l'océan Indien

Cet océan a la particularité d'être bordé par de nombreux pays aux histoires et civilisations très différentes, tout en concentrant la majeure partie des échanges commerciaux internationaux. Du point de vue économique, les routes maritimes les plus importantes en densité de trafic aujourd'hui restent celles qui relient la Chine au Moyen-Orient, à l'Europe et aux États-Unis. [...]. En termes de flux commerciaux et de voies maritimes, l'océan Indien est donc un espace pivot pour les échanges internationaux [...]. L'océan Indien abrite 25 % du trafic maritime international [...].

70 % des hydrocarbures du Moyen-Orient affluent vers l'Asie *via* les routes maritimes reliant le détroit d'Ormuz à celui de Malacca. [...] Avec 39 % des échanges maritimes de pétrole et 33 % de ceux de gaz naturel liquéfié (GNL), le détroit d'Ormuz est d'une importance capitale pour les importations d'hydrocarbures, essentiellement à destination des économies asiatiques (70 % du pétrole, 20 % du GNL) [...]. L'Extrême-Orient dépend en très grande partie [de l'océan Indien] pour son pétrole, son gaz et ses échanges conteneurisés.

Jean-Pierre Numa, « Océan Indien : étude géopolitique et stratégique des flux maritimes, risques et menaces », www.diploweb.fr, 28 janvier 2018.

Animation Croquis

2 Le tourisme insulaire dans l'océan Indien

L'Eden Island Luxury Accomodation à Mahé, l'île principale des Seychelles, 2019.

3 Port Réunion (France) : un carrefour marchand dans l'océan Indien

Port Réunion concentre un trafic annuel de marchandises de 5,5 millions de tonnes.

Brochure, 2018.

4 Un océan marchand

Carte interactive

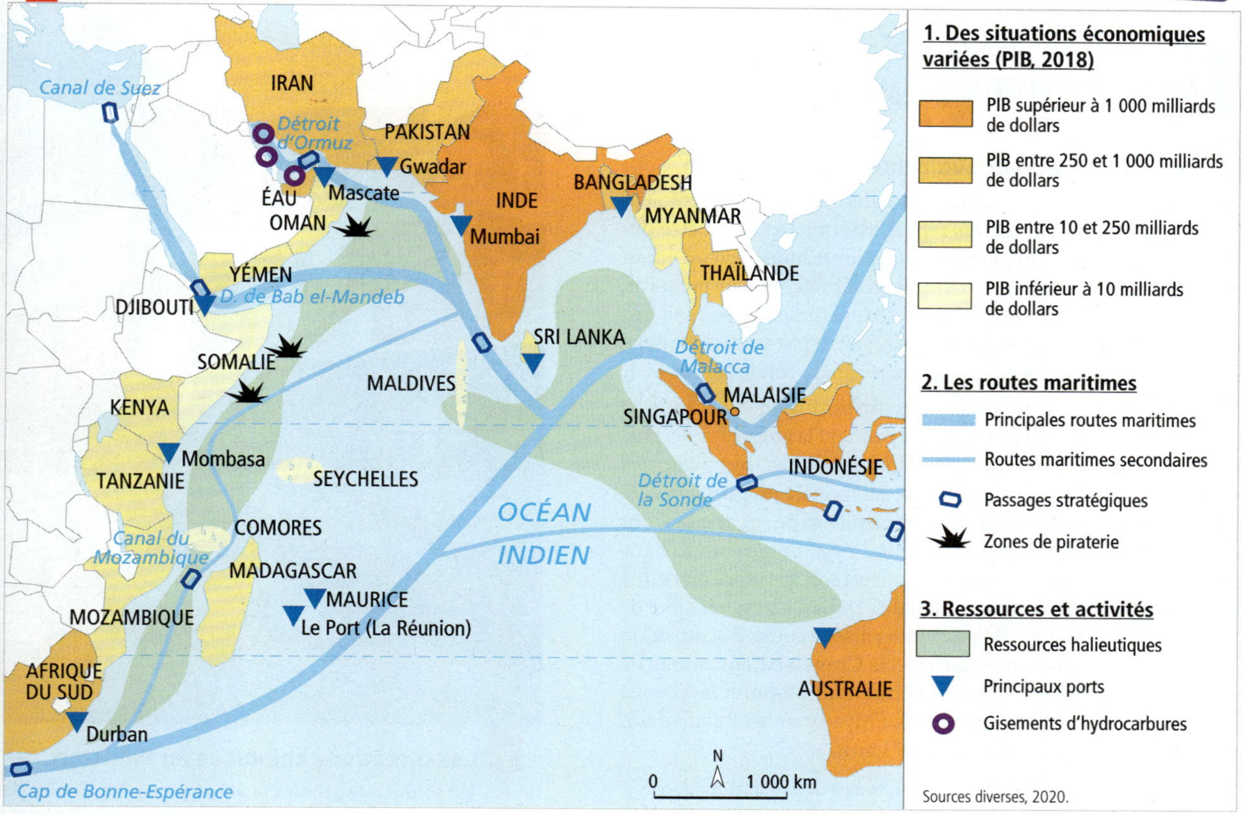

Sources diverses, 2020.

5 Les passages les plus fréquentés par les pétroliers

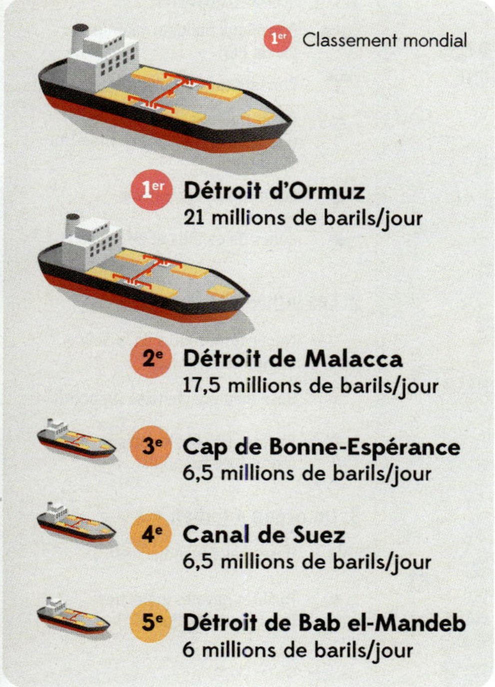

Questions

Itinéraire 1

Répondre aux questions

1. **Expliquez** le passage souligné dans le document 1 à l'aide des documents. **doc. 1, 3, 4 et 5**
2. **Caractérisez** la diversité des pays riverains de l'océan Indien. **doc. 2 à 4**
3. **Expliquez** pourquoi l'océan Indien est un espace d'intenses flux commerciaux. **doc. 1, 3, 4 et 5**

Synthétiser

4. **Analysez** la place de l'océan Indien dans la mondialisation. **doc. 1 à 5**

ou

Itinéraire 2

Organiser l'information dans un tableau (1/2)

- À l'aide des documents 1 à 5, commencez à compléter le tableau suivant.

	1. Un océan mondialisé	2. Un espace maritime de rivalités	3. Des formes de coopération
doc.1			
…			

Étude de cas

L'océan Indien : rivalités régionales et coopérations internationales

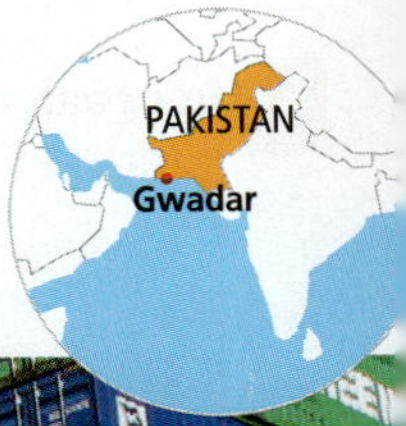

Vidéo
Le port de Gwadar au Pakistan devient un pont vers le monde.

B Des tensions régionales

6 Les rivalités de pouvoir dans l'océan Indien

C'est un lieu essentiel de la mondialisation […] où se côtoient les ambitions des deux géants régionaux, qui aspirent à être des puissances maritimes mondiales : la Chine et l'Inde. C'est un océan dénommé « Indien » que New Delhi considère comme son pré carré[1] […]. Dès 1947, J. Nehru, le Premier ministre indien, expliquait que l'Inde, désormais indépendante, ne souhaitait pas la présence dans sa zone d'influence des forces des anciens pays colonisateurs […].

L'océan Indien, autrefois « lac britannique », a connu la confrontation américano-soviétique pendant la guerre froide, puis la prédominance des États-Unis, dont les forces sont présentes sur la base navale de Diego Garcia. La montée en puissance de la Chine, alliée du Pakistan, et la rénovation de ses armées, ont conduit l'Inde à se préparer à un désir d'hégémonie chinois dans l'océan Indien. Le pays a ainsi redécouvert son territoire maritime et consacré des moyens au soutien de l'Indian Navy, héritière de la marine britannique. Elle s'est modernisée à coups d'acquisition de porte-avions et de sous-marins et la Chine a bâti un réseau de bases militaires et logistiques lui permettant d'assurer la sécurité de ses voies d'approvisionnement, au Myanmar, au Bangladesh, au Pakistan, en Thaïlande et au Sri Lanka.

François Bougon, « L'océan Indien deviendra-t-il chinois ? », *Le Monde*, hors-série n° 22, Atlas de l'eau et des océans, 2017.

1. Expression signifiant « propriété », « souveraineté ».

7 Les ambitions chinoises au Pakistan

Un soldat pakistanais protège un navire chinois dans le port de Gwadar (Pakistan), relais sur les nouvelles « routes de la Soie » maritimes chinoises (2016).

8 Les tensions dans l'océan Indien

Carte interactive

C Un espace de coopérations internationales

9 Les coopérations économiques régionales

Carte interactive

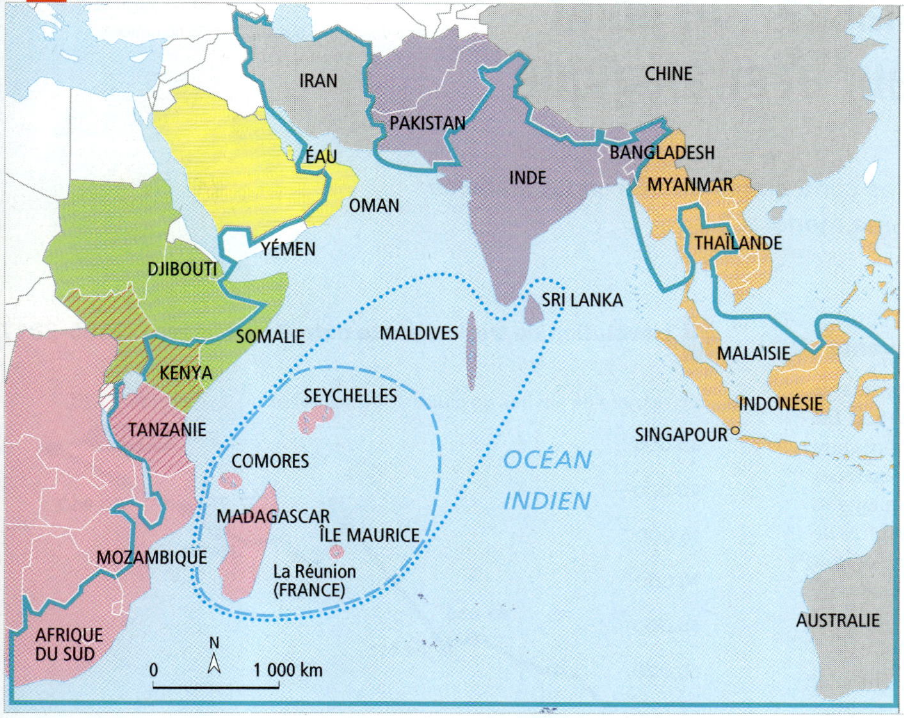

1. Les organisations régionales
- SAARC (Association sud-asiatique pour la coopération régionale)
- ASEAN (Association des nations de l'Asie du Sud-Est)
- EAC (Communauté d'Afrique de l'Est)
- SADC (Communauté de développement de l'Afrique australe)
- CCG (Conseil de coopération du Golfe)
- IGAD (Autorité intergouvernementale pour le développement)

2. Des organisations centrées sur l'océan Indien
- IORA (Association des États riverains de l'océan Indien)
- Commission de l'océan Indien
- Forum économique des îles de l'océan Indien

3. Puissances régionales « périphériques »
- Chine, Australie et Iran

Vocabulaire

Nouvelles « routes de la Soie » maritimes : voies maritimes développées par les autorités chinoises au XXIe siècle.

10 La lutte contre la piraterie : l'opération Atalante

Mission européenne de lutte contre la piraterie dans les eaux de l'océan Indien

Atalante, EU Navfor Somalie

QG opérationnel : Northwood (R.-U.)

Pays : Allemagne, Belgique, Espagne, France, Grèce, Pays-Bas, Royaume-Uni, Suède

Zone de surveillance : 2 millions de km²

Forces en présence :
- 1 500 militaires
- 8 navires
- 2 avions de reconnaissance

Mission : protection des navires du Programme alimentaire mondial (PAM) et des navires vulnérables dans le golfe d'Aden et au large des côtes de Somalie

Questions

Itinéraire 1

Répondre aux questions

5 **Citez** les puissances rivales dans l'océan Indien et **expliquez** les tensions qui s'y développent. **doc. 6 à 8**

6 **Décrivez** comment l'Inde et la Chine affirment leur puissance dans l'océan Indien. **doc. 6 à 8**

7 **Relevez** et **décrivez** les différentes formes de coopération autour de l'océan Indien. **doc. 9 et 10**

Synthétiser

8 À l'aide de vos réponses aux questions précédentes, **montrez** et **analysez** les formes de rivalité et de coopération dans l'océan Indien. **doc. 6 à 10**

ou

Itinéraire 2

Utiliser un tableau pour un exposé oral (2/2)

- À l'aide des documents 6 à 10, complétez et achevez le tableau commencé p. 41.
- Puis utilisez-le pour préparer le texte d'un exposé oral. ORAL

Croquis de l'étude de cas

▶ p. 48

Étude de cas

Zoom sur...

▶ Le détroit de Malacca

Longueur	700 km
Largeur	Entre 3 km (min.) et 125 km (max.)
Nombre de navires par an	85 000 environ

Le détroit de Malacca : un point de passage majeur et stratégique

➔ Quels sont les atouts et les contraintes du détroit de Malacca dans le commerce maritime mondial ?

1 Un passage maritime fréquenté

Couloir maritime de 45 kilomètres de large et 700 kilomètres de long, situé dans le Sud-Est asiatique, [le détroit de Malacca] est coincé entre la Malaisie et l'Indonésie. Moins connu que Suez ou Panama, ce bras de mer, le plus fréquenté au monde – un tiers du trafic mondial et 90 % de celui de la Chine, soit un bateau toutes les huit minutes –, est régulièrement l'objet d'actes de piraterie ou de tensions régionales relatives à la sécurité du détroit et à la souveraineté [...].

Si la zone intéresse le Japon, la Chine et l'Inde, elle est également l'objet d'une attention particulière des États-Unis depuis 1945 [...]. Le détroit permet un déplacement rapide des forces navales américaines entre l'océan Indien et le Moyen-Orient [...]. L'engorgement est tel qu'il a ces dernières années poussé la Chine à sécuriser ses échanges commerciaux en envisageant le contournement du détroit de Malacca par les « nouvelles routes de la Soie [1] » pour une partie de ses approvisionnements. À une autre échelle, la Thaïlande fait montre du même souci. En 2014, elle envisageait ainsi de s'affranchir du détroit de Malacca en construisant le canal de Kra dans la partie méridionale du pays, dont la largeur est réduite à seulement 44 kilomètres. Ce nouveau point de passage permettrait également aux transporteurs de réduire leur trajet de 1 200 kilomètres.

Lina Sankari, « Malacca : cœur de toutes les rivalités en Asie du Sud-Est », *L'Humanité*, 29 janvier 2016.

1. « Nouvelles routes de la Soie » : voies maritimes développées par les autorités chinoises au XXIe siècle.

2 L'évolution du trafic dans le détroit de Malacca (2000-2017)

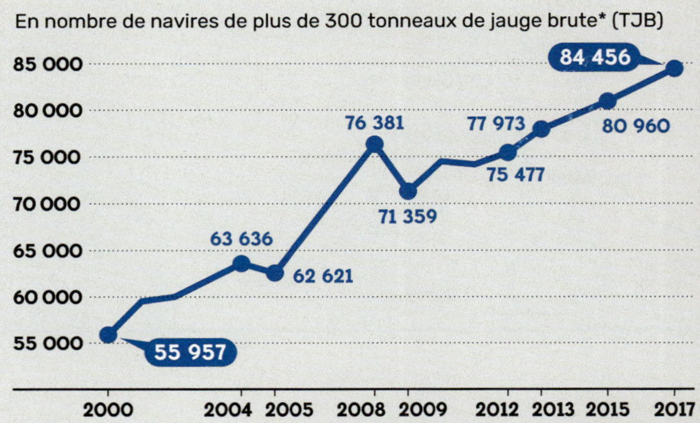

* Unité de mesure équivalente à environ 3 m³. Un navire de 300 TJB transporte donc environ 900 m³.

Source : Marine Department Peninsular Malaysia, 2019.

3 Le détroit de Malacca et le port de Singapour

Navires en attente à l'approche du port de Singapour, 2019.

4 Le détroit de Malacca

Carte interactive

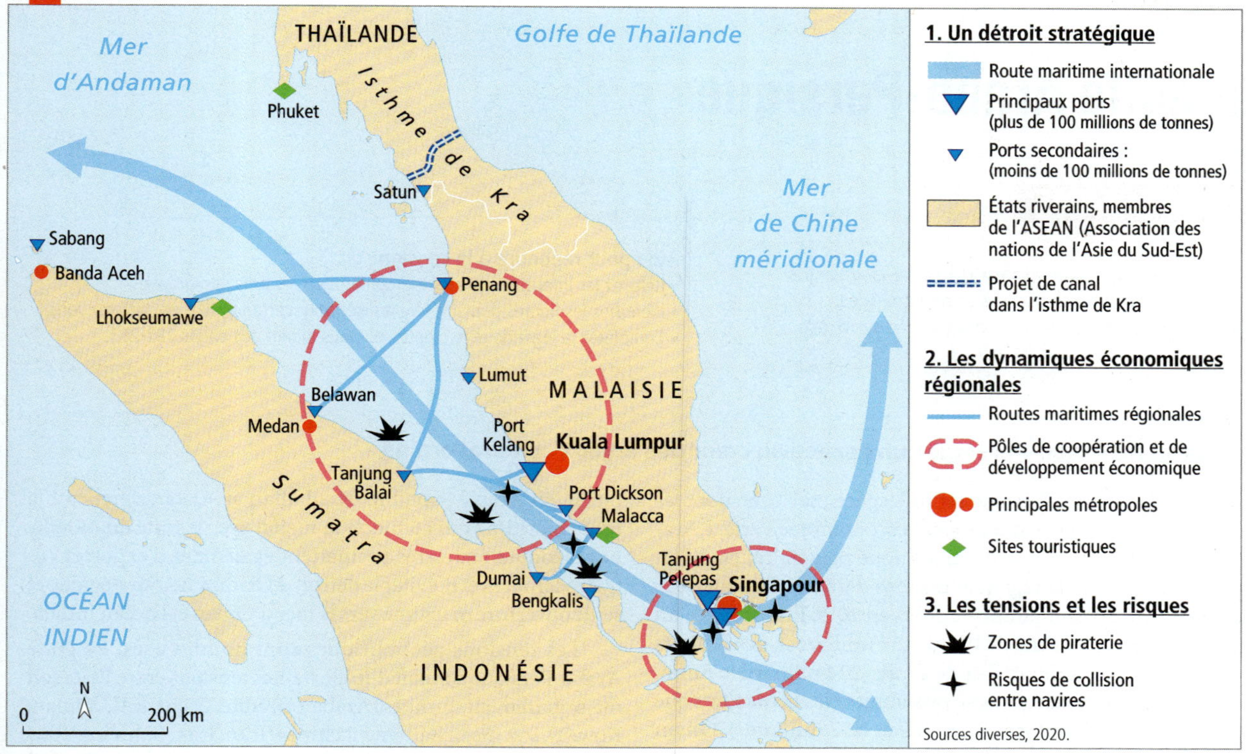

5 Un espace vulnérable

Parole de géographe

En raison des difficultés de navigation dans le détroit, la croissance continue du trafic constitue une véritable menace pour son écosystème marin […]. Les accidents sont certes peu nombreux comparativement au nombre de navires en transit mais la pollution par hydrocarbures ou substances toxiques peut affecter durablement et gravement les écosystèmes […]. Le trafic dans le détroit engendre par ailleurs une pollution marine en partie responsable de l'appauvrissement de la biodiversité et de la disparition de la mangrove.

Un consensus entre certains États riverains et États utilisateurs semble émerger sur la nécessité de mettre en place des voies de transit alternatives. Pour le gouvernement chinois, l'aménagement de routes logistiques contournant le détroit permettrait de réduire la vulnérabilité énergétique[1] de la Chine. Pour les gouvernements malaisien et indonésien, il permettrait de soulager le trafic et de diminuer ainsi les risques d'accidents. Les projets les plus fréquemment débattus sont ceux du creusement d'un canal ou de la construction d'un oléoduc dans l'isthme de Kra afin de relier la mer d'Andaman au golfe de Thaïlande.

Nathalie Fau (dir.), universitaire spécialiste de l'Asie du Sud-Est, *Mers d'Asie du Sud-Est : coopérations, intégration et sécurité*, CNRS Éditions, 2018.

1. 84 % des importations de pétrole et 48 % de celles de gaz naturel liquéfié de la Chine sont transportées par voie maritime, principalement par le détroit de Malacca.

Questions

Itinéraire 1

Répondre aux questions

1. **Décrivez** les caractéristiques géographiques du détroit de Malacca. **doc. 1 et 4**
2. **Analysez** les enjeux stratégiques du détroit. **Justifiez** votre réponse. **doc. 1 à 4**
3. **Expliquez** pourquoi le détroit de Malacca est un espace vulnérable. **doc. 5**

Synthétiser

4. **Montrez** que le détroit de Malacca est un lieu stratégique du commerce maritime mondial. **doc. 1 à 5**

ou

Itinéraire 2

Réaliser un diaporama

- Réalisez un diaporama sur la dimension stratégique et mondiale du détroit de Malacca. Vous pouvez suivre le plan suivant :
  a. Un détroit très fréquenté…
  b. … aux forts enjeux économiques
  c. Un espace vulnérable
- Présentez le diaporama à l'oral devant vos camarades de classe. ORAL

Croquis de l'étude de cas

▶ p. 48

Croquis des études de cas

▶ Voir p. 34-35

Le golfe Arabo-Persique

Objectif BAC

Consigne : En vous aidant du texte ci-dessous et en vous appuyant sur vos connaissances, complétez la légende et le croquis de synthèse.

Aide pour répondre à la consigne :
- Relevez les informations à cartographier dans les trois paragraphes.
- Identifiez les figurés pouvant être utilisés pour cartographier ces informations.
- Complétez la légende et le croquis, en vous aidant des pages 282-283.

Le golfe Arabo-Persique : un espace au cœur des enjeux contemporains

Le golfe Arabo-Persique est un espace maritime dont les États riverains disposent d'un poids économique varié. L'Arabie Saoudite (18e puissance économique planétaire) est l'État le plus puissant de la région et dispose d'un produit intérieur brut (PIB) de 780 milliards de dollars en 2019. Elle devance un groupe d'États constitué de l'Iran (458 milliards), des Émirats arabes unis (405 milliards) et de l'Irak (224 milliards). Enfin, dans une dernière catégorie, se rassemblent les petits États que sont le Qatar (192 milliards), le Koweït (137 milliards), Oman (76 milliards) et Bahreïn (38 milliards).

Les hydrocarbures intègrent l'économie régionale dans la mondialisation. Les pays du Golfe sont tous producteurs de pétrole et de gaz. Les gisements situés dans les régions littorales complètent les gigantesques gisements offshore, dans les eaux du Golfe, au large d'Oman, des ÉAU, du Qatar, du Koweït et de l'Irak, parfois partagés entre deux États (Qatar et Iran). Les hydrocarbures transitent dans les nombreux ports (Ras Tanurah en Arabie Saoudite, Ras Laffan au Qatar…) reliés à la route maritime qui connecte la région avec le reste du monde. Les oléoducs terrestres permettent également d'exporter ces hydrocarbures et d'éviter le détroit d'Ormuz, lieu stratégique et seule ouverture maritime vers la mer d'Oman et l'océan Indien.

Les tensions géopolitiques sont nombreuses. Le golfe Arabo-Persique connaît d'importantes tensions entre États soit majoritairement sunnites (Arabie Saoudite, Qatar, ÉAU, Oman, Koweït), soit majoritairement chiites (Iran, Irak, Bahreïn). Tous les pays arabes (à l'exception de l'Irak) sont membres du Conseil de coopération du Golfe afin de contrer l'influence de l'Iran dans la région. Les zones de tension entre les États sont nombreuses en mer (limites des ZEE près du détroit d'Ormuz) et sur terre (frontière Qatar-Arabie Saoudite). Les tensions existent aussi au sein des États (sud de l'Irak). Les bases militaires occidentales (aux ÉAU, au Qatar, au Koweït…) contribuent à sécuriser l'ensemble de la région.

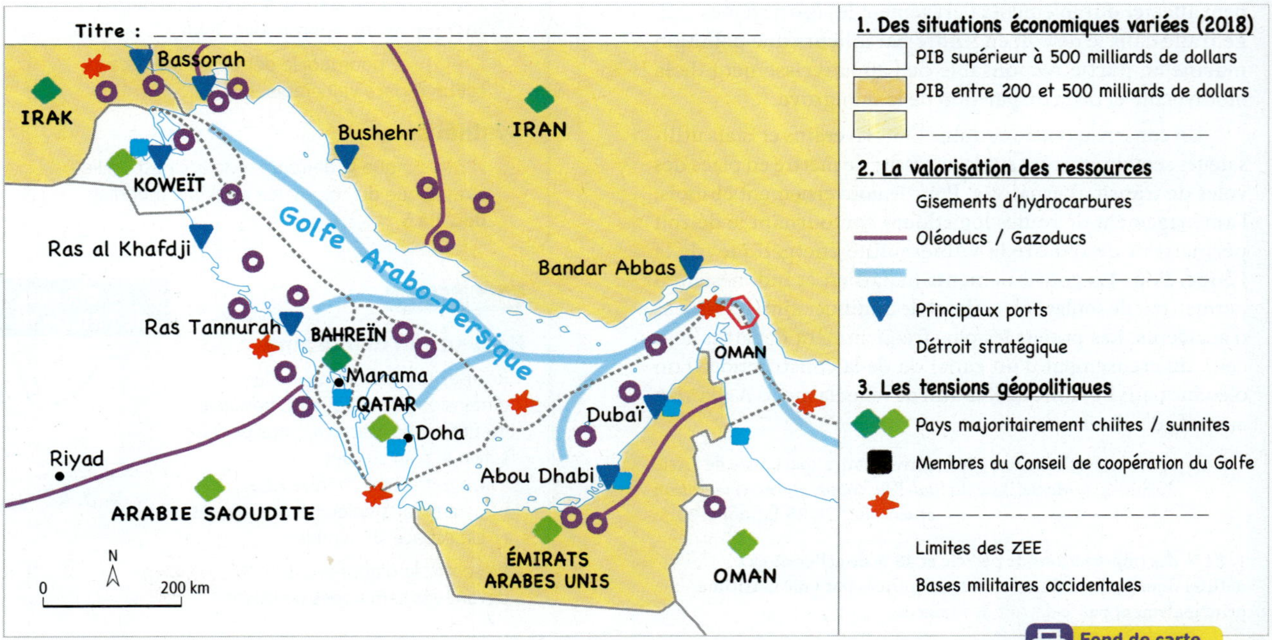

Fond de carte différencié

Croquis des études de cas

▶ Voir p. 36-39

La mer de Chine méridionale

Objectif BAC

Consigne : En vous aidant du texte ci-dessous et en vous appuyant sur vos connaissances, complétez le croquis de synthèse à partir de la légende.

Aide pour répondre à la consigne :

- Utilisez du matériel approprié : crayons de couleurs pour les figurés de surface et feutres fins pour les figurés ponctuels et la nomenclature.
- Aidez-vous des cartes de l'étude de cas pour la nomenclature et pour la localisation des figurés.

La mer de Chine méridionale : un espace maritime sous tension

La mer de Chine méridionale est un espace maritime bordé par de nombreux pays. Au nord de cette vaste mer (3,5 millions de km²), la Chine est le plus vaste d'entre eux, le plus puissant économiquement (2e PIB mondial) et militairement. Historiquement, elle domine ces eaux maritimes, d'où le nom éponyme de cette mer. Face à elle, Taïwan, souvent appelée « l'autre Chine » est puissante sur le plan économique (20e PIB mondial) mais non reconnue officiellement par la plupart des pays du monde. Au sud, le Vietnam, le Cambodge, la Thaïlande, la Malaisie, Singapour, l'Indonésie, Brunei et les Philippines sont tous membres d'une organisation de coopération régionale, l'ASEAN (Association des nations de l'Asie du Sud-Est). L'économie régionale est portée par de nombreuses grandes métropoles (Guangzhou, Hong Kong, Manille, Singapour, Hô Chi Minh-Ville...), généralement portuaires.

La mer de Chine méridionale dispose de nombreuses ressources. Elle est traversée par plusieurs routes maritimes qui permettent d'importants échanges commerciaux entre les pays d'Asie à forte croissance et les autres pôles de la mondialisation (golfe Arabo-Persique, Europe, Amérique du Nord). La mer de Chine dispose de ressources en hydrocarbures, principalement offshore, au large des pays riverains à l'exception de Singapour et de Taïwan. D'importantes réserves halieutiques sont situées dans le golfe du Tonkin, dans le golfe de Thaïlande, en mer des Natuna et dans le nord de la mer de Chine.

La mer de Chine méridionale est souvent considérée comme une « mer chinoise ». La Chine revendique sa souveraineté sur la totalité de cet espace maritime au moyen de sa doctrine de la « Ligne à neuf traits » établie au-delà des ZEE des pays riverains. Les archipels des Paracels et des Spratleys ont été artificialisés et aménagés par les autorités chinoises ces dernières décennies. Les tensions sont fréquentes avec le Vietnam, les Philippines et l'Indonésie. Les détroits stratégiques (Malacca, de Taïwan et de Balabac) sont également des lieux sensibles.

Titre : ___________________________________

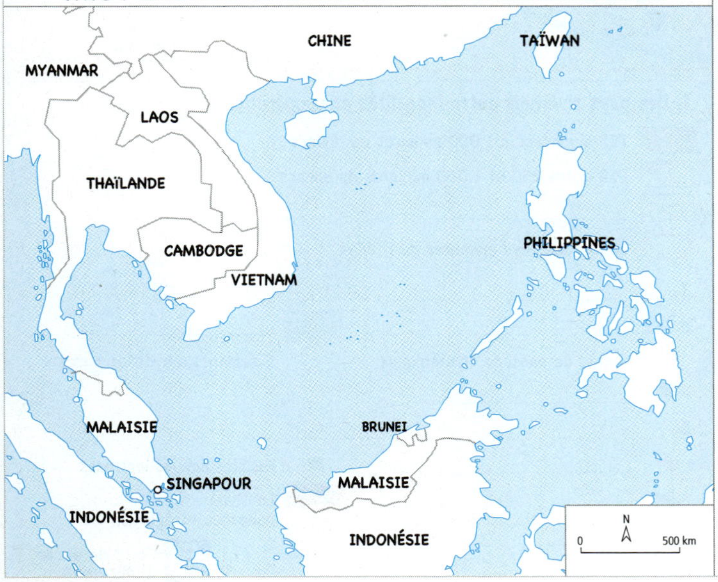

1. Les pays riverains

- La Chine, puissance régionale et mondiale
- Taïwan : Chine nationaliste
- Pays membres de l'ASEAN (Association des Nations de l'Asie du Sud-Est)
- Principales métropoles portuaires

2. Les ressources maritimes

- Route maritime principale
- Gisements d'hydrocarbures
- Ressources halieutiques

3. L'affirmation chinoise

- Revendication chinoise, dite « Ligne à neuf traits »
- Bases navales
- Archipels revendiqués et artificialisés illégalement
- Tensions avec les pays voisins

Fond de carte différencié

▶ Voir p. 40-43

L'océan Indien

L'océan Indien : rivalités régionales et coopérations internationales

L'océan Indien est un vaste espace maritime bordé par une très grande diversité d'États. D'une superficie de 70 millions de km², cet océan borde trois continents : l'Afrique, l'Asie et l'Océanie. Il est limité au sud par les mers bordières de l'Antarctique. 25 États l'entourent. Trois d'entre eux disposent d'un PIB supérieur à 1 000 milliards de dollars (Inde, Australie, Indonésie), et sept entre 250 et 1 000 milliards (Thaïlande, Iran, Émirats arabes unis, Malaisie, Afrique du Sud, Bangladesh, Pakistan). Tous les autres, majoritairement des États insulaires ou africains, sont en retard de développement. Tous les pays riverains sont membres de l'IORA (Association des États riverains de l'océan Indien).

L'océan Indien s'inscrit dans la mondialisation des échanges traversé par des flux marchands. Les routes maritimes qui le traversent mettent en relation les océans Pacifique et Atlantique et la mer Méditerranée (*via* la mer Rouge) où se concentrent les grandes puissances économiques et les principales façades maritimes de la planète. Les détroits (Malacca, Ormuz, Bab-el-Mandeb), et le cap de Bonne-Espérance à la pointe sud de l'Afrique sont des points de passage stratégiques. De nombreux ports bordent cet océan : Port Hedland, Mumbai, Mascate, Djibouti, Mombasa, Durban, Port Réunion. Les ressources halieutiques sont abondantes. Les gisements d'hydrocarbures ne sont pas absents, quoiqu'en marge de l'océan.

L'océan Indien est un espace sous tension. De nombreux pays riverains sont traversés par des tensions ou des conflits de différentes natures : guerre civile (Yémen, Somalie), tensions ethnico-religieuses (Pakistan, Sri Lanka, Myanmar...). L'océan est lui concerné par la piraterie maritime, particulièrement dans le détroit de Malacca, au large de la Somalie et à proximité du détroit de Bab-el-Mandeb. Les influences militaires sont nombreuses ; notamment celle de l'Inde qui souhaite faire de cet océan son espace maritime stratégique (facilités navales aux Maldives, aux Seychelles...) face à la montée en puissance de la Chine qui cherche à sécuriser les routes maritimes de ses approvisionnements dans cet océan.

Objectif BAC

Consigne : En vous aidant du texte ci-contre et en vous appuyant sur vos connaissances, complétez la légende et le croquis de synthèse.

Aide pour répondre à la consigne :
- Relevez les informations à cartographier dans les trois paragraphes.
- Complétez les titres des parties 2 et 3 de la légende en identifiant l'idée principale de chacun des paragraphes concernés.

Titre : ____________________

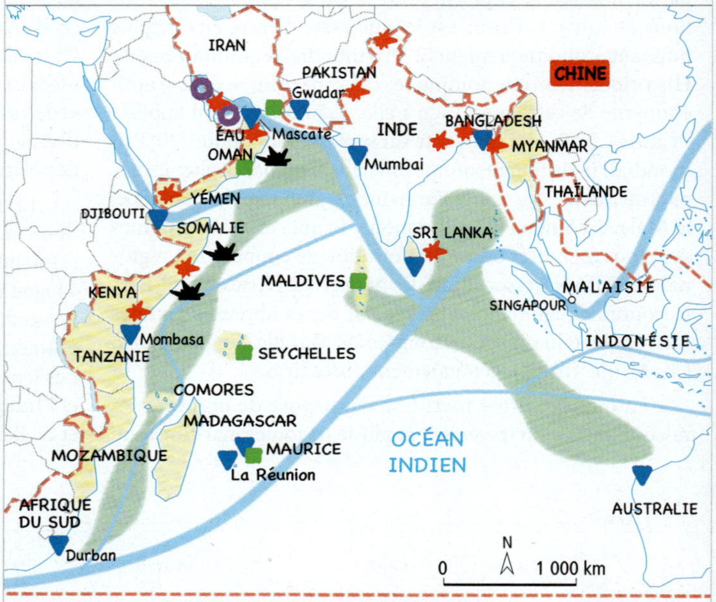

1. Des pays riverains entre inégalités et coopération
- PIB supérieur à 1 000 milliards de dollars
- PIB entre 250 et 1 000 milliards de dollars
- ____________________
- Limite des pays membres de l'IORA

2. ____________________
- ____________________
- ____________________
- Points de passage stratégiques
- Gisements d'hydrocarbures
- ____________________

3. ____________________
- ____________________
- Facilités navales indiennes
- ____________________
- CHINE La Chine : puissance « régionale » ?

Fond de carte différencié

▶ Voir p. 44-45

Le détroit de Malacca

Le détroit de Malacca : un point de passage majeur et stratégique

Le détroit de Malacca est un détroit stratégique majeur dans le monde. Il relie l'océan Indien (mer d'Andaman) à la mer de Chine méridionale. La route maritime qui emprunte ce détroit est la plus importante dans le monde pour le commerce de marchandises (hydrocarbures, produits manufacturés, minerais…). Au sud du détroit, se trouve le port de Singapour, l'un des principaux de la planète à la fois pour le trafic de conteneurs et de marchandises. D'autres ports secondaires jalonnent ce détroit sur les littoraux des pays riverains, en Malaisie (Port Kelang, Penang) et en Indonésie (Tanjung Balai, Belawan…). Depuis plusieurs décennies, la construction d'un canal dans l'isthme de Kra (Thaïlande) est évoquée. Il permettrait aux navires de « contourner » le détroit.

Le détroit de Malacca est également un espace de coopération économique. Les quatre pays riverains (Singapour, Indonésie, Malaisie, Thaïlande) sont membres d'une organisation de coopération régionale : l'ASEAN (Association des nations de l'Asie du Sud-Est). Depuis plusieurs décennies, ces pays ont intensifié leurs relations au moyen de nombreuses routes maritimes régionales entre les pôles de coopération et de développement économiques. C'est le cas dans la partie sud du détroit, autour de Singapour, de la péninsule de Johore (Malaisie) et de l'archipel des îles Riau (Indonésie). La partie nord est également concernée : les synergies sont importantes entre les ports indonésiens et malaisiens. Plusieurs métropoles encadrent ces territoires (Singapour, Kuala Lumpur, Penang, Medan).

Le détroit de Malacca est une zone maritime où les tensions et les risques sont multiples. En raison de l'intensité du trafic marchand et de la géographie du détroit, la route maritime est réputée pour être l'une des plus exposées aux actes de piraterie (attaques et détournement de navires), et ce, malgré la vigilance des autorités militaires locales. En raison de l'étroitesse du détroit en certains endroits (quelques kilomètres de large), les risques de collision entre navires existent et mettent en péril des écosystèmes littoraux (mangroves) et marins (ressources halieutiques) vulnérables.

Objectif BAC

Consigne : En vous aidant du texte ci-contre et en vous appuyant sur vos connaissances, complétez la légende du croquis de synthèse.

Aide pour répondre à la consigne :
- Reportez les figurés présents sur le croquis dans la légende.
- Complétez les intitulés de la légende à l'aide des informations présentes dans le texte.
- N'oubliez pas de donner un titre à votre croquis.

Titre : ________________________________

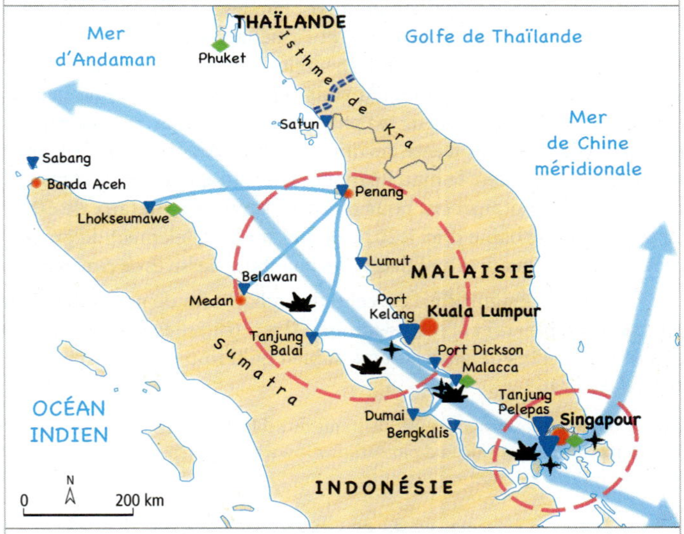

1. Un détroit stratégique
- Route maritime internationale
- Principaux ports
- Ports secondaires
- ________________________
- ________________________

2. Les dynamiques économiques régionales
- Routes maritimes secondaires régionales
- Pôles de coopération et de développement économique
- ________________________
- Sites touristiques

3. Les tensions et les risques
- ________________________
- ________________________

Fond de carte différencié

Exemple

Le sable marin : une ressource convoitée

À quelles logiques de mise en valeur et de protection l'exploitation du sable marin correspond-elle ?

Vidéo
Le sable, une ressource en voie de disparition.

1 Des usages et des besoins croissants

L'accroissement rapide de la demande globale de sable ces dernières décennies connaît deux explications principales. Premièrement, le sable est utilisé pour la production d'une grande variété de produits, allant du verre aux puces informatiques en passant par les produits cosmétiques. Au total, ce sont entre 30 et 50 milliards de tonnes de sable qui sont extraits chaque année. Au premier plan des secteurs économiques concernés figurent la construction et l'aménagement du territoire, le sable étant une composante fondamentale de la production de ciment. Cette dernière a été multipliée par trois depuis 1995. En second lieu, la hausse de la demande est principalement attribuée à la croissance rapide des pays asiatiques ces trente dernières années. Aujourd'hui, la Chine domine très largement le marché mondial du ciment. Le Parti communiste chinois a notamment pour objectif d'arriver à un taux de 60 % de population urbaine d'ici à 2020 et conduit parallèlement de grands projets d'infrastructures mobilisant des quantités massives de ciment […].

Un autre cas significatif est celui de Dubaï : afin de poursuivre ses projets immobiliers et la construction d'îles artificielles, l'émirat a déjà épuisé les réserves de ses littoraux, si bien qu'il importe désormais du sable d'Australie.

Julien Bueb et Lina Pamart, « Géopolitique du sable. Entre rareté, conséquences environnementales et enjeux diplomatiques », www.diploweb.com, 14 avril 2019.

2 Les conséquences de l'extraction des sables marins

Recul des plages et menaces pour le tourisme
- 75 à 90 % des plages disparaissent
- En Indonésie, 24 îles ont déjà disparu
- D'ici 2100, les Maldives n'existeront plus
- 9 plages sur 10 sont en train d'être submergées en Floride

Danger pour l'agriculture
L'eau de mer s'infiltre dans les nappes phréatiques et rend les terres arables impropres à l'agriculture

Danger pour la faune
Les navires de dragage détruisent l'habitat naturel de nombreuses espèces sous-marines

Instabilité des bâtiments

Source : Novethic.fr, 2019.

3 L'extension spatiale de Singapour

Carte interactive

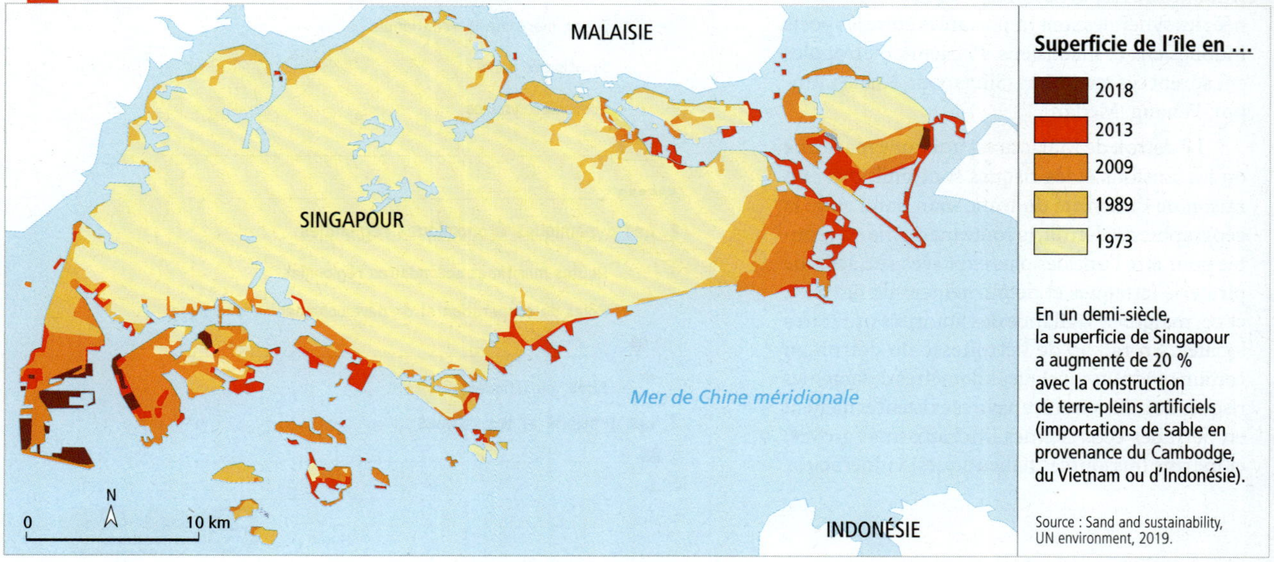

En un demi-siècle, la superficie de Singapour a augmenté de 20 % avec la construction de terre-pleins artificiels (importations de sable en provenance du Cambodge, du Vietnam ou d'Indonésie).

Source : Sand and sustainability, UN environment, 2019.

4 Construction d'une presqu'île artificielle au Sri Lanka (2017)

Un navire de dragage opère sur le site de la nouvelle ville portuaire de Port City (Colombo).

5 Une exploitation illégale

En contrebas d'un projet d'appartements « pieds dans l'eau » sur la petite plage branchée de Monica, près de Casablanca, une seule dune a résisté à l'appétit des constructeurs : ici comme ailleurs au Maroc, le sable est pillé pour nourrir une industrie du bâtiment croissante.

Un rapport du Programme des Nations unies pour l'environnement (PNUE) sur la surexploitation du sable dans le monde, publié en mai 2019, pointe du doigt le rôle des « mafias du sable » dans la disparition des plages marocaines, sur fond de bétonnage du littoral. La moitié du sable utilisé chaque année dans la construction au Maroc, soit 10 millions de mètres cubes, est extraite illégalement, selon ce rapport [...]. Résultat : les côtes s'érodent, les plages rétrécissent. « La poursuite de la construction risque de conduire à la destruction de la principale attraction naturelle des visiteurs : les plages elles-mêmes », alerte l'organisation onusienne. Les plages continuent pourtant d'y être dépouillées, le long d'un littoral de 3 500 kilomètres qui court entre Méditerranée et Atlantique. Le sable est lui transporté à dos d'âne, en triporteur ou en camion.

« Au Maroc, le littoral menacé par les mafias du sable », *La Croix*, AFP, 17 juin 2019.

Questions

Itinéraire 1

Répondre aux questions

1. **Expliquez** pourquoi la demande mondiale de sable est si importante. **doc. 1, 3 et 4**
2. **Citez** les principaux acteurs du marché mondial du sable. **doc. 1 à 5**
3. **Montrez** et **caractérisez** les différents enjeux de cette exploitation. **doc. 1, 3 et 5**

Synthétiser

4. À l'aide de vos réponses aux questions précédentes, **analysez** les enjeux du sable marin dans la mondialisation et **montrez** qu'il s'agit d'une ressource convoitée. **doc. 1 à 5**

ou

Itinéraire 2

Réaliser une carte mentale

- Écrivez « Le sable marin » au milieu d'une page. Tracez trois branches partant de ce titre :
  - une ressource en forte demande
  - des acteurs et un marché très dynamiques
  - d'importants enjeux environnementaux
- Complétez chaque branche avec des informations extraites des documents 1 à 5 et issues de recherches effectuées sur Internet.

Exemple

Les nouvelles routes maritimes de l'océan Arctique

Comment l'ouverture de nouvelles routes maritimes accroît-elle les enjeux géostratégiques et les rivalités de puissance en Arctique ?

Vidéo
Les nouvelles routes maritimes de l'océan Arctique.

1 Transport de gaz en Arctique

Le navire *Christophe de Margerie* à destination du port norvégien de Honningsvåg (février 2019).

2 Le passage du nord-ouest : une nouvelle route commerciale ?

Les avantages de la navigation commerciale *via* le passage du Nord-Ouest, la libération des glaces [due au réchauffement climatique] advenant au moins une partie de l'année, sont indéniables. […] Entre la première traversée complète du passage du Nord-Ouest (1903-1906) et 2017, plus de 287 navires ont réussi à voyager d'un océan à l'autre *via* le passage du Nord-Ouest. De ce nombre, plus de la moitié des traversées ont été réalisées par des navires de plaisance (56 navires de croisière, 118 yachts et une vingtaine de voiliers). Les autres ont été réalisées par des brise-glaces dont plusieurs battant pavillon étranger, au moins trois pétroliers et un baleinier. Plusieurs pays non liés à l'Arctique entrevoient avec optimisme l'occasion de diversifier leur économie et d'assurer leur croissance économique par l'entremise du passage du Nord-Ouest […].

Ce n'est pas un hasard si cinq pays d'Asie (la Chine, l'Inde, le Japon, la Corée du Sud et Singapour) ont fait leur entrée en 2013 au sein du Conseil de l'Arctique – un forum créé à l'origine par et pour les pays de l'Arctique […]. Cette situation ne réjouit pas le Canada qui revendique la souveraineté sur l'ensemble du passage du Nord-Ouest – une position que ne reconnaissent ni les États-Unis, ni l'Union européenne.

Alain-Adrien Grenier, spécialiste du tourisme polaire, « Le décloisonnement du passage du Nord-Ouest », *IDeAs* n° 12 [en ligne], 19 novembre 2018.

3 Des routes maritimes arctiques plus courtes

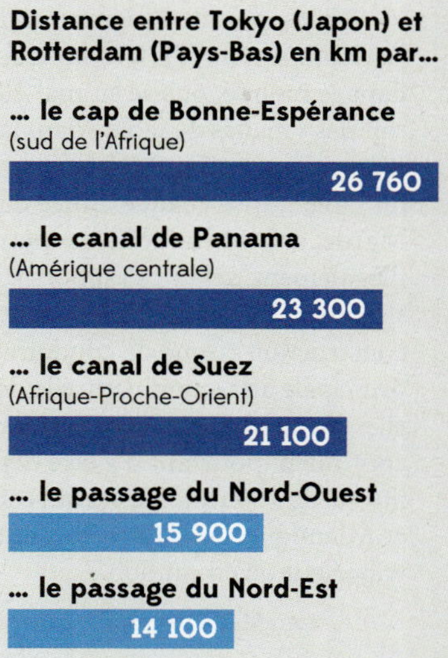

4 Les nouvelles routes de l'Arctique

Carte interactive

Sources diverses, 2020.

5 Une navigation à risques

La navigation en Arctique fait face à des risques qui [ont des conséquences] sur le coût de la navigation. Le facteur le plus connu est la présence de glace. Sa variation d'une zone à l'autre et d'une année sur l'autre rendent la navigation complexe. De plus, elle peut endommager le navire – sa coque ou ses équipements – et le déstabiliser en cas d'accumulation de glace sur le pont trop importante. Quant aux périodes d'obscurité et de froid extrême, elles rendent le travail des marins difficile. Le faible nombre de ports accessibles le long des côtes, ainsi que le nombre limité de brise-glace font qu'un navire peut potentiellement très vite se trouver isolé. Cela représente une circonstance aggravante en cas de sinistre, qui resterait minime dans une autre mer […]. Si la route maritime du Nord connaît un essor, ce dernier reste relatif en comparaison des autres routes maritimes. Il reste très dépendant des conditions de navigation, des réglementations nationales et internationales, ainsi que des conditions édictées par les compagnies d'assurances, imposant l'utilisation d'un certain type de navire, l'assistance d'un brise-glace et un équipage expérimenté et compétent. Ces obligations représentent un surcoût important pour tout nouvel acteur du transport et sont des facteurs qui limitent le développement de cette route.

« La route maritime du Nord, eldorado ou miroir aux alouettes ? », *The Conversation*, 15 août 2017.

Questions

Itinéraire 1

Répondre aux questions

1. **Situez** et **localisez** les nouvelles routes maritimes de l'Arctique. **doc. 3 et 4**
2. **Montrez** que ces nouvelles routes offrent des avantages pour les acteurs du transport maritime, mais que les contraintes demeurent importantes. **doc. 1 à 5**
3. **Relevez** les rivalités qui apparaissent en Arctique pour maîtriser ces nouveaux espaces maritimes de transport. **doc. 2 et 4**

Synthétiser

4. À l'aide de vos réponses aux questions précédentes, **expliquez** comment l'ouverture des routes maritimes accroît les enjeux géostratégiques et les rivalités de puissance en Arctique. **doc. 1 à 5**

ou

Itinéraire 2

Organiser l'information dans un tableau

- À l'aide des documents 1 à 5, complétez le tableau suivant.

	Doc. 1	Doc. 2	Doc. 3	…
Localisation des nouvelles routes de l'Arctique				
Acteurs spatiaux et atouts de ces nouvelles routes maritimes				
Contraintes et rivalités de ces nouvelles routes maritimes				

Exemple

Les câbles sous-marins : les routes de l'information

Quel est le rôle des espaces maritimes dans la mondialisation des réseaux de télécommunications ?

Vidéo
Mondialisation : 20 000 câbles sous les mers.

1 Le réseau mondial des câbles sous-marins

Carte interactive

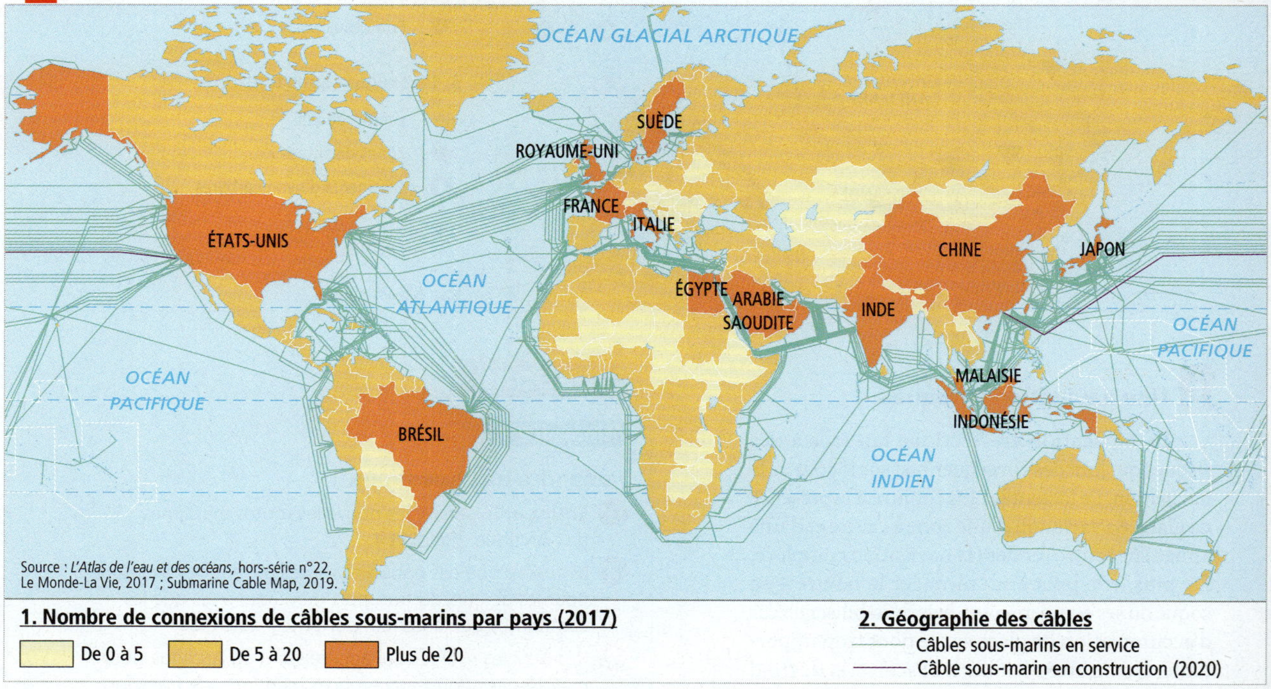

Source : *L'Atlas de l'eau et des océans*, hors-série n°22, Le Monde-La Vie, 2017 ; Submarine Cable Map, 2019.

2 Les océans dans la mondialisation des télécommunications

Contrairement à une idée reçue, les satellites jouent un rôle minime dans le fonctionnement d'Internet. Près de 99 % du trafic international de téléphone et de données passent par des câbles sous-marins. [...] En 2018, les communications intercontinentales étaient assurées par 1,2 million de kilomètres de câbles sous-marins. Même quand une liaison terrestre est possible, les opérateurs préfèrent souvent le câble sous-marin, bien caché, moins vulnérable. Le câble (2 cm d'épaisseur) est posé au fond de l'eau, jusqu'à 9 km de profondeur, où il devra fonctionner au moins 25 ans [...].

La demande s'accroît [...] avec les géants américains du Web (Google, Facebook, Microsoft), qui ouvrent de nouvelles routes, en fonction de leurs besoins. Google a ainsi investi dans plusieurs câbles vers l'Asie, en partenariat avec des compagnies télécoms locales. Parallèlement, Microsoft et un groupe d'opérateurs asiatiques ont lancé la construction [d'un câble] entre les États-Unis, la Chine, le Japon et la Corée du Sud. De son côté, Facebook a participé au financement d'un câble régional.

Yves Eudes, « La toile mondiale se tisse sous la mer », hors-série n° 22, *L'Atlas de l'eau et des océans*, Le Monde-La Vie, 2017.

Objectif BAC

Consigne : En analysant les documents, vous expliquerez le rôle des espaces maritimes dans la mondialisation des télécommunications.

Aide pour répondre à la consigne :
- Soulignez la place essentielle des câbles sous-marins dans les télécommunications planétaires.
- Précisez les différents acteurs impliqués dans la pose de câbles sous-marins.
- Montrez que les territoires sont inégalement connectés au réseau planétaire des câbles sous-marins.

Les ressources halieutiques marines dans le monde

Vocabulaire

- **Aquaculture :** élevage industriel de poissons, de coquillages, de crustacés, d'algues dans les eaux maritimes ou fluviales.
- **Puissance halieutique :** pays qui dispose d'une importante économie de la pêche.

1 Pêche marine et consommation de poissons dans le monde (2016)

Carte interactive

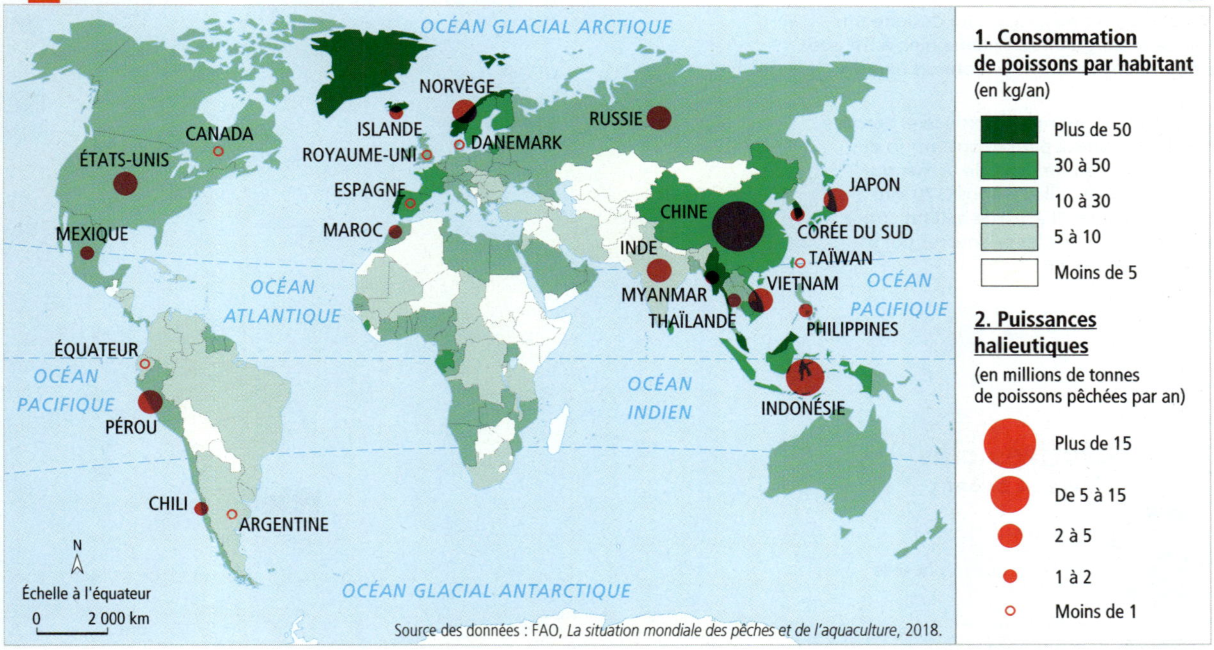

Source des données : FAO, *La situation mondiale des pêches et de l'aquaculture*, 2018.

2 L'épuisement des ressources halieutiques

Les techniques de pêche ne cessent de s'améliorer, au risque de vider la mer d'une partie de ses ressources. En 2017, 92,5 millions de tonnes de poissons et de fruits de mer ont été capturés dans le monde, soit plus de quatre fois plus qu'en 1950. Cette progression s'explique par l'accroissement de la population, et par une consommation en hausse par habitant. Mais les ressources de la mer ne sont pas inépuisables.

Un tiers des stocks de poissons sont surexploités dans le monde, selon la FAO […]. Face à la surexploitation, ONG et scientifiques plaident pour une pêche plus raisonnée. Pour les ONG, il faut lutter contre la pêche illégale, les subventions encourageant la surpêche, remettre en cause la pêche minotière qui sert à nourrir d'autres animaux, promouvoir les méthodes de pêche passives (casiers, filets fixes...), mettre en place des aires marines protégées, créer des labels plus stricts, soutenir les pêcheries permettant aux stocks de se reconstituer […]

Le changement climatique risque [d'aggraver la situation]. Il va provoquer une certaine redistribution dans les stocks de poissons et il est à craindre que les régions tropicales et les petits États insulaires doivent probablement faire face aux impacts les plus négatifs […].

« La surpêche menace les océans », AFP, 3 mai 2019.

Pêche et aquaculture marines dans le monde

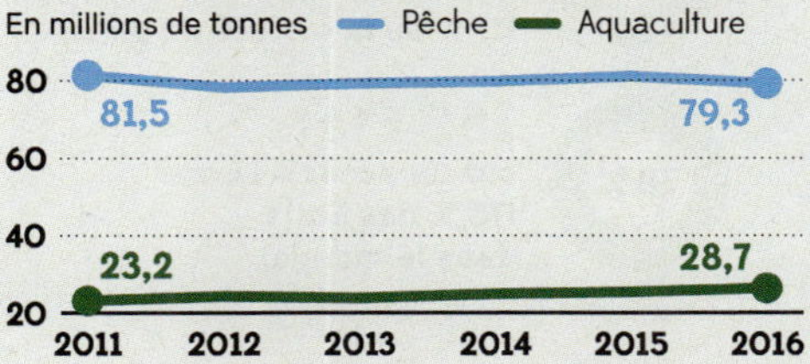

Source : FAO, Situation mondiale des pêches et de l'aquaculture, 2018.

Objectif BAC

Consigne : Montrez que les mers et océans constituent des espaces-ressources fragiles.

Aide pour répondre à la consigne :

- Localisez les principales puissances halieutiques.
- Expliquez les raisons de l'épuisement des ressources halieutiques.
- Montrez que le secteur de la pêche marine connaît une profonde mutation.

Carte

Mers et océans : vecteurs essentiels de la

Vocabulaire

- **EVP (Équivalent vingt pieds) :** unité de mesure des conteneurs correspondant à environ 6 mètres de long.
- **Halieutique :** qui concerne la pêche.
- **Offshore :** terme anglais qui désigne une activité se déroulant en pleine mer, ainsi que le placement de capitaux dans un paradis fiscal.
- **ZEE (Zone économique exclusive) :** espace maritime délimité par la Convention des Nations unies sur le droit de la mer qui s'étend sur 200 milles marins (370 km) à partir du littoral. Il accorde à l'État côtier la souveraineté sur les ressources qui s'y trouvent. Voir p. 90.

Chiffres clés
Mers et océans

- **97 %** de l'eau sur la planète
- 71% — **361 millions de km²** (71 % de la surface du globe)
- 78 % — **152 États** ont un accès à la mer (78 % des États dans le monde)

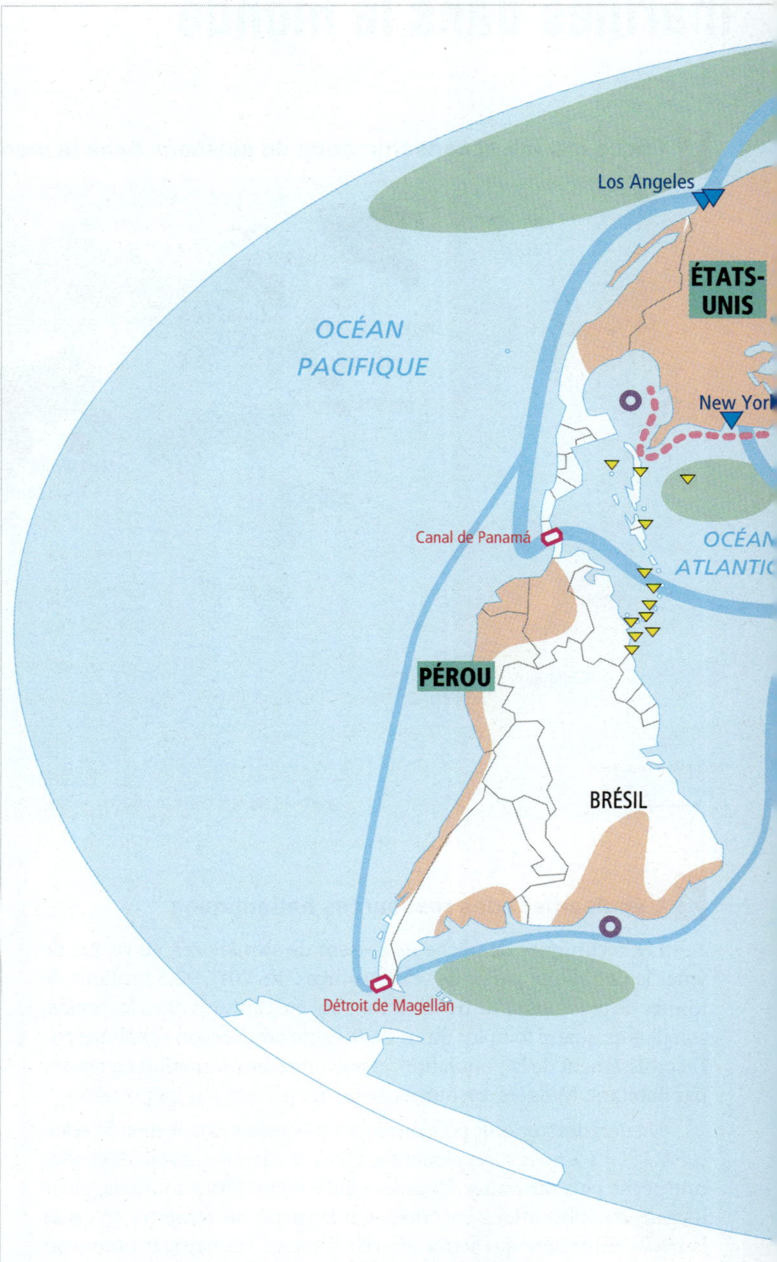

1. Des espaces de circulation et d'échanges

- Principales routes maritimes
- Routes maritimes secondaires
- Nouvelles routes maritimes, en voie d'ouverture
- Passages stratégiques

Questions

1. **Localisez** les principales façades maritimes dans le monde.
2. **Citez** les régions du monde les plus reliées aux grandes routes maritimes.
3. **Citez** les principales ressources exploitées dans les mers et océans.

mondialisation

Carte interactive

2. Des espaces maritimes exploités

- Principales zones de pêche
- CHINE Principales puissances halieutiques
- Principaux gisements d'hydrocarbures offshore

3. La maritimisation des économies dans la mondialisation

- Principaux espaces productifs intégrés à la mondialisation
- Principaux ports de conteneurs (+ de 20 millions d'EVP/an)
- Principales façades maritimes
- Principaux pays de construction navale
- Paradis fiscaux offshore

Carte

Mers et océans : appropriation, protection et

Vocabulaire

- **Aires marines protégées (AMP) :** espaces maritimes relevant de mesures de protection environnementale et de gestion des ressources.
- **Pavillon de complaisance :** immatriculation d'un navire sous une juridiction nationale différente de celle du ou des propriétaire(s), généralement choisie pour son caractère peu contraignant, en matière de fiscalité, de sécurité du navire ou de droit du travail auquel est soumis l'équipage, par exemple.
- **ZEE (zone économique exclusive) :** espace maritime délimité par la Convention des Nations unies sur le droit de la mer qui s'étend sur 200 milles marins (370 km) à partir du littoral. Il accorde à l'État côtier la souveraineté sur les ressources qui s'y trouvent. Voir p. 90.

Chiffres clés

Mers et océans (2018)

36% — **ZEE : 36 % de la surface des mers et des océans de la planète = 130 millions de km²**

64% — **Haute mer : 64 % de la surface des mers et des océans de la planète = 231 millions de km²**

7,3% — **Aires marines protégées : 7,3 % de la surface des mers et des océans de la planète = 26 millions de km²**

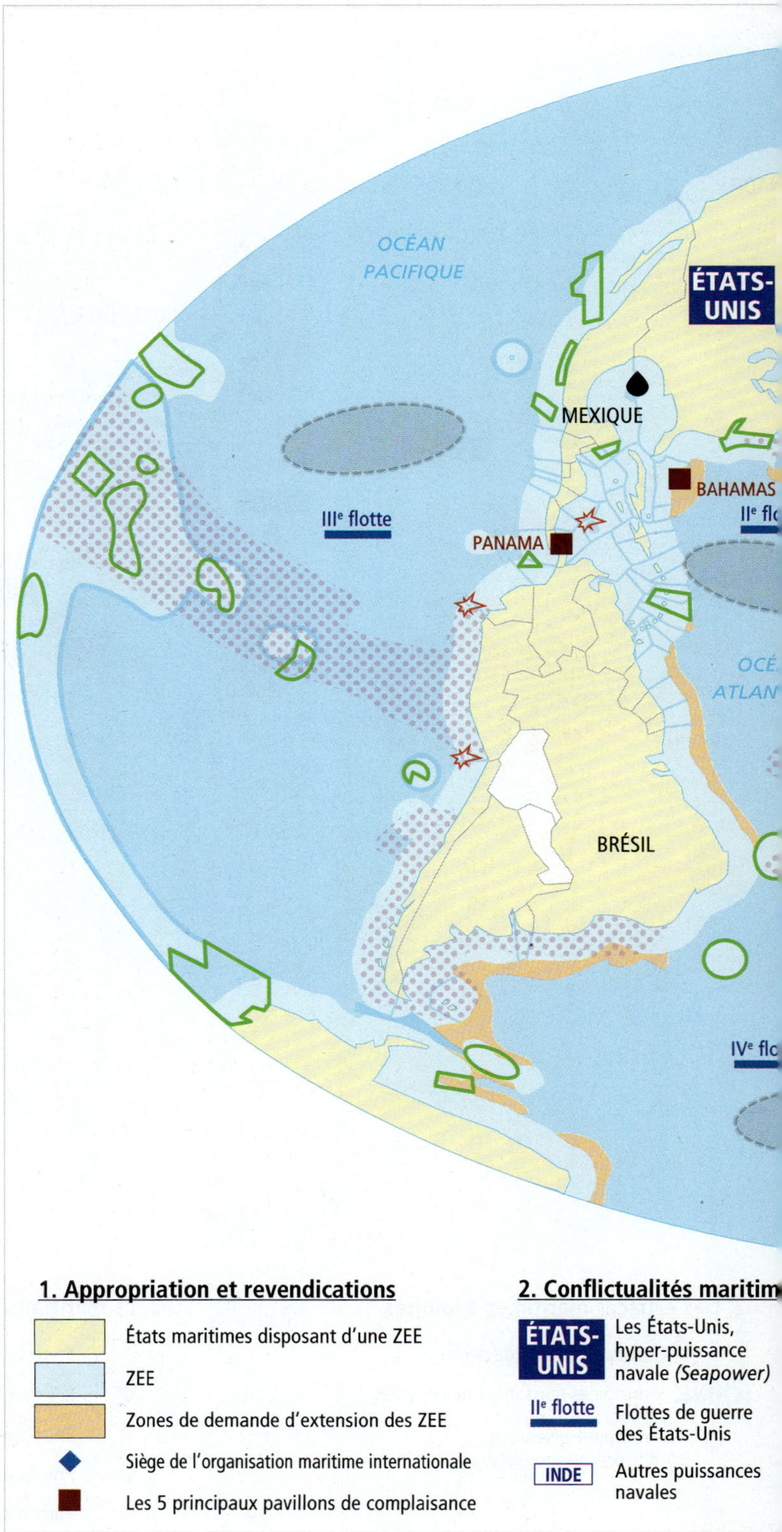

Questions

1. **Relevez** les espaces maritimes qui font l'objet de vives rivalités dans le monde.
2. **Situez** les mers et océans les plus soumis aux demandes d'extension des ZEE.
3. **Citez** les principales menaces qui pèsent sur les espaces maritimes.

berté de circulation

Carte interactive

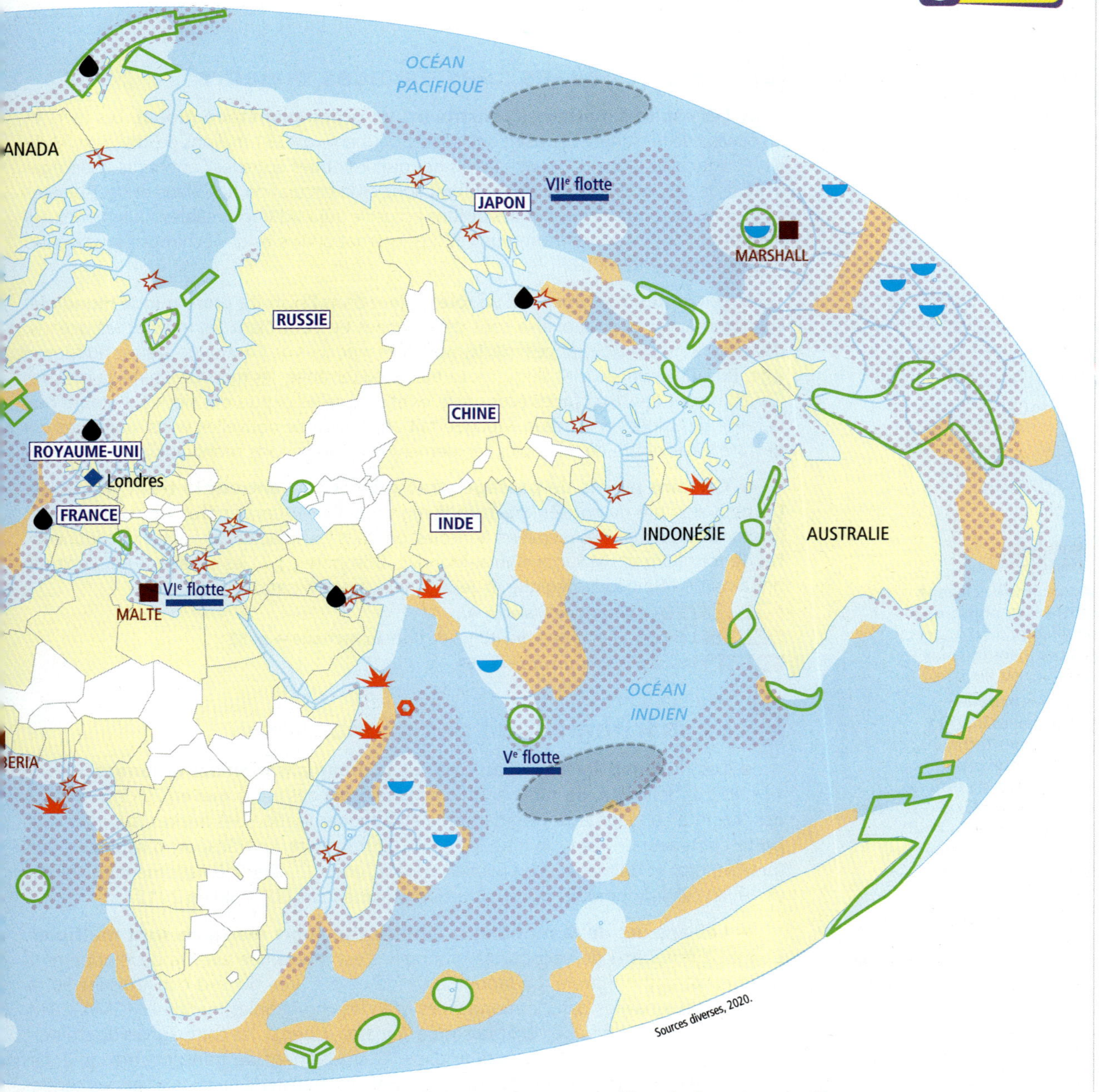

Zones de piraterie

Opération Atalante (lutte contre la piraterie dans l'océan Indien)

Zones de tension liées aux frontières maritimes

3. Des espaces entre dégradation et protection

Zones de surpêche

Concentration de déchets (gyres, « continents » de plastique)

Catastrophes écologiques récentes (marées noires)

Îles menacées par l'élévation du niveau de la mer

Principales aires marines protégées (AMP)

Podcast Cours à écouter

Mers et océans : vecteurs essentiels de la mondialisation

Comment les espaces maritimes contribuent-ils à la mondialisation ?

L'évolution du transport maritime de marchandises

En milliards de tonnes

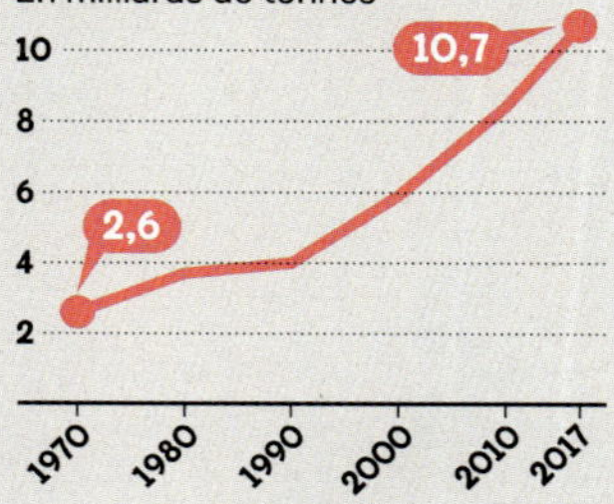

Source : UNCTAD, Review of Maritime Transport, 2018.

1 Mers et océans : des espaces majeurs

● **Les espaces maritimes constituent un océan planétaire global.** Les mers et les océans de la planète couvrent une superficie d'environ 361 millions de km², soit 71 % de la surface du globe. Ce sont à la fois des discontinuités entre les continents, mais également des espaces, favorisant les interactions et la circulation des biens et des sociétés humaines. Le fond des mers et des océans accueille aujourd'hui les câbles sous-marins qui permettent 99 % des télécommunications internationales et des échanges immatériels d'information (Internet).

● **Les routes maritimes ont un rôle majeur dans l'histoire économique mondiale.** De nombreuses civilisations se sont développées en contrôlant les mers et les océans, devenant ainsi des puissances maritimes (cités grecques de l'Antiquité, Venise au Moyen Âge, Royaume-Uni au XIXe siècle…). La mer Méditerranée, les mers de Chine, la mer des Caraïbes sont des interfaces économiques et culturelles depuis des siècles. Aujourd'hui, la fonte des glaces de l'océan Arctique fait apparaître de nouvelles voies maritimes qui devraient permettre de relier plus rapidement les grands ports mondiaux.

● **Certains points de passage stratégiques concentrent le trafic maritime.** Un petit nombre de routes maritimes regroupe l'essentiel des flux de marchandises (hydrocarbures, matières premières agricoles, produits manufacturés…) entre les continents. Les détroits (Ormuz, Malacca, Bab el-Mandeb, Bosphore…), et les canaux (Suez, Panama) ont ainsi un rôle géostratégique majeur dans la mondialisation.

ÉTUDE DE CAS Le détroit de Malacca → p. 44
EXEMPLE Les nouvelles routes maritimes de l'océan Arctique → p. 52
EXEMPLE Les câbles sous-marins → p. 54

2 La maritimisation des économies

● **Les flux maritimes sont au cœur de la mondialisation des échanges.** Près de 11 milliards de tonnes de marchandises ont été échangés par la mer en 2017, soit 90 % des flux intercontinentaux. Le gigantisme et la modernisation des navires (supertankers, porte-conteneurs…) ont diminué les coûts de transport. Le transport d'hydrocarbures (pétrole, gaz) et de matières premières (métaux, grains…) domine nettement en volume (82,9 %) celui de produits manufacturés par conteneurs (17,1 %) en 2017.

● **Les acteurs de la mondialisation du transport maritime sont multiples.** La maritimisation de l'économie mondiale s'est intensifiée avec le développement de la construction navale. Le Japon, la Chine et la Corée du Sud construisent 90 % des nouveaux navires dans le monde. Les grandes compagnies maritimes (CMA-CGM, Cosco…), les pavillons de complaisance (Panama, Libéria), les compagnies de croisière (Royal Caribbean) ont un rôle majeur dans l'accroissement du transport maritime. Les flux illicites (migrants clandestins, trafics de drogues, transferts financiers vers les centres offshore) contribuent également à faire des mers et des océans des espaces mondialisés.

● **Les territoires sont inégalement intégrés dans la maritimisation de l'économie.** 75 % des échanges maritimes s'effectuent entre les façades maritimes européennes (Northern Range), asiatiques et nord-américaines, où se concentrent les principaux ports (Ningbo, Singapour, Rotterdam, Los Angeles), les grands centres économiques et les métropoles mondiales. La maritimisation de l'économie mondiale fait des États enclavés des régions périphériques dans la mondialisation.

GÉO AUTREMENT Les marins, acteurs de la mondialisation → p. 64

Vocabulaire

- **Aquaculture :** élevage industriel de poissons, de coquillages, de crustacés, d'algues, dans les eaux maritimes ou fluviales.
- **Énergies marines renouvelables (EMR) :** ensemble des technologies permettant de produire de l'électricité à partir de différentes forces ou ressources du milieu marin : la houle, les courants, les marées, les températures des eaux.
- **Façade maritime :** espace littoral concentrant plusieurs ports permettant de mettre en relation l'espace continental de l'arrière-pays avec le reste du monde.
- **Flux :** circulation de biens, de personnes, de capitaux ou d'informations.
- **Halieutique :** voir p. 56.
- **Interface :** zone de contact entre deux espaces géographiques distincts. Elle génère le plus souvent des flux, mais parfois aussi des tensions.
- **Offshore :** voir p. 56.
- **Pavillon de complaisance :** voir p. 58.

3 Des espaces-ressources

● **Les ressources maritimes sont d'abord halieutiques.** Environ 80 millions de tonnes de poissons sont pêchés en mer chaque année. Ce chiffre stagne depuis plusieurs années en raison de la surexploitation et de l'épuisement des ressources. La Chine, l'Indonésie et les États-Unis sont les trois principaux pays pour les captures. Le Pacifique regroupe la moitié des captures marines dans le monde devant l'Atlantique (environ 20 %). Dans le même temps, l'aquaculture marine ne cesse de se développer (30 millions de tonnes par an), particulièrement en Asie.

● **Les océans constituent un gisement majeur de ressources énergétiques.** Les hydrocarbures offshore représentent 1/3 de la production mondiale de pétrole et de gaz et 1/4 des réserves connues. Les progrès techniques récents permettent des forages de plus en plus profonds dans de nombreuses zones d'exploitation (Arctique, golfe du Mexique, Alaska, golfe de Guinée…). Les espaces maritimes offrent également des perspectives de production d'énergies marines renouvelables (EMR) grâce aux vents, aux marées, aux courants ou à la houle.

● **D'autres ressources sont convoitées.** C'est le cas du sable, très recherché dans le secteur de la construction dans les pays émergents (Chine, Singapour, Dubaï), ou des métaux précieux. La bioressource marine, d'origine animale ou végétale, est exploitée dans de nombreuses industries (agroalimentaires, chimiques, cosmétiques…). Les biotechnologies marines, liées à la biodiversité des mers et à leur préservation, devraient se développer dans les prochaines années.

EXEMPLE Le sable marin, une ressource convoitée → p. 50
EXEMPLE Les ressources halieutiques marines → p. 55

Répartition du transport maritime international par aire géographique
En %

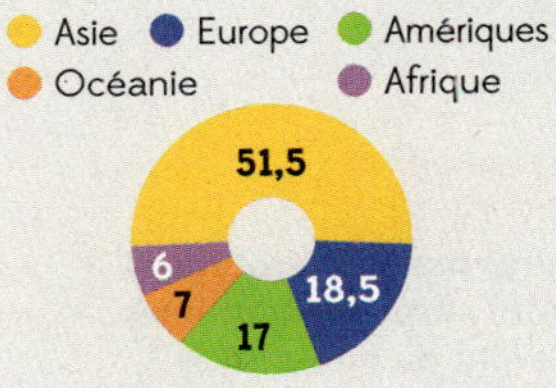

Source : UNCTAD, Review of Maritime Transport, 2018.

Notions

Maritimisation p. 89
Puissance maritime p. 91
Route maritime p. 91

Du cours au schéma

EXO Exercice interactif

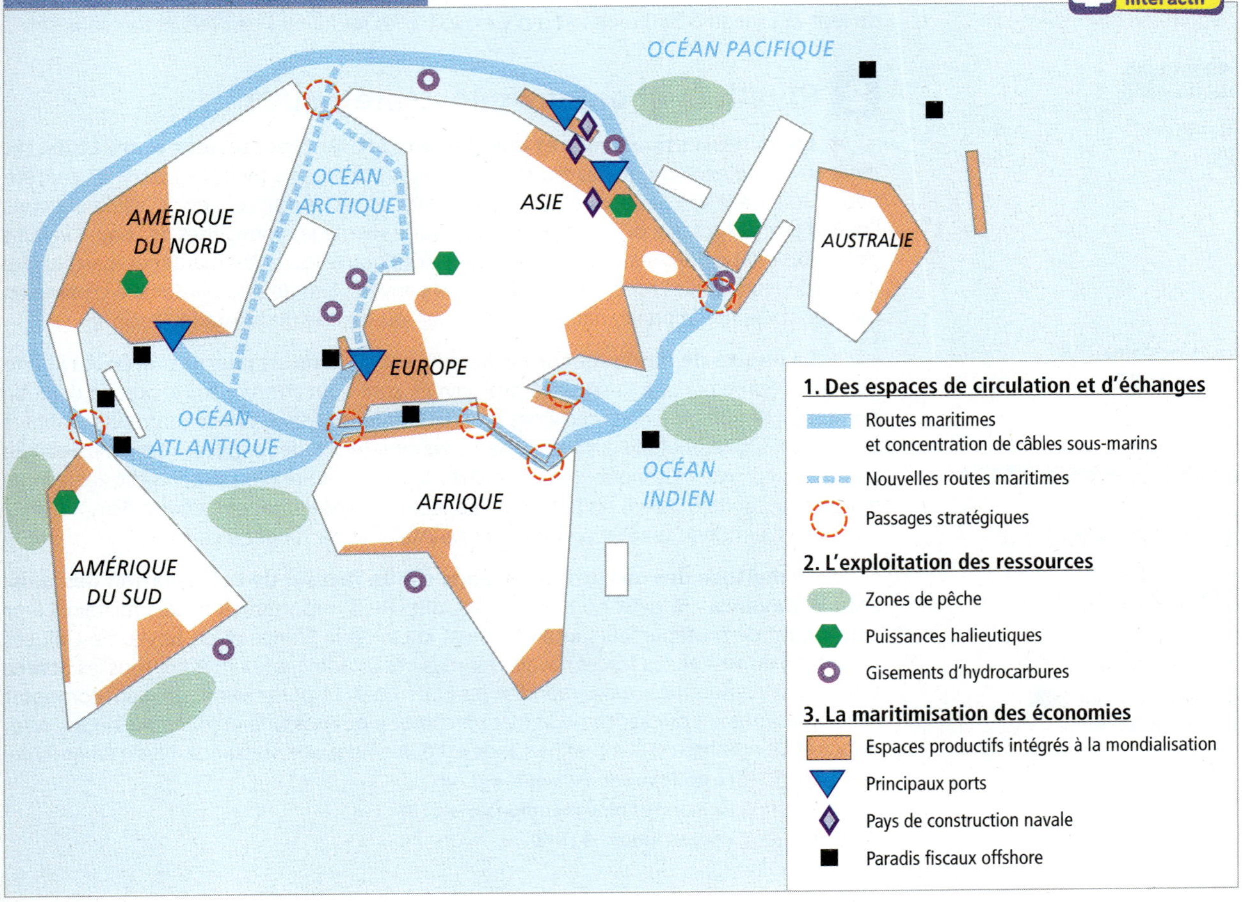

Cours

Podcast Cours à écouter

Mers et océans : appropriation, rivalités et protection

Quels sont les enjeux de l'appropriation des espaces maritimes ?

Vocabulaire

- **Aires marines protégées (AMP) :** espaces maritimes relevant de mesures de protection environnementale et de gestion des ressources.
- **Droit de la mer :** composante du droit international qui règle les relations entre États concernant l'utilisation de la mer et l'exercice de leurs pouvoirs sur les espaces maritimes.
- **Patrimonialisation :** politique qui consiste à protéger un espace et à en faire un élément de patrimoine.

Notions

- Haute mer p. 90
- ZEE p. 90

Les principales ZEE dans le monde
En millions de km²

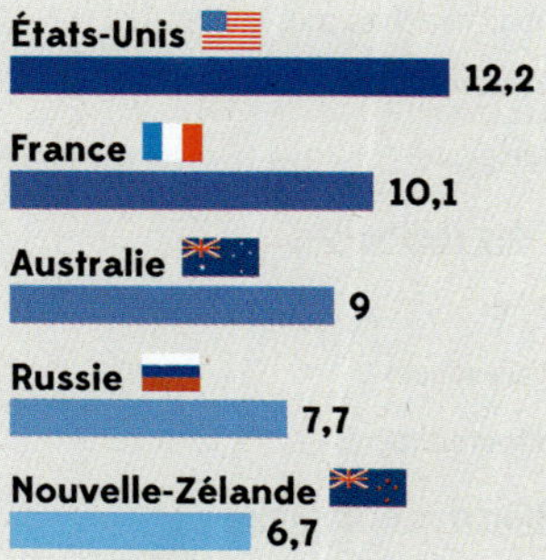

Source : Géoconfluences, 2019.

1 L'appropriation des mers et des océans

● **Le partage des espaces maritimes repose sur le droit international.** Le droit de la mer a été défini par la Convention des Nations unies sur le droit de la mer (CNUDM) signée à Montego Bay (Jamaïque) en 1982. Plus on est proche des côtes d'un État, plus les droits souverains sont importants, plus on s'en éloigne, plus la liberté est grande : pleine souveraineté d'un État côtier sur ses eaux territoriales (limite des 12 milles), puis souveraineté sur la zone économique exclusive (ZEE, limite des 200 milles). Au-delà, les eaux internationales, ou haute mer, sont des espaces de libre circulation, où l'exploitation des fonds est réglementée par les Nations unies.

● **Certains États disposent d'immenses ZEE.** Les États-Unis sont au premier rang (12,2 millions de km²), devant la France (10,1 millions de km²) qui bénéficie de ses territoires ultramarins. Ils peuvent y réglementer l'accès et l'exploitation des ressources naturelles. Ces espaces maritimes appropriés par les États représentaient en 2018 36 % des mers du globe, la haute mer 64 %.

● **Le droit de la mer protège la haute mer tout en permettant son appropriation.** Définies comme « Biens communs mondiaux », les eaux internationales ne peuvent être appropriées ou revendiquées. L'Autorité internationale des fonds marins (AIFM), créée en 1994 sous l'égide des Nations unies, gère les autorisations d'exploitation des ressources minérales du fond des océans. Elle peut accorder aux États qui le demandent une extension de leur ZEE jusqu'à 350 milles afin d'y exploiter les ressources des sols et des sous-sols.

2 Rivalités et enjeux géostratégiques

● **Les richesses maritimes et leur partage attisent les tensions entre États.** Les mers en voie d'exploration, les zones de pêche, les réserves d'hydrocarbures, les contentieux sur le tracé des ZEE sont sources de rivalités entre les États côtiers. C'est le cas dans l'océan glacial Arctique où la fonte de la banquise suscite les convoitises des pays riverains pour l'exploitation des ressources et la maîtrise des nouvelles routes maritimes marchandes (route du Nord-Est). Ces tensions entre États peuvent être de haute intensité comme en mer de Chine méridionale, dans l'océan Indien ou dans le golfe Arabo-Persique.

● **La liberté de naviguer sur les océans est de plus en plus menacée.** La liberté de navigation ainsi que la sécurité des navires sont souvent remises en cause dans de nombreux détroits, ou dans certaines mers où les tensions sont fortes entre États côtiers voisins. La Chine cherche à imposer sa souveraineté sur des espaces maritimes qu'elle considère comme historiquement rattachés à son territoire. La piraterie est également importante (golfe d'Aden, golfe de Guinée, détroit de Malacca) et mobilise de nombreux États dans le monde (opération européenne Atalante dans l'océan Indien).

● **La maîtrise des mers et des océans est un facteur de l'affirmation des puissances navales.** Un petit nombre d'États dispose d'importantes flottes militaires leur permettant de protéger leurs intérêts. C'est le cas de la France et du Royaume-Uni. Les États-Unis disposent des forces navales les plus importantes, présentes sur tous les océans du globe. « Gendarme » naval mondial, les États-Unis (11 porte-avions) doivent composer avec la montée en puissance de la marine chinoise qui possède aujourd'hui deux porte-avions et de nombreux sous-marins. L'Inde est également une puissance navale émergente.

ÉTUDE DE CAS Le golfe Arabo-Persique → p. 34
ÉTUDE DE CAS La mer de Chine méridionale → p. 36
ÉTUDE DE CAS L'océan Indien → p. 40

3 Des espaces maritimes entre menaces et protection

● **Les mers et les océans sont gravement menacés par les activités humaines.** Le transport d'hydrocarbures et l'exploitation par les plateformes offshore occasionnent d'importantes pollutions (marées noires…). La concentration des déchets a provoqué l'apparition de véritables « continents » de plastique (zones d'accumulation massive appelées gyres) dans tous les océans. Chaque année, près de 10 millions de tonnes de plastique sont rejetés dans les mers. Ces déchets dégradent les eaux océaniques et mettent en péril une grande partie de la faune marine.

● **L'appropriation permet souvent de protéger les mers et les océans.** Le droit de la mer permet aux États côtiers de mettre en place des mesures de protection et de favoriser la **patrimonialisation** de leurs domaines insulaires et maritimes : préservation des mangroves, des barrières de corail, des espèces halieutiques. 5 000 **aires marines protégées** représentent en 2018 environ 7,3 % de la surface des océans du globe (26 millions de km²). Depuis 2017, la superficie des aires marines protégées dépasse celle de leurs équivalents terrestres. Elle pourrait doubler d'ici 2030.

● **Les États maritimes sont partagés entre les logiques de valorisation et de protection.** Les mers et les océans représentent un capital dont le produit marin brut (PMB), c'est-à-dire la richesse produite, serait estimé à 2 500 milliards de dollars, soit l'équivalent de la 7e puissance économique planétaire. Toutefois, leur exploitation est incompatible avec les logiques de préservation des milieux marins et de la biodiversité marine, nécessaires aux équilibres environnementaux de la planète.

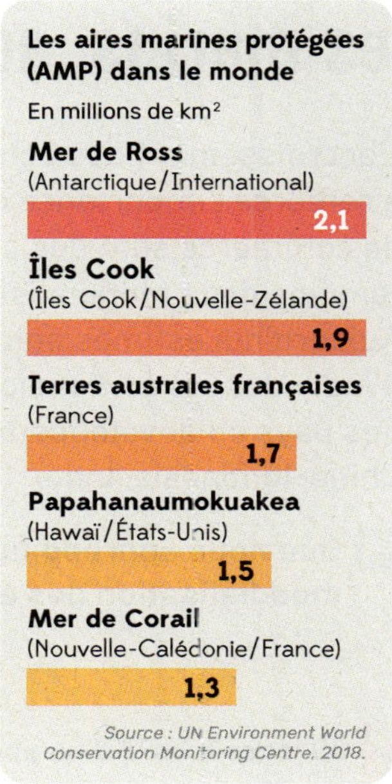

Du cours au schéma

EXO Exercice interactif

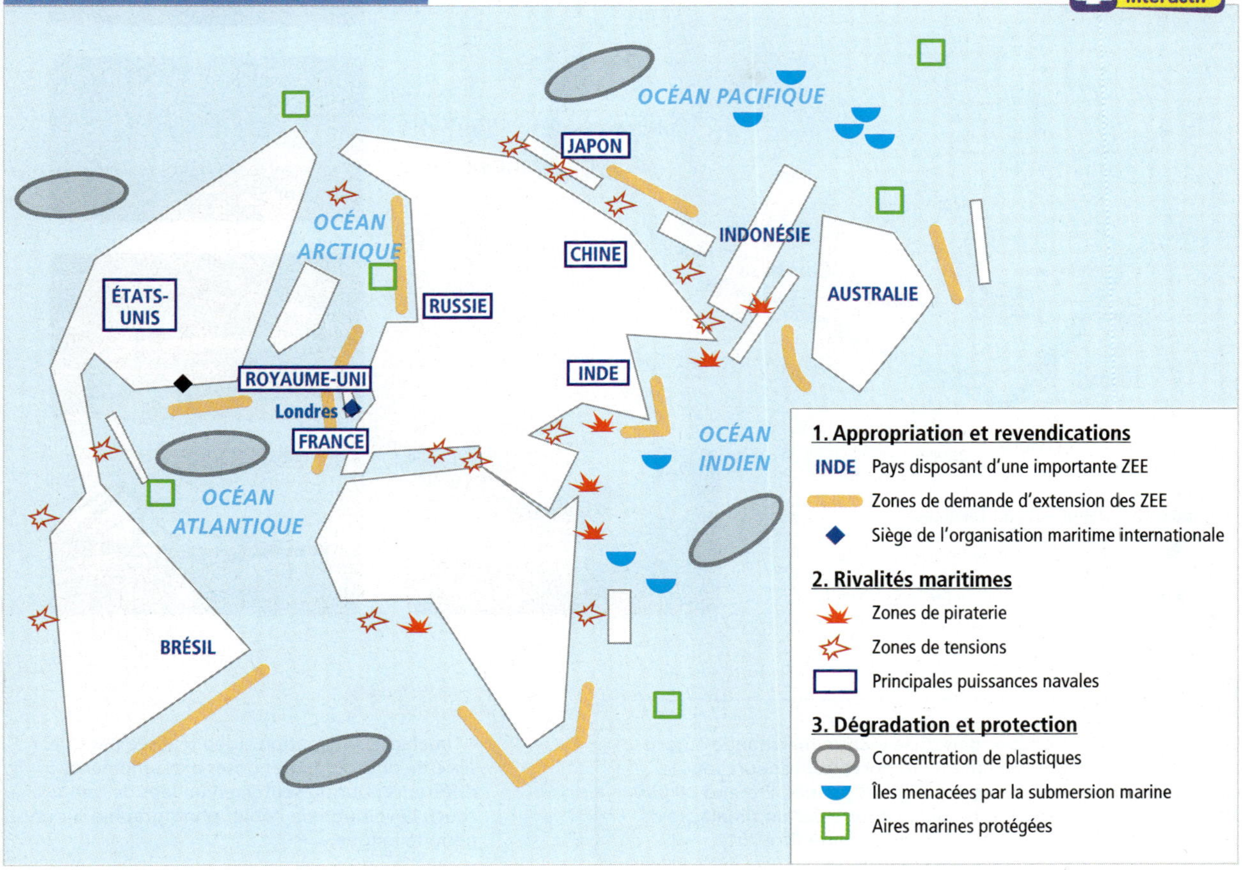

Géo AUTREMENT

Les marins, acteurs de la mondialisation

L'accroissement des échanges internationaux a renforcé l'importance des océans. Les marins de commerce sont des acteurs majeurs et des témoins de la mondialisation depuis les mers. Aujourd'hui estimés entre 1,5 et 2 millions d'individus, ils sont majoritairement originaires des pays en développement d'Asie (Philippines, Chine, Indonésie, Inde).

➔ **Que nous apprend la vie des marins sur la mondialisation des échanges maritimes ?**

Le saviez-vous ?

▶ On appelle « marins de commerce » tous les marins dont l'activité n'est pas liée à la pêche professionnelle : marine marchande, transport de marchandises et de passagers, activités portuaires…
Les femmes représentent entre 2 et 3 % des marins dans le monde.

1 30 jours à bord d'un porte-conteneurs

▷ Timelapse

Jeffrey est officier hongkongais de la marine marchande à bord du *OOCL BRUSSELS* (366 m/48 m), un porte-conteneurs sous le pavillon de Hong Kong. Pendant 30 jours de mer, il prend 80 000 photographies à intervalles réguliers pour créer un timelapse de 10 minutes qu'il publie sur Youtube le 9 septembre 2017.

Vocabulaire

▸ **Timelapse :** animation vidéo réalisée par une série de photographies prises à des moments différents pour présenter, en un laps de temps court, l'évolution de l'objet photographié sur une période longue.

2 Vivre en mer

Parole de géographe

Les marins de commerce au long cours forment une petite communauté d'environ 1,5 million de travailleurs. Ils participent de la mondialisation par leur rôle actif dans le transport maritime mondial.

Le marin de commerce appréhende les paysages de haute mer à travers la technicité de la machine complexe qu'est devenue le navire moderne. La haute mer est perçue comme un espace vide, monotone, éloigné des centres de sécurité et par là même dangereux.

Habiter un navire, c'est habiter son lieu de travail qui imprime bruit, balancement et vibration en continu. C'est aussi vivre dans un lieu mobile et isolé par la masse océanique. Sur de nombreux navires, les conditions de vie ne sont pas optimales et les tensions entre membres de l'équipage qui en résultent sont une réalité peu exprimée mais bien présente, exacerbée par les longues navigations et les multiples cultures présentes à bord. Violence, conduite à risques, harcèlement, dépression sont des phénomènes courants mais difficiles à quantifier.

Le marin cohabite avec de nombreuses autres nationalités au sein d'équipages sans cesse recomposés. Les nationalités multiples à bord reflètent la mobilité des hommes à l'échelle mondiale : sur un cargo d'une vingtaine de marins, il n'est pas rare de trouver jusqu'à cinq nationalités qui communiquent en anglais maritime.

Guy Baron, chercheur à l'université de Picardie Jules-Verne, « Habiter les navires de commerce au long cours, avant-poste de la mondialisation », *Géoconfluences*, octobre 2014.

3 Un commandant philippin à son poste de pilotage

Le *Pearl Ace* est un navire marchand de 188 m battant pavillon panaméen. L'équipage est composé de 23 marins philippins et 2 marins japonais.

Photographie de Lucie Mach, prise au Havre, juin 2018.

4 Les activités des marins de commerce

Dans les grands ports industrialisés, étendus, ultra-sécurisés, les escales d'aujourd'hui n'ont plus rien à voir avec celles d'autrefois. Les nécessités du commerce globalisé font loi et les terminaux se conforment aux injonctions de rapidité et de sécurité, gages d'efficacité économique. Éviter tout grain de sable dans l'énorme machine, réduire le temps à quai – *Transit Time* –, marteler les règles de sécurité – *Safety First*...

Les escales des navires sont ainsi de plus en plus brèves et fréquentes. Les machines doivent tourner, les marchandises doivent circuler. Mais les marins n'ont pas disparu. Derrière les façades d'acier des coques et des containers, la place de l'homme se réduit, le marin est oublié, accessoire. Règles de sécurité, contrôle des frontières, éloignement des centres-villes, disparition des bars et lieux de vie, tout s'oppose à la descente à terre des équipages. Équipages internationalisés et réduits au strict minimum. Le plus grand des porte-conteneurs est aujourd'hui manœuvré par une vingtaine d'hommes, parfois moins. Les marins sont devenus des ouvriers mondialisés. Confrontés à la solitude et à l'isolement en mer, ils restent invisibles lors des escales qui leur permettent rarement de briser cet isolement.

Originaires en majorité des Philippines, où les très nombreuses écoles de formation du pays leur promettent de « *See the world for free and have a girl in every port* [1] », ils s'endettent parfois pour payer leur formation.

Mais le monde à découvrir gratuitement se révèle limité à des ports-usines déshumanisés, des entrepôts ou parkings gigantesques.

Laure Boyer, « Transit Time - Ship Is My Home », *Studio Hans Lucas* [en ligne], 2017.

1. « Découvrir le monde gratuitement et avoir une copine dans chaque port. »

Questions

Présenter les documents

1. **Présentez** les documents en insistant sur leur nature.
2. **Identifiez** les aspects de la vie des marins de commerce présenté par chaque document.

Analyser les documents

3. **Relevez** les difficultés liées à la vie de marin.
4. **Expliquez** comment la mondialisation a transformé le métier de marin et pour quelles raisons.

Faire le lien avec la géographie

5. **Montrez** que les récits de vie quotidienne des marins de commerce sont une source pour l'étude de la géographie des échanges dans la mondialisation.

C'est à vous !

→ Imaginez le récit d'un carnet de bord d'un capitaine de navire marchand lors d'un voyage (itinéraire, quotidien, marchandises, dangers…).

→ Vous avez le libre choix de la production finale : lettre, diaporama, vidéo…

THÈME 1

CHAPITRE 2

La France : une puissance maritime ?

La France métropolitaine et ses territoires d'outre-mer bénéficient des nombreux atouts d'un vaste espace maritime, le deuxième dans le monde par sa superficie. Les mers et les océans représentent, pour la France, des enjeux à la fois économiques, environnementaux et géostratégiques.

Dans quelle mesure les espaces maritimes contribuent-ils à la puissance de la France ?

Textes DYS
TOUS LES TEXTES EN VERSION DYS
lyceen.nathan.fr/geoterm-2020

SOMMAIRE

Zoom sur...

L'IFREMER

Nom	Institut français de recherche pour l'exploitation de la mer (créé en 1984)
Statut	Établissement public
Missions	Recherches et expertises pour protéger, restaurer l'océan, exploiter ses ressources de manière responsable

Source : Ifremer, 2020.

Mise à l'eau du sous-marin *HROV Ariane* de l'Ifremer permettant d'explorer et de cartographier les grandes profondeurs sous-marines, Méditerranée, 2015.

Pour entrer dans le chapitre

Vidéo

« C'est quoi ce chiffre : 270 milliards d'euros... Que pèse l'économie maritime en France ? »,
Les Echos, 2017.

LE SUROIT
BREST
Ifremer

Étude de cas

Les Antilles dans la puissance maritime française

Zoom sur…

▶ Les Antilles françaises

4 territoires	Guadeloupe, Martinique, Saint-Martin, Saint-Barthélemy
Population	792 597 hab.
Densité	413 hab./km²

Source : Insee, 2019 (DROM), 2016 (COM).

➔ Comment les territoires des Antilles participent-ils à la puissance maritime de la France ?

A Les Antilles, des atouts pour la France

1 Les espaces maritimes des Antilles françaises

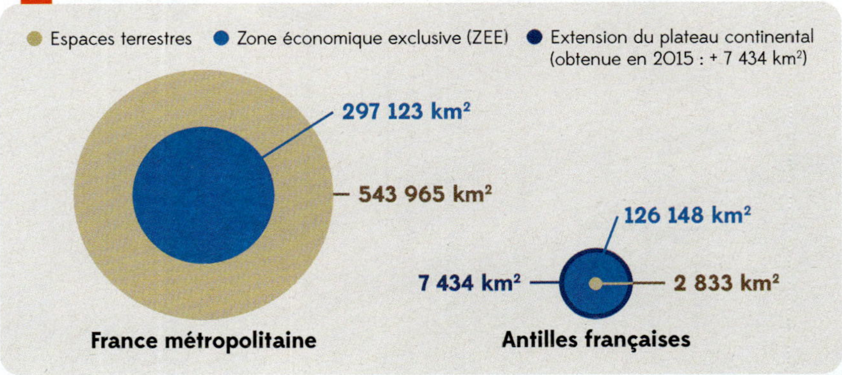

Vocabulaire

- **COM (Collectivités d'Outre-Mer) :** territoires d'outre-mer disposant d'institutions et de statuts particuliers.
- **DROM (Départements et Régions d'Outre-Mer) :** collectivités territoriales disposant du même statut qu'un département ou une région métropolitaine : les lois et règlements français et européens s'y appliquent.

2 Ports et routes maritimes de la Caraïbe

Carte interactive

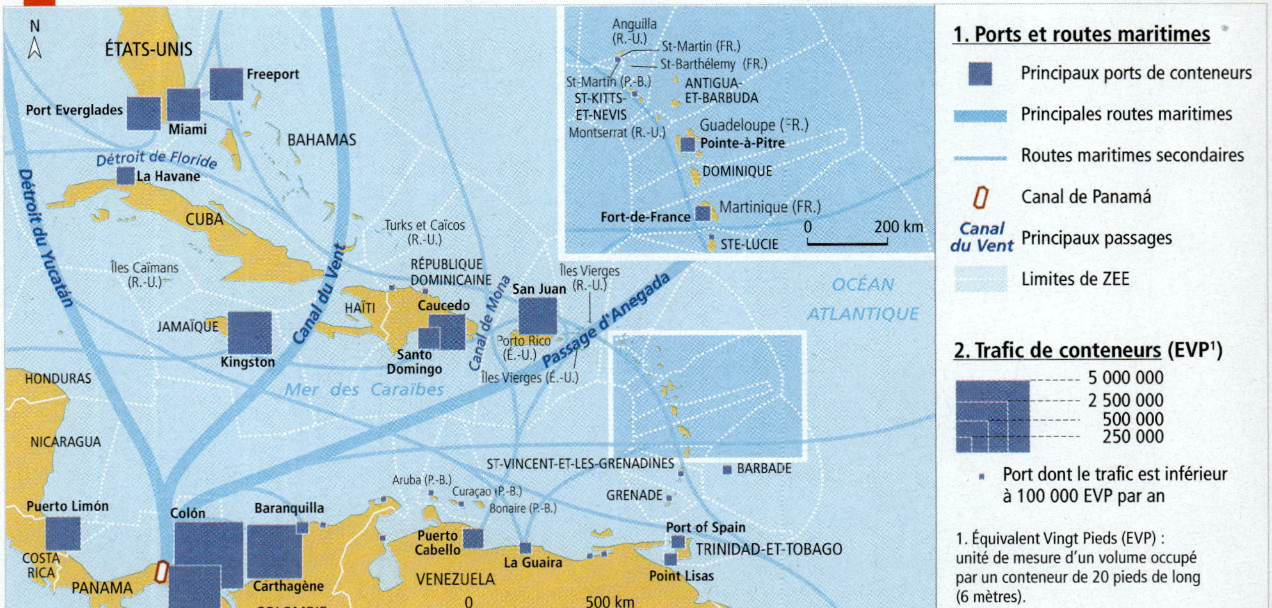

1. Équivalent Vingt Pieds (EVP) : unité de mesure d'un volume occupé par un conteneur de 20 pieds de long (6 mètres).

Source : *Atlas des Caraïbes*, ECLA-UN 2019.

Vidéo
Martinique : destination plongée.

3 **Le tourisme, une activité majeure de l'économie maritime de la Martinique**
Baie du Marin (Martinique), 2018.

4 Les ressources maritimes de la Guadeloupe et de la Martinique

Avec 31 communes sur 32 disposant d'une façade maritime, la Guadeloupe est le département d'outre-mer (DOM) qui bénéficie du plus grand linéaire côtier (plus de 620 km). L'économie de la mer s'impose de ce fait naturellement à l'archipel qui se situe au cœur d'une zone économique exclusive (ZEE) élargie depuis 2015[1]. Le tourisme maritime y est particulièrement présent et se positionne comme un facteur de croissance important. Les installations performantes du Grand Port favorisent ainsi le développement du transport maritime et des activités portuaires, supplantant le secteur traditionnel de la pêche qui apparaît sous-valorisé. Ces activités marchandes constituent aujourd'hui le socle de l'économie maritime de l'archipel et recèlent de forts potentiels [...].

S'agissant de l'espace maritime martiniquais, celui-ci est, depuis toujours, exploité pour ses ressources naturelles, principalement la pêche ; mais, depuis une dizaine d'années, face à un durcissement de la réglementation et une réduction des aides accordées aux pêcheurs, la production de pêche a considérablement diminué et l'aquaculture n'a pas pris le relais. L'espace maritime est en outre utilisé, *via* les ports, pour le développement des échanges commerciaux. [...] Enfin, la Martinique bénéficie de conditions environnementales et d'une biodiversité qui doivent encore être valorisées afin de permettre le développement d'activités innovantes.

Institut d'émission des départements d'outre-mer (IEDOM), Notes expresses n° 431 et n° 496, janvier 2017 et mars 2018.

1. Le domaine maritime français a été étendu de près de 500 000 km² en septembre 2015, notamment autour des Antilles françaises.

Questions

Itinéraire 1

ou

Répondre aux questions

1. **Situez** et **décrivez** les territoires français dans la Caraïbe. **doc. 2 et 3**
2. **Montrez** que les Antilles représentent un espace maritime important pour la France. **doc. 1 et 2**
3. **Décrivez** la valorisation et l'exploitation de l'espace maritime guadeloupéen et martiniquais. **doc. 3 et 4**

Synthétiser

4. **Présentez** les différents atouts des Antilles françaises. **doc. 1 à 4**

Itinéraire 2

Préparer une présentation orale (1/2)

ORAL — Aide

- À l'aide des documents 1 à 4, préparez une présentation orale de 3 minutes mettant en évidence les atouts des Antilles françaises dans de nombreux domaines.
- Entraînez-vous à utiliser un vocabulaire spécifique et précis et n'employez aucun mot ou expression qui relève du langage familier.
- Assurez-vous d'être en mesure de définir toutes les notions que vous citerez dans votre présentation.

B Développement et enjeux maritimes des Antilles françaises

5 L'aménagement du port de Jarry en Guadeloupe (2020)

Mené depuis 2015, le « Grand projet de port » a permis l'accès à des porte-conteneurs de plus grande taille (4 500 EVP). L'aménagement d'un nouveau terminal conteneurs devrait permettre d'accueillir des bateaux d'une capacité de 12 000 EVP.

Grand Port Maritime de la Guadeloupe, *Projet stratégique 2019-2023*, 2020.

Animation croquis

Vidéo

6 Limites et opportunités de développement des ports antillais

Si la Guadeloupe et la Martinique sont respectivement classées 48e et 55e parmi les 80 ports de la zone Amérique latine-Caraïbe en termes de trafic conteneurs, les deux départements affichent leurs ambitions de devenir le hub de transbordement[1] dans la région.

Toutefois, même avec un renforcement de la compétitivité des infrastructures, et en dépit de leur positionnement stratégique, les ports antillais peuvent souffrir d'une situation économique et sociale fragile. En effet, d'autres ports [dans les Caraïbes] sont déjà bien positionnés dans le secteur du transbordement international et bénéficient de charges sociales et salariales faibles, d'une fiscalité plus attrayante et de normes environnementales moins contraignantes.

Mais si la Caraïbe Nord et Ouest concentre quelques plateformes orientées vers les flux à destination des États-Unis (République dominicaine, Jamaïque et Bahamas), il n'existe pas de plateforme dans la Caraïbe Sud capable d'accueillir et de redistribuer ces flux. Or, la Guadeloupe et la Martinique bénéficient d'une position géographique qui les place au centre d'une zone d'échanges active (trafic trans-Amérique, transatlantique, et Asie-Europe).

D'après *L'Économie bleue dans l'Outre-mer*, IEDOM, 2018.

1. Port où s'effectue un transfert de marchandises entre des très grands navires et des plus petits, chargés de l'acheminement sur de courtes distances et dans des ports de faible profondeur.

7 Les chiffres clés de l'économie maritime antillaise

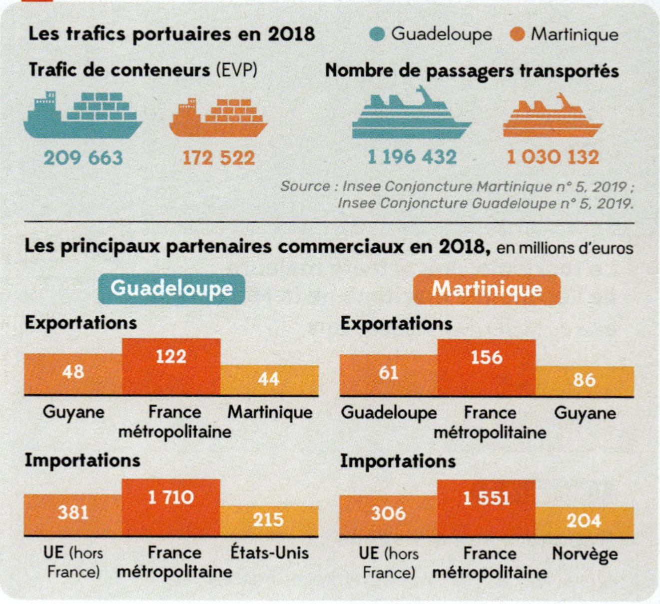

Vocabulaire

- **Association des États de la Caraïbe (AEC) :** organisation régionale favorisant la coordination des politiques économiques et environnementales.
- **Organisation des États de la Caraïbe orientale (OECO) :** organisme de coopération entre plusieurs pays des Antilles orientales en matière de commerce, de transport, de tourisme durable et de gestion des catastrophes naturelles.

8 Les enjeux géostratégiques

Carte interactive

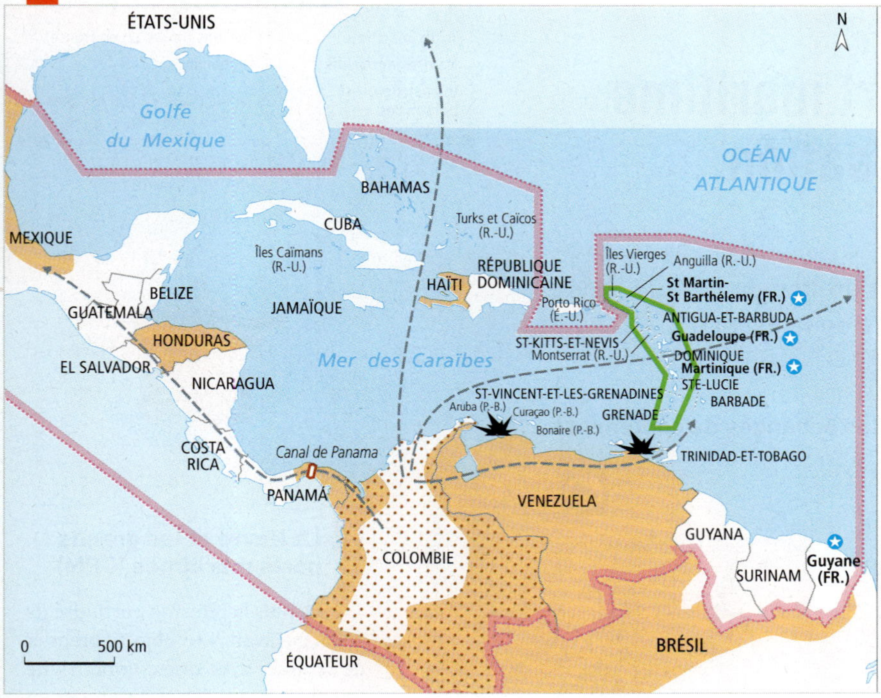

1. Présence française et coopération régionale

- Bases militaires des FAA[1]
- Zone maritime Antilles : protection du territoire national et contribution au maintien de la sécurité
- Association des États de la Caraïbe (AEC)
- Organisation des États de la Caraïbe orientale (OECO)

2. Menaces et insécurité

- Zones d'insécurité déconseillées aux voyageurs par la France
- Zones de piraterie
- Pays producteur de cocaïne
- Principales routes de la drogue

1. Forces armées aux Antilles (FAA) : elles garantissent la protection du territoire national et animent la coopération régionale.

9 Coopération et enjeux environnementaux

Participant activement aux différents processus de coopération régionale, la France est représentée tant auprès de l'Organisation des États de la Caraïbe orientale (OECO) et de la communauté des Caraïbes (CARICOM), qu'auprès de l'Association des États de la Caraïbe (AEC) […].

Face au risque de catastrophes naturelles (ouragans, séismes, tsunamis, éruptions volcaniques) auquel sont confrontées les Caraïbes, la France privilégie une logique de prévention. Elle pilote notamment l'initiative CREWS (Climate Risk Early Warning Systems), en lien avec trois partenaires européens et l'Australie. Cette initiative vise à renforcer les systèmes d'alerte précoce face aux événements extrêmes, en prenant appui sur les services météorologiques et de protection civile.

Plus largement, la coopération française participe à la protection des écosystèmes. La France est notamment signataire de la convention de Carthagène pour la protection et la mise en valeur du milieu marin dans la région des Caraïbes. Elle a également signé avec la République dominicaine, en marge du sommet One planet, un accord de coopération entre Agoa, le sanctuaire pour mammifères marins des Antilles françaises et le sanctuaire pour les mammifères marins de la République dominicaine.

Ministère de l'Europe et des Affaires étrangères [en ligne], 27 avril 2018.

Questions

Itinéraire 1

Répondre aux questions

5 **Caractérisez** l'économie maritime des Antilles françaises. **doc. 6 et 7**

6 **Présentez** les limites de l'activité portuaire antillaise et **expliquez** les opportunités de développement futures. **doc. 5 et 6**

7 **Relevez** les enjeux environnementaux et géostratégiques des Antilles pour la France. **doc. 8 et 9**

Synthétiser

8 **Montrez** les limites et les enjeux maritimes des Antilles françaises. **doc. 5 à 9**

ou

Itinéraire 2

Préparer une présentation orale (2/2) ORAL

Aide

- À l'aide des documents 5 à 9, préparez une présentation orale de 3 minutes mettant en évidence les limites et les enjeux des Antilles françaises pour la puissance maritime de la France.
- Vous n'avez pas le droit d'avoir des notes. Filmez votre prestation, puis visionnez-la à 2 ou 3 reprises en listant 10 questions que pourrait vous poser un jury.

Croquis de l'étude de cas

▶ p. 74

Le Havre : un port maritime dans la mondialisation

Zoom sur…

▶ Le port du Havre (2018)

Trafic maritime	71 millions tonnes (2e en France)
Navires accueillis	6 000 par an
Infrastructures portuaires	35 km de quais, 77 700 hectares

Source : Haropa Port du Havre, 2019.

Quels sont les atouts et les limites du port du Havre dans la puissance maritime de la France ?

1 L'avant-pays du Havre pour les échanges de conteneurs

1. Lignes maritimes reliées au Havre en 2020

- 85 Nombre de ports reliés au Havre (665 ports au total)
- Ports reliés au Havre (représentation non exhaustive)

2. Le réseau de transport maritime mondial

- Principales routes maritimes
- Canal de Suez : Points de passage stratégiques

Source : Haropa Le Havre Port, 2020.

2 L'activité du port du Havre (2018)

Le Havre, un port de la Northern Range

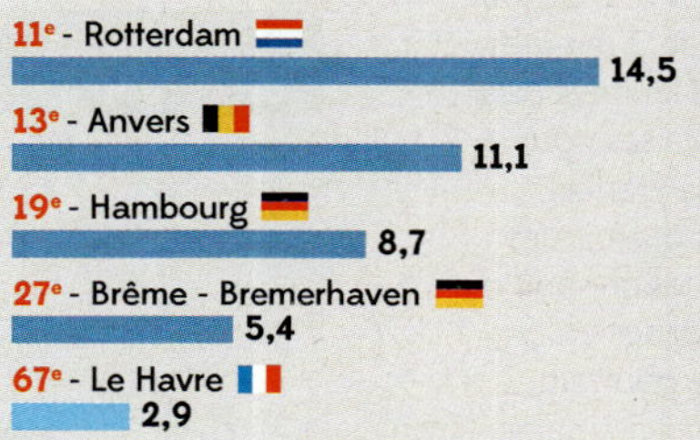

Source : Lloyd's List, One Hundred Ports, 2019.

Trafic des 7 grands ports maritimes (GPM) de métropole en 2018, en %

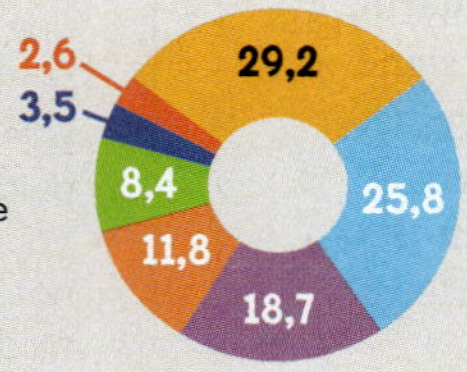

Source : Service de la donnée et des études statistiques (SDES), Ministère de la transition écologique et solidaire, 2019.

3 Le Havre et les grands ports maritimes (GPM)

Depuis la réforme portuaire de 2008, qui avait pour objectif premier de renouer avec une compétitivité qui avait eu tendance à s'éroder en comparaison des ports européens concurrents, la part des grands ports maritimes (GPM) de France métropolitaine dans le marché français des conteneurs s'est nettement améliorée (de 47 % en 2008 à 58 % en 2017). Toutefois, des marges d'amélioration importantes subsistent : selon les estimations, plus de 40 % des conteneurs à destination de la France métropolitaine transitent toujours par d'autres ports européens, principalement belges (Anvers) et néerlandais (Rotterdam).

Les GPM continuent de connaître des coûts plus élevés que ceux des principaux ports concurrents ; une fluidité perfectible, du fait d'une grande difficulté à desservir l'hinterland, ce qui explique la prédominance du transport routier ; d'une image de fiabilité encore incertaine en raison […] des grèves.

Le modèle économique des GPM est handicapé par ces freins à la compétitivité, dans un contexte de vive concurrence européenne.

La transformation du modèle économique des grands ports maritimes, Conseil général de l'environnement et du développement durable, rapport n° 012059-01, novembre 2018.

Animation Croquis

4 **Le terminal Port 2000 du Havre (2019)**

Vidéo

Vocabulaire

- **Arrière-pays (hinterland) :** zone d'influence et d'attraction économique d'un port, reliée à lui par les réseaux de transport.
- **Avant-pays (foreland) :** espace outre-mer relié à un port.
- **Grand port maritime (GPM) :** statut créé en 2008 et attribué aux plus grands ports français dont l'envergure est européenne et qui se positionnent sur le marché mondial.

5 Un port en quête de compétitivité

Parole de géographe

Second port français pour le trafic global derrière Marseille, Le Havre est le premier port pour le trafic des conteneurs (2,9 millions de boîtes en 2018). L'essentiel du trafic (40 millions de tonnes sur 71 en 2018) est constitué par les vracs liquides[1], en majorité le pétrole brut. Le Havre est la pointe terminale d'un vaste complexe pétrochimique réunissant plusieurs raffineries et qui s'étend vers l'amont sur la Seine.

Le Havre demeure le 5e port de la Northern Range[2] pour le trafic conteneur. Pour autant, se pose une question essentielle pour la compétitivité du port : les acheminements et les dessertes. Les terre-pleins des postes de Port 2000 ne sont pas reliés à une ligne de voie ferrée et/ou à la desserte fluviale. [...] Dans l'immédiat, 86 % des conteneurs utilisent la route, 10 % le fleuve et seulement 4 % le rail alors qu'à Anvers la route ne compte que pour 52 %, le rail 8 % et le fleuve 37 %.

Si la situation géographique du port du Havre est un atout à l'entrée de la Manche, le potentiel démographique et économique de son arrière-pays, ou hinterland, est plus faible que celui de ses concurrents plus centraux et mieux desservis en infrastructures terrestres, en particulier Rotterdam et Anvers sur le delta du Rhin et desservant une large partie de l'Allemagne.

Jean-François Joly, professeur de géographie en CPGE, « Le Havre : le port du Grand Paris, un port de la Northern Range européenne », *Géoimage* [en ligne], CNES, 2018.

1. Produits transportés sous forme liquide dans des navires adaptés (pétroliers, méthaniers, chimiquiers...).
2. Façade maritime en Europe du Nord-Ouest s'étendant le long du littoral méridional de la Manche et de la mer du Nord, du Havre à Hambourg.

Questions

Itinéraire 1

Répondre aux questions

1. **Situez** et **décrivez** l'activité portuaire du Havre en France et dans le monde. **doc. 1, 2 et 4**
2. **Hiérarchisez** les régions du monde avec lesquelles le port du Havre établit des liaisons maritimes. **doc. 1**
3. **Expliquez** les limites du port du Havre dans la mondialisation des échanges. **doc. 2 à 5**

Synthétiser

4. **Montrez** les atouts et les limites du port du Havre dans la puissance maritime de la France. **doc. 1 à 5**

ou

Itinéraire 2

Réaliser une affiche

En groupe, réalisez une affiche sur l'activité du grand port maritime du Havre. Cartes, photographies, graphiques et schémas fléchés peuvent être mobilisés.

- Localisez et situez le port dans la mondialisation des échanges.
- Soulignez les atouts du port pour la puissance maritime française.
- Présentez les limites en termes de compétitivité du port dans la mondialisation.

Croquis de l'étude de cas

▶ p. 75

Croquis des études de cas

▶ Voir p. 68-71

Les Antilles

Les Antilles dans la puissance maritime française

Les Antilles sont des îles tropicales qui s'étendent du golfe du Mexique (Cuba) jusqu'au large des côtes du Venezuela (Curaçao, Aruba), entre la mer des Caraïbes et l'océan Atlantique. Deux régions et départements d'outre-mer (DROM) – la Guadeloupe et la Martinique – et deux collectivités d'outre-mer (COM) – Saint-Martin et Saint-Barthélemy – assurent à la France une présence stratégique dans l'espace maritime caribéen. Les Antilles françaises disposent ainsi d'une ZEE de 133 582 km² riche de ressources dont la surveillance est assurée par quatre bases militaires des Forces armées aux Antilles (FAA). La France est également membre de l'Organisation des États de la Caraïbe orientale (OECO), et de l'Association des États de la Caraïbe (AEC).

Les territoires ultramarins antillais placent la France au cœur d'un vaste espace d'échanges commerciaux maritimes. Empruntant des passages stratégiques entre les principales îles, de nombreuses voies maritimes convergent vers le canal de Panamá. De grands ports à conteneurs polarisent les échanges de la mer des Caraïbes : Colón (Panama), Puerto Limón (Costa Rica), Kingston (Jamaïque), La Havane (Cuba), Caucedo (République dominicaine), Puerto Cabello (Port of Spain au Venezuela). Les ports français de Pointe-à-Pitre-Jarry (Guadeloupe) et Fort-de-France (Martinique) affichent un manque d'attractivité et de compétitivité dans cette concurrence portuaire régionale, mais se modernisent.

La puissance maritime de la France aux Antilles doit faire face à de nombreux enjeux. Les zones d'insécurité, comme au Nicaragua, en Colombie ou au Venezuela, fragilisent le contexte géopolitique régional. Au large de ces deux derniers pays, la Marine nationale française lutte contre les activités de piraterie et les flux illicites du trafic de drogue. La France est également engagée dans la préservation de l'environnement avec le parc national de Guadeloupe, le parc naturel marin de Martinique, ou le sanctuaire marin Agoa étendu sur toute la ZEE guadeloupéenne et martiniquaise.

Titre : ____

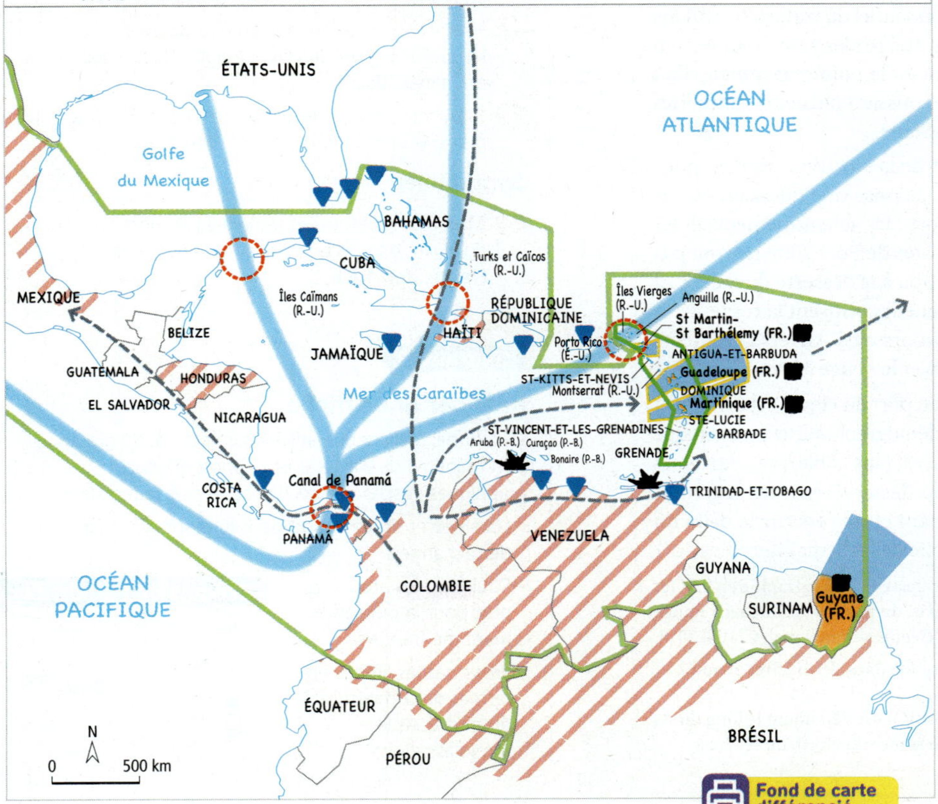

Fond de carte différencié

Objectif BAC

Consigne : À partir du texte ci-dessus, et en vous appuyant sur vos connaissances, rédigez la légende du croquis de synthèse.

Aide pour répondre à la consigne :
- Relevez les informations dans le texte.
- Identifiez les idées principales de chaque paragraphe pour ordonner la légende.
- Complétez la légende à l'aide de l'étude de cas p. 68-71.
- Assurez-vous que chaque figuré représenté sur le croquis est reporté dans la légende.

Croquis des études de cas

▶ Voir p. 72-73

Le Havre

Le Havre : un port maritime dans la mondialisation

Le port de commerce maritime du Havre est composé principalement de Port 2000, une immense langue de terre bien située face à la Manche, et transformée en un port à conteneurs en eau profonde capable d'accueillir des porte-conteneurs géants. Situé sur l'estuaire de la Seine et à proximité d'une des principales routes maritimes mondiales, Le Havre est proche de deux grandes villes mondiales, Paris et Londres. Le port est aussi intégré à une vaste façade maritime nord européenne, appelée la Northern Range. Le Havre est ainsi relié à 665 ports dans le monde. Un avant-pays principalement localisé dans les trois grandes aires d'échanges que sont l'Europe, l'Asie orientale et l'Amérique du Nord.

Par son activité commerciale, le port du Havre se positionne au 2e rang national en volume de marchandises échangées derrière Marseille (1er), et devant Calais (4e) et les autres grands ports maritimes français (GPM) : Dunkerque (3e), Nantes-Saint Nazaire (5e), Rouen (6e), La Rochelle (7e) et enfin Bordeaux (8e). Toutefois, si Le Havre est le plus grand port à conteneurs de France, et le seul port français à se classer parmi les 100 premiers mondiaux, il ne se situe en 2018 qu'au 67e rang mondial, loin derrière les autres ports de la Northern Range : Rotterdam (11e), Anvers (13e), Brême (29e) et Hambourg (19e). Le bilan de son activité commercial est donc contrasté.

La concurrence des ports du nord de l'Europe est très forte, et souligne le manque de compétitivité du port du Havre, notamment son manque de connexion aux réseaux fluvial et ferroviaire. Alors qu'à Anvers ou à Rotterdam, presque la moitié des conteneurs sont chargés sur des trains, le fret ferroviaire au Havre ne représente que 4 % du trafic dans le port normand. Or la route est un mode de transport compétitif dans un rayon de 300 kilomètres, mais pas au-delà. Ce qui explique que son arrière-pays ne s'étende guère au-delà du bassin parisien, sans parvenir à desservir des grandes métropoles européennes comme Lyon, Genève ou Milan.

Objectif BAC

Consigne : À partir du texte ci-contre, et en vous appuyant sur vos connaissances, complétez la légende et le croquis de synthèse.

Aide pour répondre à la consigne :

- Relevez les informations dans le texte.
- Identifiez les figurés pouvant être utilisés pour cartographier ces informations.
- Aidez-vous de l'étude de cas p. 72-73 et des cartes p. 80-81 pour localiser les lieux sur votre croquis.

Titre : ______________________________

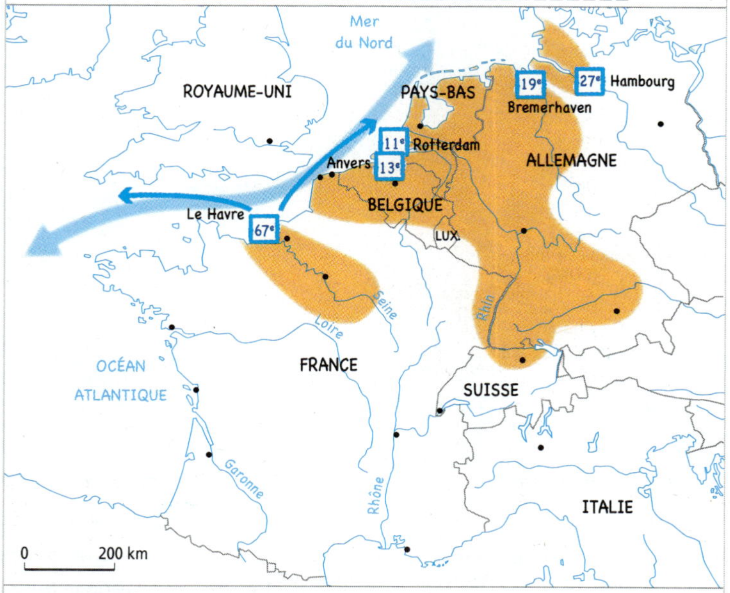

1. Une situation favorable pour les échanges

- Grande route maritime
- (figuré : rond rouge) ______________
- (figuré : pointillés rouges) ______________
- (figuré : flèche bleue) ______________

2. Les dynamiques économiques régionales

- Ports de conteneurs et leur rang parmi les 100 premiers mondiaux
- (figuré : triangle bleu) Grands ports maritimes (GPM) français et Calais, et leur rang national en volume de marchandises

3. Une interface limitée avec l'arrière-pays

- (figuré : aplat orange) ______________
- Flux commerciaux avec l'arrière-pays
- (figuré : point rouge) Grandes métropoles européennes

Fond de carte différencié

Exemple

Les îles Éparses et la puissance maritime française

Zoom sur…

Les îles Éparses

5 îles	Europa Bassas da India Juan de Nova îles Glorieuses Tromelin
Superficie	40 km²
ZEE	624 000 km²

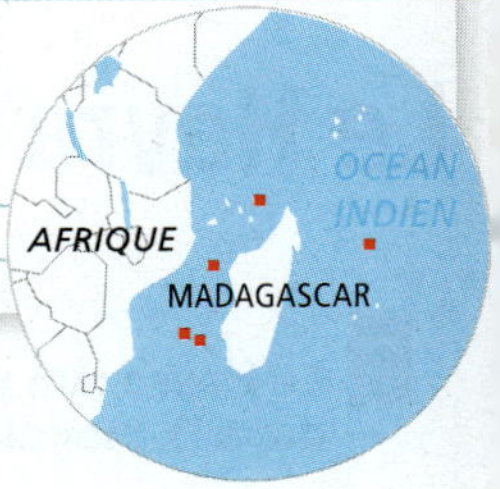

Les îles Éparses dans l'océan Indien

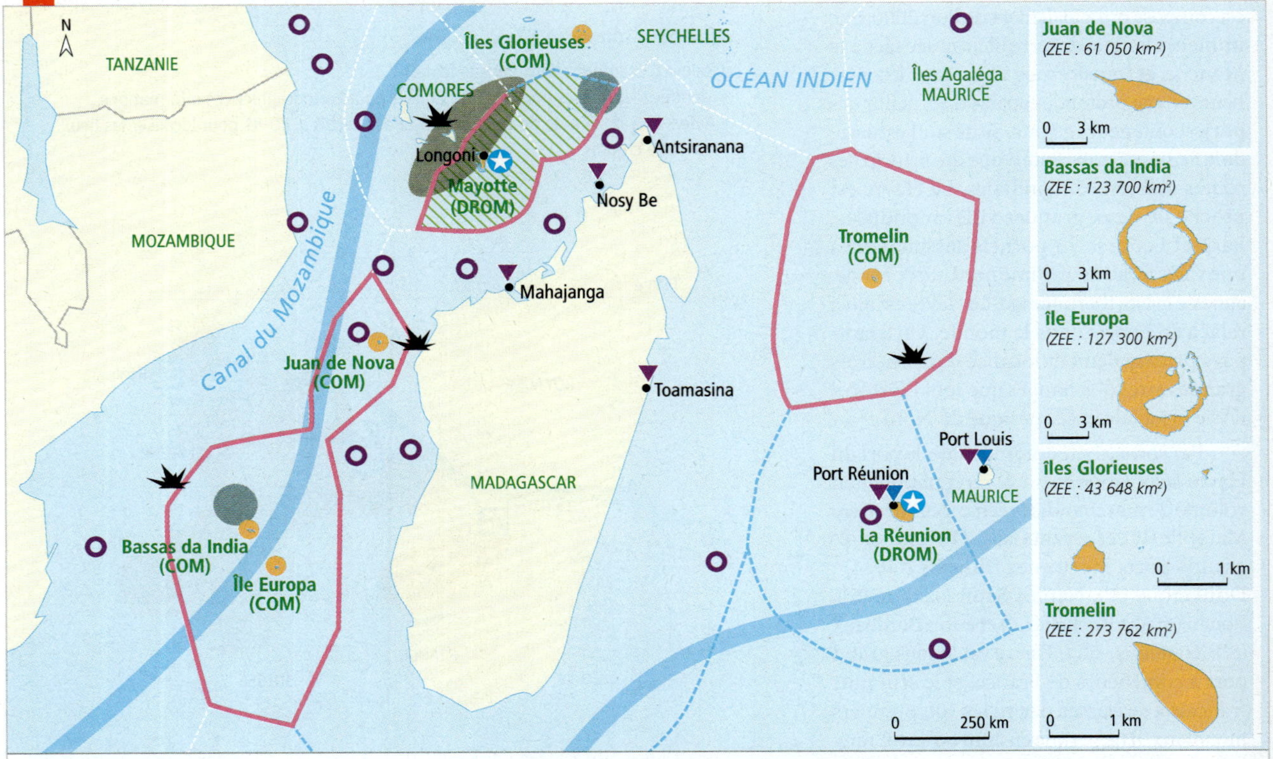

1. La présence française
- Territoires français
- Limites de ZEE : reconnues ; contestées
- Bases navales françaises
- COMORES : Membres de l'Association des riverains de l'océan Indien (IORA) pour l'économie régionale et l'Indian Ocean Naval Symposium (IONS) pour la sécurité maritime.

2. Commerce et ressources maritimes
- Grandes routes maritimes
- Principaux ports de conteneurs
- Principaux terminaux pétroliers
- Gisements d'hydrocarbures et de minerais

3. Des enjeux variés
- Zone d'immigration illégale
- Zone de trafics illicites et d'actes de piraterie
- Zone de pêche illicite
- Parc naturel marin

Inhabitées, les cinq îles Éparses sont aujourd'hui intégrées aux Terres australes et antarctiques françaises (TAAF). L'ensemble de ces territoires correspond à des sites protégés.

Carte interactive

Vocabulaire

Terres australes et antarctiques françaises (TAAF) : ensemble de territoires ultramarins français inhabités et dispersés dans l'océan Indien et dans l'océan glacial Antarctique. Leur fréquentation est réservée aux scientifiques et aux militaires. L'ensemble des TAAF est classé réserve naturelle depuis 2006. Depuis 2007, les îles Éparses ont été intégrées à la collectivité d'outre-mer des TAAF.

Objectif BAC

Consigne : À l'aide du document, analysez et expliquez comment les îles Éparses participent à la puissance maritime de la France.

Aide pour répondre à la consigne :
- Situez et décrivez les îles Éparses dans l'océan Indien.
- Citez les atouts de ces espaces insulaires et maritimes.
- Définissez leurs enjeux économiques, géostratégiques et environnementaux.

Exemple

Clipperton : la France dans la course aux métaux en haute mer

1 L'exploration de la zone de fracture Clarion-Clipperton

Carte interactive

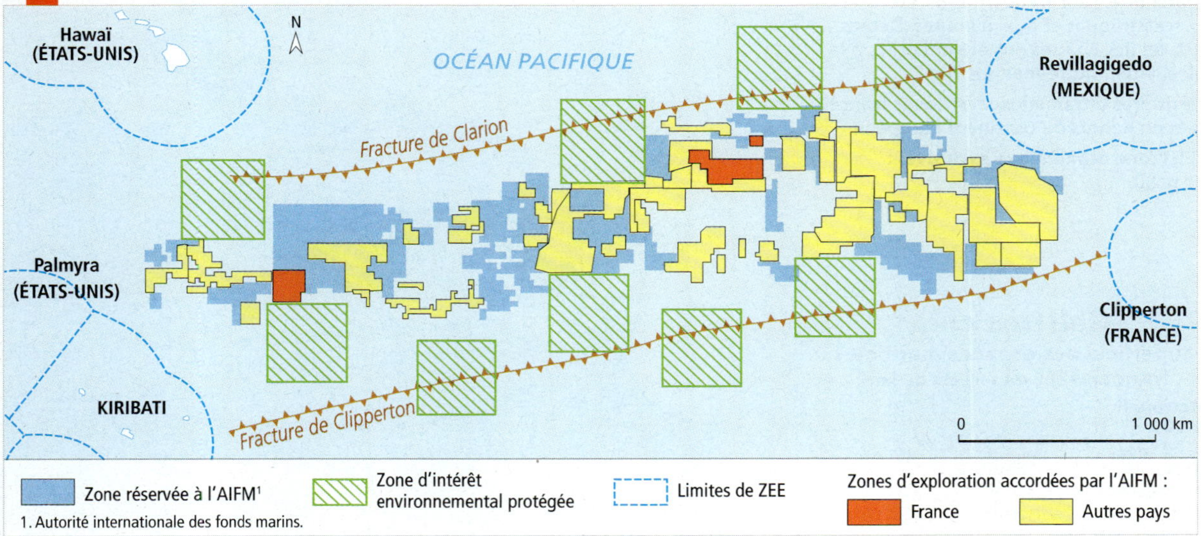

1. Autorité internationale des fonds marins.

2 Des ressources sous-marines

Parole de scientifiques

Depuis des années, plusieurs États et entreprises prospectent les grands fonds marins à la recherche de nickel, de cuivre, de cobalt et d'autres métaux de valeur. Parmi les différents types de gisements, les plus intéressants consistent en des accumulations, à plusieurs milliers de mètres de profondeur, de concrétions rocheuses de la taille du poing et riches en métaux : ce sont les nodules polymétalliques.

Pour les récolter, les industriels imaginent des machines capables de travailler à ces profondeurs […].

À ce jour, l'Autorité internationale des fonds marins (AIFM) a accordé 16 permis d'exploration à la recherche de nodules dans la zone de fracture de Clarion-Clipperton. L'exploitation minière des grands fonds marins est ainsi sur le point de devenir une réalité. Étant donné son intérêt économique et stratégique croissant, certains États pourraient lancer une exploitation pilote dans les 5 à 10 prochaines années. Il est souhaitable dans cette perspective que toutes les parties concernées coopèrent, comme elles l'ont fait jusqu'à présent […]. Si les différents acteurs en présence parviennent à collaborer, l'exploitation minière du plancher océanique sera une référence éthique, puisque, jusqu'à présent, la réglementation n'a été établie qu'après la mise en exploitation d'une ressource naturelle. Nous pouvons cette fois réfléchir et réguler avant d'exploiter à tort et à travers.

Thomas Peacock et Matthew Alford, « Les fonds des océans font grise mine », *Pour la Science*, hors-série, n° 104, août-septembre 2019.

Vocabulaire

- **Nodules polymétalliques :** petites accumulations rocheuses très riches en minerais (manganèse, fer, silicium, aluminium ou cobalt) utilisées dans la production de produits électroniques (smartphones…). Ces nodules tapissent les fonds marins dans certains océans.
- **Zone de fracture :** longue et étroite faille sous-marine, séparant des zones océaniques de profondeurs différentes.

Objectif BAC

Consigne : Montrez que l'exploration et l'exploitation des fonds marins en haute mer constituent un enjeu économique, environnemental et géostratégique pour la France.

Aide pour répondre à la consigne :

- Relevez les ressources des fonds marins exploitées en haute mer.
- Montrez que la zone de fracture de Clipperton représente un enjeu économique et géostratégique pour les États.
- Expliquez en quoi l'exploitation des fonds marins est une source d'enjeux environnementaux majeurs.

Carte

L'espace maritime français : atouts et enjeux

Vocabulaire

- **Terres australes et antarctiques françaises (TAAF) :** ensemble des territoires ultramarins français inhabités et dispersés dans l'océan Indien et dans l'océan glacial Antarctique. Leur fréquentation est réservée aux scientifiques et aux militaires. Depuis 2007, les îles Éparses ont été intégrées à la collectivité d'outre-mer des TAAF.
- **Territoires ultramarins :** territoires français situés en dehors du continent européen.
- **ZEE (Zone économique exclusive) :** voir p. 90.

Chiffres clés

Superficie des espaces maritimes français (ZEE en milliers de km²)

Métropole
297
Mer du Nord
0,5
Méditerranée
86
Manche-Atlantique
210

Outre-mer
9 914
Polynésie française
4 538
TAAF
2 034
Nouvelle-Calédonie
1 316
La Réunion-Mayotte-îles Éparses
999
Clipperton (Pacifique Nord)
435
Antilles-Guyane
326
Wallis-et-Futuna
257
St-Pierre-et-Miquelon
9

Source : limitesmaritimes.gouv.fr, 2020.

1. Un espace maritime français principalement ultramarin

Questions

1. **Relevez** et **classez** les superficies des espaces maritimes appartenant à la France sur tous les océans.
2. **Citez** des ressources disponibles dans les espaces maritimes des territoires français ultramarins.
3. **Montrez** que les enjeux de sécurité sont nombreux pour la France à travers le monde.

e puissance

Source : *L'Atlas de l'eau et des océans*, Hors-série n°22, Le Monde-La Vie, 2017 ; Marine nationale, 2020.

Un espace au cœur de la maritimisation des économies
- Principales routes maritimes
- Détroits et canaux
- Ressources halieutiques
- Ressources en hydrocarbures
- Ressources minérales non exploitées

3. Des enjeux géostratégiques et environnementaux
- Extension du plateau continental en projet ou validé (350 milles max.)
- Bases de la Marine française
- Litiges frontaliers impliquant la France
- Criminalité maritime (piraterie, drogues, clandestins, etc.)
- Aires marines protégées

Cartes

La maritimisation de la puissance française

1 **Les ports français dans la mondialisation**

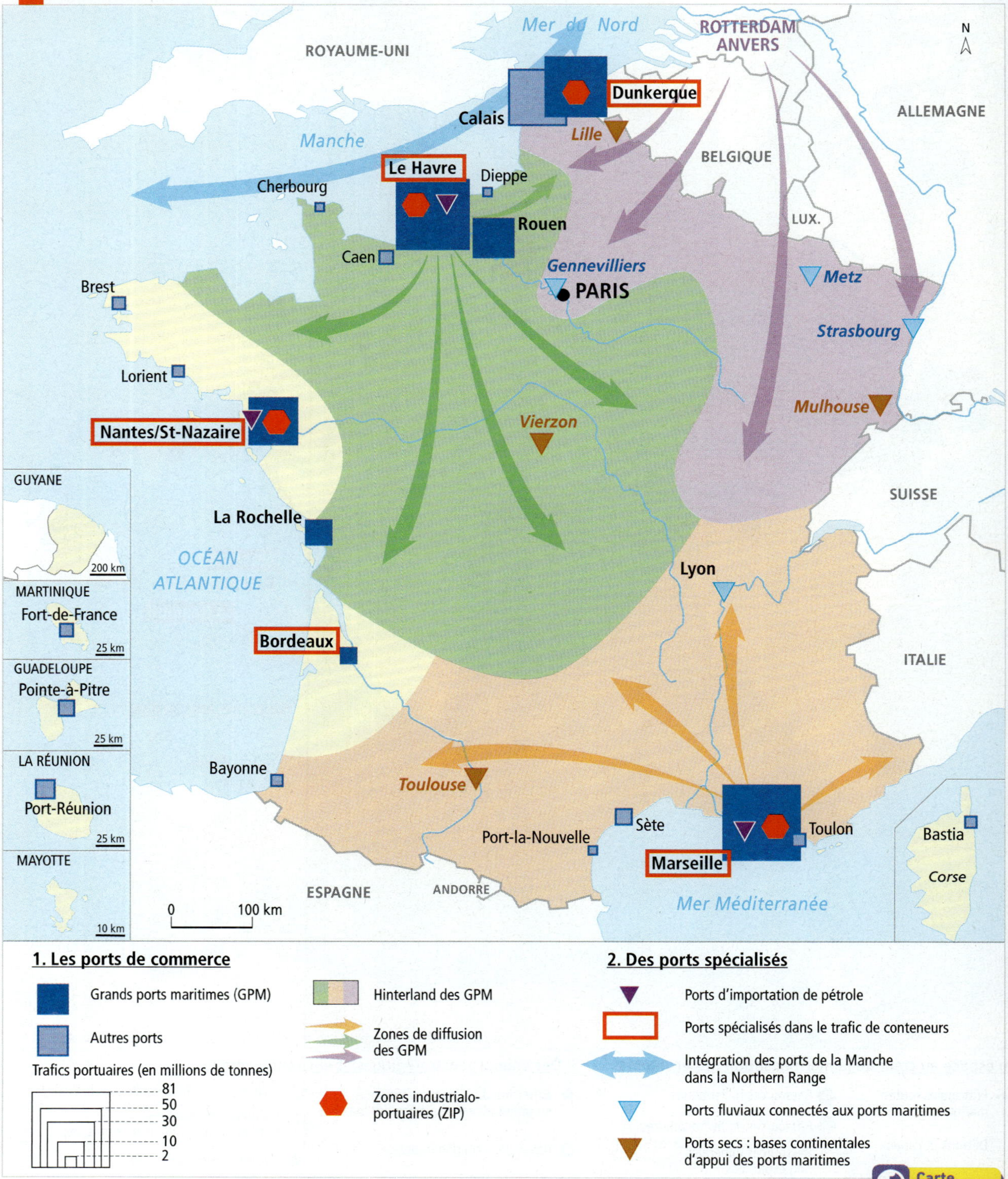

Carte interactive

2 La croissance de l'économie maritime

Carte interactive

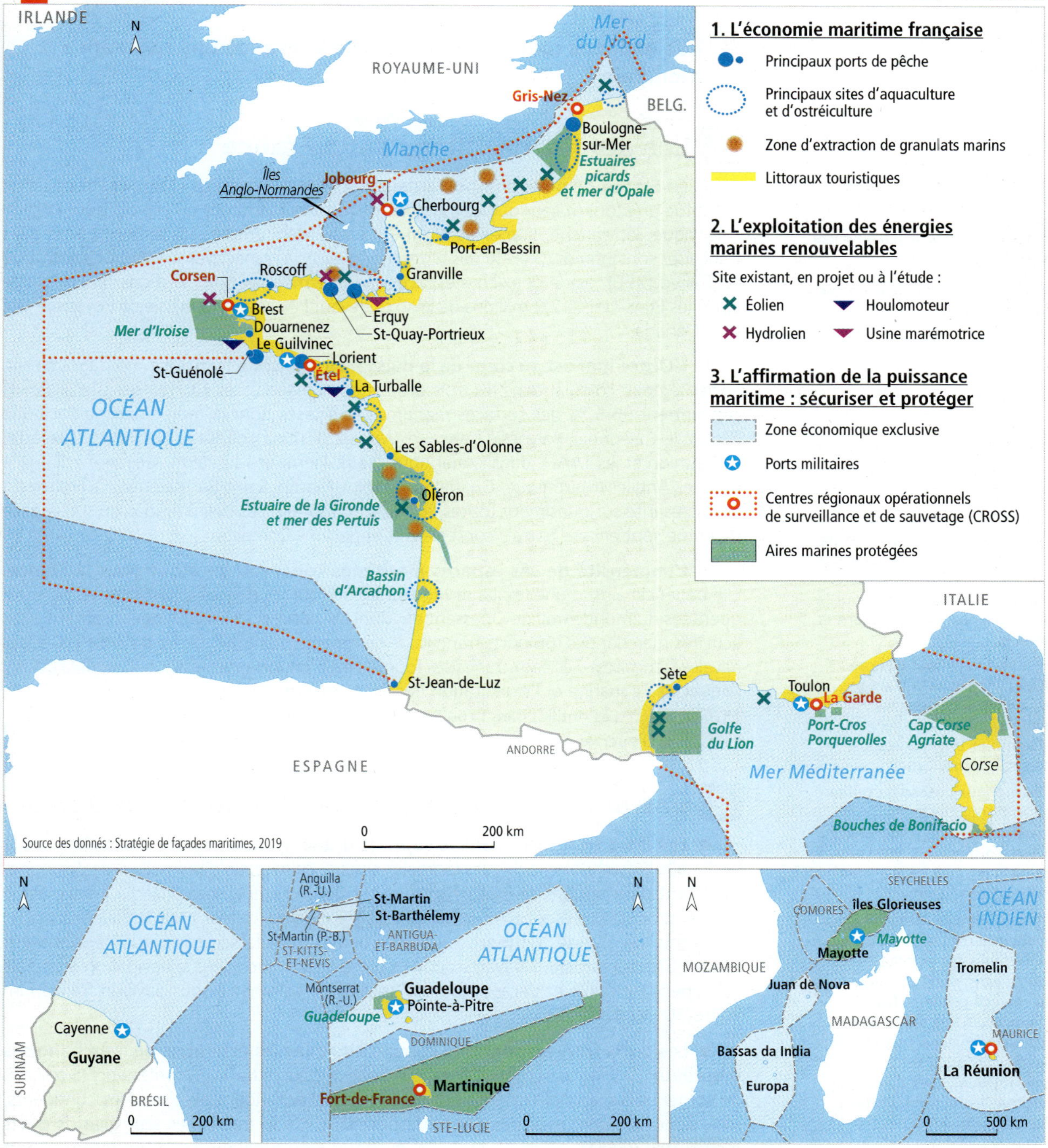

Vocabulaire

- **Grands ports maritimes (GPM) :** statut créé en 2008 et attribué aux plus grands ports français dont l'envergure est européenne et qui se positionnent sur le marché mondial.
- **Granulats marins :** matériaux extraits de la mer (sable, graviers).
- **Halieutique :** qui concerne la pêche.
- **Hinterland (arrière-pays) :** voir p. 73.
- **Zone industrialo-portuaire (ZIP) :** espace portuaire aménagé afin d'accueillir des activités industrielles (sidérurgie, pétrochimie).

Questions

1. **Relevez** et **classez** les grands ports maritimes français selon leur trafic de marchandises.
2. **Citez** les activités économiques françaises liées à l'exploitation des espaces maritimes.
3. **Montrez** que la France répond par, et pour, ses espaces maritimes aux enjeux environnementaux d'aujourd'hui.

Cours

La France : une puissance maritime ?

Podcast — Cours à écouter

Marine nationale française

- **7e rang mondial** (en tonnage)
- **117 bâtiments**
- **10 sous-marins nucléaires**
- **1 porte-avions**

Vocabulaire

- **Aires marines protégées :** voir p. 58.
- **Biotechnologie marine :** application de la science et de la technologie aux organismes vivants, à d'autres matériaux vivants ou non vivants, pour la production de savoirs, biens et services.
- **Cluster maritime français (CMF) :** organisation créée en 2006 par et pour les professionnels afin de rassembler tous les acteurs du secteur maritime.
- **Conteneur :** caisse métallique pour le transport de marchandises de dimensions standardisées, soit 6,05 mètres de longueur ou « Équivalent vingt pieds » (EVP).
- **Économie maritime :** économie reposant sur l'ensemble des activités liées aux océans, mers et côtes, du secteur primaire (pêche et aquaculture), secondaire (agroalimentaire, construction navale, production énergétique...), et du secteur tertiaire (commercialisation des produits de la mer, transport...).
- **Grands ports maritimes (GPM) :** statut créé en 2008 et attribué aux plus grands ports français dont l'envergure est européenne et qui se positionnent sur le marché mondial.
- **Halieutique :** relatif à la pêche.
- **Territoires ultramarins :** territoires français situés en dehors du continent européen.

Les espaces maritimes font-ils de la France une puissance mondiale ?

1 Les atouts maritimes de la France

● **La France dispose d'importants espaces maritimes.** La France métropolitaine constitue un atout majeur par les multiples ouvertures maritimes qu'elle offre sur l'océan Atlantique, la Manche, la mer du Nord et la mer Méditerranée. Si les terres émergées françaises sont infimes (0,45 % des terres mondiales), la France, par sa zone économique exclusive (ZEE), est le deuxième espace maritime mondial (10,1 millions de km²) juste après les États-Unis (12,2 millions de km²) et devant l'Australie, la Russie, le Royaume-Uni et le Canada.

● **L'Outre-mer est au cœur de la puissance maritime française.** Héritages de son ancien empire colonial dans les trois océans de la planète, les territoires ultramarins concentrent 96,5 % des surfaces maritimes françaises dont la moitié dans le Pacifique (Nouvelle-Calédonie, Polynésie française, Wallis-et-Futuna), dans l'océan Indien (Mayotte, La Réunion et les TAAF), dans l'Atlantique (Saint-Pierre-et-Miquelon, Guyane) et dans la mer des Antilles (Martinique, Guadeloupe, Saint-Martin, Saint-Barthélemy). La France est ainsi présente sur quasiment toutes les mers du monde. Les délimitations de son espace maritime sont encore parfois contestées (Clipperton, Tromelin).

● **L'immensité de ses espaces maritimes constitue un atout pour la France.** Elle bénéficie ainsi d'une implantation stratégique sur les routes maritimes les plus fréquentées du monde (rail de Ouessant en Manche, canal du Mozambique) profitant à ses activités marchandes (66 ports français de commerce maritime) ou de défense (10 bases navales françaises). Les eaux françaises fournissent d'importantes ressources pour la pêche, l'aquaculture marine et l'exploitation des fonds marins.

ÉTUDE DE CAS Les Antilles dans la puissance maritime française → p. 68
EXEMPLE Clipperton : la France dans la course aux métaux en haute mer → p. 77

2 Une puissance économique maritime contrastée

● **Les mers françaises sont le support d'une grande variété d'activités.** De la pêche aux biotechnologies bleues (agroalimentaire, chimie), un demi-million de personnes travaillent dans l'économie maritime, soit 2 % de l'emploi national. La France est le premier producteur européen de biotechnologie marine (chimie, cosmétique, pharmacie) et compte de grandes entreprises internationales dans le secteur maritime (armateur CMA-CGM, constructeur Naval Group). La place de la France dans la navigation mondiale est cependant faible et déclinante : 407 navires de commerce sous pavillon français en 2019 (30e rang mondial).

● **Les ports français sont peu compétitifs dans les échanges de marchandises mondiaux.** La France occupe le 8e rang européen pour le trafic de conteneurs (5 millions de conteneurs manutentionnés). Les ports français échangent avec tous les continents, mais principalement avec des ports européens (36 % du trafic). Les sept grands ports maritimes (GPM) rassemblent 76 % du trafic métropolitain. Le Havre, premier port français pour le trafic de conteneurs, et 11e d'Europe, n'occupe seulement que la 60e place mondiale. Port-Réunion, Pointe-à-Pitre, Fort-de-France et Nouméa se classent parmi les 10 premiers ports à conteneurs français.

● **Les facteurs de ce manque de compétitivité sont nombreux.** Dans le contexte de mondialisation des échanges, la France a peu développé son trafic de conteneurs. Un conteneur sur deux à destination de la France ne passe pas par un des ports français. Ces derniers ont été confrontés depuis plusieurs décennies au sous-investissement, à la complexité administrative, à la mauvaise connexion avec l'arrière-pays (hinterland) ou à des voies fluviales navigables.

ÉTUDE DE CAS Le Havre : un port maritime dans la mondialisation → p. 72

3 Les enjeux maritimes à venir

● **La France dispose d'importants atouts en termes de croissance bleue.** Le patrimoine maritime représente un atout géopolitique et économique majeur : ressources halieutiques (pêches), gisements pétroliers offshore (au large de la Guyane), terres rares (minerais) des plaines abyssales, biochimie marine (sucres alimentaires, gélifiants, médicaments, biocarburants…), énergie marine renouvelable (éolien, hydrolien). Toutefois, les ressources sont encore difficilement quantifiables et exploitables. Le Cluster maritime français (CMF) axe ses projets sur l'innovation maritime.

● **La France développe des plans d'action pour répondre aux enjeux environnementaux marins.** Elle agit contre les effets des changements climatiques sur les océans et définit des aires marines protégées (parc naturel marin d'Iroise, de Mayotte et des îles Glorieuses, de Martinique). La France, quatrième pays au monde par l'étendue de ses récifs coralliens, est l'un des pays fondateurs de l'International Coral Reef Initiative (ICRI) visant à ralentir la dégradation de ces écosystèmes marins riches de nombreuses ressources halieutiques.

● **L'espace maritime français présente des enjeux géostratégiques et nécessite d'être sécurisé.** Les routes maritimes ont une importance stratégique (énergétique, économique, souveraineté) qui exige le maintien d'une sûreté. Les menaces maritimes sont nombreuses : pêche illégale en Guyane ; narcotrafic dans les Caraïbes ; piraterie dans l'océan Indien et le golfe de Guinée. La France demeure une puissance navale mondiale : elle est l'un des cinq pays dotés d'une force de dissuasion nucléaire océanique.

EXEMPLE Les îles Éparses et la puissance maritime française → p. 76
GÉO DÉBAT Le « risque requin » à La Réunion : peut-on concilier enjeu économique et enjeu environnemental ? → p. 84

L'économie maritime

- **2e espace maritime mondial**
- **10,1 millions de km²** (97 % ultramarins)
- **355 000** emplois (2019)
- **91 milliards €** de chiffres d'affaires (2019)
- **1er producteur européen de biotechnologies marines (2019)**

Source : CMF (Cluster maritime français), 2019.

Notions

- Haute mer p. 90
- Puissance maritime p. 91
- Route maritime p. 91
- Zone économique exclusive (ZEE) p. 90

Du cours au schéma

EXO Exercice interactif

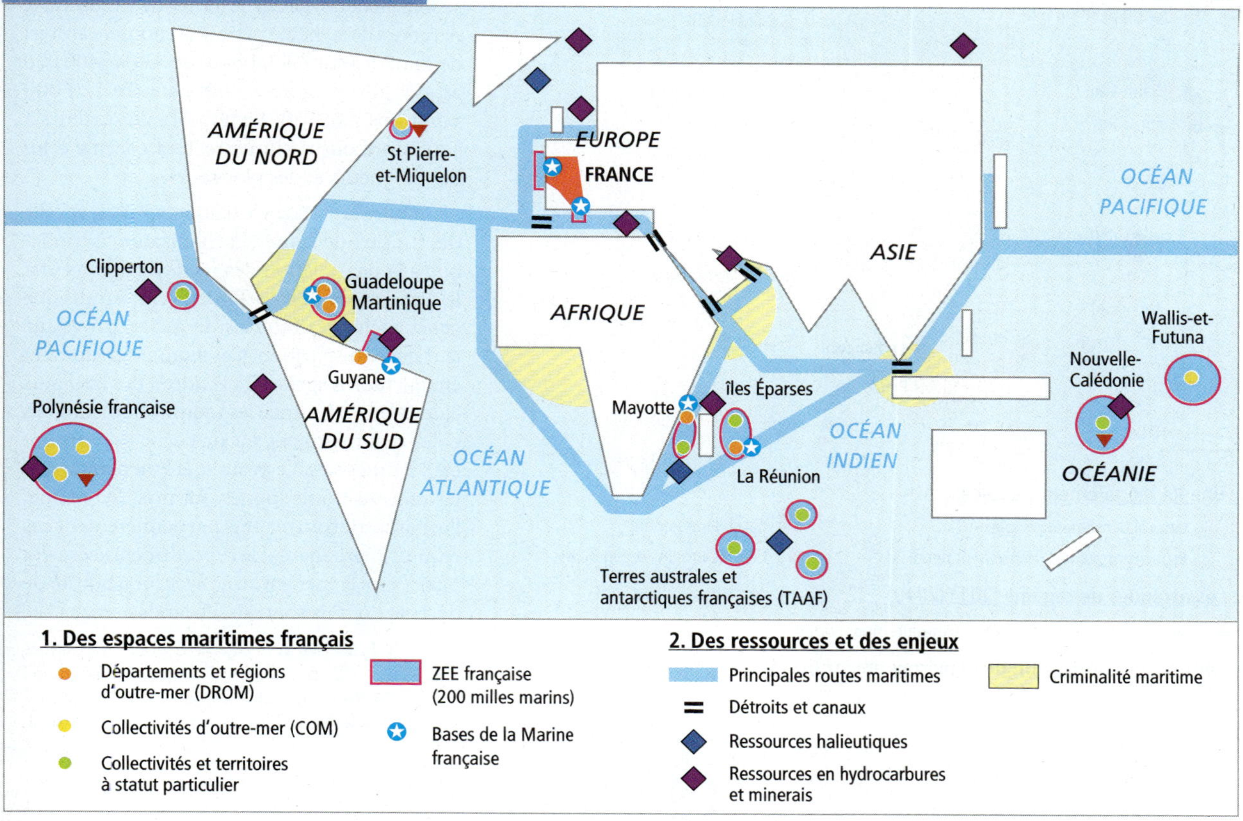

Géo DÉBAT

ORAL

Le « risque requin » à La Réunion : peut-on concilier enjeu économique et enjeu environnemental ?

1 « La crise requin » en dates

- **1999** : Protection des requins par l'UICN (Union internationale de la conservation de la nature)
- **2007** : Création de la réserve naturelle marine
- **2011** : Attaque d'un surfeur : début de « la crise requin ».
- **2013** : Baignade et surf interdits ; crise touristique
- **2015** : Programme de pêche de protection « Cap Requins »
- **2015-2020** : Plan gouvernemental de prévention du « risque requin »
- **2019** : 27 attaques de requins depuis 2011

Vocabulaire

- **« Crise requin »** : expression désignant l'incapacité des pouvoirs publics à gérer le « risque requin » face à l'augmentation des attaques de requins.
- **« Risque requin »** : expression désignant l'exposition d'individus à une menace représentée par la présence de requins.

2 La Réunion : une île touristique face au « risque requin »

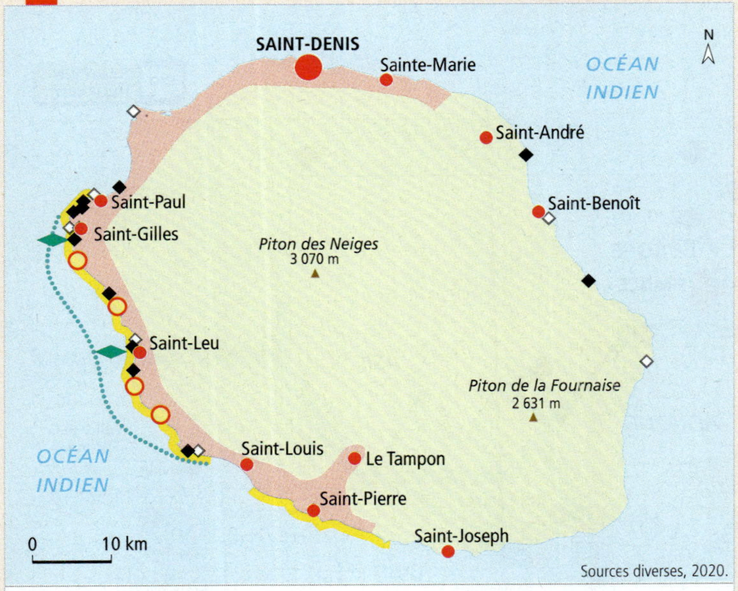

1. Une île inégalement peuplée
- Littoral densément peuplé
- Espaces ruraux peu densément peuplés
- Capitale régionale
- Centres urbains secondaires

2. Les attaques de requins (2011-2019)
- Attaques mortelles
- Attaques non mortelles

3. Tourisme et protection de l'environnement littoral
- Littoraux touristiques
- Concentration de spots de surf
- Plages les plus fréquentées
- Réserve naturelle marine (récif corallien)

Carte interactive

3 L'activité humaine en cause

De 1980 à 2016, la population de La Réunion a crû de 67 %, passant de 500 000 à 850 000 habitants, tandis que les zones urbaines se sont étendues de 287 % (de 59 km² à 260 km²). Au cours de la même période, le nombre annuel de touristes sur l'île a bondi de 330 % (400 000 au début des années 2000, contre 120 000 vingt ans plus tôt). Le nombre de surfeurs a suivi une courbe similaire, tout comme celui des baigneurs et des plongeurs. […]

Outre la croissance démographique et celle des usagers de la mer, l'urbanisation a contribué à la dégradation des récifs de coraux et à la diminution des stocks de pêche, tandis que la surpêche des requins de récif a provoqué leur quasi-disparition. Ces requins territoriaux étaient moins agressifs à l'endroit des humains et tenaient à distance les requins bouledogues et les requins-tigres. La surpêche dont ils ont été victimes semble avoir libéré un habitat que les requins bouledogues ont pris. De même, l'urbanisation attire plus particulièrement ces requins charognards : le ruissellement accru des pluies vers la mer entraîne avec lui quantité de déchets dont ils sont aussi friands.

Entretien avec Agathe Allibert, « Attaques de requin sur les côtes de La Réunion : l'activité humaine probablement en cause », www.nouvelles.umontreal.ca, 17 avril 2018.

4 La stratégie des barrières successives

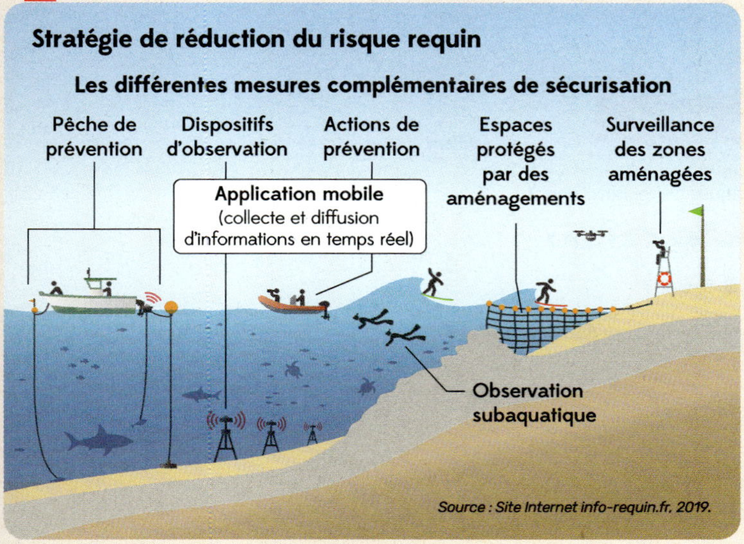

Source : Site Internet info-requin.fr, 2019.

5 Des mesures contestées

Les institutions et les municipalités littorales successives continuent inlassablement de tomber dans le piège de l'État français qui leur demande l'impossible : sécuriser des proies humaines – baigneurs, surfeurs… – dans une « réserve à requins bouledogues », à laquelle il refuse de toucher. Près de 10 millions d'euros ont été dépensés jusqu'à présent sans résultat significatif : les plus belles plages de l'île sont désespérément fermées. Les vigies sont une bonne chose, mais restent un dispositif contraignant et élitiste, impossible à généraliser. L'ensemble des filets a été détruit après avoir montré ses limites […]. Les requins ont vite compris que ces enclos ne présentaient aucun danger pour eux et, à l'instar des prédateurs terrestres, ont cherché une faille pour venir se nourrir à l'intérieur de ce qu'ils ont considéré comme un simple « parc à nourriture ». […] L'île de La Réunion a de très belles montagnes mais elle a surtout un patrimoine côtier unique au monde, avec des vagues exceptionnelles : ne soyez pas, vous aussi, les témoins passifs de la mort de notre poule aux « eaux » d'or.

« Des associations interpellent les députés et sénateurs réunionnais », *Imaz Press Réunion*, 17 février 2018.

6 Des mesures d'interdiction sur les plages

Plage de Saint-Gilles-les-Bains, février 2019.

7 Protéger les requins de récif

Parole d'acteur

SHARK CITIZEN REQUINS & SOCIÉTÉS

Protéger les requins de récif est une nécessité qui prend une place importante dans l'actualité de La Réunion et de la problématique requins. Alors que toute l'attention est portée sur les requins bouledogues et les requins-tigres, nous avons décidé en 2013 de nous pencher attentivement sur les autres espèces, sur lesquelles un certain flou artistique régnait.

Le 13 février 2015, cinq espèces de requins de récif ont par ailleurs bénéficié d'une protection totale, par arrêté préfectoral. […] De manière générale, tous les organismes ont un rôle écologique important. La nature est en équilibre et chaque organisme participe à la stabilité de cet équilibre. Il en est de même pour les requins. Ils sont eux aussi importants pour l'équilibre de l'écosystème corallien et plus largement de l'écosystème marin en régulant les populations de poissons, d'espèces invasives et en éliminant les plus faibles et les plus malades.

Site internet de Shark Citizen, association engagée dans la protection des requins, 2019.

C'est à vous !

Géo DÉBAT

Le « risque requin » à La Réunion : peut-on concilier enjeu économique et enjeu environnemental ?

ÉTAPE 1 Comprendre et préparer le débat

1 **Situez** les lieux ayant connu les principales attaques de requins. **doc. 2**

2 **Citez** les acteurs concernés par la « crise requin ». **doc. 1, 2, 4, 5 et 7**

3 **Décrivez** la « crise requin » et ses enjeux. **doc. 3, 5, 6 et 7**

4 **Montrez** les actions menées et leurs limites face à cette crise. **doc. 1, 4, 5, 6 et 7**

ÉTAPE 2 Participer au débat

5 Avant le débat, prélevez les arguments des différents acteurs. Reportez-les dans le tableau.

6 Avant le débat, en prenant appui sur les documents et votre point de vue personnel, notez vos arguments dans le tableau.

7 Pendant le débat, notez les arguments des autres élèves.

Conseils

- Écoutez et respectez la parole des autres.
- Pour convaincre, il est important de s'appuyer sur des exemples précis (localisés, datés, chiffrés).
- Ne lisez pas vos notes et présentez vos arguments en regardant vos auditeurs. Relisez vos notes avant de prendre la parole.

	Il est possible de concilier enjeu économique et enjeu environnemental dans la gestion du « risque requin »	**Il est impossible de concilier enjeu économique et enjeu environnemental dans la gestion du « risque requin »**
Acteurs	• • •	• • •
Arguments des acteurs	• • •	• • •
Mes arguments	• • •	• • •
Les arguments des autres élèves	• • •	• • •

Vidéo

« Le surf, malgré la crise requin à l'île de La Réunion », AFP reportage, 23 mars 2019.

ÉTAPE 3 Conclure le débat

8 À la suite du débat en classe, exprimez votre point de vue personnel et argumenté sur la cohabitation entre activités humaines et espèces vivantes à La Réunion.

9 Les arguments échangés lors du débat vous ont-ils amené(e) à revoir votre position de départ ? Expliquez pourquoi.

Mers et océans : au cœur de la mondialisation

RÉVISER LE THÈME

THÈME 1
SE PRÉPARER
CHAPITRE 1
CHAPITRE 2
RÉVISER

Le porte-conteneurs français *Antoine de Saint-Exupéry* (armateur CMA-CGM) dans le port de Hambourg (Allemagne), mars 2018.

RÉVISER

SE TESTER

Vérifier ses connaissances

EXO Exercices interactifs

S'ENTRAÎNER POUR LE BAC

Aller plus loin

→ p. 88

Film · Musée / Expo · Site internet · BD · Podcast

S'ORIENTER

→ p. 100-101

Jean-Philippe
→ Responsable qualité et R&D

Usha
→ Ingénieure en sécurité industrielle

SYNTHÈSE

→ THÈME 1

Mers et océans : au cœur de la mondialisation

1 L'intensification des échanges maritimes

● **Les mers et les océans sont des vecteurs majeurs de la mondialisation.** Les espaces maritimes couvrent 71 % de la surface du globe. 90 % des échanges mondiaux de marchandises (hydrocarbures, matières premières agricoles, produits manufacturés…) sont réalisés par voie maritime et témoignent de la maritimisation de l'économie mondiale. La France est une puissance maritime grâce à ses armateurs (CMA-CGM), ses chantiers navals (Saint-Nazaire) et ses forces navales.

● **Les routes maritimes révèlent l'inégale intégration des territoires dans la mondialisation.** Elles relient les grandes façades maritimes qui concentrent 75 % des flux maritimes. Certains lieux (détroits, canaux…) sont des points de passage stratégiques. La France est bien intégrée dans ces réseaux marchands grâce à ses façades maritimes (Atlantique, Méditerranée, Manche, mer du Nord) et à ses territoires ultramarins.

2 L'appropriation des espaces maritimes

● **Le droit de la mer s'applique sur l'ensemble des espaces maritimes.** Les États côtiers disposent d'une ZEE sur laquelle ils exercent leur souveraineté. 36 % des mers et des océans du globe sont territorialisés. La haute mer (eaux internationales) est soumise aux revendications des États. La France dispose de la 2e plus grande ZEE dans le monde (10,1 millions de km²).

● **Les zones de tension sont nombreuses.** Les contentieux sur les frontières maritimes se multiplient. La lutte contre la piraterie s'intensifie afin de sécuriser les routes marchandes. La liberté de naviguer est parfois remise en cause. La France, en tant que puissance navale, participe à la surveillance des océans.

3 Protection et enjeux environnementaux

● **Les espaces maritimes sont vulnérables.** Les mers et les océans sont des écosystèmes fragiles soumis à de nombreuses pressions : concentration des déchets plastiques, risques de marées noires, surpêche…

● **Les mesures de protection se multiplient.** Les aires marines protégées couvrent désormais 7,3 % de la surface du globe. La France dispose de 9 parcs naturels marins dans ses eaux métropolitaines et ultramarines.

Podcast — Synthèse à écouter

Repères géographiques

- Les principales routes maritimes p. 56-57
- Les ports et les façades maritimes p. 56-57
- Les ressources des mers et des océans p. 58-59
- Les zones de tensions et de conflits maritimes p. 58-59
- Les territoires ultramarins français p. 78-79
- Les principaux ports en France p. 80-81

Chiffres clés

- **361 millions de km²** de mers et d'océans dans le monde, soit **71 %** de la superficie planétaire
- **11 milliards de tonnes** de marchandises transportées par voie maritime chaque année
- **10,1 millions de km² :** ZEE de la France
- 36% — **36 %** des mers et des océans sont territorialisés
- **7,3 %** de la superficie des mers et des océans sont protégés

Pour aller plus loin

Bande dessinée

● *Le Monstre de plastiques,* Dominique Serafini, Expédition 7e continent, 2016.

Documentaires

Le Dessous des cartes, Arte

● « Mer de Chine : bataille navale ? », octobre 2019.

● « Câbles sous-marins, la guerre invisible », avril 2018.

Site internet

● **Ministère français des Outre-Mer :** www.outre-mer.gouv.fr/

NOTIONS

Maritimisation

→ Processus de dépendance croissante des sociétés, des économies, des territoires envers les mers et les océans. La **maritimisation** s'exprime par l'intensification des échanges internationaux de marchandises par voie maritime (abaissement du coût et des temps du transport maritime, augmentation de la taille des navires...), par l'exploitation des ressources (pêche, hydrocarbures, sable...) et par la concentration des populations et des activités sur les littoraux.

→ La maritimisation constitue également un enjeu géopolitique, une source de rivalités entre États, et un enjeu environnemental (diminution de la biodiversité, surpêche, pollutions).

Vidéo
2 min pour comprendre la maritimisation

LA MER : un espace stratégique et économique majeur

- Mondialisation des échanges
- Épuisement des ressources terrestres
- Concentration des activités sur les littoraux
- Importance stratégique des forces navales

↕

MARITIMISATION

↕

ENJEUX ÉCONOMIQUES

- Commerce maritime (conteneurisation)
- Construction navale
- Infrastructures portuaires
- Exploitation des ressources maritimes (pêche, minerais, hydrocarbures, sable)
- Production d'énergie (hydroliennes)
- Tourisme de croisière

ENJEUX GÉOPOLITIQUES ET GÉOSTRATÉGIQUES

- Extension des ZEE
- Appropriation des mers
- Liberté de navigation
- Rivalités entre puissances
- Lutte contre la piraterie
- Contrôle des routes maritimes
- Respect du droit de la mer

ENJEUX ENVIRONNEMENTAUX

- Gestion durable des espaces maritimes
- Protection (aires marines protégées)
- Pollution (marée noire, plastique...)
- Lutte contre le changement climatique

NOTIONS

ZEE (Zone économique exclusive)

▶ Vidéo
2 min pour comprendre la ZEE

→ La **ZEE** est l'espace maritime d'un État côtier qui s'étend sur 200 milles marins (370 km) à partir du littoral et sur lequel l'État est souverain en matière d'exploitation et d'exploration des ressources de la mer.
Les autres États y jouissent du « droit de passage inoffensif » (navires, avions) et de la pose de conduites d'hydrocarbures et de câbles sous-marins.
Dans certains cas, les États peuvent étendre leurs droits sur les fonds marins jusqu'à 350 milles marins.

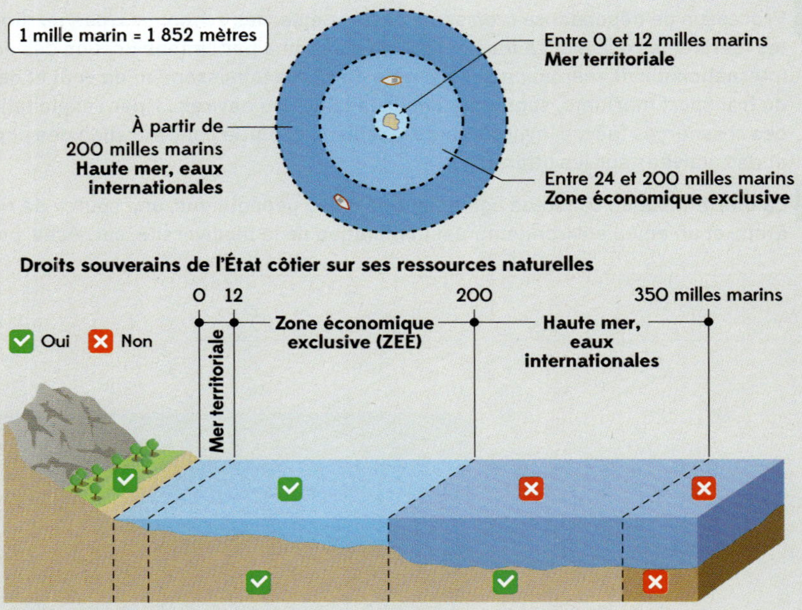

Source : *d'après Le Monde, 4-5 août 2019.*

Haute mer

→ La **haute mer** (ou eaux internationales) est l'espace maritime situé au-delà des ZEE, non soumis à la souveraineté des États côtiers. Elle couvre 64 % des mers et des océans.
La navigation y est libre, ainsi que l'exploitation des ressources vivantes ou la pose de câbles sous-marins ou de conduites d'hydrocarbures. Les sols marins et leurs richesses minérales y sont considérés comme un « bien commun de l'humanité » à préserver.

▶ Vidéo
2 min pour comprendre la haute mer

STATUT JURIDIQUE	LA HAUTE MER ET SES ESPACES	ATOUTS	ENJEUX
Aucune souveraineté	Eaux de surface	Liberté de survol Liberté de navigation	Lutter contre la pêche illégale
Aucune souveraineté	Colonne d'eau Sol	› Exploitation libre des ressources vivantes (pêche, biogénétique) › Pose libre de câbles et de conduites	› Créer des aires marines protégées en haute mer › Préserver les ressources vivantes › Sécuriser les câbles et les conduites
« Bien commun de l'humanité » ; exploitation réglementée	Sous-sol	Richesse des ressources minérales	Ressources minérales très convoitées

NOTIONS

Puissance (maritime)

→ État (ou union d'États) qui se distingue par sa capacité d'influence sur l'espace mondial dans les domaines économique, culturel, militaire et diplomatique.

→ Une **puissance maritime** exerce son influence sur les mers et les océans. La notion de « puissance maritime dominante » a été théorisée en 1890 par l'amiral américain, Alfred Thayer Mahan, en se fondant sur l'exemple de la Grande-Bretagne.

Vidéo
2 min pour comprendre la puissance maritime

Route maritime

→ Itinéraire suivi par des navires de commerce assurant le transport sur des distances longues. Il s'agit de tracés rectilignes, même si certaines routes doivent tenir compte de contraintes : détroits, canaux, glaces hivernales, tracés des côtes, excès météorologiques (tempêtes), voire zones de piraterie.

→ Les **routes maritimes** les plus importantes sont généralement transocéaniques et relient les ports aux trafics les plus importants.

Vidéo
2 min pour comprendre la route maritime

BAC Réponse à une question problématisée

▶ Description de l'épreuve et méthode générale p. 19 et p. 20-21

SUJET GUIDÉ

→ Pourquoi la France est-elle une puissance maritime inégale ?

- Pourquoi : Mot interrogatif qui oriente l'étude et le type de réponse attendue. → Il faut identifier une ou plusieurs causes.
- la France : Cadre géographique.
- puissance maritime : Notion à définir (voir p. 91).
- inégale : Ce terme indique l'existence de points forts et de points faibles.

ÉTAPE 1 Analyser le sujet

a Identifier et définir les mots clés.

b Préciser le cadre géographique.

c Déterminer le sens de la question problématisée en vous interrogeant sur le sens des mots et plus globalement sur les questions : Où ? Pourquoi ? Comment ?

▶ Après avoir analysé le sujet, choisissez parmi les propositions suivantes ce que vous devrez montrer dans votre devoir :

- La puissance maritime française ne s'exerce que dans certaines parties du monde.
- La puissance maritime française repose sur son influence militaire, stratégique, économique et culturelle.
- La puissance maritime française est caractérisée par des points forts et par des points faibles, aux causes multiples.

Conseil

▶ Vous devez toujours faire l'analyse des mots clés du sujet afin de bien en comprendre le sens et de pouvoir répondre correctement à la question.
Ce travail se fait au brouillon.

Conseil

▶ Quel type de réponse attendue selon le mot interrogatif ?
- Quels → énumérer des éléments
- Pourquoi → identifier des causes
- Comment → analyser des moyens
- Peut-on dire que → « oui / non, mais »

ÉTAPE 2 Faire un plan et mobiliser ses connaissances

a Dégager deux ou trois idées principales à partir de l'analyse de la question problématisée. Chacune de ces idées formera une partie du développement.

b Identifier deux ou trois idées secondaires qui constitueront les sous-parties. Classer les connaissances dans chaque sous-partie.

c Organiser les idées principales et secondaires pour mettre en évidence une logique de raisonnement géographique.

▶ Parmi les propositions de plan ci-contre, choisissez celle qui vous paraît la plus adaptée au sujet « Pourquoi la France est-elle une puissance maritime inégale ? ». Justifiez votre choix.

Conseil

▶ Au brouillon, vous pouvez réaliser une carte mentale pour organiser vos connaissances à mobiliser :
– les idées principales
– les arguments
– les exemples

PLAN 1

I. La France est une grande puissance maritime
1. Un espace maritime valorisé
2. Un espace protégé
II. Un espace maritime convoité
1. Un domaine maritime aux limites contestées
2. Des intérêts géostratégiques à sécuriser

PLAN 2

I. La France dispose d'importants atouts maritimes
1. De vastes espaces maritimes
2. Une économie maritime diversifiée
II. Une puissance maritime à relativiser
1. Une faible place dans la navigation et les échanges maritimes mondiaux
2. Des filières halieutiques concurrencées et sous-valorisées

d Mobiliser les connaissances utiles pour répondre à la question :

➜ Le cours p. 82-83

➜ Les cartes :
– L'espace maritime français p. 78-79
– Les ports français dans la mondialisation p. 80
– La croissance de l'économie maritime p. 81

➜ L'étude de cas « Le Havre, un port maritime dans la mondialisation » p. 72-73

➜ Les notions : Puissance maritime, Maritimisation, ZEE p. 89 à 91

Conseil

▶ Justifiez vos arguments par des exemples étudiés en cours.
Par ex. :
– Argument : les ports français sont peu compétitifs
– Exemple : le port du Havre est seulement le 67e port mondial en termes de conteneurs échangés (doc. 2 p. 72)

ÉTAPE 3 Rédiger la réponse à la question problématisée

a Vous pouvez rédiger une courte introduction en présentant brièvement le thème central du sujet.

➜ Exemple :

La puissance maritime se définit par la capacité d'un État à assurer une influence durable sur l'ensemble du domaine maritime mondial, à la fois en termes militaires et stratégiques, mais aussi économiques. La puissance maritime de la France repose sur les atouts d'un vaste domaine maritime, mais présente des faiblesses.

Conseil

▶ Définissez les mots clés du sujet : les notions, le cadre géographique.

b Rédiger la réponse à la question problématisée en suivant le plan défini.

➜ Exemple de rédaction de la 1re sous-partie de la 1re partie (I-1)

La puissance maritime française repose sur de nombreux atouts.
La France dispose d'un vaste domaine maritime. Par son ouverture sur l'océan Atlantique, la mer du Nord, la Manche et la Méditerranée, la France métropolitaine (Corse comprise) dispose d'environ 7 000 kilomètres de côtes. Elle possède la deuxième plus vaste ZEE du monde grâce à ses territoires ultramarins (Nouvelle-Calédonie, Polynésie française, Wallis-et-Futuna dans le Pacifique, Mayotte, La Réunion et les TAAF dans l'océan Indien, Saint-Pierre-et-Miquelon, Guyane dans l'Atlantique et Martinique, Guadeloupe, Saint-Martin et Saint-Barthélemy dans la mer des Caraïbes). La France dispose ainsi, dans tous les océans du monde, de plus de 10 millions de km² de zone économique exclusive (ZEE) sur lesquelles elle exerce sa souveraineté en matière d'exploitation et d'exploration des ressources de la mer.

Conseil

▶ Rédigez une phrase annonçant le thème de la partie, puis faites des sous-parties comportant chacune une idée importante du thème, des explications et des exemples.

▶ Rédigez la suite de la réponse à la question problématisée.

c Vous pouvez rédiger une courte conclusion : une réponse synthétique à la question problématisée.

Entraînez-vous !

Sujet blanc

• Peut-on dire que l'appropriation des espaces maritimes est uniquement source de conflictualités ?

BAC Analyse de document

▶ Description de l'épreuve et méthode générale p. 19 et p. 22-23

SUJET GUIDÉ

En analysant le document, vous montrerez que l'exemple des îles Senkaku/Diaoyu illustre les enjeux économiques et stratégiques liés aux espaces maritimes.
L'analyse du document constitue le cœur de votre travail, mais nécessite, pour être menée, la mobilisation de vos connaissances.

Les tensions sino-japonaises en mer de Chine orientale

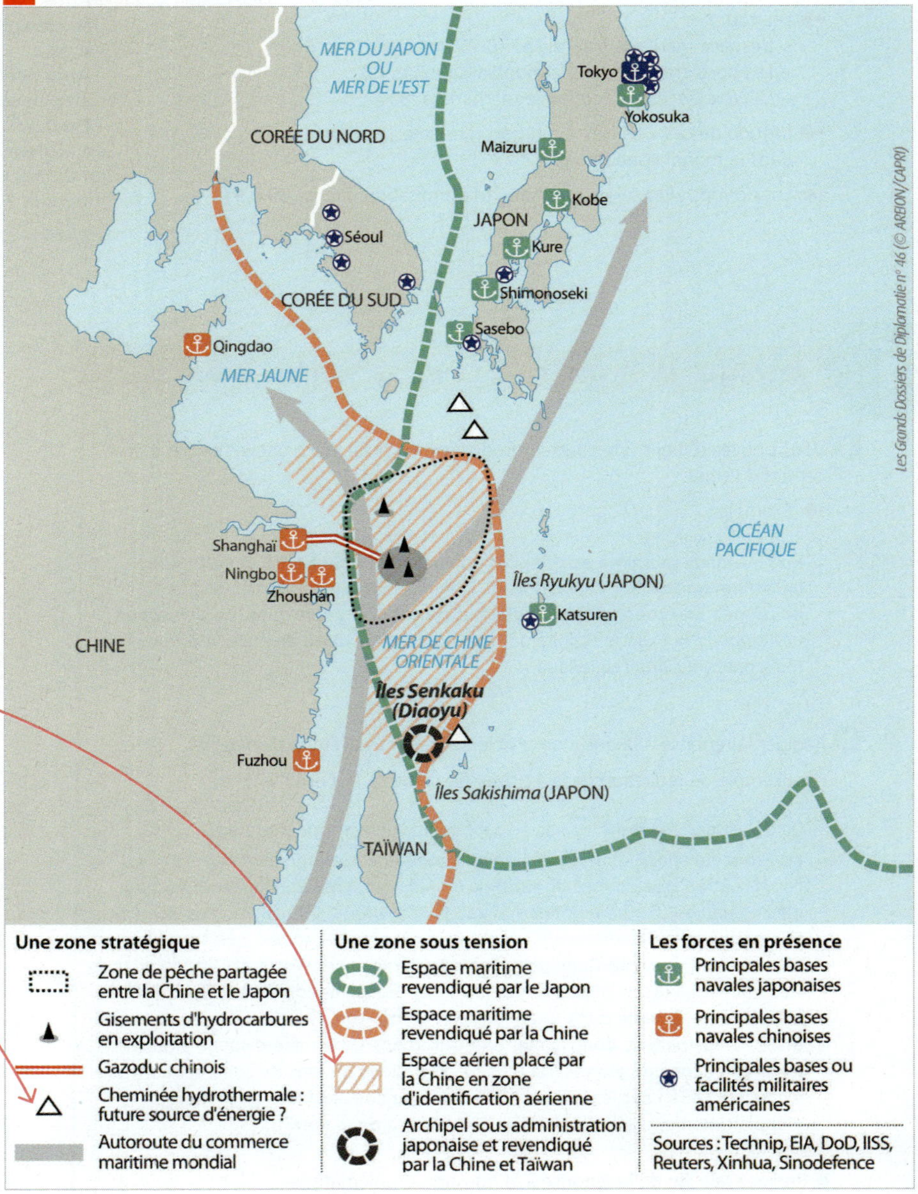

Source : « Mers et océans », Les Grands Dossiers de *Diplomatie*, n° 46, août-septembre 2018.

L'archipel Senkaku (en japonais) / Diaoyu (en chinois) est un groupe de cinq îles japonaises, d'une superficie totale d'à peine 7 km².

Zone d'identification aérienne : espace aérien dans lequel l'identification, la localisation et le contrôle des avions civils sont effectués dans l'intérêt de la sécurité nationale.

Cheminées hydrothermales : sources d'eau chaude situées entre deux plaques tectoniques au fond des océans.

Conseil
Utilisez les informations fournies dans le paratexte accompagnant le document.

ÉTAPE 1 Analyser le sujet

▶ Le sujet invite à mettre en évidence et à expliquer les enjeux économiques et géostratégiques autour de l'archipel Senkaku/Diaoyu en mer de Chine orientale, puis à montrer que des enjeux identiques se retrouvent dans d'autres mers à travers le monde.

ÉTAPE 2 Analyser le document : la carte

▶ Les questions à se poser :

- Quel est l'espace cartographié ?
- Quelles informations sont fournies par les titres et les éléments de la légende ?
- Quels sont les acteurs évoqués ? Où sont-ils localisés ? Comment agissent-ils sur l'espace ?
- Quels sont les intérêts en jeu dans cet espace ?

▶ Les connaissances à mobiliser :

- Le vocabulaire : territorialisation, droit de la mer, ressources halieutiques et énergétiques.
- Les notions : Zone économique exclusive (ZEE), Route maritime p. 90-91
- Le cours : § 1 et 2 p. 62
- Les cartes : p. 56-57, p. 58-59

Conseil

▶ Utilisez vos connaissances pour expliciter les informations du document.

ÉTAPE 3 Répondre au sujet

a Rédiger l'introduction.

- Présentez le document.
- Annoncez la problématique.

→ Exemple :

En mer de Chine orientale, l'archipel des îles Senkaku/Diaoyu est un exemple de zone maritime stratégique faisant l'objet de tensions entre plusieurs États. Le contrôle des ressources, d'une part, et le leadership régional, d'autre part, en sont les principaux enjeux.

b Rédiger l'analyse du document.

→ Exemple de rédaction de la 1re partie :

Administré par le Japon, l'archipel des Senkaku, un ensemble de 7 km² d'îles inhabitées, est convoité par la Chine et par Taïwan. L'enjeu porte sur le contrôle des ressources énergétiques (hydrocarbures, énergie hydrothermale) et halieutiques (zone de pêche). L'exploitation de ces ressources est en principe définie en vertu du droit de la mer (Convention de Montego Bay, 1982) par la délimitation d'une zone économique exclusive pour chaque État riverain, mais la Chine revendique sa souveraineté sur des espaces plus étendus. Les autorités chinoises ont concrétisé la territorialisation croissante de la mer de Chine orientale avec l'exploitation offshore des gisements gaziers et la construction d'un gazoduc les reliant à Shanghai ; cependant, les ressources présentant un intérêt stratégique moindre peuvent donner lieu à des négociations comme le montre l'accord de partage d'une zone de pêche entre la Chine et le Japon.

→ Rédigez la 2e partie en vous appuyant sur les idées suivantes :

- Concurrence pour le leadership régional
- Intérêt stratégique du contrôle de la route maritime majeure reliant la Chine et le Japon à l'Asie du Sud-Est et au Moyen-Orient
- Extension de la puissance chinoise en mer de Chine orientale (bases navales, espace aérien de la zone revendiquée sous contrôle chinois)
- Volonté de limiter les ambitions chinoises dans cette zone (bases navales japonaises et américaines).

c Rédiger la conclusion.

Entraînez-vous !

Document

- Carte « L'espace maritime français : atouts et enjeux de puissance » (ch. 2 p. 78)

Sujet blanc

- En analysant le document, vous montrerez que les espaces maritimes participent à la puissance de la France. L'analyse du document constitue le cœur de votre travail, mais nécessite, pour être menée, la mobilisation de vos connaissances.

BAC Réalisation d'un croquis

▶ Description de l'épreuve et méthode générale p. 19 et p. 24-25

SUJET GUIDÉ

Les espaces maritimes, vecteurs de la mondialisation et sources de tensions

À partir du texte, vous construirez, à l'aide du fond de carte fourni, un croquis correspondant au sujet suivant : « Les espaces maritimes, vecteurs de la mondialisation et sources de tensions », accompagné d'une légende organisée.

Fond de carte différencié

ÉTAPE 1 Lire le sujet et la consigne

▶ **Les questions à se poser :**

➔ À quels espaces le sujet s'applique-t-il ?

Le sujet s'applique aux mers et océans à l'échelle mondiale.

➔ Que devra montrer le croquis ?

Le croquis devra montrer, d'une part, que ces espaces jouent un rôle important dans la diffusion de la mondialisation et, d'autre part, qu'ils sont sources de tensions entre les États.

ÉTAPE 2 Relever les informations dans le texte

Identifier le **thème de chaque partie du texte.**

Sélectionner les **informations à cartographier pour répondre au sujet.**

Relever les noms permettant de **localiser les informations sur le croquis**.

Les mers et les océans sont des espaces majeurs de la mondialisation. 90% des flux intercontinentaux de marchandises s'effectuent par voie maritime. Les principales routes maritimes relient les grands ports des façades asiatique (Shanghai, Tianjin), européenne (Rotterdam) et américaine (Los Angeles, Houston). La forte concentration du trafic dans les principaux détroits (Ormuz, Malacca, Bab el-Mandeb, Bosphore, Gibraltar) et les canaux interocéaniques (Suez, Panama) en font des points de passage stratégiques : plus de 40 % du trafic mondial de marchandises transitent par le canal de Suez ; 20 % de la consommation mondiale de pétrole passe par le détroit d'Ormuz, au débouché du golfe Arabo-Persique.

Les espaces maritimes sont aussi des lieux de rivalités et de tensions entre les États qui convoitent leurs ressources. L'accès aux zones de pêche et l'exploitation des ressources énergétiques et minérales sous-marines sont définis par une zone économique exclusive (ZEE) propre à chaque État côtier. Les États-Unis possèdent le plus vaste domaine maritime avec une ZEE de 12,2 millions de km², devant la France (10,1 millions de km²). La délimitation des ZEE fait l'objet de litiges entre les États lorsque des intérêts économiques ou géostratégiques sont en jeu, par exemple en mer de Chine méridionale, dans le canal du Mozambique, le golfe Arabo-Persique, l'océan Arctique. Le contrôle des mers est devenu un moyen d'affirmation de la puissance : la flotte de guerre des États-Unis, 1re force navale du monde, est déployée dans le nord du Pacifique, dans l'Atlantique, la Méditerranée et l'océan Indien ; la Marine française est opérationnelle dans le golfe de Guinée et le nord de l'océan Indien, notamment pour lutter contre la piraterie maritime qui sévit dans ces régions.

ÉTAPE 3 Classer les informations et choisir les figurés

▶ Recopiez ce tableau pour vous aider à faire la légende du croquis. Complétez les informations et les figurés manquants à l'aide des éléments prélevés dans le texte.

Conseil

▶ Vous pouvez reformuler les informations pour les simplifier, les synthétiser ou les rendre plus précises si nécessaire.

Thème	Informations	Reformulation	Figurés	Lieux
1. Des espaces majeurs de la mondialisation	• ………		•	………
	• Façades	→ Façades maritimes	•	………
	• Grands ports		• ………	• Shanghai, Tianjin, Rotterdam
	• Principaux détroits • Canaux interocéaniques • Passages stratégiques	→ Passages stratégiques (détroits, canaux interocéaniques)	•	• Gibraltar
2. Des espaces sources de tensions	• Zone économique exclusive (ZEE)		• ………	………
	• ………		•	………
	• Flotte de guerre des États-Unis • Marine française	→ Forces navales (États-Unis, France)	•	………
	• ………		•	………

Tableau à imprimer

ÉTAPE 4 Réaliser le croquis

▶ Compléter le croquis.

→ À l'aide du tableau complété, écrivez le nom des lieux indiqués dans le texte en respectant les localisations.

→ Rédigez et ordonnez la totalité de la légende.

→ Donnez un titre au croquis.

Conseil

▶ Reportez-vous au « guide carto » p. 282 pour apprendre à réaliser un croquis et connaître les pièges à éviter.

BAC Sujets blancs

▶ Description de l'épreuve et méthode générale p. 19 et p. 20-25

▶ Réponse à une question problématisée

SUJET

Comment la mondialisation accroît-elle l'importance des espaces maritimes ?

▶ Analyse de document

SUJET

En analysant le document, vous expliquerez les enjeux présents en mer Méditerranée. L'analyse du document constitue le cœur de votre travail, mais nécessite, pour être menée, la mobilisation de vos connaissances.

Trafic maritime et espaces protégés en Méditerranée

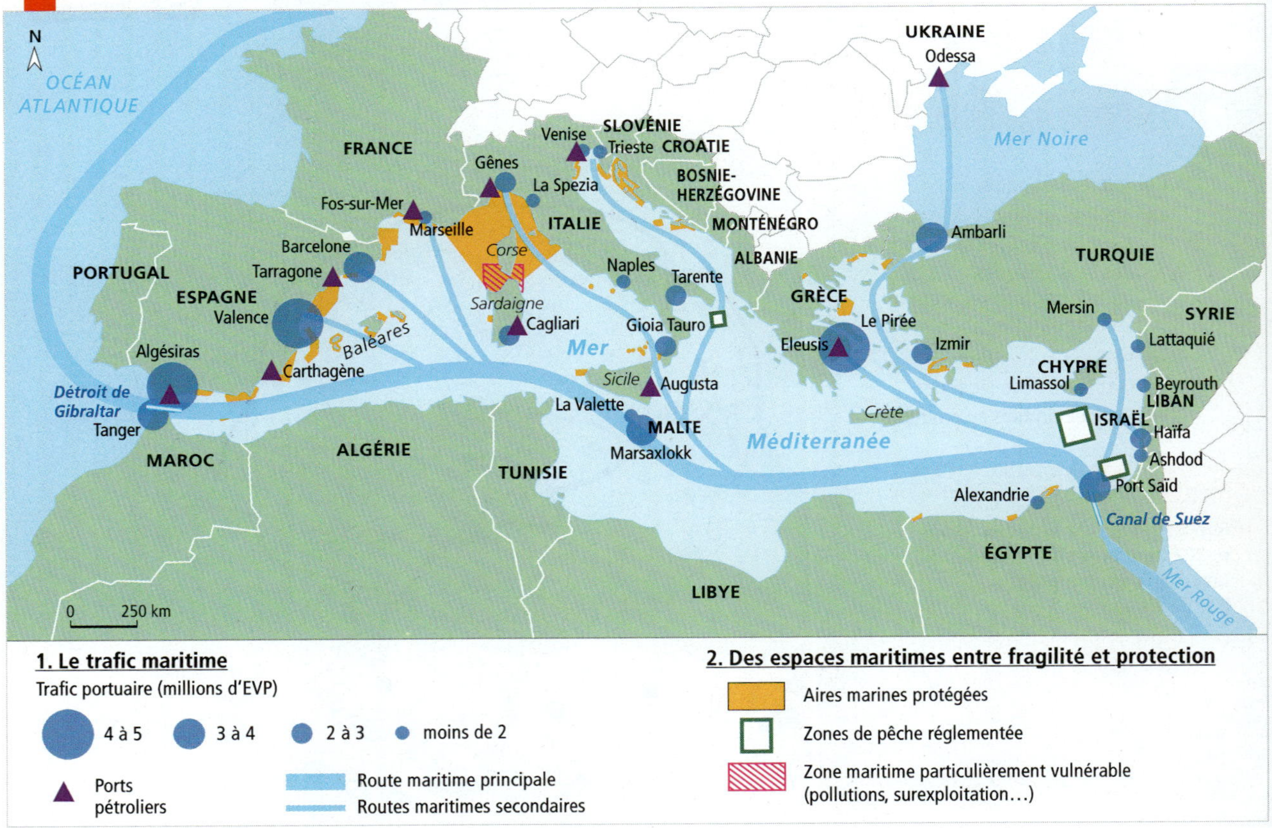

Avec seulement 1 % de la surface des mers, la Méditerranée concentre à elle seule 1/3 du trafic maritime et du trafic pétrolier mondial et 2 % de la pêche mondiale.

Réalisation d'un croquis

SUJET

Les mers et les océans, enjeux économiques pour la France

À partir du texte, vous construirez, à l'aide du fond de carte fourni, un croquis correspondant au sujet suivant : « Les mers et les océans, enjeux économiques pour la France », accompagné d'une légende organisée.

Les mers et les océans constituent un espace de ressources pour de nombreuses activités économiques. La possession de nombreux territoires d'outre-mer, parmi lesquels la Martinique, la Guadeloupe, La Réunion, la Guyane, fait de France la 2e plus vaste zone économique exclusive du monde et lui donne une grande diversité de ressources halieutiques. Ainsi, des zones de pêche sont exploitées non seulement au large du territoire métropolitain, mais aussi dans tous les océans du monde ; le sous-sol des espaces maritimes français est aussi source de richesses constituant un atout géostratégique comme les hydrocarbures (gisement pétrolier offshore au large de la Guyane) et les minerais rares (océan Pacifique).

La maritimisation de l'économie française s'est accentuée avec la mondialisation. L'ouverture du territoire sur l'océan Atlantique, la Manche, la mer du Nord et la mer Méditerranée est un atout pour le développement de l'activité portuaire. Parmi les 66 ports français, sept grands ports maritimes (GPM) concentrent plus de 90 % du trafic métropolitain : Le Havre (premier port français pour le trafic de conteneurs) et Marseille ont un trafic annuel supérieur à 60 millions de tonnes et sont les principaux ports d'importation d'hydrocarbures en France ; Dunkerque, Rouen, Nantes/Saint-Nazaire, La Rochelle et Bordeaux connaissent un trafic plus faible. Ces ports sont connectés aux routes maritimes majeures qui parcourent la Manche (détroit du Pas-de-Calais), l'Atlantique et la Méditerranée (détroit de Gibraltar et canal de Suez). Bien que la France occupe une place modeste dans la navigation mondiale, elle est le siège d'une grande firme transnationale spécialisée dans le transport maritime : la CMA-CGM, basée à Marseille, est le leader mondial du transport en porte-conteneurs.

Fond de carte

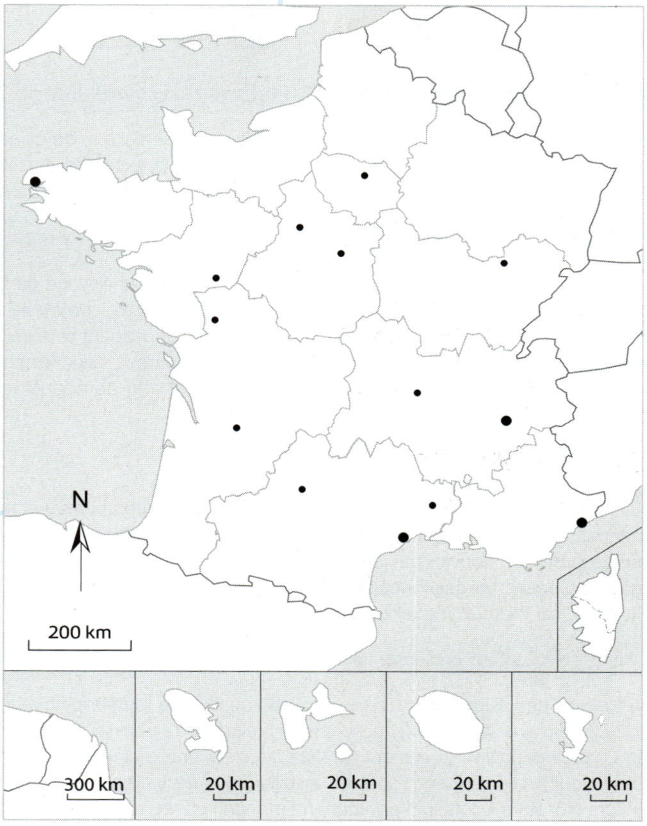

Jean-Philippe, responsable qualité et R&D

Fiche Métier

→ **Responsable qualité, hygiène, sécurité, environnement**

- **Niveau minimum d'accès :** BAC +3
- **Salaire d'un débutant :** 1 450 à 1 700 € net
- **Salaire en milieu de carrière :** 2 000 à 2 500 € net
- **Statut :** salarié, fonctionnaire
- **Compétences requises :**

✓ pédagogie ✓ écoute ✓ polyvalence ✓ rigueur ✓ disponibilité

PARCOURS D'ÉTUDES POSSIBLES

- BTS Métiers des services à l'environnement
- DUT Qualité, hygiène, sécurité, environnement
- Licence pro QHSE
- Master/diplôme d'ingénieur QHSE

CV EXPRESS

Jean-Philippe, 40 ans, Ajaccio (Corse-du-Sud)

FORMATION

- Bac STL (Ajaccio, Corse-du-Sud)
- DUT Génie biologique option agroalimentaire, Corte (Haute-Corse)
- Licence Qualité des produits agroalimentaires, Corte (Haute-Corse)

Expériences professionnelles

→ **Gloria Maris, responsable QHSE et R&D (Afa, Corse-du-Sud)**

→ Socopan, responsable QHSE (Afa, Corse-du-Sud)

→ Panavi Groupe, responsable QHSE (Afa, Corse-du-Sud)

Le métier de Jean-Philippe

Témoignage complet

Que vous ont apporté vos études en IUT dans votre vie professionnelle ?

Elles m'ont permis d'acquérir des compétences de base dans le domaine de la qualité des produits de l'agroalimentaire, tout en éveillant en moi la recherche de l'excellence et l'envie de faire rayonner dans le monde entier le savoir-faire agroalimentaire français.

Pouvez-vous nous présenter les activités développées par votre entreprise ?

Le Groupe Gloria Maris développe des activités durables d'élevage de poissons en milieu marin. De nombreuses marques de qualité sont respectées, comme le Label rouge ou la certification Bio. Les différentes structures du groupe participent et développent également des projets de Recherche&Développement qui permettent, avec les chercheurs, de faire avancer les connaissances dans ce secteur d'activité afin de nourrir la planète, tout en évitant la surpêche.

Quelles sont vos tâches au quotidien ?

J'ai la chance de pouvoir partager mon quotidien entre mon bureau et les sorties en pleine mer dans la baie d'Ajaccio. Les tâches varient à chaque saison et en fonction des conditions météo. Vous ne pouvez pas être uniquement responsable Qualité : il faut aussi être un marin accompli, un gestionnaire, un environnementaliste, un politicien, un enseignant et un élève, car c'est un métier où l'on apprend en permanence.

Pourriez-vous nous présenter un projet sur lequel vous travaillez actuellement ?

Je travaille depuis trois ans sur un projet d'aquaculture multitrophique intégrée (AMTI), en coopération avec le centre de recherche de Stella Mare en Corse. C'est un concept développé au Canada depuis vingt ans qui consiste à recréer une chaîne alimentaire avec des espèces endémiques. Leur présence sous les installations principales de l'élevage permet de limiter encore plus les impacts sur l'environnement marin en recyclant naturellement les déchets liés à l'aquaculture (déjections, restes alimentaires).

L'employeur de Jean-Philippe

Gloria Maris GROUPE

- **Nom de l'entreprise :** Ferme marine des Sanguinaires Groupe Gloria Maris
- **Année de création :** 1992
- **Siège social :** Afa (Corse-du-Sud)
- **Pays d'implantation :** France, Italie, Maroc

Nombre de salariés : 180

Votre projet d'orientation

- Faites une recherche sur le type de formation dispensée dans un institut universitaire de technologie (IUT).
- Pensez-vous que le contenu et l'organisation de ces formations conviennent à votre projet d'orientation ?

→ Usha, ingénieure en sécurité industrielle

Fiche Métier

→ **Ingénieure en sécurité industrielle**

- **Niveau minimum d'accès :** BAC +5
- **Salaire d'un débutant :** 2 800 € net
- **Salaire en milieu de carrière :** 4 300 € net
- **Statut :** salarié, indépendant
- **Compétences requises :**

✓ rigueur technique ✓ polyvalence ✓ adaptabilité

PARCOURS D'ÉTUDES POSSIBLES

- Diplôme d'ingénieur chimiste
- Master (chimie, environnement, maîtrise des risques industriels)

CV EXPRESS

Usha, 35 ans, Boulogne-Billancourt (Hauts-de-Seine)

FORMATION

- Bac S (Curepipe, île Maurice)
- L2 Sciences de la matière (physique-chimie) option prépa concours, université de Toulouse
- École d'ingénieurs de chimie de Toulouse (ENSIACET)

Expériences professionnelles

→ **TechnipFMC (La Défense), ingénieure en sécurité industrielle**

→ TOTAL, Londres (Royaume-Uni), ingénieure en sécurité industrielle

→ INPEX, Londres/Houston/Geoje, ingénieure en sécurité industrielle

→ DORIS Engineering (Paris), ingénieure en sécurité industrielle

Le métier d'Usha

Témoignage complet

Pouvez-vous nous présenter votre parcours d'études ?

J'ai vécu à l'île Maurice jusqu'à mes 17 ans avant d'arriver en France grâce à une bourse d'études supérieures. J'ai passé une L2 Sciences de la matière avec option prépa concours à l'université de Toulouse. J'ai ensuite intégré une école de chimie sur concours. L'université m'a permis de gagner en autonomie et en rigueur. L'école d'ingénieurs m'a donné le bagage technique en sécurité industrielle.

Racontez-nous votre parcours professionnel.

J'ai créé ma société après mon licenciement pour motif économique, suite à la baisse d'activité liée à la chute du prix du pétrole de 2014-2016. Mon expérience de salariée-cadre en CDI pendant dix ans m'a permis d'acquérir des connaissances techniques et de me constituer un carnet d'adresses. Aujourd'hui, je facture mon expertise et mes conseils à des sociétés comme Total et Technip FMC.

En quoi consiste votre métier au quotidien ?

Je travaille sur la conception et la construction de plateformes offshore. Mon métier consiste à prévenir les fuites de gaz et de nappes d'hydrocarbures, ainsi que les risques d'incendie et d'explosion. Je mets en place tous les moyens permettant de limiter les dégâts et de mettre en sécurité les opérateurs en cas d'accident majeur.

Sur quels projets avez-vous travaillé récemment ?

Entre 2011 et 2016, j'ai travaillé sur une plateforme construite en Corée du Sud et installée au large de l'Australie où elle produit du gaz naturel depuis 2017. Actuellement, je travaille sur un projet de plateformes flottantes connectées à un site onshore dans l'Arctique russe.

En quoi la géographie est-elle utile dans votre métier ?

La climatologie et l'océanographie sont utiles pour la conception d'équipements devant résister à des conditions extrêmes (vagues, vent). Il s'agit aussi d'organiser le transport du matériel et le planning des chantiers. Par exemple, l'installation des plateformes dépend des contraintes climatiques (cyclones en Australie, fonte de la banquise en Russie) : le planning est millimétré car tout décalage dans le temps a des répercussions financières énormes ! Les données de géographie et de géologie sont aussi utilisées pour étudier les zones de forage.

L'employeur d'Usha (indépendante)

Nom de l'entreprise : The Wolf of O&G

Année de création : 2018

Siège social : Boulogne-Billancourt (92)

Nombre de salarié : 1

Votre projet d'orientation

- Faites une recherche sur la différence entre « prépa intégrée » et « CPGE ».
- L'une de ces deux formations vous conviendrait-elle ?

La vache qui rit
La vache qui rit
La vache qui rit
Géolocalisation
AFRIQUE
Antsirabé
MADAGASCAR

THÈME 2

Dynamiques territoriales, coopérations et tensions dans la mondialisation

La mondialisation renforce l'intégration des territoires à toutes les échelles. L'affirmation de nouvelles puissances et de nouveaux acteurs contribue au creusement des disparités et à l'inégale attractivité des territoires. Dans ce contexte concurrentiel, la mondialisation est facteur de coopérations, mais aussi de tensions.

Pourquoi la mondialisation est-elle source d'inégalités, de tensions, mais aussi de coopérations ?

Commerce informel à Antsirabé (Madagascar), 2016.
La Vache qui rit® est une marque appartenant au groupe agroalimentaire français Bel.

Pour entrer dans le thème

Dynamiques territoriales, coopérations et tensions dans la mondialisation

VU AU COLLÈGE ET AU LYCÉE

- **en 3e**
  - La France et l'Europe dans le monde
- **en 2de**
  - Développement et inégalités
  - Des mobilités généralisées
- **en 1re**
  - La métropolisation : un processus mondial différencié
  - Une diversification des espaces et des acteurs de production

Cours du collège et au lycée

A Vérifier ses repères géographiques

doc. 1 Les espaces productifs dans le monde

Carte interactive

1. Des espaces productifs hiérarchisés

- Principaux espaces productifs mondialisés
- Espaces productifs émergents
- Espaces peu productifs
- Principales façades industrialo-portuaires
- Principaux littoraux touristiques
- Principaux ports

2. Un réseau métropolitain de production

- Métropoles productives mondiales
- Métropoles productives secondaires
- Métropoles productives émergentes
- Principales bourses mondiales
- Principaux aéroports internationaux

1 **doc. 1** Identifiez les régions du monde qui concentrent le plus grand nombre de métropoles productives.

2 **doc. 1** Localisez les principales façades industrialo-portuaires.

doc. 2 Les espaces productifs en France

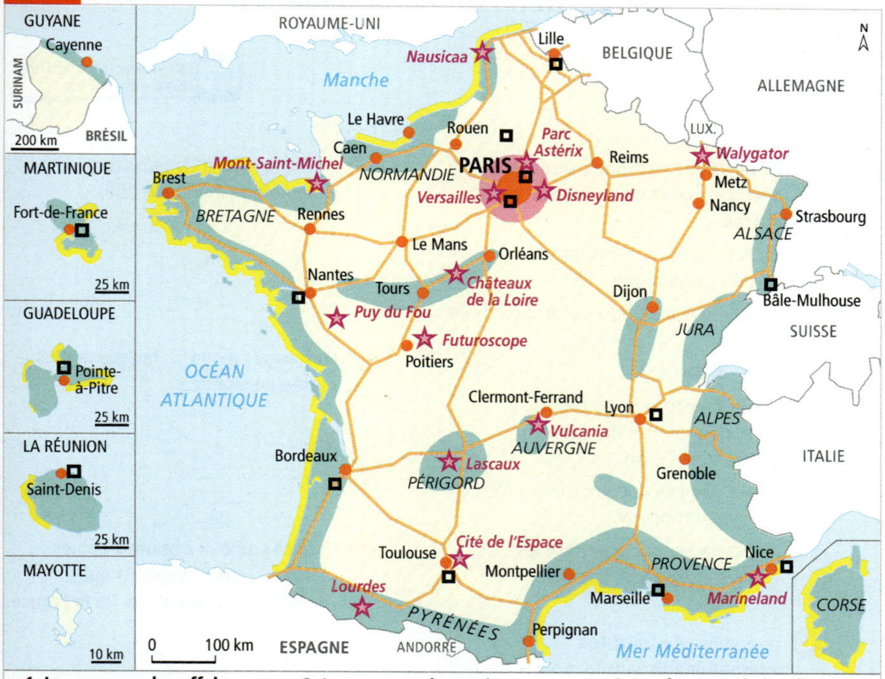

1. Les espaces des affaires
- Paris, métropole mondiale
- Autres métropoles

2. Les espaces du tourisme
- Principal pôle touristique mondial
- Sites touristiques majeurs
- Régions touristiques (tourisme balnéaire, de montagne, culturel)

3. Les facteurs de localisation des activités de services
- Principaux axes de transport terrestre
- Principaux aéroports
- Littoraux attractifs

Carte interactive

3 **doc. 2** Identifiez les espaces français dynamisés par le tourisme.

4 **doc. 2** Citez le principal pôle touristique mondial et trois exemples de sites majeurs qu'il concentre.

5 **doc. 2** Citez et localisez les principaux aéroports internationaux français.

6 **doc. 2** Citez les régions françaises bien connectées aux pays européens voisins par des axes de communication majeurs.

7 **doc. 3** Citez les régions du monde où le français est une langue nationale.

8 **doc. 3** Citez le continent où le nombre de pays ayant le français comme langue nationale est le plus important.

doc. 3 Les langues européennes dans le monde

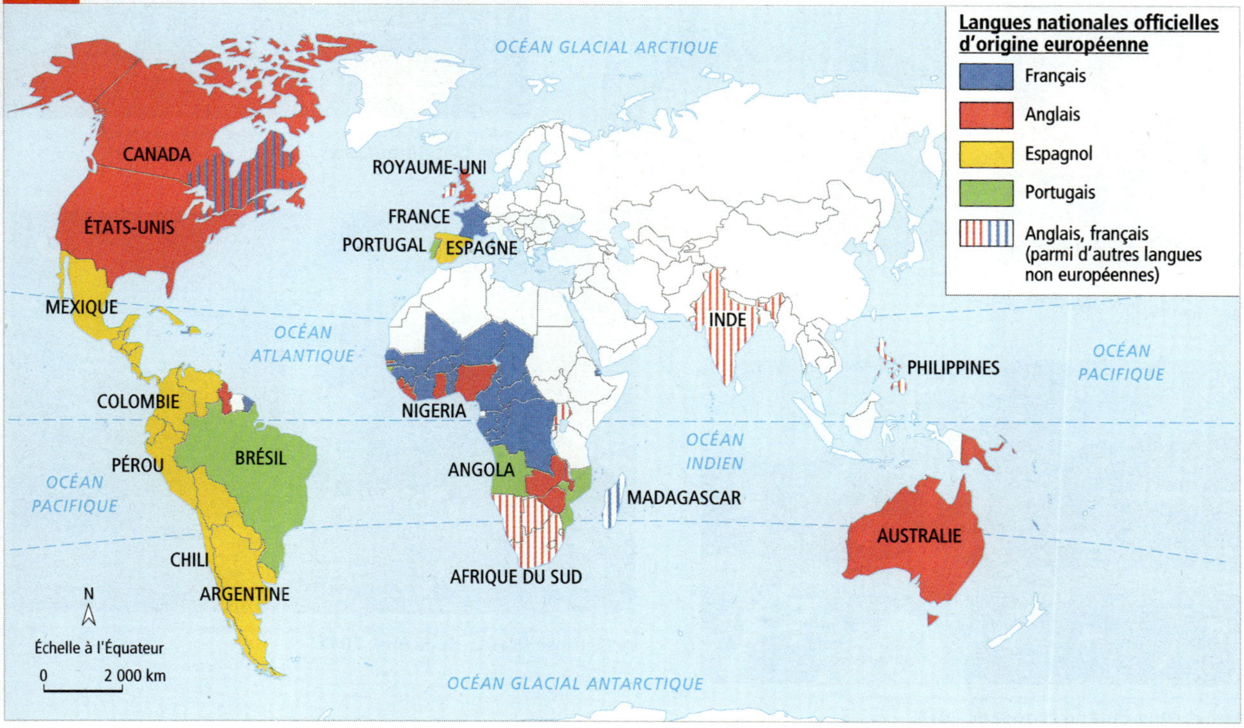

B Tester ses connaissances

Version interactive des exercices

9 Parmi ces pays, quelles sont les principales puissances émergentes ?

a Chine
b Brésil
c Canada
d Turquie
e Inde
f Afrique du Sud
g Russie
h Australie

10 Singapour :

a est une place financière mondiale.
b est l'un des premiers ports mondiaux.
c est une métropole mondiale située en Chine.
d a connu un « miracle économique » en quelques décennies.
e est un pays vaste et riche en ressources naturelles.

11 Parmi ces métropoles, lesquelles sont de rang mondial ?

a Paris
b Mumbai
c Londres
d New York
e Johannesburg
f Tokyo

12 Parmi ces propositions, lesquelles décrivent la situation du continent africain :

a A terminé sa transition démographique.
b A une population particulièrement jeune.
c A un IDH élevé.
d Est un espace peu productif et peu intégré dans la mondialisation.
e Ne compte aucune métropole de niveau mondial.
f Est un espace qui attire les investissements chinois.

13 Le nombre de touristes internationaux dans le monde en 2019 était de :

a 1,5 milliard
b 2,5 milliards
c 3,8 milliards

14 La France est la … puissance économique mondiale (PIB).

a 4e
b 7e
c 9e

15 Le français est la … langue la plus parlée au monde.

a 1re
b 3e
c 5e

16 Pour chacune des photographies suivantes, citez l'élément qui contribue à l'attractivité de la France.

1
Honfleur (Calvados), 2019.

2
Fuissé (Saône-et-Loire), 2019.

3
Parc du Puy-du-Fou (Vendée), 2019.

4
La Défense (Hauts-de-Seine), 2019.

C Mobiliser le vocabulaire et les notions

17 **Reliez chaque mot à sa définition.**

EXO Exercice interactif

a. Métropole mondiale
b. Puissance émergente
c. Intégration régionale
d. Centre
e. Firme transnationale (FTN)

1. Puissance connaissant une croissance économique forte depuis les années 1990 et qui souhaite jouer un rôle à l'échelle mondiale face aux grandes puissances.
2. Processus qui consiste à rapprocher les nations entre elles pour supprimer les entraves à la liberté de circulation des biens, des services, des capitaux et des facteurs de production et favoriser les échanges.
3. Lieu de concentration d'activités et de pouvoir de commandement.
4. Entreprise implantée dans de nombreux pays et qui réalise la majeure partie de son chiffre d'affaires en dehors de son pays d'origine.
5. Ensemble urbain dont la taille et le rôle de commandement économique, financier et culturel lui donnent une influence sur le reste du monde.

D Expliquer des situations géographiques

ORAL

doc. 4 **La Silicon Valley, un territoire innovant**

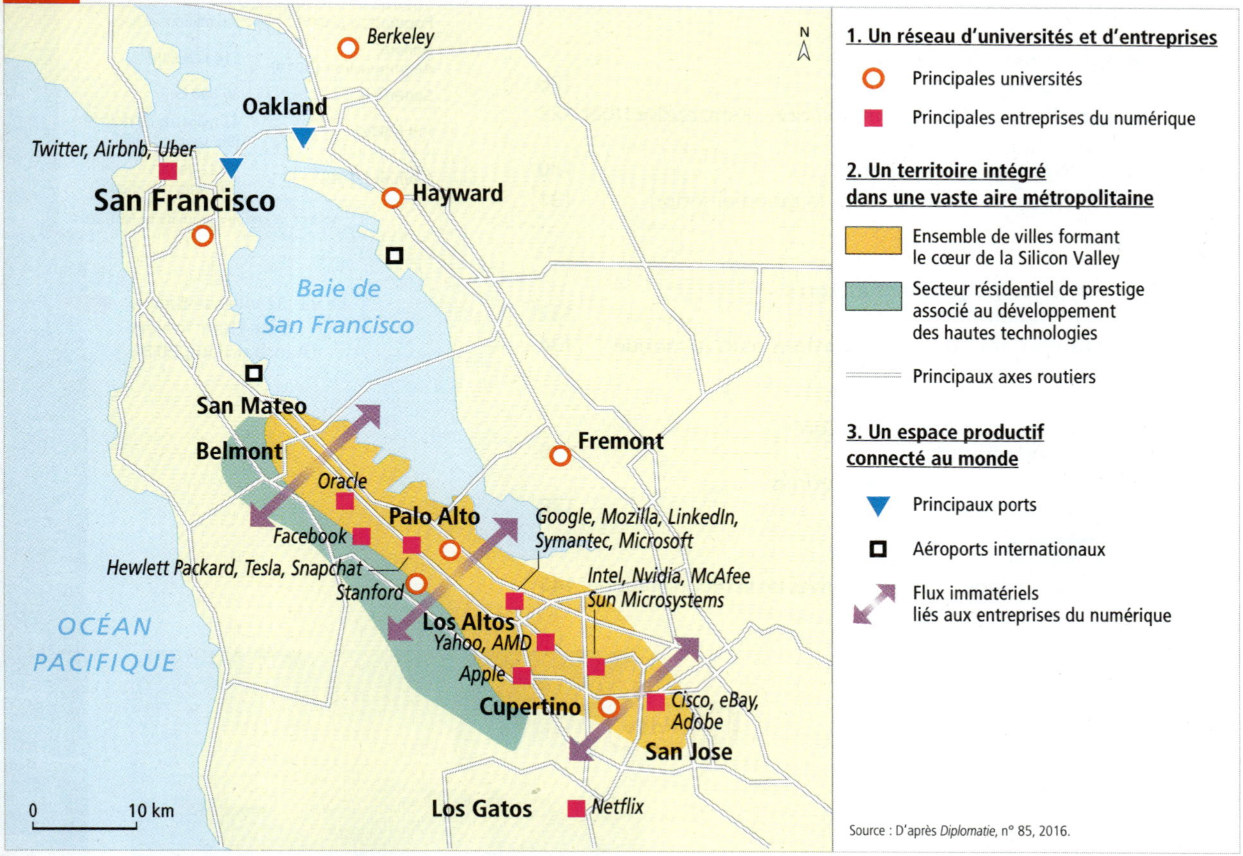

Source : D'après *Diplomatie*, n° 85, 2016.

18 **En vous appuyant sur la légende de la carte, décrivez et expliquez en quelques phrases la situation géographique de la Silicon Valley.**

THÈME 2

CHAPITRE 3 Dynamiques territoriales, coopérations et tensions dans la mondialisation

Comment la mondialisation recompose-t-elle les territoires ?

Quelle gouvernance la mondialisation implique-t-elle ?

Textes DYS
TOUS LES TEXTES EN VERSION DYS
lyceen.nathan.fr/geoterm-2020

SOMMAIRE

Zoom sur…

L'Azerbaïdjan

Population (2019)	9,9 millions d'hab.
Densité de population (2019)	114 hab./km²
Superficie	86 600 km²
PIB (2018)	47 milliards de dollars (86e rang mondial)
PIB/hab (2018)	4 722 dollars (97e rang mondial)

Source : Banque mondiale et FMI, 2020.

La vieille ville de Bakou et les Flam Towers (Azerbaïdjan), 2019.

Pour entrer dans le chapitre

Vidéo

« La nouvelle route du gaz », Avenue de L'Europe, France 3, 21 novembre 2018.

RUSSIE
AZERBAÏDJAN

Les îles de la Caraïbe : entre ouverture mondiale et intégration régionale

Zoom sur…

Les îles de la Caraïbe (2018)

Population	43,4 millions d'hab.
Superficie	235 830 km²
États indépendants	13
Territoires non souverains	17

Comment les îles de la Caraïbe s'intègrent-elles dans la mondialisation ?

A Des territoires inégalement intégrés dans la mondialisation

1 Les îles de la Caraïbe dans la mondialisation

Carte interactive

Sources : Commission économique pour l'Amérique latine et les Caraïbes, 2018 ; PNUD, 2018 ; recensements nationaux, 2019 ; Oxfam, 2019 ; Atlas Caraïbe, 2012.

Vocabulaire

- **Connectivité aérienne :** ensemble des connexions d'un territoire à d'autres territoires par voie aérienne.
- **Insularité :** ensemble des caractéristiques qui donnent à un territoire et à sa population les aspects typiques d'une île en fonction de son isolement et/ou de son éloignement.
- **Paradis fiscal :** territoire à la fiscalité avantageuse par rapport à d'autres pays (impôts inexistants ou réduits, législation empêchant l'échange d'informations avec les autres États, tolérance envers les sociétés écrans ayant une activité fictive).
- **Société écran :** voir p. 126.
- **Zone franche :** territoire dans lequel la législation économique nationale ne s'applique pas (droits de douane, fiscalité) et où les marchandises entrent et sortent librement.

2 Les 5 îles caribéennes les plus connectées

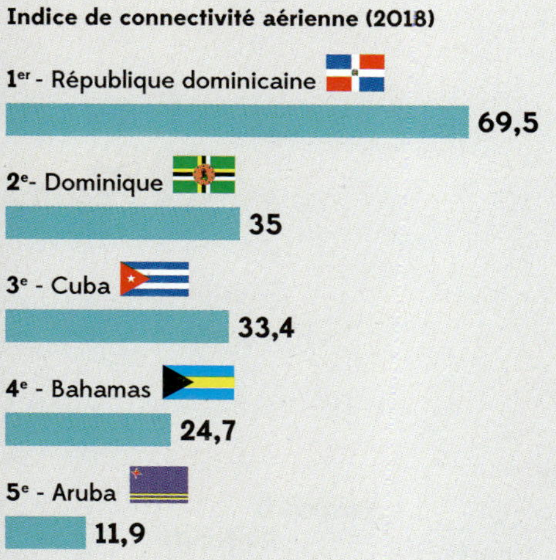

L'indice de connectivité aérienne mesure la qualité du réseau de transport aérien en prenant en compte le nombre de destinations, la fréquence hebdomadaire, le nombre de sièges par vol et la taille de l'aéroport de destination.

Source : Association internationale du transport aérien (IATA), 2018.

3 George Town (îles Caïmans) : une ville dans la mondialisation du tourisme

George Town est aussi l'un des plus importants paradis fiscaux de la planète. Photographie prise en 2017.

4 Un marché caribéen ouvert sur le monde

Parole de géographes

Les économies insulaires dépendent souvent de leur ancienne, ou actuelle, métropole qui poursuit ses échanges avec ses anciennes colonies, ou ses dépendances territoriales plus ou moins autonomes. Désormais, les territoires insulaires caribéens disposent d'une grande gamme de produits provenant de la planète entière. Les territoires insulaires caribéens ont tendance à s'affranchir de leur dépendance historique par rapport à l'Europe et aux États-Unis. Ils ont renforcé leurs liens avec le reste de l'Amérique, mais surtout avec le reste du monde. Leur ouverture au monde reste timide, mais réelle. Les territoires insulaires caribéens échangent peu avec l'Afrique et l'Océanie. La grande évolution concerne les échanges entre les territoires insulaires caribéens et l'Asie. La Chine prend ainsi peu à peu la place qu'occupaient l'Europe et les États-Unis.

La mondialisation, porteuse d'espoir pour les espaces insulaires, n'a pas été à la hauteur de ceux-ci. Les indicateurs commerciaux demeurent « catastrophiques » pour des territoires indépendants ou autonomes. Malgré les efforts effectués pour s'insérer dans les échanges internationaux de marchandises, leur état de dépendance ne s'est guère amélioré.

Jérôme Verny et Maxime Forriez, *Études caribéennes*, n° 43-44, août-décembre 2019.

Questions

Itinéraire 1

Répondre aux questions

1. **Identifiez** les territoires avec lesquels les îles de la Caraïbe entretiennent des relations commerciales. **doc. 1 et 4**
2. **Relevez** les atouts des États insulaires caribéens pour s'intégrer dans la mondialisation. **doc. 1, 2 et 4**
3. **Expliquez** l'inégale intégration des territoires insulaires caribéens dans le monde. **doc. 1, 2 et 4**

Synthétiser

4. **Montrez** que les îles de la Caraïbe sont inégalement intégrées dans la mondialisation. **doc. 1 à 4**

ou

Itinéraire 2

Construire un argumentaire oral (1/2) — ORAL

- Réalisez un exposé sur l'ouverture mondiale et l'intégration régionale des îles de la Caraïbe.
- Construisez votre propos selon le plan suivant :
  – une introduction précisant la localisation de la Caraïbe
  – une 1re partie sur l'inégale intégration dans la mondialisation des îles de la Caraïbe (**doc. 1 à 4**)
  – une 2e partie : voir p. 113

Les îles de la Caraïbe : entre ouverture mondiale et intégration régionale

B Une intégration régionale incomplète

5 Des îles entre coopération et intégration régionale

Carte interactive

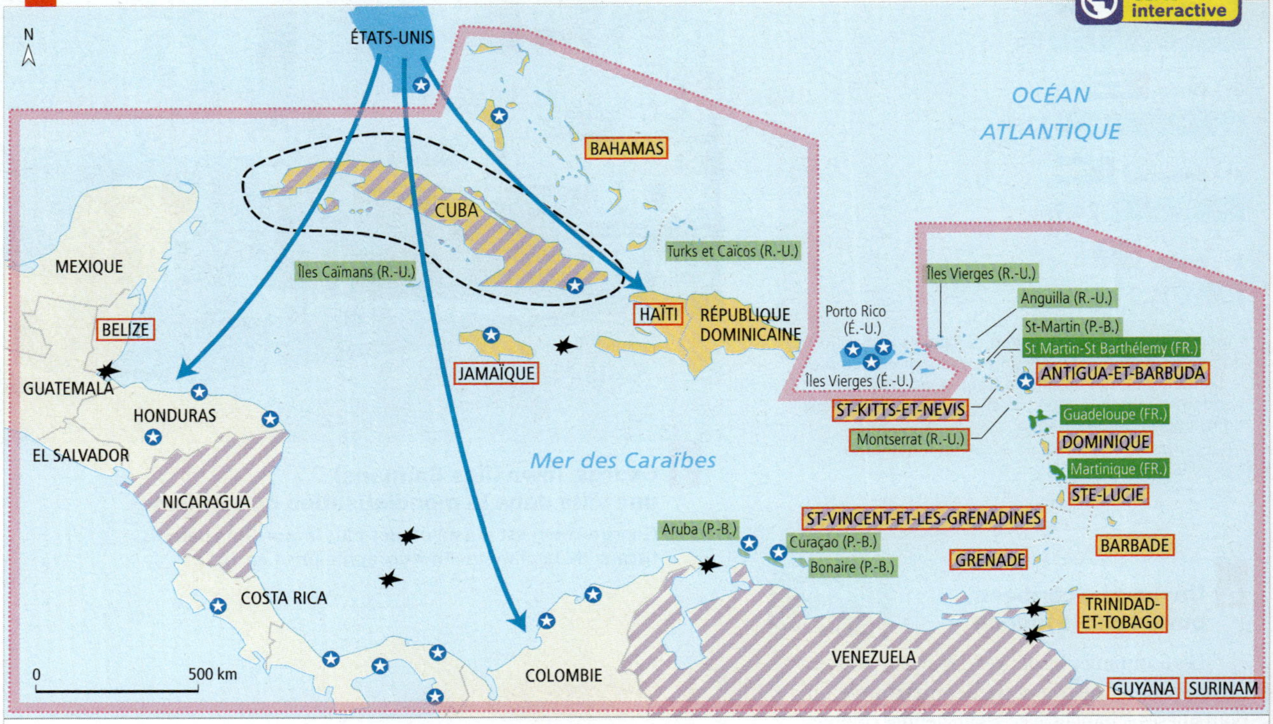

1. Une mosaïque de statuts politiques
- États insulaires indépendants
- Territoires insulaires non souverains
- Territoires insulaires français

2. Des relations régionales entre coopérations et tensions
- Association des États de la Caraïbe
- États membres de la CARICOM
- États membres de l'Alliance bolivarienne pour les Amériques
- Litiges liés à la délimitation des frontières maritimes

3. Une forte influence des États-Unis
- Territoires américains
- Bases militaires américaines
- Pays sous embargo américain
- Aide publique au développement

Sources : Association des États de la Caraïbe, CARICOM, ALBA, 2019 ; *Atlas Caraïbe*, 2012.

6 Une intégration commerciale régionale limitée

Destination des importations-exportations des 3 premières économies insulaires des Caraïbes

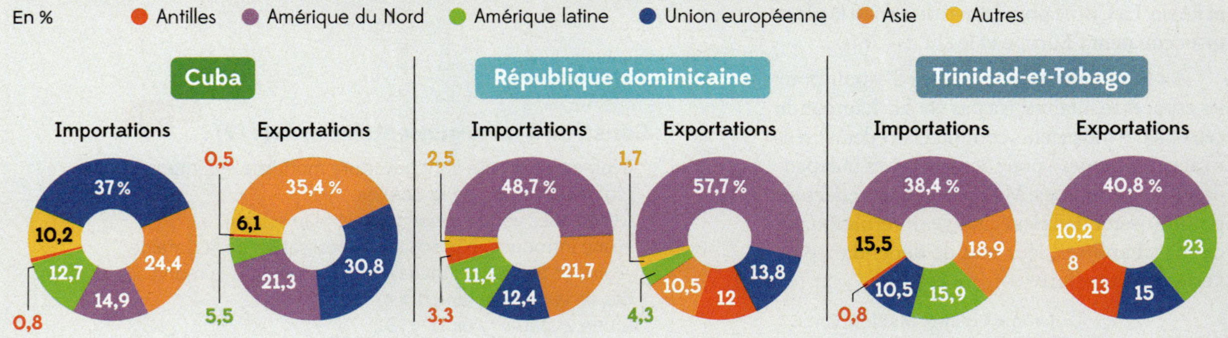

Source : Atlas of economic complexity, Université d'Harvard, 2019.

Vocabulaire

- **Alliance bolivarienne pour les Amériques :** organisation politique et économique d'inspiration socialiste, hostile à « l'impérialisme » des États-Unis.
- **Association des États de la Caraïbe :** organisation régionale favorisant la coordination des politiques économiques et environnementales.
- **CARICOM (Caribbean Community) :** zone de libre-échange.

7

CARIFESTA, un vecteur de coopération culturelle régionale

Le Caribbean Festival of Arts (CARIFESTA) est un événement multiculturel organisé périodiquement par les pays des Caraïbes.

Affiche de l'édition 2019.

Site du festival

8 Les limites de l'intégration régionale caribéenne

La Caraïbe est un ensemble de petites îles avec une organisation politique et administrative plurielle héritée de la décolonisation. Les pays de la Caraïbe mènent une politique active d'intégration en constituant des institutions régionales, pourtant ces pays ne semblent pas décoller économiquement.

La dépendance ancienne à l'Europe et aux États-Unis a contraint les micro-États de la Caraïbe à s'intégrer ou s'associer dans le cadre d'organes de coopération inter-étatiques. Cependant, la petite taille du marché Caraïbe, les intérêts nationaux ainsi que la similitude des structures de production et donc l'absence de complémentarité, renforcent la logique de concurrence entre les îles. L'exiguïté du territoire constitue un sévère handicap à l'intégration économique. De fait, la coopération commerciale intra-régionale est restreinte et ne constitue pas pour l'instant un réel facteur de développement économique.

La région Caraïbe a réalisé des progrès significatifs sur le plan de la réduction de la pauvreté et du développement social. Cependant, l'assise économique traditionnelle, qui repose fortement sur le tourisme et les exportations de bananes et de sucre, est fragile depuis la crise économique mondiale de 2009. La criminalité, l'instabilité et la violence constituent de graves problèmes, de même que les catastrophes naturelles à répétition.

Marie Marthe Bredas, « Institutions, démocratie et croissance dans la Caraïbe anglophone : idées préconçues et réalité », université des Antilles, CNRS, 2017.

Questions

Itinéraire 1

Répondre aux questions

5 **Relevez** les moyens mis en œuvre pour favoriser le développement et les échanges régionaux dans les îles de la Caraïbe. **doc. 5, 7 et 8**

6 **Analysez** les limites de l'intégration entre les îles de la Caraïbe et leurs raisons. **doc. 6 et 8**

7 **Expliquez** pourquoi l'influence des États-Unis sur la Caraïbe est à la fois un facteur d'intégration régionale et de tensions. **doc. 5, 6 et 8**

Synthétiser

8 **Montrez** que l'intégration régionale des îles de la Caraïbe est incomplète. **doc. 5 à 8**

ou

Itinéraire 2

Construire un argumentaire oral (2/2) ORAL

- Réalisez un exposé oral sur l'ouverture mondiale et l'intégration régionale des îles de la Caraïbe.
- Poursuivez votre propos selon le plan suivant :
  – introduction et 1re partie : voir p. 111
  – 2e partie sur l'intégration régionale et ses effets sur le développement de la Caraïbe insulaire. **doc. 5 à 8**

Croquis de l'étude de cas

▶ p. 122

Étude de cas

La Russie dans la mondialisation

Zoom sur...

▸ La Fédération de Russie (2018)

Population	144,48 millions d'hab. (9e rang mondial)
Superficie	17 125 191 km² (1er rang mondial)
PIB	1 657 milliards de dollars (11e rang mondial)

Source : Banque mondiale et FMI, 2019.

Quels sont les atouts de la Russie et les limites de son intégration dans la mondialisation ?

A Des territoires inégalement intégrés dans la mondialisation

1 Les territoires russes dans la mondialisation

Carte interactive

1. La région ukrainienne de Crimée a proclamé son rattachement à la Russie par référendum au printemps 2014. Ce rattachement, validé par la Russie, n'est pas reconnu par les autorités ukrainiennes ni par la communauté internationale.

1. Des territoires inégalement intégrés
- Principales métropoles (plus d'un million d'habitants)
- Territoires fortement métropolisés
- Périphéries intégrées (agriculture, industrie)
- Territoires à fortes contraintes, en voie d'intégration
- Territoires en marge (forêt, peuplement ponctuel)

2. Des ressources énergétiques, facteurs d'intégration
- Principaux gisements d'hydrocarbures
- Principaux oléoducs et gazoducs
  - existants
  - en projet
- Exportations

3. Un réseau de communication déséquilibré
- Principales voies navigables
- Principaux axes terrestres (autoroutes, voies ferrées)
- Principaux ports
- « Route maritime du Nord » en développement

Animation croquis

2 La *skyline* de Moscou (2018)

① La rivière Moskova
② Murailles du Kremlin, siège du pouvoir politique depuis le XVᵉ siècle
③ Ministère des Affaires étrangères (1953)
④ Quartier d'affaires de Moskva City (années 2000-2010)

Vidéo
« Russie : Arctique, la nouvelle frontière », Arte, 2019.

THÈME 2 | SE PRÉPARER | CHAPITRE 3 | CHAPITRE 4 | RÉVISER

3 Les inégalités du territoire russe

Parole de géographes

La Russie fait partie des pays au sein desquels les disparités entre les régions sont les plus importantes. L'économiste Natalia Zoubarevitch classe les régions en quatre catégories : 1. la nouvelle et l'ancienne capitales, Moscou et Saint-Pétersbourg ; 2. les villes d'extraction de matières premières, les treize autres villes millionnaires en habitants et quelques capitales provinciales attractives ; 3. les régions intermédiaires qui peuvent posséder aujourd'hui encore une industrie locale ; 4. le reste du territoire, pour l'essentiel le nord du pays et la Sibérie, peuplés de villages qui cumulent une faiblesse des réseaux de transport, une population vieillissante et, faute notamment de main-d'œuvre et d'investisseurs, ne possèdent quasiment aucune activité productive.

L'immensité du territoire ainsi que les conditions climatiques et la localisation des ressources en matières premières sont des éléments déterminants pour expliquer les contrastes interrégionaux de développement. […] Les politiques de développement actuellement menées renforcent le morcellement du territoire et polarisent l'activité économique dans un nombre réduit de régions érigées en vitrines russes de la modernité.

Kevin Limonier, maître de conférences à l'Institut français de géopolitique et Vladimir Pawlotsky, doctorant à l'Institut français de géopolitique, « La Russie, une puissance en renouveau », *Documentation photographique*, La Documentation française, novembre-décembre 2018.

Questions

Itinéraire 1

Répondre aux questions

1. **Relevez** des éléments de l'intégration de la Russie dans la mondialisation. **doc. 1 à 3**
2. **Décrivez** les inégalités territoriales qui caractérisent la Russie. **doc. 1 et 3**
3. **Identifiez** les facteurs de ces inégalités territoriales. **doc. 1 et 3**

Synthétiser

4. **Montrez** l'inégale intégration de la Russie dans la mondialisation. **doc. 1 à 3**

ou

Itinéraire 2

Utiliser un tableau pour préparer un exposé

- À l'aide des documents 1 à 3, commencez à compléter le tableau suivant.

	Doc. 1	…
Des territoires inégalement intégrés à la mondialisation		
Un territoire entre coopérations et tensions	Voir p. 117	

B Un territoire entre tensions et coopérations internationales

4 Une crédibilité internationale retrouvée

Parole de géopoliticienne

Guerre éclair en Géorgie (2008), annexion de la Crimée (2014), opérations militaires en Syrie, multitude d'exercices de toutes envergures sur le territoire de la Fédération de Russie comme en coopération avec des partenaires étrangers : depuis dix ans, l'armée russe fait un retour remarqué sur la scène internationale. Le président Poutine[1] s'attache à restaurer la crédibilité de la puissance militaire russe, ce qu'il voit comme une condition du prestige de la Russie sur la scène internationale.

La majeure partie des forces russes déployées à l'étranger est concentrée dans son voisinage immédiat (l'ex-URSS). Les manifestations régulières de sa puissance militaire sur la scène internationale (Marine russe en Méditerranée, manœuvres annuelles avec la Marine chinoise depuis 2012, nouvelles installations militaires dans le Grand Nord), ont contribué à rehausser la visibilité internationale de la Russie.

Sur le « front Ouest », le dispositif militaire russe à la frontière russo-ukrainienne connaît un renforcement considérable depuis 2015. Au sud, la Russie s'est attachée à consolider ses partenariats avec les républiques d'Asie centrale, en particulier au sein de l'Organisation du traité de sécurité collective, et à resserrer sa concertation régionale avec la Chine, qui en 2018 participait pour la première fois aux exercices stratégiques russes Vostok, dans la partie orientale de la Fédération de Russie.

Isabelle Facon, spécialiste des politiques de sécurité et de défense russes, « La puissance militaire russe » *in* Bruno Tertrais (dir.), *Atlas militaire et stratégique*, Autrement, 2019.

1. Vladimir Poutine, président de la Fédération de Russie en 2019.

5 Le poids des hydrocarbures dans la diplomatie russe

La Fédération de Russie est un acteur de taille dans le secteur énergétique par ses réserves, sa production et sa propre consommation. En 2016, le pays détenait respectivement 6,4 %, 17,3 % et 14,1 % des réserves mondiales prouvées de pétrole, gaz naturel et charbon. [...] au cours du premier semestre de 2016, le complexe énergétique russe, qui comprend l'industrie pétro-gazière, électrique, et charbonnière, représentait 25 % du PIB, 57 % des exportations et 3,6 % de l'emploi total en Russie. [...]

À l'échelle nationale, les revenus de la vente du pétrole ont essentiellement une fonction de stabilisation. Ils permettent de maintenir le pays à flot. [...]

À l'échelle internationale, l'énergie fait partie intégrante de la diplomatie russe. [...]. La croissance économique russe, qui a largement profité de la hausse des prix du pétrole entre 2000 et 2014, a permis au pays de se réaffirmer comme une grande puissance. [...] Depuis 2015, la part du pétrole et du gaz dans le budget de l'État a légèrement diminué [...] – une conséquence directe de la baisse du prix du baril. [...] Cela reflète les faiblesses structurelles de l'économie russe, qui tendent à s'exacerber en période de baisse des prix du pétrole et de détérioration générale des performances économiques.

Aurélie Bros, « Ressources énergétiques : le trésor de la Russie », *Les Grands Dossiers de Diplomatie*, n° 40, août-septembre 2017.

6 La Russie dans la géopolitique mondiale

Une de *Questions internationales*, La Documentation française, n° 101, janvier-février 2020.

7 La Russie, entre coopérations et tensions

Carte interactive

1. Des stratégies de coopération internationale

- Communauté des États indépendants (CEI[2])
- Litiges territoriaux réglés
- Limites de l'ex-URSS

2. Le persistance de tensions territoriales

- Conflits et litiges territoriaux internationaux
- Tensions internes
- Territoires étrangers à forte proportion de russophones
- Espaces maritimes revendiqués par la Russie

3. Des luttes d'influence entre héritages et renouveau

- Pays membres de l'Organisation du traité de l'Atlantique Nord (OTAN)
- Organisation pour la démocratie et le développement (GUAM)
- Principales bases militaires russes
- Sanctions économiques à l'encontre de la Russie
- Cyberattaques attribuées à la Russie

1. La région ukrainienne de Crimée a proclamé son rattachement à la Russie par référendum au printemps 2014. Ce rattachement, validé par la Russie, n'est pas reconnu par les autorités ukrainiennes ni par la communauté internationale.
2. La CEI est une structure créée en 1991, après la chute de l'URSS, et composée de 10 des 15 anciennes républiques soviétiques.

Sources : « Géopolitique de la Russie », *Hérodote*, n° 166-167, 2017 ; Jean Radvanyi, Marlène Laruelle, *Russie : entre peurs et défis*, Armand Colin, 2016 ; Pascal Marchand, *Atlas géopolitique de la Russie*, Autrement, 2016.

THÈME 2
SE PRÉPARER
CHAPITRE 3
CHAPITRE 4
RÉVISER

Questions

Croquis de l'étude de cas

▶ p. 123

Itinéraire 1

ou

Répondre aux questions

5 **Analysez** le titre de cette une de presse. **doc. 6**

6 **Identifiez** les États rivaux de la Russie et la nature des tensions qu'ils entretiennent avec elle. **doc. 4 et 7**

7 **Relevez** les différentes formes de coopérations entre la Russie et les autres États. **doc. 4, 5 et 7**

Synthétiser

8 **Montrez** que l'insertion de la Russie dans la mondialisation est facteur de tensions et de coopérations. **doc. 4 à 7**

Itinéraire 2

Utiliser un tableau pour préparer un exposé

ORAL

- À l'aide des documents 4 à 7, continuez de compléter le tableau commencé p. 115.

	Doc. 4	…
Des territoires inégalement intégrés à la mondialisation	Voir p. 115	
Un territoire entre tensions et coopérations		

- Utilisez-le pour préparer le texte d'un exposé oral.

Étude de cas

Les corridors de développement en Amérique latine

Zoom sur…

▸ L'Amérique latine

Population (2018)	620 millions d'habitants
Superficie	20 millions de km²
Densité de population	31 hab./km²

➔ Comment les corridors de développement permettent-ils à l'Amérique latine de s'intégrer dans la mondialisation ?

Vocabulaire

- **Corridor de développement :** projet d'intégration régionale reposant sur l'aménagement d'axes de transports (route, rail, voie navigable, port) visant à interconnecter des territoires. .
- **Marché commun du Sud ou MERCOSUR** (*Mercado Común del Sur* en espagnol ; *Mercosul* en portugais) : alliance économique des pays d'Amérique du Sud créée en 1991.

1 Les corridors de développement en Amérique latine

Carte interactive

Sources des données : IIRSA/COSIPLAN, 2019 ; Commission économique pour l'Amérique latine et les Caraïbes, 2018.

2 Un regard critique sur les corridors de développement

La « Coalición regional » regroupe des ONG du Brésil, Pérou, Colombie, Équateur et Bolivie défendant la démocratie participative dans la prise de décision en matière d'intégration régionale.

Source : « Coalición regional ».

3 La route du col de la Cumbre côté chilien

Cette route permet le franchissement des Andes *via* un col situé à 3 832 mètres d'altitude. Un tunnel aménagé en 1980 relie Mendoza (Argentine) à Santiago (Chili).

4 Les corridors bi-océaniques en Amérique du Sud

Paroles de géographes

Les enjeux [...] latino-américains sont ceux de la construction de façades littorales, ce qui suppose l'existence de ports efficients et d'arrière-pays à la hauteur des enjeux. [...] La façade atlantique y tient le haut du pavé pour des raisons historiques mais, dès la signature des accords [...] établissant le Mercosur en 1991, il avait été décidé de réaliser 36 passages transandins, dont les principaux deviendraient des corridors bi-océaniques. [...] Le Chili entend ainsi incarner un pays port : les exportations de matières premières passeraient par ses ports et les importations asiatiques feraient le chemin inverse, plutôt que de passer par Panamá, par le cap Horn [...]. Ceci suppose de vaincre des distances considérables sur le continent sud-américain, a priori par la route, et de pouvoir traverser les Andes. Entre Santiago du Chili et Buenos Aires (1 500 km), la route du col de la Cumbre (3 832 m) [...] n'est praticable qu'en été [...] ; il existe un projet de tunnel de base, ferroviaire, long de 52,6 km à 2 440 m d'altitude. [...]

Les viticulteurs chiliens et argentins, les exploitants des mines des Andes attendent beaucoup de leur désenclavement. La croissance de l'économie péruvienne est tirée depuis deux décennies par les exportations de produits minéraux vers la Chine.

Nassima Kacimi Zeggaï, spécialiste en aménagement du territoire et Raymond Woessner, spécialiste des transports, *Les Littoraux dans le monde*, Atlande, 2018.

Questions

Itinéraire 1

Répondre aux questions

1. **Identifiez** les objectifs de l'aménagement de corridors de développement en Amérique latine. **doc. 1, 2 et 4**
2. **Analysez** les obstacles à l'intégration régionale en Amérique latine. **doc. 1 à 4**
3. **Montrez** que l'aménagement de corridors de développement en Amérique latine suscite des oppositions. **doc. 2**

Synthétiser

4. **Expliquez** comment les corridors de développement permettent à l'Amérique latine de s'intégrer à la mondialisation des échanges. **doc. 1 à 4**

ou

Itinéraire 2

Travailler l'oral ORAL

- Préparez une présentation orale de 5 minutes pour répondre à la problématique puis enregistrez-vous.
- Écoutez votre prestation pour évaluer sa qualité. Repérez les tics de langage, les signes d'hésitation, un rythme trop rapide ou trop lent... Enregistrez-vous de nouveau en étant attentif aux éléments à modifier.

Croquis de l'étude de cas

▶ p. 124

Étude de cas

L'Asie du Sud-Est : inégalités d'intégration et enjeux de coopération

Zoom sur…

▶ L'Asie du Sud-Est (2018)

Population	655 millions d'hab.
Superficie	4,5 millions de km²
PIB	2 971 milliards de dollars

Source : Banque mondiale, 2019.

➔ **À quels défis l'Asie du Sud-Est est-elle confrontée dans la mondialisation ?**

1 L'Asie du Sud-Est dans la mondialisation

Carte interactive

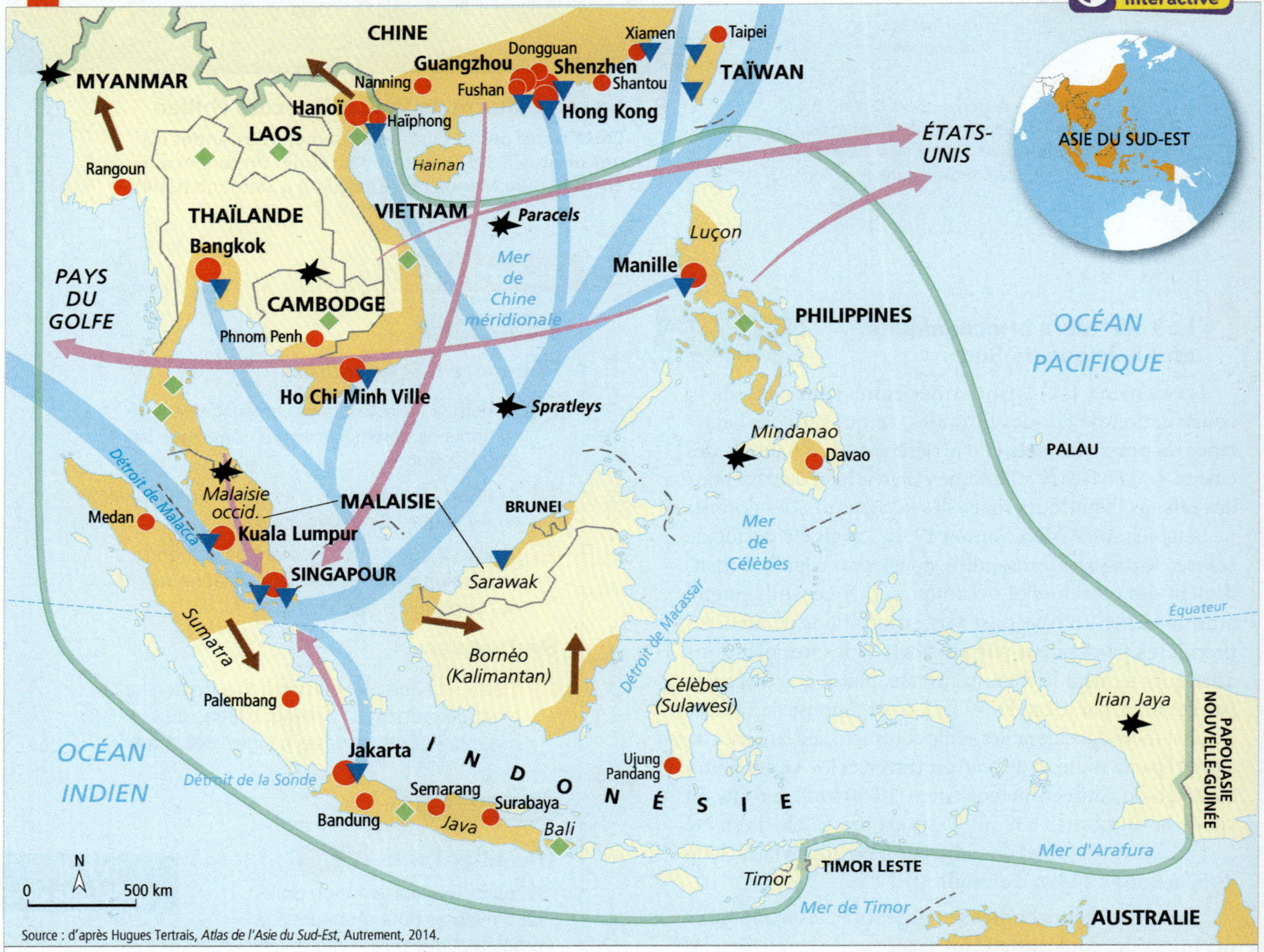

Source : d'après Hugues Tertrais, *Atlas de l'Asie du Sud-Est*, Autrement, 2014.

1. Les espaces moteurs
- Principales métropoles
- Autres villes
- Principaux ports
- Principaux pôles touristiques

2. Des périphéries inégalement intégrées à la mondialisation
- Périphéries intégrées à la mondialisation
- Périphéries en marge de la mondialisation
- Fronts pionniers (déforestation)

3. Des dynamiques d'intégration contrastées
- Principales routes maritimes
- Flux migratoires
- Zone de libre-échange de l'ASEAN
- Zones de tension

2 L'ASEAN[1] dans la mondialisation

Part de la population mondiale : **8,6 %**

Part du PIB mondial : **2,3 %**

Part du commerce mondial : **8 %**

Taux de croissance annuel moyen entre 2011 et 2018 : **5,1 %**

1. Pays formant l'ASEAN (Association des nations de l'Asie du Sud-Est) :

Brunei, Birmanie, Cambodge, Indonésie, Laos, Malaisie, Philippines, Singapour, Thaïlande, Vietnam

Source : Banque mondiale, 2019.

Vidéo

3 Vue aérienne de Manille (Philippines)
Photographie prise en 2019.

Animation croquis

SE PRÉPARER
CHAPITRE 3
CHAPITRE 4
RÉVISER

4 Les limites de la coopération régionale

Parole de géographes

Pour améliorer la connectivité maritime en Asie du Sud-Est, l'ASEAN[1] propose de désigner et soutenir financièrement des « ports prioritaires » dont le rôle serait de centraliser les flux. […] L'accord a finalement retenu 47 ports, rendant ainsi la mesure totalement inapplicable. […]

Ces difficultés tiennent au désir d'un bon nombre de gouvernements de privilégier l'amélioration d'une connectivité interne ou même hors région à celle d'une connectivité intrarégionale. […] Les initiatives régionales se regroupent en trois grands types […]. Les initiatives de coopération militaire se concentrent sur la piraterie et le terrorisme (coopération mise en place entre les pays riverains du détroit de Malacca). […] Les initiatives pour l'exploitation commune des ressources naturelles prennent essentiellement la forme de Zone Commune de Développement qui permet[ent] aux États côtiers d'explorer et d'exploiter en commun des ressources maritimes. […]

Les initiatives pour la protection de l'environnement sont à la fois plus variées et impliquent un plus grand nombre d'acteurs […]. Le grand écosystème marin de Sulu-Sulawesi a été classé comme une écorégion marine prioritaire. Il fait coopérer l'Indonésie, la Malaisie et les Philippines.

Nathalie Fau, spécialiste de l'Indonésie et Benoît de Tréglodé, spécialiste du Vietnam, *Mers d'Asie du Sud-Est. Coopérations, intégrations et sécurité*, CNRS Éditions, 2018.

1. ASEAN : créée en 1967, l'Association des nations de l'Asie du Sud-Est regroupe 10 pays ayant pour objectifs de renforcer la coopération politique, économique et culturelle entre eux.

Questions

Itinéraire 1

Répondre aux questions

1. **Décrivez** les inégalités d'intégration des territoires de l'Asie du Sud-Est à différentes échelles. **doc. 1 à 4**
2. **Analysez** les facteurs de l'inégale intégration de l'Asie du Sud-Est dans la mondialisation. **doc. 1 et 3**
3. **Relevez** les logiques de coopération, mais aussi les tensions qui existent en Asie du Sud-Est. **doc. 1 et 4**

Synthétiser

4. **Montrez** que l'Asie du Sud-Est dans la mondialisation est confrontée à des défis d'inégalités territoriales et de coopérations parfois sources de tensions. **doc. 1 à 4**

ou

Itinéraire 2

Réaliser un dossier d'actualité

- Effectuez des recherches sur l'Asie du Sud-Est en vous aidant des documents 1 à 4.
- Vous pouvez suivre le plan suivant pour constituer votre dossier :
  1. Des espaces moteurs fortement intégrés à la mondialisation (**doc. 1, 2 et 4**)
  2. Des périphéries inégalement intégrées à la mondialisation (**doc. 1 à 3**)
  3. Un espace entre coopérations et tensions (**doc. 1 et 4**)

Croquis de l'étude de cas

▶ p. 125

Croquis des études de cas

▶ Voir p. 110-113

Les îles de la Caraïbe

Les îles de la Caraïbe : entre ouverture mondiale et intégration régionale

Les îles de la Caraïbe sont ouvertes sur l'espace mondial. Les territoires insulaires les mieux intégrés à la mondialisation bénéficient de la présence de pôles urbains majeurs (Santo Domingo, San Juan, La Havane) et/ou de ports (Freeport, Kingston). Néanmoins, les principales métropoles caraïbes (Miami, Panamá, Carthagène) et les ports les plus actifs (Miami, Colón, Balboa) sont plutôt localisés sur les littoraux des États-Unis et d'Amérique latine. Ces centres d'impulsion polarisent les flux migratoires vers l'Amérique du Nord et l'Europe. Parallèlement, les pays développés sont des foyers émetteurs de touristes vers Cuba, la République dominicaine, Porto Rico et les Petites Antilles. La proximité du canal de Panamá fait de la Caraïbe une importante zone d'échanges de marchandises.

Cependant, les îles de la Caraïbe sont inégalement ouvertes au monde, ce qui alimente les inégalités régionales. Les Petites et les Grandes Antilles, tout comme la plupart des pays riverains de la mer des Caraïbes, bénéficient de niveaux de développement élevés à très élevés, à l'exception de Haïti qui souffre d'un IDH faible. La plupart des pays d'Amérique centrale (Guatemala, Honduras, Nicaragua, Salvador), de même que le Guyana, occupent une situation intermédiaire.

L'intégration régionale repose sur différentes formes de coopérations, tout en se heurtant à certaines tensions. L'Association des États de la Caraïbe vise à harmoniser les politiques économiques et environnementales dans la région : elle regroupe l'ensemble des îles des Antilles ainsi que les pays latino-américains riverains de la Caraïbe. La zone de libre-échange de la CARICOM, qui favorise l'intégration commerciale régionale, rassemble surtout d'anciennes colonies britanniques, mais aussi Haïti. Néanmoins, l'influence des États-Unis, matérialisée par la présence de nombreuses bases militaires, s'avère source de tensions. Les États membres de l'Alliance bolivarienne pour les Amériques, menés par Cuba et le Venezuela, dénoncent l'impérialisme de leur puissant voisin.

Objectif BAC

Consigne : En vous aidant du texte ci-contre, la légende ci-dessous et en vous appuyant sur vos connaissances, complétez le croquis de synthèse.

Aide pour répondre à la consigne :

- Assurez-vous que chaque figuré de la légende soit présent dans votre croquis.
- Indiquez les lieux en vous aidant des cartes p. 110 et p. 112 et hiérarchisez la nomenclature (voir « guide carto » p. 282-283).
- N'oubliez pas d'indiquer : un titre, une échelle et une orientation.

Fond de carte différencié

Titre : ______________________________

1. Des territoires insulaires ouverts sur le monde

- ● Principaux pôles urbains
- ▼ Principaux ports
- Flux migratoires
- Flux touristiques
- Flux de marchandises

2. Une ouverture mondiale contrastée, facteur d'inégalités

- IDH élevé à très élevé
- IDH moyen
- IDH faible

3. Une intégration régionale entre coopérations et tensions

- Association des États de la Caraïbe
- CUBA États membres de la CARICOM
- GRENADE États membres de l'Alliance bolivarienne pour les Amériques
- Bases militaires américaines

 ▶ Voir p. 114-117

La Russie

La Russie dans la mondialisation

Les territoires russes sont inégalement intégrés à la mondialisation. Largement polarisé par Moscou, le triangle Saint-Pétersbourg-Rostov-Ekaterinbourg, concentre les pôles les mieux insérés dans la mondialisation : c'est le cœur de la puissance russe. Certaines régions périphériques sont aussi intégrées à l'espace mondial grâce à leurs interfaces terrestres (avec l'Europe), maritimes (mer de Barents, mer Caspienne, mer Noire) ou à une bonne connexion avec le cœur de la puissance russe (axe Ekaterinbourg-Krasnoïarsk). Une grande partie du Caucase et de la Sibérie reste en marge de la mondialisation mais certains de ces espaces à fortes contraintes sont en voie d'intégration (Extrême-Orient russe, axe transsibérien entre Krasnoïarsk et Vladivostok, partie occidentale de l'Arctique russe).

Les dynamiques d'intégration de la Russie s'expliquent par différents facteurs. L'exploitation des gisements d'hydrocarbures contribue à l'insertion des territoires dans la mondialisation. Le développement des ports vient renforcer l'ouverture des territoires sur le monde, notamment de la façade arctique à l'Extrême-Orient russe suite à l'ouverture de la « Route maritime du Nord ». Les hydrocarbures (mais aussi les produits agricoles, le bois et les minerais) alimentent les exportations de la Russie, notamment vers l'Europe, le Moyen-Orient et la Chine.

L'insertion de la Russie dans la mondialisation reste néanmoins marquée par des relations internationales qui oscillent entre coopérations et tensions. La puissance militaire du pays repose notamment sur des bases militaires situées au sein des territoires russes les plus stratégiques (ports), mais aussi dans des pays alliés issus du démantèlement de l'URSS (Belarus, Moldavie, Arménie, Asie centrale), ainsi qu'en Syrie. Parallèlement, le pays fait face à des conflits territoriaux sur son propre sol (Caucase) tout en étant impliqué dans différents conflits internationaux (Crimée, Donbass, Transnistrie, Géorgie…). Outre ces conflits ouverts, les tensions diplomatiques sont récurrentes avec l'Union européenne, les États-Unis et le Japon.

Objectif BAC

Consigne : En vous aidant du texte ci-contre et en vous appuyant sur vos connaissances, complétez le croquis de synthèse et la légende.

Aide pour répondre à la consigne :
- Sélectionnez au brouillon les informations du texte à cartographier.
- Repérez les figurés utilisés sur le croquis et mettez-les en relation avec ces informations.
- Soignez la présentation graphique des figurés dans la légende.

Fond de carte différencié

Titre : _______________________________

1. Une inégale _______________________

● _______________________

Espaces fortement métropolisés, cœur de la puissance russe

Périphéries intégrées

Espaces à fortes contraintes, en voie d'intégration

Territoires en marge

2. De nouvelles dynamiques d'intégration

____

▼ _______________________

« Routes maritimes du Nord » en développement

Exportations

3. _______________________

Principales bases militaires russes

____

Tensions diplomatiques

THÈME 2 SE PRÉPARER CHAPITRE 3 CHAPITRE 4 RÉVISER

Croquis des études de cas

▶ Voir p. 118-119

Les corridors de développement en Amérique latine

Les corridors de développement en Amérique latine

L'Amérique latine témoigne d'une inégale intégration dans la mondialisation. Les territoires les mieux insérés dans l'économie mondialisée sont les principales métropoles, les régions agroexportatrices (Brésil, Argentine, littoraux caraïbes) et les territoires riches en minerais ou en hydrocarbures (Mexique, Brésil, Andes). Néanmoins, d'immenses espaces demeurent enclavés notamment dans l'intérieur du continent (Amazonie, Patagonie, Guyanes).

Différents aménagements ambitionnent de favoriser le développement et le désenclavement du sous-continent. Certains corridors de développement s'organisent sous la forme d'axes bi-océaniques reliant les littoraux atlantique et pacifique, tout en connectant mieux les ports avec leurs arrière-pays respectifs. D'autres corridors de développement visent à désenclaver les Andes et l'Amérique centrale. Le canal de Panamá, aux débouchés duquel se situent les ports de Balboa et Colón, constitue aussi un facteur d'intégration dans la mondialisation. Un projet concurrent de canal est à l'étude au Nicaragua. L'objectif de ces différents aménagements est de renforcer l'insertion de l'Amérique latine dans la mondialisation en favorisant les échanges commerciaux avec l'Amérique du Nord, l'Union européenne et la Chine.

De nombreuses organisations ont été créées pour renforcer l'intégration régionale. Héritier de l'ALENA, l'ACEUM place le Mexique dans l'aire d'influence des États-Unis tandis que le MERCOSUR renforce le poids du Brésil sur ses voisins du Cône Sud (Uruguay, Paraguay, Argentine). La Communauté andine et l'Association des États de la Caraïbe sont des organisations régionales présentant un niveau d'intégration moins avancé.

Objectif BAC

Consigne : En vous aidant du texte ci-dessus et en vous appuyant sur vos connaissances, réalisez la légende correspondant au croquis de synthèse ci-contre.

Aide pour répondre à la consigne :

- Identifiez au brouillon les informations du texte cartographiées sur le croquis.
- Regroupez ces éléments et hiérarchisez-les pour organiser la légende en deux ou trois parties.
- Donnez un titre à chacune des parties de la légende.
- Soignez la présentation des figurés dans la légende.

Fond de carte différencié

Croquis des études de cas

▶ Voir p. 120-121

L'Asie du Sud-Est

Objectif BAC

Consigne : En vous aidant du texte ci-dessous et en vous appuyant sur vos connaissances, complétez la légende et le croquis de synthèse.

Aide pour répondre à la consigne :
- Relevez les informations dans les trois paragraphes.
- Identifiez les figurés pouvant être utilisés pour cartographier ces informations.
- Complétez la légende et le croquis.

L'Asie du Sud-Est : inégalités d'intégration et enjeux de coopération

Les espaces moteurs de l'Asie du Sud-Est, parfaitement intégrés à la mondialisation, présentent une forte littoralisation. Les principales métropoles se concentrent dans le sud de la Chine (Hong Kong, Shenzhen, Guangzhou), mais sont aussi présentes de manière plus ponctuelle au Vietnam, en Thaïlande, aux Philippines, dans la péninsule malaise et sur l'île de Java. Plusieurs de ces métropoles sont des villes portuaires (Singapour, Hong Kong) ou bien des pôles bénéficiant de la proximité de ports d'envergure mondiale. Leur rayonnement s'explique par une localisation sur l'une des principales routes maritimes de la mondialisation.

Les espaces périphériques de l'Asie du Sud-Est s'avèrent beaucoup plus inégalement intégrés à la mondialisation. L'arrière-pays des grands ports, bien connecté aux centres d'impulsion littoraux, est constitué de périphéries intégrées à l'économie mondialisée. À l'inverse, les périphéries les plus enclavées demeurent en marge de la mondialisation, soit pour des raisons politiques (Myanmar), soit du fait de leur éloignement des littoraux (intérieur de la péninsule indochinoise) ou encore de leur insularité (Célèbes, Nouvelle-Guinée). Des fronts pionniers (agricoles, notamment) contribuent à intégrer certaines de ces périphéries à la mondialisation (Bornéo), mais c'est au prix d'une intense déforestation.

L'intégration régionale repose sur différentes formes de coopérations tout en se heurtant à certaines tensions. L'ASEAN est une zone de libre-échange qui favorise les relations commerciales entre ses dix pays membres. Les flux migratoires renforcent les liens entre les pays d'Asie du Sud-Est tout en ouvrant la région sur le Moyen-Orient et l'Amérique du Nord. Cependant, certaines tensions persistantes font obstacle à une intégration régionale plus poussée. Il s'agit tantôt de conflits intérieurs (Philippines, Myanmar, Thaïlande), tantôt de conflits de délimitation de frontières terrestres (Cambodge/Thaïlande), mais les enjeux les plus brûlants concernent la délimitation des zones économiques exclusives en mer de Chine méridionale.

Fond de carte différencié

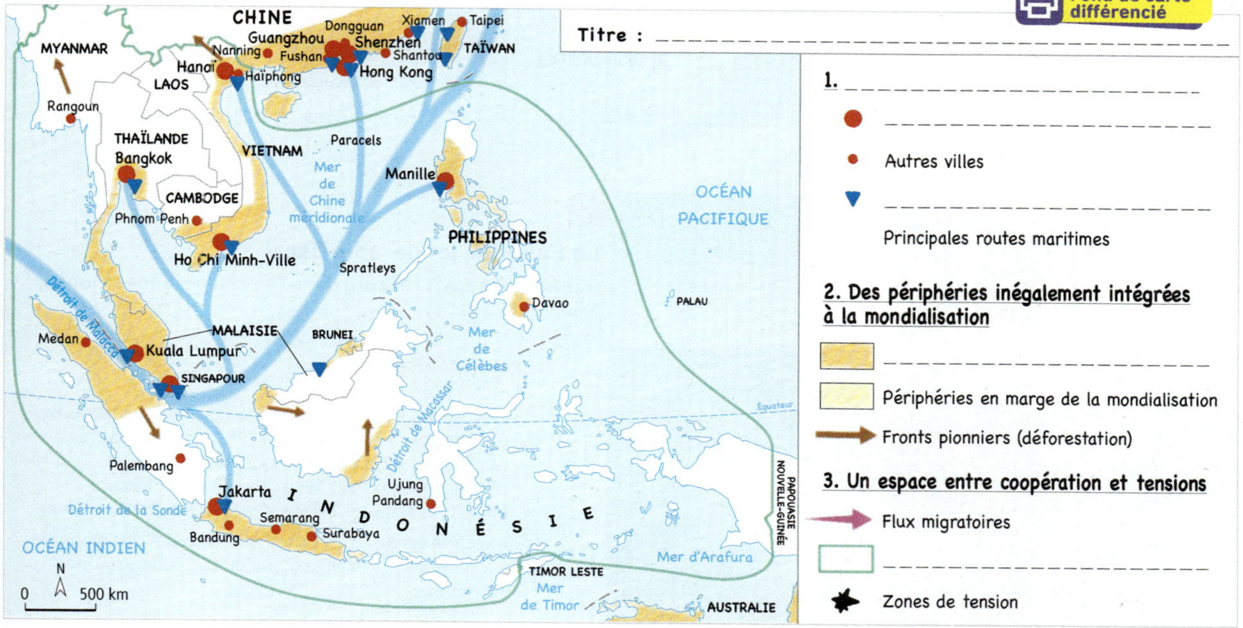

Exemple

Les paradis fiscaux au cœur de la mondialisation financière

Vidéo
Les paradis fiscaux en Europe

Pourquoi l'intégration des paradis fiscaux dans la mondialisation est-elle facteur de tensions ?

1 Les paradis fiscaux dans le système financier mondial

Carte interactive

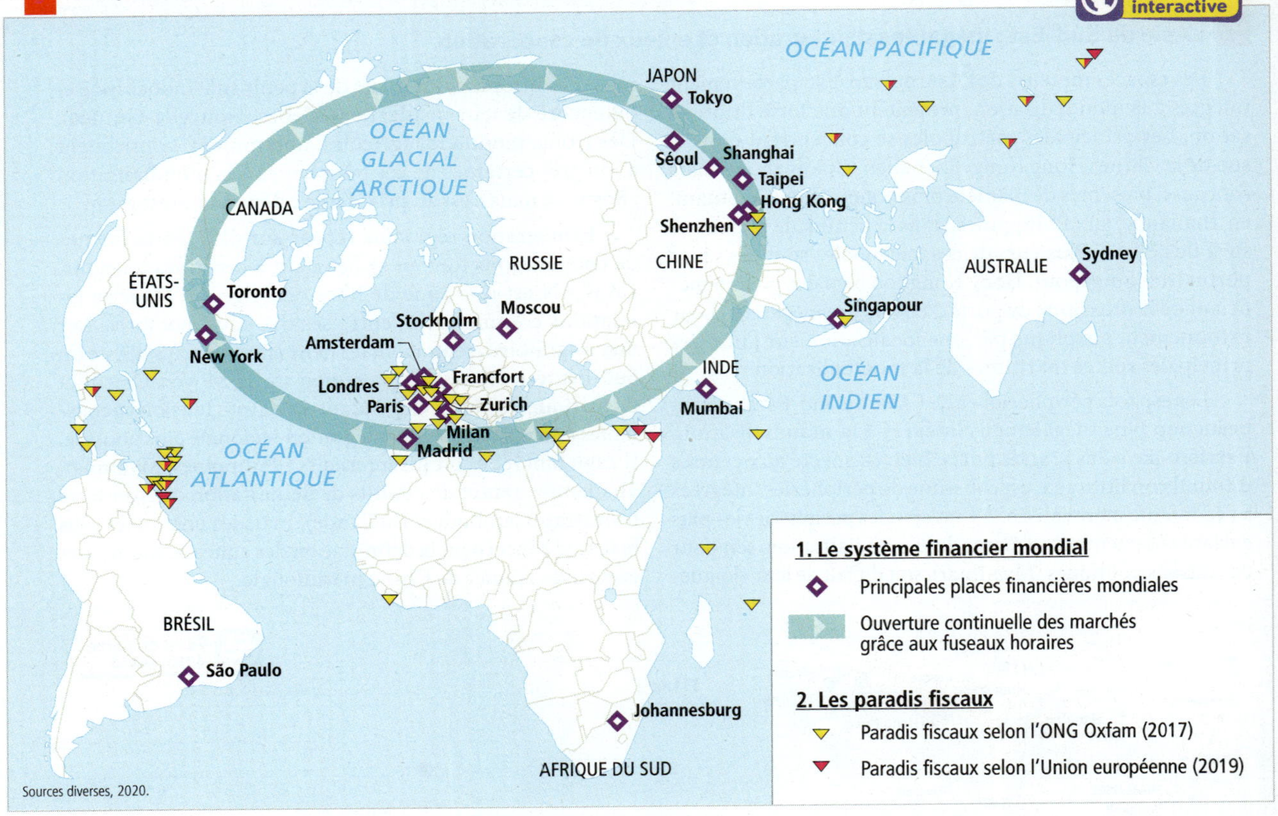

2 Le Panama, un paradis fiscal

Dessin de Paresh Nath paru dans *The Khaleej Times* (Dubaï), 4 juin 2016.

Vocabulaire

- **Paradis fiscal :** territoire à la fiscalité avantageuse par rapport à d'autres pays (impôts inexistants ou réduits, législation empêchant l'échange d'informations avec les autres États, tolérance envers les sociétés écrans ayant une activité fictive).
- **Société écran :** entreprise fictive visant à dissimuler les transactions financières d'une ou de plusieurs autres entreprises.

3 Les paradis fiscaux dans le monde

Montant des produits financiers cachés dans les paradis fiscaux :
entre 21 000 et 32 000 milliards de dollars

Part des transactions internationales transitant par des paradis fiscaux :
50 %

Manque à gagner pour les États :
140 à 200 milliards d'euros de revenus fiscaux par an

Sources : FMI, Tax Justice Network et OCDE, 2018.

4 L'usage des paradis fiscaux par la multinationale Google

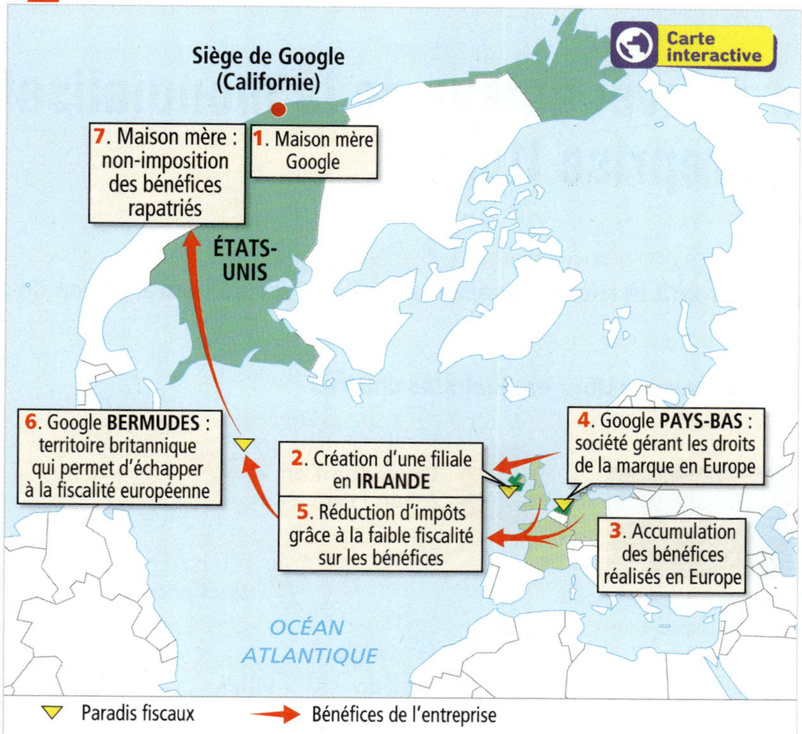

Source : d'après *Het Financieele Dagblad* (quotidien financier néerlandais), janvier 2019.

5 Les paradis fiscaux britanniques

Parole de géographe

En ajoutant les services financiers aux cocotiers, aux plages de sable blanc et aux lagons bleu turquoise, on obtient un paradis fiscal. Cette recette a été bien comprise par un certain nombre d'îles de la Caraïbe, régulièrement considérées comme les plus importants paradis fiscaux existants. Le tourisme en a fait des économies ouvertes et accueillantes conférant à ces lieux une qualité de vie qui attire les investisseurs. Il a donc joué un rôle d'appel pour la création de centres bancaires offshore, pour l'installation de compagnies d'assurances, de cabinets d'avocats spécialisés dans l'optimisation fiscale et les sociétés écrans.

Disposant d'une grande autonomie, quelques PTOM[1] britanniques ont mis en place des taux d'imposition très faibles, voire nuls. Ils ont instauré le secret bancaire et n'ont pas souhaité échanger les informations financières avec le reste du monde, grâce à la complaisance de la métropole qui voit en eux des acteurs renforçant l'activité financière de Londres et qui regarde également d'un bon œil ce secteur offshore, car cet outre-mer ne constitue pas une charge pour le budget du Royaume-Uni.

Jean-Christophe Gay, spécialiste du tourisme et des espaces insulaires et ultramarins, « Les outre-mers européens », *Documentation photographique*, La Documentation française, mai-juin 2018.

1. Pays et territoires d'outre-mer. Ici : Bermudes, îles Caïmans, Anguilla, îles Vierges britanniques, Montserrat, Turks-et-Caïcos.

Questions

Itinéraire 1

Répondre aux questions

1. **Présentez** le fonctionnement d'un paradis fiscal. **doc. 4 et 5**
2. **Analysez** la localisation des paradis fiscaux dans le monde. **doc. 1, 4 et 5**
3. **Expliquez** pourquoi un contrôle ou une régulation des paradis fiscaux peut s'avérer nécessaire. **doc. 2 à 5**

Synthétiser

4. **Montrez** que les paradis fiscaux illustrent les dynamiques, mais aussi les tensions engendrées par la mondialisation. **doc. 1 à 5**

ou

Itinéraire 2

Réaliser une recherche documentaire

- Effectuez une recherche sur un paradis fiscal européen de votre choix.
- Exposez ses caractéristiques (localisation, statistiques, législation).
- Expliquez les mesures politiques destinées à réduire son influence tout en montrant ses limites.

Aide

Exemple

Un nouvel acteur de la mondialisation : l'entreprise Uber

Vidéo
Ubérisation : la naissance de l'entreprise 2.0

Comment la mondialisation a-t-elle favorisé l'émergence de ce nouvel acteur économique ?

1 L'entreprise Uber en quelques chiffres

Uber

Entreprise américaine spécialisée dans le développement et l'utilisation d'applications mobiles mettant en contact leurs utilisateurs avec des conducteurs réalisant des services de transports (véhicule avec chauffeur, livraison de repas...).

Lancement en 2009 à San Francisco

91 millions de clients inscrits

63 pays, plus de 700 villes

3,9 millions de chauffeurs

14 millions de courses effectuées chaque jour

Source : Uber, 2019 (les données datent de décembre 2018).

2 Ubercopter à New York

Liaison entre l'aéroport international JFK de New York et Manhattan. Photographie prise en octobre 2019.

3 Uber interdit à Londres

L'autorité des transports londonienne a annoncé avoir refusé de renouveler la licence d'exercer de la plateforme de réservation de voitures Uber, en raison de défaillances qui mettent « en danger » les passagers.

La société californienne a aussitôt annoncé qu'elle ferait appel de cette décision, ajoutant qu'elle continuerait de fonctionner jusqu'à ce qu'une décision définitive soit rendue.

Transport for London (TfL) relève notamment une « faille » dans l'application d'Uber qui permet à des conducteurs sans permis d'installer leur photo sur les comptes d'autres conducteurs, ce qui s'est produit « au moins sur 14 000 trajets » ces derniers mois. Dans la même veine, la TfL fait valoir qu'une autre défaillance de la plateforme permet à des conducteurs sans permis ou suspendus de créer des comptes Uber actifs. [...]

Le pionnier des applications de véhicules partagés est régulièrement mis en cause pour des problèmes de sécurité à bord pour ses usagers comme ses conducteurs, ce qui a contribué à entacher sa réputation à travers le monde, sans parler des polémiques sur la rémunération insuffisante de ses chauffeurs.

Londres est l'un des principaux marchés de Uber, qui compte 45 000 conducteurs et 3,5 millions de clients dans la capitale britannique. Le syndicat Unite, qui représente les chauffeurs de taxi traditionnels, s'est réjoui de la décision de la TfL.

« Uber n'a plus le droit d'exercer à Londres », *Le Monde*, 25 novembre 2019.

4 La présence d'Uber dans le monde

Carte interactive

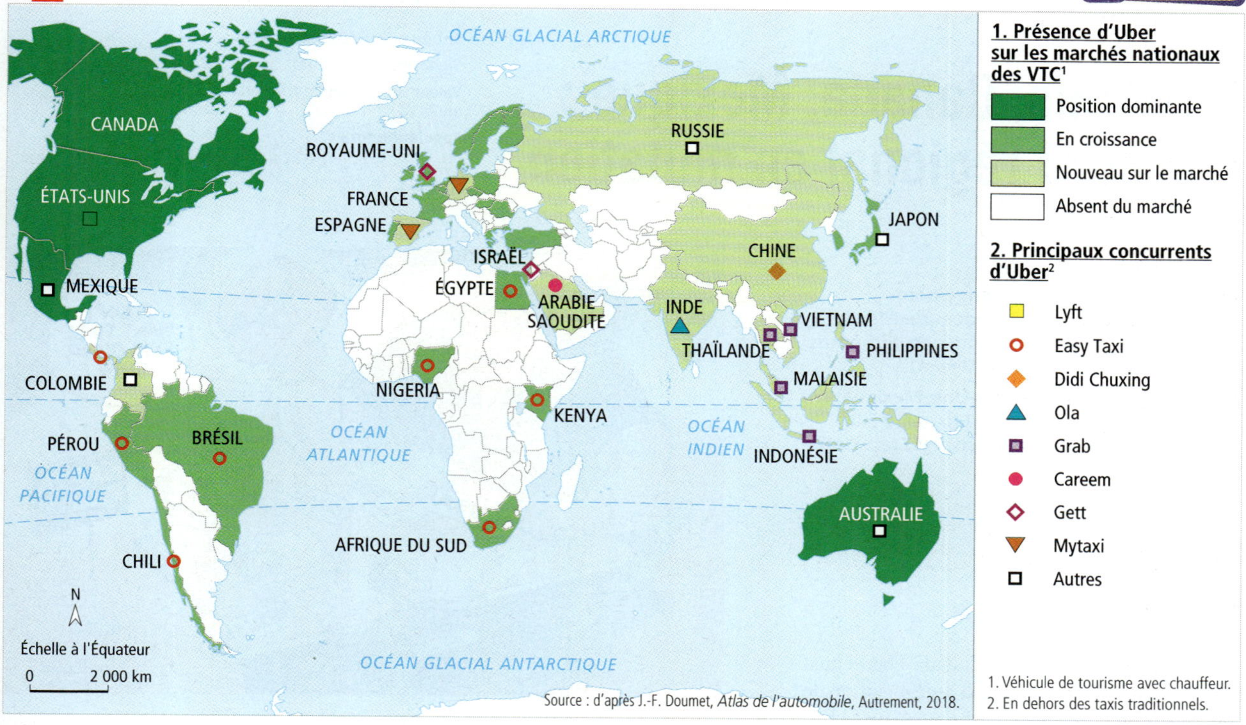

Source : d'après J.-F. Doumet, *Atlas de l'automobile*, Autrement, 2018.

1. Véhicule de tourisme avec chauffeur.
2. En dehors des taxis traditionnels.

5 L'ubérisation des entreprises

Parole de géographes

Sous l'effet de la numérisation et de la dématérialisation de l'économie, certaines entreprises ont semblé pousser davantage encore la remise en cause des modèles anciens. La croissance exponentielle de ces entreprises et de leurs secteurs d'activité a contribué à la médiatisation de ce nouveau modèle économique désigné par le terme d'ubérisation. Il rassemble des entreprises dans le champ de l'économie collaborative et des services aux particuliers. Ces dernières mettent en relation par le biais de platesformes ou d'applications numériques des clients et des particuliers qui offrent un service dans un cadre plus ou moins professionnel, dans le secteur du transport urbain (Uber), de l'hébergement (Airbnb) ou encore de la livraison de repas (Deliveroo). Les individus qui fournissent les services en question ne sont pas salariés de ces entreprises [...].

Ce nouveau modèle permet à ces entreprises de réduire le nombre de salariés, de se passer d'infrastructures lourdes et de contourner plus facilement les obligations réglementaires et fiscales, créant une concurrence que les acteurs traditionnels jugent déloyale. La remise en cause du modèle traditionnel du salariat et la nouvelle organisation du travail, sources de précarité pour les travailleurs, ont également alimenté les débats politiques.

Guilhem Boulay, maître de conférence à l'université d'Avignon et Antoine Grandclément, maître de conférence à l'université d'Aix-Marseille, *Introduction à la géographie économique*, Armand Colin, 2019.

Questions

Itinéraire 1

Répondre aux questions

1. **Présentez** les spécificités du fonctionnement de l'entreprise Uber. **doc. 1, 2 et 5**
2. **Analysez** l'implantation d'Uber à toutes les échelles. **doc. 2 à 4**
3. **Expliquez** les critiques auxquelles l'entreprise Uber doit faire face. **doc. 3 et 5**

Synthétiser

4. **Montrez** que l'entreprise Uber illustre les dynamiques, mais aussi les tensions engendrées par la mondialisation. **doc. 1 à 5**

OU

Itinéraire 2

Rédiger un article

- Montrez que l'entreprise Uber illustre les dynamiques, mais aussi les tensions engendrées par la mondialisation.
- Sélectionnez les informations correspondant aux thèmes suivants :
  1. Les spécificités du fonctionnement de l'entreprise Uber
  2. L'implantation d'Uber dans le monde
  3. Les critiques à l'encontre d'Uber
- Effectuez des recherches complémentaires sur Internet.

Exemple

États-Unis, Canada, Mexique : un accord régional en mutation

Zoom sur…

▶ L'ACEUM

Entrée en vigueur de l'ALENA	1994
Signature de l'ACEUM	2018
Valeur du commerce trilatéral en 2018	1 100 milliards de dollars
Population totale	490 millions d'habitants

Source : OMC et Banque mondiale, 2019.

Vocabulaire

- **ALENA (accord de libre-échange nord-américain) :** accord entré en vigueur en 1994 afin d'accroître les échanges commerciaux entre le Canada, les États-Unis et le Mexique.
- **ACEUM (accord Canada-États-Unis-Mexique) :** accord destiné à remplacer l'ALENA suite à la renégociation du traité exigée par les États-Unis et signé en 2018.

1 De l'ALENA à l'ACEUM

La signature de l'Accord Canada-États-Unis-Mexique (ACEUM) a conclu la renégociation de l'Accord de libre-échange nord-américain (ALENA), le 1er octobre 2018 […]. Donald Trump[1] […] avait promis lors de sa campagne présidentielle d'améliorer ou de « mettre en pièces » l'ALENA, […] expliquant qu'[il] sapait la souveraineté nationale et vampirisait les emplois américains. […]

L'ACEUM reflète une préoccupation accrue pour la souveraineté nationale : il reconnaît explicitement le droit des parties à décider des politiques qu'elles mettent en œuvre. […] Les principales avancées concernent la réglementation du travail. […] L'idée de combler le fossé salarial entre les pays marque un progrès. […] Parmi les perdants, on compte les petits agriculteurs des trois pays. Ernesto Ladrón[2] explique : « Le texte s'attache surtout à défendre les grands producteurs américains. Notre objectif, c'est l'autosuffisance alimentaire. » […] Sans surprise, l'ACEUM délaisse une grande partie des aspects que les progressistes auraient souhaité modifier. […] L'accord finalement conclu ne supprime même pas les barrières douanières américaines sur l'acier et l'aluminium canadiens et mexicains. Cela suggère que l'intégration telle que la conçoit Washington traduit un souci plus important pour ses échanges que pour le « libre » échange.

Laura Carlsen, analyste politique au Center for International Policy de Mexico, « Une renégociation déconcertante », *Le Monde diplomatique*, novembre 2018.

1. Président des États-Unis élu en 2016.
2. Représentant d'un syndicat d'agriculteurs mexicains.

2 La renégociation de l'ALENA

Paresh Nath, *El Universal* (journal mexicain), 25 novembre 2017.
Traduction : « Je n'ai pas l'intention de me laisser exploiter, les gars ! »
NAFTA : North American Free Trade Agreement (ALENA en anglais)

3 Les exportations des trois pays de l'ALENA (2018)

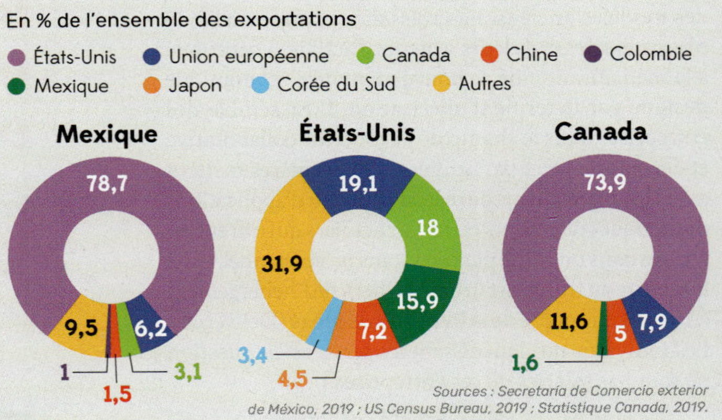

Sources : Secretaría de Comercio exterior de México, 2019 ; US Census Bureau, 2019 ; Statistique Canada, 2019.

Objectif BAC

Consigne : Expliquez pourquoi l'ACEUM est à la fois source de coopérations et de tensions en Amérique du Nord.

Aide pour répondre à la consigne :

- Relevez les raisons de la renégociation de l'ALENA.
- Identifiez les limites de l'ALENA/ACEUM à l'origine de tensions.
- Montrez que la coopération régionale demeure déséquilibrée.

Exemple

Zurich, un centre financier dans la mondialisation

Zoom sur...

▶ Zurich

Population (2018)	1,4 million d'hab.
Produit urbain brut (2016)	141 milliards de dollars (21 % du PIB de la Suisse)
Taux de chômage (2018)	4,4 %

Source : Office fédéral de la statistique, Confédération suisse, 2019.

1 Les territoires de la finance à Zurich

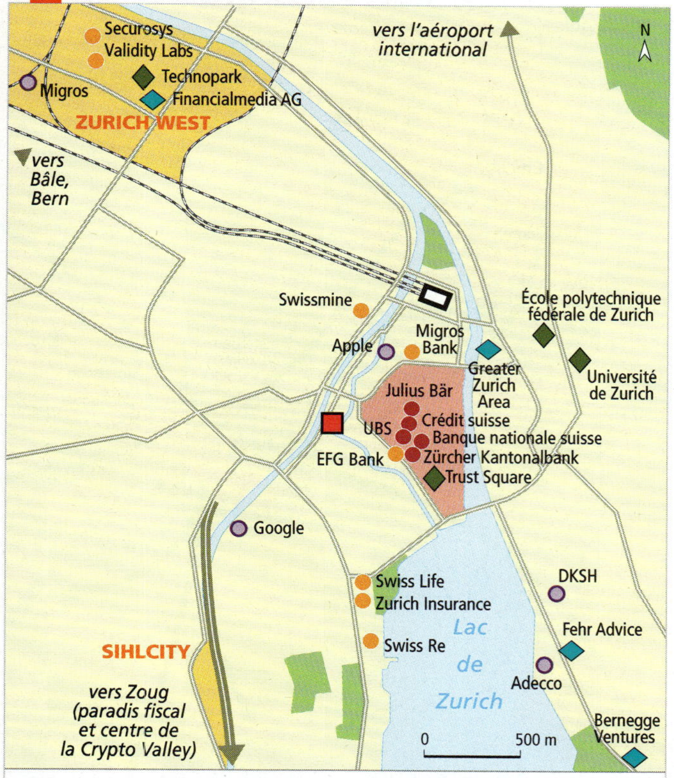

1. Les espaces de la métropole
- Centre historique de la finance
- Friches industrielles reconverties (finance, recherche, commerce, loisirs, logements)
- Fonction résidentielle dominante

2. Des facteurs d'attractivité
- Gare et voies ferrées
- Principaux axes routiers
- Espaces verts

3. Un pôle financier de rang mondial
- Bourse suisse
- Sièges sociaux de banques et d'assurances
- Sièges d'entreprises de blockchain
- Services aux entreprises (conseil, communication)
- Sièges d'autres firmes transnationales
- R&D, notamment dans la finance

Carte interactive

Vocabulaire

Blockchain : technologie de stockage et de transmission d'informations, sécurisée mais sans organe de contrôle (ex. : monnaie numérique « bitcoin »).

Crypto Valley : zone de concentration de start-ups spécialisées dans les monnaies virtuelles (cryptomonnaies) entre Zurich et Zoug.

2 Le rayonnement international de Zurich

À Zurich et dans sa région, le secteur financier emploie plus de 90 000 personnes, dont 55 % répartis dans 120 banques, 24 % dans l'assurance et 21 % dans les autres services financiers [...]. UBS et Crédit Suisse s'y taillent la part du lion tant en termes d'emplois que de bilan. Si le secteur bancaire zurichois s'avère très dépendant des deux grandes banques, c'est aussi à elles qu'il doit son essor, avec, en parallèle, celui des assurances. [...]

Zurich [décroche] la 9e place [...] du Global Financial Centres Index (GFCI) qui retient entre autres critères l'environnement d'affaires, le capital humain, les infrastructures, le développement du secteur financier et la réputation. Zurich [...] est favorisée par le poids des géants financiers, la proximité d'un aéroport intercontinental ou encore par l'implantation de la Bourse suisse. Du fait de son multilinguisme et des nombreux acteurs internationaux qui y sont présents, la Suisse est naturellement très orientée vers l'international. Zurich se considère davantage tournée vers le monde anglophone et l'Asie, Genève, vers la francophonie et le Moyen-Orient. [...] Genève et Zurich caracolent souvent en tête des classements des villes où il fait bon vivre mais [...] la finance est un facteur qui contribue aux coûts élevés de la vie, les banquiers faisant grimper les prix de l'immobilier.

Thierry Iochem, « Travailler dans la finance en Suisse : les résultats du match entre Genève et Zurich... », *eFinancialCareers*, 5 mars 2019.

Objectif BAC

Consigne : Montrez que Zurich est un pôle financier très intégré dans la mondialisation.

Aide pour répondre à la consigne :
- Relevez les activités qui font de Zurich un pôle financier international.
- Identifiez les raisons de la concentration des activités financières à Zurich.
- Expliquez comment les acteurs renforcent l'attractivité de Zurich pour la maintenir dans la hiérarchie des pôles financiers mondiaux.

Carte

Des territoires inégalement intégrés dans la

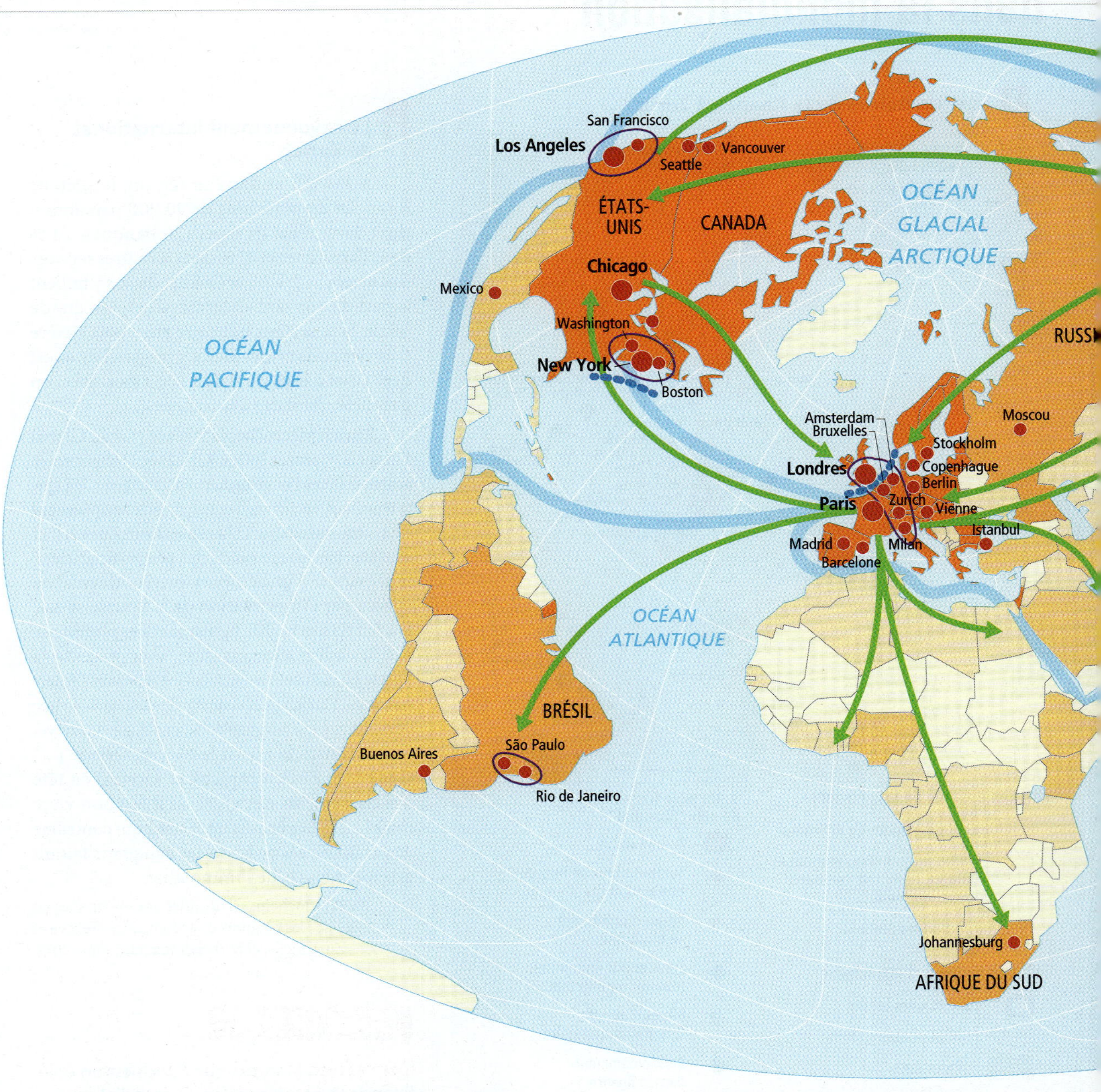

1. Les centres d'impulsion de la mondialisation

- Mégalopoles
- Principales métropoles mondiales
- Autres métropoles majeures
- Façades littorales les plus actives

2. Un monde d'échanges et d'interdépendances

- Investissements directs à l'étranger
- Principales routes maritimes

ıondialisation

Carte interactive

Sources : CNUCED, 2017; Global Power City Index, 2018; A.T. Kearney's Global Cities Report, 2018.

3. Des États inégalement intégrés dans la mondialisation

- Grandes puissances mondiales
- Les BRICS : de nouvelles puissances mondiales
- Autres puissances émergentes
- Périphéries intégrées
- Périphéries marginalisées

Vocabulaire

BRICS : acronyme désignant les principaux pays émergents (Brésil, Russie, Inde, Chine, Afrique du Sud).

IDE (investissements directs à l'étranger) : sommes d'argent investies par des entreprises étrangères sur un territoire (création, rachat d'entreprise).

Mégalopole : grande région urbaine concentrant des métropoles reliées entre elles et exerçant un rayonnement mondial.

Métropole mondiale : centre d'impulsion majeur de la mondialisation qui concentre des fonctions décisionnelles économiques et politiques, un fort rayonnement culturel et un rôle de carrefour de communication.

Périphérie : espace sous l'influence d'un centre.

Chiffres clés

Valeur des IDE dans le monde (2016)

1 750 milliards de dollars

Source : CNUCED, 2017.

Les trois premières puissances mondiales

PIB en milliards de dollars, 2019

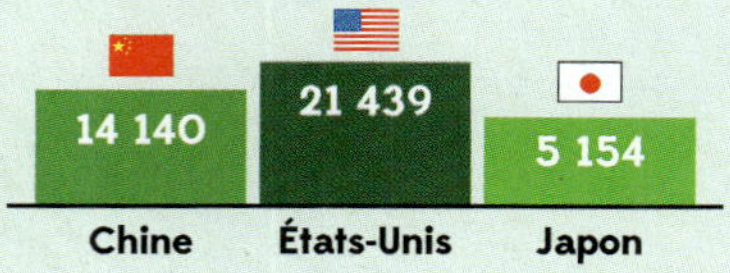

Source : FMI, 2019.

Les principales places boursières mondiales

Capitalisation en milliards de dollars, 2018

Source : WFE, 2019.

Questions

1. **Localisez** les principaux centres d'impulsion de la mondialisation.
2. **Localisez** les espaces les moins bien intégrés dans la mondialisation.
3. **Montrez** que la mondialisation contribue à hiérarchiser les territoires.

Carte

Coopérations, tensions et régulations dans le

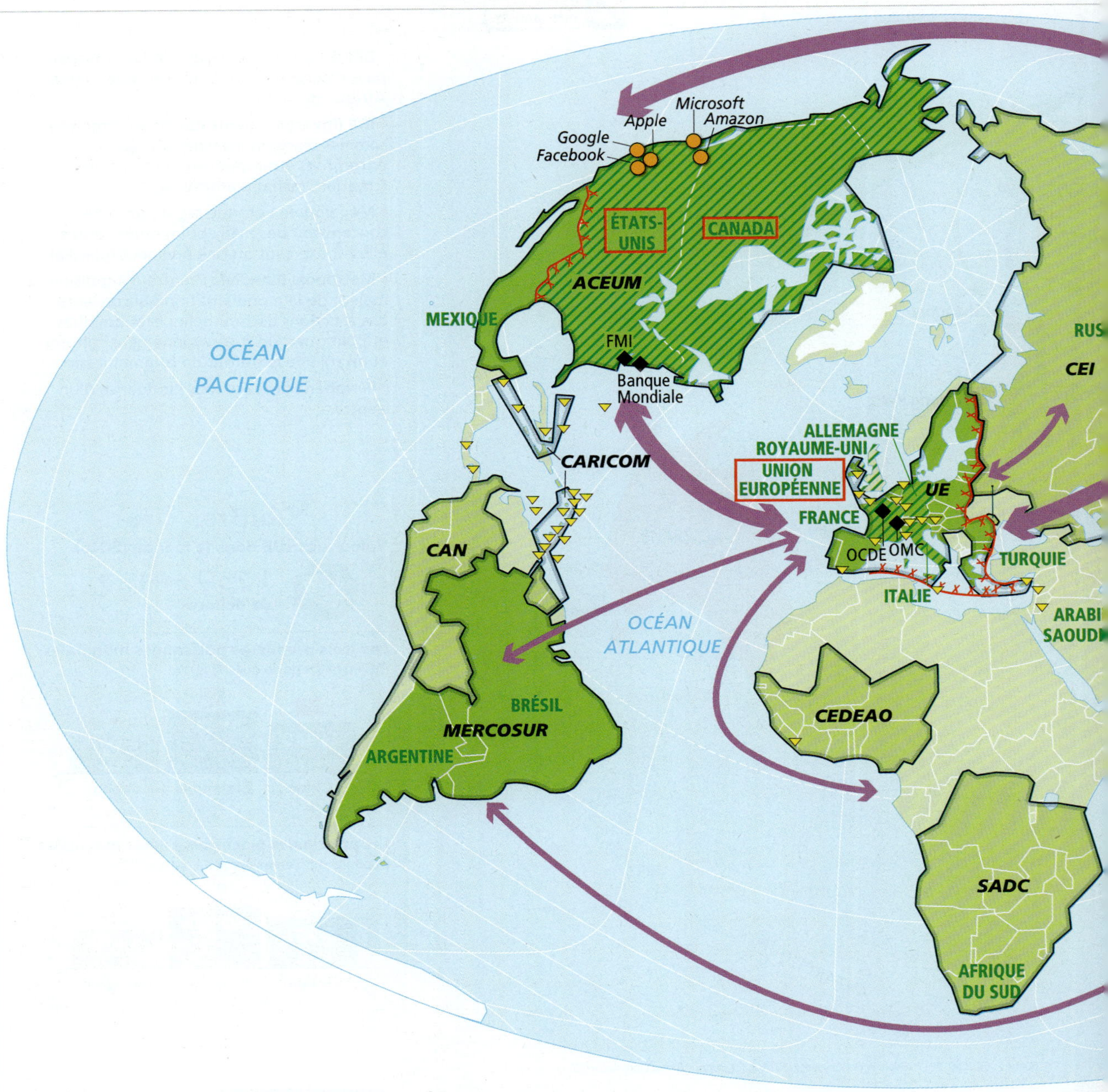

1. Une mondialisation dominée par les grandes puissances

- États membres du G7
- **BRÉSIL** États membres du G20 (+ l'Union européenne)
- *CEI* Grandes organisations économiques régionales
- ◆ Sièges des grandes organisations économiques internationales

2. Des facteurs d'intégration

- Aires économiques régionales très intégrées
- Aires économiques régionales moyennement intégrées
- États peu intégrés dans les organisations économiques régio
- Principaux flux (marchandises, informations, capitaux)
- Flux secondaires

nonde

Carte interactive

: Nora Mareï et Yann Richard, *Dictionnaire de la régionalisation du monde*, Atlande, 2018 ; OXFAM, 2019 ; UE, 2019.

Une mondialisation entre tensions et régulations

- Sièges des GAFAM
- Principaux paradis fiscaux
- Principaux États accusés de protectionnisme
- Filtrage des flux migratoires

Acronymes des organisations économiques internationales

ACEUM : Accord Canada-États-Unis-Mexique (ex-ALENA)

ASEAN : Association de libre-échange de l'Asie du Sud-Est

CAN : Communauté andine

CARICOM : Communauté caribéenne

CEDEAO : Communauté économique des États de l'Afrique de l'Ouest

CEI : Communauté des États indépendants

MERCOSUR : Marché commun du Sud

SAARC : Association sud-asiatique pour la coopération régionale

SADC : Communauté de développement d'Afrique australe

UE : Union européenne

Vocabulaire

- **G20 :** groupe de 20 États réunissant chaque année pays industrialisés et puissances émergentes dans un but de coopération économique et financière.
- **GAFAM :** acronyme désignant les « géants américains du Web » (Google, Apple, Facebook, Amazon et Microsoft).
- **OCDE (Organisation de coopération et de développement économiques) :** organisation internationale d'études économiques regroupant 36 pays développés.
- **Protectionnisme :** politique interventionniste d'un État pour protéger le marché national (barrières douanières, quotas d'importation, normes contraignantes de qualité).

Chiffres clés

Les trois premières puissances commerciales

Valeur totale des exportations et des importations en milliards de dollars, 2017

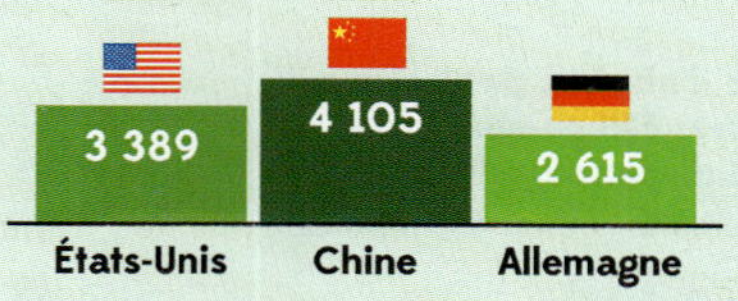

Source : OMC (statistiques du commerce international), 2018.

Questions

1. **Localisez** les territoires où l'intégration économique est la plus marquée.
2. **Identifiez** les tensions qui résultent de la mondialisation.

Cours

Podcast Cours à écouter

Des territoires inégalement intégrés dans la mondialisation

Comment la mondialisation recompose-t-elle les territoires ?

1 Des territoires hiérarchisés

● **La mondialisation s'articule autour de quelques pôles mondiaux.** L'Amérique du Nord, l'Union européenne et l'Asie orientale regroupent les principaux centres financiers (New York, Tokyo, Shanghai, Zurich), les carrefours les plus actifs (ports chinois, aéroports nord-américains) et les centres de recherche les plus performants (Londres, New York, Tokyo). L'Amérique du Nord, l'Union européenne et l'Asie orientale produisent 73 % de la richesse mondiale et émettent 85 % des IDE.

● **La hiérarchie des centres de décision est en constante évolution.** Les BRICS, qui rassemblent des puissances d'ambition mondiale (Brésil, Russie, Inde, Chine, Afrique du Sud), ont connu une intégration accélérée à la mondialisation. Leur croissance s'est ralentie, mais ils concentrent des métropoles influentes (Shanghai, Mumbai, Moscou, São Paulo) et de puissantes firmes transnationales (Sinopec, Gazprom). D'autres puissances régionales émergent en Afrique (Nigéria), au Moyen-Orient (Turquie) et en Asie (Indonésie).

● **Les espaces périphériques sont inégalement intégrés.** Certains États s'appuient sur l'exportation de produits miniers (Mongolie), agricoles (Kenya) ou manufacturés (Bangladesh). L'économie de services de certains pays en développement s'affirme avec le développement du tourisme (Caraïbes), des transports et des énergies (Éthiopie) ou des nouvelles technologies (Rwanda). D'autres États demeurent néanmoins marginalisés en raison de leur enclavement (Bhoutan), d'infrastructures peu performantes (Haïti) ou de conflits (Yémen).

ÉTUDE DE CAS Les îles de la Caraïbe → p. 110
ÉTUDE DE CAS La Russie dans la mondialisation → p. 114
EXEMPLE Zurich, un centre financier dans la mondialisation → p. 131

2 Des acteurs multiples

● **Les firmes transnationales sont à la fois une conséquence et un moteur de la mondialisation.** Leurs activités concernent de nombreux secteurs économiques : distribution (Walmart, Amazon), automobile (Volkswagen, Toyota), énergie (BP, Exxon-Mobil, Shell), nouvelles technologies (Apple, Samsung, Uber). La plupart ont leur siège dans les pays développés, mais 36 % d'entre elles sont issues de pays émergents comme Samsung (Corée du Sud), Huawei (Chine), Petrobras (Brésil) ou Petronas (Malaisie). En 2018, les 500 premières firmes transnationales, qui emploient 69,3 millions de salariés dans 34 pays, ont généré 32 700 milliards de dollars de recettes.

● **La mondialisation a redéfini le rôle des États.** La plupart d'entre eux concilient libéralisme et interventionnisme. Pour attirer les IDE, les États adaptent leurs politiques économiques à la mondialisation. Ils mettent en place des avantages fiscaux (Irlande, Chine), modernisent leurs infrastructures (Inde, Turquie) et financent l'innovation (Suède, États-Unis). La défense et la promotion des intérêts des FTN font partie intégrante de la politique étrangère des États.

● **La mondialisation contribue à l'affirmation de nouveaux acteurs.** Les ONG (organisations non gouvernementales) militent et agissent dans des domaines humanitaires variés : santé (Médecins sans frontières), alimentation (Oxfam), environnement (Greenpeace), droits de l'homme (Human Rights Watch). Certains groupes médiatiques assurent une diffusion internationale de l'information (CNN, Al-Jazeera, Euronews). Les diasporas (chinoise, indienne) au même titre que les mafias (italienne, russe) participent aussi à la mise en relation des territoires à l'échelle mondiale.

EXEMPLE Les paradis fiscaux au cœur de la mondialisation financière → p. 126
EXEMPLE Un nouvel acteur de la mondialisation : l'entreprise Uber → p. 128

Vocabulaire

- **BRICS** : voir p. 133.
- **Diaspora** : communauté ethnique dispersée à l'échelle mondiale mais conservant des liens sociaux et commerciaux très intenses avec son pays d'origine.
- **Enclavement** : situation d'un territoire mal connecté aux autres.
- **Façade maritime** : espace littoral concentrant plusieurs ports permettant de mettre en relation l'espace continental de l'arrière-pays avec le reste du monde.
- **Firme transnationale (FTN)** : entreprise implantée dans de nombreux pays et qui réalise la majeure partie de son chiffre d'affaires en dehors de son pays d'origine.
- **IDE (investissements directs à l'étranger)** : voir p. 133.
- **Mégalopole** : voir p. 133.
- **Métropole mondiale** : centre d'impulsion majeur de la mondialisation qui concentre des fonctions décisionnelles économiques et politiques, un fort rayonnement culturel et un rôle de carrefour de communication.

Chiffre d'affaires des trois premières FTN comparé au PIB de certains États
En milliards de dollars/rang mondial

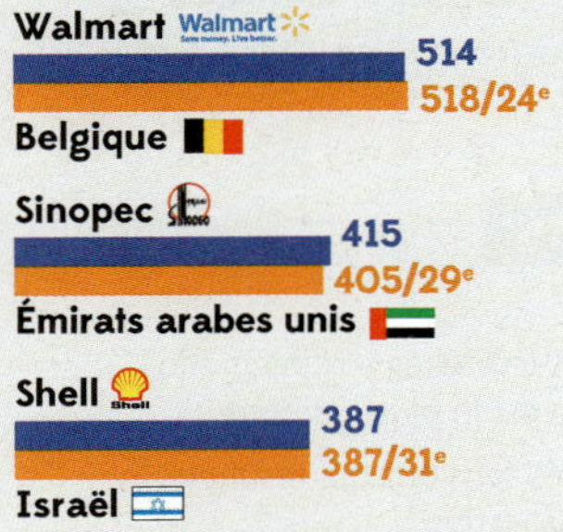

Sources : Fortune Global 500 (2019), FMI (2019).

3 Une mondialisation inégale

● **La mondialisation accroît la concurrence entre les territoires.** Les firmes transnationales élaborent des stratégies d'implantation en fonction des différents atouts des lieux (marchés de consommation, transports). Les acteurs publics (États, collectivités locales) renforcent la compétitivité des territoires pour répondre aux besoins des entreprises : connectivité (aéroports, Internet), matière grise (universités, R&D), avantages fiscaux (paradis fiscaux), communication et publicité. Ainsi, sur le modèle de la Chine, la Russie a créé des zones économiques spéciales bénéficiant d'infrastructures financées par l'État pour favoriser l'innovation scientifique, le tourisme et les activités portuaires et logistiques.

● **L'espace mondial est multipolaire et hiérarchisé.** Les **métropoles mondiales** (New York, Londres, Tokyo, Paris), les **mégalopoles** (états unienne, européenne, japonaise, chinoise) et les **façades maritimes** (Asie Pacifique, Northern Range) polarisent les flux de capitaux, de personnes, d'informations et de marchandises. À l'inverse, les espaces éloignés ou mal connectés à ces centres d'impulsion font figure de périphéries (Océanie, Afrique subsaharienne). La distance reste donc une contrainte pour certains territoires (Madagascar, Vanuatu).

● **À l'échelle locale, la mondialisation favorise aussi certains types d'espaces.** Les quartiers d'affaires des villes mondiales (Manhattan à New York, La City à Londres, La Défense à Paris) concentrent les fonctions décisionnelles tandis que les parcs technologiques (Silicon Valley, Paris-Saclay) attirent les entreprises innovantes. Certains ports (Ningbo, Shanghai, Singapour, Rotterdam) et aéroports (Atlanta, Pékin, Dubaï) sont des plaques tournantes pour les flux (fret, passagers).

ÉTUDE DE CAS L'Asie du Sud-Est : inégalités d'intégration et enjeux de coopération → p. 120
EXEMPLE Les paradis fiscaux au cœur de la mondialisation financière → p.126

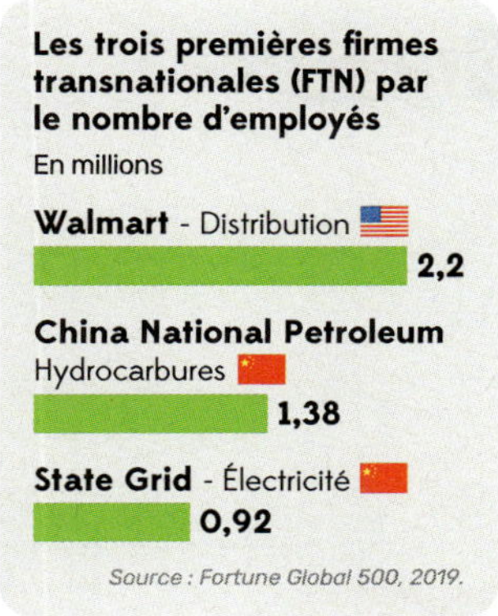

Notion

Intégration (territoriale) p. 165

THÈME 2
SE PRÉPARER
CHAPITRE 3
CHAPITRE 4
RÉVISER

Du cours au schéma

Exercice interactif

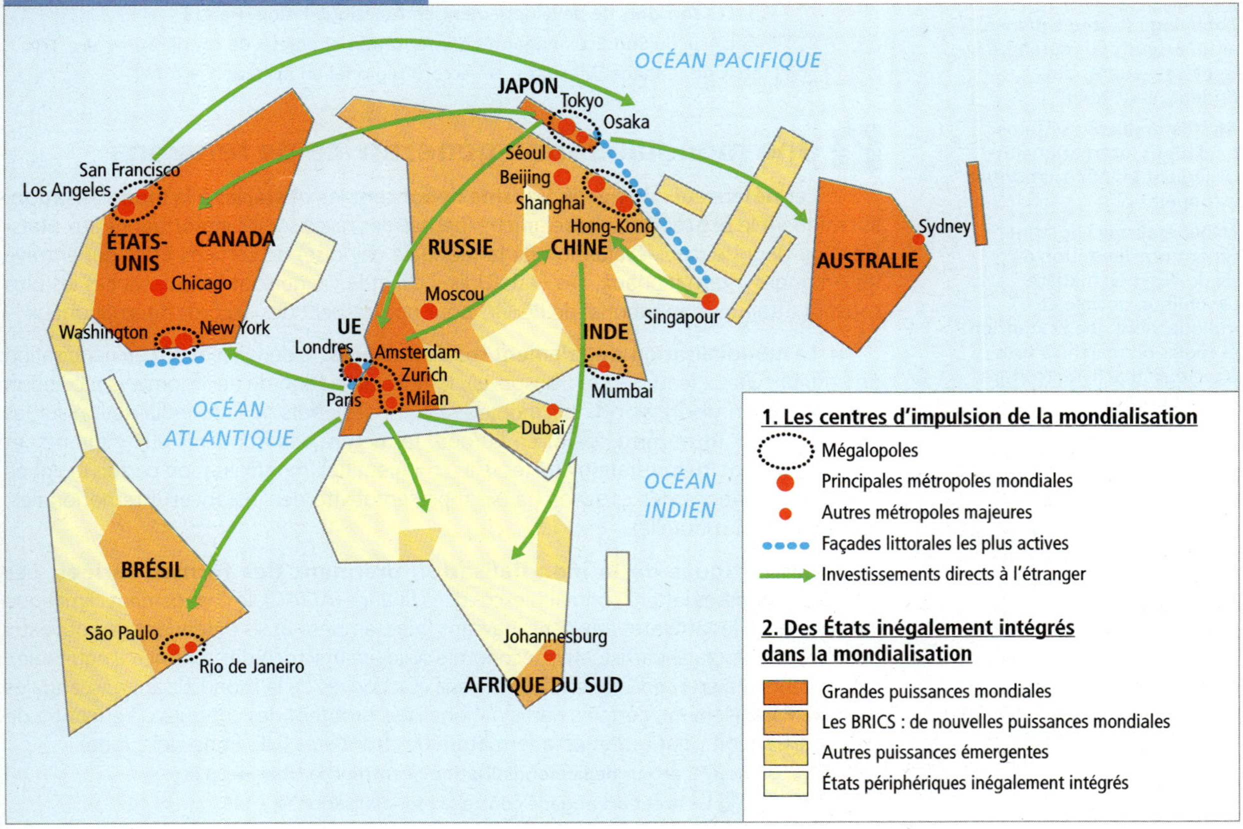

Coopérations, tensions et régulations à différentes échelles

Podcast Cours à écouter

Quelle gouvernance la mondialisation implique-t-elle ?

1 Des coopérations facteurs d'intégration régionale

● **Le nombre d'accords régionaux est en constante augmentation.** La fin de la guerre froide a favorisé les rapprochements entre États depuis les années 1980. L'échelle régionale est valorisée car considérée comme adaptée aux échanges internationaux, entre une échelle mondiale trop vaste et un cadre national jugé trop étroit. Plus de 600 accords régionaux ont été signés entre les États du monde, dont environ 400 sont en vigueur. Les pays n'appartenant à aucun bloc régional sont rares et marginalisés (Corée du Nord).

● **Les niveaux d'intégration varient selon les organisations régionales.** Au niveau le plus simple, les zones de libre-échange facilitent le commerce en supprimant les droits de douane (ACEUM, ASEAN). Les unions douanières vont plus loin en créant un tarif douanier unique et en partageant les recettes douanières entre États (Communauté andine, SADC). Les marchés communs permettent en plus la libre circulation des personnes, des services et des capitaux (MERCOSUR). Grâce à son union économique et monétaire, l'UE constitue le niveau d'intégration régionale le plus abouti au monde.

● **Les accords régionaux ont des effets très variés.** Dans l'UE, ils ont permis de réduire certaines inégalités en favorisant le rattrapage économique des pays d'Europe du Sud et de l'Est. En Amérique du Sud, ils visent au désenclavement des territoires (corridors de développement). Néanmoins, lorsqu'ils rassemblent des États aux profils contrastés, certains accords profitent surtout aux principales puissances (États-Unis dans l'ACEUM, Brésil dans le MERCOSUR).

ÉTUDE DE CAS Les corridors de développement en Amérique latine → p. 118
ÉTUDE DE CAS L'Asie du Sud-Est : inégalités d'intégration et enjeux de coopération → p. 120
EXEMPLE États-Unis, Canada, Mexique : un accord régional en mutation → p. 130

2 Une mondialisation génératrice de tensions

● **Les défenseurs du néolibéralisme dénoncent les obstacles à la mondialisation.** Ils critiquent le protectionnisme affiché (hausse des taxes sur les importations aux États-Unis) ou déguisé (sous-évaluation de la monnaie chinoise) de certains États qui entrave les échanges internationaux. Les États-Unis, l'UE et la Chine sont les puissances les plus souvent attaquées au tribunal de l'OMC pour non-respect des accords internationaux.

● **La mondialisation a également ses détracteurs.** Ils dénoncent la marchandisation de secteurs vitaux (eau, santé, transports), la financiarisation de l'économie (spéculation agricole) et son ubérisation. Ils s'inquiètent aussi des effets de la mondialisation sur les droits humains (dumping social en Europe, fermeture des frontières aux migrants) et l'environnement (déforestation au Brésil). Ils critiquent une mondialisation parfois éloignée des préoccupations des citoyens (faible représentativité des instances internationales, uniformisation culturelle).

● **Les critiques de la mondialisation prennent des formes variées.** Les altermondialistes luttent contre les excès de la finance (ATTAC), le changement climatique (Greenpeace), les atteintes aux petits paysans (Via Campesina). Ils défendent de nouveaux modèles : démocratie participative, économie solidaire (microcrédit, commerce équitable). Les lanceurs d'alerte sensibilisent les citoyens aux dérives de la mondialisation (scandales fiscaux). Parallèlement, certains partis nationalistes profitent des critiques à l'encontre de la mondialisation pour réclamer la fermeture des frontières (UE, États-Unis, Inde).

EXEMPLE Un nouvel acteur de la mondialisation : l'entreprise Uber → p. 128
GÉO AUTREMENT Le street art engagé contre la mondialisation → p. 140

Vocabulaire

- **Altermondialisme :** courant de pensée défendant une alternative à la mondialisation néolibérale, plus respectueuse de l'environnement et des droits humains.
- **Dumping social :** mise en concurrence des travailleurs des pays développés avec la main-d'œuvre moins rémunérée des pays en développement.
- **G20 :** voir p. 135.
- **GAFAM :** voir p. 135.
- **Gouvernance :** manière de gouverner ou d'exercer un pouvoir, impliquant plusieurs acteurs à différentes échelles.
- **Lobbying :** stratégie menée par un acteur pour défendre ses intérêts auprès des décideurs politiques.
- **Multilatéralisme :** système de relations internationales privilégiant les négociations et les coopérations.
- **Néolibéralisme :** doctrine prônant une limitation du rôle de l'État en matière économique, sociale et juridique, ainsi que l'extension des règles du marché à tous les secteurs d'activité (culture, santé, éducation).
- **Protectionnisme :** politique douanière qui vise à protéger une économie nationale de la concurrence étrangère.
- **Régulation :** moyens d'action dont dispose un État ou une organisation internationale pour assurer le bon fonctionnement de l'économie.
- **Ubérisation :** nouveau mode d'économie collaborative reposant sur la mise en relation directe des clients avec des prestataires de services grâce aux nouvelles technologies.

3 Des tentatives de régulation inégalement efficaces

● **Les États font face aux excès de la mondialisation.** Ils ne parviennent pas toujours à endiguer les conséquences sociales (délocalisation, précarité, chômage) et environnementales (pollutions, épuisement des ressources) des activités des FTN. Ainsi, les États de l'UE ne s'accordent pas sur l'augmentation de la taxation des GAFAM qui profitent de l'existence de paradis fiscaux dans l'UE (Irlande, Luxembourg) pour payer moins de taxes et d'impôts. Le lobbying exercé par les FTN leur permet d'influencer à leur avantage les politiques économiques et sociales des États (fiscalité, droit du travail).

● **De nombreuses organisations internationales visent à favoriser le multilatéralisme par la régulation.** L'Organisation mondiale du commerce (OMC) défend l'intensification des échanges entre les États. Le Fonds monétaire international (FMI) veille à la stabilité du système financier et monétaire mondial. La Banque mondiale accorde des prêts aux pays en développement, en contrepartie de réformes économiques libérales les obligeant à ouvrir leurs frontières aux échanges et à diminuer leurs taxes douanières. Cette gouvernance étant largement dominée par des acteurs occidentaux, les nouvelles puissances (Brésil, Inde) réclament une meilleure représentativité.

● **Des organisations informelles réunissent les grands acteurs de la mondialisation.** Les puissances les plus anciennes (Allemagne, Canada, États-Unis, France, Italie, Japon, Royaume-Uni) se sont organisées en groupes de concertation pour protéger leurs intérêts. Lors des sommets du G7, leurs représentants tentent de coordonner leurs politiques. Plus récemment, ce type d'organisation s'est ouvert aux pays émergents (G20). Certaines instances témoignent aussi de la coopération entre États et multinationales (Forum de Davos).

EXEMPLE Les paradis fiscaux au cœur de la mondialisation financière → p. 126

Les trois premiers pays exportateurs de marchandises (2018)

En % de la valeur totale des exportations mondiales

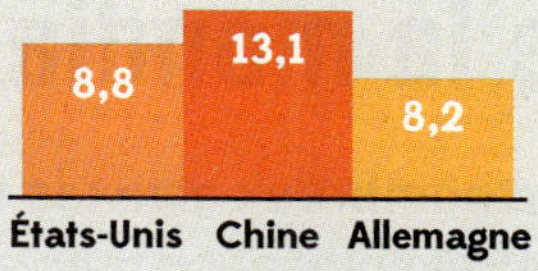

Les trois premiers pays importateurs de marchandises (2018)

En % de la valeur totale des importations mondiales

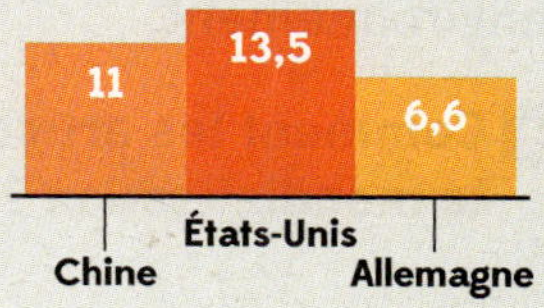

Source : OMC (statistiques du commerce international), 2019.

Notion

▸ Intégration (territoriale) p. 165

THÈME 2
SE PRÉPARER
CHAPITRE 3
CHAPITRE 4
RÉVISER

Du cours au schéma

EXO Exercice interactif

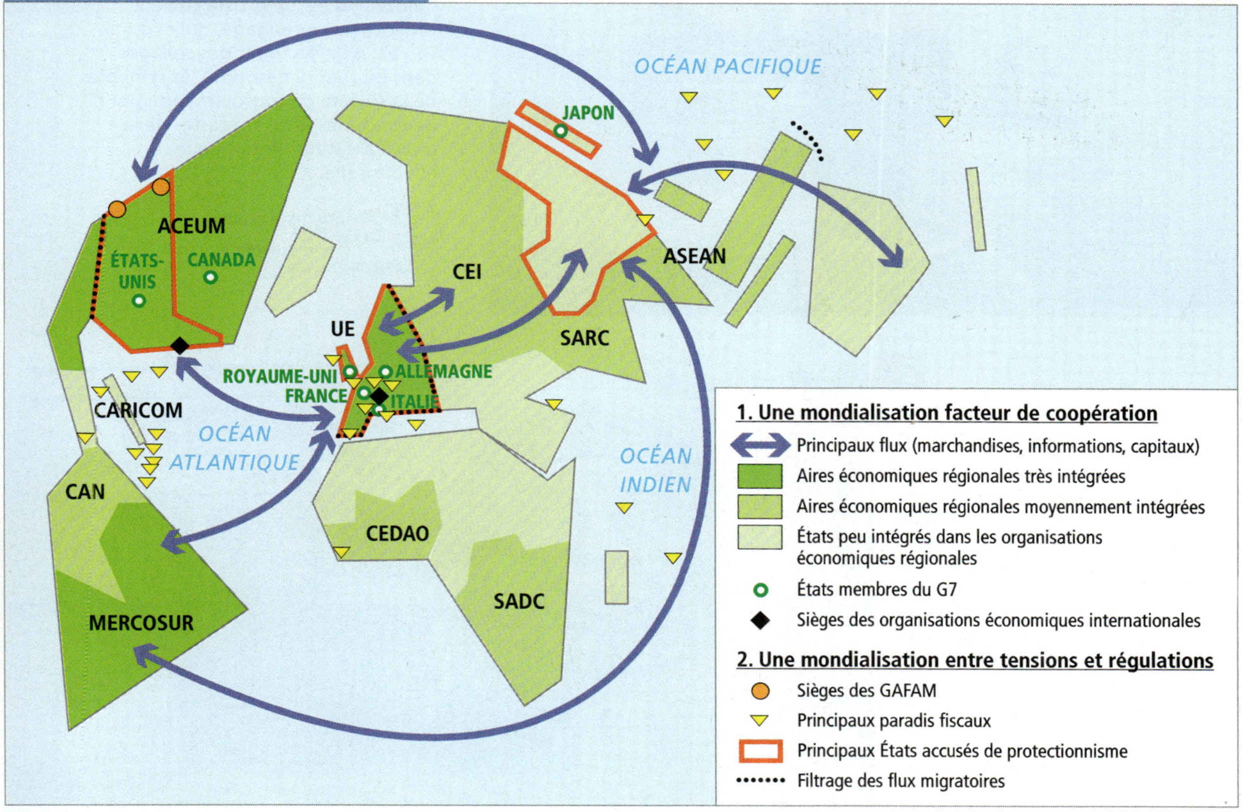

Géo AUTREMENT

Le street art engagé contre les dérives de la mondialisation

De nombreux artistes utilisent la rue comme moyen de revendication. Les artistes contemporains de street art s'expriment dans l'espace urbain, souvent de manière illégale. Leurs œuvres sont l'expression d'une contestation sur un processus de mondialisation qui creuse les inégalités, maltraite les droits sociaux et dégrade l'environnement.

➔ **Comment les artistes de rue s'engagent-ils contre la mondialisation ?**

Le saviez-vous ?

▶ Le street art désigne différentes formes d'art urbain réalisées dans la rue ou dans des lieux publics. Il peut s'agir de tags (graffitis), de pochoirs, de mosaïques, de projections vidéos… C'est en France et aux États-Unis, dans les années 1960, qu'est né le street art.

1 Mondialisation et travail des enfants

Bajo Coste (*Low Cost*), œuvre de Caiozzama, réalisée sur un mur de Santiago (Chili) le 21 novembre 2015 et détruite le 23 novembre 2015. Caiozzama est un artiste chilien, provocateur et engagé, qui exprime son art en effectuant des collages dans les rues. Il détourne les symboles de la société de consommation pour dénoncer les effets néfastes de la mondialisation économique et culturelle.

Compte Instagram de l'artiste
Caiozzama @caiozzama

2 Mondialisation culturelle et gentrification

La *Muerte del Barrio* (« *La mort du quartier* »), œuvre de MTO, réalisée dans le quartier latino de Wynwood à Miami (États-Unis). L'artiste européen MTO critique ici ouvertement la gentrification, incarnée par le « hipster ». Un quartier qui est devenu attractif grâce à nombreuses œuvres de street art, dont la marchandisation est dénoncée à travers le détournement d'*OBEY*, une œuvre de Shepard Fairey en logo de Starbucks.

Compte Instagram de l'artiste
MTO @mtograff

3 Mondialisation et enjeux environnementaux

Traduction : « Les yeux de toutes les générations futures sont braqués sur vous. Agissez maintenant ! »
We declare a climate emergency (« *Nous déclarons l'urgence climatique* »)
est une œuvre réalisée sur un mur de Brighton (Royaume-Uni) en 2019.
L'artiste anglais Boaster, porte les revendications du mouvement écologiste international *Extinction Rebellion* (XR).

Compte Instagram de l'artiste
Boaster @boasters_yard

4 Le street art, reflet de la mondialisation

Parole de géographe

L'art urbain, ou street art, est délicat à délimiter, tant dans ses formes que dans ses finalités. À l'origine, il s'agit d'inscriptions ou d'images jouant avec l'interdit ou la provocation.

Durant la seconde moitié du XXe siècle, les images ont envahi les rues des villes *via* les affiches et les publicités. À côté, se sont maintenues des formes d'expression subversives comme les graffitis ou les affiches engagées, notamment lors des périodes de contestation des années 1960.

L'attrait pour le street art s'est confirmé à partir des années 1990 dans le contexte de l'essor de la mondialisation, car il est devenu un marqueur de la métropolisation. En effet, toute ville souhaitant affirmer son rang de métropole internationale ou même nationale a désormais intérêt à exposer des activités d'art urbain : c'est un signe de dynamisme culturel et un atout touristique.

Parallèlement, se maintient une culture underground, souvent plus contestataire. Celle-là est nettement moins tolérée par la police et par les brigades de nettoyage, même si l'on peut y voir des artistes participant à la fois de la culture officielle et de la culture illégale, comme Blek le Rat ou Banksy qui maintiennent des messages provocateurs ou choisissent des lieux symboliques (comme le mur entre Israël et les territoires palestiniens).

Frédéric Durand, professeur à l'université Toulouse II Jean-Jaurès, « L'art urbain, de l'interdit aux marqueurs de la mondialisation », *BelvedeR*, revue collaborative de l'aua/T, juin 2018.

Questions

Présenter les documents

1. **Présentez** les œuvres d'art en proposant une biographie rapide de chaque artiste.

Analyser les documents

2. **Relevez** les messages portés par chacune de ces œuvres d'art murales.
3. **Expliquez** le succès du street art à partir des années 1990.

Faire le lien avec la géographie

4. À partir de l'exemple des œuvres du street art, **montrez** que la mondialisation provoque des débats et des contestations.

C'est à vous !

→ Réalisez dans votre CDI une exposition sur le thème « Le street art engagé contre la mondialisation ».
- Définissez les grands débats en cours sur le processus de mondialisation et ses effets.
- Cherchez et sélectionnez des œuvres d'art urbain en lien avec chacun de ces débats.
- Réalisez des panneaux illustrant chacun de ces questionnements.

→ Pour chaque œuvre d'art urbain, précisez en légende le nom de l'artiste, le lieu d'exposition, la date et une petite description.

THÈME 2

CHAPITRE 4 La France dans la mondialisation

Malgré la concurrence accrue des pays émergents, la France est un acteur majeur dans la mondialisation. Elle maintient son influence à l'étranger dans de nombreux domaines : économie, culture, diplomatie, armée… Mais le rayonnement et l'attractivité de ses territoires demeurent inégaux.

Quels sont les aspects du rayonnement et de l'attractivité de la France dans la mondialisation ?

Textes DYS
TOUS LES TEXTES EN VERSION DYS
lyceen.nathan.fr/geoterm-2020

SOMMAIRE

Zoom sur…

L'industrie de la mode et du luxe français (2019)

Chiffre d'affaires	154 milliards d'euros (1er rang mondial)
Part des ventes mondiales	25 %
Nombre d'emplois	150 000
Nombre de marques	130

Source : Conseil national de l'industrie, 2019.

Défilé Chanel haute couture automne-hiver 2017-2018 au Grand Palais (Paris), juillet 2017.

Vidéo

Pour entrer dans le chapitre

« Le luxe : un succès à la française », reportage du journal télévisé de France 2, 22 juin 2018.

Géolocalisation
Paris
FRANCE

Étude de cas

La Côte d'Azur : un littoral attractif dans la mondialisation

Zoom sur…

▶ La Côte d'Azur (2019)

Distance de Toulon à Menton	160 km environ (à vol d'oiseau)
Population	2 millions d'habitants (estimation)
Rang touristique français	2e pôle touristique (après Paris et sa région)

➔ **Comment la Côte d'Azur rayonne-t-elle et attire-t-elle dans la mondialisation ?**

A Un littoral au rayonnement international

Vocabulaire

- **Parc national :** territoire de protection de la nature géré par l'État dans un but de conservation.
- **Technopôle :** parc d'activités regroupant entreprises et centres de formation supérieure ou de recherche, spécialisés dans les activités de haute technologie.

1 Les facteurs du rayonnement

Parole de géographe

La mise en valeur balnéaire de cette côte méditerranéenne date de la fin du XIXe siècle, grâce à l'ouverture de la ligne ferroviaire Paris-Lyon-Méditerranée amenant une clientèle aristocratique de Parisiens et d'Anglais, en saison hivernale surtout. Le tourisme, largement démocratisé depuis la Seconde Guerre mondiale, est aujourd'hui principalement estival. Il est devenu une activité économique majeure, particulièrement sur la Côte d'Azur, de Saint-Raphaël à Menton en passant par l'aire urbaine de Nice […].

Désormais les infrastructures de transport modernes et performantes desservent la région de Nice : l'autoroute A8 ou l'aéroport international de Nice-Côte d'Azur (2e aéroport français). Des manifestations culturelles célèbres s'y déroulent : un festival international de cinéma à Cannes, un festival de jazz à Antibes – Juan-les-Pins, un carnaval très prisé à Nice. […] Saint-Tropez est devenu, en quelques décennies, un haut-lieu du tourisme connu dans le monde entier (le port reçoit les plus grands yachts du monde). Ce sont les peintres, comme Paul Signac, qui ont fait connaître le lieu dès la fin du XIXe siècle, puis des écrivains de Saint-Germain-des-Prés à Paris (Françoise Sagan) et des artistes : Juliette Gréco et surtout Brigitte Bardot installée dans sa mythique villa « La Madrague ». Sa présence assure, dès les années 1960, le rayonnement international et la réputation « show-biz » du lieu qui fait accourir la « jet-set » mondiale.

Vincent Adoumié (dir.), professeur en classes préparatoires aux grandes écoles, *Les Nouvelles Régions françaises*, Hachette Supérieur, 2018.

Animation croquis

2 La « Riviera » française à Agay (Var)

① Baie ② Port de plaisance ③ Plage
④ Arrière-pays escarpé (massif de l'Estérel)

3 Le Festival de Cannes 2019 en chiffres

4 Les atouts du littoral azuréen

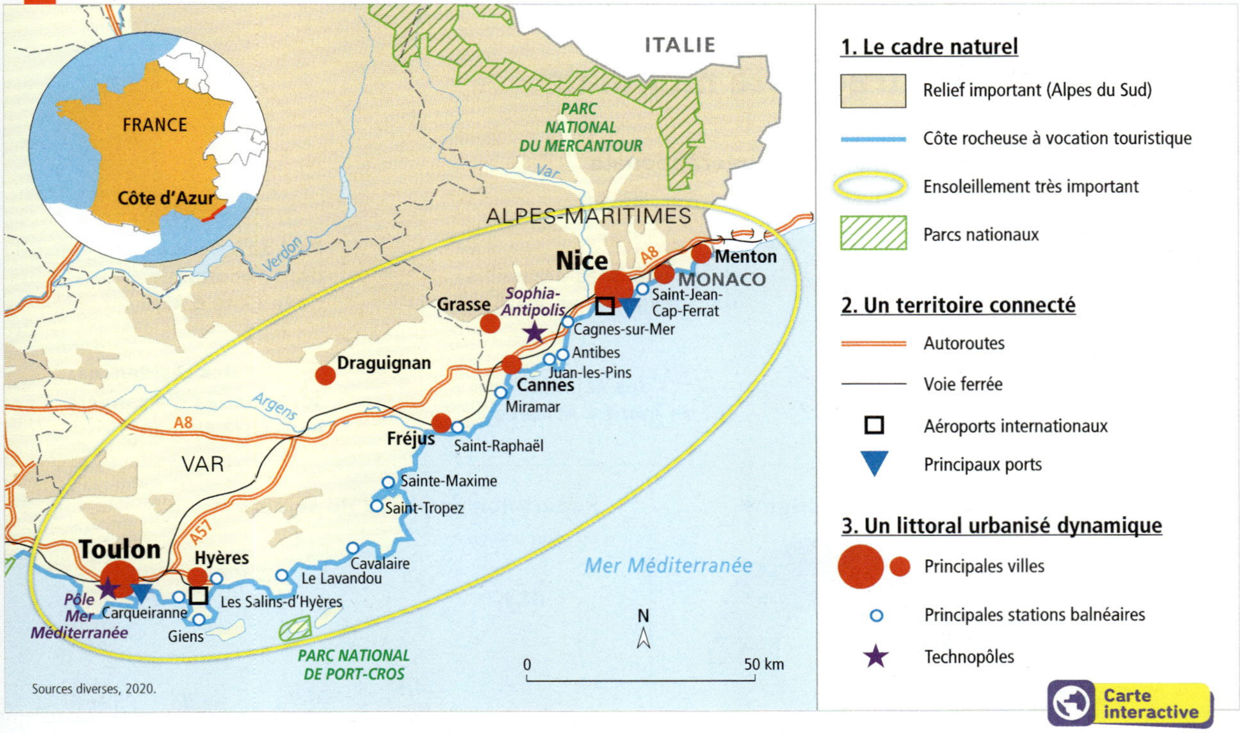

Carte interactive

5 Le parfum du pays de Grasse

Lien

La Région de Grasse (Alpes-Maritimes) est réputée pour sa production florale et son industrie du parfum. Depuis novembre 2018, ses savoir-faire liés au parfum ont été inscrits au patrimoine culturel immatériel de l'Humanité de l'Unesco.

Questions

Itinéraire 1

Répondre aux questions

1. **Situez** la Côte d'Azur en France et en Europe. **doc. 4**
2. **Décrivez** les composantes du paysage de la Côte d'Azur. **doc. 2 et 4**
3. **Relevez** et **classez** les différents éléments du patrimoine naturel et culturel dont dispose la Côte d'Azur. **doc. 1, 3, 4 et 5**

Synthétiser

4. **Montrez** que la Côte d'Azur bénéficie d'un rayonnement international de premier plan. **doc. 1 à 5**

ou

Itinéraire 2

Conseils et méthode

Réaliser une affiche (1/2)

- Afin de réaliser une affiche de promotion pour la Côte d'Azur, relevez les atouts qui participent à son rayonnement international et à son attractivité.
- Regroupez-les autour de trois thèmes :
  – La richesse du patrimoine naturel et culturel
  – L'accessibilité de la région
  – L'environnement économique dynamique (p. 146-147)
- Illustrez chaque thème par un ou plusieurs documents que vous aurez recherchés.

B Un littoral à l'attractivité mondiale

6 La Côte d'Azur, destination touristique internationale

11 millions de touristes par an

1 million de croisiéristes accueillis dans les ports en 2018

Part du tourisme dans l'économie de la Côte d'Azur : **15 %**

2e destination touristique française après Paris

16 % des séjours ont un motif « Affaires »

15 % des résidences secondaires d'étrangers en France (1er rang)

Répartition des touristes selon leur origine

En pourcentage

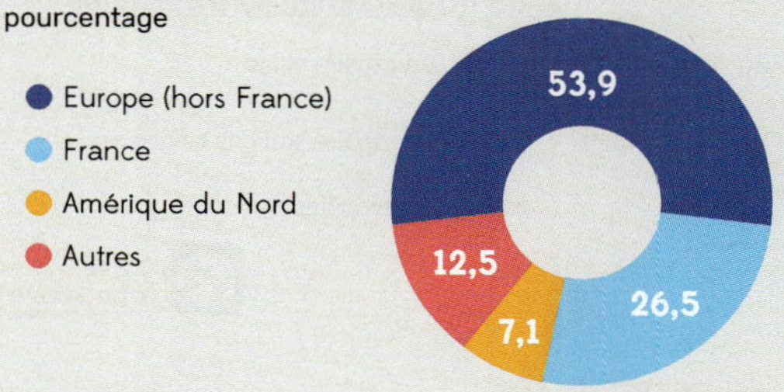

Répartition des lieux de séjours

En pourcentage

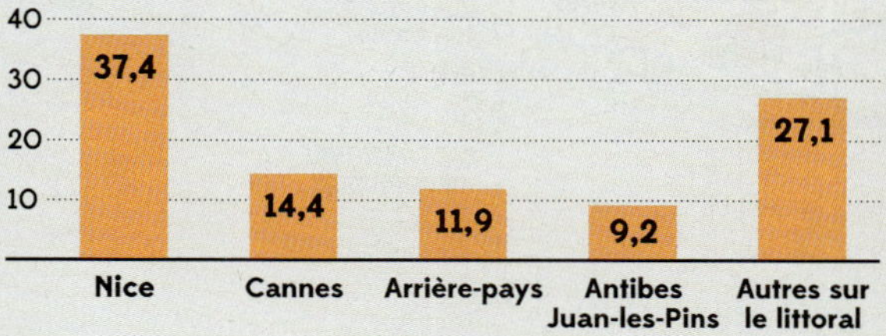

Source : Comité régional du Tourisme Côte d'Azur, 2018.

7 Investir sur la Côte d'Azur

Extrait de la brochure « Invest in Côte d'Azur », Team Côte d'Azur, 2019.

Traduction :
1 L'un des endroits les plus stratégiques d'Europe
2 Un vivier international de talents
3 Des infrastructures performantes
4 Des bureaux haut de gamme
5 Une qualité de vie
6 Des start-up innovantes

Lien

Animation croquis

8 **Le front de mer de Nice (Alpes-Maritimes)**

① Hébergements hôteliers
② Résidences en front de mer
③ Plage
④ Promenade des Anglais
⑤ Arrière-pays escarpé

9 Les investisseurs étrangers choisissent la Côte d'Azur

Parole d'acteur

Chaque année, plus d'une centaine d'entreprises à capitaux étrangers[1] supplémentaires sont identifiées sur le territoire [...].

Deux indicateurs nous aident à mesurer cette attractivité : le nombre croissant d'entreprises et les emplois associés. L'année 2018 confirme cette dynamique avec 2 070 entreprises provenant de tous les continents et choisissant d'investir sur la Côte d'Azur. La mesure de leurs retombées est sans appel : 36 000 emplois induits. Le terreau de ces implantations s'appuie sur un positionnement géographique favorable, des infrastructures de transport de qualité et des écosystèmes organisés en véritables clusters[2] alliant à la fois les caractéristiques des quartiers d'affaires internationaux et des parcs scientifiques. À ce titre, le bassin de Sophia-Antipolis s'impose comme l'un des principaux points d'attraction de l'investissement dans les Alpes-Maritimes et canalise dans le même temps un tiers des emplois. La smart-city[3] de Nice et son bassin élargi concentrent près de 700 entreprises dont certaines spécialisées dans des filières de pointe comme les logiciels embarqués ou les biotechnologies.

Jean-Pierre Savarino, président de la chambre de commerce et d'industrie Nice Côte d'Azur, *Les Entreprises à capitaux étrangers dans les Alpes-Maritimes*, mars 2019.

1. Établissements implantés en France sous contrôle étranger.
2. Concentration géographique d'entreprises interdépendantes dans un secteur d'activités.
3. « Ville intelligente » utilisant les technologies de l'information et de la communication (TIC) pour améliorer la qualité des services proposés ainsi que leurs coûts.

Questions

Itinéraire 1

Répondre aux questions

5 **Montrez** que la Côte d'Azur est un pôle touristique national et international majeur. **doc. 6 et 8**

6 **Expliquez** les raisons de l'attractivité de la Côte d'Azur pour les entreprises étrangères. **doc. 7 et 9**

7 **Relevez** les secteurs d'activité pour lesquels la Côte d'Azur est particulièrement attractive. **doc. 6, 7 et 9**

Synthétiser

8 **Montrez** que la Côte d'Azur bénéficie d'une attractivité internationale de premier plan. **doc. 6 à 9**

ou

Itinéraire 2

Conseils et méthode

Réaliser une affiche (2/2) ORAL

- Poursuivez le travail engagé p. 145 et terminez votre affiche.
- Réalisez une présentation orale destinée à attirer, au choix, des touristes ou des investisseurs dans la région, en vous appuyant sur votre affiche.

Croquis de l'étude de cas

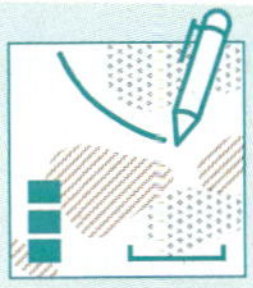

▶ p. 150

THÈME 2
SE PRÉPARER
CHAPITRE 3
CHAPITRE 4
RÉVISER

Étude de cas

Zoom sur…

▶ Le Tour de France

1re édition	1903
Nombre de spectateurs sur les routes (2019)	10 à 12 millions
Nombre de téléspectateurs dans le monde (2019)	3,5 milliards

La France du Tour : un rayonnement mondial

Comment le Tour de France participe-t-il au rayonnement et à l'attractivité de la France et de ses territoires ?

1 Un événement mondial

Parole de géographe

À la fois « monument » du calendrier cycliste international et vitrine du patrimoine français, le Tour de France (TDF) est aujourd'hui le premier événement sportif annuel mondial […]. Il participe au rayonnement culturel français et à son image d'excellence. Il s'est imposé comme un événement populaire, festif et rassembleur, aujourd'hui pratiqué, pour une journée, une semaine ou dans son intégralité par des touristes venant du monde entier. La gratuité du spectacle rend l'événement attractif pour les publics, permettant au TDF de se transformer en une formidable vitrine commerciale pour la France. Partenaires de la course, sponsors d'équipes, annonceurs présents sur le bord des routes, collectivités territoriales et organisateurs bénéficient de l'exposition médiatique dont jouit l'événement pour faire leur promotion en associant leur image à la course […].

À partir de 1952, avec l'arrivée de la télévision sur le TDF, c'est désormais la France qui peut se montrer. Le TDF devient la plus belle et la plus regardée des cartes postales de France : d'après un sondage réalisé par l'Institut Odoxa pour Winamax et RTL en 2016, 50 % des spectateurs regardent la course pour en apprécier les paysages. La diffusion de l'épreuve devient alors un reportage sur la France long de trois semaines, jusqu'à faire passer pour certains l'aspect sportif au second plan.

Édith Fagnoni, professeure des Universités, et Léo Castoldi, « De l'événement sportif au sport business : le Tour de France », *Bulletin de l'Association de géographes français*, 2018.

2 Le Tour de France 2019 : une course mondialisée

Carte interactive

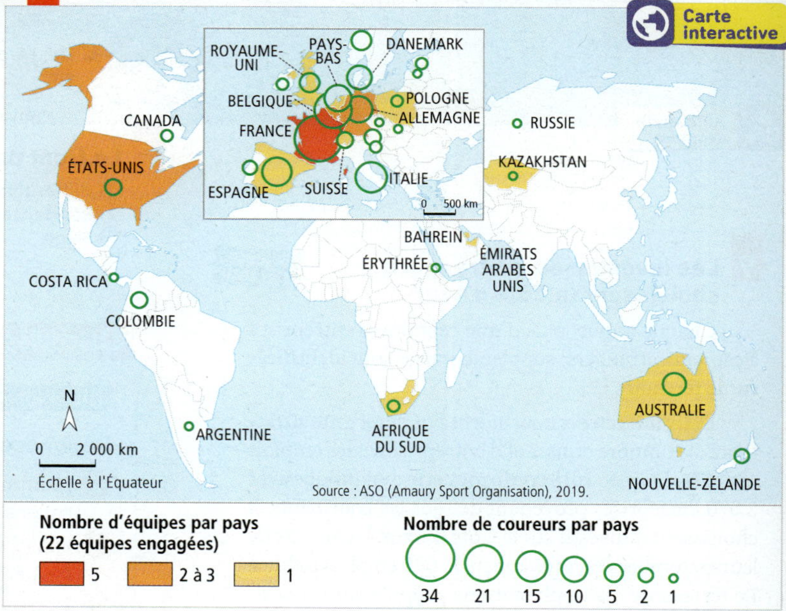

3 Une couverture médiatique mondiale

DIFFUSION

- **190** pays
- **3,5 milliards** de téléspectateurs
- **100** chaînes TV dont 60 en direct
- **68** radios

MÉDIAS ACCRÉDITÉS

- **2 000** journalistes accrédités pour 600 médias
- **91** agences photo
- **301** titres ou agences de presse et sites internet

INTERNET

- Site letour.fr en **4** langues
- Réseaux sociaux (Instagram, Facebook, Twitter, Chat Messenger) : **6,5 millions** de fans et *followers*

Source : Amaury Sport Organisation, 2018.

4 Le Tour de France 2019 à Valloire (Savoie)

Ascension du col du Galibier, juillet 2019.

5 Un partenariat Atout France[1]/ASO[2]

Du 6 au 28 juillet [2019], la 106e édition du Tour de France a emmené coureurs et suiveurs sur un parcours de 3 460 kilomètres à travers les plus beaux paysages de France. 21 jours d'épreuves qui ont mis en valeur l'exploit sportif et la majesté des 8 régions françaises traversées, auprès de milliards de téléspectateurs [...].

Le Tour de France considère que la mise en avant des territoires traversés fait partie de ses principales missions, l'événement constituant naturellement un moment clé pour la promotion des destinations françaises [...].

Le Tour a ainsi été mis à l'honneur sur France.fr (disponible en 15 langues), avec des pages renouvelées au fil des étapes. À chacune d'entre elles, un site touristique spécifique sera présenté avec une sélection d'activités disponibles alentour.

Atout France, 13 juin 2019.

1. Agence de développement touristique de la France.
2. ASO (Amaury Sport Organisation) : organisateur du Tour de France.

Questions

Itinéraire 1

Répondre aux questions

1. **Justifiez** l'expression « course mondialisée » pour décrire le Tour de France. **doc. 1 à 3**
2. **Montrez** que le Tour de France est un événement populaire et international. **doc. 4**
3. **Décrivez** par quels moyens le Tour de France contribue à l'attractivité touristique de la France. **doc. 1, 3 et 5**

Synthétiser

4. **Expliquez** comment le Tour de France participe au rayonnement mondial et à l'attractivité de la France. **doc. 1 à 5**

ou

Itinéraire 2

Préparer une présentation orale ORAL

- Relevez dans les documents 1 à 5 les informations montrant que le Tour de France est :
  – un événement sportif
  – un événement mondialisé
  – un événement qui participe à l'attractivité touristique de la France
- Appuyez-vous sur ce travail pour réaliser une présentation orale de 5 à 10 minutes montrant que le Tour de France participe au rayonnement et à l'attractivité de la France.

Croquis de l'étude de cas

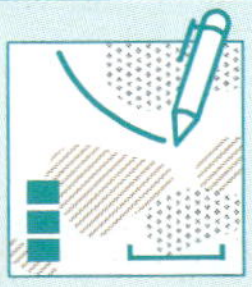

▶ p. 151

Croquis des études de cas

▶ Voir p. 144-147

La Côte d'Azur

Objectif BAC

Consigne : À partir du texte ci-dessous, et en vous appuyant sur vos connaissances, complétez la légende et le croquis de synthèse.

Aide pour répondre à la consigne :
- Relevez les informations dans le texte.
- Identifiez les figurés pouvant être utilisés pour cartographier ces informations.
- Complétez la légende et le croquis à l'aide de l'étude de cas p. 144-147.

La Côte d'Azur : un littoral attractif dans la mondialisation

La Côte d'Azur est située dans le Sud-Est de la France, en région Provence-Alpes-Côte d'Azur, dans les départements des Alpes-Maritimes et du Var. Elle forme l'espace bordier de la mer Méditerranée entre Toulon et la frontière italienne. Elle est bien connectée à toutes les échelles grâce à des infrastructures et un réseau de communication modernes et performants : deux aéroports internationaux (Toulon et Nice, 2e aéroport français), de nombreux ports pour le trafic de marchandises et surtout de passagers (Toulon, Nice, Cannes…). La région est aussi bien connectée au réseau ferré et routier national et international grâce aux axes de communication qui longent le littoral (autoroute A8).

Avec 11 millions de touristes par an et 15 % de son PIB lié au tourisme, la Côte d'Azur est un pôle touristique international majeur. Elle attire des touristes du monde entier, principalement d'Europe (53,9 %), mais aussi d'Amérique du Nord, d'Asie… Elle est réputée pour la beauté de ses paysages et son climat ensoleillé. Elle valorise un riche patrimoine naturel (parc national de Port-Cros et du Mercantour) et culturel (parfums de Grasse). Elle profite en outre du rayonnement international de manifestations culturelles (Festival de Cannes) ou sportives (Grand Prix de France). Le littoral azuréen abrite de nombreuses villes et stations balnéaires à forte capacité touristique (Nice, Cannes, Saint Raphaël…).

La Côte d'Azur fait aussi figure de région urbaine dynamique et attractive pour les entreprises à l'échelle internationale. Elle met en avant la qualité de son cadre et de ses infrastructures pour attirer les capitaux étrangers : le flux entrant d'investissements directs à l'étranger (IDE) est important et en forte croissance. Ces investissements contribuent à la création d'entreprises dans des secteurs de pointe, notamment au sein de ses deux technopôles (Toulon, Sophia-Antipolis). À l'image de l'ensemble de la Côte d'Azur, Nice et Toulon sont deux métropoles régionales attractives dans la mondialisation.

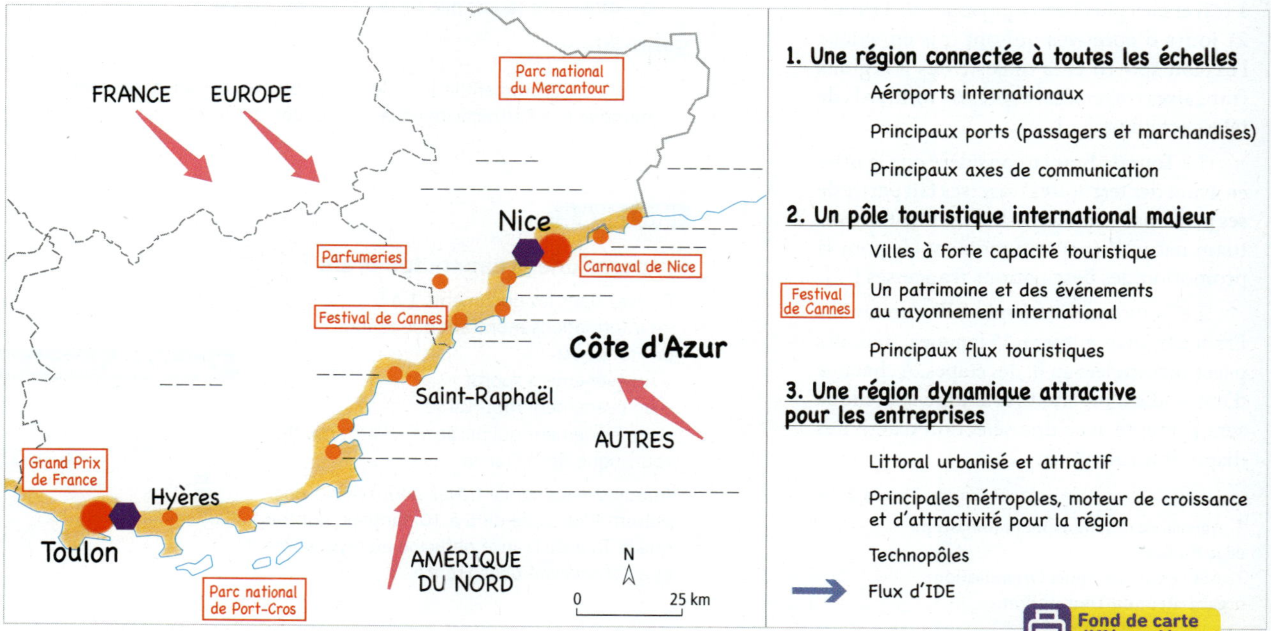

Fond de carte différencié

Croquis des études de cas

▶ Voir p. 148-149

La France du Tour

Objectif BAC

Consigne : À partir du texte ci-dessous, et en vous appuyant sur vos connaissances, complétez la légende et le croquis de synthèse.

Aide pour répondre à la consigne :
- Identifiez dans le texte les différents flux dirigés vers la France grâce au Tour de France ainsi que la ville de départ et d'arrivée de la course en 2019.
- Sur le fond de carte, à l'aide d'un atlas si besoin, nommez les villes ayant accueilli le Tour de France plus de 30 fois depuis sa création.

La France du Tour : un rayonnement mondial

La France accueille chaque été le Tour de France cycliste. Fondé en 1903, cette compétition est devenue aujourd'hui le plus grand événement sportif annuel mondial. Après un parcours de 21 jours à travers les plus beaux paysages de France, la course s'achève traditionnellement au cœur de Paris, sur les Champs-Élysées. Mais le Tour de France affiche depuis plusieurs années une dimension européenne : en 2019, son départ a par exemple été donné à Bruxelles.

Le Tour de France cycliste contribue activement au rayonnement mondial de la France. Les coureurs et les équipes qui participent à la course sont originaires du monde entier. Les sponsors de la course et des coureurs sont des entreprises internationales. La course bénéficie d'une couverture médiatique mondiale : les images de l'événement sont retransmises dans 190 pays, auprès de 3,5 milliards de téléspectateurs, grâce à 2 000 journalistes accrédités pour plus de 600 médias.

Grâce à cette visibilité internationale, le Tour de France est un formidable outil de promotion des territoires français. Il accueille chaque été 10 à 12 millions de spectateurs sur son parcours, dont de nombreux touristes étrangers. La valorisation des paysages français via la diffusion des images de la course participe à la promotion touristique du pays et de ses régions. Afin de renforcer leur visibilité et leur attractivité, certaines villes françaises comme Bordeaux, Brest ou Metz ont accueilli la course plus de 30 fois depuis sa création.

1. Une course française et européenne…
- 21 jours de course
- Métropole européenne et ville-départ en 2019
- Métropole mondiale et ville-arrivée depuis 1903
- Villes-étapes ayant accueilli le TDF plus de 30 fois

2. …au rayonnement mondial
- Flux de ______ venus du monde entier
- Une retransmission dans 190 pays

3. …et source d'attractivité pour la France
- ________ étrangers venus du monde entier
- ________ étrangers attirés par les images diffusées

Fond de carte différencié

Exemple

L'Oréal, une firme française dans la mondialisation

Zoom sur…

▶ L'Oréal (fondée en 1909)

Rang	1er groupe mondial de cosmétiques
Chiffre d'affaires	27 milliards d'euros/an
Nombre de marques	36 (Lancôme, Garnier, Ralph Lauren, Diesel…)

Source : L'Oréal, Fortune 500, 2019.

Vidéo

1 Lancôme, une marque du groupe l'Oréal à Hong Kong (Chine)

Photographie prise en novembre 2018.

3 L'Oréal : un groupe français mondialisé

Carte interactive

Pays d'implantation des 40 usines L'Oréal dans le monde

9 % Part des différents marchés dans le chiffre d'affaires total du groupe

2 L'Oréal, une marque universelle

Dès 1912, l'entreprise exportait ses teintures capillaires en Autriche, en Italie et aux Pays-Bas […]. Aujourd'hui l'entreprise est présente sur les 5 continents, dans 130 pays, et réalise un chiffre d'affaires équivalent en Europe de l'Ouest et sur les nouveaux marchés. Cette présence mondiale est le fruit d'une longue construction élaborée au fil des années […]. 1986 est une année historique puisque l'entreprise devient le leader mondial du secteur des cosmétiques face à des concurrents américains ou japonais beaucoup moins internationalisés […].

L'Oréal se mobilise autour de l'universalisation et de la conquête d'un « nouveau milliard de consommateurs » à l'horizon 2022. Pour y parvenir, l'entreprise doit se renforcer sur les marchés émergents, en touchant notamment les classes moyennes et s'implanter beaucoup plus massivement sur les nouveaux marchés […]. L'universalisation implique une présence mondiale, mais elle renvoie aussi à une présence au sein des différentes catégories sociales et les différents types ethniques.

Béatrice Collin et Jean-François Delplancke, *L'Oréal : la beauté de la stratégie*, Dunod, 2015.

Objectif BAC

Consigne : En analysant les documents, montrez que L'Oréal est une entreprise mondiale qui participe au rayonnement international de la France.

Aide pour répondre à la consigne :
- Montrez que le groupe L'Oréal est présent dans le monde entier.
- Identifiez les différentes phases de l'internationalisation de la firme.

Exemple

Le rayonnement de la France à Londres

1 La France à Londres

Source : Ambassade de France, AEFE, 2019.

Animation croquis

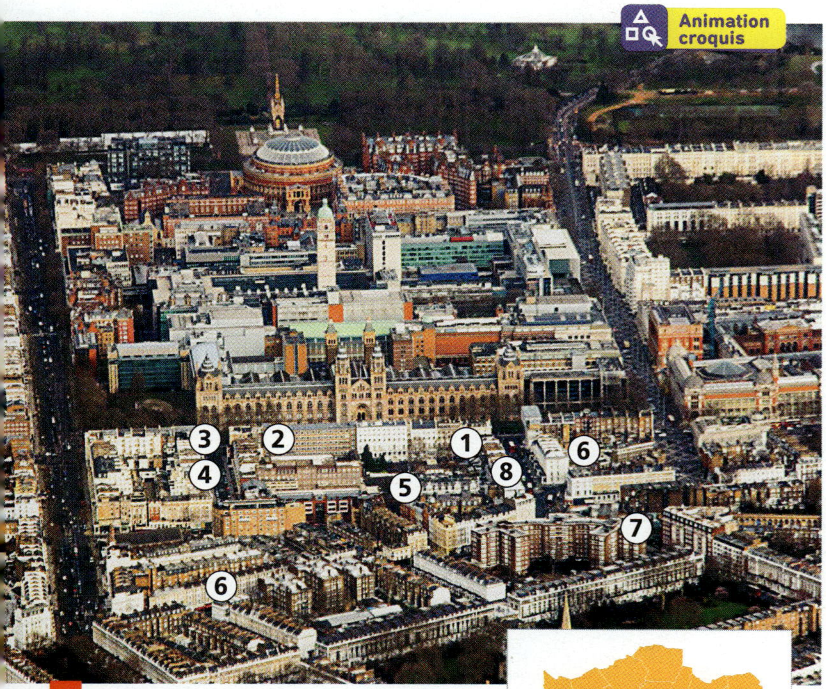

3 South Kensington, le « carré français » de Londres

① Consulat général de France
② Lycée français Charles-de-Gaulle
③ Institut français
④ Ciné Lumière
⑤ Librairie française
⑥ Commerce de produits gastronomiques français (fromages, pâtisseries, pains, vins…)
⑦ Restaurant français
⑧ Maison médicale française

2 Campus France à Londres

En mai 2019, Campus France, établissement public chargé de la promotion de l'enseignement supérieur français à l'étranger et de l'accueil des étudiants et chercheurs étrangers en France, inaugure son bureau de Londres […].

La mission principale des bureaux de Campus France, présents dans plus de 126 pays, est de promouvoir l'enseignement supérieur français […]. L'inauguration met en lumière la nouvelle stratégie de la France, qui ambitionne de devenir une destination de plus en plus attrayante pour les étudiants étrangers désireux de recevoir une formation universitaire d'excellence. Cette stratégie s'inscrit dans le cadre d'une campagne de communication globale visant à accroître la présence et l'influence de la France à l'étranger […]. L'ambition de la France est de contrer le déséquilibre des flux d'étudiants entre la France et le Royaume-Uni, les incertitudes liées au Brexit et les relations futures entre le Royaume-Uni et l'Union européenne.

Ambassade de France à Londres, 13 mai 2019.

Objectif BAC

Consigne : En analysant les documents, expliquez par quels moyens la France assure son rayonnement diplomatique, culturel et économique à Londres.

Aide pour répondre à la consigne :
- Relevez les différentes institutions françaises présentes à Londres et précisez dans quels domaines elles agissent.
- Montrez que le rayonnement culturel et économique de la France sont en partie liés.

Carte

La France dans le monde

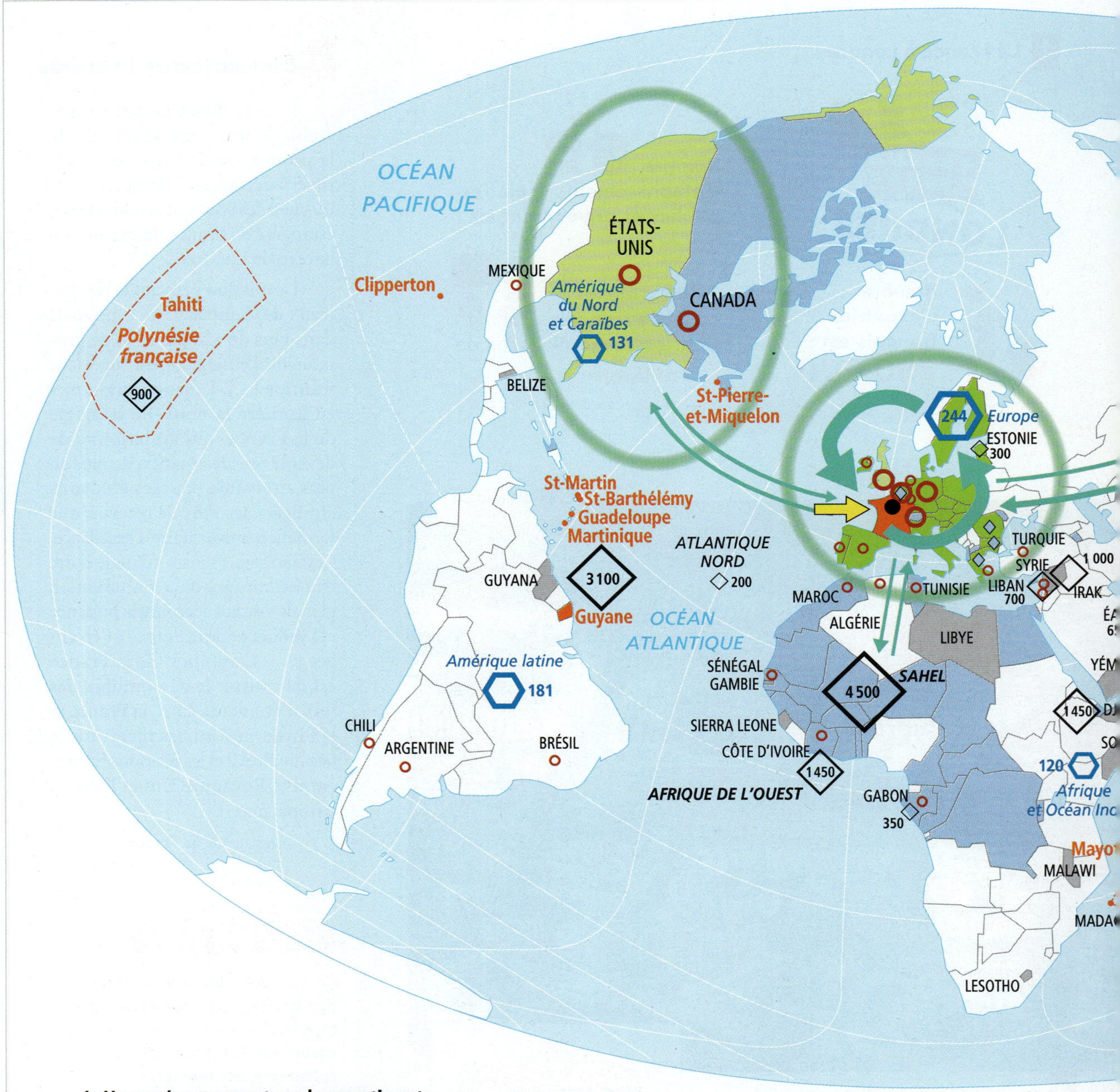

1. Une présence sur tous les continents

France métropolitaine et territoires ultramarins

500 Soldats français déployés dans le monde en 2018

Nombre d'expatriés français (2018)

plus de 100 000 — de 10 000 à 100 000

Pays sans ambassade de France

2. Un rayonnement culturel mondial

Pays membres de l'Organisation internationale de la Francopho

76 Réseau des Alliances françaises (nombre en 2018)

La France : première destination touristique mondiale

Paris : métropole mondiale

Carte interactive

Sources : ministère des Armées, ministère de l'Europe et des Affaires étrangères, ministère de l'Économie et des Finances, Fondation Alliance française, OIF, 2019.

3. Une puissance économique intégrée dans la mondialisation

- L'Union européenne, principal partenaire économique de la France
- Principaux partenaires économiques hors Union européenne
- Pôle de la mondialisation (échanges commerciaux, implantations de filiales françaises, provenance d'IDE…)
- Importations / exportations

Vocabulaire

- **Alliance française :** organisation française dont l'objectif est de faire rayonner la langue française et la culture française à l'extérieur de la France.
- **Expatrié :** individu résidant dans un autre pays que le sien.
- **IDE (Investissements directs à l'étranger) :** sommes d'argent investies par des entreprises étrangères sur un territoire (création, rachat d'entreprise).

Chiffres clés

La France dans le monde en 2019

18 230 soldats français déployés hors métropole

2,5 millions d'expatriés français

BONJOUR

300 millions de locuteurs francophones dans le monde, sur tous les continents

Plus de 832 agences de l'Alliance française dans 131 pays

1re destination touristique mondiale : 90 millions de touristes (en 2018)

Questions

1. **Localisez** les régions du monde dans lesquelles la France exerce son influence géopolitique grâce à ses territoires d'outre-mer.
2. **Localisez** les régions du monde dans lesquelles la francophonie est particulièrement implantée.
3. **Montrez** que la France est insérée dans la mondialisation des flux.

Des territoires inégalement attractifs

1 Rayonnement et attractivité économique

Sources diverses, 2020.

2 Rayonnement culturel et attractivité touristique internationale

Carte interactive

Vocabulaire

- **OIF (Organisation internationale de la Francophonie) :** voir p. 158
- **Unesco :** l'Organisation des Nations unies pour l'éducation, la science et la culture. Elle gère en particulier le classement au patrimoine mondial.

Questions

1. **Identifiez** les espaces les mieux intégrés à la mondialisation et les plus attractifs.
2. **Relevez** les infrastructures qui favorisent leur intégration à l'espace européen et mondial.

Cours

Podcast Cours à écouter

La France : un rayonnement international différencié et une inégale attractivité dans la mondialisation

Vocabulaire

- **Alliance française :** voir p. 155
- **Compétitivité :** capacité d'une entreprise, d'un secteur économique ou d'un territoire à vendre ou fournir durablement un ou plusieurs biens ou services sur un marché concurrentiel.
- **District industriel :** concentration, sur un territoire donné, de petites et moyennes entreprises, spécialisées dans un secteur d'activité reposant sur des savoir-faire hérités.
- **Expatrié :** individu résidant dans un autre pays que le sien.
- **Filiale :** entreprise contrôlée par une autre entreprise appelée société mère.
- **Gouvernance mondiale :** ensemble de règles, de lois et de normes mises en place pour réguler les flux économiques, migratoires et informationnels ainsi que les relations internationales dans un contexte de mondialisation.
- **Organisation internationale de la Francophonie (OIF) :** institution créée en 1970, dont les 88 membres (États ou gouvernements) partagent ou ont en commun la langue française et certaines valeurs comme la diversité culturelle, la paix ou la gouvernance démocratique.

Les 3 premières firmes françaises (selon le chiffre d'affaires 2018)

En milliards de dollars

Firme	Secteur	Chiffre d'affaires
Total	Hydrocarbures	185
Axa	Assurances	126
Carrefour	Grande distribution	92

Source : Fortune 500, 2018.

Quels sont les aspects du rayonnement et de l'attractivité de la France dans la mondialisation ?

1 Une puissance économique mondiale

● **La France est une puissance économique majeure.** Avec un PIB de 2 353 milliards d'euros en 2018, elle est au 7e rang mondial et au 3e rang européen, derrière l'Allemagne et le Royaume-Uni. Elle est au 8e rang des exportateurs de biens grâce à des secteurs dynamiques comme l'aéronautique et au 4e rang pour les services. L'Union européenne demeure son principal partenaire commercial (60 % des échanges) devant la Chine et les États-Unis. Elle recule toutefois régulièrement dans le classement des puissances économiques au profit de pays émergents comme l'Inde.

● **Les firmes transnationales françaises participent à son insertion économique mondiale.** Elles contrôlent 45 000 filiales à l'étranger où elles réalisent plus de la moitié de leur chiffre d'affaires. Plusieurs groupes français se placent au 1er ou 2e rang mondial dans leur secteur : L'Oréal (cosmétiques), Carrefour (grande distribution), LVMH (luxe), Vinci (BTP), Danone (agroalimentaire)... Ces firmes innovent en permanence afin de conquérir des parts de marché au niveau mondial.

● **La France est attractive pour les investisseurs étrangers.** Elle est le 5e pays le plus attractif pour les flux d'investissements directs étrangers (IDE) en 2018. 60 % proviennent d'Europe, mais le 1er pays investisseur reste les États-Unis. La diversité des territoires français, la main-d'œuvre qualifiée, la qualité des infrastructures et l'accompagnement des entreprises par les pouvoirs publics constituent de puissants facteurs d'attractivité et de compétitivité.

EXEMPLE L'Oréal, une firme française dans la mondialisation → p. 152

2 Un rayonnement international

● **Les Français sont présents sur les cinq continents.** Sur les 67 millions de Français, 2,6 millions vivent en Outre-mer et environ 2,5 millions sont expatriés. Ils contribuent à faire du français la 5e langue la plus parlée dans le monde (300 millions de locuteurs), malgré la concurrence de l'anglais. L'armée française a la capacité d'intervenir partout dans le monde : plus de 18 000 militaires sont déployés hors de métropole, certains sous mandat international (ONU, OTAN, UE) dans le cadre de missions de maintien de la paix ou de lutte contre le terrorisme.

● **La France est influente sur la scène mondiale.** Elle dispose d'un siège permanent au Conseil de sécurité de l'ONU et participe à de nombreuses instances de gouvernance mondiale (G7, G20...). Avec 162 ambassades, elle possède le 2e réseau diplomatique mondial derrière les États-Unis. Elle accueille le siège d'organisations internationales (Unesco à Paris). Elle est le 4e contributeur mondial en termes d'aide au développement, après les États-Unis et la Chine.

● **La France bénéficie d'un rayonnement culturel exceptionnel.** L'Organisation internationale de la Francophonie, les centres de l'Alliance française, les 500 lycées français de l'étranger, les médias internationaux (RFI, TV5Monde, France24), la production cinématographique (2e exportateur mondial de films) contribuent à ce rayonnement. Son patrimoine naturel et culturel (Mont-Saint-Michel, pitons et cirques de La Réunion...), sa gastronomie, ses événements sportifs (Coupe du monde féminine de football 2019) font de la France le pays le plus visité au monde avec près de 90 millions de touristes étrangers en 2018.

ÉTUDE DE CAS La France du Tour : un rayonnement mondial → p. 148
EXEMPLE Le rayonnement de la France à Londres → p. 153

3 Une inégale attractivité

● **Paris est une métropole de rayonnement planétaire.** Avec un PIB de 650 milliards d'euros (31 % du PIB national) en 2019, la région parisienne est le principal pôle de l'intégration de la France dans la mondialisation. Elle attire 1/3 des investissements dans le pays, et 1/3 des 500 premières firmes transnationales (FTN) mondiales y possèdent un siège social. Elle accueille près de 50 millions de visiteurs étrangers par an, grâce à des hauts lieux du tourisme mondial (musée du Louvre, Disneyland, Versailles...). Paris est également l'une des capitales mondiales du luxe et du tourisme d'affaires. Elle concentre de nombreuses universités et grandes écoles (Sorbonne, Sciences-Po...).

● **D'autres territoires sont également très intégrés dans la mondialisation.** Toulouse est une capitale mondiale de l'aéronautique (assemblage des Airbus). Lyon est reconnue comme un pôle mondial de la gastronomie, mais aussi de la chimie. La Normandie, la Côte d'Azur, les Alpes du Nord... attirent une importante clientèle touristique internationale. La région de Bordeaux est mondialement réputée pour sa production viticole, tout comme la Bourgogne ou la Champagne. Les régions d'Oyonnax (industries de la plasturgie) ou de la vallée de l'Arve (mécanique de précision) sont des **districts industriels** performants.

● **Certains territoires sont en marge de la mondialisation.** Les territoires ruraux, éloignés des influences métropolitaines et marqués par le déclin démographique sont très peu attractifs. C'est le cas des territoires montagnards isolés des Ardennes et du Massif central. Les anciennes régions industrielles du nord et de l'est de la France (Lorraine) sont confrontées depuis plusieurs décennies aux problématiques de la reconversion.

ÉTUDE DE CAS La Côte d'Azur : un littoral attractif dans la mondialisation → p. 144
GÉO DÉBAT Airbnb : un atout ou un danger pour l'attractivité des territoires en France ? → p. 160

Les expatriés français dans le monde
En pourcentage du total des expatriés en 2018

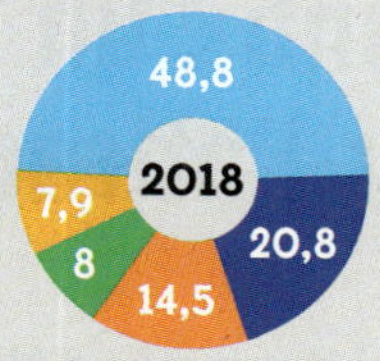

- Europe (UE et hors UE)
- Amériques
- Afrique du Nord et Moyen-Orient
- Afrique subsaharienne et océan Indien
- Asie-Océanie

Source : ministère des Affaires étrangères, 2020.

Notion
Attractivité p. 165

Du cours au schéma

EXO Exercice interactif

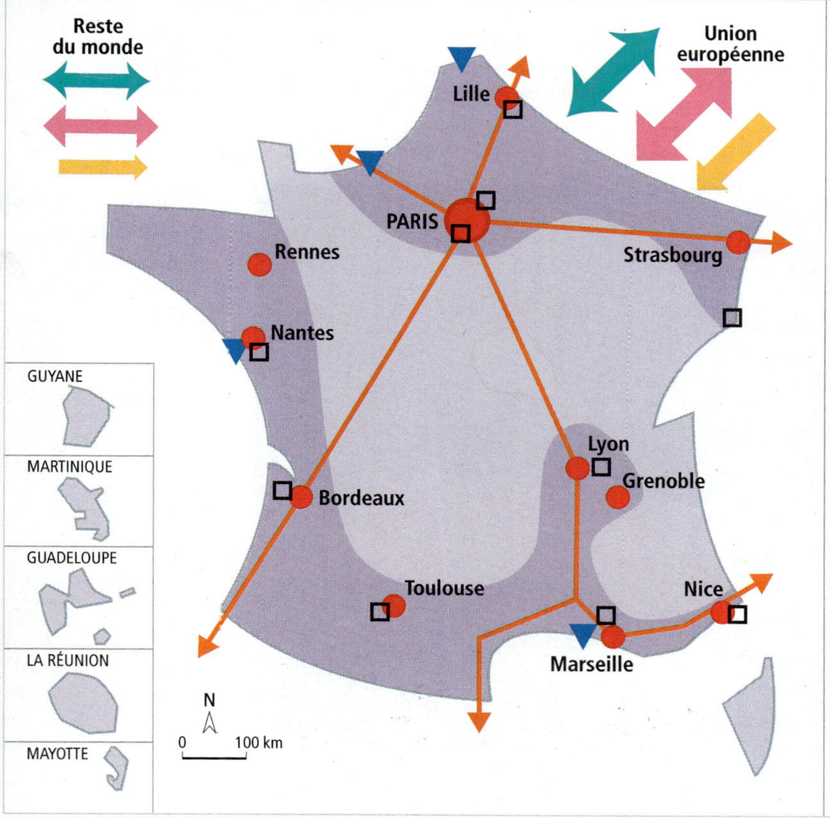

1. Rayonnement et attractivité française
- Flux de touristes étrangers
- Flux d'IDE
- Échanges commerciaux

2. Un territoire connecté à l'Europe et au monde
- Principaux aéroports
- Principaux ports
- Principaux axes routiers

3. Des territoires inégalement intégrés à la mondialisation
- Paris, métropole au rayonnement et à l'attractivité mondiale
- Autres métropoles intégrées à la mondialisation
- Espaces intégrés à la mondialisation
- Espaces peu intégrés à la mondialisation

ORAL

Airbnb : un atout ou un danger pour l'attractivité des territoires en France ?

1 Les chiffres clés d'Airbnb dans le monde et en France

airbnb

Entreprise américaine proposant une plateforme de location et de réservation de logements touristiques en ligne.

- **Date de création** 2008
- **Siège social** San Francisco
- **Nombre d'hébergements dans le monde :** 7 millions (2019)
- **Nombre d'hébergements en France :** 600 000 (2019)
- **Chiffre d'affaires :** plus de 3 milliards de dollars (2018)
- **Nombre de communes disposant d'une offre d'hébergement Airbnb en France :** 22 000

2 Une menace pour l'accès au logement

Parole d'acteur

L'observatoire

« Je dois trouver un autre logement car mon propriétaire met son bien sur Airbnb. » Cette phrase, entendue à l'occasion de mes permanences d'élu, m'a conduit en mars 2016 à mener une étude sur « l'airbnbisation » de Bordeaux. Les conclusions de cette enquête ont mis en évidence une professionnalisation de l'utilisation d'Airbnb par les loueurs. Autrement dit, la très grande majorité des logements sont exclusivement dédiés à la location saisonnière. Par ailleurs, l'essentiel des logements proposés sont des studios et T2. C'est pourquoi ce sont plus particulièrement les jeunes, les personnes vivant seules et les familles modestes qui sont victimes de ce phénomène. La rentabilité des locations Airbnb étant bien meilleure qu'une location classique, elle accélère l'augmentation des loyers et du foncier.

Matthieu Rouveyre, fondateur de l'Observatoire Airbnb, www.observatoire-airbnb.fr, juillet 2019.

Vocabulaire

- **Airbnbisation :** accroissement de la mise en location à but touristique d'hébergements privés dans un territoire où la demande de logements (temporaires et permanents) est forte.

3 Une implantation contestée

Manifestation au Louvre (Paris), juin 2019.

4 L'implantation d'Airbnb en France

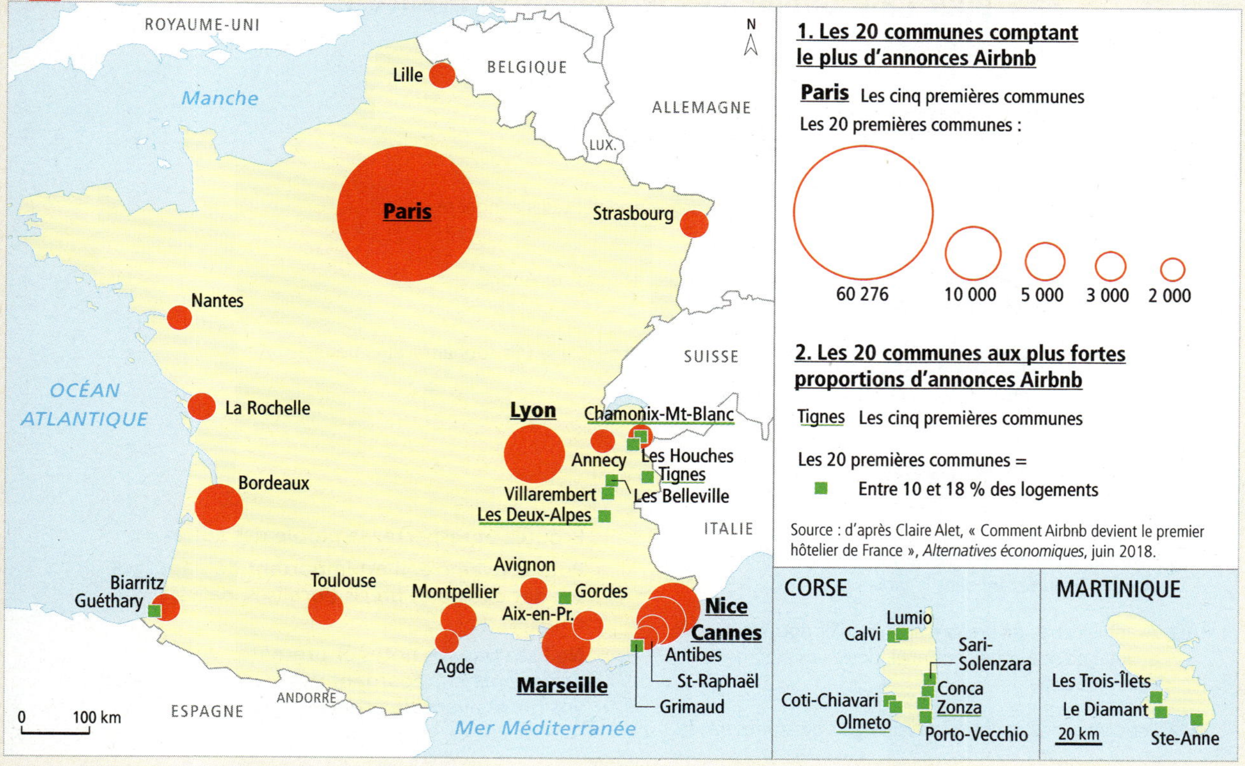

5 Airbnb dans la région Centre - Val de Loire

L'offre de logement Airbnb est très présente entre Chinon et Chambord, mais se décline de manière très différente selon les caractéristiques sociales et géographiques des territoires. Les quartiers centraux des deux agglomérations (Blois et Tours), regroupant des lieux touristiques (musées, cathédrales, vieille ville), proposent un nombre important d'hébergements Airbnb qui représentent un peu plus de 3 % du nombre total de logements de ces quartiers. À l'opposé, les taux les plus faibles se localisent dans des quartiers populaires et d'habitat social de ces agglomérations. Le potentiel touristique de la région ne se concentrant toutefois pas exclusivement en ville, l'offre Airbnb rapportée au nombre total de logements est également très importante dans de nombreux territoires ruraux, en particulier à proximité de sites touristiques (châteaux de la Loire, zooparc de Beauval, Candes-Saint-Martin) ou de vignobles (en particulier dans la Sologne viticole entre Chaumont-sur-Loire et la vallée du Cher, mais aussi à proximité d'Amboise, Chinon et Bourgueil). Dans ces territoires, la viticulture a constitué un terreau favorable au développement d'hébergements touristiques avant l'émergence des plateformes numériques.

D. Andrieu, J. Devaux et N. Oppenchaim, « Cet Airbnb dont on ne parle pas », www.metropolitiques.eu, 20 mai 2019.

6 Airbnb au service de l'attractivité des territoires ruraux

Pour soutenir une nouvelle dynamique favorable aux villages français, et à une dispersion du tourisme au bénéfice de tous, l'Association des Maires Ruraux de France (AMRF) et Airbnb s'allient. Alors que 80 % des annonces sur Airbnb sont situés en dehors de Paris, Airbnb et l'AMRF vont mettre en œuvre une série d'actions communes afin de développer le potentiel touristique des campagnes françaises, et promouvoir un tourisme équilibré, au bénéfice de tous les territoires et de leur population. Airbnb partagera régulièrement des informations et des éléments d'analyse du développement de l'offre Airbnb dans la ruralité. L'AMRF et Airbnb organiseront des conférences avec les maires ruraux afin de développer des stratégies conjointes de développement du tourisme rural et Airbnb va mettre en avant les destinations rurales au travers de campagnes de promotion.

Par ailleurs, à l'occasion du lancement de ce partenariat, Airbnb et l'AMRF publient des données qui illustrent l'impact positif de la communauté d'hôtes Airbnb dans les espaces ruraux et notamment sur le développement touristique des communes dépourvues d'infrastructures hôtelières traditionnelles ; ces données confirment le potentiel économique de la ruralité, créatrice de richesses.

Laurent Guéna, « Airbnb s'engage à soutenir les territoires ruraux », Le Quotidien du tourisme.com, 18 février 2019.

C'est à vous !

Géo DÉBAT

Airbnb : un atout ou un danger pour l'attractivité des territoires en France ?

ÉTAPE 1 Comprendre et préparer le débat

1. Localisez et décrivez les territoires concernés par le développement des annonces d'hébergements Airbnb en France.
2. Montrez que la pratique de location d'hébergements touristiques sur Airbnb est en plein développement en France.
3. Montrez que l'implantation et l'expansion d'Airbnb en France est à la fois souhaitée et critiquée.

ÉTAPE 2 Participer au débat

4. Avant le débat, prélevez les arguments des différents acteurs. Reportez-les dans le tableau.
5. Avant le débat, en prenant appui sur les documents et votre point de vue personnel, notez vos arguments dans le tableau.
6. Pendant le débat, notez les arguments des autres élèves.

Conseils

- Écoutez et respectez la parole des autres.
- Pour convaincre, il est important de s'appuyer sur des exemples précis (localisés, datés, chiffrés).
- Ne lisez pas vos notes et présentez vos arguments en regardant vos auditeurs. Relisez vos notes avant de prendre la parole.

	Airbnb est un atout pour l'attractivité des territoires	Airbnb est un danger pour l'attractivité des territoires
Acteurs	• • •	• • •
Arguments des acteurs	• • •	• • •
Mes arguments	• • •	• • •
Les arguments des autres élèves	• • •	• • •

Vidéo « Airbnb se met au vert », JT 20h, LCI, 19 août 2018.

ÉTAPE 3 Conclure le débat

7. À la suite du débat en classe, exprimez votre point de vue personnel et argumenté sur la présence d'Airbnb en France.
8. Les arguments échangés lors du débat vous ont-ils amené(e) à revoir votre position de départ ? Expliquez pourquoi.

THÈME 2

Dynamiques territoriales, coopérations et tensions dans la mondialisation

RÉVISER LE THÈME

Commerce informel à Antsirabé (Madagascar), 2016.

THÈME 2
SE PRÉPARER
CHAPITRE 3
CHAPITRE 4
RÉVISER

RÉVISER

SE TESTER

- Vérifier ses connaissances

EXO Exercices interactifs

S'ENTRAÎNER POUR LE BAC

Aller plus loin

→ p. 164

Film · Musée / Expo · Sites internet · BD · Podcast

S'ORIENTER

→ p. 174

Pierre-Emmanuel

→ Directeur de développement immobilier

Johanna

→ Directrice d'Alliance française

SYNTHÈSE

→ THÈME 2

Dynamiques territoriales, coopérations et tensions dans la mondialisation

1 Une intégration à l'échelle mondiale

● **La mondialisation renforce l'intégration de l'espace mondial.** Les réseaux de communication contribuent à connecter les territoires. Ils favorisent la circulation à l'échelle mondiale des marchandises, des capitaux (IDE) et des personnes. La France fait partie des plus grandes puissances commerciales de la planète.

● **La mondialisation fait émerger de nouveaux acteurs.** C'est le cas des firmes transnationales qui contribuent à redéfinir le rôle des États, mais aussi des ONG, des mafias, des diasporas… La France fait partie des États qui adaptent leurs politiques économiques à la mondialisation (fiscalité, innovation). Ses FTN contribuent à son rayonnement mondial.

2 Des territoires inégalement intégrés dans la mondialisation

● **Les territoires présentent une inégale attractivité.** La mondialisation met en concurrence les territoires. Les flux (investissements, touristes, migrants) convergent vers les pôles les plus attractifs et compétitifs. Première destination touristique mondiale, la France occupe aussi les premiers rangs pour l'accueil d'IDE et d'étudiants étrangers.

● **La mondialisation hiérarchise les territoires.** Les grands pôles mondiaux se trouvent en Amérique du Nord, dans l'UE et en Asie orientale. De nouvelles puissances émergent (BRICS), tandis que d'autres territoires restent en marge. Cet inégal niveau d'intégration entre centres et périphéries se retrouve à l'échelle nationale (poids dominant de Paris en France).

3 Coopérations, régulations et tensions

● **Les accords économiques favorisent l'intégration régionale.** Ces accords régionaux débouchent sur des degrés d'intégration variables (zone de libre-échange, union monétaire). Des organisations informelles réunissent les grands acteurs de la mondialisation. La France fait partie du G7 et des membres fondateurs de l'UE.

● **La mondialisation s'avère aussi source de tensions.** Les néolibéraux dénoncent les entraves faites à la mondialisation (protectionnisme). À l'inverse, les altermondialistes en critiquent les excès (paradis fiscaux, ubérisation, dumping social). En France, certaines catégories sociales et certains territoires se considèrent d'ailleurs comme des « perdants » de la mondialisation.

Podcast Synthèse à écouter

Repères géographiques

- Les 10 premières métropoles mondiales p. 132
- Les trois grandes façades maritimes mondiales p. 132
- Les grandes puissances productives p. 132
- Les principaux accords économiques régionaux p. 134
- Les principaux quartiers d'affaires en France p. 156

Chiffres clés

Amérique du Nord, UE, Asie orientale :
73 % du PIB mondial,
85 % des IDE

Plus de **600 accords régionaux** dans le monde

La France :
- **7e** PIB mondial
- **8e** pays exportateurs de biens
- **5e** pays récepteur d'IDE
- **4e rang** pour l'aide au développement
- **300 millions** de francophones dans le monde

Pour aller plus loin

Bande dessinée

● *Les Voiles écarlates* (Largo Winch, T. 22), Philippe Francq, Éric Giacometti, Dupuis, 2019.

Documentaire

● *L'irrésistible ascension d'Amazon*, de David Carr-Brown, 2018.

Film

● *En guerre*, de Stéphane Brizé, 2018.

NOTIONS

Attractivité

Capacité d'un territoire à polariser, à différentes échelles, des flux de personnes (touristes, immigrés) et de capitaux (investissements). Les acteurs publics (États, collectivités locales) développent souvent des stratégies destinées à renforcer l'attractivité de leur territoire : avantages fiscaux, financement des infrastructures, de la formation et de l'innovation…

L'**attractivité** est un facteur de recompositions spatiales (développement économique, croissance démographique, métropolisation, inégalités spatiales).

Vidéo 2 min pour comprendre l'attractivité

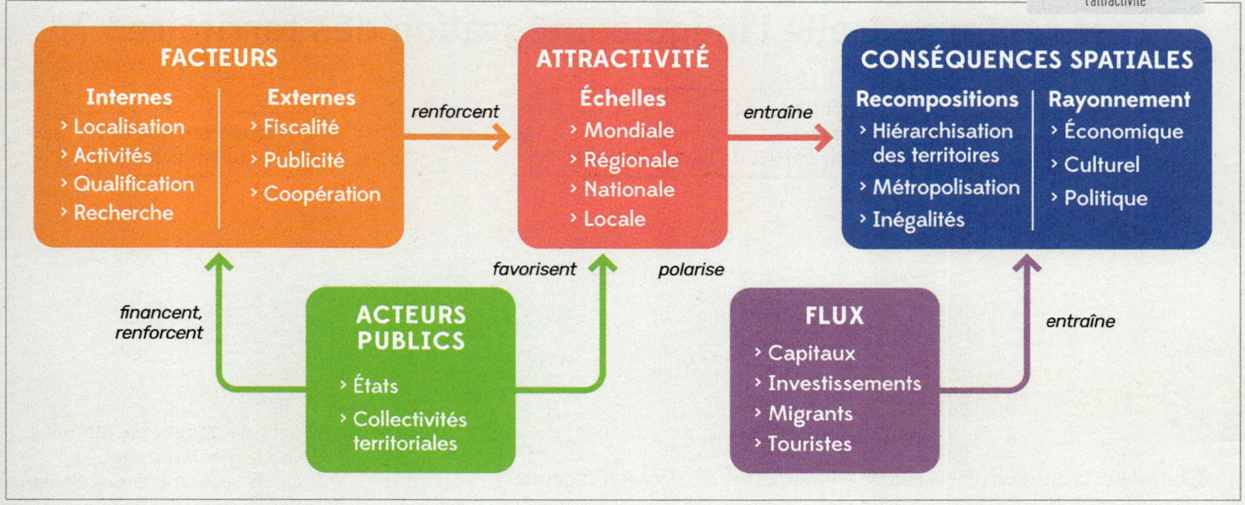

Intégration territoriale

Processus de renforcement des relations entre différents territoires plus ou moins éloignés. Cette intensification des échanges (marchandises, capitaux) et des mobilités (touristes, travailleurs) peut être spontanée ou liée à une volonté d'harmonisation économique et politique entre différents États ou collectivités territoriales (accords commerciaux, coopérations…).

Vidéo 2 min pour comprendre l'intégration territoriale

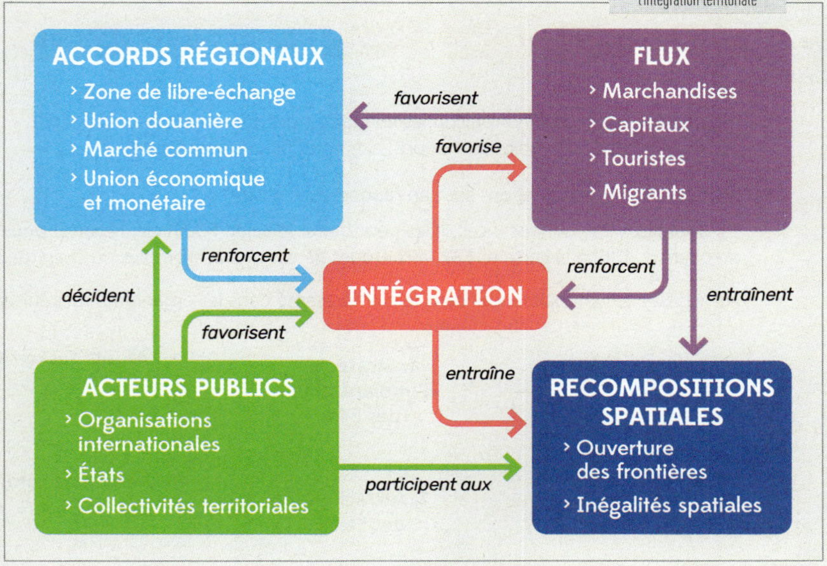

BAC Réponse à une question problématisée

▶ Description de l'épreuve et méthode générale p. 19 et p. 20-21

SUJET GUIDÉ

Mot interrogatif orientant l'étude et le type de réponse attendue.

Notion à définir. Indique le contexte géographique du sujet.

→ **Comment la mondialisation produit-elle et renforce-t-elle l'inégale intégration des territoires ?**

Notion à définir. Pourquoi précise-t-on « inégale » ? Quels sont les enjeux de l'intégration ?

Quels territoires ? À quelles échelles ?

ÉTAPE 1 Analyser le sujet

a Analyser la question problématisée en vous aidant des encadrés ci-dessus.

b Que doit montrer votre devoir ?

→ Quel type de réponse appelle le mot interrogatif « Comment » ?

Conseil

▶ Quel type de réponse attendue selon le mot interrogatif ?
- Quels → énumérer des éléments
- Pourquoi → identifier des causes
- Comment → analyser des moyens
- Peut-on dire que → « oui / non…, mais »

ÉTAPE 2 Faire un plan et mobiliser ses connaissances

a Noter brièvement sur un brouillon les connaissances nécessaires pour répondre au sujet : faits géographiques, notions, exemples précis, statistiques.

b Vérifier que ces informations sont en rapport avec le sujet.

→ Mobilisez les connaissances utiles pour traiter le sujet. Pour cela, reportez-vous au cours p. 136, à la carte p. 132, aux études de cas et aux exemples du chapitre 3.

→ Classez ces connaissances dans le plan présenté dans les organigrammes suivants :

Conseil

▶ Vous pouvez organiser vos connaissances dans un organigramme afin de les classer et les hiérarchiser rapidement. Ce travail au brouillon vous sera utile pour la rédaction de la réponse.

I La mondialisation met les territoires en concurrence
- **1.** Stratégie d'implantation des FTN → Atouts des territoires : ……… → Exemple(s) : ………
- **2.** Attractivité des États → Recherche de compétitivité : ……… → Exemple(s) : ………

II La mondialisation hiérarchise les territoires	**1.** Des pôles	....	Exemple(s) : ....
	2. Des périphéries	....	Exemple(s) : ....

ÉTAPE 3 Rédiger la réponse à la question problématisée

a Vous pouvez rédiger une courte introduction présentant brièvement le thème central du sujet et le plan.

→ À partir de votre analyse du sujet et du plan proposé, complétez l'introduction suivante :

Le sujet nous invite à étudier ....
Nous montrerons que ...., puis que ....

b Rédiger la réponse à la question problématisée en suivant le plan défini.

→ Exemple de rédaction de la 1re partie :

La mondialisation contribue à mettre les territoires en concurrence.

Les firmes transnationales développent des stratégies d'implantation mondiales en fonction des atouts des territoires. Elles concentrent les activités de décision et de recherche et développement dans leur pays d'origine et délocalisent souvent les activités de production et d'assemblage dans les pays à faible coût de main-d'œuvre. L'importance du marché de consommation et ses conditions d'accès sont également des facteurs déterminants du choix de localisation de ces firmes. La firme automobile japonaise Toyota en est un exemple : conservant les activités décisionnelles et d'innovation au Japon, elle a délocalisé sa production dans les pays offrant les coûts de main-d'œuvre et la fiscalité les plus avantageux ; son réseau commercial s'est développé essentiellement dans les pays à haut pouvoir d'achat.

Les stratégies des firmes poussent les États à être plus attractifs et à renforcer leur compétitivité. Afin de répondre aux besoins des entreprises, ils modernisent leur réseau de communication (aéroports, Internet) et investissent dans les secteurs innovants (universités, R&D). Pour attirer les investissements étrangers, ils adaptent leurs politiques économiques et mettent en place des avantages fiscaux (Irlande, Chine). Les paradis fiscaux, tels que les Bahamas ou les Îles Caïmans, se sont spécialisés dans l'optimisation fiscale et en ont fait leur principal atout pour séduire les grandes entreprises mondiales.

Conseil

▶ Rédigez une phrase annonçant le thème de la partie, puis faites des sous-parties comportant chacune une idée importante du thème, des explications et des exemples.

→ Rédigez la 2e partie de la réponse à la question problématisée en vous appuyant sur votre travail réalisé au brouillon.

c Vous pouvez rédiger une courte conclusion : une réponse synthétique à la question problématisée.

→ Exemple de conclusion :

Les logiques de la mondialisation et les stratégies de ses acteurs entraînent une mise en concurrence des territoires et favorisent les territoires les plus attractifs. Cela a pour conséquence une inégale intégration des territoires dans la mondialisation à toutes les échelles.

Conseil

▶ Dans la conclusion, résumez en une phrase le contenu de chaque partie.

Entraînez-vous !

Sujet blanc

• Quels sont les aspects de l'attractivité de la France dans la mondialisation ?

BAC Analyse de documents

▶ Description de l'épreuve et méthode générale p. 19 et p. 22-23

SUJET GUIDÉ

En analysant les documents, vous mettrez en évidence les enjeux du rayonnement culturel de la France dans le monde.
L'analyse des documents constitue le cœur de votre travail, mais nécessite, pour être menée, la mobilisation de vos connaissances.

1 Les musées français à l'étranger

Cette stratégie d'implantation internationale des musées, qui consiste à placer ses petits drapeaux un peu partout sur le globe, a fait école. Dans un contexte de mondialisation effrénée de la culture, le *soft power* des musées français n'avait encore jamais été mesuré. C'est chose faite [...]. Le projet le plus exceptionnel concerne le Louvre Abu Dhabi et reste unique par son ampleur et les montants financiers mis en œuvre. Signé en 2007 dans un contexte diplomatique d'intensification des liens entre la France et les Émirats arabes unis, l'accord intergouvernemental pour concevoir et réaliser ce musée signé Jean Nouvel a prévu le prêt pour trente ans de la marque Le Louvre (facturé à lui seul 400 millions d'euros).

Les Centres Pompidou provisoires à l'étranger sont un « concept innovant » comparable à une franchise avec une vente temporaire de la marque. Le Centre Pompidou n'intervient ni dans l'investissement ni dans l'exploitation de l'établissement, mais y organise des expositions temporaires. Le premier a été ouvert à Malaga en 2015, le deuxième, Kanal Centre Pompidou, dans un ancien garage à Bruxelles. Shanghai [a été inauguré] fin 2019. [...]

Par ailleurs, les ventes d'expositions à l'international réalisées clés en main s'avèrent aussi très rentables. [...] Le Centre Pompidou a empoché 15,1 millions d'euros entre 2012 et 2018 avec 30 expositions hors de nos frontières. [...] C'est aussi l'opportunité de doper encore, par effet boomerang, le flot des touristes étrangers dans les musées hexagonaux. Ils représentent pourtant déjà 79 % des visiteurs du château de Versailles, 70 % du Louvre.

Nicole Vulser, « La Cour des comptes incite les musées à exporter leur *softpower* », *Le Monde*, 14 juin 2019.

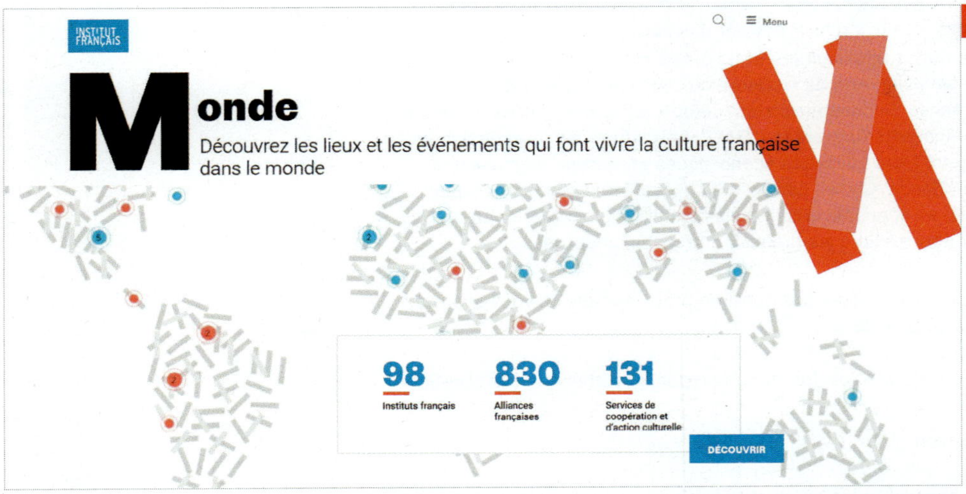

Source : www.institutfrancais.com/fr

2 Site internet de l'Institut français

L'Institut français est l'établissement public chargé de l'action culturelle de la France à l'étranger.
L'Alliance française est une organisation dont l'objectif est de faire rayonner la langue et la culture françaises à l'étranger.

ÉTAPE 1 Analyser le sujet

▶ Le sujet invite à s'interroger sur les intérêts de la France à développer son influence culturelle dans le monde. Il faudra donc présenter les aspects, puis les enjeux du rayonnement culturel dans les domaines économique et diplomatique.

Conseil

▶ Surlignez les mots clés du sujet ; cela vous aidera à sélectionner les informations importantes dans les documents.

ÉTAPE 2 Analyser les documents

Conseil

▶ **Appuyez-vous sur l'analyse du sujet pour faire un plan et classez les informations.**

▶ Relever dans chaque document les idées importantes, les mots à définir.

→ Complétez le tableau ci-dessous pour dégager et mettre en relation les informations.

	Les aspects du rayonnement culturel	Les enjeux du rayonnement culturel
Doc. 1	....	• **Économiques :** – Ouverture de filiales de musées à l'étranger = Investissements. – Logiques financières (marque commercialisée ; vente d'exposition). – Attirer les touristes étrangers dans les musées français. – Mondialisation de la culture. • **Diplomatiques :** – *Soft power* : à définir. – Louvre Abu Dhabi : accord intergouvernemental, intensification des liens entre la France et les Émirats arabes unis.
Doc. 2	• Présence d'organisations culturelles françaises dans de nombreux pays, sur tous les continents (préciser ce que sont l'Institut français et l'Alliance française). • Diffusion de la langue et de la culture française.	• Faire « vivre la culture française dans le monde ». • Langue internationale = enjeu de puissance.

▶ **Les connaissances à mobiliser :**

→ Le vocabulaire : IDE, filiale, francophonie

→ La notion : mondialisation

→ Le cours : § 2 p. 158

→ La carte : p. 154-155

Conseil

▶ **Utilisez vos connaissances pour expliciter les informations des documents.**

ÉTAPE 3 Répondre au sujet

a Rédiger l'introduction.

▶ Présenter le document.

→ Rédigez une phrase pour présenter la nature, le thème et la source du document.

b Rédiger l'analyse de documents.

→ Exemple de rédaction de la 1re partie :

Le rayonnement culturel de la France se caractérise par la pratique et la diffusion de la langue et la présence d'institutions culturelles françaises dans de nombreux pays. → *Idée principale de la partie*

Le réseau formé par les Instituts français et l'Alliance française constitue un maillage important pour l'enseignement de la langue et la diffusion de la culture française en Europe, en Asie, en Afrique subsaharienne et en Amérique (doc. 2). → *Informations du document 2*

Ces organisations contribuent à faire du français la 5e langue la plus parlée dans le monde avec plus de 300 millions de francophones. → *Connaissances extraites du cours*

De célèbres musées français s'exportent dans de grandes métropoles étrangères : Le Louvre à Abu Dhabi (Émirats arabes unis) inauguré en 2017, le Centre Pompidou en Espagne, en Belgique et en Chine à Shanghai font connaître les œuvres françaises, mais aussi le savoir-faire architectural français (le Louvre Abu Dhabi a été conçu par l'architecte français Jean Nouvel). → *Informations du document 1*

L'action culturelle extérieure de la France représente chaque année de très nombreuses manifestations culturelles réunissant artistes et professionnels de la culture dans 150 pays. → *Connaissances personnelles*

→ Rédigez la 2e partie en vous aidant du tableau d'analyse des documents et de vos connaissances.

c Rédiger la conclusion.

BAC Réalisation d'un croquis

▶ Description de l'épreuve et méthode générale p. 19 et p. 24-25

SUJET GUIDÉ

Centres d'impulsion, facteurs d'intégration et tensions dans la mondialisation

ÉTAPE 1 Lire le sujet et la consigne

▶ La question à se poser :

➜ Quelles indications l'énoncé du sujet fournit-il pour la réalisation du croquis ?

Le sujet indique trois thèmes qui pourront constituer les parties de la légende du croquis. Celui-ci devra montrer les centres d'impulsion, c'est-à-dire les espaces moteurs de la mondialisation, puis les facteurs d'intégration et enfin les tensions générées par la mondialisation.

Fond de carte différencié

ÉTAPE 2 Relever les informations dans le texte

Identifier deux ou trois **idées principales** pour déterminer les **thèmes de la légende** du croquis.

L'idée principale est généralement formulée dans la première phrase d'un paragraphe.

Sélectionner les **informations à cartographier pour répondre au sujet**.

Relever les noms permettant de **localiser les informations sur le croquis**.

La mondialisation s'appuie sur de puissants pôles qui en sont les centres d'impulsion. L'Amérique du Nord (États-Unis, Canada), l'Union européenne et l'Asie orientale (Japon, Chine littorale, Corée du Sud, Taïwan, Singapour) produisent les trois quarts de la richesse mondiale. Ces grandes puissances sont aussi le siège des institutions économiques internationales : le Fonds monétaire international et la Banque mondiale à Washington, l'Organisation mondiale du commerce à Genève, l'Organisation de coopération et de développement économique à Paris. De nouvelles puissances jouent un rôle croissant dans l'économie mondiale : les BRICS, c'est-à-dire le Brésil, la Russie, l'Inde, la Chine et l'Afrique du Sud, se caractérisent par un fort dynamisme économique et participent très activement aux échanges et à la création mondiale de richesses.

La coopération entre les États est un facteur d'intégration dans la mondialisation. De la simple zone de libre-échange comme l'ASEAN regroupant dix pays d'Asie du Sud-Est à l'union économique et monétaire (Union européenne) en passant par le marché commun instituant la libre circulation des biens et des personnes (MERCOSUR en Amérique latine, par exemple), les accords économiques régionaux facilitent les échanges entre les États frontaliers. La signature d'accords commerciaux entre ces organisations régionales participe à la multiplication des flux à l'échelle mondiale.

Cependant la mondialisation génère aussi des tensions. La concurrence économique croissante pousse des États à mettre en place des mesures protectionnistes pour limiter l'entrée de produits étrangers sur leur territoire. Ainsi, la Chine, les États-Unis, les États de l'Union européenne multiplient les barrières tarifaires pour favoriser leurs productions nationales. Par ailleurs, certains pays sont fortement critiqués pour les facilités fiscales qu'ils accordent aux entreprises et aux particuliers fortunés afin d'attirer les capitaux sur leur territoire : les Bahamas, les îles Caïmans (Caraïbes), les Seychelles dans l'océan Indien, la république d'Irlande en Europe font partie des nombreux paradis fiscaux permettant de contourner les règles en matière de fiscalité.

ÉTAPE 3 Classer les informations et choisir les figurés

▶ Recopiez ce tableau pour vous aider à faire la légende du croquis. Complétez les informations et les figurés manquants à l'aide des éléments prélevés dans le texte.

Conseil

▶ Choisissez bien la taille et la forme de vos figurés pour représenter, hiérarchiser et différencier les informations.

Thème	Informations du texte	Reformulation	Figurés	Lieux (nomenclature)
1. La mondialisation s'appuie sur de puissants pôles qui en sont les centres d'impulsion.	• Grandes puissances • Siège des institutions économiques internationales • …………… ……………	1. Les centres d'impulsion de la mondialisation	[rectangle blanc] …………… [rectangle jaune]	États-Unis, Canada, UE, Japon… …………… …………… Brésil, Russie, Inde, Chine, Afrique du Sud
2. ……………	• Accords économiques régionaux • Flux	2. Facteurs d'intégration	…………… ……………	…………… ……………
3. ……………	…………… …………… …………… ……………	3. Des tensions dans la mondialisation Protectionnisme	CHINE ▲	…………… …………… Bahamas, Îles Caïmans, Seychelles, république d'Irlande

Tableau à imprimer

ÉTAPE 4 Réaliser le croquis

▶ Compléter le croquis.

➜ Dessinez les figurés manquants.

➜ Écrivez le nom des lieux indiqués dans le texte en respectant les localisations.

➜ Complétez la légende et mettez-la au propre.

➜ Donnez un titre au croquis.

Conseil

▶ Référez-vous aux cartes étudiées dans le chapitre ou aux cartes de l'atlas pour localiser correctement les lieux et nomenclatures de votre croquis.

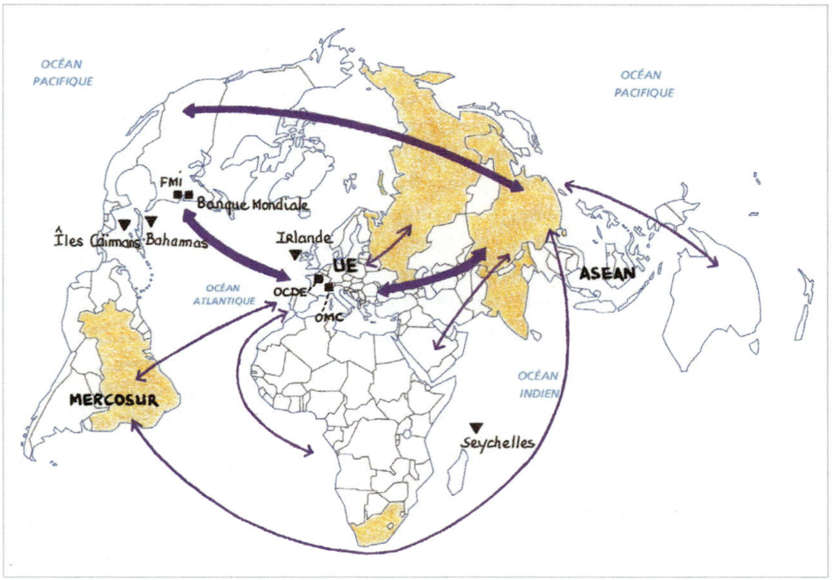

BAC Sujets blancs

▶ Description de l'épreuve et méthode générale p. 19 et p. 20-25

▶ Réponse à une question problématisée

SUJET

Comment la mondialisation conduit-elle à l'affirmation de puissances et à l'émergence de nouveaux acteurs ?

▶ Réalisation d'un croquis

SUJET

La France, attractivité et rayonnement dans la mondialisation

À partir du texte, vous construirez, à l'aide du fond de carte fourni, un croquis correspondant au sujet suivant : « La France, attractivité et rayonnement dans la mondialisation », accompagné d'une légende organisée.

L'attractivité et le rayonnement de la France dans la mondialisation se manifestent par des flux variés. Sa compétitivité en fait le 5e pays le plus attractif pour les investissements directs étrangers (IDE) dont 60 % proviennent d'Europe, 21 % d'Amérique du Nord et 11 % d'Asie. Par ailleurs, les atouts paysagers du territoire (littoraux, montagnes alpines et pyrénéennes, par exemple), les grands événements et les sites culturels ont attiré 90 millions de touristes étrangers. En 2019, la France a aussi accueilli 343 400 étudiants internationaux en provenance essentiellement d'Europe (23 %) et d'Asie (22 %). La France est également exportatrice de produits culturels : elle est, par exemple, le 2e exportateur mondial de films derrière les États-Unis.

Plusieurs facteurs expliquent le rayonnement et l'attractivité de la France. Elle est membre de plusieurs organisations internationales et accueille le siège de l'Unesco, à Paris. Elle s'inscrit dans le réseau mondial des transports avec de grands aéroports internationaux : Charles-de-Gaulle et Orly à Paris ont vu transiter plus de 100 millions de passagers en 2019 ; de 9,5 à 11 millions de voyageurs sont passés par les aéroports de Nice, Lyon ou Marseille. Les grandes métropoles possèdent des quartiers d'affaires à l'image de La Défense à Paris, La Part-Dieu à Lyon, EuroRennes où sont installés des sièges sociaux ou de grandes entreprises.

Cependant, le territoire français est inégalement attractif. Les dynamiques de la mondialisation profitent aux territoires disposant des meilleurs atouts. Paris, ville mondiale, est le principal pôle français de la mondialisation. Les espaces les plus attractifs et très intégrés dans la mondialisation sont, d'une part, les grandes métropoles (Lille, Lyon, Marseille, Toulouse, Bordeaux), d'autre part, les régions littorales de l'Atlantique et de Méditerranée, ainsi que les régions transfrontalières du Nord et de l'Est de la France.

Fond de carte

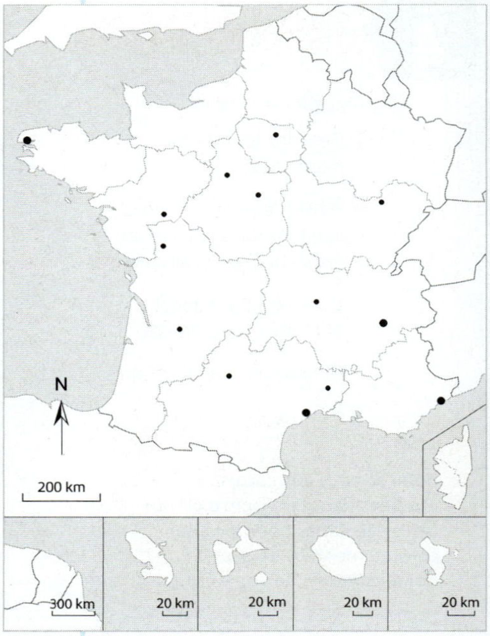

Analyse de documents

SUJET

En analysant les documents, vous montrerez que l'affirmation des puissances génère des coopérations et des tensions dans la mondialisation.
L'analyse des documents constitue le cœur de votre travail, mais nécessite, pour être menée, la mobilisation de vos connaissances.

1 Le nouvel accord de libre-échange nord-américain

Le nouvel accord de libre-échange, liant les États-Unis, le Mexique et le Canada (ACEUM), signé en novembre 2018 est une version modernisée de l'accord de libre-échange nord-américain (ALÉNA), entré en vigueur en 1994. Donald Trump avait qualifié l'ALÉNA de « pire accord commercial de l'histoire » américaine. Il le rendait responsable de la destruction de nombreux emplois américains du secteur automobile en raison de délocalisations massives au Mexique, où la main-d'œuvre est moins chère. L'ALÉNA a certes détruit des emplois aux États-Unis, mais il a aussi créé une vaste zone de commerce sans droits de douane, facilitant les échanges de biens, services et personnes. Les études ont montré qu'il a largement contribué à la croissance économique et à la hausse du niveau de vie de la population des trois pays membres. Le Canada et le Mexique représentent 40 % de la croissance des exportations de marchandises américaines. Et le commerce avec les deux pays a atteint près de 1 400 milliards de dollars en 2018. Le vote, que l'hôte de la Maison-Blanche pourra revendiquer comme une nouvelle victoire économique, a eu lieu moins de 24 heures après la signature d'un traité commercial « historique » avec la Chine. D'après le secrétaire au Trésor Steven Mnuchin, l'ACEUM et l'accord avec la Chine doperaient la croissance américaine en 2020. L'entourage de Donald Trump avait, lui, estimé que cela couronnait la politique commerciale du président qui a opté pour la stratégie de pression maximale, à coups de tarifs douaniers punitifs, pour obtenir des accords.

France 24, AFP, « Le nouvel accord de libre-échange nord-américain ratifié aux États-Unis », 16 janvier 2020.

2 La guerre commerciale sino-américaine

Dessin de Deligne, paru dans *La Croix*, mai 2019.

→ Pierre-Emmanuel, directeur de développement immobilier

Fiche Métier → Directeur de développement immobilier

- **Niveau minimum d'accès :** BAC +5
- **Salaire d'un débutant :** 2 200 € net
- **Salaire en milieu de carrière :** 5 000 € net
- **Statut :** salarié
- **Compétences requises :**
  - ✓ excellent relationnel
  - ✓ capacité d'analyse et de synthèse
  - ✓ bonne connaissance du territoire et de ses acteurs.

PARCOURS D'ÉTUDES POSSIBLES

- École d'ingénieurs (travaux publics, sciences appliquées)
- École de commerce
- Master (droit, sciences économiques, urbanisme)

CV EXPRESS

Pierre-Emmanuel, 41 ans, Paris

FORMATION

- Bac L, Amiens (Somme)
- CPGE littéraires, Rueil-Malmaison (Hauts-de-Seine)
- Magistère d'aménagement du territoire, Paris
- Master 2 d'urbanisme, Saint-Denis (Seine-Saint-Denis)
- Master spécialisé Management urbain, environnement & services, ESSEC, Cergy-Pontoise (Val-d'Oise)

Expériences professionnelles

→ UNIBAIL, adjoint au directeur de projets (Paris)
→ VINCI immobilier, directeur du développement du département Commerce (Boulogne-Billancourt)
→ AFFINE RE, responsable du pôle Commerce (Paris)
→ **KAUFMAN & BROAD, directeur de développement immobilier d'entreprise (Neuilly-sur-Seine)**

Le métier de Pierre-Emmanuel

Témoignage complet

Que vous ont apporté vos études supérieures ?

Au-delà d'un savoir, les CPGE permettent d'acquérir de la méthode dans la façon d'organiser les connaissances. L'université apporte un socle de connaissances théoriques fondamentales (culture urbanistique, histoire de la ville et urbanisme opérationnel). Les connaissances théoriques spécifiques acquises dans une grande école viennent généralement compléter celles acquises à l'université en comptabilité, droit, contrôle de gestion, marketing…

En quoi la géographie vous est-elle utile dans votre métier ?

L'immobilier est un métier de compréhension de l'espace. À ce titre, l'analyse géographique des sites étudiés demeure la meilleure façon d'appréhender la globalité des problématiques liées à un espace donné.

Pouvez-vous nous présenter votre entreprise ?

Kaufman & Broad est un promoteur immobilier généraliste, qui réalise des logements individuels et collectifs, des bureaux, des hôtels et des commerces, ainsi que des résidences gérées (résidence étudiante, de tourisme, d'affaires) et des entrepôts.

Quelles sont vos tâches au quotidien ?

Une opération immobilière type nécessite tout d'abord une analyse globale (contexte juridique, socio-économique, urbanistique…), puis une approche de la viabilité économique de l'opération étudiée. Ensuite, il faut convaincre de la pertinence ou non de l'opération. Pour concrétiser le projet, il faudra constituer une équipe d'architectes, de bureaux d'études techniques, d'une agence de communication et souvent d'un investisseur.

Présentez-nous un projet sur lequel vous avez travaillé récemment.

J'ai travaillé récemment sur la définition d'un nouveau quartier à Paris. Le concours de « Inventer Bruneseau » portait sur la création de plus 100 000 m² de logements, de bureaux et de commerces en bord de Seine. J'ai eu la chance de travailler avec des architectes prestigieux. Notre équipe talentueuse regroupait ainsi plus d'une vingtaine de partenaires différents : ingénieurs, écologues, associations…

L'employeur de Pierre-Emmanuel

KAUFMAN & BROAD

- **Nom de l'entreprise :** Kaufman & Broad
- **Année de création :** 1968
- **Siège:** Neuilly-sur-Seine (Hauts-de-Seine)

Nombre de salariés : 900

Votre projet d'orientation

- Faites une recherche sur les grandes écoles et les conditions pour y accéder.
- Pensez-vous que ce type de formation puisse vous convenir ?

→ Johanna, directrice d'Alliance française

Fiche Métier → Directrice d'Alliance française

- **Niveau minimum d'accès :** BAC +5 et expériences professionnelles
- **Salaire :** variable selon le pays d'exercice et le type de contrat (local ou du ministère des Affaires étrangères)
- **Statut :** salarié ou fonctionnaire expatrié
- **Compétences requises :**

✓ capacité d'adaptation à une culture différente
✓ diplomatie ✓ rigueur

PARCOURS D'ÉTUDES POSSIBLES

- Master (sciences humaines, français langue étrangère, gestion culturelle, administration des entreprises)

CV EXPRESS

Johanna, 35 ans, Carthagène des Indes (Colombie)

FORMATION

- Bac L, Palaiseau (Essonne)
- CPGE littéraires, Sceaux (Hauts-de-Seine)
- Licence de Lettres
- Master 2 Lettres modernes
- Master 2 Littérature générale et comparée
- DUFLE (Diplôme universitaire de français langue étrangère)

Expériences professionnelles

→ Éditions Bruno Doucey (Paris), assistante d'édition
→ Institut Le Rosey, Rolle (Suisse), professeure de français et de français langue étrangère
→ Alliance française de Guayaquil (Équateur), directrice pédagogique
→ **Alliance française de Carthagène des Indes (Colombie), directrice**

Le métier de Johanna

Témoignage complet

Que vous apportent vos études dans votre vie professionnelle ?

La prépa littéraire m'a permis d'acquérir une grande capacité de travail tout en m'apprenant à faire des compromis entre la nécessité de tenir les délais impartis et une tendance naturelle au perfectionnisme… C'est aussi en CPGE que j'ai intégré les notions d'honnêteté et de rigueur intellectuelles qui me servent constamment dans mon parcours professionnel, notamment dans le cadre du développement de projets pédagogiques et culturels. À l'université, j'ai goûté au plaisir d'étudier.

Pouvez-vous nous présenter les activités développées par votre institution ?

Les Alliances françaises sont des associations à but non lucratif qui proposent des cours de français langue étrangère et une programmation culturelle qui vise à promouvoir les cultures française, francophone et locale.

Quelles sont vos tâches au quotidien ?

Une partie de mes activités tourne autour de la gestion administrative, financière et juridique de l'association. L'élaboration de la programmation m'occupe aussi beaucoup, car nous organisons de nombreux événements festifs et culturels. Enfin, sur le plan des services pédagogiques de l'Alliance, il nous faut constamment travailler au développement de l'offre de cours et de partenariats institutionnels.

Pourquoi peut-on dire que le caractère non linéaire de votre parcours a été un atout ?

Je suis allée là où le travail me plaisait et là où la polyvalence et l'absence de parcours linéaire n'ont pas été considérées comme un obstacle. J'ai trouvé le secteur d'activités qui rassemble mes différents centres d'intérêt (pédagogie, culture, communication, gestion). Bien entendu, mes compétences sont inégales dans tous ces domaines mais me permettent de pouvoir superviser, comprendre et orienter mes collaborateurs dont c'est le domaine d'expertise.

Présentez-nous un projet sur lequel vous travaillez actuellement.

Je travaille actuellement à l'organisation d'événements culturels et pédagogiques autour de la Journée internationale de la francophonie. Parallèlement, nous avons commencé un gros travail concernant l'harmonisation des processus administratifs afin de répondre aux normes exigées par la Colombie.

L'employeur de Johanna

Nom de l'administration : Alliance française de Carthagène des Indes

Année de création : 1968

Siège social : Carthagène des Indes (Colombie)

Nombre de pays d'implantation : plus de 800 Alliances dans 133 pays

Nombre de salariés : 10 (direction, administration, maintenance & sécurité) + 25 enseignants

Votre projet d'orientation

- Faites une recherche sur les métiers de la culture et les études qui peuvent y mener.
- Pensez-vous que cette orientation puisse vous convenir ?

FRANCE
Kourou
Guyane
AMÉRIQUE DU SUD
arianespace
esa
esa
cnes
cnes

THÈME 3

L'Union européenne dans la mondialisation : des dynamiques complexes

L'Union européenne, dont l'intégration régionale est la plus ancienne et la plus aboutie, est la première puissance commerciale mondiale. Cependant, les territoires européens apparaissent inégalement intégrés dans la mondialisation, ce qui contribue à limiter la puissance de l'UE et la conduit à mener des politiques de cohésion.

À quels défis et quelles dynamiques les territoires de l'Union européenne sont-ils confrontés dans la mondialisation ?

Centre spatial guyanais, port spatial de l'Europe (Kourou, Guyane), mars 2018.

Pour entrer dans le thème

VU AU COLLÈGE ET EN HISTOIRE

en 3e
- L'UE, un nouveau territoire de référence d'appartenance
- La France et l'Europe dans le monde

en Tle
- La modification des grands équilibres économiques et politiques (ch. 7)
- La construction européenne entre élargissement, approfondissement et remises en question (ch. 10)

Cours du collège

L'Union européenne dans la mondialisation

A Vérifier ses repères géographiques

Carte interactive

doc. 1 L'Union européenne, un territoire en construction

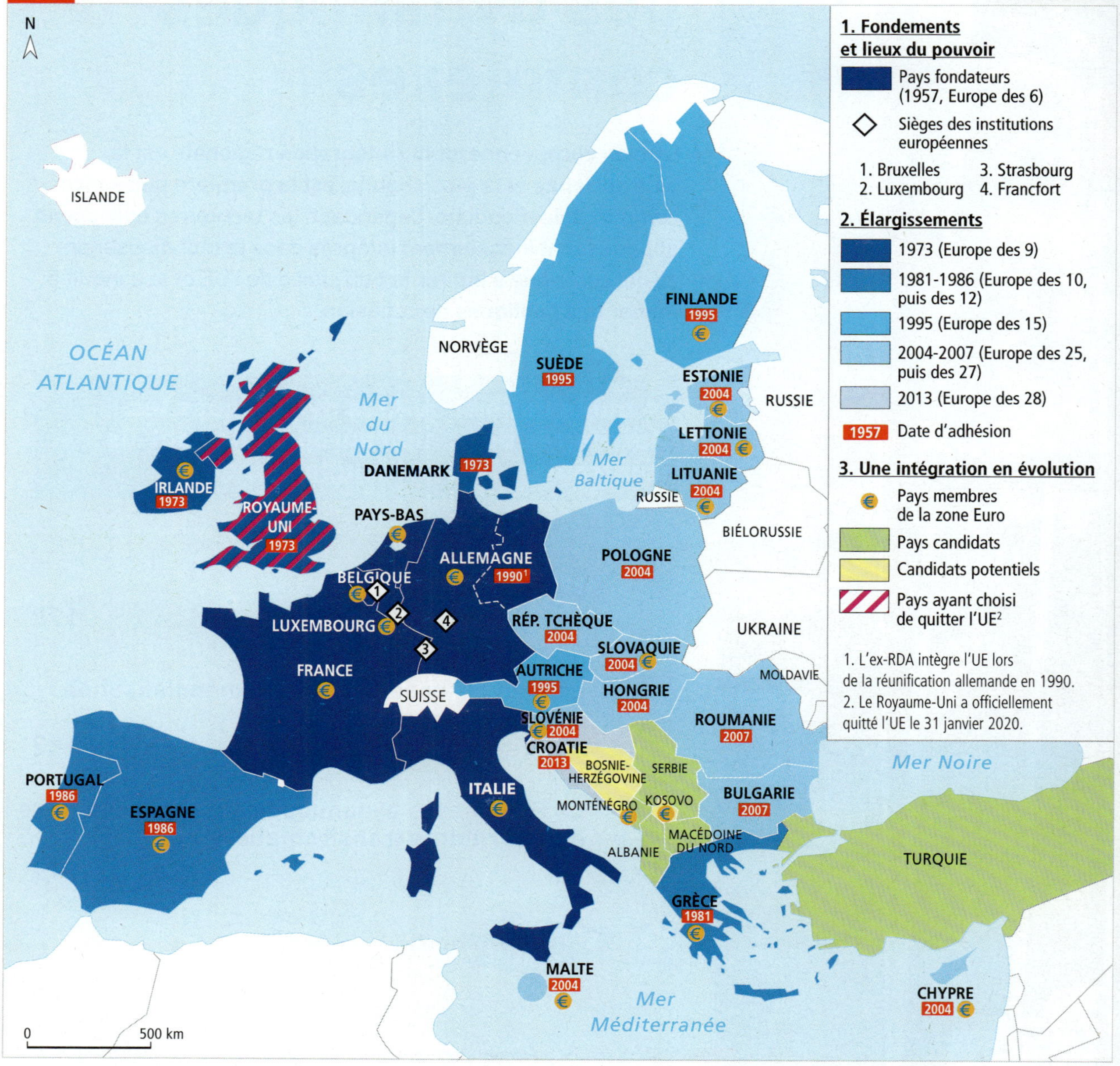

doc. 2 L'Union européenne, l'un des trois pôles majeurs dans la mondialisation

Carte interactive

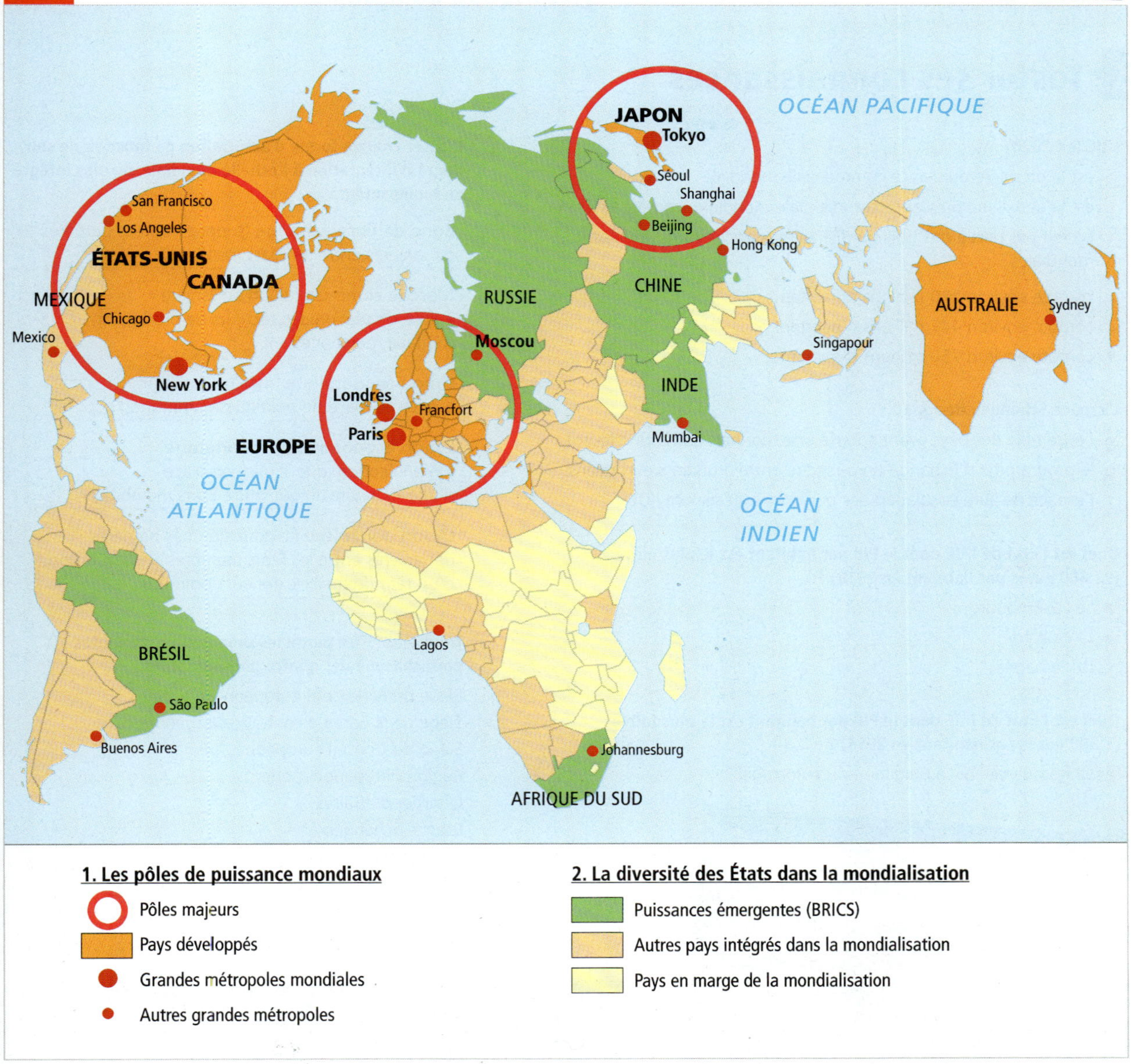

THÈME 3 · SE PRÉPARER · CHAPITRE 5 · CHAPITRE 6 · RÉVISER

doc. 3 Les conséquences territoriales de l'intégration européenne

	1957	1973	1981	1986	1995	2004	2013	2020
États membres	6	9	10	12	15	25	28	27
Superficie (milliers de km²)	1 167	1 524	1 658	2 252	3 234	3 972	4 436	4 192
Population (millions d'hab.)	185	273	287	338	368	454	506	447

1. doc. 1 Citez les pays fondateurs de l'UE.
2. doc. 1 et 3 En quelle année l'élargissement le plus important a-t-il eu lieu ? Quels sont les pays concernés ?
3. doc. 2 Avec quelles autres aires géographiques l'Union européenne commerce-t-elle ?
4. doc. 1 et 3 L'UE n'a-t-elle connu que des élargissements ?
5. doc. 1 et 3 Quelles ont été les évolutions de l'UE depuis 1957 ?

B Tester ses connaissances

6 L'UE (en 2020) …

a est la première puissance commerciale mondiale.

b est la deuxième puissance commerciale mondiale, derrière la Chine.

c ne fait pas partie des trois premières puissances commerciales mondiales.

d compte environ 220 millions d'habitants.

e compte environ 447 millions d'habitants.

f compte environ 750 millions d'habitants.

7 L'espace Schengen désigne …

a l'ensemble des pays ayant adopté une monnaie commune (euro).

b le programme d'échange universitaire entre étudiants européens.

c l'espace de libre circulation des personnes au sein de l'UE.

8 Quel est l'État de l'UE dont le PIB par habitant est le plus élevé (92 600 euros par habitant en 2018) ?

a Le Luxembourg

b La Norvège

c L'Allemagne

9 Quel est l'État de l'UE dont le PIB par habitant est le plus faible (7 300 euros par habitant en 2018) ?

a La Roumanie b La Bulgarie c Le Portugal

10 Classez chaque forme d'association en fonction de son degré d'intégration à l'échelle mondiale, du plus intégré au moins intégré.

Zone de libre-échange (suppression des barrières douanières entre les États membres)

Marché commun (union douanière + libre circulation des facteurs de production : capitaux, personnes…)

Union économique (marché commun + mise en place de politiques communes)

Union économique et monétaire (union économique + mise en place d'une monnaie unique entre États membres)

Union douanière (suppression des barrières douanières entre les États membres + instauration d'un tarif douanier extérieur commun)

11 Trouvez un titre parmi les propositions suivantes pour chacune des quatre photographies.

Siège du Parlement européen
Siège de la Banque centrale européenne
Siège du Conseil européen
Région ultrapériphérique
Quartier d'affaires
Espace Schengen
Eurorégion
Pôle de compétitivité
Frontière
Northern Range

1 Madère (Portugal)

2 Aerospace Valley (Toulouse)

3 Strasbourg (France)

4 Pont sur l'Oyapock (Guyane)

C Mobiliser le vocabulaire et les notions

12 Reliez chaque mot à sa définition :

a. Espace transfrontalier
b. Région ultra-périphérique (RUP)
c. Politique de cohésion
d. Eurorégion
e. Mégalopole

1. Vaste région urbanisée de plusieurs dizaines de millions d'habitants, constituée de plusieurs métropoles qui exercent un rayonnement mondial.
2. Espace dépassant les frontières politiques, marqué par des relations entre États situés de chaque côté de la frontière.
3. Politique économique et sociale visant à réduire les inégalités de développement entre les régions de l'Union européenne.
4. Territoire ultramarin faisant partie de l'Union européenne.
5. Espace de coopération transfrontalière au sein de l'UE, bénéficiant de subventions européennes et menant des politiques communes.

13 Complétez la légende de ce croquis à l'aide des expressions suivantes :

a Limites de la mégalopole
b. Métropoles européennes
c. Métropoles mondiales
d. Axe fluvial majeur
e. Axe majeur de transport
f. Interface maritime

EXO Exercice interactif

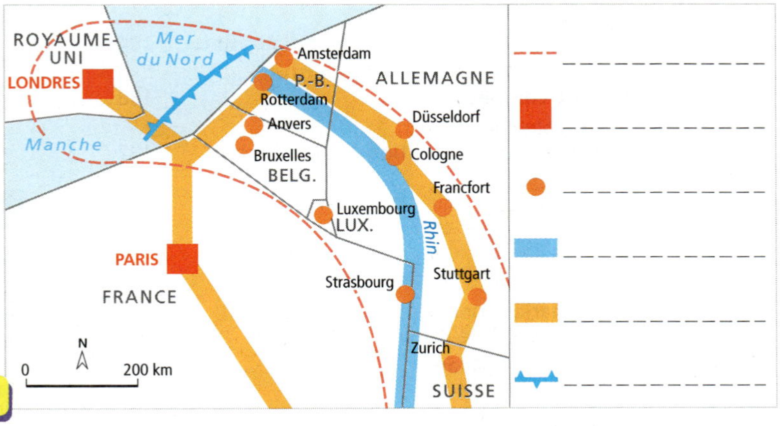

D Expliquer des situations géographiques

14 En vous appuyant sur les photographies ci-dessous, décrivez et expliquez en quelques phrases les situations géographiques suivantes.

a. Les grandes métropoles rassemblent les lieux de la puissance financière.
b. La croissance des flux maritimes intensifie la littoralisation en Europe.
c. Les espaces ruraux sont de plus en plus multifonctionnels.

Francfort (Allemagne)

Rivière Croana (Croatie)

Port de Rotterdam (Pays-Bas)

THÈME 3

CHAPITRE 5 L'Union européenne dans la mondialisation : des dynamiques complexes

Quelles sont les forces et les faiblesses de l'Union européenne dans la mondialisation ?

Textes DYS
TOUS LES TEXTES EN VERSION DYS
lyceen.nathan.fr/geoterm-2020

SOMMAIRE

Zoom sur...

Les relations UE-Chine

Exportations de l'UE vers la Chine	198 milliards d'euros
Importations de l'UE depuis la Chine	375 milliards d'euros
Touristes chinois en Europe en 2018	14,5 millions
Touristes européens en Chine en 2018	1,8 million

Sources : Eurostat, OMC, OMT, 2019.

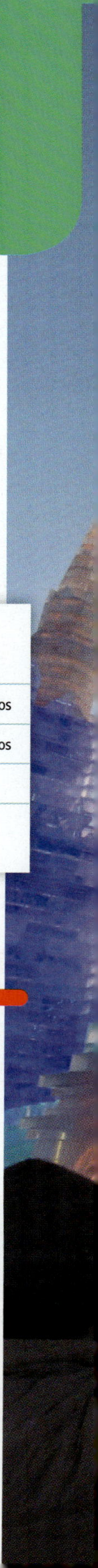

Le Colisée romain, sculpture sur glace. Photographie prise au festival de glace de Harbin (Chine) en janvier 2019.

Pour entrer dans le chapitre

Vidéo

Les Dessous de l'Éco, « L'Union européenne fait-elle le poids face à la Chine et aux États-Unis ? », *Les Echos*, 5 avril 2019.

Harbin
CHINE

Étude de cas

Zoom sur...

▶ L'Allemagne

Population (2019)	83 millions d'hab.
Superficie	357 380 km²
Densité de population	232 hab./km²

L'Allemagne et ses territoires dans la mondialisation

Comment les territoires allemands s'intègrent-ils dans la mondialisation ?

A Une puissance européenne et mondiale

1 Les forces de l'économie allemande

Parole de géographe

Première puissance économique du continent, l'Allemagne a retrouvé, avec la réunification de 1990, une position centrale en Europe. Sans prétention universaliste, le pays s'appuie d'abord sur ses atouts économiques et technologiques, sur sa capacité scientifique pour accroître son rayonnement culturel et ses échanges avec son aire d'influence traditionnelle en Europe centrale et orientale, mais aussi avec les pays émergents d'Asie ou d'Amérique latine. Cette nouvelle « Ostpolitik[1] » remet en perspective les relations avec l'Ouest européen et notamment avec la France dont elle reste le premier partenaire et avec lequel elle entretient une relation très particulière. […]

[L'Allemagne est] un pays fortement urbanisé, à la société de plus en plus diverse et même multiculturelle, au moins dans les grandes villes de l'Ouest et à Berlin où sont concentrés les flux migratoires récents. La culture et l'économie de la connaissance qui se sont développés depuis trente ans ont assuré la transition vers le système postindustriel. Mais, beaucoup mieux que ses voisins, l'Allemagne a pu conserver un système industriel performant. […] Le « made in Germany » garde son prestige et alimente des exportations record, en dépit de la crise de 2008 rapidement surmontée.

Michel Deshaies, spécialiste de l'Allemagne, *Atlas de l'Allemagne*, Autrement, 2019.

1. Politique de rapprochement avec l'Europe de l'Est et la RDA (République démocratique allemande), mise en œuvre par la RFA (République fédérale d'Allemagne) à partir de la fin des années 1960.

2 Volkswagen, acteur de la puissance allemande

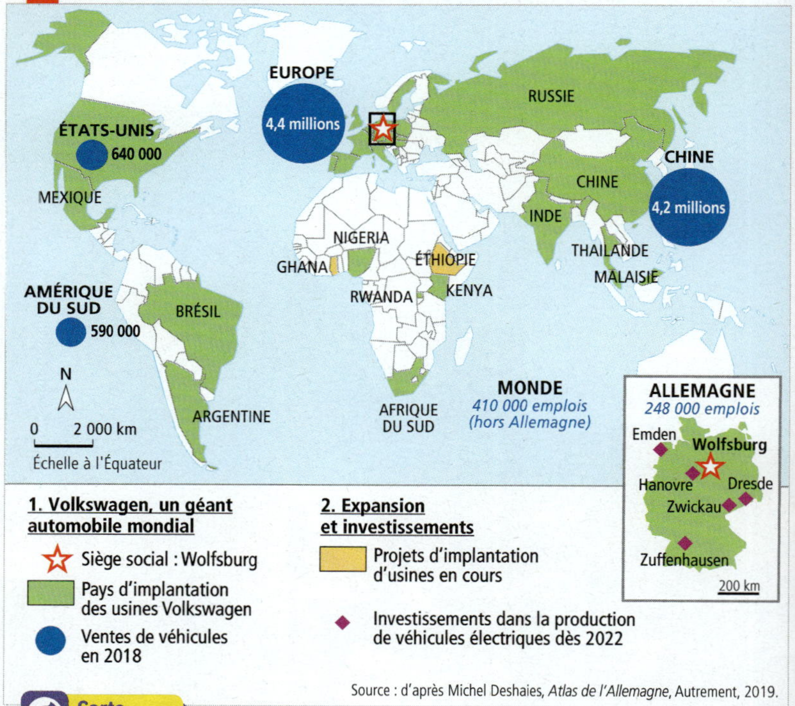

Source : d'après Michel Deshaies, *Atlas de l'Allemagne*, Autrement, 2019.

Carte interactive

3 La puissance allemande en quelques chiffres

PIB
3 435 milliards d'euros :
1er rang européen,
4e rang mondial

Exportations
3e exportateur mondial de marchandises :
1 318 milliards d'euros
(38 % du PIB allemand)

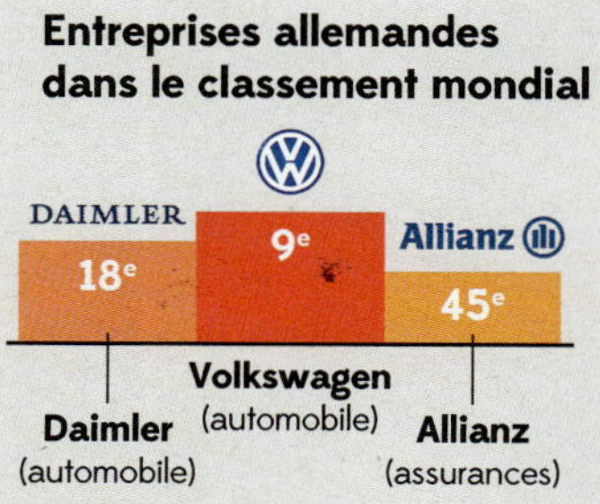

Sources : Rapport PNUD 2018, FMI, Global Fortune 500, Statistisches Bundesamt 2019.

4 Francfort-sur-le-Main, un centre financier européen et mondial

Francfort est le siège de la Banque centrale européenne. Photographie prise en 2018.
① Banque du commerce ② Main Tower
③ Eurotower, siège de la Banque centrale européenne jusqu'en 2014

5 Hambourg, port européen et mondial Vidéo

Deuxième ville d'Allemagne, Hambourg possède un port à la fois maritime et fluvial (sur l'Elbe), qui fait de lui un élément incontournable du développement du commerce extérieur de son pays, mais aussi d'une grande partie de l'Europe. Spécialisé dans le trafic de containers – 9 millions par an – […] le trafic devrait atteindre les 14, voire les 17 millions de containers en 2025. En 2013, le programme Hambourg 2025 a été lancé pour répondre à cette problématique. Le but est de créer le premier « port intelligent » au monde, où les installations seront en permanence connectées entre elles par des technologies avancées […].

Grâce à leurs smartphones, les conducteurs de camions seront guidés vers le point de chargement et éviteront les bouchons, donc les ralentissements d'activité. Le port de Hambourg est considéré comme un cluster dans les nouvelles technologies consacrées à la logistique et à la construction navale. Des investissements sont également faits dans le domaine de l'alimentation énergétique du port – capteurs pour un éclairage en fonction de la présence d'une activité, utilisation d'énergies renouvelables. À travers cela, il s'agit clairement d'utiliser la technologie pour demeurer un acteur concurrentiel au sein de la mondialisation.

Jessy Périé, *Hambourg, premier « smart port » du monde ?*, Les-yeux-du-monde.fr, 12 avril 2018.

Questions

Itinéraire 1

Répondre aux questions

1. **Décrivez** la place de l'Allemagne à l'échelle européenne et à l'échelle mondiale. **doc. 1, 3, 4 et 5**
2. **Expliquez** quelles sont les forces de l'Allemagne dans la mondialisation. **doc. 1 à 5**
3. **Identifiez** les territoires moteurs de la mondialisation en Allemagne. **doc. 2, 4 et 5**

Synthétiser

4. **Montrez** que l'Allemagne est une puissance européenne et mondiale. **doc. 1 à 5**

ou

Itinéraire 2

Organiser l'information dans un tableau (1/2)

- Reproduisez et commencez à compléter ce tableau à l'aide des informations contenues dans les documents 1 à 5 :

	doc. 1	doc. 2	doc. …
1. L'Allemagne est une puissance européenne et mondiale			

THÈME 3 · SE PRÉPARER · CHAPITRE 5 · CHAPITRE 6 · RÉVISER

B Des territoires inégalement intégrés dans la mondialisation

6 Les disparités régionales en Allemagne

1. Des ensembles régionaux dans la mondialisation

- Centre industriel et financier, très intégré dans la mondialisation
- Régions industrielles et innovantes, très intégrées dans la mondialisation
- Régions intégrées dans la mondialisation
- Régions sous-intégrées dans la mondialisation
- Ancienne limite RFA / RDA (de 1945 à 1990)

2. Un territoire marqué par la métropolisation

- Berlin, capitale politique
- Francfort, capitale financière
- Limite de la mégalopole européenne
- Principaux ports
- Métropoles

3. Réseaux et flux dans la mondialisation

- Principaux axes de communication
- Principaux partenaires commerciaux
- Aides financières vers l'Est
- Flux transfrontaliers
- Courants migratoires

Carte interactive

Sources diverses, 2020.

Vocabulaire

- **FEDER (Fonds européen de développement régional) :** fonds structurel créé en 1975. Son objectif est de renforcer la cohésion économique et sociale dans l'UE en réduisant les inégalités et déséquilibres entre les régions.
- **Land (pluriel : Länder) :** division administrative (région). L'Allemagne compte 16 Länder.

7 Des territoires inégaux

Si le revenu net moyen a globalement augmenté ces dix dernières années outre-Rhin, toutes les régions n'en ont pas profité de la même façon. C'est la ville de Gelsenkirchen, port fluvial du bassin de la Ruhr, qui est la lanterne rouge du pays en matière de pauvreté, bien qu'elle se situe en Rhénanie-du-Nord-Westphalie, dont le PIB est le plus élevé d'Allemagne. À Gelsenkirchen, le revenu net moyen est de 16 203 euros par personne et par an, soit moins de la moitié de ce que touche un Bavarois qui peut compter sur presque 35 000 euros net par an. Néanmoins les régions de l'Est de l'Allemagne, dans leur globalité, restent moins riches que le reste de la République fédérale, même trente ans après la chute du mur de Berlin. À l'ouest, en revanche, les grandes villes de la Ruhr forment des îlots qui ont accumulé les facteurs de déclassement ces dernières années, avec la fermeture des mines et le déclin de l'acier […].

C'est dans les grandes villes allemandes que le problème de la pauvreté s'est aggravé ces dernières années. Parmi les plus concernées, on retrouve les treize agglomérations de la Ruhr de plus de 100 000 habitants : Gelsenkirchen, mais aussi Essen, Dortmund, Duisbourg, Herne, où un habitant sur cinq est dépendant de l'aide sociale pour survivre. La ville-État de Brême (565 000 habitants) a également vu son taux de pauvreté augmenter de deux points depuis 2007, à 19 %.

Cécile Boutelet, « Les Allemands les plus pauvres vivent maintenant à l'Ouest », *Le Monde*, 10 mai 2019.

C Les effets des politiques européennes de cohésion

8 Le FEDER dans le Land de Saxe

Plusieurs projets ont été financés en partie par le FEDER.
Traduction : « Votre avenir : utilisez les offres de financement européennes en Saxe ! »

Brochure du FEDER (EFRE) et du FSE (ESF) dans le Land de Saxe pour la période 2014-2020.

9 L'action de l'UE dans les Länder

Pour la période 2014-2020, l'Allemagne a reçu au total un peu moins de 10,8 milliards d'euros du FEDER. Si trois Länder de l'Est – Saxe, Saxe-Anhalt et Thuringe – obtiennent une part considérable de ces fonds afin de rattraper leur retard de développement, la Rhénanie du Nord-Westphalie touche également une part proportionnellement importante des subventions européennes (un peu plus de 1,2 milliard d'euros). En effet, le FEDER n'est pas uniquement destiné à rattraper le retard des régions les moins développées. [...] Le programme répond à trois objectifs : investir dans la recherche, les progrès technologiques et l'innovation ; accroître la compétitivité des petites et moyennes entreprises (PME) ; réduire les émissions de CO_2 dans tous les secteurs de l'économie. [...] En Rhénanie du Nord-Westphalie, depuis le début de l'année 2020, un projet de sécurisation du système informatique a été mis en place dans le domaine de la santé publique. Plusieurs entreprises de la région travaillent avec des chercheurs de l'université de la Ruhr à Bochum et de l'université des sciences appliquées de Münster afin de tester ce nouveau système dans 400 hôpitaux. [...]

Les Länder doivent toujours apporter leur propre contribution (cofinancement), mais la part de l'UE représente au moins la moitié du financement, même dans les régions économiquement puissantes. Les subventions européennes constituent ainsi un tremplin important pour la promotion du développement dans tout le pays.

FörderMarkt (magazine allemand en ligne), « *Europäischer Fonds für regionale Entwicklung* », 23 mai 2019. Traduction : Thomas Choquet.

Questions

Itinéraire 1

Répondre aux questions

5 **Identifiez** les disparités régionales à l'échelle de l'Allemagne. **doc. 6 et 7**

6 **Montrez** que les régions allemandes sont inégalement intégrées dans la mondialisation. **doc. 6 et 7**

7 **Décrivez** les politiques de cohésion menées par l'Union européenne en Allemagne. **doc. 8 et 9**

Synthétiser

8 En quelques lignes, **montrez** les inégalités entre les territoires allemands dans la mondialisation. **doc. 6 à 9**

ou

Itinéraire 2

Organiser l'information dans un tableau (2/2)

- Poursuivez le tableau commencé p. 185 en utilisant les informations des documents 6 à 9 :

	doc. 6	doc. 7	doc. ...
2. Les territoires allemands sont inégalement intégrés dans la mondialisation			
3. Des politiques sont mises en œuvre afin de réduire les inégalités			

- Présentez votre tableau en 5 minutes devant la classe. ORAL

Croquis de l'étude de cas
▶ p. 194

THÈME 3
SE PRÉPARER
CHAPITRE 5
CHAPITRE 6
RÉVISER

Zoom sur…

▸ Les transports dans l'UE

Longueur des LGV (lignes à grande vitesse)	8 000 km
Nombre de passagers aériens	1,043 milliard en 2017
Densité des réseaux ferrés et autoroutiers	2e rang mondial

Les transports dans l'UE : un outil d'ouverture, de cohésion et de compétitivité

➔ **Comment les transports contribuent-ils à l'intégration de l'Union européenne dans la mondialisation ?**

A Réseaux de transport et ouverture de l'UE sur le monde

1 Les réseaux de transport en Europe

Carte interactive

1. Une densité inégale de réseaux
- Réseaux très denses de la mégalopole européenne
- Réseaux denses des périphéries intégrées
- Réseaux moins denses des périphéries

2. Des carrefours et des axes hiérarchisés
- Carrefours majeurs
- Carrefours secondaires
- Corridors terrestres majeurs (autoroutes, LGV, voies navigables)
- Corridors terrestres secondaires

3. Une insertion dans les réseaux mondiaux
- Principaux ports
- Principaux aéroports
- Route maritime majeure
- Routes maritimes secondaires
- Principaux échanges avec les pôles de la mondialisation

2 Aéroports et ports dans l'UE

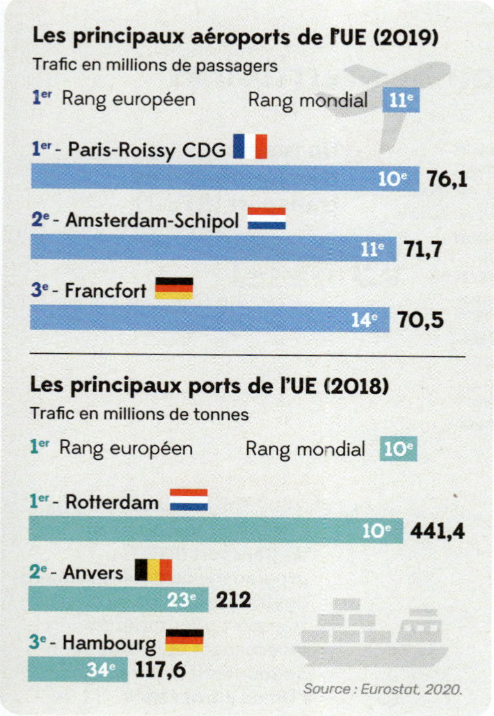

3 L'aéroport Amsterdam-Schiphol

Amsterdam-Schiphol a accueilli plus de 71 millions de passagers en 2018. Photographie prise en 2017.

4 Une ouverture sur le monde

En ce qui concerne les importations et les exportations, l'Union européenne est un espace économique intégré. Cela induit des flux ferroviaires, routiers, fluviaux (réseau rhénan, canal Seine-Escaut) et maritimes (autoroutes de la mer, le long des littoraux européens), d'une grande densité, à travers toute l'Europe, mais surtout, dans la partie occidentale du territoire (dorsale européenne[1] du Nord-Ouest, tunnels alpins entre la France, l'Italie, la Suisse, l'Autriche, l'Allemagne).

L'Europe des transports a été lente et difficile à mettre en œuvre depuis les années 1960. Premier facteur de décloisonnement des territoires, elle découvre de nouveaux horizons en Europe centrale et orientale (modernisation et construction de 20 000 km de routes et de 20 000 km de rails) et l'idée de réseaux transeuropéens (corridors de circulation, une trentaine de grands projets prioritaires surtout ferroviaires, ligne TVG Lyon-Turin, Paris-Karlsruhe-Mannheim, Montpellier-Barcelone-Madrid).

Dans le domaine aéronautique, le dispositif du « ciel unique » renforce la perception d'un espace aérien commun à l'échelle européenne, de même que le système européen de radio navigation par satellite (Galileo), opérationnel en 2013.

Vincent Adoumié (dir.), *Géographie de l'Europe*, Hachette supérieur, 2018.

1. Autre nom pour évoquer la mégalopole européenne.

Questions

Itinéraire 1

Répondre aux questions

1. **Relevez** la diversité des réseaux de transport en Europe. **doc. 1 à 4**
2. **Décrivez** la densité des réseaux de transport dans l'Union européenne. **doc. 1 et 4**
3. **Expliquez** en quoi l'aéroport d'Amsterdam est une porte sur le monde. **doc. 2 et 3**

Synthétiser

4. **Montrez** comment les transports permettent à l'Union européenne de relier ses territoires et de s'ouvrir au monde. **doc. 1 à 4**

ou

Itinéraire 2

Préparer une présentation orale ORAL

- Préparez une présentation orale de 5 minutes sur la place des transports concernant l'intégration de l'Union européenne dans la mondialisation.
- Entraînez-vous à utiliser un vocabulaire spécifique et précis et n'employez aucun mot ou expression qui relève du langage familier. Assurez-vous également d'être en mesure de définir toutes les notions que vous citerez dans votre présentation.

Étude de cas

Les transports de l'UE : un outil d'ouverture, de cohésion et de compétitivité

B Des transports au service de la cohésion des territoires

5 Un réseau transeuropéen de transport (RTE-T)

Carte interactive

Source : Commission européenne, 2019.

Vocabulaire

Réseau transeuropéen de transport (RTE-T) : programme de développement des infrastructures de transport pour faciliter les échanges et l'intégration de tous les territoires dans l'Union européenne.

6 Croatie : un pont pour réunifier le territoire

Vidéo

Le sud de la Croatie est traversé par la Bosnie-Herzégovine voisine. 90 000 Croates sont isolés du reste de leur pays. Pour se rendre à Dubrovnik, par exemple, ils doivent passer par un poste frontière. Ce qui pose problème en été lorsque le trafic, lié au tourisme, est en augmentation. La Croatie a décidé de réunir ses deux territoires en construisant un pont largement financé par l'Union européenne.

Le chantier a débuté. Le futur pont mesurera près de 2,5 km. Le maître d'œuvre et les ouvriers sont chinois. La construction d'un pont ne date pas d'hier. Cela fait des années que les Croates en entendent parler. Il a fallu l'intervention de l'Union européenne pour débloquer le chantier. Un déblocage de 357 millions d'euros, ce qui représente 85 % du coût total.

Brijesta est un petit village croate isolé de l'autre côté de la mer. À 2,5 km à vol d'oiseau, mais 55 km et plus d'une heure par la route. Une route étroite. Lorsque le pont sera terminé, le voyage ne prendra que quelques minutes.

Pour compliquer un peu plus les choses, la Croatie est membre de l'Union européenne, pas la Bosnie-Herzégovine. Alors pour transporter leurs produits, les producteurs croates doivent franchir deux frontières et payer des droits de douane pas toujours abordables.

Les travaux du « pont de l'espoir » devraient être terminés dans deux ans et demi. Sans les aides européennes, jamais la Croatie n'aurait pu financer un tel projet.

Esmeralda Labye, « Croatie : le pont de l'espoir pour réunifier le territoire », www.rtbf.be [en ligne], 24 mars 2019.

C Entre concurrence et recherche de compétitivité

7 La concurrence des offres sur la ligne Paris-New York

Offre moyenne de sièges par jour et par compagnie aérienne (juin 2020)
New York (JFK & Newark) – Paris (CDG & Orly)
En % de sièges par jour

22 PREMIÈRE
- 100 % Air France

586 AFFAIRES
- 49 % Air France
- 18 % La Compagnie
- 13 % United
- 12 % Delta Air Lines
- 6 % American Airlines
- 2 % Corsair

294 PREMIUM ECO
- 52 % Air France
- 12 % French bee
- 12 % Norwegian
- 8 % American Airlines
- 7 % United
- 5 % LEVEL
- 4 % Corsair

4 216 ÉCONOMIQUE
- 35 % Air France
- 12 % Delta Air Lines
- 10 % United
- 9 % French bee
- 9 % XL Airways[1]
- 8 % Corsair
- 7 % Norwegian
- 5 % LEVEL

1. Statistiques calculées en septembre 2019 sur la base des offres de vols programmés par les compagnies pour 2020. Depuis, XL Airways a été placé en liquidation judiciaire (oct. 2019). Au total, en juin 2020, 16 vols et 5 118 sièges sont proposés chaque jour entre Paris et New York.

Source : d'après Flight-Report, 2019.

8 Concurrence et compétitivité : la bataille des mobilités

En annonçant son projet de rapprochement entre ses deux filiales de grande vitesse à l'international, Eurostar et Thalys, la SNCF veut créer un acteur capable de rivaliser avec ses concurrents européens directs, mais aussi avec l'avion et la voiture.

Le groupe public mise sur un trafic de 30 millions de passagers transportés en 2030, contre 18,5 millions de passagers actuellement (11 millions pour Eurostar et 7,5 millions pour Thalys en 2018). Car une fois le rapprochement effectué, les deux filiales deviendront interopérables. Cela signifie que leurs systèmes de réservation et de billetterie fusionneront, que des offres tarifaires conjointes seront mises en vente sur le marché, que les programmes de fidélité auront été harmonisés et que les voyageurs pourront réserver des trajets combinant les trains des deux sociétés. Cette fusion permettra la mise en commun des activités de maintenance ainsi que des systèmes d'information et de distribution des deux opérateurs.

Mais pour passer de 18,5 à 30 millions de passagers en 2030, la SNCF compte également séduire de plus en plus de clients prenant l'avion ou utilisant leur voiture. Les villes que Thalys et Eurostar relient sont à 2 ou 3 heures maximum l'une de l'autre. C'est sur ces segments que le train compte prendre des parts de marché à l'avion et à la voiture.

Alors que le réchauffement climatique est sur toutes les lèvres et que l'activisme des écologistes a déjà entraîné une baisse significative du trafic aérien, la SNCF table sur la prise de conscience écologique croissante de la part des consommateurs.

Stéphane Donders, *Les Echos*, 25 octobre 2019.

Questions

Itinéraire 1

ou

Répondre aux questions

5 **Situez** les territoires reliés par les couloirs de développement. **doc. 5**

6 **Montrez** que les transports permettent de renforcer la cohésion au sein de l'UE. **doc. 5 et 6**

7 **Relevez** les stratégies adoptées par les acteurs européens des transports pour faire face à la concurrence. **doc. 7 et 8**

Synthétiser

8 **Expliquez** les principaux défis auxquels sont confrontés les transports de l'UE. **doc. 5 à 8**

Itinéraire 2

Présenter un exposé oral ORAL

Grille à télécharger

- Un élève de la classe présente un exposé de 5 minutes sur la place des transports dans l'intégration de l'Union européenne dans la mondialisation.
- Les autres élèves se répartissent en 4 groupes. Chaque groupe évalue un critère précis :
  – qualité orale : voix, diction, articulation, rythme…
  – qualité du discours : vocabulaire spécifique et précis, phrases bien construites, liaison entre les idées, fluidité…
  – qualité des connaissances : nombre de connaissances, intérêt pour le sujet, maîtrise du sujet
  – qualité de l'argumentation : raisonnement, organisation, plan, explication, démonstration

Croquis de l'étude de cas

▶ p. 195

Étude de cas

Zoom sur... ▸ La PAC	
Création	1957 (traité de Rome)
Mise en place	1962
Budget 2014-2020	362,8 milliards d'euros
Part du budget de l'UE	40 %

La politique agricole commune, les effets territoriaux d'une politique européenne

Quelles sont les conséquences de la PAC sur les territoires européens dans la mondialisation ?

1 La PAC et la diversité des territoires ruraux de l'UE

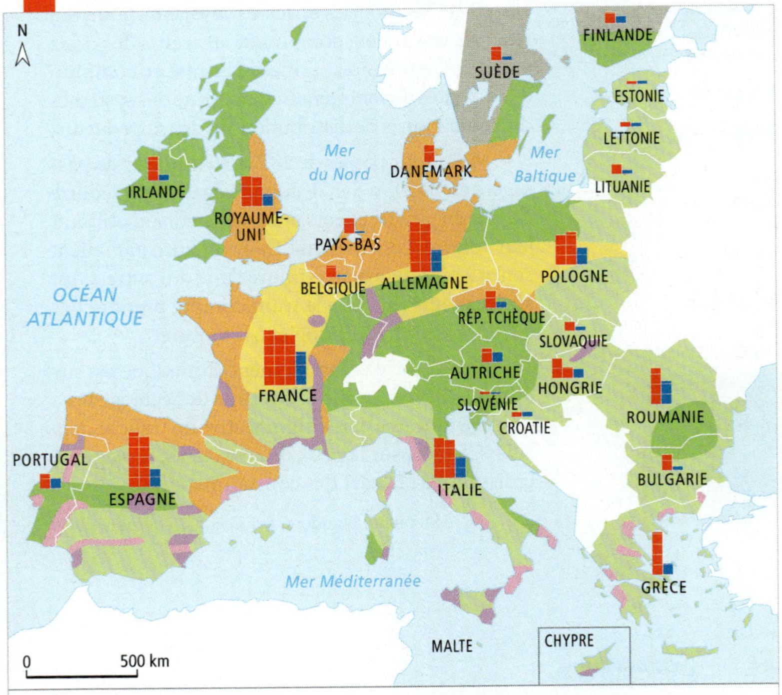

1. Les aides de la PAC par État membre de l'UE (2018)

- 1 carré représente 500 millions d'euros
- Fonds européen agricole de garantie (FEAGA) : aides directes versées aux agriculteurs
- Fonds européen agricole pour le développement rural (FEADER) : financement de projets de développement rural

2. Des espaces agricoles compétitifs et modernisés par la PAC

- Grandes cultures productivistes
- Élevage intensif et polyculture
- Productions fruitières et légumières
- Vignobles

3. Des espaces agricoles périphériques soutenus par la PAC

- Polyculture et élevage
- Polyculture et élevage extensif ou céréaliculture extensive
- Agriculture peu importante

1. Le Royaume-Uni était membre de l'Union européenne en 2018.

Source des données : Commission européenne, 2020.

Carte interactive

2 Les objectifs de la politique agricole commune (PAC)

Les objectifs de la PAC sont restés inchangés depuis le traité de Rome : accroître la productivité de l'agriculture en développant le progrès technique et en assurant un emploi optimum des facteurs de production, notamment de la main-d'œuvre ; assurer un niveau de vie équitable à la population agricole ; stabiliser les marchés ; garantir la sécurité des approvisionnements ; assurer des prix raisonnables aux consommateurs. Il s'agit d'objectifs qui sont à la fois économiques et sociaux, visant à sauvegarder les intérêts des producteurs et des consommateurs.

Si l'agriculture ne représente plus aujourd'hui qu'une faible part de l'économie des pays développés, y compris de celle de l'Union européenne, l'intervention publique s'est récemment renforcée, avec des politiques agrorurales qui, au soutien de la fonction traditionnelle de l'activité primaire – à savoir la production des denrées alimentaires –, ont ajouté d'autres dimensions, dont le développement durable, la lutte contre le changement climatique, l'aménagement du territoire et du paysage, la diversification et la vitalité de l'économie rurale ou la production d'énergie et de biomatériaux. Le soutien aux biens publics, ou fonctions non marchandes de l'activité agricole (c'est-à-dire non rémunérées par le marché), est devenu en conséquence un volet clé des politiques agricoles et rurales plus récentes [...].

Albert Massot, *Fiches techniques sur l'Union européenne*, mai 2019.

3 La transformation des espaces agricoles en Bulgarie

Les aides de la PAC ont favorisé la compétitivité des exploitations de roses. La Bulgarie est aujourd'hui le 1er producteur mondial d'essence de rose (70 % du marché). Photographie prise dans la vallée des roses à Kazanlak en mai 2019.

4 Les effets contestés de la PAC sur les territoires

La PAC, c'est d'abord l'un des systèmes de subventions les plus importants au monde, probablement le plus important. En 2018, elle a distribué quelque 60 milliards d'euros aux exploitants des États membres. Le fait que la plus grande part des subventions de la PAC puisse être indexée sur la taille des exploitations, conjugué aux marges de manœuvre dont chaque État membre dispose dans l'attribution des fonds, a favorisé des mécanismes d'annexion ou de captation frauduleuse du foncier agricole.

Cela contribue à agrandir la taille des exploitations, donc à favoriser les systèmes agricoles les plus industriels, ceux qui simplifient le plus les paysages, fonctionnent avec le moins d'emplois et le plus d'intrants[1]. Le résultat est un bilan environnemental désastreux, en dépit des aides délivrées sur des critères de « verdissement » des pratiques.

Les gaz à effet de serre émis par l'agriculture européenne ont augmenté de 5 % au cours de la dernière décennie, tandis que les émissions totales du continent baissaient de plus de 15 %. Les populations d'insectes et d'oiseaux des champs, elles, s'effondrent à un rythme si effréné qu'il en paraît irréel. Quant aux nitrates, issus de l'élevage intensif et du recours excessif aux fertilisants, ils polluent les rivières des grandes régions agricoles.

Stéphane Foucart, « La PAC, une catastrophe agricole commune », *Le Monde*, 4 janvier 2020.

1. Produits utilisés pour la production agricole et non présents naturellement dans le sol (engrais, notamment).

Questions

Itinéraire 1

Répondre aux questions

1. **Relevez** les États qui profitent le plus, et le moins, des aides de la PAC en précisant la répartition des aides entre le FEAGA et le FEADER. **doc. 1**
2. **Montrez** comment la PAC est utilisée pour transformer les territoires. **doc. 2 et 3**
3. **Expliquez** pourquoi certains effets de la PAC sont contestés. **doc. 1 et 4**

Synthétiser

4. **Analysez**, à différentes échelles, les principales conséquences territoriales de l'action de la PAC, ainsi que ses limites. **doc. 1 à 4**

ou

Itinéraire 2

Aide

Réaliser un document de présentation

- À l'aide des documents 1 à 4 et de recherches complémentaires, réalisez un document présentant les effets de la PAC sur les territoires ruraux de l'un des 27 États membres.

Étapes à plusieurs échelles :

- À l'échelle européenne, situez le pays et son évolution dans la PAC et dans l'UE.
- À l'échelle nationale, présentez la géographie des territoires ruraux et expliquez les choix d'utilisation de la PAC par l'État étudié.
- À l'échelle régionale et/ou locale, analysez un projet territorial concret cofinancé par la PAC.

▶ Voir p. 184-187

L'Allemagne dans la mondialisation

Objectif BAC

Consigne : À partir du texte ci-dessous, et en vous appuyant sur vos connaissances, complétez la légende et le croquis de synthèse.

Aide pour répondre à la consigne :
- Relevez les informations principales dans le texte.
- Identifiez les figurés pouvant être utilisés pour cartographier ces informations.
- Complétez la légende et le croquis à l'aide de l'étude de cas pages 184 à 187.

L'Allemagne et ses territoires dans la mondialisation

Les territoires allemands sont inégalement intégrés dans la mondialisation. Quatre ensembles régionaux se distinguent. L'Allemagne rhénane, densément peuplée et urbanisée, très intégrée, constitue le cœur industriel et financier du pays. Les Länder du Sud (Bade-Wurtemberg et Bavière) sont également très intégrés : ces régions profitent des dynamiques liées à l'industrie automobile et aux hautes technologies. L'Allemagne du Nord et du Centre connaît une intégration réelle mais moins marquée. En revanche, les Länder de l'Est sont davantage en difficulté à la fois sur le plan démographique et économique (PIB/hab. inférieur à 30 000 euros) : ces régions correspondent à l'ancienne RDA.

L'intégration dans la mondialisation s'opère au profit de quelques territoires moteurs, en particulier les métropoles. Berlin, Francfort et Hambourg s'imposent comme les villes les plus dynamiques : elles sont respectivement la capitale politique, la capitale financière et le premier port allemand. D'autres métropoles (Munich, Brême, Stuttgart, Dortmund, Düsseldorf, Cologne et Bonn) rayonnent à différentes échelles et sont intégrées dans la mégalopole européenne.

Les dynamiques des flux reflètent l'inégale intégration des territoires allemands dans la mondialisation. Les principaux axes de circulation relient les métropoles entre elles, accentuant ainsi le phénomène de métropolisation. De plus, l'intégration européenne de l'Allemagne se manifeste par des échanges avec les principaux partenaires commerciaux, à la fois les pays limitrophes (l'Allemagne réalise 2/3 de son commerce avec les pays de l'UE) mais aussi la Chine (premier partenaire commercial), les États-Unis et la Russie. Les aides financières européennes à destination des Länder de l'Est visent à réduire les disparités entre les régions dynamiques et les régions de l'ancienne RDA.

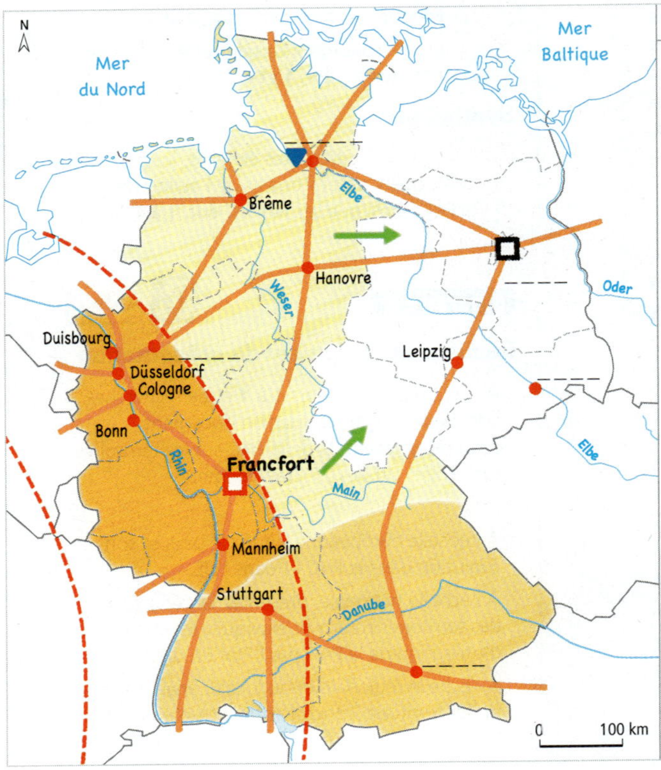

Titre : ___________________________________

1. Des territoires inégalement intégrés dans la mondialisation
- Cœur industriel et financier, très intégré dans la mondialisation
- ___________________________________
- Régions du Nord et du Centre, intégrées dans la mondialisation
- Régions de l'Est, en difficulté économique (ancienne ___)

2. Les métropoles, territoires moteurs de la mondialisation
- ___________________________
- Francfort, capitale __________
- ___________________________
- Principales métropoles
- Limite de la mégalopole européenne

3. Dynamiques des flux dans la mondialisation
- ___________________________
- Principaux partenaires commerciaux
- ___________________________

Fond de carte différencié

▶ Voir p. 188-191

Les transports dans l'UE

Les transports dans l'UE : outil d'ouverture et de cohésion

L'espace de l'Union européenne se caractérise par des disparités de densité des réseaux de transport. Les transports constituent un outil d'ouverture et de cohésion entre les pays membres, en particulier entre le Nord et Sud, ainsi qu'entre l'Ouest et l'Est. La mégalopole (entre Londres et Milan), espace économique central de l'UE, dispose des réseaux les plus denses et les plus diversifiés. Autour, les périphéries intégrées (Allemagne, Autriche, France) se structurent autour de réseaux denses, connectés à la mégalopole. Plus loin, dans les périphéries sous-intégrées (Europe orientale, Italie du Sud), les réseaux de transport sont moins denses.

L'Union européenne est structurée autour de carrefours et d'axes de communication hiérarchisés. Les métropoles constituent soit des carrefours majeurs (Paris, Milan, Barcelone), soit des carrefours secondaires (Madrid, Munich, Vienne) au sein des réseaux européens hiérarchisés. Elles polarisent les axes de transports rapides et à fort débit : autoroutes, lignes ferroviaires à grande vitesse transfrontalières (Thalys, Eurostar), canaux fluviaux à grand gabarit. Les deux principaux corridors multimodaux relient Londres à Milan et Lille à Marseille, en passant par Paris et Lyon. Des axes secondaires desservent les périphéries plus ou moins intégrées de l'espace européen.

L'espace de l'Union européenne est très intégré aux flux de la mondialisation. Les aéroports aux trafics les plus importants sont situés dans les grandes métropoles (Paris), particulièrement celles de la mégalopole (Francfort, Amsterdam). Les ports les plus performants sont concentrés le long des deux principales interfaces maritimes : au nord, la Northern Range (Rotterdam, Anvers, Hambourg) et au sud, la Méditerranée occidentale (Barcelone, Marseille). Ces ports sont reliés à une route maritime majeure qui connecte l'Europe aux autres régions du monde. Principal pôle commercial de la mondialisation, l'Union européenne participe ainsi aux échanges commerciaux planétaires avec les deux autres principaux pôles de la mondialisation, l'Amérique du Nord et l'Asie.

Objectif BAC

Consigne : À partir du texte ci-dessous, et en vous appuyant sur vos connaissances, réalisez le croquis de synthèse correspondant à la légende donnée.

Aide pour répondre à la consigne :
- Relevez les informations et les éléments importants dans le texte : vous pouvez, par exemple, surligner les lieux à localiser sur le croquis.
- Déterminez les figurés nécessaires (linéaires, ponctuels ou de surface).
- Réalisez le croquis à l'aide de l'étude de cas pages 188-191 : assurez-vous que chaque élément de la légende est représenté sur le croquis.

1. Une inégale densité des réseaux de transport
- Mégalopole européenne aux réseaux très denses
- Périphéries intégrées aux réseaux denses
- Périphéries sous-intégrées aux réseaux insuffisants

2. Des carrefours et des axes de communication hiérarchisés
- Carrefours majeurs
- Carrefours secondaires
- Principaux corridors multimodaux
- Corridors secondaires

3. Une intégration aux flux de la mondialisation
- Hubs aéroportuaires
- Principaux ports
- Interfaces maritimes
- Routes maritimes majeures
- Échanges avec les pôles majeurs de la mondialisation

Fond de carte différencié

THÈME 3
SE PRÉPARER
CHAPITRE 5
CHAPITRE 6
RÉVISER

Exemple

L'archipel des Canaries : une région ultrapériphérique (RUP) de l'Union européenne

Comment l'Union européenne contribue-t-elle au développement de la région ultrapériphérique des Canaries ?

1 RUP : un statut spécifique

Des mesures particulières ont été mises en place pour soutenir le développement des régions de l'Union européenne les plus lointaines, dénommées régions ultrapériphériques : la Guadeloupe, la Guyane, La Réunion, la Martinique, Mayotte et Saint-Martin (France), les Açores et Madère (Portugal) et les îles Canaries (Espagne).

Ces régions ultrapériphériques doivent faire face à un certain nombre de difficultés tenant à leurs caractéristiques géographiques, que sont notamment : leur éloignement, leur insularité, leur faible superficie, un relief et un climat difficiles. Leur économie est dépendante d'un petit nombre de produits, souvent de produits agricoles ou de ressources naturelles. Ces éléments limitent les potentialités de leur développement.

En dépit de la grande distance qui les sépare du continent européen, les régions ultrapériphériques font partie intégrante de l'Union européenne. Cependant, compte tenu de leur position géographique particulière et des difficultés qui l'accompagnent, les politiques européennes ont dû être spécialement adaptées à leur situation.

Ces régions bénéficient d'enveloppes d'aides spéciales au titre du Fonds européen de développement régional (FEDER). Les régions ultrapériphériques bénéficient également, dans le domaine de l'agriculture, des programmes POSEI (programmes d'options spécifiques à l'éloignement et à l'insularité), financés par le FEAGA[1].

Marek Kołodziejski et Filipa Azevedo, « Régions ultrapériphériques (RUP) », Parlement européen, novembre 2019.

1. FEAGA : Fonds européen agricole de garantie.

2 Les Canaries en Espagne et dans l'Union européenne

Nombre d'habitants (2018)
2 101 924 (4,5 % de la population espagnole)

Superficie 7 447 km²
(1,5 % de la superficie de l'Espagne)

Densité
286 habitants/km²
(moyenne Esp. : 90 hab/km²)

Situation 7 îles :
› Distance de Madrid : 1 791 km
› Distance de l'Afrique : 100 km

PIB par habitant (2018)
20 892 euros
(14e rang sur 19 en Espagne)

Montant des aides de l'UE 1,4 milliard €
(2014-2020)

Activités de pointe
Recherche et développement en biomédecine, astronomie

3 Un label européen pour la banane des Canaries

La banane des Canaries a obtenu une Indication géographique protégée (IGP) de l'Union européenne depuis 2013.

Affiche promotionnelle, 2018.

4 Un archipel intégré dans l'Union européenne et dans la mondialisation

Carte interactive

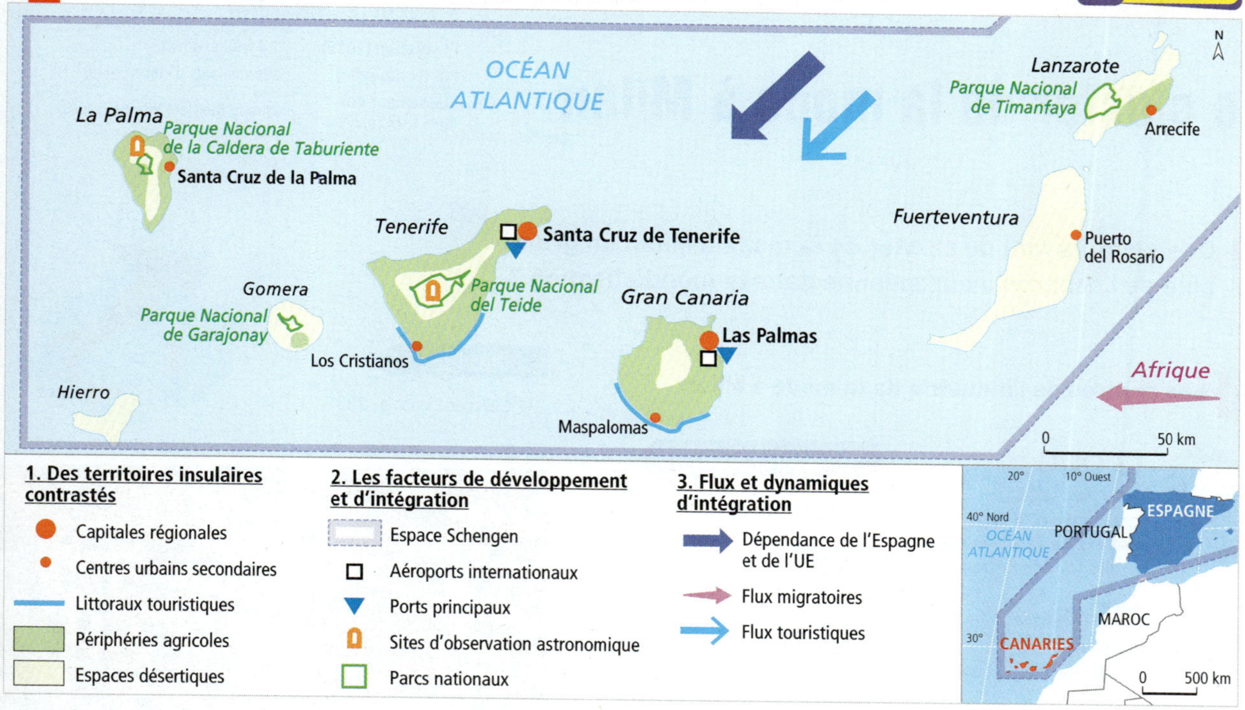

5 L'observatoire du Gran Telescopio Canarias, La Palma (2 267 m)

C'est l'un des télescopes les plus puissants et les plus avancés au monde. Le Fonds européen de développement régional (FEDER ; voir p. 205) finance actuellement la modernisation de son système optique.

Photographie prise en 2019.

Questions

Itinéraire 1

Répondre aux questions

1. **Décrivez** les principales caractéristiques géographiques des Canaries. **doc. 1, 4 et 5**
2. **Expliquez** ce qui a justifié le statut de région ultrapériphérique (RUP) pour l'archipel des Canaries. **doc. 1, 2 et 4**
3. **Relevez** les aides apportées par l'Union européenne au développement de l'archipel. **doc. 1, 3, 4 et 5**

Synthétiser

4. **Montrez** comment l'Union européenne contribue au développement de la région ultrapériphérique des Canaries. **doc. 1 à 5**

ou

Itinéraire 2

Publier un message sur les réseaux sociaux

- À partir des documents 1 à 5 et de recherches complémentaires, concevez un message pour le compte « Toute l'Europe » (@touteleurope) présentant un projet réalisé dans l'une des neuf régions ultrapériphériques (voir **doc. 1**), grâce aux aides de l'Union européenne.

Étapes :
- Menez votre recherche documentaire (informations, photographie).
- Rédigez votre texte qui doit être court, mais précis (date, lieu, montants des aides).
- Dégagez quelques mots clés qui permettront de référencer votre article par des hashtags.

Exemple

Le cluster de la mode à Milan

Zoom sur…

Milan (Lombardie)

Population (2019)	1,4 million d'hab.
PIB (Lombardie)	390 milliards d'euros (2019)
Classement PIB dans l'UE (à 27)	2e rang (derrière l'Île-de-France)

Quels atouts font du cluster de la mode à Milan un grand pôle de l'économie européenne dans la mondialisation ?

Notion

Cluster : voir p. 233.

1 Les chiffres de l'industrie de la mode à Milan

13 000 entreprises (conception, design, ateliers de fabrication, publicité, boutiques…)

13 milliards d'euros de chiffre d'affaires

25 % des exportations italiennes

Principales marques

DOLCE & GABBANA
GIORGIO ARMANI
KRIZIA
MOSCHINO
PRADA
VERSACE
VALENTINO

Source : Stockholm school of economics, 2017.

2 Milan, capitale mondiale de la mode

L'ascension de Milan au rang de capitale internationale du prêt-à-porter débute au milieu des années 1970 sous l'impulsion d'une poignée de jeunes stylistes […]. Crise, stratégies économiques de l'agglomération et entrepreneurialité : voilà les trois mots-clés qui [expliquent] ce phénomène. La durée et la gravité de la crise économique et industrielle des années 1970 rendent nécessaire une transformation de la vocation économique et productive de la ville. Au cours de ces années, la « traditionnelle vision concrète et matérielle de l'industrie » sur laquelle Milan a bâti sa domination économique, croise la mode sur son chemin. Cette rencontre se solde par la transformation de la mode en un produit industriel. Les stratégies économiques de l'agglomération, c'est-à-dire les avantages découlant des ressources vastes et diversifiées – infrastructures, agences publicitaires, édition, services financiers, espaces d'exposition, etc. – dont Milan dispose, sont décisives pour la création d'un marché international sur lequel le produit industriel de la mode doit être écoulé. Enfin, les stylistes qui propulsent la capitale lombarde sur le devant de la scène internationale de la mode se forment à l'école de la collaboration avec la grande entreprise industrielle et ils apprennent à devenir les entrepreneurs et les managers de la créativité. Certains d'entre eux sont encore aujourd'hui à la tête des plus grandes « fashion companies » italiennes.

M. Belfanti, C. Capalbo, E. Merlo et V. Pinchera, « La mode au défi de l'histoire économique : la mode et l'économie italienne (XIXe-XXe siècle) », *Apparence(s)*, n° 9, 2019.

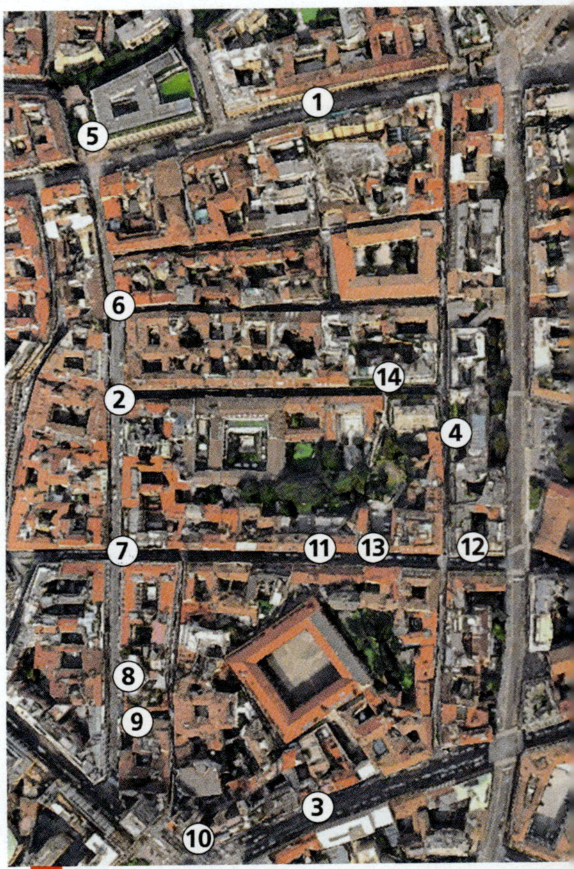

3 Le « quadrilatère de la mode » à Milan

Le « quadrilatère de la mode » ou « fashion district » est situé dans le centre de Milan. Il rassemble boutiques et enseignes du luxe et de la mode qui font de Milan l'une des capitales mondiales de ce secteur d'activité.

1. Via Manzoni
2. Via Montenapoleone
3. Corso Venezia
4. Via della Spiga
5. Armani
6. Valentino
7. Versace
8. Ralph Lauren
9. Dolce Gabbana
10. Prada
11. Miu-Miu
12. Moschino
13. Hermès
14. Krizia

4 La galerie Victor Emmanuel II et ses boutiques de luxe

Photographie prise en 2019.

5 Prada : les chiffres clés de la firme

PRADA
MILANO

Fondation en 1913 (à Milan) par Maria Prada

Nombre d'employés 13 000 (2018)

Chiffre d'affaires (2018) **3,1 milliards d'euros**

Nombre de magasins

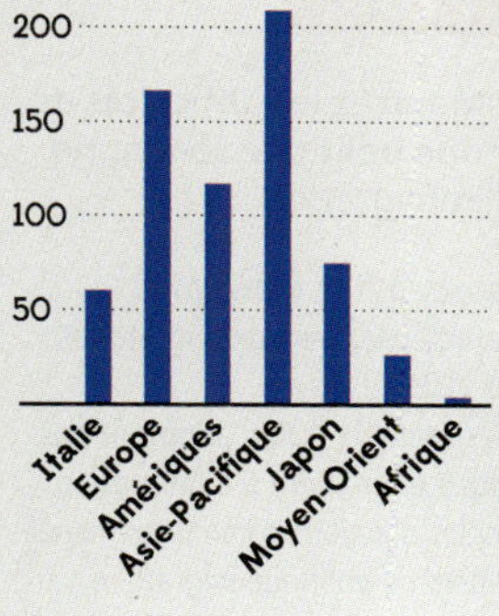

Répartition de la production
En %
- Maroquinerie
- Mode
- Chaussures
- Autres

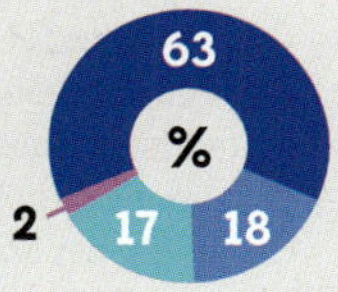

Questions

Itinéraire 1

Répondre aux questions

1. **Déterminez** les facteurs qui ont contribué à faire de Milan une capitale mondiale de la mode. **doc. 1**
2. **Citez** les principaux acteurs du cluster de la mode. **doc. 1 à 5**
3. **Montrez** que les entreprises de ce cluster sont très présentes dans la ville. **doc. 1 à 4**

Synthétiser

4. À l'aide des réponses précédentes, **analysez** les enjeux du cluster de la mode de Milan dans la mondialisation et **montrez** qu'il s'agit d'un pôle économique dynamique. **doc. 1 à 5**

ou

Itinéraire 2

Travailler l'oral ORAL

- Préparez une présentation orale de 5 minutes sur les atouts du cluster de la mode à Milan dans la mondialisation, puis répartissez-vous par groupes de 3 ou 4 élèves.
- Présentez votre réponse à tour de rôle.
- Les autres élèves, dans le rôle du jury, vous posent des questions pendant 10 minutes : demandes de précisions, définitions du vocabulaire employé, liens avec le cours…

Exemples de questions

L'Union européenne : le défi d'une politique migratoire commune

1 Les flux migratoires en Europe

Carte interactive

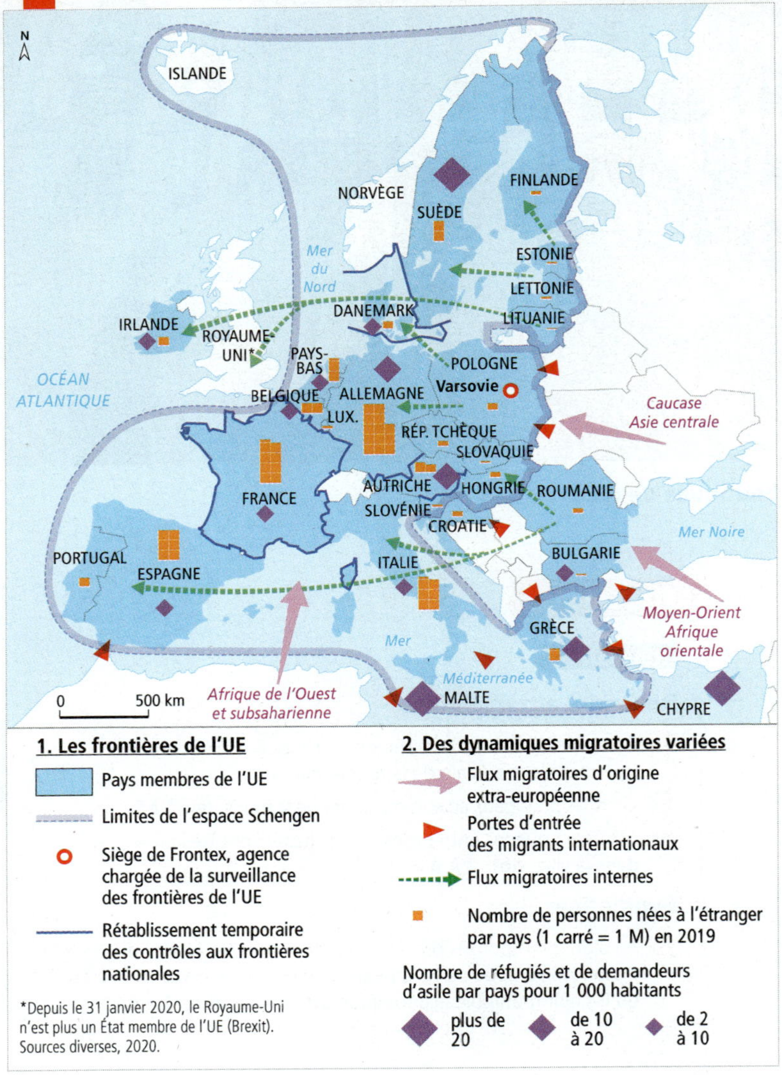

Vocabulaire

- **Demandeur d'asile :** personne qui sollicite une protection internationale hors des frontières de son pays d'origine, mais qui n'a pas encore obtenu le statut de « réfugié ».
- **Migrant international :** individu quittant durablement (durée égale ou supérieure à un an) son pays pour se rendre dans un autre pays, de façon volontaire (activité professionnelle) ou forcée (guerre, pauvreté…).
- **Réfugié :** personne reconnue en danger dans son pays d'origine et qui a obtenu l'asile politique dans un autre pays.

2 Une politique migratoire commune ?

Parole de géographes

Les faiblesses de l'action de l'Union européenne sont patentes : tout en déplorant la catastrophe humanitaire, elle n'a pas su faire le nécessaire pour l'arrêter. […] L'Union européenne s'est lancée dans un vaste processus d'harmonisation de ses principes d'action et s'est progressivement dotée de moyens non négligeables. Le Régime d'asile européen commun (RAEC), révisé en 2013, unifie et conforte les droits des demandeurs d'asile. Le règlement de Dublin[1], lui, assigne à l'État de première entrée sur le territoire de l'UE l'obligation d'instruire le dossier des personnes ayant migré dans l'Union européenne. […] L'uniformisation des permis de séjour, des permis de travail, des visas, des procédures de regroupement familial ou des séjours d'étude sont également à l'œuvre au sein de l'UE. […] La question migratoire prend une tonalité particulière en raison de son caractère extrêmement clivant : les États européens ne sont pas d'accord entre eux sur le sujet, certains remettant en cause le droit d'asile quand d'autres le réaffirment ; certains demandent davantage de présence européenne aux frontières, d'autres la récusent.

Sylvain Kahn et Jacques Lévy, spécialistes de l'Europe, *Le Pays des Européens*, Odile Jacob, 2019.

1. Règlement (2013) selon lequel une demande d'asile doit être traitée par le premier pays d'entrée dans l'UE.

Objectif BAC

Consigne : Montrez les difficultés de l'UE à établir une politique commune en matière d'immigration.

Aide pour répondre à la consigne :

- Identifiez et caractérisez les flux migratoires en direction de l'UE.
- Montrez que les États de l'UE n'adoptent pas la même politique en matière d'immigration.
- Citez des exemples d'actions communes menées par l'UE en matière de politique migratoire.

Erasmus +, le succès d'un projet européen

1 Le succès du programme Erasmus +

L'engouement pour le programme européen Erasmus + ne se dément pas en France : les demandes pour bénéficier de ce programme conçu pour les étudiants et étendu progressivement aux apprentis, aux élèves de lycée professionnel, aux stagiaires de la formation professionnelle ou encore aux enseignants, sont en hausse de 6 % en 2018. […] S'il touche des effectifs encore limités, le programme Erasmus + compte parmi ses bénéficiaires étudiants 39 % de boursiers sur critères sociaux. Enfin, si l'Île-de-France, Auvergne-Rhône-Alpes et Nouvelle-Aquitaine sont les régions qui ont le plus bénéficié du programme en 2017, celles qui affichent la plus forte progression sont l'Occitanie, les Hauts-de-France et la Martinique. […]

Des scénarios sont également envisagés pour augmenter le nombre de bénéficiaires – qui représentent seulement 3 % d'une classe d'âge aujourd'hui. Afin de doubler cette part, il faudrait disposer d'une enveloppe de l'ordre de 30 milliards d'euros sur sept ans (le programme actuel dispose de 16,38 milliards d'euros au niveau européen, soit 1,5 % du budget total de l'UE).

Adrien de Tricornot, « Le programme Erasmus + attire toujours plus d'étudiants », *Le Monde*, mars 2018.

2 Affiche réalisée à l'occasion des « Erasmus Days » (2018)

Les « Erasmus Days » sont des fêtes organisées pour la première fois en 2017, à l'occasion du 30e anniversaire du programme.

3 Erasmus + en quelques chiffres

Erasmus +
est un programme d'échange d'étudiants et d'enseignants, principalement entre les universités et les grandes écoles européennes

9 millions de bénéficiaires depuis sa création en 1987, dont 4,4 millions d'étudiants.

34 pays participants (UE + Royaume-Uni, Islande, Liechtenstein, République de Macédoine, Norvège, Serbie, Turquie)

Nombre d'étudiants en mobilité*

*Étudiants en mobilité : étudiants partis étudier à l'étranger.

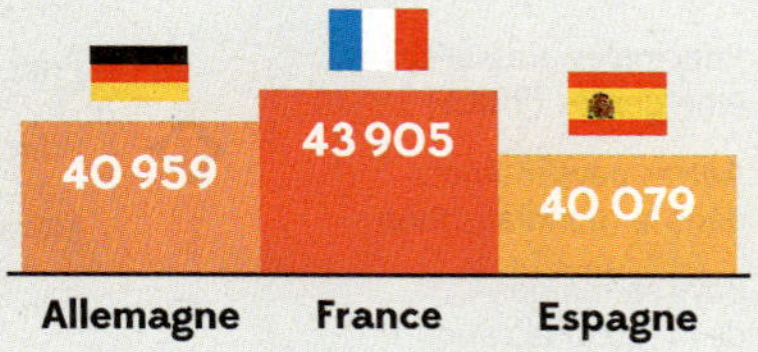

Source : Commission européenne, 2019.

Objectif BAC

Consigne : En vous appuyant sur les documents, montrez que le programme Erasmus + illustre la capacité de l'Union européenne à mener des projets communs.

Aide pour répondre à la consigne :
- Rappelez l'intérêt et les enjeux du programme Erasmus +.
- Identifiez les pays qui en bénéficient.
- Expliquez le succès et les limites de ce programme.

THÈME 3
SE PRÉPARER
CHAPITRE 5
CHAPITRE 6
RÉVISER

L'Union européenne, pôle et acteur de la

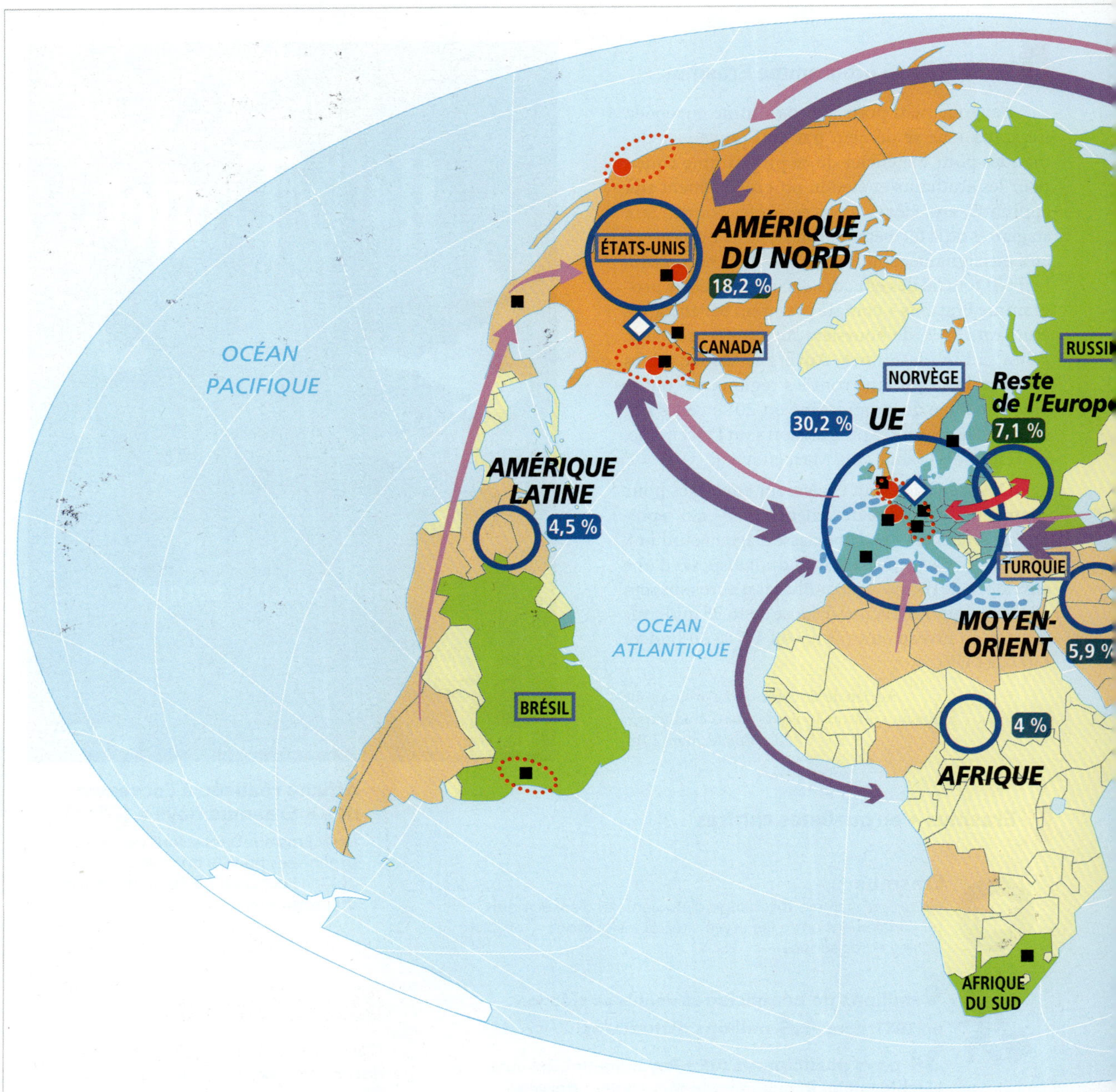

1. L'UE, un pôle majeur de la mondialisation

- 4 % Pôles du commerce mondial (% du total des échanges)
- États membres de l'UE (2019)
- Pays développés à hauts revenus
- Principales puissances émergentes (BRICS)
- Autres pays intégrés dans la mondialisation
- Pays en marge de la mondialisation

2. L'UE, une concentration d'acteurs puissants

- Principales mégalopoles mondiales
- Principales concentrations de firmes transnation
- Métropoles mondiales
- Principales places financières

mondialisation

Carte interactive

Sources : OMC, 2018.

L'UE, un pôle attractif au cœur des flux mondiaux

- Principaux échanges (marchandises, services, capitaux)
- Échanges secondaires
- Interfaces maritimes européennes
- Principaux partenaires commerciaux de l'UE
- Principaux flux migratoires

Vocabulaire

- **Firme transnationale (FTN) :** entreprise implantée dans de nombreux pays et qui réalise la majeure partie de son chiffre d'affaires en dehors de son pays d'origine.
- **Flux :** circulation de biens, de personnes, de capitaux ou d'informations.
- **Pôle :** lieu qui exerce une influence sur l'espace qui l'entoure.

Chiffres clés

L'Union européenne en 2020

- **18 %** du PIB mondial
- **6 %** de la population mondiale
- **1re puissance commerciale** (15,6 % des exportations mondiales, 15,2 % des importations mondiales)
- 45 % — UE, Royaume-Uni, États-Unis et Chine représentent **45 %** du commerce mondial
- **40 %** des entrées touristiques internationales

Questions

1. **Caractérisez** la place de l'Union européenne à l'échelle mondiale.
2. **Identifiez** les principaux centres d'impulsion de la puissance européenne.
3. **Montrez** que l'Union européenne est un carrefour des flux mondiaux.

L'Union européenne : inégalités territoriales

1 Les territoires de l'Union européenne dans la mondialisation

Carte interactive

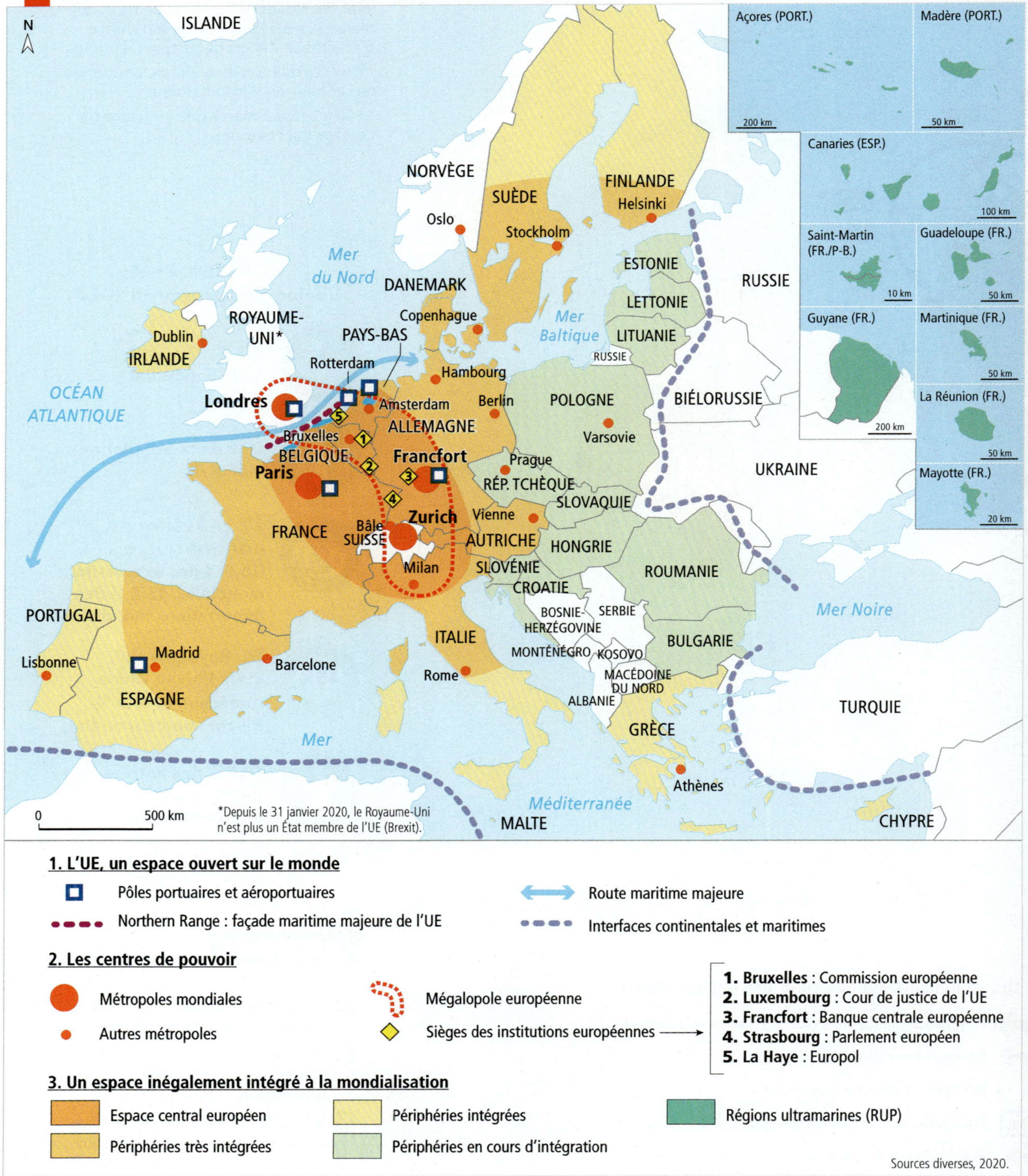

Sources diverses, 2020.

et politiques de cohésion

2 L'Union européenne et les politiques de réduction des inégalités (2021-2027)

Carte interactive

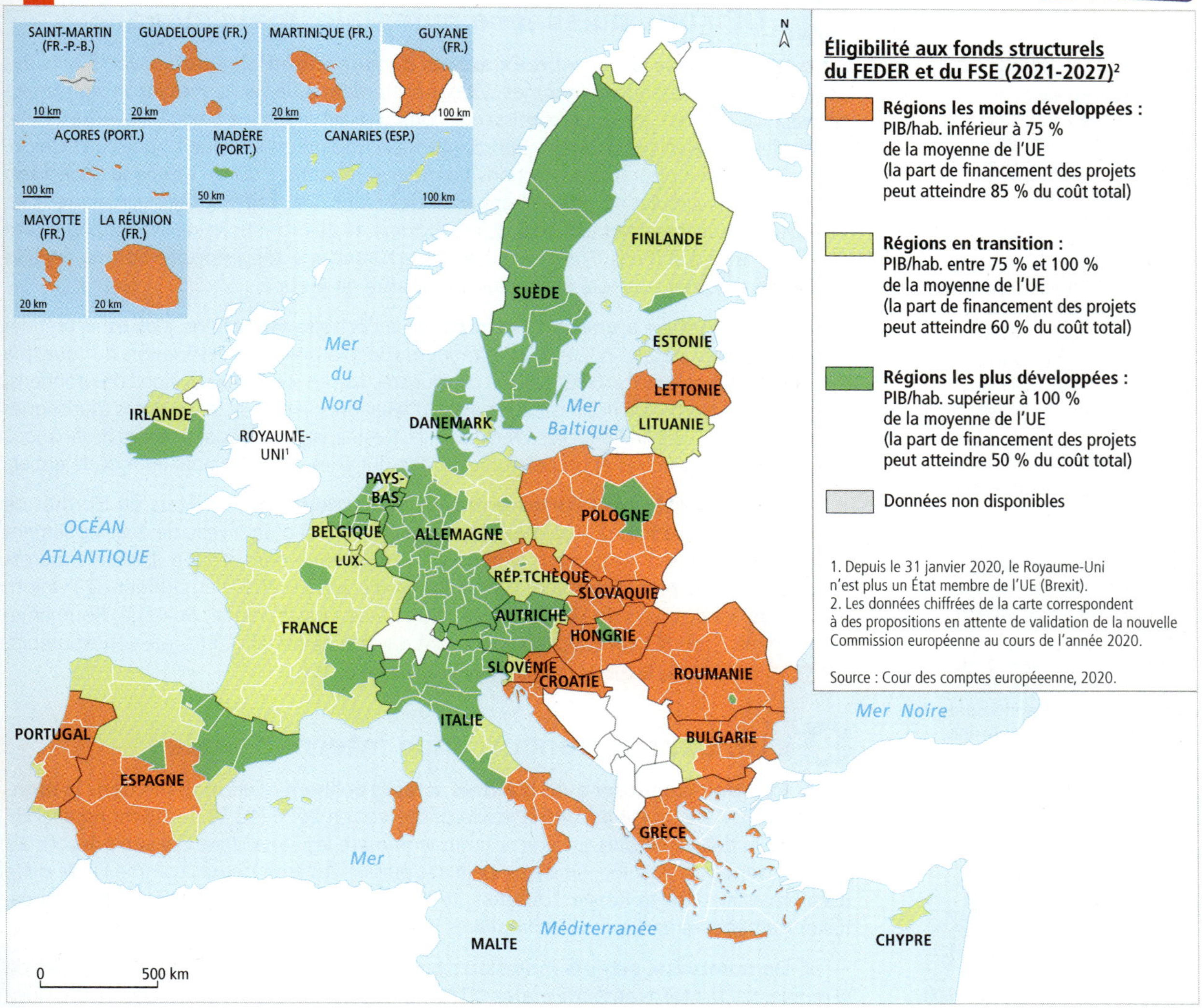

1. Depuis le 31 janvier 2020, le Royaume-Uni n'est plus un État membre de l'UE (Brexit).
2. Les données chiffrées de la carte correspondent à des propositions en attente de validation de la nouvelle Commission européenne au cours de l'année 2020.

Source : Cour des comptes européenne, 2020.

Vocabulaire

- **FEDER (Fonds européen de développement régional) :** fonds structurel créé en 1975. Son objectif est de renforcer la cohésion économique et sociale dans l'UE en réduisant les inégalités et déséquilibres entre les régions.
- **FSE (Fonds social européen) :** créé en 1957. Son objectif est de réduire les inégalités de développement entre les régions européennes, de promouvoir la croissance et de soutenir la création d'emplois.
- **Région ultrapériphérique (RUP) :** territoire ultramarin faisant partie intégrante de l'Union européenne. L'UE compte neuf RUP (îles Canaries, Guyane, Guadeloupe, Martinique, Mayotte, La Réunion, Saint-Martin, les Açores, Madère).

Questions

1. **Déterminez** les territoires de l'UE les plus intégrés et les moins intégrés dans la mondialisation. **doc. 1**
2. **Citez** les principales régions bénéficiaires des aides européennes. **doc. 2**
3. **Montrez** que les deux cartes proposent des informations complémentaires sur les inégalités d'intégration entre les territoires européens. **doc. 1 et 2**

Cours

Podcast Cours à écouter

L'Union européenne, un espace inégalement ouvert sur le monde

Comment les territoires de l'Union européenne s'insèrent-ils dans la mondialisation ?

1 L'UE : une puissance mondiale, mais inégale

● **L'UE dispose de nombreux atouts dans la mondialisation.** Avec 30 % des échanges de marchandises (dont les 2/3 correspondent à des échanges intracommunautaires), l'UE à 27 est la première puissance commerciale mondiale à égalité avec la Chine, devant les États-Unis et le Japon. L'euro, monnaie unique utilisée par 18 pays de l'Union, est la 2e monnaie pour les transactions financières derrière le dollar. L'espace Schengen permet la libre circulation des personnes et des biens. Des métropoles concentrent les institutions européennes (Bruxelles, Strasbourg) et des fonctions de commandement de niveau mondial (Paris, Francfort). Elles structurent une mégalopole dont la façade maritime (Northern Range) est la plus importante en Europe.

● **L'UE bénéficie d'une forte attractivité à l'échelle planétaire.** L'UE est le premier émetteur et destinataire d'IDE dans le monde. C'est la première destination du tourisme international avec environ 500 millions de touristes par an (dont 400 millions d'Européens, 30 millions de Nord-Américains et 20 millions d'Asiatiques) et 31 % des recettes touristiques internationales. Avec 447 millions d'habitants, l'UE est aussi l'une des principales destinations des courants migratoires et un pôle universitaire qui attire des étudiants du monde entier.

● **Les disparités sont fortes entre les États membres.** Les États du Nord et de l'Ouest (France, Allemagne, Pays-Bas) disposent d'un PIB et d'un niveau de développement économique et social nettement supérieur à la moyenne européenne. L'Allemagne est le contributeur le plus important (19,6 milliards d'euros en 2017) au budget de l'Union, à la différence des pays du Sud (Grèce, Portugal), de l'Est (Pologne, Bulgarie, Roumanie) ou des petits États (Chypre, Slovénie) qui sont davantage bénéficiaires que contributeurs.

EXEMPLE Erasmus +, le succès d'un projet européen → p. 201

2 L'UE dans la concurrence internationale

● **L'UE doit composer avec d'autres acteurs économiques majeurs dans la mondialisation.** Avec un PIB de 14 000 milliards d'euros en 2020 (18 % du PIB mondial), l'UE demeure la deuxième puissance économique derrière les États-Unis. Elle subit désormais la concurrence de la Chine, ainsi que celle des puissances émergentes comme l'Inde ou le Brésil, mais aussi de la Russie. Toutefois, trois de ses États membres (Allemagne, France, Italie) font encore partie des dix premières puissances économiques mondiales.

● **De nombreux acteurs mondiaux proviennent de l'UE.** L'UE rassemble près de la moitié des firmes transnationales (FTN) qui s'appuient sur des stratégies de développement à l'échelle internationale. Certaines entreprises comme Shell ou Total (pétrole), Volkswagen (automobile), Axa (assurances), Maersk (transport), Airbus (aéronautique) figurent aux premiers rangs dans leurs secteurs d'activité. Certaines activités traditionnelles (confection) atteignent un niveau d'excellence international et se concentrent dans des districts industriels ou dans des clusters à proximité des grandes métropoles (Berlin, Milan) autour de technologies de pointe.

● **L'UE souffre toutefois de faiblesses dans les industries lourdes et les nouvelles technologies.** Ses entreprises sont de plus en plus concurrencées dans les domaines industriel, agroalimentaire et technologique par les géants du numérique américains (Apple, Amazon…) ou chinois (Xiaomi, Alibaba…). L'innovation demeure un enjeu clé et les dépenses en recherche & développement (moins de 3 % du PIB européen) sont souvent inférieures à celles pratiquées aux États-Unis, en Chine ou au Japon.

ÉTUDE DE CAS L'Allemagne et ses territoires dans la mondialisation → p. 184
EXEMPLE Le cluster de la mode à Milan → p. 198

Vocabulaire

- **Brexit :** contraction de *British Exit*. Sortie du Royaume-Uni de l'UE, approuvée par référendum le 23 juin 2016 et officiellement entrée en vigueur le 31 janvier 2020.
- **District industriel :** concentration, sur un territoire donné, de petites et moyennes entreprises, spécialisées dans un secteur d'activité reposant sur des savoir-faire hérités.
- **Espace Schengen :** espace regroupant 26 États européens (22 de l'UE et 4 associés) et permettant la libre circulation des personnes.
- **Façade maritime :** voir p. 60.
- **FTN (Firme transnationale) :** voir p. 203.
- **Mégalopole :** grande région urbaine concentrant des métropoles reliées entre elles et exerçant un rayonnement mondial.
- **Métropole :** ville de grande importance qui exerce des fonctions de commandement, d'organisation et d'impulsion, sur une région et qui permet son intégration avec le reste du monde.
- **PAC (Politique agricole commune) :** politique européenne mise en place en 1962 pour moderniser et développer l'agriculture des pays membres de la CEE, puis de l'UE.
- **Politique commune (UE) :** politique adoptée dans un domaine précis par l'ensemble des États membres de l'UE et mise en œuvre par les institutions de l'Union. La politique agricole et la politique monétaire sont des politiques communes.

Notion

Cluster p. 233

3 Les fragilités internes de l'UE

● **L'UE rencontre des difficultés à définir des politiques communes.** La PAC (Politique agricole commune) a longtemps représenté 40 % du budget de l'UE. Elle a permis l'indépendance alimentaire et la modernisation de l'agriculture, mais la tendance est à la diminution des crédits accordés aux agriculteurs et à un retour des décisions prises par les États. Face aux défis à relever (environnementaux, climatiques…), la PAC est contestée tant à l'extérieur (États-Unis) qu'au sein de l'UE. Dans d'autres domaines (droit social, fiscalité, immigration, défense, diplomatie…), les États européens ne parviennent pas toujours à s'entendre. Les points de vue sont souvent contradictoires entre États aux politiques libérales (Tchéquie, Slovaquie…) et ceux aux aspirations plus sociales (Italie, Espagne, Grèce).

● **L'UE est de plus en plus exposée à des contestations régionales ou nationales.** De nombreuses divisions s'expriment à toutes les échelles. Avec le départ du Royaume-Uni, le 31 janvier 2020 (Brexit), l'UE a été confrontée pour la première fois au retrait d'un de ses États membres. Des volontés d'indépendance régionale s'expriment aussi dans certaines régions (Écosse, Catalogne, Italie du Nord). La montée en puissance des partis politiques hostiles à la construction européenne et à la mondialisation dans de nombreux pays (Hongrie, Pologne, Italie, Autriche) traduit également les fragilités actuelles de l'UE.

● **L'UE doit se réinventer et se projeter dans l'avenir.** Plusieurs enjeux se dessinent : la solidité de ses institutions, la transition environnementale dans le contexte des changements climatiques, l'accueil migratoire… En effet, l'Europe doit faire face au vieillissement de sa population. Si le nombre de naissances demeure stable, celui des décès ne cesse de progresser. Ainsi, si la population de l'UE continue d'augmenter, c'est en partie en raison d'un solde migratoire positif.

ÉTUDE DE CAS La PAC, les effets territoriaux d'une politique européenne → p. 192
EXEMPLE L'Union européenne : le défi d'une politique migratoire commune → p. 200
GÉO AUTREMENT L'Union européenne post-Brexit : les défis « à la une » → p. 210

Les principaux partenaires commerciaux de l'UE
En milliards d'euros

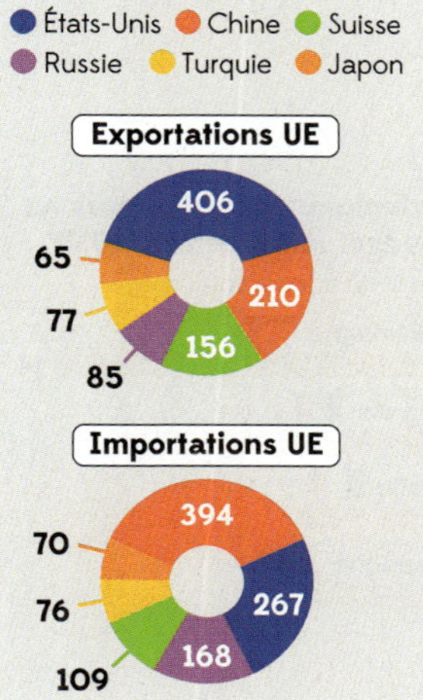

Source : Eurostat, 2018.

Du cours au schéma

EXO Exercice interactif

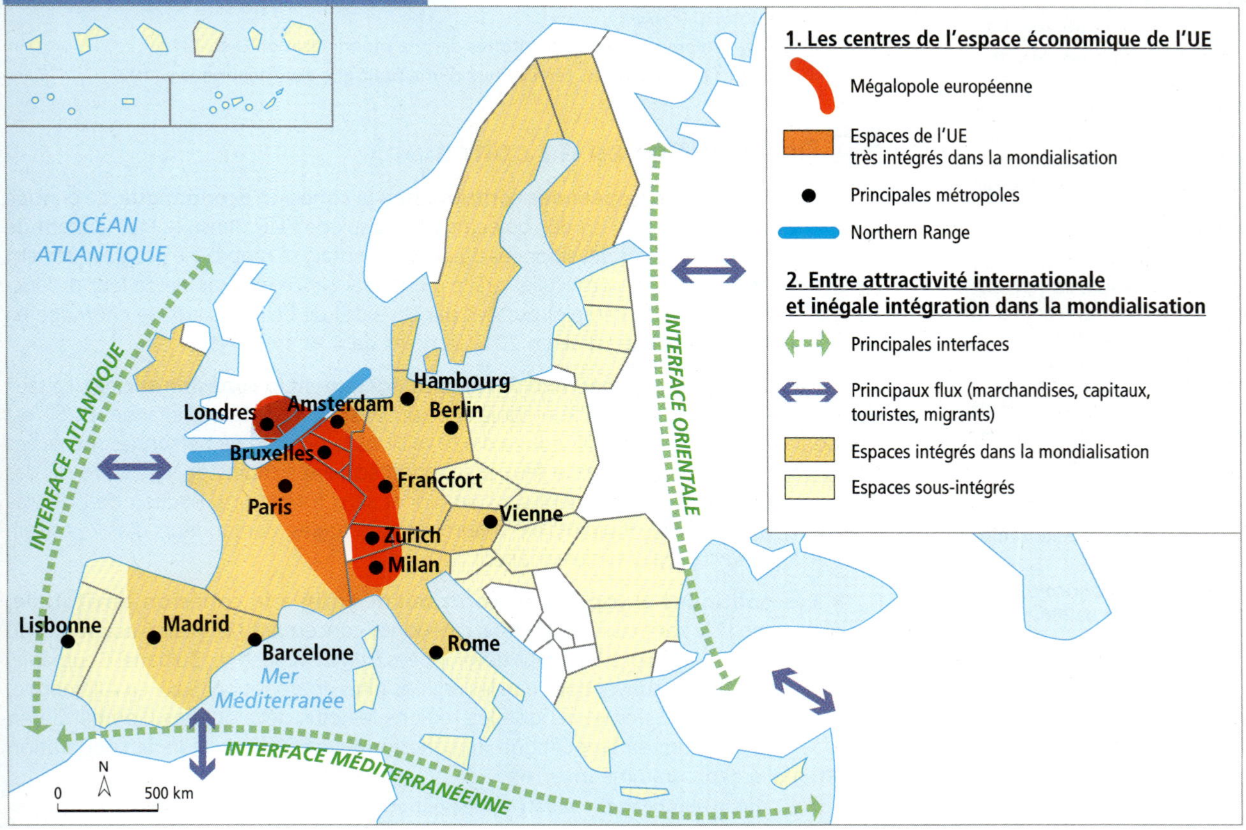

THÈME 3
SE PRÉPARER
CHAPITRE 5
CHAPITRE 6
RÉVISER

Cours

Podcast Cours à écouter

L'Union européenne, entre compétitivité et cohésion des territoires

Comment les politiques européennes concilient-elles compétitivité et réduction des inégalités territoriales ?

Principaux contributeurs au budget européen en 2018

En % du budget total

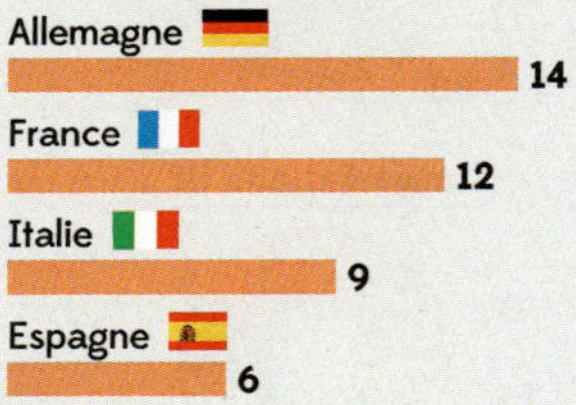

1 Une géographie entre diversité et intégration

● **L'Union européenne est composée de territoires divers.** Une grande variété de reliefs (montagnes, plaines, vallées fluviales) et de nombreuses nuances du climat tempéré (océanique, continental, méditerranéen, montagnard) composent la mosaïque de l'espace européen. Les sociétés ont dessiné des paysages très différents : espaces urbains, régions industrielles (Ruhr et Saxe en Allemagne), zones rurales (nord de la Pologne), interfaces littorales (Northern Range).

● **L'Union européenne se caractérise par des inégalités territoriales à différentes échelles.** L'Europe de l'Ouest et du Nord est en moyenne plus riche que l'Europe du Sud et de l'Est. Un Français vit en moyenne sept ans de plus qu'un Lituanien. À l'échelle régionale, la mégalopole européenne concentre les régions les plus puissantes. Le PIB/habitant à Bruxelles est deux fois plus élevé que la moyenne de l'UE. À l'échelle locale (ou nationale), les quartiers d'affaires des métropoles constituent des pôles attractifs (La Défense à Paris), tandis que certains territoires restent en marge (quartiers urbains défavorisés, espaces ruraux, RUP).

● **La volonté d'intégration territoriale s'inscrit au cœur du projet politique européen.** Plusieurs instruments financiers ont été créés pour lutter contre les inégalités régionales (FEDER, FSE, Fonds de cohésion) dans de nombreux domaines d'actions : éducation, emploi, etc. La politique de cohésion régionale de l'UE devient, pour la période 2021-2027, le premier poste de dépenses de l'UE (35 %) devant la politique agricole commune (PAC).

ÉTUDE DE CAS L'Allemagne et ses territoires dans la mondialisation → p. 184

ÉTUDE DE CAS La PAC, les effets territoriaux d'une politique européenne → p. 192

2 Des politiques de cohésion

● **Les politiques européennes contribuent à la cohésion économique.** Le principe de convergence demeure un des objectifs principaux de l'UE. Ainsi, le PIB/habitant de nombreuses régions moins développées d'Europe orientale se rapproche progressivement de la moyenne de l'UE, en particulier grâce à une croissance plus rapide de leur productivité et à une hausse de l'emploi portées par les aides de l'UE. Le taux de chômage en Pologne est ainsi passé de 10 % en 2012 à moins de 4 % en 2020.

● **Les politiques européennes favorisent également la cohésion sociale.** Le taux de pauvreté est de 23,6 % en Roumanie alors qu'il est de 11,5 % en Finlande. L'UE s'est fixé pour objectif d'ici 2025 de réduire de 20 millions le nombre de personnes menacées par la pauvreté et de ramener le taux d'abandon scolaire à moins de 10 % (15 % des jeunes Bulgares sont actuellement sans emploi et sans formation). L'action de l'UE vise également à intégrer les migrants extra-européens (réfugiés, demandeurs d'asile, travailleurs étrangers) accueillis sur le continent.

● **Les politiques européennes contribuent enfin à la cohésion territoriale.** Les régions de l'UE sont classées en trois catégories concernant l'éligibilité aux fonds du FEDER et du FSE : les régions les moins développées (sud de l'Espagne, Bulgarie, Roumanie) bénéficient de plus de subventions que les régions dites en transition (Saxe en Allemagne, nord de la Finlande, Estonie) ou que les régions les plus développées (Lombardie en Italie, Suède, Catalogne). La politique de cohésion favorise par ailleurs la coopération transfrontalière (programme Interreg).

EXEMPLE L'Union européenne : le défi d'une politique migratoire commune → p. 200

Vocabulaire

- **Convergence :** fait de tendre vers un objectif commun. Le traité de Maastricht en 1992 définit des critères de convergence que chaque État de l'UE doit respecter (maîtrise de la dette, de l'inflation, etc.).
- **FEDER (Fonds européen de développement régional) :** voir p. 205.
- **Fonds de cohésion :** créé en 1992 avec le traité de Maastricht, il s'adresse aux pays dont le PIB par habitant est inférieur à 90 % de la moyenne de l'UE, l'Europe de l'Est en particulier.
- **FSE (Fonds social européen) :** créé en 1957. Son objectif est de réduire les inégalités de développement entre les régions européennes, de promouvoir la croissance et de soutenir la création d'emplois.
- **Interreg :** programme européen, financé par le FEDER, visant à promouvoir la coopération entre les régions européennes.
- **PAC (Politique agricole commune) :** voir p. 206.
- **Politique de cohésion :** politique de l'UE qui vise à corriger les inégalités régionales et à améliorer la compétitivité des territoires.
- **RUP (région ultrapériphérique) :** voir p. 205.

3 Les enjeux de la compétitivité

● **Cinq objectifs majeurs ont été définis pour la période 2021-2027.** Il s'agit d'orienter les politiques vers une Europe plus « intelligente » (investissements dans les filières innovantes), plus « verte » (zéro émission de carbone), plus connectée (développement des transports et de l'économie numérique), plus sociale (dépenses en matière d'éducation, d'emploi et de santé) et plus proche des citoyens. L'UE privilégie aussi les domaines où les citoyens européens ont des attentes fortes : lutte contre les effets des crises économiques, assurer la sécurité alimentaire, coopération fiscale et contrôle des frontières.

● **La compétitivité reste un objectif majeur des politiques européennes.** L'UE aide les régions à valoriser leurs atouts face à la concurrence mondiale, tout en favorisant une croissance durable dans la mondialisation. Plusieurs actions sont menées : aides financières dans l'éducation (programme Erasmus) et la recherche & développement, soutien aux politiques d'innovation en particulier dans les clusters (Aerospace Valley en France, parc scientifique Potsdam-Golm en Allemagne), subventions aux PME, etc.

● **De multiples défis demeurent.** Les fonds dont bénéficient les RUP restent essentiels dans leur développement : l'UE souhaite donc encourager leur intégration dans leur aire régionale (Canaries en Espagne, Açores et Madère au Portugal). L'idée de solidarité fait débat et les États les plus riches sont parfois réticents à aider les plus pauvres. De plus, le budget européen va être amputé de près de 10 % avec le départ du Royaume-Uni (Brexit). Enfin, les subventions accordées ne gomment pas les inégalités : les territoires les plus compétitifs (métropoles, littoraux) sont toujours ceux qui se renforcent le plus.

ÉTUDE DE CAS Les transports dans l'UE : un outil d'ouverture, de cohésion et de compétitivité → p. 188
EXEMPLE L'archipel des Canaries : une région ultrapériphérique de l'Union européenne → p. 196
EXEMPLE Le cluster de la mode à Milan → p. 198
EXEMPLE Erasmus +, le succès d'un projet européen → p. 201

Les trois régions les plus riches de l'UE (PIB/hab. en 2018)
En milliers d'euros

- Grand Duché de Luxembourg : 92,6
- Sud de l'Irlande : 74,7
- Région de Bruxelles : 65

Les trois régions les plus pauvres de l'UE (PIB/hab. en 2018)
En milliers d'euros

- Nord-Ouest (Bulgarie) : 4,1
- Centre méridional (Bulgarie) : 5
- Nord-Centre (Bulgarie) : 5,1

Source : Eurostat, 2019.

Notion
Cluster p. 233

Du cours au schéma

EXO Exercice interactif

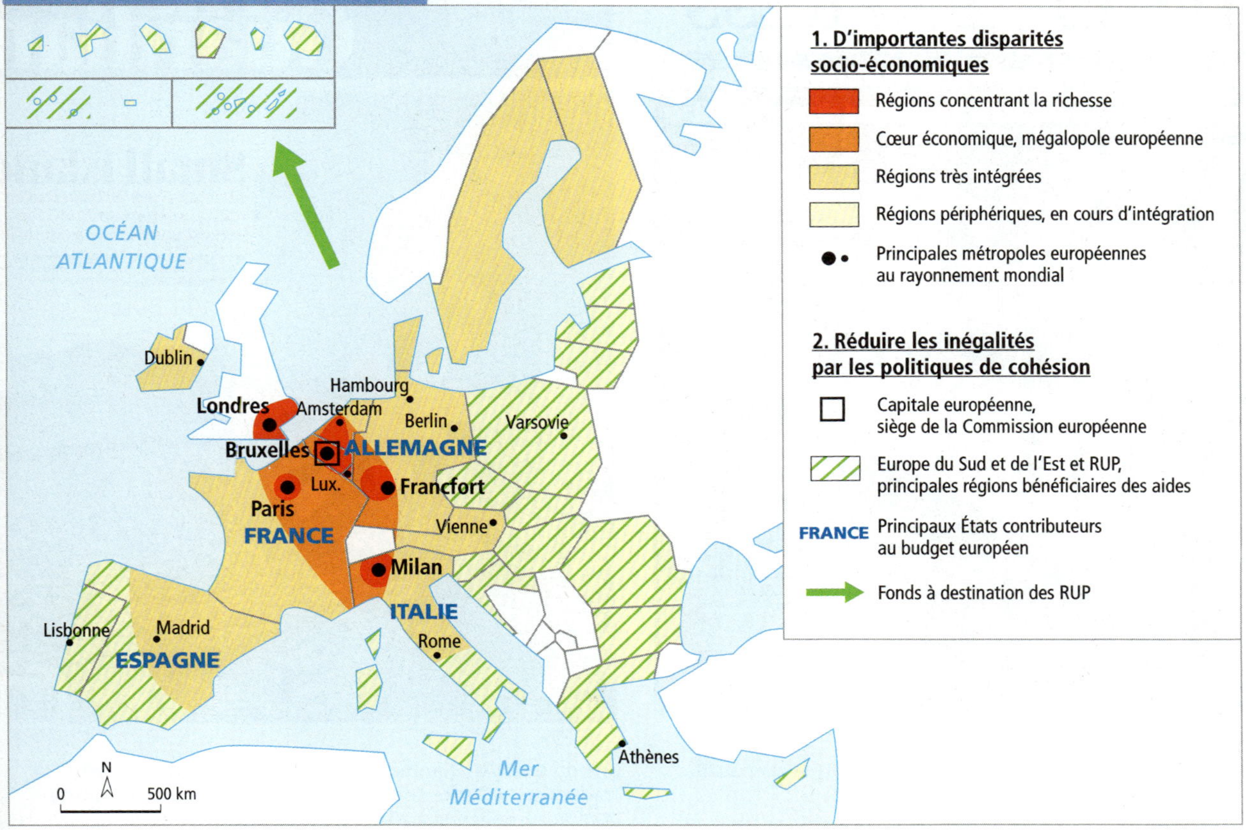

L'Union européenne post-Brexit : les défis « à la une »

Pour la première fois dans l'histoire de l'Union européenne, l'un des États membres, le Royaume-Uni, a décidé de quitter l'organisation. Avec le Brexit, effectif depuis le 31 janvier 2020, l'UE est désormais confrontée à plusieurs défis majeurs : consolider son organisation économique et politique et éviter tout nouveau départ de la part d'un des 27 États membres.

→ **Comment les unes de presse témoignent-elles des enjeux liés au Brexit pour l'Union européenne ?**

Le saviez-vous ?

▶ Le Brexit est l'abréviation de *British Exit* désignant la sortie du Royaume-Uni de l'Union européenne. Le 23 juin 2016, 51,9 % des Britanniques (les *Brexiters*, favorables à la sortie de l'UE) ont choisi par référendum de quitter l'UE contre 48,1 % de *Remainers* (favorables au maintien dans l'UE). Le Royaume-Uni a officiellement quitté l'Union le 31 janvier 2020.

1 Le Royaume-Uni quitte l'Union européenne (31 janvier 2020)

Une du *Daily Express* (quotidien britannique), 31 janvier 2020.
Traduction : « Oui, on l'a fait ! »

Une du *Guardian* (quotidien britannique), 31 janvier 2020.
Traduction : « Petite île : après 47 ans, le Royaume-Uni quitte l'Union européenne à 23 h – le pari d'une génération »

2 Trois visions différentes de l'avenir de l'UE

Une de *L'Express* (hebdomadaire français), 30 janvier-5 février 2020.

Une de *Polityka* (hebdomadaire polonais), 22-28 juin 2016.
Traduction « Brexit : le cas polonais »

Une de *L'Espresso* (hebdomadaire italien), 17 mars 2019.
Traduction : « La justice sociale. L'environnement. L'accueil (des migrants). Contre l'hiver des rancœurs et des souverainismes, une nouvelle génération prend en main le flambeau de l'Union »

3 Le Brexit : quels défis pour l'UE ?

Les conséquences politiques du Brexit pour l'Union européenne sont difficiles à prévoir. Pour certains, la sortie du Royaume-Uni est une catastrophe : de fait, l'Union européenne perd l'une de ses trois grandes puissances, une des plus importantes places financières au monde, le premier partenaire diplomatique des États-Unis en Europe ainsi que l'un des seuls États européens entretenant une armée régulière conséquente. Pour d'autres, elle peut permettre de ressouder l'Union : le Royaume-Uni étant historiquement l'un des pays les moins favorables à l'intégration européenne, sa sortie peut inciter les autres États à aller de l'avant […].

Parmi les sujets brûlants négociés figure la facture de la sortie de l'UE. Le Royaume-Uni devrait avoir à verser une cinquantaine de milliards d'euros au budget européen, un montant qui correspond aux engagements de Londres jusqu'à la fin du cycle budgétaire en 2020. Les négociations ont également porté sur la libre circulation des personnes entre l'Union européenne et le Royaume-Uni, ce dernier souhaitant limiter l'immigration sur son territoire. Une grande partie des pourparlers porte, par ailleurs, sur les futures relations commerciales entre les deux parties. Un chantier particulièrement imposant alors que près de la moitié des exportations britanniques est destinée à l'Union européenne.

Touteleurope.eu [en ligne], 1er février 2020.

Questions

Présenter les documents

1 **Présentez** les documents en rappelant l'événement politique qu'ils évoquent.

Analyser les documents

2 **Montrez** comment les unes de la presse britannique présentent le Brexit.

3 **Décrivez** les conséquences du Brexit évoquées par les unes française, polonaise et italienne.

Faire le lien avec la géographie

4 **Relevez** les principaux enjeux du Brexit pour l'UE.

5 **Expliquez** comment la presse traduit les enjeux et les inquiétudes sur l'avenir de l'Union européenne.

Décryptage d'une une de presse

C'est à vous !

→ Réalisez une une de journal sur l'avenir de l'Union européenne en vous appuyant sur les documents proposés dans cette double page.

THÈME 3

CHAPITRE 6 La France : les dynamiques différenciées des territoires transfrontaliers

Les territoires frontaliers de la France métropolitaine sont aujourd'hui très intégrés dans l'espace européen et dans la mondialisation. Ils se caractérisent par des échanges et des mobilités avec les pays voisins. Si l'Union européenne favorise les coopérations transfrontalières, les dynamiques sont inégales entre les territoires.

Dans quelle mesure les territoires frontaliers français sont-ils inégalement intégrés dans l'Union européenne et la mondialisation ?

Textes DYS
TOUS LES TEXTES EN VERSION DYS
lyceen.nathan.fr/geoterm-2020

SOMMAIRE

Zoom sur…
L'Eurométropole de Strasbourg

Strasbourg EUROMÉTROPOLE

Population de l'aire urbaine transfrontalière	500 000 hab.
Projets transfrontaliers	• Jardin des Deux-Rives (2004) • Liaison de tramway Strasbourg-Kehl (2017)
4 franchissements transfrontaliers	• Pont routier de l'Europe • Pont ferroviaire • Passerelle des Deux-Rives • Pont du tramway

La passerelle des Deux-Rives qui relie Strasbourg (France) à Kehl (Allemagne) de part et d'autre du Rhin, 2019.

Pour entrer dans le chapitre

Vidéo

« Deux-Rives / Zwei-Ufer – Le grand projet »,
SPL Deux-Rives, 24 octobre 2018.

ALLEMAGNE
Strasbourg
Kehl
FRANCE

L'Eurométropole Lille-Kortrijk-Tournai : les dynamiques d'une agglomération transfrontalière

Zoom sur...

▶ **L'Eurométropole Lille-Kortrijk-Tournai**

	Lille	Eurométropole
Population	232 440 hab.	2,1 millions d'hab.
Nombre de communes	1	152 (en France et en Belgique)
Nombre de travailleurs transfrontaliers	35 000 (28 000 Français, 7 000 Belges)	

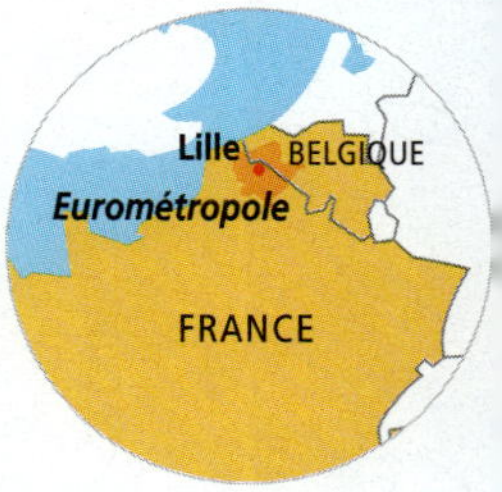

➔ **Comment l'agglomération transfrontalière se recompose-t-elle et s'intègre-t-elle dans l'Union européenne ?**

A Lille, une agglomération industrielle en reconversion

1 Une agglomération industrielle transfrontalière

Carte interactive

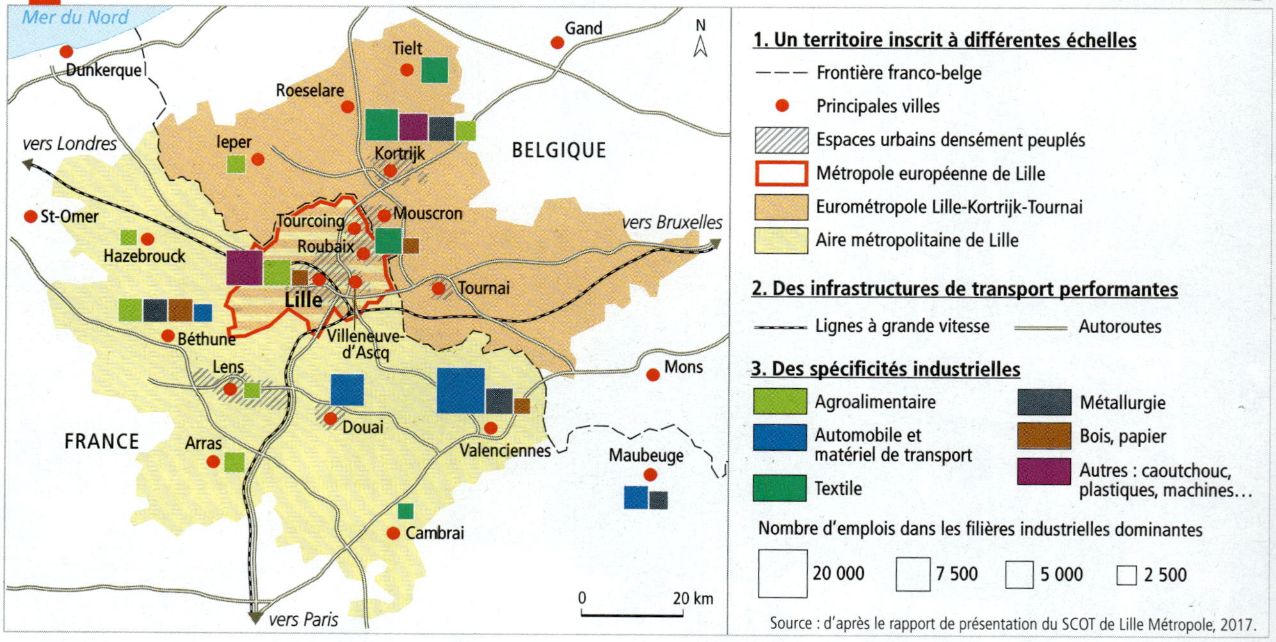

Source : d'après le rapport de présentation du SCOT de Lille Métropole, 2017.

2 L'évolution de l'emploi dans les zones d'emploi de Lille, Roubaix et Tourcoing

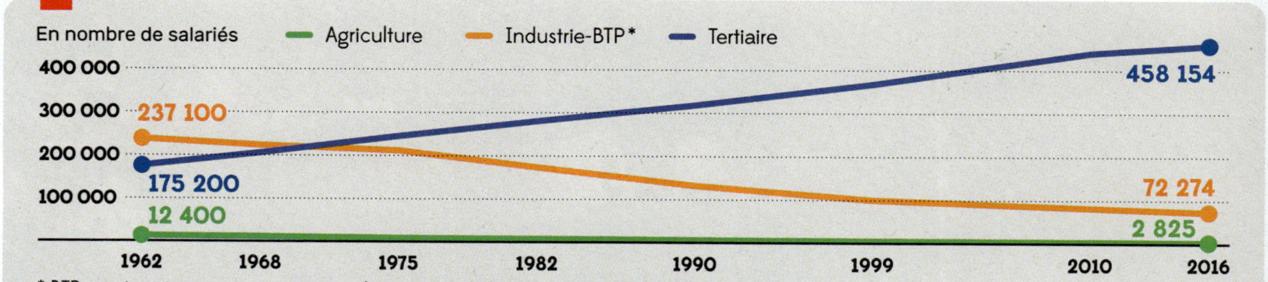

* BTP : secteur économique regroupant les activités de la construction (bâtiment et travaux publics).

Source : Insee, 2019.

3 Les 4 filières économiques innovantes de la métropole lilloise

Économie numérique et industries créatives

Pôle d'excellence **EuraTechnologies** : TIC et numérique.

Plaine Images : image et industries créatives.

Distribution, e-commerce et logistique

Pôle de compétitivité **PICOM** : industries du commerce.

Pôle d'excellence **Blanchemaille** : e-commerce.

Biologie, santé, nutrition et alimentation

Pôle de compétitivité **Nutrition - Santé - Longévité** : innovation en matière de santé et de nutrition.

Pôle d'excellence **Eurasanté** : 1er complexe hospitalo-universitaire d'Europe.

Textile, matériaux innovants et mode

Pôle de compétitivité **Up-Tex** : matériaux textiles avancés.

CETI : Centre européen des textiles innovants (2012).

Source : d'après les données du site de la Métropole européenne de Lille, 2020.

Vidéo « Hello Lille », métropole européenne de Lille, 2018.

Vocabulaire

- **Agglomération** : ensemble urbanisé comprenant une ville-centre et ses banlieues.
- **Agglomération industrielle** : Voir p. 234.
- **Industrie** : ensemble des activités de transformation en vue de la production de biens matériels.
- **Pôle de compétitivité** : regroupement reconnu par l'État, sur un territoire donné, d'entreprises, d'organismes de formation et de centres de recherche publique ou privée, engagé autour de projets innovants dans un secteur d'activité donné.
- **Reconversion** : réorientation des activités d'une entreprise ou d'un espace vers un secteur plus compétitif suite au déclin d'une production.

4 Decathlon : un acteur de la recomposition urbaine

Parole de géographe

La société Decathlon a un impact de plus en plus fort sur le tissu urbain de la métropole lilloise. [Son] centre de design et [son] siège social sont installés à Villeneuve-d'Ascq, la « technopole verte » de la métropole lilloise, et le plus grand magasin de sport de l'agglomération, Decathlon Campus, y occupe une usine de montage d'ordinateurs qui a fait faillite. [...]

L'emprise territoriale du groupe s'est accrue [...] ces dernières années [...]. Des complexes comprenant magasin, salles ou terrains de pratique sportive, restaurant, centre de montage (vélos) ou de production (chaussants), centre de conception, de prototypage industriel et bureaux reproduisent le modèle de Villeneuve-d'Ascq sur les pourtours de la métropole : Domyos (fitness) en 2008 et Inesis (golf) en 2009 à Marcq-en-Barœul ; B'Twin Village (vélos) en 2010 à Lille-Sud, sur le site d'une usine de tabac fermée en 2005 ; Kipsta (sports collectifs) fin 2014 sur le site d'une brasserie fermée en 2004, au cœur de la friche industrielle du Site de l'Union (Roubaix-Tourcoing-Wattrelos) ; EssenSole Village (en construction) pour le chaussant (EssenSole) et le running (Kalenji) à Lille-Sud, dans un quartier emblématique de la régénération urbaine de Lille [...].

Christine Liefooghe (dir.), maîtresse de conférences à l'université de Lille et spécialiste des régions industrielles, *L'Économie créative et ses territoires : enjeux et débats*, Presses universitaires de Rennes, 2015.

Questions

Itinéraire 1

Répondre aux questions

1. **Identifiez** les spécificités industrielles de l'agglomération transfrontalière. **doc. 1**
2. **Décrivez** l'évolution de l'emploi industriel dans l'agglomération lilloise. **doc. 2**
3. **Expliquez** comment se restructure le secteur productif au sein de l'agglomération lilloise. **doc. 3 et 4**

Synthétiser

4. **Montrez** que l'agglomération transfrontalière lilloise est une agglomération industrielle en reconversion. **doc. 1 à 4**

ou

Itinéraire 2

Réaliser un diaporama (1/2)

- À l'aide des documents de l'étude de cas et de recherches complémentaires, réalisez un diaporama sur les dynamiques de l'agglomération lilloise.
- Montrez dans un premier temps dans quelle mesure l'agglomération lilloise est en reconversion industrielle (**doc. 1 à 4**).

L'Eurométropole Lille-Kortrijk-Tournai : les dynamiques d'une agglomération transfrontalière

B Des mobilités et des échanges transfrontaliers

5 Les déplacements transfrontaliers

Carte interactive

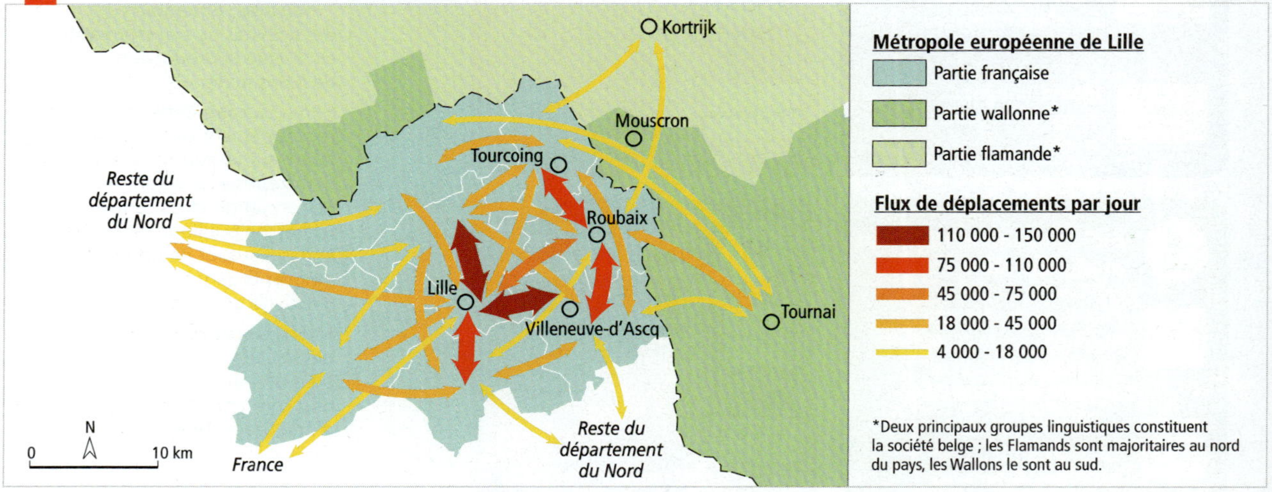

6 Des échanges culturels transfrontaliers

C'est un projet fantastique ! Le festival propose une programmation pluridisciplinaire et internationale, particulièrement attentive aux nouvelles formes et à la jeune création. Né dans le sillage de la création en 2008 de l'Eurométropole Lille-Kortrijk-Tournai, le festival a affirmé dès ses débuts la pertinence du spectacle vivant comme vecteur de coopération, d'ouverture et de développement territorial. Il s'est affirmé grâce à la motivation des partenaires fondateurs et co-organisateurs – La rose des vents, Scène nationale Lille Métropole-Villeneuve-d'Ascq, le Schouwburg de Kortrijk, le Kunstencentrum BUDA de Kortrijk, la Maison de la culture de Tournai[1], l'Espace Pasolini de Valenciennes, rejoints par le Phénix, Scène nationale de Valenciennes et le Pôle européen de création.

Nous avons ensuite élargi le cercle initial à un second cercle de partenaires associés. NEXT est devenu une plateforme de collaboration transfrontalière, collégiale et horizontale, permettant l'échange d'expertises artistiques, la circulation et l'implication des artistes et du public. Nous faisons ensemble, en dépassant les intérêts particuliers et les logiques de concurrence. Cela exige du temps et de la générosité, mais l'impact est durable.

D'après les propos de Benoît Geers (coordinateur du Festival international des arts vivants Next) recueillis par Agnès Santi, *La Terrasse*, n° 281, 24 octobre 2019.

1. Organismes culturels.

Vidéo

7 Le parc bleu de l'Eurométropole

Couverture du guide des itinéraires à vélo de l'Eurométropole Lille-Kortrijk-Tournai, 2019.

C Union européenne et projets de coopération

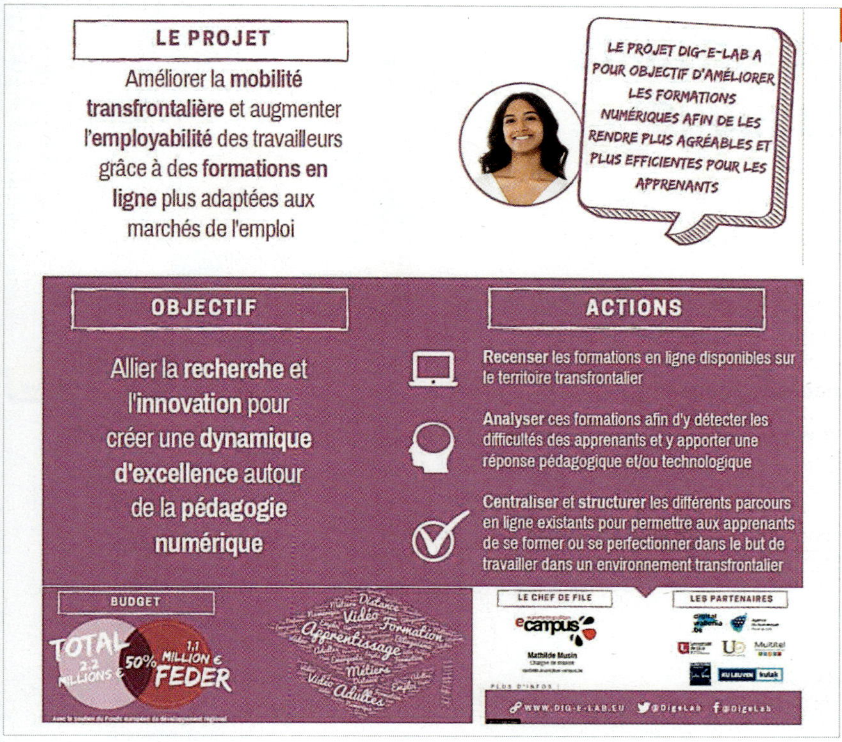

8 Le projet Dig-e-Lab

Ce projet est porté par l'Eurometropolitan e-Campus, plateforme d'enseignement supérieur et de formation dédiée au numérique, localisée à Tournai (Belgique). Il est cofinancé par le FEDER.

Source : site internet Europe en France, 2019.

Vocabulaire

FEDER (Fonds européen de développement régional) : fonds structurel créé en 1975. Son objectif est de renforcer la cohésion économique et sociale dans l'UE en réduisant les inégalités et déséquilibres entre les régions.

Vidéo Présentation de l'action du FEDER

9 L'Union européenne : un acteur majeur

Placée au cœur de l'Europe et à seulement 30 minutes de Bruxelles, 1h30 de Londres et 3h d'Amsterdam, Lille profite de sa position géographique pour échanger et construire avec ses voisins et avec toute l'Europe.

L'Union européenne est un véritable partenaire pour la métropole puisqu'elle finance de nombreux projets qui améliorent le quotidien des métropolitains :

• Le projet « TEC : Tous Éco-Citoyens ! » réunit des partenaires français et belges autour d'enjeux tels que l'éducation à la biodiversité et à sa gestion à l'échelle transfrontalière ;

• Le projet « Alarm : Pour une sécurité sans frontières » a pour objectif de développer la coopération franco-belge dans le domaine de la sécurité et de la protection civile par l'amélioration des secours transfrontaliers entre la France et la Belgique, la coordination des exercices de terrain et la gestion des risques transfrontaliers ;

• Le projet « Fast to Market » a pour but de favoriser la mise sur le marché transfrontalier de produits et de services innovants pour les entreprises de la zone France-Wallonie-Flandres.

Site internet de la Métropole européenne de Lille, consulté en janvier 2020.

Questions

Itinéraire 1

Répondre aux questions

5 **Décrivez** les mobilités transfrontalières au sein de l'Eurométropole. **doc. 5 et 7**

6 **Identifiez** dans quel domaine se concrétisent les échanges transfrontaliers au sein de l'Eurométropole. **doc. 6**

7 **Précisez** le rôle de l'Union européenne dans les nouveaux projets de coopération transfrontalière. **doc. 8 et 9**

Synthétiser

8 **Montrez** que Lille est intégrée dans une agglomération transfrontalière dynamique de l'Union européenne. **doc. 1 à 9**

ou

Itinéraire 2

Réaliser un diaporama (2/2) ORAL

- Terminez votre diaporama sur les dynamiques de l'agglomération transfrontalière lilloise.
- Insistez sur l'importance des mobilités et échanges transfrontaliers (**doc. 5 à 7**) avant de présenter des exemples de coopération transfrontalière (**doc. 8 et 9**).
- Présentez votre travail à l'oral.

Croquis de l'étude de cas

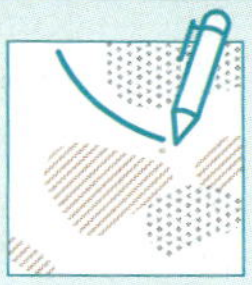

▶ p. 220

Le Pays basque : un territoire transfrontalier dynamique

Zoom sur…

▶ Le Pays basque

	Français	Espagnol (y compris Navarre)
Population	310 000 hab.	2 800 000 hab.
Superficie	3 000 km²	17 625 km²
Densité	103	160

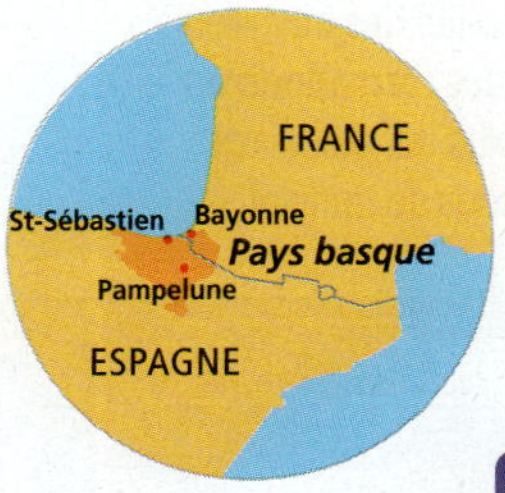

Quels sont les atouts du territoire transfrontalier du Pays basque ?

1 Un territoire transfrontalier franco-espagnol

Carte interactive

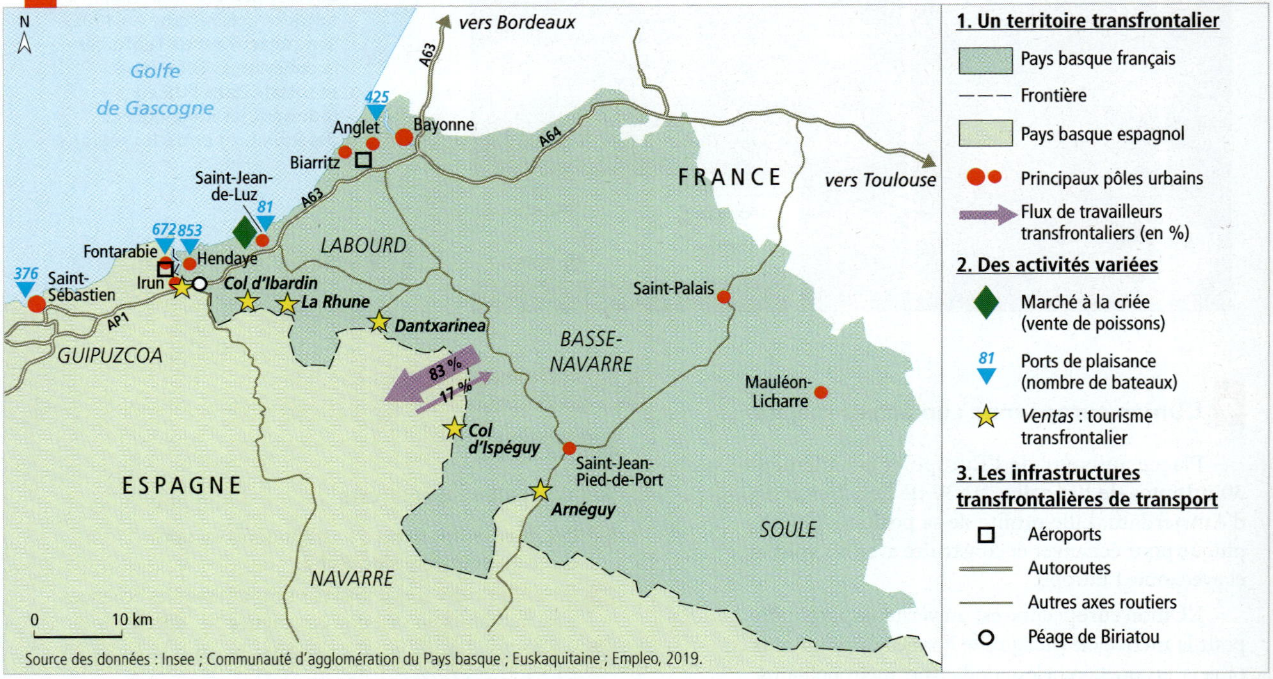

Source des données : Insee ; Communauté d'agglomération du Pays basque ; Euskaquitaine ; Empleo, 2019.

2 Une chambre de commerce et d'industrie transfrontalière

La chambre de commerce et d'industrie (CCI) transfrontalière Bihartean[1] constitue le premier exemple européen de structure transfrontalière créée par deux chambres de commerce. Fondée en 2010 conjointement par la CCI de Bayonne-Pays basque et la Cámara de Comercio de Guipuzkoa, elle prend la forme d'un Groupement européen d'intérêt économique (GEIE). Bihartean répond aux besoins des entreprises situées sur le territoire du Pays basque, de part et d'autre de la frontière franco-espagnole. Elle a accompagné en huit ans 1 100 entreprises de tous les secteurs économiques et a aidé à la réalisation de projets économiques transfrontaliers et renforcé une mise en réseau des entreprises à travers des outils numériques. La collaboration stratégique avec l'Eurorégion Nouvelle-Aquitaine Euskadi Navarre et l'intégration de la CCI de Navarre à Bihartean montrent le dynamisme de la coopération.

Mission opérationnelle transfrontalière, *Les Territoires transfrontaliers : la fabrique de l'Europe*, www.espaces-transfrontaliers.org, novembre 2017.

1. Bihartean signifie « un futur en commun » en basque.

Vocabulaire

- **Eurorégion Nouvelle-Aquitaine Euskadi Navarre :** née en 2011 avec un groupement européen entre les régions Aquitaine et Euskadi, puis étendue en 2017 à la Navarre, son territoire s'étend sur 101 687 km². Elle regroupe 8,7 millions d'habitants et 3 863 travailleurs transfrontaliers.
- **Groupement européen d'intérêt économique (GEIE) :** instrument juridique visant à développer la coopération transfrontalière entre entreprises grâce à la mise en commun de services.

Les commerces

À Ibardin, vous pourrez associer la tranquillité du cadre naturel à la meilleure sélection de produits et de services mis à disposition par nos *ventas*. D'une gastronomie de qualité à un important choix de cadeaux, tabac, vins et autres boissons alcoolisées, meubles… Nous vous invitons à découvrir Ibardin.

3 Les *ventas* du col d'Ibardin

Site internet de l'Association des hôteliers et commerçants d'Ibardin, consulté en janvier 2020.
Les *ventas* d'Ibardin regroupent plus d'une vingtaine de commerces et restaurants générant une importante fréquentation touristique transfrontalière.

4 Un projet transfrontalier de formation linguistique

Affiche d'Eskola Futura, 2019.

Le projet Eskola Futura est un dispositif de formation linguistique mis en place par l'Eurorégion Nouvelle-Aquitaine Euskadi Navarre, à destination des étudiants souhaitant enseigner dans les écoles bilingues français/basque et français/occitan.

▶ Vidéo
Les étudiants témoignent

Questions

Itinéraire 1

Répondre aux questions

1. **Identifiez** les atouts et les contraintes des échanges transfrontaliers sur le littoral basque. **doc. 1 et 3**
2. **Décrivez** les flux d'actifs transfrontaliers au sein de l'Eurorégion Nouvelle-Aquitaine Euskadi Navarre. **doc. 1**
3. **Présentez** les projets développés pour favoriser les échanges transfrontaliers dans le Pays basque. **doc. 2 et 4**

Synthétiser

4. **Expliquez** quels sont les atouts du territoire transfrontalier du Pays basque. **doc. 1 à 4**

ou

Itinéraire 2

Préparer un exposé ORAL

- Préparez un exposé oral de 5 minutes pour répondre à la question : « Quels sont les atouts du territoire transfrontalier du Pays basque ? »
- Répartissez-vous par groupes de 3 ou 4 élèves et présentez votre réponse à tour de rôle. Les autres élèves, dans le rôle du jury, vous posent des questions pendant 10 minutes : demandes de précisions, définitions du vocabulaire employé, liens avec le cours…

Exemples de questions

Croquis de l'étude de cas
▶ p. 221

THÈME 3
SE PRÉPARER
CHAPITRE 5
CHAPITRE 6
RÉVISER

Croquis des études de cas

▶ Voir p. 214-217

L'Eurométropole Lille-Kortrijk-Tournai

Objectif BAC

Consigne : En vous aidant du texte ci-dessous, et en vous appuyant sur vos connaissances, complétez la légende et le croquis de synthèse.

Aide pour répondre à la consigne :
- Relevez les informations dans les deux paragraphes.
- Identifiez les figurés pouvant être utilisés pour cartographier ces informations.
- Aidez-vous des informations de l'étude de cas p. 214 à 217 pour compléter le croquis et la légende.

L'Eurométropole Lille-Kortrijk-Tournai, les dynamiques d'une agglomération transfrontalière

De part et d'autre de la frontière franco-belge, la métropole transfrontalière Lille-Kortrijk-Tournai s'inscrit à différentes échelles, à partir de son cœur urbain le plus dense. La Métropole européenne de Lille, qui rassemble 1,1 million d'habitants, correspond à la partie française de l'Eurométropole Lille-Kortrijk-Tournai. Ce groupement européen de coopération territoriale a été créé en 2008 dans le but de favoriser la coopération transfrontalière entre la France et la Belgique. Il rassemble 2,1 millions d'habitants dans 152 communes françaises et belges. L'aire métropolitaine de Lille s'inscrit à une échelle plus vaste et regroupe 3,8 millions d'habitants des Hauts-de-France, de Flandres et de Wallonie.

Les mobilités et les échanges transfrontaliers au sein de cette agglomération sont divers. Lille se situe au cœur d'un réseau de transports performant. Elle est reliée à Paris, Londres (Eurostar) et Bruxelles (Thalys) par plusieurs lignes ferroviaires à grande vitesse. Le réseau autoroutier régional se caractérise par une forte densité et plusieurs axes franchissent la frontière. L'offre de transport en commun est coordonnée à l'échelle eurométropolitaine par le groupement européen de coopération territoriale. Elle répond aux besoins des nombreux travailleurs transfrontaliers. 28 000 navetteurs quittent ainsi quotidiennement la France pour venir travailler en Belgique, tandis que 7 000 résidents belges empruntent le chemin inverse.

Titre : ______________________________

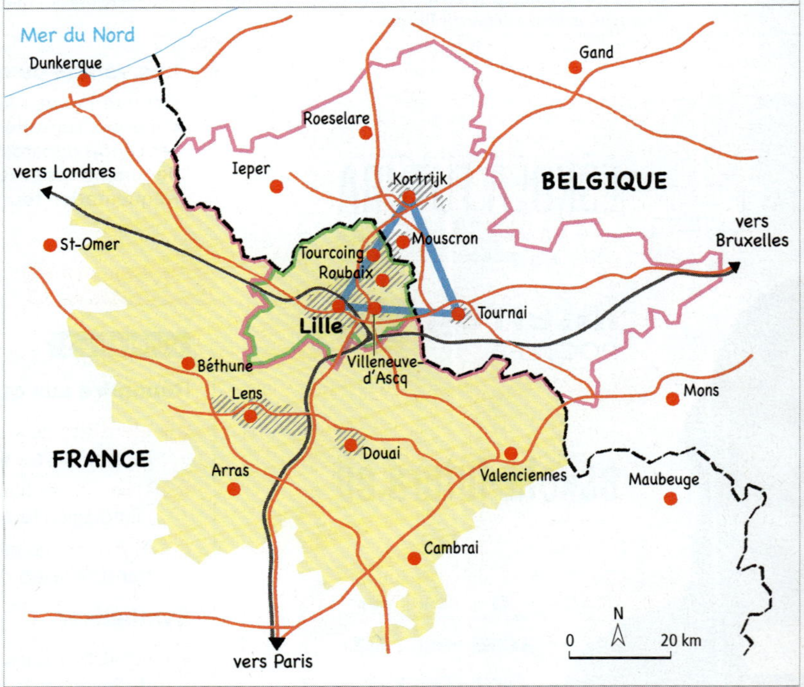

1. ______________________________

- - - ______________________________

● Principales villes

(hachures) ______________________________

(contour vert) ______________________________

(contour rose) ______________________________

(aplat jaune) ______________________________

2. ______________________________

△ Offre transfrontalière de transports en commun coordonnée par le GECT

— Lignes à grande vitesse

— Autoroutes

→ ______________________________

Fond de carte différencié

Croquis des études de cas

▶ Voir p. 218-219

Le Pays basque

Objectif BAC

Consigne : En vous aidant du texte ci-dessous, et en vous appuyant sur vos connaissances, complétez la légende et le croquis de synthèse ci-dessous.

Aide pour répondre à la consigne
- Relevez les informations dans le texte.
- Ordonnez votre légende en identifiant dans le texte les idées principales de chaque paragraphe.

Le Pays basque : un territoire transfrontalier dynamique

Le Pays basque est un territoire transfrontalier. La frontière franco-espagnole sépare le Pays basque français du Pays basque espagnol. La partie française possède 7 km de frontières en commun avec la province de Guipuzcoa, côté espagnol, et partage les 143 km restants avec la Communauté autonome de Navarre. Sur 3 863 travailleurs transfrontaliers, 83 % effectuent des déplacements nord-sud. Les territoires du Pays basque intérieur sont dynamisés par un tourisme transfrontalier généré par les nombreuses *ventas* (Irun, col d'Ibardin, la Rhune…) qui attirent les clients français.

Des structures de coopération transfrontalières sont développées de part et d'autre de la frontière. Il s'agit par exemple de la chambre de commerce et d'industrie Bihartean, créée en 2010, dont le siège se situe à Bayonne. À l'échelle interrégionale, l'Eurorégion Nouvelle-Aquitaine Euskadi Navarre a été créée en 2011. Une coopération transfrontalière plus ancienne réunit les deux principales agglomérations, Saint-Sébastien et Bayonne, au sein de l'Eurocité basque qui a vu le jour en 1993. Enfin, le consorcio transfrontalier Bidassoa-Txingudi rassemble à l'échelle locale les trois communes d'Hendaye, d'Irun et de Fontarabie à l'embouchure de la Bidassoa. Il est compétent en matière touristique, économique, sociale et culturelle et porte des projets autour des enjeux liés à la mobilité.

Des infrastructures de transport traversent la frontière. Il s'agit notamment de l'axe autoroutier Paris-Madrid. L'autoroute A 63 relie en effet Bordeaux à l'Espagne par Bayonne, jusqu'au péage de Biriatou, avant de se poursuivre côté espagnol. D'autres axes routiers secondaires desservent le Pays basque intérieur et passent dans le pays voisin, notamment en direction de Pampelune. Le Pays basque est également desservi par deux aéroports : celui de Biarritz en France et Fontarabie sur la commune de Saint-Sébastien, en Espagne.

Titre : ____________________________________

1. ______________________
- ______________________
- Pays basque français / espagnol
- ______________________
- ______________________
- Ventas : tourisme frontalier

2. ______________________
- CCI transfrontalière BIHARTEAN
- Consorcio transfrontalier Bidasoa-Txingudi
- ______________________
- ______________________

3. ______________________
- Aéroports
- ______________________
- Autres axes routiers
- Péage de Biriatou

Fond de carte différencié

THÈME 3 — SE PRÉPARER — CHAPITRE 5 — CHAPITRE 6 — RÉVISER

Exemple

Les Alpes du Sud, un territoire transfrontalier franco-italien

➔ **Dans quelle mesure les Alpes du Sud sont-elles un territoire transfrontalier en marge ?**

1 Les Alpes du Sud : un territoire transfrontalier

1. Un relief contraignant

0 à 500 m — 500 à 1 500 m — Plus de 1 500 m — ▲ Sommet

2. Des points de passage frontaliers limités

- Frontière franco-italienne
- Cols ou tunnels
- Principales voies de communication

3. Des espaces naturels protégés

- Parc national
- Parc naturel régional
- ★ Réserve de biosphère transfrontalière du Mont Viso

Carte interactive

Zoom sur…

▶ Les Alpes du Sud

Population (2019)	1 404 000 hab. env.
En France	**1 région :** PACA **3 départements :** Alpes-de-Haute-Provence, Alpes-Maritimes, Hautes-Alpes
En Italie	**2 régions :** Ligurie, Piémont **3 provinces :** Coni, Imperia, ville métropolitaine de Turin

2 Le Queyras, une marginalité assumée

Parole de géographe

Le parc naturel régional du Queyras jouxte le massif italien du mont Viso […]. L'espace montagnard est isolé et loin des grandes villes. Les superbes villages n'ont pas bénéficié d'investissements extérieurs pour se développer dans un tourisme hivernal de masse. La région est touristique, notamment Saint-Véran, plus haute commune de France, mais cela correspond à un tourisme doux avec des équipements de ski modestes sur Molines – Saint-Véran et sur Abriès. L'été, l'ensemble des villages et hameaux accueillent des amateurs de nature et notamment des randonneurs.

Le lien avec l'Italie est à l'image du massif du Queyras. Le col Agnel est ouvert en été pour rejoindre Chianale et Pontechianale au pied du Viso, plus haut sommet (3 841 m) des Alpes du Sud et visible de très loin, car il domine largement le secteur. Le col est difficile d'accès mais les amateurs de montagne l'utilisent comme axe transfrontalier. Au printemps 2013, l'espace transfrontalier autour du mont Viso a obtenu la reconnaissance internationale de l'Unesco avec le label « Man and Biosphere ». La coopération transfrontalière engagée a permis la création de la 13e réserve[1] de biosphère transfrontalière du monde.

Raymond Woessner (dir.), spécialiste des transports et des frontières, *La France des marges*, Atlande, 2016.

1. D'une superficie de 294 000 ha, la réserve s'étend sur 21 communes françaises et 88 communes italiennes.

3 Le parc européen transfrontalier Alpi Marittime – Mercantour

Site internet du parc européen Alpi Marittime – Mercantour, consulté en janvier 2020.
Le jumelage du parc national du Mercantour et du parco naturale delle Alpi Marittime, en 2013 a permis de former le premier parc européen transfrontalier, sous la forme d'un groupement européen de coopération territoriale.

Vocabulaire

- **Groupement européen de coopération territoriale (GECT) :** organisation transfrontalière visant à surmonter les obstacles liés aux différences de législation.
- **Interreg :** programmes pluriannuels lancés par l'UE en 1990 et financés par le FEDER pour soutenir les projets de coopération territoriale entre les collectivités des États membres.

4 Le programme Interreg de coopération transfrontalière européenne Alcotra

Source : plaquette « Interreg V-A France-Italie, Alcotra, En route vers 2014-2020 », 2015.

Questions

Itinéraire 1

Répondre aux questions

1. **Décrivez** les contraintes aux relations transfrontalières dans les Alpes du Sud. **doc. 1 et 2**
2. **Identifiez** comment le Queyras tire profit de sa marge frontalière. **doc. 2**
3. **Relevez** les domaines de coopération transfrontalière dans les Alpes du Sud. **doc. 1 à 4**

Synthétiser

4. **Montrez** que les Alpes du Sud sont un territoire transfrontalier en marge, entre atouts et contraintes. **doc. 1 à 4**

ou

Itinéraire 2

Réaliser une carte mentale

- Réalisez une carte mentale sur le territoire transfrontalier des Alpes du Sud.

Dans quelle mesure les Alpes du Sud sont-elles un territoire transfrontalier en marge ?

Caractéristiques de la situation de marge transfrontalière | Domaines de coopération

- Présentez votre carte mentale à l'oral en 5 minutes devant la classe. ORAL

Cartes

Les dynamiques différenciées des territoires transfrontaliers

1 Mobilités et dynamiques des territoires transfrontaliers en France

Carte interactive

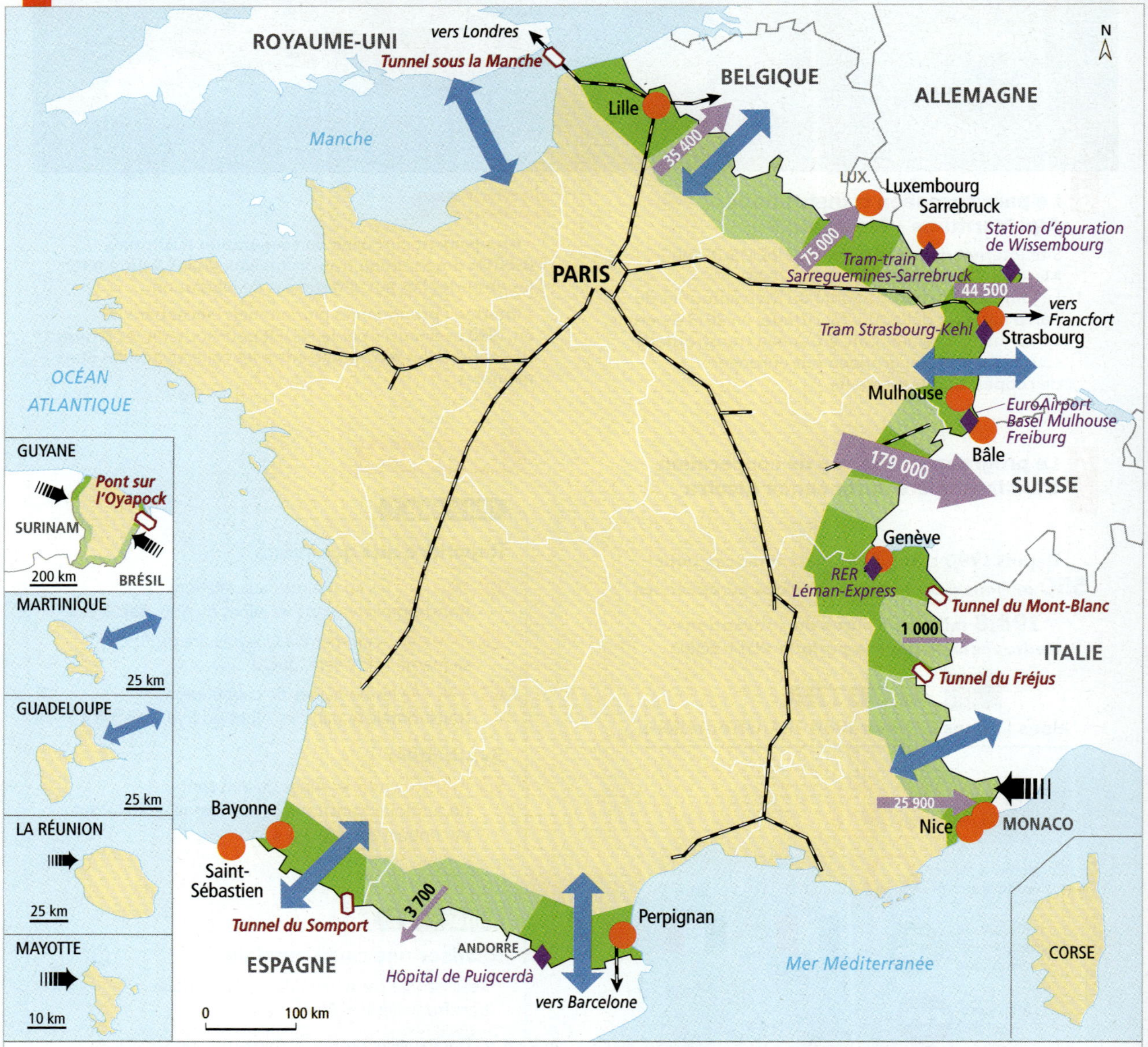

1. Des territoires transfrontaliers caractérisés par les échanges et les mobilités

- Infrastructures de communication (tunnel, pont)
- Lignes à grande vitesse
- Équipements transfrontaliers
- 44 500 Flux de travailleurs
- Immigration (légale et clandestine)
- Flux de marchandises variées

2. Des territoires transfrontaliers aux dynamiques différenciées

- Agglomérations transfrontalières
- Interfaces dynamiques
- Espaces marginalisés
- Espaces à l'écart des dynamiques transfrontalières

2 Les coopérations transfrontalières en France

Carte interactive

Vocabulaire

Agglomération transfrontalière : espace urbain caractérisé par une continuité morphologique ou fonctionnelle de part et d'autre d'une frontière.

Eurorégion : structure territoriale transfrontalière dont l'objectif est de créer un espace cohérent pour faire de la frontière non plus une contrainte, mais un atout.

Questions

1. **Citez** les pays accueillant le plus de travailleurs frontaliers. **doc. 1**
2. **Identifiez** les types d'infrastructures et d'équipements transfrontaliers. **doc. 1**
3. **Identifiez** les formes de coopération transfrontalière. **doc. 2**

Cours

Podcast Cours à écouter

Les dynamiques différenciées des territoires transfrontaliers

Dans quelle mesure les territoires frontaliers français sont-ils inégalement intégrés dans l'Union européenne et la mondialisation ?

Les territoires transfrontaliers en France et dans l'UE

Frontières terrestres : **20 000 km** au sein de l'UE dont **2 900 km** pour la France métropolitaine.

Travailleurs transfrontaliers : **2 millions** dans l'UE dont environ 20 % vivent en France.

1 Des territoires caractérisés par les échanges

● **Les frontières terrestres de la France métropolitaine couvrent une distance de 2 900 km.** L'Hexagone partage ses frontières terrestres avec huit pays : Belgique, Luxembourg, Allemagne, Suisse, Italie, Monaco, Espagne et Andorre. Les plus longues sont celles avec l'Espagne (623 km) et la Belgique (620 km). En outre-mer, la Guyane a 730 km de frontières terrestres communes avec le Brésil et 510 km avec le Suriname, tandis que Saint-Martin possède 10 km de frontières avec les Pays-Bas.

● **Les espaces frontaliers, longtemps considérés comme des zones fermées, sont désormais ouverts.** Les infrastructures de communication connectent les territoires avec les pays voisins : tunnels du Mont-Blanc (1965) ou sous la Manche (1994), pont sur l'Oyapock en Guyane (2017), lignes ferroviaires à grande vitesse (Thalys)... Néanmoins, certaines sections sont encore absentes dans le réseau transeuropéen de transport, comme le tronçon Montpellier-Perpignan de la LGV Nîmes-Barcelone. Les projets de grandes infrastructures de transport transfrontalières (LGV Lyon-Turin) peuvent être également sources de conflits.

● **Les mobilités pendulaires locales jouent un rôle clé dans la dynamique des territoires transfrontaliers.** Chaque jour, plus de 360 000 résidents venant de France traversent les frontières pour aller travailler dans un pays limitrophe. La Suisse est la première destination des travailleurs transfrontaliers, suivie du Luxembourg, de l'Allemagne et de la Belgique. Toutefois, les flux sont inégaux : seuls 10 000 actifs résidant à l'étranger (en majorité des Belges) viennent travailler en France.

GÉO DÉBAT La nouvelle liaison ferroviaire Lyon-Turin, un projet de développement durable d'un territoire transfrontalier ? → p. 228

2 Des coopérations transfrontalières

● **Les territoires transfrontaliers mobilisent différents acteurs.** Acteurs publics (État, collectivités territoriales), acteurs privés (entreprises) et sociétés civiles intéragissent pour dépasser les obstacles de nature juridique ou institutionnelle à la coopération. La gouvernance transfrontalière s'est notamment développée grâce au processus d'intégration européenne.

● **L'Union européenne institutionnalise la coopération transfrontalière.** Depuis la création du FEDER en 1975 et les programmes d'initiative communautaire Interreg à partir de 1990, l'UE favorise l'émergence de structures de coopération transfrontalière aux échelles régionales (Communauté de travail des Pyrénées) et locales (Eurocité basque). En 2006, elle fonde les groupements européens de coopération territoriale (GECT) dont l'Eurométropole Lille-Kortrijk-Tournai créée en 2008, le parc marin international franco-italien des Bouches de Bonifacio en 2010 ou le parc européen Alpi Marittime – Mercantour créé en 2013.

● **L'Union européenne finance des infrastructures et des projets transfrontaliers.** C'est le cas de l'hôpital franco-espagnol de Puigcerdà, ouvert en 2014 en Cerdagne, du projet de covoiturage de l'Arc Jurassien ou du Léman Express, le RER transfrontalier franco-suisse inauguré en 2019. À l'échelle intra-urbaine, des projets d'aménagement confortent les coopérations et intègrent les territoires situés sur la frontière. Le jardin des Deux-Rives, inauguré en 2004, relie par une passerelle Strasbourg et Kehl de part et d'autre du Rhin.

ÉTUDE DE CAS L'Eurométropole Lille-Kortrijk-Tournai → p. 214

Vocabulaire

- **Coopération transfrontalière :** partenariat entre des acteurs privés ou publics, séparés par une frontière d'État, et dont les actions interviennent aux échelles régionales et locales, de part et d'autre de cette frontière.
- **FEDER (Fonds européen de développement régional) :** fonds structurel créé en 1975. Son objectif est de renforcer la cohésion économique et sociale dans l'UE en réduisant les inégalités et déséquilibres entre les régions.
- **GECT (Groupement européen de coopération territoriale) :** organisation transfrontalière visant à surmonter les obstacles liés aux différences de législation.
- **Gouvernance transfrontalière :** dispositif institutionnel permettant de faire coopérer divers acteurs publics et privés par-delà des frontières.
- **Interreg :** voir p. 223.
- **Mobilités pendulaires :** déplacements quotidiens des individus entre leur domicile et leur lieu de travail.
- **Travailleur transfrontalier (navetteur transfrontalier) :** individu dont le lieu de résidence et le lieu de travail sont situés dans deux États contigus différents.

3 Des territoires transfrontaliers inégalement dynamiques

● **De nombreux territoires transfrontaliers sont dynamiques.** Ils bénéficient d'un contexte économique favorable, d'infrastructures performantes ou d'une proximité culturelle des deux côtés de la frontière. Certains connaissent une forte croissance de la population, comme dans la vallée de l'Arve (entre Genève et Chamonix) ou autour de Morteau (Jura). D'autres cumulent croissance démographique et de l'emploi. C'est le cas autour de Genève (Genevois français, Chablais), sur le littoral près de la frontière espagnole (autour de Bayonne et de Perpignan), ainsi qu'à Lille et autour de Strasbourg.

● **Cinq agglomérations polarisent l'essentiel des mobilités transfrontalières.** Elles attirent les actifs résidant en France par le dynamisme économique et les salaires plus élevés du Luxembourg, de la Suisse et de Monaco. Il s'agit de Genève, dont les **navetteurs** sont originaires de Haute-Savoie et de l'Ain, de Luxembourg (Thionville, Longwy et Metz), de Bâle (Saint-Louis et Mulhouse), de Monaco (Monaco-vallée de la Roya) et de Sarrebruck (Sarreguemines et Wissembourg).

● **Plusieurs zones frontalières connaissent une déprise démographique et une diminution de l'emploi.** Un contexte économique difficile (désindustrialisation, chômage) et l'absence de connexion aux grands réseaux de transport renforcent la marginalisation. C'est le cas de zones d'emploi dans les Ardennes ou en Moselle près de la Sarre. Cela concerne également des secteurs montagneux enclavés du Jura, des Alpes et des Pyrénées.

ÉTUDE DE CAS Le Pays basque → p. 218
EXEMPLE Les Alpes du Sud → p. 222

La part de frontaliers dans la population active occupée de 3 zones d'emploi en 2015

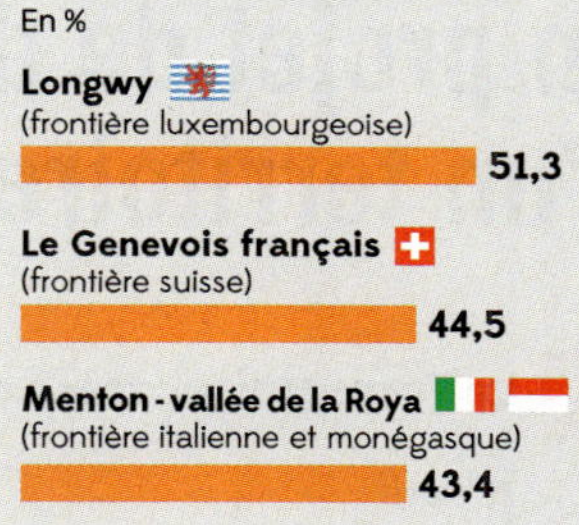

Source : Insee Première, n° 1755, juin 2019.

Notions

- Agglomération industrielle p. 234
- Territoire transfrontalier p. 235

Du cours au schéma

EXO Exercice interactif

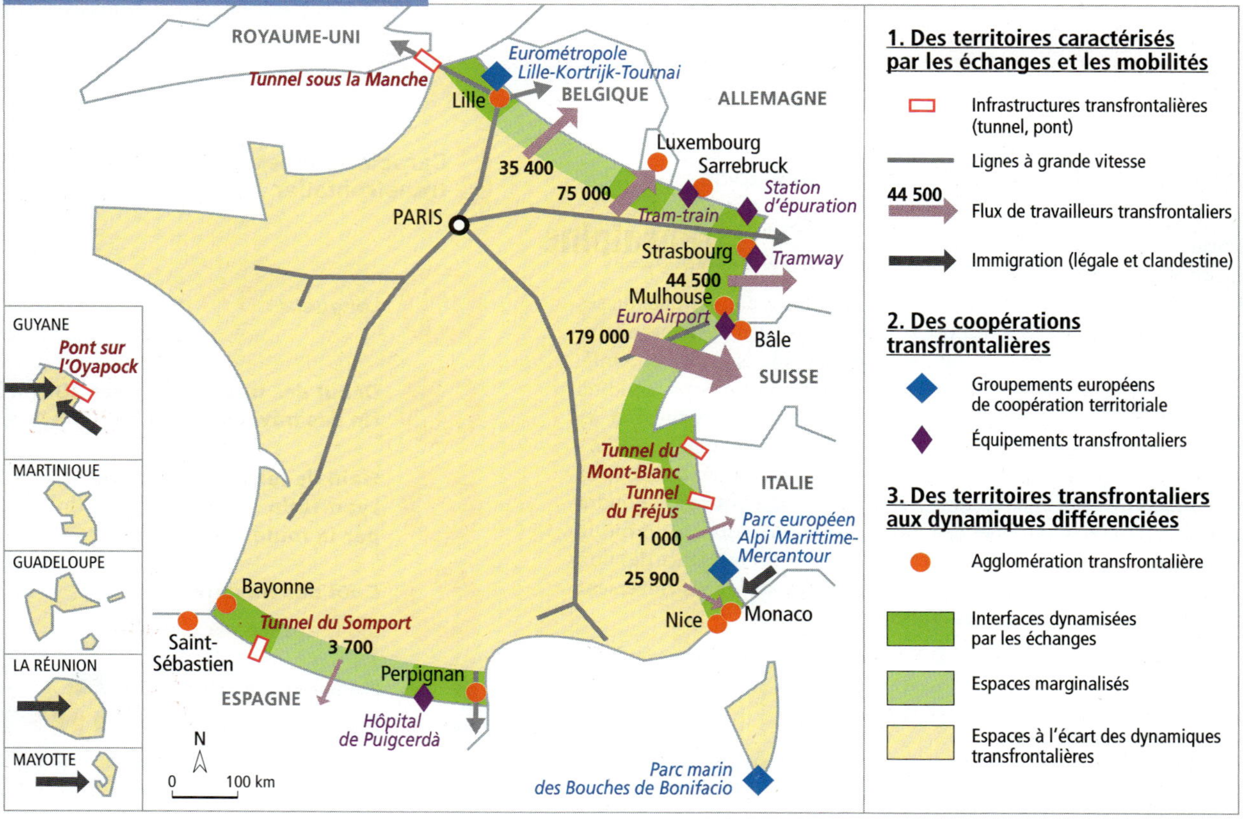

THÈME 3
SE PRÉPARER
CHAPITRE 5
CHAPITRE 6
RÉVISER

Géo DÉBAT

ORAL

La nouvelle liaison ferroviaire Lyon-Turin : un projet de développement durable d'un territoire transfrontalier ?

1 La Transalpine : tracé de la nouvelle ligne

Carte interactive

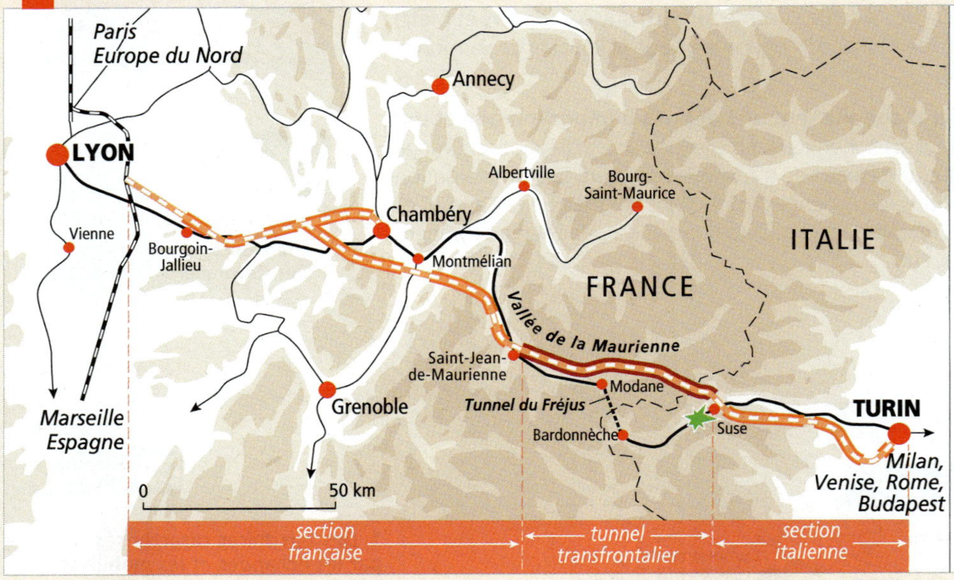

1. Une nouvelle ligne à grande vitesse…
- Nouvelle section à l'air libre
- Nouvelle section en tunnel
- Nouveau tunnel international
- Liaison Lyon-Turin actuelle
- Autre ligne à grande vitesse
- Autres lignes classiques

2. … entre deux métropoles européennes
- Métropoles
- Autres villes
- Centre de la contestation
- Frontière

2 Le projet de la nouvelle liaison transalpine

latransalpine LIAISON EUROPÉENNE LYON - TURIN

La [liaison] Transalpine Lyon–Turin [constituera] le maillon central du corridor ferroviaire[1] transeuropéen Lisbonne – Kiev. Retenu dès 1994 par l'UE dans la liste de ses 14 projets prioritaires de transport, la Transalpine Lyon-Turin permettra d'acheminer 40 millions de tonnes de marchandises par an et 5 millions de voyageurs. Et ceci dans des conditions optimales de fluidité, de fiabilité et de sécurité : ce sera une liaison à haute capacité, fret[2] et voyageurs, qui répondra au développement impératif de l'intermodalité[3]. Parce qu'elle constituera la seule alternative au fret routier qui menace l'équilibre environnemental des Alpes. […]. Parce qu'enfin elle répondra aux impératifs économiques des entreprises et du marché. À terme, la Transalpine Lyon-Turin va permettre d'inverser la croissance des flux routiers. Aujourd'hui, près de 3 millions de poids lourds traversent chaque année les Alpes franco-italiennes.

Site d'information de la Transalpine, www.transalpine.com, 2019.

1. Liaison par voie ferrée aménagée par l'Union européenne pour permettre le transport de marchandises et de voyageurs.
2. Transport de marchandises.
3. Changement de mode de transport d'une même marchandise ou d'une même personne (passage du transport routier au transport ferroviaire, par exemple).

3 Caractéristiques du tunnel transfrontalier

Longueur : 57 km

Début des travaux : janvier 2019
Fin des travaux prévue : 2028

Gain de temps sur le trajet Lyon-Turin par la route : 1 heure

Coût des travaux 8,6 milliards d'euros

Financement : UE 40 %
France et Italie 60 %

Source : site d'information de la Transalpine, www.transalpine.com, 2019.

4 Des territoires affectés par le projet

Photographie prise dans la vallée de la Maurienne (Savoie), 2018.

5 Un projet contesté

NO TAV est un mouvement populaire de la vallée de Suse de protestation contre le projet de construction de la nouvelle ligne à grande vitesse Lyon-Turin, d'où le nom TAV (*treno ad alta velocità*, train à grande vitesse en italien). […]

Collectif NO TAV SAVOIE Contre le Lyon - Turin

Différentes raisons expliquent ces contestations :

Compte tenu de la durée des travaux (estimée à 12 ans au moins), on peut prévoir en transit par les routes de la vallée un grand nombre de poids lourds nécessaires pour le transport d'environ 16 millions de mètres cubes de matériaux extraits pour le creusement du tunnel.

La probabilité existe que les montagnes du Val de Suse, qui devraient être traversées par de longs tunnels, soient formées de roches pouvant contenir de l'amiante et de l'uranium. Les opposants au creusement craignent que, à l'occasion des travaux et du transport des matériaux, ces substances puissent se répandre dans l'environnement. […] Selon une étude effectuée par le groupe NO TAV, il faudrait amortir sur de nombreuses années les dettes nées de la construction de la nouvelle ligne (les coûts dépasseraient en fait les bénéfices possibles pendant de nombreuses années). Il serait plus économique d'aménager la ligne classique que de construire une nouvelle ligne à double voie[1]. D'autant plus en période de crise et surendettement des États.

No TAV Savoie, www.notac-savoie.over-blog.com, 2019.

1. L'ancienne ligne est l'un des enjeux du débat. Des désaccords portent notamment sur le risque de saturation en cas d'augmentation du trafic de fret (voir **doc. 2**).

6 Les atouts du projet dans la vallée de la Maurienne (France)

Parole d'acteur

Longue de 125 kilomètres, la vallée de la Maurienne constitue actuellement le point d'ancrage principal de la future ligne côté français […].

DÉMARCHE GRAND CHANTIER LYON-TURIN

Pour aider et soutenir la réalisation de cet ouvrage de grande ampleur, un dispositif exceptionnel dédié à la préparation et à l'accompagnement des grands chantiers a été mis en place : la démarche Grand Chantier. Elle vise à préparer l'arrivée des chantiers, accompagner leur déroulement, valoriser les opportunités offertes à cette occasion pour le développement des territoires. […]

Avec la construction d'une gare internationale sur la nouvelle ligne Lyon-Turin, Saint-Jean-de-Maurienne et son centre historique deviendront plus attractifs. Il pourra en être de même pour Saint-Michel-de-Maurienne, Fourneaux, Modane, ou d'autres collectivités encore, grâce à la réhabilitation des centres-bourgs et le déploiement du très haut débit.

Site internet du Pays de Maurienne, www.maurienne.fr, septembre 2016.

Vidéo
La démarche Grand Chantier

C'est à vous !

Géo DÉBAT

La nouvelle liaison ferroviaire Lyon-Turin : un projet de développement durable d'un territoire transfrontalier ?

ÉTAPE 1 Comprendre et préparer le débat

1 **Citez** les espaces concernés par le projet de la nouvelle liaison ferroviaire transfrontalière Lyon-Turin. **doc. 1 et 2**

2 **Montrez** que cette nouvelle liaison correspond à un aménagement à différentes échelles. **doc. 2 à 4**

3 **Décrivez** les attentes et les critiques associées à ce projet. **doc. 1, 5 et 6**

ÉTAPE 2 Participer au débat

4 Avant le débat, prélevez les arguments des différents acteurs. Reportez-les dans le tableau.

5 Avant le débat, en prenant appui sur les documents et votre point de vue personnel, notez vos arguments dans le tableau.

6 Pendant le débat, notez les arguments des autres élèves.

Conseils

- Écoutez et respectez la parole des autres.
- Pour convaincre, il est important de s'appuyer sur des exemples précis (localisés, datés, chiffrés).
- Ne lisez pas vos notes et présentez vos arguments en regardant vos auditeurs. Relisez vos notes avant de prendre la parole.

	La nouvelle liaison ferroviaire Lyon-Turin est un projet de développement durable	La nouvelle liaison ferroviaire Lyon-Turin n'est pas un projet de développement durable
Acteurs	• • •	• • •
Arguments des acteurs	• • •	• • •
Mes arguments	• • •	• • •
Les arguments des autres élèves	• • •	• • •

Vidéo

« Ligne de train Lyon-Turin : qu'en pensent les riverains ? », Euronews, 26 mars 2019.

ÉTAPE 3 Conclure le débat

7 À la suite du débat en classe, exprimez votre point de vue personnel et argumenté sur la nouvelle liaison ferroviaire Lyon-Turin.

8 Les arguments échangés lors du débat vous ont-ils amené(e) à revoir votre position de départ ? Expliquez pourquoi.

THÈME 3

L'Union européenne dans la mondialisation : des dynamiques complexes

RÉVISER LE THÈME

Centre spatial guyanais, port spatial de l'Europe (Kourou, Guyane), mars 2018.

RÉVISER

SE TESTER

Vérifier ses connaissances

EXO **Exercices interactifs**

S'ENTRAÎNER POUR LE BAC

Aller plus loin → p. 232

- Film
- Musée / Expo
- Sites internet
- BD
- Podcast

S'ORIENTER → p. 244

Stéphanie

→ **Conseillère aux affaires européennes et internationales**

Maryse

→ **Directrice export et internationalisation des entreprises**

SYNTHÈSE

→ THÈME 3

L'Union européenne dans la mondialisation : des dynamiques complexes

Podcast Synthèse à écouter

1 L'Union européenne : entre unité et diversité

● **L'Union européenne est un espace géographique pluriel.** Elle offre une mosaïque de territoires (urbains, ruraux, montagnards, littoraux, industriels…) à toutes les échelles. L'Allemagne et la France en sont les principales puissances économiques. La France et ses territoires, notamment frontaliers, sont des acteurs moteurs de l'Union européenne.

● **L'Union européenne est une organisation régionale intégrée.** Depuis sa création en 1957, l'UE s'est élargie à une grande partie de l'Europe et a renforcé ses institutions. Sa force repose sur la diffusion de ses valeurs culturelles, sur une monnaie unique (19 États dans la zone euro), sur un marché intégré et sur des réseaux de transport permettant de relier tous les territoires.

2 Un espace inégalement ouvert sur le monde

● **L'UE est un pôle économique mondial.** Elle représente 18 % de la richesse mondiale, derrière les États-Unis et devant la Chine. Elle s'est imposée dans de nombreux secteurs marchands : aéronautique, automobile, nucléaire, agroalimentaire.

● **La puissance de l'UE demeure limitée sur la scène mondiale.** La concurrence est de plus en plus forte de la part de la Chine et des autres pays émergents (Inde, Brésil, Russie…). La difficulté à établir des politiques communes (défense, immigration, fiscalité…) fragilise également l'UE face aux grandes puissances.

3 Entre compétitivité et cohésion des territoires

● **Les politiques européennes de cohésion valorisent des atouts des territoires face à la concurrence mondiale.** Grâce aux fonds structurels, les territoires agricoles productifs, les clusters industriels et urbains, les régions transfrontalières constituent des pôles productifs compétitifs et intégrés dans la mondialisation.

● **Ces politiques permettent également la réduction des inégalités territoriales.** Les régions les plus défavorisées bénéficient d'aides européennes afin de réduire leur retard avec les territoires dynamiques (métropoles, littoraux, régions transfrontalières…). Les pays d'Europe orientale (Bulgarie, Roumanie…) et d'Europe méridionale (Grèce) sont les plus exposés aux difficultés économiques et sociales.

Repères géographiques

- Les États de l'UE p. 204
- Les partenaires commerciaux de l'UE p. 202
- Les régions en retard de développement au sein de l'UE p. 205

Chiffres clés

L'UE en 2020

Superficie de l'UE
4,2 millions de km²

Population de l'UE
447 millions d'habitants

PIB de l'UE
14 000 milliards d'euros

Commerce extra-communautaire
15% du commerce mondial

Pour aller plus loin

Bande dessinée

- *L'Europe en BD,* Nathalie Loiseau et Nathalie Desforges, Casterman, 2019.

Site à visiter

- Parc mini-Europe à Bruxelles
www.minieurope.com

Site internet

- Des informations variées et complètes sur l'UE
www.touteleurope.eu

NOTIONS

Cluster (écosystème)

→ Concentration sur un territoire (quartier, métropole, région) de plusieurs acteurs économiques et politiques en synergie (ou en « écosystème ») dans un même secteur d'activité (électronique, automobile, biotechnologies, mode...). Le mode d'organisation de la production repose sur une division étroite du travail entre plusieurs (petites) entreprises spécialisées. Ces acteurs coopèrent afin d'innover et sont également en compétition pour conquérir des marchés.

→ Le **cluster** repose sur quatre facteurs complémentaires : les ressources (main-d'œuvre, ingénieurs, capital financier, infrastructures de communication, centres de recherche...) ; l'environnement politique, législatif et économique permettant d'encourager l'investissement, l'innovation et la concurrence ; des marchés de qualité, et en quantité suffisante ; un tissu local riche de fournisseurs et de sous-traitants.

→ Les clusters visent à intégrer ces territoires et ces acteurs dans la mondialisation.

Vidéo
2 min pour comprendre le cluster

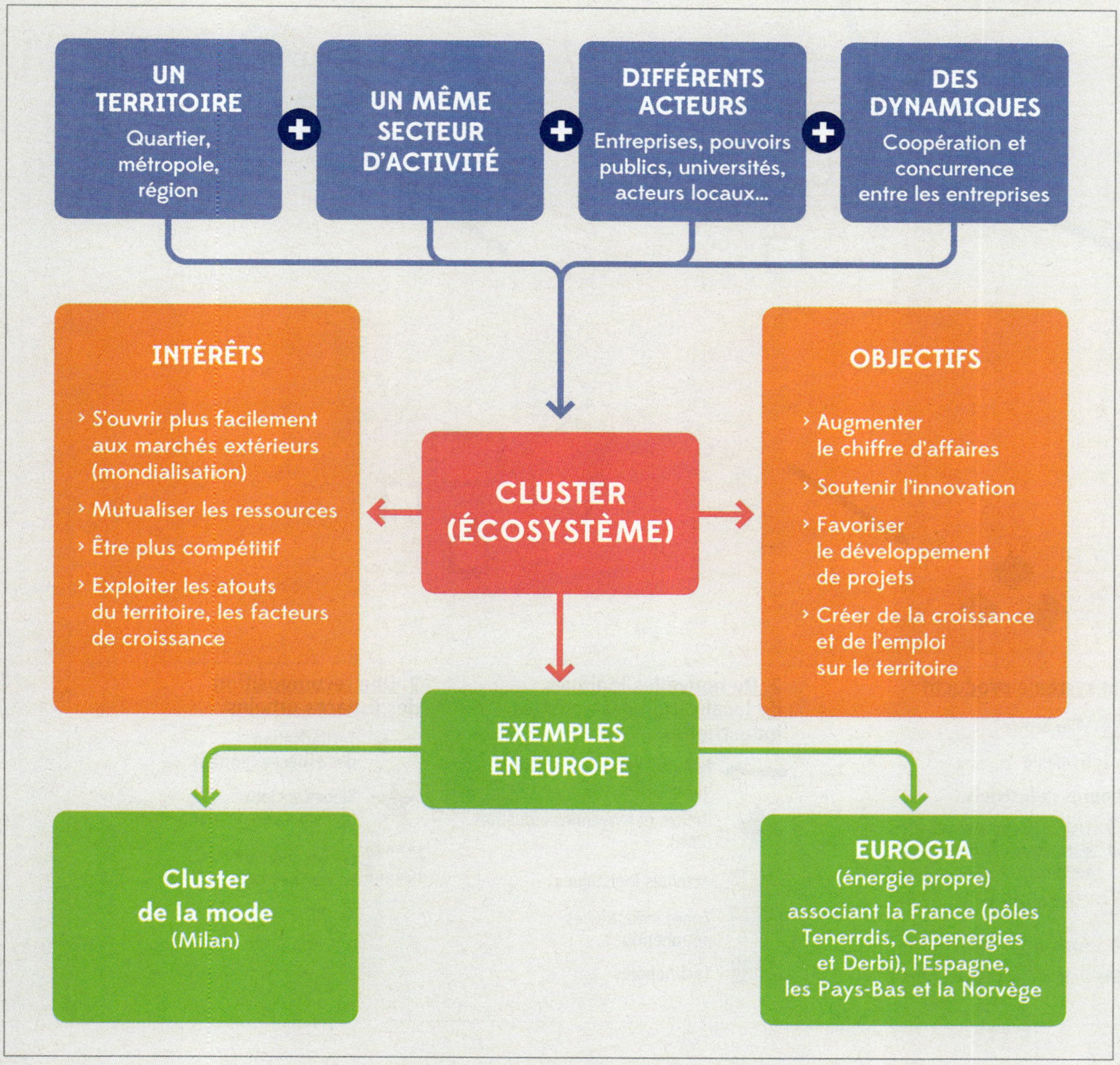

NOTIONS

Agglomération industrielle

→ Espace urbanisé en continu, comprenant une ville-centre et ses banlieues, dont le développement économique repose sur des activités de transformation en vue de la production de biens matériels.

→ L'**agglomération industrielle** peut avoir été créée entièrement par et pour l'industrie.

→ Elle peut également être préexistante au développement de l'activité industrielle et avoir accueilli des usines, par le développement de faubourgs industriels à proximité immédiate du noyau urbain ancien ou de zones industrielles périphériques.

Vidéo
2 min pour comprendre l'agglomération industrielle

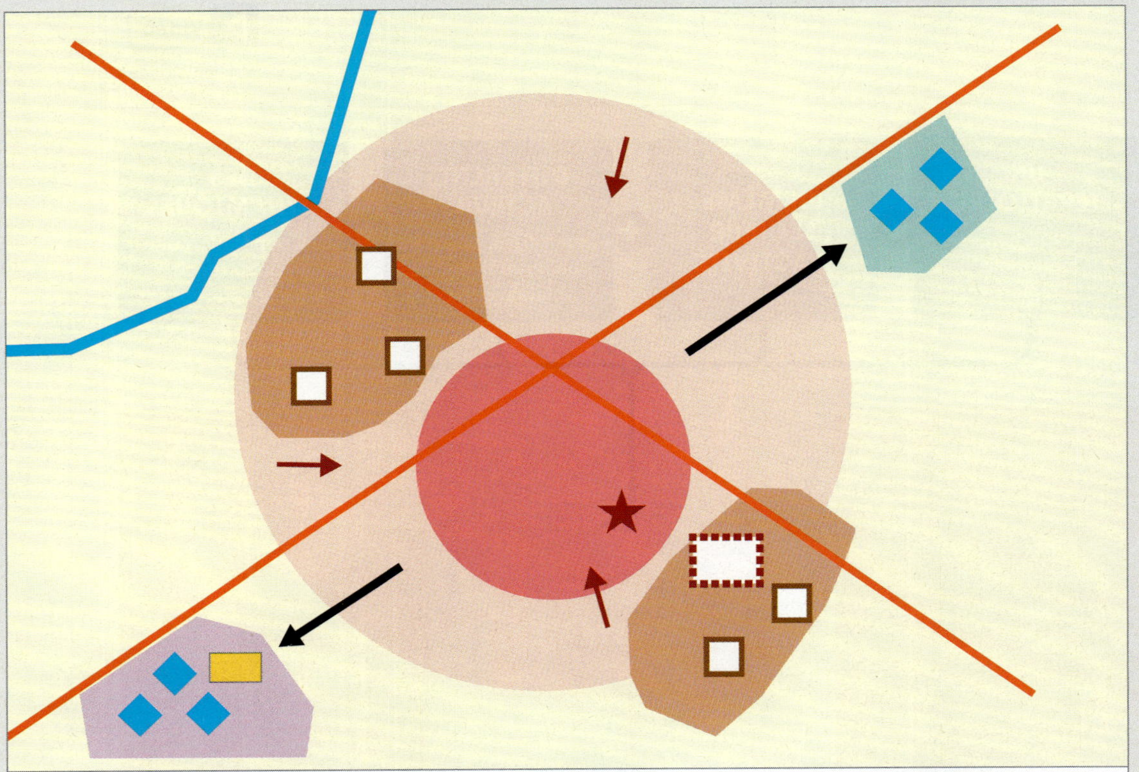

1. Un système productif
- Ville-centre
- Banlieue

Faubourgs industriels :
- Usines (liées aux activités extractives, sidérurgiques, textiles, automobiles…)
- Cités ouvrières
- Axes de communication
- Voie d'eau (fleuve, canal)

2. De nouvelles logiques de localisation des activités industrielles
- Relocalisation des activités industrielles
- Petites et moyennes industries (PMI)
- Activités logistiques
- Zones industrielles périphériques
- Technopôles

3. Une recomposition des espaces urbains
- Tertiarisation des espaces centraux
- Sièges sociaux (activités de commandement)
- Friches industrielles en reconversion

Territoire transfrontalier

Territoire organisé autour d'une frontière ouverte entre deux pays. Le **territoire transfrontalier** se caractérise par des coopérations politiques (locales, régionales ou nationales), économiques, sociales et culturelles favorisant l'intensification des échanges et des mobilités de populations, souvent sur de courtes distances.

Ces coopérations et ces échanges contribuent à la constitution d'un espace homogène, intégré à différentes échelles.

Vidéo
2 min pour comprendre le territoire transfrontalier

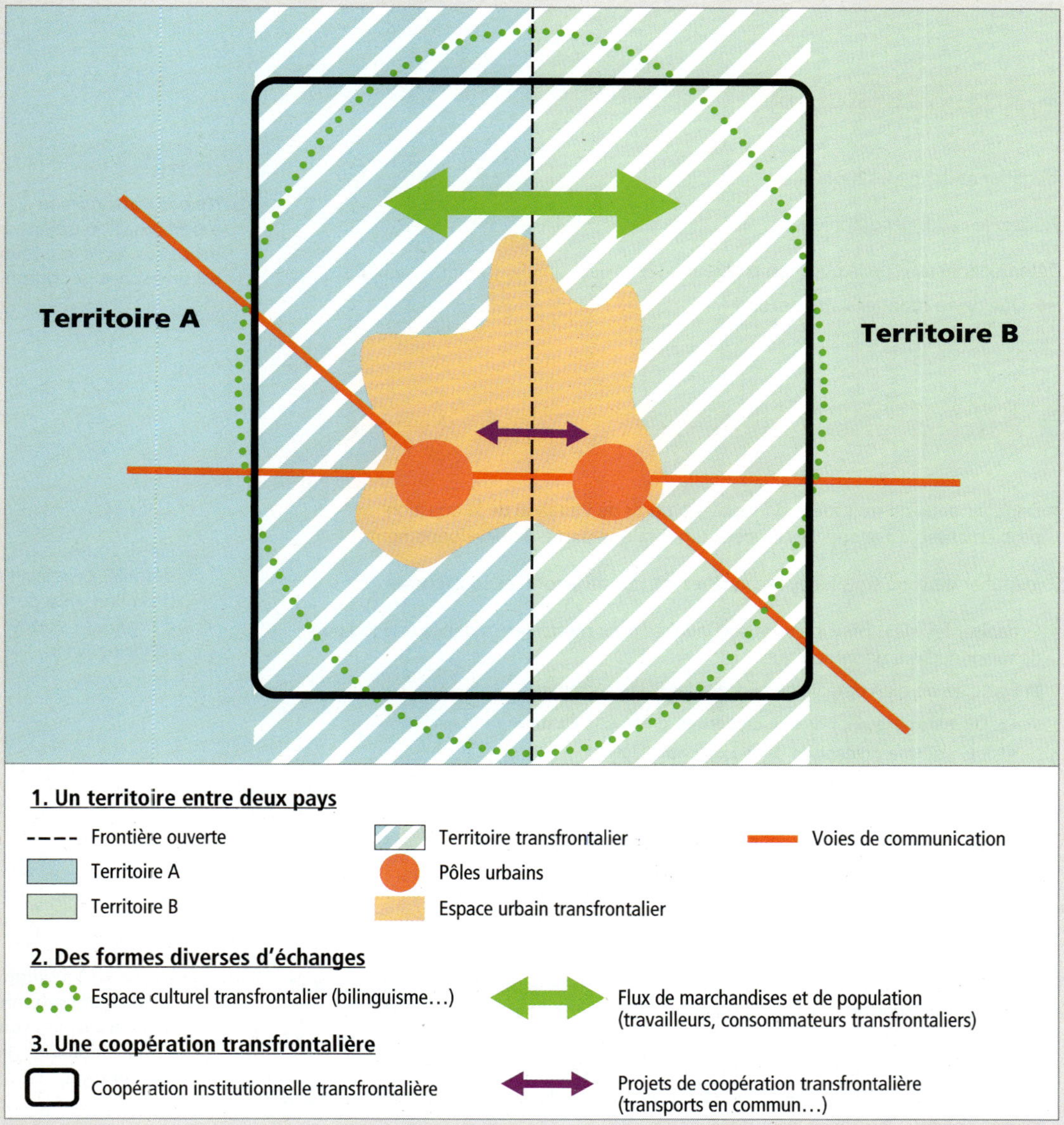

BAC Réponse à une question problématisée

▶ Description de l'épreuve et méthode générale p. 19 et p. 20-21

SUJET GUIDÉ

→ **Pourquoi l'Union européenne est-elle une puissance inégale dans la mondialisation ?**

- Pourquoi : Mot interrogatif qui oriente l'étude et le type de réponse attendu : identifier **une ou plusieurs causes.**
- Union européenne : **Cadre géographique** à définir.
- puissance : **Notion** à définir.
- inégale : Ce terme indique l'existence de **points forts** et de **points faibles.**
- mondialisation : **Notion** à définir.

ÉTAPE 1 Analyser le sujet

a Identifier et définir les mots clés.

b Préciser le cadre géographique.

c Déterminer le sens de la question problématisée.

→ Que devra montrer votre devoir ?

Attention !

▶ Ne pas confondre la mondialisation qui est un processus, avec le monde qui est un espace géographique.

ÉTAPE 2 Faire un plan et mobiliser ses connaissances

a Dégager deux ou trois idées principales à partir de l'analyse de la question problématisée. Chacune de ces idées formera une partie du développement.

b Identifier deux ou trois idées secondaires qui constitueront les sous-parties.

c Organiser les idées principales et secondaires pour mettre en évidence une logique de raisonnement géographique.

▶ Élaborez un plan détaillé en classant les idées suivantes :

- L'UE est marquée par des disparités entre ses États membres
- L'UE est une puissance dans la mondialisation
- L'UE est concurrencée par d'autres puissances dans la mondialisation
- L'UE est un centre d'impulsion économique majeur
- L'UE présente des faiblesses internes et externes
- L'UE est un carrefour de flux mondialisés

d Mobiliser les connaissances utiles pour répondre à la question :

→ Le cours p. 206

→ Les cartes : « L'Union européenne, pôle et acteur de la mondialisation » p. 202 et « Les territoires de l'Union européenne dans la mondialisation » p. 204

→ L'étude de cas « L'Allemagne et ses territoires dans la mondialisation » p. 184-187

→ L'exemple « Le cluster de la mode à Milan » p. 198

→ Le vocabulaire : firme transnationale, investissements directs à l'étranger, pôle p. 296

→ Les notions : Puissance, Mondialisation p. 299

Conseil

▶ Faites toujours un plan détaillé. Ce travail au brouillon vous permet d'organiser votre raisonnement.

Conseil

▶ Notez au brouillon les faits géographiques, les notions, des statistiques, des exemples en rapport avec le sujet.

ÉTAPE 3 Rédiger la réponse à la question problématisée

a Vous pouvez rédiger une courte introduction présentant le sujet et le plan.

➜ Exemple :

L'Union européenne est une organisation régionale comprenant 27 États. Par sa capacité d'influence sur l'espace mondial, elle est une puissance fortement intégrée dans les échanges mondiaux. L'Union européenne est une grande puissance mondiale mais elle présente des faiblesses qui la pénalisent. Pourquoi l'Union européenne est-elle une puissance inégale dans la mondialisation ?

Conseil

▶ Définissez les mots clés du sujet : les notions, le cadre géographique.

b Rédiger la réponse à la question problématisée en suivant le plan défini.

▶ Identifiez l'idée principale, les arguments et les exemples dans le paragraphe suivant :

L'Union européenne est une puissance dans la mondialisation.

En premier lieu, elle polarise les flux mondialisés. Première puissance commerciale du monde, elle réalise près d'un tiers des échanges mondiaux de marchandises ce qui la place à égalité avec la Chine et devant les États-Unis. Les places boursières de Paris et Francfort, parmi les plus influentes du monde, et l'euro, 2e monnaie pour les transactions financières derrière le dollar, font de l'UE un pôle financier majeur. Elle est également le premier émetteur et destinataire des investissements directs à l'étranger. Elle est le pôle mondial du tourisme avec près de 500 millions de touristes par an et une des destinations principales des flux migratoires.

En second lieu, l'Union européenne est un centre d'impulsion économique majeur de la mondialisation. Avec 18 % du PIB mondial, l'UE demeure la deuxième puissance économique derrière les États-Unis. Trois de ses États membres (Allemagne, France, Italie) font partie des dix premières puissances économiques mondiales. L'UE est le siège de nombreuses firmes transnationales dont certaines figurent aux premiers rangs mondiaux dans leurs secteurs d'activité, comme Maersk (transport) ou Airbus (aéronautique).

Conseil

▶ Développez les différents aspects de la question en utilisant des arguments pour justifier les idées importantes. Vous devez illustrer ces arguments avec des exemples précis.

Idée – Argument – Exemple

▶ Rédigez la suite de la réponse à la question problématisée.

c Vous pouvez rédiger une courte conclusion.

➜ Parmi les propositions de conclusion suivantes, quelle est celle qui vous semble la plus adaptée pour répondre à la problématique ? Justifiez votre choix.

CONCLUSION 1

L'Union européenne présente toutes les caractéristiques d'une grande puissance économique mondiale. Cependant, elle est de plus en plus concurrencée dans de nombreux domaines et ses territoires semblent inégalement intégrés et dans la mondialisation. L'Union européenne est une puissance inégale, confrontée à de nombreux défis, dont celui de la compétitivité de ses territoires dans la mondialisation.

CONCLUSION 2

L'Union européenne est une puissance inégale. Elle est une grande puissance dans la mondialisation, mais elle se caractérise par des inégalités de développement. Elle est confrontée aux difficultés de la mise en place de politiques communes.

Conseil

▶ Résumez votre devoir en reprenant les idées clés, puis formulez une réponse à la question problématisée.

BAC Analyse de documents

▶ Description de l'épreuve et méthode générale p. 19 et p. 22-23

SUJET GUIDÉ

En analysant les documents, vous montrerez que l'Union européenne est une puissance confrontée à de nombreux défis.
L'analyse des documents constitue le cœur de votre travail, mais nécessite, pour être menée, la mobilisation de vos connaissances.

1 La politique européenne de défense

« On ne protégera pas les Européens si on ne décide pas d'avoir une vraie armée européenne », lance le président français Emmanuel Macron le 6 novembre 2018 […] le 13 novembre, dans un discours au Parlement européen, la chancelière allemande Angela Merkel appelle à « élaborer une vision nous permettant d'arriver un jour à une véritable armée européenne ». Elle renouvelle sa proposition de créer un « Conseil de sécurité européen », doté d'une présidence tournante, envisageant même dans ce cadre d'abandonner la prise de décision à l'unanimité.

L'« Europe de la défense » se limite actuellement à une simple coordination des efforts nationaux. Elle n'organise pas la protection du territoire – qui reste à définir, puisque l'Union semble devoir s'étendre sans cesse –, pas plus qu'elle ne dispose d'une force d'intervention tous azimuts, ni d'un commandement militaire opérationnel.

Partagée entre les inquiétudes des pays baltes, nordiques et de l'est à l'égard du voisin russe et les préoccupations de l'Ouest et du Sud face à la déstabilisation de l'Afrique et du Proche-Orient, l'Union ne peut guère définir de stratégie unique. […] Compte tenu des divergences politiques au sein de l'Union, aucune évolution institutionnelle majeure ne se dessine. Tout au plus pourrait-on voir se constituer, en marge des traités, une sorte d'Eurogroupe de la défense, à l'image de celui qui s'est formé autour de la monnaie unique.

Philippe Leymarie, « Europe de la défense, une armée de papier », *Le Monde diplomatique*, juillet 2019.

Tandem franco-allemand

Informations à expliquer

Institutions et fonctionnement politique fondés sur des traités qui doivent être ratifiés par les États membres = défi de l'union politique et d'une souveraineté supranationale.

Absence de souveraineté européenne dans le domaine de la défense = défi de l'autonomie stratégique.

Fragilités limitant la puissance.

Hétérogénéité des États membres = défi de l'unité.

L'UE, un ensemble uni (drapeau) et représenté (présidente de la Commission européenne).

Discussion, négociations. → Mettre cet élément en relation avec le paratexte.

Forum économique mondial = Forum de Davos (voir cours p. 139, §3).

Les États-Unis.

2 La présidente de la Commission européenne et le président américain au Forum économique de Davos

La présidente de la Commission européenne, Ursula von der Leyen, et le président américain Donald Trump. Réunis au forum économique de Davos le 21 janvier 2020, ils ont abordé les différends commerciaux entre l'UE et les États-Unis.

Utiliser les informations du paratexte.

ÉTAPE 1 Analyser le sujet

▶ Le sujet invite à montrer que l'Union européenne est confrontée à des défis qu'elle doit surmonter pour être une grande puissance sur la scène internationale.

ÉTAPE 2 Analyser les documents

▶ Les questions à se poser :

- ➔ Quels sont les thèmes abordés dans les documents en rapport avec le sujet ?
- ➔ Quel est le sens général de cet ensemble de documents ?
- ➔ Comment les informations des deux documents se complètent-elles ou s'opposent-elles ?

▶ Les éléments d'analyse à dégager :

➔ Ce travail préparatoire peut se faire au brouillon :

- À l'échelle de l'Europe : des institutions politiques communes (Parlement européen, commission européenne) ; rôle du tandem franco-allemand ; divergences entre États membres et difficultés à établir des politiques communes (défense, zone euro).
- À l'échelle mondiale : une puissance incomplète (absence de défense commune) ; une puissance économique reconnue qui doit défendre ses intérêts dans les discussions internationales (forum de Davos) ; une puissance commerciale mondiale en concurrence avec les États-Unis (différends commerciaux).

Conseil

- ▶ Expliquez les mots et les phrases importants du texte.
- ▶ Sur la photographie, identifiez les personnes, relevez les principaux éléments, expliquez l'événement représenté.
- ▶ Mettez en relation les informations des documents.

▶ Les connaissances à mobiliser :

- ➔ Les notions : Mondialisation, Puissance
- ➔ Le vocabulaire : politique commune
- ➔ Le cours p. 206
- ➔ La carte : « L'UE, pôle et acteur de la mondialisation » p. 202

ÉTAPE 3 Répondre au sujet

a Rédiger l'introduction.

▶ Présenter les documents, annoncer la problématique et le plan.

b Rédiger l'analyse des documents.

▶ Rédigez les deux parties du plan suivant :

1re PARTIE

L'UE est un ensemble hétérogène qui présente des fragilités internes

- (1re sous-partie) Elle est dotée d'institutions communes mais n'est pas une entité souveraine.
- (2e sous-partie) Elle a des difficultés à mettre en place des politiques communes.

2e PARTIE

L'UE est une grande puissance économique à l'échelle mondiale

- (1re sous-partie) Elle est une puissance commerciale majeure mais concurrencée.
- (2e sous-partie) Elle est une puissante incomplète.

Conseil

- ▶ Organisez l'analyse en hiérarchisant les informations : énoncez d'abord l'idée principale de la partie, puis développez et expliquez les informations secondaires dans des sous-parties.
- ▶ Pensez à citer les documents.

c Rédiger la conclusion.

▶ Synthétisez les idées principales de l'analyse des documents.

Entraînez-vous !

Document

- « Le FEDER dans le Land de Saxe » (**doc. 8** p. 187)

Sujet

En analysant le document, vous montrerez comment l'Union européenne contribue au développement des territoires.

BAC Réalisation d'un croquis

▶ Description de l'épreuve et méthode générale p. 19 et p. 24-25

SUJET GUIDÉ

L'espace transfrontalier France-Italie-Monaco : organisation du territoire, flux et coopérations

À partir du texte, vous construirez, à l'aide du fond de carte fourni, un croquis correspondant au sujet suivant : « L'espace transfrontalier France-Italie-Monaco : organisation du territoire, flux et coopérations », accompagné d'une légende organisée.

Fond de carte différencié

ÉTAPE 1 Lire le sujet et la consigne

▶ **La question à se poser :**

➜ Quelles indications l'énoncé du sujet fournit-il pour la réalisation du croquis ?

Le sujet indique trois thèmes qui pourront constituer les parties de la légende du croquis. Celui-ci devra montrer l'organisation du territoire, les différents types de flux qui l'animent et les coopérations mises en place.

ÉTAPE 2 Relever les informations dans le texte

Identifier les idées principales pour déterminer les thèmes de la légende du croquis.

Sélectionner les informations à cartographier pour répondre au sujet.

Relever les noms permettant de localiser les informations sur le croquis.

Les territoires bordant la frontière sont inégalement occupés. Ils sont dominés par le massif alpin dans leur partie nord et s'ouvrent au sud sur une étroite bande littorale. L'urbanisation se concentre sur le littoral azuréen qui comprend trois pôles majeurs : Nice (545 000 hab.), Monaco (38 000 hab.) et Menton (30 000 hab.). Elle se poursuit en Ligurie, côté italien, par les villes de Vintimille (25 000 hab.), Bordighera (11 000 hab.) et San Remo (55 000 hab.). Ces agglomérations sont reliées par un axe de communication littoral constitué d'une autoroute et d'une voie ferrée. L'arrière-pays, enclavé et faiblement peuplé, est marqué par les contraintes du relief alpin.

L'espace littoral concentre des flux variés. Ce sont des flux de proximité (loisirs, commerce) et des flux de travailleurs entre les pôles d'emplois azuréens (Nice, Menton), italien (Vintimille-San Remo) et monégasque. Monaco, second pôle d'emploi après Nice, draine une grande partie de ces travailleurs. La frontière entre la France et l'Italie, membres de l'espace Schengen, est également le lieu de transit des migrants en provenance d'Afrique et du Moyen-Orient. Vintimille, en Italie, est l'un point d'entrée des clandestins qui passent la frontière vers Menton ou dans les Alpes vers Breil-sur-Roya.

Ces territoires forment aussi un espace de coopération. Les Alpes-Maritimes et la Ligurie font partie de la vaste Eurorégion Alpes-Méditerranée. Dans le sud du massif alpin, le Groupement européen de coopération territoriale (GECT) Parc européen réunit le parc national du Mercantour (en France) et les aires protégées delle Alpi Marittime (en Italie) dans une coopération transfrontalière de gestion des espaces naturels protégés.

ÉTAPE 3 Classer les informations et choisir les figurés

▶ Recopiez le tableau ci-dessous pour vous aider à faire la légende du croquis ; complétez les informations et les figurés manquants.

Conseil

▶ Choisissez bien la taille et la forme de vos figurés pour représenter, hiérarchiser et différencier les informations.

Thème	Informations	Reformulation	Figurés	Lieux
1. Des espaces majeurs de la mondialisation	• .... • .... •		 • 	....
2.	• Frontière • État membre de l'espace Schengen • .... • .... •	Mobilités de populations	• .... FRANCE • .... • .... •	....
3. Un espace de coopérations	• .... •			....

Tableau à imprimer

ÉTAPE 4 Réaliser le croquis

▶ Compléter le croquis.

➔ Dessinez les figurés manquants.

➔ À l'aide du tableau, écrivez le nom des lieux indiqués dans le texte en respectant les localisations.

➔ Complétez la légende et mettez-la au propre.

➔ Donnez un titre au croquis.

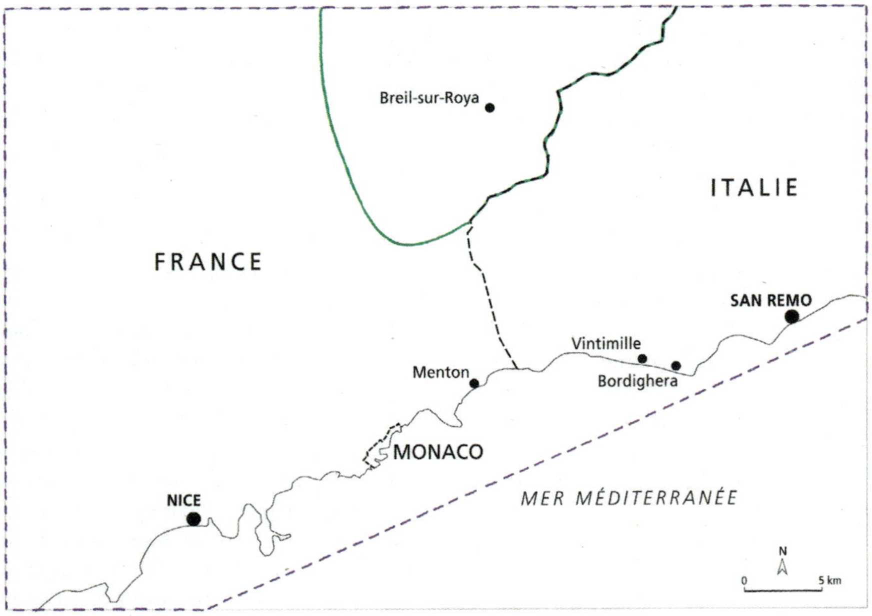

THÈME 3
SE PRÉPARER
CHAPITRE 5
CHAPITRE 6
RÉVISER

▶ Description de l'épreuve et méthode générale p. 19 et p. 20-25

▶ Réponse à une question problématisée

SUJET

Comment l'Union européenne favorise-t-elle l'insertion de ses territoires dans la mondialisation ?

▶ Réalisation d'un croquis

SUJET

L'Union européenne et ses territoires dans la mondialisation

À partir du texte, vous construirez, à l'aide du fond de carte fourni, un croquis correspondant au sujet suivant : « L'Union européenne et ses territoires dans la mondialisation », accompagné d'une légende organisée.

Fond de carte

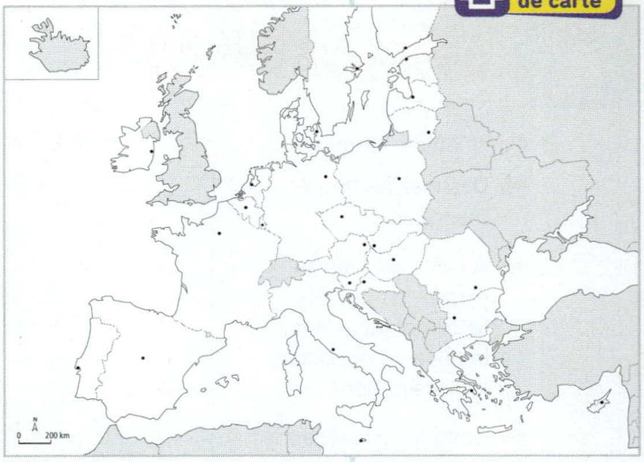

L'Union européenne est un espace ouvert sur le monde. Elle dispose d'interfaces très actives, terrestres (frontière orientale) et maritimes (mer Méditerranée, océan Atlantique, Manche, mer du Nord, mer Baltique) La « Northern Range » est un ensemble de 13 ports, parmi lesquels celui de Rotterdam, qui s'étend sur 1 000 km entre Le Havre et Hambourg et constitue la deuxième façade maritime mondiale. Le trafic aéroportuaire témoigne également de l'ouverture européenne avec trois aéroports classés parmi les 15 premiers mondiaux : Paris, Amsterdam et Francfort ont cumulé un trafic de plus de 220 millions de passagers en 2019.

L'Union européenne est également un pôle attractif de l'économie mondiale. Elle est le premier destinataire mondial des investissements directs étrangers. En provenance de la Chine principalement, ces investissements sont réalisés dans des secteurs clés de l'économie européenne, comme le raffinage ou l'industrie pharmaceutique. Par ailleurs, l'intérêt pour le patrimoine et les cultures européennes fait de l'UE le premier pôle touristique mondial avec plus de 500 millions de visiteurs.

Cependant, les territoires de l'Union européenne sont inégalement intégrés dans la mondialisation. Le quadrilatère formé par Paris, Amsterdam, Francfort et Milan délimite la région centrale de l'UE : il s'agit de l'espace le plus dynamique, correspondant aux grandes concentrations urbaines, aux réseaux de transport les plus denses et cumulant les pouvoirs politique, économique et financier. Il est dominé par les métropoles mondiales de Paris et Francfort. En dehors de cet espace, les territoires européens constituent des périphéries plus ou moins intégrées dans la mondialisation. Les pays d'Europe de l'Est, les plus récemment admis dans l'UE, sont en cours d'intégration.

Analyse de documents

SUJET

En analysant les documents, vous montrerez les dynamiques des territoires frontaliers en France.
L'analyse des documents constitue le cœur de votre travail, mais nécessite, pour être menée, la mobilisation de vos connaissances.

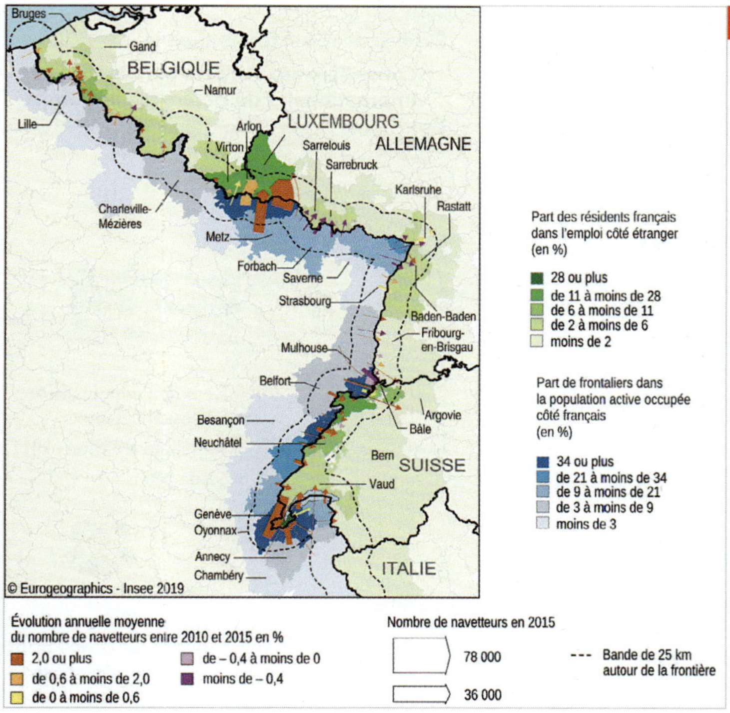

1 L'emploi dans les territoires transfrontaliers

Insee Première n° 1755, 4 juin 2019.

2 Strasbourg-Kehl[1] : une relation privilégiée

Travailleurs frontaliers, consommateurs, résidents, étudiants et apprentis mais aussi simples touristes : de nombreux flux relient les villes de Strasbourg et de Kehl. Malgré une population et des poids économiques très différents (Strasbourg compte 272 000 habitants et Kehl 35 000 dont près de 2 200 résidents français), les deux villes ont développé de longue date une coopération transfrontalière ambitieuse répondant aux besoins des populations qui vivent l'Europe au quotidien. Désormais reliées par 4 franchissements (pont routier de l'Europe, pont ferroviaire, passerelle des Deux Rives, pont du tram Beatus Rhenanus), Strasbourg et Kehl construisent un avenir commun où la frontière s'efface sous l'action de projets emblématiques, parmi lesquels : Le Jardin des Deux Rives, parc urbain transfrontalier inauguré en 2004, la liaison de tramway ouverte en avril 2017. [...] La richesse des relations entre Strasbourg et Kehl en fait un site pilote au niveau européen pour la construction d'une agglomération transfrontalière. Cette démarche bénéficie par ailleurs d'une attention particulière de la Mission opérationnelle transfrontalière qui est un organisme d'appui et de soutien aux projets transfrontaliers et leur prise en compte dans les politiques publiques.

Site Internet de Strasbourg, 2020.

1. Strasbourg en France, et Kehl en Allemagne, sont situées de part et d'autre du Rhin, fleuve frontière.

→ Stéphanie, conseillère aux affaires européennes et internationales du Défenseur des droits

Fiche Métier

→ Conseillère aux affaires européennes et internationales

- **Niveau minimum d'accès :** BAC +5
- **Salaire d'un débutant :** 2 000 € net
- **Salaire en milieu de carrière :** 3 000 € net
- **Statut :** fonction publique
- **Compétences requises :**
  ✓ sens de la diplomatie ✓ adaptabilité
  ✓ flexibilité ✓ qualités rédactionnelles

PARCOURS D'ÉTUDES POSSIBLES

- Master en droit international
- Master en droits de l'Homme et droit humanitaire
- Master en sciences politiques

CV EXPRESS

Stéphanie, 34 ans, Saint-Ouen (Seine-Saint-Denis)

FORMATION

- Bac ES, Taverny (Val-d'Oise)
- Licence en droit, Cergy-Pontoise
- Master 1 en droit international public, Groningue (Pays-Bas)
- Master 2 en droits de l'Homme et droit humanitaire (Evry)

Expériences professionnelles

→ **Conseillère aux Affaires européennes et internationales du Défenseur des droits**

Le métier de Stéphanie

Témoignage complet

Que vous ont apporté vos études dans votre métier ?

Outre la compréhension du fonctionnement des organisations internationales comme l'ONU et l'UE, l'université m'a appris à acquérir des compétences rédactionnelles et à faire des recherches, notamment juridiques, ce qui est primordial pour la rédaction de notes à destination de mon employeur ou de mes interlocuteurs !

Quel est le rôle de votre institution ?

Le Défenseur des droits est une institution indépendante chargée de défendre les droits et libertés individuelles de toute personne (défense des usagers des services publics, défense et promotion des droits de l'enfant, lutte contre les discriminations, orientation et protection des lanceurs d'alerte et respect de la déontologie des professionnels de sécurité). Il rend compte à l'ONU de la mise en œuvre en France des droits des enfants et des droits des personnes en situation de handicap.

Votre métier vous offre-t-il l'opportunité de beaucoup voyager ?

Le Défenseur des droits est aussi le Secrétaire général de l'Association des Ombudsmans et Médiateurs de la Francophonie (AOMF). Je voyage environ une fois par mois pour organiser des réunions, formations et des conférences dans les pays de la Francophonie : Belgique, Maroc, Sénégal, Burundi, Canada, Roumanie, Albanie, Mali, Luxembourg…

Présentez-nous un projet sur lequel vous travaillez actuellement.

L'AOMF met en place cette année un projet intitulé « Parlons jeunes », qui vise à mettre en œuvre l'article 12 de la Convention des droits de l'enfant sur le droit d'être entendu. Nous allons réunir des groupes de travail composés de jeunes francophones (Belgique, Bénin, Canada, France, Madagascar, Côte d'Ivoire) pour connaître leur avis sur « comment faire connaître les droits de l'enfant ».

L'employeur de Stéphanie

Défenseur des droits — République Française

- **Nom de l'administration :** Défenseur des droits
- **Année de création :** 2011
- **Siège :** Paris

Nombre de salariés : 220 agents, et plus de 530 délégués en métropole et en Outre-mer

Environ 100 000 réclamations reçues par an

Votre projet d'orientation

- Faites une recherche sur les études de droit et leurs débouchés.
- Le contenu des enseignements et les métiers auxquels ils donnent accès vous intéressent-ils ?

→ Maryse, directrice export et internationalisation des entreprises

Fiche Métier
→ Directrice export et internationalisation des entreprises

- **Niveau minimum d'accès :** BAC +3
- **Salaire d'un débutant :** 1 600 € net
- **Salaire en milieu de carrière :** 2 600 € net
- **Statut :** fonctionnaire ou contractuel
- **Compétences requises :**
  ✓ Connaissance du fonctionnement des collectivités territoriales, du droit public, du commerce international
  ✓ Anglais

PARCOURS D'ÉTUDES POSSIBLES
- Master Commerce international
- Écoles de commerce
- Master Droit international
- Master Économie

CV EXPRESS

Maryse, 47 ans, Saint-Denis-de-la-Réunion

FORMATION
- BAC L, Saint-Denis-de-la-Réunion
- Licence de droit public et privé, Saint-Denis-de-la-Réunion
- Master (ex-DEA) Relations internationales économiques et juridiques, Saint-Denis-de-la-Réunion
- Master Territoires Risques et Action Publique, Saint-Denis-de-la-Réunion

Expériences professionnelles
- → **Région Réunion, directrice export et internationalisation des entreprises, Saint-Denis**
- → Région Réunion, Directrice du Tourisme, Saint-Denis
- → Région Réunion, Conseillère technique au cabinet du Président de Région, Saint-Denis
- → CCI Réunion, Responsable du service gestion du patrimoine, Saint-Denis
- → Commune du Tampon, Chargée de mission Intercommunalité et Associations, Le Tampon

Le métier de Maryse

Témoignage complet

Que vous ont apporté vos études à l'université ?

Elles m'ont apporté un solide socle de connaissances théoriques, indispensable à l'exercice de ma profession, mais également des outils méthodologiques nécessaires à l'adaptation qu'exige le monde du travail. Les études universitaires laissent aux étudiants une grande autonomie que l'on se doit de gérer presque seul : être assidu aux cours, fournir un travail régulier, côtoyer les réseaux professionnels…

Quelles sont vos tâches au quotidien ?

Ma première mission est d'accompagner l'insertion de La Réunion dans la mondialisation conformément à la politique qui a été définie par les conseillers régionaux. Dans ce cadre, mon quotidien s'articule principalement autour de réunions, comités stratégiques ou techniques pour mener à bien nos projets. J'assure aussi un rôle dans l'accompagnement des entreprises souhaitant obtenir des informations, des conseils et des aides financières. Cela m'amène à recevoir et visiter des entreprises, à évaluer leurs besoins et à leur proposer un accompagnement adapté. Enfin, pour assurer des débouchés aux entreprises en quête d'internationalisation, nous mettons en œuvre des actions de promotion économique des filières réunionnaises. Il s'agit de participer à des salons à l'extérieur du territoire, de communiquer (médias, réseaux sociaux), d'organiser des événements autour des savoir-faire pour favoriser leur insertion dans les réseaux internationaux. Pour ce faire, je m'appuie sur sept collaborateurs et sur des antennes délocalisées dans plusieurs pays (Comores, Madagascar, Maurice, Seychelles, Chine, Mozambique). A côté de mon travail exercé localement, je suis donc amenée à voyager dans les pays que nous identifions comme marchés-cibles.

Quels sont les aspects de votre métier qui vous plaisent le plus ?

J'exerce des missions qui revêtent des aspects stratégiques transversaux pour le territoire de La Réunion en particulier et pour la France en général. Cela permet d'avoir une hauteur de vue et de participer, à mon humble niveau, au développement socio-économique de mon île. Mon métier me conduit à rencontrer beaucoup de monde à La Réunion et à l'étranger ce qui est très enrichissant professionnellement mais aussi humainement.

L'employeur de Maryse

RÉGION RÉUNION

Nom de l'administration : Conseil régional de La Réunion
Année de création : 1982
Siège social : Saint-Denis-de-la-Réunion
Nombre de pays d'implantation : 7 pays

Nombre de salariés : 4 500

Votre projet d'orientation

- Identifiez d'autres métiers impliquant de fortes mobilités professionnelles.
- Considérez-vous ces voyages comme un atout ou une contrainte ?

THÈME 4

CHAPITRE 7 La France et ses régions dans l'Union européenne et dans la mondialisation

Comment l'aménagement des territoires contribue-t-il à intégrer la France et ses régions dans l'Union européenne et dans la mondialisation ?

Textes DYS
TOUS LES TEXTES EN VERSION DYS
lyceen.nathan.fr/geoterm-2020

SOMMAIRE

Zoom sur...

La LGV Sud Europe Atlantique

Longueur (Tours-Bordeaux)	302 km
Durée du trajet Paris-Bordeaux	2h04 min
Nombre de passagers par an	10 millions

Ligne à grande vitesse (LGV) Sud Europe Atlantique, mise en service en 2017, reliant Paris à Poitiers et Bordeaux. Photographie prise à Cubzac-les-Ponts (Gironde) en 2017.

Pour entrer dans le chapitre

Vidéo

« LGV Tours-Bordeaux : la vidéo des tests à 320 km/h »,
France 3 Régions Nouvelle-Aquitaine, octobre 2016.

Tours
FRANCE
Cubzac-les-Ponts
Bordeaux
TGV

Étude de cas

Les Jeux olympiques de 2024 et l'intégration mondiale de la Région Île-de-France

Zoom sur…

La Région Île-de-France

Population	12,2 millions d'hab. (2019)
PIB	709 milliards d'euros (1er rang européen)
Superficie	12 012 km² (13e rang des 18 régions françaises)

➔ Les Jeux olympiques de 2024 peuvent-ils renforcer le développement des territoires de la Région Île-de-France ?

A Paris 2024 et aménagement des territoires

Vidéo

1 Jeux olympiques et infrastructures

Carte interactive

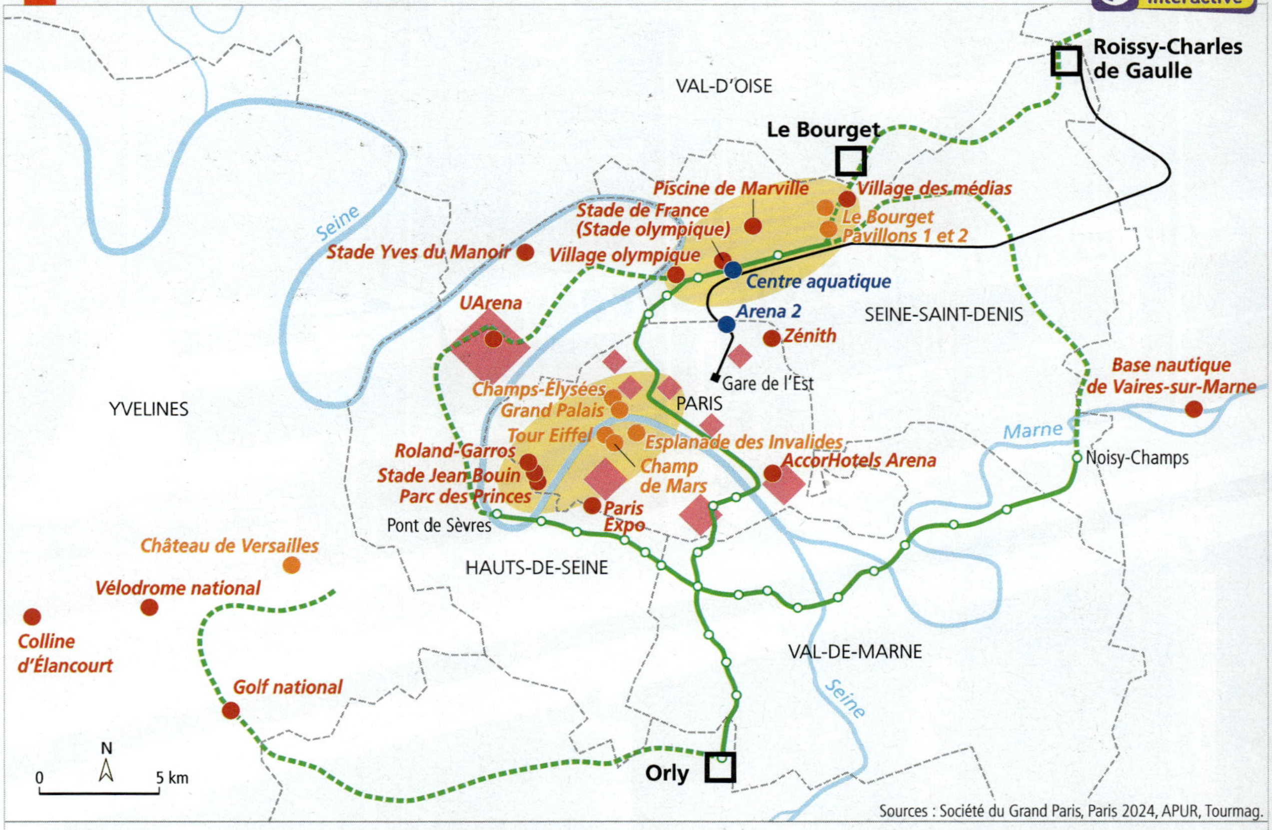

1. Les sites olympiques
- Pôles d'équipements sportifs
- Sites existants
- Sites construits pour les JO
- Sites temporaires

2. Les infrastructures de transport
- Aéroports
- Lignes du Grand Paris Express (GPE)
  - en service en 2024
  - en service après les JO
- Nouvelles stations de métro
- Projet de liaison rapide Paris-CDG Express (après 2025)

3. Les infrastructures hôtelières
- Entre 200 et 500 chambres prévues
- Entre 500 et 800 chambres prévues
- 2 500 chambres prévues

B Un rayonnement international renforcé

2 Des Jeux au service de l'attractivité de la Région Île-de-France

Parole d'acteur

L'attribution des Jeux olympiques et paralympiques à Paris en 2024 est une opportunité pour accroître l'attractivité de l'Île-de-France qui bénéficiera d'une exposition internationale importante et d'un impact économique conséquent. Certains secteurs sont particulièrement concernés comme la construction, le tourisme ou le sport. Il appartient à la région de maximiser les retombées économiques pour qu'elles bénéficient au plus grand nombre. […]

L'Île-de-France est une région mondiale, qui accueille 40 millions de touristes par an et où sont implantées de nombreuses multinationales. L'attractivité de son territoire passera également par un effort concernant la maîtrise par le plus grand nombre de langues étrangères, notamment l'anglais. […]

La Région Île-de-France, à travers le programme Smart Région Initiative, souhaite faire de la Région Île-de-France la première Smart Région[1] d'Europe. C'est pourquoi le fil directeur de la stratégie d'accompagnement des Jeux par la Région est l'innovation. L'ambition est de participer à l'organisation de Jeux novateurs, pour les visiteurs comme pour les athlètes [...]. La Région soutient l'émergence d'un cluster sport en s'appuyant sur un réseau de recherche dense. La préparation des Jeux doit permettre de structurer et de développer la filière économique sportive. Il sera proposé de créer un Village […] dédié aux projets des entreprises franciliennes.

« Stratégie d'accompagnement de la Région Île-de-France à l'organisation des Jeux olympiques et paralympiques 2024 », Rapport pour le conseil régional d'Île-de-France, septembre 2018.

1. Région utilisant les technologies du numérique pour améliorer la qualité des services urbains ou encore réduire ses coûts.

3 Paris 2024, une promotion internationale

Une du *New York Times* du 4 avril 2017, au moment de la présentation de la candidature parisienne. Les organisateurs parisiens ont acheté ce cahier spécial de quatre pages au quotidien américain.

4 Paris, un territoire au cœur des Jeux

Journée olympique, juin 2019. De nombreuses épreuves se dérouleront au cœur de Paris sur des sites emblématiques de la capitale, comme ici, place de la Concorde.

5 Un événement mondial

THÈME 4
CHAPITRE 7
RÉVISER

C Les Jeux olympiques, une chance pour les territoires ?

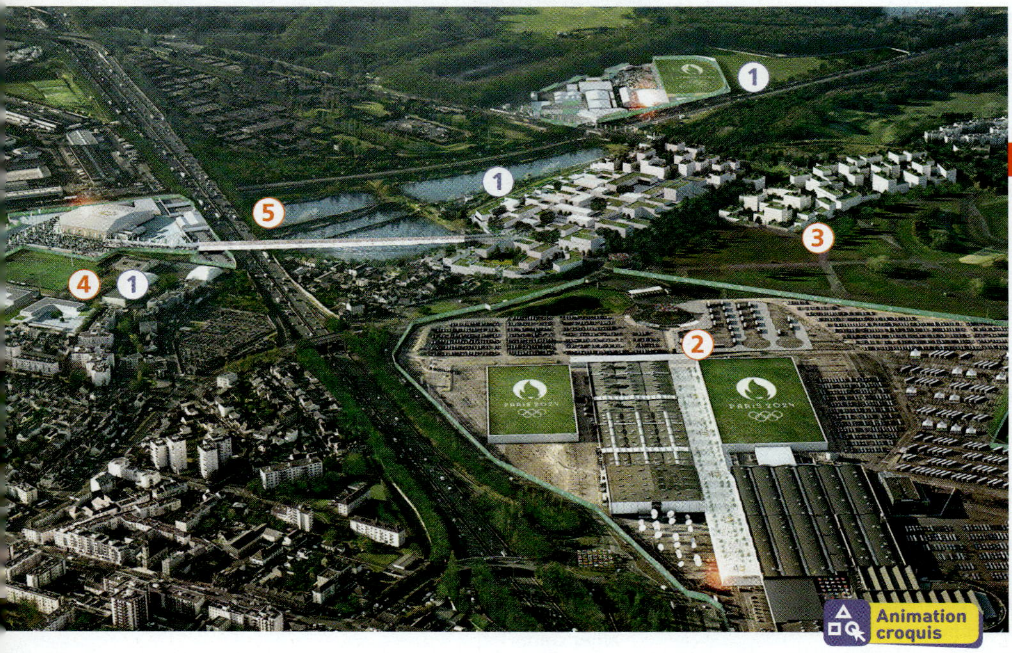

6

La Seine-Saint-Denis au cœur des Jeux (image de synthèse)

Aménagements temporaires :
① Sites olympiques (badminton, tir, volley-ball)

Aménagements permanents :
② Centre des médias (parc des expositions du Bourget, déjà existant)
③ Village des médias, transformé en logements et bureaux après les JO
④ Rénovation d'équipements sportifs et scolaires à l'occasion des JO
⑤ Nouvelle passerelle sur l'autoroute A1

Animation croquis

7 Le projet olympique contesté

Images marquantes d'infrastructures abandonnées devenues symboles de la crise économique grecque en 2004, expulsion et destruction des favelas des Jeux olympiques de Rio : les récentes expériences olympiques s'apparentent bien plus à de grands projets catastrophiques écologiquement et socialement qu'à des événements porteurs d'une vision économique, sociale et écologique nouvelle. En Seine-Saint-Denis, territoire des principaux nouveaux sites olympiques de 2024, des habitants sont entrés en résistance contre les discours officiels […]. Le Comité de vigilance Saint-Denis, ensemble de dix-neuf collectifs de luttes citoyennes (pour l'enfouissement de l'autoroute A1, pour la défense et l'extension du parc de la Courneuve, pour le droit au logement, etc.) esquisse un aperçu des nombreux enjeux territoriaux. […]

La constitution de plusieurs zones d'aménagements concertées (ZAC) est prévue. Elles accueilleront le village olympique – transformé par la suite en logements et bureaux – et un écoquartier fluvial, qui suscitent de nombreuses interrogations. Des descriptions estampillées « écologique et solidaire » […], des toitures végétales pour un nouvel écosystème de biodiversité, des îlots producteurs d'énergie renouvelable, etc. Mais la reconversion de ces zones fait craindre la constitution d'enclaves gentrifiées en Seine-Saint-Denis. […] La part réduite de logements sociaux – entre 25 % à Saint-Ouen, et 40 % à Saint-Denis – met en doute les ambitions affichées.

Cyril Lecerf Maulpoix, « Qui va toucher l'héritage des JO 2024 » [en ligne], www.regards.fr, 6 mai 2019.

Questions

Itinéraire 1

Répondre aux questions

1. **Montrez** le lien entre construction des sites olympiques et aménagement des territoires. **doc. 1**
2. **Montrez** que les Jeux olympiques et paralympiques peuvent renforcer l'attractivité de l'Île-de-France. **doc. 1 à 5**
3. **Déterminez** les atouts et les limites de l'organisation des Jeux olympiques et paralympiques en Seine-Saint-Denis. **doc. 6 et 7**

Synthétiser

4. **Expliquez** les enjeux de l'organisation des Jeux olympiques et paralympiques pour l'Île-de-France et ses habitants. **doc. 1 à 7**

ou

Itinéraire 2

Participer à un débat ORAL

- L'organisation des Jeux olympiques à Paris en 2024 est-elle une chance pour les territoires d'Île-de-France ?
- Utilisez le corpus documentaire et menez des recherches personnelles afin de construire votre argumentation.

Croquis de l'étude de cas

Objectif BAC

Consigne : En vous aidant du texte ci-dessous, et en vous appuyant sur vos connaissances, complétez la légende et le croquis de synthèse.

Aide pour répondre à la consigne :
- Relevez les informations dans les trois paragraphes.
- Identifiez les figurés pouvant être utilisés pour cartographier ces informations.
- Rédigez la légende et réalisez le croquis.

Les Jeux olympiques de 2024 et l'intégration mondiale de la Région Île-de-France

L'Île-de-France accueillera l'essentiel des compétitions olympiques de 2024. L'organisation est caractérisée par une concentration des sites dans deux pôles sportifs. Le premier, en Seine-Saint-Denis, se structure autour de trois sites majeurs : le village olympique, le village des médias et le Stade de France dans lequel se tiendront les cérémonies d'ouverture et de fermeture. Le second s'anime autour de la Seine faisant la part belle à des infrastructures déjà existantes (AccordHotelsArena, Roland-Garros, parc des Princes) ou temporaires, en des lieux emblématiques de la capitale (Champ-de-Mars, tour Eiffel, Champs-Élysées, Invalides, Grand Palais). D'autres sites sont prévus (Zénith, château de Versailles, Saint-Quentin-en-Yvelines...).

L'organisation des JO pourra s'appuyer sur une excellente connexion internationale. Un réseau de transports dense assurera les mobilités de 15 000 athlètes, 20 000 journalistes et des spectateurs. Les axes routiers et autoroutiers (le boulevard périphérique, la rocade « Francilienne », l'A1, l'A4, l'A6…) polarisent et redistribuent les flux entre Paris et les territoires français et européens. Le réseau ferroviaire est équipé de hubs multimodaux parmi lesquels les gares du Nord et de l'Est, connectées à Londres, Bruxelles, Amsterdam et Francfort. Enfin, le hub de Roissy Charles-de-Gaulle (10e rang mondial), secondé par l'aéroport d'Orly, draine plus de 70 millions de passagers annuels.

L'Île-de-France concilie Jeux olympiques et développement des territoires. Les nouvelles lignes de métro 14, 15 et 16 du Grand Paris Express devraient ouvrir en 2024. Une nouvelle gare multimodale verra le jour à Saint-Denis-Pleyel. En revanche, la future ligne de train du Charles-de-Gaulle Express ne sera finalement pas en service pour les JO 2024. En Seine-Saint-Denis, deux nouveaux quartiers devraient bénéficier d'une reconversion des sites du village olympique et du village des médias en bureaux, en équipements scolaires et en logements en dépit des risques de gentrification.

Fond de carte

THÈME 4
CHAPITRE 7
RÉVISER

Le projet EuroRennes, une ambition européenne

Objectif

1. Préparez une sortie sur le terrain.

2. Votre travail consiste à étudier un projet récent ou en cours de réalisation au sein de votre région. Ce projet d'aménagement doit avoir pour vocation de renforcer l'attractivité et le rayonnement du territoire concerné afin de favoriser son intégration dans l'Union européenne et dans la mondialisation.

3. Réalisez un diaporama pour présenter votre travail.

Aide pour répondre à la consigne :
- Notion « Aménagement des territoires » : voir p. 267

Étudier un aménagement de proximité

ÉTAPE 1 Préparer le sujet et se documenter

A Choisir le territoire de proximité et l'aménagement

PRINCIPAUX TYPES D'AMÉNAGEMENTS

Territoires de vie
- Quartier d'habitation
- Gare
- Centre culturel ou sportif
- Zone commerciale
- Équipement de transport

Exemple : EuroRennes

Territoires de production
- Quartier d'affaires
- Pôle de haute technologie
- Région agricole
- Région industrielle
- Station touristique

Exemple : La Défense

Territoires de protection de la nature
- Parc naturel régional
- Parc national
- Forêt
- Littoral

Exemple : parc du Mercantour

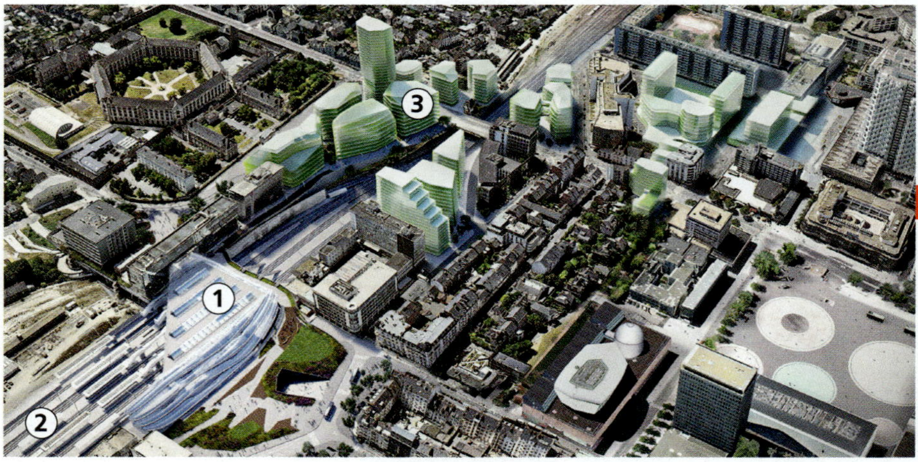

Le projet EuroRennes
Image de synthèse, juin 2019.
① Pôle d'échanges multimodal (gare SNCF, station de métro, gare routière, lignes de bus)
② Voies ferrées (reliées à la LGV Rennes-Paris)
③ Nouveaux immeubles (bureaux, logements, commerces)

B Élaborer une problématique

- Une enquête sur le terrain est toujours construite à partir d'une problématique. Une problématique est la formulation d'un questionnement pertinent autour du sujet que l'on veut traiter. Elle sert de fil conducteur au travail qui sera construit comme une réponse à cette interrogation préalable.

Problématique possible pour le cas d'EuroRennes :
Comment le projet d'aménagement d'EuroRennes affirme-t-il les ambitions européennes de Rennes ?

C Se documenter

- Après avoir défini le sujet et la problématique, il est nécessaire de préparer le travail de terrain en se documentant (par exemple, au CDI de votre lycée).

Sites Internet

- Sites des collectivités territoriales
- Sites des agences d'urbanisme
- SIG (Systèmes d'information géographique) : Géoportail, Google Earth
- Site de l'Insee

Livres - Publications

- Publications des collectivités territoriales
- Ouvrages de géographie
- Manuels scolaires
- Atlas
- Dictionnaires et encyclopédies

Films - Vidéos

- Vidéos produites par les collectivités territoriales
- Émission de télévision de la chaîne régionale
- Podcasts radio
- Films documentaires
- Archives de l'INA

Un article de presse sur le projet

Le quartier de la gare de Rennes est en train de connaître une complète métamorphose. La ligne à grande vitesse qui relie désormais Paris à la porte de la Bretagne en moins d'une heure et demie, la mise en service en 2020 de la nouvelle ligne B du métro et le développement du trafic TER devraient entraîner d'ici à 2025 un doublement du nombre de voyageurs. Le projet d'aménagement EuroRennes vise ainsi à répondre à la nécessité de renforcer les capacités d'accueil et la fluidité du hub rennais, devenu pôle d'échange multimodal (PEM), et s'inscrit dans une politique de développement des mobilités douces. Mais il a aussi pour dessein d'étendre le centre-ville vers le sud, et surtout de « recoudre » la ville, coupée en deux par les voies ferrées, « pour doter Rennes d'un centre-ville élargi, digne d'une vraie métropole, explique Emmanuel Couet, président de Rennes Métropole. La gare et son quartier, pôle d'entrée en Bretagne, doivent servir l'attractivité de la capitale bretonne et devenir un marqueur de la 10e métropole française ». […]

Rennes veut faire de ce nouveau quartier un pôle économique d'envergure nationale en accueillant notamment des sièges sociaux d'entreprises.

Laetitia Van Eeckhout, « Autour de sa nouvelle gare, Rennes se dote d'un nouveau centre-ville élargi et végétalisé », *Le Monde* [en ligne], 27 mars 2019.

Vidéo

Une vidéo sur le projet

« La gare de Rennes fait son show », film de Rennes Métropole, 5 juillet 2019.

THÈME 4 CHAPITRE 7 RÉVISER

Étudier un aménagement de proximité

Le projet EuroRennes, une ambition européenne

ÉTAPE 2 Mener l'enquête sur le terrain

L'enquête sur le terrain permet de collecter des données afin d'enrichir la recherche documentaire. C'est le temps de l'observation, de la rencontre avec les acteurs du projet (prise de rendez-vous, préparation d'un questionnaire), de la réalisation de croquis et de photos sur place.

Parvis de la nouvelle gare de Rennes
Photographie prise en juillet 2019.

Vue du nouveau quartier d'affaires avec les immeubles de Urban Quartz en construction
Photographie prise en juillet 2019.

La réhabilitation d'un quartier à proximité
L'avenue Janvier, à proximité de la gare, et ses futurs aménagements dans le cadre du projet EuroRennes (image de synthèse).

D Localiser et caractériser l'aménagement

- **Localisez** l'aménagement dans la ville, la commune, le département et la région.
- **Indiquez** le territoire de proximité concerné par l'aménagement :
  – communauté de communes,
  – communauté d'agglomération,
  – communauté urbaine ou métropole.
- **Précisez** la nature de l'aménagement : transports, urbanisme, environnement, tourisme, santé, culture, sports, etc.
- **Déterminez** le type d'infrastructures ou de bâtiments.
- **Relevez** les caractéristiques principales de l'aménagement : date de décision, de réalisation, commanditaires, superficie, composantes, objectifs, etc.
- **Prenez** des photographies ou réalisez de courtes vidéos. Réalisez des schémas.

E Identifier les acteurs du projet et collecter leurs propos

- **Identifiez** les différents types d'acteurs du territoire de proximité selon les catégories auxquelles ils appartiennent.

Acteurs publics

- Représentants des collectivités territoriales (commune, département, région)
- Représentants d'un EPCI (communauté de communes, communauté d'agglomération, communauté urbaine, Métropole)
- Maire
- Adjoint municipal
- Responsable de l'urbanisme
- Représentant d'une agence d'urbanisme

Acteurs privés

- Architectes
- Urbanistes
- Entreprises en bâtiment

Citoyens

- Habitants du quartier
- Acteurs économiques (commerçants)
- Association (protection de l'environnement)
- Comité de vigilance
- Comité de soutien

- **Réalisez** une interview d'un élu politique local. Exemples de questions
- **Enquêtez** auprès des habitants du quartier (leurs attentes, leurs critiques, leur implication dans le projet) et auprès des usagers.
- **Recherchez** des acteurs qui nuancent l'efficacité économique de ce projet ou qui le critiquent pour ses conséquences paysagères et/ou sociales.

Des acteurs à différentes échelles

Inauguration de la gare de Rennes, 3 juillet 2019.

Conseil

▶ Identifiez les logos situés sur les documents promotionnels en indiquant l'échelle à laquelle évolue chacun des acteurs.

▶ Consultez leur site internet pour comprendre le rôle de chacun.

Un projet controversé

Paroles d'acteurs

« Les métropoles sont le visage d'une France inventive et créative, et Rennes se veut à la pointe de ce mouvement », affirmait Emmanuel Couet, président de Rennes Métropole. Grâce aux investissements et aux filières économiques historiques de la ville (numérique, agroalimentaire, santé), les élus espèrent un « effet d'entraînement » dans toute la Bretagne.

Pour le géographe Guy Baudelle, professeur à l'université Rennes 2, il faut pourtant se garder de surestimer « l'effet LGV ». « L'arrivée de la LGV ne garantit pas seule de nouvelles implantations d'entreprises », analyse-t-il, notant que la hiérarchie des villes, en termes d'attractivité, « ne bouge que très lentement ». […]

Dans sa course au développement, Rennes essuie des critiques, notamment sur le sort réservé à son patrimoine. « Le petit patrimoine privé, comme les maisons du XIXe et XXe siècle, risque de disparaître », alerte Michel Coignard, président de l'association. […]

Le collectif « Place à défendre » dénonce une « gentrification » rampante du centre-ville. « Les logements sociaux sont assez importants mais surtout situés en périphérie », relève Laurent Gouet, membre du collectif. « Il y a une volonté de transformer l'hyper-centre en centre commercial réservé aux plus aisés. »

AFP, « Avec l'arrivée de la LGV, Rennes voit l'avenir en grand », 4 février 2017.

Le projet EuroRennes, une ambition européenne

ÉTAPE 3 Faire la synthèse de l'enquête

F Rédiger le compte-rendu

- **Finalisez** votre travail par la rédaction d'un compte-rendu et la réalisation d'un diaporama dans lesquels vous montrerez les enjeux, les acteurs et les effets produits ou attendus sur le(s) territoire(s).

- Vous pouvez suivre la démarche suivante.

1. Présentez les enjeux du projet.
- Quels sont le(s) territoire(s) concernés ?
- Quels sont les objectifs ?

2. Synthétisez le rôle des acteurs du projet.
- Distinguez les acteurs publics des acteurs privés. Indiquez leur rôle et leur position respective.
- Montrez que les acteurs interviennent à différentes échelles du local au national.
- Présentez les débats entre les divers acteurs, les limites du projet...

3. Montrez les effets de cet aménagement sur la région.
- Répondez à votre problématique.

4. Accompagnez ce compte-rendu d'un diaporama comprenant :
- des photographies,
- des vidéos,
- des extraits d'interviews et/ou de micro-trottoirs,
- un schéma de l'aménagement (exemple ci-contre).

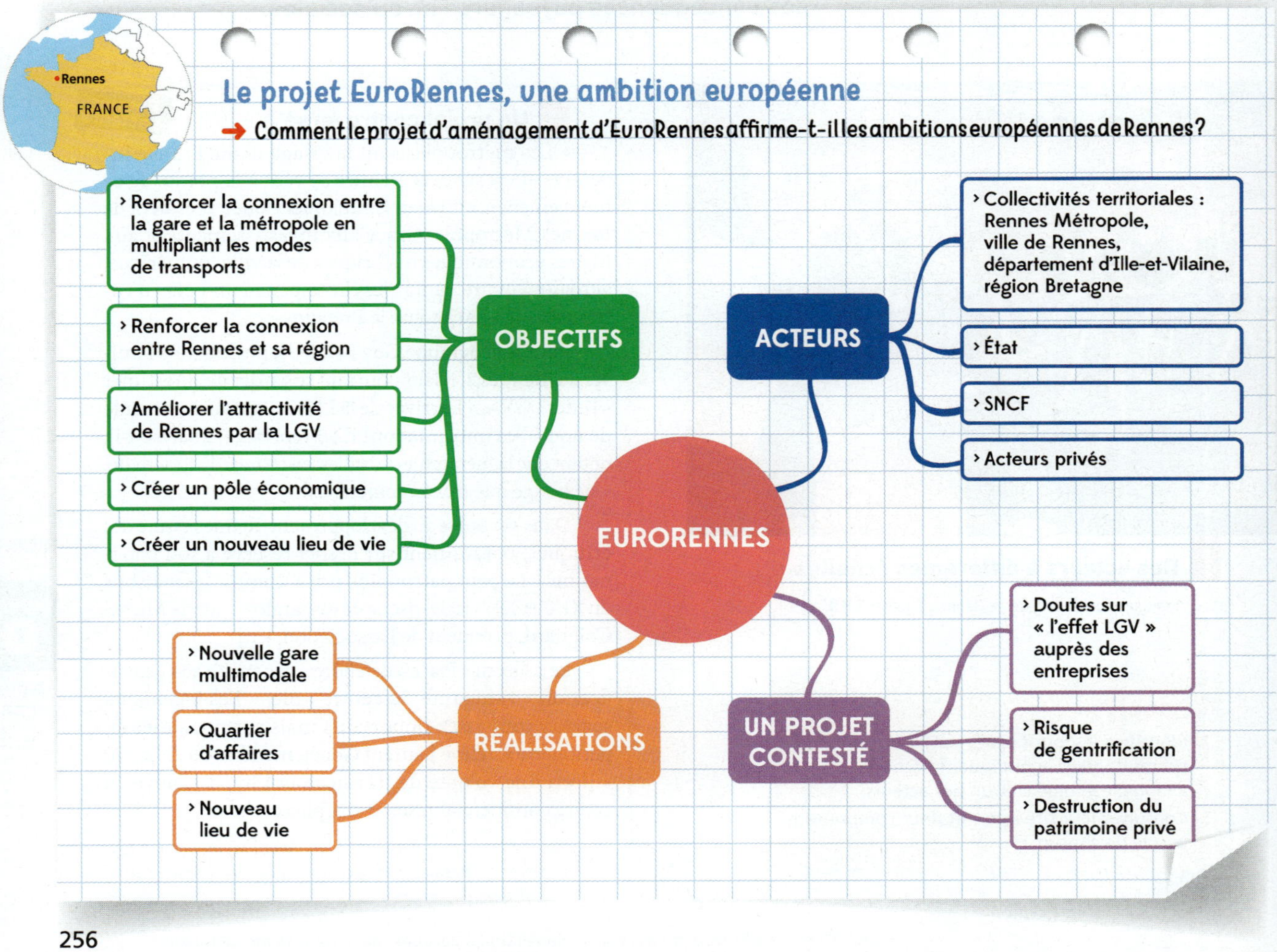

G Cartographier le projet

- **Produisez** un croquis du projet étudié à partir des données relevées sur le terrain.

Pour la légende :
- Repérez dans votre compte-rendu (voir étape 3-F) et dans vos schémas réalisés sur le terrain (voir étape 2-D) les éléments nécessaires à la cartographie du projet.
- Hiérarchisez les objectifs du projet : multimodalité, multifonctionnalité.

Pour le croquis :
- Ajustez l'échelle de votre croquis (2 cm = 100 m) et son orientation.
- Tracez le périmètre du projet.
- Placez au centre de votre croquis les principaux éléments.
  Par exemple, pour EuroRennes : la gare, puis les axes de transport.
- Montrez la multimodalité et la multifonctionnalité du quartier (pôle d'échanges multimodal, quartier d'affaires, lieu de vie).

EuroRennes, un projet multifonctionnel

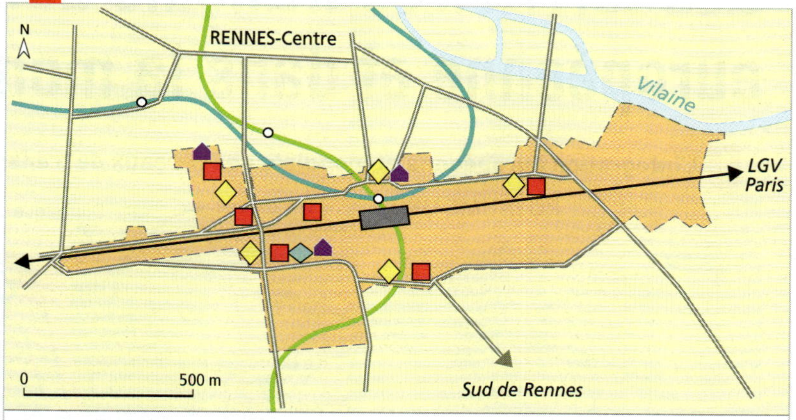

1. Un pôle d'échanges multimodal
- Gare multimodale
- Voie ferrée
- Stations de métro
- Lignes de métro
- Principaux axes routiers

2. Un quartier d'affaires et un lieu de vie
- Périmètre de la zone aménagée
- Bureaux
- Hôtels
- Restaurants, commerces
- Cinéma

Rennes, une ambition européenne

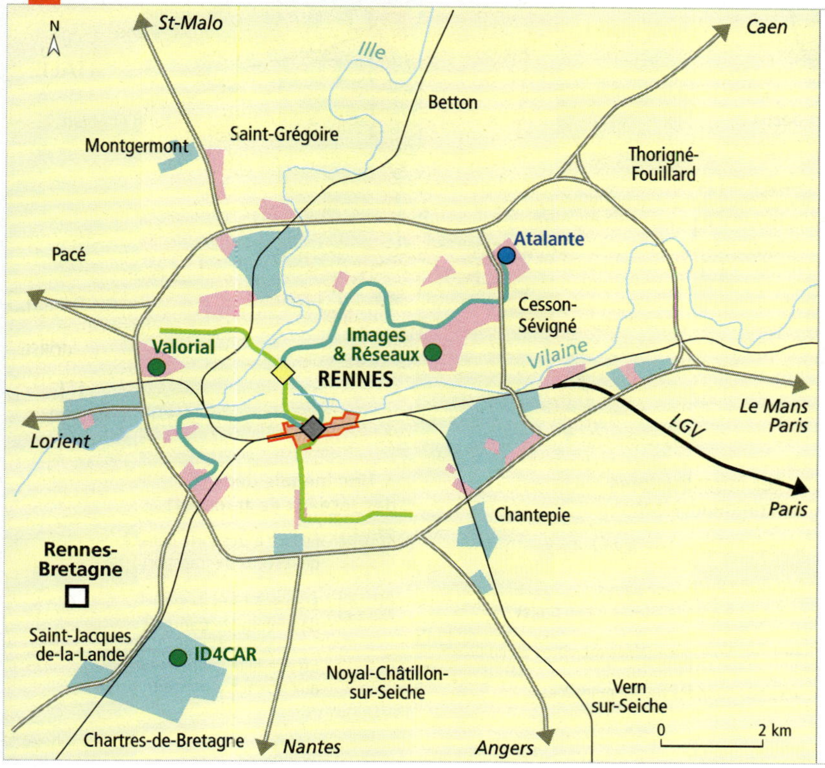

1. Une position d'interface entre la Bretagne et l'Europe
- Axes routiers majeurs
- Axes ferroviaires
- Gare, pôle d'échanges multimodal
- Lignes de métro
- Aéroport

2. Des zones de développement économique
- Rennes métropole
- Zones industrielles et commerciales
- Zones d'activités tertiaires et technologiques
- Projet public EuroRennes

3. Des pôles d'excellence
- Pôles de compétitivité
- Technopole
- Couvent des Jacobins, centre des Congrès

Les territoires français dans l'Union européenne et dans la mondialisation

1 L'intégration européenne et mondiale des réseaux de transport français

Carte interactive

2 Des territoires inégalement intégrés à l'Europe et dans le monde

Carte interactive

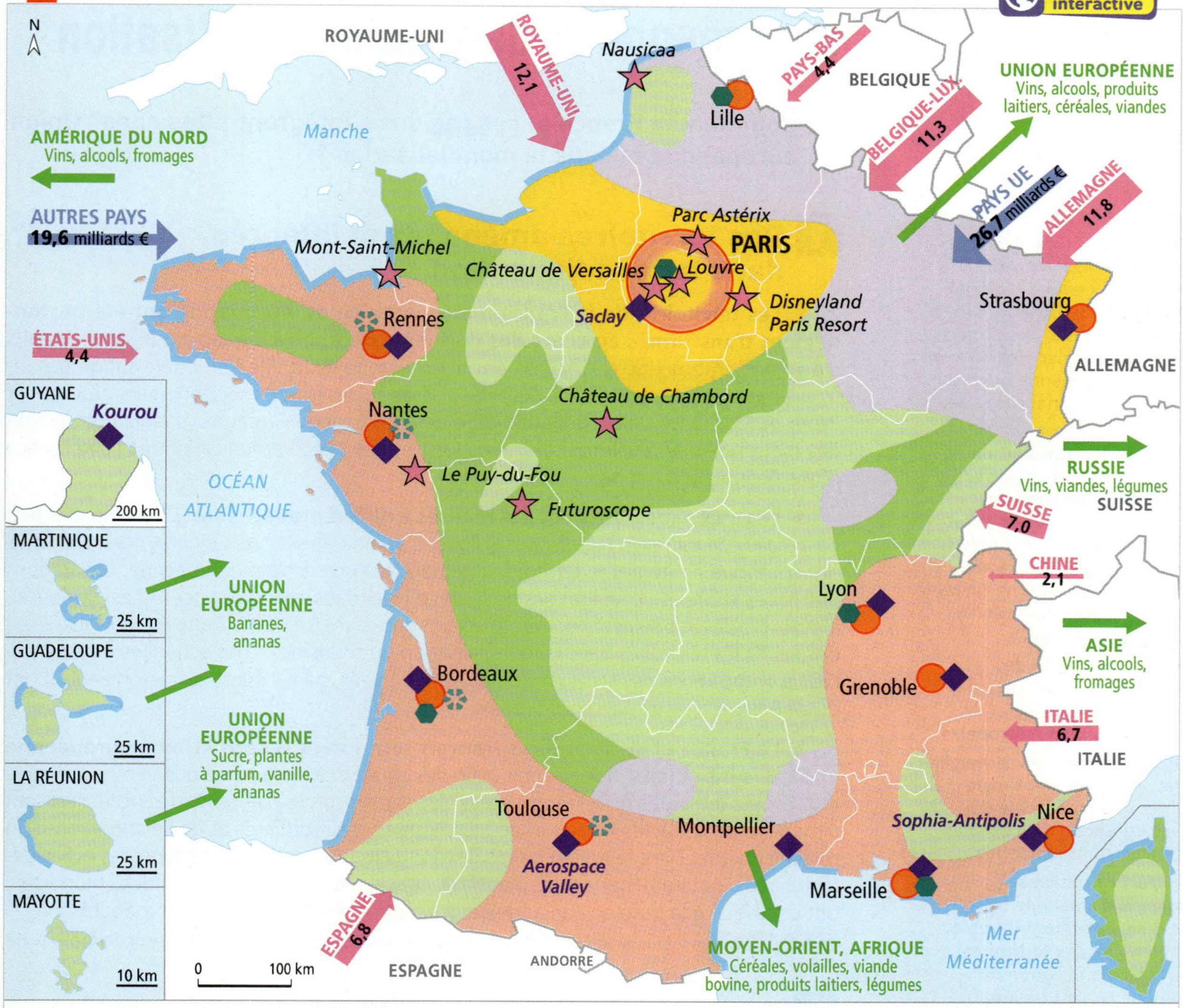

1. Des systèmes productifs inégalement intégrés
- Métropoles innovantes et intégrées dans la mondialisation
- Espaces dynamiques fortement intégrés
- Espaces dynamisés par le tourisme et les hautes technologies
- Anciennes régions industrielles en reconversion
- Espaces agricoles productifs et exportateurs
- Espaces ruraux peu intégrés

2. Des facteurs d'attractivité
- Quartiers d'affaires / en chantier
- Pôles de haute technologie
- Littoraux touristiques
- Sites et lieux touristiques majeurs

3. Des flux favorisant l'intégration
- 26,7 Investissements directs étrangers (en milliards d'euros)
- 6,7 Flux de touristes étrangers (en millions)
- Exportations agricoles

Sources diverses, 2020.

THÈME 4

CHAPITRE 7

RÉVISER

Questions

1. **Identifiez** les territoires français les mieux intégrés à l'Union européenne et au monde. **doc. 1 et 2**
2. **Montrez** le lien entre l'intégration des territoires et la localisation des activités productives. **doc. 1et 2**
3. **Justifiez** que les territoires les plus excentrés sont les moins bien intégrés à l'Europe. **doc. 1 et 2**
4. **Montrez** le lien existant entre l'intégration européenne et mondiale de la région de votre lycée et sa connexion aux réseaux de transport. **doc. 1 et 2**

Cours

Podcast Cours à écouter

Les territoires français dans l'Union européenne et dans la mondialisation

Comment la France et ses régions s'intègrent-elles dans l'Union européenne et dans la mondialisation ?

1 Des territoires aménagés et intégrés dans la mondialisation

● **Les territoires de la France métropolitaine et ultramarine ont été profondément transformés au cours des dernières décennies.** Les politiques et dispositifs d'aménagement des territoires ont accompagné et facilité la modernisation des infrastructures (ponts, ports…), la désindustrialisation des régions anciennement productives (Nord et Est), la mutation productiviste des campagnes (Bretagne), l'étalement urbain des métropoles, la révolution des transports et des télécommunications et l'émergence d'une économie des loisirs.

● **Les aménagements ont été réalisés à différentes échelles.** Le développement des réseaux de transport (autoroutes et lignes à grande vitesse), les tunnels (Alpes, Manche), ont contribué à intégrer le territoire national dans une échelle européenne. Les stations balnéaires littorales ou les stations de sports d'hiver dans les montagnes (Alpes, Pyrénées), ainsi que le développement des infrastructures portuaires (Le Havre, Dunkerque, Marseille…) ont inscrit les territoires dans la mondialisation du tourisme et des échanges marchands. Les recompositions des territoires de proximité (gares, parcs, quartiers piétonniers…) ont dessiné de nouveaux paysages urbains.

● **La France et les territoires français sont intégrés dans l'Union européenne et dans la mondialisation.** Depuis la fin des années 1950, la construction européenne a rattaché les territoires de la France à ceux de ses pays voisins. Les territoires frontaliers sont ainsi devenus attractifs en raison de l'effacement des frontières et de l'élaboration d'un marché unique. Dans le même temps, la mondialisation et l'intensification des échanges marchands, notamment par voie maritime, avec les autres pôles économiques mondiaux, ont contribué à la mise en concurrence des métropoles et des espaces productifs.

ÉTUDIER UN AMÉNAGEMENT DE PROXIMITÉ Le projet EuroRennes, une ambition européenne → p. 252

2 Des acteurs multiples de l'intégration et de l'aménagement

● **L'État et l'Union européenne sont des acteurs déterminants.** L'État, longtemps acteur unique de l'aménagement, élabore les lois (lois Littoral et Montagne, loi MAPTAM…) et dirige des organismes (Conservatoire du littoral) qui définissent l'ensemble des règles permettant d'engager toute action sur les territoires. Il doit aujourd'hui composer avec la politique de cohésion des territoires menée par l'Union européenne dont l'objectif est de réduire les inégalités entre les territoires à l'échelle du continent.

● **Les collectivités territoriales sont également des acteurs importants.** Depuis le début des années 1980, les lois de décentralisation ont transféré de nombreuses compétences aux communes, départements, régions. Elles ont également permis des coopérations intercommunales dans des domaines divers : ramassage scolaire, réseaux de transport en commun, délimitation d'espaces de protection de la nature (parcs naturels). Ce sont des acteurs majeurs pour la recomposition des territoires de proximité.

● **Les acteurs économiques privés sont de plus en plus influents.** Avec la mondialisation des échanges et des investissements, de nombreuses entreprises étrangères participent à la transformation des territoires (Toyota près de Valenciennes). Les individus organisés en associations défendent ou s'opposent parfois aux projets locaux (rocade autoroutière, parc d'attractions, aéroport…). La participation des citoyens est définie par la loi dans tout projet au nom de la démocratie participative.

Vocabulaire

- **FEDER :** Fonds européen de développement régional. Créé en 1975, il finance des infrastructures et des projets de développement locaux dans l'Union européenne grâce aux contributions financières des différents États.
- **Lois de décentralisation :** ensemble des lois qui, depuis 1982, ont transféré une partie des pouvoirs de l'État aux collectivités territoriales. Lorsque ces pouvoirs sont transférés aux régions, on parle aussi de « régionalisation ».
- **Loi MAPTAM :** loi du 27 janvier 2014 de modernisation de l'action publique territoriale et de l'affirmation des métropoles.
- **Productiviste :** qui recherche une production maximale et des rendements élevés par l'utilisation de machines et de produits industriels.
- **SRADDET (schéma régional d'aménagement, de développement durable et d'égalité des territoires) :** outil de planification de l'aménagement régional. Il est élaboré pour une période de cinq ans.

Les 5 régions les plus peuplées (2019)
En millions d'habitants

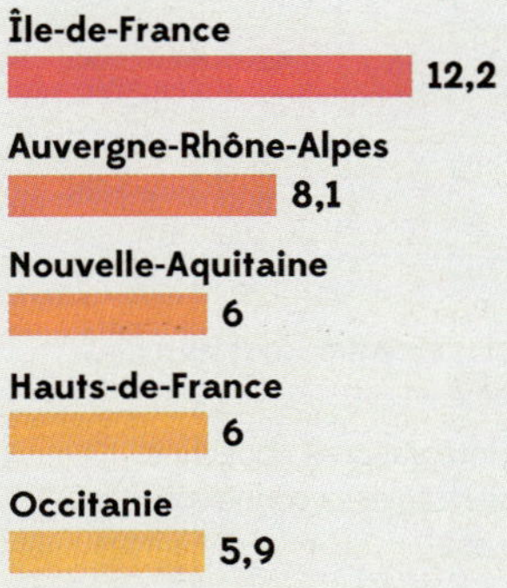

Source : Insee, 2019.

3 Les régions françaises : des acteurs majeurs en Europe et dans la mondialisation

● **Les régions françaises sont des acteurs économiques et territoriaux majeurs.** Depuis la réforme territoriale de 2015, la France compte 13 **régions** métropolitaines et 5 en outre-mer. Certaines d'entre elles (Nouvelle-Aquitaine, Occitanie, Hauts-de-France…) sont désormais plus grandes, plus peuplées et plus puissantes sur le plan économique. Elles ambitionnent de rivaliser avec les grandes régions allemandes ou britanniques et d'être des acteurs spatiaux compétitifs dans la mondialisation.

● **L'aménagement des territoires est au cœur du développement régional.** Les régions participent activement à l'action économique territoriale (formation professionnelle) et à l'organisation d'événements au rayonnement international (festivals de cinéma, compétitions sportives comme les JO 2024) qui contribuent à leur attractivité. Elles interagissent avec les autres collectivités territoriales et collaborent avec l'État sur le financement de projets importants (soutien à des filières innovantes…). Elles élaborent des schémas régionaux d'aménagement, de développement durable et d'égalité des territoires (**SRADDET**).

● **Les régions françaises s'intègrent dans l'espace communautaire européen.** Les régions bénéficient également des aides de l'Union européenne, à travers le **FEDER** (Fonds européen de développement régional) et le FSE (Fonds social européen, en charge de l'inclusion sociale). Les Eurorégions (Alpes-Méditerranée, Nouvelle-Aquitaine-Euskadi-Navarre) permettent des stratégies de développement transfrontalières.

ÉTUDE DE CAS Les JO de 2024 et l'intégration mondiale de la Région Île-de-France → p. 248

Les dépenses des régions (2018), en %

Source : www.collectivites-locales.gouv.fr, 2019.

Notions

- Aménagement des territoires p. 267
- Collectivité territoriale p. 268
- Région p. 269

Du cours au schéma

EXO Exercice interactif

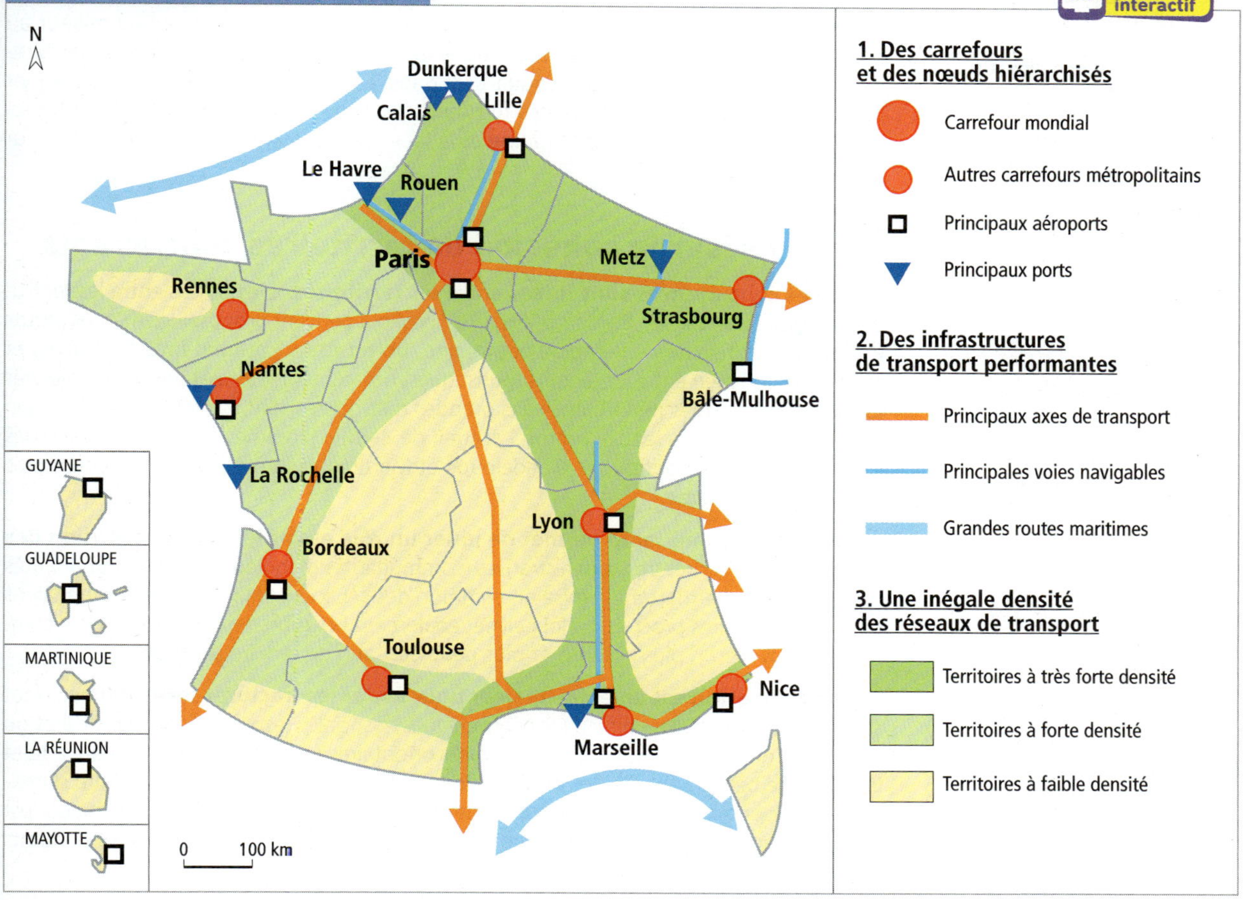

Cours

Podcast Cours à écouter

Des recompositions territoriales à toutes les échelles

Quels sont les enjeux de l'intégration des territoires français dans la mondialisation ?

1 Assurer l'attractivité des territoires

● **Plusieurs types de territoires sont très intégrés dans la mondialisation.** Les 22 métropoles sont les principaux moteurs de la croissance économique, de l'attractivité et de la compétitivité des territoires. Elles ont pour ambition de valoriser les fonctions économiques métropolitaines (finance, commerce, hautes technologies…), d'attirer les investisseurs internationaux, de développer les capacités universitaires de recherche et d'innovation, et d'assurer la promotion internationale de leur territoire. Les 56 pôles de compétitivité (Cosmetic Valley, Minalogic…) sont également des acteurs économiques d'ambition mondiale, tout comme les espaces touristiques.

● **Les facteurs de l'attractivité des territoires sont variés.** Certains territoires s'appuient sur le savoir-faire productif et sur l'innovation (Aerospace Valley dans le Sud-Ouest). Les espaces touristiques (littoral méditerranéen) bénéficient d'un patrimoine mondialement connu. Les métropoles régionales sont très accessibles, car bien reliées par des réseaux de transport rapide (aéroports, gares). Les aménagements (réhabilitation des quartiers urbains centraux à Marseille ou à Lyon) réalisés depuis plusieurs décennies renforcent leur attractivité en permettant la concentration des investissements, des entreprises et des services dans des quartiers d'affaires (la Part-Dieu à Lyon).

● **L'attractivité des territoires s'accompagne du développement durable.** La prise en considération des enjeux environnementaux constitue un enjeu majeur au service du développement local. Les actions de protection et de préservation (parcs régionaux), la multiplication des écoquartiers dans les métropoles doivent accompagner l'équilibre économique et social des territoires, au moyen des agendas 21. La protection des différents types de patrimoine et la labellisation contribuent également à leur valorisation touristique.

2 Favoriser la cohésion de territoires concurrents

● **Les concurrences sont fortes entre les territoires.** C'est le cas entre les métropoles régionales (Nantes, Bordeaux, Nice, Rennes) qui peuvent proposer les mêmes atouts (cadre de vie, marché de l'emploi, patrimoine, universités…) attirant investissements et entreprises, ou bien entre les régions touristiques, notamment littorales. À une échelle plus locale, les communes périurbaines des grandes métropoles sont souvent en compétition pour des projets nouveaux comme l'accueil de centres commerciaux, de plateformes logistiques… Dans l'outre-mer, Guadeloupe et Martinique sont également concurrentes dans le bassin caraïbe.

● **L'intercommunalité permet de jouer un rôle essentiel dans la cohésion des territoires.** Ces structures administratives (communautés d'agglomération, communautés de communes) permettent la mise en commun des services et la réduction des inégalités entre des territoires proches. La loi permet également la fusion des communes en « communes nouvelles », plus grandes et plus peuplées, afin de réduire les coûts.

● **La cohésion est un enjeu majeur pour éviter les fractures territoriales.** L'État soutient les territoires en difficultés économiques et sociales (espaces ruraux désertifiés ou en voie de désindustrialisation). Les quartiers prioritaires où se concentrent la pauvreté et le chômage bénéficient d'aides et de dispositifs d'exonération fiscale. La fracture numérique, le désenclavement sont au cœur des projets d'aménagement. Le risque majeur est celui d'un accroissement des inégalités entre territoires gagnants et territoires perdants dans la mondialisation.

Vocabulaire

- **Agenda 21 :** charte fixant un projet de territoire sur la base d'une gestion durable de ce dernier.
- **Compétitivité :** capacité d'une entreprise, d'un secteur économique ou d'un territoire à vendre ou à fournir durablement un ou plusieurs biens ou services sur un marché potentiel.
- **Développement durable :** mode de développement dont l'objectif est de concilier à la fois progrès économique, harmonie sociale et culturelle et préservation de l'environnement.
- **Métropole :** au sens large, grande agglomération urbaine qui concentre la population et les activités, dotée de fonctions de décision à différentes échelles. Au sens administratif du terme, structure intercommunale d'au moins 400 000 habitants ayant pour objet l'élaboration de projets communs de développement. On en compte 22 en France, dont 3 avec des statuts différents (Paris, Marseille et Lyon).
- **Pôle de compétitivité :** regroupement reconnu par l'État, sur un territoire donné, d'entreprises, d'organismes de formation et de centres de recherche publique ou privée, engagé autour de projets innovants dans un secteur d'activité donné.

Notions

- Attractivité p. 165
- Région p. 269

3 Des inégalités qui persistent

● **L'Île-de-France est une région très intégrée dans la mondialisation.** La Région concentre 31 % du PIB national et 4,5 % du PIB européen. Destination majeure du tourisme international, ville d'art et de culture, Paris est aussi une des capitales mondiales du luxe. Elle accueillera les Jeux olympiques de 2024 en s'appuyant sur son accessibilité à différentes échelles et ses réseaux de transport (Grand Paris Express).

● **Les pôles régionaux sont hiérarchisés.** Les régions et leurs principales métropoles ont des potentiels variés. Celles du Grand-Ouest (Bretagne, Pays de la Loire, Nouvelle-Aquitaine) peuvent s'appuyer sur des métropoles (Rennes, Nantes, Toulouse, Bordeaux) disposant de populations jeunes et dynamiques. Leurs pôles de compétitivité et d'innovation attirent des actifs hautement qualifiés et constituent l'archipel de la dynamique des territoires. D'autres métropoles sont aujourd'hui nettement plus en retrait (Poitiers, Limoges, Amiens…).

● **La France des marges reste sous-intégrée dans la mondialisation.** De nombreuses communes de banlieues des métropoles concentrent des taux de chômage élevés. Les régions rurales éloignées de l'influence des métropoles (Massif central) ont une démographie vieillissante et des activités productives insuffisantes. Elles sont confrontées à la désertification des services, tout comme de nombreuses villes, petites ou moyennes (Gap, Privas…). Les territoires ultramarins (Mayotte, La Réunion), malgré leurs paysages de carte postale, sont marqués par des déficits socio-économiques importants, et par l'éloignement des marchés européens.

ÉTUDE DE CAS Les JO de 2024 et l'intégration mondiale de la Région Île-de-France → p. 248

PIB et rang européen des 3 premières régions françaises (en 2017)

PIB (en milliards d'euros)

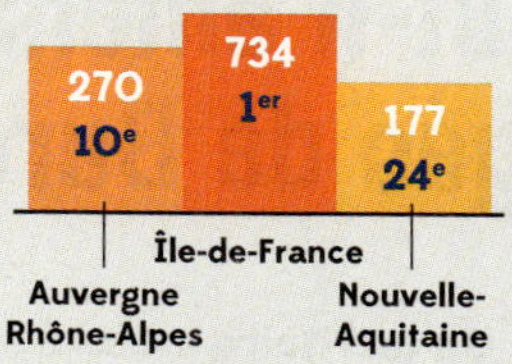

Source : Eurostat, 2019.

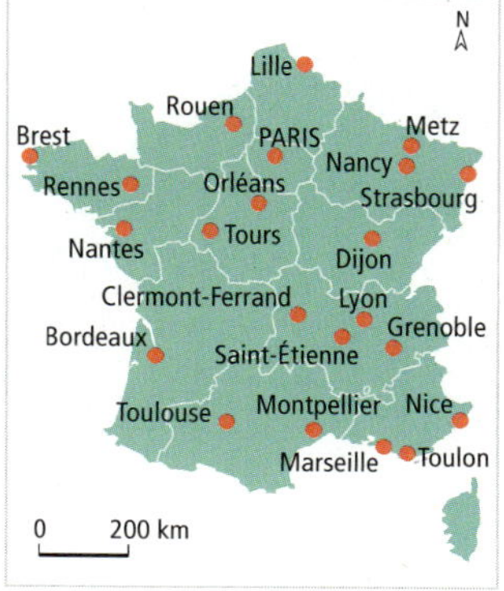

Du cours au schéma

Exercice interactif

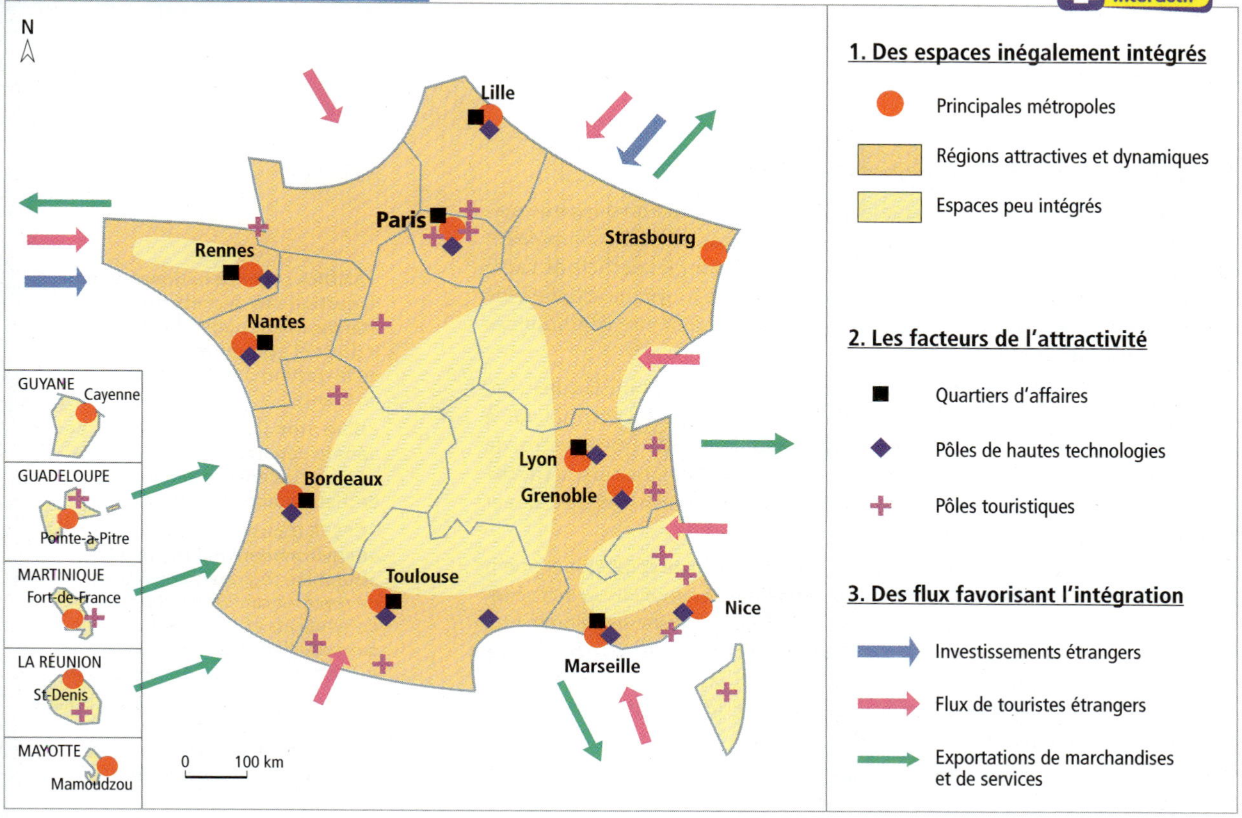

THÈME 4
CHAPITRE 7
RÉVISER

Faut-il aménager le centre de déchets radioactifs Cigéo de Bure (Meuse, Région Grand Est) ?

1 Un territoire intégré à la filière nucléaire

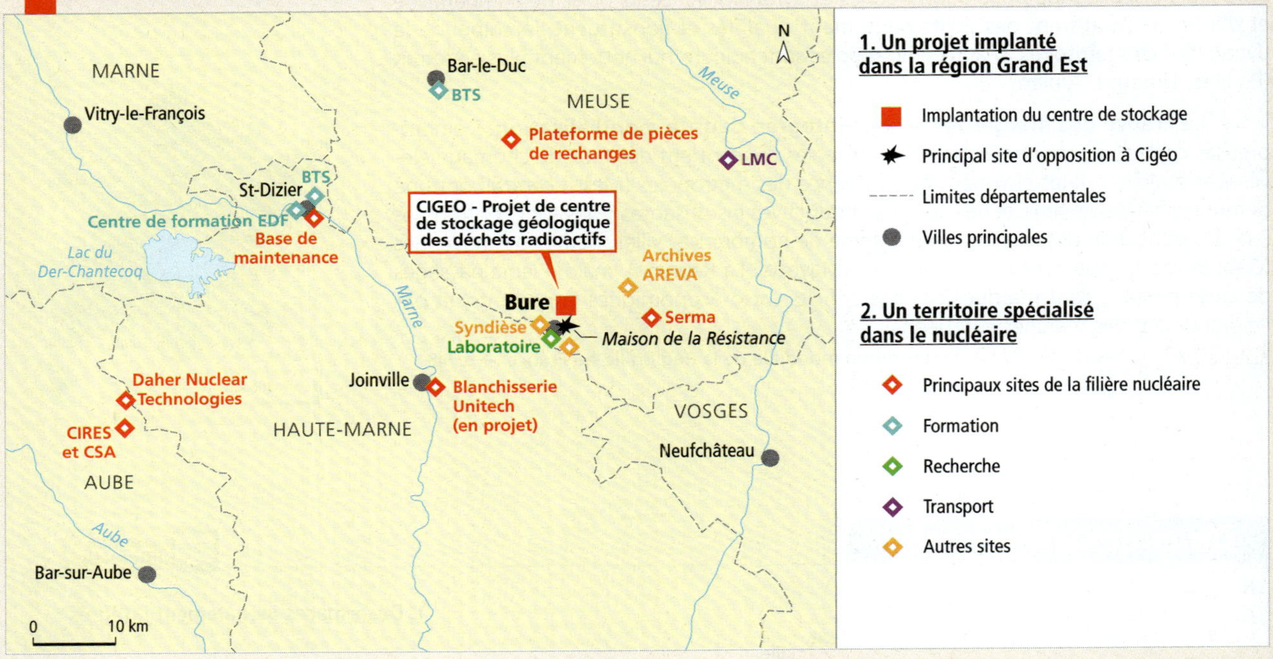

2 Gérer le stockage des déchets nucléaires

Colis de déchets. Les déchets radioactifs incorporés ou non dans une matrice (verre, béton, bitumes, …) sont conditionnés dans un colis, comprenant le déchet et une enveloppe. Cette dernière est en inox, pour les déchets de haute activité (HA) et en béton ou en métal pour les déchets de moyenne activité à vie longue (MA-VL). Avant leur stockage à Cigéo, ils pourront être conditionnés dans un conteneur de stockage.

Laboratoire souterrain de Bure. En 2000, l'ANDRA a débuté la construction d'un laboratoire souterrain à Bure. Cet outil de recherche est implanté à 490 mètres de profondeur et constitué d'un réseau de plus de 1 800 mètres de galeries. Il a permis d'étudier la faisabilité du stockage géologique dans la couche d'argilite de cette région. Aujourd'hui, il est utilisé pour mener des études et essais nécessaires au projet Cigéo.

Réversibilité. Le Parlement a demandé que ce stockage géologique, prévu pour être définitif, soit réversible pendant au moins 100 ans pour laisser aux générations futures la liberté de faire évoluer les choix de gestion retenus aujourd'hui. La loi de 2016 définit la réversibilité comme : « la capacité, pour les générations successives, soit de poursuivre la construction puis l'exploitation des tranches successives d'un stockage, soit de réévaluer les choix définis antérieurement et de faire évoluer les solutions de gestion ».

Site du centre d'informations et de ressources sur Cigéo, www.cigeo.gouv.fr [consulté en mars 2020].

Vocabulaire

- **ANDRA (Agence nationale pour la gestion des déchets radioactifs) :** établissement public à caractère industriel et commercial chargé de la gestion des déchets radioactifs en France.
- **Bure Stop :** association locale, basée dans le département de la Meuse, opposée à l'enfouissement des déchets radioactifs à Bure.
- **CESER (Conseil économique, social et environnemental régional) :** assemblée régionale constituée de représentants d'entreprises, de syndicats et d'associations, chargés de conseiller les élus régionaux sur l'administration de leur région.
- **Cigéo (Centre industriel de stockage géologique) :** projet de stockage profond de déchets hautement radioactifs issus des centrales nucléaires.

3 Des contestations multiples

Parole de géographe

La communauté scientifique est divisée. Les opposants à Cigéo pointent plusieurs faiblesses du dossier : le caractère friable de la roche, la présence d'eau dans l'argile locale, générant une production d'hydrogène et donc des risques d'incendie et de corrosion des conditionnements en acier, les erreurs structurelles de conception du projet, « inspiré d'un entrepôt de surface ». Ils s'appuient sur un rapport de l'Institut de radioprotection et de sûreté nucléaire (IRSN) et les remarques formulées par l'ASN (Agence de sûreté nucléaire) en 2017, sur le risque d'incendie des colis de déchets bitumineux et les difficultés pour l'ANDRA, dans le schéma actuel, de les maîtriser et de retirer des colis accidentés. [...] Les associations locales opposées au projet – Bure zone libre, Bure Stop, les collectifs meusiens et haut-marnais contre l'enfouissement des déchets radioactifs, l'EODRA (élus locaux) – ont obtenu, dès le début le soutien de grandes fédérations écologistes nationales, comme le Réseau Sortir du nucléaire, Les Amis de la Terre et France Nature Environnement.

Philippe Subra, *Géopolitique de l'aménagement du territoire*, Armand Colin, 2018.

4 Manifestation contre le projet Cigéo de Bure
Photographie prise à Nancy, le 28 septembre 2019.

5 Un territoire de la diagonale des faibles densités

Parole d'acteur

L'Insee a publié début 2019 un diagnostic de la zone de proximité de Cigéo [...] à cheval sur les départements de la Meuse et de la Haute-Marne. C'est un territoire rural éloigné des grandes villes où le déclin démographique est important avec une diminution de 23 000 habitants depuis 1962. [...] Globalement, le solde migratoire est largement déficitaire et les jeunes quittent le territoire accentuant le phénomène de vieillissement. [...] Il y avait 71 700 emplois en 1975, il en reste 60 000 en 2014. Les pertes d'emplois ont notamment concerné l'emploi industriel (– 17 700) et l'emploi agricole (– 4 100). Ce mouvement n'est pas compensé par le tertiaire qui progresse pourtant de 11 300 emplois. [...] C'est un territoire qui cumule les fragilités. En 2006, des chefs d'entreprise du territoire ont créé Energic 52/55, grappe d'entreprises fédérées autour du projet Cigéo. L'objectif est de [...] pouvoir répondre aux appels d'offres et marchés.

CESER Grand Est, « Les avis et rapport du CESER : la gestion et le stockage des déchets radioactifs », juin 2019.

ÉTAPE 1 Comprendre et préparer le débat

1. Qu'est-ce que le projet Cigéo ? **doc. 1 et 2**
2. Pourquoi est-il implanté à Bure ? **doc. 2, 3 et 5**
3. Pourquoi ce projet inquiète-t-il ? **doc. 3 et 4**

ÉTAPE 2 Participer au débat

4. Avant le débat, prélevez les arguments des différents acteurs. Reportez-les dans le tableau.
5. Avant le débat, en prenant appui sur les documents et votre point de vue personnel, notez vos arguments dans un tableau.
6. Pendant le débat, notez les arguments des autres élèves.

Tableau

ÉTAPE 3 Conclure le débat

7. À la suite du débat en classe, exprimez votre point de vue personnel et argumenté sur l'implantation du centre de déchets Cigéo à Bure. Les arguments échangés vous ont-ils amené(e) à revoir votre position de départ ? Expliquez pourquoi.

SYNTHÈSE

→ THÈME 4
La France et ses régions dans l'Union européenne et dans la mondialisation

Podcast Synthèse à écouter

1 Des territoires aménagés

● **Les territoires français ont été aménagés et sont intégrés aux échelles européenne et mondiale.** Tous les territoires sont concernés, à toutes les échelles. Les quartiers d'affaires, les espaces agricoles, les anciens foyers industriels, les espaces frontaliers, les territoires ultramarins, les régions touristiques ont été recomposés à la faveur de la mondialisation et de l'intégration européenne.

● **L'aménagement et l'intégration des territoires français répondent à plusieurs enjeux.** L'attractivité et la compétitivité sont des défis majeurs dans la mondialisation. Les métropoles, les pôles de compétitivité, les espaces productifs, les régions touristiques sont des atouts pour la France et attirent les investissements étrangers. Le développement durable accompagne les projets d'aménagement. La cohésion est également un enjeu important face à la concurrence et au risque de fragmentation des territoires.

2 Les acteurs de l'aménagement

● **Les régions sont des acteurs majeurs de l'aménagement des territoires de proximité.** Les 18 régions françaises sont des collectivités territoriales qui disposent de compétences en matière d'aménagement (routes, LGV) et d'action économique (formation professionnelle). Elles bénéficient des aides européennes (FEDER, FSE) et interagissent avec les autres acteurs de l'aménagement (État, communes…).

● **D'autres acteurs participent à l'aménagement des territoires.** L'État a longtemps été l'acteur unique. Depuis les lois de décentralisation, les compétences sont partagées avec les collectivités territoriales (communes, départements, régions). L'Union européenne participe également à l'aménagement au titre de la cohésion des territoires et contribue à l'intégration des territoires à l'échelle du continent.

3 Des territoires inégalement intégrés

● **Certains territoires sont très intégrés aux échelles européenne et mondiale.** La région parisienne, les métropoles régionales, les espaces agricoles productivistes, les pôles de compétitivité, les régions touristiques sont des territoires gagnants dans la mondialisation.

● **Les territoires en marge sont sous-intégrés.** Les villes petites et moyennes marquées par le déclin démographique, les régions rurales éloignées des métropoles, les territoires ultra-marins sont souvent marqués par des difficultés économiques et sociales qui en font des périphéries dans la mondialisation.

Repères géographiques

Chiffres clés

- **Population Île-de-France : 12,2 millions d'habitants**
- **Nombre de régions en France : 18** (dont 5 régions ultramarines)
- **Nombre de métropoles : 22**
- **Nombre de pôles de compétitivité : 56**

Pour aller plus loin

Film

- *Mine de rien*, de Mathias Mlekuz, 2020.

Bande dessinée

- *Villes et territoires de demain*, une BD téléchargeable sur le site du CGET.

NOTIONS

Aménagement des territoires

Vidéo
2 min pour comprendre l'aménagement des territoires

→ Un **territoire** est un espace occupé, approprié et aménagé par les sociétés humaines. Le territoire n'a pas de dimension particulière, il peut être local, régional, national, etc. Il peut être délimité ou faire partie d'autres territoires. Il peut être composé de portions d'espaces continus (exemple : le quartier d'une ville) ou discontinus (exemple : un État insulaire).

→ L'**aménagement d'un territoire** repose sur sa mise en valeur et sa transformation volontaire et programmée menée par des acteurs spatiaux publics (État, région, commune) ou privés (entreprises).

→ L'aménagement d'un territoire est le résultat d'actions multiples, de plus ou moins grande envergure, menées à différentes échelles (nationale, régionale, locale) qui contribuent à façonner son paysage (espaces verts dans une ville, etc.) et à réduire les inégalités (implantation d'un musée dans un quartier défavorisé, etc.).

ATOUTS ET CONTRAINTES
- Localisation
- Ressources
- Histoire
- Dynamiques
- Environnement

ACTIVITÉS
- Agriculture
- Industrie
- Commerce
- Services
- Transports

TERRITOIRE

ESPACE APPROPRIÉ PAR LES INDIVIDUS
- Résidence principale
- Lieu de travail
- Déplacements quotidiens
- Loisirs et services

AMÉNAGEMENT DES TERRITOIRES

DES ACTEURS
- État
- Union européenne
- Collectivités territoriales
- Entreprises
- Citoyens

DES TENSIONS ET DES LIMITES
- Conflits d'usage

DES OBJECTIFS
- Réduire les inégalités
- Encourager l'attractivité
- Favoriser le développement durable
- Moderniser les infrastructures
- Entretenir la compétitivité aux échelles européenne et mondiale
- Favoriser la cohésion et la mixité sociales
- Protéger face aux risques

DES TERRITOIRES
- Quartiers
- Ports, routes, gares...
- Espaces touristiques
- Pistes cyclables
- Zones commerciales
- Parcs naturels régionaux

DES MOYENS
- FEDER
- Lois
- Financement public et privé

NOTIONS

Collectivité territoriale

→ Structure administrative qui prend en charge les intérêts de la population dans un territoire précis (commune, département, région). Elle dispose de représentants élus (conseils) ayant un pouvoir de décision et a des compétences dans de nombreux domaines (transport, social, éducation...).

→ Il existe différents types de **collectivités territoriales** : les communes, les départements, les régions, les collectivités à statut particulier (Métropole de Lyon), les collectivités d'outre-mer (Polynésie française, Saint-Pierre-et-Miquelon).

Vidéo 2 min pour comprendre les collectivités territoriales

LES TYPES DE COLLECTIVITÉS TERRITORIALES

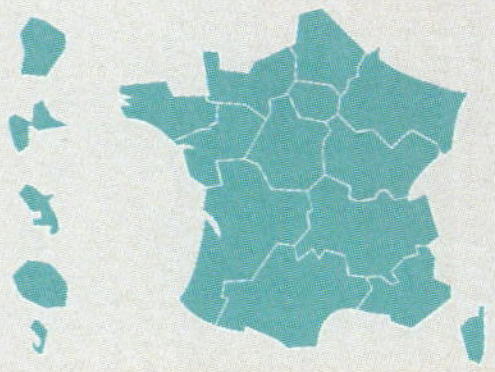

13 RÉGIONS MÉTROPOLITAINES
5 RÉGIONS D'OUTRE-MER

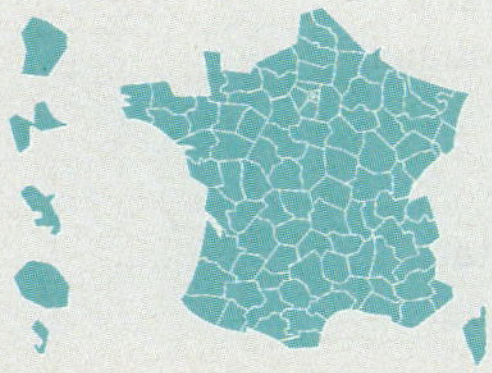

100 DÉPARTEMENTS
(dont la Corse, collectivité territoriale unique)

LES COLLECTIVITÉS TERRITORIALES

34 967 COMMUNES

5 COLLECTIVITÉS D'OUTRE-MER
- Polynésie française
- Saint-Martin
- Saint-Barthélemy
- Saint-Pierre-et-Miquelon
- Wallis-et-Futuna

ONLYLYON LA MÉTROPOLE

LYON MÉTROPOLE

LE PROCESSUS ÉLECTORAL

Collectivité territoriale

Président du conseil

↑ *élisent*

Conseil élu au suffrage universel
(conseil municipal, conseil départemental, conseil régional)

↑ *élisent*

Citoyens de la collectivité

Région

La **Région** est un territoire de vie (ou territoire de proximité) entre les échelles locale et nationale. Elle se caractérise par une certaine homogénéité et une identité.

Le terme a plusieurs sens : on parle de région historique (la Bourgogne qui fut autrefois un duché), de région naturelle (les Pyrénées), de région culturelle (le Pays basque). Aujourd'hui, on parle surtout de Région administrative (la région Centre-Val de Loire) ou en référence aux aires d'influence des villes (la région parisienne).

Créée en 1955, la Région est devenue une collectivité territoriale avec les lois de décentralisation en 1982. La carte des Régions administratives a été réorganisée à la faveur de la réforme territoriale de 2015. Elles sont désormais 18 (dont 5 en outre-mer) et disposent d'importants pouvoirs dans les domaines de l'aménagement du territoire, des transports, de l'enseignement, de la formation professionnelle, de l'action économique.

Vidéo
2 min pour comprendre la Région

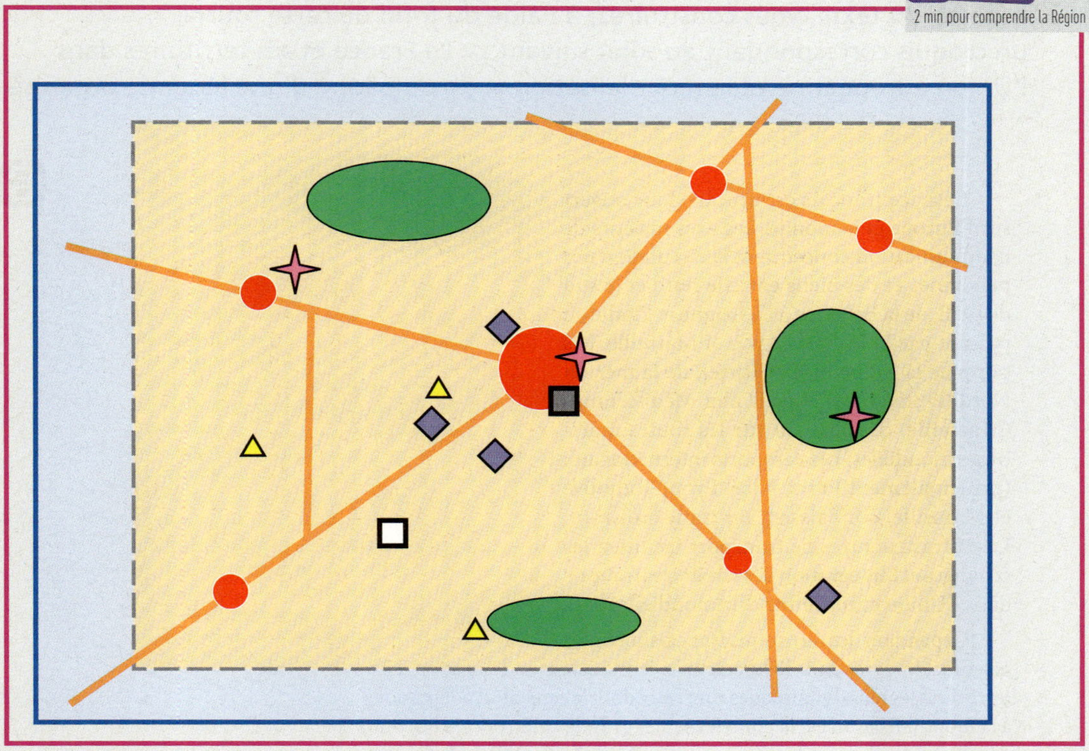

1. Un territoire de vie
- Limite administrative
- Capitale régionale
- Pôles urbains secondaires
- Espaces ruraux et agricoles

2. Un territoire aménagé
- Pôles d'activités
- Pôles de loisirs
- Espaces protégés (Parcs naturels régionaux)
- Patrimoine culturel ou naturel

3. Un territoire intégré
- Territoire national
- Axes de communication
- Aéroport
- Gare (plateforme multimodale)
- Union européenne et monde

Description de l'épreuve et méthode générale p. 19 et p. 20-25

Réponse à une question problématisée

SUJET BLANC

Quels sont les effets territoriaux de l'intégration de la France dans l'Union européenne et dans la mondialisation ?

Réalisation d'un croquis

SUJET BLANC

La France et ses territoires dans l'Union européenne et la mondialisation

À partir du texte, vous construirez, à l'aide du fond de carte fourni, un croquis correspondant au sujet suivant : « La France et ses territoires dans l'Union européenne et la mondialisation », accompagné d'une légende organisée.

Fond de carte

L'espace français est un carrefour ouvert sur l'Europe et le monde. Les axes majeurs de communication concentrent la circulation des personnes et des biens entre le nord et le sud de l'UE, de la Belgique à l'Espagne et l'Italie en passant par Lille, Paris, Lyon et Marseille. Les ports de la Manche (Le Havre), de la mer du Nord (Dunkerque) et de la mer Méditerranée (Marseille) débouchent sur les routes maritimes mondiales. Les aéroports internationaux (principalement Paris, Nice, Lyon, Toulouse et Marseille) connaissent un trafic croissant. Les infrastructures de transport facilitent les échanges et l'intégration des territoires français dans l'Union européenne et la mondialisation.

Cependant, les territoires français sont inégalement intégrés dans l'Union européenne et la mondialisation. Les territoires les plus dynamiques sont ceux dont la capacité d'adaptation à la mondialisation est la plus élevée : les grandes métropoles qui ont développé leur capacité d'innovation (Paris, Lyon, Lille, Marseille, Toulouse, Rennes par exemple) sont des acteurs économiques majeurs et sont attractives pour les investisseurs ; l'Île-de-France est la région française la plus intégrée dans la mondialisation ; les régions littorales sont dynamisées par leur attraction touristique internationale. Les territoires les moins intégrés sont majoritairement des territoires ruraux faiblement productifs, à l'écart des grands axes de communication et éloignés de l'influence des métropoles (le Massif central, la Corse, Mayotte, La Réunion).

Analyse de documents

SUJET BLANC

En analysant les documents, vous mettrez en évidence le rôle des acteurs dans l'intégration européenne et mondiale des régions françaises et les effets de cette intégration.
L'analyse des documents constitue le cœur de votre travail, mais nécessite, pour être menée, la mobilisation de vos connaissances.

1 Le Grand Est, une région connectée aux *Länder* allemands

Source : site Internet de la région Grand Est, 2020.

2 Provence-Alpes-Côte d'Azur (région Sud) : une région dynamique

Région dynamique et attractive, reconnue dans le monde entier pour ses technologies de pointe et son leadership dans les domaines de la biotechnologie, de l'Intelligence Artificielle (IA), de la sécurité et des solutions Smart City, Provence-Alpes-Côte d'Azur est riche d'un des plus importants viviers de start-up et de jeunes entreprises innovantes en France et en Europe. Son monde universitaire, en lien constant avec celui de la recherche, au service des entreprises de la région, crée un tissu propice à l'innovation. Ainsi, la région Sud, ce sont 8 pôles de compétitivité, des universités reconnues et recherchées, des centres de recherche de renommée internationale, 4 communautés French Tech Région Sud, dont 2 capitales sur les 13 en France (Aix-Marseille, Côte d'Azur, Toulon et Grande Provence). Autant d'atouts qui font d'elle un territoire d'innovation et d'excellence, au rayonnement international, région qui a fait de l'ambition de devenir première « Smart région » d'Europe une priorité.

Depuis 2017, 3,3 milliards d'euros de financements européens ont déjà permis de soutenir une politique d'innovation compétitive. De grands projets structurants à des soutiens plus modestes, les actions qui ont contribué au développement économique de la région et au bien-être de ses habitants ont été payants : financements importants dans le domaine des transports, aides en faveur d'équipements de communes rurales, en passant par l'innovation dans les entreprises.

Site Internet de la Région Sud, 2020.

THÈME 4 CHAPITRE 7 RÉVISER

BAC Bac blanc

▶ Description de l'épreuve et méthode générale p. 19 et p. 20-25

▶ Réponse à une question problématisée HISTOIRE

SUJET

Quelles sont les conséquences de la défaite de 1940 pour la France et les Français ?

▶ Analyse de documents GÉOGRAPHIE

SUJET

En analysant les documents, vous montrerez comment les espaces maritimes contribuent à la mondialisation.
L'analyse des documents constitue le cœur de votre travail, mais nécessite, pour être menée, la mobilisation de vos connaissances.

1 Porte-conteneurs dans le port de Rotterdam (Pays-Bas)
Photographie prise en août 2019.

2 Ports de pêche bretons et mondialisation

Les ports de pêche bretons alimentent aujourd'hui la grande distribution, en France mais aussi en Espagne ou en Italie [...]. Intermarché est le principal armateur de France (grâce à la filiale *Scapêche*) et le premier mareyeur[1] (*Capitaine Houat*). La base lorientaise de *Capitaine Houat* est à Lanester près de la voie express Quimper-Nantes. Les transports routiers, les plates-formes de distribution des G.M.S (Grandes et Moyennes Surfaces), les importations, alliés à une mobilité des plus gros chalutiers ont accentué la transformation de la géographie halieutique. [...] Les enjeux financiers sont grandissants du fait de financements étrangers en Bretagne [...]. Depuis 1999, *Saupiquet* appartient à l'italien *Bolton Alimentari* qui domine le système thonier européen. [...] Les démarches d'intégration internationale portent également sur le conditionnement des produits par le rôle majeur des Japonais et des Thaïlandais. [...] L'usine *Paulet* appartient à *Thai Union Frozen*, un des gros conserveurs mondiaux de thon. Outre *Paulet*, les conserves sont diffusées en Europe sous des marques diverses (*Mare Blu, Petit Navire, Parmentier...*). Les entreprises cornouaillaises[2] complètent ainsi l'offre de *Thai Union Frozen* présent en Amérique, en Asie, en Afrique.

Jean-René Couliou, « Ports de pêche bretons et mondialisation, une adaptation permanente », *Géoconfluences*, juin 2019.

1. Grossiste qui achète sur place les produits de la pêche et les expédie aux marchands de poisson.
2. Originaires de la Cornouaille, région du Finistère en Bretagne.

Guide carto

- L'enseignement de la géographie s'accompagne de l'analyse et de la production de cartes. Il est important de savoir distinguer les différents types de cartes, d'en connaître le langage et les modes de représentation, afin de pouvoir y porter un regard critique.
- Les cinq premières doubles pages de ce guide carto permettent d'acquérir progressivement la maîtrise de cet outil de la géographie en proposant des approfondissements méthodologiques.
- Un atlas de sept cartes complémentaires aux thèmes du manuel est proposé dans ce guide carto.
- Une présentation d'un portfolio sur la France est évoquée à la fin de ce guide.

SOMMAIRE

Guide carto

Carte, croquis, schéma

Les représentations cartographiques peuvent prendre des formes différentes. Il ne faut pas confondre carte, croquis et schéma.

● La **carte** est l'outil graphique qui permet de localiser et de repérer avec le plus de précision possible les lieux et les phénomènes géographiques. Les réalités spatiales sont transposables au moyen d'un langage propre avec des signes et des règles cartographiques (utilisation des pictogrammes : un petit avion pour symboliser un aéroport par exemple). Les cartes sont généralement rassemblées dans un atlas. (**doc. 1**)

● Le **croquis** (qui correspond à la carte synthétique) présente, sur un fond de carte, des informations sélectionnées, hiérarchisées, qui sont mises en relation dans une perspective dynamique. L'essentiel doit être dit, en fonction de la problématique proposée. (**doc. 2**)

● Le **schéma** est plus simple que le croquis dans sa réalisation graphique. Il met en évidence les faits géographiques essentiels en éliminant les données secondaires. Contrairement à la carte ou au croquis, il ne cherche pas à localiser précisément.
Le fond de carte est simplifié et réduit à des formes géométriques simples.
Il peut être incorporé au sein d'une composition écrite.
(**doc. 3**)

1 Une carte de Mumbai

2 Un croquis : l'organisation spatiale du Grand Mumbai

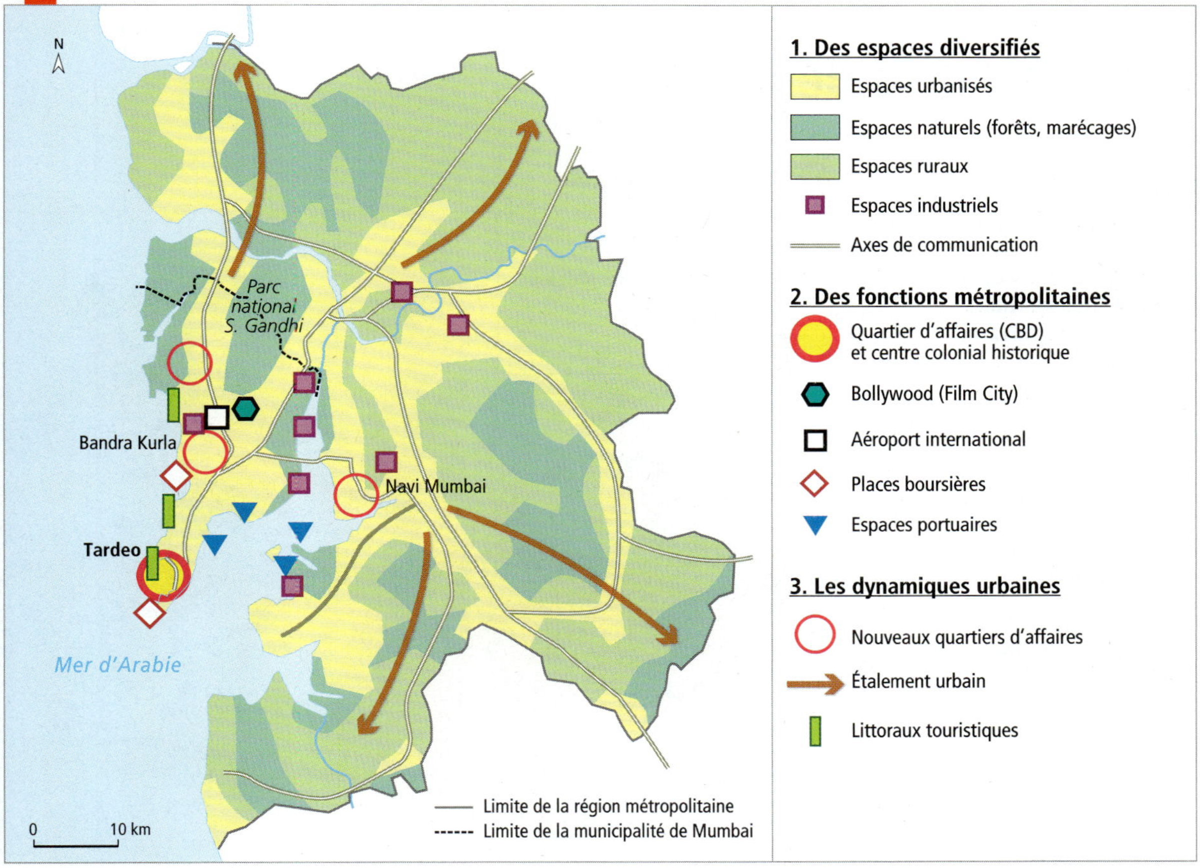

3 Un schéma : l'organisation spatiale du Grand Mumbai

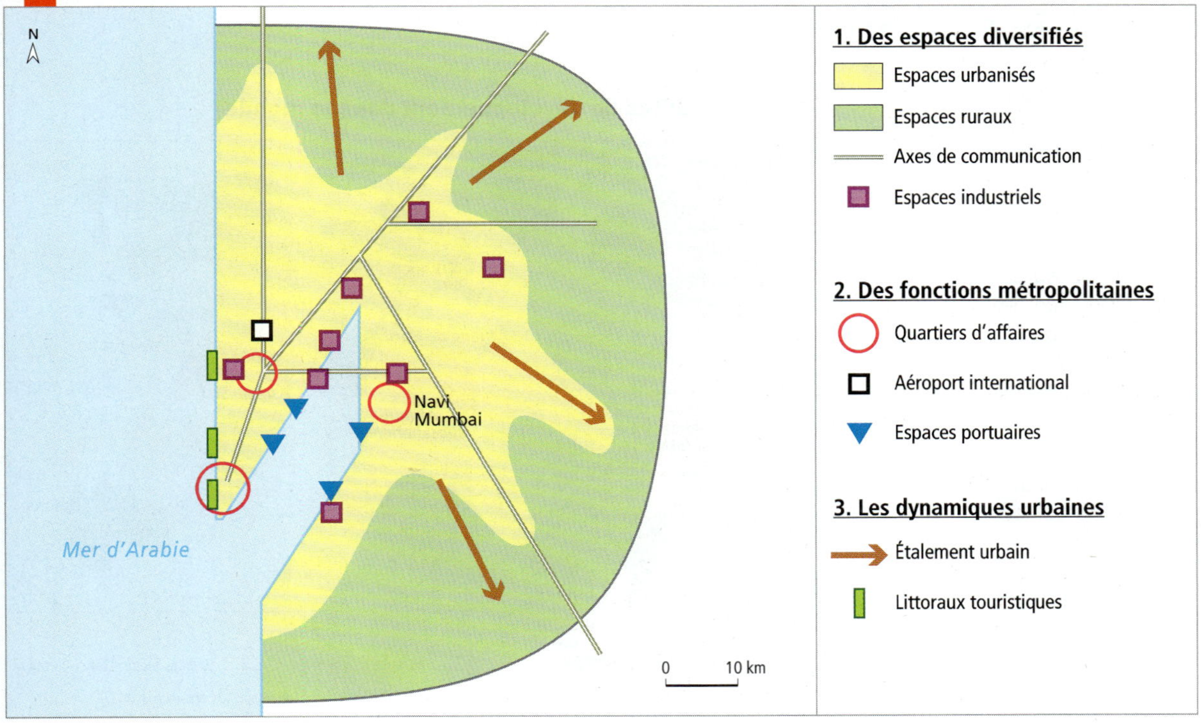

Guide carto

Différents types de cartes

1 La carte descriptive

- **Ce type de carte localise des phénomènes spatiaux identifiables sur le terrain.**
- Il peut s'agir de cartes du relief, de la végétation, des ressources naturelles, mais aussi de cartes montrant des villes, des infrastructures de communication (cartes routières), des territoires agricoles, etc. (**doc. 1**)
- La légende n'est pas soumise à des règles d'organisation précises ; il s'agit d'ordonner simplement les figurés utilisés sur la carte.

1 Le relief de la Chine

2 La carte analytique

- **La carte analytique représente un phénomène abstrait.** Elle est élaborée à partir de données statistiques : densité de population, IDH, etc. (**doc. 2**)
- Le territoire cartographié devient le support de cette information statistique et permet d'apprécier les différences, les inégalités dans l'espace.
- La légende propose des figurés qui hiérarchisent la variable cartographiée en plusieurs classes. Les cartes par plages de couleurs, les cartes de flux, les cartes à symboles proportionnels… sont des cartes analytiques.

2 Les inégalités de développement dans le monde

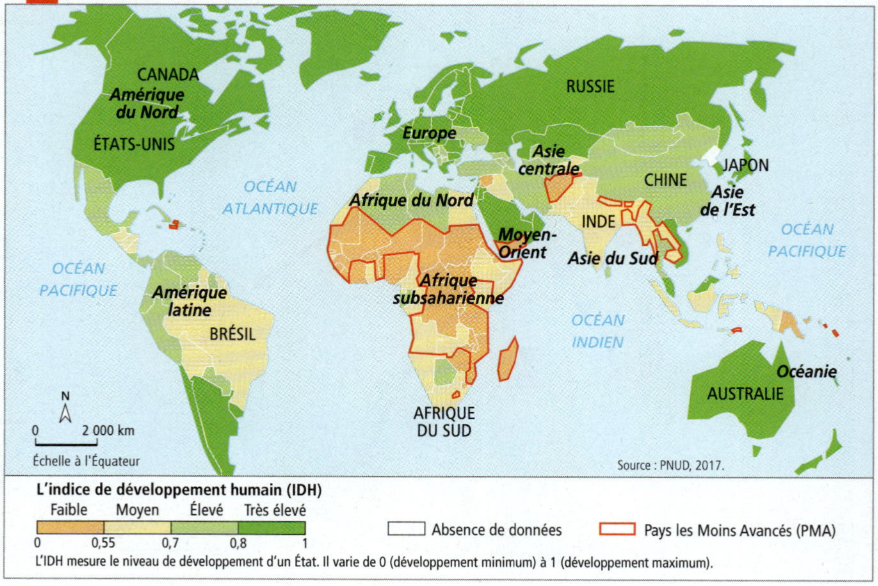

3 La carte de synthèse

● **La carte de synthèse sert à représenter des ensembles géographiques à partir de thèmes ou de problématiques énoncés dans la légende : espaces centraux, périphéries, dynamiques des territoires, etc.** (**doc. 3**)

● La carte de synthèse est le résultat d'une réflexion, d'un raisonnement ou d'une problématique définis au préalable. Elle permet de combiner plusieurs faits géographiques sur un seul support.

● Elle s'accompagne d'une légende organisée.

3 La RUP (Région ultre-périphérique) de Mayotte

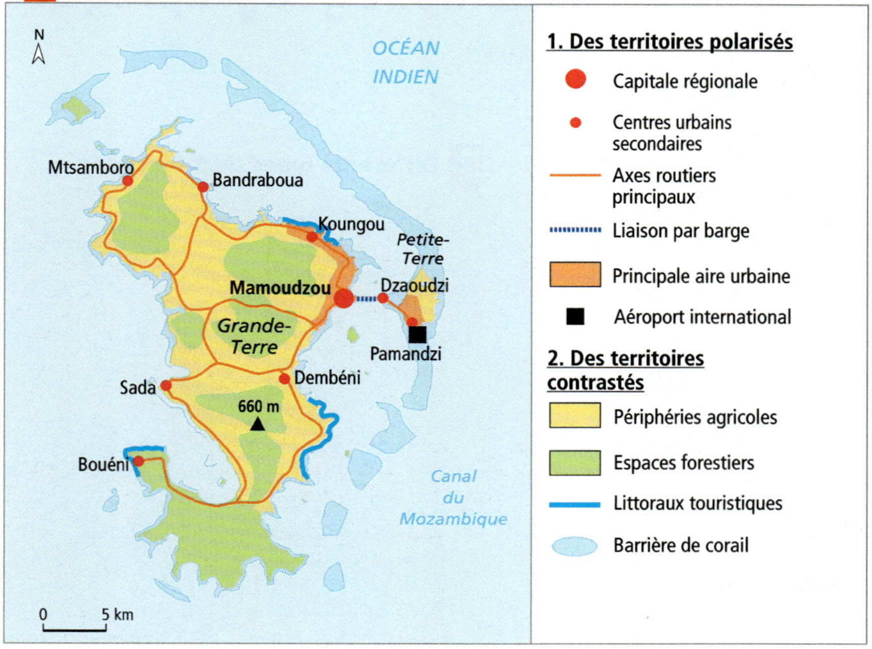

4 Le cartogramme

● Le cartogramme (dont le type le plus couramment utilisé est l'anamorphose) est une représentation graphique qui repose sur une modification de la forme initiale du territoire cartographié et du tracé de ses limites. (**doc. 4**)

● Le cartogramme a pour objectif de représenter des réalités perçues. Les superficies des unités spatiales sont transformées (réduites, agrandies, déformées) de manière proportionnelle à ce qu'elles représentent.

4 Les agriculteurs en France

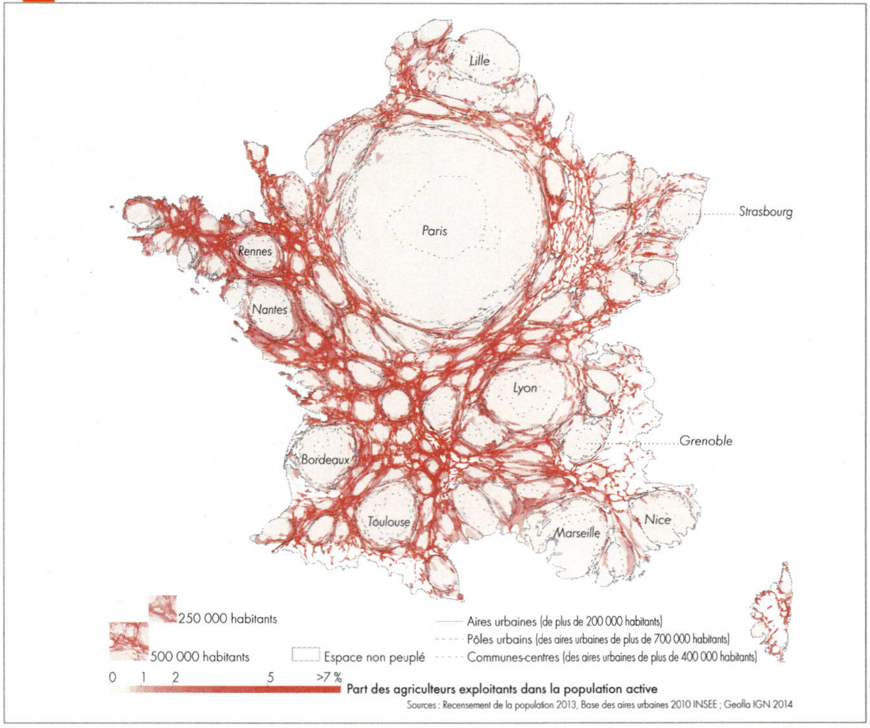

« Les agriculteurs » in ***Atlas politique de la France***, *Les Révolutions silencieuses de la société française*, sous la direction de Jacques Lévy, Ogier Maitre, Ana Povoas, Jean-Nicolas Fauchille, cartographie Laboratoire Chôros © Editions Autrement, 2017.

Guide carto

La carte, un document géographique (1)

1 Une projection

● **Une carte est une représentation graphique, en réduction, d'un espace géographique.** Elle représente sur une surface plane (deux dimensions) ce que la réalité propose en volume (trois dimensions). Elle est toujours une version corrigée de la réalité.

● **Pour représenter le monde, une carte dépend d'une projection.** On distingue les planisphères (ou projections cylindriques), les projections polaires… (**doc. 1**)

1 Différents types de projections

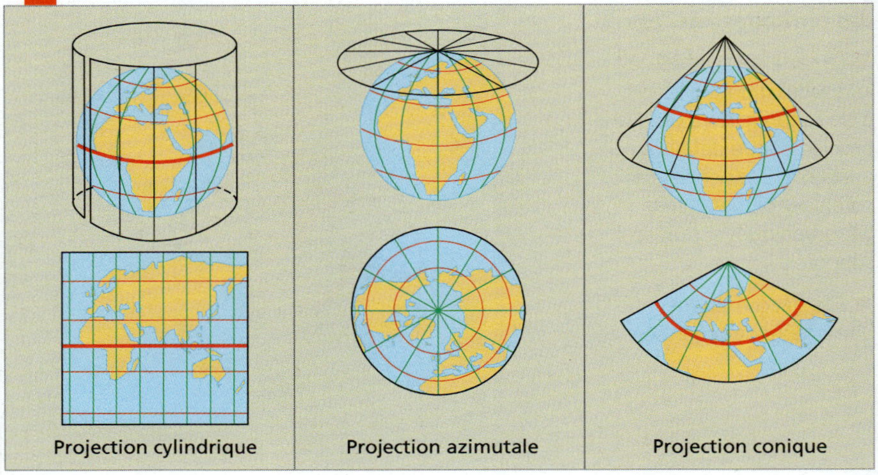

2 Une échelle

● **La carte s'accompagne d'une échelle.** Il s'agit du rapport entre une distance mesurée entre deux points sur la carte et la distance réelle sur le terrain. Elle est représentée soit :

– de manière graphique (ex. : segment gradué) (**doc. 2**)

– de manière numérique (exemple : 1/25 000, soit 1 cm sur la carte représente 25 000 cm ou 250 m sur le terrain).

● **L'échelle de la carte détermine l'espace représenté.** À petite échelle (planisphère) la carte représente des espaces vastes à faible degré de précision. À moyenne échelle (pays, régions), les espaces représentés sont plus restreints et plus précis.
À grande échelle (villes), l'espace cartographié est peu étendu mais le degré de précision est très important.

2 Les infrastructures électriques de l'Afrique australe

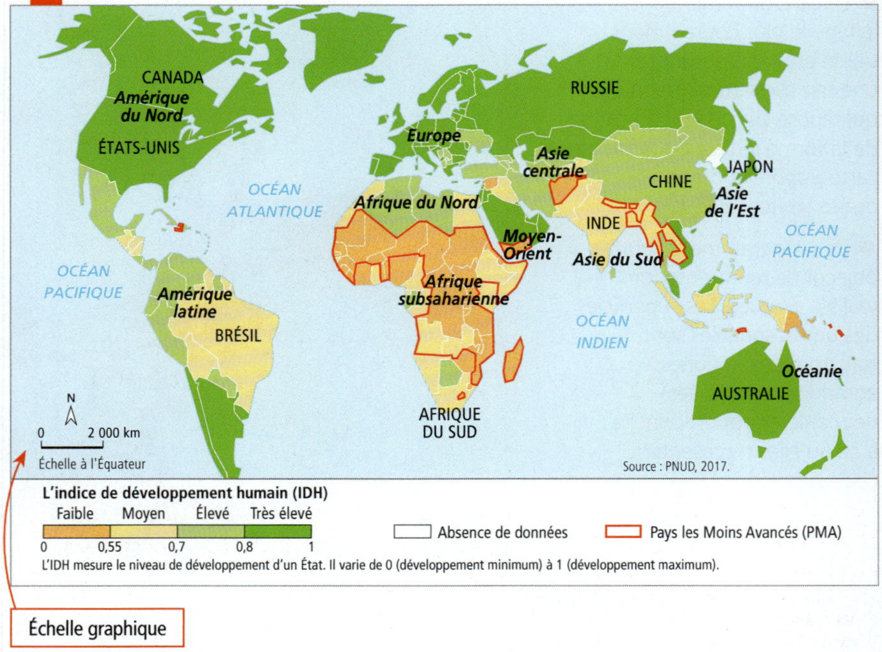

3 Un habillage

● **Une carte est toujours accompagnée :** d'un titre ; d'une légende ordonnée ; d'une échelle ; d'une source.

3 Évolution projetée de la population et grandes métropoles au Japon

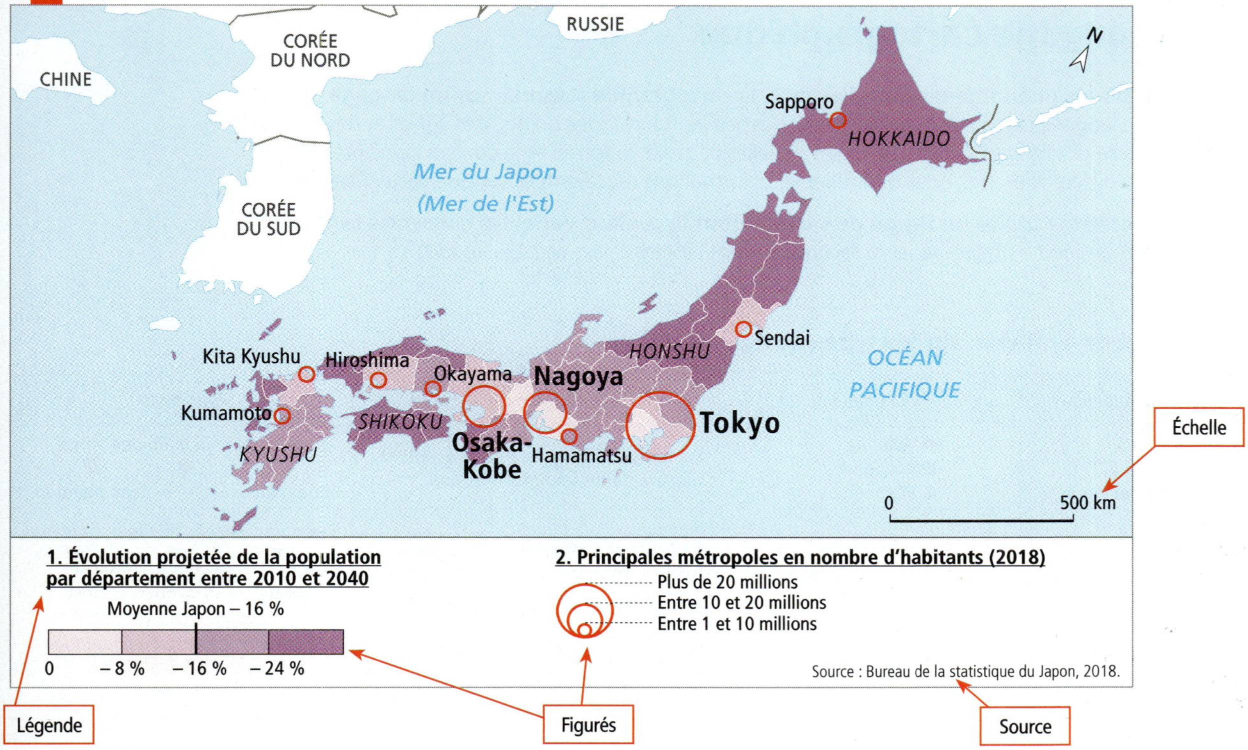

4 Un message

● **La carte sert à localiser, à identifier et à expliquer des réalités géographiques, à diffuser des informations.**

● La carte diffuse une information géographique. Par son type de projection, son échelle, ses figurés, elle privilégie une vision au détriment d'une autre. La carte suppose un projet et exprime des choix de la part de celui qui la réalise. (**doc. 4**)

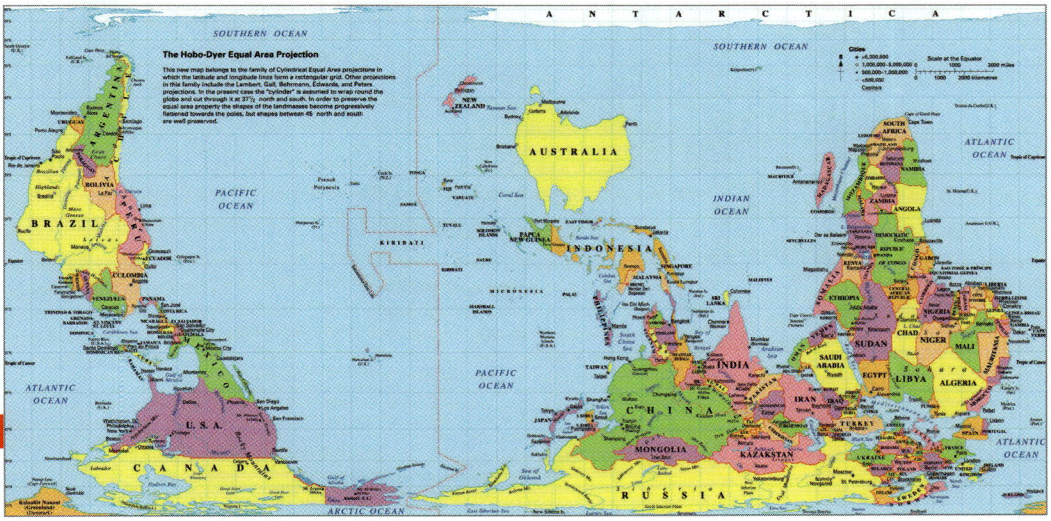

4

Le monde vu d'Australie

La carte, un document géographique (2)

5 Le langage cartographique

● **Pour localiser les phénomènes dans l'espace, la cartographie s'appuie sur un langage spécifique.** Ce langage cartographique utilise trois types de figurés (des points, des lignes et des surfaces) qui eux-mêmes se distinguent par des variables visuelles (la taille, la forme et la couleur principalement). Cela permet de différencier, classer et quantifier les informations représentées sur une carte. (**doc. 1**)

● **La carte présentée utilise un figuré de surface dont la couleur varie.** Les différentes teintes de bleu présentent un même phénomène, la fécondité, dont l'intensité est variable. (**doc. 2**)

1 Tableau de synthèse sur les types de figurés

Types de figurés	Exemples	Représentation des figurés	Exemples
Ponctuels (ronds, carrés, etc.) pour représenter un lieu	● Ville ■ Aéroport ▲ Port	**La taille et la forme** différencient et hiérarchisent les informations.	*Exemple : la taille des villes* ● ● ● peu peuplée → très peuplée
Linéaires (traits, flèches, etc.) pour représenter des axes ou des flux	Flux migratoire Axe de communication	**La taille et la forme** hiérarchisent les informations.	*Exemple : le trafic des marchandises* faible moyen fort
De surface (aplats de couleur) pour représenter des territoires	Espace peuplé	**La couleur** hiérarchise les informations	*Exemple : densité de population* – → +

2 La fécondité en Europe

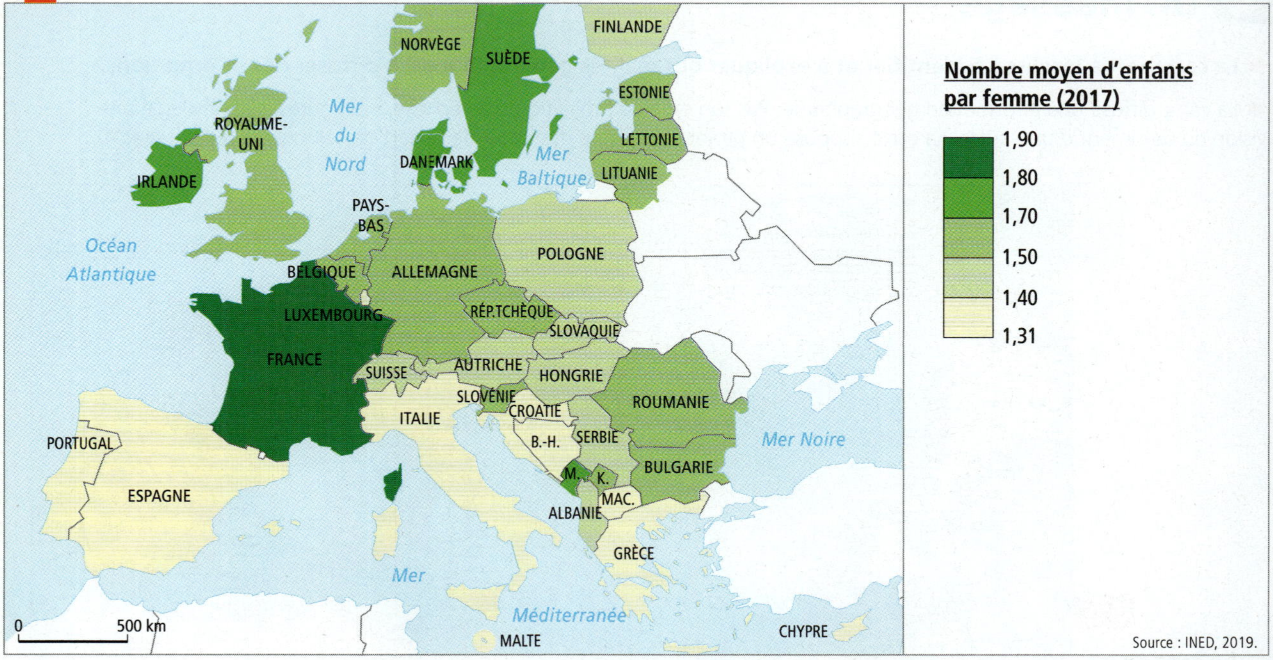

Source : INED, 2019.

6 Les figurés ponctuels

● **Ils distinguent des quantités :** les petits figurés ponctuels représente une faible quantité tandis que les gros figurés ponctuels indiquent une forte quantité.

● **Ils distinguent des phénomènes par leurs formes :** une forme différente sur la carte correspond à un phénomène différent dans la réalité.

● **Les couleurs des figurés ponctuels hiérarchisent ou différencient des phénomènes.**

Des différences (information qualitative)	**Des classements** (information ordonnée)	**Des tailles** (information quantitative)
• **variation de forme** Attention : au-delà d'un certain nombre de formes, l'œil de perçoit plus les différences.		• **variation de taille**
• **variation de couleur**	• **variation de couleur**	

7 Les figurés linéaires

● **Les lignes permettent principalement de figurer des mises en relation ou des limites.**

● Leurs tailles hiérarchisent les informations : plus la ligne est épaisse, plus le phénomène est important.

● Leurs formes (pleine ou pointillée par exemple) et leurs couleurs différencient les informations représentées.

Des différences (information qualitative)	**Des classements** (information ordonnée)	**Des tailles** (information quantitative)
• **variation de forme**		• **variation de taille**
• **variation de couleur**	• **variation de couleur**	

8 Les figurés de surface

● **Des couleurs pour différencier.** Les couleurs utilisées sur une carte peuvent représenter, symboliser des phénomènes différents.

Exemple :

l'agriculture

Élevage Vignes Céréales

● **Des couleurs pour hiérarchiser.** Un dégradé de couleurs, des couleurs froides vers des couleurs chaudes, permet de représenter une transition progressive.

Exemple :

la densité de population

– → +

Guide carto

Réaliser un croquis

1 Le croquis et la nomenclature

Matériel

- Crayons de couleurs
- Règle normographe (avec des formes prédécoupées, très utiles pour les cercles)
- Feutres noirs : une mine épaisse et une plus fine
- Feutres de couleurs : rouge, bleu et vert
- Stylo 4 couleurs

⚠ ***Évitez les surligneurs, le crayon à papier et le blanc correcteur !***

Étapes

1. Écrire la légende
2. Dessiner les figurés de surface
3. Dessiner les figurés linéaires et ponctuels
4. Écrire la nomenclature
5. Ajouter le titre et l'orientation du croquis

Placer le titre en lettres capitales au-dessus du croquis.

Indiquer l'orientation

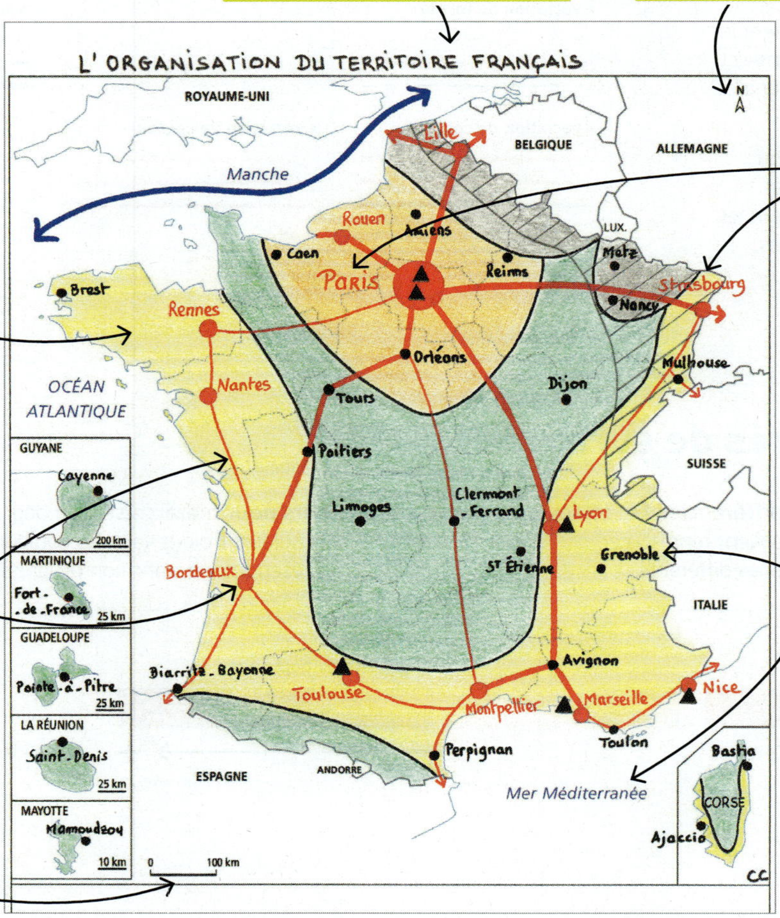

Hiérarchiser les lieux
- Avec la taille des lettres (océans en majuscules, fleuves en minuscules…).
- Avec l'épaisseur des feutres (par exemple, noms de pays au feutre épais, noms de villes au stylo…).

Les figurés de surface
- Colorier les aplats de couleur au crayon.
- Tracer les hachures à la règle.

Les figurés linéaires et ponctuels
- Tracer les points et les lignes avec des feutres.
- Utiliser une règle normographe pour reproduire facilement les figurés.

Distinguer les noms grâce aux couleurs
- Bleu pour les mers et les cours d'eau.
- Noir ou rouge pour les villes.

Indiquer l'échelle.

2 La légende

Écrire la légende
- Rédiger la légende sur une autre page que le croquis.
- Écrire en noir.
- Aligner le texte à gauche.

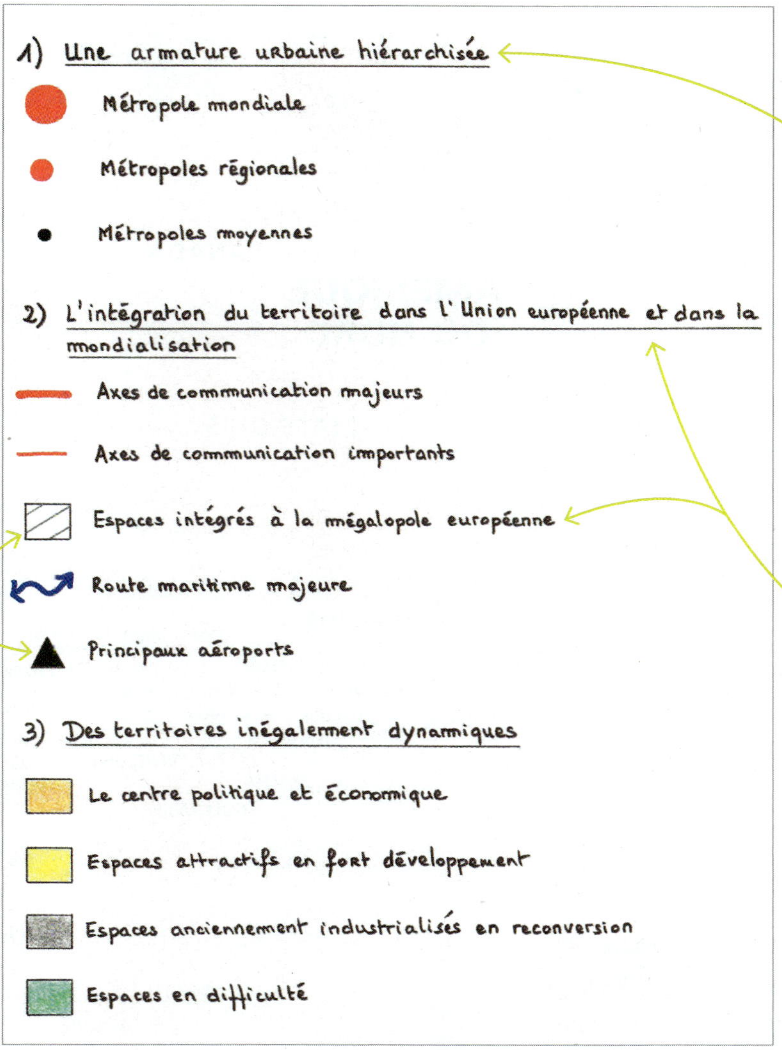

Faire apparaître un plan
Souligner ou écrire les titres des parties en lettres capitales.

Choisir et dessiner les figurés
- Respecter le langage cartographique (voir rabat de couverture V).
- Choisir des figurés faciles à reproduire plusieurs fois (des formes géométriques simples).
- Harmoniser leurs tailles (à l'aide d'une règle).
- Vérifier leur compatibilité : si deux surfaces se superposent, on peut utiliser des hachures.

Organiser la légende
- Harmoniser les parties.
- Déterminer au moins deux informations par partie.
- Être synthétique.

Vérifier la réalisation du croquis

		OUI	NON
Dans la légende	• Les figurés sont remplis	☐	☐
	• Une information est associée à chaque figuré	☐	☐
Dans le croquis	• Les informations de la légende sont reportées	☐	☐
	• La nomenclature est complète	☐	☐
	• Le croquis est complet (titre, orientation, légende, échelle)	☐	☐
Dans l'ensemble	• Les notions du programme apparaissent	☐	☐
	• Le travail est soigné, il n'y a pas de fautes d'orthographe	☐	☐

Les États du monde (2020)

1. La région ukrainienne de Crimée a proclamé son rattachement à la Russie par référendum au printemps 2014. Ce rattachement, validé par la Russie, n'est pas reconnu par les autorités ukrainiennes ni par la communauté internationale.

erritoire revendiqué par le Maroc,
trôlé par les autonomistes sahraouis.
référendum doit y être organisé par l'ONU.

La population mondiale en 2020

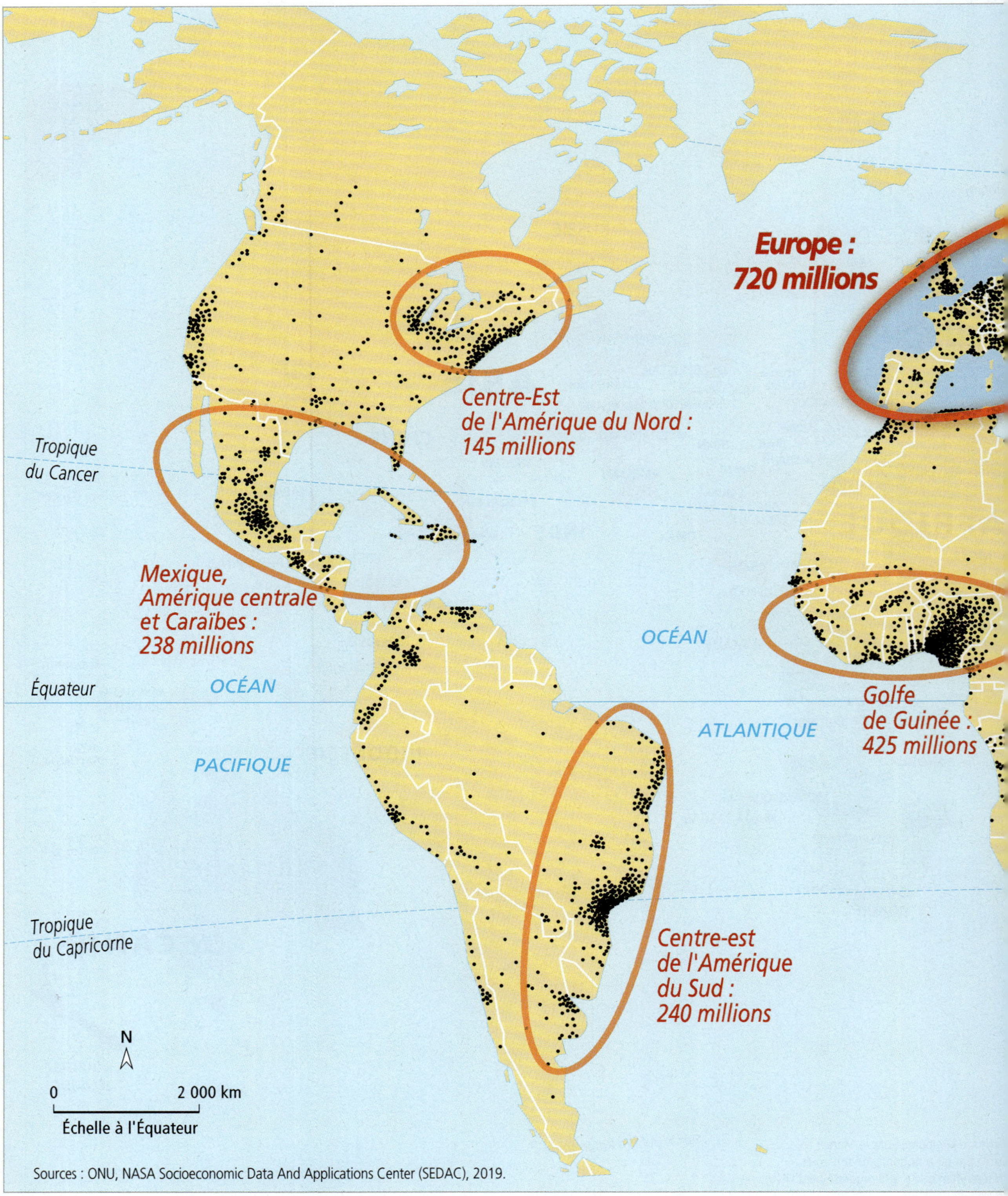

Sources : ONU, NASA Socioeconomic Data And Applications Center (SEDAC), 2019.

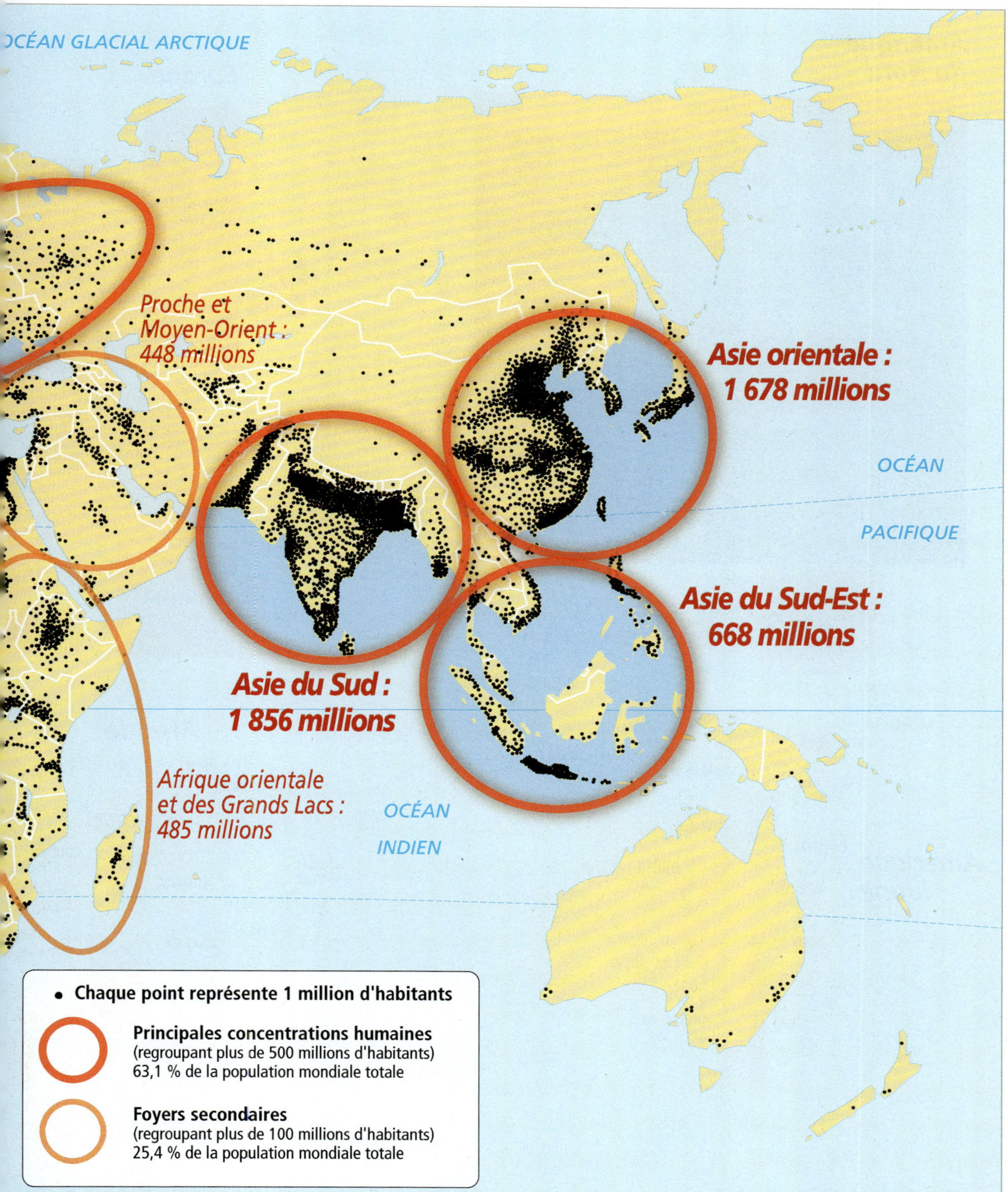
OCÉAN GLACIAL ARCTIQUE
Proche et Moyen-Orient : 448 millions
Asie orientale : 1 678 millions
OCÉAN
PACIFIQUE
Asie du Sud-Est : 668 millions
Asie du Sud : 1 856 millions
Afrique orientale et des Grands Lacs : 485 millions
OCÉAN
INDIEN
• Chaque point représente 1 million d'habitants
Principales concentrations humaines
(regroupant plus de 500 millions d'habitants)
63,1 % de la population mondiale totale
Foyers secondaires
(regroupant plus de 100 millions d'habitants)
25,4 % de la population mondiale totale

Les inégalités de richesse dans le monde (2020

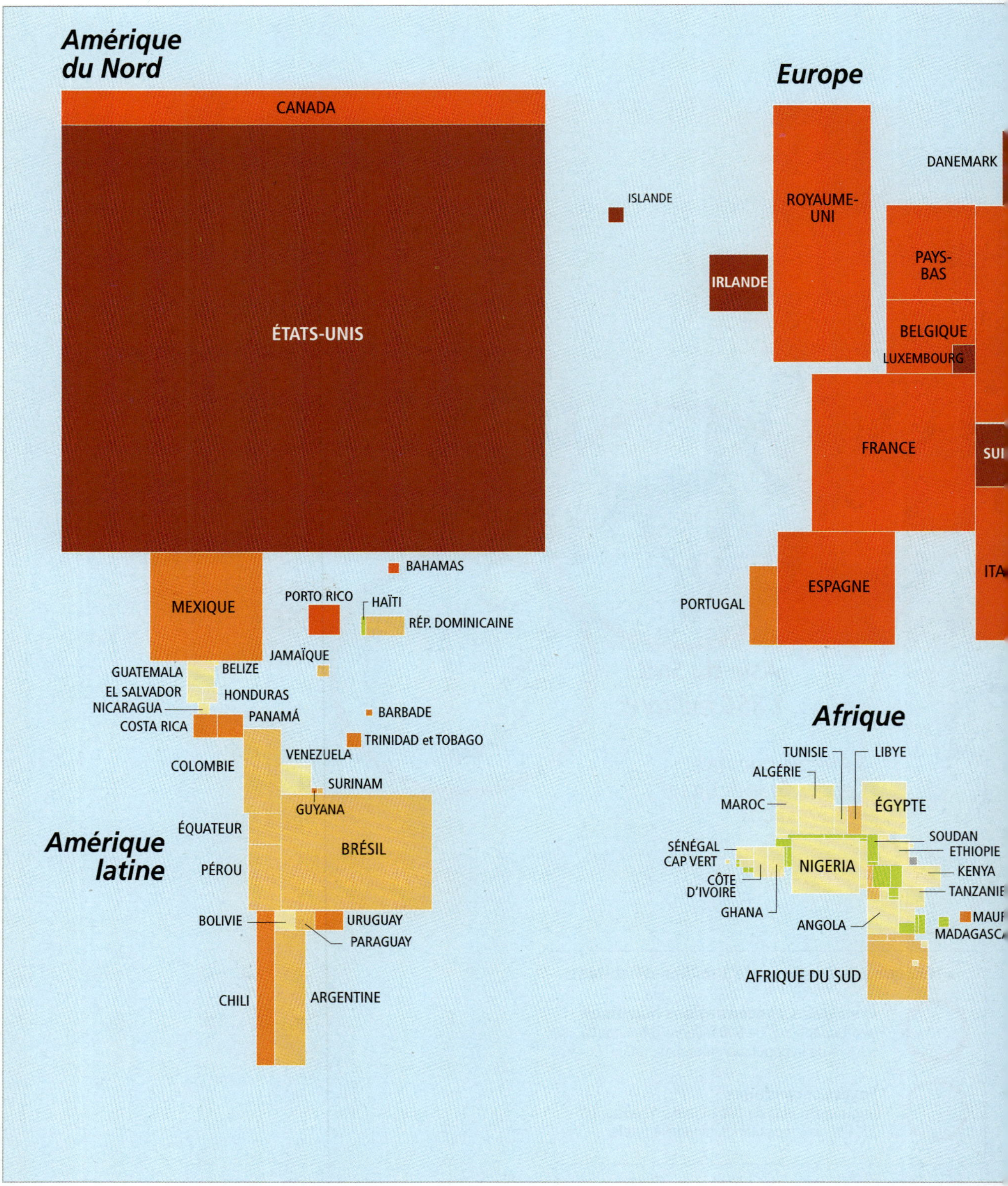

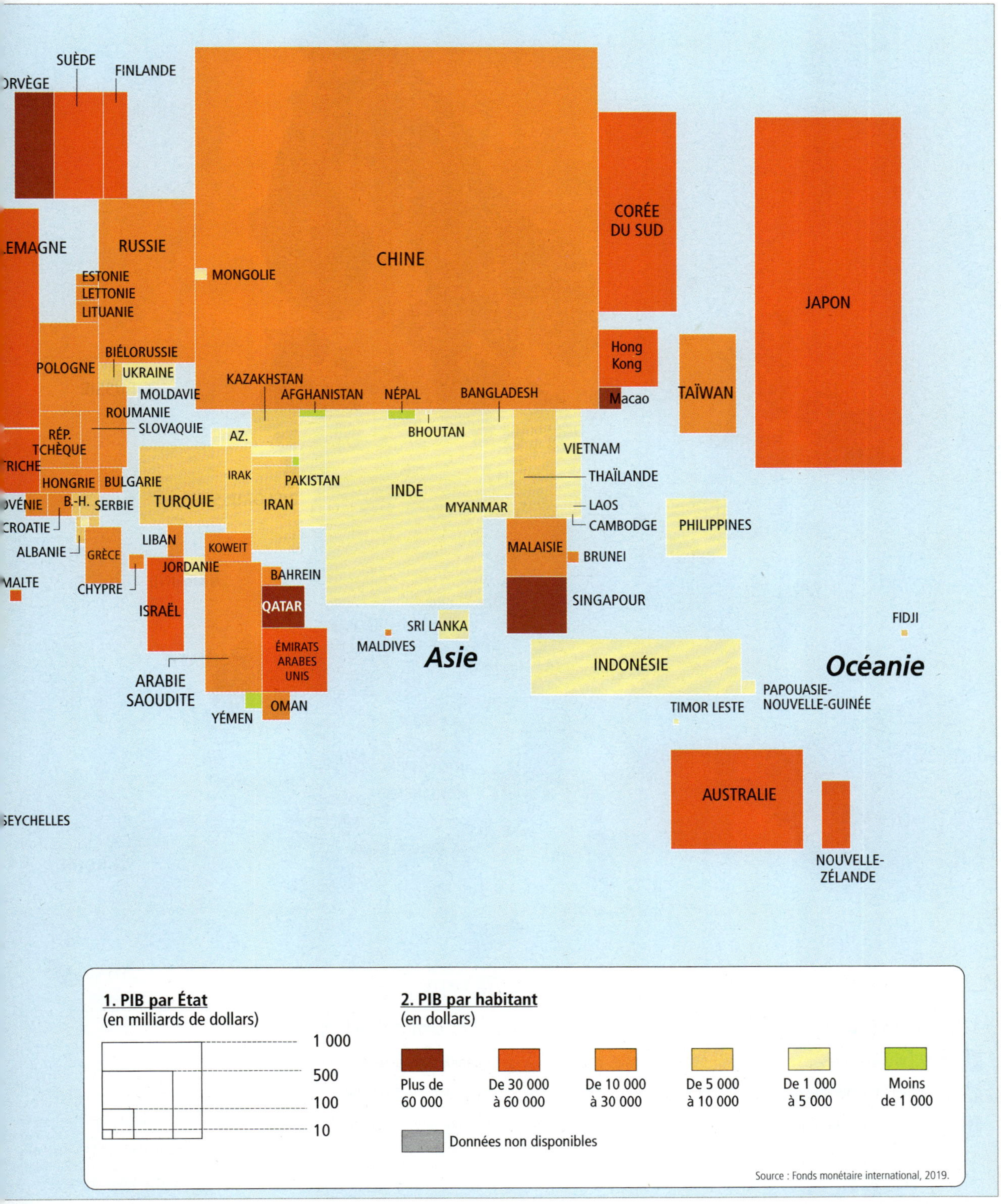
SUÈDE
FINLANDE
RVÈGE
EMAGNE
RUSSIE
ESTONIE
LETTONIE
LITUANIE
BIÉLORUSSIE
POLOGNE
UKRAINE
MOLDAVIE
ROUMANIE
SLOVAQUIE
RÉP. TCHÈQUE
RICHE
HONGRIE
BULGARIE
VÉNIE
B.-H.
SERBIE
CROATIE
ALBANIE
GRÈCE
MALTE
CHYPRE
TURQUIE
AZ.
IRAK
IRAN
LIBAN
JORDANIE
ISRAËL
KOWEIT
BAHREIN
QATAR
ÉMIRATS ARABES UNIS
ARABIE SAOUDITE
YÉMEN
OMAN
MONGOLIE
CHINE
KAZAKHSTAN
AFGHANISTAN
NÉPAL
BANGLADESH
BHOUTAN
PAKISTAN
INDE
MYANMAR
SRI LANKA
MALDIVES
Asie
CORÉE DU SUD
Hong Kong
Macao
TAÏWAN
JAPON
VIETNAM
THAÏLANDE
LAOS
CAMBODGE
PHILIPPINES
MALAISIE
BRUNEI
SINGAPOUR
INDONÉSIE
TIMOR LESTE
PAPOUASIE-NOUVELLE-GUINÉE
FIDJI
Océanie
AUSTRALIE
NOUVELLE-ZÉLANDE
SEYCHELLES
1. PIB par État
(en milliards de dollars)
1 000
500
100
10
2. PIB par habitant
(en dollars)
Plus de 60 000
De 30 000 à 60 000
De 10 000 à 30 000
De 5 000 à 10 000
De 1 000 à 5 000
Moins de 1 000
Données non disponibles
Source : Fonds monétaire international, 2019.

L'Union européenne et l'Europe (2020)

1. L'UE et les États associés

- 27 États membres
- Ancien État membre de l'UE
- États non membres de l'UE mais fortement intégrés à son influence

2. Les États candidats à l'UE

- Candidatures acceptées, négociations en cours
- Candidatures officielles
- Candidatures potentielles

1. Crimée : région ukrainienne ayant proclamé son rattachement à la Russie par référendum au printemps 2014. Ce rattachement, validé par la Russie, n'est pas reconnu par les autorités ukrainiennes ni par la communauté internationale.

La démographie des États de l'Union européenne (2020)

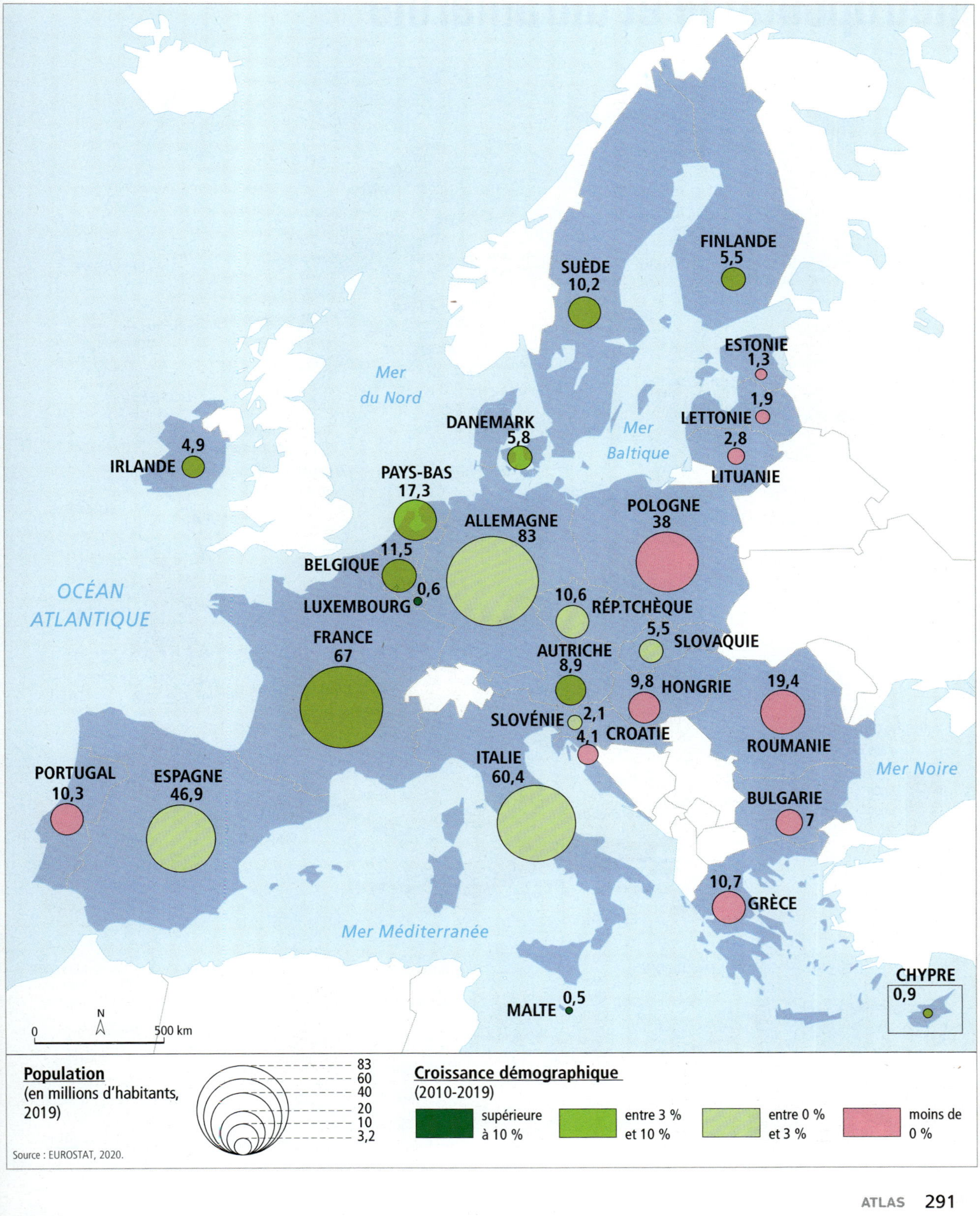

Le relief de la France métropolitaine et ultramarine

Les régions en France : poids économique (2020)

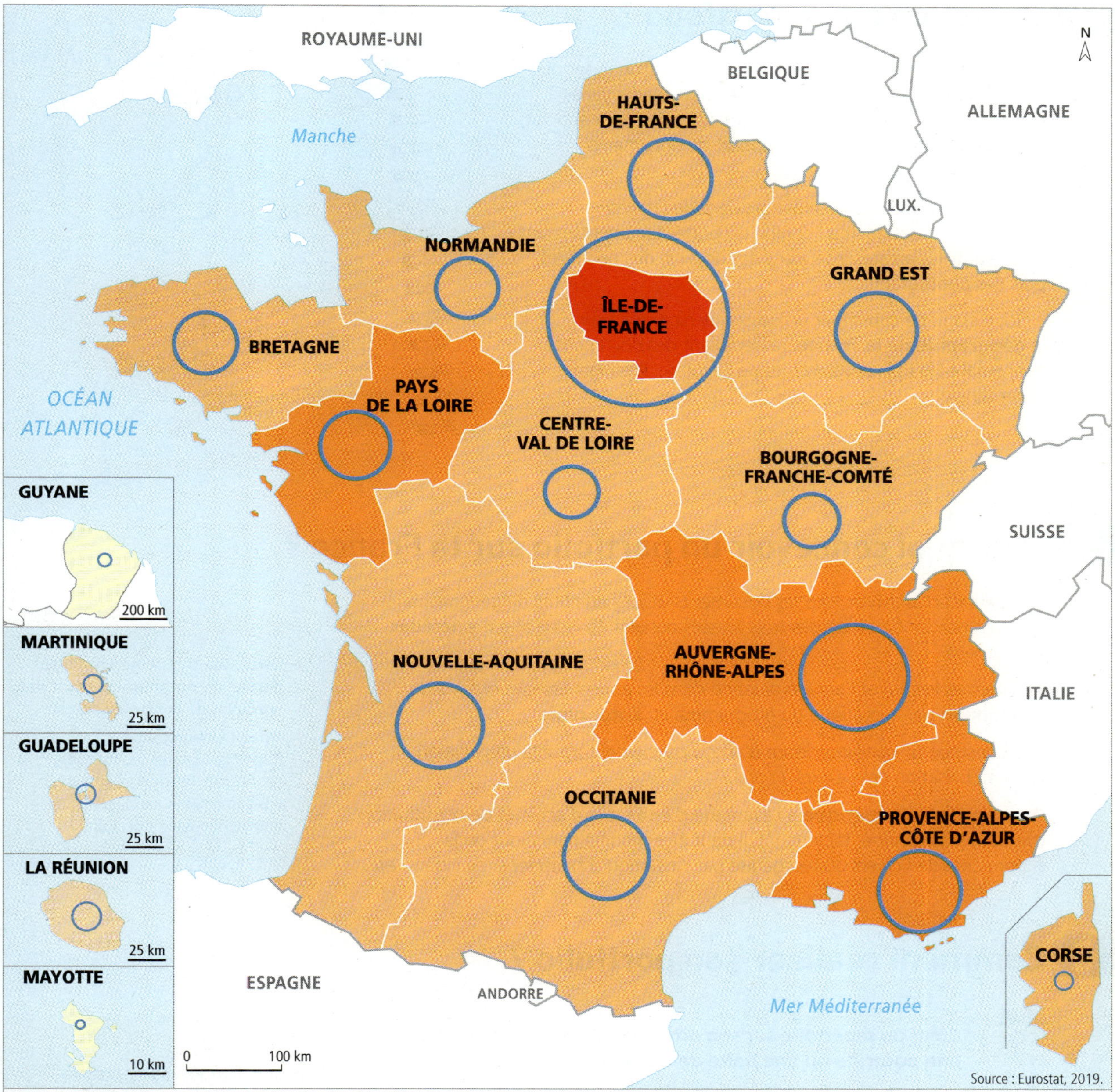

1. Produit intérieur brut (en milliards d'euros)

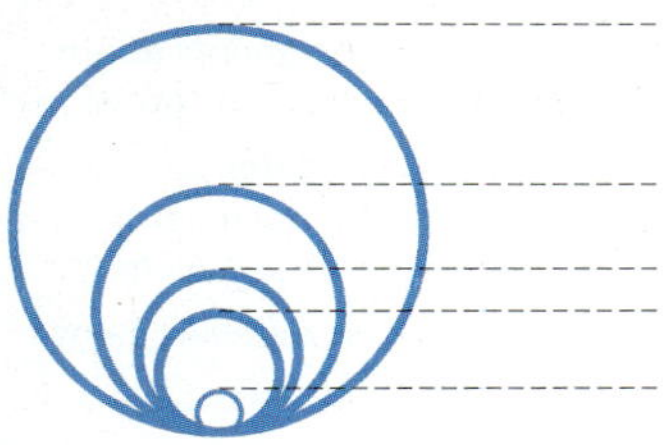

2. Produit intérieur brut par habitant (en euros)

- 53 100
- de 27 000 à 30 000
- de 23 500 à 26 000
- de 19 000 à 23 000
- de 9 700 à 15 000

Portfolio

Constituer un portfolio sur la France

1 Qu'est-ce qu'un portfolio ?

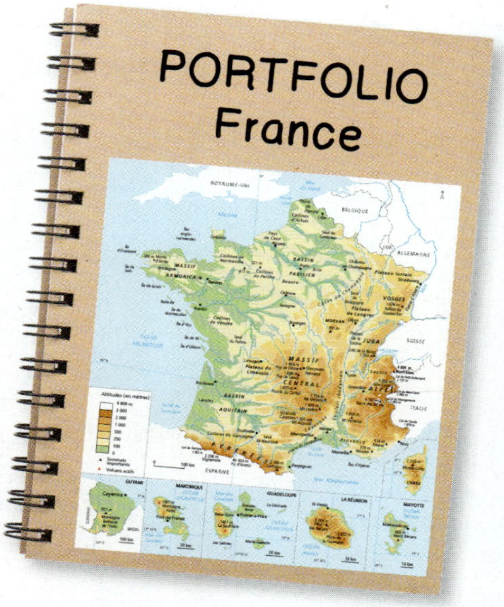

- Un **portfolio** est un classeur, une pochette, un répertoire (numérique ou non), qui regroupe des documents variés concernant un thème précis. Son contenu s'élargit, s'enrichit, au fil de son élaboration et de l'apport de documents supplémentaires.
- Étymologiquement, le terme provient de l'italien (*portafogli*). Il désignait à l'origine un porte-documents pliant dans lequel les artistes inséraient des dessins, des peintures, puis des photographies.
- Ici, il s'agit de constituer un dossier personnalisé sur la **géographie de la France**, rassemblant des documents concernant les trois programmes de Seconde, Première et Terminale.

2 Pourquoi concevoir un portfolio sur la France ?

- Il permet d'**archiver** tous les documents utilisés en cours de géographie sur la France tout au long des trois années passées au lycée afin d'y **accéder** rapidement.
- Il permet le suivi et l'auto-évaluation dans les apprentissages et favorise la **réflexion** par la pratique du programme en **autonomie**.
- Il constitue un outil important d'accompagnement pour la préparation de la mobilisation des savoirs à l'oral.
- Le **portfolio numérique** a l'avantage d'être facile d'accès et de consultation (clé USB, smartphone, tablette…). Il peut être modifié par l'ajout ou la suppression de fichiers ou réorganisé par l'insertion d'hyperliens, de vidéos, etc.

Conseils

- Consultez fréquemment votre portfolio : notamment avant des épreuves de contrôle continu.
- Travaillez en équipe ! Répartissez-vous les thèmes, échangez des documents avec vos camarades de classe afin d'enrichir votre portfolio.

3 Comment réaliser son portfolio ?

ÉTAPE 1 **Créer un répertoire sur son ordinateur, préparer un classeur, une pochette ou une boîte de rangement.**

ÉTAPE 2 **Organiser des sous-répertoires ou des pochettes pour chaque thème étudié sur la France.**
Par exemple :
– Sociétés et environnements, des équilibres fragiles (2de – thème 1)
– Les espaces ruraux : multifonctionnalité ou fragmentation ? (1re – thème 3)
– La France, une puissance maritime ? (T^{le} – thème 1)

ÉTAPE 3 **Rassembler les documents pour chaque thème afin de pouvoir les consulter aisément.**

Conseils

- Commencez votre portfolio le plus tôt possible (dès la classe de 2de).
- Classez les documents au fur et à mesure de la progression.
- Veillez à bien dater ou numéroter les documents incorporés dans le portfolio.
- Mettez à jour régulièrement votre portfolio.

4 Quels types de documents intégrer dans un portfolio ?

Plusieurs types de documents peuvent être intégrés et archivés dans un portfolio.

- **Des documents écrits :** fiches de cours, exposés, textes étudiés en classe, téléchargés sur Internet et imprimés, photocopies, interrogations écrites, devoirs corrigés, tests de connaissances…
- **Des productions graphiques :** cartes, croquis, schémas à différentes échelles…

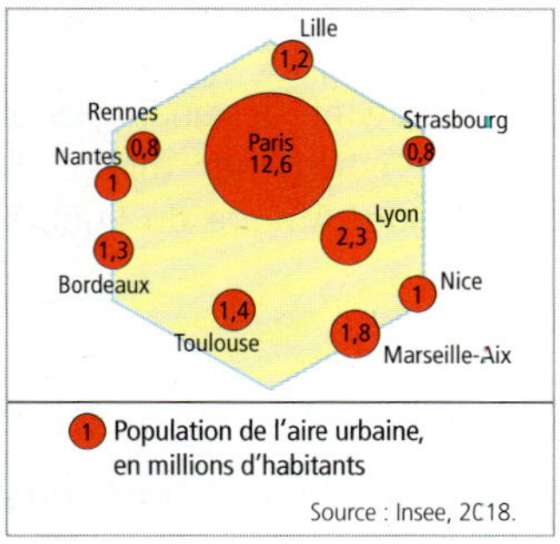

Population de la France métropolitaine

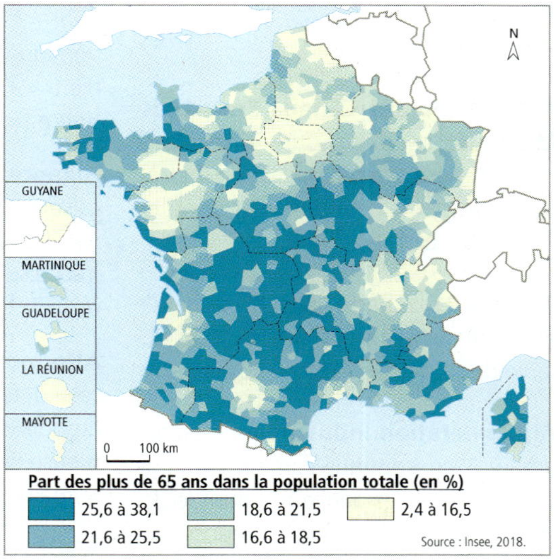

Le vieillissement de la population française

- **Des documents iconographiques** (photographies).

Le clos-masure, ferme typique du pays de Caux (Seine-Maritime)

Vue aérienne de Saint-Denis (La Réunion)

- **Des documents statistiques, des infographies, des tableaux de données…**

Les réseaux de transports français : chiffres clés

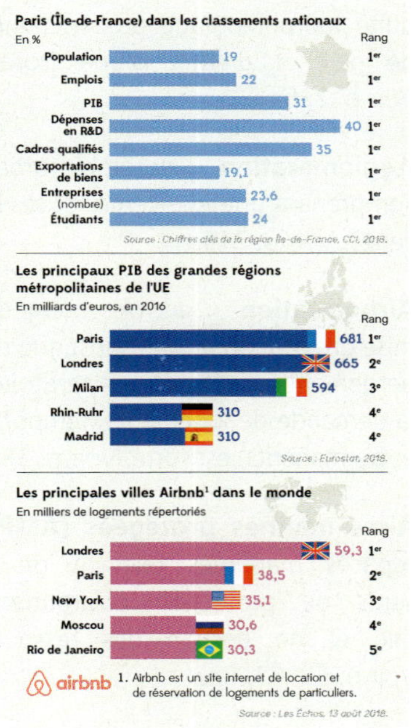

Paris (Île-de-France) dans les classements nationaux et internationaux

Conseil

Si vous réalisez un portfolio numérique, pensez à ajouter :
- Des liens vers des podcasts
- Des sites internet
- Des vidéos

Lexique

A

ACEUM (accord Canada-États-Unis-Mexique) : accord destiné à remplacer l'ALENA suite à la renégociation du traité exigée par les États-Unis et signé en 2018. Voir p. 130.

Agenda 21 : charte fixant un projet de territoire sur la base d'une gestion durable de ce dernier. Voir p. 262.

Agglomération industrielle : espace urbanisé en continu, comprenant une ville-centre et ses banlieues, dont le développement économique repose sur des activités de transformation en vue de la production de biens matériels. Voir p. 215, 227, 234. Notion p. 301.

Agglomération transfrontalière : espace urbain caractérisé par une continuité morphologique ou fonctionnelle de part et d'autre d'une frontière. Voir p. 225.

Agglomération : ensemble urbanisé comprenant une ville-centre et ses banlieues. Voir p. 215.

Airbnbisation : accroissement de la mise en location à but touristique d'hébergements privés dans un territoire où la demande de logements (temporaires et permanents) est forte. Voir p. 160.

Aires marines protégées (AMP) : espaces maritimes relevant de mesures de protection environnementale et de gestion des ressources. Voir p. 58, 62, 82.

ALENA (accord de libre-échange nord-américain) : accord entré en vigueur en 1994 afin d'accroître les échanges commerciaux entre le Canada, les États-Unis et le Mexique. Il est remplacé par l'ACEUM en 2018. Voir p. 130.

Alliance bolivarienne pour les Amériques : organisation politique et économique d'inspiration socialiste, hostile à « l'impérialisme » des États-Unis. Voir p. 113.

Alliance française : organisation française dont l'objectif est de faire rayonner la langue française et la culture française à l'extérieur de la France. Voir p. 155, 158.

Altermondialisme : courant de pensée défendant une alternative à la mondialisation néolibérale, plus respectueuse de l'environnement et des droits humains. Voir p. 138.

ANDRA (Agence nationale pour la gestion des déchets radioactifs) : établissement public à caractère industriel et commercial chargé de la gestion des déchets radioactifs en France. Voir p. 264.

Aquaculture : élevage industriel de poissons, de coquillages, de crustacés, d'algues dans les eaux maritimes ou fluviales. Voir p. 55, 60.

Arrière-pays (hinterland) : zone d'influence et d'attraction économique d'un port, reliée à lui par les réseaux de transport. Voir p. 73, 81.

Association des États de la Caraïbe (AEC) : organisation régionale favorisant la coordination des politiques économiques et environnementales. Voir p. 70, 113.

Avant-pays (foreland) : espace outre-mer relié à un port. Voir p. 73.

B

Biotechnologie marine : application de la science et de la technologie aux organismes vivants, à d'autres matériaux vivants ou non vivants, pour la production de savoirs, biens et services. Voir p. 82.

Blockchain : technologie de stockage et de transmission d'informations, sécurisée mais sans organe de contrôle (ex. : monnaie numérique « bitcoin »). Voir p. 131.

Brexit : contraction de *British Exit*. Sortie du Royaume-Uni de l'Union européenne, approuvée par référendum le 23 juin 2016 et officiellement entrée en vigueur le 31 janvier 2020. Voir p. 206.

BRICS : acronyme désignant les principaux pays émergents (Brésil, Russie, Inde, Chine, Afrique du Sud). Voir p. 133, 136.

C

CARICOM (Caribbean Community) : zone de libre-échange. Voir p. 113.

CESER (Conseil économique, social et environnemental régional) : assemblée régionale constituée de représentants d'entreprises, de syndicats et d'associations, chargés de conseiller les élus régionaux sur l'administration de leur région. Voir p. 264.

Cigéo (Centre industriel de stockage géologique) : projet de stockage profond de déchets hautement radioactifs issus des centrales nucléaires. Voir p. 264.

Cluster maritime français (CMF) : organisation créée en 2006 par et pour les professionnels afin de rassembler tous les acteurs du secteur maritime. Voir p. 82.

COM (Collectivités d'Outre-Mer) : territoires d'outre-mer disposant d'institutions et de statuts particuliers. Voir p. 68.

Compétitivité : capacité d'une entreprise, d'un secteur économique ou d'un territoire à vendre ou fournir durablement un ou plusieurs biens ou services sur un marché concurrentiel. Voir p. 158, 262.

Connectivité aérienne : ensemble des connexions d'un territoire à d'autres territoires par voie aérienne. Voir p. 110.

Conteneur : caisse métallique pour le transport de marchandises de dimensions standardisées, soit 6,05 mètres de longueur ou « Équivalent vingt pieds » (EVP). Voir p. 82.

Convergence : fait de tendre vers un objectif commun. Le traité de Maastricht en 1992 définit des critères de convergence que chaque État de l'UE doit respecter (maîtrise de la dette, de l'inflation, etc.). Voir p. 208.

Coopération transfrontalière : partenariat entre des acteurs privés ou publics, séparés par une frontière d'État, et dont les actions interviennent aux échelles régionales et locales, de part et d'autre de cette frontière. Voir p. 226.

Corridor de développement : projet d'intégration régionale reposant sur l'aménagement d'axes de transports (route, rail, voie navigable, port) visant à interconnecter des territoires. Voir p. 118.

« Crise requin » : expression désignant l'incapacité des pouvoirs publics à gérer le « risque requin » face à l'augmentation des attaques de requins à La Réunion. Voir p. 84.

Crypto Valley : zone de concentration de start-ups spécialisées dans les monnaies virtuelles (cryptomonnaies) entre Zurich et Zoug (Suisse). Voir p. 131.

D

Demandeur d'asile : personne qui sollicite une protection internationale hors des frontières de son pays d'origine, mais qui n'a pas encore obtenu le statut de « réfugié ». Voir p. 200.

Développement durable : mode de développement dont l'objectif est de concilier à la fois progrès économique, harmonie sociale et culturelle et préservation de l'environnement. Voir p. 262.

Diaspora : communauté ethnique dispersée à l'échelle mondiale mais conservant des liens sociaux et commerciaux très intenses avec son pays d'origine. Voir p. 136.

District industriel : concentration, sur un territoire donné, de petites et moyennes entreprises, spécialisées dans un secteur d'activité reposant sur des savoir-faire hérités. Voir p. 158, 206.

Droit de la mer : composante du droit international qui règle les relations entre États concernant l'utilisation de la mer et l'exercice de leurs pouvoirs sur les espaces maritimes. Voir p. 62.

DROM (Départements et Régions d'Outre-Mer) : collectivités territoriales disposant du même statut qu'un département ou une région métropolitaine : les lois et règlements français et européens s'y appliquent. Voir p. 68.

Dumping social : mise en concurrence des travailleurs des pays développés avec la main-d'œuvre moins rémunérée des pays en développement. Voir p. 138.

E

Économie maritime : économie reposant sur l'ensemble des activités liées aux océans, mers et côtes, du secteur primaire (pêche et aquaculture), secondaire (agroalimentaire, construction navale, production énergétique...), et du secteur tertiaire (commercialisation des produits de la mer, transport...). Voir p. 82.

Enclavement : situation d'un territoire mal connecté aux autres. Voir p. 136.

Énergies marines renouvelables (EMR) : ensemble des technologies permettant de produire de l'électricité à partir de différentes forces ou ressources du milieu marin : la houle, les courants, les marées, les températures des eaux. Voir p. 60.

Espace Schengen : espace regroupant 26 États européens (22 de l'UE et 4 associés) et permettant la libre circulation des personnes. Voir p. 206.

Eurorégion : structure territoriale transfrontalière dont l'objectif est de créer un espace cohérent pour faire de la frontière non plus une contrainte, mais un atout. Voir p. 225.

EVP (Équivalent vingt pieds) : unité de mesure des conteneurs correspondant à environ 6 mètres de long. Voir p. 56.

Expatrié : individu résidant dans un autre pays que le sien. Voir p. 155, 158.

F

Façade maritime : espace littoral concentrant plusieurs ports permettant de mettre en relation l'espace continental de l'arrière-pays avec le reste du monde. Voir p. 60, 136, 206.

FEDER (Fonds européen de développement régional) : fonds structurel créé en 1975. Son objectif est de renforcer la cohésion économique et sociale dans l'UE en réduisant les inégalités et déséquilibres entre les régions. Voir p. 186, 205, 208, 217, 226, 260.

Filiale : entreprise contrôlée par une autre entreprise appelée société mère. Voir p. 158.

Firme transnationale (FTN) : entreprise implantée dans de nombreux pays et qui réalise la majeure partie de son chiffre d'affaires en dehors de son pays d'origine. Voir p. 136, 203, 206.

Flux : circulation de biens, de personnes, de capitaux ou d'informations. Voir p. 60, 203.

Fonds de cohésion : créé en 1992 avec le traité de Maastricht, il s'adresse aux pays dont le PIB par habitant est inférieur à 90 % de la moyenne de l'UE, l'Europe de l'Est en particulier. Voir p. 208.

Lexique

FSE (Fonds social européen) : créé en 1957. Son objectif est de réduire les inégalités de développement entre les régions européennes, de promouvoir la croissance et de soutenir la création d'emplois. Voir p. 205, 208.

G

G20 : groupe de 20 États réunissant chaque année pays industrialisés et puissances émergentes dans un but de coopération économique et financière. Voir p. 135, 138.

GAFAM : acronyme désignant les « géants américains du Web » (Google, Apple, Facebook, Amazon et Microsoft). Voir p. 135, 138.

GECT (Groupement européen de coopération territoriale) : organisation transfrontalière visant à surmonter les obstacles liés aux différences de législation. Voir p. 223, 226.

Gouvernance : manière de gouverner ou d'exercer un pouvoir, impliquant plusieurs acteurs à différentes échelles. Voir p. 138.

Gouvernance mondiale : ensemble de règles, de lois et de normes mises en place pour réguler les flux économiques, migratoires et informationnels ainsi que les relations internationales dans un contexte de mondialisation. Voir p. 158.

Gouvernance transfrontalière : dispositif institutionnel permettant de faire coopérer divers acteurs publics et privés par-delà des frontières. Voir p. 226.

Grand port maritime (GPM) : statut créé en 2008 et attribué aux plus grands ports français dont l'envergure est européenne et qui se positionnent sur le marché mondial. Voir p. 73, 81, 82.

Granulats marins : matériaux extraits de la mer (sable, graviers). Voir p. 81.

Groupement européen d'intérêt économique (GEIE) : instrument juridique visant à développer la coopération transfrontalière entre entreprises grâce à la mise en commun de services. Voir p. 218.

H

Halieutique : qui concerne la pêche. Voir p. 56, 60, 81, 82.

Haute mer : espace maritime situé au-delà des ZEE, non soumise à la souveraineté des États côtiers. Voir p. 36, 62, 83. Notion p. 301.

I

IDE (investissements directs à l'étranger) : sommes d'argent investies par des entreprises étrangères sur un territoire (création, rachat d'entreprise). Voir p. 133, 136, 155, 206.

Industrie : ensemble des activités de transformation en vue de la production de biens matériels. Voir p. 215.

Insularité : ensemble des caractéristiques qui donnent à un territoire et à sa population les aspects typiques d'une île en fonction de son isolement et/ou de son éloignement. Voir p. 110.

Interface : zone de contact entre deux espaces géographiques distincts. Elle génère le plus souvent des flux, mais parfois aussi des tensions. Voir p. 60.

Interreg : programmes pluriannuels lancés par l'UE en 1990 et financés par le FEDER pour soutenir les projets de coopération territoriale entre les collectivités des États membres. Voir p. 208, 223, 226.

L

Land (pluriel : Länder) : division administrative (région). L'Allemagne compte 16 Länder. Voir p. 186.

Lobbying : stratégie menée par un acteur pour défendre ses intérêts auprès des décideurs politiques. Voir p. 138.

Loi MAPTAM : loi du 27 janvier 2014 de modernisation de l'action publique territoriale et de l'affirmation des métropoles. Voir p. 260.

Lois de décentralisation : ensemble des lois qui, depuis 1982, ont transféré une partie des pouvoirs de l'État aux collectivités territoriales. Lorsque ces pouvoirs sont transférés aux régions, on parle aussi de « régionalisation ». Voir p. 260.

M

Marché commun du Sud ou MERCOSUR (*Mercado Común del Sur* en espagnol ; *Mercosul* en portugais) : alliance économique des pays d'Amérique du Sud créée en 1991. Voir p. 118.

Mégalopole : grande région urbaine concentrant des métropoles reliées entre elles et exerçant un rayonnement mondial. Voir p. 133, 136, 206.

Métropole : au sens large, grande agglomération urbaine qui concentre la population et les activités, dotée de fonctions de décision à différentes échelles. Au sens administratif du terme, structure intercommunale d'au moins 400 000 habitants ayant pour objet l'élaboration de projets communs de développement. On en compte 22 en France, dont 3 avec des statuts différents (Paris, Marseille et Lyon). Voir p. 206, 262.

Métropole mondiale : centre d'impulsion majeur de la mondialisation qui concentre des fonctions décisionnelles économiques et politiques, un fort rayonnement culturel et un rôle de carrefour de communication. Voir p. 133, 136.

Migrant international : individu quittant durablement (durée égale ou supérieure à un an) son pays pour se rendre dans un autre pays, de façon volontaire (activité professionnelle) ou forcée (guerre, pauvreté…). Voir p. 200.

Mobilités pendulaires : déplacements quotidiens des individus entre leur domicile et leur lieu de travail. Voir p. 226.

Multilatéralisme : système de relations internationales privilégiant les négociations et les coopérations. Voir p. 138.

N

Néolibéralisme : doctrine prônant une limitation du rôle de l'État en matière économique, sociale et juridique, ainsi que l'extension des règles du marché à tous les secteurs d'activité (culture, santé, éducation). Voir p. 138.

Nodules polymétalliques : petites accumulations rocheuses très riches en minerais (manganèse, fer, silicium, aluminium ou cobalt) utilisées dans la production de produits électroniques (smartphones...). Ces nodules tapissent les fonds marins dans certains océans. Voir p. 77.

Nouvelles « routes de la Soie » maritimes : voies maritimes développées par les autorités chinoises au XXIe siècle. Voir p. 43.

OCDE (Organisation de coopération et de développement économiques) : organisation internationale d'études économiques regroupant 36 pays développés. Voir p. 135.

Offshore : terme anglais qui désigne une activité se déroulant en pleine mer, ainsi que le placement de capitaux dans un paradis fiscal. Voir p. 56, 60.

Organisation des États de la Caraïbe orientale (OECO) : organisme de coopération entre plusieurs pays des Antilles orientales en matière de commerce, de transport, de tourisme durable et de gestion des catastrophes naturelles. Voir p. 70.

Organisation internationale de la Francophonie (OIF) : institution créée en 1970, dont les 88 membres (États ou gouvernements) partagent ou ont en commun la langue française et certaines valeurs comme la diversité culturelle, la paix ou la gouvernance démocratique. Voir p. 157, 158.

P

PAC (Politique agricole commune) : politique européenne mise en place en 1962 pour moderniser et développer l'agriculture des pays membres de la CEE, puis de l'UE. Voir p. 206, 208.

Paradis fiscal : territoire à la fiscalité avantageuse par rapport à d'autres pays (impôts inexistants ou réduits, législation empêchant l'échange d'informations avec les autres États, tolérance envers les sociétés écrans ayant une activité fictive). Voir p. 110, 126.

Parc national : territoire de protection de la nature géré par l'État dans un but de conservation. Voir p. 144.

Patrimonialisation : politique qui consiste à protéger un espace et à en faire un élément de patrimoine. Voir p. 62.

Pavillon de complaisance : immatriculation d'un navire sous une juridiction nationale différente de celle du ou des propriétaire(s), généralement choisie pour son caractère peu contraignant, en matière de fiscalité, de sécurité du navire ou de droit du travail auquel est soumis l'équipage, par exemple. Voir p. 58, 60.

Périphérie : espace sous l'influence d'un centre. Voir p. 133.

Pôle : lieu qui exerce une influence sur l'espace qui l'entoure. Voir p. 203.

Pôle de compétitivité : regroupement reconnu par l'État, sur un territoire donné, d'entreprises, d'organismes de formation et de centres de recherche publique ou privée, engagé autour de projets innovants dans un secteur d'activité donné. Voir p. 215, 262.

Politique commune (UE) : politique adoptée dans un domaine précis par l'ensemble des États membres de l'UE et mise en œuvre par les institutions de l'Union. La politique agricole et la politique monétaire sont des politiques communes. Voir p. 206.

Politique de cohésion : politique de l'Union européenne qui vise à corriger les inégalités régionales et à améliorer la compétitivité des territoires. Voir p. 208.

Productiviste : qui recherche une production maximale et des rendements élevés par l'utilisation de machines et de produits industriels. Voir p. 260.

Protectionnisme : politique interventionniste d'un État pour protéger le marché national (barrières douanières, quotas d'importation, normes contraignantes de qualité). Voir p. 135, 138.

Puissance halieutique : pays qui dispose d'une importante économie de la pêche. Voir p. 55.

R

Reconversion : réorientation des activités d'une entreprise ou d'un espace vers un secteur plus compétitif suite au déclin d'une production. Voir p. 215.

Réfugié : personne reconnue en danger dans son pays d'origine et qui a obtenu l'asile politique dans un autre pays. Voir p. 200.

Région ultrapériphérique (RUP) : territoire ultramarin faisant partie intégrante de l'Union européenne. L'UE compte neuf RUP (îles Canaries, Guyane, Guadeloupe, Martinique, Mayotte, La Réunion, Saint-Martin, les Açores, Madère). Voir p. 205, 208.

Régulation : moyens d'action dont dispose un État ou une organisation internationale pour assurer le bon fonctionnement de l'économie. Voir p. 138.

Lexique

Réseau transeuropéen de transport (RTE-T) : programme de développement des infrastructures de transport pour faciliter les échanges et l'intégration de tous les territoires dans l'Union européenne. Voir p. 190.

« Risque requin » : expression désignant l'exposition d'individus à une menace représentée par la présence de requins. Voir p. 84.

S

Société écran : entreprise fictive visant à dissimuler les transactions financières d'une ou de plusieurs autres entreprises. Voir p. 110, 126.

SRADDET (schéma régional d'aménagement, de développement durable et d'égalité des territoires) : outil de planification de l'aménagement régional. Il est élaboré pour une période de cinq ans. Voir p. 260.

T

Technopôle : parc d'activités regroupant entreprises et centres de formation supérieure ou de recherche, spécialisés dans les activités de haute technologie. Voir p. 144.

Terres australes et antarctiques françaises (TAAF) : ensemble de territoires ultramarins français inhabités et dispersés dans l'océan Indien et dans l'océan glacial Antarctique. Leur fréquentation est réservée aux scientifiques et aux militaires. L'ensemble des TAAF est classé réserve naturelle depuis 2006. Depuis 2007, les îles Éparses ont été intégrées à la collectivité d'outre-mer des TAAF. Voir p. 76, 78.

Territoire transfrontalier : Territoire organisé autour d'une frontière ouverte entre deux pays. Voir p. 227, 235. Notion p. 302.

Territoires ultramarins : territoires français situés en dehors du continent européen. Voir p. 78, 82.

Territorialisation : processus d'appropriation d'un espace par un État. Voir p. 36.

Travailleur transfrontalier (navetteur transfrontalier) : individu dont le lieu de résidence et le lieu de travail sont situés dans deux États contigus différents. Voir p. 226.

U

Ubérisation : nouveau mode d'économie collaborative reposant sur la mise en relation directe des clients avec des prestataires de services grâce aux nouvelles technologies. Voir p. 138.

Unesco : l'Organisation des Nations unies pour l'éducation, la science et la culture. Elle gère en particulier le classement au patrimoine mondial. Voir p. 157.

Z

ZEE (Zone économique exclusive) : espace maritime délimité par la Convention des Nations unies sur le droit de la mer qui s'étend sur 200 milles marins (370 km) à partir du littoral. Il accorde à l'État côtier la souveraineté sur les ressources qui s'y trouvent. Voir p. 36, 56, 58, 62, 78, 83, 90. Notion p. 302.

Zone de fracture : longue et étroite faille sous-marine, séparant des zones océaniques de profondeurs différentes. Voir p. 77.

Zone franche : territoire dans lequel la législation économique nationale ne s'applique pas (droits de douane, fiscalité) et où les marchandises entrent et sortent librement. Voir p. 110.

Zone industrialo-portuaire (ZIP) : espace portuaire aménagé afin d'accueillir des activités industrielles (sidérurgie, pétrochimie). Voir p. 81.

Notions

Agglomération industrielle – p. 235

Espace urbanisé en continu, comprenant une ville-centre et ses banlieues, dont le développement économique repose sur des activités de transformation en vue de la production de biens matériels.

L'agglomération industrielle peut avoir été créée entièrement par et pour l'industrie.

Elle peut également être préexistante au développement de l'activité industrielle et avoir accueilli des usines, par le développement de faubourgs industriels à proximité immédiate du noyau urbain ancien ou de zones industrielles périphériques.

Aménagement des territoires – p. 267

Un territoire est un espace occupé, approprié et aménagé par les sociétés humaines. Le territoire n'a pas de dimension particulière, il peut être local, régional, national, etc. Il peut être délimité ou faire partie d'autres territoires. Il peut être composé de portions d'espaces continus (exemple : le quartier d'une ville) ou discontinus (exemple : un État insulaire).

L'aménagement d'un territoire repose sur sa mise en valeur et sa transformation volontaire et programmée menée par des acteurs spatiaux publics (État, région, commune) ou privés (entreprises).

L'aménagement d'un territoire est le résultat d'actions multiples, de plus ou moins grande envergure, menées à différentes échelles (nationale, régionale, locale) qui contribuent à façonner son paysage (espaces verts dans une ville, etc.) et à réduire les inégalités (implantation d'un musée dans un quartier défavorisé, etc.).

Attractivité – p. 165

L'attractivité est la capacité d'un territoire à polariser, à différentes échelles, des flux de personnes (touristes, immigrés) et de capitaux (investissements). Les acteurs publics (États, collectivités locales) développent souvent des stratégies destinées à renforcer l'attractivité de leur territoire : avantages fiscaux, financement des infrastructures, de la formation et de l'innovation…

L'attractivité est un facteur de recompositions spatiales (développement économique, croissance démographique, métropolisation, inégalités spatiales).

Cluster (écosystème) – p. 233

Un **cluster** est la concentration sur un territoire (quartier, métropole, région) de plusieurs acteurs économiques et politiques en synergie (ou en « écosystème ») dans un même secteur d'activité (électronique, automobile, biotechnologies, mode…). Le mode d'organisation de la production repose sur une division étroite du travail entre plusieurs (petites) entreprises spécialisées. Ces acteurs coopèrent afin d'innover et sont également en compétition pour conquérir des marchés.

Le cluster repose sur quatre facteurs complémentaires : les ressources (main-d'œuvre, ingénieurs, capital financier, infrastructures de communication, centres de recherche…) ; l'environnement politique, législatif et économique permettant d'encourager l'investissement, l'innovation et la concurrence ; des marchés de qualité, et en quantité suffisante ; un tissu local riche de fournisseurs et de sous-traitants.

Les clusters visent à intégrer ces territoires et ces acteurs dans la mondialisation.

Collectivité territoriale – p. 268

La **collectivité territoriale** est une structure administrative qui prend en charge les intérêts de la population dans un territoire précis (commune, département, région). Elle dispose de représentants élus (conseils) ayant un pouvoir de décision et a des compétences dans de nombreux domaines (transport, social, éducation…).

Il existe différents types de collectivités territoriales : les communes, les départements, les régions, les collectivités à statut particulier (Métropole de Lyon), les collectivités d'outre-mer (Polynésie française, Saint-Pierre-et-Miquelon).

Haute mer – p. 90

La **haute mer** (ou eaux internationales) est l'espace maritime situé au-delà des ZEE, non soumis à la souveraineté des États côtiers. Elle couvre 64 % des mers et des océans. La navigation y est libre, ainsi que l'exploitation des ressources vivantes ou la pose de câbles sous-marins ou de conduites d'hydrocarbures. Les sols marins et leurs richesses minérales y sont considérés comme un « bien commun de l'humanité » à préserver.

Intégration territoriale – p. 165

L'intégration territoriale est le processus de renforcement des relations entre différents territoires plus ou moins éloignés. Cette intensification des échanges (marchandises, capitaux) et des mobilités (touristes, travailleurs) peut être spontanée ou liée à une volonté d'harmonisation économique et politique entre différents États ou collectivités territoriales (accords commerciaux, coopérations…).

Notions

Maritimisation – p. 85

La **maritimisation** est le processus de dépendance croissante des sociétés, des économies, des territoires envers les mers et les océans. Elle s'exprime par l'intensification des échanges internationaux de marchandises par voie maritime (abaissement du coût et des temps du transport maritime, augmentation de la taille des navires…), par l'exploitation des ressources (pêche, hydrocarbures, sable…) et par la concentration des populations et des activités sur les littoraux.

La maritimisation constitue également un enjeu géopolitique, une source de rivalités entre États, et un enjeu environnemental (diminution de la biodiversité, surpêche, pollutions).

Puissance maritime – p. 91

Une **puissance** est un État (ou union d'États) qui se distingue par sa capacité d'influence sur l'espace mondial dans les domaines économique, culturel, militaire et diplomatique.

Une **puissance maritime** exerce son influence sur les mers et les océans. La notion de « puissance maritime dominante » a été théorisée en 1890 par l'amiral américain, Alfred Thayer Mahan, en se fondant sur l'exemple de la Grande-Bretagne.

Région – p. 269

La **Région** est un territoire de vie (ou territoire de proximité) entre les échelles locale et nationale. Elle se caractérise par une certaine homogénéité et une identité.

Le terme a plusieurs sens : on parle de région historique (la Bourgogne qui fut autrefois un duché), de région naturelle (les Pyrénées), de région culturelle (le Pays basque). Aujourd'hui, on parle surtout de Région administrative (la région Centre- Val de Loire) ou en référence aux aires d'influence des villes (la Région parisienne).

Créée en 1955, la Région est devenue une collectivité territoriale avec les lois de décentralisation en 1982. La carte des Régions administratives a été réorganisée à la faveur de la réforme territoriale de 2015. Elles sont désormais 18 (dont 5 en outre-mer) et disposent d'importants pouvoirs dans les domaines de l'aménagement du territoire, des transports, de l'enseignement, de la formation professionnelle, de l'action économique.

Route maritime – p. 91

Une **route maritime** est un itinéraire suivi par des navires de commerce assurant le transport sur des distances longues. Il s'agit de tracés rectilignes, même si certaines routes doivent tenir compte de contraintes : détroits, canaux, glaces hivernales, tracés des côtes, excès météorologiques (tempêtes), voire zones de piraterie.

Les routes maritimes les plus importantes sont généralement transocéaniques et relient les ports aux trafics les plus importants.

Territoire transfrontalier – p. 234

Territoire organisé autour d'une frontière ouverte entre deux pays.

Le **territoire transfrontalier** se caractérise par des coopérations politiques (locales, régionales ou nationales), économiques, sociales et culturelles favorisant l'intensification des échanges et des mobilités de populations, souvent sur de courtes distances.

Ces coopérations et ces échanges contribuent à la constitution d'un espace homogène, intégré à différentes échelles.

ZEE – p. 90

La **ZEE (zone économique exclusive)** est l'espace maritime d'un État côtier qui s'étend sur 200 milles marins (370 km) à partir du littoral et sur lequel l'État est souverain en matière d'exploitation et d'exploration des ressources de la mer. Les autres États y jouissent du « droit de passage inoffensif » (navires, avions) et de la pose de conduites d'hydrocarbures et de câbles sous-marins. Dans certains cas, les États peuvent étendre leurs droits sur les fonds marins jusqu'à 350 milles marins.

CRÉDITS ICONOGRAPHIQUES

Couverture : (h) Keystone France/Gamma-Rapho ; (b) Louise Gubb/Corbis Saba/Corbis via Getty Images ; **29** : AKG-Images ; **30** : (g) Fondation Gestulio Vargas ; (m) DR ; (d) BIS/Ph. Coll. Archives Larbor ; **34** : DR/Archives Charmet/Bridgeman Images ; **38** : Keystone-France/Gamma-Rapho ; **39** : DR/Kharbine-Tapabor ; **40** : Keystone-France/Gamma-Rapho ; **41** : Fondation Gestulio Vargas ; **44** : (h) DR ; (b) BIS/Ph. Joseph Martin © Archives Larbor ; **45** : The Granger Coll NY/Aurimages ; **46** : (h) Droits réservés - Mémoires d'Humanité/Archives départementales de la Seine-Saint-Denis/83FI/5 14 ; (b) BIS/Ph. Coll. Archives Larbor ; **47** : (h) Kharbine-Tapabor ; (b) BNF ; **48** : (h) The Granger Coll NY/Aurimages ; (m) BIS/Ph. Joseph Martin © Archives Larbor ; (b) BIS/Ph. Coll. Archives Larbor ; **50** : The Granger Coll NY/Aurimages ; **55** : Bianchetti/Leemage ; **56** : (g) memo.ru ; (m) AKG-Images ; (d) Ullstein Bild/Roger-Violet ; **60** : Fototeca/Leemage ; **61** : DR/Fototeca Gilardi/Bridgeman Images ; **64** : (g) AKG-Images ; (d) FineArtImages/Leemage ; **65** : Heinrich Hoffmann/Roger-Viollet ; **67** : Everett Collection/Bridgeman Images ; **69** : memo.ru ; **71** : AKG-Images ; **75** : (g) WHA/AKG-Images ; (d) Ullstein Bild/Roger-Viollet ; **76** : MEPL/Bridgeman Images ; **78** : (h) API/Gamma-Rapho ; (m) Roger-Viollet ; (b) Roger-Viollet ; **83** : (h) Fototeca Gilardi/Agefotostock ; (b) Farabola/Leemage ; **85** : Deutsche Fotothek/Richard Peter/DPA/Picture Alliance/Leemage ; **86** : (hg) World History Archive/Aurimages ; (hd) AKG-Images ; (bg) Stanley Troutman/ACME/AP/Sipa ; (bm) Keystone France/Gamma-Rapho ; (bd) Keystone France/Gamma-Rapho ; **92** : DR ; **93** : World History Archive/Aurimages ; **97** : AKG-Images ; **98** : Fototeca Gilardi/AKG-Images ; **101** : Stanley Troutman/ACME/AP/Sipa ; **104** : (h) BIS/Ph. J.L.Charmet © Archives Bordas ; (b) Keystone France/Gamma-Rapho ; **105** : Keystone France/Gamma-Rapho ; **106** : Keystone-France/Gamma-Rapho ; **108** : Collection Jean Vigne/Kharbine-Tapabor ; **109** : Musée de la Résistance Nationale ; **110** : (de haut en bas) Keystone France/Gamma-Rapho ; BIS/Ph. J.L.Charmet © Archives Bordas ; Roger-Viollet ; API/Gamma-Rapho ; **112** : (h) Collection privée ; (b) United States Holocaust Memorial Museum/Yad Vashem (Public Domain) Source Record ID : FA 268/121/The Auschwitz Album - Hellman, Peter - Random House - p. 103
117 : World History Archive/Aurimages ; **118** : (m) L'Illustration/Photo12 ; (d) Walter Sanders/The LIFE Picture Collection via Getty Image ; **125** : L'Illustration/Photo12 ; **127** : Ed Clark/The LIFE Picture Collection/Getty Images ; **130** : Collection Dagli Orti/Aurimages ; **131** : Bettmann/Getty Images ; **135** : BIS/Ph. Michel Didier © Archives Larbor - DR ; **137** : Walter Sanders/The LIFE Picture Collection via Getty Image ; **138** : PFH/Leemage ; **140** : (de haut en bas) API/Gamma-Rapho ; Keystone Archives/HIP/Leemage ; Everett/Bridgeman Images ; BIS/Ph. Joseph Martin © Archives Larbor ; **142** : Musée McCord ; **147** : Archiv Boelte/AKG-Images ; **148** : (g) Leslie Gilbert Illingworth/Solo Syndication ; (m) Collection David Heather ; (d) Libor Hajsky/Reuters ; **152** : Ullstein bild/AKG-Images ; **153** : Collection Dixmier/Kharbine-Tapabor ; **154** : (h) Bridgeman ; (b) Keystone France/Gamma-Rapho ; **155** : Leslie Gilbert Illingworth/Solo Syndication ; **157** : Collection David Heather ; **158** : DPA/Picture Alliance/AKG-Images ; **159** : (h) Libor Hajsky/Reuters ; (b) STF/AP/Sipa ; **163** : Bianchetti/Leemage ; **165** : Archives Snark/Photo 12 ; **166** : DR ; **167** : Guy Le Querrec/Magnum Photos ; **169** : © Cornell Capa © International Center of Photography/Magnum Photos ; **170** : (h) Bridgeman ; (m) Keystone France/Gamma-Rapho ; (b) Zumapress/Leemage ; **172** : © BIS/Ph. © Archives Bordas. ; **177** : Bridgeman Images ; **178** : (g) Lahcene Abib ; (m) Archives De Gaulle/Bridgeman Images ; (d) Archives De Gaulle/Bridgeman Images ; **184** : (g) Coll. Dixmier/Kharbine Tapabor ; (d) Agip/Bridgeman ; **185** : (g) Bridgeman Images ; (d) Keystone/Gamma-Rapho ; **189** : (h) ECPAD ; (b) Droits réservés - Mémoires d'Humanité/Archives départementales de la Seine-Saint-Denis cote. : 97FI/612261 A1 ; **190** : Delmarty/Andia ; **191** : Lahcene Abib ; **192** : Coll. Dixmier/Kharbine Tapabor/© Adagp, Paris, 2020 ; **193** : Archives De Gaulle/Bridgeman Images ; **194** : Intercontinentale/AFP ; **195** : (g) Archives De Gaulle/Bridgeman Images ; (hd) : BIS/Ph.© Documentation Française ; (bd) AFP ; **196** : Michel Le Tac/Paris Match/Scoop ; **197** : (hg) BIS/Ph.© Documentation Française ; (hd) BIS/Ph © La Documentation française. Photo François Pagès/Paris-Match ; (bas de gauche à droite) AFP ; Interfoto/AKG-Images ; Keystone-France/Gamma-Rapho ; Jean-Pierre Couderc/Roger-Viollet ; Jacques Boissay/INA/AFP ; **198** : (h) Fritz Berhendt/DR ; (d) AFP ; **199** : Le Parisien ; **200** : (h) BIS/Ph.© Documentation Française ; (b) AFP ;**202** : Coll. Dixmier/Kharbine Tapabor
207 : Jacques Langevin/Sygma/Sygma via Getty Images ; **208** : (g) Boccon-Gibod/Sipa ; (d) Régis Bossu/Corbis via Getty Images ; **214** : Bettmann/Corbis/Getty Images ; **215** : Michel Faizant/Caricadoc/Bridgeman Images ; **216** : Jean-Claude Francolon/Gamma-Rapho ; **217** : Plantu ; **219** : Special Collections Research Center, University of Chicago Library ; **222** : (dh) Granger Collection/Bridgeman Images ; (db) Boccon-Gibod/Sipa ; (g) Plantu ; **223** : British Cartoon Archive, University of Kent © Telegraph Media Group Limited 1981 ; **224** : Régis Bossu/Corbis via Getty Images ; **225** : Catherine Henriette/AFP ; **227** : (h) André Durand/AFP ; (b) Georges Million ; **228** : (de haut en bas) Sipa ; Bridgeman Images/Leemage ; Granger Collection/Bridgeman Images ; Boccon-Gibod/Sipa ; **230** : Laski/Sipa ; **233** : © Der Spiegel 46/1979 ; **235** : Denis Cittanova/Gamma-Rapho ; **236** : (g) Michel Jeanneau/Sipa ; (m) Laurent Maous/Gamma-Rapho ; (d) Mohamed Lounes/Gamma-Rapho ; **239** : (g) BIS/Ph. © La Documentation française. Photo Jacques-Henri Lartigue ; (d) BIS/Ph.© La Documentation française. Photo Gisèle Freund ; **240** : Laurent Maous/Gamma-Rapho ; **241** : Libération ; **244** : (g) Michel Jeanneau/Sipa ; (d) Keystone-France/Gamma-Rapho ; **245** : (h) Archives Charmet/Bridgeman Images ; (b) Le Nouvel Obs ; **246** : Coll. Dixmier/Kharbine-Tapabor ; **247** : (h) Michel Clément/AFP ; (b) Plantu, dessin paru dans Le Monde de mars 1983 ; **249** : Mohamed Lounes/Gamma-Rapho ; **253** : Pata/Sipa ; **254** : (h) Dominique Gutekunst/Gamma-Rapho ; (b) Guis/TF1/Sipa ; **255** : (h) Jean-Pierre Bonnotte/Gamma-Rapho ; (b) Paris Match/Scoop ; **256** : (de haut en bas) BIS/Ph.© La Documentation française. Photo Jacques-Henri Lartigue ; BIS/Ph.© La Documentation française. Photo Gisèle Freund ; Michel Jeanneau/Sipa ; Laurent Maous/Gamma-Rapho ; **261** : Coll. Dixmier/Kharbine Tapabor ; **263** : Kyodo News Stills via Getty Images ; **264** : (g) DPA/Bridgeman ; (d) Rex features/Sipa ; **270** : (gh) DPA/Bridgeman ; (gb) Walter Dhladhla/AFP ; (d) Ian Berry/Magnum Photos ; **271** : Walter Dhladhla/AFP ; **272** : Used with permission of Newsweek Copyright© 2020. All rights reserved. ; **273** : Pancho ; **276** : (h) Patrick Robert/Sygma via Getty Images ; (b) Grigory Dukor/Reuters ; **277** : Le Figaro ; **278** : (gh) WHA/Bridgeman Images ; (gb) Gilles Bassignac/Gamma-Rapho ; (d) ; Rex features/Sipa ; **279** : Plantu ; **280** : Delil Souleiman/AFP ; **282** : Plantu ; **284** : (de haut en bas) AKG-Images ; DPA/Bridgeman ; WHA/Bridgeman Images ; Gilles Bassignac/Gamma-Rapho ; **286** : Chalvin/Iconovox ; **291** : Andrew Aitchison/In pictures via Getty Images/Banksy, Dover, 2017 ; **292** : (g) DR ; (d) Topfoto/Roger-Viollet ;
295 : (de gauche à droite et de bas en haut) Werner Lerooy/Shutterstock ; Sergey Kelin/Adobe Stock ; Zigres/Shutterstock ; Olrat/Shutterstock ; DPA-Picture Alliance/Alamy/Hemis.fr ; Westend61/Hemis.fr ; Tichr/Shutterstock ; **298** : Serguei ; **299** : Collection Fondation Jean-Jaurès, Paris ; **300** : Plantu ; **301** : (h) DR ; (b) DR ; **302** : Topfoto/Roger-Viollet ; **303** : Mathieu Polak/Sygma/Getty Images ; **306** : Giulio Napolitano/AFP ; **307** : PhotoPQR/L'Alsace/Giefem/MaxPPP ; **309** : Robin Pope/NurPhoto/AFP ; **310** : Romain Lafabregue/AFP ; **312** : Agip/Bridgeman
318 : Ludovic/REA ; **320** : (g) Christophe Petit Tesson/MaxPPP ; (d) Plantu ; **325** : Christophe Petit Tesson/MaxPPP ; **326** : © Le Point 2007/Patrick Othoniel/JDD/Gamma/Eyedea Presse ; **327** : Dessin d'André Carrilho/Portugal pour Courrier International ; **331** : Plantu ; **333** : FCPE ; **334** : Haley/Sipa ; **336** : (de haut en bas) BIS/Ph.© La Documentation française. Photo Gisèle Freund ; BIS/Ph.© La Documentation française. Photo Bettina Rheims ; BIS/Ph. © La Documentation française. Photo Philippe Warrin ; BIS/Ph.DILA-La Documentation française. Photo Raymond Depardon ; Picture Alliance/Sammy Minkof/Picture Alliance/Photononstop
Biographies (de haut en bas et de gauche à droite)
342 : AGF/Leemage ; Laurent Maous/Gamma-Rapho ; Israel Sun/REA ; WHA/Bridgeman Images ; BIS/Ph. Coll. Archives Larbor ; AKG-Images ; **343** : Gilles Bassignac/Gamma-Rapho ; Zumapress/Leemage ; BIS/Ph.© La Documentation française. Photo Bettina Rheims ; Everett/Bridgeman images ; Wim Van Cappellen/Reporters-REA ; Agip/Bridgeman ; **344** : Boccon-Gibod/Sipa ; AKG-Images ; BIS/Ph.© Documentation Française ; BIS/Ph.© La Documentation française. Photo Jacques-Henri Lartigue ; Sipa ; Roger-Viollet ;
345 : Bettmann/Getty Images ; BIS/Ph.DILA-La Documentation française. Photo Raymond Depardon ; The Granger Coll NY/Aurimages ; David Furst/AFP ; Bridgeman ; Bridgeman Images ; **346** : Agip/Leemage ; Keystone France/Gamma-Rapho ; Granger Coll NY/Aurimages ; Picture Alliance/Sammy Minkof/Picture Alliance/Photononstop ; DPA/Bridgeman ; BIS/Ph. Bernard Sonneville © Archives Nathan ;
347 : Everett Collection/Aurimages ; Louis Goldman/Gamma-Rapho ; AFP ; BIS/Ph.© La Documentation française. Photo Gisèle Freund ; Agip/Bridgeman ; Leemage ; **348** : Roger-Viollet ; Raphael Tarnowski/Gamma-Rapho ; Corbis via Getty Images ; DPA/Alamy/Photo12 ; BIS/Ph. J.L. Charmet © Archives Bordas ; BIS/Ph © La Documentation française. Photo François Pagès/Paris-Match ;**349** : Franck Fife/AFP ; Granger Collection/Bridgeman Images ; © BIS/Ph. Joseph Martin © Archives Larbor ; Alain Mingam/Gamma-Rapho ; BIS/Ph. © La Documentation française. Photo Philippe Warrin ; Keystone/Gamma-Rapho ; **350** : API/Gamma-Rapho ; Bridgeman Images/Leemage ; Keystone Archives/HIP/Leemage ; Michel Jeanneau/Sipa

Compléments aux sources des textes présents dans le manuel

99-5 *Des voix sous la cendre. Manuscrits des Sonderkommandos d'Auschwitz-Birkena*, © Centre de documentation juive contemporaine, © Éditions Calmann-Lévy/Mémorial de la Shoah, 2005 ; **105-5** *Témoignage de Pierre Messmer*, dans Daniel Rondeau et Roger Stéphane, *Des Hommes libres 190-1945*, © Éditions Grasset & Fasquelle, 1997 ; **271-3** Nelson Mandela, *Un long chemin vers la liberté*, Fayard, 1995. Trad. de Jean Guiloineau, © Nelson Rolihlahla Mandela 1994, © Librairie Arthème Fayard 1995 pour la traduction française ; **298-1** *Discours de Jacques Delors pour l'investiture de la Commission devant le Parlement européen*, 14 janvier 1985 dans Jacques Delors, *Le nouveau concert européen*, Paris, Odile Jacob, 1992, p. 27-49.

Fermes aquacoles pour l'élevage du saumon en Norvège, 2018.

Réplique de tour Eiffel érigée devant le Casino Parisian Macao, quartier de Cotai, île de Macao, Chine, 2019.

Édition : Séverine Bulan, avec l'aide de Guénaëlle Lumalé et Clara Jaguenet
Direction éditoriale : Carole Greffrath
Responsable artistique : Pierre-Yves Skrzypczak
Conception graphique (intérieur et couverture) : Élise Launay
Mise en pages : Anne-Danielle Naname
Iconographie : Geoffroy Mauzé et Valérie Delchambre (Electron libre)
Charte graphique des schémas : WeDoData
Cartographie : AFDEC
Infographies, schémas, graphiques : Renaud Scapin
Fabrication : Kévin Magar
Gravure : IGS
Relecture : Laurence Petit

Contenus éditoriaux fournis par l'ONISEP (p. 12 à 15) : Emmanuel Percq (coordination), Isabelle Dussouet (édition).

Contenus éditoriaux pour l'oral : Olivier Jaoui, directeur de Mission-Admission et spécialiste de la préparation des étudiants à l'oral et aux entretiens.

FSC www.fsc.org MIXTE Papier issu de sources responsables FSC® C022030

Nathan est un éditeur qui s'engage pour la préservation de son environnement et qui utilise du papier composé de fibres naturelles, renouvelables, fabriquées à partir de bois provenant de forêts gérées de manière responsable et contrôlée.